Gerichtsnahe Mediation in der Verwaltungs-, Sozial- und Finanzgerichtsbarkeit

Schriften zum deutschen und europäischen öffentlichen Recht

Herausgegeben von Steffen Detterbeck

Band 19

PETER LANG

Frankfurt am Main · Berlin · Bern · Bruxelles · New York · Oxford · Wien

Tobias Timo Weitz

Gerichtsnahe Mediation in der Verwaltungs-, Sozial- und Finanzgerichtsbarkeit

PETER LANG
Internationaler Verlag der Wissenschaften

Bibliografische Information der Deutschen Nationalbibliothek
Die Deutsche Nationalbibliothek verzeichnet diese Publikation in der Deutschen Nationalbibliografie; detaillierte bibliografische Daten sind im Internet über <http://www.d-nb.de> abrufbar.

Zugl.: Marburg, Univ., Diss., 2008

Gedruckt auf alterungsbeständigem,
säurefreiem Papier.

D 4
ISSN 1438-4388
ISBN 978-3-631-57965-7

Printed in Germany 1 2 3 4 5 7

www.peterlang.de

Vorwort

Die vorliegende Arbeit wurde im Wintersemester 2007/2008 vom Fachbereich Rechtswissenschaften der Philipps-Universität Marburg als Dissertation angenommen und befindet sich auf dem Rechtsstand vom Januar 2008. Auch Literatur, Rechtsprechung und Online-Quellen konnten bis Januar 2008 berücksichtigt werden.

Mein Dank gilt zunächst meinem Doktorvater, Herrn Prof. Dr. Hans-Detlef Horn. Er hat nicht nur die Betreuung der vorliegenden Arbeit sowie deren Erstbegutachtung übernommen, sondern auch den Anstoß zu ihrer Entstehung gegeben. Darüber hinaus danke ich Herrn Prof. Dr. Steffen Detterbeck für die außerordentlich zügige Erstellung des Zweitgutachtens sowie die Aufnahme in seine Schriftenreihe beim Peter Lang Verlag.

Zu besonderem Dank bin ich zudem meiner Familie, insbesondere meinen Eltern und Schwiegereltern sowie meiner Frau Sabine Wenkel und meinem Sohn Paul Ole, verpflichtet. Vor allem das Verständnis, der Zuspruch und die Geduld meiner Frau haben maßgeblich zur Entstehung der vorliegenden Arbeit beigetragen. Ohne ihre Unterstützung wäre mir die Erstellung der vorliegenden Arbeit in vergleichbarer Art und Weise sicherlich nicht möglich gewesen. Darüber hinaus danke ich auch Herrn Prof. Dr. Wolfgang Voit, Herrn Desmarets sowie allen Mitarbeitern des Juristischen Seminars des Fachbereichs Rechtswissenschaften der Philipps-Universität Marburg. Schließlich gilt mein Dank auch meinen Schottener und Marburger Freunden sowie den „Thornden 5".

Marburg, im April 2008 *Tobias Timo Weitz*

Gliederung

Einleitung

Konflikte sind seit jeher feste Bestandteile menschlichen Zusammenlebens. Ähnlich vielfältig wie die Gegenstände möglicher zwischenmenschlicher Konflikte sind dabei die Formen der Streitbeilegung, derer sich die Menschen zwecks Beilegung ihrer Konflikte bedienen. Für Konflikte mit rechtlichen Bezügen hat sich jedoch das gerichtliche Verfahren über die Jahre hinweg als das gängigste Mittel der Konfliktlösung entwickelt. Zumindest wenn direkte Verhandlungen gescheitert sind, wählen Konfliktparteien zumeist den Weg zum Gericht und versuchen, ihr vermeintliches Recht durch Delegation des Konflikts an einen staatlichen Richter zu lösen.

Als Alternative zum gerichtlichen Verfahren wird in jüngster Zeit jedoch zunehmend die Mediation als besondere Form der Vermittlung zwischen Konfliktparteien diskutiert. Schon der Westfälische Friede 1648 war letztlich auch das Ergebnis einer erfolgreichen Vermittlung. Die Einleitung des Vertrages von Münster hebt hervor, dass besagter Vertrag „...durch Vermittlung und Mühewaltung des hoch- und wohlgeborenen venezianischen Gesandten und Senators, Herrn Alvise Contarino, der das Amt eines Mittlers ohne Parteilichkeit beinahe ganze fünf Jahre lang unverdrossen ausgeübt hat..." zustande gekommen sei. Die Mediation soll dabei jedoch nach allgemeiner Auffassung keinen Ersatz für das herkömmliche gerichtliche Verfahren darstellen, sondern das gerichtliche Konfliktlösungsangebot, welches neben der Entscheidung eines streitigen Sachverhalts immerhin auch den gerichtlichen Vergleich und verschiedene Möglichkeiten der gütlichen Streitbeilegung umfasst, in geeigneten Fällen sinnvoll ergänzen. Sie soll weder einen Gegenpol zu anderen Streitbeilegungsverfahren darstellen, noch ist sie der wohl nicht existierende „Königsweg" der Konfliktbehandlung. Sie verkörpert letztlich – und dies kann als Prämisse der vorliegenden Arbeit gelten – eine von mehreren Möglichkeiten der Konfliktbewältigung, wobei auch im Hinblick auf die dritt- beziehungsweise vermittlerunterstützte Verhandlung im Wege der Mediation frei nach *„Will" Rogers*[1] festgehalten werden kann: „Verhandeln ist nicht die schlechteste Form des Handelns." Und auch *Mark Twain*[2] hat bereits – gewissermaßen als Antwort auf einseitiges Denken im Zusammenhang mit der Beilegung von Streitigkeiten – erkannt: „Wer als einziges Werkzeug den Hammer hat, der wird alle Probleme als Nägel begreifen." Situationen, in denen ein Mediationsverfahren als Alternative – nicht: Surrogat – zum gerichtlichen Verfahren sinnvoll erscheint, können nicht nur in den unterschiedlichsten Konflikten, sondern auch in den verschiedensten Stadien eines Konflikts auftreten: Zunächst, wenn ein Konflikt entsteht und noch keine weiteren (rechtlichen) Schritte unternommen wurden beziehungsweise noch kein Gerichtsverfahren eingeleitet wurde, zudem aber auch direkt nach Klageerhebung als Vorstufe des Gerichtsverfahrens, während eines laufenden Gerichtsverfahrens oder sogar nach Abschluss eines gerichtlichen Prozesses.

---

[1] William Penn Adair „Will" Rogers, US-amerikanischer Humorist und Entertainer (*4. November 1879, † 15. August 1935).

[2] US-amerikanischer Schriftsteller (gebürtiger Name: Samuel Langhorne Clemens, * 30. November 1835, † 21. April 1910).

Im Rahmen der vorliegenden Arbeit soll es in diesem Sinne ausschließlich um den Fall der Durchführung eines Mediationsverfahrens während eines laufenden Gerichtsverfahrens gehen, das heißt um die so genannte „gerichtsnahe Mediation“, die bereits Gegenstand zahlreicher Modellversuche war oder ist und im Übrigen auch von der Justizministerkonferenz – jedenfalls übergangsweise – als lohnender Weg angesehen wird, um die konsensuale Streitbeilegung zu fördern.[3] Ziel der vorliegenden Arbeit ist es, schwerpunktmäßig mit Blick auf die Verwaltungs-, Sozial- und Finanzgerichtsbarkeit[4] eine gesetzliche Regelung der gerichtsnahen Mediation zu erarbeiten (Zweiter Teil, 10. Kapitel). Zuvor soll jedoch auf das Konzept der Mediation im Allgemeinen (Erster Teil) sowie nach einer Definition des Begriffs der gerichtsnahen Mediation (Zweiter Teil, 1. Kapitel) und der Darstellung der bisherigen Modellversuche zur Einführung der gerichtsnahen Mediation in das gerichtliche Verfahren (Zweiter Teil, 2. Kapitel) auf die Frage der Einordnung der gerichtsnahen Mediation als Aufgabe der rechtsprechenden Gewalt oder als Aufgabe der Gerichtsverwaltung (Zweiter Teil, 3. Kapitel) eingegangen werden. Darüber hinaus sollen zunächst die gegenüber der gerichtsnahen Mediation zuweilen gehegten Bedenken sowie die grundsätzliche verfahrens- und verfassungsrechtliche Zulässigkeit der gerichtsnahen Mediation in der Verwaltungs-, Sozial- und Finanzgerichtsbarkeit (Zweiter Teil, 4. und 5. Kapitel) untersucht, sodann die Vereinbarkeit der gerichtsnahen Mediation mit dem geltenden Rechtsberatungsgesetz sowie dem geplanten Rechtsdienstleistungsgesetz (Zweiter Teil, 6. und 7. Kapitel), die wettbewerbsrechtlichen Grenzen der gerichtsnahen Mediation (Zweiter Teil, 8. Kapitel) und das Fehlen einer befriedigenden Rechtsgrundlage zur Durchführung gerichtsnaher Mediationsverfahren (Zweiter Teil, 9. Kapitel) näher betrachtet werden. Im Rahmen der Darstellung der bisherigen Modellversuche zum Einsatz der gerichtsnahen Mediation wird dabei sowohl auf die hierzu vorhandene Literatur als auch auf bereits publizierte Ergebnisse der jeweiligen Begleitforschungen sowie auf eine eigene Umfrage unter den an den verschiedenen (Modell-)Verwaltungs-, Sozial- und Finanzgerichten tätigen Richtermediatoren zurückzugreifen sein, welche Ende 2005/Anfang 2006 anlässlich der vorliegenden Arbeit durchgeführt wurde.

---

[3] *Löer*, ZZP 2006, 199. Vgl. zudem auch: Ziff. 2.2 Nr. 9 der Beschlüsse der Justizministerkonferenz v. 29./30.6.2005, auszugsweise veröffentlicht u.a. in: DRiZ 2005, 213.

[4] Zur gerichtsnahen Mediation im Zivilprozess vergleiche v.a.: *Volkmann*, Mediation im Zivilprozess.

Erster Teil

Das Konzept der Mediation im Allgemeinen

Von einigen Kritikern als „alter Wein in neuen Schläuchen“, „juristisches Modethema“, „Modeerscheinung“, „Palaver“, „begriffliche Chimäre“, „Freestyle-Justiz“ oder „begriffliches Gespenst“ bezeichnet,[1] fällt es schwer, eine allgemeine und vor allem abschließende Definition des Begriffs der Mediation zu finden. Schlägt man den Begriff nach, so stößt man oft auf den kurzen Eintrag, bei der Mediation handele es sich um eine Frieden stiftende, harmonisierende, aussöhnende Vermittlung, eine Technik zur Bewältigung von Konflikten durch unparteiische Beratung oder eine Vermittlung zwischen den Interessen verschiedener Personen.[2] Unterdessen bedeuten die lateinischen Wurzeln des Begriffs („medius“ und „mediare“) „zwischen zwei Ansichten oder Parteien die Mitte haltend“, „einen Mittelweg einschlagend“, „sich neutral, unparteiisch verhaltend“, „der mittlere“ sowie „in der Mitte sein“ und das griechische Wort „medos“ so viel wie „vermittelnd, unparteiisch, neutral, keiner Partei angehörend“.[3] Schließlich wird das Verfahren der Mediation gelegentlich als „mittlerunterstützte Verhandlung oder Verhandlungslösung“[4] übersetzt oder kurz als „negotiation carried out with the assistance of a third party“,[5] mithin als Behandlung eines Konflikts unter Einschaltung eines neutralen Dritten ohne Entscheidungsbefugnis mit dem Ziel einer prozessvermeidenden Einigung[6] umschrieben.

Dieser Definitionsansatz ist zwar ebenso prägnant wie zutreffend, erscheint aber dennoch – aufgrund seiner Kürze – eher unbefriedigend. Etwas genauer und aussagekräftiger lässt sich dagegen das Konzept der Mediation als ein alternatives, spezielles, (ergebnis-)offenes, nicht förmliches, aber strukturiertes Verfahren der Konfliktbearbeitung charakterisieren. Ein Verfahren, in dem alle an dem jeweiligen Konflikt beteiligten Parteien selbständig, eigenverantwortlich und freiwillig (autonom) – mit Unterstützung eines neutralen, allparteilichen oder unparteiischen Dritten mit Verfahrens-, nicht jedoch Ent-

---

[1] Vgl. u.a.: *v. Bargen*, BDVR-Rundschreiben 2004, 55; *Schütze* (zitiert in: *Haft*, in: FS R. A. Schütze, S. 255); *Böhlk*, BRAK-Mitt. 2002, 207; *Görk*, NJW 2003, H. 40/Editorial; *Wassermann*, NJW 1998, 1685 f.; *Spellbrink*, DRiZ 2006, 88. Vgl. zudem auch die Befragungsergebnisse von *Büttner/Heinecke*, in: *Pitschas/Walther*, Mediation in d. Verwaltungsgerichtsbarkeit, S. 251 (285).

[2] Vgl.: Duden – Das große Wörterbuch der deutschen Sprache, Bd. 6, S. 2546.

[3] Vgl.: *Heer*, in: *Fritz/Karber/Lambeck*, Mediation statt Verwaltungsprozess?, S. 147 (148).

[4] *Schmidt-Aßmann*, in: *Schoch/Schmidt-Aßmann/Pietzner*, VwGO, Einl. Rn. 180.

[5] *Goldberg/Sander/Rogers/Cole*, Dispute Resolution, S. 111; *Haft*, Verhandlung u. Mediation, S. 244; *Eisele*, ZRph 2003, 183 (184); ähnlich knapp auch: Section 2 (1) Uniform Mediation Act (2002): „Mediation means a process in which a mediator facilitates communication and negotiation between parties to assist them in reaching a voluntary agreement regarding their dispute."

[6] *Tilch/Arloth*, Dt. Rechts-Lexikon, Bd. 2, S. 2823; Sehr allgemein u.a. auch: *Schenke*, in: FS F. v. Zezschwitz, S. 130 (131); *v. Hoyningen-Huene*, JuS 1997, 352; *Monßen*, AnwBl. 2001, 169; Draft Proposal for a Directive on Certain Aspects of Mediation in Civil and Commercial Matters der EU, Art. 2 § 1 (abgedruckt in: ZKM 2004, S. 149 f.); sowie: „Preface" der „Standards of Conduct for Mediators“ (aufgestellt durch die „American Arbitration Association“, die „American Bar Association" und die „Society of Professionals in Dispute Resolution (SPIDR)"/abgedruckt in: *Goldberg/Sander/Rogers/Cole*, Dispute Resolution, S. 683 ff.).

scheidungsmacht – auf Basis eines Konsenses und aufgrund der vorhandenen rechtlichen, wirtschaftlichen, persönlichen und sozialen Gegebenheiten sowie der bestehenden Parteiinteressen eine gemeinsame, dauerhafte, für alle Seiten akzeptable und im Idealfall wertschöpfende Lösung für ihren individuellen Konflikt erarbeiten. Wesentliches Merkmal ist dabei weiterhin, dass der Inhalt der Mediationsverhandlungen sowohl von den streitenden Parteien als auch vom Mediator vertraulich zu behandeln ist, um eine umfassende Streitbeilegung ohne verfahrenstaktische Zurückhaltung von Informationen zu ermöglichen.[7]

Eine endgültige Definition des Mediationsbegriffs kann jedoch auch dieser Definitionsansatz nicht liefern. So erscheint mit Blick auf das angloamerikanische Recht beispielsweise bereits fraglich, ob das Kriterium der Freiwilligkeit tatsächlich als ein wesentliches Merkmal der Mediation anzusehen ist. Dies, weil dort die Einleitung einer Mediation beziehungsweise die Teilnahme an einer ersten Mediationssitzung zuweilen obligatorisch ist oder aber auf Anordnung des Richters erfolgt,[8] so dass der Freiwilligkeitsaspekt letztlich nur insoweit zum Tragen kommt, als es um die Herbeiführung einer abschließenden Einigung durch die Beteiligten geht.[9]

Ferner ist schon aufgrund der Eigenverantwortlichkeit und Selbständigkeit der Streitbeteiligten sowie der Charakteristik des Mediationsverfahrens als nicht förmliches Verfahren eine abschließende Umschreibung des Mediationskonzeptes unmöglich: Diese Charakteristika führen zum einen dazu, dass die streitenden Parteien selbst über die Gestaltung des Mediationsverfahrens entscheiden können. Zum anderen ist der jeweilige Mediator im Wege des nicht förmlichen Verfahrens weitestgehend frei, in welcher Art und Weise er die Mediationsverhandlungen führt, welcher Methoden und Verfahrensalternativen er sich dabei bedient, welches Rollenverständnis er dabei an den Tag legt etc. Letztlich existieren angesichts der Flexibilität der Mediation und des weiten Handlungs- und Gestaltungsspielraumes der beteiligten Parteien und Mediatoren nahezu ebenso viele Formen und Stile, wie es Mediatoren, streitige Lebensbereiche und streitende Parteien gibt.[10] Die Mediation kann nicht nur von Mediationsverfahren zu Mediationsverfahren, sondern auch innerhalb eines Mediationsprogramms von Mediator zu Mediator eine an-

---

[7] Vgl. zur Definition des Mediationsbegriffs statt vieler u.a. auch: *Moore*, The Mediation Process, S. 15. Danach ist Mediation „the intervention in a negotiation or a conflict of an acceptable third party who has limited or no authoritative decision-making power, who assists the involved parties to voluntarily reach a mutually acceptable settlement of issues in dispute."

[8] Vgl.: *Breidenbach*, Mediation, S. 17 ff.; *Hay*, in: *Breidenbach/Coester-Waltjen/Heß u.a.*, Konsensuale Streitbeilegung, S. 101 (111 ff.); *Duve*, Mediation u. Vergleich im Prozess, S. 82 (Fn. 43); *Haft*, Verhandlung u. Mediation, S. 244; *Niemic/Stienstra/Ravitz*, Guide to Judicial Management of Cases in ADR, S. 48 ff.; *Volkmann*, Mediation im Zivilprozess, S. 2; Anmerkung, in: 103 Harvard Law Review (1989/1990), 1086 (1086 ff.); *Nelle/Hacke*, ZKM 2001, 56; *Böttger/Hupfeld*, ZKM 2004, 155 (160). In England könnte sich ein gewisser Zwang zur Durchführung einer Mediation vor allem aus den Civil Procedure Rules 1998 und dem dortigen Case Law ergeben (vgl. hierzu auch: Dritter Teil , 3. Kapitel, Unterpunkt III. 2.).

[9] Vgl. auch: *Duve*, Mediation u. Vergleich im Prozess, S. 82; *Haft*, Verhandlung u. Mediation, S. 244; *Nelle/Hacke*, ZKM 2001, 56; *Böttger/Hupfeld*, ZKM 2004, 155 (160).

[10] Vgl.: *Haft*, Verhandlung u. Mediation, S. 245; *Eisele*, ZRph 2003, 183 (184).

dere Gestalt aufweisen, so dass letztlich auch die Vielzahl der Verfahrensalternativen, die in der Praxis unter der Bezeichnung „Mediation“ angeboten werden oder eine Mediationskomponente enthalten, eine präzise Definition des Mediationsbegriffs verhindert.[11] Daher kann auch die oben vorgenommene genauere Umschreibung des Begriffs der Mediation nur eine Basisdefinition darstellen, bei der es an dieser Stelle bleiben kann und muss.

---

[11] *Breidenbach*, Mediation, S. 137; *Fuller*, 44 Southern California Law Review (1971), 305 (307): „...it is all process and no structure."

1. Kapitel: Abgrenzung der Mediation von anderen Verfahren der Konfliktbehandlung

Um trotz der oben erwähnten Schwierigkeiten im Rahmen der Definition des Mediationsbegriffes einen näheren Einblick in das Konzept der Mediation zu ermöglichen, bietet sich insbesondere ein Vergleich der Mediation mit (I.) dem herkömmlichen Gerichtsverfahren zur Konfliktbeilegung, (II.) gerichtlichen Vergleichsverhandlungen, (III.) dem Schiedsverfahren sowie (IV.) der Streitschlichtung und (V.) der herkömmlichen Verhandlung an.

I. Mediation und herkömmliches Gerichtsverfahren

Prägnant haben in der Literatur unter anderem *G.* und *H.-G. Mähler* den Unterschied zwischen Mediation und Gerichtsverfahren beschrieben. Nach ihren Ausführungen[12] stehen sich die Konfliktparteien im herkömmlichen Gerichtsverfahren als Gegner gegenüber. Es geht um Sieg und Niederlage, der Gewinn des einen ist der Verlust des anderen; Schwäche darf nicht gezeigt werden, weil sie legitimerweise vom Gegner ausgenutzt werden darf. Die notwendig binäre Struktur des Rechtssystems auf Ja/Nein-Entscheidungsmöglichkeiten – so *G.* und *H.-G. Mähler* weiter – reduziere notwendigerweise auch die Wirklichkeit, auf der die Entscheidung beruht. Dagegen sei der Maßstab bei der Mediation nicht automatisch an das Gesetz gebunden. Die Parteien suchten stattdessen nach maßgeschneiderten Lösungen und über die Vertragsgestaltung ihr eigenes Gesetz. Anstelle einer Delegation der Entscheidung an den Richter entschieden die Parteien selbst über die Lösung ihres Konflikts; Angriffs- und Verteidigungsformen würden über die Struktur des Mediationsverfahrens nach Möglichkeit in kooperative Verhandlungsformen überführt. In der Mediation gehe es nicht um Kampf, Sieg, Niederlage und Gegnerschaft, sondern um das Streben danach, dass keiner verliert und nach Möglichkeit im Wege synergetischer Lösungen alle gewinnen. Im Gegensatz zum Gerichtsverfahren würden Schwächen nicht ausgeblendet, sondern akzeptiert und in der Auseinandersetzung gegebenenfalls gewinnbringend genutzt.

Damit ist bereits ein grober Überblick über die Unterschiede zwischen Mediation und Gerichtsverfahren gegeben. Hält man sich den Vergleich zwischen Mediation und „herkömmlichem" Gerichtsverfahren jedoch genauer vor Augen, so fällt zunächst eine Strukturähnlichkeit dahingehend auf, dass es sich sowohl beim Gerichts- als auch beim Mediationsverfahren um einen „Prozess" handelt, bei beiden Wegen der Streitbeilegung ein neutraler Dritter hinzugezogen wird und das Prinzip der Verhandlung im Mittelpunkt beider Verfahren steht.[13] In beiden Verfahren wird der hinzugezogene Dritte – trotz Befugnis des Richters zur autoritären Entscheidung des Konflikts – auf eine einvernehmliche Eini-

---

12 Vgl.: *Mähler/Mähler*, AnwBl. 1997, 353 (356 f.).

13 *Pitschas*, NVwZ 2004, 396 (397).

gung hinwirken. Zudem besteht eine Gemeinsamkeit beider Verfahren dahingehend, dass im Rahmen der „Verhandlungsprozesse" alle beteiligten Parteien gehört werden müssen. Ergibt sich dies im Falle des gerichtlichen Verfahrens bereits aus dem überragenden Verfahrensgrundsatz des rechtlichen Gehörs, ist die Anhörung aller Beteiligten im Rahmen der Mediation geradezu Voraussetzung für die Erhaltung der Verfahrensautonomie der Beteiligten, die Erarbeitung des jeweiligen Konflikts und die daraus resultierende konsensuale Lösungsfindung.[14] Dennoch unterscheiden sich das Mediationsverfahren und das gerichtliche Verfahren deutlich. So kann das gerichtliche Entscheidungsverfahren schlagwortartig als „Kampf ums Recht", das auf eine Vereinbarung und Verständigung zielende Mediationsverfahren dagegen als „Kampf um Konsens" beschrieben werden.[15] Ebenso könnte man das herkömmliche gerichtliche Verfahren beispielsweise auch als „Streit um Normen und Positionen" und die Mediation als „Streit um Interessen" bezeichnen.

Betrachtet man die Grundprinzipien der beiden „Verhandlungs"-Modelle genauer, kommt gerade in letzterer überspitzter Umschreibung einer der wohl bedeutendsten Unterschiede zwischen dem Gerichts- und dem Mediationsverfahren zum Ausdruck: Während sich das gerichtliche Verfahren nach Normen sowie nach von den Streitbeteiligten geltend gemachten Rechtspositionen richtet und sich damit auf die justiziablen Aspekte des jeweiligen Konflikts sowie die Verwirklichung des Rechts beschränkt, zeichnet sich das Mediationsverfahren durch seine interessenorientierte Ausrichtung aus. Die Mediation versucht, hinter die geltend gemachten (Rechts-)Positionen zu schauen, um die eigentlich die Parteien leitenden Interessen aufzudecken und bewusst in die jeweilige Konfliktbehandlung zu integrieren.[16] Dabei bezeichnet der Begriff der Position das im Idealfall durchzusetzende Verhandlungsergebnis und der Terminus des Interesses die hinter den Positionen verborgenen, tatsächlichen Ziele, Gründe, Bedürfnisse, Wünsche, Ängste, Erwartungen, (Zukunfts-)Vorstellungen, Motive oder Anliegen.[17] Im gerichtlichen Verfahren werden verschiedene Ansprüche und Rechtspositionen durch die streitenden Parteien geltend gemacht. Dadurch wird nahezu zwangsläufig eine Konfrontation zwischen

---

[14] Vgl. hierzu auch: *P. Gottwald*, in: FS A. Ishikawa, S. 137 (149); *Heß/Sharma*, in: *Haft/v. Schlieffen*, Hdb. Mediation, § 26 Rn. 47 f.; *Eidenmüller*, Vertrags- u. Verf.R. d. Wirtschaftsmediation, S. 39 f.; *Tochtermann*, JuS 2005, 131 (132); *Eidenmüller*, in: *Breidenbach/Coester-Waltjen/Heß u.a.*, Konsensuale Streitbeilegung, S. 45 (76), wobei *Eidenmüller* die Pflicht zur Anhörung aller Beteiligten auf die Verpflichtung des Mediators stützt, den Sachverhalt und die Interessen der Konfliktparteien zu erforschen.

[15] *Mähler/Mähler*, in: *Breidenbach/Henssler*, Mediation f. Juristen, S. 13 (17); *Mähler/Mähler*, AnwBl. 1997, 353 (357).

[16] Vgl. u.a.: *Mähler/Mähler*, in: *Breidenbach/Henssler*, Mediation f. Juristen, S. 13 (17 ff.); *Duve*, Mediation u. Vergleich im Prozess, S. 86; *Jaquenod/Racine*, in: DACH-Schriftenreihe: Mediation, S. 91; *Breidenbach*, Mediation, S. 69; *Perschel*, in: FS E. Stein, S. 245 (256); *W. Gottwald*, AnwBl. 2000, 265 (268); *W. Gottwald*, WM 1998, 1257 (1260); *Schillinger*, Mediation im Verwaltungsrecht, S. 18; *v. Bargen*, DVBl. 2004, S 468 (471); *Schillinger*, VBl.BW 2001, 396 (398); *Eisele*, ZRph 2003, 183 (185 f.) *Pitschas*, NVwZ 2004, 396 (397); *Voß*, in: Münchener Anwaltshandbuch: VerwR, Teil B, § 3 Rn. 8 ff.; *W. Gottwald*, AnwBl. 2000, 265 (268).

[17] *Holznagel*, in: *Breidenbach/Henssler*, Mediation f. Juristen, S. 147 (155); *Haft*, BB 1998, Beilage Nr. 10, S. 15 (17); vgl. auch: *Hoffmann-Riem*, Modernisierung v. Recht u. Justiz, S. 70.

den Beteiligten heraufbeschworen, wobei letztlich eine normative Entscheidung aufgrund der vorgebrachten Tatsachen durch einen unabhängigen Richter ergeht. Das Mediationsverfahren hingegen ermöglicht es, auf die tatsächlichen und im gerichtlichen Verfahren nicht immer klar hervortretenden Interessen der Beteiligten einzugehen und so eine interessengerechtere, konsensuale Lösung zu erarbeiten. Letztlich verfolgt die Mediation einen allumfassenden Konfliktlösungsansatz, während das gerichtliche Verfahren zu einer „Verrechtlichung" von Konflikten und damit sowohl zu einer Verhärtung des Konflikts als auch zu einer Ausklammerung juristisch irrelevanter Aspekte führt, anstatt auch diese Gesichtspunkte im Sinne einer mehrdimensionalen und daher umfassenden, erschöpfenden sowie auch adäquateren Konfliktbehandlung einzubeziehen.[18]

Zur Unterscheidung zwischen Mediation und Gerichtsverfahren anhand deren Interessen- beziehungsweise Rechtsbezogenheit bleibt jedoch festzuhalten, dass zumindest in den USA neben der „interest-based mediation"[19] durchaus auch eine „right-based mediation", das heißt eine rein rechtsorientierte Form der Mediation betrieben wird, bei welcher der Mediator von den Rechten der Parteien ausgeht und unter Berücksichtigung dieser Rechte versucht, bei der Streitbeilegung zu helfen.[20] Zwar kann bestritten werden, ob es sich bei einem solchen Verfahren noch um Mediation im eigentlichen Sinne handelt.[21] Dennoch zeigt die Existenz eines auf die Bewertung rechtlicher Positionen beschränkten Mediationsansatzes, dass ein ausschließlich auf den Kriterien der Interessen- beziehungsweise Rechtsorientierung beruhender Vergleich zwischen dem Mediationsverfahren auf der einen und dem gerichtlichen Verfahren auf der anderen Seite zur Verdeutlichung der Strukturprinzipien der Mediation alleine nicht ausreicht. Stattdessen ist hierzu eine Betrachtung weiterer wesentlicher Unterschiede zwischen diesen Verfahrenstypen erforderlich.

Zwischen dem gerichtlichen Verfahren und dem Mediationskonzept lässt sich zunächst auch in sachlicher und personaler Hinsicht differenzieren. Das gerichtliche Verfahren richtet sich sachlich nach einem eng festgelegten Streitgegenstand und ist auf einen rechtlich erheblichen Sachverhalt beschränkt. Zudem blenden gerichtliche Entscheidungen den persönlichen und emotionalen Aspekt eines Konflikts in der Regel weitgehend aus, beziehen mit dem Ziel einer gewissen Verfahrenseffizienz stattdessen nur den rechtlich relevanten und subsumtionsfähigen Teil eines Konfliktes ein und übersetzen dadurch die komplexe Wirklichkeit in entscheidbare Sachverhalte.[22] Im Gegensatz dazu orientiert sich die Mediation am Konflikt in seiner Gesamtheit, das heißt an

---

[18] Vgl. u.a.: *Schillinger*, Mediation im Verwaltungsrecht, S. 17 f., 24; *Dendorfer*, MDR 2003, 135 (137).

[19] *Breidenbach*, Mediation, S. 13; *Alexander*, Wirtschaftsmediation in Dtl., S. 30.

[20] *Sander*, in: *W. Gottwald/Strempel*, Streitschlichtung, S. 19 (20) bzw. 31 (33); *Breidenbach*, Mediation, S. 17.

[21] Vgl.: *Breidenbach*, Mediation, S. 17; *Alexander*, Wirtschaftsmediation in Dtl., S. 30; *Enslen*, in: *Fine/Plapinger*, ADR and the Courts, S. 57: „Although it employs private lawyers called mediators, it is not true mediation."

[22] *Schillinger*, VBl.BW 2001, 396 (299); *Katzenmeier*, in: *Ripke/Bornewasser/Fülgraff/Kahlweit/Katzenmeier*, ZKM 2005, 155 (159); *Zimmer*, Außergerichtl. Streitbeilegung in Dtl., S. 98 f.; vgl. auch: *Hoffmann-Riem*, Modernisierung v. Recht u. Justiz, S. 64; *Löer*, ZZP 2006, 199 (200 f.); *Dendorfer*, DB 2003, 135 (136).

dem gesamten für den Konflikt bedeutsamen Sachverhalt. Im Rahmen des Gerichtsverfahrens wird der sachliche Streitgegenstand durch einen entsprechenden Klageantrag und die einschlägigen Gesetze klar abgesteckt und es gilt zum Teil eine Ermittlungspflicht von Amts wegen. Beim Mediationsverfahren hängen der Inhalt und die Einbeziehung einzelner Punkte einzig von den Beteiligten ab. Eine einengende Festlegung auf einen einzelnen Bereich des Konfliktes erfolgt nicht. Auf diese Art geraten Verhandlungs- und Gestaltungsaspekte in das Streitbeilegungsverfahren, die über den prozessualen, rechtlichen und wirklichkeitsreduzierenden Katalog der Auseinandersetzung hinausgehen und den gesamten Konflikt zwischen den Beteiligten erfassen.[23] Gleichzeitig wird im Rahmen der Mediation in personaler Hinsicht auch keine Begrenzung auf die Personen vorgenommen, die im gerichtlichen Verfahren kraft Gesetzes als Verfahrensbeteiligte anzusehen wären. Stattdessen wird die Frage der Beteiligung gemeinsam geklärt. Grundsätzlich können und sollen alle vom jeweiligen Konflikt in irgendeiner Weise Betroffenen in das Mediationsverfahren einbezogen werden.[24]

Damit ist bereits die Vorgehensweise im Rahmen der beiden Streitbeilegungsmodelle sowie die den jeweiligen Verfahren zugrunde liegende Methodik angesprochen. Gerade hier treten zahlreiche weitere Unterscheidungsmerkmale zu Tage: So bleibt diesbezüglich zunächst festzuhalten, dass das förmliche Gerichtsverfahren auf strengen, vorhersehbaren Prozess- und Beweiserhebungsregeln basiert, während der Ablauf der informellen Mediation durch die Parteien selbst bestimmt und jederzeit an die Bedürfnisse der Beteiligten angepasst werden kann, so dass das Mediationsverfahren flexibel und nicht immer vorhersehbar erscheint.[25] Das gerichtliche Verfahren verläuft in einem engen gesetzlichen Korsett, das Mediationsverfahren im Rahmen von Verfahrensabsprachen der Parteien, die nur durch wenige rechtliche Schranken begrenzt werden und jederzeit (auch konkludent) durch die Beteiligten geändert werden können.

Zwischen dem Gerichtsprozess und der Mediation lässt sich also auch hinsichtlich der Bedeutung des Rechts für diese beiden Verfahren unterscheiden.[26] Im Unterschied zum ausschließlich auf Recht und Rechtsanwendung beruhenden Gerichtsverfahren geht es bei der Mediation weniger darum, Recht zu haben, sondern vielmehr darum, Recht zu gestalten; nicht primär darum, das Recht anzuwenden, sondern es im Rahmen der Gestaltung zu verwenden.[27] Das Gesetz bleibt mit Blick auf die Mediation allerdings dahin-

---

[23] Vgl.: *Mähler/Mähler*, in: *Breidenbach/Henssler*, Mediation f. Juristen, S. 13 (25); *Duve/Ponschab*, Kon:Sens 1999, 263 (266); *W. Gottwald*, Betrifft JUSTIZ 1999, 117 (124). Vgl. zudem auch: *v. Bargen*, BDVR-Rundschreiben 2004, 55 (56).

[24] Vgl. zur sachlichen u. personalen Abgrenzung: *v. Bargen*, DVBl. 2004, 468 (471). Vgl. zum Aspekt der Fehlenden Begrenzung der an einer Mediation teilnehmenden Personen zudem auch: *Löer*, ZZP, 2006, 199 (201); *v. Bargen*, BDVR-Rundschreiben 2004, 55 (56).

[25] *Jaquenod/Racine*, in: DACH-Schriftenreihe: Mediation, S. 91.

[26] Vgl. hierzu v.a.: *Köper*, Die Rolle des Rechts im Mediationsverfahren, S. 76 ff.

[27] *Mähler/Mähler*, Kon:Sens 1999, 200 (202); *Mähler/Mähler*, in: *Haft/v. Schlieffen*, Hdb. Mediation, § 34 Rn. 64; *Nölting*, Mediatorenverträge, S. 34; *W. Gottwald*, AnwBl. 2000, 265 (268); *W. Gottwald*, WM 1998, 1257 (1260); *W. Gottwald*, Betrifft JUSTIZ 1999, 117 (125); *Mähler/Mähler*, AnwBl. 1997, 353 (357); *Schillinger*, Mediation im Verwaltungsrecht, S. 18 (Fn. 91); vgl. auch: Projekt Gerichtsnahe Medi-

gehend von Bedeutung, als es der Konfliktregelung durch Mediation insofern Grenzen setzt, als kein Vertrag – und damit auch kein das Mediationsverfahren abschließender Mediationsvergleich – gegen geltendes Recht verstoßen darf,[28] und dass es die Möglichkeit bietet, das gefundene Ergebnis mit dem zu vergleichen, was gesetzlich möglich ist, um es so einer (Fairness-)Kontrolle zu unterziehen (Recht als „Kontroll-", „Entscheidungs-", „Gerechtigkeits-" und „Vergleichsmaßstab"[29]). Weiterhin werden durch das Gesetz im Falle des Scheiterns der Mediation ein Alternativergebnis bereitgehalten (Recht als „Ausstiegs-" beziehungsweise „Nichteinigungsalternative"[30]) und Argumente zur Begründung der verschiedenen Standpunkte, Einigungsoptionen und Anregungen für das Mediationsverfahren geliefert (Recht als „Schatzkammer"[31] oder „Gestaltungsmittel"[32] der Mediation). Auch können für die rechtliche Gestaltung des Mediationsergebnisses alle Rechtsfiguren und Erfahrungen aus dem Umgang mit dem Recht genutzt werden.[33] Insofern steckt das Recht nicht nur den Rahmen für mögliche Einigungsoptionen ab, sondern hilft den Parteien auch bei der Suche nach einer für beide Seiten akzeptablen Lösung, die nach den Vorgaben des zwingenden Rechts sowie dem Gerechtigkeitsgehalt des

---

ation in Niedersachsen – Projektabschlussbericht, S. 2, wonach die Mediation ein ‚Verfahren zur Gestaltung von Veränderung begriffen wird.

[28] Vgl. u.a.: *Mähler/Mähler*, in: *Haft/v. Schlieffen*, Hdb. Mediation, § 34 Rn. 64; *Hager*, ZKM 2003, 52 (56).

[29] *Ripke* u. *Mähler/Mähler*, in: *Haft/v. Schlieffen*, Hdb. Mediation, § 5 Rn. 18 bzw. § 34 Rn. 64; *Eisele*, ZRph 2003, 183 (189); *Tochtermann*, JuS 2005, 131 (132); *Tochtermann*, ZKM 2007, 4 (5); *Volkmann*, SchiedsVZ 2004, 245 (247); *Eidenmüller*, in: *Breidenbach/Coester-Waltjen/Heß u.a.*, Konsensuale Streitbeilegung, S. 45 (47); *Eidenmüller*, Vertrags- u. Verf.R. der Wirtschaftsmediation; S. 2; *Hacke*, Der ADR-Vertrag, S. 19; *Risse*, BB 1999, Beilage Nr. 9, S. 1 (5); *Katzenmeier*, in: *Ripke/Bornewasser/Fülgraff/Kahlweit/Katzenmeier*, ZKM 2005, 155 (160); *Mankowski*, MDR 2001, 1198 (1199); *Mankowski*, ZKM 2001, 293.

[30] *Köper*, Die Rolle des Rechts im Mediationsverfahren, S. 85; *Mähler/Mähler*, in: *Haft/v. Schlieffen*, Hdb. Mediation, § 34 Rn. 64; *Duve*, in: *Duve/Eidenmüller/Hacke*, Mediation in d. Wirtschaft, S. 75 (88); *Volkmann*, Mediation im Zivilprozess, S. 32; *Eisele*, ZRph 2003, 183 (189); *Duve/Ponschab*, Kon:Sens 1999, 263 (266); *Tochtermann*, JuS 2005, 131 (132); *Volkmann*, SchiedsVZ 2004, 245 (247); *Katzenmeier*, in: *Ripke/Bornewasser/Fülgraff/Kahlweit/Katzenmeier*, ZKM 2005, 155 (160); *Mankowski*, MDR 2001, 1198 (1199).

[31] *Mähler/Mähler*, in: *Breidenbach/Henssler*, Mediation f. Juristen, S. 21; *Mähler/Mähler*, in: *Haft/v. Schlieffen*, Hdb. Mediation, § 34 Rn. 64; *Köper*, Die Rolle des Rechts im Mediationsverfahren, S. 103; *Zimmer*, Außergerichtl. Streitbeilegung in Dtl., S. 88; *Volkmann*, Mediation im Zivilprozess, S. 33; *Nölting*, Mediatorenverträge, S. 35; *Mähler/Mähler*, NJW 1997, 1262 (1265); *Mähler/Mähler*, AnwBl. 1997, 353 (357); *Risse*, BB 1999, Beilage Nr. 9, S. 1 ff.; *Eisele*, ZRph 2003, 183 (189); *W. Gottwald*, WM 1998, 1257 (1260); *W. Gottwald*, Betrifft JUSTIZ 1999, 117 (125); *W. Gottwald*, AnwBl. 2000, 265 (268); *Mankowski*, MDR 2001, 1198 (1199); *Mankowski*, ZKM 2001, 293; *Volkmann*, SchiedsVZ 2004, 245 (247); *Katzenmeier*, ZZP 2002, S. 51 (74).

[32] Vgl. u.a.: *Eisele*, ZRph 2003, 183 (188); *Köper*, Die Rolle des Rechts im Mediationsverfahren, S. 108.

[33] *Mähler/Mähler*, Kon:Sens 1999, 200 (202); *Mähler/Mähler*, NJW 1997, 1262 (1265); *Ripke*, in: *Haft/v. Schlieffen*, Hdb. Mediation, § 5 Rn. 20; vgl. auch: *Eidenmüller*, in: *Breidenbach/Coester-Waltjen/Heß u.a.*, Konsensuale Streitbeilegung, S. 45 (46 f.); *Eisele*, ZRph 2003, 183 (188 f.); *Eidenmüller*, Vertrags- u. Verf.R. der Wirtschaftsmediation; S. 2; BAFM-Richtlinien für Familienmediation, IV. 1.

dispositiven Rechts bewertet werden kann.[34] Letztlich findet das Mediationsverfahren quasi „im Schatten des Rechts"[35], nicht aber unter Ausblendung des Rechts statt. Auch wenn das auf Konsens und Überwindung einer schlichten rechtlichen Konfliktbetrachtung abzielende Mediationsverfahren sich nicht ausschließlich nach den existierenden Normen und Gesetzen richtet, muss die Mediation auch rechtliche Fragestellungen einbeziehen und muss das relevante Gesetzesrecht das Mediationsverfahren und sein Ergebnis zumindest stützen.[36] Mediation und Recht bilden insofern keinen Gegensatz.[37] Gleichwohl bezieht sich das gerichtliche Verfahren im Rahmen der Rechtsanwendung auf einen zurückliegenden Sachverhalt, auf (Rechts-)Tatsachen als konkrete, der Nachprüfung durch Dritte offenstehende äußere und innere Vorgänge der Vergangenheit oder Gegenwart, mit anderen Worten orientiert sich eher an der Vergangenheit und dem Problem der Wahrheitsermittlung. Die Mediation sucht unterdessen mit Konzentration auf die Interessen und Beziehungen zwischen den Beteiligten vor allem eine kreative, konsensuale Lösung für die Gegenwart und Zukunft und kann mithin als zukunftsorientiert bezeichnet werden.[38] Schließlich bleibt festzuhalten, dass im Rahmen gerichtlicher Ver-

---

[34] *Eidenmüller,* in: *Breidenbach/Coester-Waltjen/Heß u.a.,* Konsensuale Streitbeilegung, S. 45 (47); *Eidenmüller,* Vertrags- und Verfahrensrecht der Wirtschaftsmediation, S. 2; *Volkmann,* Mediation im Zivilprozess, S. 32; *Risse,* BB 1999, Beilage Nr. 9, S. 1 (4).

[35] Grundlegend: *Mnookin/Kornhauser,* 88 Yale Law Journal (1979), 950 ff.: „Bargaining in the shadow of the law". Vgl. zudem auch: *Eidenmüller,* in: *Breidenbach/Coester-Waltjen/Heß u.a.,* Konsensuale Streitbeilegung, S. 45 (47); *Eidenmüller,* Vertrags- u. Verf.R. der Wirtschaftsmediation; S. 2; *Breidenbach,* Mediation, S. 104; *Nölting,* Mediatorenverträge, S. 34; *Duve,* Mediation u. Vergleich im Prozess, S. 88; *Volkmann,* Mediation im Zivilprozess, S. 32; *Hacke,* Der ADR-Vertrag, S. 19; *Duve/Ponschab,* Kon:Sens 1999, 263 (266); *Tochtermann,* JuS 2005, 131 (132); *Mankowski,* MDR 2001, 1198 (1199); *Katzenmeier,* in: *Ripke/Bornewasser/Fülgraff/Kahlweit/Katzenmeier,* ZKM 2005, 155 (160); *Vetter,* Mediation u. Vorverfahren, S. 137.

[36] Vgl.: European Code of Conduct for Mediators, Ziff. 3.1 (abgedruckt in: ZKM 2004, 148 f.); *Heß/Sharma,* in: *Haft/v. Schlieffen,* Hdb. Mediation, § 26 Rn. 1.

[37] *Heß/Sharma,* in: *Haft/v. Schlieffen,* Hdb. Mediation, § 26 Rn. 1.

[38] *Duve,* Mediation u. Vergleich im Prozess, S. 87; *Jaquenod/Racine,* in: DACH-Schriftenreihe: Mediation, S. 91; *Mähler/Mähler,* in: *Breidenbach/Henssler,* Mediation f. Juristen, S. 13 (23); *W. Gottwald,* AnwBl. 2000, 265 (268); *Sander,* in: *W. Gottwald/Strempel,,* Streitschlichtung, S. 31 (34); *Schillinger,* Mediation im Verwaltungsrecht, S. 23; *W. Gottwald,* Betrifft JUSTIZ 1999, 117 (125); *v. Bargen,* DVBl. 2004, 468 (471); *v. Bargen,* BDVR-Rundschreiben 2004, 55 (56); *Neuenhahn,* NJW 2004, 663 (664); *Voß,* in: Münchener Anwaltshandbuch: VerwR, Teil B, § 3 Rn. 16 f.; *Zimmer,* Außergerichtl. Streitbeilegung in Dtl., S. 88; *Rüssel,* Mediation in komplexen Verwaltungsverf., S. 78; *W. Gottwald,* AnwBl. 2000, 265 (268); *Ortloff,* in: *Haft/v. Schlieffen,* Hdb. Mediation, § 29 Rn. 86; *Volkmann,* Mediation im Zivilprozess, S. 6; vgl. auch: Projekt Gerichtsnahe Mediation in Niedersachsen – Projektabschlussbericht, S. 1, wonach Anknüpfungspunkt des Rechts meist in der Vergangenheit liegende Vorgänge, die im gerichtlichen Verfahren aufgeklärt werden, sind. Auf der anderen Seite darf die Zukunftsgerichtetheit der Mediation jedoch nicht dahingehend verstanden werden, dass die Vergangenheit im Mediationsverfahren völlig außer Acht zu lassen ist. Dies wäre für die Erarbeitung einer nachhaltigen Lösung oftmals kontraproduktiv bzw. würde die Lösungsfindung in einer Vielzahl von Fällen sogar unmöglich machen. Zur Beachtung der Vergangenheit im Rahmen der Mediation vgl. auch: *Dendorfer,* MDR 2003, S. 135 f.

fahren (meist) öffentlich verhandelt wird, während das Mediationsverfahren eine Streitbeilegung im Rahmen eines vertraulichen, kommunikativen Gesprächs ermöglicht.[39]

Ein zusätzlicher Unterschied bezüglich des Verfahrensablaufs im Falle des Gerichts- und des Mediationsverfahrens liegt in dem Umstand, dass der Mediator – im Vergleich zum Richter – in der Regel durchaus auch getrennt mit den Parteien verhandeln, das heißt so genannte Caucuses[40] abhalten und eine so genannte Shuttle-Diplomatie anwenden darf.[41] Die als Einzelgespräche geführten Verhandlungssitzungen dienen dazu, zusätzliche (vertrauliche) Informationen der Parteien zu erlangen, die der jeweiligen Gegenseite nicht offengelegt werden sollen/müssen. Ferner können die Mediationsparteien gegebenenfalls vor Manipulationen durch die jeweils andere Partei geschützt und Schädigungen der zwischen den Konfliktparteien eventuell bestehenden Beziehung vermieden werden. Zudem kann der Mediator in einem Einzelgespräch in der Rolle eines „advocatus diaboli" die Auffassung der Gegenseite vertreten und so das Verständnis der Parteien für den jeweiligen Gegner fördern. Letztlich ist im Rahmen von Einzelgesprächen oftmals eine sachlichere, ruhigere und damit effizientere Behandlung des jeweiligen Streitpunktes möglich; die Parteien können ohne Hemmungen auch noch entwicklungsbedürftige Lösungsansätze unterbreiten, die sie im Beisein der Gegenseite aus Furcht vor Kritik, Blamage oder Gesichtsverlust verschweigen würden.[42]

Ferner ist das Mediationsverfahren im Gegensatz zum Gerichtsverfahren durch die Grundsätze der Freiwilligkeit und Vertraulichkeit gekennzeichnet. Freiwilligkeit des Mediationsverfahrens meint dabei zunächst, dass die Entscheidung zur Durchführung einer Mediation von allen Beteiligten autonom getroffen wird.[43] Gleichzeitig meint Freiwilligkeit auch, dass die Beteiligten in ihrer Selbstbestimmung nicht beschränkt sind und jeder Beteiligte jederzeit ohne Angabe von Gründen aus dem Mediationsverfahren aussteigen und gegebenenfalls den Rechtsweg beschreiten oder ein Schiedsgerichtsverfahren einleiten kann, ohne dass dies für sie mit einem Nachteil verbunden wäre.[44] Sinn und Zweck des Grundprinzips der Freiwilligkeit ist es dabei, zwischen den Parteien eine möglichst

---

[39] *v. Bargen,* DVBl. 2004, 468 (471); *Jaquenod/Racine,* in: DACH-Schriftenreihe: Mediation, S. 91.

[40] Vgl. hierzu als aktuellen Beitrag u.a.: *Calkins,* ZKM 2007, 176 ff.

[41] Vgl.: *Oldenbruch,* Die Vertraulichkeit im Mediationsverfahren, S. 21; *Risse,* NJW 2000, 1614 (1616 f.); *W. Gottwald,* WM 1998, 1257 (1269).

[42] Vgl.: *P. Gottwald,* in: FS A. Ishikawa, S. 137 (149); *Risse,* NJW 2000, 1614 (1616); vgl. zudem auch: *Kovach,* Mediation, S. 238 ff.

[43] Zur Freiwilligkeit der Mediation im angloamerikanischen Rechtssystem vgl. auch: Zweiter Teil , 2. Kapitel, Unterpunkt III.

[44] *Kracht, Heß/Sharma* u. *Rüssel,* in: *Haft/v. Schlieffen,* Hdb. Mediation, § 15 Rn. 99 bzw. § 26 Rn. 51 u. § 33 Rn. 44; *Oldenbruch,* Die Vertraulichkeit im Mediationsverfahren, S. 7; *Kracht/Rüssel,* JA 2003, 725 (730); *Rüssel,* Mediation in komplexen Verwaltungsverf., S. 88; *v. Hoyningen-Huene,* JuS 1997, 352; *Zimmer,* Außergerichtl. Streitbeilegung in Dtl., S. 89; *Voß,* in: Münchener Anwaltshandbuch: VerwR, Teil B, § 3 Rn. 19 f.; *Deventer/Ferner,* in: *Fritz/Karber/Lambeck,* Mediation statt Verwaltungsprozess?, S. 105 (108); *Ponschab/Kleinhenz,* DRiZ 2002, 430 (432); BAFM-Richtlinien für Familienmediation, II 3. (1); *Eisele,* Jura 2003, 656 (659); *Monßen,* in: FS R. Haase, S. 293 (298); *Monßen,* ZKM 2006, 83 (84); *Seifert,* in: *Pitschas/Walther,* Mediation in d. Verwaltungsgerichtsbarkeit, S. 59 (64); *Niewitsch-Lennartz,* Dokumentation zum 14. Dt. Verwaltungsrichtertag 2004, S. 51 (51 u. 59).

offene Verhandlungsatmosphäre zu schaffen,[45] den (Einigungs-)Druck der Parteien zu mindern und letztlich eine Lösung von größerer, dauerhafterer Akzeptanz zu erreichen. Das Prinzip der Vertraulichkeit[46] soll dagegen verhindern, dass Informationen, die im Rahmen des Mediationsverfahrens zur Erarbeitung einer komplexen konsensualen Lösung offenbart wurden und werden, im Anschluss an das Mediationsverfahren (gegebenenfalls gegen die offenbarende Partei) verwandt werden können[47] oder allgemein an Außenstehende gelangen. Aus diesem Grunde beinhaltet die Vertraulichkeitsmaxime unter anderem auch, dass zum einen niemand erfahren muss, dass überhaupt ein Mediationsverfahren durchgeführt wurde, und zum anderen, dass die Mediation – im Gegensatz zum gerichtlichen Verfahren – in der Regel nicht unter Beteiligung der Öffentlichkeit stattfinden wird. Auch für die Zeit nach dem eigentlichen Mediationsverfahren werden die Parteien regelmäßig die Vertraulichkeit aller im Mediationsverfahren zur Sprache gekommenen Einzelheiten vereinbaren.[48]

Des Weiteren unterscheiden sich das gerichtliche Verfahren und das Konzept der Mediation vor allem mit Blick auf die durch das jeweilige Verfahren gewonnene Konfliktlösung, wobei das gerichtliche Verfahren eher auf die Gewährung einer gewissen Rechtssicherheit zielt, während das Mediationsverfahren im Wege integrativer Verhandlungen eine nachhaltige Befriedigung der beteiligten Parteien in Form einer so genann-

---

[45] *Kracht*, in: *Haft/v. Schlieffen*, Hdb. Mediation, § 15 Rn. 99.

[46] Vgl. zur Vertraulichkeit der Mediation u.a. auch: *Hilber*, Die Sicherung der Vertraulichkeit des Mediationsverf., insbes. S. 5 ff., 9 ff. u. ; *Oldenbruch*, Die Vertraulichkeit im Mediationsverfahren, insbes. S. 14 ff.; *Kracht* u. *Hartmann*, in: *Haft/v. Schlieffen*, Hdb. Mediation, § 15 Rn. 120 ff. bzw. § 27; *Hager*, Konflikt u. Konsens, S. 83 u. 117 ff.; *Rüssel*, Mediation in komplexen Verwaltungsverfahren, S. 89 f.; *Volkmann*, Mediation im Zivilprozess, S. 3; *Deventer/Ferner*, in: *Fritz/Karber/Lambeck*, Mediation statt Verwaltungsprozess?, S. 105 (110); *Härtel*, JZ 2005, 753 (761 f.); *Mähler/Mähler*, ZKM 2001, 4 ff; *Eckhardt/Dendorfer*, MDR 2001, 786 ff.; *Neuhaus*, ZKM 2002, 8 ff.; *Spindler/Apel/Spalckhaver*, ZKM 2003, 192 (195); *Groth/v. Bubnoff*, NJW 2001, 338 ff.; *Koch*, NJ 2005, 97 (101); *Freund*, SGb 2005, 678 (680 f.); *Bercher*, IDR 2005, 169 ff.; *Büttner/Heinecke*, in: *Pitschas/Walther*, Mediation in d. Verwaltungsgerichtsbarkeit, S. 251 (266); *Rapp*, Mediation im Verwaltungsrecht, S. 19 ff.; *Köper*, Die Rolle des Rechts im Mediationsverfahren, S. 30; *C.-H. Horn*, in: FS R. Haase, S. 267 (274 f.); Bericht der Arbeitsgruppe Mediation bei den Berliner Gerichten v. 20.7.2005, S. 75 ff.; *Hilber*, BB 2003, Beilage Nr. 5, S. 9 (11 ff.); *Spindler*, Abschlussbericht zum Forschungsprojekt Gerichtsnahe Mediation in Niedersachsen, Rn. 108, 113 u. 343; *Schneeweiß*, DRiZ 2002, 107 (111); *Wagner*, NJW 2001, 1398 ff.; *Duve/Prause*, IDR 2004, 126 ff.; *Duve*, in: *Duve/Eidenmüller/Hacke*, Mediation in d. Wirtschaft, S. 86 (111); *Eidenmüller*, Vertrags- u. Verfahrensrecht d. Wirtschaftsmediation, S. 23 ff.; *Eidenmüller*, in: *Breidenbach/Coester-Waltjen/Heß u.a.*, Konsensuale Streitbeilegung, S. 45 (64 ff.); *Hager*, ZKM 2003, 52 (55); *Goldberg/Sander/Rogers/Cole*, Dispute Resolution, S. 427 ff.; *Kovach*, Mediation, S. 262 ff.; *Riskin/Westbrook*, Dispute Resolution and Lawyers, S. 247 ff.; Anmerkung, in: 98 Harvard Law Review (1984/1985, S. 441 ff.; *Niemic/Stienstra/Ravitz*, Guide to Judicial Management of Cases in ADR, S. 93 ff.; *Williams*, Journal of Dispute Resolution 2005, 209 ff; *Ehrhardt*, 5 Dispute Resolution Magazine (1998), 17 ff.; *Deason*, 17 Ohio State Journal on Dispute Resolution (2002), 239 ff.; *Weston*, 8 Harvard Negotiation Law Review (2003), 29 ff.

[47] So auch: *Kracht*, in: *Haft/v. Schlieffen*, Hdb. Mediation, § 15 Rn. 120. Vgl. auch: *Deventer/Ferner*, in: *Fritz/Karber/Lambeck*, Mediation statt Verwaltungsprozess?, S. 105 (119).

[48] Vgl. u.a.: *Rüssel*, in: *Haft/v. Schlieffen*, Hdb. Mediation, § 33 Rn. 44; *Kracht/Rüssel*, JA 2003, 725 (730).

ten Win-Win-Situation[49] anstrebt. Bezweckt wird letztlich eine Lösung, bei der jeder Partei möglichst viel gegeben und möglichst wenig genommen wird[50] und ein Kooperationsgewinn derart erzielt wird, dass die Parteien jeweils einen mit Blick auf ihre Interessenlage geringwertigeren Teil ihrer Positionen aufgeben, um dafür etwas zu erhalten, dem aufgrund der jeweiligen Interessen ein verhältnismäßig höherer Wert zugerechnet wird.[51] Durch ein Gerichtsverfahren lässt sich eine Win-Win-Situation regelmäßig nur sehr schwer erreichen. Hier kommen die tatsächlichen Interessen und daher auch die unterschiedlichen Wertschätzungen der verschiedenen Positionen nicht ausreichend zur Sprache, so dass es den Parteien nicht möglich ist, durch gegenseitiges Geben und Nehmen einen Kooperationsgewinn zu erwirtschaften. Häufig besteht eine aufgrund eines Gerichtsverfahrens gefundene Lösung stattdessen in einem Urteil in Form einer „Alles-oder-Nichts"- beziehungsweise einer „Entweder/Oder"-Entscheidung, so dass es nicht zu einem wertschöpfenden Ausgleich zwischen den Interessen der Beteiligten, sondern eher zu einer insgesamt unbefriedigenden Lösung mit klaren Gewinnern und Verlierern kommt.[52] Man kann die gerichtliche Entscheidung daher auch als Zero-Sum-Situation[53] oder Nullsummenspiel bezeichnen, bei dem eine Partei gewinnt, was die andere gleichzeitig verliert.[54] Eine zusätzliche Wertschöpfung infolge des gefundenen Ergebnisses unterbleibt. Letztlich stehen im Gerichtsverfahren die von den Parteien eingenommenen Positionen, die durch Gesetze bestimmt werden und deren Durchsetzung das Gerichtsverfahren dient, einem kooperativen, zukunftsorientierten Verhandeln entgegen, denn Positionen beruhen auf der erlebten Vergangenheit und den dort geschehenen Fehlern, für die ein Ausgleich gesucht wird. Demzufolge sind Gerichtsentscheidungen – im Gegensatz zu Mediationsergebnissen – nicht nur vergangenheitsorientiert, sondern enthalten auch nur selten gestalterische und planerische Elemente.[55]

---

[49] Vgl.: *Breidenbach* u. *Eidenmüller*, in: *Breidenbach/Henssler*, Mediation f. Juristen, S. 1 (5); bzw. S. 31 ff.; *Nölting*, Mediatorenverträge, S. 6; *Spellbrink*, SGb 2003, 141 (142); Anmerkung, in: 103 Harvard Law Review (1989/1990), 1086 (1092); *Trieb*, Konsens und Verwaltungsverfahren, S. 40, 62; *Gaßner/Holznagel/Lahl*, Mediation, S. 53 f.; *Spindler*, Abschlussbericht zum Forschungsprojekt Gerichtsnahe Mediation in Niedersachsen, Rn. 211.

[50] *Haft*, Verhandlung u. Mediation, S. 248.

[51] *Breidenbach*, Mediation, S. 72.

[52] *Sander*, in: *W. Gottwald/Strempel*, Streitschlichtung, S. 31 (34); *Haft*, in: FS R. A. Schütze, S. 255 (263); *Haft*, BB 1998, Beilage Nr. 10, S. 15; *Eisele*, ZRph 2003, 183 (186); *Rüssel*, Mediation in komplexen Verwaltungsverf., S. 78; *Trieb*, Konsens und Verwaltungsverfahren, S. 9.

[53] *Susskind/Cruikshank*, Breaking the Impasse, S. 179.

[54] *Mähler/Mähler*, in: *Breidenbach/Henssler*, Mediation f. Juristen, S. 13 (26); *Eidenmüller*, in: *Henssler/Koch*, Mediation in d. Anwaltspraxis, § 2 Rn. 3; *Breidenbach*, Mediation, S. 71; *Haft*, in: FS R. A. Schütze, S. 255 (263); *Haft*, in: FS A. Söllner, S. 391 (397); *Haft*, BB 1998, Beilage Nr. 10, S. 15; *Haft* u. *Kessen/Troja*, in: *Haft/v. Schlieffen*, Hdb. Mediation, § 2 Rn. 29 bzw. § 16 Rn. 73; *Eisele*, ZRph 2003, 183 (186 u. 187); *Dendorfer*, MDR 2003, 135 (136); *Schillinger*, Mediation im Verwaltungsrecht, S. 21 f.; *Hoffmann-Riem*, Modernisierung v. Recht u. Justiz, S. 72; *Susskind/Cruikshank*, Breaking the Impasse, S. 179; *Spellbrink*, SGb 2003, 141 (142); *Schönhauser*, in: *Pitschas/Walther*, Mediation in d. Verwaltungsgerichtsbarkeit, S. 89 (93); *Katzenmeier*, in: *Ripke/Bornewasser/Fülgraff/Kahlweit/Katzenmeier*, ZKM 2005, 155 (159); vgl. auch: *Vetter*, Mediation u. Vorverfahren, S. 137.

[55] *Löer*, ZZP 2006, 199 (200); *Dendorfer*, DB 2003, 135 (136); *Risse*, NJW 2000, 1614 (1619).

Überdies werden im Rahmen einer gerichtlichen Überprüfung der jeweiligen Streitigkeit die ergehenden Entscheidungen in der Regel mit einer Begründung versehen, die sich nicht darauf beschränkt, das im jeweiligen Einzelfall gefundene Ergebnis zu erläutern, sondern zugleich in gewissem Maße (im auf dem so genannten case-law basierenden angloamerikanischen Rechtskreis mehr, im kontinentaleuropäischen Bereich etwas weniger) Richtlinien für künftige Streitfälle aufgestellt. Das Ergebnis des Mediationsverfahrens dagegen stellt eine auf den Einzelfall zugeschnittene Lösung ohne jedwede Präzedenzwirkung dar.[56]

Schon auf dem Weg zur Konfliktlösung fällt auf, dass durch Gerichtsverfahren bestehende Gegensätzlichkeiten eher betont als abgebaut werden, während das auf einer Konsensfindung beruhende Konzept der Mediation auf eine langfristige Versöhnung der Parteien und einen Ausgleich zwischen den Parteien zielt.[57] Zudem ist der Einfluss der Parteien auf die Person des Richters (Stichwort: gesetzlicher Richter) und das gerichtliche Urteil regelmäßig beschränkt und das gerichtliche Entscheidungsverfahren in starkem Maße von Anwälten dominiert, während die Bestimmung eines neutralen Vermittlers und die Entwicklung einer Lösung im Rahmen der Mediation einzig in den Händen der Parteien liegt.[58] Letztere sind es hier, die autonom – das heißt selbständig, eigenverantwortlich und frei von Einflüssen Dritter – eine konsensuale, für alle Parteien befriedigende Konfliktregelung erarbeiten, selbst wenn auch hier die Beteiligung von Anwälten möglich ist und zuweilen sogar empfehlenswert erscheint.

Schließlich unterscheiden sich Gerichtsverfahren und Mediation auch bezüglich der Durchsetzbarkeit des jeweils gefundenen Ergebnisses sowie hinsichtlich der Stellung des Richters im Gerichtsverfahren einerseits und der Stellung des Mediators im Mediationsverfahren andererseits. Während das gerichtliche Urteil unmittelbar vollstreckbar ist, stellt das Mediationsergebnis lediglich eine Vereinbarung zwischen den Parteien dar.[59] Im Hinblick auf die Stellung von Richter und Mediator wird zwar von beiden ein hohes Maß an Neutralität erwartet, so dass insofern eine wichtige Gemeinsamkeit zu konstatieren ist. Indes wird dem unabhängigen Dritten im Gerichtsverfahren eine weitaus wichtigere Stellung eingeräumt. Es liegt an ihm, eine Lösung des jeweiligen Konflikts herbeizuführen, das heißt den jeweiligen Konflikt zu entscheiden. Die Lösung des jeweiligen Konflikts ist im Rahmen des Gerichtsverfahrens auf einen Dritten, namentlich den Richter, delegiert. Während dieser das Gerichtsverfahren nach den Regeln des Prozessrechts leitet und den bestehenden Konflikt letztlich als außenstehende Person einer verbindlichen Entscheidung zuführt, versteht sich der Mediator eher als eine die Lösungsfindung konstruktiv begleitende Person, die den Streitparteien in ihrer selbständigen Suche nach einer einvernehmlichen Lösung der jeweiligen Streitigkeit assistierend zu Seite steht, jedoch keine eigene abschließende Entscheidung des Konflikts herbeiführt.

---

[56] *Sander*, in: *W. Gottwald/Strempel*, Streitschlichtung, S. 31 (34).

[57] *Jaquenod/Racine*, in: DACH-Schriftenreihe: Mediation, S. 91.

[58] Vgl.: *v. Bargen*, DVBl. 2004, 468 (471); *Jaquenod/Racine*, in: DACH-Schriftenreihe: Mediation, S. 91; *Passavant*, DÖV 1987, 516 (517).

[59] *Jaquenod/Racine*, in: DACH-Schriftenreihe: Mediation, S. 91.

II. Mediation und gerichtliche Vergleichsverhandlung

Wie im Rahmen der Gegenüberstellung von Mediation und gerichtlichem Verfahren fällt auch beim Vergleich zwischen dem Konzept der Mediation und dem richterlicher Vergleichsverhandlungen[60] auf, dass es in beiden Verfahren im Grunde um das Verhandeln eines Konfliktes geht und, dass in beiden Konfliktlösungsverfahren ein neutraler, unparteiischer Dritter beteiligt ist. Beide Verfahren schaffen zudem ein Vergleichsereignis (einen so genannten „settlement event"[61]) und sind überdies noch geeignet, typische Einigungshindernisse herkömmlicher Verhandlungen – zum Beispiel die Furcht, die eigenen Informationen und Interessen offen zu legen, bestehende und gepflegte Vorurteile sowie Fehleinschätzungen der Situation oder intuitive Ablehnungshaltungen – zu überwinden.[62] Im Übrigen treten beim Vergleich zwischen gerichtlicher Vergleichsverhandlung und Mediation jedoch ähnliche Unterschiede zu Tage, wie bei der Gegenüberstellung von Mediation und streitigem Gerichtsverfahren.

Ähnlich wie beim Vergleich zwischen Mediation und herkömmlichem Gerichtsverfahren besteht ein Unterschied zwischen gerichtlichen Vergleichsverhandlungen und Mediationsverfahren beispielsweise darin, dass im Rahmen der Mediation der unabhängige Dritte – der Mediator – durch die beteiligten Parteien ausgewählt und beauftragt wird, während im Falle der gerichtlichen Vergleichsverhandlung zumeist der gesetzliche Richter tätig wird. Zudem ist der Mediator im Rahmen der Mediation in der Regel lediglich ein Vermittler und Förderer der Kommunikation, so dass ansonsten ein direkter Kontakt zwischen den Konfliktparteien herrscht. Im gerichtlichen Vergleichsverfahren dagegen besteht ein nur indirekter Kontakt zwischen den Parteien und der Richter verhandelt direkt mit den Parteien sowie den Anwälten der Beteiligten.

Auch mit Blick auf die Lösungssuche unterscheiden sich gerichtliche Vergleichsverhandlung und Mediation in ähnlicher Weise wie Mediation und streitiges Gerichtsverfahren: Auch im Zuge gerichtlicher Vergleichsverhandlungen sind es meist nicht die Parteien selbst, die Lösungsmöglichkeiten des jeweiligen Konflikts erarbeiten. Stattdessen ist es in vielen Fällen der Richter, der eine Lösung für das jeweilige Problem entwickelt und vorschlägt sowie auf Wunsch der Parteien oder im Falle des Scheiterns der Vergleichsgespräche entscheidet. Im Vergleich zum Mediator ohne Entscheidungsmacht vereint der vergleichende Richter somit zwei völlig unterschiedliche Aufgaben in seiner Person: Die Aufgabe zu vergleichen und – im Falle des Scheiterns der Vergleichsbemühungen – die Aufgabe, zu entscheiden. Die Doppelstellung des Richters[63] im Rahmen der Vergleichsverhandlung kann dabei zu einem gewissen Rollenkonflikt führen, der sich in einem Verhandlungsdilemma derart auswirkt, dass die Parteien aus Angst vor einer späte-

---

[60] Vgl. hierzu u.a.: *P. Gottwald*, in: FS A. Ishikawa, S. 137 (148 ff.) *W. Gottwald*, AnwBl. 2000, 265 (268 f.).

[61] *W. Gottwald*, AnwBl. 2000, 265 (268).

[62] Vgl.: *W. Gottwald*, AnwBl. 2000, 265 (268); *W. Gottwald*, in: *Henssler/Koch*, Mediation in d. Anwaltspraxis, § 7 Rn. 46; *W. Gottwald*, Betrifft JUSTIZ 1999, 117 (123).

[63] Vgl. hierzu u.a.: *Ortloff*, in: FG 50 Jahre BVerwG, S. 727 f.; *Ortloff*, in: *Haft/v. Schlieffen*, Hdb. Mediation, § 29 Rn. 74 ff.

ren Entscheidung durch den zunächst vergleichenden Richter im Vergleichsgespräch mit Informationen und persönlichen Interessen hinter dem Berg bleiben, was wiederum die Findung einer möglichst optimalen Vergleichslösung erschwert und zuweilen sogar unmöglich macht.[64] Zudem und unter anderem auch aufgrund der oft zum Verhandlungsdilemma führenden Doppelstellung des vergleichenden Richters ist auch die gerichtliche Vergleichsverhandlung (wie schon das streitige Gerichtsverfahren) oft von Positionen und Ansprüchen der Beteiligten geprägt, anstatt sich mit Blick auf die Zukunft auf die dahinter stehenden Interessen und Bedürfnisse zu beziehen.[65] Auch die Vergleichsverhandlungen bleiben aufgrund der Orientierung an einem begrenzten Streitgegenstand in der Regel auf eine Beurteilung der Sach- und Rechtslage und damit auf eine Vergangenheitsbewältigung beschränkt, obwohl grundsätzlich auch das Vergleichsverfahren die Möglichkeit in sich birgt, im Hintergrund bestehende Interessen der Beteiligten zu berücksichtigen.[66]

Hinzu kommt, dass im Rahmen gerichtlicher Vergleichsverhandlungen ein gewisser Vergleichsdruck besteht, der dem Mediationsverfahren fremd ist. Dieser Vergleichsdruck rührt daher, dass Richter aufgrund der Überlastung der Justiz unter einem ständigen Erledigungs- und Zeitdruck stehen und schon daher – trotz anderslautender Bekundungen und hinzutretender anderer Motive – ein besonderes Interesse an Vergleichsabschlüssen haben, die ein langes Gerichtsverfahren, lange Urteile sowie unangenehme Berufungen und Revisionen ersparen.[67] Gleichzeitig besitzen Mediator und vergleichender Richter ein gänzlich unterschiedliches Selbstverständnis, wenn sie sich um die gütliche Beilegung einer Streitigkeit bemühen. Im Gegensatz zum Mediator beschränkt sich der vergleichende Richter in der Regel nicht auf die bloße Rolle eines Moderators, der die eigenständigen Verhandlungen der Konfliktparteien lediglich leitet und strukturiert.[68]

Schließlich kann die Mediation im Vergleich zu gerichtlichen Vergleichsbemühungen – selbstverständlich abhängig von der Person des jeweiligen Richters beziehungsweise des jeweiligen Mediators – oft in zweifacher Hinsicht als die in gewissem Sinne „kompetentere" Streitbeilegung bezeichnet werden. Zum einen können die Parteien im Rahmen der Mediation einen auf dem jeweiligen Spezialgebiet fachkundigen Mediator auswählen. Zum anderen verfügen speziell hierfür ausgebildete Mediatoren gelegentlich über eine höhere Verhandlungs- und Vergleichskompetenz als ein vergleichender Richter.[69]

III. Mediation und Schiedsgerichtsverfahren (Arbitration)

Gemeinsamkeiten zwischen Mediation und Schiedsverfahren bestehen darin, dass die Einleitung beider Verfahren freiwillig ist und dass in beiden Verfahren ein unabhängiger

---

[64] Vgl.: *W. Gottwald*, AnwBl. 2000, 265 (269); *W. Gottwald*, Betrifft JUSTIZ 1999, 117 (125). Vgl. zum Rollenkonflikt auch: *Härtel*, JZ 2005, 753 (756).
[65] Vgl.: *P. Gottwald*, in: FS A. Ishikawa, S. 137 (153).; *Ponschab/Kleinhenz*, DRiZ 2002, 430 (432).
[66] *W. Gottwald*, AnwBl. 2000, 265 (269); *Ponschab/Kleinhenz*, DRiZ 2002, 430 (432).
[67] Vgl.: *W. Gottwald*, AnwBl. 2000, 265 (269).
[68] *W. Gottwald*, AnwBl. 2000, 265 (269).
[69] So: *W. Gottwald*, AnwBl. 2000, 265 (269).

Dritter ausgewählt und in die Konfliktbeilegung einbezogen wird. Im Vergleich zur interessenorientierten Mediation richten sich Schiedsverfahren jedoch – ähnlich wie das gerichtliche Verfahren – vor allem nach den rechtlichen Positionen und Ansprüchen der Parteien.[70] Eine weitere Gemeinsamkeit mit dem gerichtlichen Verfahren – und damit ein weiterer Unterschied zur Mediation – liegt in der Tatsache begründet, dass sich auch das Schiedsverfahren meist auf die Bewertung eines abgeschlossenen, in der Vergangenheit liegenden Sachverhaltes richtet, während im Rahmen der Mediation meist eine zukunftsorientierte Ausweitung des Streitgegenstandes erfolgt.[71] Im Unterschied zur Mediation erfolgt die Konfliktbeilegung im Schiedsverfahren ferner nicht autonom durch die Konfliktparteien. Ähnlich einem Richter und anders als dem Mediator, wird dem von den Parteien zur Konfliktbeilegung hinzugezogenen Dritten die Entscheidung des jeweiligen Konflikts übertragen, so dass dieser Dritte als eine Art Autorität[72] die Lösung des konkreten Konflikts entwickelt. Das Schiedsgericht ist quasi ein unter den Vertragsparteien vereinbartes, privates Gericht, welches an Stelle eines staatlichen Gerichts in Rechtsstreitigkeiten entscheidet. Zwar dient auch das Schiedsverfahren der Vergleichsförderung, es ist jedoch – wie das Gerichtsverfahren – bei einem Fehlschlagen gütlicher Einigungsversuche unmittelbar mit einer rechtsverbindlichen Entscheidung verknüpft.[73] Ein weiterer Unterschied zwischen Mediation und Schiedsverfahren besteht darin, dass sich die Parteien dem eventuellen Schiedsspruch des Schiedsgerichts vorab unterwerfen, während bei der auf Freiwilligkeit und Selbstverantwortlichkeit basierenden Mediation die Entscheidung des Konflikts ausschließlich den Parteien obliegt.[74] Zudem unterscheiden sich das Schiedsverfahren und die Mediation dahingehend, dass ersteres Verfahren weit mehr dem gerichtlichen Verfahren ähnelt und weitaus förmlicher ausgestaltet ist als das informelle Mediationsverfahren. Wie im Gerichtsverfahren werden auch hier oft Beweiserhebungen sowie Zeugenanhörungen durchgeführt. Ähnlichkeiten zwischen den beiden Verfahrensalternativen bestehen dagegen unter anderem dahingehend, dass in beiden Verfahren der Konflikt in einer der Konfliktlösung zuträglicheren Atmosphäre als in einem Gerichtssaal aufgearbeitet werden kann und, dass eine Schiedsperson – ähnlich wie ein Mediator – stärker auf die tatsächlichen Interessen und Bedürfnisse der Beteiligten eingehen kann, als dies einem Richter regelmäßig möglich ist. Schließlich bestehen zwischen Schiedsverfahren und Mediation auch Unterschiede hinsichtlich der Vollstreckbarkeit der im Wege der jeweiligen Verfahren gewonnenen Resultate. Während der Schiedsspruch grundsätzlich für vollstreckbar erklärt werden kann (§ 1060 ZPO), ist das Ergebnis einer Mediation nicht ohne weiteres vollstreckbar.

---

[70] Vgl. u.a. auch: *Alexander*, Wirtschaftsmediation in Theorie u. Praxis, S. 21; *Eidenmüller*, in: *Henssler/Koch*, Mediation in d. Anwaltspraxis, § 2 Rn. 24..

[71] Vgl. u.a.: *Rüssel*, in: *Haft/v. Schlieffen*, Hdb. Mediation, § 33 Rn. 35, 41.

[72] *Eisele*, ZRph 2003, 183 (184).

[73] *Eidenmüller*, in: *Henssler/Koch*, Mediation in d. Anwaltspraxis, § 2 Rn. 23.

[74] *Rüssel*, in: *Haft/v. Schlieffen*, Hdb. Mediation, § 33 Rn. 39; *Haft*, BB 1998, Beilage Nr. 10, S. 15; vgl. auch: *Schillinger*, VBl.BW 2001, 396 (398); *Eisele*, ZRph 2003, 183 (184); *Rapp*, Mediation im Verwaltungsrecht, S. 5 f.

IV. Mediation und Streitschlichtung (non-binding Arbitration)

Eine Gemeinsamkeit von Schlichtung und Mediation besteht darin, dass in beiden Verfahren seitens der Konfliktparteien auf freiwilliger Basis eine dritte Person ohne endgültige Entscheidungskompetenz[75] hinzugezogen wird, um eine einvernehmliche Lösung des Konflikts herbeizuführen.[76] Ein Unterschied zwischen Schlichtung und Mediation besteht jedoch bereits an dieser Stelle insofern, als die Wahl des jeweiligen Schlichters oft limitiert ist, während die Parteien bei der Wahl des Mediators regelmäßig völlig frei sind. Ferner ist die Durchführung des Schlichtungsverfahrens zuweilen obligatorisch, während die Durchführung der Mediation meist freiwillig und der Entscheidung der Konfliktparteien überlassen bleibt.[77] Im Rahmen der Streitschlichtung wird zudem oftmals – ähnlich wie im gerichtlichen Verfahren und im Gegensatz zur Mediation – eine juristische Lösung erzielt oder anhand juristischer Gesichtspunkte ein Vergleichsangebot unterbreitet. Wie im Gerichtsverfahren bemühen sich die Parteien, den jeweiligen Schlichter von ihrer Position zu überzeugen.[78] Gelingt im Laufe des Schlichtungsverfahrens keine Einigung zwischen den Konfliktparteien, so kann der Schlichter – anders als regelmäßig der Mediator – am Ende des Schlichtungsverfahrens durch einen entsprechenden Schlichterspruch selbst einen Weg zur Konfliktbeilegung vorschlagen, so dass Konfliktlösungen insofern – im Gegensatz zur Mediation – nicht freiwillig, konsensual und aufgrund einer selbstverantwortlichen Zusammenarbeit der Parteien zu Stande kommen. Anstelle der Konfliktparteien im Rahmen der Mediation ist es bei der Schlichtung oft der jeweilige Schlichter, der auf der Basis einer neutralen und unabhängigen Einschätzung des Sachverhalts und der Rechtslage einen Vergleichsvorschlag unterbreitet.[79] Die Konfliktparteien können sich auf einen solchen Schlichterspruch einlassen, müssen dies regelmäßig aber nicht.[80] Dennoch wird die Akzeptanz und Befolgung des Schlichterspruchs für den Normalfall erwartet und seine Ablehnung als zu begründende Ausnahme angesehen. Der Schlichterspruch erzeugt also zudem faktische Argumentationslasten und einen faktischen Druck auf die Vertragsparteien, der so aufgrund eines Mediationsergebnisses nicht besteht.[81] Schließlich ist ein vor einer Schlichtungs- oder Gütestelle geschlossener Vergleich – im Gegensatz zu einem Mediationsvergleich und ebenso wie ein Prozessvergleich – ein Vollstreckungstitel (§§ 294 Abs. 1 Nr. 1, 797a ZPO).

---

[75] *Eidenmüller*, in: *Henssler/Koch*, Mediation in d. Anwaltspraxis, § 2 Rn. 25; *Stumpf*, Alternative Streitbeilegung im Verwaltungsrecht, S. 277.

[76] Vgl.: *Eisele*, Jura 2003, 656 (662).

[77] Mit Blick auf das verwaltungsrechtliche Schlichtungs- und Mediationsverfahren vgl. auch: *Stumpf*, Alternative Streitbeilegung im Verwaltungsrecht, S. 277.

[78] *Haft*, in: FS A. Söllner, S. 391 (398).

[79] *Duve/Ponschab*, Kon:Sens 1999, 263 (265); *Härtel*, JZ 2005, 753 (754).

[80] *Rüssel*, in: *Haft/v. Schlieffen*, Hdb. Mediation, § 33 Rn. 34 f.; *Eidenmüller*, in: *Henssler/Koch*, Mediation in d. Anwaltspraxis, § 2 Rn. 26; *Härtel*, JZ 2005, 753 (754).

[81] *Eidenmüller*, in: *Henssler/Koch*, Mediation in d. Anwaltspraxis, § 2 Rn. 26; vgl. auch: *Eisele*, Jura 2003, 656 (662); *Haft*, in: FS A. Söllner, S. 391 (398).

V. Mediation und herkömmliche Verhandlung (Negotiation)

Ähnlich wie den Begriff der Mediation kann man das Verhandeln (Negotiation) als einen informellen Prozess beschreiben, in dem zwei oder mehr Parteien im Rahmen von Gesprächen versuchen, die jeweilige Gegenpartei(en) von ihrem Standpunkt zu überzeugen oder aber eine Einigung über eine Problematik zu erreichen, die zwischen den Beteiligten umstritten ist. Grundgedanke der Verhandlung – ähnlich wie der Mediation – ist das Erreichen eines oder mehrerer Ziele durch ein Sich-einigen.[82] Von der so genannten Negotiation – das heißt der „herkömmlichen", bipolaren Verhandlung zwischen den Streitparteien zur Beilegung eines Konflikts – unterscheidet sich die Mediation jedoch vor allem durch die Anwesenheit und Beteiligung eines neutralen Dritten (des Mediators), dessen einzige Funktion darin liegt, den Parteien unparteiisch bei der Suche nach einer Lösung des jeweiligen Konflikts und einem Verfahren hierzu behilflich zu sein und die Kommunikation zwischen den Parteien zu fördern. Mit anderen Worten: Im Rahmen der Negotiation bleiben die Konfliktparteien unter sich und treten in direkte Verhandlungen zueinander, ohne eine Dritte Person hinzuzuziehen.[83] Mediationsverhandlungen erweitern das Konzept der Negotiation um eine neutrale Person, den Konfliktmittler, der die Aufgabe hat, die Verhandlungen anzuregen, in Gang zu halten und/oder den Beteiligten zu helfen, festgefahrene Standpunkte zu überwinden.[84] Mediation ist letztlich das Verhandeln mit Unterstützung eines neutralen Dritten.

Im Gegensatz zur Mediation kommt das Verfahren der „herkömmlichen" Verhandlung nur in den Fällen in Betracht, in denen sich in etwa gleich informierte und gleich mächtige Verhandlungspartner gegenüber stehen, da Verhandlungen im Falle eines Informations- oder Machtgefälles in der Regel von vornherein zum Scheitern verurteilt sind. Auf der anderen Seite kann die Negotiation der Durchführung eines Mediationsverfahrens auch vorausgehen; die Konfliktbeteiligten können zunächst versuchen, den Streit im Wege der direkten Verhandlung einvernehmlich zu lösen und sich erst bei Scheitern dieser Verhandlungen an einen Dritten wenden, um die selbständige Konfliktlösung als Mediator zu begleiten und doch noch zu einem erfolgreichen Ende zu führen. Eine Gemeinsamkeit zwischen Negotiation und Mediation besteht jedoch jedenfalls insofern, als innerhalb beider Verhandlungsformen die Konfliktlösung ausschließlich in den Händen der Konfliktparteien verbleibt. Hier wie dort sind sie es, die autonom, freiwillig, selbstverantwortlich und selbständig einen Weg zur Beendigung ihres Konflikts herbeiführen. „The important point with respect to both negotiation and mediation is that the disputants themselves retain control over the process and the outcome. They decide what the important facts are and they decide together on the best solution."[85]

Das im Rahmen einer Mediation aufgrund der Beteiligung eines neutralen Dritten vermiedene Problem der Verhandlungsmethode liegt darin, dass die Fähigkeit der Par-

---

[82] *Alexander,* Wirtschaftsmediation in Theorie u. Praxis, S. 17.

[83] Vgl.: *Monßen,* AnwBl. 2004, S. 7 (10).

[84] *Trieb,* Konsens und Verwaltungsverfahren, S. 27; *Passavant,* DÖV 1987, 516 (519).

[85] *Sander,* in: *Hoffmann-Riem/Schmidt-Aßmann,* Konfliktbewältigung durch Verhandlungen, Bd. I, S. 141 (141 f.); *Sander,* in: *W. Gottwald/Strempel,* Streitschlichtung, S. 19 (20).

teien, sachlich miteinander zu verhandeln und dadurch sach- und interessengerechte Lösungen zu erarbeiten, bei bereits entstandenen Konflikten regelmäßig aufgrund persönlichem Misstrauen und/oder emotionalem Abwehrverhalten eingeschränkt ist. „Obwohl gerade in der Konflikthoheit, also der Unabhängigkeit der Parteien von einer bindenden Entscheidung und einer Reduzierung des Konflikts auf bloße Positionen von dritter Seite, die große Chance für vernünftige Lösungen eines Konflikts liegt, kann dieses Potenzial nicht genutzt werden."[86]

[86] *Köper*, Die Rolle des Rechts im Mediationsverfahren, S. 17.

2. Kapitel: Die Ziele eines Mediationsverfahrens

Um die Ziele sowie den Sinn und Zweck eines Mediationsverfahrens herauszuarbeiten, bietet es sich an, zunächst auf die verschiedenen Ansätze einzugehen, die mit einer Mediation verfolgt werden können. Im Anschluss sollen sodann einige weitergehende Ziele der Mediation in der hier gebotenen Kürze erläutert werden.

I. Die verschiedenen „Projekte" und Ansätze der Mediation

Breidenbach[87] folgend, können in der Mediation fünf verschiedene Ansätze und Projekte verfolgt werden:

Nach dem so genannten „Service-Delivery-Project" kann die Mediation zunächst das Ziel verfolgen, den Konfliktparteien bei der schnellen und effizienten Beilegung des konkreten Konflikts zu helfen. Dieses „Projekt" konzentriert sich dementsprechend auf die instrumentelle Verhandlungsperspektive und will vor allem die Barrieren, die dem Ziel einer Einigung zwischen den Parteien entgegenstehen, aus dem Weg räumen.[88] Im Vordergrund steht hier weniger die Selbstbestimmung der Beteiligten, die einem Vergleich innewohnende Versöhnung oder eine vom Mediationsverfahren ausgehende gesellschaftliche Veränderung, sondern lediglich das Ziel einer Einigung und/oder eines Vergleichs als gegenüber dem gerichtlichen Urteil bessere Beendigungsform.[89] Dieser Mediationsansatz kann im Ergebnis auch als kompromissorientierte Mediation bezeichnet werden.[90]

Nicht (nur) die Beseitigung der einer Einigung möglicherweise entgegenstehenden Barrieren, sondern die Vergrößerung des privatautonomen Gestaltungsspielraumes im Umgang mit Konflikten und der Abbau eventueller (Macht-)Nachteile schwächerer oder (strukturell) benachteiligter Parteien stehen im Mittelpunkt des so genannten „Access-To-Justice-Projects". Hier geht es vor allem darum, für schwächere, über keine oder beschränkte Machtressourcen verfügende Parteien die Möglichkeit zu schaffen, diesen Nachteil zu überwinden und den Konflikt statt vor das unzugängliche, kostenintensive, oft unberechenbare und einschüchternde Gerichtssystem, vor ein das Gerichtssystem ergänzendes, leichter zugänglicheres Forum zu tragen.[91]

---

[87] Vgl.: *Breidenbach*, Mediation, S. 119 ff.

[88] *Breidenbach*, Mediation, S. 119, 120 f.; *Breidenbach/Gläßer*, Kon:Sens 1999, 207 (208 f.). *Orth/Brachou*, in: *Mielke/Pietsch/Abeltshauser*, Mediation u. interessengerechtes Verhandeln, S. 53 (55); *Rüssel*, Mediation in komplexen Verwaltungsverf., S. 82; *v. Marcard*, Berufsrecht des Mediators, S. 23. Siehe zu den zu überwindenden Barrieren auch: Erster Teil , 5. Kapitel, Unterpunkt I. 2. a).

[89] *Breidenbach*, Mediation, 213; *Orth/Brachou*, in: *Mielke/Pietsch/Abeltshauser*, Mediation u. interessengerechtes Verhandeln, S. 53 (55).

[90] Vgl.: *Alexander*, Wirtschaftsmediation in Theorie u. Praxis, S. 34.

[91] *Breidenbach/Gläßer*, Kon:Sens 1999, 207 (209); *Breidenbach*, Mediation, S. 119, 120 f.; 232; *Orth/Brachou*, in: *Mielke/Pietsch/Abeltshauser*, Mediation u. interessengerechtes Verhandeln, S. 53 (56); *Rüssel*, Mediation in komplexen Verwaltungsverf., S. 82; *v. Marcard*, Berufsrecht des Mediators, S. 23. Zur Frage, in wiefern Mediation geeignet ist, dieses Ziel bzw. „Projekt" zu fördern, vgl.: *Breidenbach*, Mediation, S. 232 ff.

Der selbstbestimmten Konfliktlösung Vorrang einzuräumen sowie die Vermittlung persönlicher Fähigkeiten im Umgang mit dem aktuellem Konflikt einerseits und zukünftigen Konfliktsituationen andererseits sind derweil die (Haupt-)Anliegen des so genannten „Individual-Autonomy-Projects",[92] das auch als Ansatz einer interessenorientierten Mediation[93] bezeichnet werden kann. Das oberste Ziel dieses „Projektes" liegt darin, den Konfliktparteien eine möglichst selbstbestimmte und -verantwortliche Konfliktbehandlung und Konfliktregelung zu ermöglichen (Verwirklichung des Prinzips der Privatautonomie), in dem sich die Parteien und ihre Interessen widerspiegeln.[94] Weiterhin wird angestrebt, dass die Konfliktparteien eventuelle Einigungshindernisse selbst aus dem Weg räumen und an der Erfahrung einer selbstbestimmten Konfliktbehandlung mit Blick auf zukünftige Konflikte wachsen, wodurch die Autonomie der Konfliktbeteiligten nicht nur im jeweiligen Konfliktfall sondern auch für die Zukunft gestärkt wird. Letztlich soll das den aktuellen Konflikt behandelnde Mediationsverfahren zum „Trainingsprogramm" („educational process") für Techniken und Verhaltensweisen werden, die den eigenverantwortlichen Umgang mit künftigen Konfliktsituationen ermöglichen sollen.[95] Neben einer selbstbestimmten Konfliktlösung im konkreten Falle soll eine Stärkung der Fähigkeit und Bereitschaft der Beteiligten, auch in Zukunft autonom und eigenverantwortlich mit Konflikten umzugehen, erreicht werden.[96] Ziel ist es insofern, Hilfe zur Selbsthilfe sowie eine Förderung der eigenverantwortlichen Kommunikations-, Kooperations-, Konflikt- und Konfliktbeilegungsfähigkeit zu leisten. In gewissem Maße könnte man das Individual-Autonomy-Project also auch als „Autonomy-Education-Project" beschreiben.

Eine tatsächliche Transformation der Beziehungen der Konfliktparteien in Richtung auf eine Versöhnung verfolgt die so genannte therapeutische Mediation,[97] mit anderen Worten, der „Reconciliation-Ansatz". Im Rahmen dieses Ansatzes geht es nicht nur um die Verbesserung der Problemlösungs- und Kommunikationsfähigkeiten wie beim Individual-Autonomy-Project, sondern (auch) um die tatsächliche Hinwendung zum jeweils Anderen.[98] Im Gegensatz zum „Individual-Autonomy-Project" liegt der Schwerpunkt in der Befriedung und Stabilisierung der Beziehung der Konfliktparteien zueinander.[99] Nach oftmals vertretener Ansicht liegt gerade hierin, das heißt in „[...] it's capacity to reorient the

---

92 *Breidenbach*, Mediation, S. 119, 123 ff., 224 ff. (228 ff.); *Breidenbach/Gläßer*, Kon:Sens 1999, 207 (211); *Rüssel*, Mediation in komplexen Verwaltungsverf., S. 82; Vgl. auch: *Bush/Folger*, The Promise of Mediation, wo dieser Aspekt immer wieder als „empowerment dimension" des Mediationsprozesses bezeichnet wird.

93 Vgl.: *Alexander*, Wirtschaftsmediation in Theorie u. Praxis, S. 34 f.

94 Vgl. im Einzelnen: *Breidenbach/Gläßer*, Kon:Sens 1999, 207 (208, 211); *Breidenbach*, Mediation, S. 224, 230 ff.; *Orth/Brachou*, in: *Mielke/Pietsch/Abeltshauser*, Mediation u. interessengerechtes Verhandeln, S. 53 (56); *v. Marcard*, Berufsrecht des Mediators, S. 23 f.; *W. Gottwald*, WM 1998, 1257 (1258).

95 Vgl. im Einzelnen: *Breidenbach*, Mediation, S. 123 ff. (125) und 228.

96 Vgl. auch: *Eidenmüller*, in: *Henssler/Koch*, Mediation in d. Anwaltspraxis, § 2 Rn. 39.

97 *Alexander*, Wirtschaftsmediation in Theorie u. Praxis, S. 35.

98 *Breidenbach*, Mediation, S. 130 f.; *v. Marcard*, Berufsrecht des Mediators, S. 24; *Orth/Brachou*, in: *Mielke/Pietsch/Abeltshauser*, Mediation u. interessengerechtes Verhandeln, S. 53 (57 f.).

99 *Rüssel*, Mediation in komplexen Verwaltungsverf., S. 82.

parties toward each other, not by imposing rules on them, but by helping them to achieve a new and shared perception of their relationship, a perception that will redirect their attitudes and dispositions toward one another", die zentrale Qualität der Mediation.[100] Dabei ist zu beachten, dass das „Reconciliation-Project" auch im Vorfeld der eigentlichen Versöhnung liegende Ziele umfasst. Inhalt einer Versöhnung kann in diesem Zusammenhang eine Versöhnung im engeren Wortsinne, die bloße Wiederherstellung einer Kommunikationsbeziehung oder auch nur die Respektierung des Standpunktes der Gegenseite sowie das Erkennen und Anerkennen von Positionen, Interessen und Perspektiven der jeweils anderen Seite sein.[101] „It's not to much to expect that [Mediation] can transform [the Parties] into people who grudgingly and reluctantly admit that the other has a point and who settle their dispute with a not-terribly-enthusiastic fairness, a mumbled live and let live, and a handshake."[102]

Die weitreichendsten Ziele, namentlich das Erreichen gesellschaftlicher und sozialer Veränderungen, verfolgt letztlich das so genannte "Social-Transformation-Project". Dieser Ansatz ist bestrebt, über den konkreten Konflikt hinaus die gesellschaftliche Ebene der Auseinandersetzung einzubeziehen und zu verändern. Unabhängig vom staatlichen Justizsystem soll die Mediation die von den Gerichten durch ihre isolierte Fallbehandlung fragmentierte Gemeinschaft stärken und einen neuen Sinn für diese Gemeinschaft entwickeln helfen. Das Schwergewicht wird – weg von der individuellen Falllösung – auf den übergreifenden Zusammenhang zwischen Konflikten und der Gemeinschaft, in der sie auftreten, gelegt, wodurch der soziale Wandel gefördert und eine gesellschaftliche Veränderung herbeigeführt werden soll.[103] Individuelle Konflikte – so der Hintergrund dieses Ansatzes – sollen nicht losgelöst von ihrem sozialen Kontext behandelt werden, denn solche Konflikte sind oft „[...] indicative of emergent political struggles for valued ends or [...] symptomatic of deeper social problems requiring structural change."[104] Ob in diesem Zusammenhang davon gesprochen werden kann, dass die Mediation „the last hope of a regained sense of community...[in]...our alienated and divisive society"[105] sei, bleibt allerdings zweifelhaft.

Wie dem auch sei, innerhalb des „Social-Transformation-Projects" können letztlich drei verschiedene Ansätze unterschieden werden. Der am wenigsten weitreichende An-

---

[100] *Fuller*, 44 Southern California Law Review (1971), 305 (325); *Orth/Brachou*, in: *Mielke/Pietsch/Abeltshauser*, Mediation u. interessengerechtes Verhandeln, S. 53 (57); vgl. auch: *Breidenbach*, Mediation, S. 130; *Stulberg*, 6 Vermont Law Review (1981), 85 (91).

[101] *Breidenbach/Gläßer*, Kon:Sens 1999, 207 (208, 210); *Breidenbach*, Mediation, S. 119, 130 ff., 237 ff.; *Orth/Brachou*, in: *Mielke/Pietsch/Abeltshauser*, Mediation u. interessengerechtes Verhandeln, S. 53 (57 f.); *Rüssel*, Mediation in komplexen Verwaltungsverf., S. 82; Vgl. auch: *Bush/Folger*, The Promise of Mediation, wo dieser Aspekt immer wieder als „recognition dimension" des Mediationsprozesses bezeichnet wird.

[102] *Breidenbach*, Mediation, S. 132m.w.N.

[103] *Breidenbach*, Mediation, S. 119, 132 ff.; *Breidenbach/Gläßer*, Kon:Sens 1999, 207 (210); *Perschel*, in: FS E. Stein, S. 245 (258 f.); vgl. auch: *Orth/Brachou*, in: *Mielke/Pietsch/Abeltshauser*, Mediation u. interessengerechtes Verhandeln, S. 53 (58); *v. Marcard*, Berufsrecht des Mediators, S. 24 f.

[104] *Breidenbach/Gläßer*, Kon:Sens 1999, 207 (210).

[105] *Breidenbach*, Mediation, S. 133 m.w.N.

satz verfolgt das Ziel, die gesellschaftliche Ebene lediglich als Denkanstoß und zur Bewusstseinserweiterung der Konfliktparteien in die jeweilige Konfliktbehandlung einzubeziehen. Etwas weiter geht es dagegen bereits, wenn im Wege der Mediation das Ziel verfolgt wird, sicherzustellen, dass die im konkreten Fall zu Tage tretenden Themen und (sozialen) Spannungen konform mit der vorherrschenden oder zu fördernden (Gemeinschafts-)Ideologie behandelt werden. Der weitgreifendste Ansatz erklärt es indes sogar zum Ziel der Mediation, den Konflikt in die örtliche Gemeinschaft zurückzuführen, um dadurch sozialen Wandel zu fördern.[106] Zwar erscheinen diese Ansätze zuweilen und je nach Reichweite als etwas überambitioniert, bei aller Kritik lässt sich jedoch zumindest festhalten, dass bei steigender Anwendung der Mediation eine soziale Wandlung in Form einer Verbesserung der Streitkultur und Reprivatisierung von Konflikten möglich erscheint.[107] Letztlich wird eine soziale Transformation dennoch nie das Hauptziel einer Mediation sein können, da sich die Mediation am jeweiligen konkreten Konflikt einerseits und den Interessen der jeweiligen Konfliktparteien andererseits zu orientieren hat.[108] In erster Linie ist und bleibt die Mediation ein Verfahren zur Konfliktbeilegung und nicht etwa ein Instrument zur Erreichung von Veränderungen in der Gesellschaft.

Aufgrund der Tatsache, dass sich die verschiedenen Ansätze und Projekte oftmals miteinander verbinden lassen, sich teilweise aber auch ausschließen (so verträgt der Individual-Autonomy-Gedanke nur begrenzt eine Vermischung mit dem „Reconciliation-Ansatz“, da ein wie auch immer gearteter Harmoniedruck beziehungsweise ein Hinwirken auf eine Versöhnung mit dem „Individual-Autonomy-Ansatz“ allenfalls hinsichtlich des Hinwirkens auf eine Anerkennung der Berechtigung der Positionen des jeweils anderen vereinbar ist[109]), ergibt sich bezüglich der vor allem von *Breidenbach* dargestellten Projekte der Mediation folgende Matrix:

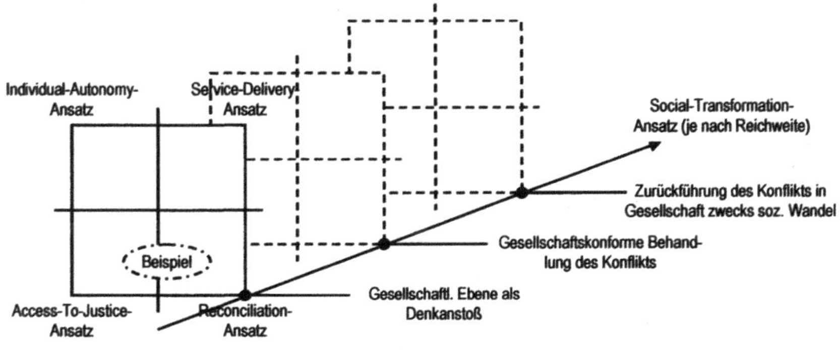

[106] Vgl.: *Rüssel,* Mediation in komplexen Verwaltungsverf., S. 83; *v. Marcard,* Berufsrecht des Mediators, S. 25.
[107] Vgl.: *Breidenbach,* Mediation, S. 246.
[108] Ähnlich auch: *Eidenmüller,* in: *Henssler/Koch,* Mediation in d. Anwaltspraxis, § 2 Rn. 41.
[109] Vgl.: *Breidenbach,* Mediation, S. 230.

II. Die weiteren Ziele der Mediation

Die weiteren Ziele der Mediation können – je nach Charakter des Konflikts, Ausgestaltung des Verfahrens und den jeweiligen Beteiligten – ebenso zahlreich wie unterschiedlich sein. Eine abschließende Betrachtung würde den Rahmen der vorliegenden Arbeit bei Weitem sprengen, ohne dass sie für die hiesige Betrachtung von elementarer Bedeutung wäre. Es reicht an dieser Stelle, festzuhalten, dass weitere, zum Teil bereits angeklungene Ziele der Mediation unter anderem die Strukturierung der jeweiligen Auseinandersetzung, die gegenseitige Vermittlung und Verständlichmachung der unterschiedlichen Interessen und Ansichten, der Abbau extremer Gegensätze und die Annäherung der unterschiedlichen Interessen sein können. Des Weiteren gehören auch die Reduzierung eventuell bestehender Feindseligkeiten zwischen den Parteien, das Hinwirken auf einen gehaltvollen, sachlichen und ergiebigen Dialog sowie die Einbeziehung aller Parteiinteressen beziehungsweise bisher nicht aufgegriffener Aspekte und die damit verbundene Entwicklung neuer Alternativen und Lösungen zu den Zielen der Mediation. Ferner kann es Zweck der Mediation schlicht und einfach sein, eine schnellere und kostengünstigere Einigung zu ermöglichen, verbunden mit dem (gegebenenfalls erwünschten Neben-)Effekt, die Ressourcen der Judikative zu schonen.

Besonders hervorgehoben sei an dieser Stelle nur das regelmäßige Hauptziel der Mediation, umfassende, konsensuale, interessengerechte und für alle Seiten akzeptable Einzelfalllösungen zu erarbeiten, die keine Konfliktentscheidung im technischen Sinne beinhalten, sondern eine Übereinkunft der Streitparteien, welche die Lebens- und sonstigen Verhältnisse der Beteiligten zukunftsgerichtet und wertschöpfend regelt.[110] Dabei besteht das vorrangige Ziel der Mediation im Idealfall zwar darin, eine abschließende Einigung zwischen den Konfliktparteien zu erzielen. Die Mediation kann gegebenenfalls jedoch auch bereits dann als erfolgreich betrachtet werden, wenn sich infolge ihrer Durchführung die Beziehung zwischen den Parteien verbessert, der Konflikt eingegrenzt wird, Teillösungen gefunden werden oder die Parteien ein besseres Verständnis der jeweiligen Konfliktpunkte gewinnen.

Kommt es tatsächlich zu einer abschließenden Einigung zwischen den Konfliktparteien, so ist es Ziel der Mediation eine Vereinbarung zu erreichen, die den jeweiligen Konflikt beendet und für die Zukunft aller Beteiligten günstig ist. Während das Ausfechten eines Konflikts vor Gericht in der Regel nur wertverteilende oder sogar wertmindernde Ergebnisse erbringt,[111] gilt es im Mediationsverfahren, die Parteiinteressen sowie eventuelle Einigungs- und Wertschöpfungsmöglichkeiten möglichst effektiv zu erforschen. Dadurch sollen jenseits rechtlicher Streitfragen und ohne Fixierung auf Gerechtigkeit im Sinne einer rechtlichen Lösung[112] so genannte Win-Win-Situationen, das heißt Situationen, die dadurch gekennzeichnet sind, dass jede Konfliktpartei in der konkreten Konflikt-

---

[110] Vgl.: *Duve*, Mediation u. Vergleich im Prozess, S. 83.
[111] Vgl.: *Mähler/Mähler*, AnwBl. 1997, 353 (357).
[112] *Eidenmüller*, in: *Henssler/Koch*, Mediation in d. Anwaltspraxis, § 2 Rn. 34 ff.

lösung mehr Nutzen und Gewinne als Verluste, Kosten oder Lasten sieht, ermöglicht werden.

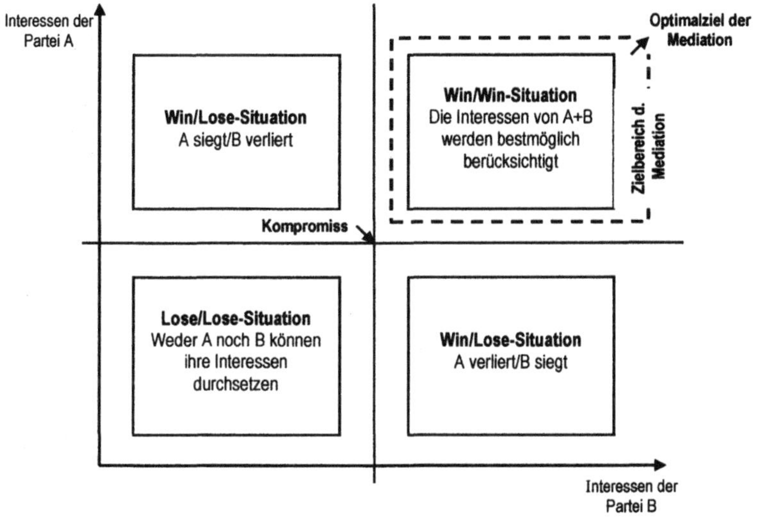

3. Kapitel: Der Ablauf eines Mediationsverfahrens

Auch wenn es sich bei einer Mediation um ein informelles, weitgehend nach den Interessen, Bedürfnissen und Wünschen der Konfliktparteien zu gestaltendes Verfahren zur Konfliktbeseitigung handelt, weisen die meisten Mediationsverfahren – gleich in welchem Zusammenhang sie durchgeführt werden – im Kern einen ähnlichen Verfahrensablauf respektive ein gewisses Grundschema, auf. Grund hierfür dürfte der Umstand sein, dass ein Mediationsverfahren – wie jedes Konfliktbeilegungsverfahren – schlicht strukturiert ablaufen muss, um einen erfolgreichen Abschluss zu gewährleisten.

Im Folgenden wird zur Beschreibung des Ablaufs einer Mediation zwischen (I.) dem Abschluss einer Mediationsvereinbarung und (II.) dem eigentlichen Mediationsverfahren unterschieden, welches sich wiederum in eine Einleitungs- und Eröffnungsphase, eine Verhandlungsphase sowie die so genannte Einigungs- und Umsetzungsphase untergliedern lässt. Dabei sei darauf verwiesen, dass die einzelnen Mediationsphasen nicht immer strikt voneinander getrennt werden können und oftmals ineinander übergehen werden.

I. Der Abschluss einer Mediationsvereinbarung

Meist kommt es bereits im Vorfeld der eigentlichen Mediation zum Abschluss einer entsprechenden Mediationsvereinbarung, das heißt eines Vertrages zwischen den Konfliktparteien über die Durchführung und die rechtlichen Rahmenbedingungen einer Mediation in künftigen oder gegenwärtigen Konfliktfällen.[113] Einer solchen Vereinbarung bedarf es aufgrund der Tatsache, dass es sich bei der Mediation um ein freiwilliges und selbstverantwortliches Verfahren handelt. Die Mediationsvereinbarung kann dabei bereits bei Abschluss eines Rechtsgeschäfts (vorsorglich/präventiv)[114] oder gegebenenfalls auch erst nach der Entstehung eines Konfliktes (nachträglich/ad hoc[115]) durch Aufnahme einer

---

[113] Vgl. zur Mediationsvereinbarung u.a.: *Hacke*, Der ADR-Vertrag, S. 31 ff.; *Nölting*, Mediatorenverträge, S. 9 f.; *Heß/Sharma*, in: *Haft/v. Schlieffen*, Hdb. Mediation, § 26 Rn. 5 u. 8 ff.; *Koch*, in: *Henssler/Koch*, Mediation in d. Anwaltspraxis, § 11 Rn. 10 u. 50 ff.; *Eidenmüller*, Vertrags- u. Verfahrensrecht d. Wirtschaftsmediation, S. 8 ff.; *Eidenmüller*, in: *Breidenbach/Coester-Waltjen/Heß u.a.*, Konsensuale Streitbeilegung, S. 45 (51 ff.); *Oldenbruch*, Die Vertraulichkeit im Mediationsverfahren, S. 11 f.; *Volkmann*, Mediation im Zivilprozess, S. 57 ff.; *Friedrich*, MDR 2004, 481 ff.; *Hutner*, SchiedsVZ 2003, 226 (227); *Nelle/Hacke*, ZKM 2002, 257 ff.; *Seifert*, in: *Pitschas/Walther*, Mediation in d. Verwaltungsgerichtsbarkeit, S. 59 (69); *Stumpf*, Alternative Streitbeilegung im Verwaltungsrecht, S. 304 f.; *Wegmann*, Kon:Sens 1999, 146 ff.

[114] Vgl. u.a.: *Hacke*, Der ADR-Vertrag, S. 107 ff.

[115] *Nölting*, Mediatorenverträge, S. 9 u. 14; *Hacke*, Der ADR-Vertrag, S. 113 ff.; *Nelle/Hacke*, ZKM 2002, 257 (258); *Sander*, in: *W. Gottwald/Strempel*, Streitschlichtung, S. 31 (34); *Heß/Sharma*, in: *Haft/v. Schlieffen*, Hdb. Mediation, § 26 Rn. 8; *Eidenmüller*, in: *Henssler/Koch*, Mediation in d. Anwaltspraxis, § 2 Rn. 21 u. 59; *Oldenbruch*, Die Vertraulichkeit im Mediationsverfahren, S. 9.

Mediationsklausel[116] (einer Klausel, die für den Fall einer aus dem jeweiligen Rechtsgeschäft resultierenden Streitigkeit die Durchführung einer Mediation festlegt) oder aber im Rahmen einer eigenständigen Vereinbarung (selbständige Mediationsabrede) getroffen werden[117] und sollte zu Dokumentationszwecken in Schrift- oder Textform angefertigt werden.[118] In welcher Gestalt auch immer, die Mediationsvereinbarung wird zunächst Verhandlungsvereinbarungen enthalten, die das Mediationsverfahren regeln und seinen Gegenstand bezeichnen,[119] wobei es dabei zunächst stets darum geht, eine Vereinbarung dahingehend zu treffen, dass bezüglich eines bestimmten Streitgegenstandes überhaupt eine Mediationsverhandlung zwischen den beteiligten Parteien stattfinden soll.[120]

Zusätzlich können in der Mediationsvereinbarung weitergehende Regelungen – zum Beispiel hinsichtlich der Verfahrensregeln, der Verfahrenspflichten der Parteien, der (Un-)Zulässigkeit von Einzelgesprächen, der Neutralität/Allparteilichkeit des Mediators und dessen sonstige Rolle im Mediationsverfahren – getroffen werden. Ferner kann die Vereinbarung auch Regelungen bezüglich der Auswahl des Mediationsortes, des Beginns, Ablaufs und Endes des Mediationsverfahrens, der infolge der Mediation entstehenden Kostenlast, der Vertraulichkeit des Mediationsverfahrens und anderer mediationsrelevanter Belange enthalten.[121] Zudem sollte das Verhältnis des Mediationsverfahrens zu (schieds-)gerichtlichen Prozessen in der Mediationsvereinbarung geregelt sein.[122] Hierzu gehört zum Beispiel eine Vereinbarung dahingehend, dass keiner Partei durch die Durchführung der Mediation ein rechtlicher Nachteil dadurch entsteht, dass in der Zeit der Mediationsdurchführung (noch) kein Gerichts- oder Schiedsverfahren durchgeführt wird und, dass hinsichtlich eines später gegebenenfalls durchzuführenden Gerichtsverfahrens gewisse Beweismittelbeschränkungen bestehen.[123] Auch Vereinbarun-

---

[116] Vgl. hierzu im Einzelnen z.B.: *Hacke*, Der ADR-Vertrag, S. 107 ff.; *Nelle/Hacke*, ZKM 2002, 257 (258); *v. Hardenberg*, IDR 2004, 25 ff; *Oldenbruch*, Die Vertraulichkeit im Mediationsverfahren, S. 9; *Nölting*, Mediatorenverträge, S. 9.

[117] *Friedrich*, MDR 2004, 841; *Nelle/Hacke*, ZKM 2002, 257 (258); *Hutner*, SchiedsVZ 2003, 226 (227); *Eidenmüller*, Vertrags- u. Verf.R d. Wirtschaftsmediation, S. 8; *Heß/Sharma*, in: *Haft/v. Schlieffen*, Hdb. Mediation, § 26 Rn. 8; *Eidenmüller*, in: *Breidenbach/Coester-Waltjen/Heß u.a.*, Konsensuale Streitbeilegung, S. 45 (51); *Eidenmüller*, in: *Henssler/Koch*, Mediation in d. Anwaltspraxis, § 2 Rn. 21; *Seifert*, in: *Pitschas/Walther*, Mediation in d. Verwaltungsgerichtsbarkeit, S. 59 (69); *Hager*, Konflikt u. Konsens, S. 112; *Oldenbruch*, Die Vertraulichkeit im Mediationsverfahren, S. 9; *Tochtermann*, JuS 2005, 131 (132); vgl. auch: *Hacke*, Der ADR-Vertrag, S. 32.

[118] *Seifert*, in: *Pitschas/Walther*, Mediation in d. Verwaltungsgerichtsbarkeit, S. 59 (69).

[119] *Hutner*, SchiedsVZ 2003, 226 (228); *Tochtermann*, JuS 2005, 131 (132); vgl. auch: *Seifert*, in: *Pitschas/Walther*, Mediation in d. Verwaltungsgerichtsbarkeit, S. 59 (70), sowie: *Hager*, ZKM 2003, 52 (55).

[120] *Hutner*, SchiedsVZ 2003, 226 (228); *Nelle/Hacke*, ZKM 2002, 257; *Hacke*, Der ADR-Vertrag, S. 31.

[121] Vgl. u.a.: *Nelle/Hacke*, ZKM 2002, 257 (258 f.); *Hutner*, SchiedsVZ 2003, 226 (228); *Haft*, Verhandlung und Mediation, S. 245; *Kracht*, in: *Haft/v. Schlieffen*, Hdb. Mediation, § 15 Rn. 72, 74, 76; *Seifert*, in: *Pitschas/Walther*, Mediation in d. Verwaltungsgerichtsbarkeit, S. 59 (70). Vgl. zudem auch: *Dendorfer*, MDR 2003, 135 (137); *Hager*, ZKM 2003, 52 (55).

[122] *Seifert*, in: *Pitschas/Walther*, Mediation in d. Verwaltungsgerichtsbarkeit, S. 59 (70).

[123] *Heß/Sharma*, in: *Haft/v. Schlieffen*, Hdb. Mediation, § 26 Rn. 12; *Nelle/Hacke*, ZKM 2002, 257 (258).

gen bezüglich des zu bestellenden Mediators können bereits in die Mediationsvereinbarung einfließen. Oft und gerade bei ad hoc getroffenen Mediationsvereinbarungen wird sogar der Mediator-, Mediations- oder Verfahrensvertrag – der Vertrag, mit dem die Konfliktparteien einen bestimmten Mediator beauftragen und dessen Tätigkeitsfeld und Aufgaben sowie dessen Leistungsangebot und Leistungsverantwortung festlegen[124] – in einer Vertragsurkunde mit der Mediationsvereinbarung zusammengefasst werden.[125]

II. Das eigentliche Mediationsverfahren

Wie bereits dargestellt, lässt sich im Rahmen des auf eine Mediationsvereinbarung im Konfliktfalle folgenden „eigentlichen" Mediationsverfahrens differenzieren zwischen (1.) der so genannten Einleitungs- und Eröffnungsphase, (2.) der Verhandlungsphase sowie (3.) der Einigungs- und Umsetzungsphase.

1. Die Einleitungs- und Eröffnungsphase

Die am Beginn des eigentlichen Mediationsverfahrens stehende Einleitungs- und Eröffnungsphase wird in der Regel durch einen entsprechenden Vorschlag einer Konfliktpartei oder durch einen der zwischen den beteiligten Parteien getroffenen Mediationsvereinbarung entsprechenden Mediationsantrag eingeleitet.[126] An diesen Antrag schließt sich – sofern noch nicht geschehen nach zusätzlicher Einigung auf einen Mediator und gegebenenfalls Vorstrukturierung des anstehenden Mediationsprozesses – die Eröffnung des Mediationsverfahrens durch ein gemeinsames Informationsgespräch zwischen den Beteiligten und dem ausgewählten Mediator sowie eine gründlich durchzuführende Vorbereitung des konkreten Mediationsverfahrens an. Hinderlich hinsichtlich der Einleitung eines Mediationsverfahrens dürfte es sich dabei oftmals erweisen, wenn ein Konflikt schon sehr weit fortgeschritten und emotional aufgeladen ist, sowie dass der erste Schritt in Richtung einer Mediationsdurchführung als Schwäche und Eingeständnis der schlechteren (Verhandlungs-)Position (miss-)verstanden wird.[127] Ist dieser Schritt jedoch gewagt, so gehören zur Vorbereitung der Mediation unter anderem gründliche Analysen der zu beteiligenden Personen und Gruppen, der jeweiligen Erwartungen an das Mediationsverfahren, des Konfliktstatus und bisherigen Konfliktverlaufs sowie eines geeigneten Prozessverlaufs. Im Einzelnen werden hier – sofern noch nicht im Rahmen der Mediations-

---

[124] Vgl. hierzu u.a.: *Eidenmüller,* in: *Breidenbach/Coester-Waltjen/Heß u.a.,* Konsensuale Streitbeilegung, S. 45 (70 ff.); *Eidenmüller,* Vertrags- u. Verf.R d. Wirtschaftsmediation, S. 32 ff.; *Nelle/Hacke,* ZKM 2002, 257; *Hacke,* Der ADR-Vertrag, S. 33 u. 65 ff.; *Heß/Sharma,* in: *Haft/v. Schlieffen,* Hdb. Mediation, § 26 Rn. 25 ff.; *Koch,* in: *Henssler/Koch,* Mediation in d. Anwaltspraxis, § 11 Rn. 1 ff. u. 16 ff.; *Oldenbruch,* Die Vertraulichkeit im Mediationsverfahren, S. 12 f.; *Volkmann,* Mediation im Zivilprozess, S. 91 ff.; *Friedrich,* MDR 2004, 481; Vgl. zum Inhalt solcher Mediatorenverträge im einzelnen v.a.: *Nölting,* Mediatorenverträge, S. 10 f. u. 85 ff.

[125] *Eidenmüller,* Vertrags- u. Verf.R. d. Wirtschaftsmediation, S. 9; *Hutner,* SchiedsVZ 2003, 226 (227).

[126] *Hutner,* SchiedsVZ 2003, 226 (228).

[127] *Vetter,* Mediation u. Vorverfahren, S. 148.

vereinbarung geschehen und nach einer Überprüfung der Mediationseignung des konkreten Konflikts – die (sonstigen) Mediationsbeteiligten identifiziert, ausgewählt und vorgestellt, die Rollen der einzelnen Parteien festgelegt, Einzelheiten des weiteren Mediationsverfahrens (die so genannten Spielregeln der Mediation) abgesprochen und Verhaltensregeln aufgestellt. Weiterhin werden der Verhandlungsrahmen in inhaltlicher und zeitlicher Hinsicht genauer bestimmt, der Ort der Mediationsgespräche festgelegt, die Finanzierung des Mediationsverfahrens geregelt und sonstige allgemeine Punkte – sozusagen die Grundvoraussetzungen der Mediation – geklärt. Spätestens hier werden Vereinbarungen über die Kostenlast, die Möglichkeit von Einzelgesprächen, beiderseitige Kündigungsmöglichkeiten, Vertraulichkeitsfragen, Protokollierungsbelange, Fragen der Öffentlichkeitsbeteiligung, Verjährungsproblematiken und die Dauer des Mediationsverfahrens getroffen. Ferner werden Regelungen hinsichtlich eventueller Vertragsstrafen bei Verletzung der Mediationsvereinbarung und sonstige Verhandlungsmodalitäten aufgestellt, sofern dies nicht bereits im Rahmen der im Vorfeld des Mediationsverfahrens geschlossenen Mediationsvereinbarung geschehen ist. Sinnvoll kann es darüber hinaus sein, gewisse Mediationsprinzipien zu vereinbaren.[128] Hierzu gehören zum Beispiel die Freiwilligkeit und Eigenverantwortlichkeit der Mediation, die Verfahrensförderungspflicht der Parteien sowie die Offenheit und Fairness der Konfliktbewältigung durch die Mediationsbeteiligten.[129] Schließlich gehört spätestens in die Einleitungs- und Vorbereitungsphase des Mediationsverfahrens die gegebenenfalls von den Parteien gewünschte Vereinbarung eines dilatorischen Klageverzichts[130] sowie die Übereinkunft über Vortrags- und Beweismittelbeschränkungen.[131]

---

[128] Vgl. zu den Aspekten der Vorbereitung eines Mediationsverfahrens insgesamt u.a.: *Haft*, Verhandlung u. Mediation, S. 246; *Kessen/Troja* u. *Holznagel/Ramsauer*, in: *Haft/v. Schlieffen*, Hdb. Mediation, § 16 Rn. 11 f. bzw. § 44 Rn. 25 ff.; *Mähler/Mähler*, *Holznagel* u. *Ramsauer*, in: *Breidenbach/Henssler*, Mediation f. Juristen, S. 13 (27), 147 (154 ff.) bzw. 161 (167 f.); *Ripke*, Kon:Sens 1998, 85; *P. Gottwald*, in: FS A. Ishikawa, S. 137 (140); *Oldenbruch*, Die Vertraulichkeit im Mediationsverfahren, S. 9; *Vetter*, Mediation u. Vorverfahren, S. 149 ff.; *Seifert*, *Mohr* u. *Falkenstein/Gerbracht*, in: *Pitschas/Walther*, Mediation in d. Verwaltungsgerichtsbarkeit, S. 59 (66) bzw. S. 179 (196) u. S. 315 (327 f.); *Gaßner/Holznagel/Lahl*, Mediation, S. 38 ff. u. 40 ff.; *Eidenmüller*, in: *Henssler/Koch*, Mediation in d. Anwaltspraxis, § 2 Rn. 62; *Holznagel*, Jura 1999, 71 (74); *v. Marcard*, Berufsrecht des Mediators, S. 10; *Trieb*, Konsens und Verwaltungsverfahren, S. 35 ff.; *Hellriegel*, Mediation im Umweltrecht, S. 37; *Deventer/Ferner*, in: *Fritz/Karber/Lambeck*, Mediation statt Verwaltungsprozess?, S. 105 (112 f.); *Deckner*, Mediationsergebnisse in der Bauleitplanung, S. 23 f.; *Madigan/Susskind/Weinstein*, in: *Hoffmann-Riem/Schmidt-Aßmann*, Konfliktbewältigung durch Verhandlungen, Bd. I, S. 151 (166 f.); *C.-H. Horn*, in: FS R. Haase, S. 267 (276); *Eisele*, Jura 2003, 656 (660); *Hutner*, SchiedsVZ 2003, 226 (228 f.); *Friedrich*, MDR 2004, S 481 (483 ff.); *Hoffmann-Riem/Lamb*, 72 Public Administration (1994), 309 (316); *Dendorfer*, MDR 2003, 135 (137).

[129] Vgl. u.a.: *Hutner*, SchiedsVZ 2003, 226 (228).

[130] Vgl.: *Eidenmüller*, in: *Breidenbach/Coester-Waltjen/Heß u.a.*, Konsensuale Streitbeilegung, S. 45 (55 ff.); *Eidenmüller*, Vertrags- u. Verf.R. d. Wirtschaftsmediation, S. 12 ff.; *Heß/Sharma*, in: *Haft/v. Schlieffen*, Hdb. Mediation, § 26 Rn. 55 ff.; *Tochtermann*, JuS 2005, 131 (132); *Hacke*, Der ADR-Vertrag, S. 119 ff.; die Zulässigkeit eines dilatorischen Klageverzicht – in dessen Folge ein dennoch angerufenes Gericht die Klage als derzeit unzulässig abweisen müsste – wird dabei meist auf die Privatautonomie und ein argumentum a maiore ad minus gestützt: Wenn auf einen materiellen Anspruch

Aus Mediatorensicht kommt es im Rahmen dieser ersten Phase des eigentlichen Mediationsverfahrens bereits darauf an, zum Beispiel durch Wertschätzung der Parteien, entsprechende Körpersprache und Wortwahl, Nutzung verschiedener Kommunikationstechniken und eine an den Bedürfnissen der Parteien orientierten Gesprächsführung, eine von einer positiven Grundstimmung geprägte Atmosphäre zwischen den Beteiligten zu schaffen, die einer konsensualen Konfliktlösung zuträglich ist.[132] Darüber hinaus muss sich der Mediator bemühen, bereits in diesem Verfahrensstadium Vertrauen zwischen sich und den Konfliktparteien einerseits sowie andererseits zwischen den Konfliktparteien untereinander zu bilden, da das gegenseitige Vertrauen die Grundlage einer späteren Konsensfindung darstellt. Sofern nicht bereits im Vorfeld eine Mediationsvereinbarung oder ein Mediationsvertrag geschlossen wurden, das heißt erste Gespräche quasi noch vor der endgültigen Entscheidung zur Durchführung einer Mediation stattgefunden haben, steht am Ende der Einleitungs- und Eröffnungsphase letztlich die Unterzeichnung einer solchen Übereinkunft.

2. Die Verhandlungsphase

Zeitnah nach der Einleitung und Eröffnung des Mediationsverfahrens, geht dieses in den eigentlichen Verhandlungsprozess über, der sich wiederum in die Verfahrensabschnitte der Informations- und Themensammlung, die Phase der Interessenfindung sowie eine Phase der Lösungsfindung – die Verhandlungsphase im engeren Sinne – untergliedern lässt.

a) Die Informationsphase

Mit den so genannten „Opening Statements" – nicht zu unterbrechende Eröffnungsplädoyers beziehungsweise einführende Stellungnahmen, in denen die Parteien oder deren Anwälte ihre Sicht der Dinge bezüglich Sachverhalts- und Rechtslage darstellen können[133] – beginnt nach Abschluss der Einleitungs- und Eröffnungsphase zunächst also ein Verfahrensabschnitt, der als Informationsphase bezeichnet werden kann. Dieser Verfahrensabschnitt dient vor allem der gemeinsamen, kooperativen Informationsbeschaffung[134] und der Schaffung einer gemeinsamen Informationsbasis als Voraussetzung ei-

---

verzichtet werden kann, so muss es erst recht möglich sein, dessen prozessuale Durchsetzungsmöglichkeiten zu beschränken. Teilweise wird jedoch auch eine analoge Anwendung des § 1032 ZPO für möglich erachtet.

[131] Vgl. u.a.: *Hutner*, SchiedsVZ 2003, 226 (229); *Friedrich*, MDR 2004, 481 (484 f.).

[132] Vgl. hierzu u.a.: *Kessen/Troja*, in: *Haft/v. Schlieffen*, Hdb. Mediation, § 16 Rn. 14.

[133] *Haft*, Verhandlung u. Mediation, S. 246; *Eidenmüller*, in: *Henssler/Koch*, Mediation in d. Anwaltspraxis, § 2 Rn. 63; *Kovach*, Mediation, S. 36; *Schillinger*, Mediation im Verwaltungsrecht, S. 31; *Schillinger*, VBl.BW 2001, 396 (399); *Alexander*, Wirtschaftsmediation in Theorie u. Praxis, S. 83; *Eisele*, Jura 2003, 656 (660); *Dendorfer*, MDR 2003, 135 (137). Vgl. zudem auch: *C.-H. Horn*, in: FS R. Haase, S. 267 (276).

[134] *Gaßner/Holznagel/Lahl*, Mediation, S. 34, 50 f.

ner fairen und allseits akzeptablen Konfliktlösung.[135] Im Einzelnen geht es in dieser Phase um die Artikulierung und Analyse von Problemen, die Klärung der Sach- und Rechtslage, die Ermittlung der rechtlichen Maßstäbe und Anforderungen sowie die Entwicklung der bestehenden Konfliktfelder, der streitigen Themenbereiche und der offenen Fragestellungen mit dazu gehörender Bestandsaufnahme.[136] In besagtem Verfahrensabschnitt formulieren die Beteiligten letztlich, worum es ihnen geht und welche Themenkomplexe sie im Verlaufe des konkreten Mediationsverfahrens behandelt und geregelt haben möchten.[137]

Dabei ist es zunächst wichtig, dass die Stellungnahmen der Parteien in diesem Stadium aus deren eigener Sicht erfolgen und nicht etwa die Schilderungen der zweitbefragten Partei bereits eine Antwort auf die Stellungnahme der erstbefragten Partei darstellt. Eine andere Vorgehensweise ließe sich in doppelter Hinsicht nicht mit dem Grundsatz der Allparteilichkeit der Mediation vereinbaren: Zum einen würde gegen den Allparteilichkeitsgrundsatz gegenüber der zweitbefragten Konfliktpartei dahingehend verstoßen, dass diese nun in dem von der erstbefragten Partei vorgegebenen Rahmen argumentieren müsste, statt ihre komplette Sichtweise der Dinge darlegen zu können. Zum anderen würde der Konfliktgegenstand gegebenenfalls voreilig zu stark und in Richtung der Äußerungen der erstbefragten Partei begrenzt.[138] Zudem würde auch der Mediator selbst eventuell seine Neutralitätspflicht verletzen, wenn er eine Partei als erstes befragen würde, ohne im Anschluss dafür Sorge zu tragen, dass auch die andere(n) Partei(en) die Gelegenheit bekommen, sich umfassend und aus eigener Sicht zu dem jeweiligen Konflikt zu äußern.[139]

Die Aufgaben des Mediators im Rahmen der Informationsphase sind vielfältig. Letztlich hat der Mediator vor allem dafür zu sorgen, dass es im Rahmen dieses Verfahrensabschnitts zu einer sachlichen und umfassenden Informations- und Themensammlung kommt, das heißt alle relevanten Themen erfasst, Missverständnisse möglichst ausgeräumt und Informationsdefizite beziehungsweise -ungleichgewichte beseitigt werden.[140]

---

[135] Vgl. hierzu auch: *Deckner*, Mediationsergebnisse in der Bauleitplanung, S. 24 f.

[136] Vgl. u.a.: *Mähler/Mähler*, in: *Breidenbach/Henssler*, Mediation f. Juristen, S. 13 (27); *Mähler/Mähler*, AnwBl. 1997, 353 (356); *Haft*, Verhandlung u. Mediation, S. 246; *Kessen*, in: *Henssler/Koch*, Mediation in d. Anwaltspraxis, § 9 Rn. 5; *Ripke*, Kon:Sens 1998, 85 (86); *Wagner/Engelhardt*, NVwZ 2001, 370 (373); *Zimmer*, Außergerichtl. Streitbeilegung in Dtl., S. 92; *Tochtermann*, JuS 2005, 131 (133); *Holznagel/Ramsauer*, in: *Haft/v. Schlieffen*, Hdb. Mediation, § 44 Rn. 31; *Holznagel*, in: *Breidenbach/Henssler*, Mediation f. Juristen, S. 147 (155); *Vetter*, Mediation u. Vorverfahren, S. 149 f.; *Trieb*, Konsens und Verwaltungsverfahren, S. 39; *Deventer/Ferner*, in: *Fritz/Karber/Lambeck*, Mediation statt Verwaltungsprozess?, S. 105 (113); *Seifert*, in: *Pitschas/Walther*, Mediation in d. Verwaltungsgerichtsbarkeit, S. 59 (66).

[137] *Kessen/Troja*, in: *Haft/v. Schlieffen*, Hdb. Mediation, § 16 Rn. 6 u. 20; Vgl. zudem auch: *Kessen*, in: *Henssler/Koch*, Mediation in d. Anwaltspraxis, § 9 Rn. 5.

[138] *Kessen/Troja*, in: *Haft/v. Schlieffen*, Hdb. Mediation, § 16 Rn. 20.

[139] Vgl. zum Recht der Beteiligten, die jeweils eigene Sichtweise im Rahmen der Informationsphase darlegen zu können u.a. auch: *Deventer/Ferner*, in: *Fritz/Karber/Lambeck*, Mediation statt Verwaltungsprozess?, S. 105 (113).

[140] Vgl.: *Duve/Eidenmüller/Hacke*, Mediation in d. Wirtschaft, S. 72; vgl. auch: *Hoffmann-Riem/Lamb*, 72 Public Administration (1994), 309 (316); *Holznagel*, Jura 1999, 71 (74).

Dem Mediator wird es in dieser Phase obliegen, die vorgetragenen Positionen in neutrale und wertungsfreie Themen umzuwandeln[141] sowie ein Informationsgleichgewicht zwischen den Parteien zu schaffen.[142] Gleichzeitig kann er schon in dieser Phase Übereinstimmungen zwischen den Konfliktparteien festhalten und – in Übereinkunft mit den Konfliktparteien – eine Reihenfolge der strittigen Themenkomplexe festlegen.[143]

Darüber hinaus hat der Mediator in der Informationsphase für eine Trennung von Sach- und Beziehungsebene zu sorgen[144] und darauf zu achten, dass es bei einer umfassenden Informations- und Themenerfassung bleibt. Daher kommt speziell an dieser Stelle in verstärktem Maße die von einem Mediator zu fordernde Fähigkeit zum Tragen, Beschwerden, Anfeindungen, Angriffe, Vorwürfe und Schuldzuweisungen der sich zum Teil emotional äußernden Beteiligten in nüchterne Tatsachen- und Problembeschreibungen, Anliegen, Interessen sowie Bedürfnisse umzuwandeln.[145] Er hat die weitere Eskalation des Konflikts zu verhindern. Hierzu muss der Mediator die Parteien auf sich selbst fokussieren, die Äußerungen der Parteien aufgreifen und Formulierungen für die erbrachten Äußerungen finden, in denen sich die äußernde Partei zwar wieder findet, die von den anderen Beteiligten jedoch nicht als Affront gegen die eigene Person empfunden werden. Er muss die unterschiedlichen Positionen, Sichtweisen und Anliegen der Beteiligten zu wertungsfreien Themen umformulieren und diese schließlich – nach Rückfrage mit den Konfliktparteien – gegebenenfalls visualisieren.[146] Darüber hinaus kann der Mediator die Informationsphase einer Mediation – allen voran die so genannten „opening statements" – nutzen, um selbst so viel wie möglich über die Interessen, Ansichten und Prioritäten der Parteien zu erfahren, um die Kluft zwischen den unterschiedlichen Einschätzungen der Parteien bezüglich der Fakten zu schließen, um gemeinsame Ziele und positive Aspekte im Verhältnis zwischen den Parteien herauszustellen und, um auf ein die Verhandlungslösung förderndes Verhalten der Parteien hinzuwirken.

Die Konfliktparteien sind im Rahmen der Informationsphase oft – teilweise unter Absicherung mittels einer Vertraulichkeitsvereinbarung – verpflichtet, die ihnen zur Verfügung stehenden Informationen offen zu legen.[147] Zudem bleibt festzuhalten, dass die Informationsphase auch der richtige Zeitpunkt ist, um parteiliche Rechtsberatungen in Anspruch

---

[141] *C.-H. Horn*, in: FS R. Haase, S. 267 (276); *Dendorfer*, MDR 2003, 135 (137); *Falkenstein/Gerbracht*, in: *Pitschas/Walther*, Mediation in d. Verwaltungsgerichtsbarkeit, S. 315 (328).

[142] Vgl. trotz etwas abweichender Verfahrensbeschreibung u.a.: *Holznagel*, in: *Breidenbach/Henssler*, Mediation f. Juristen, S. 147 (155); *Holznagel/Ramsauer*, in: *Haft/v. Schlieffen*, Hdb. Mediation, § 44 Rn. 31.

[143] *Ripke*, Kon:Sens 1998, S. 85 (86).

[144] Vgl. u.a.: *Vetter*, Mediation u. Vorverfahren, S. 149.

[145] Vgl. auch: *Falkenstein/Gerbracht*, in: *Pitschas/Walther*, Mediation in d. Verwaltungsgerichtsbarkeit, S. 315 (328).

[146] *Kessen/Troja*, in: *Haft/v. Schlieffen*, Hdb. Mediation, § 16 Rn. 21 u. 23. Vgl. zudem auch: *v. Marcard*, Berufsrecht des Mediators, S. 12.

[147] *Vetter*, Mediation u. Vorverfahren, S. 150.

zu nehmen, Untersuchungen bei Gutachtern in Auftrag zu geben oder bereits vorhandene Sachverständigengutachten einzubringen.[148]

b) Die Phase der Interessensfindung

Ist auch das Verfahrensstadium der Informationsbeschaffung abgeschlossen, geht das Mediationsverfahren in die für die Mediation charakteristische Phase der Interessenfindung und Konfliktbehandlung über, wobei die Grenzen hier oft fließend sind und nicht genau zwischen der Informationsphase und diesem Teil des Mediationsverfahrens unterschieden werden kann. Im Rahmen der Interessenfindungsphase geht es vor allem darum, die Tiefenstrukturen des Konflikts aufzudecken, der Anliegen der Parteien bewusst zu werden, sowie aktuelle und zurückliegende Bedingungen, die zur Entstehung und Aufrechterhaltung des Konflikts beigetragen haben, zu analysieren.[149] Des Weiteren sollen hinter den von den beteiligten Parteien geltend gemachten Positionen verborgene materielle und immaterielle Interessen und Bedürfnisse herauskristallisiert, dadurch neue Lösungsmöglichkeiten eröffnet und letztlich eine Basis für einen optimalen Interessenausgleich sowie zukunftsfähige Regelungen, die von allen Seiten getragen werden können, geschaffen werden.[150] Auf Grundlage der Akzeptanz unterschiedlicher Sichtweisen werden Zieldefinitionen, welche die jeweiligen Interessen einschließen und sich an der Aktivierung möglicher Ressourcen und synergetischer Aspekte orientieren, erarbeitet.[151]

Während den Konfliktparteien ein gewisses Maß an Gesprächs- und Kompromissbereitschaft abzuverlangen sein wird, um letztendlich zu einem befriedigenden Ergebnis kommen zu können,[152] liegt die Aufgabe des Mediators im Rahmen dieses Verfahrensabschnitts zunächst darin, die Beteiligten durch geeignete Kommunikationstechniken darin zu unterstützen und dazu zu befähigen, ihre ureigensten, hinter den von ihnen hervorgebrachten Positionen versteckten Interessen zu erkennen und für die anderen Beteiligten nachvollziehbar zu formulieren. Gleichzeitig muss er auf eine gegenseitige Anerkennung und ein Verständnis bezüglich der verschiedenen Interessen und Bedürfnisse seitens der Mediationsparteien hinwirken.[153] Er muss das gegenseitige Misstrauen der Parteien beseitigen und diese dazu bewegen, ihre Informationen und Interessen darzu-

---

[148] Vgl. auch: *Holznagel,* Konfliktlösung durch Verhandlungen, S. 122; *Holznagel,* in: *Breidenbach/ Henssler,* Mediation f. Juristen, S. 147 (155); *Holznagel,* Jura 1999, 71 (74); *Stumpf,* Alternative Streitbeilegung im Verwaltungsrecht, S. 305; *Deckner,* Mediationsergebnisse in der Bauleitplanung, S. 25.

[149] Vgl. hierzu: *Seifert,* in: *Pitschas/Walther,* Mediation in d. Verwaltungsgerichtsbarkeit, S. 59 (66).

[150] Vgl. u.a.: *Ripke,* Kon:Sens 1998, 85 (86 f.); *Schillinger,* VBl.BW 2001, 396 (399); *Eisele,* Jura 2003, 656 (661); *Eisele,* ZRph 2003, 183 (185); *Wagner/Engelhardt,* NVwZ 2001, 370 (373); *Kessen/Troja,* in: *Haft/v. Schlieffen,* Hdb. Mediation, § 16 Rn. 7; *Duve/Eidenmüller/Hacke,* Mediation in d. Wirtschaft, S. 73; vgl. auch: *v. Marcard,* Berufsrecht des Mediators, S. 13.

[151] *Mähler/Mähler,* AnwBl. 1997, 353 (356).

[152] *Deckner,* Mediationsergebnisse in der Bauleitplanung, S. 25.

[153] *Kessen/Troja,* in: *Haft/v. Schlieffen,* Hdb. Mediation, § 16 Rn. 26; *Kessen,* in: *Henssler/Koch,* Mediation in d. Anwaltspraxis, § 9 Rn. 6; Vgl. zur Phase der Interessensfindung auch: *Dendorfer,* MDR 2003, 135 (137); *Falkenstein/Gerbracht,* in: *Pitschas/Walther,* Mediation in d. Verwaltungsgerichtsbarkeit, S. 315 (329).

legen.[154] Darüber hinaus obliegt es dem Mediator vor allem, auf einen kooperativen Verhandlungsstil der Parteien zu achten und ein durch Positionsdenken geprägtes „competitive bargaining" zu verhindern. Er sollte den Beteiligten Wege für eine Annäherung der Interessen aufzeigen, wobei es gilt, die bestehenden widerstreitenden Interessen zu einem befriedigenden Ausgleich zu bringen.[155] Am Ende der Phase der Interessenfindung ist es die Aufgabe des Mediators, die Streitpunkte und Interessen der Parteien zusammenzufassen, zu strukturieren und zu visualisieren, sowie bereits herauskristallisierte Gemeinsamkeiten und Differenzen hervorzuheben.[156]

c) Die Verhandlungsphase im engeren Sinne

Die schwierigste, aber letztlich entscheidende Phase einer Mediation ist der Verfahrensabschnitt, in dem es im Wege einer kooperativen, integrativen Verhandlung[157] und mit Blick auf die Zukunft darum geht, vor allem aufgrund der erarbeiteten Interessenlagen eine für alle Beteiligten akzeptable und einvernehmliche Problemlösung in Form eines Win-Win-Ergebnisses zu erarbeiten. Das ist die Konfliktlösungs- und Bewertungsphase, die auch als Verhandlungsphase im engeren Sinne bezeichnet werden kann. In dieser Phase werden, im Wege einer kreativen und kooperativen Suche nach Lösungsmöglichkeiten, die Interessen und Bedürfnisse der Beteiligten mittels geeigneter Methoden[158] soweit wie möglich zusammengeführt, wobei der Mediator die Parteien regelmäßig zunächst dazu anzuhalten hat, im Rahmen eines „Brainstormings" so viele Lösungen wie möglich zu sammeln und erst nach Sammlung aller erdenklichen Lösungsvorschläge eine Bewertung und Diskussion der gesammelten Lösungsvorschläge vorzunehmen. Dieses Vorgehen soll die Beteiligten daran hindern, frühzeitig Ideen auszuschließen, die bei genauerer Betrachtung gegebenenfalls die beste aller Lösungen beinhalten.[159] Unter Einbeziehung und Nutzung aller Erfahrungswerte und unter Abwägung aller Vor- und Nachteile werden Lösungsoptionen gebildet und letztlich eine Entscheidung getroffen.[160]

Im Rahmen der Bewertung und Auswahl der erarbeiteten Lösungsoptionen muss sichergestellt werden, dass die Interessen und Bedürfnisse aller Beteiligten berücksichtigt werden, dass den Parteien genug Zeit eingeräumt wird, die verschiedenen Lösungsmög-

---

[154] *Eisele*, Jura 2003, 656 (661).

[155] *Trieb*, Konsens und Verwaltungsverfahren, S. 39.

[156] Vgl.: *Schillinger*, Mediation im Verwaltungsrecht, S. 33.

[157] Vgl. hierzu im Einzelnen: *Kessen/Troja*, in: *Haft/v. Schlieffen*, Hdb. Mediation, § 16 Rn. 74 ff.

[158] Vgl. u.a.: *Kessen/Troja*, in: *Haft/v. Schlieffen*, Hdb. Mediation, § 16 Rn. 49 ff.

[159] Vgl. u.a.: *Haft*, Verhandlung u. Mediation, S. 247; *Schillinger*, Mediation im Verwaltungsrecht, S. 33 f.; *Schillinger*, VBl.BW 2001, 396 (399); ähnlich: *Ripke*, Kon:Sens 1998, 85 (87); *Perschel*, in: FS E. Stein, S. 245 (257); *v. Hoyningen-Huene*, JuS 1997, 352 (354); *Kessen/Troja*, in: *Haft/v. Schlieffen*, Hdb. Mediation, § 16 Rn. 8 f.; *Hager*, Konflikt u. Konsens, S. 76; *Köper*, Die Rolle des Rechts im Mediationsverfahren, S. 34; vgl. auch: *Duve/Eidenmüller/Hacke*, Mediation in d. Wirtschaft, S. 73; *C.-H. Horn*, in: FS R. Haase, S. 267 (278); *Tochtermann*, JuS 2005, 131 (133); *Voß*, in: Münchener Anwaltshandbuch: VerwR, Teil B, § 3 Rn. 59 f.; *Eisele*, Jura 2003, 656 (661); *Pünder*, Die Verwaltung 38 (2005), 1 (10); *Mohr*, in: *Pitschas/Walther*, Mediation in d. Verwaltungsgerichtsbarkeit, S. 179 (197 f.).

[160] *Mähler/Mähler*, AnwBl. 1997, 353 (356).

lichkeiten auf ihre Annehmbarkeit zu überprüfen und, dass keine Partei im Falle eines bestimmten Ergebnisses einen Gesichtsverlust respektive eine Übervorteilung befürchten muss.[161] Daneben kann der Mediator das Verfahren im Rahmen der hier beschriebenen Mediationsphase unter anderem dadurch unterstützen, dass er Einzelgespräche mit den Parteien abhält, in denen er die Parteien unter anderem auf nicht durchsetzbare Ansichten hinweist. Hierbei kann er unter Umständen auch als „advocatus diaboli" die Position der jeweiligen Gegenseite einnehmen sowie im Wege einer „Shuttle-Diplomatie" den Parteien im Wechsel die jeweiligen Lösungsansätze überbringen und mit diesen diskutieren.[162]

Schwierigkeiten können im Rahmen des an dieser Stelle beschriebenen Verfahrensabschnittes vor allem dann auftauchen, wenn die Konfliktparteien – entsprechend der menschlichen Psyche und dem tradierten Konfliktverständnis, einen Streit mit Maximalforderungen gewinnen zu wollen[163] – bereits frühzeitig versuchen, die für sich auf den ersten Blick günstigste Konfliktlösungsoption durchzusetzen. Probleme kann es auch bereiten, wenn die Konfliktparteien – anstatt zunächst möglichst viele, gegebenenfalls für beide Seiten gewinnbringende Lösungsmöglichkeiten zu entwickeln („value creating"/Wertschöpfung) – sofort ein so genanntes „value claiming" (Wertbeanspruchung) betreiben, indem sie von vornherein darauf hinarbeiten, eine Konfliktlösung zu erzielen, die ihnen auf den ersten Blick den größten Gewinn zu bringen scheint.[164] Spätestens in der hier dargestellten Mediationsphase wird sich letztlich zeigen, ob die Parteien den Argumenten und Vorschlägen der anderen Seite offen gegenüberstehen und ob sie wirklich zu einer Einigung bereit sind. Der Mediator ist in dieser Situation gehalten, pragmatisch, professionell, diplomatisch und psychologisch geschickt vorzugehen, die Diskussion mittels geeigneter (Kommunikations-)Techniken aufrecht zu erhalten sowie die Kooperation und das Verständnis zwischen den Konfliktparteien hin zu einer kreativen Lösungssuche zu fördern. Sofern aufgrund einer großen Anzahl an Einzelfragen erforderlich, hat er „Verhandlungspakete" zu schnüren, die der Komplexität des Interessengeflechts gerecht werden und den Konfliktparteien die Lösungsfindung erleichtern.[165]

3. Die Einigungs- und Umsetzungsphase

Den Abschluss der Mediation bildet im Erfolgsfalle die Einigung der Parteien auf eine der gemeinsam erarbeiteten Lösungsoptionen sowie deren genaue Ausformulierung und rechtliche Gestaltung im Rahmen der so genannten Einigungs- und Umsetzungspha-

---

[161] *Kessen/Troja*, in: *Haft/v. Schlieffen*, Hdb. Mediation, § 16 Rn. 70.
[162] Vgl.: *Schillinger*, Mediation im Verwaltungsrecht, S. 34; *Risse*, NJW 2000, 1614 (1616); *Köper*, Die Rolle des Rechts im Mediationsverfahren, S. 35; *Zimmer*, Außergerichtl. Streitbeilegung in Dtl., S. 93.
[163] Vgl.: *Vetter*, Mediation u. Vorverfahren, S. 152.
[164] Vgl. hierzu auch: *Eidenmüller*, in: *Hessler/Koch*, Mediation in d. Anwaltspraxis, § 2 Rn. 6.
[165] *Vetter*, Mediation u. Vorverfahren, S. 152.

se.[166] Regelmäßig werden hierbei nicht bloß gemeinsame Erklärungen abgegeben und die Ergebnisse der Mediationsverhandlungen protokolliert, sondern – vor allem, wenn es um justiziable Rechte und Verantwortlichkeiten der Parteien geht – ein rechtsverbindlicher, schriftlicher Vertrag – ein so genannter Mediationsvergleich[167] – geschlossen und dessen Durchsetzbarkeit beziehungsweise Vollstreckbarkeit gesichert.[168] Egal, ob gemeinsame Erklärung oder rechtsverbindlicher Vergleichsvertrag: Die am Ende eines Mediationsverfahrens gefundene und von den Beteiligten zu unterzeichnende Vereinbarung sollte zumindest grundlegende Informationen zu den Konfliktbeteiligten, Informationen über das Mediationsverfahren (unter anderem die behandelten Probleme, die Hintergründe und Rahmenbedingungen, die erarbeiteten Interessen sowie die Grundlagen der Entscheidung), das Mediationsergebnis, Informationen bezüglich offen gebliebener Fragen sowie Klarstellungen hinsichtlich der rechtlichen Rahmenbedingungen und der weiteren Schritte beinhalten.[169] Darüber hinaus können beispielsweise auch Vorsorgeregelungen für den Fall des Scheiterns sowie Evaluationsregelungen,[170] die Wiederaufnahme der Verhandlungen für bestimmte Fälle, die Durchführung eines Schlichtungs- oder Schiedsverfahrens mit Blick auf noch verbleibende Streitpunkte[171] sowie ein Klageverzicht oder Abreden zur Lösung künftiger Konflikte vereinbart werden.[172] Insbesondere kann auch die Wiederaufnahme der Gespräche vereinbart werden, falls es bei der Umsetzung des gefundenen Konsenses zu Schwierigkeiten kommt.[173] Mit Blick auf die For-

---

[166] *Haft*, Verhandlung u. Mediation, S. 248; *Holznagel*, in: *Breidenbach/Henssler*, Mediation f. Juristen, S. 147 (156); *Holznagel/Ramsauer*, in: *Haft/v. Schlieffen*, Hdb. Mediation, § 44 Rn. 35 ff. Vgl. hierzu auch: *Ripke*, Kon:Sens 1998, 85 (88); *Deckner*, Mediationsergebnisse in der Bauleitplanung, S. 27.

[167] Vgl. Hierzu im Einzelnen: *Eidenmüller*, in: *Breidenbach/Coester-Waltjen/Heß u.a.*, Konsensuale Streitbeilegung, S. 45 (79 ff.); *Eidenmüller*, Vertrags- u. Verf.R. d. Wirtschaftsmediation, S. 43 ff.; *Hacke*, Der ADR-Vertrag, S. 33, 272 ff.; *Nelle/Hacke*, ZKM 2002, 257 ff.; *Heß/Sharma*, in: *Haft/v. Schlieffen*, Hdb. Mediation, § 26 Rn. 52; *Volkmann*, Mediation im Zivilprozess, S. 76 ff. Zum Inhalt vgl. auch: *Falkenstein/Gerbracht*, in: *Pitschas/Walther*, Mediation in d. Verwaltungsgerichtsbarkeit, S. 315 (330).

[168] *Kessen/Troja*, in: *Haft/v. Schlieffen*, Hdb. Mediation, § 16 Rn. 80; *Mähler/Mähler*, in: *Breidenbach/Henssler*, Mediation f. Juristen, S. 13 (27); *Haft*, Verhandlung u. Mediation, S. 248; *Eidenmüller*, in: *Breidenbach/Coester-Waltjen/Heß u.a.*, Konsensuale Streitbeilegung, S. 45 (80 ff.); *Schillinger*, Mediation im Verwaltungsrecht, S. 35; *Zimmer*, Außergerichtl. Streitbeilegung in Dtl., S. 94; *Schillinger*, VBl.BW 2001, 396 (399). Vgl. zudem auch: *Gaßner/Holznagel/Lahl*, Mediation, S. 55 f.; *Stumpf*, Alternative Streitbeilegung im Verwaltungsrecht, S. 306.

[169] Vgl.: *Kessen/Troja*, in: *Haft/v. Schlieffen*, Hdb. Mediation, § 16 Rn. 86; *Ripke*, Kon:Sens 1999, 341 ff.

[170] *Schillinger*, VBl.BW 2001, 396 (399); *Schillinger*, Mediation im Verwaltungsrecht, S. 35.

[171] *Holznagel/Ramsauer*, in: *Haft/v. Schlieffen*, Hdb. Mediation, § 44 Rn. 35; *Gaßner/Holznagel/Lahl*, Mediation, S. 56 f.; *Stumpf*, Alternative Streitbeilegung im Verwaltungsrecht, S. 306.

[172] *Holznagel*, in: *Breidenbach/Henssler*, Mediation f. Juristen, S. 147 (156); *Kracht*, in: *Haft/v. Schlieffen*, Hdb. Mediation, § 15 Rn. 81; *Rapp*, Mediation im Verwaltungsrecht, S. 22; *Trieb*, Konsens und Verwaltungsverfahren, S. 41; *Goldberg/Sander/Rogers/Cole*, Dispute Resolution, S. 358: Sometimes [...] the agreement calls für future action. This requires some attention. This requires some attention to the method by which compliance will be monitored. Conceivably, the agreement may provide that the parties will return to mediation if either party feels that the agreement is not being carried out as stated or if future problems connected with the present dispute arise.

[173] *Gaßner/Holznagel/Lahl*, Mediation, S. 56 f.; *Deckner*, Mediationsergebnisse in der Bauleitplanung, S. 27.

mulierung der das Mediationsverfahren abschließenden Vereinbarung bleibt dabei festzuhalten, dass die abschließende Übereinkunft der Parteien in jedem Fall „SMART", das heißt „Specific" (spezifisch), „Measurable" (mit messbaren Angaben und Zielindikatoren), „Achievable" (erreichbar und ausgewogen), „Realistic" (realitätsnah) und „Timed" (mit genauen Zeitspannen zur Erfüllung der einzelnen Vereinbarungen), gefasst sein sollte.[174]

Im Rahmen der Einigungsphase hat der Mediator den Parteien ausreichend Gelegenheit zu geben, eventuelle Einigungsoptionen von ihrer jeweiligen Rechtsberatung prüfen zu lassen.[175] Teilweise wird es auch als Aufgabe des Mediators selbst erachtet, dass dieser die von den Parteien erzielte Abschlussvereinbarung einer rechtlichen Kontrolle unterzieht. Grund hierfür ist, dass ein Mediationsergebnis ohne rechtliche Prüfung kaum dauerhaften Bestand haben wird. Sollte eine Partei erkennen, dass die rechtlichen Gesichtspunkte nicht ausreichend berücksichtigt wurden oder das mediativ erlangte Ergebnis einer rechtlichen Überprüfung nicht stand hält, wird sie versuchen, das aus ihrer Sicht ungerechte Ergebnis – notfalls gerichtlich – zu korrigieren.[176]

---

[174] Vgl.: *Ripke*, Kon:Sens 1999, 341 f.; *Kessen/Troja*, in: *Haft/v. Schlieffen*, Hdb. Mediation, § 16 Rn. 87 ff.; *Eidenmüller*, in: *Duve/Eidenmüller/Hacke*, Mediation in d. Wirtschaft, S. 237 (247 f.).

[175] *v. Marcard*, Berufsrecht des Mediators, S. 15.

[176] Vgl.: *Kracht*, in: *Haft/v. Schlieffen*, Hdb. Mediation, § 15 Rn. 82 ff.

4. Kapitel: Rolle, Stellung und Aufgaben des Mediators und die an ihn zu stellenden Anforderungen

Der Mediator vereint im Verlauf eines Mediationsverfahrens regelmäßig eine Reihe von Funktionen in seiner Person. Die Spannweite seiner Aufgaben reicht vom „Scapegoat" (Sündenbock) bis zum „Leader": Als „Legitimizer" sorgt er dafür, dass alle Konfliktparteien trotz Widerständen an den Mediationsverhandlungen teilnehmen können, als „Opener of Communication Channels" oder „Katalysator" bewirkt er die Herstellung und Verbesserung der Kommunikation zwischen den Parteien. Als „Process Facilitator" strukturiert er die Verhandlungen und übernimmt (oftmals) deren Vorsitz, als „Trainer" schult er unerfahrene Beteiligte in der Verhandlungsführung und als „Educator" klärt er die Parteien gegebenenfalls über den Inhalt der dem jeweiligen Konflikt zugrundeliegenden Bestimmungen oder sonstige Einzelheiten des Konfliktes auf. Als „Translator" übersetzt er gegebenenfalls Aussagen der Parteien möglichst inhaltsgetreu in eine für die jeweils andere Partei verständliche Sprache, als „Resource Expander" bringt er weitere Informationsquellen in Verhandlungen ein und als „Problem Explorer" hilft er den Beteiligten ihre Probleme aus verschiedenen Perspektiven zu betrachten und sich ihrer Interessen im Konflikt bewusst zu werden. Als „Agent of Reality" achtet er auf das Zustandekommen einer tatsächlich realisierbaren, die tatsächlichen Begebenheiten einbeziehenden Konfliktlösung und tritt unrealistischen Erwartungen und Zielen der Parteien entgegen, während er es als „Bearer of Bad News" übernimmt, schlechte Nachrichten oder ablehnende Haltungen der jeweiligen Gegenpartei derart zu übermitteln, dass diese nicht zu einer Eskalation oder unverhältnismäßigen Emotionalisierung des Konflikts führen. Letztlich übernimmt er als „Scapegoat" oftmals die Schuld an für die Beteiligten unangenehmen Entscheidungen, während er als eine Art „Leader" gegebenenfalls die Gespräche mit Hilfe geeigneter Verhandlungstechniken oder gar inhaltlichen Vor- und Ratschlägen forciert.[177]

Von einer solchen zusammenfassenden Beschreibung der Aufgaben des Mediators abgesehen, ergeben sich Rolle, Stellung und Aufgaben des Mediators pauschal gesagt vor allem aus der Mediationsvereinbarung zwischen den Konfliktparteien, dem zwischen den Parteien und dem Mediator geschlossenen Mediatorenvertrag, den jeweiligen Umständen des Einzelfalles sowie den allgemeinen Zielen der Mediation. Vorliegend wurde sowohl im Rahmen der Definition des Mediationsbegriffs als auch im Zuge der Betrachtung der Strukturprinzipien der Mediation, der Erörterung der Ziele des Mediationsverfahrens und der Beschreibung des Ablaufs einer Mediation bereits Bezug auf die sich aus diesen Aspekten ergebende Rolle des Mediators genommen. Allen voran auf die (zwingend) erforderliche Neutralität als Mediator tätiger Personen wurde bereits wiederholt verwiesen. Darüber hinaus sind jedoch noch zahlreiche weitere Anforderungen an einen

---

[177] Vgl.: *Moore*, The Mediation Process, S. 18; *Stulberg*, 6 Vermont Law Review (1981), 85 (92 ff.); *Alexander*, Wirtschaftsmediation in Dtl., S. 72 f.; *Alexander*, Wirtschaftsmediation in Theorie u. Praxis, S. 88 f. Vgl. zudem auch: *Eidenmüller*, in: *Henssler/Koch*, Mediation in d. Anwaltspraxis, § 2 Rn. 69.

Mediator zu stellen, die an dieser Stelle – nach einer genaueren Betrachtung des bereits erwähnten Neutralitätserfordernisses – kurz behandelt werden sollen.

I. Neutralität

Die bereits angesprochene Neutralität – verschiedentlich auch als Unabhängigkeit beziehungsweise All-, Un-, oder Überparteilichkeit bezeichnet[178] – wird meist als Hauptanforderung angesehen, der ein Mediator schlechthin genügen muss.[179] So führte unter anderem das OLG Hamm bereits aus: „Die funktionale Stellung des [...Mediators...] setzt präventiv seine Unabhängigkeit und Neutralität voraus. Der Mediator vertritt keine Partei und ist allein dazu verpflichtet, ein Verfahren der Streitschlichtung zu moderieren, wobei er dem Grundsatz der Unabhängigkeit und Unparteilichkeit verpflichtet ist."[180] Insgesamt beruht der Erfolg der Mediation wesentlich auf der Akzeptanz des Mediators als neutrale und unparteiische Vertrauensperson.[181]

Mit Blick auf einige, oft als Mediatoren bezeichnete politische Vermittler in internationalen Konflikten stellt sich allerdings die Frage, ob dieser These uneingeschränkt zugestimmt werden kann.[182] Definiert man den Begriff der Mediation bewusst weit als Intervention in eine Verhandlung oder einen Konflikt durch eine von allen Beteiligten akzeptierte dritte Partei, die keine oder nur begrenzte Entscheidungsgewalt hat, jedoch die Beteiligten in ihren freiwilligen Bestrebungen um einen gegenseitig akzeptablen Vergleich unterstützt, so wird deutlich, dass die Beteiligten im Rahmen ihrer Privatautonomie theoretisch auch Personen als Mediatoren in den jeweiligen Konflikt einbeziehen können, die nicht neutral sind.[183] Entscheidend wäre danach nicht die Neutralität, sondern allein die hinreichende Akzeptanz des Mediators seitens der Konfliktbeteiligten.[184] Im Rahmen einer (juristischen) Streitigkeit ist jedoch anzunehmen, dass die Beteiligten, welche die jeweilige Person nicht auf ihrer Seite wissen, einem nicht unparteiischen Mediator oft nicht zustimmen werden. Im Übrigen wäre dies auch kontraproduktiv: Zum einen könnte keine das Mediationsverfahren auszeichnende vertrauliche Atmosphäre entstehen. Dies wiederum hätte negative Auswirkungen auf die Bereitschaft der Parteien, ihre Interessen offen zu legen und damit die Herbeiführung einer mit Blick auf die Interessen der Beteiligten für alle Seiten möglichst optimalen Lösung. Zum anderen würde die nicht auf Sei-

---

[178] Vgl. hierzu u.a.: *Rüssel*, Mediation in komplexen Verwaltungsverf., S. 86; *Kovach*, Mediation, S. 211 ff.; *Böttger/Hupfeld*, ZKM 2004, 155 (159); *Deventer/Ferner*, in: *Fritz/Karber/Lambeck*, Mediation statt Verwaltungsprozess?, S. 105 (109); *Oldenbruch*, Die Vertraulichkeit im Mediationsverfahren, S. 6; *Niewitsch-Lennartz*, Dokumentation zum 14. Dt. Verwaltungsrichtertag 2004, S. 51 (51 u. 61).

[179] Eine Befragung von Konfliktparteien im Rahmen des Niedersächsischen Modellversuchs zur gerichtsnahen Mediation hat ergeben, dass der weit überwiegenden Anzahl der diesbezüglich befragten Parteien die Neutralität bzw. Unvoreingenommenheit „äußerst wichtig" ist (vgl.: *Böttger/Hupfeld*, ZKM 2004, 155 (159)).

[180] *OLG Hamm* MDR 1999, 836.

[181] *LSG Nds.* ZKM 2005, 139.

[182] Vgl.: *Ponschab*, BB/2003, Beilage Nr. 8, S. 1.

[183] Vgl. hierzu: *Haft*, Verhandlung u. Mediation, S. 249.

[184] Vgl.: *Ponschab*, BB 2003, Beilage Nr. 8, S. 1.

ten des Mediators stehende Partei stets Zweifel an einer im Wege der Mediation gefundenen Lösung hegen, so dass sowohl die Akzeptanz als auch die Nachhaltigkeit des durch Mediation erlangten Ergebnisses beeinträchtigt würde. Diese Mängel zeigen sich im Übrigen auch bei den oben genannten politischen Vermittlern. Die von ihnen gefundenen Lösungen haben oft eine Halbwertzeit, die weder die Beteiligten noch den Vermittler zufrieden stellen kann. Folglich bleibt festzuhalten, dass zwar theoretisch eine Einbeziehung „parteilicher Mediatoren" möglich erscheint, in der Praxis jedoch der Grundsatz der Neutralität für ein erfolgreiches Mediationsverfahren unverzichtbar ist. Der Mediationsprozess verträgt keine einseitige Beeinflussung durch einen interessengeleiteten Konfliktmittler. Im Falle einer einseitigen Parteinahme durch den Mediator dürfte das Verfahren deswegen sehr schnell scheitern.[185]

Hält man demzufolge an dem strikten Erfordernis der Neutralität des Mediators fest, so fragt es sich, wie dieser abstrakte, aber meist in der Mediationsvereinbarung oder im Mediatorenvertrag verankerte und daher justiziable[186] Grundsatz mit Inhalt gefüllt werden kann, mithin welche Anforderungen dieser Grundsatz vor allem an den jeweiligen Mediator stellt.

In Beantwortung dieser Frage bleibt zunächst festzuhalten, dass sich die vom Mediator zu verlangende Neutralität aus mehreren Bestandteilen zusammensetzt: Zum einen gehört zur Neutralitätspflicht, dass der Mediator im Rahmen des Mediationsverfahrens neutrale Verfahrensentscheidungen trifft, insgesamt neutral und all- beziehungsweise unparteiisch handelt und alle Beteiligten hierauf vertrauen können (äußere Neutralität).[187] Eine unparteiliche Verhandlungsführung beinhaltet dabei unter anderem, dass der Mediator alle Konfliktparteien gleich und fair behandelt,[188] außer dem Ziel der Konsensfindung gegen Bezahlung keine eigenen Interessen verfolgt,[189] sich an allen Parteiinteressen gleichgewichtig orientiert,[190] den Anliegen und Interessen der Parteien im selben Umfang Verständnis entgegen bringt, die unterschiedlichen Auffassungen der Konfliktparteien

---

[185] *Gaßner/Holznagel/Lahl*, Mediation, S. 62. Vgl. hierzu zudem auch: *C.-H. Horn*, in: FS R. Haase, S. 267 (270).

[186] *Kracht*, in: *Haft/v. Schlieffen*, Hdb. Mediation, § 15 Rn. 9.

[187] Vgl. u.a.: *Kracht* u. *Hess/Sharma*, in: *Haft/v. Schlieffen*, Hdb. Mediation, § 15 Rn. 18 f. bzw. § 26 Rn. 46; *Hager*, Konflikt u. Konsens, S. 80 u. 114; *Volkmann*, Mediation im Zivilprozess, S. 115; *C.-H. Horn*, in: FS R. Haase, S. 267 (271); *Schneeweiß*, DRiZ 2002, 107 (110); BAFM-Richtlinien für Familienmediation, II. 3. (2); *Härtel*, JZ 2005, 753 (755); *Deventer/Ferner*, in: *Fritz/Karber/Lambeck*, Mediation statt Verwaltungsprozess?, S. 105 (109); sowie: Sec. 11.1 der DIS Mediation/Conciliation Rules und Ziff. 2.2 der European Code of Conduct for Mediators (abgedruckt in: ZKM 2004, 148 f.), wonach der Mediator stets unparteiisch zu sein hat und gehalten ist, im Mediationsprozess allen Parteien gleichermaßen zu dienen.

[188] *Nölting*, Mediatorenverträge, S. 103; *Deckner*, Mediationsergebnisse in der Bauleitplanung, S. 27; *Hellriegel*, Mediation im Umweltrecht, S. 29.

[189] *Gaßner/Holznagel/Lahl*, Mediation, S. 62; *Hager*, Konflikt u. Konsens, S. 80.

[190] *Deckner*, Mediationsergebnisse in der Bauleitplanung, S. 27; *Hellriegel*, Mediation im Umweltrecht, S. 29.

gleichermaßen akzeptiert und die Beteiligten im selben Maße zu Wort kommen lässt.[191] Maßstab der einzuhaltenden Neutralität ist diesbezüglich allein die dem konkreten Mediationsprozess zugrunde liegende Mediationsvereinbarung beziehungsweise der jeweilige Mediationsvertrag, so dass Interventionen zugunsten einer der Parteien – sofern sie von der Mediationsvereinbarung gedeckt sind – in gewissem Maße durchaus möglich sind.[192]

Ferner muss es sich bei dem jeweiligen Mediator um eine von den beteiligten Parteien unabhängige, objektiv neutrale und unparteiliche Person handeln,[193] das heißt der Mediator darf (1.) in keiner Nähebeziehung zu einer der streitbeteiligten Parteien stehen,[194] (2.) kein finanzielles oder sonstiges Eigeninteresse am Ausgang des Verfahrens haben[195] und (3.) neben dem konkreten Mediationsverfahren keine anderweitige Tätigkeit für eine der Konfliktparteien ausüben.[196] Außerdem ist es Voraussetzung, dass der Mediator (4.) kein Vertreter einer gesellschaftlichen Gruppierung (gewesen) ist, die durch den konkreten Konflikt direkt oder indirekt betroffen ist, und (5.) in der Öffentlichkeit noch keine streitgegenstandsbezogene Meinung vertreten hat. Des Weiteren darf er (6.) nicht in derselben Sache als Sachverständiger oder Zeuge fungieren und (7.) allgemein keine Eigenschaften mitbringen, die einen gesetzlichen Ausschlussgrund für einen Richter darstellen oder eine Ablehnung des Richters wegen der Besorgnis der Befangenheit recht-

---

[191] *Haft*, Verhandlung u. Mediation, S. 249; *Hager*, Konflikt u. Konsens, S. 80; *Heß/Sharma*, in: *Haft/ v. Schlieffen*, Hdb. Mediation, § 26 Rn. 46; *Gaßner/Holznagel/Lahl*, Mediation, S. 62. Zur Pflicht der unparteilichen Verhandlungsführung vgl. zudem auch: *Hager*, ZKM 2003, 52 (55).

[192] *Kracht*, in: *Haft/v. Schlieffen*, Hdb. Mediation, § 15 Rn. 19 ff. Das Postulat der Neutralität bzgl. der Verfahrenführung durch den Mediator erscheint insgesamt problematisch, da die Situation es erfordern kann, dass Mediatoren zeitweilig einer der beteiligten Partei zur Seite stehen und ggf. auch stellvertretend deren Sichtweise erläutern, Argumente liefern und Manipulationsversuche unterbinden. Daher liegt es nahe – im Gegensatz zur strikten Neutralität oder Unparteilichkeit – eine Allparteilichkeit hinsichtlich des Vorgehens des Mediators zu fordern. Dennoch Vermag dieser Ansatz nicht gänzlich zu überzeugen. Aufgrund der Autonomie und Selbstverantwortlichkeit der Parteien muss es diesen überlassen werden, inwiefern sich ein Mediator auf die Seite einer Partei stellen darf. In Abwesenheit einer entsprechenden Vereinbarung muss das Postulat der strikten Neutralität aufrecht erhalten werden (vgl. hierzu auch *Rüssel*, Mediation in komplexen Verwaltungsverf., S. 86 f.; *C.-H. Horn*, in: FS R. Haase, S. 267(272); *Hager*, ZKM 2003, 52 (56)).

[193] *Kracht*, in: *Haft/v. Schlieffen*, Hdb. Mediation, § 15 Rn. 25, 31; *Kracht/Rüssel*, JA 2003, 725 (729); *Vetter*, Mediation u. Vorverfahren, S. 147; *Deventer/Ferner*, in: *Fritz/Karber/Lambeck*, Mediation statt Verwaltungsprozess?, S. 105 (109 f.). Vgl. zudem auch: *C.-H. Horn*, in: FS R. Haase, S. 267 (270) sowie: Sec. 11.1 der DIS Mediation/Conciliation Rules.

[194] Vgl.: European Code of Conduct for Mediators, Ziff. 2.1 (abgedruckt in: ZKM 2004, 148 f.); *Kracht/ Rüssel*, JA 2003, 725 (729); *Kracht u. Heß/Sharma* , in: *Haft/v. Schlieffen*, Hdb. Mediation, § 15 Rn. 34 ff. bzw. § 26 Rn. 45; *Volkmann*, Mediation im Zivilprozess, S. 115; *Becker/C.-H. Horn*, SchiedsVZ 2006, 270 (272); *Hager*, Konflikt u. Konsens, S. 113. Vgl. zudem auch die BAFM-Richtlinien für Familienmediation, III. 1. Abs. 2, sowie zum Verbot geschäftlicher Beziehungen zu einer Mediationspartei: *Nölting*, Mediatorenverträge, S. 106 ff.

[195] Vgl.: European Code of Conduct for Mediators, Ziff. 2.1 (abgedruckt in: ZKM 2004, 148 f.); *Kracht*, in: *Haft/v. Schlieffen*, Hdb. Mediation, § 15 Rn. 34 ff.; *Becker/C.-H. Horn*, SchiedsVZ 2006, 270 (272); BAFM-Richtlinien für Familienmediation, III. 1. Abs. 2.

[196] Vgl.: European Code of Conduct for Mediators, Ziff. 2.1 (abgedruckt in: ZKM 2004, 148 f.); *Kracht*, in: *Haft/v. Schlieffen*, Hdb. Mediation, § 15 Rn. 34 ff.; BAFM-Richtlinien für Familienmediation, III. 1. Abs. 2.

fertigen würden.[197] Letztlich darf er sich (8.) auch nicht mit einem Beteiligten – wenn auch nur innerlich – solidarisieren (innere Neutralität).[198] Ein Bestandteil der Neutralität des Mediators ist es, dass die Vorgehens- und Verfahrensweise des Mediators, ebenso wie dessen Einwirken auf den Verfahrensablauf, nicht von rein persönlichen Aspekten der beteiligten Parteien beeinflusst oder bestimmt werden darf.

Schließlich muss der Mediator im Rahmen der von ihm verlangten Neutralität für die verschiedensten Lösungsmodelle der Konfliktparteien offen sein und möglichen Lösungsmodellen unvoreingenommen gegenüberstehen.[199] Nur in einem begrenztem Umfang[200] darf er die durch die Parteien erarbeiteten Mediationsergebnisse einer Gerechtigkeits- und Fairnesskontrolle unterziehen, unrealisierbare oder nutzlose Regelungen verhindern sowie einen Mediationsprozess abbrechen, sofern eine Regelung fremdbestimmt ist, unter Zwang getroffen wird oder im Widerspruch zu grundlegenden Werten, Normen und Zielvorstellungen der Gesellschaft steht. Gleichzeitig muss sich der Mediator mit seiner eigenen Bewertung weitestgehend zurückhalten,[201] sofern die Parteien nichts anders vereinbart haben. Nur begrenzt ist es mit dem Grundsatz der Neutralität und dem Selbstverantwortlichkeitsprinzip vereinbar, dass der Mediator seine Sicht der Dinge zum Gegenstand des Mediationsverfahrens macht. Mit *Haft*[202] kann daher bezüglich der Lösungsfindung im Mediationsverfahren festgehalten werden, dass der Mediator nicht aus dem Auge verlieren darf, „dass nicht er es ist, der den Konflikt beilegt, sondern dass die Parteien es sind, die dies autonom tun. Der Mediator ist ein schlichter Dienstleister, keine Autorität, die den Parteien sagt, was sie zu tun haben." Dies darf jedoch nicht dahingehend verstanden werden, dass der Begriff der Neutralität als „the absence of impact on outcomes"[203] zu definieren ist. Auf die verschiedenen, sehr wohl zulässigen Einwirkungsmöglichkeiten des Mediators wird an anderer Stelle noch einzugehen sein.[204]

Umfang der Neutralität des Mediators

---

[197] *Kracht*, in: *Haft/v. Schlieffen*, Hdb. Mediation, § 15 Rn. 34 ff.

[198] *Schneeweiß*, DRiZ 2002, 107 (110); *Kracht*, in: *Haft/v. Schlieffen*, Hdb. Mediation, § 15 Rn. 67.

[199] Vgl.: *Hager*, Konflikt u. Konsens, S. 80; *Trieb*, Konsens und Verwaltungsverfahren, S. 41; *Härtel*, JZ 2005, 753 (755).

[200] Vgl. hierzu auch: Erster Teil , 4. Kapitel, Unterpunkt V. u. VI.

[201] Vgl. u.a.: *Mähler/Mähler*, in: *Breidenbach/Henssler*, Mediation f. Juristen, S. 13 (27); *Haft*, Verhandlung u. Mediation, S. 249; *Hehn/Rüssel*, ZKM 2000, 62 (65); *Pitschas*, NVwZ 2004, 396 (397); *Eisele*, ZRph 2003, 183 (188).

[202] *Haft*, Verhandlung u. Mediation, S. 249 f.; vgl. zudem u.a. auch: *Eisele*, ZRph 2003, 183 (188); *Haft*, in: *Haft/v. Schlieffen*, Hdb. Mediation, § 2 Rn. 1, 11.

[203] *Breidenbach*, Mediation, S. 171 m.w.N.

[204] Vgl.: Erster Teil , 4. Kapitel, Unterpunkt V., sowie u.a.: *Kracht*, in: *Haft/v. Schlieffen*, Hdb. Mediation, § 15 Rn. 10.

Um das soeben beschriebene Maß an Neutralität von Beginn bis Ende des Mediationsverfahrens sicherzustellen, sollte der Mediator vor Durchführung einer Mediation überprüfen, ob Anhaltspunkte vorliegen, die aus Sicht eines durchschnittlichen Dritten geeignet sind, die Neutralität beziehungsweise die Un-, All- oder Überparteilichkeit seiner Person zu beeinträchtigen. Solche Anhaltspunkte sollte der Mediator den Parteien – auch wenn sie erst im Laufe der Mediation zu Tage treten – baldmöglichst offenbaren.[205] Mediationsverfahren, deren neutrale Durchführung unmöglich erscheinen, sind vom jeweiligen Mediator aufzugeben, sofern nicht die Konfliktparteien unbedingt an ihm festhalten wollen.[206]

II. Vertrauenswürdigkeit, Akzeptanz, Macht und Autorität des Mediators

Mit der vorstehenden Erkenntnis *Haft's*[207] ist bereits ein weiteres Wesensmerkmal des Mediators angesprochen: Die fehlende Anordnungs- und Entscheidungsmacht des Mediators. Im Unterschied zum ebenfalls neutralen Richter und zu den im Rahmen von Schlichtungs- oder Schiedsverfahren eingeschalteten Dritten, verfügt der Mediator weder über eine Autorität zur Entscheidung der streitigen Angelegenheit noch über Zwangsmittel gegenüber den Parteien.[208]

Die fehlende Entscheidungsautorität des Mediators sowie die Tatsache, dass der Ausgang eines Mediationsverfahrens ausschließlich in den Händen der jeweiligen Parteien liegt, darf jedoch nicht darüber hinwegtäuschen, dass die Leitung des Mediationsprozesses dem jeweiligen Mediator ein gewisses Maß an Einfluss und Autorität verleiht, denn die Feststellung einer fehlenden Entscheidungsmacht „directs attention away from the power that mediator do exercise, from the characteristics of their exercise of that power, or from the contingencies that shape is exercise."[209] Fraglich ist in diesem Zusammenhang jedoch, worin diese Autorität des Mediators wurzelt.

Zunächst muss der Mediator sicherlich auch ohne Entscheidungsmacht stets in der Lage sein, ein gewisses Maß an Autorität und Vertrauen aus der Akzeptanz seiner Person durch die Konfliktbeteiligten zu beziehen.[210] Ist dies nicht der Fall, so wird es dem Mediator auch nicht gelingen, ein Mediationsverfahren zufrieden stellend, koordiniert und erfolgreich zu führen. Aufgrund der Freiwilligkeit der Mediation würden die Parteien ein

---

[205] Vgl. auch: Section 9(a) und (b) Uniform Mediation Act (2002); Ziff. III. des „Standards of Conduct for Mediators", abgedruckt in: *Goldberg/Sander/Rogers/Cole*, Dispute Resolution, S. 683 ff.

[206] Vgl.: Ziff. II. u. III des „Standards of Conduct for Mediators", abgedruckt in: *Goldberg/Sander/Rogers/Cole*, Dispute Resolution, S. 683 ff.

[207] Siehe: Fn. 202.

[208] *Breidenbach*, Mediation, S. 143.

[209] *Breidenbach*, Mediation, S. 143 (Fn. 495) unter Verweis auf: *Sarat*, 21 Law & Society Review, 697.

[210] Vgl. auch: *Ponschab*, BB 2003, Beilage Nr. 8, S. 1; *Orth/Brachou*, in: *Mielke/Pietsch/Abeltshauser*, Mediation u. interessengerechtes Verhandeln, S. 53 (60); *Rüssel*, Mediation in komplexen Verwaltungsverf., S. 85 f.; vgl. auch: *Rogers/Salem*, zitiert in: *Goldberg/Sander/Rogers/Cole*, Dispute Resolution, S. 113. Vgl. zudem auch: *Deckner*, Mediationsergebnisse in der Bauleitplanung, S. 24, wonach es dem Mediator nur gelingen kann, in einem Konflikt erfolgreich zwischen den Parteien zu vermitteln, wenn er das Vertrauen aller Mediationsteilnehmer genießt.

durch einen von ihnen nicht anerkannten Mediator geleitetes Mediationsverfahren früher oder später abbrechen. Voraussetzung dafür, dass die beteiligten Parteien dem Mediator die notwendige Anerkennung entgegenbringen und ihn damit mit Blick auf das Mediationsverfahren in ausreichendem Maße als Autorität akzeptieren, ist es dabei wiederum, dass der Mediator seiner Neutralitätspflicht genügt und aufgrund dessen das Vertrauen aller Streitbeteiligten genießt. Der Mediator wird das Vertrauen aller Beteiligten nur erwerben und aufrechterhalten können, wenn er sich fair und neutral im wahrsten Sinne des Wortes verhält.[211] Die bereits angesprochene Neutralität ist letztlich die Hauptquelle der Autorität des Mediators.[212]

Weitere Quellen der Autorität des Mediators sowie des Vertrauens der Konfliktparteien in dessen Person bilden darüber hinaus dessen Qualifikation, Kompetenzen, Persönlichkeit, Charakter, Charisma, Selbstdarstellung und Mediationsstil. Der Mediator wird das Vertrauen der Parteien letztlich nur genießen, „when [he] is perceived by the disputants as an individual who understands and cares about the parties and their disputes, has skills to guide them to a negotiated settlement, treats them impartially, is honest, will protect each party from being hurt during mediation by the other's aggressiveness or their own perceived inadequacies, and has no interests that conflict with helping to bring about a resolution which is in the parties' best interest.[213]

Welcher Aspekt auch immer im Rahmen des jeweiligen Mediationsverfahrens die Basis der Autorität des Mediators bildet, es bleibt zu beachten, dass ein zu hohes Maß an Autorität die Mediation auch gefährden kann. Je mehr Autorität der Mediator für sich in Anspruch nimmt, um so mehr verlassen sich die beteiligten Parteien auf ihn und um so weniger fühlen sie sich gehalten, ihre Konfliktlösung selbst in die Hand zu nehmen.[214]

III. Übernahme von Prozessverantwortung und Förderung der Kommunikation

Nachdem der Mediator im Rahmen des Abschlusses des Mediationsvertrages zu Beginn des Mediationsverfahrens auf die inhaltliche Ausgestaltung des Vertrages sowie darauf geachtet hat, dass den Beteiligten bewusst ist, was sie mit dem Mediationsvertrag vereinbaren und wie dieser Vertrag zur Grundlage des weiteren Konfliktlösungsverfahrens wird,[215] trägt der Mediator im sodann folgenden Mediationsprozess eher eine Verfahrensverantwortung, nicht hingegen (jedenfalls nicht primär) eine Ergebnisverantwortung. Diese verbleibt bei den Parteien, die selbständig und selbstverantwortlich eine Konfliktlö-

---

[211] Vgl. u.a.: *Haft*, in: FS R. A. Schütze, S. 255 (267); *Haft*, BB 1998, Beilage Nr. 10, S. 15; *Kracht*, in: *Haft/v. Schlieffen*, Hdb. Mediation, § 15 Rn. 10. Vgl. zudem auch: *Sünderhauf*, Mediation bei d. außergerichtl. Lösung v. Umweltkonflikten, S. 68, sowie: *Deckner*, Mediationsergebnisse in der Bauleitplanung, S. 26 f., wonach die Neutralität, das heißt die sachliche und finanzielle Unabhängigkeit des Mediators erforderlich ist, um bei der Koordinierung der Gespräche zwischen den Verhandlungsparteien sowie bei der Vermittlung zwischen den Gesprächsgruppen ein möglichst hohes Maß an Vertrauen und Akzeptanz bei den Beteiligten zu erzielen.

[212] *Kracht*, in: *Haft/v. Schlieffen*, Hdb. Mediation, § 15 Rn. 10.

[213] *Rogers/Salem*, zitiert in: *Goldberg/Sander/Rogers/Cole*, Dispute Resolution, S. 113.

[214] *Breidenbach*, Mediation, S. 147.

[215] Vgl.: *Kracht*, in: *Haft/v. Schlieffen*, Hdb. Mediation, § 15 Rn. 72 f.

sung erarbeiten,[216] denn der Selbstbestimmung als Chance steht nun einmal die Selbstverantwortung für das Risiko gegenüber.[217] Mit *Hager*[218] kann man den Mediator also als „Herr des Mediationsverfahrens" bezeichnen, während die Parteien die „Herren des Konsenses" sind.

In Erfüllung seiner Prozessverantwortung hat der Mediator das Mediationsverfahren vorzubereiten und zu strukturieren.[219] Darüber hinaus hat er vor allem auf die Einhaltung der von den Parteien aufgestellten Verfahrensregeln zu achten, den Verfahrensverlauf zu ordnen sowie einen geordneten Mediationsverlauf zu sichern.[220] Der Mediator dient dazu, den Lösungsfindungsprozess zu steuern und voranzutreiben, die Kommunikation und das gegenseitige Verständnis der Parteien zu fördern, Kommunikationsstörungen auszuräumen sowie die Erforschung der tatsächlichen Parteieninteressen zu unterstützen.[221] Schließlich obliegt es ihm, Verhandlungsbarrieren[222] abzubauen, auf eine gütliche Einigung der Parteien hinzuwirken, sowie die Konfliktparteien in „ihrer Dialogfähigkeit und in ihrer Gestaltungsfreiheit so zu stärken, dass diese letztlich aufeinander bezogene, gemeinsame Entscheidungen im Rahmen der angestrebten Vereinbarung unter Berücksichtigung aller entscheidungserheblichen Tatsachen, im Bewusstsein aller Konsequenzen, im Verständnis von sich selbst und dem anderen und ihrer Sicht der Realität treffen können."[223] Mit anderen Worten: „The mediator seeks to improve communication between the parties, identify issues, expand the range of possible solutions, and inspire consensual resolutions with which the parties are likely to comply."[224] Eskalationen, Übervorteilungen und Konfrontationshaltungen werden durch den Mediator als Unterstüt-

---

[216] Vgl. u.a.: *Breidenbach*, in: *Breidenbach/Henssler*, Mediation f. Juristen, S. 1 (11); *Schillinger*, Mediation im Verwaltungsrecht, S. 22; *Schillinger*, VBl.BW 2001, 396 (398 f.); *Kovach*, Mediation, S. 46; *Sünderhauf*, Mediation bei d. außergerichtl. Lösung v. Umweltkonflikten, S. 68 f.; vgl. auch: *Böttger/Hupfeld*, ZKM 2004, 155 (158); *Wegener*, ZKM 2006, 140.

[217] *Breidenbach*, in: *Breidenbach/Henssler*, Mediation f. Juristen, S. 1 (11); *Schillinger*, VBl.BW 2001, 396 (398 f.).

[218] *Hager*, Konflikt u. Konsens, S. 76.

[219] U.a.: *Wacher/Lüer*, IDR 2004, 118 (119).

[220] Vgl. hierzu u.a.: *Kracht*, in: *Haft/v. Schlieffen*, Hdb. Mediation, § 15 Rn. 78 ff.; *Hager*, Konflikt u. Konsens, S. 76.

[221] Vgl. u.a.: *Haft*, Verhandlung u. Mediation, S. 251 f.; *Schneeweiß*, DRiZ 2002, 107 (110); vgl. zudem auch: Art. 15 des „Code of Conduct für Mediatoren" der gwmk und: *Wacher/Lüer*, IDR 2004, 118 (119), wonach der Mediator während des Verfahrens (1.) die Parteien unterstützen wird, jegliche Einigungshindernisse zu überwinden, (2.) die Kommunikation zwischen den Parteien fördern und einer Kommunikation im Wege stehende Störungen ausräumen wird, (3.) darauf hinwirken wird, dass die Parteien Unterschiede in Größe, Bedeutung, Macht, Einfluss oder ähnliche Faktoren, die sich im Verhältnis zwischen den Parteien auswirken, nicht unangemessen einsetzen, (4.) darauf hinwirken wird, dass die Parteien Ihre Interessen definieren und interessenbezogene Verhandlungen führen, (5.) die Beteiligten dabei unterstützen wird, die streitigen Sachverhalte in sachlicher und rechtlicher Hinsicht realistisch einzuschätzen und (6.) die Parteien bei der Suche nach einer Bewertung von Lösungsoptionen unterstützen und darauf hinwirken wird, dass die Beteiligten die tatsächlichen und rechtlichen Folgen von Lösungsoptionen in ihre Überlegungen einbeziehen.

[222] Vgl. dazu unten unter: Erster Teil , 5. Kapitel, Unterpunkt I. 2. a).

[223] *Mähler/Mähler*, in: *Breidenbach/Henssler*, Mediation f. Juristen, S. 13 (28).

[224] Anmerkung, in: 103 Harvard Law Review (1989/1990), 1086 (1088).

zer im Mediations- und Kommunikationsprozess vermieden oder – sofern bereits existent – abgebaut.

Die Tatsache, dass der Mediator im konkreten Mediationsverfahren ein hohes Maß an Prozessverantwortung übernimmt, darf jedoch nicht darüber hinweg täuschen, dass auch diese Prozessverantwortung letztlich im Kern immer bei den Konfliktparteien verbleibt. Die Konfliktparteien sind und bleiben neben dem Mediator insofern die „Herren des Verfahrens“, als sie – zurückgehend auf die Prinzipien der Selbstverantwortlichkeit und Freiwilligkeit – über die Einleitung, Gegenstand und Inhalt, die Fortsetzung, die Wiederaufnahme, die Einzelheiten, die Beendigung und das Ergebnis der Mediation entscheiden.[225]

IV. Der Mediator als Wächter über die Grundprinzipien der Mediation

Neben der Prozessverantwortung übernimmt der Mediator in gewissem Maße immer auch die Rolle des Wächters über die Grundprinzipien der Mediation, da ohne deren Sicherstellung die dauerhafte Befriedigung der Beteiligten gefährdet wäre und in erhöhtem Maße die Möglichkeit bestünde, dass sich eine Partei benachteiligt fühlt oder tatsächlich benachteiligt wird.[226]

In seiner Funktion als Wächter über die Grundprinzipien der Mediation obliegt es dem Mediator vor allem, die Freiwilligkeit der Mediationsteilnahme seitens aller Verfahrensbeteiligten und insbesondere das Fehlen einer faktischen Unfreiwilligkeit – das heißt einer Situation, in der aufgrund eines Machtungleichgewichts eine Partei der jeweils anderen Partei die Bedingungen und das Ergebnis der Mediationsverhandlungen diktieren kann – sicherzustellen. Darüber hinaus hat er für die Wahrung des Prinzips der Selbständigkeit der Lösungsfindung, für die Wahrung des gesondert zu behandelnden Grundsatzes der Vertraulichkeit nach innen und außen sowie für einen intakten Informationsfluss zwischen den Parteien, zu sorgen; letzteres zumindest insoweit, als es sich nicht um vertrauliche Informationen handelt und eine Weitergabe besagter Informationen der Neutralitätspflicht des Mediators nicht entgegen steht.[227]

V. Einwirkungsmöglichkeiten des Mediators

Trotz des Umstands, dass der Mediator lediglich eine Prozessverantwortung trägt und – auch mit Blick auf die von ihm verlangte Neutralität – nur dazu bestimmt ist, den Parteien bei der selbständigen Lösung ihres Konflikts zu assistieren sowie die Grundsätze der Mediation zu wahren, verfügt der Mediator im konkreten Mediationsverfahren zuweilen

---

[225] *Heß/Sharma*, in: *Haft/v. Schlieffen*, Hdb. Mediation, § 26 Rn. 51; *Schillinger*, Mediation im Verwaltungsrecht, S. 22; *Nölting*, Mediatorenverträge, S. 87 f.; *Löer*, ZKM 2005, 182 (184); *Dendorfer*, DB 2003, S. 135 (136). Vgl. zudem auch: *C.-H. Horn*, in: FS R. Haase, S. 267; *Neuenhahn*, NJW 2004, 663 (664).

[226] *Kracht*, in: *Haft/v. Schlieffen*, Hdb. Mediation, § 15 Rn. 98.

[227] Vgl. zur Wahrung der Grundsätze der Mediation im Einzelnen v.a.: *Kracht*, in: *Haft/v. Schlieffen*, Hdb. Mediation, § 15 Rn. 98 ff.

über recht vielfältige Einwirkungsmöglichkeiten. Diese können von unterschiedlicher Intensität sein.

Zunächst ist es beispielsweise denkbar, dass der Mediator eine rein passive Rolle als „Katalysator“ einnimmt und als solcher nur für die Beachtung minimalster Regeln im gegenseitigen Umgang sorgt[228] oder als „Verfahrenswalter“ respektive „Verfahrensmittler“ die für die Verhandlung notwendigen organisatorischen Maßnahmen trifft, das Mediationsprozedere vorbereitet und eine gewisse (Verfahrens-)Ordnung aufrechterhält.[229] Andererseits kann der Mediator auch eine aktive Verhandlungsführung betreiben und als eine Art „Chairman“, „Facilitator“ oder „Communicator“[230] tätig werden, der den prozessualen Ablauf der Mediation aktiv (mit)bestimmt, eine konstruktive Verhandlungsatmosphäre ohne gegenseitiges Misstrauen schafft und Kommunikationsprobleme beseitigt. Schließlich kann er in Gruppen- oder Einzelgesprächen die Kommunikation der Parteien filtern und letztlich dabei helfen, die hinter den Positionen der Parteien liegenden tatsächlichen Interessen offen zu legen. Auch in dieser Funktion regelt der Mediator nur das Prozedere der Diskussion, nicht aber ihren Inhalt, denn der Mediator als „Facilitator“ „... rarely volunteer[s] own ideas. Instead, [he] monitor[s] the quality of the dialogue, and intervene[s] with questions designed to enhance understanding. [...] Comments [...] certainly touch on the substance of the issue being discussed, but the facilitator's emphasis is on communication."[231]

Eine ebenfalls nur verfahrensrelevante Rolle nimmt der Mediator in seiner Funktion als „Verhandlungshelfer“ ein, der zum Beispiel aus unterschiedlicher wirtschaftlicher Stärke, Sachkunde oder Artikulationsfähigkeit resultierende Machtungleichgewichte abzubauen hilft, auf die Einhaltung elementarer Verfahrensgrundsätze achtet und die Parteien dabei unterstützt, einen abschließenden Mediationsvergleich zu vereinbaren, ohne diesen inhaltlich zu beeinflussen.[232] Eine über die bloße Verfahrensbetreuung sowie die prozessuale Verhandlungsleitung hinausgehende Rolle, nimmt der Mediator dagegen ein, wenn er als „Enunciator“ oder „Moderator“[233] handelt, indem er – ohne auf den Inhalt der angestrebten Übereinkunft Einfluss auszuüben[234] – Hinweise auf Fakten, Regeln und

---

[228] *Breidenbach*, Mediation, S. 150; *Haft*, in: FS R. A. Schütze, S. 255 (267); *Schillinger*, VBl.BW 2001, 396 (398); *Haft*, in: *Haft/v. Schlieffen*, Hdb. Mediation, § 2 Rn. 37; *v. Marcard*, Berufsrecht des Mediators, S. 33; *Haft*, BB 1998, Beilage Nr. 10, S. 15 (16); vgl. auch: *Haft*, in: FS A. Söllner, S. 391 (398).

[229] *Vetter*, Mediation u. Vorverfahren, S. 139. Vgl. auch: *Stumpf*, Alternative Streitbeilegung im Verwaltungsrecht, S. 296.

[230] Vgl. u.a.: *Vetter*, Mediation u. Vorverfahren, S. 139.

[231] *Susskind/Cruikshank*, Breaking the Impasse, S. 152; vgl. zudem auch: *Haft*, in: FS R. A. Schütze, S. 255 (267); *Haft*, BB 1998, Beilage Nr. 10, S. 15 (16); *Haft*, in: *Haft/v. Schlieffen*, Hdb. Mediation, § 2 Rn. 37; *Orth/Brachou*, in: *Mielke/Pietsch/Abeltshauser*, Mediation u. interessengerechtes Verhandeln, S. 53 (61); *Schillinger*, Mediation im Verwaltungsrecht, S. 15; *Schillinger*, VBl.BW 2001, 396 (398); vgl. zudem auch: *Alexander*, Wirtschaftsmediation in Dtl., S. 26, 71; vgl. auch: *Haft*, in: FS A. Söllner, S. 391 (398).

[232] *Vetter*, Mediation u. Vorverfahren, S. 140; vgl. auch: *Schenke*, in: FS F. v. Zezschwitz, S. 130 (134).

[233] *Schenke*, in: FS F. v. Zezschwitz, S. 130 (134); *v. Marcard*, Berufsrecht des Mediators, S. 33 f. Vgl. auch: *Oldenbruch*, Die Vertraulichkeit im Mediationsverfahren, S. 6.

[234] *Schenke*, in: FS F. v. Zezschwitz, S. 130 (143).

Normen gibt und (dadurch) die Informations- und Argumentationsbasis der Parteien erweitert[235] oder wenn er Interpretationen und Reformulierungen der Aussagen und Standpunkte der Mediationsparteien liefert. Gerade in letzterem Fall beschränkt sich der Mediator nicht mehr auf die bloße Lenkung des Verfahrensverlaufs. Stattdessen wird bereits eine eigene Wertung des Mediators angedeutet und versucht, auch den Inhalt der Auseinandersetzung zu koordinieren, da der Mediator im Wege seiner Interpretationen und Reformulierungen bestimmte, für eine Einigung Erfolg versprechende Punkte hervorhebt und anregt, andere Aspekte zu vernachlässigen.[236]

Eine recht intensive Einwirkung auf den Mediationsprozess liegt vor, wenn der Mediator als so genannter „Evaluator" oder „Advisor"[237] (Berater) eigene Ratschläge, Meinungen und Wertungen zur Diskussion beisteuert, wozu insbesondere auch das Aufdecken von unrealistischen Erwartungen und Ansichten der Parteien – das Handeln als „Agent of Reality"[238] – sowie das Aufzeigen rechtlicher Aspekte, die einer von den Konfliktparteien beabsichtigten Lösung entgegen stehen, gehört. Hier spricht der Mediator rechtliche und außerrechtliche Belange nicht mehr nur als Informationsgrundlage an, sondern beginnt, die Verhandlungspositionen mit Hilfe besagter Belange tatsächlich zu bewerten.[239] Er

---

[235] *Haft*, in: FS R. A. Schütze, S. 255 (267); *Breidenbach*, Mediation, S. 152; *Haft*, BB 1998, Beilage Nr. 10, S. 15 (16); *Schillinger*, Mediation im Verwaltungsrecht, S. 15; *Schillinger*, VBl.BW 2001, 396 (398); *Haft*, in: *Haft/v. Schlieffen*, Hdb. Mediation, § 2 Rn. 37; *Haft*, in: FS A. Söllner, S. 391 (398); *Orth/ Brachou*, in: *Mielke/Pietsch/Abeltshauser*, Mediation u. interessengerechtes Verhandeln, S. 53 (61).

[236] *Breidenbach*, Mediation, S. 152 f.

[237] Vgl.: *Alexander*, Wirtschaftsmediation in Dtl., S. 25, die im Zusammenhang mit der evaluativen Mediation auch von "advisory mediation" spricht.

[238] Vgl.: *Stulberg*, 6 Vermont Law Review (1981), 85 (93 f.); *Breidenbach*, Mediation, S. 153 u. 171; *Haft* u. *Kracht*, in: *Haft/v. Schlieffen*, Hdb. Mediation, § 2 Rn. 37 bzw. § 15 Rn. 95 ff.; *Haft*, in: FS R. A. Schütze, S. 255 (267); *Eidenmüller*, in: *Henssler/Koch*, Mediation in d. Anwaltspraxis, § 2 Rn. 69; *Haft*, in: FS A. Söllner, S. 391 (398); *Haft*, BB 1998, Beilage Nr. 10, S. 15 (16); *Schillinger*, Mediation im Verwaltungsrecht, S. 16; *Schillinger*, VBl.BW 2001, 396 (398); *Dendorfer*, MDR 2003, 135 (136).

[239] Vgl.: *Breidenbach*, Mediation, S. 153 ff.; *Haft*, in: FS R. A. Schütze, S. 255 (267); *Haft*, in: FS A. Söllner, S. 391 (398); *Haft*, BB 1998, Beilage Nr. 10, S. 15 (16); *W. Gottwald*, in: *Haft/v. Schlieffen*, Hdb. Mediation, § 17 Rn. 60; *Schillinger*, Mediation im Verwaltungsrecht, S. 16; *Orth/Brachou*, in: *Mielke/ Pietsch/Abeltshauser*, Mediation u. interessengerechtes Verhandeln, S. 53 (61); *Oldenbruch*, Die Vertraulichkeit im Mediationsverfahren, S. 6; *Folberg/Taylor*, Mediation, S. 247. Ob der Mediator wertend tätig werden soll oder darf, ist mit Blick auf das Handeln des Mediators als „Evaluator" allerdings nicht unumstritten. Eine umfassende Auswertung der hierzu vorhandenen Flut an vor allem US-amerikanischen Literatur sowie eine ausführliche Darstellung der hierzu geführten Diskussion würde jedoch den Rahmen eines kurzen Überblicks über die grundsätzlichen Einwirkungsmöglichkeiten eines Mediators sprengen. Daher soll an dieser Stelle nur festgehalten werden, dass nach hier vertretener Ansicht eine evaluierende, bewertende Tätigkeit des Mediators prinzipiell zumindest dann zulässig sein muss, wenn dies dem Willen der Konfliktparteien entspricht. Bei einem auf Selbstbestimmung, Eigenverantwortlichkeit und Privatautonomie beruhenden informellen Verfahren wie der Mediation, muss es letztlich den Konfliktparteien überlassen bleiben, welche „Art der Mediation" sie wählen und ob sie Wertungen durch den Mediator zulassen wollen oder nicht. Im Idealfall sollte bereits bei Abschluss der Mediationsvereinbarung und des Mediatorenvertrages festgelegt werden, ob sich der Mediator auf die Rolle eines „Facilitators" beschränken soll oder ob er auch als „Enunciator" wirken kann/soll. Zudem: Da auch der Konflikt als Interaktionsprozess nicht statisch ist, sollte auch die Rolle des Mediators – wie

macht aktiv inhaltliche Vorschläge zur Konfliktbeilegung und bringt seine persönliche Fachkenntnis in die Verhandlungen zwischen den Konfliktparteien ein.

Die wohl intensivste Einwirkung seitens des Mediators liegt selbstverständlich in der Abgabe einer eigenen Sachbeurteilung beziehungsweise in der Unterbreitung eigener Einigungs- und Lösungsvorschläge[240] bei gleichzeitiger Übernahme der materiellen Verhandlungsleitung.[241] Im Rahmen der Unterbreitung eigener Lösungsvorschläge lässt sich mit Blick auf die Intensität der Einwirkung zwar dahingehend differenzieren, ob (1.) der Mediator dabei einen ursprünglich von einer oder mehreren Parteien stammenden Lösungsansatz aufgreift (vergleichsweise geringe Einwirkung) oder (2.) der unterbreitete Einigungsvorschlag originär auf der Einschätzung des Mediators beruht, dabei jedoch dem Verhandlungsverlauf und den Interessen der Parteien entspricht (vergleichsweise starke Einwirkung) oder (3.) der Mediator mit Hilfe seines Einigungsvorschlages versucht, ein Verfahrensergebnis durchzusetzen, das seinen Wertmaßstäben und Vorstellungen entspricht (stärkst mögliche Einwirkung des Mediators, da als nächst höhere Eingriffsstufe nur noch die subjektive Entscheidung des Konflikts in Betracht kommt, wozu der Mediator jedoch definitiv nicht befugt ist).[242] Diesbezüglich bleibt festzuhalten, dass es generell nicht zum Aufgabengebiet des Mediators gehört, mit dem Ziel der Streitbeilegung konkrete Lösungsvorschläge zu unterbreiten und somit selbst auf ein bestimmtes Ergebnis des Mediationsprozesses hinzuwirken. „It should be remembered that the primary function of the mediator [...] is not to propose rules to the parties and to secure their acceptance of them, but to induce the mutual trust and understanding that will enable the parties to work out their own rules."[243] Ein Hinwirken auf ein bestimmtes Mediationsergebnis kommt allenfalls in Extremfällen in Betracht, wenn die Konfliktpartner ausdrücklich darum bitten und/oder wenn die Parteien nicht durch Rechtsbeistände vertreten werden

---

Vetter (Mediation u. Vorverfahren, S. 142) richtigerweise feststellt – nicht unflexibel sein, da ansonsten der Mediationserfolg gefährdet werden könnte. Der von den Vertragsparteien beauftragte Mediator sollte nicht gezwungen sein, sehenden Auges dem Scheitern einer Mediation zusehen müssen, nur weil er einen von den Parteien gegebenenfalls sehr wohl erwünschten und für den Konfliktbeilegungsprozess förderlichen Rat nicht geben darf. Außerdem kann eine Bewertung des Mediators durchaus auch einen positiven psychologischen Effekt haben. Vorausgesetzt der Mediator überschreitet nicht die Grenze der Unparteilichkeit, wirken seine Bewertungen häufig neutral und sind daher für alle Konfliktparteien oft akzeptabel (vgl.: *Vetter*, Mediation u. Vorverfahren, S. 143). Schließlich wird das Ziel der Mediation, einen Konflikt fair und dauerhaft zu befrieden, nur erreichbar sein, wenn das im jeweiligen Konflikt einschlägige Recht Berücksichtigung findet (so u.a. auch: *Vetter*, Mediation u. Vorverfahren, S. 144).

240 *Haft*, in: FS R. A. Schütze, S. 255 (267); *Breidenbach*, Mediation, S. 156 f.; *Haft*, in: *Haft/ v. Schlieffen*, Hdb. Mediation, § 2 Rn. 37; *Haft*, BB 1998, Beilage Nr. 10, S. 15 (16); *Schillinger*, Mediation im Verwaltungsrecht, S. 16. Vgl. zudem auch: *Oldenbruch*, Die Vertraulichkeit im Mediationsverfahren, S. 6.

241 *v. Marcard*, Berufsrecht des Mediators, S. 35.

242 *Breidenbach*, Mediation, S. 156 f.

243 *Fuller*, 44 Southern California Law Review (1971), 305 (326). Nach *Schenke*, in: FS F. v. Zezschwitz, S. 130 (134) ist demzufolge vom Begriff der Mediation nicht umfasst, dass sich der Mediator nicht auf die Rolle des Mittlers beschränkt, sondern für den Fall, dass den Konfliktbeteiligten selbst keine Einigung gelingt, einen Schlichtungsvorschlag unterbreitet, der, um wirksam zu werden, der Zustimmung der Konfliktparteien bedarf (Schlichtung).

und daher Gefahr laufen, ein mit grundlegenden Normen nicht in Einklang zu bringendes Verhandlungsergebnis zu vereinbaren.[244] Wenn es um eine endgültige und Rechtsfrieden schaffende Beilegung eines Streits gehen soll, so kann dieses Ziel nur erreicht werden, wenn die getroffene Vereinbarung die für sie bestehenden rechtlichen Grenzen einhält und den ihr gesetzten rechtlichen Rahmen nicht verlässt. Andernfalls bestünde die Gefahr, dass die Mediation später in einen neuen Streit einmündet und damit ihre Zielsetzung nicht nur verfehlt, sondern sich, an ihr gemessen, als geradezu kontraproduktiv erweist.[245]

Je stärker der Mediator auf den Inhalt einer der Konfliktbeendigung dienenden Einigung Einfluss nimmt, um so größer ist grundsätzlich die Gefahr, dass eine der am Streit beteiligten Parteien seine Rolle als unparteiischer, neutraler Mittler anzweifelt und seine inhaltliche Hilfestellung als Parteinahme (miss)versteht.[246] Um seine bereits angesprochene Neutralitätspflicht nicht zu verletzen, muss der Mediator daher zumindest darauf hinarbeiten, dass sein Vorgehen von den Parteien als das eines neutralen Dritten akzeptiert wird. Dies kann er unter anderem dadurch sicherstellen, dass er die seinem Vorgehen zugrunde liegenden Motive offen legt, dessen Vor- und Nachteile für alle Beteiligten darstellt und darauf achtet, dass den Parteien genug Gestaltungsspielräume verbleiben, eventuelle Vorschläge ohne Druck zu überdenken[247] und gegebenenfalls umzusetzen. Man wird in jedem Falle voraussetzen dürfen, dass der Mediator zur sachlichen Präsentation seiner Ideen in der Lage ist, um den beteiligten Parteien zu versichern, dass er in seiner Funktion als Vermittler unparteiisch ist.[248] Wo dies nicht gelingt, liegt es in der Macht der Parteien, den gegebenenfalls gegen seine Neutralitätspflicht verstoßenden Mediator abzulehnen, diesen aus dem Verfahren auszuschließen oder aber das Mediationsverfahren zu beenden.[249]

Graphisch lassen sich die Einwirkungsmöglichkeiten des Mediators auf das konkrete Mediationsverfahren wie folgt darstellen:

---

[244] Vgl. u.a.: *Haft*, Verhandlung u. Mediation, S. 251 f.

[245] *Schenke*, in: FS F. v. Zezschwitz, S. 130 (135).

[246] *Schenke*, in: FS F. v. Zezschwitz, S. 130 (135).

[247] *Kracht*, in: *Haft/v. Schlieffen*, Hdb. Mediation, § 15 Rn. 106 f.

[248] Vgl.: *Susskind/Cruikshank*, Breaking the Impasse, S. 146; *Breidenbach*, Mediation, S. 172.

[249] Ähnlich *Susskind/Cruikshank*, Breaking the Impasse, S. 139: „[...] Veto power is the key. Any party to a dispute can disqualify a proposed helper who seems biased."

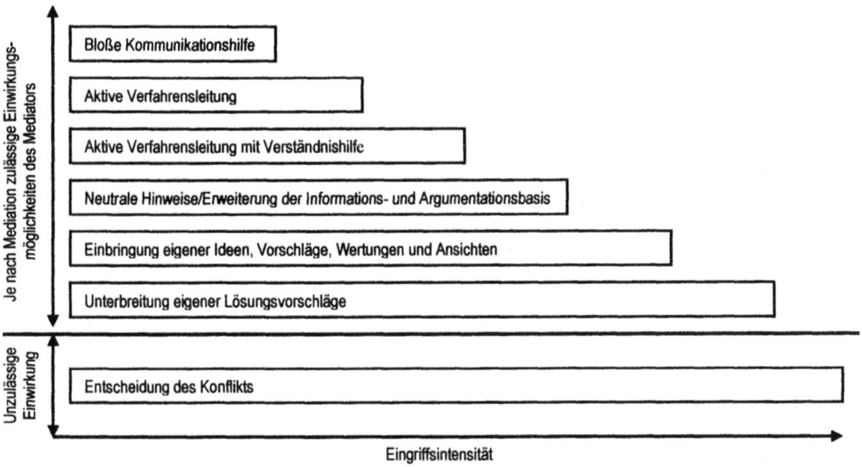

Welcher Vorgehensweisen und Einwirkungsmöglichkeiten sich der Mediator bedient, dürfte vor allem vom konkreten Konflikt und vom Selbstverständnis des jeweiligen Mediators abhängen.[250] In der Regel wird sich der Mediator im Laufe eines konkreten Mediationsverfahrens dabei nicht auf eine der oben genannten Einwirkungsmöglichkeiten beschränken. Realistischer ist es, dass er je nach Verfahrenssituation zwischen den verschiedenen Einwirkungsvarianten wechseln und/oder diese kombinieren wird. Darüber hinaus wird es oft auch zu Überschneidungen kommen.

Ausschlaggebend für die Verfahrensweise des Mediators dürfen keinesfalls rein persönliche Belange des Mediators oder einer der beteiligten Parteien sein. Stattdessen ist zunächst die konkrete Konfliktsituation ein entscheidender Aspekt, wobei hierzu neben dem Konfliktgegenstand und den am Konflikt beteiligten Parteien insbesondere auch die jeweilige Verhandlungsphase gehört, in der sich das Mediationsverfahren gerade befindet. Darüber hinaus wird sich die Auswahl des Einwirkungsmittels durch den Mediator zwar nach dessen eigenem Rollenverständnis richten, welches wiederum durch seinen ideologischen Hintergrund, seine Prägung durch ein bestimmtes Mediationsprojekt sowie seine Zielvorstellung für seine Tätigkeit als Mediator geprägt sein wird.[251] Aufgrund des Ziels der Mediation, eine Konfliktregelung durch die beteiligten Parteien zu bewirken, sollte der Mediator jedoch stets die am wenigsten intensive Einwirkungsoption wählen, denn: „one basic principle to promote the maximum of direct negotiation [between the parties involved], is that the mediator should do just as little as required."[252] Zudem ist für die Auswahl der Einwirkungsmittel entscheidend, inwieweit sich die beteiligten Parteien auf die Anwendung dieser Mittel durch den Mediator und damit auf dessen Verhandlungsführung einlassen.[253]

---

250 *Haft,* in: FS A. Söllner, S. 391 (399).

251 *Breidenbach,* Mediation, S. 165 ff.

252 Vgl. auch: *Breidenbach,* Mediation, S. 165 u. 168; *Haft,* in: FS R. A. Schütze, S. 255 (267); *Haft,* in: FS A. Söllner, S. 391 (399); *Haft,* BB 1998, Beilage Nr. 10, S. 15 (16).

253 *Breidenbach,* Mediation, S. 169.

VI. Fairness- und Gerechtigkeitsverantwortung des Mediators?

Der neutrale Mediator muss stets fair mit den Konfliktparteien umgehen, auf die Einhaltung eines fairen Mediationsverfahrens achten und auf einen fairen Umgang der Beteiligten untereinander hinwirken.[254] Die Sorge für ein faires Mediationsverfahren bewirkt dabei tendenziell auch ein faires Mediationsergebnis, denn ein hohes Maß an Verfahrensgerechtigkeit produziert immer auch ein gewisses Maß an Ergebnisgerechtigkeit.[255] Dennoch erscheint es mit Blick auf die Neutralitätspflicht, das der Mediation zugrunde liegende Prinzip der Eigenverantwortlichkeit, die (bloße) Prozessverantwortung des Mediators sowie die Einflussmöglichkeiten des Mediators fraglich, ob der Mediator befugt oder gar verpflichtet ist, die Fairness des durch das konkrete Mediationsverfahren erlangten Ergebnisses zu sichern. Mit anderen Worten: Es stellt sich die Frage, ob der Mediator seine Einfluss- und Eingriffsmöglichkeiten auch für einen bestimmten Inhalt der Vereinbarung beziehungsweise die Verhinderung eines bestimmten Ergebnisses einsetzen darf, soll oder muss.[256]

Der Ansatzpunkt einer Antwort auf diese Frage liegt in den drei wesentlichen Gefahren, die eine Einigung im Mediationsverfahren in dieser Hinsicht mit sich bringt und von *Breidenbach*[257] auf den Punkt gebracht werden. Danach besteht aufgrund der Einigung im Rahmen der Mediation (1.) das Risiko, dass die stärkere Partei ihren schwächeren Gegner übervorteilt, mithin ein bestehendes Machtungleichgewicht auf das Mediationsergebnis durchschlägt; (2.) die Möglichkeit, dass die zum Abschluss des konkreten Mediationsverfahrens getroffene Vereinbarung eine dritte, nicht am Mediationsverfahren Beteiligte aber von der jeweiligen Einigung betroffene Person benachteiligt; (3.) die Gefahr, dass im Rahmen der das Mediationsverfahren abschließenden Einigung zwischen den Parteien im weitesten Sinne Werte und Normen der Gesellschaft nicht oder nicht ausreichend berücksichtigt werden.

Hinsichtlich der Verantwortung des Mediators für ein faires und gerechtes Ergebnis wird in der einschlägigen Literatur zum Teil kein Widerspruch zum Neutralitätsgrundsatz gesehen.[258] Zuweilen wird hierin sogar eine originäre Aufgabe des Mediators vermutet.[259] Den Mediator treffe eine Pflicht „[...] to assist participants toward an agreement, and through a process, that (1.) meets the participants' own senses of fairness; (2.) does not violate minimal societal notions of fairness between persons who make agreements; and

---

[254] Vgl. hierzu u.a.: *Kracht*, in: *Haft/v. Schlieffen*, Hdb. Mediation, § 15 Rn. 64; vgl. auch: *Hager*, Konflikt u. Konsens, S. 82; *Nölting*, Mediatorenverträge, S. 87.

[255] *Hager*, Konflikt u. Konsens, S. 82; *Härtel*, JZ 2005, 753 (755).

[256] Vgl.: *Breidenbach*, Mediation, S. 174.

[257] Vgl.: *Breidenbach*, Mediation, S. 175.

[258] *Susskind/Cruikshank*, Breaking the Impasse, S. 150: „Given the scope of the intermediaries' involvement in most [...] disputes, it is important that they be willing to accept some responsibility for the fairness, efficiency, wisdom, and stability of the outcomes. This is not inconsistent with the concept of neutrality."

[259] *Riskin*, 26 Arizona Law Review (1984), 329 (354); BAFM-Richtlinien für Familienmediation, II. 3. (2); für den Fall des Gerichtsmediators vgl.: *Nolan-Haley*, 74 Washington University Law Review (1996), 47 ff.; *Nolan-Haley*, zitiert in: *Kovach*, Mediation, S. 218 (220 ff.).

(3.) does not violate minimal standards of fairness towards unrepresented third parties."[260] Teilweise werden Anregungen des Mediators hin zu einem gerechten Mediationsergebnis und die Fairness fördernde Elemente im Mediationsverfahren aber auch lediglich als zulässig betrachtet,[261] oder nur in Grenzfällen zugestanden, während es ansonsten mangels Regelungsbefugnis des Mediators bei der Privatautonomie, Selbstbestimmung und Eigenverantwortung der beteiligten Parteien bleiben soll.[262] Grenzfälle in letztgenanntem Sinne sollen dabei vorliegen, wenn es aufgrund der Gesamtkonstellation an der freien Selbstbestimmung einer oder mehrerer Parteien mangelt oder selbst ein absolutes Mindestmaß an rechtlicher Ordnung missachtet wird.

Für eine Fairness- und Gerechtigkeitsverantwortung des Mediators spricht zunächst, dass die Mediation auf die Befriedigung und Befriedung der Konfliktparteien sowohl auf psychologischer Ebene als auch auf Verfahrens- und Ergebnisebene zielt und eine tatsächliche Befriedigung und Befriedung nur erreicht werden kann, wenn alle dieser drei Bereiche ausreichend berücksichtigt werden. Die Einigung zwischen den Konfliktparteien zu unterstützen und sie im Zuge eines fairen Konsensfindungsverfahrens zu einer als fair empfundenen Konfliktregelung zu führen, ist insofern Bestandteil der Mediatorentätigkeit. Einer Fairness- und Gerechtigkeitsverantwortung stehen jedoch gleichzeitig die (inhaltliche) Neutralitätspflicht des Mediators sowie die der Mediation zugrunde liegenden Prinzipien der Selbstverantwortlichkeit und Privatautonomie entgegen.[263] Schon aus diesem Grunde kann nicht von vornherein davon ausgegangen werden, dass dem Mediator stets eine solche Verantwortung zukommt beziehungsweise, dass es sich bei der Sorge um ein faires Mediationsergebnis um eine originäre Aufgabe des Mediators handelt. Auch ein völliger Ausschluss jedweder Fairness- und Gerechtigkeitsverantwortung erscheint jedoch nicht überzeugend, denn zumindest in Fällen, in denen elementare Aspekte der Fairness und Gerechtigkeit missachtet werden, erscheint es einleuchtend, dem Mediator eine solche Verantwortung zuzuschreiben. Vorzugswürdig erscheint insofern die oben genannte Auffassung, wonach dem Mediator in bestimmten Fällen und in begrenztem Maße eine Fairness- und Gerechtigkeitsverantwortung zukommt. Der genaue Verantwortungsumfang des Mediators wird dabei letztlich vom Rollenverständnis und Mediationsstil des jeweiligen Mediators, von den zwischen den Mediationsparteien herrschenden

[260] *Riskin*, 26 Arizona Law Review (1984), 329 (354); *Riskin/Westbrook*, Dispute Resolution and Lawyers, S. 213.

[261] So wohl u.a.: *Ripke*, in: *Haft/v. Schlieffen*, Hdb. Mediation, § 5 Rn. 24; vgl. zudem: *Breidenbach*, Mediation, S. 177 f.; Code of Professional Conduct for Mediators, abgedruckt bei: *Folberg/Taylor*, Mediation, S. 351: "In the event a party needs either additional information or assistance in order for the negotiations to proceed in fair and orderly manner or for an agreement to be reached that is fair, equitable, and has the capacity to hold overtime, the mediator is obligated to refer the party to resources – either data or persons – who may facilitate the process." (vgl. zudem auch: *Breidenbach*, Mediation, S. 178).

[262] Vgl.: *Breidenbach*, Mediation; S. 178 f.; *Eidenmüller*, in: *Breidenbach/Coester-Waltjen/Heß u.a.*, Konsensuale Streitbeilegung, S. 45 (76); *Eisele*, ZRph 2003, 183 (189); *Volkmann*, SchiedsVZ 2004, 245 (248); ähnlich auch: *Hager*, Konflikt u. Konsens, S. 82.

[263] Aus diesem Grunde wird eine Fairness- bzw. Gerechtigkeitsverantwortung des Mediators z.T. auch völlig abgelehnt (vgl.: *Kracht*, in: *Haft/v. Schlieffen*, Hdb. Mediation, § 15 Rn. 63).

Machtverhältnissen sowie vom diesbezüglichen Willen der Konfliktparteien abhängen. Grundsätzlich muss dem Mediator der Spagat zwischen inhaltlicher Zurückhaltung aufgrund seiner Neutralitätspflicht und den in der Mediation vorherrschenden Prinzipien der Selbstbestimmung und Privatautonomie einerseits sowie seiner in gewissem Maße durchaus vorhandenen Fairness- und Gerechtigkeitsverantwortung andererseits gelingen.

VII. Sonstige Anforderungen und Aufgaben

Die weiteren Anforderungen an einen Mediator sind ebenso vielfältig und zum Teil umstritten wie die sonstigen Aufgaben, die ein Mediator – je nach Mediationsverfahren – zu erfüllen hat. Nach *Stulberg*[264] soll ein Mediator beispielsweise ‚capable of appreciating the dynamics of the environment in which the dispute is occurring, intelligent, [an] effective listener, articulate, patient, non-judgmental, flexible, forceful an persuasive, imaginative, resourceful, a person of professional standing or reputation, reliable, capable of gaining access to necessary resources, non-defensive, [a] person of integrity, humble, [and] objective' sein. Der Mediator muss sowohl über organisatorische Fähigkeiten als auch über ausgeprägte Moderations-, Problemlösungs- und Kommunikationsfertigkeiten verfügen.[265]

Vor allem mit Blick auf die anzuwendenden Mittel und die Vorgehensweise im Rahmen des Mediationsverfahrens sind neben den bereits genannten Aspekten unter anderem die Kreativität und die Phantasie sowie das Organisationstalent des Mediators gefragt. Je nach Eigenart und Phase des jeweiligen Konfliktes können die verschiedensten Methoden und Hilfsmittel geeignet sein, die einvernehmliche Streitbeilegung voranzutreiben oder vorzubereiten. Die Kreativitätsanforderungen an den Mediator sind damit jedoch noch nicht erschöpft. Auch wenn es regelmäßig nicht Aufgabe des Mediators ist, eigenständig Lösungsmöglichkeiten zu erarbeiten, so kann er doch gegebenenfalls die Aufmerksamkeit der Parteien lenken, um festgefahrene Verhandlungen weiter zu bringen, eine vorschnelle Festlegung der Parteien auf ein Lösungsmodell zu vermeiden und den Parteien zu helfen, weitere Konfliktlösungsmöglichkeiten zu erkennen. Zudem muss der Mediator stets in der Lage sein, vorgeformte Denkbahnen zu verlassen und originelle Lösungsansätze der Parteien aufzuspüren und weiterzuverfolgen.[266]

Zudem treffen den Mediator bezüglich des Mediationsverfahrens einige „technische Aufgaben", wie zum Beispiel die Schaffung einer adäquaten Verhandlungsatmosphäre, gegebenenfalls die Auswahl eines auf neutralem Gebiet gelegenen, geeigneten Verhandlungsortes, die Ausarbeitung einer die Lösungsfindung fördernden Sitzordnung sowie die Bereitstellung des im Mediationsverfahren benötigten Equipments.[267]

---

[264] *Stulberg*, 6 Vermont Law Review (1981), 85 (94).
[265] *Alexander*, Wirtschaftsmediation in Theorie u. Praxis, S. 93 ff.
[266] Vgl. auch: *v. Schlieffen*, ZKM 2000, 52 (54).
[267] Vgl. hierzu u.a.: *Kracht*, in: *Haft/v. Schlieffen*, Hdb. Mediation, § 15 Rn. 85 ff.

Überdies ist vor allem die Qualifikation des Mediators ausschlaggebend für den Erfolg eines Mediationsverfahrens. Im Idealfall sollte der Mediator zunächst über ein gefestigtes Grundwissen auf dem Gebiet der Verhandlungsführung, der (Verhandlungs-)Psychologie und der Konflikttheorie verfügen, um mit der Dynamik und Struktur eines Konflikts und dem Verhalten der Konfliktparteien in verschiedenen Verhandlungssituationen besser umgehen zu können.[268] In jedem Fall ist es zudem erforderlich, dass der Mediator fundierte Kenntnisse über die Durchführung eines Mediationsverfahrens und die anwendbaren Kommunikationstechniken vorweisen kann sowie auch über Rechts- und Fachkenntnisse auf dem jeweiligen Konfliktfeld verfügt.[269] Rechtskenntnisse sind für einen Mediator insofern von Bedeutung, als von ihm oftmals gefordert werden wird, dass er die Rolle des Rechts mit Blick auf den konkreten Konflikt beachtet, mit anderen Worten, dass er dafür sorgt, dass die relevanten Rechtsvorschriften berücksichtigt werden und das Gesetzesrecht das auf Konsens abzielende Mediationsverfahren und sein Ergebnis stützt. Zwar darf diese Anforderung an einen Mediator nicht dazu führen, dass das Mediationsverfahren zu einem bloßen Ersatz für das ausschließlich am bestehenden Recht ausgerichteten Gerichtsverfahren verkommt. Wo immer ein Konflikt rechtliche Bezüge aufweist, wird die Mediation ihr Ziel, einen konkreten Konflikt fair und dauerhaft zu lösen, jedoch nur erreichen, wenn die rechtlichen Rahmenbedingungen des jeweiligen Konflikts mitberücksichtigt werden und in die zu erzielende Konfliktlösung einbezogen werden.[270] Im Laufe des Mediationsverfahrens kommt dem Mediator diesbezüglich überdies – trotz aller Zurückhaltung in der Sache – auch eine gewisse Beratungs- und Aufklärungsfunktion zu: Zu Beginn der Mediation unter anderem dahingehend, dass es zu den Aufgaben des Mediators gehört, die Parteien über die Rolle des Mediators sowie über Inhalt, Verlauf und Natur des Mediationsverfahrens zu unterrichten sowie die Eignung des jeweils zugrunde liegenden Konflikts für eine Mediation zu beurteilen.[271] Gegen Ende der Mediation erstrecken sich die Aufklärungspflichten des Mediators unter anderem auf Hinweise über Ungleichgewichte und Schlechterstellungen im Rahmen der von den Konfliktparteien ausgearbeiteten Lösungen.[272]

---

268 *Vetter*, Mediation u. Vorverfahren, S. 145; vgl. auch: *Hadlich/Rennhack*, LKV 1999, 9 (11).

269 Vgl. *Mähler/Mähler*, in: *Breidenbach/Henssler*, Mediation f. Juristen, S. 13 (28 f.); *v. Schlieffen*, ZKM 2000, 52 (53 f.); vgl. auch: *Wagner/Engelhardt*, NVwZ 2001, 370 (372 f.); *Hager*, Konflikt u. Konsens, S. 112; *Eidenmüller*, in: *Henssler/Koch*, Mediation in d. Anwaltspraxis, § 2 Rn. 89; *Gaßner/Holznagel/Lahl*, Mediation, S. 64; vgl. auch: *Kovach*, Mediation, S. 60 f.; nach anderer Ansicht sind Fachkenntnisse über den jeweiligen Konflikt grundsätzlich nicht erforderlich, da dem Mediator allein die Rolle eines Verhandlungshelfers, nicht aber die des Streitentscheiders zukommt. Solange der Mediator in der Lage ist, die Kommunikation zwischen den Konfliktparteien zu fördern und das Mediationsverfahren voranzutreiben bedarf es danach keinerlei Kenntnisse über den Konfliktgegenstand selbst. Auch Vertreter dieser Ansicht sehen fachliche Kenntnisse zum Teil jedoch zumindest als hilfreich an, so z.B. wenn es um die Ordnung und die Bewertung bzw. Gewichtung der Argumente und Interessen der Beteiligten geht.

270 *Vetter*, Mediation u. Vorverfahren, S. 144.

271 *Kracht/Rüssel*, JA 2003, 725 (731); *Wacher/Lüer*, IDR 2004, 118 (119).

272 *Eidenmüller*, in: *Breidenbach/Coester-Waltjen/Heß u.a.*, Konsensuale Streitbeilegung, S. 45 (76).

In persönlicher Hinsicht muss der Mediator neben kommunikativen Fähigkeiten auch einige soziale Kompetenzen in sich vereinen.[273] So muss er beispielsweise eine ausgeprägte Prozesskompetenz mitbringen, worunter die Fähigkeit zu verstehen ist, das Mediationsverfahren so zu gestalten, dass es den zentralen Mediationsprinzipien der Zukunfts-, Lösungs- und Ressourcenorientierung sowie der Autonomie der Beteiligten gerecht wird. Ferner muss er in der Lage sein, zu dissoziieren und aus einer distanzierten Perspektive heraus unter anderem das eigene und fremde Verhalten, den Verlauf des jeweiligen Mediationsverfahrens, den diesem Verfahren zugrunde liegenden Konflikt, die Beziehungen zwischen den Beteiligten sowie deren Rollen im Mediationsprozess zu betrachten und zu hinterfragen (Reflexionskompetenz). Voraussetzung hierfür wiederum ist eine geschulte Beobachtungsfähigkeit sowie die Fähigkeit zur sauberen Trennung zwischen Beobachtung, Interpretation und Bewertung. Hinzu kommt im Rahmen der erforderlichen sozialen Kompetenzen[274] zudem eine gewisse Ambiguitätstoleranz (das Aushaltenkönnen von Unterschieden, ohne gleich Wertungen vorzunehmen), ein hohes Maß an emotionaler Intelligenz, ein großes Einfühlungsvermögen und Verständnis für eigene und fremde Gefühle, die Fähigkeit zur behutsamen und wohlwollenden Handhabung menschlicher Emotionen sowie eine ausgeprägte Kommunikations- und Konfliktkompetenz. Dabei ist unter Kommunikationskompetenz zu verstehen, dass der Mediator stets in der Lage ist, aktiv zuzuhören, die Kommunikationskreise zwischen den Konfliktparteien als Sender und Empfänger zu schließen, sowie unterschiedliche Ebenen und Dimensionen der Kommunikation zu erkennen und darauf entsprechend zu reagieren. Konfliktkompetenz dagegen beinhaltet die Fähigkeit, Konflikte zu analysieren und Konfliktsysteme angemessen zu untersuchen. Letztlich muss der Mediator unter dem Aspekt der von ihm erwarteten sozialen Kompetenzen eine gewisse Freude am Konflikt[275] mitbringen, während Konflikte für die meisten Menschen eher negativ besetzt sind.

Abschließend muss es sich bei einem Mediator ferner um eine Persönlichkeit handeln, die ein sicheres Auftreten und eine gewisse Freude am Umgang mit Menschen mitbringt sowie über eine ausgebildete Kompetenz zur Problembewältigung und Lösungsfindung verfügt. Der Mediator muss einerseits in der Lage sein, komplexe Vorgänge zu erfassen, sprachlich zu beherrschen und zu strukturieren.[276] Andererseits muss er Beeinflussungs- und Überzeugungsversuchen der Konfliktparteien widerstehen können.[277] Nur ein gewisses Maß an Resistenz gegenüber solchen Überzeugungsversuchen sichert die konstitutive Neutralität des Mediators.

---

[273] Vgl. hierzu v.a.: *Patera/Gramm*, ZKM 2000, 247 ff.; *v. Hoyningen-Huene*, JuS 1997, 352 (353). Bzgl. der erforderlichen kommunikativen Fähigkeiten vgl. zudem u.a. auch: *Gaßner/Holznagel/Lahl*, Mediation, S. 63.

[274] Vgl. u.a.: *Patera/Gramm*, ZKM 2000, 247 (249 f.).

[275] Vgl.: *v. Schlieffen*, ZKM 2000, 52.

[276] *Schillinger*, VBl.BW 2001, 396 (399).

[277] Vgl. auch: *Haft*, Verhandlung u. Mediation, S. 250 f.; *Pitschas*, NVwZ 2004, 396 (397).

5. Kapitel: Vor- und Nachteile einer Mediation

Zum Abschluss der eher allgemeinen Betrachtung des Mediationskonzepts sollen nachstehend noch die wichtigsten Vor- und Nachteile der Mediation zusammengefasst werden. Diese Zusammenfassung mag zur Verdeutlichung des Mediationskonzeptes selbst, vor allem aber auch zur Unterstreichung des Interesses an einem Einsatz der Mediation im Rahmen der öffentlich-rechtlichen Gerichtsbarkeiten, beitragen. Die Gegenüberstellung der allgemeinen Vor- und Nachteile der Mediation wird zeigen, dass es sich bei der Mediation zwar nicht um ein „Allheilmittel" oder um den „Königsweg" der Konfliktlösung handelt, die Vorteile des Mediationskonzepts dessen Nachteile jedoch deutlich überwiegen. Trotz des Übergewichts der Mediationsvorteile bleibt zu bedenken, dass sich nicht jeder Fall zur Durchführung einer Mediation eignet, so dass die Mediation schon aufgrund des Vorbehalts der Falleignung nur eine sinnvolle Ergänzung, nicht aber einen Ersatz für die herkömmlichen Methoden zur Konfliktbeilegung (insbesondere für das gerichtliche Verfahren) darstellen kann.[278] Darüber hinaus sollten an das theoretisch vielversprechende Mediationskonzept – wie auch *Holznagel*[279] mit Blick auf Mediationsverfahren im Verwaltungsrecht feststellt – im konkreten Fall keine übertriebenen und unrealistischen Erwartungen geknüpft werden. So kann es sich bei der praktischen Umsetzung des Mediationskonzepts beispielsweise als schwierig erweisen, die Verhandlungsrunde zusammenzustellen, für eine annähernd gleiche Informationsgrundlage bei den Parteien zu sorgen, die verschiedenen Interessen der Parteien zusammenzuführen oder eine ausreichende Finanzierung der Konsenssuche im Wege der Mediation sicherzustellen.

I. Vorteile des Mediationskonzeptes

In ihrem Werk *The Promise of Mediation* fassen *Bush* und *Folger* die Vorteile des Mediationskonzeptes wie folgt prägnant zusammen: „The mediation process is a powerful tool for satisfying human needs and reducing suffering for parties to individual disputes. Because of its flexibility, informality, and consensuality, mediation can open up the full dimension of the problem facing the parties. Not limited by legal categories or rules, it can help reframe a contentious dispute as a mutual problem. In addition, because of mediators' skills in dealing with power imbalances, mediation can reduce strategic manoeuvering and overreaching. As a result of these different features, mediation can facilitate collaborative, integrative problem solving rather than adversarial, distributive bargaining. It can thereby produce creative win-win-outcomes that reach beyond formal rights to solve problems and satisfy parties' needs in a particular situation or, alternatively, remedy parties' difficulties. [...] Furthermore, in comparison with more formal or adversarial processes, mediation is characterized by an informality and mutuality that can reduce both

---

[278] Vgl. auch: *Breidenbach*, in: *Breidenbach/Henssler*, Mediation f. Juristen, S. 1 (10).
[279] *Holznagel*, in: *Breidenbach/Henssler*, Mediation f. Juristen, S. 147 (160).

the economic and emotional costs of dispute settlement. [...] In addition, by providing mediation in many cases that would otherwise have gone to court, [...] mediation has also saved public expense."[280] Im weiteren Verlauf halten *Bush* und *Folger* fest: „The unique promise of mediation lies in its capacity to transform the quality of conflict interaction itself, so that conflicts can actually strengthen both the parties and the society they are part of. Because of it's informality and consensuality, mediation can allow parties to define problems and goals in their own terms [...]. Further, mediation can support the parties' exercise of self-determination in deciding how, or even whether, to settle a dispute, and it can help the parties mobilize their own resources to address problems and achieve their goals. [...] Mediation can employ] these aspects of the process to help disputing parties activate their capacity for deliberation and decision making in adverse circumstances. Participants in mediation [...], as a result [gain] a greater sense of strength of self, including self-respect, self-reliance, and self-confidence. This has been called the empowerment dimension of the mediation process. [... T]he private, non-judgemental character of mediation can provide disputants a non-threatening opportunity to explain and humanize themselves to one and another. In this setting [...] parties often discover that they can feel and express some degree of understanding and concern for one another despite their disagreement. [...] This has been called the recognition dimension of the mediation process.[281] Damit sind zwar einige wichtige, keineswegs jedoch alle Vorteile einer Mediation angesprochen, wobei eine abschließende Darstellung der Mediationsvorteile auch nur schwer möglich erscheint. Auch an dieser Stelle sollen daher nur die wichtigsten Vorteile der Mediation hervorgehoben werden, die der Übersichtlichkeit halber in rein „ökonomische Vorteile", verfahrensimmanente und ergebnisbezogene Vorteile, Vorteile der Mediation bezüglich des Verhältnisses zwischen den Konfliktparteien sowie sonstige Vorteile eingeteilt werden, auch wenn Überschneidungen im Einzelfall möglich erscheinen.

1. Rein „ökonomische" Vorteile

Bei Betrachtung der Vorteile des Mediationsverfahrens lassen sich zunächst einige immer wieder in der Literatur hervorgehobene Aspekte feststellen, die als „ökonomische Vorteile" des Mediationskonzeptes zusammengefasst werden können, da diese Vorteile im Erfolgsfalle zu einem Effizienzgewinn im Vergleich zum gerichtlichen Verfahren führen.

---

[280] *Bush/Folger*, The Promise of Mediation, S. 9 f.

[281] *Bush/Folger*, The Promise of Mediation, S. 13 f.; Der Begriff „Empowerment" wird von *Bush/Folger* im weiteren Verlauf ihrer Ausführungen auch definiert als „the restoration to individuals of a sense of their value and strength and their own capacity to make decisions and handle life's problems", während unter "recognition" „the evocation in individuals of acknowledgement, understanding,, or empathy for the situation and the views of the other" verstanden wird (S. 22). Zur näheren Definition vgl. zudem: S. 75 ff.

a) Die Schonung der öffentlichen Haushalte und der gerichtlichen Ressourcen

Ein ökonomischer Vorteil der Mediation besteht zunächst bereits mit Blick auf die öffentlichen Kassen und die öffentliche Haushaltslage. Dies aus dem einfachen Grunde, dass eine vermehrte Durchführung von Mediationsverfahren anstelle von nicht kostendeckend durchführbaren Gerichtsverfahren eine Entlastung der Gerichtsbarkeit sowie eine Schonung der gerade in Zeiten leerer Staatskassen ohnehin begrenzten Ressourcen des Gerichtswesens erwarten lässt.[282] Rechtsprechungsreserven können unter Umständen sogar in doppelter Hinsicht geschont werden: Zum einen, weil das Gericht den jeweiligen Konflikt nicht entscheiden muss; zum anderen, weil keine oder weniger Folgeprozesse entstehen, wenn mit der Mediation der Grundkonflikt insgesamt gelöst wird[283] und die Konfliktparteien selbständig eine Lösung ihres Konflikts erarbeiten, die sie in der Folge in stärkerem Maße befolgen werden als eine von dritter Seite aufgezwungene Entscheidung.

b) Die zu erwartende Zeitersparnis und die Möglichkeit der freien Zeiteinteilung

Aus der Perspektive der am konkreten Mediationsverfahren beteiligten Parteien besteht ein ökonomisch wertvoller Vorteil der Mediation zunächst in dem immer wieder zitierten Umstand, dass ein Mediationsverfahren regelmäßig schneller durchgeführt werden kann als ein Gerichtsverfahren,[284] welches allen Beteiligten – Parteien, Rechtsanwälten und Richtern – einen beträchtlichen Aufwand an Arbeitskraft und Zeit abverlangt.[285] Während das Gerichtsverfahren oftmals lange Wartezeiten auf den Prozessbeginn, eine Streitausfechtung über mehrere Instanzen und gegebenenfalls sogar die Führung mehrerer verschiedener Gerichtsprozesse aufgrund eines einzigen Konflikts befürchten lässt, kann ein Mediationsverfahren beginnen, sobald sich die Parteien über die Durchführung einer Mediation sowie auf eine bestimmte Person als Mediator geeinigt haben. Zudem kann im Rahmen der Mediation auch eine komplexe Streitigkeit oftmals umfänglich und endgültig

---

[282] Vgl. hierzu auch: *Schillinger*, Mediation im Verwaltungsrecht, S. 37 f.; *Wagner/Engelhardt*, NVwZ 2001, 370 (374); *Härtel*, JZ 2005, 753 (756 f.).

[283] *Härtel*, JZ 2005, 753 (757).

[284] Vgl.: *Risse*, NJW 2000, 1614 (1618); *Schneider*, in: *Breidenbach/Henssler*, Mediation f. Juristen, S. 171 (176); *Horst*, in: *Haft/v. Schlieffen*, Hdb. Mediation, § 32, insbes. Rn. 94; *Volkmann*, Mediation im Zivilprozess, S. 8; *P. Gottwald*, in: FS A. Ishikawa, S. 137 (142); *Schillinger*, Mediation im Verwaltungsrecht, S. 36; *Eidenmüller, Duve* u. *Günther/Hilber*, in: *Henssler/Koch*, Mediation in d. Anwaltspraxis, § 2 Rn. 43 bzw. § 5 Rn. 87 u. § 15 Rn. 113; *Zimmer*, Außergerichtl. Streitbeilegung in Dtl., S. 98; *Schenke*, in: FS F. v. Zezschwitz, S. 130 (137); *Voß*, in: Münchener Anwaltshandbuch: VerwR, Teil B, § 3 Rn. 21 ff.; *Ponschab/Dendorfer*, BB 2001, Beilage Nr. 2, S. 1 (2); *Dendorfer*, MDR 2003, 135 (137); *Eisele*, Jura 2003, 656 (661); *Krapp*, ZRP 1994, 115 (118); *Härtel*, JZ 2005, 753 (756 f.); *Löer*, ZKM 2006, 5; *Wegener*, ZKM 2006, 140; *Spindler*, Abschlussbericht zum Forschungsprojekt „Gerichtsnahe Mediation in Niedersachsen" Rn. 1; *Böhlk*, BRAK-Mitt. 2002, 207; *Neuenhahn*, NJW 2004, 663 (664); *Ayad*, IDR 2005, 123 (125).

[285] Projekt Gerichtsnahe Mediation in Niedersachsen – Projektabschlussbericht, S. 1.

beseitigt werden, wobei Mediationsverfahren – von Ausnahmen wie zum Beispiel der Flughafenmediation in Frankfurt abgesehen – häufig nur wenige Tage dauern.

Gegen den Vorteil der Zeitersparnis lässt sich vorbringen, dass eine Zeitersparnis nur bei erfolgreichem Abschluss des unter Umständen selbst langwierigen Mediationsverfahrens zu erwarten sei.[286] Bleibe die Mediation dagegen erfolglos, so sei nach dem vergeblichen Versuch einer Mediation zusätzlich das gerichtliche Verfahren durchzuführen, so dass die Mediation in einem solchen Falle statt einer Zeitersparnis eine Zeitverschwendung darstelle.[287] Dieser Argumentation ist jedoch entgegenzuhalten, dass im Rahmen einer Mediation ein hoher Prozentsatz der Fälle einvernehmlich und vor allem schnell gelöst werden kann, so dass die statistische Wahrscheinlichkeit einer Zeitersparnis aufgrund der Durchführung einer Mediation bei Weitem überwiegt,[288] in der Regel also von einer gewissen Zeitersparnis infolge der Mediation ausgegangen werden kann. Zudem können auch letztlich gescheiterte Mediationsversuche Teileinigungen oder sonstige positive Effekte mit sich bringen, so dass nicht jede gescheiterte Mediation automatisch mit einer bloßen Zeitverschwendung gleichzusetzen ist. Im Vergleich zum gerichtlichen Verfahren, bei dem die Parteien die Sicherheit einer wie auch immer gearteten endgültigen Entscheidung ihres Konflikts haben, kann sich die Mediation zwar insoweit als ineffektiv erweisen, als im Falle eines Scheiterns der Verhandlungen Zeit (und im Übrigen auch Kosten) umsonst aufgewandt wurde. Eventuell können aber selbst gescheiterte Mediationsverhandlungen insoweit von Nutzen sein, als sie sich positiv auf den weiteren Prozessverlauf und die langfristige Gestaltung der Beziehungen der Parteien zueinander auswirken können.[289] „Even in those [mediations] that do not settle or resolve the entirety of the dispute, mediation is still seen as successful as it helps to narrow the issues in conflict thereby paving the way for renewed negotiations. This in turn helps to reduce preparation time as well as the duration and cost of a trial."[290] Zudem sollte nicht vergessen werden, dass zwar auch die Mediation mit einem gewissen Zeitaufwand verbunden ist, jedoch oft erst bei einem polarisierenden und auf Positionen aufbauenden Gerichtsverfahren die Neigung besteht, den Konflikt auf die Spitze zu treiben und ihn gegebenenfalls durch eine Vielzahl von Instanzen zu führen.[291] Ferner lässt sich die Sorge um einen gegebenenfalls unnötigen Zeitverlust durch die Vereinbarung von Fristen für das Mediationsverfahren zumindest in gewissem Maße entkräften.[292] Schließlich birgt die Mediation in zeitlicher Hinsicht für die Mediationsparteien neben der Zeitersparnis selbst oftmals auch den nicht zu unterschätzenden Vorteil, dass sich die Konfliktparteien in einem Mediationsverfahren ihre Zeit weitgehend selbst einteilen können. Im Falle eines Gerichts-

---

[286] Vgl. hierzu statt vieler: *Wassermann*, NJW 1998, 1685 (1686); *Härtel*, JZ 2005, 753 (757). Vgl. zudem auch: *Eidenmüller*, in: *Henssler/Koch*, Mediation in d. Anwaltspraxis, § 2 Rn. 43.

[287] Vgl. u.a.: *Eisele*, Jura 2003, 656 (661).

[288] Vgl. hierzu u.a.: *Ponschab/Dendorfer*, BB 2001, Beilage Nr. 2, S. 2; *Ayad*, IDR 2005, 123 (125).

[289] *Volkmann*, Mediation im Zivilprozess, S. 7; *Spindler*, Abschlussbericht zum Forschungsprojekt Gerichtsnahe Mediation in Niedersachsen, Rn. 339.

[290] *Ayad*, IDR 2005, 123 (125) m.w.N.

[291] *Köper*, Die Rolle des Rechts im Mediationsverfahren, S. 27.

[292] *Härtel*, JZ 2005, 753 (757).

verfahrens wird der zeitliche Ablauf des Verfahrens weitgehend extern durch das Gericht vorgegeben. Im Gegensatz dazu können die Parteien einer Mediation sowohl die Terminierung als auch die Durchführung der Mediation zeitlich selbst bestimmen.

c) Die zu erwartende Kostenersparnis

In unmittelbarem Zusammenhang mit der vorstehend dargelegten Zeitersparnis aufgrund der Durchführung einer Mediation steht der ebenfalls immer wieder zitierte Vorteil der Kostenersparnis[293] auf Seiten der Verfahrensbeteiligten. Danach sind die bei Durchführung eines Mediationsverfahrens entstehenden Kosten meist geringer als die anlässlich eines Gerichtsverfahrens oder Schiedsgerichtsverfahrens anfallenden Kosten,[294] da sich die Kosten einer Mediation vorwiegend nach dem Zeitaufwand der Beteiligten richten,[295] im Gegensatz zum gerichtlichen Verfahren Gerichtskosten und ähnliche Ausgaben jedoch nicht anfallen. Weitere Kostenvorteile birgt die Mediation, da durch dieses Verfahren die Ressourcen der Parteien nicht mit einem langwierigen, unsicheren, aufreibenden, zeitintensiven und gegebenenfalls über mehrere Instanzen gehenden Rechtsstreit belastet werden, das heißt die Ressourcen der Konfliktparteien letztlich insgesamt geschont werden.[296] Reduziert werden in der Mediation also auch die so genannten „weichen Kosten“, die zum Beispiel dadurch entstehen, dass ein Rechtsstreit für die gesamte Dauer des Verfahrens betreut werden muss.[297]

Auch wenn nach alldem der These, dass ein Mediationsverfahren günstiger ist als ein streitiges Gerichtsverfahren, in der Regel zuzustimmen ist, so ist hinsichtlich des Kostenarguments oftmals aber auch Vorsicht geboten. Abgesehen davon, dass im Falle der Erfolglosigkeit des Mediationsverfahrens eine Kostenverschwendung droht, sofern nicht

---

[293] Kritisch hierzu vgl.: *Ditges*, IDR 2005, 74 ff.

[294] *Eidenmüller*, in: *Breidenbach/Coester-Waltjen/Heß u.a.*, Konsensuale Streitbeilegung, S. 45 (49); *Eidenmüller, Duve* u. *Günther/Hilber*, in: *Henssler/Koch*, Mediation in d. Anwaltspraxis, § 2 Rn. 43 bzw. § 5 Rn. 87 u. § 15 Rn. 119; *Horst*, in: *Haft/v. Schlieffen*, Hdb. Mediation, § 32; *Volkmann*, Mediation im Zivilprozess, S. 8 u. 145 ff.); *Ponschab/Dendorfer*, BB 2001, Beilage Nr. 2, S. 1 (2); *Duve/Ponschab*, Kon:Sens 1999, 263 (267); *Risse*, NJW 2000, 1614 (1618); *P. Gottwald*, in: FS A. Ishikawa, S. 137 (142 ff.); *Eidenmüller*, RIW 2002, 1 (2); *Koch*, ZKM 2007, 71; *Schenke*, in: FS F. v. Zezschwitz, S. 130 (137); *Voß*, in: Münchener Anwaltshandbuch: VerwR, Teil B, § 3 Rn. 24; *Schillinger*, Mediation im Verwaltungsrecht, S. 37; *Dendorfer*, MDR 2003, 135 (137); *Zimmer*, Außergerichtl. Streitbeilegung in Dtl., S. 98; *Wagner/Engelhardt*, NVwZ 2001, 370 (374); *Riskin/Westbrook*, Dispute Resolution and Lawyers, S. 201; vgl. hierzu v.a. auch: *Duve/Eidenmüller/Hacke*, Mediation in d. Wirtschaft, S. 280 ff.; *Rapp*, Mediation im Verwaltungsrecht, S. 24; *Krapp*, ZRP 1994, 115 (118); *Mankowski*, ZKM 2004, 8 (12); *Perschel*, in: FS E. Stein, S. 245 (274); *Böhlk*, BRAK-Mitt. 2002, 207; *Ayad*, IDR 2005, 123 (125); *Neuenhahn*, NJW 2004, 663 (664). Zur Gegenüberstellung der Kosten von Mediation und Prozess vgl. auch: *Steinbrück*, AnwBl. 1999, 574 (577 f.).

[295] *Schillinger*, Mediation im Verwaltungsrecht, S. 37; *Köper*, Die Rolle des Rechts im Mediationsverfahren, S. 27.

[296] Vgl. hierzu: *Ponschab/Dendorfer*, BB 2001, Beilage Nr. 2, S. 2; *Risse*, NJW 2000, 1614 (1618); *P. Gottwald*, in: FS A. Ishikawa, S. 137 (143); *Breidenbach*, Mediation, S. 216 f.; *Holznagel*, in: *Breidenbach/Henssler*, Mediation f. Juristen, S. 147 (159); *Eidenmüller*, RIW 2002, 1 (2).

[297] *Köper*, Die Rolle des Rechts im Mediationsverfahren, S. 28.

wenigstens Teileinigungen oder sonstige Übereinkünfte erzielt werden können, dürfte der positive Kosteneffekt einer Mediation in der Regel vor allem bei hohen Streitwerten[298] und langwierigen Verfahren zum Tragen kommen. Gegenüber nur einer gerichtlichen Instanz bei gleichzeitig niedrigen Streitwerten dürfte das Mediationsverfahren kaum billiger sein, weil für den Mediator oft ein Honorar anfallen wird, das über den im Gerichtsverfahren aufzuwendenden Gerichtskosten liegt. Zudem wird auch im Rahmen des Mediationsverfahrens durch die Mediationsparteien in der Regel eine anwaltliche Vertretung in Anspruch genommen, wobei die Anwälte für eine Mediation oft höhere Honorare als die gesetzlichen Streitgebühren verlangen.[299] Ferner ist die Einlassung auf ein konsensuales Konfliktlösungsverfahren mit der Notwendigkeit von Eingeständnissen gegenüber der jeweils anderen Konfliktpartei verbunden, so dass das Mediationsverfahren zwar Kosten spart, die dadurch erzielte Kostenersparnis durch die Eingeständnisse gegenüber der Gegenseite jedoch eventuell wieder aufgezehrt werden kann.

d) Die zu erwartende Erhöhung der Planungssicherheit

Wirtschaftlich vorteilhaft aus Sicht der Konfliktbeteiligten ist schließlich auch, dass das Mediationsverfahren ein höheres Maß an Planungssicherheit gewährt als ein gerichtliches Verfahren.[300] Während Dauer und Ausgang eines Rechtsstreits vor Gericht ungewiss sind, liegen die zeitliche und inhaltliche Gestaltung des Mediationsverfahrens sowie die Gestaltung des Mediationsergebnisses überwiegend in den Händen der Konfliktparteien selbst.

2. Verfahrens- und ergebnisbezogene Vorteile

Das Mediationsverfahren und seine Resultate bergen zahlreiche Vorteile gegenüber dem Gerichtsverfahren und dem aufgrund eines Gerichtsprozesses ergehenden Urteil. Bevor diese Vorteile näher darzustellen sein werden, sei jedoch zunächst auf einige Vorteile hingewiesen, die im Vergleich zu herkömmlichen Verhandlungen verzeichnet werden können.

a) Vorteile gegenüber konventionellen Verhandlungen

Herkömmliche Verhandlungen ziehen sich oftmals über mehrere Termine hin, die Vereinbarung solcher Termine zwischen den Parteien fällt oft schwer und einzelne Verhandlungsrunden verlaufen (zum Beispiel aufgrund mangelnder Vorbereitung, fehlender Ernsthaftigkeit oder überwiegender Verzögerungsinteressen der Parteien) häufig ineffizient. Im Gegensatz dazu schafft ein fest anberaumter Mediationstermin ein so genann-

---

[298] Vgl. auch: *Eidenmüller*, in: *Henssler/Koch*, Mediation in d. Anwaltspraxis, § 2 Rn. 43.

[299] Vgl.: *P. Gottwald*, in: FS A. Ishikawa, S. 137 (143); skeptisch bzgl. der Kostenersparnis bei kleineren Streitigkeiten auch: *Schöpflin*, JA 2000, 157 (164).

[300] Vgl.: *Ponschab/Dendorfer*, BB 2001, Beilage Nr. 2, S. 1; *Schillinger*, Mediation im Verwaltungsrecht, S. 40; *Dendorfer*, MDR 2003, 135 (137).

tes „settlement event" (Vergleichsereignis), auf welches sich die Konfliktbeteiligten einstellen und konzentrieren können/müssen und welches das oft unergiebige Hin und Her in herkömmlichen bipolaren Verhandlungen beendet.[301] Somit vermag die Mediation im Vergleich zu herkömmlichen Verhandlungen zunächst die Effizienz der Einigungsbemühungen zwischen den Parteien zu steigern.

Wichtiger noch erscheint an dieser Stelle jedoch, dass eine Mediation oft die in herkömmlichen Verhandlungen bestehenden kognitiven, strategischen und psychologischen Barrieren überwinden kann.[302] Die strategischen Barrieren im Rahmen konventioneller Verhandlungen liegen dabei vor allem im insgesamt auf Gewinnmaximierung gerichteten, rational-strategischen Verhalten der Verhandlungsteilnehmer und dem hierauf hin drohenden Verhandlungsdilemma. So werden seitens der Verhandlungsparteien oft Informationen zurückgehalten, bewusste Fehldarstellungen geliefert, Überbewertungen und Übertreibungen der eigenen Aussagen bei gleichzeitiger Herabwürdigung der Aussagen der Gegenseite vorgenommen, falsche oder irreführende Informationen weitergegeben oder gar Täuschungen und Drohungen ausgestoßen. Dies hat zum Ergebnis, dass die Verhandlungsbemühungen zwangsläufig zum scheitern verurteilt sind. Aus Verhandlungspartnern werden schnell Verhandlungsgegner, zwischen denen eine Einigung unmöglich erscheint. Agieren alle Beteiligten strategisch und verschweigen vorliegende Informationen sowie tatsächliche Interessen mit dem Ziel, den eigenen Vorteil auf Kosten des Verhandlungsgegners zu maximieren oder jedenfalls von diesem nicht ausgenutzt und über den Tisch gezogen zu werden, so unterbleibt eine ehrliche (Verhandlungs-)Kommunikation mit der Folge, dass eigentlich vorhandene Chancen zur Wertschöpfung und Realisierung von Kooperationsgewinnen verpasst werden.[303]

Kognitive oder psychologische Barrieren herkömmlicher Verhandlungen sind beispielsweise die selektive Wahrnehmung der Parteien, überoptimistische Einschätzungen der Nichteinigungsalternativen durch die Verhandlungspartner („judgemental overconfidence"), der Effekt der sich selbsterfüllenden Vorhersagen („self-fulfilling prophecies") sowie tief sitzende Vorurteile oder das Phänomen der attributionellen Verzerrung (Informationen, Aussagen und Verhaltensformen, welche die negative Haltung gegenüber der Gegenseite bestätigen, werden dem Charakter der Gegenseite zugeordnet, während ein positives Verhalten der Gegenseite allein der jeweiligen Situation zugeschrieben wird). Zu den kognitiven oder psychologischen Barrieren gehören darüber hinaus auch die Phänomene der Risikoscheue beziehungsweise Verlustaversion (der Verlust einer Ver-

---

301 *W. Gottwald*, in: *Henssler/Koch*, Mediation in d. Anwaltspraxis, § 7 Rn. 46; *W. Gottwald*, Betrifft JUSTIZ 1999, 117 (123); *W. Gottwald*, AnwBl. 2000, 265 (268).

302 *W. Gottwald*, in: *Henssler/Koch*, Mediation in d. Anwaltspraxis, § 7 Rn. 47 ff.; *W. Gottwald*, Betrifft JUSTIZ 1999, 117 (123); vgl. hierzu auch: *Duve*, in: *Duve/Eidenmüller/Hacke*, Mediation in d. Wirtschaft, S. 11 (28 ff.); *Hacke*, Der ADR-Vertrag, S. 169 ff.; *Zimmer*, Außergerichtl. Streitbeilegung in Dtl., S. 96 ff.

303 Vgl. zum Verhandlungsdilemma u.a.: *Eidenmüller*, in: *Breidenbach/Henssler*, Mediation f. Juristen, S. 31 (49 ff.); *Eidenmüller* u. *W. Gottwald*, in: *Henssler/Koch*, Mediation in d. Anwaltspraxis, § 2 Rn. 7 bzw. § 7 Rn. 48; *Eidenmüller*, in: *Breidenbach/Henssler*, Mediation f. Juristen, S. 31 (49 ff.); *W. Gottwald*, AnwBl. 2000, 265 (268); *Tochtermann*, JuS 2005, 131 (132); *Goldberg/Sander/Rogers/Cole*, Dispute Resolution, S. 84.

handlungsposition wird als schwerwiegender eingeschätzt als der gleichzeitige Gewinn einer tatsächlich gleichwertigen Verhandlungsposition), der reaktiven Abwertung (ein bestimmter Verhandlungsvorschlag wird unterschiedlich bewertet, je nachdem, ob er vom Verhandlungspartner oder von einem neutralen Dritten stammt und Vorschläge der Gegenseite werden schon allein deshalb abgewertet, weil sie von der Gegenseite stammen) und der so genannten „sunk costs" (damit im Zusammenhang mit dem jeweiligen Konflikt bereits entstandene Kosten nicht umsonst waren, wird der Konflikt weiter betrieben).[304] Schließlich nehmen Konfliktparteien die konkrete Situation oft derart war, dass sie von begrenzten Konfliktlösungsoptionen ausgehen und dabei gegebenenfalls vorhandene Gestaltungs- und Austauschmöglichkeiten verkennen. Oft nehmen die Konfliktparteien automatisch an, dass der eigene Erfolg nur durch eine Niederlage der Gegenseite erzielt werden kann und dass die Gegenseite aufgrund ihrer gegensätzlichen Position auch gegensätzliche Interessen hat.[305]

Strukturell steht einer Einigung zwischen Konfliktparteien häufig die Vielzahl der Konfliktbeteiligten entgegen. Hinzu kommt gegebenenfalls ein so genanntes „Principal-Agent-Problem", das heißt die Problematik, dass für die im Namen einer Konfliktpartei verhandelnden Vertreter oftmals Anreize zu einem Verhalten bestehen, welches nicht oder nicht ausschließlich den Interessen der jeweiligen Konfliktpartei selbst dient.[306] Der eine Mediationspartei (Principal) begleitende Rechtsanwalt oder sonstige Vertreter (Agent) verfolgt mit der Betreuung einer Konfliktpartei immer auch einen eigenen Nutzen: Das Ziel möglichst hoher Bezahlung bei größtmöglicher Ersparnis an Arbeitsaufwand. Darüber hinaus verfügt der Rechtsanwalt/Vertreter oftmals über einen gewissen Kenntnisvorsprung sowie einen gewissen Vertrauensvorschuss seitens der von ihm vertretenen Partei. Aufgrund der eigenen Interessen des Rechtsanwaltes/Vertreters sowie der ungleichen Kenntnisverteilung zwischen Mandant und Rechtsanwalt/Vertreter besteht stets die Möglichkeit, dass letzterer das bestehende Kenntnisgefälle sowie den existierenden Vertrauensvorschuss dazu ausnutzt, der von ihm betreuten Konfliktpartei einen Rat zu erteilen, der eher den eigenen Interessen als denen der jeweiligen Partei entspricht. Da die von ihm vertretene Partei aufgrund besagter Kenntnisasymmetrie regelmäßig nicht zur Beurteilung der Qualität und Richtigkeit der (anwaltlichen) Beratung in der Lage sein wird, kann dies unter Umständen zu nicht unerheblichen Nachteilen auf Seiten der vertretenen Partei führen.[307] Mit Blick auf die Mediation bedeutet dies, dass ein Rechtsanwalt/Vertreter der von ihm vertretenen Partei von einer Mediation oder ei-

---

[304] Vgl. hierzu v.a.: *Duve*, in: *Duve/Eidenmüller/Hacke*, Mediation in d. Wirtschaft, S. 11 (28 ff.); *Eidenmüller* u. *W. Gottwald*, in: *Henssler/Koch*, Mediation in d. Anwaltspraxis, § 2 Rn. 8 ff. bzw. § 7 Rn. 48 f.; *Orth/Brachou*, in: *Mielke/Pietsch/Abeltshauser*, Mediation u. interessengerechtes Verhandeln, S. 53 (64); *W. Gottwald*, Betrifft JUSTIZ 1999, 117 (123 f.); *Hacke*, Der ADR-Vertrag, S. 169 ff.; *Zimmer*, Außergerichtl. Streitbeilegung in Dtl., S. 96 f.; *Tochtermann*, JuS 2005, 131 (132).

[305] Vgl.: *W. Gottwald*, Betrifft JUSTIZ 1999, 117 (123 f.); *Orth/Brachou*, in: *Mielke/Pietsch/Abeltshauser*, Mediation u. interessengerechtes Verhandeln, S. 53 (62).

[306] Vgl. hierzu u.a.: *W. Gottwald*, Betrifft JUSTIZ 1999, 117 (124); *Spindler*, Abschlussbericht zum Forschungsprojekt Gerichtsnahe Mediation in Niedersachsen, Rn. 240 f.

[307] Vgl. auch: *Spindler*, Abschlussbericht zum Forschungsprojekt Gerichtsnahe Mediation in Niedersachsen, Rn. 240 m.w.N.

nem bestimmten Mediationsergebnis abraten könnte, weil aus seiner Sicht die Durchführung eines anderen Verfahrens oder ein anderes Mediationsergebnis vorzugswürdig erscheint.

Schließlich können in herkömmlichen Verhandlungen Einigungsbarrieren dahingehend bestehen, dass (1.) oftmals keine der beteiligten Parteien ein erstes Verhandlungsangebot machen möchte, um den Eindruck von Schwäche zu vermeiden,[308] dass es (2.) oft an einer fundierten Vorbereitung des Verhandlungsverfahrens sowie einer effektiven, fokussierten Kommunikation mangelt,[309] dass (3.) die Parteien häufig nicht in der Lage sind, Verantwortung für die Lösungsfindung zu übernehmen, dass sie (4.) glauben, dass es nur eine Lösung für den jeweiligen Konflikt gibt, dass sich (5.) die Parteien gegebenenfalls nicht vertrauen,[310] dass (6.) eine mögliche Einigungszone fehlt, dass (7.) normale Verhandlungen emotional geführt werden sowie, dass (8.) enge Verbindungen zu anderen Konflikten oder bereits bestehenden Verpflichtungen, unterschiedliche Einschätzungen von Einigungsalternativen, kompromissungeeignete Interessen oder aber unterschiedliche Risikobereitschaften bestehen.[311]

Durch geschickte Verhandlungsführung kann ein erfahrener, neutraler Mediator zahlreiche der genannten strategischen, kognitiven, psychologischen, strukturellen und sonstigen Barrieren beseitigen (helfen). So kann ein Mediator beispielsweise das strategische Verhalten der Beteiligten beeinflussen und kontraproduktive Vorgehensweisen der Konfliktparteien von vornherein unterbinden, die Parteien zu einem kooperativen Verhandlungsstil anhalten, Übertreibungen und Herabwürdigungen durch eine objektive Zusammenfassung relativieren und/oder zur Verbesserung des Informationsaustausches unter anderem vertrauliche Einzelgespräche führen. Vor allem das drohende Verhandlungsdilemma kann gegebenenfalls durch solche Einzelgespräche abgewendet werden, da Einzelgespräche den Beteiligten die Möglichkeit geben, in einer risikofreien Atmosphäre ihre jeweiligen Interessen und Alternativen offen zu legen.[312] Voraussetzung ist hierbei jedoch, dass die Parteien nicht versuchen, die vertraulichen Einzelgespräche opportunistisch zum eigenen Vorteil zu nutzen, indem sie dem Mediator nicht offen und ehrlich, sondern verzerrt und verfälscht ihre Sicht der Dinge mitteilen.[313] Wie dem auch sei, der Mediator kann ferner unter anderem auf überoptimistische Einschätzungen seitens der einen oder anderen Partei als „Agent of Reality“[314] reagieren, Gestaltungs- und Austauschmöglichkeiten durch entsprechende Fragen herausarbeiten sowie dem Phänomen der reaktiven Abwertung begegnen, indem er Vorschläge der Gegenseite aufgreift, neut-

---

[308] *Kovach*, Mediation, S. 200; vgl. auch: *Eidenmüller*, in: *Breidenbach/Henssler*, Mediation f. Juristen, S. 31 (54); *Spindler*, Abschlussbericht zum Forschungsprojekt Gerichtsnahe Mediation in Niedersachsen, Rn. 331. Vgl. zudem auch: BDVR-Stellungnahme, BDVR-Rundschreiben 2006, 45.

[309] Vgl.: *Kovach*, Mediation, S. 200. Vgl. zudem auch: *Goldberg/Sander/Rogers/Cole*, Dispute Resolution, S. 89.

[310] *Kovach*, Mediation, S. 201.

[311] Vgl.: *Goldberg/Sander/Rogers/Cole*, Dispute Resolution, S. 89.

[312] *Eidenmüller*, in: *Breidenbach/Henssler*, Mediation f. Juristen, S. 31 (52 f.); *Eidenmüller*, in: *Breidenbach/Coester-Waltjen/Heß u.a.*, Konsensuale Streitbeilegung, S. 45 (50).

[313] *Eidenmüller*, in: *Breidenbach/Henssler*, Mediation f. Juristen, S. 31 (53).

[314] Vgl. hierzu auch in: Erster Teil , 4. Kapitel, Unterpunkt V.

ral mit den Parteien diskutiert und gegebenenfalls als durchaus erwägenswert bestätigt. Den genannten strukturellen Barrieren kann er beispielsweise entgegentreten, indem er das Mediationsverfahren strukturiert.[315] Ein weiterer Vorteil der Mediation gegenüber konventionellen Verhandlungen besteht schließlich darin, dass ein guter, neutraler und von den Konfliktparteien in gleichem Maße akzeptierter Mediator den Parteien eines Mediationsverfahrens ein größeres Gefühl der Verfahrensgerechtigkeit geben wird, als dies regelmäßig bei direkten Verhandlungen ohne Beteiligung eines neutralen Dritten der Fall ist.[316] Zudem: Ohne Hinzuziehung eines Mediators, „emotional, psychological, or financial stakes may be so high that the disputants are unable to sustain the collaborative aspects of unassisted negotiations. Finally, power imbalances may preclude direct and unassisted dealings among disputants."[317]

b) Vorteile gegenüber gerichtlichen Verfahren

Wurden vorstehend einige Vorteile der Mediation gegenüber herkömmlichen Verhandlungen herausgestellt, so bleibt festzuhalten, dass im Vergleich zum Gerichtsverfahren eine ungleich größere Anzahl an Vorteilen der Mediation zu konstatieren ist. Aus Gründen der Übersichtlichkeit soll vorliegend eine Trennung zwischen verfahrensimmanenten und ergebnisbezogenen Vorteilen vorgenommen werden. Hierbei ist jedoch stets zu beachten, dass verfahrensimmanente und ergebnisbezogene Vorteile oftmals insofern zusammenhängen, als die mit Blick auf Mediationsergebnis vorteilhaft erscheinenden Aspekte oftmals aus den spezifischen Vorteilen des Mediationsverfahrens resultieren.

aa) Verfahrensimmanente Vorteile. Wie *Susskind* und *Cruikshank* bereits festgestellt haben, bestehen hinsichtlich der Heranziehung eines neutralen Dritten im Rahmen der Streitbeilegung oftmals Bedenken dahingehend, dass ein Kontrollverlust seitens der Konfliktparteien befürchtet wird: „A [...] problem of entry has to do with perceptions of control. In many cases, one or more disputant is convinced that employing an intermediary will amount to surrendering control over the outcome."[318] Diese Ängste sind im Rahmen der Durchführung eines Gerichtsverfahrens nicht von vornherein von der Hand zu weisen. Ist eine Klage eingereicht, so wird das weitere Verfahren weitgehend durch das Gericht bestimmt und der verbleibende Parteieinfluss auf das Verfahrensergebnis ist weitaus geringer als bei direkten Verhandlungen zwischen den Konfliktparteien. Anders sieht es jedoch im Falle der Durchführung eines Mediationsverfahrens aus. Hier bleiben die Konfliktbeteiligten die „Herren des Konflikts". Die Verfahrensautonomie sowie die Freiheit, das Verhandlungsergebnis zu gestalten, verbleibt ausschließlich bei den Parteien.[319]

---

[315] Vgl.: *W. Gottwald,* Betrifft JUSTIZ 1999, 117 (124).

[316] Vgl.: *W. Gottwald,* in: *Henssler/Koch,* Mediation in d. Anwaltspraxis, § 7 Rn. 51 ff.; *W. Gottwald,* Betrifft JUSTIZ 1999, 117 (124).

[317] *Susskind/Cruikshank,* Breaking the Impasse, S. 136.

[318] *Susskind/Cruikshank,* Breaking the Impasse, S. 138.

[319] *Duve,* in: *Duve/Eidenmüller/Hacke,* Mediation in d. Wirtschaft, S. 41 (60); *Haft,* in: *Haft/v. Schlieffen,* Hdb. Mediation, § 2 Rn. 28; vgl. auch Anmerkung, in: 103 Harvard Law Review (1989/1990), 1086 (1092).

„Because stakeholders retain veto power over the final outcome, they retain a vital measure of control."[320] Die Verfahrens- und Entscheidungsautonomie gibt den Konfliktbeteiligten dabei die Sicherheit, dass nur Entscheidungen getroffen werden, die ihre Zustimmung finden, was wiederum zum Gefühl einer höheren Ergebniszufriedenheit sowie zu einer gesteigerten Verfahrens- und Einzelfallgerechtigkeit führt.[321] Gleichzeitig fördert die Kontrolle über den Verlauf und den Ausgang des Mediationsverfahrens die Befriedigung der Konfliktparteien.[322]

Einen ähnlichen Effekt bringt das Mediationsverfahren auch aufgrund der Tastsache mit sich, dass die Parteien im Rahmen des Mediationsverfahrens eigenverantwortlich handeln[323] und, dass es im Mediationsverfahren – anders als im Gerichtsprozess – keine starren Verfahrensregeln gibt. Die Streitbeilegungsverhandlungen in einer Mediation können flexibel, kreativ und informell statt formalistisch geführt werden. Dies führt dazu, dass mit Blick auf das Verfahren jederzeit Anpassungen möglich sind, sofern diesbezüglich das Einvernehmen der Mediationsparteien hergestellt werden kann.[324] Hinzu kommt, dass die Mediation es ermöglicht, sämtliche relevante Aspekte in die Suche nach einer möglichst umfassenden und vor allem einvernehmlichen Lösung des jeweiligen Konflikts einzubeziehen: Statt einer Reduzierung des Konflikts auf eine juristisch subsumtionsfähige Ebene, kann die gesamte Sach- und Rechtslage berücksichtigt werden.[325] Durch die Hintanstellung von rein rechtlichen Gesichtspunkten und Anspruchspositionen wird es ermöglicht, die dem jeweiligen Konflikt tatsächlich zugrunde liegenden Interessen sowie die emotionalen Konfliktursachen geltend zu machen beziehungsweise zu erforschen und zu bereinigen.[326] Es kann im Ergebnis ein Entscheidungsprozess in Gang gesetzt werden, der auch rechtlich nicht normierte, aber sozial- und konfliktrelevante Aspekte aufgreift, was letztlich wiederum ein umfassenderes Ergebnis und eine umfänglichere Problembewältigung als ein Gerichtsverfahren ermöglicht, da sich durch die Einbeziehung sämtlicher Verhandlungsthemen häufig für alle Seiten vorteilhaft Konfliktlösungen entwickeln lassen.[327] Der Mediation kommt eine größere Elastizität und Flexibilität bei der Konfliktbewältigung zu, weil sie nicht an den gerichtlichen Streitgegenstand gebunden

---

[320] *Susskind/Cruikshank*, Breaking the Impasse, S. 138.

[321] Vgl.: *Köper*, Die Rolle des Rechts im Mediationsverfahren, S. 23 ff.; *Eisele*, ZRph 2003, 183 (187); Vgl. zu Verfahrens- u. Ergebniszufriedenheit auch: *Goldberg/Sander/Rogers/Cole*, Dispute Resolution, S. 153 f.; *Löer*, ZZP, 2006, 199 (201); *Dendorfer*, MDR 2003, 135 (137).

[322] *Zimmer*, Außergerichtl. Streitbeilegung in Dtl., S. 98.

[323] Vgl.: *Eisele*, ZRph 2003, 183 (187 f.); *Voß*, in: Münchener Anwaltshandbuch: VerwR, Teil B, § 3 Rn. 25.

[324] Vgl.: *Duve*, Mediation u. Vergleich im Prozess, S. 89; *Volkmann*, Mediation im Zivilprozess, S. 5; *Risse*, NJW 2000, S. 1614 (1617 f.); Die Flexibilität des Mediationsverfahrens als Vorteil der Mediation hervorhebend vgl. auch: *Spindler*, Abschlussbericht zum Forschungsprojekt Gerichtsnahe Mediation in Niedersachsen, Rn. 1 u. 356.

[325] *Zimmer*, Außergerichtl. Streitbeilegung in Dtl., S. 98.

[326] *Wesche*, MDR 2003, 1028 (1033).

[327] *Eidenmüller*, in: *Breidenbach/Coester-Waltjen/Heß u.a.*, Konsensuale Streitbeilegung, S. 45 (49 f.), vgl. auch: *Eckhardt/Dendorfer*, MDR 2001, 786 f.

ist, sondern sich um Lösungen bemüht, die den Interessen gerecht werden, die hinter den geltend gemachten Positionen stehen.[328]

Gegenüber dem Gerichtsverfahren zeichnet sich das Mediationskonzept ferner auch durch seine im Verlauf der vorliegenden Betrachtung bereits angesprochene Zukunftsorientierung aus. Statt der bloßen Klärung eines in der Vergangenheit wurzelnden und in der Gegenwart umstrittenen Sachverhalts, wird den Konfliktparteien im Rahmen der Mediation die Gelegenheit gegeben, gleichzeitig auch langfristigere Ziele verstärkt zu beachten und aufzugreifen, so dass die Mediation letzten Endes auch zu einer Vermeidung künftiger Konflikte führen kann.[329] Zudem kann infolge der Ausrichtung auf die Zukunft eine detaillierte juristische Sachverhaltsaufklärung ebenso wie eine Klärung der Schuldfrage oftmals unterbleiben,[330] was jedoch nicht dahingehend verstanden werden sollte, dass im Rahmen der Mediation die Vergangenheit völlig ausgeblendet werden kann oder soll. Dies wäre mit Blick auf die Suche nach einer umfassenden Konfliktlösung oftmals nicht nur untauglich und kontraproduktiv, sondern zuweilen – zumindest für den Lösungsfindungsprozess – auch gefährlich.

Ein weiterer Vorteil der Mediation gegenüber dem gerichtlichen Verfahren folgt zudem aus dem Umstand, dass die Mediation im Gegensatz zur öffentlichen Gerichtsverhandlung in der Regel vertraulich bleibt. Diese Vertraulichkeit führt unter anderem dazu, dass eine unerwünschte Berichterstattung durch die Medien,[331] eine negative Publicity, ein Imageschaden und Reputationsverlust[332] sowie das Nachaußengelangen von Interna oder Geschäftsgeheimnissen[333] verhindert werden kann. Insgesamt können die Parteien in einem vertraulichen Verfahren offener und freier über Tatsachen, Befindlichkeiten und hinter den jeweiligen Positionen verborgene Interessen informieren und kommunizieren,[334] wodurch eine sach- und einzelfallgerechte Lösung des jeweiligen Konflikts ermöglicht wird.

Vorzugswürdig mit Blick auf die Verfahrenseigenschaften von Mediation und Gerichtsverfahren erscheint das Mediationsverfahren in geeigneten Fällen ferner auch aufgrund des Umstandes, dass nur die Mediation der Dringlichkeit vieler Konflikte Rechnung trägt, indem es durchgeführt werden kann, sobald sich die Konfliktparteien hierauf geeinigt

---

[328] *Schenke*, in: FS F. v. Zezschwitz, S. 130 (136); vgl. zum Vorstehenden zudem u.a. auch: *Spindler*, Abschlussbericht zum Forschungsprojekt Gerichtsnahe Mediation in Niedersachsen, Rn. 356 m.w.N.

[329] Vgl. zur Zukunftsgerichtetheit der Mediation u.a.: *Schillinger*, Mediation im Verwaltungsrecht, S. 23; *Duve*, Mediation u. Vergleich im Prozess, S. 87; vgl. zudem auch: *Volkmann*, Mediation im Zivilprozess, S. 6.

[330] *Schillinger*, Mediation im Verwaltungsrecht, S. 23 f.; *Haft*, Verhandlung u. Mediation, S. 251; *Duve*, Mediation u. Vergleich im Prozess, S. 87.

[331] *Volkmann*, Mediation im Zivilprozess, S. 4.

[332] *Löer*, ZZP, 2006, 199 (201 f.); *Ponschab/Dendorfer*, BB 2001, Beilage Nr. 2, S. 2; *Risse*, NJW 2000, 1614 (1618); vgl. auch: *Eidenmüller*, in: *Henssler/Koch*, Mediation in d. Anwaltspraxis, § 2 Rn. 43; *Zimmer*, Außergerichtl. Streitbeilegung in Dtl., S. 99; *Risse*, NJW 2000, 1614 (1618).

[333] *Katzenmeier*, ZZP 2002, 51 (73).

[334] *Volkmann*, Mediation im Zivilprozess, S. 4; *Voß*, in: Münchener Anwaltshandbuch: VerwR, Teil B, § 3 Rn. 18. Vgl. zum Vorteil der Vertraulichkeit zudem die in Fn. 46 genannten Quellen, sowie: *Ayad*, IDR 2005, 123 (125).

haben und ein geeigneter Mediator gefunden ist. Des Weiteren besteht bezüglich eines Mediationsverfahrens oftmals eine geringere Eintrittshemmschwelle als hinsichtlich eines Gerichtsverfahrens,[335] so dass Konflikte früher als solche angenommen und dem Versuch einer Lösung zugeführt werden, mit der Folge, dass sich die Chancen auf eine kooperative und gütliche Lösung des Konflikts erhöhen.[336] Zusätzliche verfahrensimmanente Vorteile der Mediation – gerade im Vergleich zum gerichtlichen Verfahren – liegen darüber hinaus darin begründet, dass in der Mediation kein externer Entscheidungsdruck auf die Konfliktparteien wirkt,[337] so dass ihnen die je nach Einzelfall nötige Zeit zur Ausarbeitung einer umfassenden, konsensualen Konfliktlösung bleibt und, dass im Rahmen der Mediation auch die Emotionen der Beteiligten berücksichtigt werden können.[338] Zudem herrscht im Verlauf einer Mediation – gerade auch wegen der bereits angesprochenen Vertraulichkeit der Mediation – oftmals eine wesentlich entspanntere und innovative Einzelfalllösungen wahrscheinlicher machende Verhandlungs- und Gesprächsatmosphäre,[339] die den Beteiligten unter anderem auch die Gelegenheit gibt, alle sachlich und rechtlich relevanten Möglichkeiten zur Lösung des Konflikts durchzuspielen.[340] Vorteilhaft ist ferner auch, dass ein Mediator regelmäßig mehr Zeit für Vermittlungsbemühungen aufbringen kann als beispielsweise ein vergleichender Richter,[341] dass im Rahmen der Mediation von Natur aus keine bestimmten Gesichtspunkte, Interessen oder ähnliches bevorzugt Berücksichtigung finden sowie, dass die Interessen aller betroffenen Personen – das heißt auch die Interessen durch den Konflikt nur mittelbar betroffener Dritter – umfänglich einbezogen werden können, soweit hierzu eine entsprechende Bereitschaft besteht.[342]

Schließlich vermeidet die Mediation den Nachteil des gerichtlichen Verfahrens, dass sich die Konfliktparteien in streitigen Verfahren oft darauf konzentrieren, den Prozess zu gewinnen und den zur Konfliktentscheidung hinzugezogenen Dritten – namentlich den (Schieds-)Richter – von ihrem Standpunkt und der Kraft ihrer Argumente zu überzeugen, statt zu erwägen, welche Lösung für alle Beteiligten am günstigsten und erstrebenswertesten sein könnte. In der Mediation kann die Konzentration der beteiligten Personen gerade auf letztere Frage gelenkt werden, da dieses Verfahren auf eine gemeinsame Problemlösung statt auf eine Entscheidung durch einen Dritten ausgelegt ist.[343] Im Vergleich zu gerichtlichen Vergleichsverhandlungen verfügt die Mediation über den Vorteil,

---

[335] Vgl. u.a.: *Risse*, NJW 2000, 1614 (1619); *P. Gottwald*, in: FS A. Ishikawa, S. 137 (145); *Schillinger*, Mediation im Verwaltungsrecht, S. 38; *Duve*, in: *Henssler/Koch*, Mediation in d. Anwaltspraxis, § 5 Rn. 99; *Köper*, Die Rolle des Rechts im Mediationsverfahren, S. 28.

[336] *Köper*, Die Rolle des Rechts im Mediationsverfahren, S. 29.

[337] *Schillinger*, Mediation im Verwaltungsrecht, S. 40.

[338] Vgl. hierzu: *Duve*, in: *Henssler/Koch*, Mediation in d. Anwaltspraxis, § 5 Rn. 78; *Duve*, in: *Duve/Eidenmüller/Hacke*, Mediation in d. Wirtschaft, S. 125 ff.

[339] *Zimmer*, Außergerichtl. Streitbeilegung in Dtl., S. 99; *P. Gottwald*, in: FS A. Ishikawa, S. 137 (145).

[340] *Duve*, Mediation u. Vergleich im Prozess, S. 88.

[341] *Monßen*, AnwBl. 2004, S. 7 (11); *W. Gottwald*, AnwBl. 2000, 265 (269).

[342] Vgl. auch: *Duve*, in: *Henssler/Koch*, Mediation in d. Anwaltspraxis, § 5 Rn. 89.

[343] Vgl.: *Duve*, Mediation u. Vergleich im Prozess, S. 85; *Clostermann/Josephi/Kleine-Tebbe/Niewisch-Lennartz/Vogelei*, SGb 2003, 266 f.

dass im Rahmen letzteren Verfahrens kein Rollenkonflikt zwischen Vermittler und Entscheider[344] besteht. Bei gerichtlichen Vergleichsverhandlungen droht im Hintergrund immer eine Entscheidung durch den hinzugezogenen, neutralen Dritten (den Richter), was dazu führt, dass die Parteien aus Angst vor der im Hintergrund drohenden Entscheidung taktieren, statt offen zu verhandeln. Demgegenüber verfügt der Mediator zu keiner Zeit über eine Entscheidungsmacht bezüglich des jeweiligen Konflikts, so dass die Parteien nicht befürchten müssen, Dinge zu offenbaren, die bei einer Entscheidung nach einem eventuellen Scheitern der Vergleichbemühungen zum jeweils eigenen Nachteil gereichen könnten.

bb) Ergebnisbezogene Vorteile. Der unter (aa)) dargestellte Verfahrensvorteil, wonach im Rahmen der Mediation neben den rechtlich relevanten Fragen auch die Parteiinteressen sowie alle anderen Aspekte des jeweiligen Konflikts in den Konfliktlösungsprozess einbezogen werden können, schlägt sich auch im Ergebnis der Mediation nieder: Im Gegensatz zu der auf Rechtspositionen sowie einer rechtlichen Bewertung des juristisch subsumierbaren Sachverhalts beruhenden Gerichtsentscheidung, in deren Rahmen juristisch irrelevante Belange weitgehend ausgeklammert werden, eröffnet das Mediationsverfahren eine mehrdimensionale Konfliktbearbeitung unter Einbeziehung rechtlich irrelevanter, für die Parteien aber wichtiger Aspekte. In Folge dessen kann eine flexiblere, umfassendere, erschöpfendere, interessenbezogene, bedürfnisorientierte und letztlich adäquatere (Einzelfall-)Lösung des Konflikts gefunden werden, welche die Mediationsbeteiligten regelmäßig besser zu befriedigen vermag als ein streitiges Urteil.[345] Abseits der für den Richter im Gerichtsverfahren geltenden binären Entscheidungsvorgabe – Verurteilung oder Klageabweisung – sowie der Bindung an einen bestimmten Streitgegenstand und konkrete Anträge der Streitparteien, wird die Anzahl an Entscheidungsvarianten und Konfliktlösungsmöglichkeiten erhöht und es können – in Kenntnis der Rechtslage, aber dennoch weitgehend unabhängig von ihr – innovative, interessengerechte Einzelfalllösungen entstehen, welche über die gesetzlichen Regelungen hinausgehen und die schematischen Rechtsfolgen einer gesetzlich normierten Vorschrift ersetzen.[346] Die Konfliktparteien können ihren Streit also viel flexibler und differenzierter nach ihren wechselseitigen Interessen und Bedürfnissen regeln, als dies allein aufgrund des geschriebenen Rechts möglich wäre. Zudem bewirkt erst die Herausarbeitung und Einbeziehung aller für den Konflikt relevanten Aspekte – insbesondere die der wahren Interessen der Konfliktparteien – und die damit einhergehende Überwindung des parteilichen Positionsdenkens die Chance einer gemeinsamen, konsensualen Lösung, die von den Beteiligten

---

[344] Siehe oben unter: Erster Teil , 1. Kapitel, Unterpunkt II.

[345] *Schillinger,* Mediation im Verwaltungsrecht, S. 24; vgl. auch: *Wagner/Engelhardt,* NVwZ 2001, 370 (374); *Katzenmeier,* ZZP 2002, 51 (70, 74); *Riskin/Westbrook,* Dispute Resolution and Lawyers, S. 201; *Ponschab/Dendorfer,* BB 2001, Beilage Nr. 2, S. 2; Die Flexibilität des Ergebnisses als Vorteil der Mediation erwähnend vgl. zudem auch; *Löer,* ZZP, 2006, 199 (201); *Dendorfer,* MDR 2003, 135 (137); *Spindler,* Abschlussbericht zum Forschungsprojekt Gerichtsnahe Mediation in Niedersachsen, Rn. 1.

[346] Vgl. u.a.: *Risse,* NJW 2000, S. 1614 (1619); *Zimmer,* Außergerichtl. Streitbeilegung in Dtl., S. 99; *P. Gottwald,* in: FS A. Ishikawa, S. 137 (145); *Rapp,* Mediation im Verwaltungsrecht, S. 24.

langfristig akzeptiert wird.[347] Die Mediation, bei der sich die Streitbeteiligten ihre Konfliktlösung selbst erarbeiten, kann gegenüber der richterlichen Streitbeilegung anhand des Gesetzes als überlegen angesehen werden, weil sich die komplizierten gesetzlichen Regelungen den streitbeteiligten Personen oft nur schwer oder gar nicht erschließen und ihnen wegen der dem Gesetz wesenseigenen Abstraktion als für ihren Konfliktfall nicht sachadäquat erscheinen.[348]

Die damit bereits angesprochene Akzeptanz des Mediationsergebnisses wird durch die Media-tionsprinzipien der Eigenverantwortlichkeit und Freiwilligkeit noch erhöht, denn „[...] disputants are more likely to live up to an agreement that they themselves (perhaps with aid of a third party) have worked out, than if the solution is imposed upon them from the outside."[349] Die Wahrscheinlichkeit, dass von den Konfliktparteien selbständig entwickelte Lösungen implementiert und befolgt werden, ist größer als die entsprechende Wahrscheinlichkeit bei „fremden" Verfahren, die mit einer verbindlichen Entscheidung durch einen Richter enden.[350] Die Tatsache, dass die am Mediationsverfahren Beteiligten ihren Konflikt selbst in die Hand nehmen und eigenständig beziehungsweise nur mit Hilfe eines neutralen Dritten einer Lösung zuführen, führt in der Regel zu einer größeren Identifikation mit dem Verhandlungsergebnis.[351] Dies wiederum hat regelmäßig einen geringeren Vollstreckungsaufwand (die Parteien werden ein selbst erarbeitetes Ergebnis in der Regel von sich aus befolgen) sowie eine erhöhte Wahrscheinlichkeit der Dauerhaftigkeit der getroffenen Konfliktlösung, das heißt einen dauerhafteren Rechtsfrieden zwischen den Verfahrensbeteiligten, zur Folge.[352]

Wichtiger noch für eine gegenüber gerichtlichen Entscheidungen höhere Akzeptanz mediativ erlangter Lösungen durch alle Konfliktbeteiligten ist allerdings der Umstand, dass die Mediation in einer Vielzahl von Fällen zu für alle Seiten vorteilhaften Lösungen führen kann. Alles-oder-Nichts-Entscheidungen respektive Nullsummenspiele, bei denen der Gewinn der einen Partei automatisch einen Verlust der Gegenseite bedeutet, werden

---

[347] *Rapp*, Mediation im Verwaltungsrecht, S. 24.

[348] *Schenke*, in: FS F. v. Zezschwitz, S. 130 (137); Vgl. zum Vorstehenden insgesamt auch: *Spindler*, Abschlussbericht zum Forschungsprojekt Gerichtsnahe Mediation in Niedersachsen, Rn. 357 m.w.N.

[349] *Sander*, in: *Hoffmann-Riem/Schmidt-Aßmann*, Konfliktbewältigung durch Verhandlungen, Bd. I, S. 141 (142); *Sander*, in: *W. Gottwald/Strempel*, Streitschlichtung, S. 19 (29).

[350] Vgl.: *Ponschab/Dendorfer*, BB 2001, Beilage Nr. 2, S. 2; *P. Gottwald*, in: FS A. Ishikawa, S. 137 (145) *Eidenmüller*, in: *Breidenbach/Coester-Waltjen/Heß u.a.*, Konsensuale Streitbeilegung, S. 45 (50); *Eidenmüller*, in: *Henssler/Koch*, Mediation in d. Anwaltspraxis, § 2 Rn. 39 u. 43; *Holznagel*, in: *Breidenbach/Henssler*, Mediation f. Juristen, S. 147 (159); Anmerkung, in: 103 Harvard Law Review (1989/1990), 1086 (1092); *Schillinger*, Mediation im Verwaltungsrecht, S. 41; *Wagner/Engelhardt*, NVwZ 2001, 370 (374); *Köper*, Die Rolle des Rechts im Mediationsverfahren, S. 29; *Voß*, in: Münchener Anwaltshandbuch: VerwR, Teil B, § 3 Rn. 25; *Passavant*, DÖV 1987, 516 (519); *Eisele*, Jura 2003, 656 (661); vgl. zudem auch: *Härtel*, JZ 2005, 753 (756); *Dendorfer*, MDR 2003, 135 (137); *Löer*, ZZP, 2006, 199 (201).

[351] *Stoecker*, ZKM 2000, 105 (108 f.).

[352] Die Akzeptanz des Mediationsergebnisses als Vorteil der Mediation herausstellend vgl. auch: *Löer*, ZZP, 2006, 199 (201); *Spindler*, Abschlussbericht zum Forschungsprojekt Gerichtsnahe Mediation in Niedersachsen, Rn. 1 u. 340.

oftmals vermieden;[353] durch Zukunftsorientierung, Verlassen des vorgegebenen rechtlichen Rahmens, Vermeidung von Anspruchs- und Positionsdenken, Herausarbeitung der tatsächlichen Interessen und Bedürfnisse sowie Einbeziehung bislang nicht bedachter Aspekte werden wertschöpfende Lösungen (win-win-Situationen) ermöglicht.[354] Selbst wo dies nicht gelingt, kann in der Regel zumindest ein fairer Kompromiss gefunden werden, so dass keine Partei auf Kosten der anderen gewinnt und letztlich keine der Konfliktparteien als Verlierer auf der Strecke bleibt.

Schließlich liegt ein sich auf das Verfahrensergebnis auswirkender Vorteil der Mediation gegenüber dem gerichtlichen Verfahren darin begründet, dass die Parteien den jeweiligen Mediator nach den Erfordernissen des Konfliktgegenstandes auswählen können.[355] Im Rahmen der Mediation können sich die Parteien eines auf dem jeweiligen Konfliktfeld sachkundigen Mediators bedienen, während der jeweilige Richter im Gerichtsverfahren oftmals keine näheren Kenntnisse auf dem jeweiligen Fachgebiet vorweisen können wird. Dieser Umstand kann letztlich zu sachnäheren und sachgerechteren Ergebnissen im Mediationsverfahren führen.[356]

3. Vorteile der Mediation bezüglich des Verhältnisses zwischen den Konfliktparteien

Nach Auffassung zahlreicher Mediationsbefürworter besteht der Hauptvorteil des Mediationskonzepts in seinen positiven Auswirkungen auf das Verhältnis zwischen den Konfliktparteien. Im Einzelnen bewirkt das Mediationsverfahren hinsichtlich des Verhältnisses zwischen den Konfliktparteien im Idealfall, dass die Parteien die Argumente, Situation und Interessen der Gegenseite kennen lernen und verstehen. Durch das verbesserte Verständnis zwischen den Konfliktparteien kann wiederum ermöglicht werden, dass die Beteiligten ein gemeinsames Verständnis der Sach- und Rechtslage entwickeln und, dass das eventuell zwischen den Parteien bestehende Misstrauen abgebaut wird (Stichwort: Mediation als vertrauenbildendes Verfahren). Zudem führt das Prinzip der Mediation gegebenenfalls zu einer Wiederherstellung oder Verbesserung der zwischenparteilichen Kommunikation, die durch den bestehenden Konflikt meist zurückgegangen oder abgebrochen ist, wodurch eine weitere Eskalation des konkreten Konflikts unter Umständen verhindert werden kann.[357]

---

[353] Vgl. u.a.: *Duve*, in: *Henssler/Koch*, Mediation in d. Anwaltspraxis, § 5 Rn. 84 ff.; *Katzenmeier*, in: *Ripke/Bornewasser/Fülgraff/Kahlweit/Katzenmeier*, ZKM 2005, 155 (159).

[354] *Breidenbach* u. *Eidenmüller*, in: *Breidenbach/Henssler*, Mediation f. Juristen, S. 1 (5) bzw. S. 31 ff.; *Haft* u. *Kessen/Troja*, in: *Haft/v. Schlieffen*, Hdb. Mediation, § 2 Rn. 29 bzw. § 16 Rn. 73; *W. Gottwald*, Betrifft JUSTIZ 1999, 117 (124); *Köper*, Die Rolle des Rechts im Mediationsverfahren, S. 19 ff.; *Spellbrink*, SGb 2003, 141 (142); *Eisele*, Jura 2003, 656 (661); vgl. auch Anmerkung, in: 103 Harvard Law Review (1989/1990), 1086 (1092).

[355] *Monßen*, AnwBl. 2004, S. 7 (11).

[356] *W. Gottwald*, AnwBl. 2000, 265 (269); *Katzenmeier*, ZZP 2002, 51 (72); *Wesche*, MDR 2003, 1028 (1033).

[357] *Duve*, Mediation u. Vergleich im Prozess, S. 85 f.; *Duve*, in: *Henssler/Koch*, Mediation in d. Anwaltspraxis, § 5 Rn. 75 ff.

Ein positiver Aspekt mit Blick auf das Verhältnis zischen den Konfliktparteien ist infolge dessen, dass ein Mediationsverfahren zwischen den Konfliktparteien bestehende persönliche, vertragliche oder geschäftliche Beziehungen zu schützen vermag. Das auf Positionsdenken und der Unterscheidung zwischen Recht und Unrecht aufbauende Gerichtsverfahren bewirkt meist die Eskalation, Verhärtung und/oder Emotionalisierung des zugrundeliegenden Konflikts. Es weist damit eine deutliche Eskalations- und Emotionalisierungstendenz auf, die auch nach Abschluss des Verfahrens meist fortbesteht. Statt wechselseitig profitabler Parteibeziehungen resultiert dies in der Regel in gegenseitiger Abneigung und Folgekonflikten, so dass die bestehenden Vertrags-, Geschäfts- und sonstigen Beziehungen – wenn nicht bereits aufgrund des Konfliktes selbst – häufig spätestens im Verlaufe des gerichtlichen Verfahrens zerstört werden. Der auf diese Weise entstehende Schaden kann unter Umständen den durch den Sieg vor Gericht erzielten materiellen Gewinn deutlich übersteigen.[358] Bei Durchführung einer Mediation können die Parteibeziehungen auf der Grundlage einer einvernehmlich gefundenen Konfliktlösung nach Abschluss des Mediationsverfahrens zumeist fortgesetzt werden; oft wird eine erfolgreiche Mediation sogar das Vertrauen in die ehrliche Konfliktlösungsbereitschaft, Aufrichtigkeit und Integrität des Gegenübers stärken.[359] In diesem Sinne kann eine Mediation aufgrund der Erarbeitung einer einvernehmlichen Lösung dazu beitragen, den Schaden für bestehende Beziehungen zu begrenzen, diese auf eine neue Grundlage zu stellen und auszubauen, oder aber eine Beziehung überhaupt erst zu entwickeln.[360] „By fostering mutual agreement, mediation [...] preserves or enhances relationships between parties. Although the adversarial system ensures legal resolution of disputes, its confrontational nature may not allow parties to resolve their underlying differences and often leaves their relationship permanently scarred. Such an outcome may be inevitable for many deep-seated conflicts, but parties often can resolve their disputes on a more amicable basis. Thus, parties who must or wish to interact on a regular basis in the future benefit greatly from consensual conflict resolution."[361]

4. Sonstige Vorteile der Mediation

Neben den vorstehend angesprochenen Vorteilen für das Verhältnis zwischen den Konfliktparteien bringt das Mediationsverfahren in gewissem Sinne auch einige zusätzliche, persönliche Vorteile für jede Konfliktpartei mit sich. An dieser Stelle sei nur auf einen der

---

[358] *Haft,* in: *Haft/v. Schlieffen,* Hdb. Mediation, § 2 Rn. 27; *Haft,* BB 1998, Beilage Nr. 10, S. 15; *Katzenmeier,* in: *Ripke/Bornewasser/Fülgraff/Kahlweit/Katzenmeier,* ZKM 2005, 155 (159); *Haft,* in: FS A. Söllner, S. 391 (397). Vgl. zum Aspekt der Sicherung bestehender Vertrags- und Geschäftsbeziehungen zudem u.a. auch: *Dendorfer,* MDR 2003, 135 (137); *Neuenhahn,* NJW 2004, 663 (664).

[359] Vgl. u.a.: *Volkmann,* Mediation im Zivilprozess, S. 4 m.w.N.; *Löer,* ZZP, 2006, 199 (201); *Risse,* NJW 2000, 1614 (1618 f.); *Ponschab/Dendorfer,* BB 2001, Beilage Nr. 2, S. 1 f. Vgl. auch: *Köper,* Die Rolle des Rechts im Mediationsverfahren, S. 26; *Spindler,* Abschlussbericht zum Forschungsprojekt Gerichtsnahe Mediation in Niedersachsen, Rn. 332; *Ayad,* IDR 2005, 123 (125).

[360] *Eidenmüller,* in: *Henssler/Koch,* Mediation in d. Anwaltspraxis, § 2 Rn. 43; *Schillinger,* Mediation im Verwaltungsrecht, S. 40 f.; *Eidenmüller,* RIW 2002, 1 (2).

[361] Anmerkung, in: 103 Harvard Law Review (1989/1990), 1086 (1091).

größten Vorteile der Mediation überhaupt verwiesen, den *Sander* mit folgenden Worten auf den Punkt bringt: „The very process of [...] mediation can be an educational one that may help the parties to learn how to handle conflicts better and hence to be able to resolve future disputes more effectively by themselves."[362] Vermittlung und Mediation setzen danach auf Emanzipation der Betroffenen und stärken so deren Fähigkeit zur Selbsthilfe sowie deren Bereitschaft, auch in Zukunft autonom und eigenverantwortlich mit Konflikten umzugehen. Mithin hat das Mediationskonzept für die beteiligten Parteien den Vorteil, zukünftig gleichgelagerte Konflikte sofort eigenverantwortlich und einvernehmlich regeln zu können.[363] Zudem können Konfliktparteien im Wege der Mediation ein Prozessrisiko vermeiden.[364] Ein weiterer Vorteil der Mediation – zum Beispiel gegenüber dem gerichtlichen Verfahren – liegt schließlich in der Internationalität des Mediationsverfahrens. Während bei länderübergreifenden, gerichtlichen Streitigkeiten schon aufgrund des in der Regel von Land zu Land unterschiedlichen Prozess- und materiellen Rechts eine Vielzahl von Problemen entstehen kann, handelt es sich bei der Mediation um ein mittlerweile nahezu weltweit anerkanntes und weitgehend einheitlich praktiziertes Konfliktlösungsverfahren.

II. Mögliche Nachteile des Mediationskonzeptes

Wie bereits angedeutet, handelt es sich bei der Mediation trotz ihrer vielen Vorteile nicht um das „Wundermittel" respektive den „Königsweg" der Konfliktbewältigung. Dies daher, weil das Mediationskonzept – neben der Tatsache, dass nicht alle Streitigkeiten einer Mediation zuträglich sind – auch einige mehr oder weniger gravierende Nachteile mit sich bringen kann.

Auf das Argument der drohenden Zeit-, Ressourcen- und Kostenverschwendung bei Fehlschlagen des Mediationsverfahrens wurde bereits im Rahmen der „ökonomischen Vorteile" der Mediation eingegangen. Mit Blick auf die weiteren möglichen Nachteile der Mediation wäre daher in erster Linie zu nennen, dass das auf gegenseitigem Vertrauen sowie Informations- und Interessenaustausch basierende Mediationsverfahren unredlichen Beteiligten die Möglichkeit eröffnet, das Mediationsverfahren und die auf diesem Wege erlangten Informationen zur strategischen Prozessvorbereitung, zur Prozessverschleppung, zur Manipulation der Gegenseite oder zur Erlangung ansonsten unerreichbarer Information zu missbrauchen. Im Extremfall könnte sich eine unlautere Partei theoretisch sogar allein deshalb auf eine Mediation einlassen, um an verwertbare, ansonsten

---

[362] *Sander*, in: *W. Gottwald/Strempel*, Streitschlichtung, S. 19 (20) sowie S. 31 (33); *Sander*, in: *Hoffmann-Riem/Schmidt-Aßmann*, Konfliktbewältigung durch Verhandlungen, Bd. I, S. 141 (142); vgl. auch: *Stoecker*, ZKM 2000, 105 (109).

[363] Vgl. auch: *Proksch*, Kon:Sens 1998, 7 (11); *Eidenmüller*, in: *Henssler/Koch*, Mediation in d. Anwaltspraxis, § 2 Rn. 39.

[364] *v. Olenhusen*, ZKM 2004, 104 (107).

unzugängliche Informationen für einen geplanten Folgeprozess zu gelangen und das Mediationsverfahren abzubrechen, sobald sie erfahren hat, was sie wissen wollte.[365]

Ein weiterer Kritikpunkt knüpft vereinfacht gesagt an rechtliche und rechtstaatliche Gesichtspunkte an. So wird oftmals ein faktischer Abbau des Rechtsschutzes, eine Bedrohung für die Einheitlichkeit der Rechtsordnung, eine Gefahr für die materielle Rechtsdurchsetzung sowie – bei zu häufiger Anwendung der Mediation – ein Verlust des Vertrauens in die Rechtsordnung befürchtet. Es werden Bedenken geäußert, die Mediation berge die Gefahr, dass rechtliche Schutzzwecke unterlaufen und ebenso schutzbedürftige wie schützenswerte Personen im Rahmen einer Mediation des Schutzes der Rechtsordnung beraubt werden, wodurch diese möglicherweise das einzige Machtinstrument verlieren, über das sie verfügen.[366] Zudem bestünde Anlass zu Kritik, da (1.) die Mediation zur Entwicklung und Aufrechterhaltung der Rechtsprechung benötigte Fälle der Rechtsprechung entziehe und im Falle der Durchführung einer Mediation eine wünschenswerte Klärung von Rechtsfragen im Allgemeininteresse unterbleibe,[367] (2.) dem verfassungsrechtlich garantierten Anspruch auf rechtliches Gehör sowie einer Reihe anderer Verfahrensgrundsätze und -garantien im Rahmen der Mediation unzureichend entsprochen werde, (3.) eine institutionelle und personelle Absicherung der Qualifikation, Unabhängigkeit und Unparteilichkeit der als Mediatoren hinzugezogenen Dritten nicht gegeben sei, (4.) die Mediation dazu führen könne, dass sich die Konfliktparteien gemeinschaftlich über gesetzliche Regelungen hinwegsetzen, (5.) das Mediationsverfahren nicht hinreichend transparent sei und (6.) im Wege der Mediation Rechtspositionen Dritter beeinträchtigt werden könnten. Auch wenn alternative Streitbeilegungsmethoden ihre Attraktivität nicht zuletzt dem Umstand verdanken, dass sie weniger formalisiert sind als das staatliche Gerichtsverfahren, so müssten sie dennoch stets die Einhaltung elementarer Prinzipien garantieren, um als „legitime Teile des Rechtsschutzsystems" gelten zu können.[368]

Die genannten Kritikpunkte, die auch später noch einmal aufgegriffen werden, können letztlich nur bedingt überzeugen. Die Mediation kann und soll nicht an die Stelle des gerichtlichen Verfahrens treten. Sie stellt vielmehr nur eine weitere Möglichkeit dar, wie Konfliktparteien ihre Streitigkeiten ohne Inanspruchnahme des gerichtlichen Verfahrens beilegen können und steht daher eher auf einer Ebene mit normalen Streitbeilegungsgesprächen zwischen den Konfliktparteien, wie sie vernünftigerweise regelmäßig stattfinden, bevor eine der beteiligten Parteien den endgültigen Rechtsschutz vor den Gerichten sucht. Die unterschiedlichen Ebenen, auf denen Mediation und Gerichtsverfahren anzu-

---

[365] Vgl. hierzu u.a. auch: *Volkmann*, Mediation im Zivilprozess, S. 4; *Schillinger*, Mediation im Verwaltungsrecht, S. 43; *Zimmer*, Außergerichtl. Streitbeilegung in Dtl., S. 103 f.; *Mähler/Mähler*, ZKM 2001, 4 ff.

[366] Vgl.: *Eidenmüller*, in: *Henssler/Koch*, Mediation in d. Anwaltspraxis, § 2 Rn. 48.

[367] Vgl.: *P. Gottwald*, in: FS A. Ishikawa, S. 137 (146); sowie: *Wald*, 46 Duke Law Journal (1997), 1445 (1448); *Bush/Folger*, The Promise of Mediation, S. 16: „[...] because mediation handles disputes without reference to other, similar cases and without reference to public interest, it results in the disaggregation and privatisation of class and public interest problems."

[368] Vgl.: *Katzenmeier*, ZZP 2002, 51 (77).

siedeln sind, zeigen sich schon daran, dass den Mediationsbeteiligten auch nach Anschluss eines Mediationsverfahrens – wenn auch gegebenenfalls unter Berücksichtigung des dort gefundenen Ergebnisses und der Voraussetzung, dass in der Mediation kein wirksamer Klageverzicht vereinbart wurde – der komplette Rechtsweg mit all seinen Instanzen offen steht.[369]

Hieraus folgt, dass die Mediation weniger einen „Teil des Rechtsschutzsystems" darstellt, bei dem die Einhaltung rechtsstaatlicher Verfahrensprinzipien und -garantien strikt zu wahren ist und die Qualifikation, Unabhängigkeit und Unparteilichkeit des zur Streitbeilegung hinzugezogenen Dritten institutionell und personell in bestmöglichem Maße abgesichert sein muss. Sie ist vielmehr ein „Teil des allgemeinen Systems der Konfliktlösungsmöglichkeiten", der per se nicht mehr und nicht weniger zum faktischen Abbau des Rechtsschutzes, zu einer Bedrohung der Einheitlichkeit der Rechtsordnung, zu einer Gefahr für die materielle Rechtsdurchsetzung, zu einem schwindenden Vertrauen in die Rechtsordnung oder zu einer Aushöhlung rechtlicher Schutzzwecke führt, als jeder andere Konfliktbeilegungsversuch der beteiligten Parteien abseits der Anrufung der Gerichte. Selbst der Umstand, dass im Falle einer Mediation eine Klärung von Rechtsfragen allgemeinen Interesses unterbleibt, ist kein spezifisches Phänomen der Mediation, sondern vielmehr ein Effekt, den jede Form der Streitbeilegung außerhalb gerichtlicher Verfahren – das heißt auch jedes noch so einfach gehaltene klärende Gespräch zwischen den Parteien – mit sich bringt.

Um dies hier ausdrücklich klarzustellen: Es soll vorliegend nicht bezweifelt werden, dass die fehlende Bindung an rechtsstaatliche Verfahrensgrundsätze, die mangelnde institutionelle und personelle Absicherung von Qualifikation, Unabhängigkeit und Unparteilichkeit der als Mediatoren hinzugezogenen Dritten sowie die unterbleibende Klärung von Rechtsfragen im Allgemeininteresse aufgrund der Mediation zuweilen nachteilig sein kann. Doch wer möchte auf welcher Grundlage die Parteien an der Durchführung einer Mediation hindern und stattdessen mit dem Ziel einer Klärung des jeweiligen Konflikts im Allgemeininteresse und der Einhaltung rechtsstaatlicher Verfahrenprinzipien auf den Gang zum Gericht verweisen? Und wer möchte mit Blick auf diese Aspekte die Grenze des Möglichen ziehen zwischen herkömmlichen Streitbeilegungsgesprächen, solchen unter Hinzuziehung Dritter und solcher in Form der Mediation? Letztlich sind es im Rahmen einer freien Gesellschaft, für die das Prinzip der Privatautonomie ebenso grundlegend ist wie es gewisse Verfahrensgrundsätze sind, allein die Konfliktparteien, die über die Art und Weise der Streitbeilegung disponieren. In der Regel ist niemand gezwungen, ein Mediationsverfahren durchzuführen oder ein gerichtliches Verfahren zu bestreiten. Zudem bleibt der Kritik, die Mediation eröffne die Gefahr, dass rechtliche Schutzzwecke unterlaufen werden, zu entgegnen, dass das Recht auch im Rahmen der Mediation sehr wohl eine wichtige Rolle spielt.[370] Schließlich muss mit Blick auf die Bemängelung einer

---

[369] Insofern liegt *Fiss* falsch, wenn er behauptet, „The dispute-resolution story makes settlement appear as a perfect substitute for judgement" (*Fiss*, 93 Yale Law Journal (1984), 1073 (1085)).
[370] Vgl. hierzu: Erster Teil , 1. Kapitel, Unterpunkt I.

fehlenden Klärung von Rechtsfragen im Allgemeininteresse festgehalten werden, dass es in unserer heutigen Gesellschaft wohl kaum an Präjudizien mangelt, und dass dieser Effekt im deutschen Rechtssystem keine so große Bedeutung spielt wie beispielsweise im angloamerikanischen „Case Law", wo die Mediation dennoch breite Anerkennung findet.

Als weiterer Nachteil der Mediation wird diskutiert, dass die Durchführung eines solchen Verfahrens zuweilen die Gefahr einer Extension und Vertiefung des Konflikts in sich trage. Teile der Literatur warnen davor, dass durch das Mediationsverfahren weitere Streitigkeiten verursacht werden können, da in diesem Verfahren bisher nicht zum Streitgegenstand gemachte Aspekte des Konflikts aufgegriffen werden könnten, die ihrerseits ein gewisses Streitpotenzial in sich bergen. In der Einbeziehung weiterer Verhandlungsgegenstände zur Suche wertschöpfender Paketlösungen liege demnach nicht nur eine Chance, sondern auch das Risiko der Verkomplizierung und der Erhöhung der Komplexität der Verhandlungen.[371] Darüber hinaus drohe im Rahmen der Mediation die Psychologisierung von Konflikten, da die Mediation auch Gefühle und Emotionen in die Konfliktlösungssuche integriere. Die Stärke der spezifisch juristischen Konfliktlösung liege hingegen darin, den persönlichen Bereich auszublenden und die Lösungsfindung auf sachliche und objektivierbare juristische Aspekte zu konzentrieren.[372] Auch diese Bedenken bergen ein wahren Kern und können (beziehungsweise sollen) vorliegend nicht per se in Abrede gestellt werden. Allerdings erscheint die aufgezeigte Argumentation etwas zu kurzsichtig. Die durch eine Mediation eventuell ans Tageslicht tretenden zusätzlichen Streitpunkte und Emotionen bewirken zwar gegebenenfalls eine Verbreiterung, Vertiefung und Emotionalisierung des Konflikts, gründen jedoch nicht in der Mediation selbst. Dies bedeutet, sie bestehen ohnehin und bedürften – sofern sie nicht bereits im Mediationsverfahren aufgenommen werden und nicht auf immer im Verborgenen schwelen sollen – einer eigenständigen, mindestens genauso umfangreichen und intensiven Auseinandersetzung wie im Mediationsverfahren. Vor diesem Hintergrund erscheint es hinnehmbar, die verborgenen Konfliktpunkte und Emotionen gleich in einem Verfahren aufzunehmen und – zusammen mit dem eigentlichen Streitpunkt – einer einvernehmlichen, einheitlichen, alle Aspekte berücksichtigenden und für alle Seiten möglichst vorteilhaften Lösung zuzuführen.

Ebenfalls nachvollziehbar, aber nicht uneingeschränkt zuzustimmen ist der Kritik einiger Stimmen, wonach im Rahmen einer Mediation bei Bestehen eines stärkeren Machtungleichgewichts die Gefahr drohe, dass die über die jeweils stärkere Verhandlungsmacht verfügende Konfliktpartei diesen Umstand zu ihrem Vorteil ausnutzt und die jeweils andere Partei „über den Tisch gezogen" oder übervorteilt wird.[373] In einem solchen Falle könne sich die Neutralitätspflicht des Mediators als Nachteil erweisen, während im

---

[371] Vgl.: *Eidenmüller*, in: *Breidenbach/Henssler*, Mediation f. Juristen, S. 31 (45); *Schöpflin*, JA 2000, 157 (164).

[372] Vgl. hierzu: *Schöpflin*, JA 2000, 157 (164).

[373] Vgl. u.a.: *Breidenbach*, Mediation, S. 174 ff.; *Volkmann*, Mediation im Zivilprozess, S. 6; *Fiss*, 93 Yale Law Journal (1984), 1073 (1076 ff.); sowie: *Zimmer*, Außergerichtl. Streitbeilegung in Dtl., S. 104 f. wonach in der Mediation das Korrektiv des die schwächere Seite schützenden Gesetzes fehlt.

Gerichtsprozess die richterliche Fürsorgepflicht einen gewissen Machtausgleich biete.[374] Der Befürwortung von Mediationsverfahren liege die Annahme in etwa ausgeglichener Machtverhältnisse zugrunde, obgleich tatsächlich oft ein Ungleichgewicht zwischen den Konfliktparteien bestehe, so dass die schwächere Partei im Rahmen der Mediation regelmäßig benachteiligt werde. Dagegen könnten im Rahmen eines Gerichtsverfahrens bestehende Machtungleichgewichte durch den Richter besser ausgeglichen werden, selbst wenn auch hier Ungleichgewichte das Verfahren beeinflussen könnten.[375] Dieser Kritik ist zuzugestehen, dass die Ausnutzung eines Machtungleichgewichts im Rahmen der Mediation – wie in jeder Verhandlung – tatsächlich denkbar ist. Allerdings verbleibt auch dem Mediator, trotz prinzipieller Neutralitätspflicht, das ein oder andere Mittel, um ein eventuell bestehendes Machtungleichgewicht zumindest bis zu einem gewissen Grad auszugleichen oder aber dessen Ausnutzung durch die jeweils stärkere Partei zu verhindern.[376] So kann er beispielsweise auf eine ausgeglichene Verhandlungsführung hinwirken, Versuche der stärkeren Partei, die schwächere unter Druck zu setzen, unterbinden und durch Einzelgespräche und eine Shuttle-Diplomatie der stärkeren Partei die Möglichkeit nehmen, direkten Druck auf den schwächeren Part auszuüben. Ein gut ausgebildeter und erfahrener Mediator wird in der Regel in der Lage sein, den besagten nachteiligen Aspekt der Mediation gering zu halten. Zudem sind Konfliktparteien in der Regel nicht gezwungen, sich auf ein Mediationsverfahren einzulassen. Sind Nachteile in der Form unüberwindbarer Machtungleichgewichte zu befürchten, ist die schwächere Partei im Gegenteil sogar frei, die Durchführung einer Mediation abzulehnen oder abzubrechen. Zwar wird diesbezüglich argumentiert, gerade für ärmere und schwächere Parteien bestünde die Gefahr, sich auf ein für sie nachteiliges Mediationsverfahren einzulassen, da die Mediation ein schnelleres und vor allem kostengünstigeres Verfahren als der Gerichtsprozess darstelle.[377] Dies ändert jedoch nichts an der grundsätzlichen Freiwilligkeit der Mediationsteilnahme. Zudem ist der Umstand, dass finanziell schwächere Parteien einen Gerichtsprozess scheuen, kein spezifisches Problem der Mediation. Fürchtet eine Partei die hohen Kosten eines gerichtlichen Verfahrens, so wird sie stets die außergerichtliche Konfliktbeilegung suchen und sich so möglichen Benachteiligungen und einem fehlenden Schutz durch den Richter aussetzen. In diesen Fällen erscheint eine Mediation im Gegenteil sogar als hilfreich für die finanziell schwächere Partei, da hier – zum Beispiel im Vergleich zu bloßen Verhandlungen – ein neutraler Dritter mit immerhin gewissen Ausgleichmöglichkeiten bezüglich bestehender Machtungleichgewichte zur Konfliktlösung hinzugezogen wird.

---

[374] Vgl.: *Schillinger,* Mediation im Verwaltungsrecht, S. 42; *Härtel,* JZ 2005, 753 (757); *Volkmann,* Mediation im Zivilprozess, S. 6 f.

[375] Vgl.: *Fiss,* 93 Yale Law Journal (1984), 1073 (1076 f.); *Wald,* 46 Duke Law Journal (1997), 1445 (1448).

[376] Zum Ausgleich evtl. bestehender Machtungleichgewichte durch den Richtermediator vgl. u.a.: *Volkmann,* Mediation im Zivilprozess, S. 7; *Spindler,* Abschlussbericht zum Forschungsprojekt Gerichtsnahe Mediation in Niedersachsen, Rn. 459.

[377] Vgl.: *Wald,* 46 Duke Law Journal (1997), 1445 (1448).

Ebenfalls keine mediationsspezifische Kritik lässt sich damit begründen, dass im Rahmen der Mediation die Gefahr besteht, dass die Rechtsanwälte der Konfliktparteien Konfliktlösungen zustimmen könnten, die zwar in ihrem eigenen Interesse, nicht aber im Interesse der jeweiligen Konfliktpartei liegen, und dass bei Konfliktparteien in Gestalt von Organisationen oder Personengruppen stets nur ein Vertreter dieser Konfliktparteien an der Mediation teilnehmen könne, deren Legitimierung hierfür zuweilen ungewiss ist.[378] Diese Problematiken bestehen in gewissem Maße immer, wenn sich eine Konfliktpartei – sei es durch einen Rechtsanwalt oder durch einen Gruppenvertreter – vertreten lässt, das heißt auch im Rahmen eines Gerichtsverfahrens oder eines gerichtlichen Vergleichsschlusses. Im Übrigen gelten bei der Vertretung von Organisationen oder Gruppen im Mediationsverfahren dieselben Regeln wie im Rahmen des Gerichtsverfahrens.

Der Kritik, dass Konfliktparteien durch die Durchführung einer Mediation Gefahr liefen, dass eventuelle rechtliche Ansprüche im Verlaufe des Mediationsverfahrens verjähren, kann ferner erwidert werden, dass dieser Effekt schon durch entsprechende Vereinbarungen zwischen den Mediationsbeteiligten – zum Beispiel die Vereinbarung einer Verjährungsunterbrechung, eines befristeten Verzichts auf die Einrede der Verjährung oder eines die Verjährung hemmenden dilatorischen Klageverzichts – verhindert werden kann.[379] Zudem sieht § 203 BGB vor, dass die Verjährung einer Verjährungsfrist unterliegender Ansprüche gehemmt ist, solange Verhandlungen – hierzu zählen auch Verhandlungen im Rahmen eines Mediationsverfahrens[380] – über einen Anspruch oder die einen solchen Anspruch begründenden Umstände laufen. Gleichzeitig können Einwände, die sich auf die fehlende Rechtskraftbindung und Vollstreckbarkeit des Mediationsergebnisses beziehen, zumindest dahingehend relativiert werden, dass bei einer erfolgreichen Mediation – das heißt einer Mediation, in deren Rahmen die Erarbeitung einer einvernehmlichen und für alle Seiten vorteilhaften Lösung gelingt – eine Vollstreckung meist entbehrlich sein und das Mediationsergebnis von allen Seiten freiwillig erfüllt werden wird. Ein infolge eines erfolgreichen Mediationsverfahrens geschlossener Mediationsvergleich wird in der Regel ein so genanntes „self-enforcing agreement" darstellen.[381] Ist dies ausnahmsweise nicht der Fall, kann zudem durch Einklagen der mediativ gefundenen und regelmäßig vertraglich fixierten Einigung notfalls ein entsprechender Vollstreckungstitel geschaffen werden.[382]

Schließlich lässt sich bezüglich der Mediation kritisieren, dass – trotz aller Bemühungen und Vertraulichkeitsvereinbarungen – kein absoluter Schutz vor einem Missbrauch

---

[378] Vgl. hierzu: *Fiss*, 93 Yale Law Journal (1984), 1073 (1078 ff.).

[379] Vgl.: *P. Gottwald*, in: FS A. Ishikawa, S. 137 (147).

[380] Vgl. hierzu auch: *Heinrichs*, in: *Palandt*, BGB, § 203 Rn. 2 m.w.N.; *Grothe*, in: MK-BGB, § 203 Rn. 5, allerdings für den Fall des Bestehens einer Mediationspflicht.

[381] *P. Gottwald*, in: FS A. Ishikawa, S. 137 (147); *Eidenmüller*, RIW 2002, 1 (5); *Eidenmüller*, in: *Breidenbach/Coester-Waltjen/Heß u.a.*, Konsensuale Streitbeilegung, S. 80.

[382] Zu den Verschiedenen Möglichkeiten, im Wege derer ein Vollstreckungstitel geschaffen werden kann vgl.: *P. Gottwald*, in: FS A. Ishikawa, S. 137 (147); *Eidenmüller*, in: *Breidenbach/Coester-Waltjen/Heß u.a.*, Konsensuale Streitbeilegung, S. 80 ff. Vgl. hierzu zudem auch: *Duve/Ponschab*, Kon:Sens 1999, 263 (268).

der im Wege der Mediation erlangten Informationen gewährleistet werden kann, wenn die missbrauchswillige Partei die für einen Vertraulichkeitsbruch eventuell vorgesehenen Sanktionen in Kauf nimmt,[383] und dass die Mediation oftmals zu einer Harmonieideologie, zu einer Konsenssuche um jeden Preis sowie dazu führen kann, dass seitens der Parteien mit überhöhten Forderungen in die Mediation gegangen wird, um trotz formellen Nachgebens am Ende das zu erreichen, was von Beginn an gewollt war.[384] Letzterer Tendenz entgegenzuwirken, ist jedoch gerade eine der Aufgaben des Mediators. Oftmals wird es von seiner Qualität abhängen, ob und in welchem Maße die Nachteile der Mediation tatsächlich zum Tragen kommen.

---

383 Vgl. hierzu u.a.: *Eisele*, Jura 2003, 656 (661).

384 Zu letzterer Gefahr, die im Rahmen des gerichtlichen Verfahrens aufgrund der mit überhöhten Forderungen verbundenen Kostennachteile etwas geringer ist vgl.: *P. Gottwald*, in: FS A. Ishikawa, S. 137 (146).

Zweiter Teil

Gerichtsnahe Mediation im Rahmen der Verwaltungs-, Sozial- und Finanzgerichtsbarkeit

Um die Vorteile der Mediation auch in bereits anhängigen Konflikten nutzbar zu machen, wird in den vergangenen Jahren verstärkt erwogen, das Konzept der Mediation in das gerichtliche Verfahren zu integrieren oder zumindest mediative Elemente in das herkömmliche Gerichtsverfahren aufzunehmen. Zusätzlich zu den allgemeinen Vorteilen der (herkömmlichen) Mediation bestehende Vorzüge einer Integration der Mediation in das gerichtliche Verfahren werden unter anderem darin gesehen, dass die Mediation eine Konzentration der Richterschaft auf wesentliche streitige Verfahren ermögliche und dass der Einsatz der Mediation zu einer Reduzierung des Arbeitsaufwandes der Richterschaft und zu einer Zeit- und Arbeitsersparnis aller Verfahrensbeteiligten führe. Des Weiteren sei vorteilhaft, dass die Ausbildung der Richter zu Richtermediatoren auch positive Auswirkungen auf die Tätigkeit als gesetzlicher Richter haben könne, da im Rahmen besagter Ausbildung Kommunikations- und Verhandlungsfähigkeit geschult und Techniken erlernt würden, die gegebenenfalls auch in Vergleichsgesprächen Anwendung finden könnten. Außerdem könne durch eine Aufnahme der Mediation oder mediativer Elemente in den Gerichtsprozess gegebenenfalls ein schnellerer Verfahrensabschluss und eine Steigerung der Berufszufriedenheit der in diesem Fall als Mediatoren tätig werdenden Richter sowie der gesetzlichen Richter erreicht werden, wenn diese dazu beitragen könnten, dass die Parteien ihren Konflikt dauerhaft eigenverantwortlich und mit erhöhter Zufriedenheit beilegen. Ferner mache ein ausgebildeter Mediator am Gericht schon allein deshalb Sinn, weil die Kollegen sich für schwierige Verhandlungssituationen Rat holen könnten. Im öffentlich-rechtlichen Bereich könne im Wege einer gerichtlichen Mediation zudem unter Umständen das Verständnis gegenüber behördlichen Entscheidungen vergrößert werden, da die behördlichen Entscheidungsprozesse durch den intensiveren Austausch im Rahmen einer Mediation transparenter werden. Ferner erreiche die Mediation die Konfliktparteien besser, da sie eine verständlichere Sprache wähle als ein gerichtliches Urteil, und es bestehe die Möglichkeit, über die Beteiligten des Rechtsstreits hinaus noch weitere potenziell Betroffene sowie amtliche Sachverständige (zum Beispiel Jugendsozialarbeiter, den für Lärmimmissionen zuständigen Beamten des Gewerbeaufsichtsamtes etc.) in das Mediationsverfahren einzubeziehen. In Verfahren mit vielen Beteiligten, die darüber hinaus noch in verschiedenen Kammern des Sozial- beziehungsweise Verwaltungsgerichts anhängig sein können, könne eine verfahrensübergreifende Mediation zu einer einheitlichen Lösung führen. Durch ein Urteil werde hingegen zwar der jeweilige Rechtsstreit beendet, nicht aber der eigentliche Konflikt zwischen den Verfahrensbeteiligten.

Bei alldem ist es das Ziel der gerichtsnahen Mediation, unter Schonung der Ressourcen der Justiz, Einsparung von Kosten und Beschleunigung des gerichtlichen Verfahrens eine größere Akzeptanz der gerichtlichen Arbeit hervorzurufen und zu einer Steigerung des Ansehens der Justiz beizutragen. Gleichzeitig wird auch eine Harmonisierung der

Tätigkeit der Gerichte in einem zusammenwachsenden Europa, eine größere Bürgernähe und Bürgerfreundlichkeit sowie eine Verringerung der Entfremdung zwischen Bürger und Staat angestrebt. In der Diskussion kommen damit ein in gewisser Hinsicht verändertes Justizbild sowie eine gewandelte Haltung der Justiz gegenüber den Parteien eines Rechtsstreits zum Ausdruck. Das Bild der Gerichte als Dienstleistungserbringer für den Bürger rückt in den Vordergrund, während die Vorstellung eines Gerichts als Stelle autoritärer Streitentscheidung in den Hintergrund tritt. In dem Ziel eines angebotsorientierten Rechtsschutzsystems und einer Beteiligung der Justiz am Wettbewerb der zur Verfügung stehenden Streitbeilegungsmethoden kommt die Vorstellung einer bürgernahen Gerichtsbarkeit zum Ausdruck, welche selbst im öffentlichrechtlichen Bereich den Konsens zwischen Bürger und Staat über die streitige Entscheidung stellt. Erstrebt erscheint ein Mehr an Kooperation und Bürgerbeteiligung und zugleich ein Weniger an autoritärer und rein auf rechtlichen Gesichtspunkten beruhender Entscheidung. Es sei ein Gebot der Zeit, dass die Verfahrensbeteiligten auch in ihren vor das Gericht gebrachten Konflikten ein größtmögliches Maß an Eigenverantwortung übernehmen, dass die Leistung des Staates, Konflikte durch einen Richter zu entscheiden, ergänzt wird durch die Gewährleistung von Hilfe zur Selbsthilfe.[1] Gleichzeitig soll die Aufnahme mediativer Elemente respektive die Integration des Mediationsverfahrens in den Gerichtsprozess sowohl einer Veränderung der herrschenden Streitkultur sowie einer gewissen Förderung der Demokratie dienen. In einer Demokratie, in welcher der Bürger der Souverän ist, müssen die Gerichte die Aufgabe haben, den Bürger in die Lage zu versetzen, seine Konflikte weitestgehend selbständig und autonom zu lösen.

Zur Erreichung der angesprochenen Ziele werden – wie mit der Differenzierung zwischen einer Integration des Mediationsverfahrens in den herkömmlichen Gerichtsprozess und der bloßen Aufnahme mediativer Elemente in das gerichtliche Verfahren bereits angedeutet – unterschiedliche Vorgehensweisen diskutiert. Von all diesen Möglichkeiten erscheint die gerichtsnahe Mediation in der zum Thema erschienenen Literatur als die prominenteste. Sie ist Gegenstand zahlreicher Modellversuche zum Einsatz der Mediation im Gerichtsverfahren. Auch die nachfolgenden Ausführungen werden sich weitestgehend auf die gerichtsnahe Mediation beschränken.

---

[1] *v. Bargen*, DVBl. 2004, 468 (477).

1. Kapitel: Der Begriff der gerichtsnahen Mediation und Abgrenzung gegenüber anderen Formen der Streitbeilegung

Setzt man sich mit dem Thema gerichtsnahe Mediation im Rahmen der Gerichtsbarkeit auseinander, so fällt schnell auf, dass diesbezüglich in der wissenschaftlichen Diskussion die verschiedensten Begrifflichkeiten verwendet werden. So ist in diesem Zusammenhang – neben der gerichtsnahen Mediation – oft von einer „richterlichen", „gerichtlichen", „gerichtsinternen", „gerichtsverbundenen", „prozessualen" oder „integrierten" („Gerichts"- oder „Richter"-)Mediation die Rede, wobei diese Begriffe oft synonym verwendet werden, teilweise jedoch auch unterschiedliche Formen der Integration der Mediation in das gerichtliche Verfahren bezeichnen. Darüber hinaus werden noch einige weitere Mediationsmodelle mit Gerichtsbezug diskutiert. Wie *Volkmann*[2] feststellt, kann mit dem Begriff der gerichtsnahen Mediation die Einschaltung außergerichtlicher Mediationsangebote durch die Gerichte ebenso gemeint sein wie ein gerichtsinternes Mediationsangebot durch die Gerichte selbst, wobei das wie auch immer geartete Mediationsangebot in zeitlicher Hinsicht ein vorprozessuales Angebot zur Vermeidung eines Gerichtsverfahrens oder aber ein erst in einem bereits anhängigen Gerichtsverfahren zur Verfügung gestelltes Angebot sein kann.[3] Daher soll an dieser Stelle zunächst der Versuch einer Definition der gerichtsnahen Mediation unternommen und eine Abgrenzung der gerichtsnahen Mediation im Sinne dieser Arbeit zu anderen gerichtsbezogenen Mediationsmodellen vorgenommen werden.

Die Beschränkung der vorliegenden Arbeit auf die Betrachtung der gerichtsnahen Mediation sollte dabei – trotz Nennung einiger Nachteile der anderen Mediationsmodelle mit wie auch immer geartetem Gerichtsbezug – nicht als kategorische Ablehnung dieser anderen gerichtsbezogenen Mediationsformen gesehen werden. Auch sie dürften in einer Vielzahl von Fällen durchaus ihre Existenzberechtigung haben und zu Ergebnissen führen, die über im Rahmen des herkömmlichen Gerichtsverfahrens mögliche Konfliktlösungen hinausgehen. Unter Umständen erscheint es sogar denkbar, dass verschiedene Modelle kombiniert, alternativ oder parallel angewandt werden. Eine umfassende Betrachtung aller denkbaren Modelle sowie deren Verhältnis untereinander würde an dieser Stelle jedoch zu weit greifen.

---

[2] *Volkmann*, Mediation im Zivilprozess, S. 9.
[3] Vgl. auch: *Ziekow*, NVwZ 2004, 390 (392).

I. Das Modell der gerichtsnahen Mediation

Im Rahmen der vorliegenden Arbeit wird unter „gerichtsnaher Mediation" – im Hinblick auf die unterschiedlichen Mediationsformen auch Justizansatz genannt[4] – ein Verfahren verstanden, welches derzeit Gegenstand einer Reihe von Modellversuchen an verschiedenen deutschen Gerichten in unterschiedlichen Gerichtsbarkeiten ist. Die gerichtsnahe Mediation stellt danach ein gerichtliches, außerprozessuales Streitbeilegungsverfahren dar, bei dem ein Richter des bereits angerufenen Gerichts, der für den konkreten Rechtsstreit jedoch nicht zuständig und entscheidungsbefugt ist, den Streitparteien auf deren eigenen Wunsch oder mit deren Zustimmung hilft, eine Konfliktlösung herbeizuführen.[5] Die nach Anhängigkeit der Sache durchgeführte gerichtsnahe Mediation verlässt das Gericht nicht und es wird kein Dritter, der außerhalb der Justiz oder der Justizverwaltung steht, sondern ein nicht mit dem Prozessgegenstand befasster Richter in die Konfliktbereinigung einbezogen.[6] Wie im Rahmen einer herkömmlichen Mediation erarbeiten im Rahmen der gerichtsnahen Mediation alle am jeweiligen Konflikt Beteiligten selbständig und eigenverantwortlich mit Unterstützung eines unparteiischen Dritten ohne Entscheidungsmacht – namentlich mit Unterstützung eines Richtermediators – auf der Basis eines Konsenses eine dauerhafte Lösung für den konkreten, individuellen Konflikt, wobei das Verfahren auf den Prinzipien der Freiwilligkeit, Offenheit, Vertraulichkeit und Akzeptanz beruht.[7] Die Begriffe der „rich-

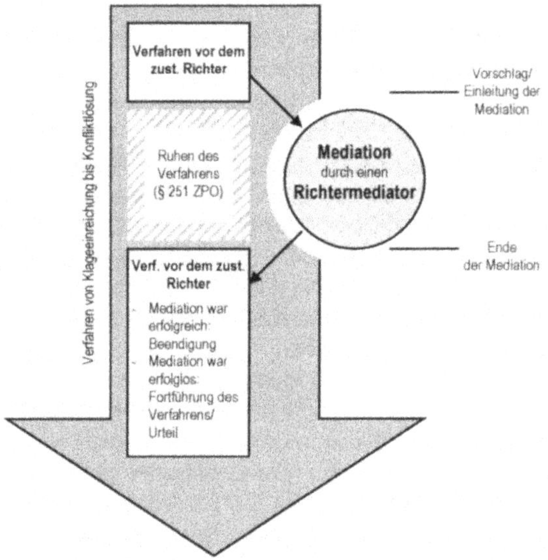

[4] Vgl.: *Ade/Alexander*, ZKM 2007, 144 (145 ff.).

[5] *Pitschas* u. *Schönhauser*, in: *Pitschas/Walther*, Mediation in d. Verwaltungsgerichtsbarkeit, S. 33 bzw. S. 89 (110); *Ortloff*, in: *Haft/v. Schlieffen*, Hdb. Mediation, § 29 Rn. 84; *Ziekow*, NVwZ 2004, 390 (392); *Ortloff*, NVwZ 2004, 385 (388); *Ortloff*, ZKM 2002, 199 (199 ff.); vgl. auch: *Koch*, NJ 2005, 97 (98); *Huther*, ZKM 2004, 247 (249); Bericht der Arbeitsgruppe Mediation bei den Berliner Gerichten v. 20.7.2005, S. 9; *Oldenbruch*, Die Vertraulichkeit im Mediationsverfahren, S. 41; *Monßen*, ZKM 2006, 83; *Monßen*, in: FS R. Haase, S. 293; *Löer*, ZKM 2005, 182 (183); *Spindler*, ZKM 2007, 79.

[6] Vgl.: *Monßen*, in: FS R. Haase, S. 293; *Monßen*, ZKM 2006, 83.

[7] *Pitschas*, in: *Pitschas/Walther*, Mediation in d. Verwaltungsgerichtsbarkeit, S. 33.

terlichen Mediation", der „gerichtsinternen Mediation", der „gerichtlichen Mediation", der „gerichtsverbundenen Mediation", der „integrierten Mediation" und der „Gerichts"- beziehungsweise „Richtermediation" werden oft, wie erwähnt, synonym für den Begriff der gerichtsnahen Mediation verwendet. Gerade die Benutzung der letztgenannten Bezeichnung sollte jedoch vermieden werden, da sie auch synonym für die so genannte „integrierte (Entscheider-)Mediation" und die gerichtlich veranlasste (außergerichtliche) Mediation in Form der Einbeziehung (gerichts-)externer Mediatoren in das Gerichtsverfahren verwendet wird und daher missverständlich ist.

II. Die herkömmliche außergerichtliche (gerichtsunabhängige) Mediation

Kein Fall der gerichtsnahen Mediation im Sinne dieser Arbeit liegt zumindest dann eindeutig vor, wenn sich die Konfliktparteien außerhalb, im Vorfeld oder parallel zu einem Gerichtsverfahren auf die Durchführung eines Mediationsverfahrens einigen, um ihren Konflikt einvernehmlich und möglichst ohne gerichtliches Verfahren beizulegen. In diesem Fall handelt es sich vielmehr um den Standardfall der „außergerichtlichen Mediation" als eine mögliche Form der außergerichtlichen Streitbeilegung. Ähnliches gilt, wenn die Parteien unabhängig von einem bereits anhängigen Gerichtsverfahren parallel eine Mediation durchführen, um aufgrund der im Rahmen dieser Mediation erzielten außergerichtlichen Übereinkunft den Gerichtsprozess zu beenden.

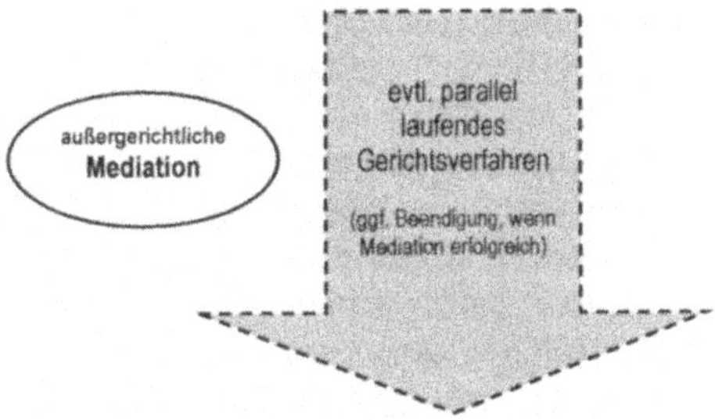

III. Das Verfahren nach § 278 Abs. 5 S. 2 und 3 ZPO

Von der gerichtsnahen Mediation im oben genannten Sinne zu unterscheiden ist, wenn der Bezug zur Gerichtsbarkeit darin besteht, dass ein Richter nach dem Diversions-Modell[8] beziehungsweise dem gerichtsnahen Marktansatz[9] den Konfliktparteien in geeigneten Fällen gemäß § 278 Abs. 5 S. 2 ZPO eine außergerichtliche Streitschlichtung vorschlägt, die Beteiligten sich daraufhin für die Durchführung einer außergerichtlichen Mediation – das heißt einer Mediation unter Hinzuziehung eines privaten (gegebenenfalls vom Gericht vorgeschlagenen) Mediationsanbieters – entscheiden und das Gerichtsverfahren für die Dauer des Mediationsverfahrens nach § 278 Abs. 5 S. 3 ZPO i.V.m. § 251 ZPO zum Ruhen gebracht wird.[10] Zwar wird eine solche außerhalb des Gerichts durch-

---

[8] *Greger*, ZKM 2003, 240 (241 f.).
[9] Ade/Alexander, ZKM 2007, 183.
[10] Vgl. auch den Baden-Württembergischen Modellversuch am Amts- und Landgericht Stuttgart, beschrieben von: *W. Gottwald* u. *Trossen*, in: *Haft/v. Schlieffen*, Hdb. Mediation, § 17 Rn. 39 ff. bzw. § 18 Rn. 69 (hier auch zu einem weiteren Modellversuch am Amts- und Landgericht Köln Rn. 71). Vgl. zu-

geführte Mediation aufgrund einer im Ermessen des Richters stehenden Empfehlung gemäß § 278 Abs. 5 S. 2 ZPO teilweise bereits als „gerichtsnahe Mediation“[11] oder „gerichtsintegrierte Mediation“[12] beschrieben. Besser erscheint es meines Erachtens jedoch, eine solche Mediation zwecks eindeutiger Umschreibung und besserer Unterscheidung von der gerichtsnahen Mediation als gerichtlich veranlasste (außergerichtliche) Mediation zu bezeichnen, die insofern gegenüber der gerichtsnahen Mediation nachteilig erscheint, als Konfliktparteien, nachdem sie sich einmal für die Anrufung des Gerichts als in der Regel letzten Ausweg aus einem konkreten Konflikt entschieden haben, regelmäßig nicht daran interessiert sein dürften, erneut eine außergerichtliche Streitbeilegung zu versuchen. Ein außergerichtlicher Versuch der Konfliktlösung dürfte in aller Regel bereits vor Anrufung des Gerichts im Vorfeld des Prozesses stattgefunden haben, so dass die Verfahrensbeteiligten in bereits anhängig gewordenen Verfahren eher daran interessiert sein dürften, dass sich das Gericht selbst der Streitsache annimmt. Sie dürften regelmäßig darauf bedacht sein, dass das Verfahren unmittelbar durch das Gericht zum Abschluss gebracht wird, anstatt erneut an eine Konfliktlösungsmöglichkeit außerhalb des Gerichts verwiesen zu werden.[13]

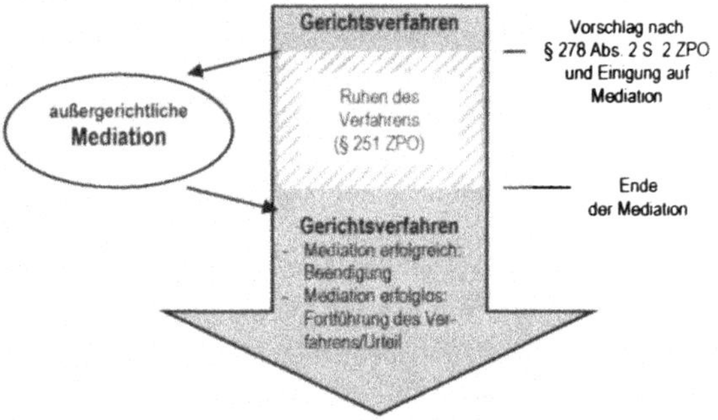

Ob das Verfahren nach § 278 Abs. 5 S. 2, 3 ZPO über § 173 S. 1 der Verwaltungsgerichtsordnung (VwGO), § 202 des Sozialgerichtsgesetzes (SGG) oder § 155 der Finanzgerichtsordnung (FGO) auch im Verwaltungs-, Sozial- und Finanzgerichtsprozess Anwendung finden kann, ist umstritten, kann jedoch an dieser Stelle dahingestellt bleiben. Vorliegend geht es nicht um eine Übertragung des Verfahrens nach § 278 Abs. 2 S. 2 und 3 ZPO auf das verwaltungs-, sozial- und finanzgerichtliche Verfahren, sondern um die gerichtsnahe Mediation im obigen Sinne und ihre Anwendung in den öffentlich-rechtlichen Gerichtsbarkeiten.

dem auch die Beschreibung eines entsprechenden Modellversuchs des Amtsgerichts Göttingen bei *Greger*, ZKM 2007, 142 f. m.w.N., sowie: Projekt Gerichtsnahe Mediation in Niedersachsen – Projektabschlussbericht, S. 3.

[11] Vgl.: *Monßen*, AnwBl. 2004, 7 ff.; *Fücker*, ZKM 2004, 36 ff.; *Ziekow*, NVwZ 2004, 390 (394); *Huther*, ZKM 2004, 247 (248 f.).

[12] Vgl.: *Greger*, ZKM 2003, 240 (243).

[13] Vgl. auch: *Ruhs*, in: *Pitschas/Walther*, Mediation in d. Verwaltungsgerichtsbarkeit, S. 123 (136); *v. Bargen*, DVBl. 2004, 468 (476).

IV. Die „integrierte (Entscheider-)Mediation“ sowie die Aufnahme mediativer Elemente in das herkömmliche Gerichtsverfahren

Mit dem Begriff der gerichtsnahen Mediation im Sinne der vorliegenden Arbeit ebenfalls nicht gemeint ist – trotz eines unbestrittenen Bezugs zur Gerichtsbarkeit – die Aufnahme und Stärkung mediativer Elemente im Gerichtsverfahren oder gar eine mediative Tätigkeit des zur Streitentscheidung befugten Richters.[14] Eine Aufnahme mediativer Elemente in das gerichtliche Verfahren erfolgt zunächst in der so genannten „prozessualen“ oder „integrierten (Entscheider-)Mediation“, in deren Rahmen die Mediation nicht als alternatives Verfahren angeboten, sondern unmittelbar in das gerichtliche Verfahren eingebunden wird.[15] Alle Prozessbeteiligten (von den Parteien über deren Vertreter bis hin zum Richter) vereinbaren hier ein gemeinsames strategisches Ziel und übernehmen als Gruppe in ihrer Gesamtheit die Verantwortung für die angestrebte Lösung.[16] Damit bezeichnet der Begriff der „integrierten (Entscheider-)Mediation“ ein übergeordnetes Konfliktmanagement, das unter bedürfnisorientierter Anwendung mediativer Methoden gegebenenfalls nach Kombination verschiedener Konfliktlösungsverfahren ein strategisches Ziel verfolgt, auf dessen Herbeiführung sich alle Konflikt- und Verfahrensbeteiligten verständigt haben.[17] Im Wege der „integrierten (Entscheider-)Mediation“ – teilweise auch nur „integrierte Mediation“ genannt[18] – wirkt der erkennende, entscheidungsbefugte Richter als Mediator,[19] was mit dem Mediationskonzept dogmatisch[20] insofern nicht in Einklang zu bringen ist, als das Konzept der Mediation vorsieht, dass ein Dritter mit Verfahrens-, aber ohne Entscheidungsmacht zur Streitbeile-

[14] Vgl. hierzu insgesamt: *Ruhs* u. *Kern*, in: *Pitschas/Walther*, Mediation in d. Verwaltungsgerichtsbarkeit, S. 123 (134 f.) bzw. S. 147 (159); *Ortloff*, NVwZ 2004, 385 (388); *Ortloff*, in: *Breidenbach/Henssler*, Mediation f. Juristen, S. 111 (115 ff.); *Löer*, ZZP, 2006, 199 (202). Vgl. zudem insbesondere auch *Pitschas*, NVwZ 2004, 396 (402 f.), der einer Stärkung mediativer Elemente im Verwaltungsprozess den Vorrang einräumt.

[15] *Trossen*, in: *Haft/v. Schlieffen*, Hdb. Mediation, § 18 Rn. 74 ff. Vgl. hierzu auch: *Oldenbruch*, Die Vertraulichkeit im Mediationsverfahren, S. 43.

[16] *Ziekow*, NVwZ 2004, 390 (393).

[17] *Trossen*, in: *Haft/v. Schlieffen*, Hdb. Mediation, § 18 Rn. 78; *Trossen*, ZKM 2001, 159 (161); vgl. zudem auch: *Oldenbruch*, Die Vertraulichkeit im Mediationsverfahren, S. 44.

[18] *Trossen*, in: *Haft/v. Schlieffen*, Hdb. Mediation, § 18 Rn. 74 ff.; *Trossen*, ZKM 2003, 270 ff. Das Konzept der integrierten Mediation wurde vor allem im so genannten „Altenkirchener Modell“ im OLG-Bezirk Koblenz verwirklicht (vgl. *Trossen*, in: *Haft/v. Schlieffen*, Hdb. Mediation, § 18 Rn. 67 u. 74 ff.; *Trossen/Käppele*, ZRP 2006, 97 f.; *Kempf/Trossen*, ZKM 2000, 166 ff.; *Oldenbruch*, Die Vertraulichkeit im Mediationsverfahren, S. 44).

[19] Vgl.: *Trossen*, in: *Haft/v. Schlieffen*, Hdb. Mediation, § 18 Rn. 82, 97 f.; *Trossen/Käppele*, ZRP 2006, 97; *Trossen*, ZKM 2003, 270 (270 ff.); *Trossen*, ZKM 2001, 159 (161).

[20] Vgl.: *Trossen*, ZKM 2003, 270 (271 f.).

gung hinzugezogen wird.[21] Würde man dem für den jeweiligen Fall nach der Geschäftverteilung zuständigen Richter neben seiner Entscheidungsmacht die Durchführung integrierter Mediationsverfahren anvertrauen, so würde ihm im Falle des Scheiterns der Mediationsbemühungen zudem weiterhin die Entscheidungsmacht für den konkreten Konflikt zustehen. Der Richter würde zwar eine Art Doppelrolle einnehmen und hätte nur in seiner Rolle als Streitentscheider, nicht aber in seiner Rolle als Streitvermittler die Kompetenz zur Streitentscheidung, dennoch ließe sich diese Doppelrolle nicht in zwei gänzlich unabhängige Rollen aufspalten. Auch in der Rolle als Vermittler würde der Mediator über eine „drohende" Entscheidungsmacht für den Fall des Scheiterns der Mediationsbemühungen verfügen, die dem Mediator gerade fehlt.[22] Diese im Falle des Scheiterns der Mediation bestehende Entscheidungsmacht des zunächst als Mediator wirkenden Richters resultiert in der Sicherheit einer normativen Entscheidung seitens der Beteiligten und wird deren Verhalten regelmäßig entsprechend prägen. Die Aussicht vor Augen, dass trotz Durchführung einer Mediation ein Urteil des zunächst als Mediator fungierenden Richters den Streit beenden könnte, könnten die Parteien vor allem an ihre eigenen Interessen und die mit Hilfe des Richters aus ihrer Sicht durchzusetzenden Positionen denken und sich – infolge dessen – kompetitiv statt kooperativ verhalten.[23] Sie könnten sich im Rahmen der Mediation durch die im Falle des Scheiterns drohende Entscheidungsmacht des Richters gehindert fühlen, sämtliche Informationen, Belange und Interessen offen zu legen sowie mit der nötigen Offenheit zu verhandeln und sich statt dessen – wie im herkömmlichen gerichtlichen Verfahren – auf abstrakte Rechtspositionen zurückziehen und Informationen und persönliche Interessen zurückhalten, da sie stets befürchten müssten, dass von ihnen gelieferte Informationen in einem späteren Urteil zu ihren Ungunsten berücksichtigt werden.[24] Letztlich stellt die „prozessuale" oder „integrierte (Entscheider-)Mediation" aufgrund der Doppelstellung des Richters als Vermittler und entscheidungsbefugtes Organ keine Form der Mediation im engeren Sinne dar, da eine Entscheidungsbefugnis des Mediators mit dem Konzept der Mediation nicht vereinbar ist.[25]

Ähnliche Probleme wie im Rahmen der „prozessualen" beziehungsweise „integrierten (Entscheider-)Mediation" stellen sich letztlich auch hinsichtlich der bloßen Einbeziehung mediativer Elemente in das herkömmliche gerichtliche Verfahren. Auch hierbei werden die Konfliktparteien regelmäßig von Positionen und Ansprüchen geprägt und mit Blick auf einen begrenzten Sachverhalt verhandeln, anstatt ihre Interessen, Beweggründe und

---

[21] Vgl. hierzu u.a. auch: *Huther*, ZKM 2004, 247 (249), wonach diese Form der Streitbeilegung keine „echte" Mediation darstellt. Der Richter könne zwar Elemente der Mediation in seine Vergleichsprobleme einbeziehen und vom Mediationsverfahren lernen. Er bleibe aber in einem Rollenkonflikt und seine Funktion als Entscheider widerspreche dem Wesen der Mediation.

[22] *Ortloff*, in: FG 50 Jahre BVerwG, S. 727 f. (730); *Ortloff*, in: *Haft/v. Schlieffen*, Hdb. Mediation, § 29 Rn. 74 ff.

[23] Vgl.: *Ortloff*, in: FG 50 Jahre BVerwG, S. 727 (736); vgl. zudem auch: *Ortloff*, in: *Haft/v. Schlieffen*, Hdb. Mediation, § 29 Rn. 7.

[24] *Ruhs*, in: *Pitschas/Walther*, Mediation in d. Verwaltungsgerichtsbarkeit, S. 123 (135).

[25] *Ziekow*, NVwZ 2004, 390 (392). Vgl. auch: *v. Bargen*, BDVR-Rundschreiben 2004, 55 (56), wonach die „integrierte" Mediation keine echte Mediation ist.

zusätzlichen Informationen zu offenbaren, da sie auch hier stets die negativen Folgen einer Offenbarung von zusätzlichen Informationen vor einem im späteren Verlauf des gerichtlichen Verfahrens entscheidungsbefugten Richter fürchten müssen. Wie dem auch sei, im Rahmen des Verwaltungsprozesses bietet sich eine verstärkte Nutzung mediativer Elemente vor allem im Rahmen des vorbereitenden Verfahrens nach § 87 VwGO an, denn nach § 87 Abs. 1 S. 1 VwGO hat der Vorsitzende schon vor der mündlichen Verhandlungen alle Anordnungen zu treffen, die notwendig sind, um den Rechtsstreit möglichst in einer mündlichen Verhandlung zu erledigen, während er gemäß § 87 Abs. 1 S. 2 Nr. 1 VwGO insbesondere die Beteiligten zur Erörterung des Sach- und Streitstandes sowie der gütlichen Beilegung des Rechtsstreits laden und einen Vergleich entgegen nehmen kann.[26] Zwar kann im Rahmen des vorbereitenden Verfahrens nach § 87 Abs. 1 S. 1, 2 Nr. 1 VwGO keine Mediation im eigentlichen Sinne stattfinden, da (1.) dieses Verfahren der Vorbereitung der mündlichen Verhandlung dient, so dass dessen Ergebnisse in der mündlichen Verhandlung verwertbar sind,[27] (2.) die Verfahrensbeteiligten zu einem Termin nach § 87 Abs. 1 S. 2 Nr. 1 VwGO geladen werden, so dass die Terminierung nicht autonom durch die Konfliktparteien erfolgt und die Teilnahme an den dort stattfindenden Verhandlungen nicht freiwillig ist,[28] (3.) der eine solche Verhandlung leitende Richter Mitglied des in der späteren mündlichen Verhandlung streitentscheidungsbefugten Organs ist, und (4.) der Inhalt und das Verfahren nur bei einer gelungenen gütlichen Verfahrensbeilegung nicht öffentlich bleibt.[29] Dennoch erscheint es durchaus möglich und in einer Vielzahl von Fällen auch hilfreich, einige Grundsätze sowie die Methoden und Techniken der Mediation im vorbereitenden Verfahren nach § 87 Abs. 1 S. 1, 2 Nr. 1 VwGO anzuwenden.[30]

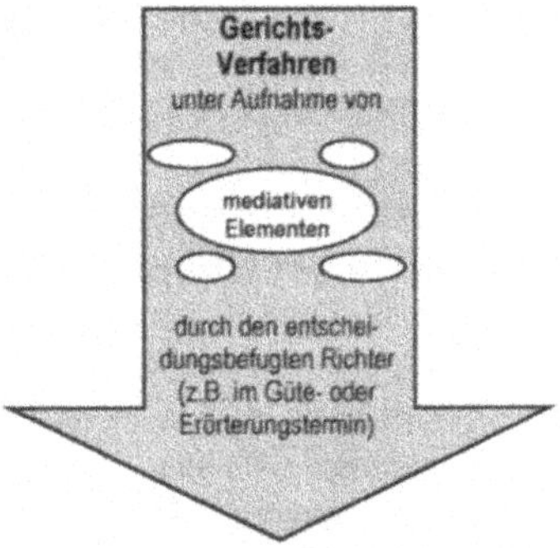

§ 104 Abs. 1 VwGO begründet als Ausdruck der prozessualen Fürsorgepflicht[31] die grundsätzlich zwingende Pflicht des Vorsitzenden Richters im Verwaltungsprozess, die jeweilige Streitsache mit den Beteiligten rechtlich und tatsächlich umfänglich zu erörtern. Die Erörterungspflicht bezieht sich insbesondere auf alle bisher nicht oder nicht ausreichend erörterten Fragen, die zwischen den Beteiligten strittig sind und die das Gericht

---

[26] Vgl. u.a.: *Walther*, ZKM 2006, 144.

[27] Vgl.: *BVerwG* NVwZ-RR 1990, 669 (670).

[28] *Geiger*, in: *Eyermann*, VwGO, § 102 Rn. 15: „Ladung ist die Mitteilung des vom Vorsitzenden bestimmten Termins [...] an die Beteiligten." *Ortloff*, in: *Schoch/Schmidt-Aßmann/Pietzner*, VwGO, § 102 Rn. 16: „Die Ladung der Beteiligten stellt die amtliche Aufforderung dar, zu [einem Termin] zu erscheinen. Sie ist nicht eine unverbindliche Ein-Ladung, sondern die verbindliche Ankündigung, dass [ein Termin] durchgeführt werden und die Grundlage einer gerichtlichen Entscheidung bilden wird."

[29] *Kern*, in: *Pitschas/Walther*, Mediation in d. Verwaltungsgerichtsbarkeit, S. 147 (159).

[30] *Kern*, in: *Pitschas/Walther*, Mediation in d. Verwaltungsgerichtsbarkeit, S. 147 (159).

[31] *Geiger*, in: *Eyermann*, VwGO, § 104 Rn. 3; *Dolderer*, in: *Sodan/Ziekow*, VwGO, § 104 Rn. 7.

als für seine Entscheidung als erheblich ansieht.[32] Auch hierbei bietet sich die Aufnahme mediativer Elemente an,[33] sofern der Vorsitzende Richter dabei die Grenzen und Schranken des Rechtsgesprächs beachtet,[34] das heißt die Beteiligten auf die entscheidungserheblichen Tatsachen und Rechtsfragen hinweist und ihnen ausreichend Gelegenheit zur Äußerung und Gesprächsteilnahme gibt (Stichwort: Wahrung des rechtlichen Gehörs),[35] ohne die eigene Neutralität zu gefährden oder eine rechtliche Beratung vorzunehmen.[36]

Um einen Verwaltungsrechtsstreit vollständig oder teilweise zu erledigen, können die Prozessbeteiligten gemäß § 106 VwGO in einem förmlichen Gerichtstermin zur Niederschrift des Gerichts oder eines beauftragten oder ersuchten Richters einen (Prozess-)Vergleich – das heißt einen Vertrag über die Beendigung oder Beschränkung eines anhängigen Rechtsstreits im Wege des gegenseitigen Nachgebens,[37] der nach weit überwiegender Ansicht[38] sowohl eine Prozesshandlung als auch einen öffentlich-rechtlichen Vertrag darstellt und insofern über eine Doppelnatur verfügt[39] – schließen, soweit die Beteiligten über den Gegenstand des Vergleichs verfügen können. Dabei findet ein Vergleichsschluss meist im Rahmen eines Verfahrens nach § 87 Abs. 1, S. 2 Nr. 1 VwGO oder im innerhalb eines Rechtsgesprächs nach § 104 VwGO, das heißt in Verfahren, die sich selbst zur Einbeziehung mediativer Elemente eignen, statt. Doch auch wo ein Vergleich außerhalb der angesprochenen Verfahren verhandelt oder geschlossen wird, eignet sich die Anwendung mediativer Grundlagen, Techniken und Elemente, denn das Gericht wirkt zwar stets an den Vergleichsverhandlungen mit, nicht

---

[32] *Kopp/Schenke*, VwGO, § 104 Rn. 3; vgl. auch: *Dolderer*, in: *Sodan/Ziekow*, VwGO, § 104 Rn. 18.

[33] Vgl.: *Pitschas*, NVwZ 2004, 396 (402); *Kern*, in: *Pitschas/Walther*, Mediation in d. Verwaltungsgerichtsbarkeit, S. 147 (160).

[34] *Ortloff*, in: FG 50 Jahre BVerwG, S. 727 (728); *Kern*, in: *Pitschas/Walther*, Mediation in d. Verwaltungsgerichtsbarkeit, S. 147 (160).

[35] Vgl.: *Kopp/Schenke*, VwGO, § 104 Rn. 3; *Geiger*, in: *Eyermann*, VwGO, § 104 Rn. 8.

[36] *Geiger*, *Eyermann*, VwGO, § 104 Rn. 8; *Kern*, in: *Pitschas/Walther*, Mediation in d. Verwaltungsgerichtsbarkeit, S. 147 (160).

[37] Vgl. u.a.: *Kopp/Schenke*, VwGO, § 106 Rn. 3; *Kothe*, in: *Redeker/v. Oertzen*, VwGO, § 106 Rn. 2; *Geiger*, in: *Eyermann*, VwGO, § 106 Rn. 5; *Pawlak*, in: *Hennig*, SGG, § 101 Rn. 8; *Leitherer*, in: *Meyer-Ladewig/Keller/Leitherer*, VwGO, § 101 Rn. 3; *Peters/Sautter/Wolff*, SGG, § 101, 1. a); *BSG* NJW 1989, 2565. Eine Legaldefinition des Vergleichsbegriffs enthält § 779 Abs. 1 S. 1 BGB: „Ein Vertrag, durch den der Streit oder die Ungewissheit der Parteien über ein Rechtsverhältnis im Wege gegenseitigen Nachgebens beseitigt wird (Vergleich)..."

[38] Zu abweichenden Auffassungen vgl.: *Schröder*, Prozessvergleich in den verwaltungsgerichtl. Verfahrensarten, S. 32 ff.

[39] Vgl. für den Vergleich im Verwaltungs- und Sozialgerichtsprozess vgl. u.a.: *Kopp/Schenke*, VwGO, § 106 Rn. 5; *Geiger*, in: *Eyermann*, VwGO, § 106 Rn. 6; *Ortloff*, in: *Schoch/Schmidt-Aßmann/Pietzner*, VwGO, § 106 Rn. 27; *Dolderer*, in: *Sodan/Ziekow*, VwGO, § 106 Rn. 8.; *Kothe*, in: *Redeker/v. Oertzen*, VwGO, § 106 Rn. 2; *Pawlak*, in: *Hennig*, SGG, § 106 Rn. 7; *Leitherer*, in: *Meyer-Ladewig/Keller/Leitherer*, VwGO, § 101 Rn. 3; *Rohwer-Kahlmann*, Sozialgerichtsbarkeit, § 101 Rn. 6; *Peters/Sautter/Wolff*, SGG, § 101, 1. a); *Debus*, in: *Fritz/Karber/Lambeck*, Mediation statt Verwaltungsprozess?, S. 49 (51); *BVerwGE* 10, 110; 14, 103 (104); *BVerwG* NJW 1988, 662 (663); NJW 1994, 2306 (2307); DVBl. 1994, 211; *BSGE* 19, 112 (115); *BSG* NJW 1963, 2292; DVBl. 1990, 214.

zwangsläufig jedoch auf den Vergleichsgegenstand ein. Oftmals nimmt der Richter lediglich das Ergebnis von Vergleichsverhandlungen – in deren Rahmen der Richter mediative Elemente aufgreifen und insbesondere außerhalb des eigentlichen Rechtsstreits liegende Konflikte und Interessen einbeziehen kann – entgegen.[40] Zudem eignen sich Vergleichsverhandlungen insofern für eine Integration mediativer Elemente, als ein Vergleich über den eigentlichen Streitgegenstand hinausgehen kann,[41] das heißt – ähnlich wie bei der tatsächlichen Mediation – auch außerhalb des Streitgegenstands liegende Konflikte, Tatsachen, Bedürfnisse und Interessen in die Konfliktbeilegung einbezogen werden können.

Darüber hinaus eignen sich zumindest auch die Sachverhaltsermittlung nach § 86 Abs. 1, 3 VwGO,[42] die Anhörung im Rahmen des Zulassungsverfahrens zur Berufung, sofern man diese als erforderlich erachtet, sowie die mündliche Verhandlung im Wege einer Beschwerde, sofern eine solche – obwohl nach § 150 i.V.m. § 101 Abs. 3 VwGO nicht zwingend vorgesehen – durchgeführt wird,[43] für die Integration mediativer Elemente.

Im Rahmen der Sozialgerichtsbarkeit ist die Möglichkeit eines verstärkten Einsatzes mediativer Elemente aufgrund des besonderen Verhältnisses zwischen Sozialversicherungsträger und Sozialleistungsberechtigten zwar beschränkt, dennoch erscheint es auch hier möglich, mediative Elemente zu integrieren.[44] Zwar sieht § 31 SGB I vor, dass Rechte und Pflichten in den Sozialleistungsbereichen des Sozialgesetzbuches nur begründet, festgestellt, geändert oder aufgehoben werden, soweit ein Gesetz dies vorschreibt oder zumindest zulässt. Gleichzeitig ist der Sozialleistungsträger an den Vollzug des Sozialgesetzbuches gebunden und schließt § 32 SGB I privatrechtliche Vereinbarungen, die zum Nachteil des Sozialleistungsberechtigten von den Vorschriften des Sozialgesetzbuches abweichen, als nichtig aus. Damit ist insbesondere im Sozialrecht die Dispositionsbefugnis sowohl der Sozialversicherungsträger als auch der Sozialleistungsberechtigten erheblich eingeschränkt. Im Rahmen auch im Sozialrecht existierender Ermessensvorschriften verbleibt dennoch ein gewisser Spielraum für den Einsatz mediativer Elemente, solange infolge dessen kein Verstoß gegen die Grundsätze des Vorbehalts des Gesetzes sowie der Gesetzes- und Selbstbindung der Verwaltung zu befürchten ist.[45] Darüber hinaus können mediative Elemente insbesondere in die umfassende Sachverhalts- und Interessenaufklärung einbezogen werden und auf diesem Wege dazu

---

[40] *Kern,* in: *Pitschas/Walther,* Mediation in d. Verwaltungsgerichtsbarkeit, S. 147 (162).

[41] *Dolderer,* in: *Sodan/Ziekow,* VwGO, § 106 Rn. 13; *Kopp/Schenke,* VwGO, § 106 Rn. 1; *Ortloff,* in: *Schoch/Schmidt-Aßmann/Pietzner,* VwGO, § 106 Rn. 41; *Kothe,* in: *Redeker/v. Oertzen,* VwGO, § 106 Rn. 3; *Debus,* in: *Fritz/Karber/Lambeck,* Mediation statt Verwaltungsprozess?, S. 49 (52); vgl. auch: *Peters/Sautter/Wolff,* SGG, § 101, 1. b).

[42] *Pitschas,* NVwZ 2004, 396 (402); *Kern,* in: *Pitschas/Walther,* Mediation in d. Verwaltungsgerichtsbarkeit, S. 147 (162)

[43] *Kern,* in: *Pitschas/Walther,* Mediation in d. Verwaltungsgerichtsbarkeit, S. 147 (165).

[44] Kritisch: *Spellbrink,* SGb 2003, 141 (143 f.).

[45] Vgl. auch: *Kern,* in: *Pitschas/Walther,* Mediation in d. Verwaltungsgerichtsbarkeit, S. 147 (166); kritisch: *Spellbrink,* SGb 2003, 141 (143).

führen, dass Aspekte ans Tageslicht gelangen, die zur Annahme eines besonderen Falles führen und anderweitig nicht zu Tage getreten wären.[46]

Als konkreter Anknüpfungspunkt für die Integration mediativer Elemente in das sozialgerichtliche Verfahren bietet sich zunächst der sozialgerichtliche Erörterungstermin nach § 106 Abs. 3 Nr. 7 SGG an.[47] Im Unterschied zu § 87 Abs. 1 S. 2 Nr. 1 VwGO dient der sozialgerichtliche Erörterungstermin nach § 106 Abs. 3 Nr. 7 SGG seinem Wortlaut nach zwar nicht der gütlichen Streitbeilegung,[48] auch hier können die Verhandlungen im Rahmen des Termins jedoch einen Verlauf dahingehend nehmen, dass die jeweilige Klage zurückgenommen, ein Anspruch anerkannt oder ein Vergleich geschlossen wird.[49] Daher eignet sich § 106 Abs. 3 Nr. 7 SGG dennoch zur Aufnahme mediativer Elemente.[50]

Weitere Ansatzpunkte für die verstärkte Nutzung mediativer Elemente in der Sozialgerichtsbarkeit bietet § 112 SGG – eine Vorschrift, welche die Darstellung des Sachverhaltes sowie die Erörterung des Sach- und Streitverhältnisses verbindlich vorsieht und darüber hinaus den Richter verpflichtet, darauf hinzuwirken, dass sich die Konfliktparteien über alle erheblichen Tatsachen vollständig erklären und sachdienliche und angemessene Anträge stellen. Zudem sieht § 101 SGG auch im Rahmen des sozialgerichtlichen Verfahrens die Möglichkeit eines Vergleichsschlusses sowie eines Anerkenntnisses vor, so dass mediative Elemente auch in gegebenenfalls stattfindenden Vergleichsverhandlungen Eingang finden könnten.

In der Finanzgerichtsordnung fehlt im Vergleich zur Verwaltungsgerichtsordnung und zum Sozialgerichtsgesetz eine Regelung, welche die Möglichkeit eines Vergleiches vorsieht. Auch eine entsprechende Anwendung der §§ 794 Abs. 1 ZPO, 106 VwGO, 101 SGG kommt nach herrschender Auffassung regelmäßig nicht in Betracht, da Streitgegenstand einer finanzgerichtlichen Auseinandersetzung regelmäßig Steuer- oder Steuererstattungsansprüche sein werden, über welche die Beteiligten wegen des Grundsatzes der Gesetzmäßigkeit der Besteuerung sich nicht vergleichen können, da weder ein Steuer- noch ein Steuererstattungsanspruch zur Disposition der Beteiligten steht.[51] Ohne

---

[46] *Kern*, in: *Pitschas/Walther*, Mediation in d. Verwaltungsgerichtsbarkeit, S. 147 (166); *Dürschke*, SGb 2001, 532.

[47] *Dürschke*, SGb 2001, 532 (533); *Kern*, in: *Pitschas/Walther*, Mediation in d. Verwaltungsgerichtsbarkeit, S. 147 (166).

[48] Nach *Leitherer* in: *Meyer-Ladewig/Keller/Leitherer*, SGG, § 106 Rn. 15 kann ein Erörterungstermin dennoch anberaumt werden, um eine Klagerücknahme oder ein Anerkenntnis anzuregen; a.A.: *Wiesner*, SGb 1994, 162 (164).

[49] *Leitherer*, in: *Meyer-Ladewig/Keller/Leitherer*, SGG, § 106 Rn. 15; *Rohwer-Kahlmann*, Sozialgerichtsbarkeit, § 106 Rn. 29.

[50] *Kern*, in: *Pitschas/Walther*, Mediation in d. Verwaltungsgerichtsbarkeit, S. 147 (167).

[51] Vgl.: *Lange*, in: *Hübschmann/Hepp/Spitaler*, AO/FGO, § 95 FGO Rn. 21; *Stapperfend* u. *v. Groll*, in: *Gräber*, FGO, § 76 Rn. 4 bzw. § 95 Rn. 5; *Brockmeyer*, in: *Klein*, AO, § 78 Rn. 4; *BFHE* 142, 549 (554 f.); 162, 211 (213 f.); 164, 168 (170). Vgl. zudem auch: *Schmieszek*, in: *Beermann/Gosch*, AO/FGO, § 38 AO Rn. 28; Differenzierend: *Schröder*, Prozessvergleich in den verwaltungsgerichtlichen Verfahren, S. 204 ff. Nach *Sontheimer*, Der Verwaltungsrechtliche Vertrag im Steuerrecht, S. 211 (215 ff.), ist ein Prozessvergleich im Anwendungsbereich der Finanzgerichtsordnung trotz grundsätzlicher Zulässigkeit der Vertragsform und des Vergleichs im Steuerrecht (*Sontheimer*, Der Verwaltungsrechtliche Vertrag im Steuerrecht, S. 173 ff.) unzulässig, da die Finanzgerichtsordnung nicht die prozes-

dass hierauf im Rahmen der vorliegenden Arbeit in aller Tiefe und unter Auswertung der nahezu unüberschaubaren spezifischen Literatur näher eingegangen werden kann, verbirgt sich hinter der Frage der Zulässigkeit eines Vergleiches im Steuer- und Abgabenrecht der Streit, ob die Finanzbehörde – neben von der Rechsprechung und der herrschenden Literatur trotz bestehender Abgrenzungsschwierigkeiten für zulässig erachteten Verständigungen in tatsächlicher Hinsicht (tatsächlichen Verständigungen)[52] – auch öffentlich-rechtliche Verträge und sonstige Verständigungen über Rechtsfragen mit einem Steuerpflichtigen schließen respektive treffen kann.[53] Erst wenn dies der Fall ist, kommt ein Vergleichsschluss zwischen Finanzbehörde und Steuerpflichtigem in Betracht, wobei jedoch nach der herrschenden Auffassung davon auszugehen ist, dass Verständigungen über Rechtsfragen – und damit auch Vergleiche – im Steuer- und Abgabenrecht regelmäßig ausgeschlossen sein dürften, sofern eine solche Verständigung das Steuerschuldverhältnis selbst betrifft.[54] Nach § 38 AO entstehen die Ansprüche aus dem Steuerschuldverhältnis, sobald der Tatbestand verwirklicht ist, an den das Gesetz die Pflicht zur Steuerleistung knüpft. § 85 AO schreibt weiterhin vor, dass die Finanzbehörde die Steuern nach Maßgabe des Gesetzes gleichmäßig festzusetzen und zu erheben hat. Die Finanzbehörden haben nach der herrschenden Meinung daher keinen

---

sualen Wirkungen (Prozessvergleich als Vollstreckungstitel, Prozessvergleich als Mittel der Verfahrensbeendigung) zulässt, die einen Prozessvertrag auszeichnen, und auch eine entsprechende Anwendung der Vorschriften der Verwaltungsgerichtsordnung, des Sozialgerichtsgesetzes und der Zivilprozessordnung diesbezüglich nicht in Betracht kommen soll. Für die Zulässigkeit eines Vergleichs im Steuerrecht u.a.: *Schick*, Vergleiche und sonstige Vereinbarungen zwischen Staat und Bürger im Steuerrecht; *Seer*, Verständigungen im Steuerverfahren.

[52] Vgl. hierzu: *Schmieszek*, *Rüsken*, *Sauer* u. *v. Beckerath*, in: *Beermann/Gosch*, AO/FGO, § 38 AO Rn. 28 bzw. § 78 AO Rn. 51 ff., § 201 AO Rn. 28 ff. u. § 50 FGO Rn. 27 f.; *Stapperfend*, in: *Gräber*, FGO, § 76 Rn. 4 u. § 95 Rn. 5; *Birk*, *Schuster*, *Söhn* u. *Lange*, in: *Hübschmann/Hepp/Spitaler*, AO/FGO, § 4 AO Rn. 322 ff. bzw. § 38 AO Rn. 66 ff., § 78 AO Rn. 112 ff. u. § 95 FGO Rn. 21; *Kruse*, in: *Tipke/Kruse*, AO/FGO, § 38 AO Rn. 21; *Brockmeyer*, in: *Klein*, AO, § 38 Rn. 15 u. § 78 Rn. 5; *Koenig* u. *Wünsch*, in: *Pahlke/Koenig*, AO, § 38 Rn. 31 bzw. § 78 Rn. 23; *Eich*, Die tatsächliche Verständigung im Steuerverfahren und Steuerstrafverfahren, S. 5 ff.; *Seer*, Verständigungen im Steuerverfahren, S. 66 ff. u. 167 ff.; *Englisch*, Bindende tatsächliche u. rechtliche Verständigung zwischen Finanzamt u. Steuerpflichtigem; *OFD Frankfurt*, FR 1993, 346; *BFHE* 142, 549; 162, 211; 164, 168; 179, 353 (362); 181, 103 (105); *FG Berlin* EFG 1987, 439; *FG Hamburg II* EFG 1992, 379; *FG Saarl.* EFG 1993, 279 (280); EFG 1986, 214; *FG Hessen* EFG 2000, 562 (563); *FG Bremen* EFG 2000, 837 (838).

[53] Vgl. hierzu u.a.: *Rüsken*, in: *Beermann/Gosch*, AO/FGO, § 78 AO Rn. 60 ff.; *Seer*, Verständigungen im Steuerverfahren, u.a. S. 13 ff. u. 206 ff.; *Schick*, Vergleiche und sonstige Vereinbarungen zwischen Staat und Bürger im Steuerrecht, S. 31 ff.; *Englisch*, Bindende tatsächliche u. rechtliche Verständigung zwischen Finanzamt u. Steuerpflichtigem; *BFHE* 76, 293 (294). Zur grundsätzlichen Zulässigkeit von öffentlich-rechtlichen Verträgen im Steuerrecht vgl. zudem auch: *Sontheimer*, Der Verwaltungsrechtliche Vertrag im Steuerrecht, S. 124 ff. (7. Teil). Differenzierend zwischen Austauschsvereinbarungen („selten denkbar" und „in aller Regel unzulässig") u. Vergleichsvereinbarungen (unter bestimmten Voraussetzungen rechtlich möglich): *Schick*, Vergleiche und sonstige Vereinbarungen zwischen Staat und Bürger im Steuerrecht, S. 26 f. bzw. 31 ff.

[54] Vgl. u.a.: *Brockmeyer*, in: *Klein*, AO, § 78 Rn. 4; *Schuster* u. *Söhn*, in: *Hübschmann/Hepp/Spitaler*, AO/FGO, § 38 AO Rn. 66 bzw. § 78 AO Rn. 158; *BFHE* 61, 137 (138 f.); 73, 312 (316); 142, 549 (554 f.); 181, 103 (105); *BFH* HFR 1965, 234 f.; *BVerwGE* 8, 329.

Spielraum, sich über anzuwendendes Rechts hinwegzusetzen.[55] Erst und nur eine explizite oder implizierte Dispositionsermächtigung könne demnach eine zulässige, vertragliche Vereinbarung zwischen Finanzbehörde und Steuerpflichtigem ermöglichen.[56] Soweit eine solche Dispositionsermächtigung nicht besteht und die Steuergesetze somit keine Ausnahme zulassen, verbieten sich nach der herrschenden Meinung hingegen Vereinbarungen und Verträge – und damit auch Vergleiche – zwischen Finanzbehörden und Steuerpflichtigen, welche die Begründung, Verschärfung, Milderung, Änderung oder Aufhebung eines Steuerpflichtverhältnisses betreffen.[57] Denn, so die herrschende Meinung, diesbezügliche Verträge und Vereinbarungen – und damit auch das Steuerverhältnis betreffende Vergleiche – stehen nicht nur im Widerspruch zu § 85 AO, sondern auch zu den verfassungsrechtlichen Grundsätzen der Gesetzmäßigkeit und Gleichmäßigkeit der Besteuerung[58] sowie zum „Gesamtinhalt der steuergesetzlichen Vorschriften".[59]

Selbst wenn man der herrschenden Meinung folgen sollte, was an dieser Stelle ausdrücklich offen bleiben soll, folgt aus dem Verbot von Vereinbarungen über das Steuerschuldverhältnis betreffende Rechtsfragen und dem damit einhergehenden Verbot von Verträgen und Vergleichen im Hinblick auf die Begründung, Verschärfung, Milderung, Änderung oder Aufhebung eines Steuerpflichtverhältnisses dennoch kein grundsätzlicher Ausschluss des Prozessvergleichs im Finanzprozess. Prinzipiell widerspricht der gerichtliche Vergleich als prozessuale Willenseinigung zur Beendigung der Rechtshängigkeit der Streitsache von der strukturellen Verfassung des finanzgerichtlichen Verfahrens her nicht dem Wesen des Finanzprozesses.[60] Wie im Verwaltungs- und Sozialgerichtsprozess gilt hier grundsätzlich die Dispositionsmaxime, wonach die Parteien befugt sind, über das Verfahren und den Streitgegenstand zu verfügen.[61] Demzufolge muss den Beteiligten auch im Finanzprozess prinzipiell die Möglichkeit eröffnet sein, ein Verfahren insofern durch Vergleich beenden zu können, als sie über den Streitgegenstand verfügen können.[62] Dies ist – wie soeben dargelegt – bei Streitigkeiten bezüglich des Steuerschuldverhältnisses nach herrschender Meinung nicht der Fall. Auch wenn man der oben

---

[55] *Brockmeyer*, in: *Klein*, AO, § 78 Rn. 4.

[56] *Söhn*, in: *Hübschmann/Hepp/Spitaler*, AO/FGO, § 78 AO Rn. 160 ff.; *Schick*, Vergleiche u. sonstige Vereinbarungen zw. Staat u. Bürger im Steuerrecht, S. 23 ff.

[57] *Schick*, Vergleiche u. sonstige Vereinbarungen zw. Staat u. Bürger im Steuerrecht, S. 16.

[58] Vgl. u.a. :*Söhn*, in: *Hübschmann/Hepp/Spitaler*, AO/FGO, § 78 AO Rn. 160 u. 167.

[59] Vgl. u.a.: *Söhn*, in: *Hübschmann/Hepp/Spitaler*, AO/FGO, § 78 AO Rn. 167.

[60] So auch: *Schröder*, Der Prozessvergleich in den verwaltungsgerichtlichen Verfahrensarten, S. 201.

[61] Vgl. hierzu: Zweiter Teil , 5. Kapitel, Unterpunkt X.

[62] Vgl. hierzu auch: *Schröder*, Der Prozessvergleich in den verwaltungsgerichtlichen Verfahrensarten, S. 201, wonach die prinzipielle Möglichkeit des gerichtlichen Vergleichs im System der Finanzgerichtsordnung im Einzelnen nichts über die Legitimation zum Abschluss eines Vergleiches besagt, die Abschlussbefugnis sich statt dessen vielmehr aus der materiellen Rechtslage ergibt, welche die maßgebliche Grundlage für streitbeendigende Vereinbarungen ist. Auch nach *Schröder* ist der finanzgerichtliche Vergleich letztlich nur zulässig, soweit die Beteiligten über den Gegenstand des Streites verfügen können. Die Charakterisierung der Vergleichsvereinbarung im Steuerrecht als einen echten Vertrag stößt uns auf die Grenzen der Verfügungsbefugnis. Zu beachten ist, wieweit das materielle Recht dem erklärenden eine Verfügungsbefugnis erteilt. (vgl. *Schröder*, Der Prozessvergleich in den verwaltungsgerichtlichen Verfahrensarten, S. 204).

dargestellten Auffassung folgt, erscheinen eine gütliche Einigung sowie der Abschluss eines Prozessvergleichs dennoch zumindest an den Stellen zulässig, an denen es nicht um das Steuerschuldverhältnis selbst geht und eine gütliche Einigung oder ein Vergleich das Prinzip gesetzmäßiger und gleichmäßiger Besteuerung daher nicht zu verletzen vermag.[63] So hat das Finanzgericht Bremen beispielsweise entschieden, dass ein gerichtlicher Vergleich über die Kosten im finanzgerichtlichen Verfahren zulässig ist, da es hier nicht um die Festsetzung oder Erhebung von Steuern geht.[64] Auch wenn die Argumente des klagenden Steuerpflichtigen im Laufe des Prozesses zu neuen Überlegungen seitens der beklagten Finanzbehörde führen, die eine andere einseitig-hoheitliche Regelung nahe legen, soll es nach *Schröder* der Finanzbehörde im Interesse einer schnellen Streitbeilegung möglich sein, eine neue Regelung in Aussicht zu stellen, woraufhin der Kläger keinen weiteren Grund zur Rechtsverfolgung sieht, solange es sich hierbei nicht um eine durch Abreden vom Gesetz abweichende Regelung handelt, sondern um eine Erfüllung durch sachgemäße Entscheidung.[65] Schließlich erscheint ein Vergleich darüber hinaus zumindest auch dann nicht ausgeschlossen, wenn der Finanzbehörde hinsichtlich einer Maßnahme ein Ermessen (§ 5 AO) eingeräumt ist, keine Ermessensreduzierung auf Null vorliegt und somit eine gewisse Dispositionsbefugnis sowie ein gewisser Gestaltungsspielraum der Finanzbehörde besteht. Das hiergegen vorgebrachte Argument, im Steuer- und Abgabenrecht sei der Verwaltungsakt die prinzipiell zwingende Handlungsform,[66] vermag (zumindest außerhalb der Begründung, Verschärfung, Milderung, Änderung oder Aufhebung eines Steuerpflichtverhältnisses) letztlich nicht zu überzeugen. Besteht ein Ermessensspielraum der Finanzbehörde, steht das im Steuer- und Abgabenrecht existierende Erfordernis eines Verwaltungsaktes einer Vereinbarung respektive einem Vergleich insofern nicht prinzipiell entgegen, als eine solche Übereinkunft den anschließenden Erlass eines Verwaltungsakts nicht ausschließt und eine Erfüllung der übernommenen Verpflichtung durch Verwaltungsakt sogar vorsehen kann. Während sich der Steuerpflichtige im Wege des Vergleichs beispielsweise zur Vornahme bestimmter Handlungen und zum Verzicht auf Rechtsmittelverfolgung verpflichten kann, kann sich die Finanzbehörde verpflichten, im Rahmen ihres Ermessenspielraums einen bestimmten Verwaltungsakt zu erlassen, zu ändern oder aufzuheben.

Folgt man der oben beschriebenen herrschenden Ansicht, wonach Verständigungen – und damit auch Vergleiche – über Rechtsfragen bezüglich der Begründung, Verschärfung, Milderung, Änderung oder Aufhebung eines Steuerpflichtverhältnisses ausgeschlossen sind, so ist das Wirkungsfeld des Prozessvergleichs im finanzgerichtlichen Verfahren sehr begrenzt.[67] Dies gilt selbst dann, wenn man einen Vergleich auch in den oben genannten Fällen zulässt, insbesondere in solchen, in denen der Finanzbehörde

---

[63] Im Ergebnis wohl auch: *Tipke*, in: *Tipke/Kruse*, AO/FGO, § 95 FGO Rn. 6.

[64] *FG Bremen* EFG 2000, 95. Vgl. auch: *Brockmeyer*, in: *Klein*, AO, § 78 Rn. 4.

[65] *Schröder*, Der Prozessvergleich in den verwaltungsgerichtlichen Verfahrensarten, S. 205.

[66] *Söhn*, in: *Hübschmann/Hepp/Spitaler*, AO/FGO, § 78 AO Rn. 167. Vgl. zudem auch: *Schröder*, Der Prozessvergleich in den verwaltungsgerichtlichen Verfahrensarten, S. 205, wonach auch das Vorliegen eines Ermessens- oder Beurteilungsspielraums noch nicht per se einen Vergleichsschluss rechtfertigt.

[67] So auch: *Schröder*, Der Prozessvergleich in den verwaltungsgerichtlichen Verfahrensarten, S. 202.

ein Ermessen eingeräumt wurde. Grund hierfür ist, dass die oben genannten Fälle sowie steuerrechtliche Ermessensvorschriften eher selten sind und sich die Dispositionsmacht der Finanzbehörden ansonsten auf die noch selteneren Fälle beschränkt, in denen ermächtigende Normen die Finanzverwaltung zum Abschluss eines Vertrages legitimieren.[68] Dieser Umstand – die stark begrenzte Möglichkeit eines gerichtlichen Vergleichs im Finanzprozess – scheint zunächst dafür zu sprechen, dass sich die Aufnahme mediativer Elemente im Bereich der Finanzgerichtsbarkeit nicht anbietet, die Finanzgerichtsordnung der Integration von Mediationselementen vielmehr entgegensteht. Dem ist jedoch nicht zuzustimmen, denn abseits des gerichtlichen Vergleichs sieht auch § 79 Abs. 1 Nr. 1 FGO – ähnlich wie § 87 Abs. 1 S. 2 Nr. 1 VwGO – vor, dass der Vorsitzende oder der Berichterstatter die Beteiligten zur Erörterung des Sach- und Streitstandes und zur gütlichen Beilegung des Rechtsstreits[69] laden kann, so dass sich das finanzgerichtliche Verfahren zumindest insofern zur Einbeziehung mediativer Elemente eignet. Darüber hinaus begründet auch die FGO eine tatsächliche und rechtliche Erörterungspflicht des Vorsitzenden Richters (§ 93 FGO), in deren Rahmen mediative Elemente Berücksichtigung finden können.[70] Schließlich sei noch einmal auf die nach herrschender Ansicht bestehende Möglichkeit einer Verständigung zu tatsächlichen Fragen verwiesen.[71] Gerade auch solche Verständigungen können durch die Aufnahme mediativer Elemente beziehungsweise im Rahmen einer Mediation erarbeitet werden.

Ob ferner auch § 278 Abs. 1 ZPO sowie die Güteverhandlung nach § 278 Abs. 2 ff. ZPO Ansatzpunkte für eine Einbeziehung mediativer Elemente in den verwaltungs-, sozial- und finanzgerichtlichen Prozess zu liefern vermögen, hängt davon ab, ob diese Vorschriften auch im Rahmen der öffentlich-rechtlichen Gerichtsbarkeiten Anwendung finden können. Dies ist umstritten, kann jedoch an dieser Stelle dahinstehen, da es im Rahmen der vorliegenden Arbeit primär um den Einsatz der gerichtsnahen Mediation in den öffentlich-rechtlichen Gerichtsbarkeiten und nicht etwa um die bloße Integration mediativer Elemente in das verwaltungs-, sozial- und finanzgerichtliche Verfahren geht.

V. Sonstige Mediationsmodelle

Ebenfalls trotz eines engen Bezugs zur Gerichtsbarkeit nicht der gerichtsnahen Mediation im Sinne der vorliegenden Arbeit zuzurechnen sind die so genannte „vorprozessuale gerichtsverbundene Mediation" und die Regelung des § 15a EGZPO. Im Wege der vorprozessualen gerichtsverbundenen Mediation wird zwar noch vor Klageerhebung, aber

---

[68] *Schröder*, Der Prozessvergleich in den verwaltungsgerichtlichen Verfahrensarten, S. 205.

[69] Eine gütliche Einigung kann trotz fehlender Möglichkeit eines Vergleichsschlusses beispielsweise darin bestehen, dass der Kläger die Unbegründetheit seiner Klage erkennt und sich die Prozessparteien auf die Rücknahme der Klage einigen oder dass die Finanzbehörde die Rechtswidrigkeit eines von ihr erlassenen Verwaltungsakts erkennt und infolge dessen eine Zusage der Abhilfe erteilt (*Koch*, in: *Gräber*, FGO, § 79 Rn. 5; *Kern*, in: *Pitschas/Walther*, Mediation in d. Verwaltungsgerichtsbarkeit, S. 147 (168)).

[70] Vgl. insgesamt: *Kern*, in: *Pitschas/Walther*, Mediation in d. Verwaltungsgerichtsbarkeit, S. 147 (168).

[71] Siehe oben Fn. 52.

bereits vor dem Hintergrund eines konkreten Streitpotentials auf die Konfliktlösungskapazität der Gerichtsbarkeit zurückgegriffen, indem die Gerichtsbarkeit – in Konkurrenz zu anderen (privaten/kommerziellen) Anbietern – ein Angebot zur vorprozessualen Mediation bereit hält und die Konfliktparteien dieses annehmen.[72] Nach § 15a EGZPO dagegen kann die Zulässigkeit einer Klage im Zivilprozess davon abhängig gemacht werden, dass durch die Konfliktparteien im Vorfeld der Versuch einer einvernehmlichen (außergerichtlichen) Streitbeilegung – zum Beispiel im Wege einer Mediation – unternommen wurde.[73]

Vorprozessuale gerichtsverbundene Mediation:

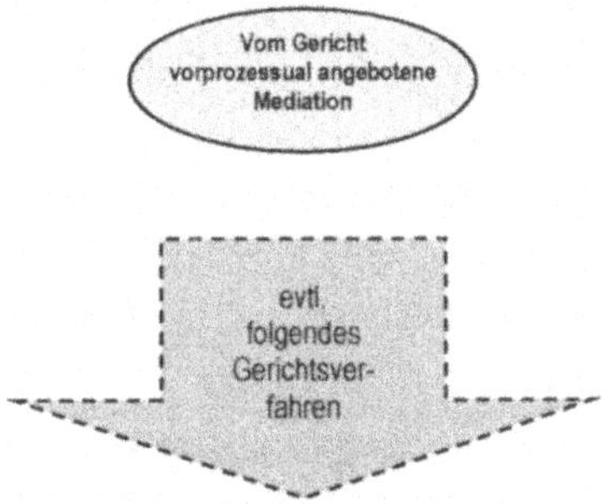

Verfahren nach § 15a EGZPO:

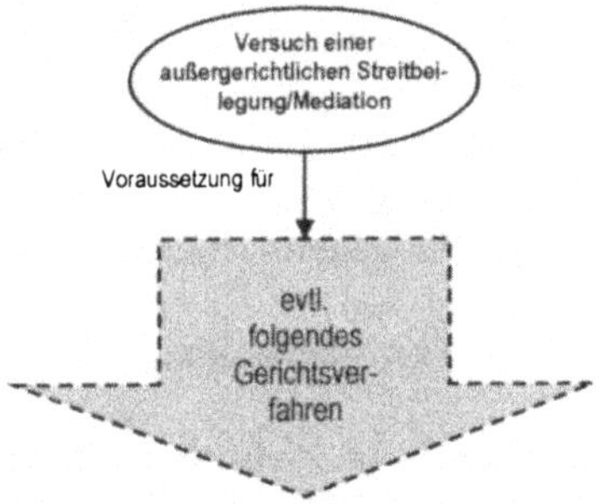

Eine gerichtsnahe Mediation im Sinne der vorliegenden Arbeit liegt schließlich auch dann nicht vor, wenn die Gerichte neben dem gerichtlichen Verfahren auch die Durchführung von (von einem Gerichtsverfahren unabhängigen) Mediationsverfahren anbieten, das heißt das Gericht zur Streitbeilegung aufsuchende Konfliktparteien sich wahlweise anstelle für das gerichtliche Verfahren auch für die Durchführung von Mediationsverfahren (unabhängig von einem zukünftigen oder parallelen Gerichtsverfahren) entscheiden können.[74]

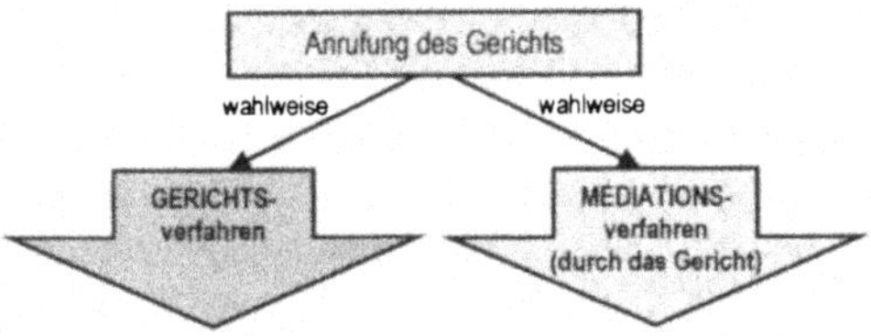

[72] *Ziekow*, NVwZ 2004, 290 (392).
[73] Vgl. hierzu im Einzelnen: BT-Drucks. 14/980, S. 1.
[74] Vgl. hierzu: *Huther*, ZKM 2004, 247 (249).

2. Kapitel: Bisherige Modellversuche zur Implementierung der gerichtsnahen Mediation in das Gerichtsverfahren – Darstellung und erste Erkenntnisse

In den vergangenen Jahren hat sich die Praxis dem Thema der gerichtsnahen Mediation bereits vielfach angenommen. So wurden in einigen Bundesländern und an einigen Einzelgerichten zahlreiche Modellversuche zum Einsatz der gerichtsnahen Mediation ins Leben gerufen, wobei jedoch das genaue Verfahren der gerichtsnahen Mediation von Modellversuch zu Modellversuch, teilweise sogar von Gericht zu Gericht innerhalb ein und des selben Modellversuchs, differiert. Ungeachtet der Verfahrensunterschiede zeichnen die bisher aus den Modellversuchen gewonnenen Erkenntnisse ein positives Bild der gerichtsnahen Mediation. Die folgenden Ausführungen sollen sich jedoch weitestgehend auf diejenigen Modellversuche beschränken, die – zumindest auch – den Einsatz der gerichtsnahen Mediation in Gerichten der öffentlich-rechtlichen Gerichtsbarkeit zum Gegenstand haben.

I. Die bisherigen Modellversuche

Im Bereich der öffentlich-rechtlichen Gerichtsbarkeiten wurde die gerichtsnahe Mediation[75] zum Zeitpunkt dieser Bearbeitung im Wege des so genannten Projekts „Gerichtsnahe Mediation in Niedersachsen" (am Verwaltungsgericht Hannover[76] und am Sozialgericht Hannover[77]), im Rahmen zweier weiterer mehrere Gerichte umfassenden Modellversuche in Mecklenburg-Vorpommern (am Sozialgericht Rostock, an den Verwaltungsgerichten Greifswald und Schwerin sowie am Oberverwaltungsgerichtshof Mecklenburg-Vorpommern) und in Sachsen-Anhalt (am Verwaltungs- und Oberverwaltungsgericht Magdeburg), im Rahmen eines eigenen Modellversuchs zur gerichtsnahen Mediation in der Verwaltungsgerichtsbarkeit in Hessen an allen dort existierenden Verwaltungsgerichten und am Hessischen Verwaltungsgerichtshof sowie an den Verwaltungsgerichten Berlin, Freiburg, Sigmaringen und Braunschweig und am Sozialgericht Lüneburg praktiziert. Bevor eine Auseinandersetzung mit den bisherigen Ergebnissen der Modellversuche zum Einsatz der gerichtsnahen Mediation in den öffentlich-rechtlichen Gerichtsbarkeiten vorgenommen werden wird, soll zunächst in der gebotenen Kürze auf diese genannten Modellversuche eingegangen werden.

---

[75] Vgl. zur einer Gesamtübersicht v.a.: Bericht der Arbeitsgruppe Mediation bei den Berliner Gerichten v. 20.7.2005, S. 12 ff.; *Volkmann*, Mediation im Zivilprozess, S. 16 ff.

[76] Vgl.: http://www.verwaltungsgericht-hannover.niedersachsen.de/master/C4563428_N4562974_L20_D0_I3748247.html (Stand: 24.1.2008).

[77] Vgl. auch: http://cdl.niedersachsen.de/blob/images/C7317998_L20.pdf (Stand: 24.1.2008).

1. Der Gerichte verschiedener Gerichtsbarkeiten umfassende Modellversuch „Gerichtsnahe Mediation in Niedersachsen"

Das Projekt „Gerichtsnahe Mediation in Niedersachsen" [78] verkörperte den ersten großflächigen und Gerichte verschiedener Gerichtsbarkeiten umfassenden Modellversuch zum Einsatz der gerichtsnahen Mediation. Es startete bereits im Jahre 2002 mit den hehren Zielen (1.) der Erweiterung der Sicht auf Konflikte und ihre Behandlung innerhalb der Justiz, (2.) der Steigerung der Akzeptanz gerichtlicher Streitbehandlung, (3.) der Änderung des Streitverhaltens in der Gesellschaft, (4.) der Gewinnung und Vermittlung von systematischem Wissen für die Aus- und Fortbildung und (5.) der Reduzierung der Belastungen, und finanziellen Kosten von Gerichten und Parteien sowie der sozialen Kosten der Parteien.[79] Im Einzelnen ging es unter anderem darum, die Fähigkeit der Justiz und der Konfliktparteien zur sinnvollen, effektiven Konfliktlösung zu verbessern und gesicherte Erkenntnisse über Chancen und Risiken einer strukturellen Einbindung der Mediation in laufende Gerichtsverfahren zu gewinnen. Weiterhin sollte eine Antwort auf die Frage gefunden werden, bei welchen Fallkonstellationen die gerichtsnahe Mediation eine sinnvolle Ergänzung des justiziellen Verfahrensangebots sein kann und wie sie sich effektiv organisieren lässt. Zudem sollte das Bewusstsein über die Möglichkeit der Mediation in der Bevölkerung und in der juristischen Aus- und Fortbildung sowie die Akzeptanz der Mediation gefördert werden, um so einen Beitrag zu einer verbesserten Streitkultur zu leisten. Darüber hinaus sollte untersucht werden, inwieweit durch eine verbesserte Abstimmung von Konflikt und Verfahrensangebot eine höhere Zufriedenheit der Konfliktparteien mit dem Verfahren und dem Verfahrensergebnis erzielt und dadurch die Akzeptanz des Justizsystems und der justiziellen Streitbehandlung verbessert werden kann. Schließlich sollte eine Analyse Erkenntnisse darüber erbringen, ob mit der Einführung

---

[78] Vgl. zur Projektdarstellung vor allem die Homepage des Projektes http://www.mediation-in-niedersachsen.com u. http://www.mediation-in-niedersachsen.de/ (Stand: 24.1.2008), insbesondere die Mediationsordnung zum Projekt Gerichtsnahe Mediation in Niedersachsen (MO Nds., abgedruckt als Anhang zu: Projekt Gerichtsnahe Mediation in Niedersachsen – Projektabschlussbericht), sowie die Projektdarstellung unter http://www.mediation-in-niedersachsen.com/dl/projektdarstel-lung.pdf (Stand: 24.1.2008). Vgl. zudem: *Spindler,* Abschlussbericht zum Forschungsprojekt Gerichtsnahe Mediation in Niedersachsen, Rn. 11 ff.; *Volkmann,* Mediation im Zivilprozess, S. 16 ff.; *Entringer/Josephi/deWitt,* Betrifft JUSTIZ 2003, 24 ff.; *Entringer/Vogelei,* Betrifft JUSTIZ 2003/Sonderheft, 58 ff.; *Entringer,* FPR 2004, 195 (197); *Clostermann/Josephi/Kleine-Tebbe/Niewisch-Lennartz/Vogelei,* SGb 2003, 266 (267 ff.); *Niewitsch-Lennartz,* Dokumentation zum 14. Dt. Verwaltungsrichtertag 2004, S. 51 (52 f.); *Spindler/Apel/Spalckhaver,* ZKM 2003, 192; *v. Olenhusen,* ZKM 2004, 104 ff.; *Kilian/Wielgosz,* ZZPInt. 2004, 355 (358); *Böttger/Hupfeld,* ZKM 2004, 155; Bericht der Arbeitsgruppe Mediation bei den Berliner Gerichten v. 20.7.2005, S. 38 ff., sowie: http://www.mj.niedersachsen.de/master/C1095713_L20_D0_I693_h1.html (Stand: 24.1.2008).

[79] Vgl. hierzu: Projekt Gerichtsnahe Mediation in Niedersachsen – Projektdarstellung, S. 9 ff.; Projekt Gerichtsnahe Mediation in Niedersachsen – Projektabschlussbericht, S. 6 f.; Projekt Gerichtsnahe Mediation in Niedersachsen – Erfahrungen aus der Projektpraxis, S. 3 f.; *Volkmann,* Mediation im Zivilprozess, S. 16 (Fn. 101); *Zenk/Strobl/Böttger,* ZKM 2006, 43; *Entringer/Vogelei,* Betrifft JUSTIZ 2003/Sonderheft, 58 ff.; *Entringer,* FPR 2004, 196 (197).

der gerichtsnahen Mediation auch eine Reduzierung des finanziellen und sozialen Kostenvolumens für die Konfliktparteien und Justiz einhergeht.[80]

Im Rahmen des Projekts „Gerichtsnahe Mediation in Niedersachsen“ wurde den Konfliktparteien bereits rechtshängiger Gerichtsverfahren – im Dienste einer Rechtspflege, die sich an den Bedürfnissen der Rechtssuchenden orientiert[81] – für drei Jahre an sechs Modellgerichten (neben dem Verwaltungsgericht Hannover und dem Sozialgericht Hannover namentlich an den Amtsgerichten Hildesheim[82] und Oldenburg und den Landgerichten Göttingen[83] und Hannover),[84] die Gelegenheit gegeben, zur Beilegung ihrer Rechtsstreitigkeiten ein mit Ausnahme der Kosten für die anwaltliche Vertretung kostenloses[85] gerichtsnahes Mediationsverfahren durchzuführen, anstatt den Weg des herkömmlichen Gerichtsverfahrens zu beschreiten. Die Parteien eines Rechtsstreits sollten in geeigneten Fällen auch noch nach Klageerhebung die Möglichkeit erhalten, ihren Konflikt mit Hilfe eines Mediators einvernehmlich zu lösen, wobei ihnen die freie Entscheidung überlassen bleiben sollte, ob sie die ihnen gebotene Möglichkeit der Mediation nutzen oder dem gerichtlichen Verfahren den Vorzug geben wollen.[86] Hierzu wurden an den Projektgerichten einige Richter/Innen als Mediatoren ausgewählt und ausgebildet[87] und – zumindest teilweise – von ihren richterlichen Aufgaben freigestellt. Die anderen Richter der Projektgerichte wurden über das Angebot der gerichtsnahen Mediation informiert und möglichst zahlreich durch entsprechende Schulungen zu so genannten Fallmanagern

---

[80] *Entringer/Josephi/deWitt*, Betrifft JUSTIZ 2003, 24; *Entringer/Vogelei*, Betrifft JUSTIZ 2003/Sonderheft, 58 ff.; *Entringer*, FPR 2004, 196 (197). Zu den Zielen des niedersächsischen Modellversuchs vgl. zudem u.a. auch: *Böttger/Hupfeld*, ZKM 2004, 155.

[81] Projekt Gerichtsnahe Mediation in Niedersachsen – Projektabschlussbericht, S. 5; Projekt Gerichtsnahe Mediation in Niedersachsen – Erfahrungen aus der Projektpraxis, S. 2.

[82] Vgl. auch: http://www.amtsgericht-hildesheim.niedersachsen.de/master/C9587495_L20_D0_I6361357_h1.html (Stand: 24.1.2008).

[83] Vgl.: http://www.landgericht-goettingen.niedersachsen.de/master/C36626787_N6717668_L20_D0_I4814288.html (Stand: 24.1.2008); *Lührig*, AnwBl. 2006, 101; *Monßen*, in: FS R. Haase, S. 293 (294).

[84] Die Auswahl der Modellgerichte erfolgte aufgrund einer dem Modellversuch vorausgehenden Umfrage bei allen in Betracht kommenden Gerichten, deren Ziel es war, das Interesse der jeweiligen Gerichte an der gerichtsnahen Mediation ermitteln. Der Modellversuch sollte nicht als Maßnahme „von oben“ angeordnet werden, satt dessen sollte bei den Modellgerichten eine innere Motivation und positive Grundeinstellung zur Einführung der Mediationsoption bestehen (vgl.: Bericht der Arbeitsgruppe Mediation bei den Berliner Gerichten v. 20.7.2005, S. 39).

[85] Vgl. u.a.: § 9 MO Nds.

[86] Projekt gerichtsnahe Mediation in Niedersachsen – Projektdarstellung, S. 14; Projekt Gerichtsnahe Mediation in Niedersachsen – Projektabschlussbericht, S. 5; Projekt Gerichtsnahe Mediation in Niedersachsen – Erfahrungen aus der Projektpraxis, S. 2; vgl. auch: *Spindler*, Abschlussbericht zum Forschungsprojekt „Gerichtsnahe Mediation in Niedersachsen“ Rn. 12.

[87] Zur Auswahl und Ausbildung vgl.: Bericht der Arbeitsgruppe Mediation bei den Berliner Gerichten v. 20.7.2005, S. 40 bzw. 41 f.; Projekt gerichtsnahe Mediation in Niedersachsen – Projektdarstellung, S. 14; Projekt Gerichtsnahe Mediation in Niedersachsen – Projektabschlussbericht, S. 13 f., 18 ff., 44 u. 53 (Ausbildung) bzw. S. 43 (Auswahlkriterien); Projekt Gerichtsnahe Mediation in Niedersachsen – Erfahrungen aus der Projektpraxis, S. 8 f.

ausgebildet,[88] deren Aufgabe im Rahmen des Modellversuchs unter anderem darin bestand, mediationsgeeignete Fälle zu erkennen, die Parteien und ihre Anwälte über das Mediationsangebot zu informieren und – gegebenenfalls nach Erörterung der Unterschiede, der Vorzüge und der möglichen Nachteile einer Mediation gegenüber dem gerichtlichen Verfahren – den Parteien die Durchführung einer Mediation vorzuschlagen.[89] Im Laufe des Projekts wurde die Akquise von Verfahren für die gerichtsnahe Mediation jedoch in zunehmendem Maße auch direkt von den Richtermediatoren übernommen, was den Vorteil birgt, dass die Verfahrensanbieter den potentiellen Beteiligten die Vorteile des Mediationsverfahrens authentischer kommunizieren und das Mediationskonzept in seinen Möglichkeiten, Rollenanforderungen und Gefahren konkreter und lebendiger vorstellen konnten als die zu Fallmanagern ausgebildeten gesetzlichen Richter.[90] Schließlich wurde am Landgericht Göttingen eine weitere Vorgehenspraxis hinsichtlich der Initiierung eines gerichtsnahen Mediationsverfahrens entwickelt, die später auch an anderen Modellgerichten praktiziert wurde. Danach gibt der gesetzliche Richter die Akten ohne eine gesonderte Prüfung der Mediationseignung des Falles an den Richtermediator ab, der dann – unabhängig davon, ob der Fall als typischerweise besonders geeignet erscheint – direkt Kontakt zu den Prozessparteien oder deren Rechtsanwälten aufnimmt.[91] Für die gerichtsnahe Mediation werden demnach grundsätzlich alle Verfahren der ersten Instanz routinemäßig vorgeschlagen, sofern die Parteien einverstanden und anwaltlich vertreten sind.[92] Unabhängig von allen Akquisitionsfragen konnte die Abgabe an ein Mediationsverfahren im Rahmen des niedersächsischen Modellversuches entweder in einem frühen Stadium des Prozesses (etwa nach der Klageerwiderung), oder aber auch in älteren Verfahren, in denen bereits streitig verhandelt wurde, die aber noch nicht zum Abschluss gelangt waren, erfolgen.[93]

Mit Blick auf den Ablauf einer Mediation an den Niedersächsischen Modellgerichten bleibt festzuhalten, dass die Initiative zur Mediationsdurchführung grundsätzlich auch von den Parteien selbst oder von deren Rechtsanwälten ausgehen konnte. Dennoch waren

---

[88] Zur Ausbildung der Fallmanager vgl.: Projekt gerichtsnahe Mediation in Niedersachsen – Projektdarstellung, S. 13; Projekt Gerichtsnahe Mediation in Niedersachsen – Projektabschlussbericht, S. 14 f.; Projekt Gerichtsnahe Mediation in Niedersachsen – Erfahrungen aus der Projektpraxis, S. 9 f.

[89] *Entringer/Josephi/deWitt*, Betrifft JUSTIZ 2003, 24; vgl. auch: *Spindler/Apel/Spalckhaver*, ZKM 2003, 192; *Kilian/Wielgosz*, ZZPInt. 2004, 355 (358); *Niewitsch-Lennartz*, Dokumentation zum 14. Dt. Verwaltungsrichtertag 2004, S. 51 (53); *Volkmann*, Mediation im Zivilprozess, S. 17.

[90] Projekt Gerichtsnahe Mediation in Niedersachsen – Projektabschlussbericht, S. 25 u. 45. Der Grund dafür, dass die Richtermediatoren den Konfliktparteien die Mediation besser nahe bringen können als die am Gericht tätigen anderen Richter, könnte darin liegen, dass die anderen Richter nur in begrenztem Maße hinsichtlich der gerichtsnahen Möglichkeit fortgebildet wurden/werden können und, dass sich die anderen Richter bei Empfehlung der gerichtsnahen Mediation in der Situation sehen könnten, das eigene Vergleichsgespräch abzuwerten oder in den Verdacht zu geraten, sich nur der Arbeit entledigen zu wollen (vgl.: Projekt Gerichtsnahe Mediation in Niedersachsen – Projektabschlussbericht, S. 45).

[91] Vgl. u.a.: *Spindler*, Abschlussbericht zum Forschungsprojekt „Gerichtsnahe Mediation in Niedersachsen" Rn. 13 u. 208; *Volkmann*, Mediation im Zivilprozess, S. 17; *Monßen*, in: FS R. Haase, S. 293 (294); *v. Olenhusen*, ZKM 2004, 104 f.; *v. Olenhusen*, DRiZ 2003, 396 (397); *Lührig*, AnwBl. 2006, 101.

[92] *Lührig*, AnwBl. 2006, 101.

[93] *v. Olenhusen*, ZKM 2004, 104.

es häufiger die als „Konfliktmanager" oder „Türöffner" tätig werdenden Richter[94] oder die Richtermediatoren, die den Beteiligten ein Mediationsverfahren vorschlugen und die Zustimmung der Parteien zu einem Wechsel in die Mediation einholten.[95] Das Mediationsverfahren selbst beginnt unter den Voraussetzungen des § 2 der Mediationsordnung für das Projekt „Gerichtsnahe Mediation in Niedersachsen" (MO Nds.)[96] mit dem Abschluss einer Mediationsvereinbarung (§ 3 MO Nds.). Vor Abschluss der Mediationsvereinbarung und damit auch vor Beginn des eigentlichen Mediationsverfahrens informiert der Mediator die Parteien über seine Rolle und Aufgaben, den Ablauf des Verfahrens sowie die Rechte und Pflichten der Beteiligten im Mediationsverfahren und weist die Parteien darauf hin, dass sie sich jederzeit anwaltlich beraten lassen sowie das Verfahren jederzeit abbrechen oder beenden können (§ 4 Abs. 2 MO Nds.). Während der Mediation unterstützt der Richtermediator die Parteien in ihrem Bemühen, Streitfragen zu erkennen, Lösungsoptionen zu erarbeiten und den Konflikt einvernehmlich zu regeln (§ 4 Abs. 1 S. 1 MO Nds.). Er leitet das Mediationsverfahren, erteilt keinen Rechtsrat und sieht von Prognosen über den Ausgang des rechtshängigen Verfahrens ab (§ 4 Abs. 1 S. 2 und 3 MO Nds.). Darüber hinaus unterstützt er die Konfliktparteien allparteilich darin, ihre Interessen in angemessener Weise und in ausreichendem Umfang zu artikulieren (§ 4 Abs. 3 S. 2 MO Nds.), wobei er stets zur Unparteilichkeit und Neutralität verpflichtet ist (§ 4 Abs. 3 S. 1 MO Nds.).[97] Die Durchführung des nach § 6 MO Nds. vertraulichen und gemäß § 5 Abs. 2 S. 1 MO Nds. nicht öffentlichen Mediationsverfahrens erfolgt nur in Anwesenheit der Parteien beziehungsweise bei juristischen Personen in Anwesenheit informierter und zum Abschluss einer Vereinbarung über den Verfahrensgegenstand berechtigter Vertreter (§ 5 Abs. 1 MO Nds.). Dritte können nur mit Zustimmung der Parteien hinzugezogen werden (§ 5 Abs. 2 S. 2 MO Nds.); Einzelgespräche können nur mit Zustimmung der Parteien geführt werden, wobei deren Inhalt der jeweils anderen Partei nur mit Zustimmung der im Einzelgespräch angehörten Konfliktpartei mitgeteilt wird.

---

[94] Vgl. u.a.: *Entringer/Josephi/deWitt*, Betrifft JUSTIZ 2003, 24.

[95] Die oben bereits beschriebene Möglichkeit, dass auch die Richtermediatoren selbst den Konfliktparteien die Durchführung einer Mediation vorschlagen konnten, wurde u.a. geschaffen, da mit der Methode, dass die Streitrichter als „Fallmanager" bzw. „Türöffner" fungierten, keine ausreichenden Abgabequoten an die Mediation erzielt werden konnten und es den mediativen Prinzipien entspreche, dass sich die Mediatoren den Parteien für eine Konfliktvermittlung zur Verfügung stellten. Um Mediationsvorschläge durch die Richtermediatoren erst zu ermöglichen, gaben die jeweils zuständigen Kammern und Einzelrichter die Verfahrensakten ohne Vorprüfung an die Mediationsabteilung ab, wobei eine Akteneinsicht innerhalb desselben Gerichts zwar als rechtlich unbedenklich eingestuft, hierfür dennoch das Einverständnis der Verfahrensbeteiligten eingeholt wurde. (vgl. hierzu insgesamt: *v. Olenhusen*, ZKM 2004, 104 (105)).

[96] Abgedruckt als Anhang zu: Projekt Gerichtsnahe Mediation in Niedersachsen – Projektabschlussbericht

[97] Zur Sicherung der Unparteilichkeit und Neutralität informiert der Richtermediator die Parteien und die Projektgruppe nach § 4 Abs. 4 MO Nds. stets unverzüglich über alle Umstände, die Zweifel an seiner Unparteilichkeit wecken könnten (§§ 42 ff. ZPO). Hält er sich selbst für befangen im Sinne der §§ 42 f. ZPO, zeigt er dies den Parteien unverzüglich an und beendet die Mediation.

Anknüpfungspunkt der Einbindung des Mediationsverfahrens in das gerichtliche Verfahren waren im Rahmen des niedersächsischen Modellversuches die §§ 278 und 279 ZPO, deren Neufassung eindringlich an alle Prozessbeteiligten appellieren soll, die in den meisten Streitfällen bestehenden materiellen und immateriellen Vorteile einer Streitbeilegung ohne Urteil (zum Beispiel Zeitgewinn und Rechtsfrieden) in noch stärkerem Umfang als bisher zu nutzen. Nach § 278 Abs. 5 S. 2 und 3 ZPO könne das Gericht den Parteien eine außergerichtliche Streitschlichtung – insbesondere eine Mediation – vorschlagen und für deren Dauer das Ruhen des gerichtlichen Verfahrens anordnen.[98] Willigten die Parteien im Rahmen des niedersächsischen Modellversuchs in eine Mediation ein, so wurde das Verfahren dementsprechend konsequent analog § 278 Abs. 5 ZPO an einen nach der Geschäftsverteilung im betreffenden Gerichtsverfahren weder aktuell noch zukünftig entscheidungsbefugten Richtermediator als ersuchten oder beauftragten Richter verwiesen.[99] Gleichzeitig wurde das jeweilige Gerichtsverfahren durch einen Beschluss des jeweiligen gesetzlichen Richters gemäß § 278 Abs. 5 S. 3 i.V.m. § 251 ZPO für die Dauer des Mediationsverfahrens zum Ruhen gebracht.[100] Beendet wurde das gerichtsnahe Mediationsverfahren im Rahmen des niedersächsischen Modellversuchs (1.) mit einer abschließenden Vereinbarung über den Konfliktgegenstand insgesamt oder über einzelne Streitpunkte, sofern eine der Parteien oder der Mediator der Auffassung waren, dass über die restlichen Bestandteile keine Einigung erzielt werden kann, (2.) durch formfreie Erklärung einer oder beider Parteien gegenüber dem Mediator, das Mediationsverfahren mit sofortiger Wirkung beenden zu wollen, oder (3.) mit der Erklärung des Mediators, dass er aus bestimmten, von ihm anzugebenden Gründen das Mediationsverfahren als beendet betrachte, § 8 MO Nds.[101] Im Falle einer Einigung der Parteien im Mediationsverfahren wurden die gerichtlichen Verfahren endgültig in der Form beendet, wie dies von den Beteiligten vereinbart wurde, das heißt durch einen gerichtlichen Vergleich, eine übereinstimmende Erledigungserklärung oder eine Klage- beziehungsweise Antragsrücknahme.[102] Teilweise wurde in analoger Anwendung der §§ 278 Abs. 5

---

[98] Projekt Gerichtsnahe Mediation in Niedersachsen – Projektabschlussbericht, S. 9 f.; Projekt Gerichtsnahe Mediation in Niedersachsen – Erfahrungen aus der Projektpraxis, S. 6.

[99] *v. Olenhusen,* DRiZ 2003, 396 (397); *Spalckhaver,* IDR 2004, 80 (81).

[100] *Entringer/Josephi/deWitt,* Betrifft JUSTIZ 2003, 24; *Clostermann/Josephi/Kleine-Tebbe/Niewisch-Lennartz/Vogelei,* SGb 2003, 266 (267); *Spindler/Apel/Spalckhaver,* ZKM 2003, 192; *Spalckhaver,* IDR 2004, 80 (81); *Lühríg,* AnwBl. 2006, 101; *Volkmann,* Mediation im Zivilprozess, S. 17; Projekt Gerichtsnahe Mediation in Niedersachsen – Projektabschlussbericht, S. 5 u. 25; Projekt Gerichtsnahe Mediation in Niedersachsen – Erfahrungen aus der Projektpraxis, S. 2 u. 6.

[101] Abgedruckt als Anhang zu: Projekt Gerichtsnahe Mediation in Niedersachsen – Projektabschlussbericht.

[102] *Entringer/Josephi/deWitt,* Betrifft JUSTIZ 2003, 24; *Clostermann/Josephi/Kleine-Tebbe/Niewisch-Lennartz/Vogelei,* SGb 2003, 266 (267); *Spindler/Apel/Spalckhaver,* ZKM 2003, 192; *Niewitsch-Lennartz,* Dokumentation zum 14. Dt. Verwaltungsrichtertag 2004, S. 51 (56); *Spindler,* Abschlussbericht zum Forschungsprojekt „Gerichtsnahe Mediation in Niedersachsen" Rn. 12; Projekt gerichtsnahe Mediation in Niedersachsen – Projektdarstellung, S. 14; Projekt Gerichtsnahe Mediation in Niedersachsen – Projektabschlussbericht, S. 5 u. 25; Projekt Gerichtsnahe Mediation in Niedersachsen – Erfahrungen aus der Projektpraxis, S. 2.

S. 1, 362 ZPO auch dazu übergegangen, dass der Richtermediator ermächtigt wurde, anstelle des gesetzlich zuständigen Richters direkt im Anschluss an die Mediationsverhandlungen das gerichtliche Verfahren wieder aufzunehmen und die von den Konfliktparteien im Rahmen der Mediation getroffene Vereinbarung als Prozessvergleich entgegenzunehmen und zu protokollieren.[103] Die gerichtsnahe Mediation im Rahmen des Modellversuchs „Gerichtsnahe Mediation in Niedersachsen" wurde zwar auf § 278 Abs. 5 S. 2 ZPO gestützt und den Aufgaben der Gerichtsverwaltung zugeordnet. Dennoch konnten Mediationsverfahren durch ein richterliches Protokoll und gegebenenfalls durch den Abschluss eines gerichtlichen Vergleichs abgeschlossen werden. Eigens hierzu wurde es als möglich erachtet, dass der Richtermediator am Ende des Mediationsverfahrens in die Rolle des ersuchten Richters gemäß §§ 278 Abs. 5 S. 1, 362 Abs. 1 ZPO analog schlüpft.[104] Verfahrensrechtlich sollte diese Vorgehensweise dadurch abgesichert werden, dass der gesetzlich zuständige Richter vor Beginn der Mediation einen Beschluss erlässt, in dem der mit der Mediation betraute Richter als ersuchter Richter gemäß § 278 Abs. 5 S. 1 und § 362 ZPO analog ersucht wird, auf Wunsch der Parteien nach Beendigung der Mediation das Verfahren wieder aufzurufen und eine Güteverhandlung – einschließlich der Protokollierung eines gegebenenfalls abzuschließenden Vergleichs – durchzuführen.[105] Hierdurch sollte gewährleistet werden, dass die Anwälte der Konfliktparteien nicht anders gestellt wurden, als bei einer Verhandlung vor dem streitentscheidenden Richter, und dass die Konfliktparteien und ihre Rechtsanwälte nicht nochmals zu einem gesonderten Protokollierungstermin erscheinen mussten.[106] Im Falle des Scheiterns der Mediationsbemühungen wurde das gerichtliche Verfahren wieder aufgenommen und vom gesetzlichen Richter weitergeführt.[107] Dabei wurden die im Rahmen der gerichtsnahen Mediation erlangten Erkenntnisse vertraulich behandelt. Im Falle einer Fortführung des Gerichtsprozesses – nach Scheitern der Mediation – fanden die Aspekte des Mediationsverfahrens keinen Eingang in den fortgesetzten Prozess. Die Richtermediatoren sicherten den Mediationsparteien zu, den Inhalt der Mediationsverfah-

---

[103] Vgl.: *v. Olenhusen,* ZKM 2004, 104 (105); *Spindler,* ZKM 2007, 79 (81); *Spindler,* Abschlussbericht zum Forschungsprojekt „Gerichtsnahe Mediation in Niedersachsen" Rn. 13; *v. Olenhusen,* DRiZ 2003, 396 (397); *Lührig,* AnwBl. 2006, 101; *Löer,* ZKM 2005, 182 (184).

[104] *v. Olenhusen,* ZKM 2004, 104 (105); *v. Olenhusen,* DRiZ 2003, 396 (397); *Volkmann,* Mediation im Zivilprozess, S. 18 u. 79; *Löer,* ZKM 2005, 182 (184).

[105] *v. Olenhusen,* ZKM 2004, 104 (105); *Volkmann,* Mediation im Zivilprozess, S. 79 f.; *Spindler,* ZKM 2007, 79 (81); *Spindler,* Abschlussbericht zum Forschungsprojekt Gerichtsnahe Mediation in Niedersachsen, Rn. 90; *Löer,* ZKM 2005, 182 (184); *Niewitsch-Lennartz,* Dokumentation zum 14. Dt. Verwaltungsrichtertag 2004, S. 51 (56).

[106] *v. Olenhusen,* ZKM 2004, 104 (105); *Löer,* ZKM 2005, 182 (184 f.); *Volkmann,* Mediation im Zivilprozess, S. 18 u. 79; Bericht der Arbeitsgruppe Mediation bei den Berliner Gerichten v. 20.7.2005, S. 49.

[107] *Entringer/Josephi/deWitt,* Betrifft JUSTIZ 2003, 24; *Clostermann/Josephi/Kleine-Tebbe/Niewisch-Lennartz/Vogelei,* SGb 2003, 266 (267); *Spindler/Apel/Spalckhaver,* ZKM 2003, 192; *Spalckhaver,* IDR 2004, 80 (81); *Volkmann,* Mediation im Zivilprozess, S. 17; *Spindler,* Abschlussbericht zum Forschungsprojekt „Gerichtsnahe Mediation in Niedersachsen" Rn. 12; Projekt Gerichtsnahe Mediation in Niedersachsen – Projektabschlussbericht, S. 25; Projekt Gerichtsnahe Mediation in Niedersachsen – Erfahrungen aus der Projektpraxis, S. 7.

ren auch im Falle einer Wiederaufnahme des gerichtlichen Verfahrens gegenüber dem gesetzlichen Richter vertraulich zu behandeln. Gerichts- und Mediationsakten wurden für jedes Verfahren getrennt geführt und verwahrt.[108]

Im Rahmen des Mediationsverfahrens beschränkten sich die Richtermediatoren im Rahmen des Modellversuchs „Gerichtsnahe Mediation in Niedersachsen" weitestgehend auf eine so genannte „facilitative Mediation".[109] Sie erteilten weder einen Rechtsrat noch nahmen sie eigene Bewertungen oder Prognosen über die Erfolgsaussichten der Klage vor. Stattdessen sorgten sie lediglich dafür, dass sich die Beteiligten über die Konsequenzen der verschiedenen Rechtsauffassungen sowie des Obsiegens beziehungsweise Unterliegens im Prozess klar wurden und eröffneten den Parteien die Gelegenheit, weitere aus ihrer Sicht wesentliche Anliegen und Entscheidungskriterien für die Lösung des jeweiligen Konflikts zu benennen. Letzteres sollte dazu dienen, Lösungsoptionen zu ermöglichen, die den tatsächlichen, hintergründigen Anliegen und Interessen der Parteien entsprechen.[110] Voraussetzung für die Durchführung von Mediationen im Rahmen des Projekts „Gerichtsnahe Mediation in Niedersachsen" war es dabei stets, dass die Parteien – sofern es sich nicht um Behörden handelte – anwaltlich vertreten waren, § 7 MO Nds. So wurde sichergestellt, dass die Beteiligten die Mediation in Kenntnis des Rechts durchführten.[111]

Eine Besonderheit des niedersächsischen Modellversuchs bestand unter anderem darin, dass im Rahmen dieses Modellversuchs auch eine Psychologenstelle eingerichtet wurde, um den Parteien an den Projektgerichten die Möglichkeit zu geben, zwischen einem richterlichem Mediator, einem psychologischem Mediator sowie einer Co-Mediation im „Tandem" entscheiden zu können.[112] Darüber hinaus wurden spezielle Mediationsräume an den Modellgerichten eingerichtet,[113] mehr oder weniger umfangreiche Öffentlichkeitsarbeit geleistet[114] und zahlreiche Maßnahmen getroffen, um die Akzeptanz des Projekts seitens der Mittelbehörden, der Rechtsanwaltschaft an den Projektstandorten sowie der Behördenleiter, Richterschaft und Mediatoren an den Projektgerichten zu erlangen und insbesondere die Richterschaft und die Rechtsanwaltschaft in das Projekt

---

[108] Projekt Gerichtsnahe Mediation in Niedersachsen – Projektabschlussbericht, S. 25; Zur Vertraulichkeit der gerichtsnahen Mediation an den Projektgerichten insgesamt vgl. v.a.: § 6 MO Nds.

[109] Vgl. Projekt Gerichtsnahe Mediation in Niedersachsen – Projektabschlussbericht, S. 19, sowie: § 4 Abs. 1 MO Nds.

[110] *Entringer/Josephi/deWitt*, Betrifft JUSTIZ 2003, 24 (26).

[111] *Clostermann/Josephi/Kleine-Tebbe/Niewisch-Lennartz/Vogelei*, SGb 2003, 266 (268); vgl. zudem auch: Projekt Gerichtsnahe Mediation in Niedersachsen – Projektabschlussbericht, S. 25; Projekt Gerichtsnahe Mediation in Niedersachsen – Erfahrungen aus der Projektpraxis, S. 7; *Niewitsch-Lennartz*, Dokumentation zum 14. Dt. Verwaltungsrichtertag 2004, S. 51 (54); *Volkmann*, Mediation im Zivilprozess, S. 17.

[112] Vgl.: Projekt Gerichtsnahe Mediation in Niedersachsen – Projektabschlussbericht, S. 5; Projekt Gerichtsnahe Mediation in Niedersachsen – Erfahrungen aus der Projektpraxis, S. 2 f.

[113] Projekt Gerichtsnahe Mediation in Niedersachsen – Projektabschlussbericht, S. 15; Projekt Gerichtsnahe Mediation in Niedersachsen – Erfahrungen aus der Projektpraxis, S. 10.

[114] Projekt Gerichtsnahe Mediation in Niedersachsen – Projektabschlussbericht, S. 15.

einzubinden.[115] Wie dem auch sei: Der Modellversuch „Gerichtsnahe Mediation in Niedersachsen" wurde letztlich am 28.2.2005 nach dreijähriger Laufzeit planmäßig beendet. An allen sechs Projektgerichten ging die gerichtsnahe Mediation jedoch (zumindest bis zum Zeitpunkt des Vorliegens der Ergebnisse der Begleitforschung[116]) auch nach der eigentlichen Beendigung des Modellversuchs weiter.

2. Der hessische Modellversuch zum Einsatz der gerichtsnahen Mediation in der Verwaltungsgerichtsbarkeit

In Hessen[117] wird die gerichtsnahe Mediation seit Mai 2004 im Rahmen eines zunächst auf drei Jahre angelegten Modellversuchs auf Initiative innerhalb der Gerichtsbarkeit selbst[118] und mit Förderung und Genehmigung des Hessischen Justizministeriums an allen Verwaltungsgerichten erster und zweiter Instanz angeboten.[119] Damit ist Hessen der erste Flächenstaat, der die gerichtsnahe Mediation in allen Gerichten einer Gerichtsbarkeit, der Verwaltungsgerichtsbarkeit, anbietet.[120] Für die Durchführung der gerichtsnahen Mediationsverfahren stehen dabei an allen Verwaltungsgerichten speziell hierfür ausgewählte und geschulte[121] Richtermediatoren zur Verfügung, die für die zusätzlich zur Dezernatstätigkeit anfallenden Mediationen zu Beginn des Modellversuchs jedoch keine

---

[115] Vgl. hierzu: Projekt Gerichtsnahe Mediation in Niedersachsen – Projektabschlussbericht, S. 11 f.

[116] Projekt Gerichtsnahe Mediation in Niedersachsen – Projektabschlussbericht, S. 54. Vgl. auch: http://www.mediation-in-niedersachsen.com/kurzdarstellung.html (Stand: 24.1.2008).

[117] Inzwischen hat sich auch die nordrhein-westfälische Verwaltungsgerichtsbarkeit dem hessischen Modellversuch zum Einsatz der gerichtsnahen Mediation in der Verwaltungsgerichtsbarkeit angeschlossen (vgl. u.a.: *Reimers/Apell*, LKRZ 2007, 7 (8)). Seit März 2006 ist am Oberverwaltungsgericht Münster sowie an jedem nordrhein-westfälischen Verwaltungsgericht je en Richter als Gerichtsmediator tätig (vgl.: *Walther*, ZKM 2006, 144 (Fn. 3) sowie die Pressemitteilung des OVG Münster v. 1.3.2006, online verfügbar unter: www.ovg.nrw.de/presse/pressem/2006/p060301.htm (Stand: 24.1.2008), und: http://www.ovg.nrw.de/presse/pressem/2006/mediationflyer.pdf (Stand: 24.1.2008)).

[118] *Reimers/Apell*, LKRZ 2007, 7.

[119] *Walther*, ZKM 2005, 53; *Walther*, DRiZ 2005, 127; *Walther, Schönhauser, Büttner/Heinecke* u. *Reichenbach/Helbig*, in: *Pitschas/Walther*, Mediation in d. Verwaltungsgerichtsbarkeit, S. 7 (14), S. 89 (91), S. 251 (254) bzw. S. 291; *Volkmann*, Mediation im Zivilprozess, S. 19 f.; Pressemitteilung des Hessischen Ministeriums der Justiz vom 31. März 2004; vgl. zudem auch: Projekt Gerichtsnahe Mediation in Niedersachsen – Projektabschlussbericht, S. 4. Vgl. zudem auch die entsprechenden Links unter: http://www.vgh-kassel.justiz.hessen.de/internet/vgh-kassel.nsf/Frame/N24XTGW2889RLIGDE und http://www.vg-darmstadt.justiz.hessen.de/internet/vg-darmstadt.nsf/Frame/N24XTGW2889RLIGDE (Stand: 24.1.2008).

[120] Vgl. auch: *Reimers/Apell*, LKRZ 2007, 7 (8); zusätzlich zum Modellversuch an den Hessischen Verwaltungsgerichten wird in Hessen seit September 2004 auch am Landgericht Frankfurt am Main gerichtsnahe Mediation angeboten. Vgl. hierzu den entsprechenden Link unter: http://www.lg-frankfurt.justiz.hessen.de (Stand: 24.1.2008), sowie: *Volkmann*, Mediation im Zivilprozess, S. 19 f.; Bericht der Arbeitsgruppe Mediation bei den Berliner Gerichten v. 20.7.2005, S. 26 f.

[121] Vgl. hierzu u.a.: *Walther, Büttner/Heinecke* u. *Reichenbach/Helbig*, in: *Pitschas/Walther*, Mediation in d. Verwaltungsgerichtsbarkeit, S. 7 (15 f.), S. 251 (257 ff. u. 274 f.) bzw. S. 291 (292 ff. u. 296 f.).

Entlastung durch die Justizverwaltung oder das Präsidium erfahren haben.[122] Die Richtermediatoren nehmen ihre Mediatorentätigkeit neben ihren anderen richterlichen Aufgaben war.[123]

Aufgabe der für die Entscheidung des Rechtsstreits zuständigen gesetzlichen Richter ist es im Rahmen des Hessischen Modellversuchs – ähnlich wie im Rahmen des Projekts „Gerichtsnahe Mediation in Niedersachsen" –, die bei ihnen anhängigen Verfahren auf ihre Mediationseignung zu untersuchen und den Konfliktparteien gegebenenfalls eine Mediation zu empfehlen. Außer in Asyl- und Numerus clausus-Verfahren wird nahezu allen Neueingängen in erster und zweiter Instanz ein Informationsblatt über die bestehende Möglichkeit der Mediationsdurchführung beigefügt.[124] Erklären sich die Parteien mit der Durchführung einer gerichtsnahen Mediation einverstanden, wird das gerichtliche Verfahren auf Antrag der Parteien für die Dauer der Mediationsdurchführung zum Ruhen gebracht und einem der am jeweiligen Gericht tätigen Gerichtsmediatoren übergeben, wobei sich der Ablauf der Mediation von Gericht zu Gericht teilweise deutlich unterscheidet,[125] als jeweils tätig werdender Gerichtsmediator jedoch grundsätzlich nicht der gesetzlich zuständige Richter in Betracht kommt.[126] Teilweise spricht der gesetzlich zuständige Richter den am Gericht tätigen Richtermediator direkt an oder es werden für die gerichtsnahe Mediation geeignete Fälle direkt zur Mediationsstelle gegeben, wo die jeweilige Prozessakte registriert wird und ein eigenes Mediationsaktenzeichen erhält. Ist dies der Fall, nimmt der Richtermediator selbst Kontakt zu den Prozessparteien auf, informiert diese über die gerichtsnahe Mediation und holt das Einverständnis zur Durchführung des gerichtsnahen Mediationsverfahrens sowie den Antrag auf Anordnung des Ruhens des Verfahrens ein, woraufhin das zuständige Gericht das Ruhen des gerichtlichen Verfahrens anordnet.[127] Den Mediationsverfahren an den hessischen Verwaltungsgerichten und am Hessischen Verwaltungsgerichtshof ist zumindest gemein, dass die Richtermediatoren die gerichtsnahen Mediationsverfahren als Teil der Gerichtsverwaltung im Sinne des § 4 Abs. 2 Nr. 1 DRiG ausführen.[128] Zur verwaltungsmäßigen Durchführung

---

[122] *Walther* u. *Reichenbach/Helbig*, in: *Pitschas/Walther*, Mediation in d. Verwaltungsgerichtsbarkeit, S. 7 (17) bzw. S. 291 (294). Für die Zukunft wird jedoch eine Entlastung von ca. 10% angestrebt (vgl.: *Reimers*, in: *Pitschas/Walther*, Mediation in d. Verwaltungsgerichtsbarkeit, S. 45 (46)).

[123] *Reimers/Apell*, LKRZ 2007, 7 (8).

[124] *Reimers/Apell*, LKRZ 2007, 7 (8)

[125] Zu einer Darstellung des Verfahrensablaufs am VG Darmstadt und am VG Wiesbaden vgl.: *Büttner/Heinecke*, in: *Pitschas/Walther*, Mediation in d. Verwaltungsgerichtsbarkeit, S. 251 (260 ff. bzw. 276 ff.). Zum Verfahrensablauf am VGH Kassel und am VG Kassel vgl.: *Reichenbach/Helbig*, in: *Pitschas/Walther*, Mediation in d. Verwaltungsgerichtsbarkeit, S. 291 (298 ff.); Zum Verfahrensablauf am VG Frankfurt und am VG Gießen vgl.: *Falkenstein/Gerbracht*, in: *Pitschas/Walther*, Mediation in d. Verwaltungsgerichtsbarkeit, S. 315 (322 ff.).

[126] *Reimers/Apell*, LKRZ 2007, 7 (8).

[127] Vgl.: *Deventer/Ferner*, in: *Fritz/Karber/Lambeck*, Mediation statt Verwaltungsprozess?, S. 105 (122 f.).

[128] *Reimers/Apell*, LKRZ 2007, 7 (8); *Walther*, *Büttner/Heinecke* u. *Reichenbach/Helbig*, in: *Pitschas/Walther*, Mediation in d. Verwaltungsgerichtsbarkeit, S. 7 (16 u. 20) bzw. S. 251 (279) u. S. 291 (292); *Hepp*, BDVR-Rundschreiben 2005, 44 (45); *Walther*, ZKM 2005, 53 (54), *Walther*, DRiZ 2005, 127 (128).

der Mediationsverfahren hat der Präsident des Hessischen Verwaltungsgerichtshofes eine Dienstanweisung erlassen, die die Abwicklung des Schriftverkehrs unter einem einheitlichen Briefkopf und unter einer fortlaufenden Geschäftsnummer sowie die Bestimmung einer zentralen Mediationsgeschäftsstelle bei jedem Verwaltungsgericht sowie beim Hessischen Verwaltungsgerichtshof ebenso anordnet wie Regelungen über die Aktenführung und die Erstellung einer Statistik.[129]

Ist die (gerichtsnahe) Mediation an den hessischen Verwaltungsgerichten oder am Hessischen Verwaltungsgerichtshof erfolgreich, so endet sie mit einer schriftlichen und auf Wunsch der Parteien auch vollstreckbaren Vereinbarung. Das Gerichtsverfahren wird in diesem Fall – je nach Vereinbarung der Parteien – durch einen gerichtlichen Vergleich, die Abgabe übereinstimmender Erledigungserklärungen seitens der Parteien oder eine Klagerücknahme beendet. Ähnlich wie nach der am Landgericht Göttingen entwickelten Verfahrenspraxis wird es auch in Hessen für möglich erachtet, dass der jeweilige Richtermediator mit dem Ruhensbeschluss zugleich gebeten wird, eine im Anschluss an die gerichtsnahe Mediation gegebenenfalls gefundene Vereinbarung in einem gerichtlichen Vergleich zu protokollieren.[130] Bestehen zum Zeitpunkt des Abschlusses des Mediationsverfahrens seitens eines Beteiligten Bedenken hinsichtlich der rechtlichen Haltbarkeit der gefundenen Lösung oder der eigenen Entscheidungskompetenzen, kann dabei auch ein Widerrufsvergleich geschlossen oder gegebenenfalls ein weiterer Termin nach Abklärung der jeweils unklaren Fragen vereinbart werden.[131] Scheitert die Mediation dagegen, so wird das gerichtliche Verfahren wieder aufgenommen und vom gesetzlichen Richter fortgeführt. Das Mediationsverfahren bleibt in diesem Fall ohne nachteilige Auswirkungen auf das Gerichtsverfahren. Die Mediationsakte wird getrennt von der Gerichtsakte abgelegt und aufbewahrt; nur die Gerichtsakte wird an das zuständige Gericht zurückgegeben.[132] In jedem Fall erfolgt die Teilnahme an einem gerichtsnahen Mediationsverfahren im Rahmen des hessischen Modellversuchs auf freiwilliger Basis, das heißt, dass jeder Beteiligte ein einmal begonnenes Mediationsverfahren jederzeit wieder beenden kann. Zudem kann das gerichtsnahe Mediationsverfahren an den hessischen Verwaltungsgerichten in Anbetracht des bereits skizzierten Verfahrens auch gegenüber dem für den jeweiligen Rechtsstreit zuständigen Richter als vertraulich betrachtet werden, womit erreicht werden soll, dass die Beteiligten, welche stets für das Ergebnis des gerichtsnahen Mediationsverfahrens verantwortlich bleiben, ohne Bedenken alle Aspekte des jeweiligen Konfliktes im Rahmen der gerichtsnahen Mediation behandeln und diskutieren können.[133] Das gerichtsnahe Mediationsverfahren an den hessischen Verwaltungsgerichten gilt derzeit als zusätzliches Angebot an Beteiligte eines Verwaltungsstreitverfahrens durch die Gerichtsverwaltung, nicht als Teil des Prozessverfahrens, so dass die Inan-

---

[129] *Walther* u. *Reimers*, in: *Pitschas/Walther*, Mediation in d. Verwaltungsgerichtsbarkeit, S. 7 (16) u. S. 45 (47); *Hepp*, BDVR-Rundschreiben 2005, 44 (45); *Walther*, ZKM 2005, 53 (54), *Walther*, DRiZ 2005, 127 (128).

[130] Vgl.: *Deventer/Ferner*, in: *Fritz/Karber/Lambeck*, Mediation statt Verwaltungsprozess?, S. 105 (123).

[131] *Deventer/Ferner*, in: *Fritz/Karber/Lambeck*, Mediation statt Verwaltungsprozess?, S. 105 (124).

[132] *Deventer/Ferner*, in: *Fritz/Karber/Lambeck*, Mediation statt Verwaltungsprozess?, S. 105 (124).

[133] Vgl. zu den angesprochenen Aspekten auch: *Reimers/Apell*, LKRZ 2007, 7 (8).

spruchnahme der gerichtsnahen Mediation – wie im Rahmen des Modellversuchs „Gerichtsnahe Mediation in Niedersachsen" – derzeit keinerlei zusätzliche Gerichtskosten auf Seiten der Konfliktparteien verursacht.[134] Bei einer nicht-streitigen Entscheidung des Verfahrens können sogar geringere Gerichtskosten entstehen, auch wenn die anlässlich der Mediationsdurchführung gegebenenfalls entstehenden außergerichtlichen Kosten von den Beteiligten selbst zu tragen sind.[135] Eine Anwaltspflicht im Rahmen der Mediationsdurchführung besteht in Hessen – im Gegensatz zum niedersächsischen Modellprojekt – jedoch nicht.[136] Dies gilt auch für gerichtsnahe Mediationsverfahren am Hessischen Verwaltungsgerichtshof, obwohl im Rahmen gerichtlicher Verfahren vor dem Verwaltungsgerichtshof ein Anwaltszwang gemäß § 67 Abs. 1 VwGO besteht. Begründen lässt sich dies damit, dass das gerichtsnahe Mediationsverfahren gerade kein Gerichtsverfahren vor dem Verwaltungsgericht darstellt.[137]

Ziel des hessischen Modellversuchs ist es insbesondere, im Rahmen einer Qualitätsverbesserung ein zusätzliches Angebot der Verwaltungsgerichtsbarkeit zur nachhaltigen Lösung von Streitigkeiten im Verhältnis von Bürgern zu den Trägern öffentlicher Gewalt sowie von Trägern öffentlicher Gewalt untereinander zu erproben.[138] Die Durchführung des hessischen Modellversuches soll zeigen, ob die gerichtsnahe Mediation in der Verwaltungsgerichtsbarkeit ein sinnvolles zusätzliches Angebot der Gerichte für die nachhaltige Lösung der den Verwaltungsstreitverfahren zugrunde liegenden Konflikte darstellt.[139] Im Einzelnen liegen die Ziele des hessischen Modellversuchs dabei darin, (1.) sowohl die Justiz als auch die Parteien im Hinblick auf die Austragung von (Rechts-)Konflikten finanziell zu entlasten, (2.) die mit der Initiierung eines streitigen gerichtlichen Verfahrens typischerweise verbundene sozial-emotionale Belastung der Streitparteien zu verringern und (3.) Erkenntnisse im Hinblick auf die Aus- und Weiterbildung von Studenten, Referendaren und den am gerichtlichen Verfahren beteiligten Berufsgruppen zu sammeln.[140]

3. Der Modellversuch an Gerichten verschiedener Gerichtsbarkeiten in Mecklenburg-Vorpommern

Ein dem Niedersächsischen Projekt ähnelnder Modellversuch zur gerichtsnahen Mediation an Gerichten verschiedener Gerichtsbarkeiten läuft seit Anfang 2004 auch in Mecklenburg-Vorpommern. Dieser Modellversuch war zunächst auf ein Jahr begrenzt, wurde später jedoch verlängert. Im Rahmen des fraglichen Modellversuchs unterstützten zu-

---

134 *Reimers/Apell*, LKRZ 2007, 7 (8).
135 *Reimers/Apell*, LKRZ 2007, 7 (8).
136 Vgl.: *Büttner/Heinecke*, in: *Pitschas/Walther*, Mediation in d. Verwaltungsgerichtsbarkeit, S. 251 (280).
137 Vgl.: *Reichenbach/Helbig*, in: *Pitschas/Walther*, Mediation in d. Verwaltungsgerichtsbarkeit, S. 291 (299).
138 *Reimers/Apell*, LKRZ 2007, 7 (8).
139 *Reimers*, in: *Fritz/Karber/Lambeck*, Mediation statt Verwaltungsprozess?, S. 97 (101).
140 Vgl. hierzu im Einzelnen *Reitz*, in: *Fritz/Karber/Lambeck*, Mediation statt Verwaltungsprozess?, S. 131 ff.

nächst am Landgericht Rostock, am Oberlandesgericht Rostock und am Verwaltungsgericht Greifswald speziell für diesen Zweck ausgebildete Richtermediatoren Konfliktpartner bereits anhängiger Verfahren, die sich auf ein Mediationsverfahren einließen, bei der Suche nach einer eigenständigen, nachhaltigen und rechtsverbindlichen Lösung ihres Rechtsstreits.[141] Seit 2005 übernehmen die Mediatoren des Verwaltungsgerichts Greifswald auch Mediationen für das Verwaltungsgericht Schwerin und das Oberverwaltungsgericht Mecklenburg-Vorpommern in Greifswald.[142] Zudem wird die gerichtsnahe Mediation mittlerweile auch am Landgericht Stralsund und am Sozialgericht Rostock angeboten.[143]

Wer die Zustimmung der Konfliktparteien zur Durchführung einer gerichtsnahen Mediation einholt, ist im Rahmen des mecklenburg-vorpommerischen Modellversuchs unterschiedlich geregelt. Teilweise sind es hier die Richtermediatoren selbst, die mit dieser Aufgabe betraut sind, nachdem ein jeweils zuständiger Richter einen aus seiner Sicht geeigneten Fall über die für die Verwaltung und Bearbeitung der gerichtsnahen Mediationsverfahren gebildeten Mediationsgeschäftsstelle den Richtermediatoren vorgelegt hat. Dadurch sollen die Richtermediatoren in die Lage versetzt werden, bereits beim ersten Kontakt Fragen der Konfliktparteien zur gerichtsnahen Mediation beantworten und sich selbst vorstellen können.[144] Teilweise beginnen die gerichtsnahen Mediationsverfahren in Mecklenburg-Vorpommern jedoch auch damit, dass die als Fallmanager qualifizierten und in der Streitsache zuständigen Richter mediationsgeeignete Verfahren auswählen und die Konfliktparteien um Zustimmung zur Mediation bitten. Dies wird damit begründet, dass der Gerichtsmediator als „Dritter" grundsätzlich nicht berechtigt sei, Akten ohne Zustimmung der Konfliktparteien einzusehen. Daher könnten Akten nicht an die Richtermediatoren abgegeben werden, um den Richtermediatoren die Einholung des Einverständnisses der Beteiligten zu ermöglichen.[145]

Entscheiden sich die Konfliktparteien im Rahmen eines gerichtlichen Verfahrens für die Inanspruchnahme des Angebots der gerichtsnahen Mediation, so wird die gerichtsnahe Mediation in Mecklenburg-Vorpommern nicht als Verwaltungsaufgabe nach § 4 Abs. 2 Nr. 1 DRiG, sondern nach §§ 278 Abs. 1 und 5 S. 1 und 2, 251, 362 ZPO analog als Güteverhandlung vor dem ersuchten Richter wahrgenommen, wobei als ersuchter Richter in analoger Anwendung des § 278 Abs. 5 ZPO i.V.m. § 362 ZPO der Richtermediator des eigenen Gerichts tätig wird.[146] Der Richtermediator ist ein durch das Präsidium im Geschäftsverteilungsplan generell für Mediationsverfahren bestimmter „ersuchter" Richter gemäß § 278 Abs. 5 S. 1 ZPO.[147] Am Verwaltungsgericht Greifswald (ähnlich

---

[141] *Kohl*, Betrifft JUSTIZ 2004, 219; *Kohl*, NordÖR 2004, 100; vgl. auch: Projekt Gerichtsnahe Mediation in Niedersachsen – Projektabschlussbericht, S. 3.

[142] Bericht der Arbeitsgruppe Mediation bei den Berliner Gerichten v. 20.7.2005, S. 36; *Hückstädt*, NJ 2005, 289 (Fn. 1).

[143] Vgl.: http://www.mv-justiz.de/pages/ordent_gerichte/mediation.htm (Stand: 24.1.2008).

[144] Vgl. bzgl. der gerichtsnahen Mediation am LG Rostock: *Hückstädt*, NJ 2005, 289 (291).

[145] Vgl.: Bericht der Arbeitsgruppe Mediation bei den Berliner Gerichten v. 20.7.2005, S. 32 f.

[146] *Kohl*, Betrifft JUSTIZ 2004, 219; *Kohl*, NordÖR 2004, 100; *Hückstädt*, NJ 2005, 289 (291).

[147] Vgl.: *Reimers*, in: *Pitschas/Walther*, Mediation in d. Verwaltungsgerichtsbarkeit, S. 45 (47).

auch am Landgericht Rostock[148]) wurde dieses Konzept dahingehend umgesetzt, dass die dort tätigen Richtermediatoren eine zusätzliche Kammer des Gerichts bilden, die für die Ersuchen der übrigen Richter zur Durchführung von Mediationen zuständig ist[149] und der die als Richtermediatoren ausgebildeten Richter neben ihrer Zugehörigkeit zu einer der anderen Kammern angehören. Die Zuständigkeit der Mediationskammer für die gerichtsnahen Mediationsverfahren ergibt sich dabei aus dem Geschäftsverteilungsplan der 10. Kammer des Verwaltungsgerichts Greifswald, wonach die Mediationskammer für „Rechtshilfeersuchen von anderen Kammern des Gerichts, soweit sich diese auf die Mediation beziehen" zuständig ist.[150] Dabei ist jedoch zu beachten, das die Einrichtung einer Mediationskammer und die Festlegung der internen Geschäftsverteilung lediglich den Zweck verfolgen, die Richtermediatoren in die Verteilung aller beim Landgericht anfallenden Geschäfte angemessen einzubeziehen und damit ihren Einsatz für die Mediation gegenüber der gesamten Richterschaft transparent zu machen. Dagegen wird der Mediator trotz Einrichtung einer Kammer und Festlegung eines Geschäftsverteilungsplans nicht als gesetzlicher Richter gemäß Art. 101 Abs. 1 GG tätig. Er ist stattdessen auf das Einverständnis der Prozessparteien angewiesen, so dass die Parteien ihre Zustimmung zur Mediation auch davon abhängig machen können, dass ein bestimmter, gegebenenfalls vom eigentlichen Geschäftsverteilungsplan abweichender Richtermediator im jeweiligen Mediationsverfahren tätig wird.[151]

Um eine Mediationsdurchführung in Kenntnis des Rechts zu gewährleisten, obwohl rechtliche Fragen durch den Richtermediator nicht erörtert werden,[152] ist es in Mecklenburg-Vorpommern Voraussetzung, dass die Verfahrensbeteiligten anwaltlich vertreten werden.[153] Liegt eine Zustimmung der Konfliktparteien zur Durchführung einer Mediation vor, so bringen die gesetzlich zuständige Kammer oder der zuständige Einzelrichter das gerichtliche Verfahren auf Antrag der Parteien und in entsprechender Anwendung des § 251 ZPO für die Dauer der Mediation zum Ruhen. Gleichzeitig wird der zuständige Richtermediator gemäß §§ 278 Abs. 1 und 5 S. 1, 362 ZPO analog ersucht, das jeweilige Mediationsverfahren durchzuführen und gegebenenfalls einen abschließenden Vergleich zu protokollieren.[154] Im Anschluss werden die Konfliktbeteiligten und deren Anwälte möglichst kurzfristig zu einem Mediationstermin eingeladen, wobei im Rahmen der Anberaumung des Mediationstermins weitest möglich auf die Vorstellungen und Bedürfnisse der Konfliktparteien eingegangen wird.

In entsprechender Anwendung des § 159 Abs. 2 ZPO beziehungsweise § 106 VwGO und § 122 SGG (jeweils i.V.m. § 159 Abs. 2 ZPO) wird die Mediation in Mecklenburg-

---

148 Vgl. hierzu: *Hückstädt*, NJ 2005, 289 (291).

149 *Kohl*, Betrifft JUSTIZ 2004, 219; *Kohl*, NordÖR 2004, 100.

150 Vgl.: *Ortloff*, NVwZ 2004, 385 (386).

151 Für die gerichtsnahe Mediation am LG Rostock: *Hückstädt*, NJ 2005, 289 (291), wobei Gleiches jedoch auch für die gerichtsnahe Mediation am VG Greifswald gelten dürfte.

152 Vgl.: Bericht der Arbeitsgruppe Mediation bei den Berliner Gerichten v. 20.7.2005, S. 33 f.

153 *Kohl*, Betrifft JUSTIZ 2004, 219; Vgl.: Bericht der Arbeitsgruppe Mediation bei den Berliner Gerichten v. 20.7.2005, S. 30 ff.

154 *Kohl*, Betrifft JUSTIZ 2004, 219 f.; *Hückstädt*, NJ 2005, 289 (292).

Vorpommern protokolliert. Ist sie erfolgreich, endet sie mit einer schriftlichen und – sofern die Parteien dies wünschen – vollstreckbaren Vereinbarung, durch welche die Konfliktparteien ihren Konflikt einvernehmlich beilegen. Das Gerichtsverfahren wird in diesem Fall – wie in den zuvor bereits beschriebenen Modellversuchen – dadurch beendet, dass die Konfliktparteien entweder das Mediationsergebnis als gerichtlichen Vergleich abschließen, übereinstimmende Erledigungserklärungen abgeben oder seitens des Klägers die Klage zurückgenommen wird.[155] Ein neues Aktenzeichen wird für das Mediationsverfahren dabei nicht vergeben, so dass eine erfolgreiche Mediation für den gesetzlichen Richter zählt, der aber auch gegebenenfalls erforderliche „Nacharbeiten" – zum Beispiel die Festsetzung des Streitwertes – vorzunehmen hat.[156] Schlägt die Mediation fehl, so wird das gerichtliche Verfahren „automatisch"[157] vom gesetzlichen Richter wieder aufgenommen und fortgeführt.[158]

Mit Blick auf die Kosten bleibt auch mit Blick auf den mecklenburg-vorpommerischen Modellversuch festzuhalten, dass durch die gerichtsnahe Mediation derzeit keine zusätzlichen Kosten anfallen, welche von den Parteien zu tragen wären: Der Mediationstermin stellt einen Gütetermin dar, für den keine zusätzlichen Kosten entstehen. Für die erforderliche anwaltliche Vertretung wird dagegen eine Terminsgebühr und im Erfolgsfalle zusätzlich eine Einigungsgebühr fällig. Bleibt die Mediation erfolglos, so fällt die Terminsgebühr im fortgesetzten Verfahren jedoch nicht nochmals an.

Eine Vertraulichkeitsvereinbarung wird in Mecklenburg-Vorpommern nur bei besonderem Geheimhaltungsinteresse abgeschlossen, da diese ohnehin als nicht durchsetzbar angesehen wird. Probleme mit der möglichen Zeugenbenennung des Mediators werden nicht gesehen.[159]

4. Der bereits beendete Modellversuch am Verwaltungsgericht Sigmaringen und das aktuelle Angebot der gerichtsnahen Mediation am Verwaltungsgericht Freiburg

Ein im Vergleich zum hessischen Modellversuch zur gerichtsnahen Mediation und zum Modellversuch „Gerichtsnahe Mediation in Niedersachsen" kleinerer Modellversuch zur gerichtsnahen Mediation im Sinne dieser Arbeit wurde in der Vergangenheit auch am Verwaltungsgericht Sigmaringen durchgeführt. Dieser Modellversuch wurde jedoch mit Ausscheiden des dort tätigen Richtermediators sowie aufgrund der seitens des baden-württembergischen Justizministeriums seinerzeit gehegten Bedenken im Hinblick auf § 4 DRiG beendet.

---

[155] *Kohl*, Betrifft JUSTIZ 2004, 219 (219 f.); *Kohl*, NordÖR 2004, 100.
[156] *Kohl*, NordÖR 2004, 100.
[157] *Hückstädt*, NJ 2005, 289 (292).
[158] *Kohl*, Betrifft JUSTIZ 2004, 219 (219 f.); *Kohl*, NordÖR 2004, 100.
[159] Bericht der Arbeitsgruppe Mediation bei den Berliner Gerichten v. 20.7.2005, S. 37.

Im Rahmen eines auf das Verwaltungsgericht Freiburg[160] beschränkten Mediationsprogramms wird die Mediation nichtsdestotrotz seit April 2002 in anhängigen Verfahren und geeigneten Fällen zu einem möglichst frühen Zeitpunkt als ergänzendes Verfahrensangebot bereitgehalten. Die Initiative zur gerichtsnahen Mediation kann dabei entweder von dem im konkreten Fall zur Entscheidung befugten gesetzlichen Richter, der als so genannter Fallmanager die Mediationseignung seiner Fälle prüft und gegebenenfalls bei den Konfliktparteien anfragt, ob sie die Durchführung einer Mediation wünschen, oder den Prozessbeteiligten ausgehen.[161] Wird eine gerichtsnahe Mediation erwogen, folgt in beiden Fällen eine Absprache zwischen dem zuständigen Richter und dem am Gericht tätigen und speziell hierfür ausgebildeten Gerichtsmediator über die tatsächliche Eignung des jeweiligen Falles für die Durchführung einer gerichtsnahen Mediation, wobei im Zweifel von einer Mediationseignung ausgegangen wird.[162] Kommen der Richtermediator und der zuständige Richter zu dem Resultat, dass ein für eine gerichtsnahe Mediation geeignetes Verfahren vorliegt, wird die tatsächliche Durchführung des Mediationsverfahrens letztlich zudem von der ausdrücklichen und schriftlichen Einverständniserklärung der Parteien abhängig gemacht.

Erfolgt eine Einwilligung der Konfliktparteien in die Durchführung einer gerichtsnahen Mediation gegenüber dem entscheidungsbefugten Richter oder Gericht, so wird das gerichtliche Verfahren auf Antrag der Parteien durch Beschluss an die Kammer abgegeben, welcher der am Gericht tätige Richtermediator angehört. Diese Kammer beziehungsweise der jeweilige Richtermediator wird gleichzeitig ersucht, gegebenenfalls (das heißt, sofern ein entsprechender Wunsch der Konfliktparteien besteht und im konkreten Fall eine Einigung erzielt wird) einen gerichtlichen Vergleich abzuschließen. Die Möglichkeit eines gerichtlichen Vergleichsschlusses wird dadurch eröffnet, dass die gerichtsnahe Mediation vom Verwaltungsgericht Freiburg mittlerweile[163] als Aufgabe der rechtsprechenden Gewalt angesehen, § 278 Abs. 5 S. 1 ZPO über § 173 VwGO entsprechend angewandt und der Gerichtsmediator als ersuchter oder beauftragter Richter in analoger Anwendung des § 278 Abs. 5 S. 1 ZPO erachtet wird. Für die Dauer der Mediation wird

---

[160] Zum Modellversuch am VG Freiburg vgl. u.a. online unter: http://vgfreiburg.de/servlet/PB/menu/1192816/index.html?ROOT=1192792 und http://vgfreiburg.de/servlet/PB/show/1197594/VGFRMerkblatt%20Mediation%202006.pdf (Stand: 24.1.2008).

[161] *v. Bargen*, DVBl. 2004, 468 (471).

[162] *v. Bargen*, DVBl. 2004, 468 (471).

[163] Zu Beginn des Modellversuchs wurde die gerichtsnahe Mediation am VG Freiburg – wie in Niedersachsen und Hessen – auf der Grundlage des § 4 Abs. 2 Nr. 1 DRiG als Tätigkeit der Gerichtsverwaltung angeboten (vgl.: Bericht der Arbeitsgruppe Mediation bei den Berliner Gerichten v. 20.7.2005, S. 14).

auf Antrag der Konfliktparteien[164] das Ruhen des gerichtlichen Verfahrens nach § 173 S. 1 VwGO i.V.m. den §§ 278 Abs. 5 S. 3, 251 ZPO analog angeordnet.[165]

Im Anschluss an die Verweisung des Verfahrens an den Gerichtsmediator nimmt dieser Kontakt mit den Prozessbeteiligten auf. Dabei werden die Besonderheiten des Mediationsverfahrens, die Aufgaben und Pflichten aller Beteiligten sowie die Frage geklärt, ob weitere Betroffene des Konflikts an der Mediation beteiligt werden sollen/müssen. Trifft dies zu, kann eine sinnvolle Durchführung der Mediation davon abhängen, dass sowohl die ursprünglichen als auch die zusätzlich hinzuzuziehenden Personen mit der Teilnahme an der Mediation einverstanden sind. Ist dies der Fall, kann das Mediationsverfahren mit allen relevanten Beteiligten durchgeführt werden, wobei die Beteiligten zu Beginn der eigentlichen Mediation sich zum einen auf einen die Aufgaben und Pflichten der Beteiligten festlegenden Mediationsvertrag einigen und zum anderen ein so genanntes „pactum de non petendo" schließen und vereinbaren, dass der (Gerichts-)Mediator vertraulich tätig wird und kein Beteiligter sich auf den (Gerichts-)Mediator als Zeugen berufen kann und wird.[166] Auch die an der Mediation teilnehmenden Personen selbst werden zur Verschwiegenheit verpflichtet, während der Mediator den Grundsätzen der Unabhängigkeit, Allparteilichkeit/Neutralität und Verschwiegenheit verpflichtet ist. Scheitert die Mediation (zum Beispiel, weil die Beteiligten zu der Überzeugung kommen, dass eine Fortsetzung der Mediation keinen Sinn macht, da eine konsensuale Streitlösung unmöglich erscheint), so wird der ursprüngliche Prozess fortgeführt. Das ruhende Gerichtsverfahren wird wieder aufgenommen. Bleibt die Mediation erfolgreich, so wird sie entweder – sofern alle Mediationsbeteiligten zugleich Verfahrensbeteiligte sind – mit einem Prozessvergleich auf Grundlage der in der Mediation erarbeiteten Vereinbarung oder durch Zurücknahme der Klage seitens des Klägers oder durch übereinstimmende Erledigungserklärungen der Parteien beendet. In diesem Falle stellt das Gericht das Verfahren gemäß § 92 Abs. 3 VwGO ein.[167]

Der eigens zur Durchführung von Mediationen ausgebildete Richtermediator[168] am Verwaltungsgericht Freiburg ist zur Durchführung gerichtsnaher Mediationsverfahren zu zehn Prozent von seiner herkömmlichen Richtertätigkeit entlastet. Die Zuständigkeit dieses Richters für die gerichtsnahen Mediationsverfahren ist durch entsprechende Regelungen in den Geschäftsverteilungsplänen des Verwaltungsgerichts Freiburg geregelt. Der Geschäftsverteilungsplan des Verwaltungsgerichts Freiburg bestimmt zunächst in § 5 Abs. 2, dass die 4. Kammer – das heißt die Kammer, welcher der für die gerichtsna-

---

[164] A.A.: *Friedrich*, JR 2002, 397 (399), wonach es weder eines gesonderten Antrages der Konfliktparteien noch eines besonderen Grundes bedarf, um ein Ruhen des gerichtlichen Verfahrens während der Dauer der gerichtsnahen Mediation herbeizuführen, da § 278 Abs. 5 S. 3 ZPO einen Rechtsfolgenverweis auf § 251 ZPO darstelle.

[165] *v. Bargen*, DVBl. 2004, 468 (471 f.); vgl. auch: Bericht der Arbeitsgruppe Mediation bei den Berliner Gerichten v. 20.7.2005, S. 13.

[166] Bericht der Arbeitsgruppe Mediation bei den Berliner Gerichten v. 20.7.2005, S. 14.

[167] *v. Bargen*, DVBl. 2004, 468 (472 u. Fn. 19).

[168] Zukünftig soll eine weitere Richterin als Gerichtsmediatorin zur Verfügung stehen (vgl.: Bericht der Arbeitsgruppe Mediation bei den Berliner Gerichten v. 20.7.2005, S. 13).

he Mediation ausgebildete Richter angehört – zuständig ist, wenn die Beteiligten für die Güteverhandlung nach § 173 VwGO i.V.m. § 278 Abs. 5 S. 1 ZPO und zum Abschluss eines gerichtlichen Vergleichs (§ 106 S. 1 VwGO) vor den ersuchten Richter verwiesen werden. Der interne Geschäftsverteilungsplan der 4. Kammer des Verwaltungsgerichts Freiburg wiederum sieht vor, dass der als Gerichtsmediator ausgebildete Richter für die Durchführung der Mediationsverfahren zuständig ist.[169]

Die Mediationsdurchführung ist für die Konfliktparteien auch am Verwaltungsgericht Freiburg mit keinerlei zusätzlichen Gerichtskosten verbunden. Bei Mediationssitzungen außerhalb des Verwaltungsgerichts können allerdings Auslagen des Mediators (z.B. für Reisekosten) anfallen. Ansonsten entstehen den Parteien nur Kosten für die Wahrnehmung der Sitzungstermine und für die Teilnahme ihrer Rechtsanwälte an der Mediation. Die Teilnahme von Rechtsanwälten wird dabei allerdings als nicht unbedingt erforderlich angesehen, da es in der Mediation vor allem um die Interessen der Beteiligten geht, die sie möglichst auch selbst erkennen und formulieren sollen. Ein Anwaltszwang besteht im Rahmen des Freiburger Modells folglich nicht. Andererseits steht der Teilnahme von Anwälten an der gerichtsnahen Mediation am Verwaltungsgericht Freiburg aber auch nichts entgegen. Die Entscheidung über die Beteiligung von Rechtsanwälten liegt letztlich einzig bei den Konfliktparteien. In jedem Fall aber bleiben die jeweiligen Parteianwälte Ansprechpartner und Berater der Konfliktparteien hinsichtlich der in der Mediation erarbeiteten Zwischen- oder Endergebnisse.

Umfangreichere Modellversuche zur gerichtsnahen Mediation im Sinne der vorliegenden Arbeit sind in Baden-Württemberg zukünftig nicht geplant. Das Justizministerium favorisiert eine zwar gerichtsnahe, aber außergerichtliche Mediation. Von einer gerichtsnahen Mediation im Sinne dieser Arbeit wird keine signifikante Entlastung der Gerichte erwartet. Stattdessen wird befürchtet, dass eine verstaatlichte, kostenlose oder -günstige Mediation den privaten Markt für außergerichtliche Mediation gefährden könnte.[170]

5. Die gerichtsverbundene Mediation am Verwaltungsgericht Berlin und am Oberverwaltungsgericht Berlin-Brandenburg

Im Rahmen des seit Sommer 2000 unbefristet laufenden Modellversuchs zur gerichtsverbundenen Mediation am Verwaltungsgericht Berlin und am Oberverwaltungsgericht Berlin-Brandenburg[171] steht ein speziell als Mediator ausgebildeter Richter den übrigen Richtern auf einer zusätzlich dem Gericht zur Verfügung gestellten Stelle als Richterme-

[169] Vgl.: *v. Bargen*, BDVR-Rundschreiben 2004, 55 (58); *Ortloff*, NVwZ 2004, 385 (386, Fn. 3).

[170] Bericht der Arbeitsgruppe Mediation bei den Berliner Gerichten v. 20.7.2005, S. 16.

[171] Vgl. hierzu insgesamt: *Ortloff*, NVwZ 2004, 385 (388); *Ortloff*, in: FG 50 Jahre BVerwG, S. 727 (731); *Ortloff*, ZKM 2002, 199 (200); *W. Gottwald* u. *Ortloff*, in: *Haft/v. Schlieffen*, Hdb. Mediation, § 17 Rn. 42 bzw. § 29 Rn. 84; *Volkmann*, Mediation im Zivilprozess, S. 19; Bericht der Arbeitsgruppe Mediation bei den Berliner Gerichten v. 20.7.2005, S. 16; *Monßen*, in: FS R. Haase, S. 293 (294), sowie online unter: http://www.berlin.de/sen/justiz/gerichte/vg/mediation.html (Stand: 24.1.2008). Der am VG Berlin tätige Richtermediator kann auch in allen beim OVG Berlin-Brandenburg anhängigen Streitsachen angerufen werden (vgl.: http://www.berlin.de/sen/justiz/gerichte/ovg/mediation.html (Stand: 24.1.2008)).

diator ohne Rechtsprechungsaufgaben zur Verfügung. Der Richtermediator am Verwaltungsgericht Berlin kann insofern als „hauptamtlicher" Richtermediator bezeichnet werden, der nach der Geschäftsverteilung nicht selbst an der Entscheidung der jeweiligen Rechtsstreitigkeit mitwirkt, das heißt über keinerlei Streitentscheidungsbefugnis verfügt. Die anderen Richter des Gerichts sind darüber informiert, welche Kriterien für eine Mediationseignung eines konkreten Falles sprechen beziehungsweise welche Fälle sich regelmäßig für ein Mediationsverfahren eignen. Sie (sollen) versuchen, diese Konflikte einer Mediation durch den ausschließlich als Mediator tätig werdenden Richter zuzuführen, sofern nicht im Ausnahmefall bereits informierte Konfliktparteien von sich aus eine Mediation anregen. Die Veranlassung einer Mediation auf Initiative des Gerichtsmediators komme dagegen nicht in Betracht, da dieser Streitakten aus Gründen des Datenschutzes nur einsehen dürfe, wenn die Prozessbeteiligten einverstanden sind.

Soweit eine Initiative zur Mediationsdurchführung nicht schon durch die Konfliktparteien erfolgen sollte, fragt der Berichterstatter in geeigneten Fällen nach Klageerhebung bei den Prozessbeteiligten an, ob ein Interesse an einer Streitbeilegung im Wege der (gerichtsnahen) Mediation besteht, um im Fall einer positiven Antwort das Verfahren der gerichtsnahen Mediation zuzuleiten. Ist dies der Fall, so geben die Parteien schriftlich oder telefonisch mit einem entsprechenden richterlichen Vermerk ihr Einverständnis zur Streitakte, dass diese nebst Beiakten in einem nichtförmlichen Zwischenverfahren dem Richtermediator vorgelegt wird. Gleichzeitig wird dem als Mediator fungierenden Richter Akteneinsicht gewährt und durch den Berichterstatter die Abgabe der Akten an den Richtermediator verfügt.

Im Gegensatz zu den meisten anderen Modellversuchen wird den Prozessparteien die Teilnahme an einer gerichtsnahen Mediation in Berlin als Zwischenverfahren angeboten, ohne dass das gerichtliche Verfahren für die Dauer des Mediationsverfahrens zum Ruhen gebracht wird.[172]

Das sodann folgende, bis auf die Erstattung der Auslagen des Mediators kostenlose[173] Mediationsverfahren ist – wie jede andere Mediation auch – zunächst durch das Prinzip der Vertraulichkeit geprägt. Neben im Wege einer Zusicherung der Vertraulichkeit gegenüber den Konfliktparteien wird dieses Prinzip im Rahmen des Berliner Modellversuchs dahingehend umgesetzt, dass die Schriftstücke des Mediationsverfahrens nicht zur im Falle des Scheiterns der Mediation an den zuständigen Richter zurückgehenden Streitakte gelangen, sondern stattdessen Teil des Zwischenverfahrens sind und bleiben. Des Weiteren verständigt sich der Richtermediator nach Einleitung des Mediationsverfahrens mit den Konfliktparteien auf einen Mediationstermin und unterrichtet diese über die Einzelheiten des folgenden Verfahrens. Insbesondere informiert er die Beteiligten darüber, dass Gerichtsgebühren für das Zwischenverfahren der Mediation nicht anfallen, dass außergerichtliche Kosten von den Beteiligten selbst zu tragen sind und dass er selbst als Richtermediator unentgeltlich tätig wird.

---

172 *Ortloff*, NVwZ 2004, 385 f. (388); *Ortloff*, in: *Haft/v. Schlieffen*, Hdb. Mediation, § 29 Rn. 84; *Volkmann*, Mediation im Zivilprozess, S. 19.

173 Vgl.: Bericht der Arbeitsgruppe Mediation bei den Berliner Gerichten v. 20.7.2005, S. 23.

Wie beispielsweise auch in Hessen und Niedersachsen, wird die gerichtsnahe Mediation in Berlin nicht als Teil der Rechtsprechung verstanden. Vielmehr wird der Mediator im Auftrag des Präsidenten für die Gerichtsverwaltung tätig.[174] Gelingt im Wege der gerichtsnahen Mediation eine Einigung, so kann der Richtermediator daher den Inhalt dieser Einigung lediglich in einem privatschriftlichen (Ergebnis-)Protokoll festhalten, wobei es als sinnvoll angesehen wird, wenn das anzufertigende Protokoll eine Ankündigung der Beteiligten darüber enthält, wie diese den Rechtsstreit beenden wollen. Tatsächlich prozessbeendigende Erklärungen müssen derweil – aufgrund der Tatsache, dass der Richtermediator für die Gerichtsverwaltung und nicht als Richter im Sinne eines der Rechtsprechung zuzuordnenden Organs tätig wird – immer vor dem zuständigen Gericht abgegeben werden. Der Gerichtsmediator hat daher die Streitakte nach erfolgreichem Abschluss der Mediation (zumeist mit dem angefertigten Ergebnisprotokoll) stets an das ursprünglich entscheidungsbefugte Organ zurückzugeben. Misslingt die Mediation, geht die Streitakte nebst Beiakten mit einem Hinweis über das erfolglose Ende des Mediationsverfahrens an das zuständige Gericht zurück. Wie bereits erörtert enthalten die Akten dabei aus Gründen der Vertraulichkeit keine Schriftstücke des Mediationsverfahrens, die über die Mitteilung des erfolglosen Verfahrensabschlusses hinausgehen. Sollte der Richtermediator im später fortgeführten oder in einem anderen Gerichtsverfahren als Zeuge benannt werden, würde dieser die Gerichtsleitung zur Wahrung der Vertraulichkeit des Mediationsverfahrens bitten, kein Aussagerecht zu gewähren.

6. Der Modellversuch zum Einsatz der gerichtsnahen Mediation in Sachsen-Anhalt

Nach der Ausbildung von insgesamt 16 Richtern und Richterinnen zu Richtermediator/innen Ende 2005 ist zum Januar 2006 auch in Sachsen-Anhalt ein umfangreicherer Modellversuch zur gerichtsnahen Mediation angelaufen.[175] Hier soll im Rahmen des auf zwei Jahre begrenzten Modellprojekts „Gerichtsnahe Mediation in Sachsen-Anhalt" an Gerichten der ordentlichen Gerichtsbarkeit und der Verwaltungsgerichtsbarkeit gerichtsnahe Mediation angeboten werden. Namentlich nehmen das Oberlandesgericht Naumburg, die Landgerichte Halle und Dessau, die Amtsgerichte Magdeburg und Halle-Saalkreis sowie das Verwaltungsgericht Magdeburg als Projektgerichte teil.

Im Rahmen des sachsen-anhaltinischen Modellversuchs – wie auch in anderen zuvor bereits dargestellten Modellprojekten – entscheiden die für den konkreten Rechtsstreit zuständigen Richterinnen und Richter in einer geeigneten Phase des Verfahrens, meist

[174] Bericht der Arbeitsgruppe Mediation bei den Berliner Gerichten v. 20.7.2005, S. 22.

[175] Vgl.: http://www.sachsen-anhalt.de/LPSA/index.php?id=mediation, http://www.sachsen-anhalt.de/LPSA/index.php?id= 15267, http://www.sachsen-anhalt.de/LPSA/fileadmin/Elementbibliothek/Bibliothek_Politik_und_Verwaltung/Bibliothek_MJ/ recht/mediationsordnung.pdf und http://www.sachsen-anhalt.de/LPSA/fileadmin/Elementbibliothek/Bibliothek_Politik_und_Verwaltung/Bibliothek_MJ/publik/mediation.pdf (Stand: 24.1.2008) sowie die Pressemitteilung des Ministeriums für Justiz des Landes Sachsen-Anhalt Nr.: 039/05, online verfügbar unter: http://www.asp.sachsen-anhalt.de/presseapp/data/mj/2005/039_2005.htm (Stand: 24.1.2008). Vgl. zudem auch: Bericht der Arbeitsgruppe Mediation bei den Berliner Gerichten v. 30.7.2005, S. 66.

nach Eingang der Klageerwiderung – darüber, ob sich der jeweilige Konflikt für ein gerichtsnahes Mediationsverfahren eignet. Ist dies der Fall, legen die zuständigen Richterinnen und Richter die Verfahrensakte den Richtermediatoren vor, die den Prozessparteien daraufhin die Durchführung einer gerichtsnahen Mediation anbieten. Entscheiden sich die Prozessparteien für das gerichtsnahe Mediationsverfahren, wird das Verfahren auch in Sachsen-Anhalt für die Dauer, die dieses Verfahren in Anspruch nimmt, ausgesetzt. Bleibt die Mediation letztlich erfolgreich, wird das gerichtliche Verfahren auch hier beispielsweise durch Vergleich, Klagerücknahme oder Erledigungserklärungen der Konfliktparteien beendet. Bleibt das Mediationsverfahren erfolglos, wird das Verfahren von dem für den Rechtsstreit gesetzlich zuständigen Richter fortgesetzt und nach allgemeinen Regeln entschieden. Im Einzelnen entspricht die Mediationsordnung für das Projekt „Gerichtsnahe Mediation in Sachen Anhalt" (MO S-A.)[176] der Mediationsordnung für das Projekt „Gerichtsnahe Mediation in Niedersachsen".[177] Bezüglich der Einzelheiten des gerichtsnahen Mediationsverfahrens an den sachsen-anhaltinischen Modellgerichten kann demzufolge auf die Beschreibung des niedersächsischen Modellversuchs verwiesen werden.[178]

7. Weitere Modellversuche zum Einsatz der (gerichtsnahen) Mediation im Rahmen des Gerichtsverfahrens

Weitere Modellversuche zum Einsatz der Mediation an Gerichten – vor allem im zivilrechtlichen Bereich und nicht immer Modellversuche zum Einsatz der gerichtsnahen Mediation im Sinne dieser Arbeit – finden derzeit unter anderem am Oberverwaltungsgericht Münster und an den nordrhein-westfälischen Verwaltungsgerichten,[179] seit September 2004 in Hessen am Landgericht Frankfurt am Main[180] und am Amtsgericht Bad Homburg,[181] seit Januar 2005 im Rahmen eines „Güterichtermodells" in Bayern[182] an den

---

[176] Online verfügbar unter: http://www.sachsen-anhalt.de/LPSA/fileadmin/Elementbibliothek/Bibliothek_Politik_und_Verwaltung/Bibliothek_MJ/recht/mediationsordnung.pdf (Stand: 24.1.2008).

[177] Abgedruckt als Anhang zu: Projekt Gerichtsnahe Mediation in Niedersachsen – Projektabschlussbericht.

[178] Vgl.: Zweiter Teil, 2. Kapitel, Unterpunkt I. 1.

[179] Siehe oben Fn. 117.

[180] Siehe oben Fn. 120.

[181] Vgl. hierzu: *Wegener*, ZKM 2006, 140 (Fn. *).

[182] Zum bayerischen Modellprojekt insgesamt vgl. u.a.: http://www.jura.uni-erlangen.de/aber/abschlussbericht.pdf, http://www.jura.uni-erlangen.de/aber/aber.htm, http://www.jura.uni-erlangen.de/aber/projektbeschreibung.pdf, http://www.jura.uni-erlangen.de/aber/zwischenbericht.pdf und http://www.justiz.bayern.de/ministerium/aktuelles/projekte/gueterichter/ (Stand: 24.1.2008), sowie auch: *Greger*, ZKM 2007, 180 ff.; *Greger*, ZKM 2006, 68 ff.; *Greger*, ZKM 2004, 196 ff.; *Volkmann*, Mediation im Zivilprozess, S. 20; *Spindler*, Abschlussbericht zum Forschungsprojekt „Gerichtsnahe Mediation in Niedersachsen", Rn 16; *Löer*, ZKM 2005, 182 (183); *Monßen*, in: FS R. Haase, S. 293 (295 f.). Sogleich nach Vorlage des Abschlussberichts zum bayerischen Modellprojekt hat das Bayerische Staatsministerium der Justiz entschieden, dass das Güterichtermodell landesweit eingeführt werden soll (*Greger*, ZKM 2007, 180 (182)).

Landgerichten Aschaffenburg, Augsburg, Bamberg,[183] Landshut, München I, Nürnberg-Fürth,[184] Würzbug und Weiden,[185] seit 2006 in Berlin an den dortigen Zivilgerichten,[186] in Nordrhein-Westfalen in Köln,[187] im Landgerichtsbezirk Paderborn,[188] am Amtsgericht Detmold,[189] am Amts- und Landgericht Wuppertal[190] und am Verwaltungsgericht Minden[191] sowie – beschränkt auf familienrechtliche Verfahren – in Rheinland-Pfalz im Landgerichtsbezirk Koblenz[192] statt. Darüber hinaus wurde auch in Schleswig-Holstein ein Modellversuch zur gerichtsnahen Mediation gestartet. Hier werden seit Ende 2005/Anfang 2006 am Schleswig-Holsteinischen Oberlandesgericht Schleswig, am Landgericht Flensburg, am Landgericht Itzehoe und Amtsgericht Pinneberg, am Landgericht Kiel, am Landgericht Lübeck sowie am Amtsgericht Kiel gerichtsnahe Mediationsverfahren angeboten.[193] Ein grundsätzliches Interesse an der gerichtsnahen Mediation scheint schließlich auch in Brandenburg, in Bremen, in Thüringen und im Saarland zu bestehen, ohne dass dort jedoch konkrete Modellversuche durchgeführt würden.[194] Eher zurückhaltend gegenüber dem Einsatz der Mediation an Gerichten erscheint man dage-

---

[183] Vgl.: http://www.justiz.bayern.de/imperia/md/content/stmj_internet/gerichte/landgerichte/bamberg/mediation.pdf (Stand: 24.1.2008).

[184] Vgl.: http://www4.justiz.bayern.de/olgn/org/aktionen/aber/aber_index.htm (Stand: 24.1.2008).

[185] Vgl. insgesamt: Bericht der Arbeitsgruppe Mediation bei den Berliner Gerichten v. 20.7.2005, S. 17 ff.

[186] Vgl.: http://www.berlin.de/sen/justiz/gerichte/kg/mediation/index.html (Stand: 24.1.2008); *Volkmann*, Mediation im Zivilprozess, S. 19; *Spindler*, Abschlussbericht zum Forschungsprojekt Gerichtsnahe Mediation in Niedersachsen, Rn. 15. Vgl. zur Mediation an den Berliner Zivilgerichten zudem auch: *Elzer/Häublein/Hoßfeld*, ZKM 2006, 80 ff.; *Gülzow/Grässle*, BetrifftJUSTIZ 2007/Heft 3, 45; Bericht der Arbeitsgruppe Mediation bei den Berliner Gerichten v. 20.7.2005, insbes. S. 71 ff.

[187] Hier gibt es seit Anfang 2001 ein im Gerichtsgebäude untergebrachtes Mediationsbüro des örtlichen Anwaltsvereins (vgl.: Projekt Gerichtsnahe Mediation in Niedersachsen – Projektabschlussbericht, S. 3).

[188] Vgl.: http://www.justiz.nrw.de/Online_verfahren_projekte/projekte/modell_owl/Paderborn/Mediation/index.php (Stand: 24.1.2008); Bericht der Arbeitsgruppe Mediation bei den Berliner Gerichten v. 20.7.2005, S. 61 f.

[189] Vgl.: Projekt Gerichtsnahe Mediation in Niedersachsen – Projektabschlussbericht, S. 4; sowie: http://www.justiz.nrw.de/Online_verfahren_projekte/projekte/modell_owl/Paderborn/Mediation/index.php (Stand: 24.1.2008).

[190] Vgl.: *Kilian/Wielgosz*, ZZPInt. 2004, 355 (359); sowie den entsprechenden Link unter der Rubrik „Forschungsbereiche" auf: http://www.fernuni-hagen.de/OERV/institute/webseite/index.html (Stand: 24.1.2008).

[191] Vgl.: http://www.justiz.nrw.de/Online_verfahren_projekte/projekte/modell_owl/Sammlung/Flyer_Mediation_VG_Minden.pdf u. http://www.ostwestfalen-lippe.de/_owl/presse/presse_110.shtml (Stand: 24.1.2008).

[192] Vgl.: *Monßen*, in: FS R. Haase, S. 293 (295); *Kilian/Wielgosz*, ZZPInt. 2004, 355 (359); Bericht der Arbeitsgruppe Mediation bei den Berliner Gerichten v. 20.7.2005, S. 63 f.; http://www.konfliktbehandlung.de/main.php?menu_id=168&page_id=343&filter_%20id=1&filter_id=1 sowie den Link „Projekt Integrierte Mediation" unter der Rubrik „Forschungsbereiche" auf http://www.fernuni-hagen.de/OERV/institute/webseite/index.html (Stand: 24.1.2008).

[193] Vgl. hierzu im Einzelnen: http://www.schleswig-holstein.de/Justiz (Stand: 24.1.2008), sowie: *Probst*, SchlHA 2005, 317 (318).

[194] Vgl.: Bericht der Arbeitsgruppe Mediation bei den Berliner Gerichten v. 20.7.2005, S. 21, 24.

gen in Hamburg[195] und Sachsen[196] zu sein. In Niedersachsen boten in den vergangenen Jahren außerhalb des Projekts „Gerichtsnahe Mediation in Niedersachsen" nach und nach unter anderem auch die Amtsgerichte Cuxhaven,[197] Hannover[198] und Osnabrück[199] die Landgerichte Braunschweig,[200] Lüneburg,[201] Stade,[202] Osnabrück[203] und Verden,[204] das Verwaltungsgericht Braunschweig[205] sowie das Sozialgericht Lüneburg[206] die Durchführung einer Mediation – teilweise jedoch nicht in Form einer gerichtsnahen Mediation im Sinne dieser Arbeit – an.

II. Bisherige Erfahrungen aus den Modellversuchen

Zuweilen wird die gerichtsnahe Mediation als ein effektives Instrument angesehen, um mit geringer Vor- und Nachbereitungszeit, aber höherem Verhandlungsaufwand, für die Beteiligten befriedigende Lösungen zur Erledigung anhängiger – und anderer – Verfahren unter Einbeziehung aller am Konflikt Beteiligten zu erarbeiten.[207] Hierin kommen unter anderem auch ökonomische Kriterien zur Beurteilung der gerichtsnahen Mediation zum Ausdruck. Zu Recht werden in der Literatur gleichzeitig jedoch auch Bedenken geäußert, die gerichtsnahe Mediation einzig danach zu beurteilen, wie viel Zeit und Geld sie den Gerichten erspart, oder die gerichtsnahe Mediation nur zu unterstützen, um „die

---

195 Ein gesteigertes Interesse an der gerichtsnahen Mediation scheint hier lediglich seitens der Richterschaft zu bestehen (vgl.: Bericht der Arbeitsgruppe Mediation bei den Berliner Gerichten v. 20.7.2005, S. 25).

196 Vgl.: Bericht der Arbeitsgruppe Mediation bei den Berliner Gerichten v. 30.7.2005, S. 67.

197 http://www.amtsgericht-cuxhaven.niedersachsen.de/master/C15901896_L20_D0_I5977987_h1.html (Stand: 24.1.2008).

198 Vgl.: http://www.amtsgericht-hannover.niedersachsen.de/master/C8668626_L20_D0_I4798307_h1.html und http://cdl. niedersachsen.de/blob/images/C11529496_L20.pdf (Stand: 24.1.2008).

199 Vgl.: http://www.amtsgericht-osnabrueck.niedersachsen.de/master/C13066071_L20_D0_I6395278_h1.html und http://cdl. niedersachsen.de/blob/images/C16178261_L20.pdf (Stand: 24.1.2008).

200 Vgl.: http://www.landgericht-braunschweig.niedersachsen.de/master/C7729872_N7988885_L20_D0_I4818522.html (Stand: 24.1.2008); vgl. auch: Bericht der Arbeitsgruppe Mediation bei den Berliner Gerichten v. 20.7.2005, S. 44 ff.; Projekt Gerichtsnahe Mediation in Niedersachsen – Projektabschlussbericht, S. 4.

201 Vgl.: http://www.landgericht-lueneburg.niedersachsen.de/master/C15873578_N15624162_L20_D0_I4814732.html# (Stand: 24.1.2008).

202 Bericht der Arbeitsgruppe Mediation bei den Berliner Gerichten v. 20.7.2005, S. 59.

203 Vgl.: http://www.landgericht-osnabrueck.niedersachsen.de/master/C11766585_N12991491_L20_D0_I4798959.html (Stand: 24.1.2008); Bericht der Arbeitsgruppe Mediation bei den Berliner Gerichten v. 20.7.2005, S. 58.

204 Vgl.: http://www.landgericht-verden.niedersachsen.de/master/C7352762_N6394076_L20_D0_I4799562.html und http://www.landgericht-verden.niedersachsen.de/master/C11865991_N11451939_L20_D0_I4799562#D (Stand: 24.1.2008); vgl. auch: Bericht der Arbeitsgruppe Mediation bei den Berliner Gerichten v. 20.7.2005, S. 60; Projekt Gerichtsnahe Mediation in Niedersachsen – Projektabschlussbericht, S. 4.

205 Projekt Gerichtsnahe Mediation in Niedersachsen – Projektabschlussbericht, S. 4.

206 Vgl. u.a.: Projekt Gerichtsnahe Mediation in Niedersachsen – Projektabschlussbericht, S. 4.

207 *Niewitsch-Lennartz*, Dokumentation zum 14. Dt. Verwaltungsrichtertag 2004, S. 51 (51 u. 52).

wertvolle und knappe Ressource richterlicher Bewertung und Entscheidung eines Konflikts" nur in Fällen einsetzen zu müssen, in denen die Möglichkeiten außergerichtlicher Streitbeilegung erschöpft sind.[208] Es wird zu Recht davor gewarnt, hinsichtlich der Bewertung der gerichtsnahen Mediation ausschließlich auf das Kriterium der Verfahrensdauer, der Erledigungsquote, der Rechtsmittelquote, des Rechtsmittelerfolgs, der Vergleichsquote, des Zeitaufwands und der Verfahrenskosten abzustellen. Stattdessen sollte der Erfolg nicht aus Sicht der Justiz und der einzelnen Gerichte gemessen werden, sondern daran, ob die Bedürfnisse der Parteien erfüllt wurden.[209] Die Qualität staatlicher Streitbeilegung lasse sich schließlich nicht an Erledigungszahlen und kurzen Verfahrensdauern messen;[210] entscheidendes Kriterium hinsichtlich der Evaluation der gerichtsnahen Mediation sei vielmehr der Inhalt des Mediationsergebnisses. Anhaltspunkte für ein gutes Mediationsergebnis seien dabei wiederum neben der Zufriedenheit der Beteiligten mit der Lösung des Konflikts durch Mediation unter anderem die nachhaltige Beseitigung von Konflikt-Potenzialen für die Zukunft, die Begründung einer Basis für Kommunikation zwischen den Beteiligten bei späteren Auseinandersetzungen und ähnliches.[211] Darüber hinaus scheidet die Erfolgsquote als ausschließlicher Indikator für den Erfolg oder Misserfolg der gerichtsnahen Mediation aus, da auch in einem nicht mit einem den jeweiligen Konflikt beendigenden Mediationsvergleich abgeschlossenen Mediationsverfahren einzelne Punkte geklärt werden können sowie die Atmosphäre zwischen den Konfliktparteien verbessert und/oder die Fortsetzung des Prozesses erleichtert werden kann.[212] Neben (1.) einem Blick auf die im Rahmen der verschiedenen Modellversuche ermittelten statistischen Daten bezüglich der durch die gerichtsnahe Mediation erlangten Einigungsquote, der Verfahrensdauer bei Einsatz der gerichtsnahen Mediation sowie die Frage der Entlastungswirkungen aufgrund des Einsatzes der Mediation im Gerichtsverfahren, soll daher im Zuge der Auseinandersetzung mit den bisherigen Erfahrungen mit dem Einsatz der gerichtsnahen Mediation (2.) die Aufmerksamkeit auf die Beurteilung und Akzeptanz der gerichtsnahen Mediation durch den betroffenen Personenkreis gelenkt, (3.) ein Blick auf die Gründe der Konfliktparteien für die Teilnahme an einer gerichtsnahen Mediation geworfen und (4.) eine Untersuchung der Falleignungskriterien bezüglich der Durchführung eines gerichtsnahen Mediationsverfahrens vorgenommen werden.[213]

---

208 *Walther*, in: *Pitschas/Walther*, Mediation in d. Verwaltungsgerichtsbarkeit, S. 7 (13).
209 *Walther*, in: *Pitschas/Walther*, Mediation in d. Verwaltungsgerichtsbarkeit, S. 7 (19).
210 *Walther*, in: *Pitschas/Walther*, Mediation in d. Verwaltungsgerichtsbarkeit, S. 7 (19).
211 *Reimers*, in: *Pitschas/Walther*, Mediation in d. Verwaltungsgerichtsbarkeit, S. 45 (54).
212 Vgl.: *Ortloff*, NVwZ 2004, 385 (389).
213 Bzgl. der Erfahrungen aus dem bayerischen Güterichterprojekt vgl. hingegen: *Greger*, ZKM 2007, 180 ff.; *Greger*, ZKM 2006, 68 ff.

1. Einigungsquote und Verfahrensdauer sowie die sich hieraus ergebenden Entlastungswirkungen

Trotz des berechtigten Einwands, die gerichtsnahe Mediation könne nicht alleine an Erledigungszahlen und der für ein gerichtsnahes Mediationsverfahren benötigten Verfahrensdauer gemessen werden, sprechen nach den bislang aus den verschiedenen Modellversuchen zum Einsatz der gerichtsnahen Mediation gewonnenen Ergebnissen auch diese beiden Aspekte sowie die sich aus ihnen ergebenden Entlastungswirkungen für das Konzept der gerichtsnahen Mediation.

a) Die Einigungsquoten im Rahmen der verschiedenen Modellversuche

Im Rahmen des Gerichte verschiedener Gerichtsbarkeiten umfassenden Modellversuchs „Gerichtsnahe Mediation in Niedersachsen" wurden bis zum Ende der Projektlaufzeit (Praxisphase: 1. September 2002 bis 31. Dezember 2004) 1410 Mediationsverfahren durchgeführt, wobei 1106 Verfahren zu einem erfolgreichen Abschluss kamen. Daraus ergibt sich eine projektweite Einigungsquote von ca. 78,4%, wobei auffällt, dass diese Quote nicht nur aufgrund der Tatsache erreicht wurde, dass die gerichtsnahe Mediation im Rahmen des niedersächsischen Modellversuchs überwiegend an Gerichten der ordentlichen Gerichtsbarkeit angeboten wurde und gerade hier – vor allem am Landgericht Göttingen – große Resonanz erfuhr. Auch an den am Niedersächsischen Modellversuch beteiligten Verwaltungs- und Sozialgerichten, namentlich am Verwaltungsgericht Hannover und am Sozialgericht Hannover, wurde durch Anwendung der gerichtsnahen Mediation – allerdings bei weitaus weniger Fallzahlen – eine Einigungsquote von ca. 76,9% beziehungsweise gar ca. 86,1% erreicht,[214] was indiziert, dass auch im Bereich der Verwaltungs- und Sozialgerichtsbarkeit die Einigungsquote für eine Einführung der Möglichkeit zur gerichtsnahen Mediation spricht.

Gestützt wird diese Erkenntnis dadurch, dass mittels gerichtsnaher Mediation nicht nur am Verwaltungsgericht Hannover und am Sozialgericht Hannover, sondern auch am Verwaltungsgericht Freiburg (ca. 60% bis 70%),[215] am Verwaltungsgericht Greifswald (ca. 60% bis 70%),[216] am Verwaltungsgericht Berlin (2004: ca. 77,8%,[217] sonst: ca. 60% bis 75%[218]) am Hessischen Verwaltungsgerichtshof (ca. 66,7% / inklusive Verfahren, in

---

[214] Vgl.: Projekt gerichtsnahe Mediation in Niedersachsen – Auszug aus der Projektstatistik, S. 14 u. 16.

[215] Vgl.: Bericht der Arbeitsgruppe Mediation bei den Berliner Gerichten v. 20.7.2005, S. 13.

[216] Vgl.: Bericht der Arbeitsgruppe Mediation bei den Berliner Gerichten v. 20.7.2005, S. 37. Projektweit liegt die Erfolgsquote im Rahmen des mecklenburg-vorpommerischen Modellversuchs bei mehr als 70% (vgl.: Projekt Gerichtsnahe Mediation in Niedersachsen – Projektabschlussbericht, S. 3).

[217] Vgl.: *Ortloff*, in: *Pitschas/Walther*, Mediation in d. Verwaltungsgerichtsbarkeit, S. 343 (344).

[218] Vgl.: *Ortloff*, NVwZ 2004, 385 (389) und *Ortloff*, NVwZ 2006, 148, wonach die Erfolgsquote bei ca. 60 bzw. 75% liegt, sowie: Bericht der Arbeitsgruppe Mediation bei den Berliner Gerichten v. 20.7.2005, S. 22, wo von jährlich ca. 120 Fällen und einer Erfolgsquote von 60-70% die Rede ist. In der ersten Versuchsphase konnte am Berliner VG in drei von vier Verfahren (75%), eine einvernehmliche Lösung gefunden werden. In einem dieser Verfahren wurden sieben Klagen beigelegt (vgl.: *Ortloff*, ZKM 2002, 199 (200)).

denen zumindest eine Teileinigung erreicht wurde ca. 72,9%) und an den hessischen Modellverwaltungsgerichten Darmstadt (ca. 65,9% / inklusive Teilvereinbarungen ca. 78%), Kassel (ca. 77,8%) und Wiesbaden (ca. 83,3% / inklusive Teilvereinbarungen ca. 86,7%)[219] sowie im Rahmen des bereits abgeschlossenen Modellversuchs am Verwaltungsgericht Sigmaringen (ca. 81,3%)[220] beachtliche Einigungsquoten erzielt wurden. Im Rahmen des hessischen Modellversuchs wurden von Anfang 2004 bis zum 31. Dezember 2005 in insgesamt 250 Verfahren Mediationssitzungen durchgeführt. Mit Erfolg abgeschlossen werden konnten dabei insgesamt 220 Verfahren, was einer Einigungsquote von über 80% entspricht. Weitere 30 Gerichtsverfahren wurden bereits in einem vorbereitenden Verfahrensstadium vor den eigentlichen Mediationssitzungen von den Richtermediatoren erledigt.[221] Am Verwaltungsgericht Kassel geschah dies beispielsweise in acht, am Verwaltungsgericht Darmstadt in drei Fällen durch telefonische Vermittlung des Richtermediators.

---

[219] In den ersten beiden Jahren des hessischen Modellversuchs (Mai 2004 bis Mai 2006) wurden insgesamt 609 Verfahren der gerichtsnahen Mediation zugeleitet. In insgesamt 133 dieser Verfahren wurde die Zustimmung zur Durchführung einer gerichtsnahen Mediation zumindest von einer Partei verweigert. In 346 der übrigen 476 Verfahren wurden bis Mai 2006 bereits Mediationssitzungen durchgeführt. 277 dieser Verfahren konnten mit Erfolg abgeschlossen werden, weitere 30 Verfahren wurden von den Mediatoren bereits im vorbereitenden Verfahren vor Durchführung einer Mediationssitzung erledigt. Damit waren in den ersten beiden Jahren des hessischen Modellversuchs etwa 80% der von den Richtermediatoren durchgeführten Verfahren, in denen die Zustimmung aller Beteiligten vorlag, erfolgreich (vgl.: *Reimers/Apell*, LKRZ 2007, 7 (8 f.)).

[220] Die Zahlen hinsichtlich des VGH Kassel, des VG Darmstadt, des VG Kassel, des VG Wiesbaden und des VG Sigmaringen gehen auf eine schriftliche Umfrage zurück, die im Dezember 2005 an alle Richtermediatoren gerichtet wurde, die an Modellversuche zum Einsatz der gerichtsnahen Mediation durchführenden Verwaltungs- oder Sozialgerichten tätig sind beziehungsweise waren. Berücksichtigt wurden an dieser Stelle solche Umfrageantworten, die zwischen Januar 2006 und Juli 2006 eingegangen waren. Trotz rechtzeitiger Zurücksendung des Umfragebogens unberücksichtigt blieben lediglich die Zahlen betreffend das VG Braunschweig und das SG Lüneburg. Hier ist die Anzahl der durchgeführten Mediationsverfahren aufgrund des erst seit kurzem bestehenden Mediationsangebotes zu gering, um wie auch immer geartete Rückschlüsse hinsichtlich des Einsatzes der gerichtsnahen Mediation zu ziehen. Lediglich aus Gründen der Vollständigkeit sei darauf verwiesen, dass zum Zeitpunkt der Beantwortung der Umfrage am VG Braunschweig drei Mediationsverfahren abgeschlossen waren. In einem dieser Fälle wurde eine Teileinigung erzielt, in einem Fall erfolgte eine Rücknahme im gerichtlichen Verfahren und einmal blieb die gerichtsnahe Mediation erfolglos, so dass das Verfahren in das gerichtliche Verfahren zurückgeführt wurde. Auch am SG Lüneburg waren zum Zeitpunkt der Beantwortung der Umfrage drei Mediationsverfahren abgeschlossen. Zwei dieser Verfahren endeten erfolgreich mit einem Mediationsvergleich, ein Mediationsverfahren blieb erfolglos und wurde in das gerichtliche Verfahren zurückgeführt.

[221] Vgl.: Jahrespresseerklärung 2005 des Präsidenten des Hessischen Verwaltungsgerichtshofs, Abschnitt 5.2 (Mediation). Im Jahre 2004 wurden 80 Mediationsverfahren abgeschlossen, davon 70 erfolgreich. Dies entspricht einer Einigungsquote von 87,5% (vgl.: *Walther* u. *Reimers*, in: *Pitschas/Walther*, Mediation in d. Verwaltungsgerichtsbarkeit, S. 7 (17) bzw. S. 45 f.).

Ergebnisse der abgeschlossenen Mediationsverfahren an ausgewählten Verwaltungs- und Sozialgerichten (in %)

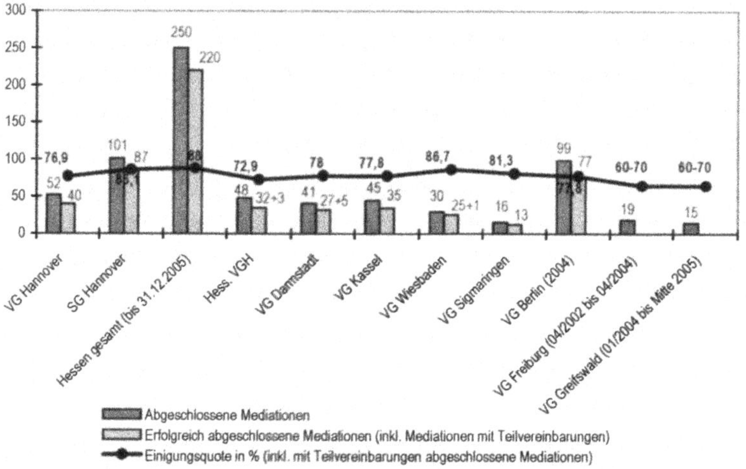

Von besonderer Bedeutung für den erfolgreichen Verlauf eines Mediationsverfahrens ist nach aus dem niedersächsischen Modellversuch gewonnenen Erkenntnissen die (Un-)Parteilichkeit des Richtermediators, wie sie von den Konfliktparteien empfunden wird. Wurde der Richtermediator von den Konfliktparteien als unparteiisch empfunden, so wurde im Rahmen des Projekts „Gerichtsnahe Mediation in Niedersachsen“ in ca. 82,7% der Fälle eine Mediationsvereinbarung erzielt. Nur ca. 17,3% der Mediationen scheiterten. Unterstellten die Konfliktparteien dem Richtermediator eine wie auch immer geartete Parteilichkeit, so führten dagegen „nur“ ca. 62,5% der Mediationsverfahren zu einer das Verfahren abschließenden Übereinkunft zwischen den Konfliktparteien, während in ca. 37,5% der Fälle das Verfahren nicht zu einer Mediationsvereinbarung, sondern zu Abbruchgedanken und starker Unzufriedenheit führte.[222]

Unterstellte Parteilichkeit und Ergebnis der Mediation
(Datenquelle: Arpos Institut, Gerichtsnahe Mediation in Niedersachsen - Ergebnisse der Begleitforschung, S. 12)

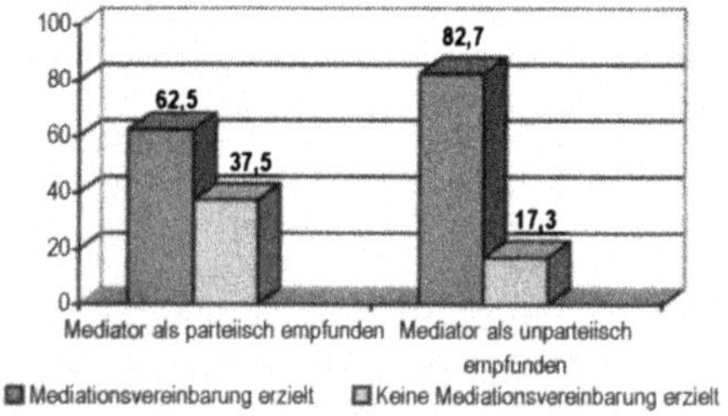

---

222 Vgl.: *Arpos Institut,* Gerichtsnahe Mediation in Niedersachsen – Ergebnisse der Begleitforschung, S. 10 ff.

b) Die Verfahrensdauer bei Durchführung einer gerichtsnahen Mediation

Auch das Kriterium der Verfahrensdauer scheint nach den Erkenntnissen aus den bisherigen Modellversuchen für den gerichtsnahen Einsatz der Mediation zu sprechen. So hat eine Umfrage im Rahmen des niedersächsischen Modellversuchs ergeben, dass zumindest die meisten Richtermediatoren davon ausgehen, dass die Mediationsdauer im Vergleich zur Dauer eines streitigen Gerichtsverfahrens kürzer ist. Insgesamt gingen im Rahmen besagter Umfrage ca. 39,8% der befragten Richtermediatoren davon aus, dass die Dauer eines Mediationsverfahrens „sehr viel kürzer" als die eines streitigen gerichtlichen Verfahrens sei. Ca. 31,4% waren immerhin noch der Ansicht, dass die Mediationsdauer „viel kürzer" sei; ca. 9,9% schätzten die Mediationsdauer zumindest noch als „etwas kürzer" ein. Von einer vergleichbaren Dauer von Mediations- und Gerichtsverfahren gingen lediglich ca. 7,7%, von einer längeren Dauer des Mediationsverfahrens gar nur ca. 2,6% aus. Mit Blick auf sozial- und verwaltungsgerichtliche Mediationsverfahren gehen derweil ca. 64,8% beziehungsweise ca. 18,2% von einer sehr viel kürzeren, ca. 25,9% respektive ca. 36,4% von einer viel kürzeren sowie null beziehungsweise ca. 18,2% von einer etwas kürzeren Dauer des gerichtsnahen Mediationsverfahrens im Vergleich zu der eines streitigen Gerichtsverfahrens aus. Damit überwiegt auch in den genannten beiden Gerichtsbarkeiten die Einschätzung, dass sich durch die gerichtsnahe Mediation im Vergleich zum Gerichtsverfahren Zeit einsparen lässt. Lediglich ca. 1,9% respektive ca. 22,7% der befragten Richtermediatoren gehen in sozial- beziehungsweise verwaltungsgerichtlichen Mediationsverfahren von einer ungefähr gleichlangen Verfahrensdauer wie im streitigen gerichtlichen Verfahren aus. Eine „etwas längere" Verfahrensdauer wird in sozialgerichtlichen Mediationsverfahren nur vereinzelt erwartet – namentlich von ca. 3,7% der befragten Richtermediatoren –, wobei die Werte bezüglich der gerichtsnahen Mediationsverfahren an Verwaltungsgerichten aufgrund der geringen Anzahl an beantworteten Fragebögen allen-

Die Mediationsdauer im Vergleich zur Dauer des streitigen Gerichtsverfahrens (Einschätzungen der niedersächsischen Richtermediatoren in %)
(Datenquelle: Spindler, Abschlussbericht zum Forschungsprojekt Gerichtsnahe Mediation in Niedersachsen, Rn. 422 ff.)

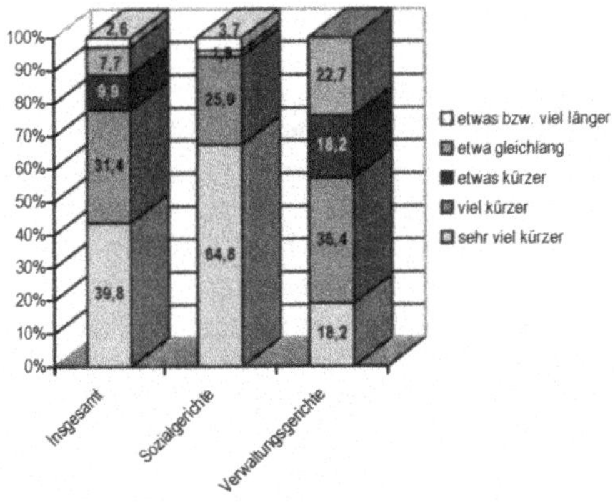

falls eine Tendenz – nicht aber gesicherte statistische Ergebnisse – zu liefern vermögen.[223]

Bestätigt zu werden, scheint die Einschätzung der Richtermediatoren durch die ebenfalls befragte Richterschaft der am niedersächsischen Modellversuch teilnehmenden Gerichte. Von den befragten Richtern sprachen insgesamt ca. 45,7% der befragten Richter von einer kürzeren Verfahrensdauer bei Durchführung einer gerichtsnahen Mediation, während ca. 23,4% keinen Unterschied zwischen der Verfahrensdauer bei Durchführung einer gerichtsnahen Mediation gegenüber der Durchführung eines streitigen Gerichtsverfahrens empfanden. Nur ca. 18,1% der befragten Richter empfanden die Verfahrensdauer bei Durchführung einer gerichtsnahen Mediation länger als ein streitiges gerichtliches Verfahren. Weitere 12,8% machten hierzu keine Angaben. Noch deutlicher fallen die Werte hinsichtlich gerichtsnaher Mediationsverfahren im Bereich der Sozialgerichtsbarkeit aus, auch wenn hier nur eine recht geringe Anzahl an Richtern befragt werden konnte. Hier schätzten zwei Drittel der befragten Richter die Verfahrensdauer im Falle der gerichtsnahen Mediation als im Vergleich zum streitigen Gerichtsverfahren kürzer ein. Je ein Sechstel der befragten Richter machte dagegen zu diesem Punkt keine Angaben oder sah keinen Unterschied hinsichtlich der Verfahrensdauer gerichtlicher Mediationen und streitiger gerichtlicher Verfahren. Als länger im Vergleich zum streitigen Gerichtsverfahren wurde die gerichtsnahe Mediation von keinem der im Bereich der Sozialgerichtsbarkeit befragten Richter eingeschätzt.[224] Gerade im Hinblick auf die gerichtsnahe Mediation im Bereich der Sozialgerichtsbarkeit wird diese zudem auch im Vergleich zu im Wege des gerichtlichen Vergleichs beendeten Gerichtsverfahren von der hierzu befragten Richterschaft als zeitsparend angesehen. Ca. 50% der leider jedoch sehr geringen Anzahl an befragten Richter gab an, dass das gerichtsnahe Mediationsverfahren auch im Verhältnis zum richterlichen Vergleich eine zeitsparende Alternative darstelle, wohingegen lediglich ca. 8,3% der Befragten die Ansicht vertraten, dass der

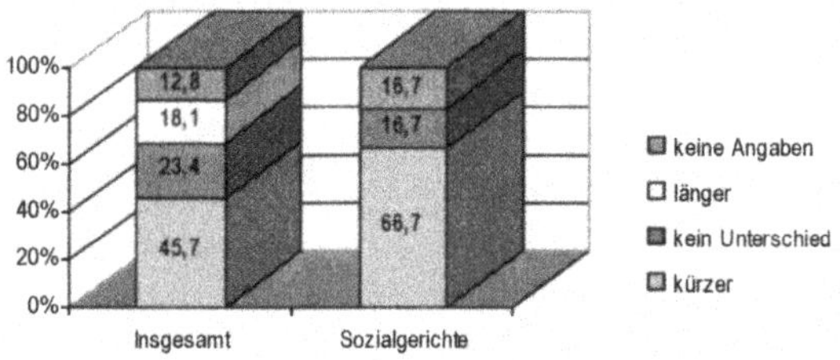

Die Mediationsdauer im Vergleich zur Dauer des streitigen Gerichtsverfahrens (Einschätzungen der befragten niedersächsischen Richter in %)
(Datenquelle: Spindler, Abschlussbericht zum Forschungsprojekt Gerichtsnahe Mediation in Niedersachsen, Rn. 434 ff.)

---

223 Vgl. zum Vorstehenden insgesamt: *Spindler,* Abschlussbericht zum Forschungsprojekt Gerichtsnahe Mediation in Niedersachsen, Rn. 422 ff.

224 Vgl. zum Vorstehenden insgesamt: *Spindler,* Abschlussbericht zum Forschungsprojekt Gerichtsnahe Mediation in Niedersachsen, Rn. 434 u. 436.

gerichtliche Vergleich vom Zeitaufwand geringer sei. Ca. 16,7% der Befragten äußerte sich nicht zu dieser Frage, der Rest empfand keinen nennenswerten Unterschied.[225]

Auch die Prozessparteien gingen im Rahmen des niedersächsischen Modellversuchs nach Abschluss des gerichtsnahen Mediationsverfahrens regelmäßig von einer Zeitersparnis aus. Im Rahmen einer entsprechenden Umfrage gaben insgesamt ca. 47,5% der befragten Mediationsparteien an, im Vergleich zum streitigen gerichtlichen Verfahren Zeit eingespart zu haben. Weitere ca. 22% meinten darüber hinaus, eher Zeit gespart, als verloren zu haben, während nur ca. 17,1% beziehungsweise ca. 9,4% davon ausgingen, dass das Mediationsverfahren nicht oder eher nicht kürzer war, als ein streitiger Prozess gewesen wäre. Ähnlich fallen dabei auch die Zahlen mit Blick auf die gerichtsnahe Mediation im Bereich der Sozialgerichtsbarkeit aus. Hier gaben ca. 42,7% der befragten Mediationsparteien an, durch die gerichtsnahe Mediation in den Genuss eines Zeitvorteils gekommen zu sein, während weitere ca. 24% der Ansicht waren, eher Zeit gespart als verloren zu haben. Nur ca. 12,5% zeigten sich überzeugt, dass sie im streitigen Gerichtsverfahren ebenso schnell zu einem Ergebnis gekommen wären; immerhin ca. 15,6% gingen davon aus, eher keine Zeit gespart zu haben. Ein abweichendes Ergebnis lässt sich dagegen hinsichtlich der gerichtsnahen Mediation in verwaltungsgerichtlichen Streitigkeiten konstatieren. Im Gegensatz zur Sozialgerichtsbarkeit gingen hier ca. 37,3% der befragten Mediationsparteien davon aus, keinen Zeitvorteil aufgrund der gerichtsnahen Mediation erreicht zu haben. Weitere ca. 11,8% zeigten sich zumindest kritisch und vertraten die Ansicht, eher keine Zeit gespart zu haben. Von einer tatsächlichen Zeitersparnis gingen derweil nur ca. 23,5% der Mediationsparteien aus; nur weitere 23,5% zeigten sich hiervon überzeugt.[226]

Zeitersparnis im Vergleich zum streitigen Gerichtsverfahren? (Einschätzung der niedersächs. Mediationsparteien in %)
(Datenquelle: Spindler, Abschlussbericht zum Forschungsprojekt Gerichtsnahe Mediation in Niedersachsen, Rn. 422 ff.)

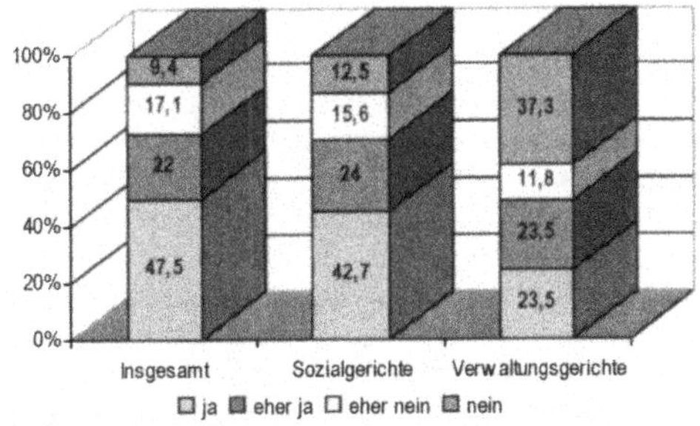

Im Rahmen einer weiteren schriftlichen Umfrage unter allen an Verwaltungs- und Sozialgerichten tätigen Richtermediatoren anlässlich der vorliegenden Arbeit gaben die auf die Umfrage antwortenden Mediatoren im Hinblick auf die Mediationssitzungen meist

---

[225] Vgl.: *Spindler,* Abschlussbericht zum Forschungsprojekt Gerichtsnahe Mediation in Niedersachsen, Rn. 440. Vgl. zur kürzeren Verfahrensdauer der gerichtsnahen Mediation zudem u.a. auch: *Walther,* ZKM 2006, 144 ff., der die kürzere Verfahrensdauer anhand eines Beispiels aufzeigt.

[226] Vgl. zum Vorstehenden: *Spindler,* Abschlussbericht zum Forschungsprojekt Gerichtsnahe Mediation in Niedersachsen, Rn. 519 ff.

eine durchschnittliche Dauer von zwei bis fünf Stunden an.[227] Hinsichtlich der gesamten Mediation, das heißt des gesamten Verfahrens zwischen Eingang der Akten bei den Mediatoren bis zum Abschluss der Mediation, wird derweil durchschnittlich von einer Dauer von zwei bis drei Monaten ausgegangen, wobei das gesamte Mediationsverfahren letztlich aber eine Zeitspanne von weniger als einem Monat und maximal ca. einem Jahr in Anspruch nehmen könne.[228] Die durchschnittliche Dauer einer gerichtsnahen Mediation liegt damit weit unter der durchschnittlichen Verfahrensdauer bei Verfahren vor Verwaltungsgerichten (Bundesdurchschnitt 2004: 13,6 Monate[229]), vor den Oberverwaltungsgerichten als erste Instanz (Bundesdurchschnitt 2004: 18 Monate[230]) und vor den Oberverwaltungsgerichten als Rechtsmittelinstanz (Bundesdurchschnitt 2004: 7,8 Monate[231]). Allenfalls dort, wo im Einzelfall ein vergleichsweise schnelles Gerichtsverfahren absehbar ist oder andererseits ein überdurchschnittlich langes Mediationsverfahren droht, verliert die Verfahrensdauer bei Durchführung eines gerichtsnahen Mediationsverfahrens

---

[227] Vgl. zudem auch: *Ortloff*, in: *Pitschas/Walther*, Mediation in d. Verwaltungsgerichtsbarkeit, S. 343 (345), wonach die durchschnittliche Verfahrensdauer am VG Berlin drei Stunden beträgt, den Bericht der Arbeitsgruppe Mediation bei den Berliner Gerichten v. 20.7.2005, S. 22 f., 26 u. 37, wonach Mediationsverfahren in Berlin für drei Stunden terminiert werden, am Landgericht Frankfurt ein Zeitrahmen von zwei bis drei Stunden vorgesehen wird und die durchschnittliche Verfahrensdauer in Mecklenburg-Vorpommern drei bis vier Stunden und am VG Greifswald drei Stunden beträgt, *v. Olenhusen*, ZKM 2004, 104 (105 u. 107), *Hückstädt*, NJ 2005, 289 (294), *Greger*, NJW 2007, 3258 (3259, Fn. 16); *Spindler*, Abschlussbericht zum Forschungsprojekt Gerichtsnahe Mediation in Niedersachsen, Rn. 229 und *Arpos Institut*, Gerichtsnahe Mediation in Niedersachsen – Ergebnisse der Begleitforschung, S. 17, wo von einer Dauer von ca. zwei bis zweieinhalb ausgegangen wird, *Zenk/Strobl/Böttger*, ZKM 2006, 43 (44 u. 47), wo von einem angestrebten Zeitlimit von zweieinhalb Stunden die Rede ist, *Löer*, ZKM 2005, 182 (184), *Löer*, ZKM 2006, 4 (5) und *Löer*, ZZP, 2006, 199 (208), wonach in der Regel nur ein Termin mit einem Zeitfenster von ca. zwei Stunden stattfindet bzw. bereits in einem Zeitfenster von zwei bis drei Sunden „einiges zu erreichen" ist, *Wegener*, ZKM 2006, 140 (143), die ein Zeitlimit von zwei bis drei Stunden nennt, *Niewitsch-Lennartz*, Dokumentation zum 14. Dt. Verwaltungsrichtertag 2004, S. 51 (54), die mit zwei bis vier Stunden rechnet, sowie die Ergebnisse der Befragung der Richtermediatoren am VG Wiesbaden von *Büttner/Heinecke*, in: *Pitschas/Walther*, Mediation in d. Verwaltungsgerichtsbarkeit, S. 251 (275) und die Ergebnisse der Befragung der Richtermediatoren am VGH Kassel und am VG Kassel von *Reichenbach/Helbig*, in: *Pitschas/Walther*, Mediation in d. Verwaltungsgerichtsbarkeit, S. 291 (305 u. 306), wonach die durchschnittliche Dauer der Durchführung eines Mediationsgesprächs am VGH Kassel dreieinhalb bis vier Stunden und am VG Kassel drei Stunden beträgt und der Mediator eine Mediation in rund fünf Stunden zum Abschluss bringen kann.

[228] Vgl. auch die Ergebnisse der Befragung der Richtermediatoren am VGH Kassel und am VG Kassel von *Reichenbach/Helbig*, in: *Pitschas/Walther*, Mediation in d. Verwaltungsgerichtsbarkeit, S. 291 (305 u. 306), wonach sich eine gerichtsnahe Mediation bei zeitnahem Ansetzen eines Gesprächstermins regelmäßig über nicht mehr als zwei Monate erstrecken muss; sowie die Ergebnisse der Befragung der Richtermediatoren am VG Wiesbaden von *Büttner/Heinecke*, in: *Pitschas/Walther*, Mediation in d. Verwaltungsgerichtsbarkeit, S. 251 (275), wonach das bis zum Zeitpunkt der Befragung längste Mediationsverfahren am VG Wiesbaden sechs Monate gedauert hatte und die grundsätzliche Dauer der Mediationsverfahren am VG Wiesbaden zwischen zwei Wochen und zwei Monaten beträgt.

[229] Statistisches Bundesamt, VwG-Statistik 2004, S. 22.

[230] Statistisches Bundesamt, VwG-Statistik 2004, S. 56.

[231] Statistisches Bundesamt, VwG-Statistik 2004, S. 74.

ihre Argumentationskraft für den gerichtsnahen Einsatz der Mediation.[232] In der Regel wird ein Mediationsverfahren deutlich früher als ein klassisches Verwaltungsstreitverfahren abgeschlossen werden können.[233]

Abseits statistischer Werte wird das gerichtsnahe Mediationsverfahren auch von den hierin involvierten Personen in der Regel als im Vergleich zum gerichtlichen Verfahren schneller empfunden. Im Rahmen des Modellversuchs „Gerichtsnahe Mediation in Niedersachsen" waren sich die Mehrheit der Richtermediatoren (85%), der Anwälte (67%) und der Konfliktparteien (73%) einig, dass sie auf dem Wege der gerichtsnahen Mediation schneller eine Lösung erzielen konnten, als dies in einem gerichtlichen Verfahren möglich gewesen wäre.[234] Zudem kommt der Abschlussbericht zum niedersächsischen Modellversuch zu dem Ergebnis, dass für die Landgerichte und die Gerichte der öffentlichen Gerichtsbarkeiten ein geringerer Zeitaufwand für Richtermediatoren bei Bearbeitung von Verfahren in der Mediation als für Richter bei richterlicher Bearbeitung von vergleichbaren Verfahren prognostiziert werden könne.[235] Auch die Richtermediatoren an den Gerichten der öffentlich-rechtlichen Gerichtsbarkeiten schätzen ihren Arbeitsaufwand in der Mediation niedriger ein als er im gerichtlichen Verfahren gewesen wäre, wobei nach Einschätzung der Richtermediatoren gerade Verfahren in die Mediation gelangten, die im Gerichtsverfahren einen vergleichsweise hohen Arbeitsaufwand erforderten.[236] Dennoch sind zuweilen auch Stimmen vernehmbar, welche die Bedeutung des Arguments der Verfahrensdauer relativieren. Diese Stimmen weisen darauf hin, dass sich auch Mediationen an den Verwaltungsgerichten verhältnismäßig lange hinziehen können und es nach ihrer Ansicht nur wenige Verfahren gäbe, die mit einer einzigen Sitzung abgeschlossen werden könnten. Meist würden die Verfahren fortgesetzt, weil entweder noch Auskünfte eingeholt oder Gutachter (noch einmal) befragt werden müssten. Darüber hinaus könne es vorkommen, dass sich Gerichtsverfahren trotz eines erfolgreich abgeschlossenen Mediationsverfahrens nicht erledigten, weil (weitere) Gremien gefragt werden müssen, ob sie mit der in der Mediation getroffenen Vereinbarung einverstanden

---

232 Hervorzuheben ist in diesem Zusammenhang insbesondere das Land Rheinland-Pfalz, wo im Jahre 2004 ein Verfahren vor dem VG durchschnittlich nur 4,3 Monate, ein Verfahren vor dem OVG in erster Instanz durchschnittlich nur 6,7 und ein Verfahren vor dem OVG als Rechtsmittelinstanz nur 2,1 Monate dauert. Über eine besonders kurze durchschnittliche Verfahrensdauer bei Verfahren vor dem VG bzw. OVG als Rechtsmittelinstanz verfügten im Jahre 2004 darüber hinaus Bayern (durchschnittlich 6,3 Monate bei Verfahren vor dem VG), Baden-Württemberg (durchschnittlich 4,5 Monate bei Verfahren vor dem OVG als Rechtsmittelinstanz), Schleswig-Holstein (durchschnittlich 5 Monate bei Verfahren vor dem OVG als Rechtsmittelinstanz), Niedersachsen (durchschnittlich 5,8 Monate bei Verfahren vor dem OVG als Rechtsmittelinstanz) und Bremen (durchschnittlich 6,4 Monate bei Verfahren vor dem OVG als Rechtsmittelinstanz). Hier dürfte das Argument der Verfahrensdauer am ehesten an Bedeutung verlieren (vgl. zur durchschnittlichen Verfahrensdauer an den Verwaltungs- und Oberverwaltungsgerichten der einzelnen Bundesländer: Statistisches Bundesamt, VwG-Statistik 2004, S. 22 f., 56 f. u. 74 f.).

233 *Walther* u. *Reimers*, in: *Pitschas/Walther*, Mediation in d. Verwaltungsgerichtsbarkeit, S. 7 (19) bzw. S. 45 (46). Mit Blick auf den Zivilprozess vgl. zudem auch: *Löer*, ZKM 2006, 4 (5).

234 Projekt Gerichtsnahe Mediation in Niedersachsen – Erfahrungen aus der Projektpraxis, S. 27.

235 Projekt Gerichtsnahe Mediation in Niedersachsen – Projektabschlussbericht, S. 42.

236 Projekt Gerichtsnahe Mediation in Niedersachsen – Projektabschlussbericht, S. 42.

sind. In diesen Fällen könne das gerichtliche Verfahren trotz erfolgreich verlaufener Mediation noch nicht abgeschlossen werden, da eine Verweigerungshaltung des zu befragenden Gremiums Nachverhandlungen erforderlich machen oder nachträglich zum Scheitern der vormals erfolgreich abgeschlossenen Mediation führen könnte. Zudem erfordere die gerichtsnahe Mediation viel Zeit für die Vorbereitung (Terminabsprachen, Aktenstudium), Durchführung und Nachbearbeitung.[237]

c) Entlastungswirkungen aufgrund des Einsatzes der gerichtsnahen Mediation?

Hinsichtlich der Frage, ob die gerichtsnahe Mediation eine Entlastung für die Rechtsprechungsorgane mit sich bringt, gehen die Meinungen auseinander. Selbst einige Richtermediatoren äußern sich diesbezüglich – teils wohl auch aufgrund der erst kurzen Laufzeit der Modellversuche zum Einsatz der gerichtsnahen Mediation an ihren Gerichten – unentschieden. Anlässlich einer Umfrage unter den an den Verwaltungs- und Sozialgerichten tätigen Richtermediatoren wurden von den an der Umfrage durch Rücksendung der Umfragebögen Teilnehmenden unter anderem die Ansicht vertreten, das Verhältnis zwischen dem Aufwand für die gerichtsnahe Mediation und dem für die Durchführung eines gerichtlichen Verfahren hänge von der Kompliziertheit des Rechtsstreits ab. Bei rechtlich einfach gelagerten Fällen könne die Mediation entschieden zeitaufwendiger sein als eine gerichtliche Entscheidung. Eine Entlastung der Justiz werde aber zumindest dann erwartet, wenn es gelinge, mehrere Streitfälle auf einmal zu erledigen, oder es verhindert werde, dass es zu weiteren Streitfällen kommt. Ein anderer Richtermediator erkannte zwar eine Entlastung der Justiz im Sinne einer neuen Streitkultur, hob hinsichtlich des mit der gerichtsnahen Mediation verbundenen Aufwandes jedoch hervor, dass im Rahmen der gerichtsnahen Mediation Terminierungen schwieriger seien – im Rahmen der Mediation wird nicht geladen, sondern mit den Konfliktparteien ein Termin für die Mediationssitzungen vereinbart – und dass die Sitzungsvorbereitung im Falle des gerichtlichen Verfahrens und der gerichtsnahen Mediation eine in etwa gleich lange Zeit in Anspruch nehme. Ein dritter Richtermediator wiederum brachte seine Einschätzung im Rahmen der besagten Umfrage dahingehend auf den Punkt, dass die Mediation wenig Vorbereitung, dafür aber eine lange Sitzung mit sich bringe, während der gerichtliche Vergleich eine lange Vorbereitung erfordere, dafür aber nur einer kurzen Sitzung bedarf. Schließlich wurde im Rahmen besagter Umfrage mit Blick auf eine mögliche Entlastungswirkung der gerichtsnahen Mediation auch geäußert, dass der Arbeitsaufwand im Falle eines Mediationsverfahrens in der Regel geringer, teilweise aber auch erheblich höher sein könne. In letzterem Sinne wurde vertreten, dass bei einem Mediationsverfahren lediglich das Fertigen des Urteils oder Beschlusses entfalle, das Mediationsgespräch in der Regel jedoch länger als eine mündliche Verhandlung dauere, so dass die gerichtsnahe Mediation zu keiner Entlastung der Justiz in großem, sondern nur zu einer Entlastung in geringem Umfang führe. An anderer Stelle – außerhalb der oben erwähnten Umfrage – wurde zudem

---

[237] Vgl. die Ergebnisse der Befragung der Richtermediatoren am VG Darmstadt von *Büttner/Heinecke*, in: *Pitschas/Walther*, Mediation in d. Verwaltungsgerichtsbarkeit, S. 251 (264 f. u. 267).

durch Richtermediatoren die Auffassung vertreten, dass die anderen Richter durch die Mediation zwar noch keine Entlastung verspürten, jedoch die Chance bestehe, dass die Mediation im Laufe der Zeit zur erwünschten Entlastung führen werde. In vereinzelten Fällen sei die betroffene Kammer auch jetzt schon erleichtert, wenn ein Verfahren ohne Urteil abgeschlossen werden kann. Zudem seien die nicht mediativ tätigen Richter froh, wenn schwierige Fälle abgegeben werden könnten. Die Mediationsfälle beträfen kaum Verfahren, die einfach zu bearbeiten sind. Meistens handele es sich um komplexe Sachverhalte, die auch nicht einfach von der Kammer entschieden werden könnten. Insoweit liege die Vermutung nahe, dass bei den einfacheren Fällen die Richterkollegen selbst Vergleiche abschließen.[238] Die Leitungen des Hessischen Verwaltungsgerichtshofes und des Verwaltungsgerichts Kassel – beides Gerichte, an denen die gerichtsnahe Mediation im Rahmen des hessischen Modellversuches angeboten wird – werden derweil dahingehend zitiert, dass eine Entlastung der Gerichte durch die gerichtsnahe Mediation zurzeit noch nicht belegbar und daher abzuwarten sei. Die derzeit gespürte Entlastung sei noch minimal und nicht messbar. Eingeräumt wird von dieser Seite jedoch, dass ein einzelner Fall, den ein Richter zur Mediation abgebe, schon eine Entlastung darstelle, da Vorbereitungszeiten, Sitzungszeiten und auch Nachbereitungszeiten entfielen.[239]

Statistisch belegbare Hinweise auf eine gewisse Entlastung der abgebenden Richter und Gerichte aufgrund der gerichtsnahen Mediation liefern einige Zahlen des Modellprojekts „Gerichtsnahe Mediation in Niedersachsen". Insgesamt stimmten hier ca. 38,3% der im Rahmen der Begleitforschung zum niedersächsischen Modellversuch befragten Richter der Aussage zu, dass aufgrund der bestehenden Möglichkeit der Abgabe mediationsgeeigneter Fälle für den abgebenden Richter oder das abgebende Gericht die Möglichkeit besteht, sich auf die wesentlichen und rechtlich anspruchsvollen Fälle zu konzentrieren. Demgegenüber konnten lediglich ca.

Ermöglicht die Abgabe von Verfahren an die gerichtsnahe Mediation eine Konzentration auf wesentliche und rechtlich anspruchsvolle Fälle?
(Datenquelle: Spindler, Abschlussbericht zum Forschungsprojekt Gerichtsnahe Mediation in Niedersachsen, Rn. 401 ff.)

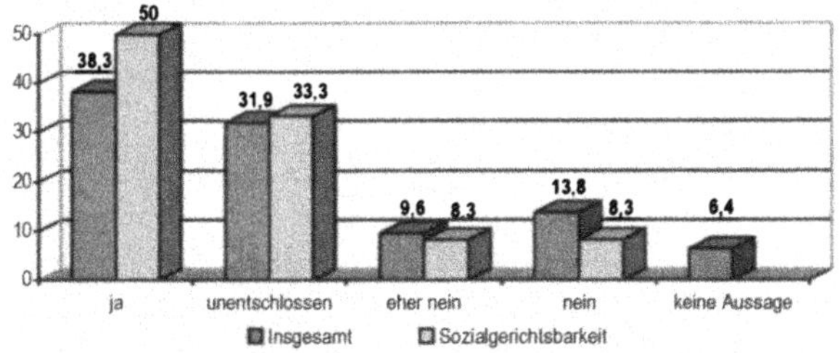

238 Vgl. die Ergebnisse der Befragungen der Richtermediatoren am VG Darmstadt von *Büttner/Heinecke*, in: *Pitschas/Walther*, Mediation in d. Verwaltungsgerichtsbarkeit, S. 251 (267).

239 Vgl. die Ergebnisse der Befragung des Präsidenten des VGH Kassel u. des Vizepräsidenten des VG Kassel von *Reichenbach/Helbig*, in: *Pitschas/Walther*, Mediation in d. Verwaltungsgerichtsbarkeit, S. 291 (295). Im Sinne einer Entlastung der Justiz aufgrund der gerichtsnahen Mediation vgl. zudem auch: *Walther*, ZKM 2006, 144 (146), wonach eine kundenorientierte Befassung mit Verwaltungsstreitverfahren und die dadurch mögliche dauerhafte Herbeiführung von Rechtsfrieden eine Veränderung der Streitkultur und eine Einsparung von Ressourcen für den Justizsektor spürbar nach sich ziehen wird.

23,4% der befragten Richter besagter Aussage nicht zustimmen, während sich ca. 31,9% unentschlossen und ca. 6,4% überhaupt nicht zu diesem Punkt äußerten. Mit Blick auf die gerichtsnahe Mediation in den öffentlichen Gerichtsbarkeiten interessant erscheint dabei, dass die entsprechenden Werte hinsichtlich der Mediation speziell in der Sozialgerichtsbarkeit sogar noch deutlicher ausfallen, während hinsichtlich der gerichtsnahen Mediation in der Verwaltungs- und Finanzgerichtsbarkeit zu wenige Daten vorzuliegen scheinen, um eine entsprechende Statistik aufzustellen. An den Sozialgerichten stimmten letztlich 50% der befragten Richter oben genannter Aussage zu, 33,33% zeigten sich unentschlossen und nur 16,66% verneinten die Möglichkeit einer Konzentration auf wesentliche und wichtige Fälle, wobei die Anzahl der in der Sozialgerichtsbarkeit befragten Richter – insgesamt nahmen nur zwölf Richter an der entsprechenden Umfrage teil – jedoch vergleichsweise gering erscheint.[240] Die Befürchtung, dass die Richter oder die Gerichte lediglich unliebsame und/oder zeitlich aufwendige Verfahren an die gerichtsnahe Mediation abgeben könnten, so dass eine insofern nicht gewollte „Entlastung" erfolgt, lässt sich anhand der aus dem niedersächsischen Modellversuch gewonnenen Erfahrungen hingegen nicht bestätigen.[241] Im Rahmen einer entsprechenden Umfrage unter den niedersächsischen Richtern schätzten ca. 52,2% der teilnehmenden Richter die Komplexität der abgegebenen Fälle als „mittel" ein, während ca. 25% von einer „geringen" und ca. 22,8% von einer „hohen" Komplexität ausgingen. Weniger ausgeglichen, dennoch aber die genannte Befürchtung nicht bestätigend, fallen dabei die Werte hinsichtlich der gerichtsnahen Mediation speziell in den öffentlichen Gerichtsbarkeiten aus.

Komplexität der an die gerichtsnahe Mediation abgegebenen Fälle

(Datenquelle: Spindler, Abschlussbericht zum Forschungsprojekt Gerichtsnahe Mediation in Niedersachsen, Rn. 406 ff.)

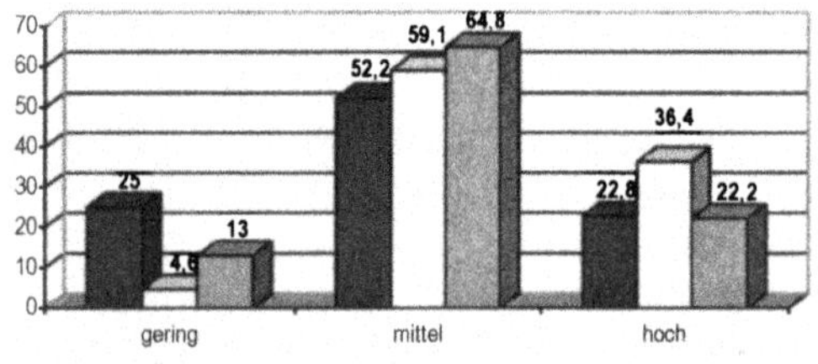

Zwar wurde die Komplexität der abgegebenen Verfahren an den Sozial- und Verwaltungsgerichten zu ca. 64,8% respektive ca. 59,1% als „mittel" eingestuft. Im Verhältnis zwischen Fällen geringer Komplexität einerseits und hoher Komplexität andererseits überwiegt hier jedoch die Einschätzung, dass eher Fälle hoher Komplexität an die gerichtsnahe Mediation abgegeben werden. An den Sozialgerichten stuften insgesamt ca. 22,2% der Befragten die Komplexität der abgegebenen Fälle als „hoch" und ca. 13% als „gering" ein; an den Verwaltungsgerichten betrug das Verhältnis der Fälle hoher Komplexität zu denen geringer Komplexität sogar ca. 36,4% zu ca. 4,6%, wobei den Werten hinsichtlich der gerichtsnahen Mediation an den Verwaltungsgerichten

[240] Vgl. zum Vorstehenden insgesamt: *Spindler,* Abschlussbericht zum Forschungsprojekt Gerichtsnahe Mediation in Niedersachsen, Rn. 401 ff. Vgl. zudem auch: *Spindler,* ZKM 2007, 79 (83).

[241] Vgl. u.a.: *Spindler,* ZKM 2007, 79 (83); *Spindler,* Abschlussbericht zum Forschungsprojekt Gerichtsnahe Mediation in Niedersachsen, Rn. 414.

jedoch nur eine geringe Anzahl an beantworteten Fragebögen (namentlich 22) zugrunde liegt.[242] Gestützt wird die Erkenntnis, dass die gerichtsnahe Mediation nicht dazu „missbraucht" wird, um sich unliebsamer Fälle zu entledigen, durch die Antworten auf die Frage, ob eher Fälle mit großen oder geringen Beweisschwierigkeiten an die gerichtsnahe Mediation abgegeben werden. Insgesamt gingen in Niedersachsen ca. 44,2% der Befragten von „mittleren" Beweisschwierigkeiten aus, während sich die übrigen ca. 52,6% paritätisch auf die Angaben verteilten, dass es bei den abgegebenen Fällen „hohe" beziehungsweise „geringe" Beweisschwierigkeiten gab. Ein ähnliches Ergebnis lässt sich auch mit Blick speziell auf die Mediation an den Sozialgerichten feststellen. Hier stuften ca. 51,9% der Befragten die Beweisschwierigkeiten in den abgegebenen Fällen als „mittel" ein, während ca. 27,8% „geringe" und ca. 20,4% „hohe" Beweisschwierigkeiten sahen. Ein abweichendes Ergebnis zeigt sich dagegen mit Blick auf die gerichtsnahe Mediation an den Verwaltungsgerichten, wo die diesbezüglichen Werte abermals auf einer geringen Anzahl an Befragungsbögen basieren und daher nur geringe Aussagekraft besitzen. Hier beurteilten lediglich ca. 9,1% der an der entsprechenden Umfrage teilnehmenden Personen die Beweisschwierigkeiten als „mittel". Ca. 59,1% gingen hingegen von nur „geringen" Beweisschwierigkeiten aus, während ca. 31,8% eine „hohe" Beweismittelschwierigkeit sahen.[243]

Auch zum niedersächsischen Modellversuch erstellte Statistiken, im Rahmen derer die Arbeitsbelastung im Rahmen der gerichtsnahen Mediation mit der im streitigen gerichtlichen Verfahren verglichen wurde, spricht für eine Entlastung der Gerichte infolge der Einführung der gerichtsnahen Mediation. Im Rahmen einer Umfrage unter den Richtermediatoren der am niedersächsischen Modellversuchen teilnehmenden Gerichte gaben die befragten Personen in ca. 32,5% der Fälle an, die Arbeitsbelastung im Mediationsverfahren sei „sehr viel geringer" oder „viel geringer" als im streitigen gerichtlichen Verfahren, während zumindest in noch ca. 16,1% der Fälle eine etwas geringere Arbeitsbelastung angenommen wurde. Von einer vergleichbaren Belastung gingen die Richtermediatoren hingegen in nur ca. 6,2%, von einer etwas höheren Arbeitsbelastung in nur ca. 5,8% und von einer viel oder sehr viel höheren Arbeitsbelastung sogar in nur ca. 1,1% respektive 0,4% der Fälle aus. Ca. 5,5% der Befragungsbögen bleiben hinsichtlich der Frage nach der Arbeitsbelastung unbeantwortet. Ein ähnliches Bild, wonach weit überwiegend von einer geringeren Arbeitsbelastung im Zuge der gerichtsnahen Mediation ausgegangen wird, zeigt sich insbesondere auch mit Blick auf die Angaben zu den in Niedersachsen durchgeführten Mediationsverfahren an den am Modellversuch teilnehmenden Verwaltungs- und Sozialgerichten. Auch hier gingen die Richtermediatoren in insgesamt ca. 68,2% respektive sogar ca. 92,6% der Fälle von einer sehr viel geringeren oder einer viel geringeren Arbeitsbelastung im Rahmen der gerichtsnahen Mediation aus. In ca. 22,7% beziehungsweise ca. 5,6% der Fälle sahen die Richtermediatoren zumindest eine etwas geringere Arbeitsbelastung und in 0 beziehungsweise ca. 4,6% der

---

[242] Vgl. zum Vorstehenden insgesamt: *Spindler*, Abschlussbericht zum Forschungsprojekt Gerichtsnahe Mediation in Niedersachsen, Rn. 405 ff.

[243] Vgl. zum Vorstehenden insgesamt: *Spindler*, Abschlussbericht zum Forschungsprojekt Gerichtsnahe Mediation in Niedersachsen, Rn. 410 ff.

Fälle eine etwa gleiche Arbeitsbelastung im Vergleich zum gerichtlichen Verfahren. Eine höhere Arbeitsbelastung aufgrund der gerichtsnahen Mediation wurde weder in verwaltungs- noch in sozialgerichtlichen Mediationsverfahren festgestellt.[244] Bestätigt wird die Annahme, dass die gesamtrichterliche Arbeitsbelastung im Rahmen der gerichtsnahen Mediation geringer ist als im streitigen gerichtlichen Verfahren, durch die Einschätzung der hierzu im Rahmen des niedersächsischen Modellversuchs befragten nicht mediativ tätig werdenden Richterschaft. Insgesamt gingen die Befragten hier nur in ca. 11,7% der Fälle davon aus, dass die gesamtrichterliche Arbeitsbelastung im Zusammenhang mit der gerichtsnahen Mediation höher sei, als dies in einem herkömmlichen streitigen Gerichtsverfahren der Fall wäre. Demgegenüber wurde in ca. 37,2% der Fälle angegeben, die gesamtrichterliche Arbeitsbelastung falle im Rahmen der gerichtsnahen Mediation geringer als anlässlich eines streitigen Verfahrens aus. Zu ca. 38,3% schätzen die befragten Richter die gesamtrichterliche Arbeitsbelastung letztlich ungefähr gleich ein; ca. 12,8% der Befragten machten keine Angaben zur Frage nach der gesamtrichterlichen Arbeitsbelastung.

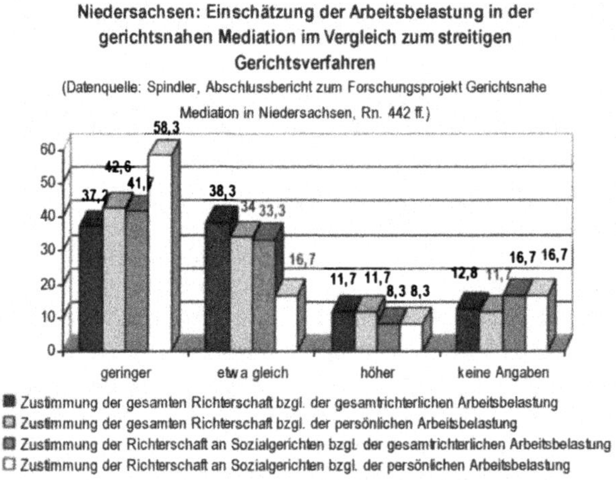

Deutlicher noch fallen die Ergebnisse besagter Statistik hinsichtlich der gerichtsnahen Mediation im Bereich der Sozialgerichtsbarkeit aus, wenn auch diesbezüglich nur sehr wenige Richter befragt wurden. Hier wurde die gesamtrichterliche Arbeitsbelastung im Vergleich zum herkömmlichen streitigen Gerichtsverfahren letztlich zu ca. 41,7% als geringer, zu ca. 33,3% als in etwa gleich und zu nur ca. 8,3% als höher eingeschätzt. Eine Statistik für den Bereich der Verwaltungsgerichtsbarkeit konnte aufgrund der geringen Anzahl an ausgefüllt retournierten Fragebögen nicht erstellt werden.[245] Auch ihre persönliche Arbeitsbelastung schätzen die nicht als Richtermediatoren tätig werdenden Richter im Falle der gerichtsnahen Mediation zumeist geringer als bei Durchführung eines streitigen Gerichtsverfahrens ein. Insgesamt empfanden ca. 42,6% der befragten Richter ihre persönliche Arbeitsbelastung im Falle der gerichtsnahen Mediation als geringer, vergleichsweise geringe ca. 11,7% der Befragten dagegen als höher, verglichen mit einem herkömmlichen

---

[244] Vgl. zum Vorstehenden insgesamt: *Spindler,* Abschlussbericht zum Forschungsprojekt Gerichtsnahe Mediation in Niedersachsen, Rn. 428.

[245] Vgl.: *Spindler,* Abschlussbericht zum Forschungsprojekt Gerichtsnahe Mediation in Niedersachsen, Rn. 443 u. 445 f.

Verfahren. Nach Ansicht von ca. 34% der befragten Richter ergeben sich im Hinblick auf die persönliche Arbeitsbelastung aufgrund der Durchführung einer gerichtsnahen Mediation im Vergleich zum streitigen Gerichtsverfahren keine Unterschiede. Ca. 11,7% äußerten sich nicht zur Frage nach der persönlichen Arbeitsbelastung. Mit Blick speziell auf gerichtsnahe Mediationsverfahren im Bereich der Sozialgerichtsbarkeit empfanden ca. 58,3% der Richter die persönliche Arbeitsbelastung im Vergleich zum herkömmlichen Verfahren als geringer, ca. 16,7% als etwa gleich und nur ca. 8,3% als größer. In den restlichen der leider ohnehin nur wenigen Fälle, die in die betreffende Statistik Eingang finden konnten, machten hier die jeweiligen Richter keine Angaben zur persönlichen Arbeitsbelastung.[246]

In Gegenüberstellung zu einem per gerichtlichem Vergleich beendeten Gerichtsverfahren wird die gesamtrichterliche Arbeitsbelastung im Rahmen der gerichtsnahen Mediation skeptischer beurteilt. Die gesamtrichterliche Arbeitsbelastung im Rahmen der gerichtsnahen Mediation erachten im Vergleich zu einem im Wege eines gerichtlichen Vergleichs beendeten Gerichtsverfahren insgesamt nur ca. 16% der befragten Richter als geringer. Mit Blick auf die Sozialgerichtsbarkeit – abermals die einzige öffentlich-rechtliche Gerichtsbarkeit, für die eine entsprechende Statistik aufgestellt werden konnte – beträgt diese Quote gar nur ca. 8,3%. Insgesamt ca. 45,7% (Sozialgerichtsbarkeit: 41,7%) schätzen die gesamtrichterliche Arbeitsbelastung in beiden Fällen etwa gleich ein, während ca. 25,5% – im Rahmen der Sozialgerichtsbarkeit sogar ca. 33,3% – im Falle der gerichtsnahen Mediation sogar von einer größeren Arbeitsbelastung ausgehen.[247] Anders verhält es sich jedoch abermals im Hinblick auf die Einschätzung der persönlichen Arbeitsbelastung. Diese wird auch in Gegenüberstellung mit einem per gerichtlichem Vergleich beendeten Gerichtsverfahren im Rahmen der gerichtsnahen Mediation letztlich als geringer angesehen (insgesamt zu ca. 29,8%, im Bereich der Sozialgerichtsbarkeit sogar zu ca. 50%). Nur insgesamt ca. 23,4% der befragten Richter – in der Sozialgerichtsbarkeit sogar nur ca. 8,3% – nahmen an, dass auch die

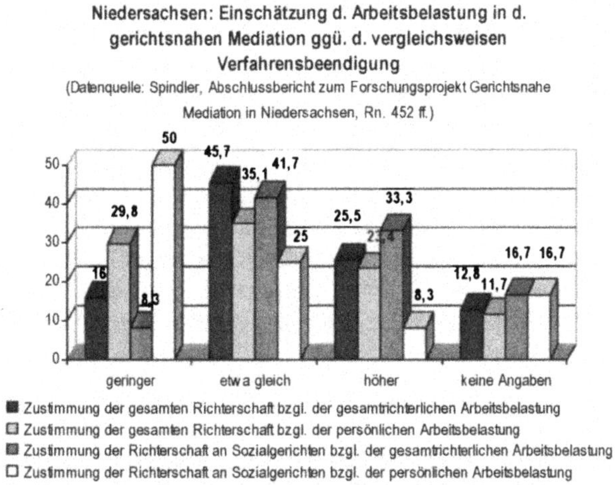

[246] Vgl.: *Spindler,* Abschlussbericht zum Forschungsprojekt Gerichtsnahe Mediation in Niedersachsen, Rn. 448 u. 450.

[247] Vgl.: *Spindler,* Abschlussbericht zum Forschungsprojekt Gerichtsnahe Mediation in Niedersachsen, Rn. 452 u. 454.

persönliche Arbeitsbelastung im Falle der gerichtsnahen Mediation im Vergleich zu einem vergleichsweise beendeten Gerichtsverfahren höher sei. Für insgesamt ca. 35,1% – im Bereich der Sozialgerichtsbarkeit ca. 25% – machte es dagegen keinen Unterschied, ob ein Verfahren durch eine Mediation oder im Wege des gerichtlichen Vergleichs beigelegt wird.[248]

Als ein weiterer Beleg für die Entlastungswirkung der gerichtsnahen Mediation mag zudem jedoch auch eine Statistik zum Modellversuch in Niedersachsen dienen, die zeigt, dass in einer Vielzahl der mediierten Fälle im gerichtlichen Verfahren nach Einschätzung der befragten Richtermediatoren eine Beweisaufnahme erforderlich gewesen wäre, die im Rahmen der gerichtsnahen Mediation erspart bleiben konnte. Insgesamt gaben die befragten Richtermediatoren in ca. 68,6% der Fälle an, dass im gerichtlichen Verfahren eine Beweisaufnahme erforderlich gewesen wäre. Weniger deutlich erscheint diesbezüglich jedoch das Bild mit Blick auf die gerichtsnahe Mediation in sozial- und verwaltungsgerichtlichen Verfahren. Hier wäre nach Einschätzung der Richtermediatoren nur in ca. 50% beziehungsweise ca. 45,5% der Fälle eine Beweisaufnahme im streitigen Verfahren nötig gewesen.[249]

Eine Entlastung der Justiz durch die gerichtsnahe Mediation gänzlich anzweifelnde Stimmen sind unter anderem aus der nicht mediativ tätigen Richterschaft zu vernehmen. Statt einer Entlastung der Gerichte finde eine doppelte Befassung mit ein und demselben Rechtsstreit statt. Zunächst müsse sich der gesetzliche Richter mit der Sache befassen – auch um eine Entscheidung dahingehend treffen zu können, ob ein Fall an die gerichtsnahe Mediation abgegeben werden kann. Im Falle einer Abgabe an die gerichtsnahe Mediation müsse sich zudem ein Richtermediator mit der Sache auseinandersetzen. Auch eine Zeitersparnis wird in der Richterschaft teilweise in Abrede gestellt. Zum einen sei ein positiver Ausgang der Mediation nicht garantiert. Zum anderen könne ein Richter im Zeitraum der Mediationssitzung fünf bis sechs Erörterungstermine wahrnehmen und davon drei bis vier mit einem Vergleich abschließen.[250] Teilweise wird jedoch auch seitens der Richter, die keine Entlastung durch die gerichtsnahe Mediation erwarten, einge-

---

[248] Vgl.: *Spindler,* Abschlussbericht zum Forschungsprojekt Gerichtsnahe Mediation in Niedersachsen, Rn. 455 u. 457.

[249] Vgl.: *Spindler,* Abschlussbericht zum Forschungsprojekt Gerichtsnahe Mediation in Niedersachsen, Rn. 430 f. Die geschätzte Kostenersparnis wegen der in der gerichtsnahen Mediation unterbliebenen Beweiserhebung bezifferten die Befragten wie folgt, so dass aufgrund der gerichtsnahen Mediation letztlich von einer Kostenersparnis ausgegangen werden kann:

Einsparung	Anteil der befragten Richtermediatoren
bis zu 999,- €	20,5 %
1.000,- € bis 1.999,- €	13,3 %
2.000,- € bis 2.999,- €	12,5 %
3.000,- € bis 3.999,- €	5,8 %
4.000,- € bis max. 15.000,- €	7,3 %
keine Angaben	40,9 %

(Datenquelle: *Spindler,* Abschlussbericht zum Forschungsprojekt Gerichtsnahe Mediation in Niedersachsen, Rn. 433). Vgl. hierzu zudem auch: *Spindler,* ZKM 2007, 79 (83).

[250] Vgl. die Ergebnisse der Befragung von nicht als Richtermediatoren tätigen Richtern am VG Darmstadt von *Büttner/Heinecke,* in: *Pitschas/Walther,* Mediation in d. Verwaltungsgerichtsbarkeit, S. 251 (269 f.).

räumt, die Verteilung der Arbeit zwischen Richtern und Richtermediatoren führe zu einer höheren Qualität der Konfliktlösung, da die Richtermediatoren speziell darauf geschult seien, den Streit als Ganzes beizulegen. Dadurch werde eine Nachhaltigkeit erreicht, welche ein Gerichtsverfahren nicht erzielen kann.[251] Von dieser Erkenntnis erscheint es ein kleiner Schritt zu der Folgerung, dass spätestens die im Rahmen der gerichtsnahen Mediation erzielte Nachhaltigkeit eine gewisse Entlastung der Justiz mit sich bringen dürfte. Ist ein Konflikt nachhaltig befriedet und zukunftsfest gelöst, sinkt die Wahrscheinlichkeit neuerlicher Streitigkeiten in gleicher Sache und damit auch die Wahrscheinlichkeit weiterer Prozesse zwischen den Konfliktparteien.

Eine diesbezügliche Argumentation findet sich dementsprechend auch in der eine Entlastung der Justiz erkennenden Auffassung. Mit Bezug auf den hessischen Modellversuch konstatiert beispielsweise der Präsident des Hessischen Verwaltungsgerichtshofs *Reimers*,[252] dass durch die Mediation inhaltlich tragfähige Vereinbarungen zwischen den Beteiligten geschlossen werden können, die zum Teil langjährige Konflikte grundlegend befriedigten. In vielen Fällen bestehe deshalb eine begründete Aussicht dafür, dass durch die Aufarbeitung des Konflikts in der Mediation zukünftige Verwaltungsstreitverfahren verhindert werden können. Auch aus Niedersachsen wird berichtet, dass eine Mediation, welche die Einbeziehung einer erheblichen Anzahl von anhängigen und drohenden Verfahren möglich machte, den Grundstein für eine sachgerechte Zusammenarbeit zwischen Antragsteller und Behörde legen konnte. So würden die zukünftige Kommunikation erleichtert und unnötige Gerichtsverfahren für die Zukunft vermieden.[253] Hinzu komme zudem ein Entlastungs- und Einsparungspotenzial im Hinblick auf Berufungsinstanz. Da die Erfolgsquote bei der gerichtlichen Mediation nach den bisherigen Statistiken um ein vielfaches höher liege als die Vergleichsquote, sinke zugleich die Berufungsquote.[254] Der für das Verfahren nur in der ersten Instanz zu betreibende Aufwand – so ein an der oben genannten Umfrage teilnehmender Richtermediator – sei zwar verglichen mit dem Aufwand für das Mediationsverfahren etwa gleich groß. Der Aufwand für ein Mediationsverfahren sei jedoch geringer, wenn man den Wegfall eines Verwaltungsstreitverfahrens in der Berufungsinstanz berücksichtigt sowie die Tatsache, dass künftige Rechtsstreite vermieden werden können. Zudem sei eine Entlastung der Justiz insofern zu erwarten, als den Beteiligten eine andere Streitkultur vorgeführt und damit Werbung für Mediation gemacht werde, die dann künftig auch außergerichtlich in Anspruch genommen werden könne. Darüber hinaus wird teilweise schon aufgrund der Tatsache von einer Entlastungswirkung ausgegangen, dass ein Verfahren durch die gerichtsnahe Mediation – wie

---

[251] Vgl.: *Büttner/Heinecke*, in: *Pitschas/Walther*, Mediation in d. Verwaltungsgerichtsbarkeit, S. 251 (286).

[252] *Reimers*, in: *Pitschas/Walther*, Mediation in d. Verwaltungsgerichtsbarkeit, S. 45 (46). Ähnlich im Übrigen auch: *v. Bargen*, BDVR-Rundschreiben 2004, 55 (57).

[253] Vgl.: *Clostermann/Josephi/Kleine-Tebbe/Niewisch-Lennartz/Vogelei*, SGb 2003, 266 (269).

[254] Vgl. (allerdings für die mecklenburg-vorpommerischen Zivilgerichte): *Hückstädt*, NJ 2005, 289 (295). Ähnlich auch: *Löer*, ZKM 2006, 4 (5).

oben gezeigt[255] – regelmäßig schneller abgeschlossen werden könne als ein gerichtliches Verfahren.[256]

Auch der Abschlussbericht zum Modellversuch „Gerichtsnahe Mediation in Niedersachsen“ legt eine Entlastung der Justiz nahe. Wie sich aus diesem Bericht ergibt ist es im Laufe des niedersächsischen Modellversuchs am Sozialgericht Hannover im Rahmen des Mediationsverfahrens wiederholt gelungen, Streitigkeiten einer Regelung zuzuführen, die in einer Vielzahl einzelner rechtshängiger Verfahren Anwendung finden können und so zu deren Erledigung geführt haben.[257] Insgesamt seien im Jahre 2004 – dem letzten Jahr der Praxisphase des später verlängerten Modellversuchs – 46 Mediationsverfahren mit einem Arbeitseinsatz von einer halben richterlichen Arbeitskraft erfolgreich abgeschlossen worden, wobei diese Mediationsverfahren zur Erledigung von 106 Klageverfahren geführt haben. Dies entspricht einer monatlichen Erledigungsziffer von knapp 18 Verfahren je richterlicher Arbeitskraft, was laut Abschlussbericht eine Vergleichbarkeit der Mediationsverfahren am Sozialgericht mit den Verfahren, die von dem gesetzlichen Richter durch Vergleich, Gerichtsbescheid und Urteil erledigt werden, rechtfertigt, da auf herkömmlichem Wege im Landesdurchschnitt monatlich („nur“) 9,45 Verfahrenserledigungen von den Sozialrichtern bewirkt werden.[258] Ähnliches gilt laut Abschlussbericht auch hinsichtlich der Erfahrungen mit der gerichtsnahen Mediation am Verwaltungsgericht Hannover. Hier sind im Jahre 2004 mit einem Arbeitseinsatz von einer halben richterlichen Arbeitskraft immerhin noch 27 Klageverfahren im Rahmen von gerichtsnahen Mediationsverfahren einer einvernehmlichen Regelung zugeführt worden, was einer monatlichen Erledigungsziffer von vier bis fünf Verfahren je richterlicher Arbeitskraft entspricht. Dem stehen im Landesdurchschnitt monatlich 5,45 Verfahrenserledigungen durch Verwaltungsrichter gegenüber, was eine Vergleichbarkeit der am Verwaltungsgericht Hannover durchgeführten Mediationsverfahren mit den Verfahren, die von dem gesetzlichen Richter durch Vergleich, Gerichtsbescheid und Urteil erledigt werden, rechtfertige.[259]

---

[255] Vgl.: Zweiter Teil , 2. Kapitel, Unterpunkt II. 1. b).

[256] Vgl. die Ergebnisse der Befragung des Präsidenten des Hess. VGH und des Vizepräsidenten des VG Kassel von: *Reichenbach/Helbig*, in: *Pitschas/Walther*, Mediation in d. Verwaltungsgerichtsbarkeit, S. 291 (305). Auch einer der an der Umfrage unter den Richtermediatoren teilnehmenden Richtermediatoren äußerte sich dahingehend, dass schon der geringere Aufwand im Rahmen der gerichtsnahen Mediation zu einer Entlastung der Gerichte führe.

[257] Als Beispiel führt der Abschlussbericht an, dass im Jahre 2003 durch ein einziges Mediationsverfahren zwischen Krankenkassen und deren Verbänden sowie Pflegediensten und deren Verbänden ca. 1000 sozialgerichtliche Verfahren und über 100 schiedsgerichtliche Verfahren einer Erledigung zugeführt worden seien. In besagtem Verfahren sei eine Vergütungsvereinbarung getroffen worden, die eine Beitrittsklausel auch für nicht direkt am Mediationsverfahren Beteiligte enthielt. Das Ergebnis der Mediation sei in der Folgezeit bei ähnlichen Konflikten von Richtern im Saarland und in Thüringen in die dortigen Gerichtsverfahren eingeführt und Gegenstand der Klageverfahren geworden. Durch ein weiteres Verfahren im Vertragsleistungsrecht seinen darüber hinaus bereits in der Vorbereitungsphase 59 Klageverfahren erledigt worden (vgl. auch: Projekt Gerichtsnahe Mediation in Niedersachsen – Projektabschlussbericht, S. 37 ff. u. 53).

[258] Vgl.: Projekt Gerichtsnahe Mediation in Niedersachsen – Projektabschlussbericht, S. 38 f. u. 53.

[259] Vgl.: Projekt Gerichtsnahe Mediation in Niedersachsen – Projektabschlussbericht, S. 40.

Auch wenn eine gesicherte abschließende Beurteilung bezüglich einer vermeintlich entlastenden Wirkung der gerichtsnahen Mediation derzeit noch nicht möglich erscheint, die ersten Erfahrungen aus den unterschiedlichen Modellversuchen scheinen dafür zu sprechen, dass sich die Entlastungswirkung – so sie denn tatsächlich besteht – nicht nur auf die Richterschaft erstreckt. So haben erste Befragungen von Mitarbeitern einer Mediationsgeschäftsstelle im Rahmen des hessischen Modellversuchs zum Einsatz der gerichtsnahen Mediation in der Verwaltungsgerichtsbarkeit ergeben, dass der dort zu verzeichnende Geschäftsanfall gegenüber der Bewältigung klassischer Verfahren deutlich geringer ist. Soweit nur die freiwillige Terminabsprache zwischen den am Mediationsverfahren beteiligten Personen durch eine entsprechende (Ein-)Ladung umzusetzen und innerhalb des Mediationsverfahrens wegen des Vertraulichkeitsgrundsatzes auch kein Verlaufsprotokoll anzufertigen sei, entfielen im Idealfall eine Vielzahl von Arbeitsschritten, die letztlich deutlich machten, dass auch im Bereich des nichtrichterlichen Personals Binnenreserven erwirtschaftet werden können.[260] Erfahrungen aus der Projektpraxis des niedersächsischen Modellversuchs zeigen derweil, dass nach Einschätzung der Richtermediatoren die durch die gerichtsnahe Mediation entstandene gerichtliche Arbeitsbelastung in insgesamt ca. 84% der Fälle geringer war als die Arbeitsbelastung, die erfahrungsgemäß im streitigen Verfahren zu erwarten gewesen wäre. Die begleitenden Anwälte schätzen den angefallenen Arbeits- und Verwaltungsaufwand in immerhin 63% der Mediationsverfahren geringer ein als bei einer gerichtlichen Streitbeilegung, wobei die persönliche Arbeitszeitbelastung ähnlich bewertet wurde.[261]

2. Beurteilung und Akzeptanz durch den betroffenen Personenkreis

Die von *Falkenstein/Gerbracht* durchgeführte Befragung von Gerichtsmediatoren, Verwaltungsgerichtspräsidenten und nicht mediativ tätigen Richtern am Verwaltungsgericht Frankfurt und am Verwaltungsgericht Gießen hat exemplarisch ergeben, dass die Einstellung des genannten Personenkreises gegenüber der gerichtsnahen Mediation zu ca. 50% positiv, zu ca. 20% negativ und zu ca. 30% gespalten erscheint, wobei die positive Grundhaltung unbetroffener Richter zum Gesamtprojekt teilweise mit der Zugehörigkeit zur selben Kammer eines Mediators einherging. An dieser Stelle soll jedoch eine differenziertere Betrachtung der Beurteilung und Akzeptanz der gerichtsnahen Mediation durch den von dieser Methode der Streitbeilegung betroffenen Personenkreis – namentlich (a) die Richtermediatoren selbst, (b) die nicht mediativ tätige Richterschaft, die im Rahmen der unterschiedlichen Modellversuche vor allem Fälle an die gerichtsnahe Mediation abgeben soll, (c) die an einer gerichtsnahen Mediation teilnehmenden Konfliktparteien sowie (d) die die Konfliktparteien im Rahmen der gerichtsnahen Mediation begleitenden Rechtsanwälte – versucht werden.[262]

---

[260] Vgl.: *Walther*, in: *Pitschas/Walther*, Mediation in d. Verwaltungsgerichtsbarkeit, S. 7 (27).

[261] Vgl.: Projekt Gerichtsnahe Mediation in Niedersachsen – Erfahrungen aus der Projektpraxis, S. 27.

[262] Zur Akzeptanz und Beurteilung der gerichtsnahen Mediation durch die Politik, die Öffentlichkeit und die Presse vgl.: *Böttger/Hupfeld*, ZKM 2004, 155 (157 f.).

a) Die Beurteilung durch die Richtermediatoren

Im Rahmen der bereits erwähnten Umfrage unter den an den verschiedenen Modellgerichten tätigen Richtermediatoren äußerten sich diese Richtermediatoren erwartungsgemäß überwiegend positiv über das Konzept der gerichtsnahen Mediation und die bisherigen Erfahrungen mit dieser Art der Streitbeilegung.[263] Neben der Nennung verschiedener Vorteile einer gerichtsnahen Mediation wurde die seitens der Richtermediatoren durchgeführte Mediation als zusätzliches, eine Qualitätsverbesserung für die Prozessparteien mit sich bringendes Angebot in bestimmten Fallkonstellationen beurteilt, welches den Beteiligten die Möglichkeit einer Konfliktlösung außerhalb eines Prozesses gibt, viele Beteiligte anspricht und die Konfliktparteien insbesondere ausreichend zu Wort kommen lässt. Obwohl das Hauptanwendungsgebiet der gerichtsnahen Mediation gegebenenfalls dort liege, wo es regelmäßig um zwischenmenschliche Beziehungen und die sich hieraus ergebenden Konflikte geht, trage die gerichtsnahe Mediation auch in der öffentlich-rechtlichen Gerichtsbarkeit zu einer Verbesserung der Streitkultur und unter Umständen zu einer besseren Beziehung zwischen Bürger und öffentlicher Verwaltung bei. Wenn die (gerichtsnahe) Mediation aufgrund der derzeitigen Modellversuche zukünftig immer besser von den Konfliktparteien angenommen werde, würden diese zunehmend versuchen, sich vorgerichtlich per Mediation im privaten Sektor zu einigen und gegebenenfalls sowohl die gerichtsnahe Mediation als auch einen Rechtsstreit überflüssig machen. An anderer Stelle[264] wurde darüber hinaus als bemerkenswert betrachtet, mit welchem Eifer die Beteiligten versuchten, in der Mediation Lösungen zu finden. Dabei sei eine Phase festzustellen, in der die Beteiligten sehr konzentriert und hart arbeiteten. Ein solches Phänomen finde man bei Vergleichsgesprächen und Erörterungsterminen so gut wie gar nicht. Ein Grund hierfür sei darin zu sehen, dass die Beteiligten die Mediation als ein eigenes Verfahren ansehen und erkennen, dass sie – hinsichtlich des Grundsatzes der Privatautonomie fast idealer Weise – die Möglichkeit haben, die Lösung ihres Konflikts selbst zu gestalten. Im gerichtlichen Verfahren bemerke man dagegen eher die Haltung, dass die Prozessbeteiligten zwar einen Vorschlag zur Streitbeilegung machen, im Endeffekt aber das Gericht entscheidet.

Durchaus kritisch sehen einige Richtermediatoren trotz der Vorzüge und der grundsätzlich positiven Einstellung gegenüber der gerichtsnahen Mediation durchaus, dass die Mediation zwar ein Weg ist, in bestimmten Fällen für die Beteiligten eine befriedigende Lösung herbeizuführen, eine wirklich breit angelegte, alle Interessen der Beteiligten tatsächlich ermittelnde Mediation auch am Gericht unter Umständen aber nicht möglich ist. Eine nicht so breit angelegte Mediation, so einer der an der oben genannten Umfrage teilnehmender Richtermediator, sei jedoch immer noch befriedender als ein Urteil, auch wenn die Abgrenzung zur Vergleichsverhandlung immer schwieriger werde. Eine tat-

---

263 Vgl. auch: *Arpos Institut*, Gerichtsnahe Mediation in Niedersachsen – Ergebnisse der Begleitforschung, S. 7, hinsichtlich der Ergebnisse der Begleitforschung zum Modellversuch ‚Gerichtsnahe Mediation in Niedersachsen.

264 Vgl.: *Büttner/Heinecke*, in: *Pitschas/Walther*, Mediation in d. Verwaltungsgerichtsbarkeit, S. 251 (S. 257).

sächliche Gefahr für die gerichtsnahe Mediation wird dagegen mitunter darin gesehen, dass (a) viele Mediationsbeteiligte glauben, sich in einer mündlichen Verhandlung sui generis zu befinden und aus diesem Grund nicht zu konstruktiver Mitarbeit oder zum Nachgeben bereit sind und (b) die gerichtsnahe Mediation zum Teil auf den Widerstand von Richterkollegen stößt. Letztere, so ein Richter im Rahmen besagter Umfrage, befürchteten zum einen teilweise Konkurrenz, zum anderen hätten sie zuweilen ein anderes Bild davon, was ein Richter zu tun hat, nämlich streitig auf gesetzlicher Grundlage zu entscheiden. Darüber hinaus würden sich viele Richterkollegen darauf berufen, erfolgreich Vergleiche schließen zu können und dabei die grundlegenden Unterschiede zwischen der Mediation und einem Vergleichsgespräch verkennen. Aus dem so gegenüber der gerichtsnahen Mediation eingestellten Teil der Richterschaft – nach Aussagen des betreffenden Mediators ca. die Hälfte der gesamten Richterschaft – kämen keine Verfahren in die gerichtsnahe Mediation, so dass die Befürchtung nicht von der Hand zu weisen sei, dass die gerichtsnahe Mediation mangels Mediationsverfahren leer laufen könnte.

Der von den meisten als Richtermediatoren eingesetzten Richtern zu vollziehende Wechsel zwischen der Tätigkeit als Richtermediator und Richter, wird im Rahmen des niedersächsischen Modellversuchs zum Einsatz der gerichtsnahen Mediation zumeist als unproblematisch empfunden. Es wird diesbezüglich jedoch auch darauf hingewiesen, dass eine Trennung der beiden Rollen – sowohl in Gerichtsverhandlungen als auch in der Mediation – nicht immer möglich sei. Durch die Sozialisation als Richter sei eine starke Prägung auf die Richterrolle vorhanden und die Tätigkeit als Richter erschwere es zuweilen, während einer Mediation passiv zu sein und die Verantwortung an die Parteien abzugeben. Wie dem auch sei: Gleichzeitig mit besagten Aussagen zum Wechsel zwischen den Rollen als Richtermediator und Richter, äußerten sich die meisten befragten Richtermediatoren dahingehend, dass die Ausbildung zum Richtermediator positive Auswirkungen auf ihre richterliche Arbeit habe. Zudem wird die Arbeit als Richtermediator zumeist nicht als belastender empfunden als die des Richters; ob der Erfolgsdruck im Rahmen der Tätigkeit als Richtermediator größer sei als im Rahmen der richterlichen Tätigkeit, wurde unterschiedlich beurteilt.[265]

b) Die Akzeptanz in der nicht mediativ tätigen Richterschaft

Mit letzteren Ausführungen ist bereits die Akzeptanz des Konzepts der gerichtsnahen Mediation in der nicht mediativ tätigen Richterschaft, das heißt unter den nicht als Richtermediatoren wirkenden Richtern, angesprochen. Wie der zuvor zitierte Richtermediator berichten auch andere als Mediatoren fungierende Richter, dass die gerichtsnahe Mediation bei anderen Kollegen teilweise auf Missbilligung stoße,[266] weil diese sich ihre Verfah-

---

[265] Vgl. zu den genannten Aspekten im Einzelnen: *Böttger/Hupfeld*, ZKM 2004, 155 (158). Vgl. zudem auch: *Wegener*, ZKM 2006, 140 (142).

[266] Nach *Böttger/Hupfeld*, ZKM 2004, 155 (157) besteht seitens der nicht mediativ wirkenden Richter eine weniger positive Grundhaltung als seitens der Konfliktparteien. In nur wenigen Fällen werde von einer eindeutigen Akzeptanz gesprochen.

ren nicht aus der Hand nehmen lassen wollten.[267] Zum Teil werde auch der Unterschied zwischen Vergleichsverhandlungen und Mediationen verkannt und sich auf die Argumentation zurückgezogen, dass die Streitschlichtung – zum Beispiel im Wege von Vergleichsverhandlungen – seit jeher einen wesentlichen Teil der richterlichen Tätigkeit darstelle und außerdem im Erörterungstermin Interessen erfragt und erforscht werden könnten.[268] Zuweilen wird seitens der Richtermediatoren davon ausgegangen, dass die Fälle vermittelnden Richter lediglich oder zumindest hauptsächlich den Vorteil sehen würden, den jeweiligen Rechtsstreit im Falle der gerichtsnahen Mediation nicht selbst bearbeiten zu müssen, ihn aber dennoch angerechnet zu bekommen. Zudem könnten schwierige Fälle im Wege der gerichtsnahen Mediation endlich abgehandelt werden. Neben den bereits genannten Aspekten, begründen mediationskritische Richter ihre Ablehnungshaltung gegenüber der gerichtsnahen Mediation unter anderem mit der Einschätzung, dass gerichtliche Vergleiche im Rahmen der sowieso schon viel zu hohen Arbeitsbelastung schneller seien und eine Einführung der gerichtsnahen Mediation auch deshalb eigentlich überflüssig sei, weil die Parteien lieber eine klare Entscheidung wollten, um zu wissen, was Sache ist. Ferner müssten die Gerichte nur über mehr Zeit und Stellen verfügen, um ihre Arbeit auch ohne Mediationsverfahren zu bewältigen; in diesem Zusammenhang sei die Einführung der gerichtsnahen Mediation zu teuer und nicht zeitökonomisch genug. Darüber hinaus wird der gerichtsnahen Mediation entgegengehalten, dass das Ergebnis einer gerichtlichen Verhandlung nicht irgendeine „Tüdelüt-Vereinbarung", sondern rechtmäßig sein solle.[269] Speziell im Hinblick auf die gerichtsnahe Mediation im öffentlich-rechtlichen Bereich werden gegen die gerichtsnahe Mediation schließlich obendrein unter anderem die Argumente ins Feld geführt, (1.) dass das angestammte Subordinationsverhältnis im öffentlichen Recht ein bilaterales Verhandeln des jeweiligen Verwaltungsträgers mit dem untergeordneten Rechtssubjekt Bürger nicht in Frage kommen lasse, das Ober- und Unterordnungsverhältnis zwischen Staat und Bürger vielmehr aufrechterhalten bleiben müsse, (2.) dass die Gesetzesbindung der Verwaltung gemäß Art. 20 Abs. 3 GG eine Mediation in der Verwaltungsgerichtsbarkeit ausschließe, (3.) dass die gerichtsnahe Mediation überflüssig sei, da sie nur zu einer abschließenden (öffentlich-rechtlichen) vertraglichen Vereinbarung führen könne, (4.) dass bereits das Anhörungsverfahren nach § 28 VwVfG dem Bürger die Möglichkeit gebe, seine Sichtweise darzulegen und (5.) dass auch im verwaltungsgerichtlichen Verfahren bereits die Möglichkeit einer gütlichen Einigung bestehe.[270] Ohne im Rahmen einer Darstellung der Erfahrungen mit der gerichtsnahen Mediation im Detail darauf einzugehen, vermögen diese Argumente jedoch letztlich nicht zu überzeugen. Zum einen erscheint ein kategorischer

---

267 Vgl. die Ergebnisse der Befragung der Richtermediatoren am VG Darmstadt von *Büttner/Heinecke*, in: *Pitschas/Walther*, Mediation in d. Verwaltungsgerichtsbarkeit, S. 251 (261).

268 Vgl. die Ergebnisse der Befragung eines nicht mediativ tätigen Richters am VG Darmstadt von *Büttner/Heinecke*, in: *Pitschas/Walther*, Mediation in d. Verwaltungsgerichtsbarkeit, S. 251 (269).

269 Vgl. zu den verschiednen Äußerungen im Einzelnen: *Böttger/Hupfeld*, ZKM 2004, 155 (157).

270 Vergleiche die Ergebnisse der Befragungen der Richtermediatoren, der Verwaltungsgerichtspräsidenten und einigen nicht mediativ tätigen Richtern am VG Frankfurt und am VG Gießen von *Falkenstein/Gerbracht*, in: *Pitschas/Walther*, Mediation in d. Verwaltungsgerichtsbarkeit, S. 315 (319).

Verweis auf das Subordinationsverhältnis zwischen Staat und Bürger in einer freiheitlichen Gesellschaft, in der sich die Idee der Bürgernähe und der Service- und Dienstleistungstätigkeit der Verwaltung mehr und mehr durchsetzt, antiquiert. Zum anderen erscheint eine Mediation trotz der Gesetzesbindung der Verwaltung zumindest in Fällen möglich, in denen der zuständige Verwaltungsträger über einen Ermessenspielraum verfügt und/oder einen öffentlich-rechtlichen Vertrag schließen kann. Mit Blick auf das Argument, bereits das Anhörungsverfahren nach § 28 VwVfG gebe dem Bürger die Möglichkeit, seine Sichtweise darzulegen, kann zudem entgegen gehalten werden, dass in der Praxis auf Seiten der Behörden nur eingeschränkt von der Möglichkeit der Anhörung nach § 28 VwVfG Gebrauch gemacht wird. Darüber hinaus basiert die Lösungssuche im Rahmen der Mediation erstens auf den Interessen der Konfliktparteien, ohne dass davon ausgegangen werden kann, dass der Bürger im Rahmen einer Anhörung in gleichem Maße die hinter der von ihm eingenommenen Position verborgenen Interessen offenbaren wird wie im Rahmen einer Mediation. Zweitens verkennt der Verweis auf § 28 VwVfG, dass sich diese Norm nur auf den Erlass eines Verwaltungsaktes bezieht. Dies bedeutet, dass § 28 VwVfG nicht in allen Verwaltungsangelegenheiten den Beteiligten die Möglichkeit gibt, ihre Sichtweise darzulegen. Zudem handelt es sich hierbei um eine Vorschrift, die dem Bürger lediglich im Stadium der Entstehung einer Verwaltungsstreitigkeit – namentlich im Zeitpunkt der Entstehung des später gegebenenfalls streitigen Verwaltungsaktes – die Möglichkeit zur Darlegung seiner Sichtweise ermöglicht, während die gerichtsnahe Mediation den Beteiligten im Rahmen der Beilegung einer bereits entstandenen Streitigkeit die Gelegenheit geben soll, die hinter den im Streit vertretenen Positionen verborgenen Interessen geltend zu machen. Die Aussage schließlich, dass auch im verwaltungsgerichtlichen Verfahren die Möglichkeit einer gütlichen Einigung bestehe, trifft derweil prinzipiell zwar zu, verkennt jedoch schlicht, dass es sich bei der (gerichtsnahen) Mediation um eine Methode der Streitbeilegung handelt, welche sich erheblich von den Verhandlungen im Zuge eines Gütetermins und im Rahmen gerichtlicher Vergleichsverhandlungen unterscheidet.[271]

Alles in Allem zeichnen die bisherigen Erfahrungen hinsichtlich der Akzeptanz der gerichtsnahen Mediation durch die nicht mediativ tätige Richterschaft letztlich ein unklares Bild. Die Begleitforschung zum Modellprojekt „Gerichtsnahe Mediation in Niedersachsen" kommt letztlich zu dem Schluss, die Akzeptanz durch die Richterschaft habe zwar von einer eher positiven Haltung bis hin zu einer deutlich ablehnenden Haltung variiert, der überwiegende Teil der Richterschaft sei gegenüber der gerichtsnahen Mediation jedoch offen und neutral eingestellt gewesen. Als schwierig hätten es die Richtermediatoren in diesem Zusammenhang gefunden, Kollegen für die Vermittlung von Mediationsfällen zu gewinnen. Insgesamt seien aber fast alle Richter zur Weitervermittlung von Fällen bereit gewesen. Lediglich bei einer stark ablehnenden Haltung wurden nur wenige oder gar keine Fälle vermittelt. Diesbezüglich zeigten sich zwei Tendenzen: Entweder die gerichtsnahe Mediation wurde zwar entschieden abgelehnt; dennoch wurde Fälle an die

---

[271] Kritisch zu den oben genannten Argumenten auch: *Falkenstein/Gerbracht*, in: *Pitschas/Walther*, Mediation in d. Verwaltungsgerichtsbarkeit, S. 315 (321 f.).

Mediation abgegeben, da der Mediator schließlich ausgelastet sein sollte. Oder aber die Vermittlung von Fällen wurde – weniger pragmatisch – verweigert.[272] Erfreulich ist, dass in Niedersachsen auch nicht mediativ wirkende Richter die Tätigkeit der Richtermediatoren dahingehend zu akzeptieren scheinen, dass sie aufgrund der Mediatorentätigkeit einzelner Richter keine nachteiligen Auswirkungen auf das Richteramt befürchten. Ca. 80,8% der im Rahmen einer entsprechenden Umfrage befragten Richter gaben an, dass das Richteramt durch die Einnahme der Rolle des Mediators keinen Schaden nehme. Dem stehen nur ca. 8,5% der befragten Richter gegenüber, die angaben, dass das Richteramt durch die Wahrnehmung der Rolle des Mediators Schaden nehme. Ca. 7,4% der Befragten äußerte sich indifferent; ca. 3,2% machten hierzu keine Angaben. Noch deutlicher fallen die Zahlen mit Blick auf die gerichtsnahe Mediation an den Sozialgerichten aus, auch wenn hier nur wenige Richter befragt wurden, so dass die Aussagekraft der Umfrage an dieser Stelle gering erscheint. Wie dem auch sei: Hier gaben ca. 91,7% der befragten Richter an, dass die Rolle als Richtermediator dem Richteramt keinen Schaden zufüge, während ca. 8,3% angaben, dass dies sehr wohl der Fall sei. Mit Blick auf die Mediation an Verwaltungs- und Finanzgerichten existiert keine entsprechende Statistik.[273]

Nimmt das Richteramt aufgrund der Wahrnehmung der Rolle des Richtermediators Schaden?
(Datenquelle: Spindler, Abschlussbericht zum Forschungsprojekt Gerichtsnahe Mediation in Niedersachsen, Rn. 418 u. 420)

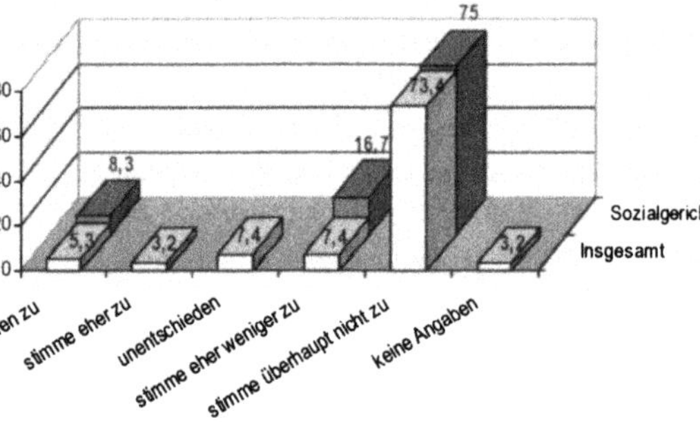

Auch die Befragungen nicht mediativ tätiger Richter außerhalb des niedersächsischen Modellversuchs ergaben ein uneinheitliches Resultat. So hinterließ die von *Büttner/Heinecke*[274] durchgeführte Befragung einzelner Richter an den Verwaltungsgerichten Darmstadt und Wiesbaden insgesamt den Eindruck, dass die nicht als Richtermediatoren in Erscheinung tretenden Richter der Mediation offen, zumindest aber nicht vollkommen negativ gegenüber stehen. Zwar hätten keine ausschließlich ablehnenden Meinungen ausfindig gemacht werden können. Hin und wieder habe man aber erahnen können,

---

[272] *Arpos Institut*, Gerichtsnahe Mediation in Niedersachsen – Ergebnisse der Begleitforschung, S. 6 f.; *Zenk/Strobl/Böttger*, ZKM 2006, 43 (45).

[273] Vgl. zum Vorstehenden insgesamt: *Spindler*, Abschlussbericht zum Forschungsprojekt Gerichtsnahe Mediation in Niedersachsen, Rn. 418 ff., sowie: *Spindler*, ZKM 2007, 79 (83).

[274] Vgl.: *Büttner/Heinecke*, in: *Pitschas/Walther*, Mediation in d. Verwaltungsgerichtsbarkeit, S. 251 (288).

dass nicht davon ausgegangen wird, dass sich die Mediation am Verwaltungsgericht auf Dauer durchsetzen kann, sondern dass es sich vielmehr um eine Art Mode handele. Etwas positiver erscheinen die Ergebnisse einer Befragung einzelner nicht mediierender Richter am Hessischen Verwaltungsgerichtshof und am Verwaltungsgericht Kassel von *Reichenbach/Helbig*.[275] Zwar wurde im Rahmen dieser Befragung eingeräumt, dass die Akzeptanz der Mediation unter der Richterschaft noch nicht sehr groß sei. Nach anfänglicher Grundskepsis und teilweise geäußerter Bewertung der gerichtsnahen Mediation als eigenständiges Verfahren als unsinnig – schließlich habe man schon immer versucht, ein Verfahren durch Vergleich zu beenden und könne selbst mediative Elemente in seine Vergleichsverhandlungen einbringen, was überdies viel effektiver sei –, gaben die befragten Richter hier jedoch zu, dass man jetzt doch neugierig auf die gerichtsnahe Mediation geworden sei und erstmal die Ergebnisse abwarten wolle. Man wolle sich durch den persönlichen engagierten Einsatz der Mediatoren und die bisher erzielten Erfolge gern überzeugen lassen. Allerdings befürchte man auch, dass, wenn man eine Sache zur Mediation gebe, unter den Beteiligten der Eindruck entstehen könnte, man nehme den Fall nicht ernst oder erachte ihn keiner Entscheidung für würdig. Wichtig sei es jedenfalls, einen messbaren Erfolg herbeizuführen, um die Akzeptanz seitens der Richterschaft zu stärken.[276]

Das uneinheitliche Bild hinsichtlich der Akzeptanz der gerichtsnahen Mediation durch die nicht mediierende Richterschaft zeigt sich auch in der bereits mehrfach angesprochenen Umfrage unter den an gerichtsnahe Mediation anbietenden Verwaltungs- und Sozialgerichten tätigen Richtermediatoren. Auf die Frage, ob ihre Arbeit als Richtermediator von der an ihrem Gericht tätigen Richterschaft ausreichend gewürdigt und unterstützt wird, äußerten sich die an der Umfrage durch Rücksendung der Umfragebögen teilnehmenden Richtermediatoren zu etwa gleichen Teilen mit „ja", „nein" und „teilweise" beziehungsweise „unterschiedlich". Wurde die Frage bejaht, wurde auch hier teilweise angedeutet, dass die Würdigung und Unterstützung vor allem mit dem Erfolg der Mediation wachse.[277]

c) Die Akzeptanz und Beurteilung der gerichtsnahen Mediation seitens der Konfliktparteien

Von besonderer Bedeutung für den Erfolg der gerichtsnahen Mediation erscheint – mehr noch als die Akzeptanz seitens der nicht mediativ tätigen Richterschaft – selbstredend die Akzeptanz und Beurteilung des gerichtsnahen Mediationskonzepts durch die Konfliktbeteiligten selbst. Während eine mangelnde Unterstützung durch die nicht mediierende Richterschaft gegebenenfalls dadurch ausgeglichen werden könnte, dass man die

---

275 Vgl.: *Reichenbach/Helbig*, in: *Pitschas/Walther*, Mediation in d. Verwaltungsgerichtsbarkeit, S. 291 (308).

276 Vgl.: *Reichenbach/Helbig*, in: *Pitschas/Walther*, Mediation in d. Verwaltungsgerichtsbarkeit, S. 291 (308).

277 Vgl. auch die Ergebnisse der Befragungen von *Reichenbach/Helbig*, in: *Pitschas/Walther*, Mediation in d. Verwaltungsgerichtsbarkeit, S. 291 (297).

Konfliktparteien noch umfangreicher und ausführlicher als teilweise bisher schon der Fall über die Möglichkeit der gerichtsnahen Mediation informiert und damit verstärkt bewirkt, dass die Konfliktparteien selbst ein solches Mediationsverfahren anregen, ist eine Akzeptanz des Mediationskonzepts seitens der Konfliktparteien – zumindest im Rahmen eines auf Freiwilligkeit der Mediationsteilnahme basierenden Systems – logischerweise unverzichtbar. Im Gegensatz zur Akzeptanz unter der nicht mediierenden Richterschaft sprechen die bisherigen Erfahrungen aus den unterschiedlichen Modellversuchen jedoch eindeutig für eine große Akzeptanz und eine positive Beurteilung der gerichtsnahen Mediation durch die Verfahrensbeteiligten.[278] Dies, so der am Verwaltungsgericht Berlin tätige Richtermediator *Ortloff*,[279] scheine auch dann der Fall, wenn im Rahmen der gerichtsnahen Mediation keine Einigung erzielt wurde. Selbst bei einem späteren Scheitern der Mediation scheinen die Konfliktpartner immer wieder ausdrücklich die ihnen entgegengebrachte Zuwendung und Aufmerksamkeit anzuerkennen.

Ein Indiz für die vergleichsweise große Akzeptanz der gerichtsnahen Mediation in der öffentlich-rechtlichen Gerichtsbarkeit gibt zunächst die recht hohe Anzahl an Einwilligungen in die Mediation an den verschiedenen Gerichten. Besonders deutlich wird dies mit Blick auf den hessischen Modellversuch zur gerichtsnahen Mediation in der Verwaltungsgerichtsbarkeit. Hier wurden in den ersten beiden Jahren der Projektlaufzeit insgesamt 609 Verfahren der gerichtsnahen Mediation zugeleitet. In nur 133 dieser Verfahren haben ein oder mehrere Verfahrensbeteiligte die Einwilligung zur Durchführung eines Mediationsverfahrens verweigert,[280] was einer Einwilligungsquote von ca. 78,2% entspricht. Auch im Rahmen des niedersächsischen Modellversuchs zum Einsatz der gerichtsnahen Mediation konnten beachtliche Einwilligungszahlen an den beteiligten Verwaltungs- und Sozialgerichten erzielt werden. Am Verwaltungsgericht Hannover stimmten während der Laufzeit des Modellversuchs – mit anderen Worten vom 1. September 2002 bis zum 31. Dezember 2004 – insgesamt in 107 Gerichtsverfahren die Prozessbeteiligten einer gerichtsnahen Mediation zu. Am Sozialgericht Hannover willigten die Prozessparteien im gleichen Zeitraum in 122 Verfahren in die Durchführung eines gerichtsnahen Mediationsverfahrens ein.[281] Am Verwaltungsgericht Greifswald erging im Rahmen des mecklenburg-vorpommerischen Modellversuchs die Einwilligung zur Durchführung eines Mediationsverfahrens vom 1. Januar 2004 bis Mitte 2005 in 30 von 50 Verfahren (Einwilligungsquote: über 60%),[282] während am Verwaltungsgericht in Berlin im Ge-

[278] Vgl. u.a.: *Reimers/Apell*, LKRZ 2007, 7 (9); *Walther*, in: *Pitschas/Walther*, Mediation in d. Verwaltungsgerichtsbarkeit, S. 7 (19); sowie: *Reimers*, in: *Pitschas/Walther*, Mediation in d. Verwaltungsgerichtsbarkeit, S. 45 (46), der darauf verweist, dass nur Bundesbehörden selten bereit waren, an einer Mediation mitzuwirken.

[279] *Ortloff*, in: *Pitschas/Walther*, Mediation in d. Verwaltungsgerichtsbarkeit, S. 343 (345).

[280] Vgl.: *Reimers/Apell*, LKRZ 2007, 7 (8 f.).

[281] Vgl.: Projekt gerichtsnahe Mediation in Niedersachsen – Auszug aus der Projektstatistik, S. 15 (SG Hannover u. 17 (VG Hannover). Projektweit wurde in 1953 Verfahren die Einwilligung zur Durchführung einer gerichtsnahen Mediation erteilt (vgl.: Auszug aus der Projektstatistik, S. 4).

[282] Vgl.: *Hückstädt*, NJ 2005, 289 (292); Bericht der Arbeitsgruppe Mediation bei den Berliner Gerichten v. 20.7.2005, S. 36 f.

schäftsjahr 146 Verfahren aufgrund einer entsprechenden Einwilligung durch die Prozessparteien an die gerichtsnahe Mediation abgegeben werden konnten.[283]

Abseits abstrakter Einwilligungszahlen kommt auch die Begleitforschung zum Modellversuch „Gerichtsnahe Mediation in Niedersachsen" zu dem Ergebnis, dass die Akzeptanz der gerichtsnahen Mediation seitens der Konfliktparteien relativ positiv ist.[284] Während der Projektlaufzeit (1. September 2002 bis 31. Dezember 2004) sei die Einstellung der Konfliktparteien zur Mediation positiv bis neutral abwartend gewesen. Die Streitenden hätten in der Mediation die Chance gesehen, ihren Konflikt gütlich und schnell beizulegen, ohne dass der überwiegende Teil der befragten Mediationsteilnehmer im Vorfeld eine klare Vorstellung über das Konzept der (gerichtsnahen) Mediation hatte.[285] Auch zahlreiche Richtermediatoren schätzen die Akzeptanz der Mediationsbeteiligten als sehr groß ein. Im Rahmen der wiederholt zitierten Umfrage unter den Richtermediatoren der verschiedenen Modellgerichte gaben die teilnehmenden Richtermediatoren überwiegend an, dass die Konfliktparteien das Angebot der gerichtsnahen Mediation „gerne"" annehmen. Nur selten wurde die Akzeptanz seitens der Prozessbeteiligten als „zögerlich" oder „unterschiedlich" beschrieben, wobei jedoch die Akzeptanz und Resonanz seitens der Behörden geringer zu sein scheint als die Akzeptanz durch die anderen Konfliktparteien und ihre Anwälte. Dies resultiere vor allem aus dem Unverständnis und der Unkenntnis der unterschiedlichen Fachämter gegenüber der Mediation.[286] Alles in Allem betrachteten die Konfliktparteien die gerichtsnahe Mediation – entgegen möglicher Befürchtungen in dieser Richtung – nicht als eine Art Durchgangsstadium. Vielmehr kämen sie mit dem (ernsthaften) Willen, ihre Streitigkeit dauerhaft zu beenden und eine einvernehmliche, konsensuale Lösung für ihren Konflikt zu finden.[287]

Neben einer großen Akzeptanz scheinen die in den verschiedenen Modellversuchen bisher gesammelten Erfahrungen mit dem Einsatz der gerichtsnahen Mediation auch dafür zu sprechen, dass die Konfliktparteien mit dem gerichtsnahen Mediationsangebot sehr zufrieden sind und hierin eine echte Alternative zum Gerichtsprozess erkennen.[288] Im Rahmen der bereits genannten Umfrage unter Richtermediatoren gaben nahezu alle durch Rücksendung der Befragungsbögen teilnehmenden Richtermediatoren an, dass die Parteien die gerichtsnahe Mediation im Nachhinein sowohl hinsichtlich des Verfahrens als auch mit Blick auf das in der Mediation gefundene Ergebnis „positiv" oder „sehr

---

[283] *Ortloff*, in: *Pitschas/Walther*, Mediation in d. Verwaltungsgerichtsbarkeit, S. 343 (344).

[284] Vgl. hierzu u.a.: *Böttger/Hupfeld*, ZKM 2004, 155 (157). Ähnlich auch: *Ortloff*, NVwZ 2002, S. 1310 (1316) mit Blick auf den Berliner Modellversuch.

[285] *Zenk/Strobl/Böttger*, ZKM 2006, 43 (45); *Arpos Institut*, Gerichtsnahe Mediation in Niedersachsen – Ergebnisse der Begleitforschung, S. 5.

[286] Vgl. zu letzterem Aspekt die Ergebnisse der Befragung der Richtermediatoren am VGH Kassel und am VG Kassel von *Reichenbach/Helbig*, in: *Pitschas/Walther*, Mediation in d. Verwaltungsgerichtsbarkeit, S. 291 (304).

[287] Vgl. die Befragungsergebnisse von *Reichenbach/Helbig* u. *Falkenstein/Gerbracht*, in: *Pitschas/ Walther*, Mediation in d. Verwaltungsgerichtsbarkeit, S. 291 (304) u. S. 315 (336).

[288] *Arpos Institut*, Gerichtsnahe Mediation in Niedersachsen – Ergebnisse der Begleitforschung, S. 5; vgl. hierzu zudem u.a. die Befragungsergebnisse von *Büttner/Heinecke*, Mediation in d. Verwaltungsgerichtsbarkeit, S. 251 (268).

positiv" beurteilten. Einige Mediatoren verwiesen dabei allerdings darauf, dass die nachträgliche Bewertung der gerichtsnahen Mediation bis zu einem gewissen Grad wohl auch vom Erfolg der von den jeweiligen Parteien durchlebten Mediation abhänge. Auch die Zahlen zum Modellversuch „Gerichtsnahe Mediation in Niedersachsen" zeigen jedoch eine große Zufriedenheit der Konfliktparteien mit dem Verfahren (über 90% der befragten Parteien) und dem Ergebnis (über 80% der befragten Parteien) der gerichtsnahen Mediation.[289]

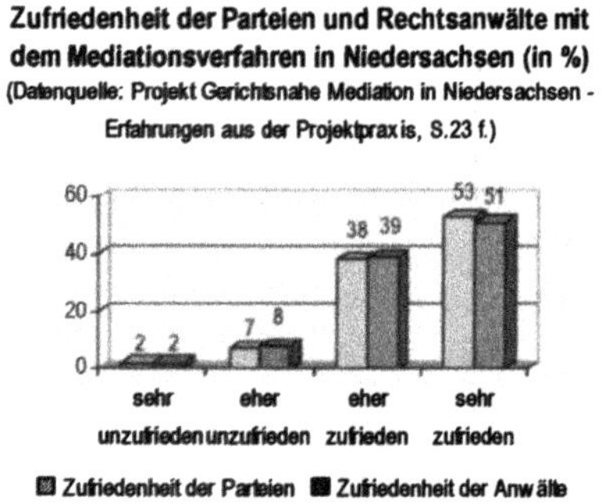

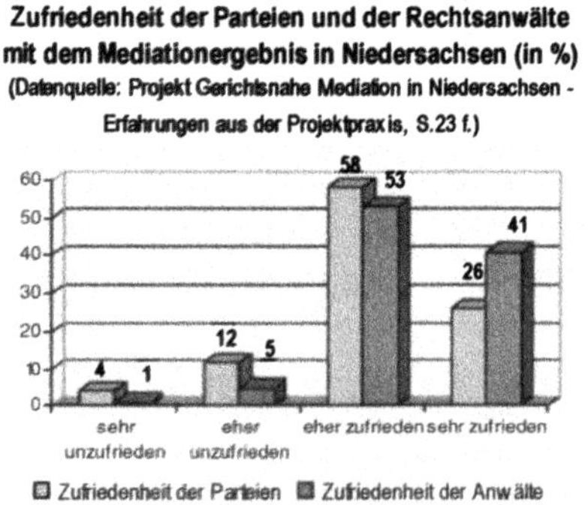

---

[289] Vgl.: Projekt Gerichtsnahe Mediation in Niedersachsen – Projektabschlussbericht, S. 16 f.; Projekt Gerichtsnahe Mediation in Niedersachsen – Erfahrungen aus der Projektpraxis, S. 23. Vgl. hierzu zudem auch bereits: *Böttger/Hupfeld*, ZKM 2004, 155 (158).

Die genannten Zahlen hinsichtlich der Zufriedenheit mit dem Mediationsergebnis entsprechen ungefähr denen, von denen auch die Begleitforschung zum niedersächsischen Modellversuch ausgeht. Hiernach gaben in einer entsprechenden Umfrage unter den Mediationsparteien ca. 85,6% der Befragten an, mit dem Ergebnis ihres Mediationsverfahrens sehr zufrieden (ca. 24,8%), zumindest aber eher zufrieden (ca. 60,8%) zu sein. Lediglich 12,8% äußerten sich bezüglich des gefundenen Mediationsergebnisses eher unzufrieden (ca. 9,9%) oder sehr unzufrieden (ca. 2,9%). Auch infolge gerichtsnaher Mediationsverfahren bei den Sozial- und Verwaltungsgerichten überwog die Zufriedenheit. Hier äußerten sich insgesamt ca. 93,6% beziehungsweise 77% der Mediationsparteien sehr zufrieden (ca. 29,5% respektive ca. 22,9%) oder aber zumindest eher zufrieden (ca. 64,1% respektive ca. 54,3%). Eher unzufrieden oder sehr unzufrieden waren hier hingegen nur insgesamt ca. 3,9% beziehungsweise ca. 20%.[290]

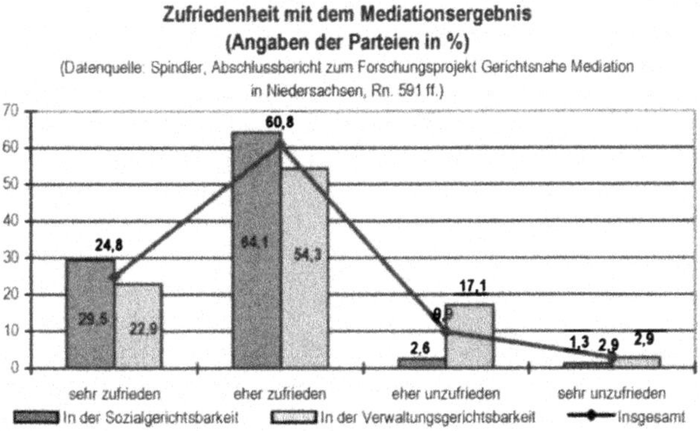

[290] Vgl.: *Spindler,* Abschlussbericht zum Forschungsprojekt Gerichtsnahe Mediation in Niedersachsen, Rn. 591 u. 594 f.

Die große Zufriedenheit mit dem Ergebnis der gerichtsnahen Mediation zeigt sich unter anderem anhand der Tatsache, dass – so die Ergebnisse in Niedersachsen – die Mediationsparteien im Anschluss an eine gerichtsnahe Mediation zu einem beachtlichen Anteil davon ausgehen, im gerichtsnahen Mediationsverfahren die selbst gesteckten Ziele in einem zufrieden stellenden Maße erreicht zu haben. So hat eine entsprechende Umfrage ergeben, dass ca. 20,4% der Mediationsparteien nach Abschluss der gerichtsnahen Mediation davon ausgeht, eigentlich all ihre Ziele im Mediationsverfahren erreicht zu haben, während weitere ca. 68,2% meinen, zumindest einige wesentliche Aspekte erreicht zu haben, die sie im Verfahren erreichen wollten. Dem stehen nur ca. 9,2% der Mediationsteilnehmer gegenüber, die davon ausgehen, im Wege der gerichtsnahen Mediation kaum etwas (ca. 7%) oder überhaupt nichts (ca. 2,2%) erreicht zu haben, wobei die Zahlen speziell mit Blick auf die Mediation im Bereich der Sozial- und Verwaltungsgerichtsbarkeit ebenso deutlich ausfallen. Hier gaben insgesamt ca. 97,4% beziehungsweise ca. 85,7% der Befragten an, eigentlich alles (ca. 23,1% respektive ca. 22,9%) oder zumindest einiges (ca. 74,4% respektive ca. 62,9%) erreicht zu haben.[291] Darüber hinaus hielt die überwiegende Mehrheit der im Rahmen des niedersächsischen Modellversuchs befragten Mediationsparteien die bei positivem Ausgang der Mediation am Ende des jeweiligen Verfahrens getroffene Vereinbarung auch für gerecht. Ingesamt äußerten sich in diese Richtung ca. 76,1% der befragten Mediationsparteien; speziell hinsichtlich der gerichtsnahen Mediation im Bereich der Sozial- und Verwaltungsgerichtsbarkeit sogar ca. 91% beziehungsweise 77,1%. Dem stehen insgesamt nur ca. 21,6% und im Bereich der Sozial- und Verwaltungsgerichtsbarkeit lediglich ca. 9% beziehungsweise ca. 20% der Befragten gegenüber, welche die Gerechtigkeit der das jeweilige Mediationsverfahren abschließenden Vereinbarung anzweifelten oder gar verneinten.

Gerechtigkeit der die gerichtsnahe Mediation im positiven Falle abschließenden Vereinbarung (Angaben der Parteien in %)
(Datenquelle: Spindler, Abschlussbericht zum Forschungsprojekt Gerichtsnahe Mediation in Niedersachsen, Rn. 586 u. 589 f.)

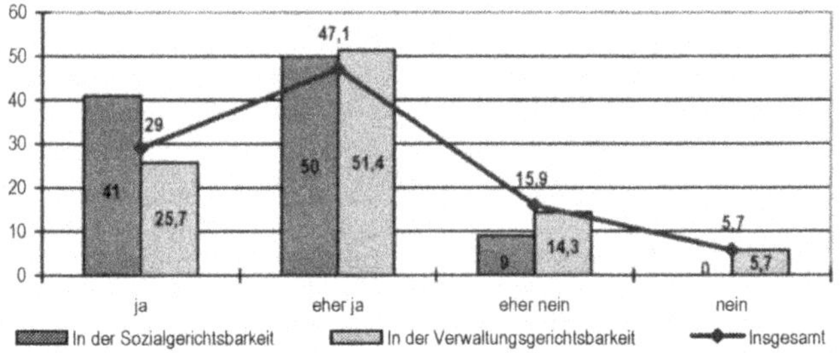

[291] Vgl.: *Spindler,* Abschlussbericht zum Forschungsprojekt Gerichtsnahe Mediation in Niedersachsen, Rn. 582 ff.

Ein weiteres Anzeichen dafür, dass die Konfliktparteien mit dem Ergebnis und damit mit dem Angebot der gerichtsnahen Mediation zufrieden sind und diese Form der Streitbeilegung in der Regel positiv beurteilen, kann darin gesehen werden, dass nach vorläufigen Zahlen des niedersächsischen Modellprojekts die an Mediationen beteiligten Parteien zu einem Anteil von ca. 67%[292] beziehungsweise ca. 61,1% (im Bereich der Sozial- und Verwaltungsgerichtsbarkeit dagegen nur ca. 43,8% respektive ca. 51%)[293] davon ausgehen, dass ihnen bei Durchführung des Gerichtsverfahrens höhere oder eher höhere Kosten entstanden wären, dass sich in zunehmendem Maße auch Parteien und Rechtsanwälte selbst mit der Bitte um Durchführung einer Mediation an die Projektgerichte oder direkt an die Richtermediatoren wenden,[294] und dass die Mehrheit der Mediationsteilnehmer von einer positiven Auswirkung der Mediation auf die Beziehungen zwischen den jeweiligen Konfliktparteien ausgeht.[295] Letzteres scheint vor allem im Hinblick auf gerichtsnahe Mediationsverfahren im Bereich der Sozial- und Verwaltungsgerichtsbarkeit zu gelten. Hier gaben in einer im Rahmen des niedersächsischen Modellversuchs durchgeführten, hinsichtlich der Anzahl der befragten Personen

Kostenersparnis aufgrund d. Durchführung einer gerichtsnahen Mediation? (Mediationsparteien in %)
(Datenquelle: Spindler, Abschlussbericht zum Forschungsprojekt Gerichtsnahe Mediation in Niedersachsen, Rn. 526 ff.)

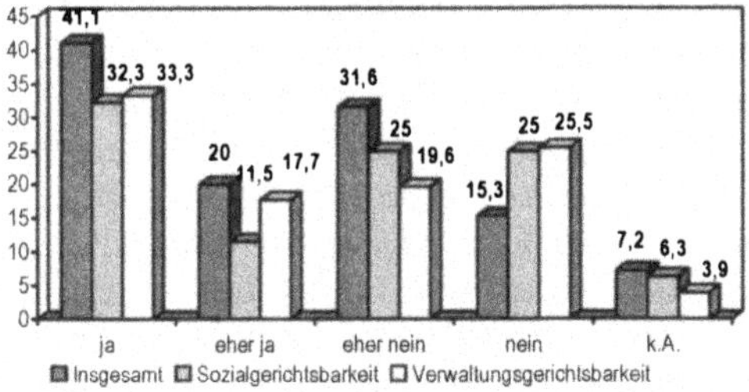

Auswirkungen der Mediation auf die Beziehungen zwischen den Parteien (Parteiangaben in %)
(Datenquelle: Arpos Institut, Gerichtsnahe Mediation in Niedersachsen – Ergebnisse der Begleitforschung, S. 16)

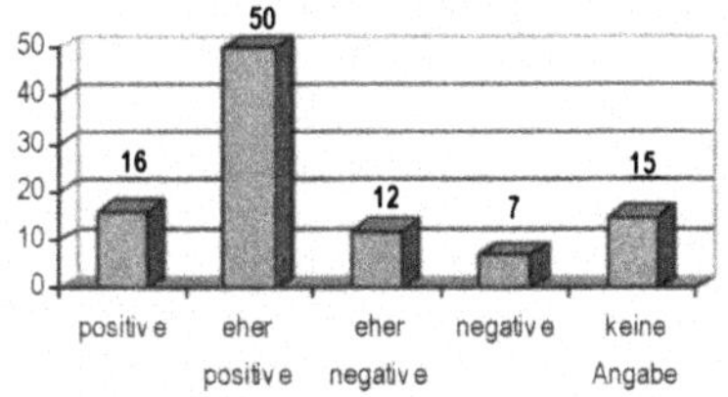

292 Projekt Gerichtsnahe Mediation in Niedersachsen – Projektabschlussbericht, S. 42.

293 Vgl.: *Spindler,* Abschlussbericht zum Forschungsprojekt Gerichtsnahe Mediation in Niedersachsen, Rn. 526.

294 Vgl.: Projekt Gerichtsnahe Mediation in Niedersachsen – Erfahrungen aus der Projektpraxis, S. 19. Auch im Zuge des im Vergleich zum Projekt „Gerichtsnahe Mediation in Niedersachsen" noch jungen Modellversuchs an hessischen Verwaltungsgerichten kommt es nach Aussagen einiger Richtermediatoren im Rahmen der bereits genannten Umfrage unter Richtermediatoren mittlerweile vor, dass die Konfliktparteien selbst eine gerichtsnahe Mediation anregen, vgl. auch: *Büttner/Heinecke,* in: *Pitschas/Walther,* Mediation in d. Verwaltungsgerichtsbarkeit, S. 251 (261).

295 Vgl.: *Arpos Institut,* Gerichtsnahe Mediation in Niedersachsen – Ergebnisse der Begleitforschung, S. 16.

leider beschränkten Umfrage ca. 65,5% beziehungsweise ca. 56,4% der befragten Mediationsparteien an, nach der gerichtsnahen Mediation die Beziehungen zur jeweiligen Gegenpartei aufrecht erhalten haben zu können. Nur ca. 31% bis 32% gaben hingegen an, die Beziehungen zur Gegenpartei nach der gerichtsnahen Mediation abgebrochen zu haben. Der jeweilige Rest machte zur entsprechenden Fragestellung keine Angaben.[296]

Schließlich dürfte zur Gesamtzufriedenheit der Konfliktparteien mit dem Ergebnis der gerichtsnahen Mediation beitragen, dass der überwiegende Teil der Mediationsparteien davon ausgeht, dass der jeweilige Konflikt durch die gerichtsnahe Mediation und die auf diesem Wege gefundene Lösung des Konflikts dauerhaft beigelegt sein wird. Im Rahmen einer diesbezüglichen Umfrage äußerten sich anlässlich des niedersächsischen Modellversuchs insgesamt ca. 78,7% der befragten Mediationsparteien optimistisch, eine dauerhafte Streitbeilegung erreicht zu haben; nur ca. 20,2% hingegen zeigten sich diesbezüglich skeptisch (ca. 13,2%) oder gänzlich pessimistisch (ca. 7%), wobei die Zahlen hinsichtlich gerichtsnaher Mediationen im Bereich der Sozial- und Verwaltungsgerichtsbarkeit ähnlich deutlich, teilweise sogar deutlicher, ausfallen. Nach sozial- oder verwaltungsgerichtlichen Mediationen gaben insgesamt ca. 83% beziehungsweise ca. 63% der befragten Mediationsparteien an, eine (zumindest eher) dauerhafte Konfliktlösung erzielt zu haben; ca. 16,7% respektive ca. 43,3% gingen hiervon (eher) nicht aus.[297] Auch im Rahmen weiterer Erhebungen anlässlich des Modellversuchs „Gerichtsnahe Mediation in Niedersachsen" wurden ähnliche Quoten ermittelt. Hiernach gehen die Mediationsparteien zu ca. 35% davon aus, dass sie ihren Konflikt im Wege der gerichtsnahen Mediation dauerhaft beilegen konnten; weitere ca. 44% zeigen sich optimistisch, dass dies zumindest eher der Fall sein dürfte.[298]

Dauerhaftigkeit der im Wege der gerichtsnahen Mediation getroffenen Vereinbarung (Einschätzungen der Parteien in %)
(Datenquelle: Spindler, Abschlussbericht zum Forschungsprojekt Gerichtsnahe Mediation in Niedersachsen, Rn. 596 ff.)

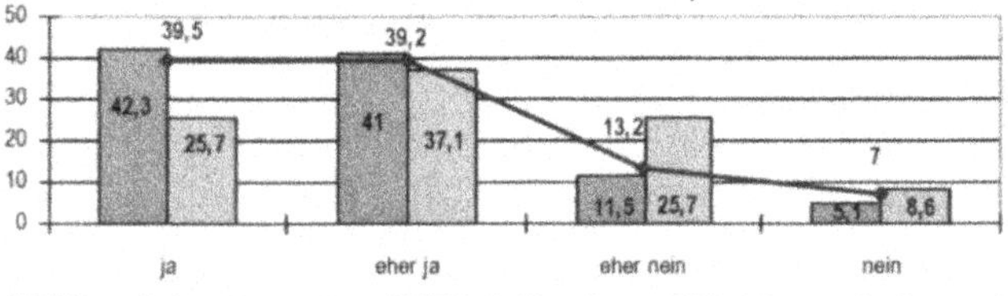

---

[296] Vgl. hierzu: *Spindler*, Abschlussbericht zum Forschungsprojekt Gerichtsnahe Mediation in Niedersachsen, Rn. 547, wobei sich die Werte mit Blick auf alle Gerichtsbarkeiten jedoch ausgeglichener darstellen. Insgesamt, d.h. die verschiedenen Gerichtsbarkeiten übergreifend, gaben ca. 44,8% der Befragten an, dass die Beziehung zur Gegenpartei aufrecht erhalten wurde bzw. werden konnte, während ca. 47,2% dies verneinten. Ca. 8% machten keine Angaben über das Fortbestehen der Parteibeziehungen.

[297] Vgl.: *Spindler*, Abschlussbericht zum Forschungsprojekt Gerichtsnahe Mediation in Niedersachsen, Rn. 597 u. 599 f.

[298] Vgl.: Projekt Gerichtsnahe Mediation in Niedersachsen - Erfahrungen aus der Projektpraxis, S.25.

Dauerhaftigkeit der Streitbeilegung nach Einschätzung der Konfliktparteien u. der Rechtsanwälte in Niedersachsen (in %)
(Datenquelle: Projekt Gerichtsnahe Mediation in Niedersachsen - Erfahrungen aus der Projektpraxis, S. 25)

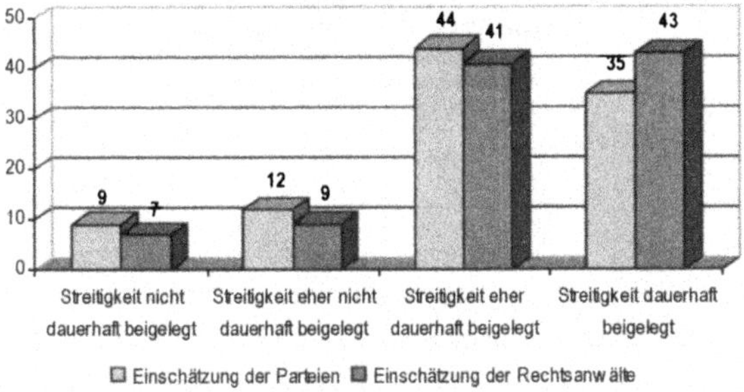

Die Zufriedenheit mit dem Verfahren der gerichtsnahen Mediation lässt sich zunächst damit erklären, dass die Mediationsbeteiligten den Richtermediatoren nahezu einheitlich bescheinigen, die gerichtsnahen Mediationsverfahren „neutral" oder zumindest „eher neutral" durchzuführen. Eine frühe Umfrage im Rahmen des niedersächsischen Modellversuchs zum Einsatz der gerichtsnahen Mediation hat ergeben, dass die Parteien die Verfahrensführung und die Einstellung des jeweiligen Richtermediators zu ca. 85,2% ohne Einschränkungen als „neutral" bewerteten. Ca. 10,3% waren darüber hinaus der Auffassung, der Richtermediator sei „eher neutral" gewesen.[299] Letztlich bestätigt wird diese frühe Umfrage durch die Begleitforschung zum Modellversuch „Gerichtsnahe Mediation in Niedersachsen". Insgesamt verneinten hier 80,4% der befragten Mediationsparteien die Frage, ob der jeweilige Richtermediator voreingenommen oder parteiisch gewesen sei. Weitere ca. 10,4% antworteten auf diese Frage mit „eher nein". Dem stehen lediglich jeweils ca. 3,7% entgegen, die die Frage nach der Voreingenommenheit oder Parteilichkeit eher oder sogar uneingeschränkt bejahten. Speziell im Hinblick auf gerichtsnahe Mediationsverfahren in der Verwaltungs- und Sozialgerichtsbarkeit fällt das Umfrageergebnis bezüglich der Voreingenommenheit und Parteilichkeit zum Teil sogar noch deutlicher aus. Hier waren es ca. 93% beziehungsweise ebenfalls ca. 80,4%, die

Bewertung der Neutralität der Richtermediatoren durch die Konfliktparteien in Niedersachsen (in %)
(Datenquelle: Böttger/Hupfeld, ZKM 2004, 155 (159))

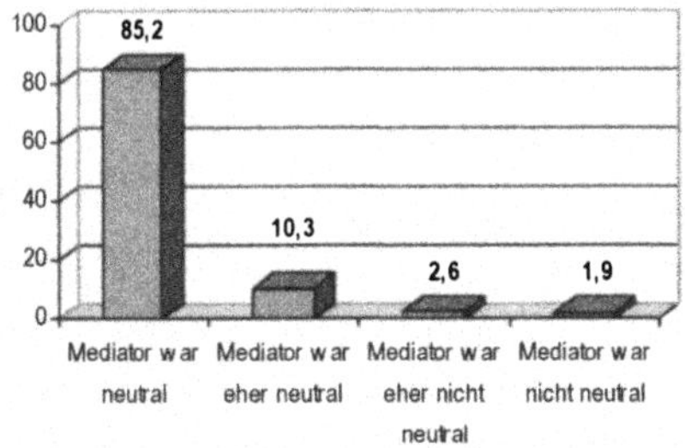

[299] Vgl.: *Böttger/Hupfeld*, ZKM 2004, 155 (159).

besagte Frage unumwunden mit nein beantworteten. Hinzu kommen ca. 3,5% beziehungsweise abermals ca. 10,4%, die dazu tendieren, mit „eher nein“ zu antworten.[300]

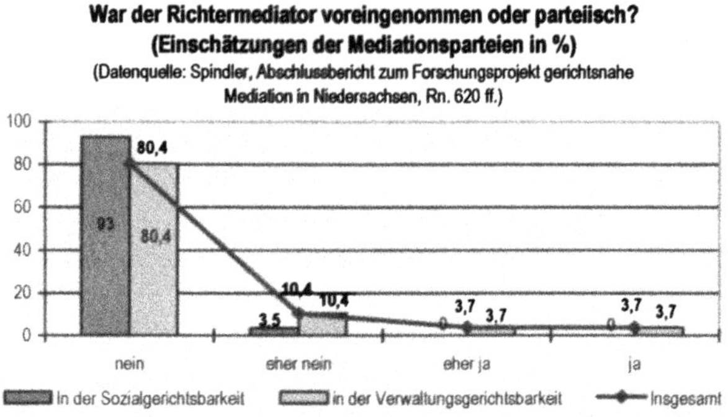

Einen weiteren Grund für die Zufriedenheit der Mediationsparteien mit dem Verfahren der gerichtsnahen Mediation dürfte zudem darstellen, dass die Mediationsteilnehmer in einer im Rahmen des niedersächsischen Modellversuchs durchgeführten Befragung weit überwiegend (ca. 87,6%) angaben, sehr stark (ca. 27,7%) oder zumindest recht deutlich (ca. 59,9%) an der Entstehung der im positiven Falle die gerichtsnahe Mediation abschließenden Vereinbarung beteiligt gewesen zu sein. Nur ca. 12,1% der Befragten hatte das Gefühl, nur wenig (ca. 11,5%) oder gar nicht (ca. 0,6%) an der Entstehung besagter Vereinbarung beteiligt worden zu sein; ca. 0,3% machten hierzu keine Angaben. Entsprechend deutlich fallen auch die Befragungsergebnisse bezüglich der gerichtsnahen Mediation im Bereich der Sozial- und Verwaltungsgerichtsbarkeit aus. Hier fühlten sich insgesamt ca. 94,9% beziehungsweise ca. 80% sehr stark (ca. 50% respektive ca. 25,7%) oder zumindest recht deutlich (ca. 44,9% respektive ca. 54,3%) beteiligt, nur ca. 5,1% beziehungsweise ca.

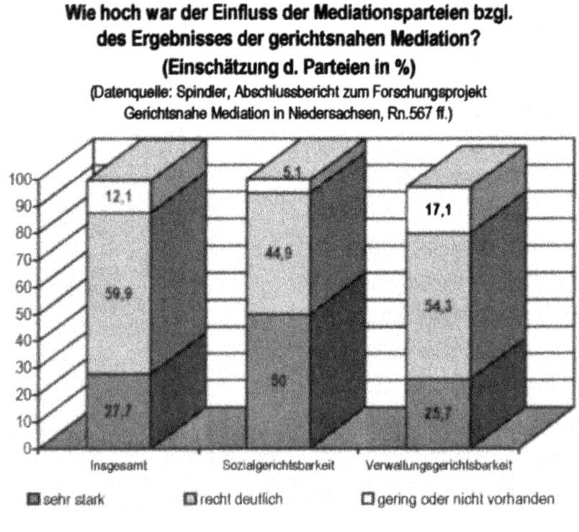

300 *Spindler*, Abschlussbericht zum Forschungsprojekt Gerichtsnahe Mediation in Niedersachsen, Rn. 620 u. 622 f.

17,1% gaben an, die das Mediationsverfahren abschließende Vereinbarung nur wenig beeinflusst zu haben, wobei im Bereich der Verwaltungsgerichte jedoch niemand der Auffassung war, überhaupt nicht beteiligt worden zu sein.[301] Umgekehrt gaben insgesamt nur ca. 4,7% (in der Sozial- und Verwaltungsgerichtsbarkeit sogar nur ca. 2,6% beziehungsweise ca. 2,9%) der befragten Parteien an, der Mediator hätte sie dazu gedrängt, einer bestimmten abschließenden Vereinbarung zuzustimmen. Die übrigen 94,2% (in der Sozial- und Verwaltungsgerichtsbarkeit jeweils ca. 97,4%) dagegen sahen den jeweiligen Richtermediator – wie oben bereits dargestellt – als neutrale Person, der sie zu keinen Entscheidungen nötigte.[302] Ähnlich positiv fallen darüber hinaus auch die Antworten auf die Frage aus, ob die Mediationsparteien den Gang der gerichtsnahen Mediation tatsächlich nach ihren eigenen Vorstellungen mitgestalten konnten oder ob Entscheidungen über ihren Kopf hinweg getroffen wurden, was zudem zur Zufriedenheit mit dem Verfahren der gerichtsnahen Mediation beiträgt. Die vorstehende Frage beantworteten die Mediationsparteien im Rahmen des niedersächsischen Modellversuchs zum Einsatz der gerichtsnahen Mediation zu insgesamt ca. 86,6% eher (ca. 40,3%) oder sogar ohne jedwede Einschränkungen (ca. 46,3%) bejahend; nur ca. 11,6% zeigten sich diesbezüglich skeptisch (ca. 8,4%) oder uneingeschränkt enttäuscht (ca. 3,2%),[303] wobei die Befragungswerte mit Blick auf die gerichtsnahen Mediationsverfahren bei den teilnehmenden Sozial- und Verwaltungsgerichten ähnlich positiv ausfielen. Hier bejahten ca. 93,8% beziehungsweise ca. 82,4% der Befragten die Frage bezüglich der Möglichkeit der Mitgestaltung des Mediationsverfahrens mit (ca. 30,2% respektive ca. 33,3%) oder ohne (ca. 63,5% respektive ca. 49%) Einschränkungen; eher (zu ca. 2,1% respektive 13,7%) oder uneingeschränkt (zu ca. 1% respektive 2%) verneint wurde besagte Frage hier hingegen zu insgesamt ca. 3,1% beziehungsweise ca. 15,7%.[304]

---

301 Vgl.: *Spindler,* Abschlussbericht zum Forschungsprojekt Gerichtsnahe Mediation in Niedersachsen, Rn. 568 u. 570 f.

302 Vgl.: *Spindler,* Abschlussbericht zum Forschungsprojekt Gerichtsnahe Mediation in Niedersachsen, Rn. 574 f., wonach sich die Antworten auf die Frage, ob der jeweilige Richtermediator die das gerichtsnahe Mediationsverfahren abschließende Vereinbarung beeinflusst hat, wie folgt aufschlüsseln lassen:

Antwort	Anteil der befragten Parteien in %		
	Insgesamt	In der Sozialgerichtsbarkeit	In der Verwaltungsgerichtsbarkeit
ja	1,0	1,3	2,9
eher ja	3,7	1,3	0,0
eher nein	21,0	11,5	25,7
nein	73,2	85,9	71,4

303 Die an die Mediationsparteien gerichtete Gegenfrage, ob (Verfahrens-)Entscheidungen über ihren Kopf hinaus getroffen wurden, beantworteten diese konsequenterweise zu insgesamt ca. 91,4% mit nein (ca. 73,8%) beziehungsweise eher nein (ca. 17,6%); nur ca. 6,2% antworteten hier mit ja (ca. 1,7%) beziehungsweise eher ja (ca. 4,5%). Vgl. hierzu insgesamt: *Spindler,* Abschlussbericht zum Forschungsprojekt Gerichtsnahe Mediation in Niedersachsen, Rn. 612.

304 Zu den Zahlen insgesamt sowie zu den jeweiligen Antworten auf die in Fn. 303 erwähnte Gegenfrage vgl.: *Spindler,* Abschlussbericht zum Forschungsprojekt Gerichtsnahe Mediation in Niedersachsen, Rn. 613 ff. Mit Blick auf die Sozial- und Verwaltungsgerichtsbarkeit verneinten die Mediationsparteien danach die Frage, ob (Verfahrens-)Entscheidungen über ihren Kopf hinweg getroffen wurden zu ca. 84,4 beziehungsweise ca. 73,8% ohne und zu ca. 12,5 beziehungsweise ca. 17,8% mit Einschränkungen.

Konnten d. Parteien das Mediationsverfahren ausreichend nach ihren Vorstellungen gestalten? (Einschätzungen d. Parteien in %)
(Datenquelle: Spindler, Abschlussbericht zum Forschungsprojekt Gerichtsnahe Mediation in Niedersachsen, Rn.612 ff.)

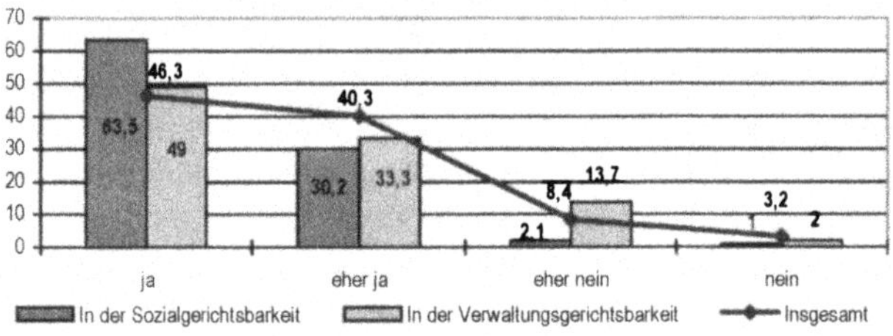

Besonders eindrucksvoll zeigt sich die Zufriedenheit der Verfahrensbeteiligten mit der gerichtsnahen Mediation allgemein schließlich vor allem auch daran, dass – zumindest nach den Erfahrungen aus dem niedersächsischen Modellversuch – sich die Mehrheit der Konfliktparteien, die bereits einmal Partei eines gerichtsnahen Mediationsverfahrens gewesen sind, bei ähnlichen Konflikten wieder für die Durchführung einer Mediation entscheiden würde, statt auf einer Gerichtsverhandlung zu bestehen.[305] Die Erfahrungen aus dem niedersächsischen Modellversuch zeigen, dass der Anteil der (Mediations-)Parteien, die bei neuerlichen Konflikten ähnlicher Art eine gerichtsnahe Mediation dem ordentlichen Gerichtsverfahren vorziehen würde, insgesamt 90% beträgt.[306] Etwa 42% der ehemaligen Mediationsparteien sind sich dessen schon sicher, weitere ca. 48% beschreiben – vor die Wahl gestellt – eine Tendenz zugunsten einer gerichtsnahen Mediation. Auch die Gegenfrage wurde in entsprechender Deutlichkeit beantwortet: Nur insgesamt 14% der befragten Parteien gaben an, bei der Wahlmöglichkeit künftig auf einer Gerichtsverhandlung zu bestehen.[307] Ähnlich eindrucksvoll erscheint die sich aus einer Untersuchung im Rahmen des niedersächsischen Modellversuchs ergebende Tendenz, dass selbst die Parteien eines gescheiterten gerichtsnahen Mediationsverfahrens nach Beendigung des Verfahrens zu einem großen Teil davon ausgehen, dass sich die Mediation trotz ihres Scheiterns positiv auf den weiteren Verhandlungsverlauf ausgewirkt hat. Mit Blick auf den gesamten Modellversuch gaben in besagter Umfrage immerhin insgesamt ca. 43,8% der befragten Mediationsparteien an, dass die Mediationsverhandlung trotz Scheiterns einen positiven Einfluss auf das später fortgesetzte streitige Gerichtsver-

---

[305] Vgl.: *Arpos Institut,* Gerichtsnahe Mediation in Niedersachsen – Ergebnisse der Begleitforschung, S. 17; Projekt Gerichtsnahe Mediation in Niedersachsen – Projektabschlussbericht, S. 17; Projekt Gerichtsnahe Mediation in Niedersachsen – Erfahrungen aus der Projektpraxis, S. 25 f.

[306] Vgl.: *Zenk/Strobl/Böttger,* ZKM 2006, 43 (45); Projekt Gerichtsnahe Mediation in Niedersachsen – Projektabschlussbericht, S. 17; Projekt Gerichtsnahe Mediation in Niedersachsen – Erfahrungen aus der Projektpraxis, S. 25 f.

[307] Vgl.: Projekt Gerichtsnahe Mediation in Niedersachsen – Erfahrungen aus der Projektpraxis, S. 25 f.; vgl. zudem auch: *Zenk/Strobl/Böttger,* ZKM 2006, 43 (45).

fahren gehabt habe, wobei die Anzahl der in besagter Umfrage befragten Personen jedoch deutlich zu niedrig ist, um von gesicherten statistischen Werten zu sprechen.[308]

d) Die Haltung der Anwaltschaft

Die Bedeutung der Akzeptanz und Beurteilung der gerichtsnahen Mediation durch die Anwaltschaft[309] kommt im Falle des Modellversuchs „Gerichtsnahe Mediation in Niedersachsen" darin zum Ausdruck, dass hier die Mediationsbeteiligten in ca. 73% der Fälle angaben, es sei ihnen seitens ihrer Rechtsanwälte eher zu einer Mediation geraten worden. Nur ca. 27% der Parteien entschieden sich für eine Mediation, ohne dass das Votum der Anwälte eine Rolle bei ihrer Entscheidung gespielt hätte.[310] Vor diesem Hintergrund ist es wichtig, dass die Akzeptanz der gerichtsnahen Mediation seitens der Anwaltschaft durchaus ausreichend zu sein scheint, um dem Konzept der gerichtsnahen Mediation eine Chance zu geben. Zwar sehen Anwälte mit Blick auf das gerichtsnahe Mediationsangebot durchaus zuweilen einen gewissen Konkurrenzfaktor.[311] Darüber hinaus wird zum Teil kritisiert, dass im Wege der Mediation zu viele Emotionen in eine Streitigkeit getragen werden und das Mediationsverfahren bisweilen zu langwierig sei.[312] Dennoch kommt beispielsweise die Begleitforschung zum niedersächsischen Modellversuch zu dem Ergebnis, dass die Anwälte gegenüber der gerichtsnahen Mediation überwiegend eher neutral eingestellt gewesen seien. Bei geeigneten Mandanten und in gleichermaßen geeigneten Fallkonstellationen werde die gerichtsnahe Mediation als sinnvolle und positive Sache erachtet, wobei eine Empfehlung zur Mediation oftmals von den jeweiligen Erfolgsaussichten abhängig gemacht werde.[313] Auch außerhalb des niedersächsischen Modellversuchs scheint eine ausreichende Akzeptanz der Anwaltschaft gegenüber der gerichtsnahen Mediation zu bestehen. Hier wird zwar gelegentlich berichtet, dass die Anwälte zu Beginn sehr skeptisch gewesen seien, man hätte sich jedoch dennoch – gewissermaßen aus Neugier auf das neue Verfahren – auf die Mediation eingelassen, um zu schauen, wie eine gerichtsnahe Mediation eigentlich ablaufen soll.[314] Zudem herrscht offenbar nicht bei allen Rechtsanwälten eine gewisse Grundskepsis gegenüber der gerichtsnahen Mediation. Stattdessen wird ebenso wie besagte Grundskepsis zuweilen konstatiert, dass es interessant sei, zu beobachten, dass die gerichtsnahe Mediation überwiegend von den Bürgern und ihren Rechtsanwälten positiv aufgenom-

---

[308] Vgl hierzu im Einzelnen: *Spindler,* Abschlussbericht zum Forschungsprojekt Gerichtsnahe Mediation in Niedersachsen, Rn. 551 ff.

[309] Kritisch aus Sicht der Anwaltschaft u.a.: *Härting,* AnwBl. 2007, 660.

[310] Projekt Gerichtsnahe Mediation in Niedersachsen – Erfahrungen aus der Projektpraxis, S. 19.

[311] Anders der Eindruck von *Reimers/Apell,* wonach derartige Bedenken weniger von Anwälten selbst als von Spitzen verschiedener Berufsverbände geäußert werden (vgl.: *Reimers/Apell,* LKRZ 2007, 7 (9 f.)).

[312] Vgl. zu den genannten Kritikpunkten: *Böttger/Hupfeld,* ZKM 2004, 155 (157).

[313] *Zenk/Strobl/Böttger,* ZKM 2006, 43 (45); *Arpos Institut,* Gerichtsnahe Mediation in Niedersachsen – Ergebnisse der Begleitforschung, S. 6.

[314] Vgl. die Ergebnisse der Befragung von *Reichenbach/Helbig,* in: *Pitschas/Walther,* Mediation in d. Verwaltungsgerichtsbarkeit, S. 291 (310).

men werde, Behörden hingegen sich in den meisten Fällen noch schwer tun würden, sich einer gerichtsnahen Mediation zu öffnen. Die Rechtsanwälte, so ein Richtermediator im Rahmen der oben bereits mehrfach beschriebenen Umfrage unter Richtermediatoren, wirkten in der Regel gut bei den Mediationen mit. Allerdings könne eine zu lange Sitzungsdauer gegebenenfalls zu Unmut bei Rechtsanwälten führen.

Die Beurteilung der gerichtsnahen Mediation durch die Rechtsanwaltschaft scheint – zumindest nach den Erfahrungen im Rahmen des niedersächsischen Modellversuchs zum Einsatz der gerichtsnahen Mediation – ähnlich gut auszufallen, wie die durch die Prozessparteien. Wie bereits die obigen Graphiken zur Verfahrens- und Ergebniszufriedenheit der Konfliktparteien und Rechtsanwälte zeigen, äußert sich auch die Mehrheit der Rechtsanwälte, die bereits an der Seite ihrer Mandanten an einer gerichtsnahen Mediation teilgenommen haben, zufrieden hinsichtlich des Mediationsverfahrens und des im Zuge der gerichtsnahen Mediation erlangten Ergebnisses.[315]

Mit Blick auf das gerichtsnahe Mediationsverfahren zeigten sich letztlich ca. 90% aller im Rahmen der Evaluation des niedersächsischen Modellversuchs befragten Rechtsanwälte „eher zufrieden“ (ca. 39%) oder „sehr zufrieden“ (ca. 51%).[316] Begründet wird die positive Bewertung des gerichtsnahen Mediationsverfahrens von einigen Mediatoren damit, dass man in der Atmosphäre der Mediation viel besser miteinander reden könne. Die Parteien erlangten dadurch mehr Wertschätzung. Ein Problem des Gerichtsprozess sei es zudem, dass dort nur an der Oberfläche des wahren Problems gekratzt werde und dass die Beteiligten hier vor allem auf der Beziehungsebene nicht ernst genug genommen würden. Meist erlangten sie deshalb mit dem erzielten Gerichtsergebnis keine wahre Befriedigung. Ferner sei durch die gerichtsnahe Mediation die Erkenntnis gewonnen worden, dass für die Beteiligten oft etwas anderes wichtig ist als der Klagegegenstand. Schließlich sei das Außenvorlassen rechtlicher Aspekte in der Mediation nicht per se negativ zu bewerten. Vielmehr sei die Erteilung rechtlicher Hinweise oftmals hinderlich, weil dadurch eine Position gestärkt und die Kompromissbereitschaft des betreffenden Beteiligten gesenkt werde.[317]

Mit dem im Wege der gerichtsnahen Mediation erlangten Ergebnis zeigten sich im Rahmen der Evaluierung des Projekts „Gerichtsnahe Mediation in Niedersachsen“ sogar insgesamt ca. 94% der befragten Rechtsanwälte „eher zufrieden“ (ca. 53%) oder „sehr zufrieden“ (ca. 41%), während sich die Konfliktparteien selbst „nur“ zu ca. 84% „eher zufrieden“ (ca. 58%) oder „sehr zufrieden“ („nur“ ca. 26%) äußern.[318] Insgesamt beurteilen die Rechtsanwälte das Verfahrensergebnis und die im gerichtsnahen Mediationsverfahren erreichte Verteilungsgerechtigkeit also – wenn auch auf hohem Niveau – besser als ihre Mandanten selbst. Nach den Ergebnissen der Begleitforschung zum niedersächsischen Modellversuch lässt sich daraus unter Umständen der Schluss ziehen, dass die

---

[315] Vgl. hierzu im Übrigen auch: *Böttger/Hupfeld*, ZKM 2004, 155 (158).

[316] Vgl.: Projekt Gerichtsnahe Mediation in Niedersachsen - Erfahrungen aus der Projektpraxis, S.23 f.

[317] Vgl. die Ergebnisse der Befragung von *Reichenbach/Helbig*, in: *Pitschas/Walther*, Mediation in d. Verwaltungsgerichtsbarkeit, S. 291 (310).

[318] Vgl.: Projekt Gerichtsnahe Mediation in Niedersachsen - Erfahrungen aus der Projektpraxis, S.24.

Parteien mit unrealistischen Erwartungen in das Mediationsverfahren gegangen sind.[319] Die Rechtsanwälte, so auch ein an der bereits erwähnten Umfrage teilnehmender Richtermediator, können die idealerweise im Wege der Mediation erreichte Win-Win-Situation häufig besser erkennen, die gefundene Lösung in Relation zu der häufig sehr eingeschränkten Erfolgsaussicht im Prozess bewerten und die getroffene Mediationsvereinbarung dadurch realistisch einschätzen. Zudem, so besagter Richtermediator weiter, erhofften sich die Prozessparteien selbst trotz Mediation oftmals eine alleinige Win-Situation für sich. Auch die Enttäuschung dieser Hoffnung könnte ein Grund dafür sein, dass die Rechtsanwälte bisweilen zufriedener mit dem Ergebnis einer gerichtsnahen Mediation sind als die betroffenen Konfliktparteien selbst.

Auch die Frage nach der Dauerhaftigkeit der im Wege der gerichtsnahen Mediation gefundenen Konfliktlösung wird von den die Konfliktparteien in den jeweiligen Mediationsverfahren begleitenden Rechtsanwälten letztlich optimistischer beantwortet, als von den Konfliktparteien selbst. Anlässlich der Umfragen im Rahmen des niedersächsischen Modellversuchs äußerten sich rund 84% der Rechtsanwälte zuversichtlich, mit der in der Mediation gefundenen einvernehmlichen Lösung eine „eher dauerhafte“ (ca. 41%) oder gar eine „dauerhafte“ (ca. 43%) Befriedung des Konflikts erreicht und damit Folgekonflikte vermieden zu haben. Die im Vergleich zu den Prozessparteien größere Zuversicht hinsichtlich der Dauerhaftigkeit der Streitbeilegung durch das mediativ gefundene Ergebnis könnte dabei darauf hindeuten, dass die Anwälte zum Teil die emotionale Tiefe des Konflikts in Anbetracht des (rechtlich) offensichtlich gelösten Streitstoffes unterschätzen.[320]

Die positive Bewertung der gerichtsnahen Mediation durch die Anwaltschaft spiegelt sich schließlich zudem in der Neigung der Rechtsanwälte wieder, auch zukünftig ihren Mandanten die Durchführung eines gerichtsnahen Mediationsverfahrens zu empfehlen – gewissermaßen als Pendant zur Neigung der Konfliktbeteiligten, auch in Zukunft ein solches Verfahren zu erwägen. Diesbezüglich gehen die Zahlen zum niedersächsischen Modellversuch etwas auseinander. Während die Begleitforschung zum Niedersächsischen Modellversuch zu dem Ergebnis kommt, dass die Anwälte, die bereits an einer gerichtsnahen Mediation teilgenommen haben, in rund 86% der untersuchten Fälle angaben, auch in Zukunft eine gerichtsnahe Mediation empfehlen zu wollen,[321] beträgt der Anteil der auch in Zukunft empfehlungswilligen Rechtsanwälte laut Abschlussbericht zum Modellversuch „Gerichtsnahe Mediation in Niedersachsen“ sogar etwa 90%.[322] Wiederum an anderer Stelle wird der Anteil der befragten Anwälte, die ihren Mandanten auch in Zukunft eine gerichtsnahe Mediation empfehlen werden, mit ca. 38% beziffert. Weitere ca. 50% der Rechtsanwälte würden dies zumindest in Erwägung ziehen, so dass der einer Empfehlung der gerichtsnahen Mediation in zukünftigen Fällen zugeneigte Anteil in

---

[319] *Zenk/Strobl/Böttger*, ZKM 2006, 43 (47); *Arpos Institut*, Gerichtsnahe Mediation in Niedersachsen – Ergebnisse der Begleitforschung, S. 13.

[320] Vgl.: Projekt Gerichtsnahe Mediation in Niedersachsen – Erfahrungen aus der Projektpraxis, S. 25.

[321] *Zenk/Strobl/Böttger*, ZKM 2006, 43 (45); *Arpos Institut*, Gerichtsnahe Mediation in Niedersachsen – Ergebnisse der Begleitforschung, S. 6.

[322] Projekt Gerichtsnahe Mediation in Niedersachsen – Projektabschlussbericht, S. 17.

der mediationserfahrenen Anwaltschaft ca. 88% beträgt.[323] Als Gründe für eine erneute Empfehlung der gerichtsnahen Mediation in der Zukunft gaben die im Rahmen einer entsprechenden Umfrage anlässlich des niedersächsischen Modellversuchs befragten Rechtsanwälte dabei vor allem die Hoffnung auf eine größere Mandantenzufriedenheit (ca. 67,1%), die geringere psychische Belastung im Rahmen der gerichtsnahen Mediation (ca. 51%) sowie die Möglichkeit des Ausbaus der eigenen Fähigkeiten im Bereich der Verhandlungstechnik und -führung (ca. 13,5%) an.[324] In negativer Hinsicht wird bezüglich der zukünftigen Neigung der Anwaltschaft vereinzelt berichtet, dass es erste Ansätze gäbe, dass Anwälte versuchten, die Mediation für ihre Zwecke zu nutzen, oder zumindest geäußert hätten, die vertraute Atmosphäre der Mediation künftig zur Informationsbeschaffung nutzen zu wollen, um dann doch in das streitige Verfahren überzugehen.[325]

Neigung der mediationserfahrenen Anwälte, Mandanten zukünftig eine Mediation zu empfehlen
(Datenquelle: Projekt Gerichtsnahe Mediation in Niedersachsen – Erfahrungen aus der Projektpraxis, S. 27)

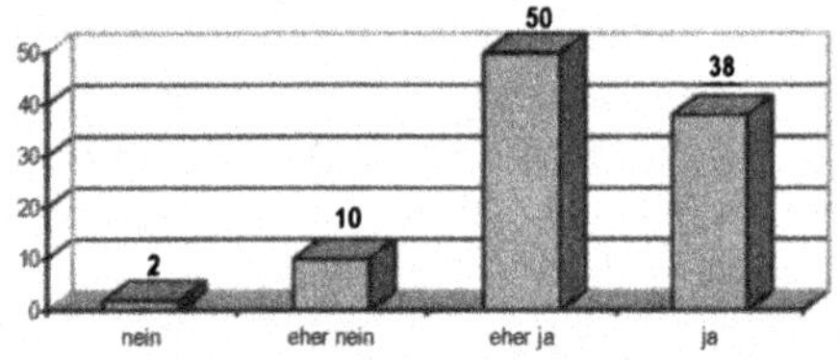

Einen nicht zu unterschätzenden Beitrag zur Akzeptanz der gerichtsnahen Mediation durch die Anwaltschaft leistet schließlich ohne Zweifel, dass die eine gerichtsnahe Mediation begleitenden Rechtsanwälte zumeist nicht das Gefühl haben, aufgrund der Durchführung der gerichtsnahen Mediation anstelle eines herkömmlichen Gerichtsverfahrens finanzielle Einbußen befürchten zu müssen. Im Rahmen von entsprechenden Befragungen im Rahmen des niedersächsischen Modellversuchs zum Einsatz der gerichtsnahen Mediation gingen ca. 70,1 Prozent der hierzu befragten Rechtsanwälte (speziell in der Verwaltungsgerichtsbarkeit: ca. 68,8% / speziell in der Sozialgerichtsbarkeit: ca. 78,1%) davon aus, durch den Gang in die gerichtsnahe Mediation keine finanziellen Nachteile erlitten zu haben. Lediglich ca. 22,4% (Verwaltungsgerichtsbarkeit:

Einschätzungen der Rechtsanwaltschaft bzgl. ihres Verdienstes im Rahmen der Durchführung einer gerichtsnahen Mediation
(Datenquelle: *Spindler*, Abschlussbericht zum Forschungsprojekt Gerichtsnahe Mediation in Niedersachsen, Rn. 482 ff.)

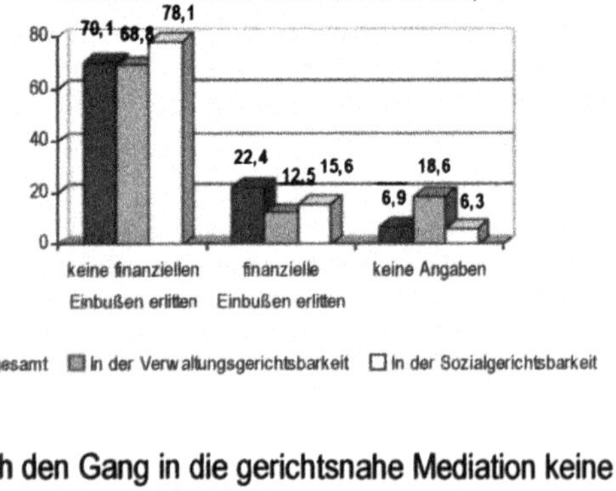

---

[323] Vgl.: Projekt Gerichtsnahe Mediation in Niedersachsen – Erfahrungen aus der Projektpraxis, S. 27.

[324] *Spindler*, Abschlussbericht zum Forschungsprojekt Gerichtsnahe Mediation in Niedersachsen, Rn. 496 u. 498.

[325] Vgl. die Ergebnisse der Befragungen von *Falkenstein/Gerbracht*, in: *Pitschas/Walther*, Mediation in d. Verwaltungsgerichtsbarkeit, S. 315 (335).

ca. 12,5% / Sozialgerichtsbarkeit: ca. 15,6%) gaben an, mit der Mediation weniger verdient zu haben, als dies in einem streitigen Verfahren voraussichtlich der Fall gewesen wäre. Der Rest – nur ca. 6,9% der befragten Rechtsanwälte (Verwaltungsgerichtsbarkeit: ca. 18,6% / Sozialgerichtsbarkeit: ca. 6,3%) – machte zur hiesigen Fragestellung keine Angaben.[326] Besondere Bedeutung erlangt dieser Aspekt, wenn man bedenkt, dass die meisten Rechtsanwälte (insgesamt: ca. 78,6% / Verwaltungsgerichtsbarkeit: ca. 62,5% / Sozialgerichtsbarkeit: ca. 65,6%) im Anschluss eine Abrechnung nach der jeweiligen Gebührenordnung vorgenommen und nicht etwa – um möglichen Einbußen vorzubeugen – gesonderte Honorarvereinbarungen mit ihren Mandanten getroffen haben.[327]

Eine Verbesserung der eigenen Reputation erhoffen sich die jeweiligen Rechtsanwälte durch die Begleitung ihrer Mandanten in der gerichtsnahen Mediation nur in den seltensten Fällen, auch wenn infolge der Empfehlung einer Teilnahme an einer gerichtsnahen Mediation zumindest keine negativen Image-Effekte befürchtet werden.[328]

3. Gründe für die Teilnahme an einer gerichtsnahen Mediation

Wie bereits festgestellt, erweist sich die Akzeptanz der gerichtsnahen Mediation durch die Konfliktparteien nach den bisher aus den unterschiedlichen Modellversuchen gewonnenen Erkenntnissen als recht groß. Die Gründe für eine Mediationsteilnahme sind dabei jedoch sehr vielschichtig. Die Begleitforschung zum niedersächsischen Modellversuch identifiziert letztlich fünf Hauptgründe, welche die Parteien eines Gerichtsverfahrens dazu bewegen, sich für die Durchführung eines gerichtsnahen Mediationsverfahrens zu entscheiden: (1.) erhofften sich die Prozessbeteiligten durch die Mediation eine größere Mitsprachemöglichkeit bezüglich des Verfahrensergebnisses, (2.) entschieden sich viele Prozessparteien aufgrund einer Empfehlung ihres Rechtsanwalts für eine gerichtsnahe Mediation, (3.) sei den sich für eine Mediation entscheidenden Parteien – vor allem in Familien- aber wohl auch bei Nachbarstreitigkeiten – die Beziehung zur anderen Partei wichtig, (4.) werde von der gerichtsnahen Mediation vor allem eine schnelle Beilegung des jeweiligen Streits erwartet und (5.) werde die gerichtsnahe Mediation oftmals als Chance, gesehen, den Streit dauerhaft zu lösen und weitere gerichtliche Auseinandersetzungen zu vermeiden.[329] Weitere Gründe für eine Mediationsteilnahme sind nach den Ergebnissen der niedersächsischen Begleitforschung unter anderem die Erwartung von Arbeits- und Zeiterspamissen und, dass die Durchführung einer Mediation für die Betei-

---

326 Vgl.: *Spindler,* Abschlussbericht zum Forschungsprojekt Gerichtsnahe Mediation in Niedersachsen, Rn. 483 u. 485.

327 Vgl.: *Spindler,* Abschlussbericht zum Forschungsprojekt Gerichtsnahe Mediation in Niedersachsen, Rn. 486 f.

328 Vgl. hierzu: *Spindler,* Abschlussbericht zum Forschungsprojekt Gerichtsnahe Mediation in Niedersachsen, Rn. 492 ff.

329 *Zenk/Strobl/Böttger,* ZKM 2006, 43 (46); *Arpos Institut,* Gerichtsnahe Mediation in Niedersachsen – Ergebnisse der Begleitforschung, S. 9.

ligten (auch und gerade emotional) weniger belastend ist als ein Gerichtsverfahren,[330] wobei sich die Ergebnisse der Begleitforschung zum Niedersächsischen Modellversuch hinsichtlich der Bedeutung der einzelnen Gründe für eine Mediationsteilnahme nicht immer decken.

Gründe der Parteien für die Teilnahme an einer gerichtsnahen Mediation Angaben der Parteien (in %)

(Datenquellen: Gerichtsnahe Mediation in Niedersachsen - Projektabschlussbericht, S. 16, sowie: Erfahrungen aus der Projektpraxis, S. 18 f.)

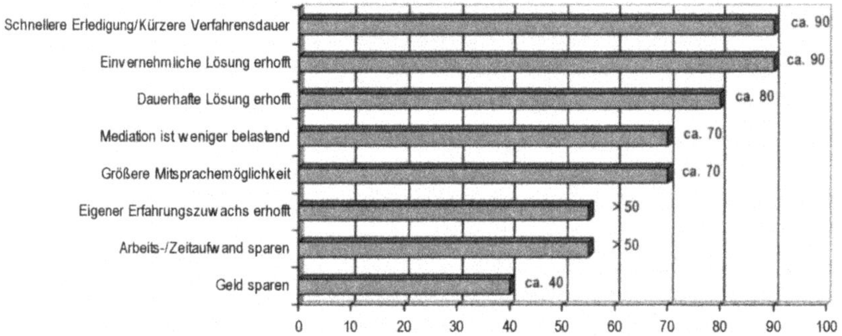

Deutlich wird dies unter anderem, wenn man sich die Zahlen der niedersächsischen Begleitforschung zur Bedeutung des Motivs der Arbeits- und Kostenersparnis vergegenwärtigt. Während das *Arpos Institut*[331] und der Abschlussbericht zum Modellversuch „Gerichtsnahe Mediation in Niedersachsen"[332] zu dem Ergebnis kommen, dass das Kriterium der Ersparnis von Arbeits- und Zeitaufwand sowie das Kriterium der finanziellern Ersparnis eher zweitrangige Motive für eine Mediationsteilnahme darstellen, geben diese Motive nach anderen Angaben immerhin mehr als 50% beziehungsweise ca. 40% der hierzu befragten Mediationsparteien als für die Wahl der gerichtsnahen Mediation ausschlaggebend an.[333] Irgendwo in der Mitte ordnen sich diesbezüglich schließlich die Ergebnisse der Begleitforschung *Spindler's*[334] ein. Danach bejahten die Konfliktparteien in ca. 57,2% von insgesamt 404 Befragungsbögen die Frage, ob der Mediation zugestimmt worden sei, um Arbeits- und Zeitaufwand zu ersparen. Für ca. 19,8% der Befragten sei dieses Motiv hingegen völlig belanglos gewesen; für ca. 17,8% habe dieses Motiv zumindest

---

[330] Vgl. zu den Motiven für die Teilnahme am gerichtsnahen Mediationsverfahren mit Blick auf den mecklenburg-vorpommerischen Modellversuch im Übrigen auch: *Hückstädt*, NJ 2005, 289 (292, Fn. 11).

[331] *Arpos Institut*, Gerichtsnahe Mediation in Niedersachsen - Ergebnisse der Begleitforschung, S. 10.

[332] Gerichtsnahe Mediation in Niedersachsen – Projektabschlussbericht, S. 16.

[333] Gerichtsnahe Mediation in Niedersachsen – Erfahrungen aus der Projektpraxis, S. 18.

[334] *Spindler*, Abschlussbericht zum Forschungsprojekt Gerichtsnahe Mediation in Niedersachsen, Rn. 503 ff.

eine untergeordnete Bedeutung gehabt. Dabei kann dieses für eine gewisse Bedeutung des Motivs der Arbeits- und Zeitaufwandsersparnis sprechende Ergebnis jedoch nicht auf gerichtsnahe Mediationen im Bereich der Verwaltungs- und Sozialgerichtsbarkeit übertragen werden. Während sich die Antworten auf die Frage, ob besagtes Motiv bei der Zustimmung zur gerichtsnahen Mediation eine Rolle gespielt hat, bei sozialgerichtlichen Mediationen nahezu paritätisch auf die Antworten „ja", „eher ja" und „eher nein" verteilten, sei das Kriterium der Arbeits- und Zeitaufwandsersparnis für Mediationsparteien in verwaltungsgerichtlichen Mediationsverfahren zu ca. 31,4% gänzlich ohne Belang gewesen. Für ca. 27,5% der Befragten war dieses Motiv hier von immerhin untergeordneter Bedeutung und nur ca. 15,7% hätten die erhoffte Arbeits- und Zeitaufwandsersparnis als das Hauptkriterium für die Entscheidung zur gerichtsnahen Mediation angegeben. Die Hoffnung auf finanzielle Ersparnisse war nach *Spindler*[335] für ca. 31,2% der Befragten Mediationsparteien gänzlich ohne Belang und für ca. 24,3% nur von marginaler Bedeutung. Für nur ca. 16,8% der Befragten sei die Hoffnung auf finanzielle Ersparnisse dagegen zumindest ein Teilaspekt bei der Entscheidung für die gerichtsnahe Mediation, für ca. 21,8% sogar das letztlich entscheidende Kriterium gewesen. Deutlicher noch fielen diesbezüglich die Zahlen mit Blick auf gerichtsnahe Mediationsverfahren im verwaltungs- und sozialgerichtlichen Bereich aus. Hier hätten ca. 37,3% beziehungsweise ca. 38,5% der Mediationparteien angegeben, die Hoffnung auf finanzielle Ersparnisse sei für sie kein Entscheidungsgrund gewesen. Ca. 29% antworteten darüber hinaus, dass finanzielle Gesichtspunkte die Entscheidung eher nicht beeinflusst hätten. Auf der anderen Seite seien die Kosten in nur ca. 7,8% beziehungsweise ca. 12,5% der Fälle der entscheidende Grund für die Teilnahme an der gerichtsnahen Mediation gewesen; bei ca. 15,7% beziehungsweise ca. 13,5% der Befragten hätten die Kosten zumindest eher eine Rolle gespielt als andere Gesichtspunkte.

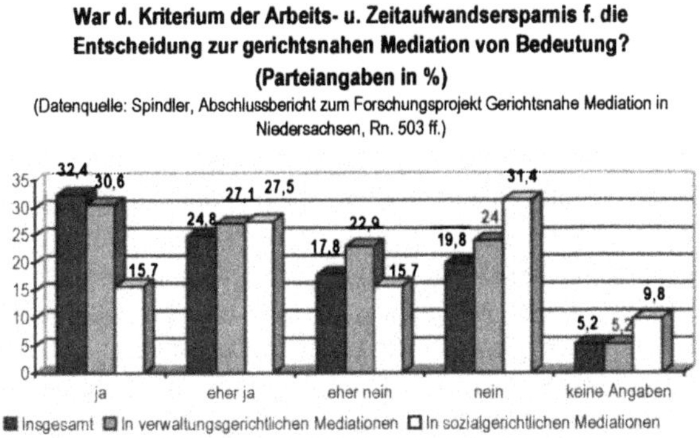

335 *Spindler,* Abschlussbericht zum Forschungsprojekt Gerichtsnahe Mediation in Niedersachsen, Rn. 509 f.

War d. Kriterium d. Geldersparnis f. d. Entscheidung zur gerichtsnahen Mediation von Bedeutung? (Parteiangaben in %)
(Datenquelle: Spindler, Abschlussbericht zum Forschungsprojekt Gerichtsnahe Mediation in Niedersachsen, Rn. 509 f.)

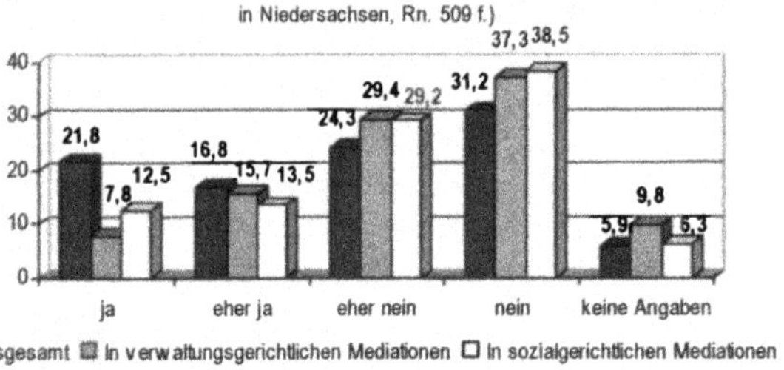

Im Einzelnen umstritten – wenn auch als wichtiger Beweggrund für die Teilnahme am gerichtsnahen Mediationsverfahren allgemein anerkannt – ist ferner die Bedeutung der bei den Konfliktparteien möglicherweise bestehenden Hoffnung, im Rahmen der gerichtsnahen Mediation über größere Mitsprachemöglichkeiten als im gerichtlichen Verfahren zu verfügen. Während das *Arpos Institut*[336] im Rahmen des niedersächsischen Modellversuchs für dieses Entscheidungskriterium auf einer Skala von -1 bis +1 nur einen Wert von +0,4 ermittelt, zeigen andere Erfahrungsberichte des gleichen Modellversuchs,[337] dass die größeren Mitsprachemöglichkeiten für ca. 70% der Mediationsparteien ein entscheidendes Kriterium für die Mediationsteilnahme darstellen. Der auch diesbezüglich detaillierte Abschlussbericht zur Begleitforschung *Spindler's*[338] kommt letztlich zu dem Ergebnis, dass das Kriterium der größeren Mitsprachemöglichkeit für insgesamt ca. 63,9% der Befragten eine Motivation zur Mediationsteilnahme war. Demgegenüber war die vermeintlich größere Mitsprachemöglichkeit für ca. 32,2% der Befragten eher unwichtig (ca. 17,3%) oder überhaupt nicht relevant (ca. 14,9%). Eine Betrachtung der Umfrageergebnisse speziell bezüglich gerichtsnaher Mediationsparteien im Bereich der Sozial- und Verwaltungsgerichtsbarkeiten führt dabei zu tendenziell ähnlichen Ergebnissen, wenn das Verhältnis zwischen den einzelnen Werten hier auch deutlich ausgeglichener erscheint. Im Bereich der Sozial- und Verwaltungsgerichtsbarkeit waren es letztlich ca. 50% beziehungsweise ca. 49% der Mediationsparteien, die angaben, dass die größere Mitsprachemöglichkeit im Rahmen der gerichtsnahen Mediation ein Anreiz sei, an einer gerichtsnahen Mediation teilzunehmen. Dem stehen insgesamt ca. 44,8% beziehungsweise ca. 47% gegenüber, für die das Kriterium der größeren Mitsprachemöglichkeit von eher geringerer oder gar ohne Bedeutung gewesen ist.

Größere Einigkeit besteht hingegen hinsichtlich der Bedeutung der Hoffnung auf eine Zeitersparnis als einer der Hauptbeweggründe für die Zustimmung zur Durchführung einer gerichtsnahen Mediation. Hiermit ist nicht der bereits besprochene Aspekt der Er-

---

336 *Arpos Institut*, Gerichtsnahe Mediation in Niedersachsen - Ergebnisse der Begleitforschung, S. 10.

337 Vgl.: Gerichtsnahe Mediation in Niedersachsen – Projektabschlussbericht, S. 16; Gerichtsnahe Mediation in Niedersachsen – Erfahrungen aus der Projektpraxis, S. 18.

338 *Spindler*, Abschlussbericht zum Forschungsprojekt Gerichtsnahe Mediation in Niedersachsen, Rn. 563 ff.

sparnis an Arbeits- und Zeitaufwand, sondern vielmehr die Hoffung auf eine schnellere Streitbeilegung insgesamt gemeint. Das *Arpos Institut*[339] sowie verschiedene Berichte zum niedersächsischen Modellversuch[340] sehen hierin das Hauptmotiv der Mediationsparteien, für die Erteilung der Zustimmung zur Durchführung eines gerichtsnahen Mediationsverfahrens. Auch nach den Ergebnissen der Begleitforschung *Spindler's*[341] spielt die Hoffnung auf eine zeitliche Ersparnis eine gewichtige Entscheidung bei der Frage, ob eine Partei einem solchen Verfahren zustimmt oder nicht. Danach gaben insgesamt ca. 64,4% (im Bereich der Verwaltungs- und Sozialgerichte immerhin ca. 45,1% beziehungsweise ca. 58,3%) der im Rahmen des niedersächsischen Modellversuchs befragten Mediationsparteien an, dass die erhoffte Zeitersparnis einer der Hauptgründe für sie gewesen sei, der gerichtsnahen Mediation zuzustimmen. Für immerhin ca. 24,5% (im Bereich der Verwaltungs- und Sozialgerichte ca. 37,3% beziehungsweise ca. 28,1%) der Befragten sei dieser Aspekt darüber hinaus zumindest ein Beweggrund von eher zentraler Bedeutung für den Gang in die gerichtsnahe Mediation gewesen. Lediglich ca. 5% (im Bereich der Verwaltungs- und Sozialgerichte ca. 9,8% beziehungsweise ca. 1%) respektive ca. 3,2% (im Bereich der Verwaltungs- und Sozialgerichte ca. 3,9% beziehungsweise ca. 7,3%) der Befragten habe hingegen angegeben, eine mögliche Zeitersparnis sei für sie ein untergeordneter oder aber gar kein Beweggrund gewesen, sich für die gerichtsnahe Mediation zu entscheiden.

War d. Kriterium d. erhofften Zeitersparnis f. d. Entscheidung zur gerichtsnahen Mediation von Bedeutung? (Parteiangaben in %)
(Datenquelle: Spindler, Abschlussbericht zum Forschungsprojekt Gerichtsnahe Mediation in Niedersachsen, Rn. 514 ff.)

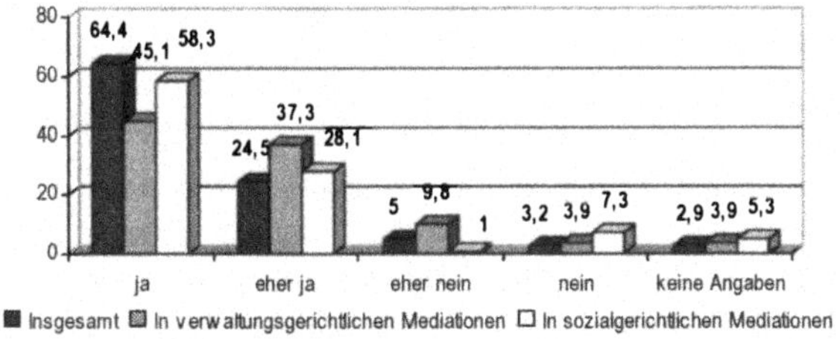

Ähnlich einig ist man sich zudem hinsichtlich der Bedeutung des Motivs der geringeren Belastung im Rahmen der gerichtsnahen Mediation[342] sowie des Erhalts der Beziehungen unter den Konfliktparteien.[343] So gaben diese im Rahmen des Modellversuchs

[339] *Arpos Institut*, Gerichtsnahe Mediation in Niedersachsen - Ergebnisse der Begleitforschung, S. 10.

[340] Gerichtsnahe Mediation in Niedersachsen – Projektabschlussbericht, S. 16; Gerichtsnahe Mediation in Niedersachsen – Erfahrungen aus der Projektpraxis, S. 18.

[341] *Spindler*, Abschlussbericht zum Forschungsprojekt Gerichtsnahe Mediation in Niedersachsen, Rn. 514.

[342] Vgl. hierzu: *Spindler*, Abschlussbericht zum Forschungsprojekt Gerichtsnahe Mediation in Niedersachsen, Rn. 531 ff.; *Arpos Institut*, Gerichtsnahe Mediation in Niedersachsen - Ergebnisse der Begleitforschung, S. 10; Gerichtsnahe Mediation in Niedersachsen – Projektabschlussbericht, S. 16; Gerichtsnahe Mediation in Niedersachsen – Erfahrungen aus der Projektpraxis, S. 18.

[343] Vgl.: *Spindler*, Abschlussbericht zum Forschungsprojekt Gerichtsnahe Mediation in Niedersachsen, Rn. 536 ff.

„Gerichtsnahe Mediation in Niedersachsen" nach *Spindler*[344] insgesamt zu ca. 42,1% an, die Annahme einer geringeren Belastung als im streitigen Verfahren sei für ihre Entscheidung zugunsten der gerichtsnahen Mediation ausschlaggebend gewesen; weitere ca. 23,8% zeigten an, dass dieser Grund sie zumindest eher zu einer Teilnahme bewogen hat, als andere Gründe. Für nur ca. 15,3% war eine möglicherweise geringere Belastung hingegen überhaupt kein Entscheidungskriterium; für weitere ca. 15,1% war die Hoffnung auf eine geringere Belastung von eher untergeordneter Bedeutung. Ausgeglichener als die Gesamtzahlen fallen dabei jedoch die Werte im Hinblick auf die gerichtsnahe Mediation in der Sozial- und Verwaltungsgerichtsbarkeit aus. Hier gaben nur ca. 24% beziehungsweise ca. 21,6% der Befragten an, sich aufgrund der Hoffnung auf eine geringere Belastung auf die gerichtsnahe Mediation eingelassen zu haben; für ca. 20,8% respektive ca. 17,6% war dieser Aspekt zumindest von übergeordneter Bedeutung. Demgegenüber gaben ca. 26% beziehungsweise ca. 35,3% der befragten Parteien an, dass die Erwartung geringerer Belastungen für sie kein Entscheidungskriterium gewesen sei; für weitere ca. 24% respektive ca. 21,6% war die erwartete geringere Belastung hier zudem nur von untergeordneter Bedeutung. Den Erhalt der Beziehungen zur jeweils anderen Konfliktpartei erhofften sich nach einer Befragung im Rahmen des niedersächsischen Modellversuchs mehr als die Hälfte aller befragten Mediationsparteien. Insgesamt ca. 17,6% war dieser Aspekt sehr wichtig; ca. 34,2% empfanden ihn immerhin als ziemlich wichtig. Dem stehen ca. 30,2% der Befragten gegenüber, denen es weniger wichtig war, die Beziehung zur anderen Konfliktpartei aufrecht zu erhalten sowie ca. 15,8%, denen dieses Anliegen vollkommen unwichtig war. Besonders wichtig sind die Beziehungen zur jeweiligen Gegenseite den Mediationsparteien in sozial- und verwaltungsgerichtlichen Mediationsverfahren. Hier war die Pflege der zwischenparteilichen Beziehungen ca. 30,2% beziehungsweise ca. 17,7% der Mediationsparteien sehr wichtig und weiteren ca. 45,8% beziehungsweise 52,9% ziemlich wichtig. Ca. 16,7% respektive ca. 25,5% bezeichneten den Erhalt der Parteibeziehungen dagegen als nicht sehr wichtig; nur ca. 4,2% beziehungsweise ca. 3,9% war dieses Anliegen vollkommen unwichtig.[345] Dies ist insofern beachtlich, als doch in allen Gerichtsbarkeiten ein nicht unerhebli-

War d. Kriterium d. niedrigeren Belastung f. d. Entscheidung zur gerichtsnahen Mediation von Bedeutung? (Parteiangaben in %)
(Datenquelle: Spindler, Abschlussbericht zum Forschungsprojekt Gerichtsnahe Mediation in Niedersachsen, Rn. 531 ff.)

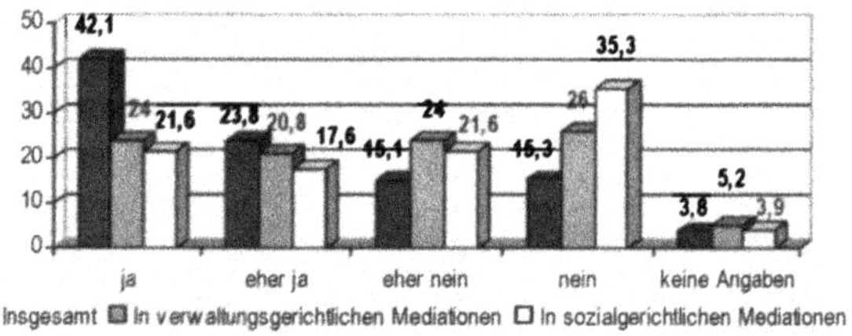

---

[344] *Spindler,* Abschlussbericht zum Forschungsprojekt Gerichtsnahe Mediation in Niedersachsen, Rn. 531 ff.

[345] Vgl.: *Spindler,* Abschlussbericht zum Forschungsprojekt Gerichtsnahe Mediation in Niedersachsen, Rn. 536 ff.

cher Anteil der befragten Mediationsparteien davon ausgeht, die bestehenden Parteibeziehungen sehr leicht oder zumindest eher leicht ersetzen zu können.[346]

Wie wichtig ist der Erhalt der Parteibeziehungen? (Parteiangaben in %)
(Datenquelle: Spindler, Abschlussbericht zum Forschungsprojekt Gerichtsnahe Mediation in Niedersachsen, Rn. 536 ff.)

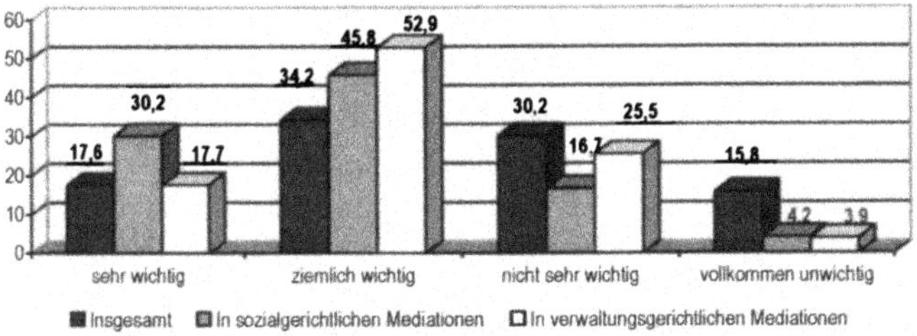

Die Hoffnung auf eine Vermeidung von Folgeprozessen war laut den Ergebnissen einer Umfrage unter Mediationsparteien im Rahmen des niedersächsischen Modellversuchs für insgesamt ca. 79,5% der Befragten ein Motiv für den Gang in die gerichtsnahe Mediation. Dem stehen auf das gesamte Modellprojekt gesehen nur ca. 10,4% beziehungsweise ca. 7,2% der Mediationsparteien gegenüber, für die dieser Aspekt eher von untergeordneter oder gar ohne Relevanz war. Dem entsprechen in etwa auch die zu dieser Frage ermittelten Werte speziell mit Blick auf gerichtsnahe Mediationsverfahren im Bereich der Sozial- und Verwaltungsgerichtsbarkeit. Hier stellte die Hoffnung auf eine Vermeidung von Folgekonflikten für ca. 66,7% beziehungsweise sogar ca. 88,2% einen Grund zur Mediationsteilnahme dar. Für nur ca. 29,2% respektive ca. 9,8% war dieses Motiv hier eher oder gar gänzlich ohne Bedeutung.

War die Hoffnung auf Vermeidung von Folgekonflikten Grund f. die Teilnahme an der gerichtsnahen Mediation? (Parteiangaben in %)
(Datenquelle: Spindler, Abschlussbericht zum Forschungsprojekt Gerichtsnahe Mediation in Niedersachsen, Rn. 549 f.)

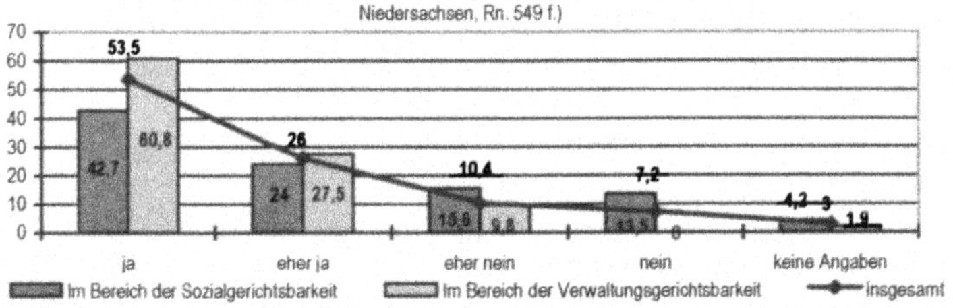

Auch die Richtermediatoren sehen die bereits genannten Aspekte häufig als Gründe für eine Mediationsteilnahme an. Zusätzlich nennen sie unter anderem die Motive, (1.) dass man die Konfliktlösung im Rahmen der gerichtsnahen Mediation selbst gestalten

---

346 Vgl. hierzu im Einzelnen: *Spindler,* Abschlussbericht zum Forschungsprojekt Gerichtsnahe Mediation in Niedersachsen, Rn. 540 ff.

kann, (2.) dass die Beteiligten erkennen, dass sie im Wege der Mediation auch andere Dinge mit abklären können, die mit dem Gerichtsverfahren unmittelbar nichts zu tun haben, (3.) dass im Rahmen der Mediation auch Nebenschauplätze beleuchtet werden können, so dass man zu einer umfangreicheren Lösung kommen kann, (4.) dass es sich bei der gerichtsnahen Mediation um ein recht einfaches Verfahren handelt sowie (5.) das Gefühl, dass es sich bei der Mediation um ein neues Verfahren handele, bei dem die Beteiligten wirklich einmal miteinander ins Gespräch kommen, gehört würden und reden können.[347] Schließlich, so einzelne Richtermediatoren im Rahmen der an anderer Stelle bereits erwähnten Umfrage, seien die Parteien oft schlicht neugierig, was Mediation ist. Sie wollten nach langem Streit endlich Frieden, sähen in der Mediation eine höhere Chance auf eine einvernehmliche Lösung als im Streitverfahren, befürworteten eine Ausweitung der Verhandlungsmasse, zeigten den Wunsch, verstanden zu werden, schätzten die ihnen im Rahmen der Mediation verbleibende Verfahrens- und Ergebnisherrschaft und hofften, im Wege der Mediation mehr erreichen zu können als im gerichtlichen Verfahren.

Soweit die Rechtsanwälte ihren Mandanten eine gerichtsnahe Mediation empfehlen, sind hierfür nach den aus dem niedersächsischen Modellversuch gewonnenen Erkenntnissen vor allem mandantenorientierte Beweggründe ausschlaggebend. So hofften beispielsweise ca. 80% der Anwälte im Wege der gerichtsnahen Mediation eine größere Mandantenzufriedenheit zu erreichen. Fast drei Viertel erhofften sich ein besseres Ergebnis für ihre Mandanten. Motive ökonomischer Prägung führen auch die Rechtsanwälte dagegen seltener an.[348] Dies entspricht jedoch nur teilweise den aus dem mecklenburg-vorpommerischen Modellversuch gewonnenen Erfahrungen. Hier wurde seitens der Rechtsanwaltschaft neben der hohen Mandantenzufriedenheit und dem hiermit einhergehenden Ansehensgewinn des Anwalts insbesondere auch auf die Arbeitsersparnis bei Mandantengesprächen und der Anfertigung von Schriftsätzen, auf die Entstehung der Termins- und Vergleichsgebühr bei richterlicher Protokollierung der das Mediationsverfahren im positiven Falle abschließenden Vereinbarung sowie auf die alsbaldige Fälligkeit des Gebührenanspruchs gegen die eigene Partei hingewiesen.[349]

4. Kriterien der Eignung von Fällen für die gerichtsnahe Mediation

Der Anteil der für eine gerichtsnahe Mediation geeigneten Verwaltungsstreitigkeiten wird zuweilen unterschiedlich beurteilt. Während zum Teil davon ausgegangen wird, dass ca. 10% bis 25% aller verwaltungsrechtlichen Streitigkeiten sich für die gerichtsnahe Mediation eignen,[350] geht man andernorts davon aus, dass von allen am Verwaltungsgericht

---

[347] Vgl. die Ergebnisse der Befragungen von *Büttner/Heinecke*, in: *Pitschas/Walther*, Mediation in d. Verwaltungsgerichtsbarkeit, S. 251 (261 f.).

[348] Vgl.: Projekt Gerichtsnahe Mediation in Niedersachsen – Projektabschlussbericht, S. 16; Projekt Gerichtsnahe Mediation in Niedersachsen – Erfahrungen aus der Projektpraxis, S. 18.

[349] *Hückstädt*, NJ 2005, 289 (292, Fn. 11).

[350] Vgl.: *v. Bargen*, DVBl. 2004, 472; *v. Bargen*, BDVR-Rundschreiben 2004, 55 (57); Bericht der Arbeitsgruppe Mediation bei den Berliner Gerichten v. 20.7.2005, S. 13. In dem Sinne, dass sich für die

anhängigen Streitsachen nur etwa 25% entschieden werden müssen. Ca. 75% der Streitsachen eigneten sich hingegen für eine gütliche Streitbeilegung, davon rund 65% für ein norm- und interessenorientiertes richterliches Vergleichsgespräch und etwa 10% für die interessenorientierte Mediation.[351] Die unterschiedlichen Einschätzungen verdeutlichen die Notwendigkeit, Kriterien herauszuarbeiten, die im konkreten Fall für eine Eignung zur Durchführung einer gerichtsnahen Mediation sprechen. Unter der Prämisse, dass die (gerichtsnahe) Mediation auch im öffentlichen Recht Anwendung finden kann,[352]

Mediation nur der kleinere Teil der verwaltungsrechtlichen Streitfälle eignen dürfte, vgl. zudem auch: BDVR-Stellungnahme, BDVR 2006, 45.

[351] *Ortloff*, in: *Pitschas/Walther*, Mediation in d. Verwaltungsgerichtsbarkeit, S. 343 (344); *Ortloff*, NVwZ 2004, 385 (389). Vgl. auch: *Ortloff*, NVwZ 2002, 1310 (1316), sowie: *Deventer/Ferner*, in: *Fritz/Karber/Lambeck*, Mediation statt Verwaltungsprozess?, S. 105 (106), welche die Einschätzung, dass zehn Prozent der Fälle für eine gerichtsnahe Mediation geeignet sind, allerdings für etwas pessimistisch halten.

[352] Vgl. hierzu im Einzelnen u.a.: *Holznagel* u. *Ramsauer*, in: *Breidenbach/Henssler*, Mediation f. Juristen, S. 147 ff. (insbes.: S. 157 ff.) bzw. S. 161 ff.; *Kaltenborn*, Streitvermeidung u. Streitbeilegung im Verwaltungsrecht; *Stumpf*, Alternative Streitbeilegung im Verwaltungsrecht; *Deckner*, Mediationsergebnisse in der Bauleitplanung; *Krekel* u. *Rust*, in: *Fritz/Karber/Lambeck*, Mediation statt Verwaltungsprozess?, S. 43 ff. bzw. 181 ff.; *Gaßner/Holznagel/Lahl*, Mediation; *Wolf*, in: *W. Gottwald/Strempel*, Streitschlichtung, S. 161 (180); *Ortloff*, *Holznagel/Ramsauer* u. *Zilleßen*, in: *Haft/v. Schlieffen*, Hdb. Mediation, § 46 Rn. 1-72 (insbes. Rn. 41 ff.) bzw. § 44 Rn. 1 ff. u. § 46 Rn. 1 ff.; *Hellriegel*, Mediation im Umweltrecht; *Hehn* u. *Duve*, in: *Henssler/Koch*, Mediation in d. Anwaltspraxis, § 16 Rn. 1 ff. bzw. § 5 Rn. 36 f.; *diverse*, in: *Hoffmann-Riem/Schmidt-Aßmann*, Konfliktbewältigung durch Verhandlungen, Bd. I u. II; *Köster*, Die Privatisierung des Bauleitplanverfahrens und der Einsatz v. Mediation in den Beteiligungsverfahren; *Köster*, DVBl. 2002, 229 ff.; *Schulte*, in: *Mielke/Pietsch/Abeltshauser*, Mediation u. interessengerechtes Verhandeln, S. 116 ff.; *Perschel*, in: FS E. Stein, S. 245 ff.; *Pitschas*, in: FS W. Brohm, S. 709 ff.; *Pitschas*, NVwZ 2004, 396 ff.; *Rapp*, Mediation im Verwaltungsrecht, insbes. S. 28 ff.; *Ruhs*, in: *Pitschas/Walther*, Mediation in d. Verwaltungsgerichtsbarkeit, S. 123 ff.; *Rüssel*, Mediation in komplexen Verwaltungsverf., insbes. S. 92 ff.; *Holznagel*, Konfliktlösung durch Verhandlungen, insbes. S. 109 ff.; *Schenke*, in: FS F. v. Zezschwitz, S. 130 (131 f. u. 137 ff.); *Schillinger*, Mediation im Verwaltungsrecht, insbes. S. 46 ff.; *Schillinger*, VBl.BW 2001, 396 ff.; *Sünderhauf*, Mediation bei d. außergerichtl. Lösung v. Umweltkonflikten; *Trieb*, Konsens und Verwaltungsverfahren; *Vetter*, Mediation u. Vorverfahren; *Voß*, in: Münchener Anwaltshandbuch: VerwR, Teil B, § 3, insbes. Rn. 26 ff.; *Voß*, Dokumentation zum 14. Dt. Verwaltungsrichtertag 2004, S. 64; *Zilleßen*, Mediation - Konfliktmanagement in der Umweltpolitik; *Zilleßen*, Kon:Sens 1998, 24 ff.; *Alm-Merk*, NdsVBl. 1997, 245 ff.; *Beck/Roschmann*, LKV 2002, 62 ff.; *Caspar*, DVBl. 1995, 992 (997 ff.); *Fiedler*, Der Städtetag 1998, 686 ff.; *Groß*, Die Verwaltung 2001, 371 (393 f.); *Hadlich/Rennhack*, LKV 1999, 9 ff.; *Härtel*, JZ 2005, 753 (756 ff.); *Hoffmann-Riem/Lamb*, 72 Public Administration (1994), 309 (insbes. 315 ff.); *Holznagel*, Jura 1999, 71 ff.; *Holznagel u.a.*, IUR 1990, 37 ff.; *Kostka*, Kon:Sens 1999, 140 ff.; *Kostka*, Die Verwaltung 26 (1993), S. 87 ff. (insbes., S. 99 f.); *Lankau*, Kon:Sens 1999, 18 ff.; *Lankau*, BDVR-Rundschreiben 2006, 15 ff.; *Maaß*, VerwArch 88 (1997), 701; *Meuer/Troja*, ZKM 2004, 78 ff.; *Ortloff*, NVwZ 2004, 385 (386 ff.); *Brohm*, DVBl. 1990, 321 ff.; *Brohm*, NVwZ 1991, 1023; *Passavant*, Jura 1986, 614; *Passavant*, DÖV 1987, 516; *Pünder*, Die Verwaltung 38 (2005), S. 1 ff.; *Rosinak*, ZKM 2006, 19 ff.; *Rüssel*, JA 2006, 470 ff.; *Schmidt*, Kon:Sens 1999, 290 ff.; *Siegel*, NuR 2002, 79 ff.; *Wagner/Engelhardt*, NVwZ 2001, 370 ff. (jeweils zur Mediation im Verwaltungsrecht) und: *Kilger*, in: *Haft/v. Schlieffen*, Hdb. Mediation, § 45, insbes. Rn. 9 ff.; *Kilger*, in: *Henssler/Koch*, Mediation in d. Anwaltspraxis, § 20 Rn. 1 ff.; *Kilger*, ZKM 2001, 156 ff.; *Clostermann/Josephi/Kleine-Tebbe/Niewisch-Lennartz/Vogelei*, SGb 2003, 266 ff.; *Dürschke*, SGb 2001, 532 ff.; *Oehlmann*, SGb 2005, 574 ff.; *Schümann*, SGb 2005, 27 ff.; *Seifert*, in:

geht es darum, herauszufinden, welche Arten von Konflikten sich zum Einsatz der (gerichtsnahen) Mediation eignen. Zwar wird es stets eine Frage des Einzelfalles bleiben, ob eine (gerichtsnahe) Mediation Erfolg versprechend ist oder nicht. Dennoch gilt es nach Kriterien zu suchen, die eine Eignung zur (gerichtsnahen) Mediation zumindest indizieren. Die Mediationsbereitschaft und der Mediationswille der Konfliktparteien sind dabei zwar sicherlich zwei der wichtigsten Grundvoraussetzungen für die Durchführung einer (gerichtsnahen) Mediation.[353] Die allgemeine Ansicht, die (gerichtsnahe) Mediation sei stets ein probates Mittel der Konfliktbeilegung, wenn nur die Konfliktparteien und ihre Rechtsanwälte hierzu bereit sind oder eine Mediation wünschen,[354] erscheint jedoch zu unspezifisch.

a) Falleignung aufgrund bestimmter Beteiligtenkonstellationen

Mit Blick auf die am Konflikt beteiligten Personen und die Mediation im Allgemeinen haben *Riskin/Westbrook*[355] festgehalten: „Mediation can help in [...] contexts in which the parties have a complex, interdependent relationship, relative equality of bargaining power, and strong incentives to work out their own relationship with minimal reliance upon others." Damit sind bereits einige wesentliche Aspekte angesprochen, die hinsichtlich möglicher Beteiligtenkonstellationen für eine Falleignung zur (gerichtsnahen) Mediation sprechen. Dennoch ist auch diese Kurzzusammenfassung ergänzungsbedürftig.

Als offensichtlich ungeeignet für die (gerichtsnahe) Mediation erscheinen mit Blick auf die beteiligten Personen zunächst vor allem solche Fälle, in denen eine oder mehrere

---

Pitschas/Walther, Mediation in d. Verwaltungsgerichtsbarkeit, S. 59 (86); kritisch: *Spellbrink*, SGb 2003, 141 ff. u. *Spellbrink*, DRiZ 2006, 88 ff.; *Stickelbrock*, JZ 2002, 633 (641) (jeweils zur Mediation im Sozialrecht). Zur Mediation auf dem Gebiet des öffentlichen Rechts speziell in den USA vgl. u.a.: *Kovach*, Mediation, S. 489 ff.; *Wald*, 46 Duke Law Journal (1997), 1445 (1451 ff.).

[353] Vgl. auch: Projekt Gerichtsnahe Mediation in Niedersachsen – Projektabschlussbericht, S. 44.

[354] *v. Olenhusen*, ZKM 2004, 104 (105); *Löer*, ZZP, 2006, 199 (205 f.). Vgl. zudem auch die Befragungsergebnisse von *Reichenbach/Helbig*, in: *Pitschas/Walther*, Mediation in d. Verwaltungsgerichtsbarkeit, S. 291 (297) sowie die Aussagen einiger Richtermediatoren im Rahmen oben bereits dargestellter Umfrage unter Richtermediatoren. Auch hier wurde seitens einiger Richtermediatoren die Ansicht vertreten, dass jedes Rechtgebiet grundsätzlich geeignet sei, wenn die Beteiligten verhandeln wollten, beziehungsweise dass es nicht auf Sachgebiete sondern auf die beteiligten Personen ankomme. Des weiteren wurde im Rahmen besagter Umfrage seitens einer/eines Richtermediatorin/Richtermediators ausgeführt, dass ein Mediationsverfahren nicht nach bestimmten Kriterien angeregt, sondern lediglich bei den Beteiligten nach deren Zustimmung gefragt werde. Die Erfahrungen zeigten, dass die Beteiligten selbst am besten einschätzen könnten, ob ein Mediationsverfahren in ihrem Fall sinnvoll erscheint. Kriterium der Eignung für das Mediationsverfahren sei demzufolge (ausschließlich) die Zustimmung der Parteien. Diese werde allerdings in der Regel dann nicht gegeben, wenn es einem der Beteiligten gerade auf eine gerichtliche Entscheidung des Falles ankommt. Behörden seien in der Vergangenheit darüber hinaus auch dann nicht mit einem Mediationsverfahren einverstanden gewesen, wenn sie den Kläger bereits persönlich kennen gelernt hatten und keine Aussicht auf eine Einigung sahen. Ähnlich zudem auch: *Reimers/Apell*, LKRZ 2007, 7 (9). Skeptisch bzw. ein so genanntes „diagnostisches Modell" bevorzugend: *W. Gottwald*, ZKM 2003, 109.

[355] *Riskin/Westbrook*, Dispute Resolution and Lawyers, S. 198.

Vertragsparteien ein (gerichtsnahes) Mediationsverfahren lediglich im Sinne einer Verzögerungstaktik betreiben[356] oder nur prozessmüde sind.[357] Ungeeignet dürften darüber hinaus auch solche Fälle sein, in denen sich die Parteien von vornherein unkooperativ verhalten, eine (gerichtsnahe) Mediation definitiv ablehnen[358] oder aber erkennbar ihren Unwillen zeigen. Parteien, die nicht nur Skepsis und Vorbehalte gegen diese Art der Konfliktregelung hegen, sondern sich einem vermittelnden Gespräch kategorisch verschließen, werden im Rahmen einer Mediation nicht zu einer Beilegung ihrer Konflikte finden. Die Mediationseignung eines konkreten Falles hängt mit Blick auf die Konfliktparteien – das heißt in persönlicher Hinsicht – insofern vor allem davon ab, ob die Konfliktparteien eine gewisse grundsätzliche Gesprächs-, Einigungs- und Kompromissbereitschaft, verbunden mit einem hinreichenden Maß an Ergebnisoffenheit, mitbringen. Die Beteiligten müssen zumindest ansatzweise willens und in der Lage sein, in eine vernünftige Kommunikation miteinander einzutreten, ohne von vornherein bis ins Detail auf ein bestimmtes Ergebnis fixiert zu sein.[359]

Des Weiteren dürfte eine vertrauliche (gerichtsnahe) Mediation ausscheiden, wenn – beispielsweise um die Gegenseite unter Druck zu setzen – ein Wunsch nach Öffentlichkeitswirkung herrscht,[360] wenn keinerlei Vertrauen in die Gegenpartei besteht[361] oder wenn ein Konflikt durch Gewalt gekennzeichnet ist.[362] Ausscheiden dürfte die Mediation darüber hinaus im Übrigen auch, wenn die Beteiligten derart zerstritten sind, dass eine Einigung im Wege der Mediation gänzlich oder zumindest in einem angemessenen Zeitrahmen ausgeschlossen erscheint,[363] ein sachliches Gespräch zwischen den Konfliktparteien unmöglich ist oder aus den Akten ersichtlich ist, dass ein Streit im Rahmen einer Mediation weiter eskalieren würde beziehungsweise der Eskalationsstatus der Streitigkeit bereits zu hoch ist.[364] Gerade im Bereich des öffentlichen Rechts dürfte eine (gerichtsnahe) Mediation darüber hinaus ausgeschlossen sein, wenn bei Bestehen eines Zustimmungserfordernisses die Zustimmung eines Dritten unterbleibt,[365] wenn nicht alle

---

[356] Vgl.: *Hückstädt*, NJ 2005, 289 (291); sowie: *Wegener*, ZKM 2006, 140; *Löer*, ZKM 2006, 5.

[357] *Wegener*, ZKM 2006, 140.

[358] *Niemic/Stienstra/Ravitz*, Guide to Judicial Management of Cases in ADR, S. 23 f.; *Ponschab/Kleinhenz*, DRiZ 2002, 430 (433); vgl. auch den Vorschlag eines Fragenkataloges zur Mediationseignung von *Ponschab/Schweizer*, abgeduckt auf S. 434, sowie bei: *Monßen*, AnwBl. 2004, 7 (8 f.).

[359] *Kracht/Rüssel*, JA 2003, 725 (731); *Trossen*, in: *Haft/v. Schlieffen*, Hdb. Mediation, § 18 Rn. 26; *Rüssel*, Mediation in komplexen Verwaltungsverf., S. 90; *Perschel*, in: FS E. Stein, S. 245 (265); vgl. auch: *Hoffmann-Riem*, Modernisierung v. Recht u. Justiz, S. 69; *Sünderhauf*, Mediation bei d. außergerichtl. Lösung v. Umweltkonflikten, S. 215. Zum Erfordernis einer gewissen Bereitschaft zur Konsensbildung vgl. zudem auch: *Gaßner/Holznagel/Lahl*, Mediation, S. 51 f.

[360] *Duve*, in: *Henssler/Koch*, Mediation in d. Anwaltspraxis, § 5 Rn. 42 u. 56 ff.; *Hacke*, in: *Duve/Eidenmüller/Hacke*, Mediation in d. Wirtschaft, S. 283 (290 ff.).

[361] *Duve*, in: *Henssler/Koch*, Mediation in d. Anwaltspraxis, § 5 Rn. 42 u. 59 ff.

[362] *W. Gottwald*, ZKM 2003, 109 (110).

[363] Bericht der Arbeitsgruppe Mediation bei den Berliner Gerichten v. 20.7.2005, S. 84.

[364] *Hückstädt*, NJ 2005, 289 (291); *Falkenstein/Gerbracht*, in: *Pitschas/Walther*, Mediation in d. Verwaltungsgerichtsbarkeit, S. 315 (325).

[365] *Duve*, in: *Henssler/Koch*, Mediation in d. Anwaltspraxis, § 5 Rn. 26 u. 40; *W. Gottwald*, ZKM 2003, 109 (110).

Konfliktbetroffenen beteiligt werden können[366] oder die Konfliktparteien zwar beteiligt werden können, dabei jedoch nicht über die für die Verfahrensdurchführung und/oder eine Einigung erforderlichen (finanziellen) Mittel verfügen.[367] Weitere Ausschlussgründe sind, dass eine oder mehrere Parteien psychisch, mental, intellektuell, sprachlich oder aufgrund mangelnder Informiertheit nicht in der Lage sind, rational zu diskutieren,[368] oder eine beteiligte Partei aus anderen Gründen über keine ausreichende Möglichkeit verfügt, selbstbestimmt zu verhandeln, am Mediationsverfahren teilzunehmen[369] und die eigenen Interessen wahrzunehmen.[370] Zu diesen „anderen Gründen" kann dabei – insbesondere im Bereich des öffentlichen Rechts – auch das Fehlen der von *Riskin*/Westbrook[371] angesprochenen „relative equality of bargaining power", das heißt einer annähernd vergleichbaren Verhandlungs- und Tauschmacht[372], gehören. Insbesondere ein deutliches, durch die begrenzten Möglichkeiten des (Richter-)Mediators im Rahmen der Verhandlungsführung nicht ausgleichbares und daher durch die jeweils stärkere Partei (im Bereich des öffentlichen Rechts meist die Behörde oder der Sozialleistungsträger) zu Lasten der allseitig selbstbestimmten Verhandlungsführung ausnutzbares Ungleichgewicht hinsichtlich der Verhandlungsmacht der Konfliktparteien dürfte insofern der (gerichtsnahen) Mediation entgegenstehen,[373] da in diesem Fall die Gefahr besteht, dass die stärkere Partei ihre Interessen zu Lasten der schwächeren Partei durchsetzt.[374] Voraussetzung der Mediationseignung ist somit eine gewisse Parität der Parteien sowie das Fehlen ei-

---

[366] *Pünder,* Die Verwaltung 38 (2005), 1 (6 ff.); vgl. zudem die Ergebnisse der Befragungen von *Büttner/ Heinecke,* in: *Pitschas/Walther,* Mediation in d. Verwaltungsgerichtsbarkeit, S. 251 (278).

[367] Bericht der Arbeitsgruppe Mediation bei den Berliner Gerichten v. 20.7.2005, S. 34 u. 84.

[368] *Schneeweiß,* DRiZ 2002, 107 (109 f.), vgl. auch: *v. Hoyningen-Huene,* JuS 1997, 352 f.

[369] *Niemic/Stienstra/Ravitz,* Guide to Judicial Management of Cases in ADR, S. 24.

[370] *Falkenstein/Gerbracht,* in: *Pitschas/Walther,* Mediation in d. Verwaltungsgerichtsbarkeit, S. 315 (325). Vgl. zudem auch: BDVR-Stellungnahme, BDVR-Rundschreiben 2006, 45, wonach nur Streitigkeiten zwischen „vernunftbegabten" Parteien für eine gerichtsnahe Mediation geeignet zu sein scheinen, sowie: *W. Gottwald,* ZKM 2003, 109 (110), der bezüglich der Mediationseignung u.a. auf die Mediationskompetenz der Konfliktparteien abstellt.

[371] Siehe oben. Vgl. zudem auch: *Ramsauer,* in: *Breidenbach/Henssler,* Mediation f. Juristen, S. 161 (165); *Holznagel/Ramsauer,* in: *Haft/v. Schlieffen,* Hdb. Mediation, § 44 Rn. 16 f.

[372] *Vetter,* Mediation u. Vorverfahren, S. 200 f.; *Holznagel,* Konfliktlösung durch Verhandlungen, S. 108; *Holznagel,* Die Verwaltung 22 (1989), 421 (437); *Gaßner/Holznagel/Lahl,* Mediation, S. 23; *Hoffmann-Riem,* Konfliktmittler in Verwaltungshandlungen, S. 13 (37); *Deckner,* Mediationsergebnisse in der Bauleitplanung, S. 29; *Holznagel,* IUR 1990, 37 (39); *Siegel,* NuR 2002, 79 (83).

[373] Vgl. u.a.: *Breidenbach,* Mediation, S. 252 ff.; *Orth/Brachou,* in: *Mielke/Pietsch/Abeltshauser,* Mediation u. interessengerechtes Verhandeln, S. 53 (54); *Duve/Eidenmüller/Hacke,* Mediation i. d. Wirtschaft, S. 268 ff.; *Eidenmüller* u. *Duve,* in: *Henssler/Koch,* Mediation in d. Anwaltspraxis, § 2 Rn. 57 bzw. § 5 Rn. 26, 41; *Kracht/Rüssel,* JA 2003, 725 (731); *Rüssel,* Mediation in komplexen Verwaltungsverf., S. 90; *Sünderhauf,* Mediation bei d. außergerichtl. Lösung v. Umweltkonflikten, S. 44 ff.; *Katzenmeier,* in: *Ripke/Bornewasser/Fülgraff/Kahlweit/Katzenmeier,* ZKM 2005, 155 (160); *Ponschab/Kleinhenz,* DRiZ 2002, 430 (433); *Rapp,* Mediation im Verwaltungsrecht, S. 19. Vgl. zudem auch den Vorschlag eines Fragenkataloges zur Mediationseignung von *Ponschab/Schweizer,* abgedruckt bei *Ponschab/Kleinhenz,* DRiZ 2002, 430 (434), sowie: *Monßen,* AnwBl. 2004, S. 7 (8 f.).

[374] *Deckner,* Mediationsergebnisse in der Bauleitplanung, S. 29;

nes eindeutigen Über-/Unterordnungsverhältnisses.[375] Ein weiterer Grund, der einer selbstbestimmten Verhandlung entgegensteht, liegt vor, wenn Drohungen zwischen den Beteiligten ausgesprochen wurden oder Gewalt das Verhältnis zwischen den Konfliktparteien prägt, was im öffentlich-rechtlichen Bereich – beispielsweise im Vergleich zum Familienrecht – jedoch seltener der Fall sein dürfte.

Dass eine gerichtsnahe Mediation – gerade im öffentlich-rechtlichen Bereich – nicht in Betracht kommen soll, wenn nicht alle Betroffenen am Mediationsverfahren beteiligt werden können, folgt derweil schon daraus, dass die gerichtsnahe Mediation der für alle Betroffenen verbindlichen Streitbeilegung dienen soll und der Einsatz der gerichtsnahen Mediation im öffentlich-rechtlichen Bereich nicht der Übergehung des im Gerichtsprozess geltenden (Rechts-)Anspruchs[376] über die eigentlichen Konfliktparteien hinaus betroffener Personen auf notwendige Beiladung nach § 65 Abs. 2 VwGO, § 75 Abs. 2 SGG, § 60 Abs. 3 S. 1 FGO dienen kann. Der Anspruch auf Beiladung nach den soeben genannten Vorschriften wird überwiegend aus Art. 2 Abs. 1 GG,[377] dem Rechtsstaatsprinzip (Art. 20 GG)[378] sowie vor allem aus dem Grundsatz des rechtlichen Gehörs nach Art. 103 Abs. 1 GG[379] abgeleitet, da sich die Wirkung des Art. 103 Abs. 1 GG nicht auf diejenigen Personen beschränkt, die bereits vor Gericht sind, sondern darüber hinaus auch die Verteidigung materieller Rechte durch Beteiligung oder die Möglichkeit der Beteiligung am gerichtlichen Verfahren erst ermöglichen soll.[380] Teilweise wird darüber hinaus als Grundlage des Beiladungsanspruchs auf die Rechtsschutzgarantie nach Art. 19 Abs. 4 S. 1 GG[381] und die im Verwaltungsprozessrecht geltende Untersuchungsmaxime[382] zurückgegriffen. So sehen § 65 Abs. 2 VwGO, § 75 Abs. 2 SGG und § 60 Abs. 3 S. 1 FGO eine notwendige Beiladung vor, wenn eine qualifizierte Betroffenheit gegeben ist, das heißt wenn der beizuladende Dritte an dem streitigen Rechtsverhältnis derart beteiligt ist, dass die Entscheidung auch ihm gegenüber nur einheitlich – nicht jedoch notwendig auch im gleichen Sinn – ergehen kann, wenn also die vom Kläger begehrte Sachentscheidung des Gerichts nicht wirksam getroffen werden kann, ohne dass dadurch möglicherweise gleichzeitig unmittelbar und zwangsläufig Rechte oder Rechtsbeziehungen des Beizuladenden betroffen, das heißt gestaltet, bestätigt oder festgestellt, verändert, zum Erlö-

---

[375] *Perschel*, in: FS E. Stein, S. 245 (264).

[376] *Kopp/Schenke*, VwGO, § 65 Rn. 22; *J. Schmidt*, in: *Eyermann*, VwGO, § 65 Rn. 5 u. 18; *Keller/Leitherer*, in: *Meyer-Ladewig/Keller/Leitherer*, SGG, § 75 Rn. 13; *Peters/Sautter/Wolff*, SGG, § 75 Rn. 4; *Brandis*, in: *Tipke/Kruse*, AO/FGO, § 60 FGO Rn. 92.

[377] *Kopp/Schenke*, VwGO, § 65 Rn. 1 m.w.N.

[378] *Kopp/Schenke*, VwGO, § 65 Rn. 1.

[379] *Redeker*, in: *Redeker/v. Oertzen*, VwGO, § 65 Rn. 1; *Bier*, in: *Schoch/Schmidt-Aßmann/Pietzner*, VwGO, § 65 Rn. 4; *Kopp/Schenke*, VwGO, § 65 Rn. 1; *Brandt*, in: *Beermann/Gosch*, AO/FGO, § 60 FGO Rn. 13; Vgl. zudem auch: *BVerfGE* 65, 227 (233): „Anspruch auf rechtliches Gehör hat jeder, der als Partei oder ähnlich an einem Verfahren beteiligt ist oder unmittelbar vom Verfahren betroffen ist."

[380] *Czybulka*, in: *Sodan/Ziekow*, VwGO, § 65 Rn. 29 m.w.N.

[381] Vgl. auch: *Czybulka*, in: *Sodan/Ziekow*, VwGO, § 65 Rn. 32 m.w.N.; *Bier*, in: *Schoch/Schmidt-Aßmann/Pietzner*, VwGO, § 65 Rn. 4.

[382] Vgl.: *Bier*, in: *Schoch/Schmidt-Aßmann/Pietzner*, VwGO, § 65 Rn. 5.

schen gebracht oder aufgehoben werden.[383] Durch die Beiladung soll (1.) den oben genannten Grundsätzen folgend dem Dritten die Gelegenheit gegeben werden, Einfluss zu nehmen und seine Rechte und Interessen zu wahren,[384] und (2.) durch Erstreckung der Rechtskraftbindung auf den Beizuladenden (§ 121 VwGO, § 141 SGG, § 110 FGO)[385] einer Vermeidung weiterer Prozesse samt möglicherweise einander widersprechender Entscheidungen, das heißt letztlich der umfassenden Untersuchung des Streitverhältnisses,[386] der Rechtssicherheit[387] sowie der Verfahrens- und Prozessökonomie[388] gedient werden. Wird eine gerichtsnahe Mediation eingeleitet, die einen Konflikt anstelle eines herkömmlichen Gerichtsprozesses abschließend und damit auch mit Wirkung für betroffene Dritte beilegen soll – dies kann beispielsweise dadurch geschehen, das man die gerichtsnahe Mediation dahingehend ausgestaltet, dass an deren Ende auch ein gericht-

---

[383] *Kopp/Schenke,* VwGO, § 65 Rn. 14; *J. Schmidt,* in: *Eyermann,* VwGO, § 65 Rn. 16; *Redeker,* in: *Redeker/v. Oertzen,* VwGO, § 65 Rn. 8; *Ulmer,* in: *Hennig,* SGG, § 75 Rn. 6; *Stapperfend,* in *Gräber,* FGO, § 60 Rn. 23; *Spindler,* in: *Hübschmann/Hepp/Spitaler,* AO/FGO, § 60 FGO Rn. 43; *Brandis,* in: *Tipke/Kruse,* AO/FGO, § 60 FGO Rn. 19; *Brandt,* in: *Beermann/Gosch,* AO/FGO, § 60 FGO Rn. 100; *BVerwG* NVwZ 1999, 296; *BFHE* 129, 536 (537); 153, 472 (473); *VGH Mannheim* NJW 1970, 2228; NVwZ-RR 2001, 543; *VGH München* NVwZ-RR 1999, 148; *VGH Kassel* NVwZ-RR 2004, 704 (705); Differenzierend nach Fallkonstellationen und Klageart: *Czybulka,* in: *Sodan/Ziekow,* VwGO, § 65 Rn. 120 ff.; *Bier,* in: *Schoch/Schmidt-Aßmann/Pietzner,* VwGO, § 65 Rn. 14 ff.

[384] *Kopp/Schenke,* VwGO, § 65 Rn. 1; *Stapperfend,* in *Gräber,* FGO, § 60 Rn. 2; *Lange,* in: *Hübschmann/Hepp/Spitaler,* AO/FGO, § 110 FGO Rn. 79; *Brandis,* in: *Tipke/Kruse,* AO/FGO, § 60 FGO Rn. 1; *Brandt,* in: *Beermann/Gosch,* AO/FGO, § 60 FGO Rn. 13; vgl. auch: *Peters/Sautter/Wolff,* SGG, § 75 Rn. 8; *Keller/Leitherer,* in: *Meyer-Ladewig/Keller/Leitherer,* SGG, § 75 Rn. 3; *VGH Kassel* DVBl. 1965, 540.

[385] *Bier* u. *Clausing,* in: *Schoch/Schmidt-Aßmann/Pietzner,* VwGO, § 65 Rn. 6 bzw. § 121 Rn. 97; *Czybulka* u. *Kilian,* in: *Sodan/Ziekow,* VwGO, § 65 Rn. 22 bzw. § 121 Rn. 101; *Kopp/Schenke,* VwGO, § 65 Rn. 1 u. § 121 Rn. 25; *Nicolai,* in: *Redeker/v. Oertzen,* VwGO, § 121 Rn. 6b; *Keller/Leitherer* u. *Meyer-Ladewig,* in: *Meyer-Ladewig/Keller/Leitherer,* SGG, § 75 Rn. 3 u. 17c ff. bzw. § 141 Rn. 18a; *Rohwer-Kahlmann,* Sozialgerichtsbarkeit, § 141 Rn. 28; *Ulmer* u. *Schlegel,* in: *Hennig,* SGG, § 75 Rn. 7 bzw. § 141 Rn. 31; *Peters/Sautter/Wolff,* SGG, § 75 Rn. 8; *Stapperfend,* in *Gräber,* FGO, § 60 Rn. 2, 145 u. § 110 Rn. 11; *Brandis* u. *Tipke,* in: *Tipke/Kruse,* AO/FGO, § 60 FGO Rn. 1 u. 3 bzw. § 110 Rn. 3; *Spindler* u. *Lange,* in: *Hübschmann/Hepp/Spitaler,* AO/FGO, § 60 FGO Rn. 11 bzw. § 110 FGO Rn. 79; *Brandt,* in: *Beermann/Gosch,* AO/FGO, § 60 FGO Rn. 12 bzw. § 110 Rn. 122; *BVerwGE* 51, 268 (276); 57, 31 (35); 74, 19 (22); *BVerwG* DVBl. 1982, 951 (953).

[386] BT-Drucks. 3/55, S. 37; *Bier,* in: *Schoch/Schmidt-Aßmann/Pietzner,* VwGO, § 65 Rn. 3 u. 5; *Czybulka,* in: *Sodan/Ziekow,* VwGO, § 65 Rn. 19 u. 21; *Ulmer,* in: *Hennig,* SGG, § 75 Rn. 1; vgl. auch: *Peters/Sautter/Wolff,* SGG, § 75 Rn. 8.

[387] *Bier,* in: *Schoch/Schmidt-Aßmann/Pietzner,* VwGO, § 65 Rn. 6; *Kopp/Schenke,* VwGO, § 65 Rn. 1; *Peters/Sautter/Wolff,* SGG, § 75 Rn. 8; *Spindler,* in: *Hübschmann/Hepp/Spitaler,* AO/FGO, § 60 FGO Rn. 12; *BVerwGE* 18, 124 (127); *BVerwG* DVBl. 1982, 951 (953).

[388] BT-Drucks. 3/55, S. 37; *Bier,* in: *Schoch/Schmidt-Aßmann/Pietzner,* VwGO, § 65 Rn. 3 u. 6; *Kopp/Schenke,* VwGO, § 65 Rn. 1; *Czybulka,* in: *Sodan/Ziekow,* VwGO, § 65 Rn. 19; *Keller/Leitherer,* in: *Meyer-Ladewig/Keller/Leitherer,* SGG, § 75 Rn. 3; *Ulmer,* in: *Hennig,* SGG, § 75 Rn. 1; *Peters/Sautter/Wolff,* SGG, § 75 Rn. 8; *Stapperfend,* in *Gräber,* FGO, § 60 Rn. 2; *Spindler* u. *Lange,* in: *Hübschmann/Hepp/Spitaler,* AO/FGO, § 60 FGO Rn. 12 bzw. § 110 FGO Rn. 79; *Brandis,* in: *Tipke/Kruse,* AO/FGO, § 60 FGO Rn. 1 f.; *Brandt,* in: *Beermann/Gosch,* AO/FGO, § 60 FGO Rn. 12; *BVerwGE* 14, 298 (300); 18, 124 (127); 51, 268 (276); *BVerwG* DVBl. 1982, 951 (953).

licher Vergleich stehen kann –, so müssen zur Wahrung der oben genannten Grundsätze auch im Rahmen der gerichtsnahen Mediation alle Betroffenen einbezogen werden. Zwar sind im Gerichtsprozess beizuladende Personen nach herrschender Ansicht nicht zwangsläufig im Rahmen des Vergleichsschlusses zu beteiligen.[389] Nur wenn im gerichtlichen Prozess beizuladende Personen am Vergleichsschluss – das heißt auch im zum Vergleichsschluss führenden gerichtsnahen Mediationsverfahren – beteiligt wurden, kann sich die Bindungswirkung des gerichtlichen Vergleichs jedoch auch auf diese Personen erstrecken.[390] Auch im Rahmen der derzeitigen Modellversuche wird konsequenter Weise eine gerichtsnahe Mediation oftmals als nicht durchführbar angesehen, wenn eine Dritte Person notwendig am Mediationsgespräch teilnehmen muss, der betreffende Dritte eine Teilnahme an der Mediation jedoch verweigert.[391] Eine Ausnahme kommt in diesem Zusammenhang lediglich dann in Betracht, wenn sich die gerichtsnahe Mediation ausschließlich der Sachverhaltsermittlung und/oder der Klärung tatsächlicher Fragestellungen widmet. Somit erscheinen insbesondere Fälle für die gerichtsnahe Mediation geeignet, in denen prozessual im gerichtlichen Verfahren keine Möglichkeit besteht, einen bestimmten Dritten in das Verfahren mit einzubeziehen.[392]

Mit Blick auf die denkbaren Beteiligtenkonstellationen stets als in besonderem Maße mediationsgeeignet erscheinen solche Streitfälle, bei denen eine emotionale Verbundenheit oder soziale Geflechte zwischen den Konfliktparteien bestehen. Insbesondere Fälle, in denen die Parteien über den aktuellen Konflikt hinaus ein Interesse an guten (Dauer-)Beziehungen zueinander haben, auf das Fortbestehen und Funktionieren rechtlicher oder tatsächlicher Bindungen untereinander angewiesen sind oder aufgrund persönlicher Umstände oder geschäftlicher Beziehungen auch in Zukunft miteinander umgehen wollen/müssen, erscheinen für eine Mediation geschaffen.[393] Dies ist im Bereich des öffentli-

---

[389] *Dolderer*, in: *Sodan/Ziekow*, VwGO, § 106 Rn. 16; *Ortloff*, in: *Schoch/Schmidt-Aßmann/Pietzner*, VwGO, § 106 Rn. 39; *Geiger*, in: *Eyermann*, VwGO, § 106 Rn. 21; *Kopp/Schenke*, VwGO, § 106 Rn. 10; *Pawlak*, in: *Hennig*, SGG, § 106 Rn. 14; *Leitherer*, in: *Meyer-Ladewig/Keller/Leitherer*, VwGO, § 101 Rn. 6a; NJW 1988, 662 (663); *OVG Münster* NJW 1985, 2491 (2492); a.A.: *Rohwer-Kahlmann*, Sozialgerichtsbarkeit, § 101 Rn. 19; *OVG Lüneburg* NVwZ 1987, 234, sowie: *OVG Lüneburg* DVBl. 1985, 1325, wonach ein ohne notwendig Beizuladende geschlossener Vergleich nur als außergerichtlicher Vergleich anzusehen ist.

[390] Vgl.: *Kopp/Schenke*, VwGO, § 106 Rn. 10; *Geiger*, in: *Eyermann*, VwGO, § 106 Rn. 15 u. 21; *Pawlak*, in: *Hennig*, SGG, § 106 Rn. 14; *Leitherer*, in: *Meyer-Ladewig/Keller/Leitherer*, VwGO, § 101 Rn. 6a; *BSGE* 92, 283 (290).

[391] Vgl. die Befragungsergebnisse von *Reichenbach/Helbig*, in: *Pitschas/Walther*, Mediation in d. Verwaltungsgerichtsbarkeit, S. 291 (299).

[392] Vgl.: *Falkenstein/Gerbracht*, in: *Pitschas/Walther*, Mediation in d. Verwaltungsgerichtsbarkeit, S. 315 (324).

[393] U.a.: *Reimers* u. *Büttner/Heinecke*, in: *Pitschas/Walther*, Mediation in d. Verwaltungsgerichtsbarkeit, S. 45 (52) bzw. S. 251 (265); *Duve*, in: *Henssler/Koch*, Mediation in d. Anwaltspraxis, § 5 Rn. 67 ff.; *Ponschab/Kleinhenz*, DRiZ 2002, 430 (433 f.); *Kracht/Rüssel*, JA 2003, 725 (731); *v. Hoyningen-Huene*, JuS 1997, 352; *Monßen*, AnwBl. 2004, 7 (8); *Schneeweiß*, DRiZ 2002, 107 (109); *Ortloff*, in: FG 50 Jahre BVerwG, S. 727 (732); *Reimers*, *Deventer/Ferner* u. *Kleine-Tebbe*, in: *Fritz/Karber/Lambeck*, Mediation statt Verwaltungsprozess?, S. 97 (101) bzw. S. 105 (125) u. S. 165 (169); *Kovach*, Mediation, S. 75; *Niemic/Stienstra/Ravitz*, Guide to Judicial Management of Cases in ADR, S. 23; *Eisele*, Jura

chen Rechts unter anderem im Rahmen von nachbarrechtlichen Streitigkeiten zum Beispiel des Bau- und Umweltrechts sowie im Sozialrecht bei Konflikten zwischen Beitragszahler und Sozialversicherung oder zwischen Vertragsleistungserbringern und Sozialversicherungsträgern[394] der Fall. Hinzu kommen vielfältige Dauerbeziehungen zwischen Bürger und Verwaltung.[395] Hier ermöglicht der weitere Kontakt des Bürgers mit der Verwaltung über den Rechtsstreit hinaus einen zukunftsorientierten Interessenausgleich.[396] Soweit vertreten wird, die (gerichtsnahe) Mediation eigne sich nicht, wenn seitens der Konfliktparteien das Interesse an einer direkt vollstreckbaren Konfliktbeilegung besteht, so kann dem nicht zugestimmt werden: Wie oben bereits gezeigt, kann die gerichtsnahe Mediation derart ausgestaltet werden, dass ihr Resultat als gerichtlicher Vergleich festgehalten wird und damit einen Vollstreckungstitel gemäß § 794 Abs. 1 Nr. 1 ZPO zum Ergebnis hat. Schließlich scheinen insbesondere auch solche Fälle geeignet, in denen oftmals nicht mehr prozessiert wird, um dem Klagebegehren zur Durchsetzung zu verhelfen, sondern um der jeweiligen Gegenpartei Schaden zuzufügen. Gerade in diesen Fällen ist es sinnvoll, über den Streitgegenstand hinaus festzustellen, um was es den Beteiligten wirklich geht, um den Grundkonflikt aufarbeiten und einer Lösung zuführen zu können, die weitere Rechtsstreitigkeiten vermeidet.[397]

In jedem Fall erforderlich ist in persönlicher Hinsicht schließlich, dass die Mediation – besonders die im öffentlich-rechtlichen Bereich – in Gegenwart entscheidungsbefugter und möglichst rechtskundiger Bevollmächtigter stattfindet. Auf dem Gebiet des öffentlichen Rechts bedeutet dies insbesondere, dass entscheidungsbefugte Vertreter der am Konflikt beteiligten öffentlichen Institutionen beteiligt sein müssen. Ist eine entsprechende Vertretung nicht gegeben, so läuft das Mediationsverfahren Gefahr, zwangsläufig ergebnislos bleiben zu müssen. In solchen Fällen sollte den Richtermediatoren von vornherein die Möglichkeit gegeben werden, die Durchführung eines gerichtsnahen Mediationsverfahrens abzulehnen.[398]

b) Allgemeine sachliche Falleignung

Grundvoraussetzung einer sachlichen Falleignung ist die Mediationsreife[399] und Kompromissfähigkeit des jeweiligen Konflikts. Die jeweilige Streitigkeit muss durch einen

---

2003, 656 (660); *Monßen*, ZKM 2003, 116. Vgl. zudem auch das Ergebnis der Befragungen von *Falkenstein/Gerbracht*, in: *Pitschas/Walther*, Mediation in d. Verwaltungsgerichtsbarkeit, S. 315 (323). Vgl. zudem auch: BDVR-Stellungnahme, BDVR-Rundschreiben 2006, 45.

394 *Clostermann/Josephi/Kleine-Tebbe/Niewisch-Lennartz/Vogelei*, SGb 2003, 266 (267). Vgl. auch: *Deventer/Ferner*, in: *Fritz/Karber/Lambeck*, Mediation statt Verwaltungsprozess?, S. 105 (125).

395 *Ortloff*, in: *Haft/v. Schlieffen*, Hdb. Mediation, § 29 Rn. 86.

396 *Ortloff*, in: FG 50 Jahre BVerwG, S. 727 (732).

397 *Deventer/Ferner*, in: *Fritz/Karber/Lambeck*, Mediation statt Verwaltungsprozess?, S. 105 (126).

398 Vgl. auch: Projekt Gerichtsnahe Mediation in Niedersachsen – Projektabschlussbericht, S. 52, sowie: § 5 Abs. 1 MO Nds.

399 Vgl. hierzu: *W. Gottwald*, ZKM 2003, 109 (110).

Kompromiss zu bewältigen sein.[400] Insofern erscheinen sachlich zunächst alle Konflikte für eine (gerichtsnahe) Mediation geeignet, in denen sich die Ziele der Konfliktparteien mit denen der Mediation decken und die im ersten Teil dieser Arbeit genannten Vorteile der Mediation[401] zum Tragen kommen können und sollen. Damit eignen sich grundsätzlich beispielsweise alle Fälle, in denen Streitpunkte ressourcenschonend gelöst werden sollen, eine ungünstige Präzedenzentscheidung bewusst vermieden werden soll oder für alle Seiten vorteilhafte und daher wertschöpfende Lösungen respektive Optimierungsmöglichkeiten denkbar erscheinen. Auch Fälle, in denen die Sach- und Rechtslage nicht eindeutig ist, der Ausgang des gerichtlichen Verfahrens sowie das Prozessrisiko in hohem Maße ungewiss sind, langwierige Auseinandersetzungen und hohe Verfahrenskosten zu erwarten sind und auch über den eigentlichen Konfliktsachverhalt hinausgehende Aspekte sowie Interessen nicht rechtlicher Art Berücksichtigung finden sollen, eignen sich grundsätzlich für eine (gerichtsnahe) Mediation. Ähnliches gilt darüber hinaus, wenn die Konfliktparteien zur selbständigen Identifizierung und Integration ihrer Interessen nicht fähig sind, Gefühle und Emotionen eine große Rolle spielen, die Beteiligten durch das gerichtliche Verfahren großen emotionalen Belastungen ausgesetzt wären, Kommunikationsstörungen und Informationsdefizite Auslöser des Konflikts zwischen den Beteiligten waren, die Parteien die Kontrolle und Verantwortung über den Verhandlungsverlauf und das Verhandlungsergebnis behalten wollen, ein Interesse an der Vertraulichkeit des Verfahrens besteht, eine weitere Eskalation des Konflikts vermieden werden soll, langwierige Auseinandersetzungen oder hohe Verfahrenskosten zu erwarten sind, eine Zeit- und Geldersparnis wahrscheinlich erscheint und/oder komplexe und kaum noch justiziable Sachverhalte schon aus wirtschaftlichen Erwägungen einer einvernehmlichen, schnellen, umfassenden und mit Blick auf die Zukunft dauerhaften Lösung zugeführt werden sollen.[402] Besonders in „verfahrenen Klageverfahren", in denen zwar verbittert um Rechtspositionen gestritten wird, es in Wirklichkeit jedoch um andere Interessen der

---

[400] *Holznagel*, in: *Breidenbach/Henssler*, Mediation f. Juristen, S. 147 (152); *Holznagel*, Die Verwaltung 22 (1989), 421 (437); *Deckner*, Mediationsergebnisse in der Bauleitplanung, S. 28; *Holznagel*, IUR 1990, 37 (39); *Siegel*, NuR 2002, 79 (82).

[401] Vgl.: Erster Teil, 5. Kapitel, Unterpunkt I.

[402] Vgl. insgesamt u.a.: *Eidenmüller*, in: *Henssler/Koch*, Mediation in d. Anwaltspraxis, § 2 Rn. 55 ff.; *Hacke*, in: *Duve/Eidenmüller/Hacke*, Mediation in d. Wirtschaft, S. 283 (285 ff.); *Eisele*, Jura 2003, 656 (660); *Niewitsch-Lennartz*, Dokumentation zum 14. Dt. Verwaltungsrichtertag 2004, S. 51 (54); vgl. auch den Vorschlag eines Fragenkataloges zur Mediationseignung von *Ponschab/Schweizer*, abgedruckt bei *Ponschab/Kleinhenz*, DRiZ 2002, 430 (434), sowie: *Monßen*, AnwBl. 2004, S. 7 (8 f.). Auch die bereits mehrfach erwähnte Umfrage unter den an Verwaltungs- und Sozialgerichten tätigen Richtermediatoren hat ergeben, dass sich die (gerichtsnahe) Mediation insbesondere bei schweren und komplexen Sachverhalten sowie bei rechtlich komplizierten und „verfahrenen" Fällen beziehungsweise komplexen Behördenentscheidungen mit einer Vielzahl von Beteiligten und Interessenlagen als Konfliktbeilegungsmethode zu eignen scheint. Der Abschlussbericht zum Modellversuch „Gerichtsnahe Mediation in Niedersachsen" hält in diesem Sinne fest, dass tendenziell eher arbeitsaufwendige Verfahren in die gerichtsnahe Mediation gingen (vgl.: Projekt Gerichtsnahe Mediation in Niedersachsen – Projektabschlussbericht, S. 39).

Streitparteien geht, bietet sich die gerichtsnahe Mediation als Ausweg an.[403] Gleiches gilt, wenn jede gerichtliche Entscheidung zwangsläufig neue Prozesse produzieren würde, wenn mehrere Verfahren zwischen den Parteien anhängig gemacht wurden oder wenn, so ein Richtermediator im Rahmen der bereits mehrfach zitierten Umfrage, Dauerstreitigkeiten und/oder sich wiederholende Fallgestaltungen vorliegen.

Besonders geeignet erscheinen in diesem Zusammenhang darüber hinaus auch und vor allem solche Sachverhalte, in deren Rahmen nicht zu erwarten ist, dass das Gerichtsverfahren zu einer umfassenden und für alle Seiten – im Extremfall nicht einmal die eigentlich obsiegende Partei[404] – befriedigenden Lösung des Konflikts führen wird,[405] so dass sich die Konfliktparteien von einer Mediation und der aus diesem Verfahren resultierenden autonomen Regelung ein besseres Ergebnis oder einen Zusatznutzen im Vergleich zum Gerichtsprozess versprechen (können) und schon insofern ausreichende Verhandlungsanreize bestehen.[406]

Ebenso scheint die Mediation im Vergleich zum herkömmlichen Gerichtsverfahren oftmals das besser geeignete Verfahren zu sein, wenn es einer Seite im Grunde genommen bloß um die Wiederherstellung des guten Rufes oder eine Rehabilitierung, um eine Entschuldigung, um „Sühne“ für tatsächliches oder vermeintliches Unrecht, um Anerkennung oder um die Vornahme einer anderen nicht einklagbaren Handlung durch die

---

[403] *Ortloff*, in: *Haft/v. Schlieffen*, Hdb. Mediation, § 29 Rn. 86; *Ortloff*, in: FG 50 Jahre BVerwG, S, 727 (732). A.A. wohl: *Wegener*, ZKM 2006, 140 (141), wonach es insbesondere in älteren und umfangreicheren Verfahren, in denen schon viel gestritten worden ist, schwer fallen kann, die Parteien von einem streitbaren und von Taktiererei geprägten zu einem kooperativen Verhalten zu ermutigen. In diesen Fällen sei die Offenlegung von Informationen durch die Konfliktparteien, ohne die ein faires Verhandeln nicht möglich ist, nicht immer zu erreichen, so dass die Parteien in einem richterlich geführten Verfahren, welches Zwangsmittel und Beweislastverteilungen kennt, möglicherweise besser aufgehoben seien.

[404] *Ponschab/Kleinhenz*, DRiZ 2002, 430 (433).

[405] *Schneeweiß*, DRiZ 2002, 107 (109). Vgl. zudem auch den Vorschlag eines Fragenkataloges zur Mediationseignung von *Ponschab/Schweizer*, abgedruckt bei *Ponschab/Kleinhenz*, DRiZ 2002, 430 (434) u. *Monßen*, AnwBl. 2004, 7 (8 f.), sowie die aus dem niedersächsischen Modellversuch „Gerichtsnahe Mediation in Niedersachsen“ gewonnenen Erfahrungen, dargestellt in: Projekt Gerichtsnahe Mediation in Niedersachsen – Projektabschlussbericht, S. 39; Projekt Gerichtsnahe Mediation in Niedersachsen – Erfahrungen aus der Projektpraxis, S. 40. Auch die aus dem niedersächsischen Modellversuch gewonnenen Erfahrungen zeigen, dass sich für die gerichtsnahe Mediation besonders Fälle eignen, in denen ein Urteil den Beteiligten „Steine statt Brot“ bieten würde. In einigen Verfahren sei dies offensichtlich, in anderen erweitere sich der Sachverhalt dahingehend, dass sich herausstellt, dass ein Urteil den eigentlichen Streit nicht bereinigt oder erledigt hätte.

[406] Vgl.: *Holznagel* u. *Ramsauer*, in: *Breidenbach/Henssler*, Mediation f. Juristen, S. 147 (154.) bzw. 161 (164); *Holznagel/Ramsauer*, in: *Haft/v. Schlieffen*, Hdb. Mediation, § 44 Rn. 13; *Vetter*, Mediation u. Vorverfahren, 199 f.; *Deckner*, Mediationsergebnisse in der Bauleitplanung, S. 28; *Hellriegel*, Mediation im Umweltrecht, S. 24; *Holznagel*, IUR 1990, 37 (39); *Pünder*, Die Verwaltung 38 (2005), 1 (8); *Siegel*, NuR 2002, 79 (82); *Schneeweiß*, DRiZ 2002, 107 (109); *Monßen*, ZKM 2003, 116; *Susskind/Cruikshank*, Breaking the Impasse, S. 81 ff.; *Niemic/Stienstra/Ravitz*, Guide to Judicial Management of Cases in ADR, S. 21 f.

jeweils andere Konfliktpartei geht.[407] Auch wenn seitens einer oder mehrerer Parteien ein Rechtfertigungsbedürfnis besteht, wenn die Parteien aufgrund der Natur und Komplexität ihres Konflikts einen Fachmann auf dem Gebiet des Streitgegenstandes hinzuziehen wollen oder wenn mehrere inhaltlich zusammenhängende Verfahren anhängig sind, jedoch nicht in ein und demselben Gerichtsverfahren gelöst werden können, kommt vorrangig die (gerichtsnahe) Mediation in Betracht.

Als für (gerichtsnahe) Mediationsverfahren eher ungeeignet dürften dagegen Fälle anzusehen sein, in deren Rahmen schon im Vorfeld unternommene Versuche zur einvernehmlichen Streitbeilegung im Wege des Vergleichs, einer Mediation oder eines ähnlichen Verfahrens bereits gescheitert sind[408] oder innerhalb derer eine zuvor bereits erzielte Einigung zwar getroffen, aber gebrochen wurde. Letzteres gilt auch in Situationen, bei denen es um die bloße gerichtliche Sanktionierung bestimmter Verhaltensweisen geht[409] oder in deren Zusammenhang eine privatautonome Streitlösung, zum Beispiel durch gesetzliche Bestimmungen oder weil es an real verhandelbaren Konfliktinhalten sowie jedwedem rechtlichen Entscheidungs- oder Handlungsspielraum fehlt,[410] von vornherein ausgeschlossen ist. Auch in Situationen, in denen ein Konflikt jedweder Offenheit entbehrt, dürfte sich eine (gerichtsnahe) Mediation als ungeeignet erweisen. Dabei kann eine solche Situation beispielsweise vorliegen, wenn die Parteien über den Streitgegenstand nicht dispositionsbefugt sind oder ein hoheitlicher Entscheidungsvorbehalt besteht,[411] wenn in einfach gelagerten Fällen denknotwendig nur zwei Lösungen in Betracht kommen, wenn die Konfrontation einem binären Schema (beispielsweise ja-nein, recht-unrecht, wahr-unwahr, gut-schlecht) folgt[412] oder wenn die Sach-, Rechts- und Interessenlage eindeutig ist und keiner weiteren Offenlegung und Bearbeitung bedarf.[413] Insbesondere die Fallgruppe einer fehlenden Offenheit des Konflikts aufgrund mangelnder Dispositionsbefugnis dürfte im Bereich des öffentlichen Rechts des Öfteren auftreten. Oft werden hier an bestimmte Verhaltensweisen oder Tatbestände kraft Gesetzes Folgen geknüpft, über welche die Beteiligten – meist die Behörde oder der Sozialträger – nicht dispositionsbefugt sind. So dürfte eine (gerichtsnahe) Mediation beispielsweise auch in

---

[407] Vgl. u.a.: *Clostermann/Josephi/Kleine-Tebbe/Niewisch-Lennartz/Vogelei*, SGb 2003, 266 (267 u. 269); *Deventer/Ferner* u. *Kleine-Tebbe*, in: *Fritz/Karber/Lambeck*, Mediation statt Verwaltungsprozess?, S. 105 (126) bzw. S. 165 (170).

[408] Vgl. u.a.: *Niemic/Stienstra/Ravitz*, Guide to Judicial Management of Cases in ADR, S. 30; a.A.: *Ortloff*, in: *Haft/v. Schlieffen*, Hdb. Mediation, § 29 Rn. 86; *Ortloff*, in: FG 50 Jahre BVerwG, S. 727 (732), wonach die gerichtsnahe Mediation überall dort geeignet sein soll, wo vorgerichtlich unter dem Regime verwaltungsrechtlicher Normen verhandelt wurde und diese Verhandlungen gescheitert sind.

[409] U.a.: *W. Gottwald*, ZKM 2003, 109 (110).

[410] Gerade das Bestehen ausreichender Entscheidungsspielräume wurde auch im Rahmen der bereits erwähnten Umfrage unter Richtermediatoren immer wieder als elementare Voraussetzung einer gerichtsnahen Mediation im Rahmen der öffentlich-rechtlichen Gerichtsbarkeiten genannt.

[411] *Duve*, in: *Henssler/Koch*, Mediation in d. Anwaltspraxis, § 5 Rn. 26, 27 ff.

[412] *Vetter*, Mediation u. Vorverfahren, S.200; *Möller/Reitzmann*, in: *FS A. Söllner*, S. 761 (799).

[413] Vgl. zur fehlenden Offenheit und zum Aspekt mangelnder Verhandlungsspielräume u.a.: *Rapp*, Mediation im Verwaltungsrecht, S. 20; *Ponschab/Kleinhenz*, DRiZ 2002, 430 (433); *Zimmer*, Außergerichtl. Streitbeilegung in Dtl., S. 105 f.; vgl. auch: *Eisele*, Jura 2003, 656 (660).

eindeutigen Standardfällen der Sozialleistungsgewährung nicht in Betracht kommen, da es dem Sozialversicherungsträger hier oftmals an der entsprechenden Dispositionsbefugnis fehlt.[414]

Ähnliches wie bei Fällen fehlender Handlungsspielräume, mangelnder verhandelbarer Konfliktinhalte oder fehlender Offenheit des Konflikts gilt auch, wenn keine Möglichkeit besteht, die Konfliktparteien an ein potentielles Mediationsergebnis zu binden,[415] oder wenn eine praktische Umsetzung möglicher Lösungen an tatsächlichen, politischen, rechtlichen oder technischen Hindernissen scheitern würde.[416] Auch für Streitigkeiten, innerhalb derer ein Bedürfnis nach einstweiligem Rechtsschutz besteht,[417] die konstitutionelle Fragen oder Angelegenheiten der öffentlichen Ordnung betreffen[418] oder die ein öffentliches Interesse an Rechtsdurchsetzung und -entwicklung mit sich bringen,[419] ist die (gerichtsnahe) Mediation tendenziell eher weniger geeignet. Schließlich erscheint die Mediation auch auszuscheiden, wenn es den Parteien „ums Prinzip" geht[420] und um fundamentale Wertentscheidungen oder Grundüberzeugungen gerungen wird,[421] wenn innerhalb eines Konflikts grundsätzliche Rechtsprobleme in Frage stehen, hinsichtlich derer eine Interpretation des Gesetzes notwendig ist,[422] oder wenn es sich um eine Angelegenheit von grundsätzlicher Bedeutung handelt, hinsichtlich derer ein Grundsatz- oder Präzedenzurteil gewünscht oder erforderlich ist.[423] Gerade letztgenannte Situationen, bei denen es um die Klärung grundsätzlicher Rechtsfragen geht, sollten nur in Ausnahmefäl-

---

[414] Vgl.: *Spellbrink*, SGb 2003, 141 (143).

[415] *Holznagel* u. *Ramsauer*, in: *Breidenbach/Henssler*, Mediation f. Juristen, S. 147 (153) bzw. 161 (165); *Holznagel/Ramsauer*, in: *Haft/v. Schlieffen*, Hdb. Mediation, § 44 Rn. 18 f.

[416] *Vetter*, Mediation u. Vorverfahren, S. 201; *Holznagel*, Die Verwaltung 22 (1989), 421 (437).

[417] *Hacke*, in: *Duve/Eidenmüller/Hacke*, Mediation in d. Wirtschaft, S. 283 (290 ff.); *Duve*, in: *Henssler/Koch*, Mediation in d. Anwaltspraxis, § 5 Rn. 42, 54.

[418] *Niemic/Stienstra/Ravitz*, Guide to Judicial Management of Cases in ADR, S. 26 f.

[419] *Hacke*, in: *Duve/Eidenmüller/Hacke*, Mediation in d. Wirtschaft, S. 283 (290 ff.); *Niemic/Stienstra/Ravitz*, Guide to Judicial Management of Cases in ADR, S. 27.

[420] *Büttner/Heinecke*, in: *Pitschas/Walther*, Mediation in d. Verwaltungsgerichtsbarkeit, S. 251 (265).

[421] *Holznagel* u. *Ramsauer*, in: *Breidenbach/Henssler*, Mediation f. Juristen, S. 147 (152 f.) bzw. 161 (164); *Holznagel/Ramsauer*, in: *Haft/v. Schlieffen*, Hdb. Mediation, § 44 Rn. 15: *Holznagel*, Die Verwaltung 22 (1989), 421 (437); *Holznagel*, IUR 1990, 37 (39); *Rapp*, Mediation im Verwaltungsrecht, S. 20; *Deckner*, Mediationsergebnisse in der Bauleitplanung, S. 28; *Pünder*, Die Verwaltung 38 (2005), 1 (9); *Möller/Reitzmann*, in: *FS A. Söllner*, S. 761 (799); *Siegel*, NuR 2002, 79 (83); a.A.: *Sünderhauf*, Mediation bei d. außergerichtl. Lösung v. Umweltkonflikten, S. 212, wonach auch bei Wertekonflikten eine Mediation sinnvoll sein kann.

[422] *Ruhs*, in: *Pitschas/Walther*, Mediation in d. Verwaltungsgerichtsbarkeit, S. 123 (143); vgl. auch: *Wald*, 46 Duke Law Journal (1997), 1445 (1451). Ähnlich auch: *W. Gottwald*, ZKM 2003, 109 (110).

[423] *Duve*, in: *Henssler/Koch*, Mediation in d. Anwaltspraxis, § 5 Rn. 42, 46 ff.; *Kracht/Rüssel*, JA 2003, 725 (731); *Rüssel*, Mediation in komplexen Verwaltungsverf., S. 91; *Vetter*, Mediation u. Vorverfahren, S. 200; *Hückstädt*, NJ 2005, 289 (291); *Hacke*, in: *Duve/Eidenmüller/Hacke*, Mediation in d. Wirtschaft, S. 283 (290 ff.); *Kovach*, Mediation, S. 77; *Zimmer*, Außergerichtl. Streitbeilegung in Dtl., S. 106; *Monßen*, ZKM 2003, 116; *Niemic/Stienstra/Ravitz*, Guide to Judicial Management of Cases in ADR, S. 26 f.; *Wald*, 46 Duke Law Journal (1997), 1445 (1451); *Ayad*, IDR 2005, 123 (125); vgl. zudem auch den Vorschlag eines Fragenkataloges zur Mediationseignung von *Ponschab/Schweizer*, abgedruckt bei *Ponschab/Kleinhenz*, DRiZ 2002, 430 (434), sowie: *Monßen*, AnwBl. 2004, S. 7 (8 f.).

len der (gerichtsnahen) Mediation unterzogen werden, denn durch die Entscheidung immer neuer Rechtsfragen im Wege der Gesetzesanwendung, Auslegung und Lückenfüllung tragen die Gerichte wesentlich zur Fortbildung des Rechts bei und erfüllen damit eine überaus wichtige gesamtgesellschaftliche Funktion,[424] deren Wahrnehmung nicht behindert werden sollte.

Teilweise wird zudem auch Streitigkeiten, die ein singuläres Ereignis oder einen Einmalkonflikt betreffen,[425] solchen, die nach Aktenlage entschieden werden können,[426] und solchen mit relativ geringem Streitwert[427] die Mediationseignung abgesprochen. Dem kann in dieser Allgemeinheit jedoch nicht gefolgt werden, denn auch hier sind oftmals für alle Konfliktbeteiligten vorteilhafte, selbstbestimmte Lösungen denkbar.

Speziell im öffentlich-rechtlichen Bereich soll eine (gerichtsnahe) Mediation zudem ausscheiden, wenn eine Streitbeilegung im Wege der Mediation gegen die gängige Praxis der Ermessensausübung einer Behörde verstoßen würde.[428] Auch wo sich eine bestimmte Ermessensausübungspraxis etabliert hat, kann jedoch eine Mediationsdurchführung probates Mittel der Streitbeilegung sein. So kann sich im Laufe eines Mediationsverfahrens unter anderem herausstellen, dass eine bestimmte Praxis im Rahmen der Ermessenswahrnehmung überholungsbedürftig ist, oder – aufgrund der umfassenden Aufarbeitung des konkreten Konflikts im Rahmen der Mediation – dass überhaupt kein Sachverhalt vorliegt, auf den die bisher geübte Ermessensausübungspraxis anzuwenden ist. Letztlich bietet sich eine (gerichtsnahe) Mediation auf öffentlich-rechtlichem Gebiet aber umso eher an, je mehr unterschiedliche Ergebnisse auch ermessensrechtlich denkbar sind, denn Mediationsmöglichkeiten im öffentlichen Recht ergeben sich aus den gesetzlichen Entscheidungsspielräumen, wobei die Bezeichnung „Entscheidungsspielräume“ allerdings nicht nur rechtstechnisch als verwaltungsrechtliche Ermessensspielräume, sondern auch als Spielräume in der Beurteilung von Interessen, Bewertungen, Tatbeständen und Entscheidungsoptimierungen zu verstehen ist. Dies dürfte insbesondere dann gelten, wenn ein atypischer Einzelfall vorliegt, der spezielle, unmittelbar fallbezogene Lösungsmöglichkeiten sowohl erfordert als auch ermöglicht.[429] Damit ist der Anwendungsbereich jedoch noch nicht erschöpft. Die Herausarbeitung und Klärung der Interessen der Beteiligten kann nicht nur bei der Ausfüllung von Beurteilungsspielräumen und im Rahmen von Ermessensentscheidungen zu einer einvernehmlichen und rechtmäßigen Lösung führen, sondern insbesondere auch, wenn es durch die kooperative und kreative Zusammenarbeit der Beteiligten und bisher nicht in den Rechtsstreit eingeführte Tatsachen zu einer Veränderung des bis dahin zugrunde liegenden Sachverhalts kommt, die neue Konfliktlösungen eröffnet.[430] Hinzu kommt auch eine Eignung der (gerichtsnahen) Mediation in so genannten polyzentrischen Konflikten – das heißt in Streitigkeiten,

---

424 *Katzenmeier*, in: *Ripke/Bornewasser/Fülgraff/Kahlweit/Katzenmeier*, ZKM 2005, 155 (160).
425 *Rüssel*, Mediation in komplexen Verwaltungsverf., S. 91; *Kracht/Rüssel*, JA 2003, 725 (731).
426 *Niemic/Stienstra/Ravitz*, Guide to Judicial Management of Cases in ADR, S. 30.
427 Bericht der Arbeitsgruppe Mediation bei den Berliner Gerichten v. 20.7.2005, S. 85.
428 *Wald*, 46 Duke Law Journal (1997), 1445 (1451).
429 *Reimers*, in: *Pitschas/Walther*, Mediation in d. Verwaltungsgerichtsbarkeit, S. 45 (51 f.).
430 *Reimers*, in: *Pitschas/Walther*, Mediation in d. Verwaltungsgerichtsbarkeit, S. 45 (52).

bei denen sich ein Eingriff an der einen Stelle zwangsläufig an anderer Stelle auswirkt –,[431] bei finanziellen Zwängen und komplexer Sach- und Rechtslage, bei Bestehen eines Bedürfnisses nach Aufklärung unbestimmter Rechtsbegriffe[432] sowie bei Dreieckskonstellationen zwischen zwei Bürgern und einer Behörde, in denen ein Bürger von einer Verhaltensänderung überzeugt werden soll.[433] Grundsätzlich muss jedoch – wie auch außerhalb des öffentlichen Rechts – stets die Chance einer Implementierung der Verhandlungsergebnisse durch die Konfliktparteien gegeben sein. Wo schließlich das Gesetz die behördliche Entscheidung von einer einvernehmlichen Regelung abhängig macht und damit die konsensuale Verständigung als Grundlage des Verwaltungsakts anerkennt, liegt die Eignung zur (gerichtsnahen) Mediation auf der Hand.[434]

c) Falleignung nach Rechtsgebieten

Es ist umstritten, ob das Rechtsgebiet einer Streitigkeit ein Kriterium der Falleignung sein kann. Im Rahmen der bereits mehrfach zitierten Umfrage unter an Verwaltungs- und Sozialgerichten wirkenden Richtermediatoren gaben mehrere die Umfragebögen zurücksendende Mediatoren an, dass es zur Beurteilung der Falleignung nicht auf das jeweilige Rechtsgebiet, sondern nur auf die am Verfahren beteiligten Personen ankomme. Jedes Rechtsgebiet sei grundsätzlich geeignet, wenn die Beteiligten nur willens seien, zu verhandeln.[435] Dennoch schränken die meisten Richtermediatoren die Mediationseignung von Fällen auch hinsichtlich des Rechtsgebietes ein, auf dem ein Konflikt stattfindet. Als für eine gerichtsnahe Mediation aufgrund der bisherigen Erfahrungen ungeeignet angesehen werden dabei im Verwaltungsrecht zumeist das Asyl- und Ausländerrecht[436] sowie, laut Einschätzung eines Richtermediators im Rahmen oben genannter Umfrage, das Gebühren- und Abgabenrecht, das Polizeirecht und solche Rechtsstreitigkeiten, bei denen es um nicht zur Disposition stehende erhebliche Schutzrechte geht. Als mediationsgeeignete Rechtsgebiete des Verwaltungsrechts erachtet werden dagegen unter anderem das Bau-,[437] Bauplanungs-[438] und Nachbarrecht,[439] das Beamtenrecht[440] inklusive

---

[431] *Clostermann/Josephi/Kleine-Tebbe/Niewisch-Lennartz/Vogelei*, SGb 2003, 266 (267); *Kleine-Tebbe*, in: *Fritz/Karber/Lambeck*, Mediation statt Verwaltungsprozess?, S. 165 (169).

[432] Vgl. u.a.: *Dürschke*, SGb 2001, 532 (534 ff.).

[433] Bericht der Arbeitsgruppe Mediation bei den Berliner Gerichten v. 20.7.2005, S. 37.

[434] Vgl.: *Ortloff*, in: *Haft/v. Schlieffen*, Hdb. Mediation, § 29 Rn. 86.

[435] Vgl. auch die Ergebnisse der Befragungen von *Reichenbach/Helbig*, in: *Pitschas/Walther*, Mediation in d. Verwaltungsgerichtsbarkeit, S. 291 (297).

[436] *Reimers*, in: *Fritz/Karber/Lambeck*, Mediation statt Verwaltungsprozess?, S. 97 (101); *Reimers*, in: *Pitschas/Walther*, Mediation in d. Verwaltungsgerichtsbarkeit, S. 45 (52); vgl. auch: Bericht der Arbeitsgruppe Mediation bei den Berliner Gerichten v. 20.7.2005, S. 37; *Reimers*, zitiert in: *Hepp*, BDVR-Rundschreiben 2005, 44; *Niewitsch-Lennartz*, Dokumentation zum 14. Dt. Verwaltungsrichtertag 2004, S. 51 (54), sowie die Ergebnisse der Befragungen von *Büttner/Heinecke* u. *Falkenstein/Gerbracht*, in: *Pitschas/Walther*, Mediation in d. Verwaltungsgerichtsbarkeit, S. 251 (278) bzw. S. 315 (325).

[437] *Ortloff*, NVwZ 2004, 385 (389, Fn. 44); *Reimers* u. *Seifert*, in: *Pitschas/Walther*, Mediation in d. Verwaltungsgerichtsbarkeit, S. 45 (52) bzw. S. 59 (84); *Monßen*, AnwBl. 2004, 7 (8); *Ortloff*, in: *Haft/v. Schlieffen*, Hdb. Mediation, § 29 Rn. 86; *Reimers*, *Deventer/Ferner* u. *Kleine-Tebbe*, in: *Fritz/*

Personalvertretungsrecht,[441] das Umweltrecht[442] einschließlich des Bodenschutz-, Naturschutz-, Wasser-[443] und Immissionsschutzrechts,[444] das Schul- und Hochschulrecht,[445] das Gewerbe-[446] und Gaststättenrecht,[447] das Versammlungsrecht (zum Beispiel hinsichtlich der Festlegung der Voraussetzungen und des Weges von Demonstrationen),[448]

Karber/Lambeck, Mediation statt Verwaltungsprozess?, S. 97 (101) bzw. S. 105 (125) u. S. 165 (169); Projekt Gerichtsnahe Mediation in Niedersachsen – Erfahrungen aus der Projektpraxis, S. 39; Projekt Gerichtsnahe Mediation in Niedersachsen – Projektabschlussbericht, S. 52, sowie die Ergebnisse der Befragungen von *Büttner/Heinecke* u. *Falkenstein/Gerbracht*, in: *Pitschas/Walther*, Mediation in d. Verwaltungsgerichtsbarkeit, S. 251 (264) bzw. S. 315 (325).

438 *Deckner*, Mediationsergebnisse in der Bauleitplanung, S. 28; *Köster*, DVBl. 2002, 229 (232).

439 *Clostermann/Josephi/Kleine-Tebbe/Niewisch-Lennartz/Vogelei*, SGb 2003, 266 (267); *v. Bargen*, DVBl. 2004, 468 (472); *Härtel*, JZ 2005, 753 (755); *Ortloff* u. *Holznagel/Ramsauer*, in: *Haft/v. Schlieffen*, Hdb. Mediation, § 29 Rn. 86 bzw. § 44 Rn. 1; *Reimers* u. *Deventer/Ferner*, in: *Fritz/Karber/Lambeck*, Mediation statt Verwaltungsprozess?, S. 97 (101) bzw. S. 105 (125).

440 *Ortloff*, NVwZ 2004, 385 (389, Fn. 44); *Ortloff*, in: *Haft/v. Schlieffen*, Hdb. Mediation, § 29 Rn. 86; *Reimers*, in: *Pitschas/Walther*, Mediation in d. Verwaltungsgerichtsbarkeit, S. 45 (52); *Clostermann/Josephi/Kleine-Tebbe/Niewisch-Lennartz/Vogelei*, SGb 2003, 266 (267); *Reimers*, *Deventer/Ferner* u. *Kleine-Tebbe*, in: *Fritz/Karber/Lambeck*, Mediation statt Verwaltungsprozess?, S. 97 (101) bzw. S. 105 (125) u. S. 165 (169); *v. Bargen*, BDVR-Rundschreiben 2004, 55 (57); Projekt Gerichtsnahe Mediation in Niedersachsen – Projektabschlussbericht, S. 52; Projekt Gerichtsnahe Mediation in Niedersachsen – Erfahrungen aus der Projektpraxis, S. 39.

441 *Ortloff*, NVwZ 2004, 385 (389, Fn. 44); *Reimers*, in: *Fritz/Karber/Lambeck*, Mediation statt Verwaltungsprozess?, S. 97 (101); *Reimers*, in: *Pitschas/Walther*, Mediation in d. Verwaltungsgerichtsbarkeit, S. 45 (52); vgl. auch die Ergebnisse der Befragungen von *Falkenstein/Gerbracht*, in: *Pitschas/Walther*, Mediation in d. Verwaltungsgerichtsbarkeit, S. 315 (325).

442 *Ortloff*, NVwZ 2004, 385 (389, Fn. 44); *Monßen*, AnwBl. 2004, 7 (8); *Proksch*, Kon:Sens 1998, 7 (10).

443 Vgl.: *Reimers*, in: *Pitschas/Walther*, Mediation in d. Verwaltungsgerichtsbarkeit, S. 45 (52); *Deventer/Ferner* u. *Kleine-Tebbe*, in: *Fritz/Karber/Lambeck*, Mediation statt Verwaltungsprozess?, S. 105 (125) bzw. S. 165 (169). Vgl. zudem auch die Befragungsergebnisse von *Falkenstein/Gerbracht*, in: *Pitschas/Walther*, Mediation in d. Verwaltungsgerichtsbarkeit, S. 315 (325).

444 *Härtel*, JZ 2005, 753 (755); *Kleine-Tebbe*, in: *Fritz/Karber/Lambeck*, Mediation statt Verwaltungsprozess?, S. 165 (169). Vgl. auch: *Reimers* u. *Seifert*, in: *Pitschas/Walther*, Mediation in d. Verwaltungsgerichtsbarkeit, S. 45 (52) bzw. 59 (85); *v. Bargen*, BDVR-Rundschreiben 2004, 55 (57).

445 *Ortloff*, NVwZ 2004, 385 (389, Fn. 44); *Clostermann/Josephi/Kleine-Tebbe/Niewisch-Lennartz/Vogelei*, SGb 2003, 266 (267); *Reimers* u. *Kleine-Tebbe*, in: *Fritz/Karber/Lambeck*, Mediation statt Verwaltungsprozess?, S. 97 (101) bzw. S. 165 (169); *v. Bargen*, BDVR-Rundschreiben 2004, 55 (57). Vgl. auch: *Härtel*, JZ 2005, 753 (755); *Holznagel/Ramsauer*, in: *Haft/v. Schlieffen*, Hdb. Mediation, § 44 Rn. 1; *Proksch*, Kon:Sens 1998, 7 (10).

446 *Ortloff*, in: *Haft/v. Schlieffen*, Hdb. Mediation, § 29 Rn. 86; *Kleine-Tebbe*, in: *Fritz/Karber/Lambeck*, Mediation statt Verwaltungsprozess?, S. 165 (169). Vgl. zudem auch die Befragungsergebnisse von *Falkenstein/Gerbracht*, in: *Pitschas/Walther*, Mediation in d. Verwaltungsgerichtsbarkeit, S. 315 (325).

447 *Ortloff*, in: *Haft/v. Schlieffen*, Hdb. Mediation, § 29 Rn. 86; *Reimers*, in: *Pitschas/Walther*, Mediation in d. Verwaltungsgerichtsbarkeit, S. 45 (52); *Deventer/Ferner* u. *Kleine-Tebbe*, in: *Fritz/Karber/Lambeck*, Mediation statt Verwaltungsprozess?, S. 105 (125) bzw. S. 165 (169). Vgl. zudem auch die Ergebnisse der Befragung von *Falkenstein/Gerbracht*, in: *Pitschas/Walther*, Mediation in d. Verwaltungsgerichtsbarkeit, S. 315 (325).

448 *Härtel*, JZ 2005, 753 (755); *Holznagel/Ramsauer*, in: *Haft/v. Schlieffen*, Hdb. Mediation, § 44 Rn. 1.

das öffentliche Planungsrecht,[449] das Gesundheitswesen und Gesundheitsrecht,[450] das Krankenhaus-[451] und Pflegerecht,[452] das Recht der offenen Vermögensfragen[453] sowie das Recht der Feststellung der Zuordnung von ehemals volkseigenem Vermögen,[454] das Recht zur Sicherung der Zweckbestimmung von Sozialwohnungen,[455] das Stiftungsrecht,[456] das Straßen- und Verkehrsrecht,[457] das Recht der Subventionen,[458] teilweise das Wirtschaftsverwaltungsrecht[459] und das Abfall(beseitigungs)recht.[460] Darüber hinaus eigne sich die gerichtsnahe Mediation bei komplexen Behördenentscheidungen und Großprojekten[461] sowie, so ein an oben besagter Umfrage teilnehmender Richtermediator, bei Konflikten, in denen Behörden untereinander streiten. Im Übrigen haben nach den Umfrageergebnissen unter anderem auch im Kommunalrecht, in Streitigkeiten über Verbandsumlagen sowie hinsichtlich eines Anschluss- und Benutzungszwanges, im Ausbildungs- und Studienförderungsrecht und im Prüfungsrecht als spezielle Teile des Schul- und Hochschulrechts, im Brand- und Katastrophenschutzrecht, im Gefahrenabwehrrecht, im Friedhofs- und Bestattungsrecht sowie im Tierschutz-, Kindergarten-, Eisenbahn-, Güterfernverkehrs-, Luftverkehrs-, Rundfunkgebühren-, Jugendschutz-, Heim-, Namens-, Schornsteinfeger-, Vermessungs- und Erschließungsrecht bereits gerichtsnahe Mediationsverfahren stattgefunden, wobei jedoch nicht alle dieser Verfahren am Ende erfolgreich abgeschlossen werden konnten. Gerade im Bau(nachbar)recht, im Beamtenrecht, im Umweltrecht und im Straßenverkehrsrecht scheint jedoch eine besonders große Nachfrage nach gerichtsnaher Mediation zu bestehen.[462]

---

449 *Monßen*, AnwBl. 2004, 7 (8).

450 *Härtel*, JZ 2005, 753 (755); *Holznagel/Ramsauer*, in: *Haft/v. Schlieffen*, Hdb. Mediation, § 44 Rn. 1; *Monßen*, AnwBl. 2004, 7 (8); *Proksch*, Kon:Sens 1998, 7 (10).

451 *Ortloff*, NVwZ 2004, 385 (389, Fn. 44).

452 *Deventer/Ferner* u. *Kleine-Tebbe*, in: *Fritz/Karber/Lambeck*, Mediation statt Verwaltungsprozess?, S. 105 (125) bzw. S. 165 (169). Vgl. zudem die Ergebnisse der Befragungen von *Falkenstein/Gerbracht*, in: *Pitschas/Walther*, Mediation in d. Verwaltungsgerichtsbarkeit, S. 315 (325).

453 *Ortloff*, NVwZ 2004, 385 (389, Fn. 44).

454 *Ortloff*, NVwZ 2004, 385 (389, Fn. 44).

455 *Ortloff*, NVwZ 2004, 385 (389, Fn. 44).

456 *Ortloff*, NVwZ 2004, 385 (389, Fn. 44).

457 *Reimers*, in: *Pitschas/Walther*, Mediation in d. Verwaltungsgerichtsbarkeit, S. 45 (52); *Ortloff*, NVwZ 2004, 385 (389, Fn. 44).

458 *Reimers*, in: *Pitschas/Walther*, Mediation in d. Verwaltungsgerichtsbarkeit, S. 45 (52); *Ortloff*, in: *Haft/v. Schlieffen*, Hdb. Mediation, § 29 Rn. 86.

459 Vgl.: *Härtel*, JZ 2005, 753 (755); *Holznagel/Ramsauer*, in: *Haft/v. Schlieffen*, Hdb. Mediation, § 44 Rn. 1.

460 *Reimers*, in: *Pitschas/Walther*, Mediation in d. Verwaltungsgerichtsbarkeit, S. 45 (52); *Deventer/Ferner* u. *Kleine-Tebbe*, in: *Fritz/Karber/Lambeck*, Mediation statt Verwaltungsprozess?, S. 105 (125) bzw. S. 165 (169). Vgl. zudem auch die Ergebnisse der Befragung von *Falkenstein/Gerbracht*, in: *Pitschas/Walther*, Mediation in d. Verwaltungsgerichtsbarkeit, S. 315 (325).

461 *Clostermann/Josephi/Kleine-Tebbe/Niewisch-Lennartz/Vogelei*, SGb 2003, 266 (267); *Kleine-Tebbe*, in: *Fritz/Karber/Lambeck*, Mediation statt Verwaltungsprozess?, S. 165 (170).

462 Vgl. auch: Projekt Gerichtsnahe Mediation in Niedersachsen – Erfahrungen aus der Projektpraxis, S. 39; *Kleine-Tebbe*, in: *Fritz/Karber/Lambeck*, Mediation statt Verwaltungsprozess?, S. 165 (169).

Im Sozialrecht werden je nach Einzelfall insbesondere das Sozialhilferecht,[463] Konflikte mit berufskundlichem Schwerpunkt, Auseinandersetzungen im Fremdenrecht, Streitigkeiten zwischen Vertragsärzten/Krankenkassen und kassenärztlichen Vereinigungen, Streitpunkte zwischen Versicherungsträgern und Verbänden[464] sowie Konflikte bezüglich der (Nicht-)Gewährung sozialer Leistungen[465] als mediationsgeeignet angesehen. Eine besonders große Mediationsnachfrage besteht nach den aus dem niedersächsischen Modellversuch zum Einsatz der gerichtsnahen Mediation auch in der Sozialgerichtsbarkeit gewonnenen Erfahrungen vor allem im Kranken- und Unfallversicherungsrecht, sowie bei Erstattungsstreitigkeiten zwischen Krankenkassen und Unfallversicherungsträgern,[466] während herausragende Erfolge hier gerade im Vertragsleistungsrecht (zum Beispiel zwischen Krankenkassen und ihren Leistungserbringern) erzielt werden konnten.[467] Durchgeführt wurden gerichtsnahe Mediationen im Rahmen des niedersächsischen Modellversuchs darüber hinaus unter anderem im Bereich des Rentenversicherungsrechts, im Aufgabenbereich der Bundesagentur für Arbeit, im Kassenarztrecht[468] sowie im Leistungs-, Reha- und Beitragsrecht.[469] Als ungeeignet werden im Sozialrecht zuweilen Konflikte angesehen, die – wie oftmals bei Streitigkeiten in der Arbeitslosenversicherung der Fall – ausschließlich reine Rechtsprobleme enthalten, sowie solche Fälle, die ihren Schwerpunkt auf medizinischem Fachgebiet haben oder zumindest einer umfangreichen medizinischen Sachverhaltsaufklärung bedürfen.[470] Hinzu kommen nach einer die gerichtsnahe Mediation im Sozialrecht in weiten Teilen ablehnenden Ansicht auch die Standardfälle der Sozialleistungsgewährung, in denen die streitenden Parteien in einem Über-/Unterordnungsverhältnis stehen und die Beteiligten (insbesondere der Sozialversicherungsträger) nicht frei darin sind, über das Begehren des Klägers zu disponieren.[471]

---

[463] *Reimers*, in: *Fritz/Karber/Lambeck*, Mediation statt Verwaltungsprozess?, S. 97 (101); *Deventer/ Ferner* u. *Kleine-Tebbe*, in: *Fritz/Karber/Lambeck*, Mediation statt Verwaltungsprozess?, S. 105 (125) bzw. S. 165 (169); *Clostermann/Josephi/Kleine-Tebbe/Niewisch-Lennartz/Vogelei*, SGB 2003, 266 (267); *Ortloff*, in: *Haft/v. Schlieffen*, Hdb. Mediation, § 29 Rn. 86; *Ortloff*, NVwZ 2004, 385 (389, Fn. 44); Projekt Gerichtsnahe Mediation in Niedersachsen – Projektabschlussbericht, S. 52; Projekt Gerichtsnahe Mediation in Niedersachsen – Erfahrungen aus der Projektpraxis, S. 39. Vgl. zudem die Ergebnisse der Befragungen von *Falkenstein/Gerbracht*, in: *Pitschas/Walther*, Mediation in d. Verwaltungsgerichtsbarkeit, S. 315 (325); *v. Bargen*, BDVR-Rundschreiben 2004, 55 (57).

[464] *Dürschke*, SGb 2001, 532 (534 ff.).

[465] *Seifert*, in: *Pitschas/Walther*, Mediation in d. Verwaltungsgerichtsbarkeit, S. 59 (86); Vgl. zudem auch: *Kilger*, in: *Haft/v. Schlieffen*, Hdb. Mediation, § 45 Rn. 1 ff.

[466] Projekt Gerichtsnahe Mediation in Niedersachsen – Projektabschlussbericht, S. 37 u. 52.

[467] Projekt Gerichtsnahe Mediation in Niedersachsen – Projektabschlussbericht, S. 37 u. 52; Projekt Gerichtsnahe Mediation in Niedersachsen – Erfahrungen aus der Projektpraxis, S. 37.

[468] Projekt Gerichtsnahe Mediation in Niedersachsen – Erfahrungen aus der Projektpraxis, S. 38.

[469] Projekt Gerichtsnahe Mediation in Niedersachsen – Projektabschlussbericht, S. 37 u. 52.

[470] *Dürschke*, SGb 2001, 532 (534).

[471] *Spellbrink*, SGb 2003, 141 (143).

III. Exkurs: Die gerichtsverbundene Mediation im Rahmen US-amerikanischer Court-Programme

In den USA[472] wird die Mediation teilweise als ein Bestandteil eines so genannten Multi-Door-Courthouses oder eines Multi-Option-Modells angesehen, in dessen Rahmen den Prozessparteien verschiedene Arten der Streitbeilegung inklusive solche der alternativen Streitbeilegung durch die Gerichte angeboten werden.[473] Ohne hierauf im Rahmen dieser Arbeit im Einzelnen eingehen zu können, sind die Verfahren der alternativen Streitbeilegung – und damit auch die Mediation – in den USA mittlerweile feste Bestandteile des Gerichtssystems und gehören zum US-amerikanischen Gerichtsalltag. Nachdem seit Ende der 70er-Jahre Bestrebungen zur Einführung von gerichtlichen ADR-Verfahren zu verzeichnen waren, hielt bereits der Civil Justice Reform Act 1990 alle District Courts an, Pläne zur Reduzierung der Kosten und Verzögerungen in Gerichtsverfahren zu entwickeln und empfahl ADR – also auch Mediation – als eine der dazu geeigneten Möglichkeiten.[474] Der Alternative Dispute Resolution Act 1998[475] verpflichtete die Bundesgerichte der ersten Instanz – die Federal District Courts – im zivilrechtlichen Bereich gerichtseigene ADR-Programme einzuführen,[476] wobei unter ADR-Programmen „any process or procedure, other than an adjudication by a presiding judge, in which a neutral third party

---

[472] Die nachfolgende Darstellung soll einen kurzen Überblick über die gerichtsverbundene Mediation in den USA geben. Sie erhebt weder inhaltlich noch hinsichtlich der ausgewerteten Literatur Anspruch auf Vollständigkeit.
Zu einer aktuellen Auswertung amerikanischer Court-ADR-Programme vgl. u.a.: *Slipanowich,* 1 Journal of Empirical Legal Studies, 843 ff. Vgl. zudem auch: *Brazil,* 21 Ohio State Journal on Dispute Resolution (2006), S. 241 ff. Zur Verbreitung der Mediation im Rahmen der ADR-Programme der Federal District Courts im Jahre 1996 vgl.: *Plapinger/Stienstra,* ADR and Settlement in the Federal District Courts, insbes. S. 15 ff. u. 36 ff., sowie: *Chantilis,* 26 University of Memphis Law Review (1996), 1031 (1034 ff.). Einen Überblick über verschiedene Court-Mediationsprogramme aus dem Jahre 1987 liefert schließlich: *Fine/Plapinger,* ADR and the Courts – A Manual for Judges and Lawyers.

[473] Vgl. hierzu u.a.: *Birner,* Das Multi-Door Courthouse; *Sander* u. *Krapp,* in: *W. Gottwald/Strempel,* Streitschlichtung, S. 19 (24 ff.) bzw. 31 (37 ff.) bzw. 45 (55 ff.); *Strempel,* 11 Ohio State Journal on Dispute Resolution (1996), 297 ff.; *Resnik,* 10 Ohio State Journal on Dispute Resolution (1995), 211 ff.; *Birner,* ZKM 2003, 149 ff.; *Krapp,* ZRP 1994, 115 (117 f.); *W. Gottwald,* Betrifft JUSTIZ 1999, 117 (122); *W. Gottwald,* BRAK-Mitteilungen 1998, 60 (63); *Ponschab/Kleinhenz,* DRiZ 2002, 430 (435); *v. Bargen,* DVBl. 2004, 468 (473); *v. Bargen,* BDVR-Rundschreiben 2004, 55 (57); *Duve,* Mediation u. Vergleich im Prozess, S. 72 (Fn. 8); *W. Gottwald* u. *Trossen,* in: *Haft/v. Schlieffen,* Hdb. Mediation, § 17 Rn. 1 ff. u. 11 bzw. § 18 Rn. 70; *Oldenbruch,* Die Vertraulichkeit im Mediationsverfahren, S. 40; *Goldberg/Sander/Rogers/Cole,* Dispute Resolution, S. 382 ff.; *Ade/Alexander,* ZKM 2007, 183 (184); *Huther,* ZKM 2004, 247 (249); *Probst,* SchlHA 2005, 317; *Goll,* ZKM 2002, 144 (145); *Ritter,* NJW 2001, 3440 (3448); *Stoecker,* ZKM 2000, 105 (107).

[474] U.a.: *Hay,* in *Breidenbach/Coester-Waltjen/Heß u.a.,* Konsensuale Streitbeilegung, S. 101 (112); *Duve,* Mediation u. Vergleich im Prozess, S. 74; *Plapinger/Stienstra,* ADR and Settlement in the Federal District Courts, S. 3; *Kilian/Wielgosz,* ZZPInt. 2004, 355 (383).

[475] United States Code, Title 28, Part III, Chapter 44, § 651-658 (im Folgenden zitiert: 28 U.S.C., §§ 651-658).

[476] 28 U.S.C., § 651(b). 28 U.S.C. § 652 (a) verlangt, dass jeder Federal District Court zumindest ein ADR-Verfahren anbietet. Vgl. zudem auch: *Kilian/Wielgosz,* ZZPInt. 2004, 355 (384).

participates to assist in the resolution of issues in controversy"[477] verstanden wurde. Die Mediation wurde auch hier als eine mögliche Verfahrensalternative ausdrücklich genannt.[478] Die meisten State- und Federal Courts haben mittlerweile ADR-Programme entwickelt. Die gerichtsverbundene Mediation stellt dabei eine der am weitesten verbreiteten Methoden der gerichtsverbundenen ADR (court-ADR) dar.[479]

Die einzelnen gerichtsverbundenen ADR- und Mediationsprogramme variieren zunächst hinsichtlich des Verfahrens der Verfahrenseinleitung und der Bestellung und Ernennung der Mediatoren im Falle der gerichtsverbundenen Mediation. Hinsichtlich der Einleitung gerichtsnaher ADR-Verfahren wird vereinzelt der Anwaltschaft abgefordert, dass diese entsprechend einer so genannten „mandatory advisory rule"[480] ihre Mandanten schon im Vorfeld gerichtlicher Maßnahmen über die verschiedenen ADR-Verfahren informieren[481] oder nach einer so genannten „mandatory discussion rule" mit ihren Mandanten und der Gegenseite die Chancen und Risiken einer Mediation oder sonstigen ADR im konkreten Fall diskutieren müssen.[482] Häufiger noch sind die Parteien eines Rechtsstreits jedoch nur verpflichtet, an einer so genannten „Screening Conference" oder „Case Management Conference" teilzunehmen, in denen entweder Mitarbeiter des Gerichts (Richter oder Rechtspfleger) zwischen Klageerhebung und Gerichtsverhandlung oder Richter zu einem frühen Zeitpunkt innerhalb der Verhandlung mit den Beteiligten erörtern, ob und welche ADR-Angebote für den jeweiligen Konflikt und dessen Beilegung geeignet sein könnten.[483] Ob eine solche „Screening Conference" zuvor stattgefunden hat oder nicht: Häufig werden die Parteien – und zum Teil auch ihre Anwälte[484] – im Rahmen US-amerikanischer Court-ADR-Programme dazu aufgefordert oder sogar verpflichtet sein, den ernsthaften Versuch (auch: „good faith effort/attempt"[485]) einer ADR zu unternehmen, „in good faith"[486] an Mediationssitzungen teilzunehmen oder sich um eine

---

[477] 28 U.S.C., § 651(a); vgl. auch: *Niemic/Stienstra/Ravitz*, Guide to Judicial Management of Cases in ADR, S. 3.

[478] 28 U.S.C., § 651(a). Vgl. auch: *Niemic/Stienstra/Ravitz*, Guide to Judicial Management of Cases in ADR, S. 3; *Plapinger/Stienstra*, ADR and Settlement in the Federal District Courts, S. 15 ff.; *Hay*, in *Breidenbach/Coester-Waltjen/Heß u.a.*, Konsensuale Streitbeilegung, S. 101 (112).

[479] Vgl. hierzu: *Duve*, Mediation u. Vergleich im Prozess, S. 80; *Niemic/Stienstra/Ravitz*, Guide to Judicial Management of Cases in ADR, S. 129; *Hay*, in *Breidenbach/Coester-Waltjen/Heß u.a.*, Konsensuale Streitbeilegung, S. 101 (113, Fn. 39);

[480] Vgl.: *W. Gottwald*, in: *Henssler/Koch*, Mediation in d. Anwaltspraxis, § 7 Rn. 75 m.w.N.

[481] *W. Gottwald*, in: *Henssler/Koch*, Mediation in d. Anwaltspraxis, § 7 Rn. 16, 75 (Fn. 119).

[482] Vgl.: *W. Gottwald*, in: *Henssler/Koch*, Mediation in d. Anwaltspraxis, § 7 Rn. 75 (Fn. 120); *Plapinger/Stienstra*, ADR and Settlement in the Federal District Courts, S. 8.

[483] *W. Gottwald*, in: *Henssler/Koch*, Mediation in d. Anwaltspraxis, § 7 Rn. 17; *W. Gottwald*, AnwBl. 2000, 265 (267 u. 271); *W. Gottwald*, BRAK-Mitteilungen 1998, 60 (63); *Krapp*, in: *W. Gottwald/Strempel*, Streitschlichtung, S. 45 (54).

[484] *Rogers/McEwen*, 13 Ohio State Journal of Dispute Resolution (1998), 831 (853 f.).

[485] *Hay*, in *Breidenbach/Coester-Waltjen/Heß u.a.*, Konsensuale Streitbeilegung, S. 101 (114); *W. Gottwald*, ZKM 2003, 109 (112).

[486] Vgl. hierzu: *W. Gottwald*, in: *Henssler/Koch*, Mediation in d. Anwaltspraxis, § 7 Rn. 76 m.w.N.; *Niemic/Stienstra/Ravitz*, Guide to Judicial Management of Cases in ADR, S. 63 f.; *Kovach*, 38 South Texas Law Review (1997), 575 ff.; *Kovach*, Mediation, S. 97 ff. u. 572 f.; *Weston*, 76 Indiana Law Journal

„meaningful participation“[487] zu bemühen, wobei die Parteien bei einer solchen verordneten ADR jedoch regelmäßig aussteigen können, wenn sie kein Ergebnis verspricht.[488] Die Pflicht zur Teilnahme an dem gerichtlichen Mediationsverfahren kann dabei durch lokale Regelungen vorgesehen sein, oder aber in das Ermessen des jeweiligen Mediators gestellt sein.[489] Eine weitere Art von Court-ADR-Regelungen macht die Klageerhebung davon abhängig, dass die Parteien zuvor eine Streitbeilegung im Rahmen der ADR versucht haben, während wiederum andere die Teilnahme an ADR-Verfahren zwar freistellen, die Parteien jedoch mit negativen Konsequenzen rechnen müssen, sollten sie die Teilnahme verweigern.[490] Ausnahmeregelungen sind dabei aus Gründen der Verfahrensfairness jedoch in wohl allen Gesetzen vorgesehen.[491] Neben diesen Formen der obligatorischen Mediation, gibt es schließlich jedoch auch Court-ADR-Programme, in deren Rahmen die Durchführung eines Mediationsverfahrens gänzlich freiwillig ist.[492]

Bezüglich der Bestellung der Mediatoren lassen sich in den USA die gerichtsverbundenen Mediationsmodelle der „In-House-Mediation“ und der externen Mediation unter-

---

(2001), 591 ff. (insbes. 608 ff.); *Goldberg/Sander/Rogers/Cole,* Dispute Resolution, S. 411 ff.; *W. Gottwald,* ZKM 2003, 109 (112). Wird eine Mediationsteilnahme „in good faith“ gefordert so stellt sich zunächst das Problem, dass es nicht eindeutig definierbar ist, was unter dem Begriff „good faith“ zu verstehen ist. Zudem verlangt eine „good faith“-Erfordernis auch entsprechende Sanktionsmöglichkeiten des Mediators für den Fall, dass eine Partei nicht in „good faith“ handelt, soll das „good faith“-Erfordernis kein zahnloser Tiger bleiben. Diesbezüglich ist problematisch, welche Sanktionsmöglichkeiten (z.B. Abbruch des Mediationsverfahrens, nachteilige Kostenentscheidung u. -verteilung) dem Mediator an die Hand gegeben werden sollen. Außerdem gibt die Einführung eines „good faith“-Erfordernisses dem Mediator in gewissem Maße ein Instrument an die Hand, die Parteien zu einer Einigung zu bringen und kann dazu führen, dass „Satellitenstreitigkeiten“ auftreten, im Rahmen derer u.a. das Prinzip der Vertraulichkeit der Mediation angegriffen wird, wenn sich die Parteien nach Abschluss der Mediation über das jeweilige Parteiverhalten in der Mediation streiten, die Gerichte in diesen Streit eingeschaltet werden und bezüglich der Frage, ob die ein oder andere Partei dem „good faith“-Erfordernis entsprochen hat, Beweis erheben müssen. Schließlich kann ein „good faith“-Erfordernis dem Recht der Parteien einer Mediation entgegenstehen, ihren Konflikt nach eigenen Vorstellungen zu präsentieren. (vgl. auch: *W. Gottwald,* in: *Henssler/Koch,* Mediation in d. Anwaltspraxis, § 7 Rn. 76; *Niemic/Stienstra/Ravitz,* Guide to Judicial Management of Cases in ADR, S. 64).

487 *Niemic/Stienstra/Ravitz,* Guide to Judicial Management of Cases in ADR, S. 63; *Hay,* in *Breidenbach/Coester-Waltjen/Heß u.a.,* Konsensuale Streitbeilegung, S. 101 (114); *Weston,* 76 Indiana Law Journal (2001), 591 ff. (insbes. 608 ff.); *Kovach,* 38 South Texas Law Review (1997), 575 ff.

488 Vgl.: *W. Gottwald,* AnwBl. 2000, 265 (267); *Rogers/McEwen,* 13 Ohio State Journal of Dispute Resolution (1998), 831 (850 f.).

489 Vgl.: *Niemic/Stienstra/Ravitz,* Guide to Judicial Management of Cases in ADR, S. 56 f.

490 Vgl.: *W. Gottwald,* in: *Henssler/Koch,* Mediation in d. Anwaltspraxis, § 7 Rn. 18; *Zimmer,* Außergerichtl. Streitbeilegung in Dtl., S. 130; *Rogers/McEwen,* 13 Ohio State Journal of Dispute Resolution (1998), 831 (850).

491 Vgl.: *W. Gottwald,* in: *Henssler/Koch,* Mediation in d. Anwaltspraxis, § 7 Rn. 19. Vgl. zudem auch: *Ade/Alexander,* ZKM 2007, 183 (186), wonach häufig vorgesehen wird, dass die Parteien zur Teilnahme an der gerichtsnahen Mediation verpflichtet sind, soweit sie nicht nachvollziehbar dagegensprechende Gründe nennen können.

492 Vgl. auch: *Niemic/Stienstra/Ravitz,* Guide to Judicial Management of Cases in ADR, S. 48 ff. Zur Frage der obligatorischen Teilnahme an alternativen Streitbeilegungsprogrammen in den USA allgemein vgl. zudem auch: *Goldberg/Sander/Rogers/Cole,* Dispute Resolution, S. 388 ff.

scheiden. Im Rahmen der „In-House-Mediation" führen stets speziell hierfür ausgebildete Mitarbeiter des jeweiligen Gerichts – oftmals ein Richter – das Mediationsverfahren durch. Die in den deutschen Modellversuchen gewählte Ausgestaltung, dass ein Richter des jeweiligen Gerichts als Richtermediator fungiert, verkörpert mithin eine der denkbaren Varianten der so genannten „In-House-Mediation". Die Modelle der externen Mediation können dagegen recht unterschiedlich ausgestaltet sein. In einigen externen Mediationsprogrammen werden ehrenamtliche Personen als Mediatoren tätig, die vom Gericht ausgewählt, ausgebildet und überwacht werden. Andere externe Programme bedienen sich zur Durchführung der Mediation gemeinnütziger Organisationen, die auf vertraglicher Basis die ihnen zugewiesenen Verfahren ehrenamtlich übernehmen. Eine wiederum andere Form der externen gerichtsverbundenen Mediation bedient sich sogar kommerzieller Mediatoren, mit denen die Gerichte Dienstverträge über die Durchführung der jeweiligen Verfahren abschließen. Schließlich gibt es aber auch externe gerichtsverbundene ADR- beziehungsweise Mediationsprogramme, in deren Rahmen die Parteien direkt an private Dritte verwiesen werden, die diese selbst mit der Durchführung des jeweiligen Verfahrens beauftragen.[493] Dieses Vorgehen ähnelt dem in § 275 Abs. 5 S. 2 ZPO vorgesehenen Verfahren.

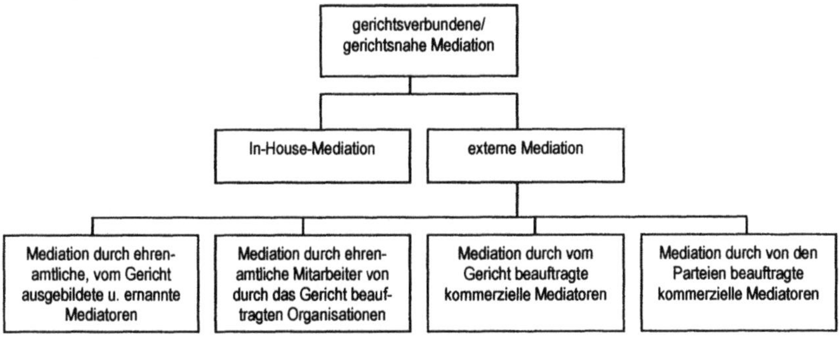

Auch die persönliche Auswahl der Mediatoren selbst variiert im Rahmen der verschiedenen Modelle im Einzelnen stark. In einigen Programmen werden die Parteien an Mediatoren verwiesen, die zuvor vom Gericht ausgewählt wurden. In anderen Programmen werden die Parteien aufgefordert, selbst einen neutralen Dritten von einer durch das Gericht erstellten Liste anerkannter Mediatoren auszuwählen oder das Gericht überlässt es den Parteien gänzlich, sich einen Mediator zu suchen. Schließlich bestehen auch Programme, im Rahmen derer es zwar nicht von vornherein den Parteien überlassen ist, einen geeigneten Mediator auszuwählen, das Gericht jedoch eine entsprechende Übereinkunft der Parteien dahingehend akzeptiert, dass diese einen selbst ausgesuchten

---

493 Vgl. zum gesamten Komplex der Mediatorenbestellung bzw. -rekrutierung: *W. Gottwald*, in: *Henssler/Koch*, Mediation in d. Anwaltspraxis, § 7 Rn. 20 f.; *McCrory*, 14 Ohio State Journal on Dispute Resolution (1999), 813 f.; *Brazil*, 14 Ohio State Journal on Dispute Resolution (1999), 715 (747 ff.).

Mediator aufsuchen und in einem gewissen Zeitraum ein Mediationsverfahren durchführen.[494]

Hinsichtlich der Kosten, die für die Parteien im Rahmen der verschiedenen Court-ADR-Programme entstehen, bleibt zunächst festzuhalten, dass sich die Kosten oftmals bereits aus der Art der Bestellung und Auswahl des Mediators ergeben. So sind von den Parteien selbst ausgewählte und beauftragte Dritte in der Regel zu marktüblichen Preisen zu vergüten, während das jeweilige Verfahren für die Parteien häufig kostenfrei oder zumindest kostengünstig(er) sein wird, wenn ehrenamtliche Mediatoren oder gemeinnützige Organisationen mit der Verfahrensdurchführung betraut werden. Letzteres dürfte auch gelten, wenn durch das Gericht zwar auf kommerzielle Anbieter zurückgegriffen wird, die Kosten hierfür aber nicht an die Parteien weitergegeben, sondern vom Gericht getragen werden.[495] Lässt die Art der Bestellung und Auswahl des neutralen Dritten noch keine Aussage über dessen Vergütung zu und bestehen auch keine spezifischen Vergütungsregelungen, so kann es dagegen dem jeweiligen Richter obliegen, zu bestimmen, ob und in welcher Form eine Vergütung des neutralen Dritten erfolgen soll. Er kann sich dabei je nach Einzelfall beispielsweise für eine marktübliche Vergütung entscheiden, selbst eine Vergütung oder zumindest einen „Deckel" hinsichtlich der Vergütung festsetzen, eine für die Parteien kostenfreie, ehrenamtliche Verfahrensdurchführung, das heißt einen so genannten „pro bono service", wählen oder „pro bono"- und kostenpflichtige Verfahrensdurchführung derart verbinden, dass das jeweilige ADR-Verfahren zunächst für eine bestimmte Zeit kostenfrei ist und (erst) nach Ablauf einer bestimmten Frist eine marktübliche oder gerichtlich festgesetzte Vergütung zu zahlen ist.[496] Sofern aus Sicht der Parteien Kosten infolge des jeweiligen ADR-Verfahrens entstehen, sehen manche Gerichtsprogramme eine gleichmäßige Aufteilung dieser Kosten unter den Konfliktparteien vor, andere überlassen es den Parteien, über die Kostenverteilung zu verhandeln. Sehen die lokalen Bestimmungen keine Regelungen zur Kostenverteilung vor, kann eine gleichmäßige, unter Umständen aber auch eine ungleichmäßige Kostenverteilung in Betracht kommen. Ebenso ist es möglich, auch hier die Parteien über die Kostenverteilung verhandeln zu lassen.[497]

Neben den bisher genannten Gegensätzlichkeiten bestehen Unterschiede zwischen den einzelnen Gerichtsprogrammen zudem auch hinsichtlich des Zeitpunkts, in dem ein ADR- beziehungsweise Mediationsverfahren eingeleitet wird, mit Blick auf die Organisation der einzelnen Programme und deren Umfang, bezüglich der Auswahl der Fälle, die dem jeweiligen Programm zugeführt werden, sowie im Hinblick auf die Rolle des Mediators.

Während einige Gerichte nahezu alle Fälle dem jeweiligen Mediationsprogramm zuweisen, betrachten andere nur Fälle bestimmter Kategorien oder Fallgruppen als für das

---

[494] *Brazil,* 14 Ohio State Journal on Dispute Resolution (1999), 715 (748); vgl. zudem auch: *Niemic/Stienstra/Ravitz,* Guide to Judicial Management of Cases in ADR, S. 69 ff.

[495] *Brazil,* 14 Ohio State Journal on Dispute Resolution (1999), 715 (747 ff.).

[496] Vgl. zu den Kosten u.a.: *Plapinger/Stienstra,* ADR and Settlement in the Federal District Courts, S. 10 f.; *Niemic/Stienstra/Ravitz,* Guide to Judicial Management of Cases in ADR, S. 86 ff.

[497] Vgl. hierzu: *Niemic/Stienstra/Ravitz,* Guide to Judicial Management of Cases in ADR, S. 89 f.

jeweilige Mediationsprogramm geeignet und weisen nur diese Fälle einer Mediation zu. Oftmals wird auch von Fall zu Fall durch den Richter entschieden, ob eine Mediation geeignet erscheint und gegebenenfalls durchzuführen ist.[498] Mit Blick auf den Auswahlprozess dahingehend, welche Fälle dem Mediationsprogramm zugewiesen werden sollen, haben einige der Gerichte, die nicht pauschal alle Fälle zuweisen, bestimmte Kriterien entwickelt, nach denen die Auswahl getroffen werden soll. Andere treffen eher eine zufällige Auswahl der Fälle, die einer Mediation unterzogen werden.[499]

In zeitlicher Hinsicht setzen die meisten Mediationsprogramme bereits in einem frühen Stadium ein. Oftmals beginnen sie, bevor die Konfliktparteien ihre Schriftsätze einreichen, denn es wird befürchtet, dass die Anreize einer Einigung abnehmen, je weiter das Verfahren fortschreitet. Es soll den Beteiligten die Gelegenheit gegeben werden, eine Einigung herbeizuführen, bevor sie die Hauptunkosten eines Gerichtsverfahrens entstehen. Zudem: Selbst wenn die Mediationsbemühungen scheitern, können im Rahmen des frühzeitig durchgeführten Mediationsverfahrens erzielte Annäherungen und Klärungen zum Vorteil des weiteren (Gerichts-)Verfahrens genutzt werden.[500] Auch wenn sich argumentieren lässt, dass eine Mediation effektiver sein kann, wenn der Sachverhalt zuvor durch das Gericht aufgeklärt wurde, „earlier use of mediation may bring about earlier settlements, and cost and time savings may be greater when considerable resources have not yet been sunk into the case, especially if costly discovery procedures can be avoided. An early referral may also catch the parties at a point where they are not firmly entrenched in their positions on certain issues and thus can be more flexible in negotiations."[501] Im Falle der gerichtlichen Mediation soll die einer Verfahrensdurchführung vorausgehende Sachverhaltsermittlung demnach auf die Vorlage von bestimmten Schlüsseldokumenten oder die Aussage einer kleinen Zahl an Hauptpersonen beschränkt bleiben.[502]

Weitere Unterschiede bestehen bezüglich der Art und Weise, in der das Mediationsverfahren durchgeführt wird. Während die meisten Programme direkte Gespräche zwischen den Parteien vorsehen, ist es im Rahmen einiger Programme durchaus auch möglich, Telefonkonferenzen durchzuführen. Zudem beschränken sich die meisten Programme auf eine so genannte „facilitative mediation"[503], während einige wenige Gerichtsprogramme zusätzlich vorsehen, dass der Mediator Vorhersagen über das Ergebnis anstellt oder eine bestimmte Art der Konfliktregelung vorschlägt, wobei es sich jedoch

---

[498] Vgl. hierzu u.a.: *Niemic*, Mediation & Conference Programs in the Federal Courts of Appeals, S. 6 f.; *Hay*, in *Breidenbach/Coester-Waltjen/Heß u.a.*, Konsensuale Streitbeilegung, S. 101 (113); *W. Gottwald*, BRAK-Mitteilungen 1998, 60 (63); *Plapinger/Stienstra*, ADR and Settlement in the Federal District Courts, S. 7; *Niemic/Stienstra/Ravitz*, Guide to Judicial Management of Cases in ADR, S. 9, 11, 40; *Zimmer*, Außergerichtl. Streitbeilegung in Dtl., S. 129 f.; *Rogers/McEwen*, 13 Ohio State Journal of Dispute Resolution (1998), 831 (849).

[499] Vgl.: *Niemic*, Mediation & Conference Programs in the Federal Courts of Appeals, S. 6 f.; vgl. hierzu auch: *Rogers/McEwen*, 13 Ohio State Journal of Dispute Resolution (1998), 831 (849).

[500] *Niemic*, Mediation & Conference Programs in the Federal Courts of Appeals, S. 7.

[501] *Niemic/Stienstra/Ravitz*, Guide to Judicial Management of Cases in ADR, S. 15.

[502] *Niemic/Stienstra/Ravitz*, Guide to Judicial Management of Cases in ADR, S. 17.

[503] Vgl. zur Tätigkeit des Mediators als „Facilitator" auch: Erster Teil , 4. Kapitel, Unterpunkt V.

nur um unverbindliche Empfehlungen des Mediators, nicht des Gerichts selbst, handelt.[504] Die als Mediatoren eingesetzten neutralen Dritten verfügen in den unterschiedlichen Programmen darüber hinaus über verschiedene Bezeichnungen, sind jedoch meist Juristen, die durch das jeweilige Gericht ausgewählt und ausgebildet werden. Oftmals sind es „Senior (Federal) Judges“, pensionierte „State Judges“ oder freiwillige, neutrale Anwälte, die den Anforderungen des entsprechenden Gerichts genügen.[505] Ebenso können aber beispielsweise auch so genannte „Magistrate Judges“[506] oder „Special Masters“ mit der Durchführung der Mediationsverfahren beauftragt werden.[507] Selbst der in der Sache beauftragte Richter kann in einigen Programmen unter Umständen – trotz der naturgemäß hiergegen bestehenden Bedenken – als Mediator fungieren.[508] Die Rolle des jeweiligen Mediators reicht dabei – wie bereits angedeutet – vom bloßen „Facilitator“ bis hin zum „Evaluator“.[509]

Schließlich bestehen Unterschiede zwischen den verschiedenen Programmen unter anderem auch bezüglich der Ausbildung der Mediatoren[510] und der an die Mediatoren zu stellenden Anforderungen,[511] hinsichtlich des Verhältnisses zwischen Mediation und gerichtlichem Verfahren (an den Federal District Courts wird das gerichtliche Verfahren meist fortgeführt oder eine Frist vorgesehen, innerhalb derer die Gerichtsmediation durchgeführt werden muss, so dass die Anrufung einer Mediation nicht automatisch eine Unterbrechung des gerichtlichen Verfahrens bewirkt) sowie mit Blick auf die im Vorfeld der Mediation nach den jeweiligen lokalen Regeln oder auf Bestimmung des hinzugezogenen neutralen Dritten durch die Parteien bereitzustellenden Schriftstücke und Informationen,[512] wobei hierauf im Rahmen der vorliegenden Arbeit jedoch nicht näher eingegangen werden kann.

Ähnliches gilt dabei auch hinsichtlich der zahlreichen Gemeinsamkeiten zwischen den einzelnen Mediations- beziehungsweise Court-ADR-Programmen. Weitgehende Ähnlichkeiten, die an dieser Stelle nur exemplarisch aufgezeigt werden sollen, bestehen beispielsweise bezüglich der Vertraulichkeit des Mediationsverfahrens, wonach es dem Mediator, den Parteienvertretern und den Parteien selbst verboten ist, den Inhalt des Mediationsverfahrens nach Außen zu tragen.[513] Auch verlangen die ADR-Programme an ame-

---

[504] *Niemic,* Mediation & Conference Programs in the Federal Courts of Appeals, S. 8.

[505] Vgl.: *Niemic,* Mediation & Conference Programs in the Federal Courts of Appeals, S. 10.

[506] 28 U.S.C., § 653(b).

[507] *Niemic/Stienstra/Ravitz,* Guide to Judicial Management of Cases in ADR, S. 75 ff.

[508] *Niemic/Stienstra/Ravitz,* Guide to Judicial Management of Cases in ADR, S. 78 ff.

[509] *Kovach/Love,* 3 Harvard Negotiation Law Review, 71 (81 ff.). Vgl. zudem auch: *Plapinger/Stienstra,* ADR and Settlement in the Federal District Courts, S. 65 f.

[510] 28 U.S.C., § 653(b) stellt hierzu lediglich fest, dass im ADR-Verfahren hinzugezogene Personen dazu qualifiziert sein sollen, als neutrale Dritte Person in einem ADR-Verfahren zu wirken, ohne weitere Anforderungen an eine solche Qualifikation zu beinhalten.

[511] *Niemic/Stienstra/Ravitz,* Guide to Judicial Management of Cases in ADR, S. 68 f.

[512] Vgl.: *Niemic/Stienstra/Ravitz,* Guide to Judicial Management of Cases in ADR, S. 65 f.

[513] *Niemic,* Mediation & Conference Programs in the Federal Courts of Appeals, S. 8 f.; 28 U.S.C., § 642(d) sieht vor, dass die Gerichte lokale Regelungen aufstellen, welche die Vertraulichkeit von ADR-

rikanischen Gerichten in zivilrechtlichen Konflikten im Kern übereinstimmend, dass die Konfliktparteien die Durchführung eines ADR-Verfahrens in Erwägung ziehen.[514] Zudem bestehen weitgehend ähnliche Regelungen, die Kriterien festlegen, bei deren Vorliegen eine Person – zum Beispiel aufgrund einer Interessenkollision – als Mediator ausscheidet.[515]

Verfahren gewährleisten und die Veröffentlichung vertraulicher Kommunikation im Rahmen des ADR-Verfahrens verbietet.

514 Vgl.: 28 U.S.C., § 652(a), der eine entsprechende Regelung in den lokalen Gerichtsregeln verlangt.

515 Die Federal District Courts sind bereits nach dem Alternative Dispute Resolution Act 1998 verpflichtet, Regelungen einzuführen, die sich mit dem Ausschluss ungeeigneter Personen befassen; 28 U.S.C., § 653 (b) (vgl.: *Niemic/Stienstra/Ravitz,* Guide to Judicial Management of Cases in ADR, S. 80 f.).

3. Kapitel: Gerichtsnahe Mediation: Aufgabe der rechtsprechenden Gewalt oder Aufgabe der Gerichtsverwaltung?

Der Blick auf die unterschiedlichen Modellversuche zum Einsatz der gerichtsnahen Mediation in den öffentlich-rechtlichen Gerichtsbarkeiten hat bereits gezeigt, dass die Tätigkeit der Richtermediatoren zum Teil als Aufgabe der Rechtsprechung gemäß Art. 92 GG, § 4 Abs. 1 des Deutschen Richtergesetzes (DRiG),[516] zum Teil aber auch als Aufgabe der Gerichtsverwaltung nach § 4 Abs. 2 Nr. 1 DRiG[517] angesehen wird.[518] In Teilen der Literatur wird darüber hinaus vertreten, dass es sich bei der Tätigkeit als Richtermediator weder um eine Rechtsprechungsaufgabe noch um eine Tätigkeit im Rahmen der „klassischen" Gerichtsverwaltung handele, ohne dabei näher auf die tatsächliche Natur der richterlichen Mediatorentätigkeit einzugehen.[519]

Von der Einordnung der Tätigkeit hängt vor allem die Zulässigkeit der gerichtsnahen Mediation durch Richtermediatoren ab, da Richter nur die ihnen nach dem Deutschen Richtergesetz (DRiG) oder sonst gesetzlich zugewiesenen Aufgaben zu übernehmen

---

[516] Vgl.: *Greger,* ZKM 2003, 240 (244); *Greger,* NJW 2007, 3258 ff.; *v. Bargen,* DVBl. 2004, 468 (474 ff.); *v. Bargen,* BDVR-Rundschreiben 2004, 55 (58); *Pitschas,* ZKM 2007, 187 (188); *Greger,* in: *Zöller,* ZPO, § 278 Rn. 11; *Kern, Büscher,* u. *Büttner/Heinecke,* in: *Pitschas/Walther,* Mediation in d. Verwaltungsgerichtsbarkeit, S. 147 (169 f.) bzw. S. 209 (227 ff.) u. S. 251 (279 f.); *Hückstädt,* NJ 2005, 289 (291); *Löer,* ZKM 2005, 182 (186). Vgl. zudem auch: *Knorr,* zitiert in: *Hepp,* BDVR-Rundschreiben 2005, 44; sowie: *Schenke,* in: FS v. Zezschwitz, S. 130 (149), wonach die gerichtsnahe Mediation eine „rechtsprechende Tätigkeit darstellt.

[517] *Ortloff,* in: *Haft/v. Schlieffen,* Hdb. Mediation, § 29 Rn. 84 f.; *Ortloff,* NVwZ 2004, 385 (389); *Ortloff,* ZKM 2002, 199 (200); *Reimers,* in: *Fritz/Karber/Lambeck,* Mediation statt Verwaltungsprozess?, S. 97 (99); *Probst,* SchlHA 2005, 317 (320); *Walther* u. *Büscher,* in: *Pitschas/Walther,* Mediation in d. Verwaltungsgerichtsbarkeit, S. 7 (20 f.) bzw. S. 209 (229 ff.); *Walther,* DRiZ 2005, 127 (128 f.); *Volkmann,* SchiedsVZ 2004, 245 (246); vgl. zudem auch: *Hepp,* BDVR-Rundschreiben 2005, 44 (45); Projekt Gerichtsnahe Mediation in Niedersachsen – Projektabschlussbericht, S. 9; Projekt Gerichtsnahe Mediation in Niedersachsen – Erfahrungen aus der Projektpraxis, S. 8. Trotz Zweifeln letztlich auch: *Reimers,* in: *Pitschas/Walther,* Mediation in d. Verwaltungsgerichtsbarkeit, S. 45 (46 f. u, 50 f.). Nach *R. Wimmer/U. Wimmer,* NJW 2007, 3243 (3244) stellt die richterliche Mediation zwar eine Verwaltungsaufgabe, nicht jedoch eine Aufgabe der Gerichtsverwaltung dar.

[518] Offen gelassen: *Koch,* ZKM 2007, 71 (73). Kritisch gegenüber einer Einordnung als Rechtsprechungsaufgabe: *Spindler,* ZKM 2007, 79.

[519] Vgl.: *R. Wimmer/U. Wimmer,* NJW 2007, 3243 f.; *Pitschas,* NVwZ 2004, 396 (402); *Walther, Pitschas, Kern* u. *Mohr,* in: *Pitschas/Walther,* Mediation in d. Verwaltungsgerichtsbarkeit, S. 7 (22) bzw. S. 33 (35), S. 147 (171) u. 179 (200); *Walther,* ZKM 2005, 53 (55); *Walther,* DRiZ 2005, 127 (128 f.); *Klose,* ZKM 2005, 146 (147 f.); *Pitschas,* zitiert in: *Hepp,* BDVR-Rundschreiben 2005, 44; *Schreiber,* Betrifft JUSTIZ 2004, 216 (218); *Spindler,* Abschlussbericht zum Forschungsprojekt Gerichtsnahe Mediation in Niedersachsen, Rn. 17 ff. Zumindest eine Qualifizierung als Rechtsprechungstätigkeit explizit ablehnend vgl. zudem auch: *Prütting,* ZKM 2006, 100 (101); Offen gelassen: Bericht der Arbeitsgruppe Mediation bei den Berliner Gerichten v. 20.7.2005, S. 71 ff., wonach sowohl eine Einordnung als Aufgabe der Rechtsprechung als auch eine Qualifizierung als Verwaltungstätigkeit in Betracht kommt; sowie: *Schenke,* in: FS v. Zezschwitz, S. 130 (147), wonach es sich bei der gerichtsnahen Mediation als auf die Herbeiführung einer friedensstiftenden Konfliktlösung gerichteten richterlichen Tätigkeit zumindest um einen typischen Bestandteil richterlichen Handelns handelt.

berechtigt sind. Die Wahrnehmung von Aufgaben und Tätigkeiten außerhalb der originär rechtsprechenden Tätigkeit wird dem Richter nur in den begrenzten Fällen des § 4 DRiG gestattet. Zudem betrifft die Frage der Zuordnung der richterlichen Mediatorentätigkeit auch in erheblichem Maße die Kompetenzen des jeweils als Mediator auftretenden Richters:[520] Kann die richterliche Mediation dem Bereich der Rechtsprechung zugewiesen werden, so verfügt der als Mediator tätige Richter – mit Ausnahme der Kompetenz zur Streitentscheidung, die einem Mediator naturgemäß nicht zukommen kann – über alle Kompetenzen eines unabhängigen Richters. Ist dies nicht der Fall, so fehlen dem als Mediator wirkenden Richter sämtliche richterliche Kompetenzen. Ferner kann die Qualifikation der richterlichen Mediation auch in Haftungsfragen, im Hinblick auf die Unvereinbarkeit der richterlichen Mediation mit anderen Aufgaben und hinsichtlich Fragen der Geschäftsverteilung sowie mit Blick auf die Richterpensen von Bedeutung sein.[521] Schließlich können sich unterschiedliche Konsequenzen bei Terminierungsfragen, bei der Frage der Gerichtsgebühren und bezüglich des Bestehens von Zeugnisverweigerungsrechten ergeben.[522]

Im Folgenden wird darzulegen sein, dass die Auffassung, wonach es sich bei der Tätigkeit der Richtermediatoren im Rahmen der gerichtsnahen Mediation weder um eine Aufgabe der Rechtsprechung noch um eine solche der Gerichtsverwaltung handelt, Zustimmung verdient. Sie ist jedoch dahingehend zu ergänzen, dass es sich hierbei um eine „andere Aufgabe“ handelt, welche den Gerichten oder den Richtern nach § 4 Abs. 2 Nr. 2 DRiG übertragen werden kann.

I. Die gerichtsnahe Mediation als Aufgabe der Rechtsprechung?

Zur Stützung der These, bei der gerichtsnahen Mediation handele es sich um eine Rechtsprechungsaufgabe, wird in der Literatur zunächst angeführt, ein gerichtsnahes Mediationsverfahren bilde einen Bestandteil des zweifellos der Rechtsprechung zuzuordnenden Gerichtsverfahrens. Dass der Richter zum Zwecke der gütlichen Beilegung (zum Beispiel im Rahmen eines Erörterungstermins) die spezielle Technik der Mediation einsetze, die bisher vor allem im außergerichtlichen Bereich Anwendung findet, ändere an der Bewertung seiner Tätigkeit als Rechtsprechung nach Art. 92 GG und § 4 Abs. 1 DRiG nichts.[523] Der Begriff der Rechtsprechung sei tätigkeitsorientiert zu erweitern und „Rechtsprechung“ als Modell des „neutralen Verfahrens“ zu verstehen, das vom Richter als unbeteiligtem, „allparteilichen“ Dritten geleitet werde und auf eine Konfliktlösung

---

[520] Vgl. hierzu: *Ortloff*, NVwZ 2004, 385 (389); Bericht der Arbeitsgruppe Mediation bei den Berliner Gerichten v. 20.7.2005, S. 74; *Büscher*, in: *Pitschas/Walther*, Mediation in d. Verwaltungsgerichtsbarkeit, S. 209 (226).

[521] Vgl.: *Koch*, NJ 2005, 97 (100); *Schümann*, SGb 2005, 27 (32); Zur Haftungsfrage vgl. auch: *Probst*, SchlHA 2005, 317 (321).

[522] *Ortloff*, in: *Pitschas/Walther*, Mediation in d. Verwaltungsgerichtsbarkeit, S. 343; *Probst*, SchlHA 2005, 317 (320 f.).

[523] *v. Bargen*, DVBl. 2004, 468 (474); *Greger*, ZKM 2003, 240 (244); *Greger*, NJW 2007, 3258 f.; *Löer*, ZKM 2005, 182 (186).

durch Dialog ziele.[524] Auch sprechen rein praktische Gründe scheinbar für eine Einordnung der gerichtsnahen Mediation als Richtertätigkeit im Sinne einer Aufgabe der Rechtsprechung: Die Einstufung als richterliche Tätigkeit im Sinne einer Rechtsprechungsaufgabe bringt erstens einen gewissen Vertrauensbonus für den jeweiligen Richtermediator mit sich und stärkt somit dessen Akzeptanz durch die Beteiligten. Zweitens führt die Qualifikation als richterliche Aufgabe im Sinne einer Rechtsprechungsaufgabe dazu, dass die nicht als Richtermediatoren wirkenden Richter realisieren, dass es nicht nur ihre Aufgabe ist, Urteile zu fällen, sondern auch Konfliktmanagement zu betreiben.[525] Zudem sei es eine traditionelle, typische und selbstverständliche Aufgabe des Richters, im Rahmen der verfassungsrechtlich abgesicherten Justizgewährleistung nicht nur kontradiktorisch zu verhandeln und zu entscheiden, sondern auch schlichtend tätig zu werden und – wie es § 278 Abs. 1 ZPO seit der ZPO-Reform im Jahre 2001 ausdrücklich normiert – „in jeder Lage des Verfahrens auf eine gütliche Beilegung des Rechtsstreits oder einzelner Streitpunkte bedacht" zu sein.[526] Auch wenn dem Richter in seiner Eigenschaft als Mediator die Entscheidungsmacht fehlt[527] und der genuin richterliche Beitrag zur Lösung rechtlicher Konflikte bei einer gerichtsnahen Mediation wesentlich geringer ausfällt als bei einer autoritären Entscheidung eines Rechtsstreits, handele es sich bei einer auf die Herbeiführung einer friedensstiftenden Konfliktlösung gerichteten richterlichen Mediation um einen typischen Bestandteil richterlichen Handelns.[528] Schließlich sei der neuen Fassung des § 278 ZPO der allgemeine Wille des Gesetzgebers zu entnehmen, dass die Gerichte ihre Bemühungen um eine gütliche Streitbeilegung intensivieren sollen.[529] Insgesamt würden den Richtern im Wege der Gesetzgebung immer öfter und in immer größerem Umfang Schlichtungsaufgaben zugewiesen, was vor allem auch die Neufassung des § 278 ZPO im Zuge der ZPO-Reform im Jahre 2001 zeige. Daher könne man Schlichtungsaufgaben allgemein als originäre Aufgaben der rechtsprechenden Gewalt betrachten.[530]

Die Anwendbarkeit des § 278 ZPO im verwaltungs-, sozial- und finanzgerichtlichen Verfahren wird an anderer Stelle noch zu klären sein. Abgesehen davon begegnet die Einordnung der gerichtsnahen Mediation als Aufgabe der Rechtsprechung vor allem grundsätzlichen Bedenken. Zwar trifft es zu, dass die gerichtsnahe Mediation gewissermaßen „im Rahmen eines Gerichtsverfahrens" stattfindet und, dass es zu den traditionellen Aufgaben der Richterschaft gehört, nicht nur kontradiktorisch, sondern auch konsensorientiert zu verhandeln. Zudem enthält das Grundgesetz – wie vielfach treffend

---

[524] *v. Bargen*, DVBl. 2004, 468 (474); vgl. auch: *Klose*, ZKM 2005, 146 (147).

[525] Vgl.: *Büttner/Heinecke*, in: *Pitschas/Walther*, Mediation in d. Verwaltungsgerichtsbarkeit, S. 251 (279 f.).

[526] *v. Bargen*, DVBl. 2004, 468 (475); *v. Bargen*, BDVR-Rundschreiben 2004, 55 (58); *Büscher*, in: *Pitschas/Walther*, Mediation in d. Verwaltungsgerichtsbarkeit, S. 209 (228 f.); vgl. auch: *Kern*, in: *Pitschas/Walther*, Mediation in d. Verwaltungsgerichtsbarkeit, S. 147 (169 f.); *Klose*, ZKM 2005, 146 (147).

[527] Vgl.: *Kern*, in: *Pitschas/Walther*, Mediation in d. Verwaltungsgerichtsbarkeit, S. 147 (170).

[528] *Kopp/Schenke*, VwGO, § 1 Rn. 43.

[529] *Büscher*, in: *Pitschas/Walther*, Mediation in d. Verwaltungsgerichtsbarkeit, S. 209 (228).

[530] *Greger*, ZKM 2003, 240 (244); vgl. auch: *Koch*, NJ 2005, 97 (101).

festgestellt[531] – keine Definition des Begriffs der rechtsprechenden Gewalt, sondern setzt diesen voraus. Dennoch erscheint die gerichtsnahe Mediation, bei der ein (Richter-)Mediator ohne Entscheidungsbefugnis in einem bereits rechtshängigen Verfahren ein Mediationsverfahren durchführt, mit dem Rechtsprechungsbegriff des Grundgesetzes nicht vereinbar.

Bereits Anfang der 30er Jahre des zwanzigsten Jahrhunderts hat unter anderem *Thoma*[532] festgestellt, Rechtsprechung im materiellen Sinne des Wortes sei der verselbständigte Ausspruch dessen, was in Anwendung des geltenden Rechts auf einen konkreten Tatbestand im Einzelfalle rechtens ist, durch eine staatliche Autorität.[533] Ähnlich definierte auch *Friesenhahn*[534] Rechtsprechung als die Anwendung des Gesetzes auf einen konkreten Sachverhalt und zwar rein im Dienste einer objektiven Rechtsverwirklichung, um als unbeteiligter Dritter den Beteiligten zu sagen, was das objektive Recht ist. Rechtsprechung liege danach vor, wenn das rechtsanwendende Organ – im Gegensatz zum staatlichen Verwaltungsorgan – als unbeteiligter Dritter mit obrigkeitlicher Gewalt feststellt, was auf den konkreten Sachverhalt bezogen rechtens ist, um einen Rechtsstreit zu entscheiden. Sowohl *Thoma* als auch *Friesenhahn* vertraten damit schon früh einen materiellen Rechtsprechungsbegriff.

Heute ist gemeinhin anerkannt, dass auch das Grundgesetz von einem materiellen Rechtssprechungsbegriff ausgeht, auch wenn Einzelheiten zum Teil umstritten bleiben. In Anlehnung an *Thoma* hält beispielsweise *Wassermann*[535] fest, bei der Rechtsprechung handele es sich um die Aufgabe, in Anwendung des geltenden Rechts auf einen konkreten Sachverhalt auszusprechen, was rechtens ist. Das Unterscheidungsmerkmal zur Verwaltung liege dabei vor allem darin, dass Akte der Rechtsprechung die Ungewissheit über das Recht beseitigen, und zwar durch einen unbeteiligten Dritten[536] und mit Anspruch auf Letztverbindlichkeit.[537] Auch *Meyer*[538] sieht als zentrales Element der

---

[531] *Detterbeck*, in: *Sachs*, GG, Art. 92 Rn. 4; *Schulze-Fielitz*, in: *Dreier*, GG, Art. 92 Rn. 24 ff.; *Hopfauf*, in: *Schmidt-BleibtreuHofmann/Hopfauf*, GG, Art. 92 Rn. 3; vgl. auch: *Schmidt-Räntsch*, DRiG, § 1 Rn. 4; *Kissel/Mayer*, GVG, Einl. Rn. 143; *Schaffer*, BayVBl. 1991, 641 (642); *BVerfGE* 21, 139 (144); 22, 49 (77); 103, 111 (136 ff.).

[532] *Thoma*, in: *Anschütz/Thoma*, Handbuch des Deutschen Staatsrechts, Bd. 2, S. 108 (129).

[533] Vgl. auch: *Arndt*, NJW 1959, 605.

[534] *Friesenhahn*, in: FS f. R. Thoma, S. 21 (21 f. u. 25 ff.).

[535] *Wassermann*, in: AK-GG, Art. 92 Rn. 30.

[536] Das Kriterium des Tätigwerdens eines unbeteiligten Dritten betont vor allem *Schmidt-Räntsch*, wonach es sich bei Rechtsprechung um Rechtsanwendung handelt, wobei hinzutreten muss, dass eine mit Autorität ausgestattete Stelle als unbeteiligter Dritter feststellt, was im Einzelfall Rechtens ist. Rechtsprechende Gewalt wird danach erst ausgeübt, wenn eine unbeteiligte, unabhängige Stelle, deren Mitglieder vom Staat beziehungsweise von einer Staatlichen Stelle berufen worden sind, verbindlich bestrittenes, bezweifeltes oder gefährdetes Recht feststellt (*Schmidt-Räntsch*, DRiG, § 1 Rn. 4 u. § 4 Rn. 5). Vgl. hierzu zudem auch: *Böttcher*, in: *Löwe-Rosenberg*, StPO, Vor § 1 GVG Rn. 4; *BVerfGE* 4, 331 (346); 14, 56 (69); 18, 241 (255); 21, 139 (145); 60, 165 (214).

[537] *Wassermann*, in: AK-GG, Art. 92 Rn. 30; vgl. auch: *Stern*, Staatsrecht, Bd. II, S. 897; *Meyer*, in: *v. Münch/Kunig*, GG, Art. 92 Rn. 8; *Classen*, in: *v. Mangoldt/Klein/Starck*, GG, Art. 92 Rn. 11; *Schulze-Fielitz*, in: *Dreier*, GG, Art. 92 Rn. 24 ff. u. 42; *Hopfauf*, in: *Schmidt-Bleibtreu/Hofmann/Hopfauf*, GG, Art. 92 Rn. 5; *Böttcher*, in: *Löwe-Rosenberg*, StPO, Vor § 1 GVG Rn. 4; *Volkmann*, Mediation im Zivilpro-

Rechtsprechung die Befugnis zur rechtsfunktional letztverbindlichen Antwort auf die Frage an, was nach der Rechtsordnung des Grundgesetzes rechtens ist. Rechtsprechung im Sinne des Art. 92 GG bedeute die antragsabhängige, funktional letztverbindliche Erkenntnis dessen, was positiv rechtens ist, durch einen neutralen Dritten.

Die von *Meyer* angesprochene (Letzt-)Verbindlichkeit der Entscheidung stellen auch andere Stimmen der Literatur in den Vordergrund ihrer materiellen Rechtsprechungsdefinition. So ist Rechtsprechung nach *Heyde*[539] die verbindliche rechtliche Beurteilung – mit anderen Worten die rechtskräftige Entscheidung – von festzustellenden Sachverhalten in Fällen bestrittenen, verletzten oder bedrohten Rechts mit dem Ziel möglichst richtiger Rechtserkenntnis[540] durch einen nicht beteiligten Dritten in sachlicher und persönlicher Unabhängigkeit. *Böckenförde*[541] stellt fest, dass zur Rechtsprechung die Behandlung einer Rechtssache durch ein unbeteiligtes, neutrales Organ („unabhängigen Dritten") gehöre, dass dessen verselbständigte, auf Rechtskraft abzielende Entscheidungen nicht nach politischen oder anderen Zweckgesichtspunkten, sondern in (alleiniger) Bindung an das geltende Recht (Gesetz und Recht) getroffen werde, und dass der primäre Funktionsgehalt der Rechtsprechung demnach als unbeteiligte und unabhängige, auf Rechtswirkung abzielende Entscheidung von Rechtssachen in alleiniger Bindung an Gesetz und Recht bestimmt werden könne. *H. J. Wolff*[542] definiert Rechtsprechung als die materielle Staatstätigkeit, die auf die rechtliche Beurteilung konkreter Sachverhalte und damit die Entscheidung über in der Regel streitige Berechtigungen und Verpflichtungen von Rechtssubjekten auf Grund eines geordneten Verfahrens, in Anwendung des geltenden objektiven Rechts und durch ein unbeteiligtes (Staats-)Organ zielt, wobei Rechtsprechungsakte stets zu einer mindestens latenten Rechtskraft gedeihen, während Akte der Gesetzgebung und der Regierung gar nicht und Verwaltungsakte nur in seltenen Ausnahmefällen der formellen und materiellen Rechtskraft fähig sind. Rechtsprechung ist danach die in besonders geregelten Verfahren zur rechtskräftigen Entscheidung führende rechtliche Beurteilung von Sachverhalten in Anwendung des geltenden objektiven Rechts durch ein unbeteiligtes Staatsorgan.[543] Auch *Stern*[544] konstatiert in ähnlicher Weise, Rechtsprechung bedeute materiell die von keiner anderen Staatsgewalt überprüfbare, letztverbindliche, meist in materielle Rechtskraft erwachsende, nur auf Antrag erfolgende, an das Recht gebundene und gegenwartsbezogene Anwendung einer vorgefundenen Norm auf einen konkreten Sachverhalt durch einen nicht beteiligten Dritten, so dass sich Rechtsprechung letztlich als die in besonders geregelten Verfahren zu letzt-

---

zess, S. 25. Vgl. zudem auch: *Schmidt-Räntsch*, DRiG, § 1, Rn,. 4, der insofern auf das Merkmal der Rechtskraftwirkung abstellt.

538 *Meyer*, in: *v. Münch/Kunig*, GG, Art. 92 Rn. 5 u. 7.

539 *Heyde*, in: *Benda/Maihofer/Vogel*, Hdb. Verfassungsrecht, § 33 Rn. 15.

540 Vgl. auch: *Detterbeck*, in: *Sachs*, GG, Art. 92 Rn. 21; *Kissel/Mayer*, GVG, Einl. Rn. 150.

541 *Böckenförde*, Verfassungsfragen der Richterwahl, S. 87 f.

542 *Wolff/Bachof/Stober*, Verwaltungsrecht I, § 20 Rn. 41 ff.

543 *Wolff/Bachof/Stober*, Verwaltungsrecht I, § 20 Rn. 44.

544 *Stern*, Staatsrecht, Bd. II, S. 894 ff. Vgl. auch: *Detterbeck*, in: *Sachs*, GG, Art. 92 Rn. 21; *Kissel/Mayer*, GVG, Einl. Rn. 150; *Heyde*, in: *Benda/Maihofer/Vogel*, Hdb. Verfassungsrecht, § 33 Rn. 13. Ähnlich auch: *Schulze-Fielitz*, in: *Dreier*, GG, Art. 92 Rn. 25.

verbindlicher Entscheidung führende rechtliche Beurteilung von Sachverhalten in Anwendung des geltenden Rechts durch ein unbeteiligtes (Staats-)Organ – den Richter – definieren lässt.

Auch zahllose andere Stimmen in der Literatur – allen voran schon *Arndt*[545], der Rechtsprechung als Staatstätigkeit definiert, die in „verselbständigter" Weise dem Gelten des Rechts gewidmet ist, so dass Ausübung der rechtsprechenden Gewalt letztlich eine „rechtskraftwirkende Entscheidung durch Wahrheits- und Rechtsprüfung um der Gewissheit willen" bedeute – verstehen unter Rechtsprechung sinngemäß die Anwendung einer vorgefundenen Norm (des Rechts) durch einen unbeteiligten, unabhängigen und von einer staatlichen Stelle berufenen Dritten auf einen konkreten Sachverhalt zur letztverbindlichen[546] Streitentscheidung beziehungsweise zur Feststellung bestrittenen, bezweifelten oder gefährdeten Rechts im Rahmen eines förmlichen, gesetzlich geregelten Verfahrens.[547] Gemeinhin wird in Rechtsprechung und Literatur betont, dass Rechtsprechung vorliege, wenn bestimmte hoheitliche Befugnisse durch die Verfassung den Gerichten und Richtern zugewiesen sind[548] oder wenn es sich der Sache nach um einen traditionellen Kernbereich richterlicher Tätigkeit handelt.[549] Rechtsprechung im Sinne des Art. 92 GG sei gegeben, wenn der Gesetzgeber für einen Sachbereich eine Ausgestaltung wähle, die bei funktioneller Betrachtung nur der rechtsprechenden Gewalt zukommen kann,[550] wenn ein Bereich von Aufgaben betroffen sei, die nach der geschichtlichen Entwicklung und dem Rechtsstaatsprinzip des Grundgesetzes nur von den Gerichten erfüllt werden können und wenn der Gesetzgeber „die letztverbindliche Klärung der

---

[545] *Arndt*, in: FG f. C. Schmid, S. 5 (10 ff., insbes. S. 15).

[546] Vgl. auch: *Hopfauf*, in: *Schmidt-Bleibtreu/Hofmann/Hopfauf*, GG, Art. 92 Rn. 5; *Volkmann*, Mediation im Zivilprozess, S. 25; *Poscher*, in: *Hoffmann-Riem/Schmidt-Aßmann/Voßkuhle*, Grundlagen des Verwaltungsrechts, Bd. I, § 8 Rn. 52, wonach es sich um Rechtsprechung handelt, wenn der Gesetzgeber zu treffenden Entscheidungen eine Rechtswirkung verleiht, die nur unabhängige Gerichte herbeiführen können, wobei zu den wesentlichen Begriffsmerkmalen der Rechtsprechung das Element der Entscheidung, der letztverbindlichen, der Rechtskraft fähigen Feststellung und des Ausspruchs dessen, was rechtens ist, gehört.

[547] Vgl. u.a.: *BVerfGE* 7, 183 (188 f.); 31, 43 (46); 103, 111 (137 f.); *Schmidt-Räntsch*, DRiG, § 1 Rn. 4 u. § 4 Rn. 5; *Classen*, in: *v. Mangoldt/Klein/Starck*, GG, Art. 92 Rn. 7 u. 10 ff.; *Forsthoff*, Verwaltungsrecht, S. 6; *Katz*, Staatsrecht Rn. 511; *Büscher*, in: *Pitschas/Walther*, Mediation in d. Verwaltungsgerichtsbarkeit, S. 209 (229); *Schmidt-Aßmann*, in: *Schoch/Schmidt-Aßmann/Pietzner*, VwGO, Einl. Rn. 34; *Böttcher*, in: *Löwe-Rosenberg*, StPO, Vor § 1 GVG Rn. 4; *Spindler*, Abschlussbericht zum Forschungsprojekt Gerichtsnahe Mediation in Niedersachsen, Rn. 18 sowie: *BVerfGE* 103, 111 (138), wonach Kennzeichen rechtsprechender Gewalt „typischerweise die letztverbindliche Klärung der Rechtslage in einem Streitfall im Rahmen besonders geregelter Verfahren" ist.

[548] *Hopfauf*, in: *Schmidt-Bleibtreu/Hofmann/Hopfauf*, GG, Vorb. v. Art. 92 Rn. 4 u. Art. 92 Rn. 4; *Pieroth*, in: *Jarass/Pieroth*, GG, Art. 92 Rn. 2; *BVerfGE* 22, 49 (74 f. u. 76 f.); 103, 111 (137); vgl. zudem auch: *R. Wimmer/U. Wimmer*, NJW 2007, 3243 f.

[549] *Hopfauf*, in: *Schmidt-Bleibtreu/Hofmann/Hopfauf*, GG, Vorb. v. Art. 92 Rn. 4 u. Art. 92 Rn. 4; *Pieroth*, in: *Jarass/Pieroth*, GG, Art. 92 Rn. 3; *Kissel/Mayer*, GVG, Einl. Rn. 147; *BVerfGE* 22, 49 (77 f.); 103, 111 (137). Ähnlich auch: *Detterbeck*, in: *Sachs*, GG, Art. 92 Rn. 9. Vgl. zudem auch: *R. Wimmer/U. Wimmer*, NJW 2007, 3243 f.

[550] *Hopfauf*, in: *Schmidt-Bleibtreu/Hofmann/Hopfauf*, GG, Art. 92 Rn. 5; *Badura*, Staatsrecht, Teil H Rn. 2; *BVerfGE* 103, 111 (137).

Rechtslage in einem Streitfall im Rahmen besonders geregelter Verfahren" vorsehe.[551] In funktioneller Hinsicht handele es sich um Rechtsprechung, wenn der Gesetzgeber ein gerichtsförmiges Verfahren hoheitlicher Streitbeilegung vorsieht und den dort zu treffenden Entscheidungen eine Rechtswirkung verleiht, die naturgemäß nur unabhängige Gerichte herbeiführen können.[552]

Die Zweifel an der Vereinbarkeit der Tätigkeit der Richtermediatoren mit diesem Verständnis des grundgesetzlichen Rechtsprechungsbegriffs – und damit auch mit dem Rechtsprechungsbegriff nach § 4 Abs. 1 DRiG, der dem Rechtsprechungsbegriff des Grundgesetzes im Sinne der Einheit der Rechtsordnung entsprechen muss – sind grundlegender Natur. Zwar wirken Richtermediatoren wie Richter als staatlich bestellte, unabhängige Dritte.[553] Die vorstehenden Definitionsversuche betonen jedoch vor allem die Rechtsgewährleistungsfunktion der rechtsprechenden Gewalt, indem sie übereinstimmend ein Rechtsprechungsbild zeichnen, welches die Staatstätigkeit der Rechtsprechung als originär hoheitliche Aufgabe der letztverbindlichen und der Rechtskraft fähigen Entscheidung von Rechtsfragen im Wege eines besonders geregelten (Entscheidungs-)Verfahrens durch Anwendung des geltenden Rechts darstellt. Dem kann die gerichtsnahe Mediation schlechterdings nicht gerecht werden.[554] Grund hierfür ist zunächst, dass es bei der gerichtsnahen Mediation – wie bei jeder anderen Mediation – nicht darum gehen kann, einen rechtlichen Konflikt durch einen unbeteiligten Dritten letztverbindlich und rechtskräftig zu entscheiden. Im Gegensatz zum Richter trifft der im Rahmen der gerichtsnahen Mediation tätig werdende neutrale Dritte, der Richtermediator, keine Entscheidung in Rechtssachen. Hierzu fehlt ihm regelmäßig die erforderliche Entscheidungskompetenz. Stattdessen unterstützt der Richtermediator auf Konsens gerichtete Verhandlungen der Prozessparteien untereinander, um es diesen zu ermöglichen, eigenständig eine konsensuale Lösung eines bereits rechtshängigen Konflikts zu erarbeiten, wobei Lösungsvorschläge sowie verbindliche Feststellungen nur durch die Parteien und auf freiwilliger Basis getroffen werden können und der Richtermediator nur vermittelnd tätig wird.[555] Die gerichtsnahe Mediation zielt damit auf eine Einigung der Konfliktparteien im Wege des Konsenses und nicht auf eine Entscheidung durch den beteiligten neutralen Dritten. Zudem verfügt eine solche Einigung zwar über eine gewisse Bindungswirkung für die Konfliktparteien. Selbst wenn sie im weiteren Verlauf des Verfahrens als gerichtlicher Vergleich protokolliert werden sollte, kann sie jedoch nicht in Rechtskraft erwachsen und damit das Kriterium der Letztverbindlichkeit erfüllen, worauf die Tätigkeit der Rechtsprechung nach den oben genannten Definitionsversuchen jedoch schlechterdings gerichtet ist. Auch wenn im Wege der gerichtsnahen Mediation eine Einigung erzielt und als gerichtlicher Vergleich geschlossen wird, so bewirkt dieser Ver-

---

[551] *Pieroth*, in: *Jarass/Pieroth*, GG, Art. 92 Rn. 4; *Hopfauf*, in: *Schmidt-Bleibtreu/Hofmann/Hopfauf*, GG, Art. 92 Rn. 5; *BVerfGE* 103, 111 (138).

[552] *Detterbeck*, in: *Sachs*, GG, Art. 92 Rn. 21a; *Hopfauf*, in: *Schmidt-Bleibtreu/Hofmann/Hopfauf*, GG, Vorb. v. Art. 92 Rn. 5; *Badura*, Staatsrecht, Teil H Rn. 2; *BVerfGE* 103, 111 (137).

[553] Vgl. auch: *Büscher*, in: *Pitschas/Walther*, Mediation in d. Verwaltungsgerichtsbarkeit, S. 209 (229).

[554] Vgl. hierzu u.a. auch: *Spindler*, ZKM 2007, 79.

[555] Vgl. auch: *Büscher*, in: *Pitschas/Walther*, Mediation in d. Verwaltungsgerichtsbarkeit, S. 209 (229).

gleich – obwohl er gegebenenfalls einen Vollstreckungstitel nach § 794 ZPO, § 168 Abs. 1 Nr. 3 VwGO, § 199 Abs. 1 Nr. 3 SGG darstellt sowie den Rechtsstreit und damit die Rechtshängigkeit beendet[556] – keine Rechtskraft.[557] Bei Mediationsaufgaben fehlt somit letztlich die Letztverbindlichkeit, die richterliche Entscheidungsbefugnis sowie die richterliche Einflussnahme auf das Ergebnis, so dass solche Aufgaben eher der begleitenden und/oder beratenden als der entscheidenden Justizgewährung zuzuordnen sind und bereits daher nicht zur Rechtsprechung im engeren Sinne gehören.[558] Schon das trennscharfe Kriterium der bei der Mediation fehlenden Entscheidungsmacht des Mittlers gegenüber dem sowohl entscheidungsbefugten als auch entscheidungsverpflichteten Richter verwehrt die Zuordnung zur rechtsprechenden Tätigkeit nach Art. 92 GG.[559]

Ferner ist die nicht auf eine nur von Gerichten wahrnehmbare hoheitliche, letztverbindliche und rechtskräftige Streitentscheidung gerichtete Mediation in anhängigen Gerichtsverfahren kein besonders geregeltes (gerichtsförmiges) Verfahren, welches bei funktioneller Betrachtung nur von der rechtsprechenden Gewalt wahrgenommen werden kann. Zwar sollten auch im Mediationsverfahren die wichtigsten Verfahrensgrundsätze beachtet werden, um eine selbstverantwortliche, freiwillige und möglichst nachhaltige Streitbeilegung überhaupt erst zu ermöglichen. So ist es beispielsweise von elementarer Bedeutung, dass jeder Partei im Verlaufe eines Mediationsverfahrens ausreichend Gehör gewährt und die Mediation aus Sicht der Konfliktparteien fair durchgeführt wird. Dennoch kann mit Blick auf die Mediation nicht von einem besonders geregelten oder gar einem gerichtsförmigen Verfahren gesprochen werden. Auch wenn viele Mediationsverfahren eine ähnliche Struktur aufweisen,[560] so ist die genaue Verfahrensausgestaltung doch letztlich vor allem nach den Bedürfnissen der Parteien auszurichten und nicht an das geltende Prozessrecht gebunden. Zudem kann eine Mediation in anhängigen Gerichtsverfahren nicht nur von einem Richter durchgeführt werden. Dies verdeutlicht bereits § 278 Abs. 5 S. 2 ZPO, der für das Zivilverfahren vorsieht, dass das Gericht den Parteien in geeigneten Fällen eine außergerichtliche Streitschlichtung vorschlagen kann, wobei vor allem der Vorschlag zur Durchführung einer außergerichtlichen Mediation gemeint ist.[561]

---

[556] *Münzberg*, in: *Stein/Jonas*, ZPO, § 794 Rn. 34; *Lackmann*, in: *Musielak*, ZPO, § 794 Rn. 19; *Stöber*, in: *Zöller*, ZPO, § 794 Rn. 13 f.; *Paulus*, in: *Wieczorek/Schütze*, ZPO, § 794 Rn. 44; *Kothe*, in: *Redeker/v. Oertzen*, VwGO, § 106 Rn. 11 f.; *Kopp/Schenke*, VwGO, § 106 Rn. 4; *Roller*, in: *Lüdtke*, SGG, § 101 Rn. 12. Vgl. zudem auch: *Geiger*, in: *Eyermann*, VwGO, § 106 Rn. 2, 18 u. 28; *Peters/Sautter/Wolff*, SGG, § 101, 1. a); *BGH* NJW 1986, 1348 (1349).

[557] *Paulus*, in: *Wieczorek/Schütze*, ZPO, § 794 Rn. 45; *BGH* NJW 1983, 996 (997); NJW-RR 1986, 22.

[558] Vgl. auch: *Koch*, NJ 2005, 97 (101), sowie im Ergebnis auch: *Volkmann*, Mediation im Zivilprozess, S. 25.

[559] *Walther*, in: *Pitschas/Walther*, Mediation in d. Verwaltungsgerichtsbarkeit, S. 7 (22); *Walther*, ZKM 2005, 53 (55); *Walther*, DRiZ 2005, 127 (128 f.).

[560] Vgl.: Erster Teil, 3. Kapitel.

[561] Vgl.: BT-Drucks. 14/3750, S. 58; BT-Drucks. 14/4722, S. 84; *Koch*, NJ 2005, 97 (99), *W. Gottwald*, in: *Haft/v. Schlieffen*, Hdb. Mediation, § 17 Rn. 37; *W. Gottwald*, in: FS E. Stein, S. 232 (240); *Prütting*, ZKM 2006, 100 (101); *Monßen*, ZKM 2003, 116 (117 u. 118); *Löer*, ZKM 2005, 182 (183).

Darüber hinaus geht es bei der gerichtsnahen Mediation – ebenso wie bei der herkömmlichen, außergerichtlichen Mediation – weniger um die in zahlreichen Rechtsprechungsdefinitionen hervorgehobene Rechtsanwendung in Fällen bestrittenen, verletzten oder bedrohten Rechts als vielmehr um Rechtsgestaltung und Rechtsverwendung unter Einbeziehung auch nichtrechtlicher Gesichtspunkte.[562] Der Fokus liegt hier auf der Gestaltung der Rechtsbeziehungen zwischen den Konfliktparteien unter Verwendung und Berücksichtigung des bestehenden Rechts, nicht etwa auf der bloßen Anwendung des geltenden Rechts auf einen Sachverhalt zum Zweck der objektiven Rechtsverwirklichung. Außerdem handelt der Richtermediator nicht als staatliche Autorität, wie dies beispielsweise von *Thoma* und *Friesenhahn* begrifflich vorausgesetzt wird. Die Prozessparteien können letztlich nicht dazu gezwungen werden, an einem gerichtsnahen Mediationsverfahren teilzunehmen oder sich gar auf ein Mediationsergebnis zu verständigen. Es handelt sich bei der gerichtsnahen Mediation vielmehr um ein freiwilliges, möglichst auf die Bedürfnisse der Parteien Rücksicht nehmendes Verfahren, welches den Konfliktparteien eines anhängigen Rechtstreits zusätzlich zum gerichtsförmigen Verfahren angeboten wird und in dessen Rahmen dem (Richter-)Mediator keinerlei hoheitliche Autorität zukommt. Der Richtermediator – wie jeder andere Mediator auch – verfügt lediglich über ein gewisses Maß an Autorität bei der Durchführung der Mediation, welches er aus der Anerkennung und Akzeptanz seiner Person durch die Konfliktbeteiligten schöpft, nicht jedoch – gleich einem Richter – über eine hoheitliche Autorität einschließlich eventueller Zwangsmittel.

Auch das bereits zitierte Argument, es handele sich um eine traditionelle, typische und selbstverständliche Aufgabe des Richters, nicht nur kontradiktorisch zu verhandeln und zu entscheiden, sondern auch schlichtend tätig zu werden und auf eine gütliche Beilegung des Rechtsstreits bedacht zu sein,[563] so dass die auf Herbeiführung einer friedensstiftenden Konfliktlösung gerichtete richterliche Mediation einen typischen Bestandteil richterlichen Handelns darstelle, auch wenn dem Richter in seiner Eigenschaft als Mediator die Entscheidungsmacht fehle[564] und der richterliche Beitrag zur Lösung rechtlicher Konflikte bei einer gerichtsnahen Mediation wesentlich geringer ausfalle als bei einer autoritären Entscheidung eines Rechtsstreits,[565] vermag keine Einordnung der gerichtsnahen Mediation als Rechtsprechung im Sinne des Art. 92 GG zu begründen. Ohne Zweifel stellt es tatsächlich eine typische und traditionelle Aufgabe des Richters dar, konsensorientiert zu verhandeln und schlichtend zu wirken, auch wenn der Gedanke der Rechtsprechung – wie oben bereits dargestellt – grundsätzlich von der Möglichkeit des Richters ausgeht, Recht zu sprechen und damit streitentscheidend tätig zu werden. Der Richter kann in Erfüllung seiner Rechtsprechungsaufgaben je nach Verfahrenssituation –

---

[562] Vgl.: Erster Teil, 1. Kapitel, Unterpunkt I.

[563] *v. Bargen*, DVBl. 2004, 468 (474); *Büscher*, in: *Pitschas/Walther*, Mediation in d. Verwaltungsgerichtsbarkeit, S. 209 (228 f.); vgl. auch: *Kern*, in: *Pitschas/Walther*, Mediation in d. Verwaltungsgerichtsbarkeit, S. 147 (169 f.).

[564] Vgl.: *v. Bargen*, DVBl. 2004, 468 (475); *Kern*, in: *Pitschas/Walther*, Mediation in d. Verwaltungsgerichtsbarkeit, S. 147 (170).

[565] *Kopp/Schenke*, VwGO, § 1 Rn. 43.

beispielsweise im Rahmen richterlicher Vergleichsverhandlungen – zwischen Streitschlichtung und Streitentscheidung wechseln, was dem Wesen der Rechtsprechung nicht entgegensteht. Die reine Mediatorentätigkeit eines Richters dagegen widerspricht dem Gedanken der Rechtsprechung insofern, als der Richtermediator zu keiner Zeit über die Möglichkeit verfügt, in der Sache selbst zu entscheiden, so dass trotz Ausübung einer typisch richterlichen Tätigkeit ein wesentliches Merkmal zur Einstufung als Rechtsprechung – die Kompetenz zur letztverbindlichen Streitentscheidung – fehlt. Argumentiert wird zudem auch, dass der Richter gemäß § 278 Abs. 1 ZPO in jedem Stadium des gerichtlichen Verfahrens auf eine gütliche Streitbeilegung hinzuwirken habe, auch die Durchführung einer Güteverhandlung nach § 278 Abs. 2 ZPO als originäre Rechtsprechungsaufgabe anzusehen sei und die richterliche Mediatorentätigkeit daher im Wege der analogen Anwendung des die Güteverhandlung vor einem beauftragten oder ersuchten Richter regelnden § 278 Abs. 5 S. 1 ZPO den originären Rechtsprechungstätigkeiten zugeordnet werden könne.[566] Dem ist zu entgegnen, dass die vorgenannten Tätigkeiten zwar wie die gerichtsnahe Mediation auf eine einvernehmliche Lösung des Rechtsstreits zielen, jedoch unter Umständen die Vorstufe zur Streitentscheidung darstellen können, was ihre Zuordnung zum Bereich der originären Rechtsprechungsaufgaben rechtfertigt.[567] Die Tätigkeit des Richtermediators kann hingegen keinerlei Auswirkungen auf eine spätere Streitentscheidung haben, denn aufgrund der Vertraulichkeit der (gerichtsnahen) Mediation kann der Inhalt gerichtsnaher Mediationsverhandlungen bei deren Scheitern nicht zum Gegenstand des anhängigen Gerichtsverfahrens gemacht werden.[568] Auch wenn die rechtsprechende Gewalt traditionell auch streitschlichtend tätig wird, ist das streitschlichtende Merkmal nicht allein wesensbestimmend, sondern immer in Kombination mit der Befugnis zur Streitentscheidung zu sehen.[569] Im Übrigen ist besagter Argumentationslinie entgegenzuhalten, dass nicht jede typische und traditionelle Aufgabe des Richters gleichsam eine typische Aufgabe der Rechtsprechung im Sinne des Art. 92 GG darstellt. Dieser Trugschluss wird bereits anhand des Umstandes evident, dass auch Angelegenheiten der Justiz- und Gerichtsverwaltung zwar zu den traditionellen Aufgaben der Richter gehören, diese aber dennoch unbestritten nicht zum Kernbereich der Rechtsprechung gezählt werden. Allein die Tatsache, dass Richter traditionell nicht nur kontradiktorisch, sondern auch konsensual verhandeln und im Rahmen der gerichtsnahen Mediation ausnahmsweise Mediationsverfahren durchführen, macht das konsensuale Verhandeln der Richter – und damit auch die gerichtsnahe Mediation – noch nicht automatisch zu einer Aufgabe der Rechtsprechung im Sinne von Art. 92 GG.

Vertreten wird zudem auch, der neuen Fassung des § 278 ZPO sei der Wille des Gesetzgebers zu entnehmen, dass die Gerichte ihre Bemühungen um eine gütliche Streit-

---

566 Vgl.: *v. Bargen*, DVBl. 2004, 468 (474 f.); *Greger*, ZKM 2003, 240 (244); *Hückstädt*, NJ 2005, 289 (291).

567 Vgl.: *Greger*, in: *Zöller*, ZPO, § 278 Rn. 11; *Volkmann*, Mediation im Zivilprozess, S. 25; *Spindler*, Abschlussbericht zum Forschungsprojekt Gerichtsnahe Mediation in Niedersachsen, Rn. 18.

568 *Spindler*, Abschlussbericht zum Forschungsprojekt Gerichtsnahe Mediation in Niedersachsen, Rn. 18; *Volkmann*, Mediation im Zivilprozess, S. 26 f.

569 *Kern*, in: *Pitschas/Walther*, Mediation in d. Verwaltungsgerichtsbarkeit, S. 147 (170).

beilegung intensivieren sollen.[570] Weiterhin wird in diesem Zusammenhang ausgeführt, den Richtern würden im Wege der Gesetzgebung immer öfter und umfangreicher Schlichtungsaufgaben zugewiesen, so dass man die Schlichtungsaufgaben der Gerichte allgemein als originäre Aufgaben der rechtsprechenden Gewalt betrachten könne.[571] Dem ist zu entgegnen, dass es hinsichtlich der Einordnung als Rechtsprechungsaufgabe nicht darauf ankommt, welche Aufgaben der einfache Gesetzgeber den Gerichten zuweist (formeller Rechtsprechungsbegriff), sondern auf den vorstehend definierten materiellen Rechtsprechungsbegriff des Grundgesetzes. Eine Aufgabenzuweisung allein rechtfertigt demnach noch keine Einstufung der zugewiesenen Aufgabe als Aufgabe der Rechtsprechung. Stattdessen ist einzig anhand des vom Grundgesetz vorausgesetzten materiellen Rechtsprechungsbegriffs zu beurteilen, ob es sich bei der jeweils konkret zugewiesenen Aufgabe um eine solche der rechtsprechenden Gewalt handelt. Das Bundesverfassungsgericht hat hinsichtlich des Rechtsprechungsbegriffs des Grundgesetzes unmissverständlich festgestellt, dass der Begriff der rechtsprechenden Gewalt maßgeblich von der konkreten sachlichen Tätigkeit her und somit materiell bestimmt werde.[572] Nur ein materielles Verständnis des Rechtsprechungsbegriffs werde dem Sinn des Art. 92 GG gerecht.[573] Dem ist aufgrund der Tatsache zuzustimmen, dass es nach dem formellen Rechtsprechungsbegriff allein dem Gesetzgeber obläge, zu entscheiden, was Rechtsprechung ist und was nicht. Eine solche Betrachtungsweise würde letztlich dazu führen, dass in den Grenzen der einfachen Gesetzgebung der Gesetzgeber uneingeschränkt in der Lage wäre, den Umfang der rechtsprechenden Gewalt erheblich zu reduzieren und damit praktisch auszuhöhlen, wobei diese Gefahr auch für die verfassungsrechtlich geregelten Zuständigkeiten bestünde, da auch diese letztlich der Dispositionsfreiheit des (Verfassungs-)Gesetzgebers unterliegen, weil sie nicht von der Garantie des Art. 79 Abs. 3 GG umfasst sind.[574] Eine bloß formelle Begriffsbestimmung reicht schon aus diesem Grunde nicht aus.[575] Des Weiteren wird eine rein formelle Bestimmung des Rechtsprechungsbegriffs auch der Bedeutung, welche das Grundgesetz der rechtsprechenden Gewalt mit Art. 20 Abs. 2 GG i.V.m. Art. 79 Abs. 3 GG und den Art. 92 ff. GG zumisst, insofern nicht gerecht, als „die Hervorhebung der rechtsprechenden Gewalt in Art. 92 GG, der Zusammenhang mit den übrigen die Rechtsprechung betreffenden Vorschriften des Grundgesetzes und der historische Hintergrund der Entstehung des Art. 92 GG deutlich machen, dass die Vorschrift gegenüber den nur formalen Kriterien des Art. 103 der Weimarer Reichsverfassung (WRV) ein Mehr an verfassungsrechtlichen Garantien der rechtsprechenden Gewalt enthält. Die Sorgfalt, die das Grundgesetz der

---

570 *Büscher*, in: *Pitschas/Walther*, Mediation in d. Verwaltungsgerichtsbarkeit, S. 209 (228).
571 *Greger*, ZKM 2003, 240 (244); vgl. auch: *Koch*, NJ 2005, 97 (101).
572 *BVerfGE* 103, 111 (137); kritisch: *Herzog*, in: *Maunz/Dürig*, GG, Art. 92 Rn. 42 ff.
573 *BVerfGE* 22, 49 (74).
574 Vgl. hierzu auch: *Kissel/Mayer*, GVG, Einl. Rn. 144; *Hopfauf*, in: *Schmidt-Bleibtreu/Hofmann/Hopfauf*, GG, Art. 92 Rn. 3; *Wassermann*, in: AK-GG, Art. 92 Rn. 27. Vgl. den formellen Rechtsprechungsbegriff ablehnend zudem auch: *Volkmann*, Mediation im Zivilprozess, S. 24.
575 *Kissel/Mayer*, GVG, Einl. Rn. 144; *Wassermann*, in: AK-GG, Art. 92 Rn. 27; *BVerfGE* 22, 49 (74); 103, 111 (137).

Hervorhebung der rechtsprechenden Gewalt als Institution und als Kontrollorgan der übrigen Gewalten widmet, wäre schwer verständlich, sollte ihr Umfang schlechthin dem einfachen Gesetzesvorbehalt unterliegen.“[576] Die Tatsache, dass Gerichte und Richter per Gesetz immer häufiger und umfangreicher mit Schlichtungsaufgaben betraut werden und die Verantwortung der Richter für eine gütliche Streitbeilegung immer stärker betont wird, ändert daher nichts daran, dass diese Funktionen keine originären Aufgaben der Rechtsprechung nach Art. 92 GG darstellen. Es handelt sich hierbei lediglich um Aufgaben der Gerichte und der Richterschaft, welche diesen einfachgesetzlich neben der Rechtsprechung im engeren Sinne zugewiesen sind.

Auch die sonstigen Argumente zur Aufrechterhaltung der These, die Tätigkeit der Richtermediatoren sei dem Bereich der Rechtsprechung zuzuordnen, vermögen nicht zu überzeugen. Soweit vertreten wird, die gerichtsnahe Mediation durch Gerichtsmediatoren sei als Rechtsprechungstätigkeit anzusehen, da sich auch der Richtermediator auf das Spruchrichterprivileg des § 839 Abs. 2 S. 1 BGB berufen können müsse, bleibt festzuhalten, dass § 839 Abs. 2 S. 1 BGB nach herrschender Meinung vor allem die Rechtskraftwirkung richterlicher Entscheidungen, das heißt die Bestandskraft und den Rechtsfrieden, schützen soll,[577] die Tätigkeiten des (Richter-)Mediators eine solche Rechtskraftwirkung jedoch nicht entfalten, die vor einer erneuten Überprüfung in einem Haftungsprozess zu bewahren wäre. Es handelt sich bei den Tätigkeiten des Richtermediators nicht um solche spruchrichterlicher Art, so dass sich Richtermediatoren schon deshalb nicht auf das Spruchrichterprivileg des § 839 Abs. 2 S. 1 BGB berufen können. Abgesehen davon, dass bezweifelt werden kann, ob der Richtermediator hoheitlich handelt, ist zudem fraglich, ob richterliche Mediatoren des Schutzes nach § 839 Abs. 2 S. 1 BGB mangels Herbeiführung einer endgültigen Entscheidung der jeweiligen Streitigkeit überhaupt bedürfen. Die rein vermittelnde Tätigkeit des Richtermediators wird in aller Regel nicht zu einer deliktischen Haftung führen, da eine hierzu nötige haftungsbegründende Amtspflichtverletzung allenfalls in einer „fehlerhaften Vermittlung“ zwischen den Konfliktparteien liegen könnte, wobei es aufgrund vom (Richter-)Mediator regelmäßig nicht vorgenommener rechtlicher Belehrungen, Beratungen und Bewertungen sowie aufgrund des Fehlens fester Rollenbeschreibungen und Beurteilungsmaßstäbe regelmäßig schwer fallen dürfte, eine solche Amtspflichtverletzung nachzuweisen.[578] Da der (Richter-)Mediator rollenbedingt selten aktiven Einfluss ausübt, wird sein Handeln während des Mediationsgesprächs auch nur selten für das Mediationsergebnis unmittelbar kausal werden und somit eine Haftung des (Richter-)Mediators begründen können.[579] Hinzu kommt, dass einem (Richter-)Mediator aufgrund seiner Unabhängigkeit ohnehin nur bei besonders schweren Verstößen, zum Beispiel bei einer bewussten und schwerwiegenden Entfernung von Recht und Gesetz oder einer unbefugten Weitergabe von Informationen, ein Schuldvorwurf gemacht werden könnte und es an einer Normierung bestimm-

---

576 *BVerfGE* 22, 49 (75); vgl. auch: *Kissel/Mayer*, GVG, Einl. Rn. 144.

577 *Koch*, NJ 2005, 97 (100); *Wurm*, in: *Staudinger*, BGB, § 839 Rn. 317; *Papier*, in: MK-BGB, § 839 Rn. 322.

578 *Koch*, NJ 2005, 97 (100).

579 *Probst*, SchlHA 2005, 317 (321).

ter Verhaltenspflichten, Verhaltensmuster, Verfahrensstrukturen etc. bislang fehlt.[580] Darüber hinaus vermag es nicht zu überzeugen, (1.) die Tätigkeit der Richtermediatoren dem Spruchrichterprivileg nach § 839 Abs. 2 S. 1 BGB zu unterwerfen, wenn nicht einmal die Mitwirkung des Richters bei der Protokollierung eines Vergleichs dem Spruchrichterprivileg unterliegt,[581] und (2.) allein aus der gegebenenfalls dennoch herrschenden Überzeugung, auch Richtermediatoren müssten sich auf das Spruchrichterprivileg nach § 839 Abs. 2 Satz. 1 BGB berufen können, darauf zu schließen, dass es sich bei der Tätigkeit der Richtermediatoren um eine Tätigkeit im Bereich der Rechtsprechung handeln müsse.

Ähnliche Bedenken bestehen auch, sofern zur Rechtfertigung der Einordnung der gerichtsnahen Mediation als Aufgabe der Rechtsprechung auf den Vorteil verwiesen wird, dass in diesem Fall für die gerichtsnahe Mediation im Rahmen einer Güteverhandlung oder eines Erörterungstermins Prozesskostenhilfe gewährt und ein Rechtsanwalt beigeordnet werden könnte (§§ 114 ff. ZPO).[582] Zwar ist zuzugestehen, dass eine Möglichkeit bestehen muss, auch finanziell benachteiligten Parteien ein gerichtsnahes Mediationsverfahren zu ermöglichen. Gegebenenfalls müssen auch entsprechende Gesetzeskorrekturen vorgenommen werden. Jedoch kann das gewünschte Ergebnis – die Gewährung von Prozesskostenhilfe sowie die Beiordnung eines Rechtsanwalts im gerichtsnahen Mediationsverfahren – noch keine Zuordnung der gerichtsnahen Mediation zu den Aufgaben der Rechtsprechung begründen.

Gegen eine Zuordnung der gerichtsnahen Mediation zur Rechtsprechung spricht zudem, dass die Rechtsfolgen einer Qualifikation der gerichtsnahen Mediation als Aufgabe der Rechtsprechung wenig wünschenswert erscheinen. Der Richtermediator verfügt (außer über eine Entscheidungsbefugnis) über eine Vielzahl richterlicher Kompetenzen, sofern man die gerichtsnahe Mediation als Aufgabe der Rechtsprechung qualifiziert. Die Konsensfindung im Rahmen einer gerichtsnahen Mediation – ebenso wie im Wege jeder anderen Mediation – soll aber stets freiwillig und nicht unter dem drohenden Damoklesschwert der richterlichen Entscheidung erfolgen, unter dem sich die Parteien zumindest psychologisch auch dann befinden könnten, wenn der Richter im konkreten Fall eigentlich nicht entscheidungsbefugt ist, ihm jedoch richterliche, den Prozess beendende Kompetenzen eingeräumt werden.[583] Zudem steht einer Qualifikation der gerichtsnahen Mediation als Rechtsprechungsaufgabe entgegen, dass sich die Mediation wohl eher als Aufgabe der „außergerichtlichen" Streitbeilegung – mit anderen Worten der außerhalb des eigentlichen gerichtlichen Verfahrens und gerade nicht im Wege der Rechtsprechung erfolgenden Konfliktlösung – einordnen lässt, woran auch der Umstand nichts zu ändern vermag, dass im Rahmen der gerichtsnahen Mediation ausnahmsweise und eher atypisch Richter als Mediatoren fungieren. Im Gegensatz zur richterlichen Tätigkeit im Rahmen der Güteverhandlung, findet die gerichtsnahe Mediation unabhängig davon nicht im Rahmen des gerichtlichen Verfahrens, sondern insofern außerhalb dieses Ver-

---

580 *Koch*, NJ 2005, 97 (100).

581 Vgl. hierzu auch: *Probst*, SchlHA 2005, 317 (321).

582 *v. Bargen*, DVBl. 2004, 468 (476).

583 *Ruhs*, in: *Pitschas/Walther*, Mediation in d. Verwaltungsgerichtsbarkeit, S. 123 (138).

fahrens statt, als das gerichtliche Verfahren in der Regel für die Dauer des Mediationsverfahrens zum Ruhen gebracht wird,[584] um den Parteien außerhalb des gerichtlichen Verfahrens die gütliche Beilegung ihres Rechtsstreits zu ermöglichen.[585] Der Richtermediator ist dabei nicht mit dem mit der Durchführung einer Güteverhandlung als Teil des gerichtlichen Verfahrens betrauten beauftragten oder ersuchten Richter vergleichbar: Die von ihm geleitete Mediation ist nicht Teil des gerichtlichen Verfahrens, sondern eine außerhalb des anhängigen Prozesses angebotene Serviceleistung der Justiz; die Prozessparteien werden nicht über ihren Kopf hinweg an den Richtermediator verwiesen, sondern entscheiden sich selbst auf freiwilliger Basis für einen Versuch der Streitbeilegung unter seiner Mitwirkung.[586]

Schließlich wird gegen eine Einstufung der gerichtsnahen Mediation als Aufgabe der Rechtsprechung auch argumentiert, das Ziel der gerichtsnahen Mediation sei es unter anderem gerade, die Rechtsprechung zu entlasten und eine effektive Erfüllung der der Justiz zugewiesenen Rechtsprechungsalternativen zu ermöglichen.[587] Dieses Argument ist jedoch von vornherein mit Zurückhaltung aufzunehmen, da eine Entlastung der Justiz sowie eine Förderung der Effektivität bei der Ausübung der Rechtsprechungsaufgaben auch dadurch möglich ist, dass man im Rahmen der Rechtsprechungstätigkeit effektivere Vorgehensweisen entwickelt. Aus dem Ziel der Justizentlastung und der Effizienzförderung allein kann nicht geschlossen werden, dass die gerichtsnahe Mediation nicht selbst der Rechtsprechung zuzuordnen ist.

II. Die gerichtsnahe Mediation als Aufgabe der Gerichtsverwaltung?

Aus der Erkenntnis, dass die gerichtsnahe Mediation wohl keine Aufgabe der Rechtsprechung nach Art. 92 GG und § 4 Abs. 1 DRiG darstellt, wird oftmals automatisch gefolgert, es handele sich hierbei stattdessen um eine Aufgabe der Gerichtsverwaltung nach § 4 Abs. 2 Nr. 1 DRiG. Die Gründe, welche gegen eine Einordnung als Aufgabe der Rechtsprechung sprechen, werden umgekehrt als Argumente für eine Qualifikation als Aufgabe der Gerichtsverwaltung herangezogen. So wird beispielsweise argumentiert, die gerichtsnahe Mediation sei Aufgabe der Gerichtsverwaltung, da der Richtermediator über keinerlei Entscheidungsmacht oder sonstige richterliche Kompetenzen und damit (nur) über den Gestaltungsspielraum verfüge, den er für die Erfüllung seiner Mediatorenaufgaben benötige.[588] Darüber hinaus wird die Wertung als Aufgabe der Gerichtsverwaltung damit begründet, dass die gerichtsnahe Mediation als Ergänzung des bestehenden Leistungsangebots der Justiz zur Konfliktlösung während eines Gerichtsprozesses, nicht a-

[584] Eine Ausnahme bildet insofern nur der Berliner Modellversuch zum Einsatz der gerichtsnahen Mediation (vgl.: Zweiter Teil, 2. Kapitel, Unterpunkt I. 5.).
[585] *Volkmann*, Mediation im Zivilprozess, S. 26.
[586] Vgl. hierzu auch: *Volkmann*, Mediation im Zivilprozess, S. 26.
[587] *Volkmann*, SchiedsVZ 2004, 245 (246).
[588] *Ortloff*, NVwZ 2004, 385 (389); vgl. auch: *v. Bargen*, DVBl. 2004, 468 (474); *Klose*, ZKM 2005, 146 (147).

ber innerhalb eines anhängigen Gerichtsverfahrens, angesehen werden könne.[589] Die gerichtsnahe Mediation finde außerhalb des gerichtlichen Verfahrens statt und der Inhalt der Mediationsgespräche könne bei Scheitern der Mediation aufgrund der regelmäßig getroffenen Vertraulichkeitsabrede nicht Gegenstand des in diesem Falle nach vorheriger Aussetzung nach § 251 ZPO fortgesetzten gerichtlichen Verfahrens werden, so dass die Tätigkeit des Richtermediators für die Streitentscheidung ohne Belang und somit nicht dem Bereich der Rechtsprechung, sondern dem Bereich der Gerichtsverwaltung zuzuordnen sei.[590] Schließlich erweise sich die Einordnung als Aufgabe der Gerichtsverwaltung beim Schutz der Vertraulichkeit der gerichtlichen Mediation als durchaus vorteilhaft, solange dieser nicht durch eine spezielle gesetzliche Regelung gewährleistet wird. Grund hierfür sei zunächst, dass die Verschwiegenheitspflicht des in Rechtsprechungsangelegenheiten tätigen Richters sich allein auf das Beratungsgeheimnis nach § 43 DRiG erstrecke. Der Dienstherr dürfe allein in dem durch § 43 DRiG erfassten Bereich eine Aussagegenehmigung verweigern, während im Übrigen – das heißt auch hinsichtlich der Geschehnisse im Mediationsverfahren – die dienstrechtlich erforderliche Aussagegenehmigung im Ergebnis wohl zu erteilen wäre. Im Gegensatz dazu sei der Dienstherr im Falle der Einordnung als Verwaltungsaufgabe bei der Verweigerung der Aussagegenehmigung deutlich freier. Hier werde der Dienstherr bei seiner Entscheidung über die Befreiung von der allgemeinen beamtenrechtlichen Verschwiegenheitspflicht[591] in Rechung stellen dürfen, dass die Zweckerreichung der Gerichtsverwaltungsaufgabe der gerichtsnahen Mediation durch die Verletzung der Vertraulichkeit entscheidend gefährdet würde.[592]

Die Qualifizierung der gerichtsnahen Mediation als Aufgabe der Gerichtsverwaltung begegnet jedoch ebenso wie ihre Einordnung als Aufgabe der Rechtsprechung grundsätzlichen Bedenken. Diese Bedenken lassen sich zunächst am Begriff der Verwaltung selbst festmachen, ohne dass an dieser Stelle der Versuch einer endgültigen Definition des Verwaltungsbegriffs unternommen werden soll.

Der französische Schriftsteller, Rechts- und Staatsphilosoph sowie Begründer der Lehre von der Gewaltenteilung *Montesquieu* bezeichnete seinerzeit die außerhalb der Gesetzgebungsorgane und der Gerichte wahrgenommenen Staatsfunktionen als die

---

[589] *Reimers*, in: *Pitschas/Walther*, Mediation in d. Verwaltungsgerichtsbarkeit, S. 45 (47).

[590] *Volkmann*, SchiedsVZ 2004, 245 (246).

[591] Vgl. hierzu: §§ 61 f. BBG; §§ 79 f. LBG Baden-Württemberg, §§ 69 f. BayBG, §§ 26 f. LBG Berlin, §§ 25 ff. LBG Brandenburg, §§ 61 f. BremBG, §§ 65 f. HmbBG, §§ 75 f. HessBG, §§ 68 ff. NiedersBG, §§ 64 f. LBG Nordrhein-Westfalen, §§ 64 f. LBG Mecklenburg-Vorpommern, § 70 LBG Rheinland-Pfalz, §§ 75 f. SaarlBG, §§ 61 ff. LBG Sachsen-Anhalt; §§ 78 f. SächsBG, §§ 77 f. LBG Schleswig-Holstein, §§ 63 f. ThürBG.

[592] § 80 Abs. 1 LBG Baden-Württemberg, § 70 Abs. 1 S. 1 BayBG, § 27 Abs. 1 LBG Berlin, § 26 Abs. 1 LBG Brandenburg, § 62 Abs. 1 BremBG, § 66 Abs. 1 HmbBG, § 76 Abs. 1 HessBG, § 69 Abs. 1 NiedersBG, § 65 Abs. 1 LBG Nordrhein-Westfalen, § 65 Abs. 1 LBG Mecklenburg-Vorpommern, § 70 Abs. 3 S. 1 LBG Rheinland-Pfalz, § 76 Abs. 1 SaarlBG, § 62 Abs. 1 LBG Sachsen-Anhalt; § 79 Abs. 1 SächsBG, § 78 Abs. 1 LBG Schleswig-Holstein, § 64 Abs. 1 ThürBG. Vgl. hierzu insgesamt: *Probst*, SchlHA 2005, 317 (320 f.).

Vollziehung der Gesetze.[593] Auf *Montesquieus* Gewaltenteilungsgrundsatz zurückgehend wurde im Rahmen der seit weit mehr als hundert Jahren andauernden Diskussion um den Verwaltungsbegriff vielfach davon ausgegangen, (öffentliche) Verwaltung im materiellen Sinne lasse sich negativ, gleichsam im Wege einer Subtraktionsformel, dahingehend bestimmen, dass die Verwaltung diejenige Tätigkeit des Staates darstelle, die nicht Gesetzgebung oder Rechtsprechung ist.[594]

Der Definitionsansatz der so genannten Subtraktionsmethode, nach der Verwaltung die Staatstätigkeit außerhalb von Rechtssetzung und Rechtsprechung ist, greift jedoch ersichtlich zu kurz. Die negative Begriffsbestimmung allein ermöglicht allenfalls eine Ausgrenzung bestimmter anderer Staatstätigkeiten, ohne Substanzielles über das Wesen der Verwaltung selbst oder deren Kerngehalt auszusagen.[595] Zudem könnte eine negative Bestimmung des Verwaltungsbegriffs ohnehin nur dann präzise sein, wenn die übrigen Staatstätigkeiten – namentlich die Rechtsetzung und die Rechtsprechung – positiv fixiert wären, wovon jedoch schlechterdings nicht die Rede sein kann.[596] Schließlich vermag die bloße Negativumschreibung des Verwaltungsbegriffs nach der Subtraktionsmethode auch schon deshalb nicht zu befriedigen, weil sie der Bedeutung der öffentlichen Verwaltung insofern nicht gerecht werden kann, als die öffentliche Verwaltung kein Überbleibsel, sondern geradezu eine der Hauptfunktionen im staatlichen und politischen Leben darstellt.[597] Schon *Thoma*[598] hat – freilich etwas übersteigert sowie unter dem Eindruck des damaligen Staatsverständnisses und einer zum Teil zugunsten des Elements der Gesetzesvollziehung abweichenden Interpretation des Verwaltungsbegriffes – zur „lebensnotwendigen Funktion" der Verwaltung ausgeführt: „Der Gesetzgeber könnte für eine Weile verstummen, die Pforten der Gerichtshöfe könnten verschlossen bleiben und dennoch vermöchte der Staat [...] kraftvollstes Leben zu entfalten. Wo aber die Vollzie-

---

593 Vgl.: *Stern*, Staatsrecht, Bd. II, S. 734.

594 *Mayer*, Dt. Verwaltungsrecht, Bd. 1, S. 7 u. 13; *Thoma*, in: *Anschütz/Thoma*, Handbuch des Deutschen Staatsrechts, Bd. 2, S. 109 u. 133; *Jellinek*, Verwaltungsrecht, S. 6; *Jellinek*, Allgemeine Staatslehre, S. 612; *Fleiner*, Institutionen des Deutschen Verwaltungsrechts, S. 4 f.; *Meyer/Anschütz*, Lehrbuch des deutschen Staatsrechts, S. 750; *Meyer*, Lehrbuch des dt. Verwaltungsrechts, S. 1; vgl. auch: *Poscher*, *Hoffmann-Riem* u. *Groß*, in: *Hoffmann-Riem/Schmidt-Aßmann/Voßkuhle*, Grundlagen des Verwaltungsrechts, Bd. I, § 8 Rn. 56 bzw. § 10 Rn. 38 u. § 13 Rn. 8; *Maurer*, Allgemeines Verwaltungsrecht, § 1, Rn 6; *Giese/Neuwiem/Cahn*, Deutsches Verwaltungsrecht, S. 4; *Schmalz*, Allgemeines Verwaltungsrecht u. Grundlagen des Verwaltungsrechtsschutzes Rn. 7 u. 17. Auch *Ipsen* hält die Subtraktionsmethode für vorzugswürdig, erweitert sie jedoch um hinsichtlich des Merkmals der Regierung. Danach ist Verwaltung die „Erfüllung öffentlicher Aufgaben durch den Staat oder sonstige Verwaltungsträger außerhalb von Gesetzgebung, Rechtsprechung und Regierung" (*Ipsen*, Allgemeines Verwaltungsrecht, Rn. 51).

595 *Peters*, Lehrbuch der Verwaltung, S. 4; *Wolff/Bachof/Stober*, Verwaltungsrecht I, § 2 Rn. 3; vgl. auch: *Bull/Mehde*, Allgemeines Verwaltungsrecht Rn. 19; a.A.: *Roellecke*, Die Verwaltung 29 (1996), 1 ff.

596 *Ehlers*, in: *Erichsen/Ehlers*, Allgemeines Verwaltungsrecht, § 1 Rn. 8 f.; *Wolff/Bachof/Stober*, Verwaltungsrecht I, § 2 Rn. 3; vgl. auch: *Faber*, Verwaltungsrecht, S. 23.

597 *Wolff/Bachof/Stober*, Verwaltungsrecht I, § 2 Rn. 3; *Ehlers*, in: *Erichsen/Ehlers*, Allgemeines Verwaltungsrecht, § 1 Rn. 10; *Bull/Mehde*, Allgemeines Verwaltungsrecht Rn. 19.

598 *Thoma*, in: *Anschütz/Thoma*, Handbuch des Deutschen Staatsrechts, Bd. 2, S. 111.

hung der Gesetze [die Verwaltung] mangelt, da [...] wird der Staat zerschlagen oder zerbröckelt."

Folgerichtig hat man schon früh versucht, die negative Bestimmung des Verwaltungsbegriffs durch positive Definitionsansätze zu ergänzen oder eine ausschließlich positive Begriffsbestimmung zu erarbeiten. Während teilweise kurz festgehalten wurde, Verwaltung sei die Tätigkeit des Staates zur Erfüllung seiner Zwecke unter seiner Rechtsordnung außerhalb der Justiz,[599] hat beispielsweise *Stern*[600] versucht, den Begriff der Verwaltung zu definieren, indem er die Methoden der negativen und positiven Begriffsbestimmung miteinander kombinierte. Nach Ausscheiden der Rechtssetzung, der Regierungstätigkeit, der staatlichen Planung, der militärischen Verteidigung und der Rechtsprechung sei Verwaltung die den Organen der vollziehenden Gewalt und bestimmten diesen zuzurechnenden Rechtssubjekten übertragene eigenverantwortliche ständige Erledigung der Aufgaben des Gemeinwesens durch konkrete Maßnahmen in rechtlicher Bindung und nach vorgegebener Zwecksetzung.[601] Auch *Ehlers*[602] plädiert für eine Kombination der negativen und positiven Definitionsmethode. Die Subtraktionsmethode vermittle eine erste Orientierung. Ergänzend sei im Zweifelsfall auf die in der Literatur genannten positiven Merkmale der Verwaltung zurückzugreifen, wobei – in ausdrücklicher Anlehnung an *Stern* – vor allem auf die eigenverantwortliche Erledigung der Aufgaben des Gemeinwesens durch konkrete Maßnahmen in rechtlicher Bindung nach vorgegebener Zwecksetzung abzustellen sei.

Neben der negativen Begriffbestimmungsmethode griffen darüber hinaus auch schon *v. Sarwey*, *Thoma* und *Meyer/Anschütz* auf eine positive Umschreibung des Verwaltungsbegriffs zurück. So beschrieb *v. Sarwey* Verwaltung als eine Tätigkeit, die unter Ausscheidung der Tätigkeit der Gesetzgebung und der Rechtsprechung auf die Verwirklichung eines öffentlichen Interesses gerichtet sei und sich bis zur tatsächlichen Verwirklichung desselben fortsetze. An anderer Stelle definierte er, Verwaltung sei allgemein diejenige Tätigkeit der Staatsorgane, welche auf die Erfüllung der Aufgaben des Gemeinwesens, die Befriedigung seiner Bedürfnisse und die Erreichung dieses Zweckes durch einen in der Erscheinung der äußeren Welt bewirkten und erkennbaren Erfolg gerichtet sei.[603] *Meyer/Anschütz* führten unterdessen aus, dass man unter dem Begriff der Verwaltung die gesamte Tätigkeit der staatlichen Organe, welche nicht Gesetzgebung und nicht Justiz sei, zusammenfasse, um im Folgenden Verwaltung im materiellen Sinne als diejenige staatliche Tätigkeit zu definieren, welche die Wahrnehmung der Staats- und Volksinteressen bezweckt, sich in Maßregeln konkreter Natur äußert und sich von der Gesetzgebung sowie der Rechtsprechung dadurch unterscheidet, dass sie nicht den Erlass allgemeiner Vorschriften, sondern die Erledigung konkreter Angelegenheiten beziehungsweise nicht die Aufrechterhaltung der Rechtsordnung, sondern die Wahrnehmung

---

[599] *Mayer*, Dt. Verwaltungsrecht, Bd. 1, S. 13. Vgl. zudem auch: *Forsthoff*, Verwaltungsrecht, S. 3.
[600] *Stern*, Staatsrecht, Bd. II, S. 736 ff.
[601] Vgl. hierzu auch: *Maurer*, Allgemeines Verwaltungsrecht, § 1 Rn. 7.
[602] *Ehlers*, in: *Erichsen/Ehlers*, Allgemeines Verwaltungsrecht, § 1 Rn. 11.
[603] *v. Sarwey*, Allgemeines Verwaltungsrecht, S. 5.

von Interessen bezweckt.[604] Im Übrigen stellten *Meyer/Anschütz* an anderer Stelle fest, (öffentliche) Verwaltung sei teils Ausführung der Gesetze (Vollziehung), teils ein freies Handeln innerhalb der vom Gesetz gezogenen Schranken (Regierung).[605] *Thoma* ergänzte die negative Bestimmung des Verwaltungsbegriffs dahingehend, dass zur Verwaltung im materiellen Sinne die Staatsakte gehörten, deren Hauptzweck und -wirkung (1.) die Vollziehung allgemeiner Rechtsnormen, (2.) die Setzung solcher allgemeinen Normen, die man nicht zu den Rechtssätzen im engeren staatsrechtlichen Sinne des Wortes rechnet, oder (3.) die Setzung individueller Anordnungen sei, die legislatorischer Natur sind, weil sie nach freiem Ermessen Pflichten und Rechte gestalten, aber nicht zu den Gesetzen gerechnet werden können, weil und insofern sie nicht „allgemein", sondern „individuell" sind.[606]

Letztlich heben die vorbenannten Definitionen neben der Subtraktionsmethode auf einzelne Verwaltungsmerkmale ab, um eine Präzisierung des Verwaltungsbegriffs zu erreichen. Das Gleiche gilt auch für eine große Anzahl an weiteren Stimmen in der nahezu unüberschaubaren Literatur, die gänzlich auf negative Elemente zur Beschreibung der öffentlichen Verwaltung verzichten. Auch beim Versuch, den materiellen Verwaltungsbegriff ausschließlich in positiver Hinsicht zu bestimmen, wird oftmals lediglich auf einzelne Merkmale der Verwaltung Bezug genommen.[607] Ohne Rückgriff auf negative Abgrenzungskriterien wird die öffentliche Verwaltung materiell unter anderem als die planmäßige Tätigkeit öffentlichen Gemeinwesens zur Gestaltung und Gewährleistung des sozialen Zusammenlebens verstanden, wobei diese Tätigkeit in ihren Zielen, Zwecken, Aufgaben und Befugnissen durch die Rechtsordnung und innerhalb dieser durch die politischen Entscheidungen der Regierung bestimmt und begrenzt wird.[608] Zudem wird sie definiert als die am öffentlichen Interesse orientierte, aktiv in die Zukunft gerichtete Sozialgestaltung unter Berücksichtigung von Individualinteressen, die mit dem öffentlichen Interesse abgewogen werden müssen, wobei die Verwaltung konkrete Maßnahmen zur Regelung von Einzelfällen und zur Verwirklichung bestimmter Vorhaben trifft.[609]

---

[604] *Meyer/Anschütz,* Lehrbuch des deutschen Staatsrechts, S. 750; *Meyer,* Lehrbuch des dt. Verwaltungsrechts, S. 1.

[605] *Meyer/Anschütz,* Lehrbuch des deutschen Staatsrechts, S. 27 ff.

[606] *Thoma,* in: *Anschütz/Thoma,* Handbuch des Deutschen Staatsrechts, Bd. 2, S. 129.

[607] Unter Betonung der unterschiedlichsten Verwaltungsmerkmale vgl. u.a.: *Peters,* Lehrbuch der Verwaltung, S. 5 ff.; *Peters,* Die Verwaltung als eigenständige Staatsgewalt, S. 7 f.; *Jellinek,* Allgemeine Staatslehre, S. 610; *Koellreutter,* Dt. Staatsrecht, S. 180; *Forsthoff,* Verwaltungsrecht, S. 6; *Fleiner,* Institutionen des Deutschen Verwaltungsrechts, S. 4 f.; *Hesse/Ellwein,* Das Regierungssystem der BRD, S. 313; *Giese,* Allgemeines Verwaltungsrecht, S. 6; *Giese/Neuwiem/Cahn,* Deutsches Verwaltungsrecht, S. 3; *Classen,* in: *v. Mangoldt/Klein/Starck,* GG, Art. 92 Rn. 15 f.; *Luhmann,* Theorie der Verwaltungswissenschaft, S. 67 ff.; *Pitschas,* Verwaltungsverantwortung u. Verwaltungsverfahren, S. 4; *Schmalz,* Allgemeines Verwaltungsrecht u. Grundlagen des Verwaltungsrechtsschutzes Rn. 6 u. 17; *Bull/Mehde,* Allgemeines Verwaltungsrecht Rn. 19 u. 21; *Ipsen,* Allgemeines Verwaltungsrecht Rn. 46; *Schillinger,* Mediation im Verwaltungsrecht, S. 49 ff.

[608] Vgl. auch: *Katz,* Staatsrecht Rn. 451 m.w.N.

[609] *Giemulla/Jaworsky/Müller-Uri,* Verwaltungsrecht Rn. 104.

Die wohl umfangreichste Verwaltungsdefinition ohne Rückgriff auf die Subtraktionsmethode liefern *Wolff/Bachof/Stober*,[610] die Verwaltung im materiellen Sinne mit hohem Abstraktionsgrad als mannigfaltige, sinnvolle, zweckbestimmte und -gerichtete, in der Regel organisierte, fremdnützige, verantwortliche und der fachlichen, rechtlichen, haushaltsrechtlichen, disziplinären und politischen Kontrolle unterliegende, selbstbeteiligt ausführende und im Rahmen zum Teil weitgehender Gestaltungsmöglichkeiten gestaltende, grundsätzlich planmäßige – jedoch nicht selbst zwecksetzende und planende (mit anderen Worten: nicht richtunggebende und insofern in ihren Zielen und Zwecken fremdbestimmt) – Wahrnehmung und Besorgung von öffentlichen Angelegenheiten, insbesondere durch Herstellung diesbezüglicher Entscheidungen, definieren, wobei sich Verwaltung – vor allem aufgrund der verbleibenden Gestaltungsspielräume nicht in der bloßen Vollziehung vorbestimmter Zwecke erschöpfe. *Faber* und *Pitschas* schlagen dagegen einen wiederum anderen Weg ein. Während *Faber*[611] an eine Zweck-Mittel-Kombination anknüpft, indem er Verwaltung im materiellen Sinne als die Summe (1.) der Erfüllung von Verwaltungszwecken mit hoheitlichen Mitteln (obrigkeitliche Verwaltung) oder durch schlichtes Verwaltungshandeln und (2.) der Erfüllung von Verwaltungszwecken mit privatrechtlichen Mitteln ansieht,[612] bezeichnet der materielle Verwaltungsbegriff nach *Pitschas*[613] den komplexen Verbund von Aufgaben, Zuständigkeiten, Organisationen, personellen und sachlichen Mitteln, der institutionell und funktionell zu einer Handlungs- und Entscheidungsgesamtheit zusammengefasst ist, der im Rahmen der vollziehenden Gewalt als „Verwaltung" rechts- und weisungsunterworfen ist, gleichzeitig aber eigenverantwortlich staatliche Unmittelbarkeit ins Werk setzt. *Hesse/Ellwein*[614] schließlich begreifen öffentliche Verwaltung als die Summe aller Einrichtungen und organisatorischen Zusammenhänge, die vom Staat, den Gemeinden und den von ihnen geschaffenen öffentlich-rechtlichen Körperschaften zur Erledigung öffentlicher Aufgaben unterhalten werden und für die ein Rechtsrahmen gilt, der über das für alle Bürger geltende Recht hinausgeht.

So sehr die genannten Definitionsversuche zum Teil auch bemüht sind, den materiellen Verwaltungsbegriff möglichst genau zu umschreiben: Sie können nicht den Anspruch erheben, den Charakter der (öffentlichen) Verwaltung zufriedenstellend und vor allem abschließend zu klären. Ähnliches gilt auch für den formellen[615] und den institutionellen

---

[610] *Wolff/Bachof/Stober,* Verwaltungsrecht I, § 2 Rn. 9 ff. (insbes. Rn. 12).

[611] *Faber,* Verwaltungsrecht, S. 21.

[612] Vgl. auch: *Giese,* Allgemeines Verwaltungsrecht, S. 8 ff.

[613] *Pitschas,* Verwaltungsverantwortung u. Verwaltungsverfahren, S. 16.

[614] *Hesse/Ellwein,* Das Regierungssystem der BRD, S. 312.

[615] Nach dem formellen Verwaltungsbegriff ist unter (öffentlicher) Verwaltung die gesamte von den Verwaltungsbehörden ausgeübte Tätigkeit ohne Rücksicht darauf zu verstehen, ob sie materiell verwaltender, regierender, gesetzgebender oder rechtsprechender Art ist (zum materiellen Verwaltungsbegriff vgl. u.a.: *Wolff/Bachof/Stober,* Verwaltungsrecht I, § 2 Rn. 30; *Maurer,* Allgemeines Verwaltungsrecht, § 1 Rn. 2; vgl. auch: *Faber,* Verwaltungsrecht, S. 18; *Bull/Mehde,* Allgemeines Verwaltungsrecht Rn. 22; *Meyer/Anschütz,* Lehrbuch des deutschen Staatsrechts, S. 750; *Meyer,* Lehrbuch des dt. Verwaltungsrechts, S. 1.

beziehungsweise organisatorischen[616] Verwaltungsbegriff, die in der Sache häufig nicht weiterzuhelfen vermögen. Oftmals erheben sogar die Urheber der verschiedenen „Verwaltungsdefinitionen" selbst nicht den Anspruch einer endgültigen Begriffsklärung, indem sie mit *Forsthoff* konstatieren: „Verwaltung lässt sich nicht definieren, sondern nur beschreiben. Die Mannigfaltigkeit, in der sich die einzelnen Verrichtungen der Verwaltung auffächern, spottet der einheitlichen Formel."[617] Teilweise wird auch schlicht festgehalten, Verwaltung sei, was der Gesetzgeber jeweils mit dem Wort meint.[618]

Trotz des Fehlens einer abschließenden Verwaltungsdefinition zeigen die oben genannten Beschreibungsansätze, dass sich die gerichtsnahe Mediation nur schwerlich als Verwaltungstätigkeit im materiellen Sinne qualifizieren lässt. Zwar stellt die gerichtsnahe Mediation weder einen Akt der Gesetzgebung noch – wie bereits gezeigt – eine Aufgabe der Rechtsprechung dar, so dass die gerichtsnahe Mediation nach der reinen, aufgrund der oben genannten Mängel jedoch schlechterdings abzulehnenden Subtraktionsmethode als Verwaltungstätigkeit qualifiziert werden könnte. Zudem liegt in der Durchführung gerichtsnaher Mediationsverfahren die Erbringung einer Dienstleistung, so dass sich die gerichtsnahe Mediation bei gesetzlicher Regelung im Sinne der von *Hesse/Ellwein*[619] vorgenommenen funktionalen Differenzierung der verschiedenen Verwaltungsbereiche eventuell der Dienstleistungsverwaltung zuordnen ließe, die aufgrund gesetzlicher Vorschriften und politischen Weisungen sowie unter dem Gebot wissenschaftlicher und fachlicher Anforderungen technische oder personale Dienstleistungen erbringt. Dennoch steht die gerichtsnahe Mediation wohl überwiegend im Widerspruch zu den obigen Versuchen, den Begriff der öffentlichen Verwaltung zu beschreiben. Grund hierfür ist zunächst, dass die gerichtsnahe Mediation nach hiesigem Verständnis – wie im Übrigen jede andere Mediation auch – in erster Linie bei der autonomen, konsensualen und in vielen Fällen für die Konfliktparteien vorteilhaften Beilegung von Konflikten helfen und

---

[616] Nach dem institutionellen bzw. organisatorischen Verwaltungsbegriff ist unter (öffentlicher) Verwaltung die Gesamtheit derjenigen Glieder und Organe der Europäischen Gemeinschaft sowie der inneren staatlichen Organisation zu verstehen, die in der Hauptsache öffentlichen Verwaltungstätigkeit ausüben, das heißt die Gesamtheit der Verwaltungsträger, Verwaltungsorgane und sonstigen Verwaltungseinrichtungen respektive die mit der Erfüllung öffentlicher Aufgaben betrauten Organe, die nicht Parlamente oder Gerichte sind (zum institutionellen bzw. organisatorischen Verwaltungsbegriff vgl. u.a.: *Wolff/Bachof/Stober*, Verwaltungsrecht I, § 2 Rn. 29; *Maurer*, Allgemeines Verwaltungsrecht, § 1 Rn. 2; *Ehlers*, in: *Erichsen/Ehlers*, Allgemeines Verwaltungsrecht, § 1 Rn. 4; *Stern*, Staatsrecht, Bd. II, S. 735 f.; vgl. auch: *Pitschas*, Verwaltungsverantwortung u. Verwaltungsverfahren, S. 4; *Bull/Mehde*, Allgemeines Verwaltungsrecht Rn. 18 u. 21; *Schmalz*, Allgemeines Verwaltungsrecht u. Grundlagen des Verwaltungsrechtsschutzes Rn. 8 u. 17; sowie: *Faber*, Verwaltungsrecht, S. 18, wobei dieser den organisatorischen Verwaltungsbegriff als die Summe der besonderen Organe der vollziehenden Gewalt im Sinne des Art. 20 Abs. 2 S. 2 GG definiert).

[617] *Forsthoff*, Verwaltungsrecht, S. 1; vgl. auch: *Schuppert*, in: *Benda/Maihofer/Vogel*, Hdb. Verfassungsrecht, § 31 Rn. 24; *Maurer*, Allgemeines Verwaltungsrecht, § 1 Rn. 8; *Wolff/Bachof/Stober*, Verwaltungsrecht I, § 2 Rn. 2; *Hesse/Ellwein*, Das Regierungssystem der BRD, S. 309; *Pitschas*, Verwaltungsverantwortung u. Verwaltungsverfahren, S. 3.

[618] *Roellecke*, DÖV 2003, 896 (899).

[619] *Hesse/Ellwein*, Das Regierungssystem der BRD, S. 313 f.; vgl. auch: *Schuppert*, in: *Benda/Maihofer/Vogel*, Hdb. Verfassungsrecht, § 31 Rn. 25.

erst in zweiter Linie die Arbeit der Gerichte erleichtern und dadurch zu einer Entlastung der Justiz führen soll. Daher dient die gerichtsnahe Mediation zunächst nicht, jedenfalls nicht primär, dem Staat bei der Erfüllung seiner Zwecke, der Verwirklichung eines öffentlichen Interesses, der Wahrnehmung der Staats- und Volksinteressen oder der dauerhaften und planmäßigen Besorgung von Angelegenheiten des Staates. Ebenso dient sie nicht primär der Erhaltung, Weiterentwicklung und Optimierung des öffentlichen Gemeinwesens oder der eigenverantwortlichen Erledigung der Aufgaben des Gemeinwesens durch konkrete Maßnahmen in rechtlicher Bindung nach vorgegebener Zwecksetzung. Auch von einer Determination der gerichtsnahen Mediation durch Weisungen oder von einer weisungsgebundenen Ausübung der Tätigkeit der Richtermediatoren kann nur sehr bedingt die Rede sein. Der Richtermediator – wie auch der Mediator im Rahmen einer außergerichtlichen Mediation – unterliegt bei seiner Tätigkeit in der Regel keinerlei Weisungen übergeordneter Stellen, da Weisungen und Anordnungen in Bezug auf die gerichtsnahe Mediation nur insofern ergehen können, als festzulegen ist, welche Richter am jeweiligen Gericht als Richtermediatoren zur Verfügung stehen sollen. Die Auswahl des Richtermediators im konkreten Fall sowie die Durchführung der Mediationsverfahren selbst können dagegen nicht durch Weisungen beeinflusst werden. Die Auswahl des jeweiligen Mediators muss letztlich den Konfliktparteien überlassen bleiben, während der Mediator – und damit auch der im Rahmen der gerichtsnahen Mediation als Mediator fungierende Richter – grundsätzlich weisungsfrei handeln können muss, um das Verfahren auf die Bedürfnisse der Konfliktparteien abstimmen zu können, das uneingeschränkte Vertrauen der Beteiligten gewinnen zu können und ein für alle Beteiligten möglichst zufrieden stellendes Mediationsergebnis zu ermöglichen. Allein betrachtet vermag das Kriterium der fehlenden Weisungsgebundenheit dabei nicht gegen eine Einordnung der gerichtsnahen Mediation als Verwaltungstätigkeit sprechen, da sich die Zugehörigkeit zur Exekutive und das Merkmal der Weisungsunabhängigkeit nicht per se ausschließen. Auch die Schiedsstelle für die Festssetzung von Krankenhauspflegesätzen nach § 18a Krankenhausfinanzierungsgesetz (KHG) verfügt über inhaltliche (Weisungs-)Unabhängigkeit[620] und ist dennoch in die Verwaltungsorganisation eingegliedert.[621] Zusammen mit der Tatsache, dass die gerichtsnahe Mediation nicht der Verwirklichung staatlicher Aufgaben und Zwecke dient sowie einiger anderer Gesichtspunkte, ist jedoch auch die fehlende Weisungsgebundenheit des Richtermediators ein Indiz dafür, dass es sich bei der gerichtsnahen Mediation nicht um eine Verwaltungstätigkeit handelt.

Mehrfach wurde überdies bereits erwähnt, dass es bei der Mediation im Allgemeinen und der gerichtsnahen Mediation im Speziellen weniger um Rechtsanwendung als um

---

620 Die inhaltliche Weisungsunabhängigkeit der Schlichtungsstelle nach § 18a KHG ergibt sich aus § 18a Abs. 3 KHG, der lautet: „Die Mitglieder der Schiedsstellen führen ihr Amt als Ehrenamt. Sie sind in Ausübung ihres Amts an Weisungen nicht gebunden [...]." Dass die Schiedsstelle nach § 18a KHG in die Verwaltungsorganisation eingegliedert ist, ergibt sich derweil aus § 18a Abs. 5, der hinsichtlich der Rechtsaufsicht festlegt: „Die Rechtsaufsicht über die Schiedsstelle führt die zuständige Landesbehörde."

621 Vgl.: *Walther*, in: *Pitschas/Walther*, Mediation in d. Verwaltungsgerichtsbarkeit, S. 7 (21, Fn. 45).

Rechtsgestaltung unter Rechtsverwendung geht.[622] Insofern dient die gerichtsnahe Mediation – im Gegensatz zu den oben gemachten Ausführungen zum Verwaltungsbegriff – nicht der Ausführung oder dem Vollzug bereits getroffener politischer Entscheidungen. Darüber hinaus findet keine Rechts- und Zweckkonkretisierung unter Bindung an das öffentliche Interesse statt und erfolgt die Gestaltungstätigkeit im Wege der gerichtsnahen Mediation – im Gegensatz zur Gestaltungstätigkeit im Rahmen der Verwaltung – nicht durch einen Träger öffentlicher Gewalt (das Gericht in Person des Richtermediators), sondern durch die Konfliktparteien selbst. Sie sind es, die unter Mithilfe des jeweiligen Richtermediators – wie in jeder anderen Mediation – autonom und freiwillig eine einvernehmliche Lösung ihres Rechtsstreits herbeiführen und somit zukunftsgerichtet gestaltend tätig werden. Es geht nicht um die Erhaltung, Weiterentwicklung und Optimierung des öffentlichen Gemeinwesens oder die Sozialgestaltung im Rahmen der Gesetze und auf dem Boden des Rechts, sondern einzig um die Gestaltung der Rechtsbeziehungen zwischen zwei Individuen, wobei – wenn nötig – auf das geltende Recht zurückgegriffen wird. Der Richtermediator handelt – im Gegensatz zur Verwaltung – materiell niemals in eigener Sache und verfahrensrechtlich niemals auf eigene Initiative.

Ähnlichkeiten zwischen der Tätigkeit im Rahmen der gerichtsnahen Mediation und der Verwaltungstätigkeit bestehen indes insofern, als im Wege der gerichtsnahen Mediation erlangte Ergebnisse, wie auch Verwaltungsmaßnahmen und -entscheidungen, gerichtlich überprüft werden können. Im Gegensatz zu Verwaltungsentscheidungen können die Ergebnisse der gerichtsnahen Mediation allerdings nicht im Rahmen rechtlicher Grenzen nach eigenem Ermessen geändert werden. Der Richtermediator hat, im Vergleich zu in der Verwaltung tätig werdenden Verwaltungsträgern, keinerlei Kompetenzen, die von den Konfliktparteien im Zuge der gerichtsnahen Mediation gefundene Einigung, das Mediationsergebnis, im nachhinein auf eigene Initiative abzuändern oder aufzuheben. Auch zahlreiche andere Merkmale, die in der Literatur als für die Verwaltung kennzeichnend oder typisch angesehen werden, treffen auf die gerichtsnahe Mediation nicht zu. Zu erwähnen wäre diesbezüglich unter anderem, dass der Richtermediator im Rahmen der Mediation niemals hoheitlich handelt oder hoheitliche Mittel einsetzt und, dass er keine konkreten Maßnahmen zur Regelung eines Einzelfalls oder zur Verwirklichung bestimmter Vorhaben trifft. Stattdessen begleitet er die Konfliktparteien auf dem Weg zu einer einvernehmlichen Streitbeilegung, ohne selbst in eine bestimmte Richtung aktiv zu werden und eigene Ziele zu verfolgen.

Hält man das Konzept der gerichtsnahen Mediation dennoch für mit dem Begriff der öffentlichen Verwaltung vereinbar, so bleiben zumindest insofern Zweifel bezüglich einer Zuordnung zur „Gerichtsverwaltung" nach § 4 Abs. 2 Nr. 1 DRiG, als die gerichtsnahe Mediation weder eine Voraussetzung für die Wahrnehmung der den Gerichten zugewiesenen Rechtsprechungsaufgaben darstellt noch die Rechtsprechungsaufgaben der Gerichte unterstützen soll,[623] unter Gerichtsverwaltung nach § 4 Abs. 2 Nr. 1 DRiG gemein-

---

622 Vgl.: Erster Teil, 1. Kapitel, Unterpunkt I.

623 *v. Bargen*, DVBl. 2004, 468 (474); *Pitschas*, in: *Pitschas/Walther*, Mediation in d. Verwaltungsgerichtsbarkeit, S. 33 (36); *Löer*, ZKM 2005, 182 (186); vgl. auch: *Ruhs*, in: *Pitschas/Walther*, Mediation in

hin aber gerade Verwaltungstätigkeiten verstanden werden, welche die Voraussetzungen für die Wahrnehmung der den Gerichten zugewiesenen Rechtsprechungsaufgaben darstellen oder schaffen und die Gerichte in ihrer Rechtsprechungsaufgabe unterstützen.[624] Als Gerichtsverwaltung wird die gesamte verwaltende Tätigkeit der Gerichte verstanden, welche die Gerichte als Behörden und die Richter als (weisungsabhängige) Amtswalter der vollziehenden Gewalt wahrnehmen.[625] Der Begriff der Gerichtsverwaltung meint damit letztlich alle Gerichtsaufgaben in Form von Organisations- und Verwaltungstätigkeiten, die das Funktionieren der Rechtsprechung und der Rechtspflege in sachlicher und personeller Hinsicht sicherstellen sollen[626] sowie zu den Aufgaben der Rechtsprechung in einem dienenden Verhältnis oder zumindest in einem sachlichen Bezug stehen.[627] Bei der Gerichtsverwaltung – nicht aber bei der gerichtsnahen Mediation – geht es um Aufgaben,[628] die bei der Bereitstellung der persönlichen und sachlichen Mittel für die Tätig-

---

d. Verwaltungsgerichtsbarkeit, S. 123 (137), sowie: *Oldenbruch*, Die Vertraulichkeit im Mediationsverfahren, S. 46.

[624] Vgl. hierzu u.a. *Schmidt-Räntsch*, DRiG, § 4 Rn. 16 (mit Beispielen) u. § 25 Rn. 9; *Kissel/Mayer*, GVG, § 12 Rn. 85; *Geiger*, in: *Eyermann*, VwGO, § 39 Rn. 3; *Ruhs*, *Kern* u. *Büscher*, in: *Pitschas/Walther*, Mediation in d. Verwaltungsgerichtsbarkeit, S. 123 (137) bzw. S. 147 (171) u. S. 209 (227); *v. Bargen*, DVBl. 2004, 468 (474). Vgl. zum Umfang im Einzelnen u.a. auch: *Classen*, in: *v. Mangoldt/Klein/Starck*, GG, Art. 97 Rn. 28; *Schulze-Fielitz*, in: *Dreier*, GG, Art. 92 Rn. 45; *Redeker*, in: *Redeker/v. Oertzen*, VwGO, § 39 Rn. 2; *Meyer*, in: *v. Münch/Kunig*, GG, Art. 92 Rn. 8; *Schmid*, in: *Hübschmann/Hepp/Spitaler*, AO/FGO, § 32 FGO Rn. 3; *Brandis*, in: *Tipke/Kruse*, AO/FGO, § 31 FGO Rn. 1; *Klose*, ZKM 2005, 146 (147).

[625] *Schulze-Fielitz*, in: *Hoffmann-Riem/Schmidt-Aßmann/Voßkuhle*, Grundlagen des Verwaltungsrechts, Bd. I, § 12 Rn. 36; *Wittreck*, Die Verwaltung der Dritten Gewalt, S. 16.

[626] *Stern*, Staatsrecht, Bd. II, S. 901. Vgl. auch: *Schaffer*, BayVBl. 1991, 641 (643).

[627] *Mohr*, in: *Pitschas/Walther*, Mediation in d. Verwaltungsgerichtsbarkeit, S. 179 (200).

[628] Hierzu gehören z.B. die Einrichtung der Gerichte, die Beschaffung und Bereitstellung der sachlichen und persönlichen (Hilfs-)Mittel für die Tätigkeit der Gerichte, das Personal-, Haushalts-, Rechnungs- und Kassenwesen, die Dienstaufsicht (§ 38 VwGO, § 31 FGO) beziehungsweise die Wahrnehmung von Aufsichtsrechten, die Verwaltung der gerichtlichen Infrastruktur, das Treffen bestimmter nichtrichterlicher Entscheidungen (zum Beispiel Justizverwaltungsakte), die Erteilung von Genehmigungen, die Ordnung und Verwaltung des Gerichtsablaufs beziehungsweise des allgemeinen Dienstbetriebes, die Regelung des Geschäftsgangs und des Sitzungsablaufs, die Beschlussfassung über die persönliche Geschäftsverteilung, die Entscheidungen über die Auswahl, Herstellung einer herausgabe- und veröffentlichungsfähigen Fassung von Urteilstexten einschließlich der Versendung zum Zwecke der Veröffentlichung, die Ausbildung und Fortbildung der Gerichtsangehörigen, die Betreuung und Ausbildung des juristischen Nachwuchses am Gericht, die Aufgaben nach § 24 Abs. 3 VwGO, 21 Abs. 3 FGO, 22 Abs. 2 SGG (Amtsentbindung/-Enthebung) beziehungsweise nach § 26 Abs. 2 i.V.m. § 27 VwGO, § 23 Abs. 2 i.V.m. § 24 FGO (Wahl der ehrenamtlichen Richter) sowie alle anderen Verwaltungsaufgaben, die den Gerichten herkömmlich übertragen sind respektive zu der rechtsprechenden Funktion der Gerichte einen zumindest mittelbaren (sachlichen) Bezug haben (vgl. u.a.: *Classen*, in: *v. Mangoldt/Klein/Starck*, GG, Art. 97 Rn. 28; *Schulze-Fielitz*, in: *Dreier*, GG, Art. 92 Rn. 45; *Meyer*, in: *v. Münch/Kunig*, GG, Art. 92 Rn. 8; *Schmidt-Räntsch*, DRiG, § 4 Rn. 16 (mit Beispielen) u. § 25 Rn. 9; *Kissel/Mayer*, GVG, § 12 Rn. 85; *Kopp/Schenke*, VwGO, § 39 Rn. 2; *Redeker*, in: *Redeker/v. Oertzen*, VwGO, § 39 Rn. 2; *Geiger*, in: *Eyermann*, VwGO, § 13 Rn. 2 u. § 39 Rn. 3; *Schmid*, in: *Hübschmann/Hepp/Spitaler*, AO/FGO, § 32 FGO Rn. 3; *Brandis*, in: *Tipke/Kruse*, AO/FGO, § 31 FGO Rn. 1; *Koch*, in: *Gräber*, FGO,

keit der Gerichte in Rechtsprechung und Justizverwaltung zu erfüllen sind,[629] so dass zum Bereich der Gerichtsverwaltung zusammengefasst die gesamte verwaltende Tätigkeit der Gerichte gehört, die nicht unmittelbar die Erfüllung von Rechtsprechungsaufgaben darstellt, jedoch für diese die unabdingbaren materiellen und personellen Voraussetzungen schaffen muss.[630] Auch wenn es sich bei der richterlichen Mediationstätigkeit letztlich nicht um eine Rechtsprechungsaufgabe handelt, steht die gerichtsnahe Mediation den der Rechtsprechung zuzuordnenden Aufgaben des Richters in der Güteverhandlung vor diesem Hintergrund sachlich näher als den bislang bekannten Tätigkeitsfeldern der Gerichtsverwaltung. Mit der Aufgabe des Richtermediators vergleichbare Aufgaben der Gerichtsverwaltung sind bislang nicht ersichtlich.[631]

Darüber hinaus kann man gegen eine Zuordnung der gerichtsnahen Mediation zur Gerichtsverwaltung einwenden, dass es ausschließlich den Konfliktparteien obliegt, ob ein gerichtsnahes Mediationsverfahren eingeleitet werden soll, es jedoch nicht in der Kompetenz der Konfliktbeteiligten liegen kann, einem Richter(-mediator) – durch Zustimmung zur Einleitung eines gerichtsnahen Mediationsverfahrens – Aufgaben der Gerichtsverwaltung zuzuweisen.[632] Dieses Argument verkennt jedoch, dass es nicht die Parteien sind, die dem Richtermediator – sofern man die gerichtsnahe Mediation als Verwaltungstätigkeit qualifiziert – die vermeintliche Verwaltungstätigkeit „gerichtsnahe Mediation" zuweisen. Die Zuweisung der Aufgabe „gerichtsnahe Mediation" muss stattdessen – was bisher allerdings noch nicht der Fall ist – abstrakt per Gesetz erfolgen, während die Parteien es lediglich in der Hand haben, ob und an welcher Stelle im konkreten Einzelfall ein gerichtsnahes Mediationsverfahren durchgeführt werden soll. Insofern ließe sich die Einleitung einer gerichtsnahen Mediation – würde man diese als Verwaltungstätigkeit ansehen – mit der Situation vergleichen, dass ein oder mehrere Bürger einen Antrag auf Tätigwerden einer Behörde stellen und damit ein Verwaltungsverfahren in Gang setzten, beispielsweise ein Bürger eine Baugenehmigung beantragt, während der Nachbar diese verhindern möchte. Auch hier wird durch die Anträge keine Kompetenz begründet, sondern die Baugenehmigungsbehörde veranlasst, bestehende Kompetenzen auszuüben.

Überzeugender erscheint es dagegen, zur Ablehnung einer Zuordnung zur Gerichtsverwaltung nicht nur auf den Begriff der Gerichtsverwaltung selbst, sondern auch auf die Folgen einer solchen Einordnung einzugehen. Hierbei ist darauf hinzuweisen, dass die Tätigkeit der Gerichtsverwaltung zwar keinen richterlichen Dienst darstellt,[633] der Richter

---

§ 32; *Wittreck*, Die Verwaltung der Dritten Gewalt, 16 f.; *Volkmann*, Mediation im Zivilprozess, S. 28; *Klose*, ZKM 2005, 146 (147).

629 *Schulze-Fielitz*, in: *Hoffmann-Riem/Schmidt-Aßmann/Voßkuhle*, Grundlagen des Verwaltungsrechts, Bd. I, § 12 Rn. 36; *Wittreck*, Die Verwaltung der Dritten Gewalt, S. 16 f. Vgl. zudem auch: *Stern*, Staatsrecht, Bd. II, S. 901.

630 *Volkmann*, Mediation im Zivilprozess, S. 28; *Spindler*, Abschlussbericht zum Forschungsprojekt Gerichtsnahe Mediation in Niedersachsen, Rn. 19; *Kissel/Mayer*, GVG, § 12 Rn. 85.

631 *Volkmann*, Mediation im Zivilprozess, S. 29; *Spindler*, Abschlussbericht zum Forschungsprojekt Gerichtsnahe Mediation in Niedersachsen, Rn. 19.

632 *Kopp/Schenke*, VwGO, § 1 Rn. 43.

633 *Redeker*, in: *Redeker/v. Oertzen*, VwGO, § 39 Rn. 2; *Geiger*, in: *Eyermann*, VwGO, § 39 Rn. 3.

jedoch nach § 42 DRiG zur Übernahme einer Nebentätigkeit in der Gerichtsverwaltung verpflichtet werden kann. Die am Gericht tätigen Beamten, Angestellten und Arbeiter können mit Aufgaben der Gerichtsverwaltung betraut werden, sofern dies die jeweilige Person nicht über Gebühr beansprucht und in der Wahrnehmung ihres Hauptamtes beeinträchtigt.[634] Würde man die gerichtsnahe Mediation als Aufgabe der Gerichtsverwaltung einordnen, so könnten am jeweiligen Gericht tätige Richter demnach zur Tätigkeit als Richtermediator verpflichtet werden. Im Falle der gerichtsnahen Mediation macht eine solche Verpflichtung jedoch nur wenig Sinn. Zum einen würde eine Verpflichtung einzelner Richter voraussetzen, dass diese zuvor speziell für die Leitung gerichtsnaher Mediationen ausgebildet wurden. Dem lässt sich dadurch begegnen, dass man – wie in den derzeit laufenden Modellversuchen zum Einsatz der gerichtsnahen Mediation der Fall – ein oder mehrere Richter des Gerichts einer besonderen Mediationsschulung unterzieht. Gleichzeitig muss es jedoch auch Sache der Konfliktparteien bleiben, aus den zur Verfügung stehenden Richtermediatoren einen Mediator auszuwählen, während dieser wiederum – wie jeder andere Mediator auch – in der Lage sein muss, ein Mediationsverfahren abzulehnen oder abzubrechen, sofern er Zweifel bezüglich seiner Neutralität oder Unabhängigkeit im konkreten Konflikt hegt oder aber seine Überparteilichkeit zumindest gefährdet sieht. Dies ist nicht der Fall, sofern ein Richter zur Wahrnehmung der Funktionen eines Richtermediators verpflichtet werden kann. Lediglich die Verpflichtung eines Richters, sich für die Durchführung gerichtsnaher Mediationsverfahren ausbilden zu lassen und anschließend als Richtermediator am jeweiligen Gericht zur Verfügung zu stehen, ist insofern unproblematisch, wobei diesbezüglich allerdings fraglich ist, ob es sinnvoll erscheint, Richter zur Tätigkeit im Rahmen der gerichtsnahen Mediation zu verpflichten, anstatt sowohl im Rahmen der bestehenden Richterschaft als auch bei zukünftigen Ernennungen zum Richteramt auf solche Personen zurückzugreifen, die sich freiwillig als Richtermediatoren zur Verfügung stellen und ihre Aufgabe als Richtermediator infolgedessen zumindest mit einer gewissen Motivation erfüllen würden.

III. Die gerichtsnahe Mediation als „andere“ Aufgabe des Richters nach § 4 Abs. 2 Nr. 2 DRiG

Hinsichtlich der Erkenntnis, dass es sich bei der gerichtsnahen Mediation weder um eine Aufgabe der rechtsprechenden Gewalt noch um eine solche der Gerichtsverwaltung handelt,[635] stellt *Pitschas* zusammenfassend und zutreffend fest: „Auf alle Fälle entspricht richterliche Mediation nicht der herkömmlichen Tätigkeit der Rechtsprechung im Sinne des Art. 92 GG und des § 4 Abs. 1 DRiG. [...] Aber wie sollte der Gerichtsmediator

---

[634] *Schmidt-Räntsch*, DRiG, § 42 Rn. 9.

[635] Im Übrigen kommt auch keine Qualifizierung als Aufgabe der Justizverwaltung in Betracht, die nicht die Verwaltung für die Rechtsprechungsorganisation „Gericht“, sondern andere Verwaltungsaufgaben im Bereich der Justiz betrifft. Im Rahmen der Justizverwaltung werden Gerichte nicht als Organe der Dritten Gewalt, sondern als Verwaltungsorgane im staatlichen Vollzugsablauf tätig (vgl. hierzu: *Meyer*, in: *v. Münch/Kunig*, GG, Art. 92 Rn. 8; *Schulze-Fielitz*, in: *Dreier*, GG, Art. 92 Rn. 46), was im Rahmen der gerichtsnahem Mediation ersichtlich nicht der Fall ist.

ohne Entscheidungsmacht und auf Konfliktlösung durch Dialog verwiesen, dem dezisionären Charakter von „Verwaltung" Rechnung tragen? Konsensuale Streitbeilegung ist eben keine verwaltende Tätigkeit. [...] Sie will eigenständig sein, ist freilich darin ein aliud zur Rechtsprechung."[636]

Betrachtet man die gerichtsnahe Mediation als ein solches aliud zur Rechtsprechung, welches nicht der Gerichtsverwaltung zuzuordnen ist und insofern eine eigenständige Kategorie richterlichen Handelns darstellt, so stellt sich die Frage, ob diese Aufgabe rechtmäßig überhaupt von Richtern wahrgenommen werden kann. Eine Antwort auf diese Frage hält § 4 Abs. 2 Nr. 2 DRiG bereit, der jedoch voraussetzt, dass die Durchführung gerichtsnaher Mediationsverfahren auf Grund eines Gesetzes den Gerichten oder Richtern zugewiesen wird, so dass es letztlich einer gesetzlichen Regelung der gerichtsnahen Mediation bedarf, um die dienstrechtliche Zulässigkeit der gerichtsnahen Mediation zu begründen.[637] Nach § 4 Abs. 2 Nr. 2 DRiG können den Gerichten oder den Richtern auch andere Aufgaben – das heißt nicht der Rechtsprechung und der Gerichtsverwaltung zuzuordnende Tätigkeiten – gesetzlich zugewiesen werden. Der Gesetzgeber ist grundsätzlich nicht darin gehindert, den Richtern Aufgaben anzuvertrauen, die nicht zur materiellen Rechtsprechung im Sinne von Art. 92 GG zählen, über die materielle Rechtsprechung hinausgehen und/oder nicht ohne weiteres zu den regelmäßigen und typischen Aufgaben der Gerichte gehören.[638] Voraussetzung hierfür ist jedoch, dass dadurch (1.) die Wahrnehmung der eigentlichen Rechtsprechungsaufgaben nicht wesentlich behindert, beeinträchtigt oder eingeschränkt wird,[639] (2.) die Übertragung der Aufgaben die Gerichte sowohl nach ihrer Größe als auch nach ihrer Leistungsfähigkeit nicht in Frage stellt und daher dem Grundgedanken der Art. 20 Abs. 2, 92 ff. GG nicht zuwiderläuft,[640] (3.) kein nicht zu bewältigender Rollenkonflikt aus Sicht des Richters geschaffen wird,[641] (4.) der Grundsatz der Gewaltenteilung nicht verletzt wird[642] und (5.) das Grundgesetz die Wahrnehmung der betreffenden Aufgaben nicht einer anderen Gewalt vorbehält beziehungsweise keine speziellen verfassungsrechtlichen Funktionsvorbehalte zugunsten bestimmter staatlicher Aufgaben und zugunsten anderer Gewalten oder Funktionsträger betroffen sind.[643] Die Zulässigkeit einer gesetzlichen Übertragung der gerichtsnahen Mediation auf die Gerichte sowie auf die an den Gerichten tätigen Richter erscheint insofern unproblematisch.

Geht man mit den obigen Ausführungen davon aus, dass die gerichtsnahe Mediation keine Verwaltungsaufgabe darstellt, so steht eine Verletzung des Gewaltenteilungs-

---

636 *Pitschas*, in: *Pitschas/Walther*, Mediation in d. Verwaltungsgerichtsbarkeit, S. 33 (35 f.).

637 Im Ergebnis ebenso: *Volkmann*, Mediation im Zivilprozess, S. 29.

638 *Detterbeck*, in: *Sachs*, GG, Art. 92 Rn. 13; *Schulze-Fielitz*, in: *Dreier*, GG, Art. 92 Rn. 41; *Stern*, Staatsrecht, Bd. II, S. 900; *BVerfGE* 64, 175 (179); 76, 100 (106); vgl. auch: *Schaffer*, BayVBl. 1991, 641 (642); *BVerfGE* 21, 139 (144); 25, 336 (346).

639 *Stern*, Staatsrecht, Bd. II, S. 900; vgl. auch: *Schaffer*, BayVBl. 1991, 641 (642).

640 *Herzog*, in: *Maunz/Dürig*, GG, Art. 92 Rn. 54.

641 *Schulze-Fielitz*, in: *Dreier*, GG, Art. 92 Rn. 41.

642 *Detterbeck*, in: *Sachs*, GG, Art. 92 Rn. 15; *Schulze-Fielitz*, in: *Dreier*, GG, Art. 92 Rn. 41.

643 *Schulze-Fielitz*, in: *Dreier*, GG, Art. 92 Rn. 41; *Detterbeck*, in: *Sachs*, GG, Art. 92 Rn. 15; *BVerfGE* 21, 139 (144); 64, 175 (179); 76, 100 (106).

grundsatzes von vornherein nicht zu befürchten, wobei diesbezüglich ohnehin nur ein geringerer Raum für Bedenken bleibt, wenn der den Gerichten oder Richtern übertragene Aufgabenbereich – wie bei der gerichtsnahen Mediation der Fall – in engem Zusammenhang mit den übrigen, unproblematisch als Rechtsprechung zu qualifizierenden Tätigkeiten steht. Auch bleibt die gerichtsnahe Mediation verfassungsrechtlich keiner anderen Gewalt und keinem anderen staatlichen Funktionsträger vorbehalten, während sie die Justiz eher zu entlasten scheint, als die richterliche Wahrnehmung der Rechtsprechungsaufgaben zu erschweren oder die Leistungsfähigkeit der Gerichte – und damit den Grundgedanken der Art. 20 Abs. 2, 92 ff. GG – negativ zu beeinflussen.[644] Schließlich ist auch kein nicht zu bewältigender Rollenkonflikt aus Sicht der Richterschaft zu befürchten, weißt man dieser – zusätzlich zu ihrem bisherigen Tätigkeitsbereich – die Aufgabe der gerichtsnahen Mediation zu. Zwar wird diesbezüglich vertreten, es sei ein Rollenkonflikt zwischen dem Richter als „Entscheider" und dem Richter als Mediator/„Vergleicher" sowie eine Schwächung der Autorität des jeweiligen Richters bei Erfolglosigkeit der Mediation zu befürchten.[645] Zudem wird den Richtern zuweilen die Eignung zur Durchführung von Mediationen abgesprochen, indem bezweifelt wird, dass eine Person, deren Beruf und Berufung darin besteht, Rechtskonflikte mit staatlicher Autorität zu entscheiden, sich soweit zurücknehmen kann, dass sie die Streitenden lediglich bei der eigenständigen Lösung ihres Konflikts unterstützt und nicht etwa dazu neigt, Probleme von vornherein als „Nullsummenspiele" zu betrachten und nach „richtigen" und „falschen" Antworten zu suchen.[646] Es wird die Frage gestellt: „Even where judges undergo thorough mediation training and supervision: Are judges able to overcome the judicial mindset, which tends towards adjudication and settlement mediation rather than towards facilitative mediation?" So berechtigt diese Bedenken auf den ersten Blick erscheinen, auch sie lassen sich – zumindest bis zu einem gewissen Grad – leicht zerstreuen. Es mag sein, dass sich der ein oder andere Richter schwer tun wird, von der Rolle des Richters in die Rolle des Mediators zu wechseln. Da nicht alle Richter eines Gerichts als Richtermediatoren zur Verfügung stehen müssen, besteht jedoch die Möglichkeit, von vornherein solche Richter als Richtermediatoren auszuwählen, die für diese Tätigkeit geeignet erscheinen und sich den Spagat zwischen Richteramt und Mediatorentätigkeit zutrauen. Darüber hinaus lässt sich den genannten Bedenken mit einer gründlichen und speziell auf die Richtermediatorentätigkeit inklusive des Umgangs mit dem besagtem Rollenkonflikt zwischen Richter und Mediator abzielenden Ausbildung ein gutes Stück entgegentreten, zumal nicht außer Acht bleiben sollte, dass der Rollenunterschied zwischen Richter und Mediator insofern nicht unüberwindbar erscheint, als auch der Richter nicht ausschließlich streitentscheidend wirkt. Dementsprechend relativieren auch im Rahmen der aktuellen Modellversuche zum Einsatz der gerichtsnahen Mediation tätige Richtermediatoren die genannten Befürchtungen: Der Rollenwechsel vom Richter zum

---

644 Vgl. zur Entlastungswirkung der gerichtsnahen Mediation auch: Zweiter Teil, 2. Kapitel, Unterpunkt II. 1. c).

645 Vgl.: *W. Gottwald*, AnwBl. 2000, 265 (271); *W. Gottwald*, Betrifft JUSTIZ 1999, 117 (128); vgl. zudem auch: *Oldenbruch*, Die Vertraulichkeit im Mediationsverfahren, S. 42.

646 Vgl. hierzu: *Greger*, ZKM 2003, 240 (244); *Duve*, Mediation u. Vergleich im Prozess, S. 231.

Mediator sei nur anfangs schwer gefallen, dann aber immer leichter.[647] Schließlich besteht auch die Gefahr eines Autoritätsverlustes infolge des Mediationsangebotes nur sehr bedingt. Zum einen ist im Vorfeld über das Mediationsverfahren und dessen möglichen Ergebnisse informierten Mediationsparteien durchaus zuzutrauen, aufgrund einer gescheiterten Mediation nicht gleich die Autorität des jeweiligen Richtermediators als Richter oder gar die Autorität der gesamten Richterschaft in Frage zu stellen. Zum anderen verlangt schon § 278 Abs. 1 ZPO vom Richter, auf die gütliche Beilegung von Rechtsstreitigkeiten hinzuwirken. Diesbezüglich wird jedoch – bei negativem Ausgang entsprechender Bemühungen – kein Autoritätsverlust befürchtet.[648]

Die Zulässigkeit der Übertragung der gerichtsnahen Mediation vorausgesetzt, lässt diese sich als Teil der Rechtspflege im weiteren Sinne begreifen, sofern man hierunter den Sammelbegriff für sämtliche von den Gerichten und anderen Organen der Rechtspflege wahrgenommenen Aufgaben und Angelegenheiten, das Handeln staatlicher oder staatlich anerkannter Organe, welches dem Rechtsschutz, der Rechtsausübung oder der Rechtsvorsorge dient, oder die Sorge für einen geordneten Ablauf der Rechtsbeziehungen zwischen den Menschen versteht. Gleiches gilt auch, wenn man mit *Stern*[649] und *Heyde*[650] davon ausgeht, dass die unter dem Begriff der Rechtspflege zusammengefassten Aufgaben diejenigen Tätigkeiten umfassen, die in engem Zusammenhang zur (materiellen) Rechtsprechung stehen, aber zum Teil nicht zu letztverbindlichen Entscheidungen führen und zudem nicht von Richtern, sondern von besonderen Organen der Rechtspflege wahrgenommen werden.[651] Insofern kann – unter Beachtung der Tatsache, dass es sich bei der gerichtsnahen Mediation weder um eine Aufgabe der Rechtsprechung noch um eine solche der Gerichtsverwaltung handelt – auf im Schrifttum vorgebrachte, ungenaue Qualifizierungen der gerichtsnahen Mediation als neuartige Verwaltungstätigkeit sui generis[652] beziehungsweise als „nicht klassische" oder „untypische"[653] Aufgabe der Gerichtsverwaltung verzichtet werden. Die Feststellung, eine Einordnung als richterliche Tätigkeit komme kaum in Betracht, soweit sich die Mediation dadurch

---

[647] *A. Mahmens* (Richterin u. Mediatorin am LG Rostock) im Rahmen eines Forums zum Thema „Gerichtsinterne Mediation: Türöffner oder Sackgasse" anlässlich des 10. Mediations-Kongresses der Centrale für Mediation (CfM) am 9./10. September 2005 in Köln.

[648] Kritisch zu den oben genannten Bedenken vgl. im Übrigen auch: *Oldenbruch,* Die Vertraulichkeit im Mediationsverfahren, S. 42.

[649] *Stern,* Staatsrecht, Bd. II, S. 900 f.

[650] *Heyde,* in: *Benda/Maihofer/Vogel,* Hdb. Verfassungsrecht, § 33 Rn. 17.

[651] Als zu eng erscheint dagegen die Auffassung, unter Rechtspflege sei (nur) die Verwirklichung von Staats- und sonstigen öffentlichen Zwecken seitens der der damit betrauten Staatsorgane durch das Mittel der Rechtsanwendung oder die Durchsetzung der Gerechtigkeit beziehungsweise die Wahrung des Rechtsfriedens (vgl. hierzu: *Wolff/Bachof/Stober,* Verwaltungsrecht I, § 20 Rn. 40; *Schmidt-Räntsch,* DRiG, § 1 Rn. 5). *Böttcher,* in: *Löwe-Rosenberg,* StPO, Vor § 1 GVG Rn. 5 definiert Rechtspflege allgemein als das staatliche Bemühen um die Durchsetzung der Gerechtigkeit und die Wahrung des Rechtsfriedens.

[652] *Klose,* ZKM 2005, 146 (147).

[653] *Walther,* DRiZ 2005, 127 (128 f.); *Walther,* ZKM 2005, 53 (55); *Pitschas,* zitiert in: *Hepp,* BDVR-Rundschreiben 2005, 44.

auszeichnet und für sich in Anspruch nimmt, Streitbeilegung mittlergestützt ohne Entscheidungsbefugnis zu bewirken, andererseits das mediative Beilegen eines Streites der richterlichen Tätigkeit wegen seines schlichtenden Charakters aber näher stehe als den klassischen Tätigkeitsfeldern der Gerichts- und Justizverwaltung,[654] lässt sich dahingehend ergänzen, dass die Tätigkeit als Richtermediator eine nach § 4 Abs. 2 Nr. 2 DRiG zulässige Nebentätigkeit im Bereich der Rechtspflege nach § 42 DRiG darstellt. Die Zulässigkeit der gerichtsnahen Mediation nach § 4 Abs. 2 Nr. 2 DRiG erscheint dabei insbesondere mit Blick auf Sinn und Zweck der Inkompatibilitätsregelung des § 4 DRiG gerechtfertigt, da § 4 DRiG der Durchsetzung des in Art. 20 Abs. 2 S. 2 GG verankerten Prinzips der Gewaltenteilung und der Beschränkung des Richters auf die rechtsprechende Tätigkeit dient, um dessen Unabhängigkeit zu sichern.[655] Im Wege der Wahrnehmung von Mediationsaufgaben ist weder ein Verstoß gegen den Gewaltenteilungsgrundsatz noch eine Gefährdung der richterlichen Unabhängigkeit[656] zu befürchten, insbesondere wenn man (wie in den bisherigen Modellversuchen zum Einsatz der gerichtsnahen Mediation) garantiert, dass der gerichtsinterne Mediator von der Mitwirkung an späteren Entscheidungen im gleichen Fall ausgeschlossen ist.[657]

---

[654] *Walther*, in: *Pitschas/Walther*, Mediation in d. Verwaltungsgerichtsbarkeit, S. 7 (20).
[655] *Schmidt-Räntsch*, DRiG, § 4 Rn. 2; *Klose*, ZKM 2005, 146 (148); *BVerwGE* 25, 210 (218 f.).
[656] Vgl. hierzu unter: Zweiter Teil, 5. Kapitel, Unterpunkt III.
[657] Vgl. hierzu auch: *Klose*, ZKM 2005, 146 (148).

4. Kapitel: Einwendungen gegen die gerichtsnahe Mediation im verwaltungs-, sozial- und finanzgerichtlichen Verfahren

Trotz der im Allgemeinen überwiegend positiven Erfahrungen mit der gerichtsnahen Mediation und der Möglichkeit ihrer Einordnung als „andere Aufgabe" des Richters nach § 4 Abs. 2 Nr. 2 DRiG begegnet das Streitbeilegungskonzept der gerichtsnahen Mediation – gerade im Bereich der öffentlich-rechtlichen Gerichtsbarkeiten – einigen Bedenken, die zum Teil auch Niederschlag in der mediationskritischen Literatur gefunden haben. Zu den Bedenken, die gerade gegen den Einsatz der gerichtsnahen Mediation im verwaltungs-, sozial- und finanzgerichtlichen Verfahren gehegt werden können, gehören die Befürchtung, durch die Durchführung einer gerichtsnahen Mediation könne es zu einem Rechtsverlust seitens der Prozessbeteiligten kommen (I.), die Sorge, die gerichtsnahe Mediation könne datenschutzrechtlich problematisch sein (II.), die Vermutung, dass es im Wege der gerichtsnahen Mediation zu einer Benachteiligung finanziell schwacher Konfliktparteien kommen könnte (III.), sowie einige sonstige Vorbehalte (IV. und V.).

I. Drohender Rechtsverlust aufgrund der Durchführung einer gerichtsnahen Mediation?

Die Befürchtung, aufgrund der Durchführung eines gerichtsnahen Mediationsverfahrens könne es zu einem Rechtsverlust seitens der Konfliktparteien kommen, lässt sich an unterschiedlichen Aspekten festmachen. Zum einen könnte infolge der gerichtsnahen Mediation auf den ersten Blick eine Verjährung von Ansprüchen oder der Ablauf von Ausschlussfristen drohen. Zum anderen könnte aufgrund der gerichtsnahen Mediation – wenn diese erfolglos bleibt, so dass im Anschluss der zunächst eingeleitete Prozess zu Ende geführt werden muss – das herkömmliche Gerichtsverfahren verzögert werden, wodurch wiederum Nachteile für die Rechte der Beteiligten entstehen können. Schließlich besteht im Rahmen der gerichtsnahen Mediation – wie in jeder anderen Mediation – eine gewisse Gefahr, dass eine oder mehrere Mediationsparteien vorschnell und ohne ausreichende Überlegung einem bestimmten Mediationsergebnis zustimmen und dadurch in großem Umfang eigene Rechte preisgeben.

1. Verjährung von Ansprüchen aufgrund der Durchführung einer gerichtsnahen Mediation?

Aufgrund der Besonderheiten hinsichtlich der Verjährung verwaltungs- und sozialrechtlicher Ansprüche einerseits sowie der Verjährung abgaben- und steuerrechtlicher Ansprüche andererseits bietet es sich an, die möglicherweise bestehende Gefahr einer Verjährung von öffentlich-rechtlichen Ansprüchen im Verwaltungs- und Sozialrecht getrennt von dieser möglicherweise existierenden Gefahr im Abgaben- und Steuerrecht zu behandeln. In beiden Fällen wird sich jedoch zeigen, dass es sich bei besagter Gefahr nur um eine scheinbare handelt und verjährungsrechtliche Fragen der gerichtsnahen Mediation letztlich nicht entgegenstehen können.

a) Im Verwaltungs- und Sozialrecht

Ohne dass hierauf im Rahmen der vorliegenden Arbeit näher eingegangen werden kann, bleibt an dieser Stelle mit Blick auf das Verwaltungs- und Sozialrecht festzuhalten, dass hinsichtlich der Verjährung im öffentlichen Recht einiges streitig, vieles zumindest aber offen erscheint.[658] Gesichert ist aber, dass die Rechtshängigkeit einer Streitsache als eine ihrer bedeutsamsten materiellrechtlichen Wirkungen auch im Verwaltungs- und Sozialrecht regelmäßig eine Verjährungshemmung hinsichtlich der Ansprüche der Hauptbeteiligten am Gerichtsverfahren entsprechend §§ 204 Abs. 1 Nr. 1, 209 BGB mit sich bringt.[659] Mit Blick auf den infolge der gerichtsnahen Mediation möglicherweise drohenden Rechtsverlust für die Konfliktparteien stellt sich allerdings die Frage, ob die Hemmung der Verjährung auch dann bestehen bleibt, wenn das Gerichtsverfahren zur Mediationsdurchführung ausgesetzt oder zum Ruhen gebracht wird.

Im Rahmen der bisherigen Modellversuche zum Einsatz der gerichtsnahen Mediation wurde zur Aussetzung des gerichtlichen Verfahrens zugunsten der Durchführung einer gerichtsnahen Mediation regelmäßig auf § 251 ZPO (Anordnung des Ruhens des Verfahrens) zurückgegriffen, der über § 173 S. 1 VwGO und § 202 SGG auch im Verwaltungs- und Sozialgerichtsprozess entsprechende Anwendung findet.[660] Entsprechend dieser Vorschrift wird in den Modellversuchen vorgesehen, dass der in der Sache entscheidungsbefugte Richter – auf Antrag der Prozessparteien und sofern eine gerichtsnahe Mediation Erfolg versprechend erscheint – das Ruhen des Verfahrens anordnen kann, um den Konfliktparteien die Gelegenheit zu geben, eine gerichtsnahe Mediation durchzuführen. Der Rückgriff auf § 251 ZPO führt zunächst dazu, dass die prozessualen, gesetzlichen oder richterlichen Fristen – entsprechend § 249 Abs. 2 u. 3 ZPO[661] – aufhö-

---

[658] Vgl. zum Thema insbesondere: *Guckelberger,* Die Verjährung im Öffentlichen Recht.

[659] *Kothe,* in: *Redeker/v. Oertzen,* VwGO, § 90 Rn. 9; vgl. auch: *Schmid,* in: *Sodan/Ziekow,* VwGO, § 90 Rn. 18; *Kopp/Schenke,* VwGO, § 90 Rn. 1; *Ortloff,* in: *Schoch/Schmidt-Aßmann/Pietzner,* VwGO, § 90 Rn. 16; *Rennert,* in: *Eyermann,* VwGO, § 90 Rn. 13; *Leitherer,* in: *Meyer-Ladewig/Keller/Leitherer,* SGG, § 94 Rn. 5; *Binder,* in: *Lüdtke,* SGG, § 94 Rn. 6; *Peters/Sautter/Wolff,* SGG, § 94, Anm. 2. c) (Rn. 13). Für den Fall des Amtshaftungsanspruchs: *BGHZ* 95, 238 ff.

[660] Vgl.: *Kopp/Schenke,* VwGO, § 94 Rn. 1 u. § 173 Rn. 4; *Geiger,* u. *P. Schmidt,* in: *Eyermann,* VwGO, § 87a Rn. 7 bzw. § 107 Rn. 9 u. § 173 Rn. 5; *Rudisile,* u. *Meissner,* in: *Schoch/Schmidt-Aßmann/Pietzner,* VwGO, § 94 Rn. 105 u. 123 ff. bzw. § 173 Rn. 183; *Kothe,* in: *Redeker/v. Oertzen,* VwGO, § 94 Rn. 14; *Meyer-Ladewig,* in: *Meyer-Ladewig/Keller/Leitherer,* SGG, Vor § 114 Rn. 4; *Peters/Sautter/Wolff,* SGG, § 114, 13. a) (Rn. 103) u. § 202, Anm. 7. t); *Knittel* u. *Danckwerts,* in: *Hennig,* SGG, Vor § 114 Rn. 21 bzw. § 202 Rn. 8; *Rohwer-Kahlmann,* Sozialgerichtsbarkeit, § 114 Rn. 69; *BSG* NJW 1977, 863 (864). Die Unterschiede zwischen dem Verwaltungs- bzw. Sozialgerichtsprozess einerseits und dem Zivilprozess andererseits (u.a. das Amtsprinzip) stehen einer entsprechenden Anwendbarkeit des § 251 ZPO im Verwaltungs- bzw. Sozialgerichtsprozess nicht entgegen (vgl.: *Peters/Sautter/Wolff,* SGG, § 114, 13. a) (Rn. 103); *Meyer-Ladewig,* in: *Meyer-Ladewig/Keller/Leitherer,* SGG, Vor § 114 Rn. 4). Zudem besteht – zum Beispiel bei Vergleichsverhandlungen – ein gewisses Bedürfnis nach entsprechender Anwendung des § 251 ZPO im verwaltungs- bzw. sozialgerichtlichen Verfahren (vgl.: *Meyer-Ladewig,* in: *Meyer-Ladewig/Keller/Leitherer,* SGG, Vor § 114 Rn. 4).

[661] Vgl.: *Kothe,* in: *Redeker/v. Oertzen,* VwGO, § 94 Rn. 14; *Peters/Sautter/Wolff,* SGG, § 114, 13. e) (Rn. 113); *Meyer-Ladewig,* in: *Meyer-Ladewig/Keller/Leitherer,* SGG, Vor § 114 Rn. 1d; *Knittel,* in: *Hen-*

ren zu laufen und nach Ende des Stillstandes von Neuem beginnen (§ 173 S. 1 VwGO, § 155 FGO i.V.m. § 249 Abs. 1 ZPO), während Rechtsbehelfs-, Rechtsmittel- und Rechtsmittelbegründungsfristen weiter laufen (§ 173 S. 1 VwGO, § 155 FGO i.V.m. § 251 Abs. 1 S. 2 ZPO).[662] Damit ist jedoch noch nicht beantwortet, ob infolge der Durchführung einer gerichtsnahen Mediation im Wege der Verjährung ein materieller Rechtsverlust seitens der Verfahrensbeteiligten droht. Hierzu bedarf es keiner näheren Betrachtung der Auswirkungen der Verfahrensruhe auf die prozessualen, sondern vielmehr einer Betrachtung des Einflusses einer Ruhensanordnung auf die materiellen Verjährungsfristen, wobei zu konstatieren ist, dass die grundsätzlich eine Verjährungshemmung hervorrufende Rechtshängigkeit während des Ruhens des Verfahrens zwar nicht entfällt, das Ruhen des Verfahrens hinsichtlich der materiellen Verjährungsfristen jedoch bewirkt, dass die durch Klageerhebung eingetretene Hemmung der Verjährung (§ 90 VwGO, § 94 SGG i.V.m. §§ 204 Abs. 1 Nr. 1, 209 BGB analog) gemäß § 204 Abs. 2 S. 2 BGB endet.[663] Dieser Umstand scheint die Befürchtung zu nähren, infolge der Durchführung einer gerichtsnahen Mediation und dem damit einhergehenden Ruhen des Verfahrens könne es im Wege der Verjährung zu einem Rechtsverlust seitens der Konfliktparteien kommen. Dennoch steht infolge der Durchführung eines (gerichtsnahen) Mediationsverfahrens eine Verjährung verwaltungs- und sozialrechtlicher Ansprüche letztlich regelmäßig nicht zu befürchten.

Im Bereich des Zivilrechts steht der Verjährung von Ansprüchen infolge der Durchführung einer gerichtsnahen oder sonstigen Mediation § 203 BGB entgegen, wonach die Verjährung gehemmt ist, wenn zwischen dem Schuldner und dem Gläubiger Verhandlungen über einen Anspruch oder die den Anspruch begründenden Umstände schweben. Bei der gerichtsnahen Mediation handelt es sich letztlich um eine besondere Form der Verhandlung unter Hinzuziehung eines nicht entscheidungsbefugten Dritten, so dass der Anwendungsbereich des § 203 BGB auch die (gerichtsnahe) Mediation umfasst.[664] Damit besteht für die Parteien einer gerichtsnahen oder sonstigen Mediation unabhängig von der Rechtshängigkeit der Sache stets ein lückenloser Schutz vor einer Forderungsverjährung während der Dauer des Mediationsverfahrens.[665] Darüber hinaus ordnet § 203 S. 2 BGB an, dass die Verjährung frühestens drei Monate nach dem Ende der Verjährungshemmung eintritt, so dass auch bei einem überraschend kurzfristigen Abbruch

---

nig, SGG, Vor § 114 Rn. 29; *Baumbach/Lauterbach/Albers/Hartmann*, ZPO, § 251 Rn. 9; *Feiber*, in: MK-ZPO, § 251 Rn. 14; *Roth*, in: *Stein/Jonas*, ZPO, § 251 Rn. 9; *Stadler*, in: *Musielak*, ZPO, § 251 Rn. 5; *Greger*, in: *Zöller*, ZPO, § 251 Rn. 249 Rn. 1; *Gerken*, in: *Wieczorek/Schütze*, ZPO, § 251, Rn. 12.

662 Vgl. u.a.: *Feiber*, in: MK-ZPO, § 251 Rn. 15; *Roth*, in: *Stein/Jonas*, ZPO, § 251 Rn. 9.

663 Vgl. hierzu u.a.: *Greger*, in: *Zöller*, ZPO, § 251 Rn. 1; *Stadler*, in: *Musielak*, ZPO, § 251 Rn. 5; *Feiber*, in: MK-ZPO, § 251 Rn. 19; *BGH* NJW 1983, 2496 (2497); NJW-RR 1988, 279.

664 Vgl. u.a.: *Volkmann*, Mediation im Zivilprozess, S. 84; *Eidenmüller*, SchiedsVZ 2003, 163 (165); *Wagner*, ZKM 2002, 103 (107). Mit Blick auf die außergerichtliche Mediation vgl. u.a. auch: *Becker/C.-H. Horn*, SchiedsVZ 2006, 270 (273).

665 Vgl. auch: *Heß/Sharma*, in: *Haft/v. Schlieffen*, Hdb. Mediation, § 26 Rn. 59; *Volkmann*, Mediation im Zivilprozess, S. 84; *Spindler*, Abschlussbericht zum Forschungsprojekt gerichtsnahe Mediation in Niedersachsen, Rn. 99; *Wagner*, ZKM 2002, 103 (107 f.).

der Mediationsverhandlungen keine Gefahr des Verjährungseintritts besteht.[666] Da die Vorschriften über die Hemmung der Verjährung – und damit auch § 203 BGB – grundsätzlich auch auf öffentlich-rechtliche Forderungen Anwendung finden[667] und § 203 BGB zumindest auch für Ansprüche gilt, die ihre Grundlage in anderen Gesetzen haben, sofern in diesen Gesetzen die Verjährung nicht abschließend geregelt ist, sondern ausdrücklich oder stillschweigend auf das Verjährungsrecht des Bürgerlichen Gesetzbuches Bezug genommen wird,[668] bleibt mit Blick auf die Verjährung im Bereich des Verwaltungs- und Sozialrechts – wie auch im Hinblick auf die Verjährung im bürgerlichen Recht – festzustellen, dass aufgrund der gerichtsnahen Mediation keine Verjährung eventuell bestehender Ansprüche droht.

b) Im Abgaben- und Steuerrecht?

Während hinsichtlich der Verjährung verwaltungs- und sozialrechtlicher Ansprüche einige Fragen offen bleiben,[669] enthält die Abgabenordnung für den abgaben- und steuerrechtlichen Bereich eine detaillierte Regelung der Verjährung. Sie unterscheidet ausdrücklich zwischen der Festsetzungsverjährung einerseits und der Zahlungsverjährung andererseits.[670]

Unter Festsetzungsverjährung versteht man eine zeitliche Einschränkung der Möglichkeit der Steuerfestsetzung. Nach Ablauf der Festsetzungsfrist sind Steuerfestsetzungen sowie Steueraufhebungen oder -änderungen nicht mehr zulässig (§ 169 Abs. 1 S. 1 AO).[671] Dabei gelten die Regelungen hinsichtlich der Festsetzungsverjährung gleichermaßen zugunsten wie zuungunsten des Steuerpflichtigen,[672] so dass Gegenstand der Festsetzungsverjährung alle Ansprüche aus dem Steuerschuldverhältnis sind und nicht

---

666 *Heß/Sharma*, in: *Haft/v. Schlieffen*, Hdb. Mediation, § 26 Rn. 59; *Volkmann*, Mediation im Zivilprozess, S. 84 f.; *Spindler*, Abschlussbericht zum Forschungsprojekt gerichtsnahe Mediation in Niedersachsen, Rn. 99; *Wagner*, ZKM 2002, 103 (107 f.).

667 *Niedenführ*, in: *Soergel*, BGB, Vor § 203 Rn. 7. Vgl. hierzu zudem auch: *BVerwGE* 34, 97 (98); 99, 109 (111); *BVerwG* NJW 1977, 823 f.

668 *Niedenführ*, in: *Soergel*, BGB, § 203 Rn. 3; *Heinrichs*, in: *Palandt*, BGB, § 203 Rn. 1.

669 Zwecks einer ausführlichen Auseinandersetzung mit dem Thema vgl. abermals: *Guckelberger*, Die Verjährung im öffentlichen Recht.

670 BT-Drucks. 6/1982, S. 151; *Rüsken*, in: *Klein*, AO, § 169 Rn. 1 und § 228 Rn. 1; *Cöster*, in: *Pahlke/Koenig*, AO, § 169 Rn. 1; *Guckelberger*, Die Verjährung im öffentlichen Recht, S. 48. Vgl. zudem auch: *Ruban*, in: *Hübschmann/Hepp/Spitaler*, AO/FGO, Vor § 169 AO Rn. 2; *Kruse*, in: *Tipke/Kruse*, AO/FGO, Vor § 169 AO Rn. 1.

671 BT-Drucks. 6/1982, S. 151; *Rüsken*, in: *Klein*, AO, § 169 Rn. 7; *Hartmann*, in: *Beermann/Gosch*, AO/FGO, § 169 AO Rn. 1 u. 35; *Ruban*, in: *Hübschmann/Hepp/Spitaler*, AO/FGO, Vor § 169 AO Rn. 20; *Cöster*, in: *Pahlke/Koenig*, AO, § 169 Rn. 20; *Guckelberger*, Die Verjährung im öffentlichen Recht, S. 48 u. 50; vgl. auch: *Kruse*, in: *Tipke/Kruse*, AO/FGO, § 169 AO Rn. 35; *FG Nds.* EFG 1997, 296.

672 Der Festsetzungsfrist unterliegen sowohl die Ansprüche des Staates als Steuergläubiger gegenüber dem Steuerpflichtigen, als auch umgekehrte Ansprüche. Die Festsetzungsverjährung bezieht sich sowohl auf Ansprüche des Steuergläubigers als auch solche des Steuerschuldners (vgl.: *Rüsken*, in: *Klein*, AO, § 228 Rn. 1; *Kruse*, in: *Tipke/Kruse*, AO/FGO, Vor § 169 AO Rn. 8; *Ruban*, in: *Hübschmann/Hepp/Spitaler*, AO/FGO, § 169 AO Rn. 7).

nur die Finanzbehörde, sondern auch der Steuerpflichtige einen eventuellen Anspruch innerhalb der Festsetzungsfrist geltend machen muss.[673] Alle Ansprüche des Steuergläubigers oder -schuldners, die einer selbständigen Steuerfestsetzung bedürfen und für welche keine spezialgesetzlichen Vorgaben gelten, unterliegen der Festsetzungsverjährung nach § 169 AO.[674] Ziel der Festsetzungsverjährung ist es dabei letztlich, Rechtsfrieden und Rechtssicherheit zu erreichen.[675] Mit dem Eintritt der Verjährung sollen Rechtsfrieden und Rechtssicherheit einer materiellrechtlich zutreffenden Steuer vorgehen. Zudem soll die Festsetzungsverjährung dem Umstand Rechnung tragen, dass die Erweisbarkeit von Ansprüchen oder auch ihre Abweisung umso schwieriger wird, je älter die Ansprüche werden.[676] Nach einer bestimmten Zeit soll der Steuerpflichtige darauf vertrauen dürfen, dass er nicht mehr in Anspruch genommen wird.[677] Ferner soll auch der Steuergläubiger nach einer gewissen Zeit sicher sein, dass etwaige Erstattungsansprüche der Steuerschuldner nach einer gewissen Zeit nicht mehr bestehen.[678] Zusammenfassend lässt sich festhalten, dass die Festsetzungsverjährung (1.) eine Reaktion auf die mit dem Zeitablauf regelmäßig verbundenen Beweisschwierigkeiten bei der Feststellung des Steueranspruchs darstellt, (2.) auf die Belange des Steuerschuldners Rücksicht nimmt, der ab einem bestimmten Zeitpunkt wieder wirtschaftlich frei disponieren können soll, und (3.) zur Herstellung von Rechtssicherheit und Rechtsfrieden beiträgt,[679] was letztlich auch dem Steuergläubiger insofern zum Vorteil gereicht, als er sich ab einem gewissen Zeitpunkt keinerlei Erstattungsansprüche mehr ausgesetzt sehen muss. Die Festsetzungsverjährung ist wegen der damit verbundenen Planungssicherheit insbesondere für die Finanzplanung von Unternehmen,[680] aber auch für die Finanzplanung der staatlichen Einrichtungen unerlässlich. Sie dient damit sowohl dem Interesse des Steuerpflichtigen als auch dem Interesse der Allgemeinheit an einem geordneten Ablauf der Finanzverwaltung.[681]

Ähnliche Ziele verfolgt auch die abgaben- und steuerrechtliche Zahlungsverjährung. Im Interesse des Rechtsfriedens und aus Gründen der Rechtssicherheit soll nach Ablauf einer gewissen Zeit die Gewissheit bestehen, dass ein Anspruch nicht mehr verfolgt

---

[673] Vgl. u.a.: *Cöster,* in: *Pahlke/Koenig,* AO, § 169 Rn. 4; *Ruban,* in: *Hübschmann/Hepp/Spitaler,* AO/FGO, Vor § 169 AO Rn. 4.

[674] *Guckelberger,* Die Verjährung im öffentlichen Recht, S. 49.

[675] *Cöster,* in: *Pahlke/Koenig,* AO, § 169 Rn. 4; *Kruse,* in: *Tipke/Kruse,* AO/FGO, Vor § 169 AO Rn. 5; *Ruban,* in: *Hübschmann/Hepp/Spitaler,* AO/FGO, Vor § 169 AO Rn. 4; *Hartmann,* in: *Beermann/Gosch,* AO/FGO, Vor §§ 169-171 AO Rn. 5.

[676] *Rüsken,* in: *Klein,* AO, § 169 Rn. 1; *Cöster,* in: *Pahlke/Koenig,* AO, § 169 Rn. 4; *Hartmann,* in: *Beermann/Gosch,* AO/FGO, Vor §§ 169-171 AO Rn. 5; *Ruban,* in: *Hübschmann/Hepp/Spitaler,* AO/FGO, Vor § 169 AO Rn. 4; *BFHE* 156, 30 (33). Vgl. zudem auch: *Guckelberger,* Die Verjährung im öffentlichen Recht, S. 49.

[677] *Cöster,* in: *Pahlke/Koenig,* AO, § 169 Rn. 4; *BFHE* 156, 30 (33).

[678] *Cöster,* in: *Pahlke/Koenig,* AO, § 169 Rn. 4.

[679] *Guckelberger,* Die Verjährung im öffentlichen Recht, S. 48; *Rüsken,* in: *Klein,* AO, § 169 Rn. 1.

[680] *Guckelberger,* Die Verjährung im öffentlichen Recht, S. 49.

[681] *Guckelberger,* Die Verjährung im öffentlichen Recht, S. 50; *BFH* NVwZ 2000, 1455 (1456).

werden kann.[682] Auch der primäre Zweck der Zahlungsverjährung liegt in der Bereinigung der Verhältnisse: Nach einer gewissen Zeit soll weder der Steuerpflichtige mit einer Inanspruchnahme rechnen noch die Verwaltung den Fall prüfen müssen. Dabei bezieht sich auch die Zahlungsverjährung sowohl auf Ansprüche des Steuergläubigers als auch auf solche des Steuerschuldners,[683] so dass auch die Fristen der Zahlungsverjährung zugunsten wie zuungunsten des Steuerpflichtigen gelten, mithin nicht nur die Ansprüche des Fiskus gegenüber dem Bürger, sondern auch umgekehrte Ansprüche mit Eintritt der Verjährung nicht mehr geltend gemacht werden können.[684] Der primäre Unterschied zwischen Festsetzungsverjährung und Zahlungsverjährung liegt darin, dass es im Rahmen der Zahlungsverjährung nicht darum geht, bis wann ein Steueranspruch festgesetzt werden darf, sondern – gewissermaßen auf zweiter Ebene – darum, bis zu welchem Zeitpunkt ein bereits festgesetzter oder ein ohne Festsetzung geltend zu machender Steueranspruch durchgesetzt werden kann.[685] Die Festsetzung einer Steuer oder Steuervergünstigung ist nur innerhalb der Festsetzungsfrist zulässig; bereits ergangene Steuerbescheide können nur innerhalb der Festsetzungsfrist aufgehoben oder geändert werden. Ist der Anspruch aus dem Steuerschuldverhältnis festgesetzt, so unterliegt der damit konkretisierte, fällige Steuerzahlungs- oder Erstattungsanspruch dagegen der Zahlungsverjährung.[686] Während die Festsetzungsfrist auf die Entstehung der Steuer durch die bloße Verwirklichung des Steuertatbestandes abstellt, ist Anknüpfungspunkt für die Zahlungsverjährung der Eintritt der Fälligkeit der Ansprüche aus dem Steuerschuldverhältnis.[687]

Grundsätzlich unterliegen alle Ansprüche aus einem konkreten Steuerschuldverhältnis der Festsetzungs- und Zahlungsverjährung. Eine Ausnahme bilden einzig solche Ansprüche, die realisiert werden können, ohne zuvor festgesetzt oder angemeldet worden zu sein. Als Beispiel seien Säumniszuschläge nach § 240 AO und Erstattungs- oder Rückforderungsansprüche gemäß § 37 Abs. 2 AO genannt. Solche Ansprüche verjähren ausschließlich nach den §§ 228 ff. AO.[688] Zudem kann die Zahlungsverjährung durch die Festsetzungsverjährung verdrängt werden, wenn ein Steuerbescheid über den Anspruch wegen Ablauf der Festsetzungsfrist nicht mehr erlassen werden darf. Andererseits unter-

---

[682] Vgl. hierzu auch: *Guckelberger,* Die Verjährung im öffentlichen Recht, S. 48.

[683] *Rüsken,* in: *Klein,* AO, § 228 Rn. 1; *Fritsch,* in: *Pahlke/Koenig,* AO, § 228 Rn. 6; *Kruse,* in: *Tipke/Kruse,* AO/FGO, Vor § 169 AO Rn. 20 bzw. § 228 Rn. 1; *Ruban,* in: *Hübschmann/Hepp/Spitaler,* AO/FGO, § 228 AO Rn. 2; *Kögel,* in: *Beermann/Gosch,* AO/FGO, § 228 AO Rn. 6.

[684] Vgl. auch: *Guckelberger,* Die Verjährung im öffentlichen Recht, S. 55.

[685] Vgl. hierzu u.a.: *Cöster,* in: *Pahlke/Koenig,* AO, § 169 Rn. 1; *Guckelberger,* Die Verjährung im öffentlichen Recht, S. 48 u. 55. Der Ablauf der Festsetzungsfrist verbietet die Festsetzung einer entstandenen Steuer, während die Zahlungsverjährung die Einziehung bereits festgesetzter Ansprüche verhindert. Im Gegensatz zur Festsetzungsverjährung handelt es sich bei der Zahlungsverjährung um die Frage nach der Durchsetzung des Steuer- bzw. Zahlungsanspruchs, der durch die Festsetzung der Höhe nach näher bestimmt worden ist.

[686] *Ruban,* in: *Hübschmann/Hepp/Spitaler,* AO/FGO, Vor § 169 AO Rn. 2.

[687] *Fritsch,* in: *Pahlke/Koenig,* AO, § 228 Rn. 8.

[688] Vgl.: *Ruban,* in: *Hübschmann/Hepp/Spitaler,* AO/FGO, Vor § 228 AO Rn. 2 u, § 228 AO Rn. 4; *Kögel,* in: *Beermann/Gosch,* AO/FGO, § 228 AO Rn. 10; Vgl. auch: *BFHE* 168, 6 (10).

liegen der Zahlungsverjährung auch solche Steueransprüche, die unter Verstoß gegen die § 169 ff. AO festgesetzt wurden; die Festsetzung eines wegen Ablaufs der Festsetzungsfrist erloschenen Steueranspruchs macht den Steuerbescheid nicht nichtig. Wird der rechtswidrige Bescheid bestandskräftig, kann der Steueranspruch im Erhebungsverfahren gleichwohl durchgesetzt werden.[689]

Trotz der in der Abgabenordnung enthaltenen Verjährungstatbestände droht durch die gerichtsnahe Mediation auch im Rahmen der Finanzgerichtsbarkeit kein verjährungsbedingter Rechtsverlust. Im Falle der Festsetzungsverjährung steht dem entgegen, dass § 171 Abs. 3a S. 1 AO vorsieht, dass die Festsetzungsfrist nicht vor einer unanfechtbaren Entscheidung abläuft, wenn ein (wirksamer[690]) Steuerbescheid mit einem Einspruch (§§ 347 ff. AO) oder einer Klage (§§ 40 f. FGO) angefochten wird.[691] Im Falle eines zulässigen Einspruchs oder einer zulässigen Klage ist der Ablauf der Festsetzungsfrist hinsichtlich des gesamten Steueranspruchs gehemmt,[692] wobei die Ablaufhemmung bereits durch die Anfechtung (Einlegung eines Einspruchs oder Erhebung einer Klage) und nicht erst durch das mit der Anfechtung eingeleitete Rechtsbehelfsverfahren ausgelöst wird[693] und die Dauer des Rechtsbehelfsverfahrens keinen Einfluss auf die Ablaufhemmung nach § 171 Abs. 3a AO hat.[694] § 171 Abs. 3a AO steht einem verjährungsbedingten Rechtsverlust infolge der Durchführung einer gerichtsnahen Mediation insofern entgegen, als dieses Verfahren grundsätzlich im Laufe eines gerichtlichen Verfahrens durchgeführt wird und die Tatsache, dass die Dauer des Rechtsbehelfsverfahrens (das heißt auch die durch die gerichtsnahe Mediation eventuell verursachte Verzögerung des gerichtlichen Verfahrens) keinen Einfluss auf die Ablaufhemmung haben soll, nicht dafür spricht, dass das vorübergehende Ruhen des gerichtlichen Verfahrens zur Durchführung der gerichtsnahen Mediation die Hemmung der Verjährung nach § 171 Abs. 3a AO unterbrechen soll.

Der Gefahr eines durch die Durchführung einer gerichtsnahen Mediation bedingten Rechtsverlusts infolge einer Zahlungsverjährung steht entgegen, dass sowohl die Fi-

---

689 *Ruban*, in: *Hübschmann/Hepp/Spitaler*, AO/FGO, Vor § 228 AO Rn. 2.

690 Vgl.: *Rüsken*, in: *Klein*, AO, § 171 Rn. 27; *Kruse*, in: *Tipke/Kruse*, AO/FGO, § 171 AO Rn. 26a; *Hartmann*, in: *Beermann/Gosch*, AO/FGO, § 171 AO Rn. 2; *BFHE* 158, 491 (498).

691 Ausn. zu § 171 Abs. 3a S. 1 AO finden sich in § 171 Abs. 1 S. 3 AO. Darüber hinaus endet die Ablaufhemmung auch dann, wenn der angefochtene Bescheid ohne Ergehen einer Entscheidung über den Rechtsbehelf bestandskräftig wird (z.B. durch dessen Rücknahme oder übereinstimmende Erledigungserklärungen, vgl.: *Rüsken*, in: *Klein*, AO, § 171 Rn. 35; *Ruban*, in: *Hübschmann/Hepp/Spitaler*, AO/FGO, § 171 AO Rn. 37a; *Cöster*, in: *Pahlke/Koenig*, AO, § 171 Rn. 51; *Hartmann*, in: *Beermann/Gosch*, AO/FGO, § 171 AO Rn. 28; *Kruse*, in: *Tipke/Kruse*, AO/FGO, § 171 AO Rn. 23) oder wenn ein Steuerbescheid ersatzlos aufgehoben wird, sofern nicht die Sonderregelung des § 171 Abs. 3a S. 3 AO oder des § 174 Abs. 4 und 5 AO eingreift (vgl.: *Cöster*, in: *Pahlke/Koenig*, AO, § 171 Rn. 51; *Kruse*, in: *Tipke/Kruse*, AO/FGO, § 171 AO Rn. 23).

692 Vgl. hierzu u.a. auch: *Cöster*, in: *Pahlke/Koenig*, AO, § 171 Rn. 43 u. 55; *Kruse*, in: *Tipke/Kruse*, AO/FGO, § 171 AO Rn. 29; *Guckelberger*, Die Verjährung im öffentlichen Recht, S. 53.

693 *Kruse*, in: *Tipke/Kruse*, AO/FGO, § 171 AO Rn. 25; *Cöster*, in: *Pahlke/Koenig*, AO, § 171 Rn. 50.

694 *Cöster*, in: *Pahlke/Koenig*, AO, § 171 Rn. 51; *Ruban*, in: *Hübschmann/Hepp/Spitaler*, AO/FGO, § 171 AO Rn. 37b.

nanzbehörde als auch der Steuerpflichtige bereits durch eine schriftliche Geltendmachung des jeweils eigenen Anspruchs gemäß § 231 Abs. 1 AO eine Unterbrechung der Zahlungsverjährung herbeiführen kann. Hält der jeweilige Anspruchsgläubiger die Voraussetzungen einer schriftlichen Geltendmachung nach § 231 Abs. 1 AO ein, erscheint mithin nicht ersichtlich, inwieweit es infolge einer gerichtsnahen Mediation zu einem Rechtsverlust durch Zahlungsverjährung seitens der Konfliktparteien kommen können soll.

2. Gefahr des Rechtsverlustes wegen des Ablaufs von Ausschlussfristen aufgrund der Durchführung einer gerichtsnahen Mediation?

Im Gegensatz zur Verjährung führt der Ablauf einer Ausschlussfrist nicht zu einem bloßen Leistungsverweigerungsrecht und damit zu einer Einredebefugnis gegen das prinzipiell fortbestehende Recht, sondern zum automatischen und im Prozess von Amts wegen zu beachtenden Untergang des Rechts.[695] Da jedoch das gerichtsnahe Mediationsverfahren naturgemäß erst nach Rechtshängigkeit der Klage initiiert werden kann, ist der Verlust von durch Ausschlussfristen bedrohten Ansprüchen aufgrund der Durchführung einer gerichtsnahen Mediation regelmäßig nicht zu befürchten.[696] In Betracht kommt dies allenfalls dann, wenn Ansprüche, die nicht zum Gegenstand der bei Einleitung des Mediationsverfahrens bereits eingereichten Klage gemacht wurden, in die Mediationsverhandlungen einbezogen werden, denn den Verjährungsfristen entsprechende Hemmungstatbestände für Ausschlussfristen sind gesetzlich nicht vorgesehen. Zudem kommt auch eine analoge Anwendung der Verjährungsregelungen aufgrund der funktionellen Unterschiede zwischen Verjährungs- und Ausschlussfristen grundsätzlich nicht in Frage,[697] während eine vertragliche Verlängerung gesetzlicher Ausschlussfristen aufgrund deren Schutzzweckes gleichzeitig verboten ist.[698] Dennoch steht auch die eventuelle Gefahr des Ablaufs von Ausschlussfristen der gerichtsnahen Mediation nicht grundsätzlich entgegen. Der sich auf den Ablauf einer solchen Frist berufenden Partei wird man in der Regel die Einrede der unzulässigen Rechtsausübung gemäß § 242 BGB entgegen hal-

---

695 *Grothe*, in: MK-BGB, Vor § 194 Rn. 10 u. § 194 Rn. 7; *Peters*, in: *Staudinger*, BGB, Vor § 194 Rn. 13; *Heinrichs*, in: *Palandt*, Überbl. vor § 194 Rn. 13; *Niedenführ*, in: *Soergel*, BGB, Vor § 194 Rn. 23; *Volkmann*, Mediation im Zivilprozess, S. 85; *Böttcher/Laskawy*, DB 2004, 1247 (1251); *BGHZ* 122, 23 (24).

696 *Volkmann*, Mediation im Zivilprozess, S. 85 f.; *Spindler*, Abschlussbericht zum Forschungsprojekt Gerichtsnahe Mediation in Niedersachsen, Rn. 101.

697 Vgl. hierzu: *Peters*, in: *Staudinger*, BGB, Vor § 194 Rn. 15; *Grothe*, in: MK-BGB, Vor 194 Rn. 10 f.; *Volkmann*, Mediation im Zivilprozess, S. 86; *Spindler*, Abschlussbericht zum Forschungsprojekt Gerichtsnahe Mediation in Niedersachsen, Rn. 102. Stark differenzierend: *Heinrichs*, in: *Palandt*, BGB, Überbl. vor § 194 Rn. 14; *Niedenführ*, in: *Soergel*, BGB, Vor § 194 Rn. 25.

698 *Grothe*, in: MK-BGB, Vor 194 Rn. 12; *Spindler*, Abschlussbericht zum Forschungsprojekt Gerichtsnahe Mediation in Niedersachsen, Rn. 102. Vgl. auch: *Peters*, in: *Staudinger*, BGB, Vor § 194 Rn. 13 u. *Grothe*, in: MK-BGB, Vor 194 Rn. 10, wonach Ausschlussfristen im Vergleich zu Verjährungsfristen nicht in erster Linie dem Schutz des Anspruchsschuldners, sondern der Herstellung von Rechtssicherheit und Rechtsklarheit dienen.

ten können, wenn diese zuvor durch ihre Bereitschaft zum Versuch einer konsensualen Streitbeilegung und die Einbeziehung des betreffenden Anspruchs in das Mediationsverfahren das Vertrauen der jeweils anderen Konfliktpartei in den wechselseitigen Verzicht auf die Geltendmachung von Rechten erweckt hat.[699] Der Schuldner eines Anspruchs handelt generell unter anderem dann treuwidrig, wenn er den Ablauf einer Ausschlussfrist dadurch mit veranlasst hat, dass er den Eindruck erweckt hat, er werde sich nicht auf den Fristablauf berufen, der Gläubiger infolge dessen untätig geblieben ist und der Anspruchschuldner nun doch den Fristablauf geltend macht.[700] Aus Gründen der Rechtssicherheit wäre eine entsprechende Regelung bei flächendeckender Einführung der gerichtsnahen Mediation jedoch zweifellos wünschenswert.[701]

3. Sonstige Gefahren des Rechtsverlusts wegen der Verzögerung des gerichtlichen Verfahrens bei Erfolglosigkeit der gerichtsnahen Mediation?

Die Einführung der gerichtsnahen Mediation könnte jedoch auch insofern zu einem Rechtsverlust seitens der Konfliktparteien führen, als allein schon die gegebenenfalls erfolglose Durchführung eines Mediationsverfahrens – in dessen Anschluss das herkömmliche Gerichtsverfahren fortzusetzen ist – zu einer Verfahrensverzögerung und damit zu Rechtsverlusten der ein oder anderen Prozesspartei führen kann. Schon die bloße Verzögerung eines gerichtlichen Verfahrens kann unter Umständen zu einer Entwertung von Rechtspositionen oder zur Schaffung irreversibler Rechtsnachteile führen.

Auch dieser Aspekt vermag jedoch nicht grundsätzlich gegen eine Einführung der gerichtsnahen Mediation zu sprechen. Zum einen ist es – zumindest im Rahmen der bisherigen Modellversuche zum Einsatz der gerichtsnahen Mediation – Sache der Konfliktparteien, der Durchführung einer gerichtsnahen Mediation zuzustimmen oder eine solche abzulehnen. Befürchten sie entscheidende Rechtsverluste durch eventuell eintretende Verfahrensverzögerungen, sind sie gut beraten und – zumindest in Abwesenheit einer Pflicht zur Durchführung eines gerichtsnahen Mediationsverfahrens – durchaus befugt, ihr Einverständnis zur Mediationsdurchführung zu verweigern. Zum anderen bleibt festzuhalten, dass der Gefahr des Rechtsverlusts infolge einer aus der Durchführung einer gerichtsnahen Mediation eventuell folgenden Verfahrensverzögerung entgegengehalten werden kann, dass auch in Fällen, in denen sich die Konfliktparteien für die Durchführung einer gerichtsnahen Mediation entscheiden, Maßnahmen des einstweiligen Rechtsschutzes ergriffen werden können. Eine gesetzliche Regelung der gerichtsnahen Mediation sollte die Möglichkeit des vorläufigen Rechtsschutzes neben der Durchführung eines gerichtsnahen Mediationsverfahrens aus Gründen der Klarheit vorsehen.

---

[699] *Volkmann*, Mediation im Zivilprozess, S. 86; *Spindler*, Abschlussbericht zum Forschungsprojekt Gerichtsnahe Mediation in Niedersachsen, Rn. 103; *Hacke*, Der ADR-Vertrag, S. 141; *Böttcher/Laskawy*, DB 2004, 1247 (1251).

[700] *Volkmann*, Mediation im Zivilprozess, S. 86; *Spindler*, Abschlussbericht zum Forschungsprojekt Gerichtsnahe Mediation in Niedersachsen, Rn. 103; *BGH* NJW-RR 1987, 157 f.

[701] Im Ergebnis ebenso: *Volkmann*, Mediation im Zivilprozess, S. 86 f.; *Spindler*, Abschlussbericht zum Forschungsprojekt Gerichtsnahe Mediation in Niedersachsen, Rn. 104.

4. Die Gefahr des Rechtsverlustes aufgrund vorschneller Zustimmung zu einem Mediationsergebnis

Die Gefahr, dass die Konfliktparteien vorschnell, ohne ausreichende Überlegung und ohne detaillierte Prüfung der Nichteinigungsalternativen einem bestimmten Mediationsergebnis zustimmen, so dass es zu einem Rechtsverlust im Wege der gerichtsnahen Mediation kommt, ist derweil kein spezifisches Problem der gerichtsnahen Mediation, sondern ein Problem der Mediation im Allgemeinen. Dennoch kann auch das Argument, die Konfliktparteien könnten sich vorschnell und unüberlegt auf ein Mediationsergebnis einlassen und damit in unverhältnismäßig hohem Maße ihnen zustehende Rechte preisgeben, nicht dazu dienen, überzeugend gegen eine Einführung der gerichtsnahen Mediation zu sprechen. Soweit die Gefahr dadurch begründet wird, dass Informations- und Machtungleichgewichte zwischen den Mediationsparteien bestehen, kann der jeweilige Richtermediator – wie jeder andere Mediator – im Rahmen der Verfahrensführung in gewissem Maße auf einen Ausgleich des Informations- und Machtgefälles hinwirken. Auch wenn kein Informations- oder Machtungleichgewicht besteht, kann der (Richter-)Mediator seine Verhandlungsführung entsprechend anpassen, sollte er Anzeichen dafür erkennen, dass eine oder mehrere Mediationsparteien Gefahr laufen, vorschnell und unüberlegt ein bestimmtes Mediationsergebnis zu akzeptieren. Darüber hinaus kann besagter Gefahr gerade bei einer flächendeckenden Einführung und der damit wohl zwangsläufig verbundenen gesetzlichen Regelung des gerichtsnahen Mediationsverfahrens durch die Begründung einer Anwaltspflicht für das gerichtsnahe Mediationsverfahren begegnet werden. Pflicht eines zwangsweise hinzugezogenen Anwalts wäre es in diesem Falle, die jeweilige Mediationspartei über eventuell drohende Rechtsverluste aufzuklären und gegebenenfalls vor einer allzu umfangreichen Preisgabe von Rechten zu warnen, ohne dabei die Erarbeitung einer konsensualen Streitlösung unmöglich zu machen. Ein unüberwindbares Hindernis stellt die Gefahr des Rechtsverlusts infolge vorschneller und unüberlegter Zustimmung zu einem Mediationsergebnis jedenfalls nicht dar.

II. Daten- und geheimnisschutzrechtliche Probleme im Wege der gerichtsnahen Mediation?

Die bestehenden daten- und geheimnisschutzrechtlichen Bestimmungen sollen letztlich verhindern, dass persönliche Daten und aus bestimmten Anlässen erlangte Informationen unkontrolliert beziehungsweise gegen den Willen des jeweiligen Betroffenen weitergegeben oder verwendet werden. Sinn und Zweck des Bundesdatenschutzgesetzes (BDSG) sowie der Landesdatenschutzgesetze (LDSG) ist es, (1.) jedermann davor zu schützen, dass er durch den Umgang mit seinen personenbezogenen Daten in seinem Persönlichkeitsrecht (Art. 2 Abs. 1 i.V.m. Art. 1 Abs. 1 GG) beeinträchtigt wird,[702] (2.) das Recht des Einzelnen zu schützen, grundsätzlich selbst über die Preisgabe und Verwen-

702 Vgl.: § 1 Abs. 1 BDSG. Ähnlich auch: § 1 LDSG B.-W.; Art. 1 BayDSG; § 1 BbgDSG; § 1 NRW DSG; § 1 SaarlDSG; § 1 LDSG Sachs.-Anh.; § 1 ThürDSG.

dung seiner personenbezogenen Daten zu bestimmen,[703] (3.) das Recht auf informelle Selbstbestimmung (Art. 2 Abs. 1 i.V.m. Art. 1 Abs. 1 GG) zu wahren[704] sowie (4.) das auf dem Grundsatz der Gewaltenteilung beruhende verfassungsmäßige Gefüge des Staates, insbesondere der Verfassungsorgane des Landes und der Organe der kommunalen Selbstverwaltung untereinander und zueinander, vor einer Gefährdung infolge der automatisierten Datenverarbeitung zu bewahren.[705] Zur Erreichung dieser Ziele regeln das Bundesdatenschutzgesetz und die Landesdatenschutzgesetze unter anderem die Erhebung, das Speichern, das Verändern, die Übermittlung, das Sperren und das Löschen personenbezogener Daten,[706] das heißt die Erhebung und Verarbeitung von Einzelangaben über persönliche und sachliche Verhältnisse einer bestimmten oder bestimmbaren natürlichen Person.[707] Die im Hinblick auf die gerichtsnahe Mediation eventuell als verletzt in Betracht kommende geheimnisschutzrechtliche Vorschrift des § 203 Abs. 2 StGB bezweckt den Schutz des persönlichen Lebens- und Geheimbereichs, die Verwirklichung des verfassungsrechtlich gewährleisteten Schutzes der Persönlichkeit, den Schutz der Individualsphäre des Einzelnen, die Unverletzlichkeit der Eigensphäre in ihrer speziellen Ausformung als informelle Dispositionsbefugnis sowie die Sicherung des Allgemeininteresses an der Verschwiegenheit bestimmter Berufe, wobei Einzelheiten hinsichtlich des Schutzzwecks umstritten sind.[708]

Sowohl die existierenden datenschutzrechtlichen Vorschriften als auch die geheimnisschutzrechtliche Bestimmung des § 203 Abs. 2 StGB sind insofern dazu geeignet, Bedenken gegen die Zulässigkeit der gerichtsnahen Mediation hervorzurufen, als die im Rahmen der gerichtsnahen Mediation regelmäßig erfolgende Abgabe der Verfahrensakten an den Richtermediator einen Verstoß gegen § 203 Abs. 2 StGB sowie eine unzulässige Übermittlung personenbezogener Daten darstellen könnte. Dabei lassen sich zwei grundlegende Fälle unterscheiden. Erstens: Der mit der Sache betraute Richter nimmt eine Prüfung der Eignung des Falles für die gerichtsnahe Mediation vor und empfiehlt den Beteiligten gegebenenfalls die Durchführung einer gerichtsnahen Mediation. Die Akten werden hier erst nach vorheriger Zustimmung der Prozessparteien an den jeweiligen Richtermediator weiter gegeben. Zweitens: Die Akten werden schon vor Zustimmung der Konfliktparteien an den Richtermediator weiter gegeben, damit der Richtermediator die Falleignung prüfen und gegebenenfalls eine gerichtsnahe Mediation empfehlen kann.

---

[703] Vgl.: § 1 BbgDSG; § 1 Abs. 1 Nr. 1 BlnDSG; § 1 Abs. 1 BremDSG; § 1 HmbDSG; § 1 Abs. 1 Nr. 1 HessDSG; § 1 NRW DSG; § 1 LDSG M-V; § 1 S. 1 NDSG; § 1 Abs. 1 LDSG Rl.-Pf.

[704] Vgl.: § 1 LDSG Schl.-H. Ähnlich auch: § 1 SächsDSG.

[705] Vgl.: § 1 Abs. 1 HessDSG. Ähnlich auch: § 1 Abs. 1 Nr. 2 BlnDSG).

[706] Vgl. § 3 Abs. 3 u. 4 BDSG, sowie die entsprechenden Vorschriften der Landesdatenschutzgesetze.

[707] Vgl.: § 3 Abs. 1 BDSG sowie die entsprechenden Vorschriften der Landesdatenschutzgesetze.

[708] Vgl. zum Schutzzweck des § 203 StGB u.a.: *Tröndle/Fischer*, StGB, § 203 Rn. 2; *Lackner/Kühl*, StGB, § 203 Rn. 1; *Lenckner*, in: *Schönke/Schröder*, StGB, § 203 Rn. 3; *Kargl*, in: *Kindhäuser/Neumann/Paeffgen*, StGB, § 203 Rn. 2; *Schünemann*, in: LK-StGB, § 203 Rn. 3 ff. u. 14 ff.; *Hoyer*, in: SK-StGB, § 203 Rn. 1 ff.; *Cierniak*, in: MK-StGB, § 203 Rn. 1 ff., jeweils m.w.N.; *Eisele*, in: *Haft/v. Schlieffen*, Hdb. Mediation, § 30 Rn. 5 f.; *BGH* NJW 1968, 2288 (2290).

1. Keine prinzipiellen Einwände aufgrund datenschutzrechtlicher Bestimmungen

Eine Unvereinbarkeit der gerichtsnahen Mediation mit den bestehenden datenschutzrechtlichen Bestimmungen wird in beiden vorstehend genannten Fällen letztlich zu verneinen sein. Zunächst kann bereits bezweifelt werden, dass in der Abgabe der Akten an den demselben Gericht zugehörigen Richtermediator eine „Übermittlung" personenbezogener Daten zu sehen ist. Zwar enthalten Gerichtsakten regelmäßig – immer wenn natürliche Personen an einem Verfahren beteiligt sind – personenbezogene Daten im Sinne des § 3 Abs. 1 BDSG[709] und der entsprechenden Vorschriften in den Landesdatenschutzgesetzen. Auch stellen Gerichte als Organe der Rechtspflege öffentlichen Stellen im Sinne des Bundesdatenschutzgesetzes sowie der Landesdatenschutzgesetze dar;[710] sie unterliegen als Daten verarbeitende Stellen den einschlägigen gesetzlichen Vorgaben unabhängig davon, ob sie Verwaltungsangelegenheiten erledigen oder im Bereich der Rechtsprechung, auf dem Gebiet der freiwilligen Rechtsprechung[711] oder zur Erfüllung sonstiger den Gerichten und Richtern anvertrauter Aufgaben tätig werden. Eine interne Weitergabe personenbezogener Daten innerhalb einer öffentlicher Stelle – im Falle der gerichtsnahen Mediation innerhalb eines Gerichts, dem sowohl das zur Streitentscheidung berufene Gremium als auch der Richtermediator angehört – stellt jedoch nach allgemeiner Auffassung keine „Übermittlung" personenbezogener Daten im Sinne des Bundesdatenschutzgesetzes[712] sowie der Landesdatenschutzgesetze dar.[713] Mit Blick auf das Bundesdatenschutzgesetz hat dies zur Folge, dass eine solche Weitergabe innerhalb einer öffentlichen Stelle nach der speziellen Vorschrift des § 15 Abs. 6 (i.V.m. Abs. 5) BDSG bereits zulässig ist, sofern nicht berechtigte Interessen des Betroffenen oder eines Dritten an einer Geheimhaltung der personenbezogenen Daten offensichtlich

---

[709] Vgl. zur Konkretisierung des Begriffs „personenbezogener Daten" gemäß § 3 Abs. 1 BDSG und den entsprechenden Vorschriften der Landesdatenschutzgesetze u.a.: *Dammann*, in: *Simitis*, BDSG, § 3 Rn. 3 ff.; *Gola/Schomerus*, BDSG, § 3 Rn. 2 ff.; *Wohlgemuth/Gerloff*, Datenschutzrecht, S. 27 f.; *Tinnefeld*, in: *Roßnagel*, Hdb. Datenschutzrecht, Kap. 4.1 Rn. 18 ff. Vgl. zudem auch: *Nungesser*, HessDSG, § 2 Rn. 1 ff.

[710] Vgl. auch: *Gola/Schomerus*, BDSG, § 2 Rn. 10; *Dammann*, in: *Simitis*, BDSG, § 2 Rn. 28; *Wedde*, in: *Roßnagel*, Hdb. Datenschutzrecht, Kap. 4.3 Rn. 21; *Nungesser*, HessDSG, § 3 Rn. 13; vgl. auch: § 2 Abs. 1 und 2 BDSG.

[711] *Wedde*, in: *Roßnagel*, Hdb. Datenschutzrecht, Kap. 4.3 Rn. 21.

[712] *Gola/Schomerus*, BDSG, § 15 Rn. 31; *Dammann*, in: *Simitis*, BDSG, § 3 Rn. 158; vgl. auch: *Schild*, in: *Roßnagel*, Hdb. Datenschutzrecht, Kap. 4.2 Rn. 70 u. 87; *Wohlgemuth/Gerloff*, Datenschutzrecht, S. 40, wonach eine Weitergabe von personenbezogenen Daten innerhalb der verantwortlichen Stelle keine „Übermittlung" vorliegt, da Empfänger innerhalb einer Stelle grundsätzlich den Begriff des Dritten nicht erfüllen. Dritter ist jede Person oder Stelle außerhalb der datenverarbeitenden/verantwortlichen Stelle (vgl. auch: *Globig*, in: *Roßnagel*, Hdb. Datenschutzrecht, Kap. 4.7 Rn. 100, sowie die entsprechenden Vorschriften in zahlreichen Landesdatenschutzgesetzen).

[713] Vgl. beispielhaft: *Nungesser*, HessDSG, § 2 Rn. 50 ff. Vgl. zum Fehlen einer „Übermittlung" personenbezogener Daten im Rahmen der Gerichtsnahen Mediation zudem auch *Koch*, NJ 2005, 97 (101), wonach es sich bei der Weitergabe von Akten durch den entscheidungsbefugten Richter bzw. durch die entscheidungsbefugte Kammer an den jeweiligen Richtermediator um einen innergerichtlichen Informationsvorgang handelt, dem strafrechtlicher Geheimnisschutz und Datenschutz nicht entgegenstehen.

überwiegen, was für die gerichtsnahe Mediation an dem Bundesdatenschutzgesetz unterliegenden (Bundes-)Gerichten bedeuten würde, dass die Abgabe der Akten an den Richtermediator, gleich ob vor oder nach Einholung eines Einverständnisses zur Durchführung einer gerichtsnahen Mediation, regelmäßig zulässig sein wird. Die gerichtsnahe Mediation bietet den Prozessparteien eine zusätzliche Möglichkeit, den dem gerichtlichen Verfahren zugrunde liegenden Konflikt in ihrem Interesse beizulegen, ohne dass aufgrund der Vertraulichkeit des gesamten Mediationsverfahrens die Befürchtung besteht, dass vertrauliche oder geheimhaltungsbedürftige Daten die Mauern das Gerichts verlassen, so dass ein offensichtliches Überwiegen berechtigter Interessen an einer Geheimhaltung im gerichtlichen Verfahren bereits erlangter Daten gegenüber dem Richtermediator regelmäßig nicht bestehen dürfte. Ein ähnliches Ergebnis, wonach sich aus den bestehenden datenschutzrechtlichen Bestimmungen keine prinzipielle Unzulässigkeit der gerichtsnahen Mediation ergibt, lässt sich im Falle der gerichtsnahen Mediation an Landesgerichten trotz des regelmäßigen Fehlens einer § 15 Abs. 5 und 6 BDSG entsprechenden Regelung[714] auch aus den Landesdatenschutzgesetzen herleiten.

In einigen Bundesländern folgt der Umstand, dass die bestehenden Datenschutzbestimmungen nicht grundsätzlich zu einer Unzulässigkeit der gerichtsnahen Mediation führen, aus den Vorschriften über die Zulässigkeit der „Nutzung" personenbezogener Daten, da die Weitergabe personenbezogener Daten innerhalb einer öffentlichen Stelle – wie bereits festgestellt – keine Daten-„Übermittlung",[715] sondern eine Nutzung personenbezogener Daten darstellt.[716] Werden die Verfahrensakten dem Richtermediator des jeweiligen Gerichts erst übergeben, nachdem die Prozessparteien ihr Einverständnis hiermit erklärt haben, so ergibt sich die Zulässigkeit der internen Weitergabe der Verfahrensakten an den Richtermediator in den besagten Bundesländern daraus, dass ihre Landesdatenschutzgesetze vorsehen, dass eine von dem Zweck der ursprünglichen Datenerhebung abweichende Nutzung – hier die Abgabe der Verfahrensakten an den Richtermediator anstelle einer Verwendung für das gerichtliche Verfahren selbst – zulässig ist, wenn der oder die Betroffene/n – hier die Prozessparteien, deren personenbezogenen Daten mit den Verfahrensakten an den Richtermediator übergeben werden – hierzu eingewilligt haben.[717] Einzige Voraussetzung ist, dass die Einwilligung den Anforderun-

---

[714] Eine Ausnahme bilden insofern das Datenschutzgesetz Sachsen-Anhalts und das Hamburger Datenschutzgesetz. In § 10 Abs. 3 u. 4 LDSG Sachs.-Anh. und § 14 Abs. 2 u. 4 HmbDSG enthalten eine § 15 Abs. 5 u. 6 BDSG entsprechende Regelung.

[715] Vgl. erneut u.a.: *Gola/Schomerus*, BDSG, § 15 Rn. 31; *Dammann*, in: *Simitis*, BDSG, § 3 Rn. 158; *Nungesser*, HessDSG, § 2 Rn. 50 ff.; sowie: *Schild*, in: *Roßnagel*, Hdb. Datenschutzrecht, Kap. 4.2 Rn. 70 u. 87; *Wohlgemuth/Gerloff*, Datenschutzrecht, S. 40.

[716] *Schild*, in: *Roßnagel*, Hdb. Datenschutzrecht, Kap. 4.2 Rn. 70 u. 87; *Dammann*, in: *Simitis*, BDSG, § 3 Rn. 158.

[717] § 15 Abs. 2 Nr. 2, 1. Alt. LDSG B.-W., Art. 15 Abs. 1 Nr. 2 und Art. 17 Abs. 2 Nr. 2 BayDSG, § 6 Abs. 1 Nr. 3 BlnDSG, § 13 Abs. 2 S. 1 i.V.m. § 12 Abs. 2 Nr. 1, 2. Alt. HessDSG, § 7 Abs. 1 und § 10 Abs. 3 LDSG M.-V., § 4 Abs. 1 Nr. 2 und § 13 Abs. 2 Nr. 1 i.V.m. § 12 Abs. 4 Nr. 2 SächsDSG. Vgl. zudem auch: § 13 Abs. 3 LDSG Schl.-H., wonach sich die Möglichkeit beziehungsweise das Erfordernis einer Einwilligung aus einem Umkehrschluss ergibt, da § 13 Abs. 3 LDSG Schl.-H. wörtlich lautet: „Die Verarbeitung für andere Zwecke ist „ohne Einwilligung" der oder des Betroffenen nur zulässig, wenn ..."

gen der entsprechenden Vorschriften der Landesdatenschutzgesetze entspricht.[718] Werden die Akten schon vor einer Zustimmung der Konfliktparteien an einen Richtermediator weitergegeben, damit der Richtermediator die Falleignung prüfen und gegebenenfalls eine gerichtsnahe Mediation empfehlen kann, ergibt sich die Zulässigkeit der internen Weitergabe der Verfahrensakten im Rahmen der gerichtsnahen Mediation in einigen Bundesländern daraus, dass einige Landesdatenschutzgesetze vorsehen, dass eine von dem Zweck der ursprünglichen Datenerhebung abweichende Nutzung (Abgabe der Verfahrensakten an den Richtermediator anstelle einer Verwendung für das gerichtliche Verfahren) zulässig ist, wenn (1.) die erneute Erhebung beim Betroffenen einen unverhältnismäßigen Aufwand erfordern würde und keine Anhaltspunkte dafür vorliegen, dass überwiegende schutzwürdige Interessen des Betroffenen entgegenstehen oder schutzwürdige Belange des Betroffenen beeinträchtigt werden können,[719] oder (2.) offensichtlich ist, dass dies im Interesse des Betroffenen liegt, und kein Grund zur Annahme besteht, dass die Betroffenen in Kenntnis des anderen Zwecks ihre Einwilligung verweigern würden.[720] Die erneute Erhebung der Daten der Prozessparteien und die erneute Feststellung des Sachverhalts einzig zum Zweck einer Prüfung der Falleignung im Hinblick auf die Durchführung einer gerichtsnahen Mediation würde zum Einen einen unverhältnismäßigen Aufwand erfordern; zum anderen bestehen infolge der wenig zeitaufwendigen Falleignungsprüfung durch den Richtermediator, der Vertraulichkeit des gesamten Mediationsverfahrens und der Verschwiegenheitspflicht des Richtermediators – gerade in Anbetracht der Tatsache, dass die gerichtsnahe Mediation den Konfliktparteien eine zusätzliche Möglichkeit der interessengerechten Konfliktbeilegung an die Hand geben soll – regelmäßig keine Anhaltspunkte dafür, dass der Abgabe der Verfahrensakten an den Richtermediator schutzwürdige Belange der Betroffenen entgegenstehen können. Im Gegenteil: Die Abgabe der Verfahrensakten an den Richtermediator zur eventuellen Ermöglichung eines weiteren Verfahrens zur interessengerechten Streitbeilegung entspricht im Regelfall den Interessen der Prozessparteien als von der Weitergabe der personenbezogenen Daten betroffene Personen, ohne dass Grund zu der Annahme bestehen dürfte, dass die Prozessparteien in Kenntnis der Abgabe der Verfahrensakten zur Fallprüfung durch den Richtermediator die Einwilligung zur Abgabe der Verfahrensakten verweigern würden. Nur selten, namentlich in Schleswig-Holstein, wird die Zulässigkeit einer Datenverarbeitung für andere als die ursprünglich mit der Datenerhebung erfolgten Zwecke – mit anderen Worten auch die Zulässigkeit der Weitergabe der Verfahrensakten an den Richtermediator anstatt der ausschließlichen Verwendung für das gerichtliche Verfahren – neben der Tatsache, dass die vom ursprünglichen Zweck der Datenerhebung abweichende Nutzung von Daten offensichtlich im Interesse des Betroffenen liegen muss und dieser in Kenntnis der anderweitigen Nutzung der Daten zustimmen würde,

---

[718] Vgl. hierzu: Art. 15 Abs. 2-4 BayDSG; § 6 Abs. 3-5 BlnDSG; § 8 LDSG M.-V.; § 7 Abs. 2 HessDSG; § 4 Abs. 3-5 SächsDSG; § 12 LDSG Schl.-H.

[719] Vgl.: § 13 Abs. 2 Nr. 1 i.V.m. § 12 Abs. 4 Nr. 8 SächsDSG bzw. § 13 Abs. 2 S. 1 i.V.m. § 12 Abs. 2 Nr. 5 HessDSG.

[720] § 15 Abs. 2 Nr. 2, 2. Alt. LDSG B.-W., Art. 17 Abs. 2 Nr. 3 BayDSG, § 10 Abs. 3 LDSG M.-V., § 13 Abs. 2 Nr. 1 i.V.m. § 12 Abs. 4 Nr. 3 SächsDSG.

dadurch ergänzt, dass die Einholung einer Einwilligung nicht oder nur mit unverhältnismäßigem Aufwand möglich wäre.[721] Da die Einholung der Einwilligung der Prozessparteien zur Abgabe der Verfahrensakten an den Richtermediator ohne größere Umstände möglich ist, scheidet eine Ausgestaltung der gerichtsnahen Mediation der Art, dass die Verfahrensakten ohne vorherige Einwilligung der Prozessparteien an den Richtermediator abgegeben werden, bei einer solchen Formulierung der landesrechtlichen Datenschutzbestimmungen aus. Das Gleiche gilt, wenn – wie in Berlin – das Landesdatenschutzgesetz eine andere als die ursprünglich bezweckte Nutzung von personenbezogenen Daten in Ermangelung einer Einwilligung nur zulässt, wenn das Landesdatenschutzgesetz selbst oder eine besondere Rechtsvorschrift diese erlaubt.[722] Daraus folgt jedoch nicht automatisch, dass die angesprochene Ausgestaltung der gerichtsnahen Mediation in den entsprechenden Bundesländern per se unzulässig ist. Entscheidet sich der Gesetzgeber dazu, die gerichtsnahe Mediation einzuführen und gesetzlich zu verankern und wählt er dabei zudem eine Ausgestaltung des Verfahrens dahingehend, dass die Verfahrensakten ohne vorherige Einwilligung an den Richtermediator des jeweiligen Gerichts abgegeben werden können, so erscheint diese Form der gerichtsnahen Mediation auch in den besagten Bundesländern zulässig, denn wie die anderen Landesdatenschutzgesetze bestimmen auch die datenschutzrechtlichen Bestimmungen der Länder Schleswig-Holstein und Berlin sinngemäß, dass eine vom ursprünglichen Zweck abweichende andere Nutzung von Daten zulässig ist, wenn diese durch ein Gesetz vorgesehen oder erlaubt ist.[723]

Andere landesrechtliche Datenschutzbestimmungen wenden auf die Weitergabe personenbezogener Daten innerhalb ein und derselben öffentlichen Stelle – obwohl streng genommen keine Übermittlung personenbezogener Daten, sondern eine Nutzung personenbezogener Daten vorliegt – die Vorschriften zur Datenübermittlung an öffentliche Stellen entsprechend an.[724] Die Vereinbarkeit der gerichtsnahen Mediation mit diesen landesrechtlichen Datenschutzbestimmungen erscheint insofern problematisch, als die entsprechenden Landesdatenschutzgesetze in diesen Fällen unter anderem verlangen, dass die Weitergabe der personenbezogenen Daten zur „rechtmäßigen Erfüllung der Aufgaben der übermittelnden Stelle oder der Stelle, der die Daten übermittelt werden," erforderlich ist.[725] Zwar stellt die Weitergabe der Verfahrensakten an den Richtermediator – gerade wenn dieser auch eine Falleignungsprüfung vornehmen soll – eine Voraussetzung dafür dar, dass der Richtermediator seine Aufgaben wahrnehmen kann. Ohne eine

---

[721] Vgl.: § 13 Abs. 3 Nr. 4 LDSG Schl.-H.

[722] Vgl.: § 11 Abs. 2 i.V.m. § 6 Abs. 1 Nr. 1 und 2 BlnDSG.

[723] Vgl.: § 15 Abs. 2 Nr. 1 LDSG B.-W.; Art. 17 Abs. 2 Nr. 1 BayDSG; § 11 Abs. 2 i.V.m. § 6 Abs. 1 Nr. 1 u. 2 BlnDSG; § 13 Abs. 2 S. 1 i.V.m. § 12 Abs. 2 Nr. 1, 1. Alt. HessDSG; § 10 Abs. 3 LDSG M.-V.; § 13 Abs. 2 Nr. 1 i.V.m. § 12 Abs. 4 Nr. 1 SächsDSG; § 13 Abs. 3 Nr. 1 LDSG Schl.-H.

[724] § 14 Abs. 5 BbgDSG, § 13 Abs. 5 BrDSG, § 11 Abs. 4 NDSG, § 14 Abs. 4 NRW DSG, § 14 Abs. 6 LDSG Rl.-P., § 14 Abs. 5 SaarlDSG, § 21 Abs. 5 ThürDSG.

[725] § 14 Abs. 5 i.V.m. Abs. 1 BbgDSG, § 13 Abs. 5 i.V.m. Abs. 1 BrDSG, § 11 Abs. 4 i.V.m. Abs. 1 NDSG, § 14 Abs. 4 i.V.m. Abs. 1 NRW LDSG, § 14 Abs. 6 i.V.m. Abs. 1 Nr. 1 LDSG Rl.-P., § 14 Abs. 5 i.V.m. Abs. 1 SaarlDSG, § 21 Abs. 5 i.V.m. Abs. 1 Nr. 1 ThürDSG.

gesetzliche Regelung der gerichtsnahen Mediation oder zumindest eine rechtssatzmäßige Regelung der Zuständigkeit so genannter Richtermediatoren für die Durchführung gerichtsnaher Mediationsverfahren kann jedoch nicht davon die Rede sein, dass die Weitergabe der Verfahrensakten an den Richtermediator zur rechtmäßigen Erfüllung einer in den Zuständigkeitsbereich des Richtermediators fallenden Aufgabe erforderlich ist, da sich die Aufgaben und Zuständigkeiten nach dem Datenschutzrecht verantwortlicher Stellen aus der Verfassung, Gesetzen, Verordnungen oder anderen Rechtsvorschriften ergeben müssen.[726] Einer gesetzlichen Regelung der gerichtsnahen Mediation sowie einer rechtssatzmäßigen Zuständigkeitsregelung im oben genannten Sinne stünden jedoch auch die Landesdatenschutzgesetze der Länder Brandenburg, Bremen, Niedersachsen, Nordrhein-Westfalen, Rheinland-Pfalz, Saarland und Thüringen nicht entgegen.

2. Kein Entgegenstehen der geheimnisschutzrechtlichen Vorschrift des § 203 Abs. 2 StGB

Neben der prinzipiellen Zulässigkeit der gerichtsnahen Mediation in Anbetracht der bestehenden datenschutzrechtlichen Vorschriften ergibt sich auch aus der geheimnisschutzrechtlichen Bestimmung des § 203 Abs. 2 StGB keine prinzipielle Unzulässigkeit der gerichtsnahen Mediation, namentlich der Aktenweitergabe an den jeweiligen Richtermediator. Zwar ist es durchaus denkbar, dass die im Rahmen der gerichtsnahen Mediation an den Richtermediator weitergegebenen Akten Geheimnisse des persönlichen Lebensbereichs, Betriebs- oder Geschäftsgeheimnisse sowie Einzelangaben über persönliche oder sachliche Verhältnisse der Prozessparteien nach § 203 Abs. 2 StGB enthalten. Zudem gehört der die Verfahrensakten weitergebende Richter als Amtsträger auch zum potenziellen Täterkreis im Sinne des § 203 Abs. 2 Nr. 1 StGB. Einem rechtswidrigen Verstoß gegen § 203 Abs. 2 StGB steht im Falle einer Weitergabe der Verfahrensakten nach einer entsprechenden Einwilligung der Prozessparteien jedoch schon diese Einwilligung[727] selbst und im Falle einer Weitergabe vor einer Einwilligung der Prozessparteien zwecks Durchführung einer Falleignungsprüfung durch den Richtermediator der Grundsatz entgegen, dass § 203 Abs. 2 StGB auf den Informationsaustausch innerhalb einer Behörde sowie innerhalb einer bestimmten Funktionseinheit[728] nicht anzuwenden ist.[729]

---

[726] Vgl.: *Gola/Schomerus*, BDSG, § 13 Rn. 2.

[727] Zur Einwilligung u.a.: *Lackner/Kühl*, StGB, § 203 Rn. 18; *Tröndle/Fischer*, StGB, § 203 Rn. 32 ff.; *Hoyer*, in: SK-StGB, § 203 Rn. 67 ff.; *Kargl*, in: *Kindhäuser/Neumann/Paeffgen*, StGB, § 203 Rn. 52 ff.; *Schünemann*, in: LK-StGB, § 203 Rn. 91 ff.

[728] Vgl.: *Hoyer*, in: SK-StGB, § 203 Rn. 33; *Schünemann*, in: LK-StGB, § 203 Rn. 44.

[729] *Tröndle/Fischer*, StGB, § 203 Rn. 41. Vgl. auch: *Lackner/Kühl*, StGB, § 203 Rn. 21; *Lenckner*, in: *Schönke/Schröder*, StGB, § 203 Rn. 45; *Kargl*, in: *Kindhäuser/Neumann/Paeffgen*, StGB, § 203 Rn. 22; *Hoyer*, in: SK-StGB, § 203 Rn. 33; *OLG Frankfurt* NStZ-RR 2003, 170. Ähnlich im Übrigen auch: *Cierniak*, in: MK-StGB, § 203 Rn. 97; *Schünemann*, in: LK-StGB, § 203 Rn. 44.

III. Benachteiligung finanziell schwacher Konfliktparteien durch die gerichtsnahe Mediation?

Hinsichtlich der gerichtsnahen Mediation könnte man darüber hinaus die Befürchtung hegen, finanziell schwächere Konfliktparteien – im verwaltungs-, sozial- und finanzgerichtlichen Verfahren meist der betroffene Bürger – könnten die gerichtsnahe Mediation als willkommenes Sparmodell begreifen und sich trotz fehlender Falleignung oder des Bestehens gravierender (Macht-)Ungleichgewichte zwischen den Konfliktparteien aus finanziellen Gründen genötigt sehen, den Weg der im Vergleich zum gerichtlichen Verfahren oft schnelleren und kostengünstigeren gerichtsnahen Mediation zu wählen und auf ein Gerichtsverfahren einzig aus Kostengründen zu verzichten. Einmal im gerichtsnahen Mediationsverfahren angekommen, könnten sich finanziell schwächere Konfliktparteien aus finanziellen Gründen – namentlich zur Vermeidung einer Rückkehr in das vergleichsweise teurere Gerichtsverfahren und zur Nutzung der regelmäßig bestehenden finanziellen Vorteile der gerichtsnahen Mediation – ferner allzu früh zu unverhältnismäßig weit reichenden Zugeständnissen im Rahmen der Mediation verleiten lassen. Die US-amerikanische Autorin *Kovach*[730] fasst die Problematik hinsichtlich starker finanzieller Unterschiede zwischen den Konfliktparteien und der Beteiligung finanziell schwacher Parteien im gerichtsnahen Mediationsverfahren dahingehend zusammen, dass „... because lower-income individuals may be less educated or less sophisticated about the legal system, mediation and other methods of problem solving, they may be intimitated by the experience. In these instances people may accept a settlement rather quickly in order to conclude the process. Some individuals may be unaware that they could have bargained for more, or were entitled to it. [...] An individual left on his or her own may also lack skills in the negotiation process. Most mediators remain neutral even in this instance, for to assist one side in the process would likely forfeit neutrality. Low-income persons, by definition, are in need for money. This is another reason low-income parties may be willing to settle their cases rather quickly. By doing so, they can obtain the money now, even though holding out may get them more in the long run."

So einleuchtend mögliche Bedenken gegen eine gerichtsnahe Mediation unter Beteiligung finanziell schwacher Konfliktparteien auf den ersten Blick erscheinen mögen: Hinsichtlich der in den derzeitigen Modellversuchen durchgeführten Form der gerichtsnahen Mediation lässt sich ihnen entgegenhalten, dass die Durchführung einer gerichtsnahen Mediation hier nicht zwingend vorgesehen ist, sondern meist erst aufgrund eines auf einer Prüfung der Falleignung durch den entscheidungsbefugten Richter oder den am jeweiligen Gericht ernannten Richtermediator beruhenden Rates erfolgt. Damit kann die gegebenenfalls bestehende Gefahr einer Benachteiligung finanziell schwacher Parteien bereits bei der Prüfung der Falleignung berücksichtigt und – bei deren Bestehen im konkreten Einzelfall – von der Empfehlung einer gerichtsnahen Mediation abgesehen werden. In Fällen, in denen die Konfliktparteien von sich aus die Durchführung einer gerichtsnahen Mediation einfordern und der jeweilige Richtermediator erst im Rahmen des

---

[730] *Kovach*, Mediation, S. 115.

Mediationsverfahrens erkennt, dass eine Partei aus finanziellen Gründen oder sonstigen strukturellen Nachteilen Gefahr läuft, vorschnell einer Konfliktbeilegung im Rahmen der Mediation zuzustimmen, kann derweil darauf hingewiesen werden, dass – sofern und soweit die Konfliktparteien dies zulassen wollen – ein (Richter-)Mediator prinzipiell sehr wohl einen gewissen Einfluss auf das Mediationsverfahren nehmen[731] und die Neutralität des Richtermediators grundsätzlich auch als Allparteilichkeit verstanden werden kann.[732] Dies hat zur Folge, dass der (Richter-)Mediator – abhängig vom Willen der Konfliktparteien – in gewissem Maße in der Lage sein kann, Machtungleichgewichte zwischen den Konfliktparteien auszugleichen. Insbesondere die Allparteilichkeit des (Richter-)Mediators kann es diesem erlauben, zeitweilig der einen oder der anderen Partei beizustehen und gegebenenfalls auch stellvertretend deren Sichtweise zu erläutern, Argumente zu liefern, Manipulationsversuche zu unterbinden und sich zu vergewissern, dass die Anliegen aller Parteien angemessen berücksichtigt werden. Einigen sich die Konfliktparteien auf ein Verständnis der Neutralität im Sinne einer Allparteilichkeit, so steht der (Richter-)Mediator insgesamt gleichzeitig auf der Seite aller Konfliktparteien, so dass er wechselweise jeweils eine Partei bei der Artikulation ihrer Interessen unterstützen kann. Bedenken hinsichtlich der gerichtsnahen Mediation unter Beteiligung finanziell oder sonst strukturell benachteiligter Parteien können daher letztlich allenfalls dann bestehen, wenn sich die Konfliktparteien trotz des zwischen ihnen bestehenden Ungleichgewichts zur Durchführung einer gerichtsnahen Mediation entscheiden, dabei jedoch sämtliche verfahrens- und inhaltsbezogenen Einwirkungsmöglichkeiten des Richtermediators sowie eine allparteiliche Verhandlungsführung zugunsten einer strikten Neutralität des Richtermediators ausschließen. Selbst in dieser Situation kann der Richtermediator in schwerwiegenden Fällen jedoch ein Mediationsverfahren unter dem Hinweis beenden, ein faires Verfahren – für das er eine gewisse (Mit-)Verantwortung trägt – nicht gewährleisten zu können.

IV. Gerichtsnahe Mediation und die Bedeutung verwaltungs-, sozial- und finanzgerichtlicher Entscheidungen

Bedenken gegen die gerichtsnahe Mediation – gerade auf dem Gebiet des öffentlichen Rechts – ergeben sich auch aus der Aufgabe der Judikative, das Recht zu konkretisieren und fortzuentwickeln und damit einen Beitrag zur rechtsstaatlich gebotenen Rechtssicherheit und zur Anpassung an sich verändernde tatsächliche und rechtliche Entwicklungen zu leisten.[733] Entscheidungen der Verwaltungs-, Sozial- und Finanzgerichtsbarkeit haben sehr oft über den Abschluss des konkreten Falles hinausgehende Bedeutung und erfüllen eine bedeutende Orientierungsfunktion für das zukünftige Handeln der Verwal-

---

[731] Vgl. zu den Einwirkungsmöglichkeiten des Mediators: Erster Teil, 4. Kapitel, Unterpunkt V.

[732] Vgl.: Erster Teil, 4. Kapitel, Unterpunkt I., sowie: *Rüssel*, Mediation in komplexen Verwaltungsverf., S. 86 f.

[733] Vgl. auch: *Schenke*, in: FS v. Zezschwitz, S. 130 (145).

tung.[734] Auch für den Bürger leistet ein Richterspruch eine wichtige Orientierungshilfe,[735] so dass auf die richtungsweisende Wirkung konsolidierter Verwaltungsrechtsprechung letztlich weder die öffentliche Verwaltung selbst noch wichtige Kundengruppen der öffentlichen Verwaltung verzichten können.[736] Als problematisch wird insofern angesehen, dass durch die gerichtsnahe Mediation eine gewisse Anzahl an Fällen der Rechtsprechung entzogen, gewissermaßen also „wegmediiert"[737] werden könnte. Bedeutsame Streitsachen gingen auf diesem Wege am Richter vorbei, auch wenn diese für die Rechtsentwicklung interessante Rechtsfragen aufwerfen.[738] Dadurch könne insbesondere die Rechtsfortbildung durch die Gerichte gefährdet werden, da diese im Falle der gerichtsnahen Mediation nicht mehr durch streitentscheidende Rechtsprechung, sondern durch die Mediation und die hieran teilnehmenden Parteien selbst vorgenommen werde, obwohl es im Grunde Aufgabe der Rechtsprechung und nicht der Konfliktparteien sei, grundsätzliche rechtliche Fragestellungen zu bearbeiten und Antworten zu geben, die das rechtliche Normgefüge im Wege der Interpretation der Gesetze vervollständigen.[739] Würden zu viele Konflikte einer privaten Streitbeilegung zugeführt, entginge der Gesellschaft die Möglichkeit, allgemeine Antworten auf neue soziale Fragen zu finden und das Recht als objektive Werteordnung fortzubilden und zu verwirklichen.[740] Darüber hinaus könne sich die „Wegmediatisierung" von Fällen allgemeiner Bedeutung gerade auch unter verfahrensökonomischen Gesichtspunkten, die sonst für die Mediation ins Feld geführt werden, als kontraproduktiv erweisen, da das Recht in diesem Falle die ihm sonst im Vorfeld von Streitigkeiten zukommende befriedende Funktion nicht voll zu entfalten vermöge.[741]

Auch die mit Blick auf die grundsätzliche Bedeutung verwaltungs-, sozial- und finanzgerichtlicher Entscheidungen geäußerten Bedenken gegen den Einsatz der gerichtsnahen Mediation vermögen jedoch nicht per se gegen die Möglichkeit einer Einführung der gerichtsnahen Mediation zu sprechen. Zwar trifft es zu, dass die Gerichte durch die Entscheidung immer neuer Rechtsfragen im Wege der Gesetzesanwendung, der Gesetzesauslegung und der Lückenfüllung wesentlich zur Fortbildung des Rechts beitragen und damit eine überaus wichtige gesamtgesellschaftliche Funktion erfüllen.[742] Bereits im Rahmen der Betrachtung der Kriterien für eine Falleignung zur gerichtsnahen Mediation[743] wurde jedoch darauf verwiesen, dass alle Streitigkeiten, die eine Grundsatzentscheidung erfordern, sich nicht zur Durchführung einer gerichtsnahen Mediation eignen.

---

[734] *Kern*, in: *Pitschas/Walther*, Mediation in d. Verwaltungsgerichtsbarkeit, S. 147 (176); *Schenke*, in: FS v. Zezschwitz, S. 130 (145); *Ziekow*, NVwZ 2004, 390 (395); *Alm-Merk*, NdsVBl. 1997, 245 (248).
[735] *Schenke*, in: FS F. v. Zezschwitz, S. 130 (145).
[736] *Ziekow*, NVwZ 2004, 390 (395).
[737] *Ziekow*, NVwZ 2004, 390 (395).
[738] *Ortloff*, in: *Haft/v. Schlieffen*, Hdb. Mediation, § 29 Rn. 81.
[739] *Ruhs*, in: *Pitschas/Walther*, Mediation in d. Verwaltungsgerichtsbarkeit, S. 123 (143).
[740] Vgl. hierzu: *Tochtermann*, ZKM 2006, 168 (169), sowie auch: *Fiss*, 93 Yale Law Journal (1984), 1073 (1085 f.).
[741] Vgl.: *Schenke*, in: FS F. v. Zezschwitz, S. 130 (148).
[742] *Katzenmeier*, in: *Ripke/Bornewasser/Fülgraff/Kahlweit/Katzenmeier*, ZKM 2005, 155 (160).
[743] Vgl.: Zweiter Teil, 2. Kapitel, Unterpunkt II. 4.

Ein solcher Rechtsstreit liegt indessen nicht immer vor, so dass das Argument der Norminterpretation, der Lückenfüllung und der Rechtsfortbildung durch die Rechtsprechung der gerichtsnahen Mediation nicht grundsätzlich entgegen zu stehen vermag.[744] Darüber hinaus ist wohl auch bei Einführung der gerichtsnahen Mediation zu erwarten, dass weiterhin in ausreichendem Maße gerichtliche Entscheidungen ergehen werden. Wurde bisher immer wieder eher eine Über- als eine Unterbelastung der öffentlichen Gerichtsbarkeiten bemängelt, wird die Einführung der gerichtsnahen Mediation wohl kaum dazu führen, dass zukünftig eine hinsichtlich der Rechtsentwicklung bedenklich geringe Anzahl an Entscheidungen getroffen werden wird. Im Übrigen ist das Argument, verwaltungs-, sozial- und finanzgerichtliche Entscheidungen seien als Orientierungshilfe bezüglich des zukünftigen Behördenhandelns sowie für den Kundenkreis der öffentlichen Verwaltung unverzichtbar, zu relativieren. Diese Aussage trifft zwar grundsätzlich zu, jedoch muss die Möglichkeit einer umfassenden und die rechtlichen Beziehungen im konkreten Rechtsstreit nachhaltig, dauerhaft und für die jeweiligen Konfliktparteien zufrieden stellend regelnden Konfliktlösung dem Interesse an einer Orientierungshilfe für zukünftiges Verwaltungshandeln vorgehen. Erscheint eine solche Beilegung eines Rechtsstreits (nur) im Wege der gerichtsnahen Mediation möglich, so ist das Interesse der Prozessparteien an einer Konfliktbeilegung im Wege der Mediation gegenüber dem Interesse an einer Orientierungshilfe für zukünftige Konflikte vorrangig, solange keine grundsätzlichen Rechtsfragen in Rede stehen und keine Grundsatzentscheidung zu einer bedeutsamen Rechtsfrage erforderlich ist. Diese Auffassung lässt sich insofern unterstreichen, als auch Mediationsvereinbarungen – sofern diese mit dem Einverständnis der Konfliktparteien nach Abschluss des jeweiligen Mediationsverfahrens veröffentlicht werden – eine Orientierungshilfe mit Blick auf das zukünftige Verwaltungshandeln darstellen können, denn auch ein mediativ gefundenes Ergebnis kann unter Umständen auf andere Konflikte übertragbar sein oder zumindest Anhaltspunkte für die Frage liefern, wie zukünftige Konfliktfälle beigelegt werden könnten.

V. Sonstige Bedenken gegen die gerichtsnahe Mediation

Neben den bereits erörterten Bedenken gegen die gerichtsnahe Mediation in der Verwaltungs-, Sozial- und Finanzgerichtsbarkeit werden zuweilen auch Bedenken (1.) hinsichtlich einer möglichen Verrechtlichung der Mediation, (2.) mit Blick auf die bei Klageeinreichung erreichte Eskalationsstufe des Konflikts, (3.) bezüglich des Selbstbestimmungsrechts der Prozessparteien, (4.) im Hinblick auf die Erwartungshaltung der Konfliktparteien gegenüber dem Gericht und dem gerichtlichen Verfahren, (5.) hinsichtlich der Organisation der gerichtsnahen Mediation in der in den bisherigen Modellversuchen praktizierten Form, (6.) bezüglich der (eventuell) am gerichtsnahen Mediationsverfahren beteiligten Rechtsanwälte und des jeweiligen Richtermediators sowie (7.) im Hinblick auf die ergebnisoffene Verfahrensleitung durch den Richtermediator geäußert.

---

[744] Vgl. u.a. auch: *Tochtermann*, ZKM 2006, 168 (169).

1. Bedenken hinsichtlich einer möglichen Verrechtlichung der Mediation

Unzweifelhaft stünde es im Falle einer Integration der Mediation in das gerichtliche Verfahren zu befürchten, dass es im Wege der damit verbundenen Institutionalisierung der Mediation zu einer gewissen Verrechtlichung dieses Streitbeilegungsverfahrens kommen könnte.[745] Es ist zu erwarten, dass bei einer Institutionalisierung der gerichtsnahen Mediation solche Gerichtsverfahren zunehmen werden, die das Mediationsverfahren selbst zu Gegenstand haben. Denkbar wären beispielsweise vermehrte Streitigkeiten über die Verwertbarkeit im Rahmen einer Mediation erlangter Informationen, Verfahren, welche eventuelle Pflichtverletzungen des Mediators zum Gegenstand haben, sowie Prozesse, in denen es um Verstöße gegen Verhaltenspflichten seitens der Konfliktparteien geht. Diesbezügliche Gerichtsentscheidungen würden die Mediation nach und nach in ein rechtliches Korsett zwängen. Auch dieser Umstand vermag der Implementierung der gerichtsnahen Mediation in das gerichtliche Verfahren letztlich jedoch nicht entgegenzustehen. Zwar ist einer der Vorteile der Mediation gerade die mangelnde Formalisierung des Mediationsverfahrens. Gerichtsverfahren über das Mediationsverfahren selbst betreffende Streitigkeiten sind letztlich jedoch lediglich „ein Beleg dafür, dass sich auch nicht formalisierte Verfahrenstypen [...] rechtlicher Beurteilung und Kategoriesierung nicht entziehen können."[746]

2. Bedenken hinsichtlich der bei Klageeinreichung erreichten Eskalationsstufe

Bedenken gegen die gerichtsnahe Mediation werden darüber hinaus auch insofern erhoben, als die Konfliktparteien, bevor der Rechtsstreit beim Gericht anhängig gemacht worden ist, in der Regel bereits nachdrückliche, aber dennoch erfolglose Bemühungen unternommen haben werden, sich außergerichtlich zu einigen. Regelmäßig habe sich der Streit bei Beginn einer gerichtlichen Mediation deshalb bereits so verschärft, dass die Parteien eine Streitentscheidung durch den Richter wünschten oder jedenfalls in Kauf nehmen wollten.[747] Gleichgültig, ob die Verschärfung oder Vertiefung des Konflikts unmittelbar auf die gescheiterten vorgerichtlichen Streitbeilegungsversuche zurückzuführen sei oder nicht: Zu Gericht gelangten oft nur solche Fälle, in denen das Aushandeln einvernehmlicher Konfliktlösungsmodelle im Vorfeld der Anrufung des Gerichts bereits gescheitert sei, was eine gewisse Wahrscheinlichkeit dafür berge, dass (erneute) Verhandlungen nach Klageeinreichung – insbesondere ein (erneutes) Mediationsverfahren – ebenfalls nicht zur Streitbeilegung führen werden.[748] Sei erst einmal die Eskalationsstufe beschritten, den jeweiligen Konflikt – auf bestimmte Positionen reduziert – durch den Staat in Form seiner Gerichte entscheiden lassen zu wollen, könnten die Beteiligten ihr Autoritätsbedürfnis regelmäßig kaum wieder auf die Akzeptanz eines bloß Hilfestellung anbietenden Verfahrens „herunterfahren". Zumindest aber dürfe es schwierig werden,

---

[745] Vgl. hierzu u.a.: *Tochtermann*, ZKM 2006, 168 (169) m.w.N.
[746] *Tochtermann*, ZKM 2006, 168 (170).
[747] *Hückstädt*, NJ 2005, 289 (292).
[748] Vgl. auch: *Ruhs*, in: *Pitschas/Walther*, Mediation in d. Verwaltungsgerichtsbarkeit, S. 123 (133).

den Beteiligten zu vermitteln, dass bei der gerichtsnahen Mediation nicht in erster Linie ein Richter, sondern ein Mediator vor ihnen sitzt.[749]

So überzeugend auch diese Bedenken auf den ersten Blick erscheinen, sie lassen einen zuweilen entscheidenden Aspekt außer Acht: Der Umstand, dass es oft sehr lange dauern kann, bis eine (öffentlich-rechtliche) Streitigkeit vor Gericht kommt, kann bewirken, dass die Bereitschaft der Konfliktparteien wächst, erneute Versuche zur einvernehmlichen Streitbeilegung zu unternehmen.[750] Denselben Effekt kann es überdies haben, wenn sich das gerichtliche Verfahren nach Prozessbeginn verzögert oder einen von den Vorstellungen der Parteien abweichenden Verlauf nimmt. Darüber hinaus kann keinesfalls immer davon ausgegangen werden, dass die Konfliktparteien vor Anrufung des Gerichts adäquate Versuche zur außergerichtlichen Streitbeilegung unternommen haben. Teils tendieren Konfliktparteien übereilt dazu, einen Gerichtsprozess anzustrengen – ein Grund hierfür kann beispielsweise sein, dass Parteien ihre Siegchancen überbewerten, was sich im Laufe des gerichtlichen Verfahrens jedoch ändern und somit die Bereitschaft zur Streitbeilegung im Wege von Verhandlungen oder einer Mediation erhöhen kann –; teils unterbleibt bereits aus Unkenntnis über die Möglichkeiten einer außergerichtlichen Streitbeilegung oder auch nur aufgrund befürchteter oder tatsächlicher Unsicherheiten im Hinblick auf die Durchführung außergerichtlicher Streitbeilegungsverfahren jedweder Versuch einer Konfliktlösung ohne Anrufung der Gerichte. Gerade im Verwaltungsbereich wird nicht in allen Verwaltungsverfahren ein Verhandlungs- oder gar Mediationsverfahren durchgeführt, ehe eine Streitigkeit zu Gericht gelangt.[751] Schließlich sprechen auch die Erfahrungen aus den bisherigen Modellversuchen zum Einsatz der gerichtsnahen Mediation dafür, dass die Konfliktparteien auch nach Einleitung eines gerichtlichen Verfahrens sehr wohl oftmals noch bereit sind, sich auf ein gerichtsnahes Mediationsverfahren einzulassen, und dass in vielen Fällen auch nach Klageerhebung noch eine einvernehmliche Konfliktbeilegung im Wege eines durch gerichtsnahe Mediation ermöglichten Konsenses möglich ist.[752]

3. Bedenken hinsichtlich des Selbstbestimmungsrechts der Prozessparteien

Hinsichtlich des Selbstbestimmungsrechts der Prozessparteien wird gegen die gerichtsnahe Mediation gelegentlich eingewandt, dass das Konzept der Mediation im Rahmen der gerichtsnahen Mediation gewissermaßen pädagogisch aufgeladen werde, indem dem mündigen Bürger durch den Richter nach Prüfung der persönlichen und sachlichen Falleignung ein gegenüber dem Gerichtsverfahren konfliktadäquateres Verfahrensmodell vorgeschlagen wird. Der Richter setze sich mit der Empfehlung einer gerichtsnahen Mediation über die Einschätzung zumindest einer der Konfliktparteien hinweg, den Konflikt nicht ohne eine autoritative Drittentscheidung lösen zu können, und erkennt eine Eig-

---

[749] So: *Schreiber*, Betrifft JUSTIZ 2004, 216. Vgl. zu Bedenken im Hinblick auf die im Falle der gerichtsnahen Mediation erreichten Eskalationsstufe zudem auch: *Greger*, NJW 2007, 3258 (3259).
[750] Vgl. auch: *Ruhs*, in: *Pitschas/Walther*, Mediation in d. Verwaltungsgerichtsbarkeit, S. 123 (133).
[751] Vgl. auch: *Ruhs*, in: *Pitschas/Walther*, Mediation in d. Verwaltungsgerichtsbarkeit, S. 123 (133).
[752] Vgl. hierzu die entsprechenden Statistiken in: Zweiter Teil, 2. Kapitel, Unterpunkt II. 1.

nung, die den Parteien so nicht gegenwärtig war. Überspitzt gesagt laufe gerichtsnahe Mediation auf ein Paradox hinaus, indem der Bürger Privatautonomie angetragen bekommt, die er aus sich selbst heraus mit der Anrufung des Gerichts ja gerade nicht praktizieren wollte.[753] Als Argument gegen eine Einführung können solche Bedenken jedoch nicht überzeugen. Es ist nicht ersichtlich, warum es schädlich sein sollte, die Prozessparteien trotz bereits erfolgter Anrufung des Gerichts auf Wege der Streitbeilegung hinzuweisen, die gerade dem Prinzip der Privatautonomie entsprechen. Wohlgemeinte und der Sache nach gerechtfertigte Hinweise des Gerichts sind weder unzulässig, noch wird den Parteien durch den Hinweis auf die Möglichkeit einer gerichtsnahen Mediation – quasi unter Verletzung ihres Selbstbestimmungsrechts – ein Verfahren aufgezwungen, dass diese nicht gewollt haben, da es bei der gerichtsnahen Mediation (zumindest in der in den bisherigen Modellversuchen praktizierten Form) letztlich die Entscheidung der Prozessparteien bleibt, ob es zur Durchführung eines Mediationsverfahrens kommt oder nicht. Ferner kann bei der Empfehlung der gerichtsnahen Mediation vielfach von einem Paradox im oben genannten Sinne nicht die Rede sein. Zwar werden sich die Konfliktparteien – zumindest aber die Klägerseite – regelmäßig bewusst für den Klageweg und damit den Weg des gerichtlichen Verfahrens entschieden haben. Dennoch ist damit nicht automatisch eine bewusste Entscheidung gegen die Durchführung eines Mediationsverfahrens verbunden. Stattdessen werden sich die Konfliktparteien – gerade im öffentlichrechtlichen Bereich – oftmals für die Einleitung eines gerichtlichen Verfahrens entschieden haben, ohne sich über die Möglichkeit einer Mediation bewusst gewesen zu sein oder eine Mediation ernsthaft in Erwägung zu ziehen. Demnach wird den Prozessparteien im Rahmen der gerichtsnahen Mediation regelmäßig ein dem Grundsatz der Privatautonomie entsprechendes Verfahren nahe gelegt, für oder gegen welches sich die Prozessparteien im Vorfeld aufgrund ihrer Unkenntnis nicht bewusst entscheiden konnten. Erst der Hinweis auf die Möglichkeit einer gerichtsnahen Mediation versetzt die Prozessparteien regelmäßig in die Lage, sich bewusst für oder gegen die dem Konzept der Privatautonomie entsprechende Streitbeilegung im Wege der Mediation zu entscheiden.

4. Bedenken hinsichtlich der Erwartungshaltung der Konfliktparteien gegenüber dem Gericht und dem gerichtlichen Verfahren

Einwendungen gegen die gerichtsnahe Mediation hinsichtlich der Erwartungshaltung der Konfliktparteien gegenüber dem Gericht und dem gerichtlichen Verfahren werden zunächst aufgrund der unterschiedlichen Rechtsnatur beider Verfahren geäußert. Diese führe dazu, dass der Mediator in einem ergebnisoffenen Verfahren in erster Linie eine allparteiliche Kommunikations(dienst)leistung erbringe, während die Parteien vom Gericht vor allem eine unparteiische Rechtsgewähr aufgrund eines festgelegten rechtlichen Verfahrens erwarteten.[754] Zudem, so wird im Zusammenhang mit der Erwartungshaltung

[753] *Fücker*, ZKM 2004, 36 (37 f.); *Wegener*, ZKM 2006, 140; vgl. zudem auch: *Monßen*, ZKM 2006, 83 (84); *Monßen*, in: FS R. Haase, S. 293 (299).
[754] *Schreiber*, Betrifft JUSTIZ 2004, 216.

der Prozessparteien teilweise zu bedenken gegeben, hätten sich die Parteien eines Gerichtsprozesses im Vorfeld des Gerichtsverfahrens regelmäßig – teilweise als einzige ihnen bekannte und dem Anschein nach kulturell akzeptable Form der Konfliktbearbeitung – für die Delegation der Entscheidung an ein Gericht mit dem Recht als verbindliche Entscheidungsgrundlage entschieden und, zusammen mit ihren Rechtsanwälten, ihren Handlungshorizont im gerichtlichen Verfahren festgelegt. Die Durchführung einer gerichtsnahen Mediation setze demnach – entgegen der ursprünglichen Erwartungshaltung gegenüber dem gerichtlichen Verfahren – voraus, dass die Prozessparteien die zunächst in Anspruch genommene Streitbeilegungskompetenz ihrer Anwälte in Frage stellen, indem sie – entgegen ihren ursprünglichen Planungen – auf ein alternatives Verfahren ausweichen, welches die Anwälte nicht mehr oder nur noch im Hintergrund beteiligt, und dass sie eine Revision ihrer gedanklichen Vorstellungen vom Konflikt und seiner Präsentation vornehmen.[755]

Ähnlich wie die vorstehenden allgemeinen Bedenken können jedoch auch diese im Zusammenhang mit der Erwartungshaltung der Prozessparteien geäußerten Bedenken nicht überzeugend gegen die gerichtsnahe Mediation in der in den bisherigen Modellversuchen praktizierten Form sprechen. Zum einen zeigen die aus den bisherigen Modellversuchen gewonnenen Erfahrungen, dass die Prozessparteien in einer Vielzahl von Fällen sehr wohl bereit und in der Lage sind, ihre im Vorfeld existierenden Erwartungen an das Gericht und das gerichtliche Verfahren sowie die vor Prozessbeginn regelmäßig in Zusammenarbeit mit einem Rechtsanwalt erdachte Vorgehensweise im gerichtlichen Verfahren zu revidieren und sich – entgegen ihrer ursprünglichen Vorstellungen – auf ein gerichtsnahes Mediationsverfahren einzulassen.[756] Zum anderen werden die Konfliktparteien – wo eine entsprechende Flexibilität fehlt – nicht zur Durchführung einer gerichtsnahen Mediation gezwungen, so dass keine Erwartungshaltungen gegenüber dem Gericht und dem gerichtlichen Verfahren enttäuscht werden.

5. Bedenken hinsichtlich der Organisation der gerichtsnahen Mediation in der in den bisherigen Modellversuchen praktizierten Form

Hinsichtlich der Organisation gerichtsnaher Mediation wird mit Blick auf die in den bisherigen Modellversuchen praktizierten Formen dieser Streitbeilegungsmethode zuweilen eine allzu enge Verbindung zwischen Gericht und Mediation kritisiert und – konsequenterweise – eine institutionelle Trennung von (gerichtsnaher) Mediation und Gericht, etwa durch Einrichtung landeseigener und mit eigenen Räumlichkeiten ausgestatteter Mediationsstellen oder aber durch Selbständigkeit der Mediatoren, gefordert. Begründet wird diese Forderung damit, dass die Parteien bei der derzeit praktizierten Form der mit Hilfe eines Richtermediators in herkömmlichen Gerichtsräumen durchgeführten gerichtsnahen Mediation ständig daran erinnert würden, dass sie sich in einem herkömmlichen Gericht befinden und dass der (ursprüngliche) Grund hierfür letztlich in der von ihnen einge-

[755] *Fücker*, ZKM 2004, 36 (38).

[756] Vgl. hierzu erneut: Zweiter Teil, 2. Kapitel, Unterpunkt II. 1.

nommenen oder zugewiesenen Position im ursprünglichen Gerichtsverfahren liegt. Zudem blieben gerichtstypische Erwartungen im Rahmen der derzeit praktizierten Form der gerichtsnahen Mediation allein schon wegen der dort zwangsläufig herrschenden gerichtsähnlichen Atmosphäre emotional latent bestehen und die Konfliktparteien könnten sich schneller als bei einer Mediation durch einen Dritten animiert sehen, ihr Glück doch lieber „eine Tür weiter" beim zuständigen Richter zu suchen.[757] Dadurch, dass das gerichtliche Verfahren zwecks Durchführung einer gerichtsnahen Mediation lediglich zum Ruhen gebracht wird, mit anderen Worten jederzeit weitergeführt werden kann, erscheine die Hemmschwelle der Parteien einer gerichtsnahen Mediation, das Mediationsverfahren scheitern zu lassen, herabgesetzt. Gerichtsnähe könne demzufolge bedeuten, dass ein Scheitern der Mediation wahrscheinlicher wird als in einer außergerichtlichen Mediation. Zudem werde die gerichtsnahe Mediation mehr noch als die außergerichtliche Mediation ständig an vermeintlichen Ergebnissen einer gerichtlichen Entscheidung gemessen.[758]

Mit *v. Bargen*[759] lässt sich der Forderung einer schärferen Trennung von (gerichtsnaher) Mediation und Gericht indessen entgegenhalten, dass die Verfahrensbeteiligten in den bereits anhängig gewordenen Verfahren regelmäßig sehr interessiert daran sein werden, dass sich das Verwaltungsgericht selbst der Konfliktlösung annimmt und ihr Verfahren nicht erneut – gleichsam aus dem Gericht heraus – an eine außenstehende Stelle abgegeben wird. Nachdem sie das Verwaltungsverfahren und eventuell das Widerspruchsverfahren durchlaufen haben und nunmehr (endlich) das Gericht zuständig ist, wollen sie sich in der Regel nicht erneut auf eine Konfliktlösungsmöglichkeit außerhalb des Gerichts verweisen lassen. Zudem kann – auch ohne Entscheidungskompetenz des als Mediator wirkenden Richters – gerade die Autorität und Seriosität des Richters, seine im Normalfall von den Parteien geschätzte Kompetenz als unbeteiligter Dritter sowie der regelmäßig vorhandene Respekt vor einem Richter zum Erfolg einer gerichtsnahen Mediation beitragen. Auch die aus den bisherigen Modellversuchen gewonnenen Erfahrungen vermögen die genannten Bedenken nicht zu stützen.

6. Bedenken hinsichtlich der eventuell am gerichtsnahen Mediationsverfahren beteiligten Rechtsanwälte sowie des jeweiligen Richtermediators

Mit Blick auf die gegebenenfalls am gerichtsnahen Mediationsverfahren beteiligten Rechtsanwälte besteht zunächst eine gewisse Gefahr, dass diese Schwierigkeiten haben könnten, von ihrem üblichen konfrontativen Streitverhalten abzurücken und einen eher kooperativen Verhandlungsstil anzunehmen, obwohl sie sich im Rahmen des zunächst eingeleiteten gerichtlichen Verfahrens bewegen und bis zur Einleitung des gerichtsnahen Mediationsverfahrens bereits kontroverse Schriftsätze gewechselt haben. In einer gerichtsnahen Mediationssitzung ist der Anwalt plötzlich als Berater in einem auf Koopera-

---

[757] Vgl.: *Schreiber*, Betrifft JUSTIZ 2004, 216 (217); *Monßen*, ZKM 2006, 83 (84); *Monßen*, in: FS R. Haase, S. 293 (299).

[758] *Wegener*, ZKM 2006, 140 f.

[759] *v. Bargen*, DVBl. 2004, 468 (476).

tion ausgerichteten Verfahren gefragt, statt für das Obsiegen der eigenen Partei eintreten zu müssen.[760]

Die Richtermediatoren stehen im Rahmen der gerichtsnahen Mediation indes vor der ungewohnten Herausforderung, den jeweiligen Konflikt den Beteiligten überlassen zu müssen, und selbst nur eine Verantwortung für den Prozess, das heißt für den Verfahrensablauf der Streitbeilegung, zu übernehmen. Der Richter muss lernen, sich zurückzunehmen und Geduld aufzubringen.[761] Auch diese Umstände stehen einer gerichtsnahen Mediation jedoch nicht grundsätzlich entgegen. Je weiter die Verbreitung der gerichtsnahen Mediation, desto selbstverständlicher werden sowohl Rechtsanwälte als auch Richtermediatoren ihre Rolle im Rahmen der gerichtsnahen Mediation annehmen und ausfüllen. Zusätzliche Unterstützung können dabei entsprechende Fortbildungsangebote und Schulungen leisten.

7. Bedenken hinsichtlich der ergebnisoffenen Verfahrensleitung durch den Richtermediator

Im Ergebnis könnten berechtigte grundsätzliche Bedenken gegen die gerichtsnahe Mediation mit Blick auf die vorstehenden Ausführungen allenfalls insofern bestehen, als ein Motiv für die Einführung der gerichtsnahen Mediation auch der Sachzwang ist, zur Kostenentlastung der Justiz den Verfahrensdurchsatz zu erhöhen.[762] Auf dem Richtermediator – so wird vertreten – laste aufgrund seiner Einbindung in die Gerichtsorganisation systemimmanent ein höherer Erfolgsdruck als auf einem außergerichtlichen, privaten Mediationsanbieter, da der Richtermediator im Verlauf des Verfahrens die Bestätigung liefern müsse, dass unter seiner Mitwirkung für beide Parteien eine bessere Lösung des Falles als durch ein Urteil möglich ist. Die Justiz erwarte von den Richtermediatoren den erfolgreichen Abschluss von Mediationsverfahren, da alles andere nicht zu einem schnelleren Abbau von Rückständen sowie zu einer Entlastung der Justiz führe, sondern eine Verzögerung der Verfahren bewirke, so dass sich die gerichtsnahe Mediation als kontraproduktiv erweise.[763] Alles in Allem besteht eine sehr starke Konkurrenz zwischen der herkömmlichen Verhandlungsführung und der richterlichen Mediation,[764] welche durch die Auffassung weiter Teile der Richterschaft, die gerichtsnahe Mediation sei nichts anderes als das richterliche Vergleichsgespräch, nicht gerade entschärft wird.[765] Die gerichtsnahe Mediation wird sich nur etablieren können, wenn sie mindestens ebenso hohe Erledigungszahlen erreicht, wie die herkömmliche gerichtliche Verfahrensweise.[766]

Aufgrund der beschriebenen Situation werden Zweifel vor allem dahingehend erhoben, ob der Richtermediator eine gerichtsnahe Mediation tatsächlich ergebnisoffen leiten

---

760 *Wegener*, ZKM 2006, 140 (141).
761 *Wegener*, ZKM 2006, 140 (142).
762 Vgl.: *Monßen*, ZKM 2006, 83 (84); *Monßen*, in: FS R. Haase, S. 293 (299).
763 Vgl.: *Monßen*, ZKM 2006, 83 (84); *Monßen*, in: FS R. Haase, S. 293 (299).
764 *Wegener*, ZKM 2006, 140 (142).
765 Vgl. hierzu u.a.: *Wegener*, ZKM 2006, 140 (142).
766 *Wegener*, ZKM 2006, 140 (142).

kann.[767] Die bisherigen Modellversuche zum Einsatz der gerichtsnahen Mediation scheinen solche Zweifel jedoch nicht zu bestätigen; zumindest lassen die bereits dargestellten Erfahrungen aus den bisherigen Modellprojekten eine entsprechende Schlussfolgerung nicht zu.

---

767 Vgl.: *Monßen*, ZKM 2006, 83 (84).

5. Kapitel: Verfahrens- und verfassungsrechtliche Zulässigkeit der gerichtsnahen Mediation in der Verwaltungs-, Sozial- und Finanzgerichtsbarkeit?

Neben den vorstehend zerstreuten Bedenken gegen den Einsatz der gerichtsnahen Mediation stellt sich indessen die spezifische Rechtsfrage, ob die gerichtsnahe Mediation mit den in der Verwaltungs-, Sozial- und Finanzgerichtsbarkeit geltenden Verfahrensgrundsätzen in Einklang gebracht werden kann. Anders ausgedrückt geht es darum, in welcher Form die gerichtsnahe Mediation in das verwaltungs-, sozial- und finanzgerichtliche Verfahren integriert werden kann, ohne verfassungsrechtlichen und verfahrensrechtlichen Maximen zu widersprechen.

I. Die Vereinbarkeit der gerichtsnahen Mediation mit dem allgemeinen Justizgewährleistungsanspruch und dem Gebot effektiven Rechtsschutzes

Hinsichtlich des gerichtsnahen Einsatzes der Mediation in der Verwaltungs-, Sozial- und Finanzgerichtsbarkeit lässt sich zunächst hinterfragen, ob die Aufnahme der gerichtsnahen Mediation in das verwaltungs-, sozial- und finanzgerichtliche Verfahren mit dem überwiegend aus Art. 2 Abs. 1 GG i.V.m. dem Rechtsstaatsprinzip abgeleiteten allgemeinen Justizgewährleistungsanspruch[768] beziehungsweise mit der für Akte der öffentlichen Gewalt direkt und speziell aus Art. 19 Abs. 4 S. 1 GG folgenden Rechtsschutzgarantie[769] vereinbar ist.[770]

---

[768] Zur Herleitung und Natur dieses Anspruchs, der auch als Justizgewährungs-, Justiz-, Rechtspflege- bzw. Rechtsschutzanspruch bezeichnet wird, vgl. im Einzelnen u.a.: *Schulze-Fielitz*, in: *Dreier*, GG, Art. 19 Abs. 4 Rn. 35 ff.; *Sommermann*, in: *v. Mangoldt/Klein/Starck*, GG, Art. 20 Rn. 321 f.; *Jarass*, in: *Jarass/Pieroth*, GG, Art. 20 Rn. 91; *Ramsauer*, in: AK-GG, Art. 19 Abs. 4 Rn. 27; *Schmidt-Aßmann*, in: *Maunz/Dürig*, GG, Art. 19 Abs. 4 Rn. 16 ff.; *Krebs*, in: *v. Münch/Kunig*, GG, Art. 19 Rn. 50; *Hofmann*, in: *Schmidt-Bleibtreu/Hofmann/Hopfauf*, GG, Art. 20 Rn. 60; *Kissel/Mayer*, GVG, Einl. Rn. 197a u. 200; *Lüdtke*, in: *Lüdtke*, SGG, § 1 Rn. 11; *Keller*, in: *Meyer-Ladewig/Keller/Leitherer*, SGG, vor § 60 Rn. 1a; *Koch*, in: *Gräber*, FGO, § 1 Rn. 12; *Prütting*, in: *Wieczorek/Schütze*, ZPO, Einl. Rn. 104; *Brehm*, in: *Stein/Jonas*, ZPO, vor § 1 Rn. 287 f.; *Musielak*, in: *Musielak*, ZPO, Einl. Rn. 6; *Vollkommer*, in: *Zöller*, ZPO, Einl. Rn. 48; *Papier*, in: *Isensee/Kirchhof*, HStR, § 153 Rn. 5; *Schönhauser*, in: *Pitschas/Walther*, Mediation in d. Verwaltungsgerichtsbarkeit, S. 89 (103); *Risse*, in: FS R. Haase, S. 309; *BVerfGE* 80, 103 (107); 84, 366 (369); 85, 337; 88, 118 (123 f.); 93, 99 (107); 107, 395 (401); *BVerfG* NJW 2001, 214; NJW 2001, 961; NJW 2003, 1924. Aus dem Rechtsstaatsprinzip folgt eine allgemeine staatliche Justizgewährungspflicht, mit der ein entsprechender Anspruch des Rechtsschutzsuchenden/ein allgemeiner Justizgewährleistungsanspruch aus Art. 2 Abs. 1 GG korrespondiert (*Huber*, in: *v. Mangoldt/Klein/Starck*, GG, Art. 19 Rn. 352; *Schmidt-Aßmann*, in: *Schoch/Schmidt-Aßmann/Pietzner*, VwGO, Einl. Rn. 51).

[769] Vgl. u.a.: *Hofmann*, in: *Schmidt-Bleibtreu/Hofmann/Hopfauf*, GG, Art. 20 Rn. 60; *Ramsauer*, in: AK-GG, Art. 19 Abs. 4 Rn. 28; *Seer*, in: *Tipke/Kruse*, AO/FGO, § 33 FGO Rn. 1; *Brehm*, in: *Stein/Jonas*, ZPO, vor § 1 Rn. 287; *Prütting*, in: *Wieczorek/Schütze*, ZPO, Einl. Rn. 104; *Schmidt-Aßmann* u. *Papier*, in: *Isensee/Kirchhof*, HStR, § 26 Rn. 71 ff. bzw. § 153 Rn. 1 u. 5; *BVerfGE* 83, 182 (194).

[770] Vgl. hierzu auch: *Pitschas*, ZKM 2007, 187 ff.

Im Wege einer Generalklausel sowie als Konkretisierung des Rechtsstaatsprinzips[771] und Kehrseite des staatlichen Gewaltmonopols, der allgemeinen Friedenspflicht und dem fehlenden Selbsthilferecht der Bürger,[772] verbürgt Art. 19 Abs. 4 S. 1 GG dem Wortlaut nach einen umfassenden gerichtlichen Schutz gegen Akte der öffentlichen Gewalt.[773] Damit verpflichtet die rechtsstaatliche Zentralnorm des Art. 19 Abs. 4 S. 1 GG den Staat einerseits zur Vorhaltung einer Gerichtsbarkeit, das heißt zur Gewährleistung, dass ein funktionsfähiger Rechtspflegeapparat zur Verfügung steht, der mit entsprechender Sorgfalt Entscheidungen treffen kann.[774] In diesem Sinne kann von der institutionellen Garantie einer Gerichtsbarkeit gesprochen werden, die gegen Rechtsverletzungen durch die öffentliche Gewalt angerufen werden kann.[775] Andererseits begründet diese Verfassungsvorschrift ein jedermann gegenüber dem Staat zustehendes subjektiv-öffentliches Recht darauf, dass die Gerichte auf ein entsprechendes Gesuch tatsächlich Rechtsschutz gewähren, wobei diesem Anspruch die Pflicht der Gerichte entspricht, als Rechtspflegeorgane tätig zu werden, also alles zur sachgemäßen Erledigung des Rechtsschutzgesuchs Notwendige zu tun.[776] Nach Art. 19 Abs. 4 GG steht jedermann der Rechtsweg offen, in dem er als Träger eines möglicherweise verletzten Rechts in tatsächlicher und rechtlicher Hinsicht die Möglichkeit hat, ein Rechtsschutzbegehren bei einem unabhängigen Gericht anzubringen.[777] Unter Rechtsweg ist dabei der Weg zur gemäß Art. 92 GG den Richtern anvertrauten und durch die Gerichte im Sinne der Art. 95 Abs. 1 GG und 96 GG ausgeübten[778] rechtsprechenden Gewalt, das heißt der Rechtsweg zu den staatlichen, den Grundsätzen der Art. 92 und 97 GG genügenden

---

[771] *Huber*, in: *v. Mangoldt/Klein/Starck*, GG, Art. 19 Rn. 353; vgl. auch: *Schulze-Fielitz*, in: *Dreier*, GG, Art. 19 Abs. 4 Rn. 36.

[772] *Schulze-Fielitz*, in: *Dreier*, GG, Art. 20 (Rechtsstaat) Rn. 197; *BVerfGE* 54, 277 (292 f.); 81, 347 (356).

[773] Akte der richterlichen Gewalt fallen nach traditioneller (herrschender) Ansicht nicht unter den Begriff der öffentlichen Gewalt i.S.d. Art. 19 Abs. 4 GG, wobei jedoch zum Teil zwischen unterschiedlichen Richtertätigkeiten differenziert wird (vgl. hierzu: *Schmidt-Aßmann*, in: *Schoch/Schmidt-Aßmann/Pietzner*, VwGO, Einl. Rn. 16; *Hofmann*, in: *Schmidt-Bleibtreu/Hofmann/Hopfauf*, GG, Art. 19 Rn. 44; *Dürig*, in: *Maunz/Dürig*, GG (Erstbearbeitung), Art. 19 Abs. 4 Rn. 17; *Schmidt-Aßmann*, in: *Maunz/Dürig*, GG, Art. 19 Abs. 4 Rn. 96 ff.; *Sachs*, in: *Sachs*, GG, Art. 19 Rn. 120; *Jarass*, in: *Jarass/Pieroth*, GG, Art. 19 Rn. 45; *Ramsauer*, in: AK-GG, Art. 19 Rn. 55; *BVerfGE* 22, 106 (110 f.); 25, 352 (365); 49, 329 (340 ff.); 65, 76 (90); 73, 339 (372); 76, 93 (98); 103, 142 (156); 107, 395 (403 ff.); *BVerfG* NJW 2003, 1924 (1925)). Für eine Einbeziehung der Akte der rechtsprechenden Gewalt vgl. u.a.: *Krebs*, in: *v. Münch/Kunig*, GG, Art. 19 Rn. 57; *Huber*, in: *v. Mangoldt/Klein/Starck*, GG, Art. 19 Rn. 434 ff.

[774] Vgl. auch: *Schönhauser*, in: *Pitschas/Walther*, Mediation in d. Verwaltungsgerichtsbarkeit, S. 89 (103).

[775] *Krebs*, in: *v. Münch/Kunig*, GG, Art. 19 Rn. 49; vgl. auch: *Schmidt-Aßmann*, in: *Maunz/Dürig*, GG, Art. 19 Abs. 4 Rn. 14; *Schulze-Fielitz*, in: *Dreier*, GG, Art. 19 Abs. 4 Rn. 90; *Schönhauser*, in: *Pitschas/Walther*, Mediation in d. Verwaltungsgerichtsbarkeit, S. 89 (103).

[776] *Vollkommer*, in: *Zöller*, ZPO, Einl. Rn. 48.

[777] *Ramsauer*, in: AK-GG, Art. 19 Abs. 4 Rn. 86.

[778] *Ramsauer*, in: AK-GG, Art. 19 Abs. 4 Rn. 80.

Gerichten zu verstehen.[779] Dabei ist der Gesetzgeber berechtigt, die Anrufung des Gerichts von bestimmten Voraussetzungen abhängig zu machen, soweit und solange der Betroffene in der Lage ist, diese Voraussetzungen mit zumutbarem Aufwand zu erfüllen.[780]

Der Justizgewährleistungsanspruch sowie die Rechtsweggarantie des Art. 19 Abs. 4 S. 1 GG gewährleisten jedoch nicht nur die Existenz einer staatlichen Gerichtsbarkeit und den Zugang zu dieser, sondern haben zugleich auch den Anspruch auf einen wirkungsvollen Rechtsschutz zum Inhalt, durch den grundsätzlich eine umfassende tatsächliche und rechtliche Prüfung des Streitgegenstandes und eine verbindliche Entscheidung durch einen Richter sichergestellt werden soll.[781] Umfasst ist zudem der substantielle Anspruch auf eine gerichtliche Kontrolle in allen von der Prozessordnung zur Verfügung gestellten Instanzen.[782]

Damit ist bereits die „Wirksamkeit und Effektivität des Rechtsschutzes" angesprochen, wie sie sowohl von der Rechtsweggarantie im Sinne des Art. 19 Abs. 4 S. 1 GG als auch vom Rechtsstaatsprinzip und dem hieraus folgenden allgemeinen Rechtsschutzanspruch[783] in Form eines substantiellen, grundrechtlichen Anspruchs gewährleistet wird.[784] Dieser Anspruch auf effektiven Rechtsschutz geht mit seinen substantiell-inhaltlichen

---

[779] Vgl.: *Hofmann*, in: *Schmidt-Bleibtreu/Hofmann/Hopfauf*, GG, Art. 19 Rn. 35; *Krebs*, in: *v. Münch/Kunig*, GG, Art. 19 Rn. 63; *Schmidt-Aßmann*, in: *Maunz/Dürig*, GG, Art. 19 Abs. 4 Rn. 174; *Schulze-Fielitz*, in: *Dreier*, GG, Art. 19 Abs. 4 Rn. 79; *Huber*, in: *v. Mangoldt/Klein/Starck*, GG, Art. 19 Rn. 440; *BVerfGE* 11, 232 (233); 49, 329 (340).

[780] *Ramsauer*, in: AK-GG, Art. 19 Abs. 4 Rn. 86; *BVerfGE* 88, 118 (123); *BVerfG* NJW 2000, 1709 (1710).

[781] *Sommermann*, in: *v. Mangoldt/Klein/Starck*, GG, Art. 20 Rn. 322; *Hofmann* u. *Hopfauf*, in: *Schmidt-Bleibtreu/Hofmann/Hopfauf*, GG, Art. 19 Rn. 41, Art. 20 Rn. 60 u. Vorb. v. Art. 92 Rn. 8; *Sachs*, in: *Sachs*, GG, Art. 19 Rn. 134; *Lange*, in: *Hübschmann/Hepp/Spitaler*, AO/FGO, § 95 FGO Rn. 4; *Kissel/Mayer*, GVG, Einl. Rn. 197a u. 200 f.; *BVerfGE* 54, 277 (292); 85, 337 (345); 107, 395 (401); *BVerfG* NJW 2002, 2227; vgl. auch: *Schulze-Fielitz*, in: *Dreier*, GG, Art. 19 Abs. 4 Rn. 80; *Musielak*, in: *Musielak*, ZPO, Einl. Rn. 6; *Schönhauser*, in: *Pitschas/Walther*, Mediation in d. Verwaltungsgerichtsbarkeit, S. 89 (103); zur umfassenden tatsächliche und rechtlichen Prüfung vgl. auch: *Schmidt-Aßmann*, in: *Maunz/Dürig*, GG, Art. 19 Abs. 4 Rn. 181 ff.; *Seer*, in: *Tipke/Kruse*, AO/FGO, § 33 FGO Rn. 1; *Kissel/Mayer*, GVG, Einl. Rn. 201; *BVerfGE* 15, 275 (282); 18, 203 (212); 21, 191 (194); 35, 263 (274); 51, 268 (284); 67, 43 (58).

[782] *Kissel/Mayer*, GVG, Einl. Rn. 201; *BVerfGE* 41, 23 (26).

[783] Zur Herleitung im Einzelnen vgl. u.a.: *Murswiek*, in: *Sachs*, GG, Art. 2 Rn. 117; *Di Fabio*, in: *Maunz/Dürig*, GG, Art. 2 Abs. 1 Rn. 73; *Kopp/Schenke*, VwGO, § 1 Rn. 11; *Koch*, in: *Gräber*, FGO, § 1 Rn. 12; *Brandt*, in: *Beermann/Gosch*, AO/FGO, Einf. FGO Rn. 36; *Vollkommer*, in: *Zöller*, ZPO, Einl. Rn. 50; *BVerfGE* 25, 352 (365); 35, 382 (401); 37, 150 (153); 40, 272 (275); 41, 23 (26); 42, 128 (130); 44, 302 (305); 46, 178; 51, 268 (284); 54, 277 (291); 61, 82 (111); 67, 43 (58); 85, 337 (345); 88, 118 (123); 93, 99 (107); 104, 220 (231).

[784] Vgl.: *Schmidt-Aßmann*, in: *Maunz/Dürig*, GG, Art. 19 Abs. 4 Rn. 229; *Krebs*, in: *v. Münch/Kunig*, GG, Art. 19 Rn. 62; *Hofmann*, in: *Schmidt-Bleibtreu/Hofmann/Hopfauf*, GG, Art. 19 Rn. 29; *Kopp/Schenke*, VwGO, § 1 Rn. 12; *BVerfGE* 35, 263 (274); 40, 272 (275); 41, 23 (26); 51, 268 (284); 53, 115 (127 f.); 54, 39 (41); 65, 1 (70); 81, 123 (129); 93, 1 (13); 93, 99 (107); 101, 106 (122 f.); 104, 220 (231); *BVerfG* NJW 1993, 3188 (3189); *BVerwG* DVBl. 1980, 594 (595).

Anforderungen über den formal verstandenen Justizgewährleistungsanspruch hinaus.[785] Er verlangt – in Konkretisierung der grundsätzlich umfassenden und vollständigen Überprüfung des staatlichen Verhaltens, der staatlichen Maßnahme sowie des sonstigen Verfahrensgegenstandes in tatsächlicher und rechtlicher Hinsicht[786] durch ein mit zureichender Entscheidungsmacht ausgestattetes Gericht[787] – eine Entscheidungsbefugnis des Richters, mittels derer das materielle Recht tatsächlich verlässlich verwirklicht wird[788] und die jeweils konkrete Verletzung des subjektiven Rechts beseitigt zu werden vermag.[789] Dazu gehört grundsätzlich die Befugnis zum Erlass einer verbindlichen, rechtskräftigen und gegebenenfalls vollstreckbaren richterlichen Entscheidung[790] beziehungsweise bei Feststellung der Rechtswidrigkeit ein materiell-rechtlicher Beseitigungsanspruch im Sinne eines wirksamen Sanktionsrechts.[791] Ferner setzt der Grundsatz des effektiven Rechtsschutzes einen möglichst umfassenden und lückenlosen Gerichtsschutz gegen die die Rechtssphäre des Einzelnen verletzende Maßnahmen der (deutschen) öffentlichen Gewalt voraus,[792] der zudem – gleichsam als zeitlicher Aspekt der Rechtsschutzga-

---

[785] *Vollkommer*, in: *Zöller*, ZPO, Einl. Rn. 50.

[786] *Krebs*, in: *v. Münch/Kunig*, GG, Art. 19 Rn. 65; *Schulze-Fielitz*, in: *Dreier*, GG, Art. 19 Abs. 4 Rn. 116; *Sachs*, in: *Sachs*, GG, Art. 19 Rn. 145; *Huber*, in: *v. Mangoldt/Klein/Starck*, GG, Art. 19 Rn. 502; *Schmidt-Aßmann*, in: *Maunz/Dürig*, GG, Art. 19 Abs. 4 Rn. 183; *Papier*, in: *Isensee/Kirchhof*, HStR, § 154 Rn. 59 u. 75; *Stern*, Staatsrecht, Bd. I, S. 851 f.; *BVerfGE* 15, 275 (282); 18, 203 (212); 21, 191 (194 f.); 31, 113 (117); 35, 263 (274); 49, 220 (243); 51, 268 (284); 51, 304 (312); 61, 82 (111); 64, 261 (279); 73, 339 (373); 78, 214 (226); 84, 34 (49); 101, 106 (123); 103, 142 (156); *BVerwGE* 94, 307 (309); 106, 263 (266); *BVerwG* NVwZ 1994, 78 (79). *Huber*, in: *v. Mangoldt/Klein/Starck*, GG, Art. 19 Rn. 455 unter Bezugnahme auf *BVerfGE* 15, 275 (282): Der Sachverhalt muss wenigstens einmal vollständig in rechtlicher und tatsächlicher Hinsicht durch den Richter ermittelt werden, wobei die letzte Entscheidung über Beweiserhebung und -verwertung in seiner Hand zu liegen hat.

[787] *Huber*, in: *v. Mangoldt/Klein/Starck*, GG, Art. 19 Rn. 502; *Sachs*, in: *Sachs*, GG, Art. 19 Rn. 147; *BVerfGE* 61, 82 (111); vgl. auch: *Schulze-Fielitz*, in: *Dreier*, GG, Art. 19 Abs. 4 Rn. 116.

[788] *Sachs*, in: *Sachs*, GG, Art. 19 Rn. 147.

[789] *Schulze-Fielitz*, in: *Dreier*, GG, Art. 19 Abs. 4 Rn. 138; *BVerfGE* 101, 106 (123).

[790] *Sachs* u. *Sachs*, in: *Sachs*, GG, Art. 19 Rn. 147 bzw. Art. 20 Rn. 164; *Ramsauer*, AK-GG, Art. 19 Abs. 4 Rn. 76; *Schulze-Fielitz*, in: *Dreier*, GG, Art. 19 Abs. 4 Rn. 138; *Papier*, in: *Isensee/Kirchhof*, HStR, § 154 Rn. 75; *BVerfGE* 54, 277 (291); 85, 337 (345); 88 118 (124); *BVerfG* NJW 1997, 2811 (2812). Zum Aspekt der Rechtskraftfähigkeit vgl. auch: *BVerfGE* 60, 253 (269 f.).

[791] *Schulze-Fielitz*, in: *Dreier*, GG, Art. 19 Abs. 4 Rn. 138; *Schmidt-Aßmann*, in: *Schoch/Schmidt-Aßmann/Pietzner*, VwGO, Einl. Rn. 163; *BVerfG* NVwZ 1999, 1330 (1331).

[792] Vgl.: *Hofmann*, in: *Schmidt-Bleibtreu/Hofmann/Hopfauf*, GG, Art. 19 Rn. 35; *Huber*, in: *v. Mangoldt/Klein/Starck*, GG, Art. 19 Rn. 462 u. 464; *Ramsauer*, in: AK-GG, Art. 19 Abs. 4 Rn. 75; *Schulze-Fielitz*, in: *Dreier*, GG, Art. 19 Abs. 4 Rn. 80; *Kopp/Schenke*, VwGO, § 1 Rn. 12; *Vollkommer*, in: *Zöller*, ZPO, Einl. Rn. 50; *Prütting*, in: *Wieczorek/Schütze*, ZPO, Einl. Rn. 104; *Koch*, in: *Gräber*, FGO, § 1 Rn. 12; *Birkenfeld*, in: *Hübschmann/Hepp/Spitaler*, AO/FGO, § 33 FGO Rn. 33; *Kissel/Mayer*, GVG, Einl. Rn. 198; *Heyde*, in: *Benda/Maihofer/Vogel*, Hdb. Verfassungsrecht, § 33 Rn. 49; *Schönhauser*, in: *Pitschas/Walther*, Mediation in d. Verwaltungsgerichtsbarkeit, S. 89 (103); *BVerfGE* 13, 153 (161); 15, 275 (282); 25, 352 (365); 35, 263 (274); 40, 272 (274); 41, 23 (26); 41, 323 (326); 42, 128 (130); 49, 252 (256 f.); 51, 176 (185); 51, 268 (284); 53, 115 (127 f.); 54, 39 (41); 58, 1 (40); 60, 253 (269 u. 296 f.); 61, 82 (110 f.); 65, 1 (70); 67, 43 (58); 81, 123 (129); 84, 34 (49); 96, 27 (39); 101, 106 (122 f.); 101, 397 (407); 103, 142 (156); 104, 220 (231); *BVerfG* NJW 1995, 2477; NJW 2002, 2700 (2701); *BVerwG* DVBl. 1980, 594 (595).

rantie – in angemessener Zeit[793] und vor allem rechtzeitig[794] ermöglicht werden muss. Zwar ist Effektivität des Rechtsschutzes nicht mit Schnelligkeit um jeden Preis gleichzusetzen.[795] Effektiver Rechtsschutz erfordert jedoch zumindest einen zeitgerechten Rechtsschutz[796] und eine rechtsstaatlich angemessene Verfahrensdauer,[797] da irreparable Entscheidungen der Exekutive vermieden werden sollen,[798] eine überlange, unangemessene Verfahrensdauer Art. 19 Abs. 4 S. 1 GG verletzen kann[799] und ein Rechtsschutz, der zu spät kommt, den Schutzinteressen der Berechtigten nicht angemessen Rechnung trägt.[800] Zudem ist der Einzelne davor zu schützen, dass eine Situation – aufgrund einer zu langen Verfahrensdauer – durch Zeitablauf faktisch unumkehrbar wird.[801] Verfassungsrechtlich zu beanstanden ist demnach zumindest eine nach den Umständen des Einzelfalls übertriebene, auch durch besondere Umstände nicht mehr zu rechtfertigende Prozessdauer.[802] Der Anspruch auf lückenlose und tatsächlich wirksame gerichtliche Kontrolle muss auch in zeitlicher Hinsicht noch Sinn haben.[803]

Dem Rechtsschutzbegehren und der gerichtlichen Durchsetzung eines materiellen Anspruchs dürfen darüber hinaus keine unangemessen hohen verfahrensrechtlichen

---

[793] *Hofmann* u. *Hopfauf,* in: *Schmidt-Bleibtreu/Hofmann/Hopfauf,* GG, Art. 19 Rn. 29 u. 35, Art. 20 Rn. 60 u. Vorb. v. Art. 92 Rn. 8; *Schulze-Fielitz,* in: *Dreier,* GG, Art. 19 Abs. 4 Rn. 111 bzw. Art. 20 (Rechtsstaat) Rn. 205; *Murswiek* u. *Sachs,* in: *Sachs,* GG, Art. 2 Rn. 117 bzw. Art. 19 Rn. 144 u. Art. 20 Rn. 164; *Huber,* in: *v. Mangoldt/Klein/Starck,* GG, Art. 19 Rn. 354; *Schmidt-Aßmann,* in: *Maunz/Dürig,* GG, Art. 19 Abs. 4 Rn. 262 f.; *Ramsauer,* in: AK-GG, Art. 19 Abs. 4 Rn. 76 u. 119 ff.; *Schmidt-Aßmann* u. *Schoch,* in: *Schoch/Schmidt-Aßmann/Pietzner,* VwGO, Einl. Rn. 157 bzw. Vorb § 80 Rn. 10; *Lüke,* in: MK-ZPO, Einl. Rn. 146; *Prütting,* in: *Wieczorek/Schütze,* ZPO, Einl. Rn. 95; *Schmidt-Aßmann* u. *Papier,* in: *Isensee/Kirchhof,* HStR, § 26 Rn. 74 bzw. § 153 Rn. 4 u. § 154 Rn. 77; *BVerfGE* 54, 39 (41); 55, 349 (369); 60, 253 (269); 88, 118 (124); 93, 1 (13); 93, 99 (107 f.); *BVerfG* NJW 1997, 2811; NJW 1999, 2582 (2583); NJW 2000, 797; NJW 2001, 214 (215); NJW 2001, 961; *BFHE* 163, 313 (319); 188, 264 (267); vgl. auch: *Vollkommer,* in: *Zöller,* ZPO, Einl. Rn. 50, sowie u.a.: *EGMR* NJW 1989, 650; NJW 1997, 2809; NJW 2001, 211; NJW 2001, 213; NJW 2001, 2694 (2697); NJW 2002, 2856 (2857); NJW 2005, 2530 (2536); NJW 2006, 2389 (2393); *BVerfG* NJW 2004, 835 (836).

[794] Vgl.: *Krebs,* in: *v. Münch/Kunig,* GG, Art. 19 Rn. 64; *Huber,* in: *v. Mangoldt/Klein/Starck,* GG, Art. 19 Rn. 500; *Kopp/Schenke,* VwGO, § 1 Rn. 12; *Koch,* in: *Gräber,* FGO, § 1 Rn. 12.

[795] *Schulze-Fielitz,* in: *Dreier,* GG, Art. 19 Abs. 4 Rn. 112.

[796] *Krebs,* in: *v. Münch/Kunig,* GG, Art. 19 Rn. 64.

[797] *Schönhauser,* in: *Pitschas/Walther,* Mediation in d. Verwaltungsgerichtsbarkeit, S. 89 (104); *BVerfG* NJW 1997, 2811 (2812).

[798] *Schönhauser,* in: *Pitschas/Walther,* Mediation in d. Verwaltungsgerichtsbarkeit, S. 89 (104); *BVerfG* NVwZ 1996, 58 (59).

[799] *Krebs,* in: *v. Münch/Kunig,* GG, Art. 19 Rn. 64; *Papier,* in: *Isensee/Kirchhof,* HStR, § 154 Rn. 77; vgl. auch: *Schmidt-Aßmann,* in: *Maunz/Dürig,* GG, Art. 19 Abs. 4 Rn. 262.

[800] *Sachs,* in: *Sachs,* GG, Art. 19 Rn. 144; *BVerfGE* 60, 253 (269); 93, 1 (13 f.); *ThürVerfGH* NJW 2001, 2708 (2709 f.).

[801] *Schönhauser,* in: *Pitschas/Walther,* Mediation in d. Verwaltungsgerichtsbarkeit, S. 89 (104) m.w.N.

[802] *Lüke,* in: MK-ZPO, Einl. Rn. 146. Vgl. zudem u.a. auch: *EGMR* NJW 1989, 650; NJW 1997, 2809 (2810); NJW 2001, 211 (212); NJW 2001, 213; NJW 2001, 2694 (2697); NJW 2002, 2856 (2857); NJW 2006, 2389 (2393).

[803] *Schönhauser,* in: *Pitschas/Walther,* Mediation in d. Verwaltungsgerichtsbarkeit, S. 89 (105).

Hindernisse in den Weg gelegt werden.[804] Zur Effektivität des Rechtsschutzes gehört, dass er ohne unzumutbare und unverhältnismäßige Hindernisse[805] sowie auf möglichst gleichmäßige Weise[806] gewährt werden muss, das heißt der Zugang zum Gericht weder ausgeschlossen noch in unzumutbarer, aus Sachgründen nicht mehr zu rechtfertigender Weise erschwert oder verkürzt werden darf.[807] Daraus folgt zwar kein generelles Verbot, den Zugang zu Gericht und Rechtsschutz von bestimmten Voraussetzungen abhängig zu machen. Einschränkungen des Rechtsschutzes müssen jedoch in jedem Fall sachlich gerechtfertigt sein[808] und dürfen – wo sie bestehen – nicht unzumutbar streng gehandhabt werden.[809] Auch die Handhabung des Kosten- und Gebührenrechts als indirekte Verfahrensbeschränkung darf nicht über ein unverhältnismäßiges Kostenrisiko zu einer faktischen Rechtswegsperre führen.[810] Die Verfahrenskosten dürfen letztlich nicht in einer Art und Weise bemessen werden, die es dem Betroffenen praktisch unmöglich macht, das Gericht zwecks Erlangung gerichtlichen Rechtsschutzes anzurufen.[811]

1. Die derzeit in den Modellversuchen praktizierte Form der gerichtsnahen Mediation

Vor dem Hintergrund der beschriebenen Anforderungen an das Gebot des effektiven Rechtsschutzes und des allgemeinen Justizgewährleistungsanspruchs erscheint die gerichtsnahe Mediation in der derzeit im Rahmen der verschiedenen Modellversuche ausgeübten Art und Weise nach hier vertretener Ansicht letztlich als unproblematisch. Aufgrund der Einführung der gerichtsnahen Mediation in der Verwaltungs-, Sozial- und Finanzgerichtsbarkeit ist zunächst ersichtlich nicht zu befürchten, dass der Bestand einer

---

804 *Hofmann*, in: *Schmidt-Bleibtreu/Hofmann/Hopfauf*, GG, Art. 20 Rn. 60; *Lüke*, in: MK-ZPO, Einl. Rn. 145; *BVerfGE* 52, 203 (207 ff.).

805 *Kopp/Schenke*, VwGO, § 1 Rn. 11; *Koch*, in: *Gräber*, FGO, § 1 Rn. 12; *BVerfGE* 49, 252 (256 f.); *BVerfG* NVwZ 1991, 766 (767); NJW 1993, 847.

806 *Vollkommer*, in: *Zöller*, ZPO, Einl. Rn. 51; *BVerfGE* 74, 228 (234).

807 *Krebs*, in: *v. Münch/Kunig*, GG, Art. 19 Rn. 64; *Huber*, in: *v. Mangoldt/Klein/Starck*, GG, Art. 19 Rn. 453; *Murswiek*, in: *Sachs*, GG, Art. 2 Rn. 117; *Kannengießer* u. *Hofmann*, in: *Schmidt-Bleibtreu/Hofmann/Hopfauf*, GG, Vorb. v. Art. 1 Rn. 25a bzw. Art. 19 Rn. 41 u. Art. 20 Rn. 60; *Schulze-Fielitz*, in: *Dreier*, GG, Art. 19 Abs. 4 Rn. 84 u. 92; *Huber*, in: *v. Mangoldt/Klein/Starck*, GG, Art. 19 Rn. 369; *Kopp/Schenke*, VwGO, § 1 Rn. 11; *Brandt* u. *v. Beckerath*, in: *Beermann/Gosch*, AO/FGO, Einf. FGO Rn. 35 bzw. Vor §§ 33-50 FGO Rn. 14; *Lüke*, in: MK-ZPO, Einl. Rn. 145; *Prütting*, in: *Wieczorek/Schütze*, ZPO, Einl. Rn. 95 u. 104; *Vollkommer*, in: *Zöller*, ZPO, Einl. Rn. 51; *Kissel/Mayer*, GVG, Einl. Rn. 229; *Heyde*, in: *Benda/Maihofer/Vogel*, Hdb. Verfassungsrecht, § 33 Rn. 49; *BVerfGE* 32, 305 (309); 37, 93 (96); 40, 237 (256); 40, 272 (274 f.); 41, 23 (26); 41, 323 (326 f.); 42, 128 (130); 44, 302 (305 f.); 49, 252 (256 f.); 50, 16 (30); 50, 217 (231); 53, 115 (127); 54, 94 (97); 60, 253 (269); 69, 381 (385 f.); 74, 228 (234); 77, 275 (284); 78, 88 (99); 81, 123 (129); 85, 337 (347); 88, 118, (123 f.); 101, 397 (408); *BVerfG*, NVwZ 1991, 766 (767); *BVerwG* DVBl. 1980, 594 (595). Vgl. zudem auch: *Musielak*, in: *Musielak*, ZPO, Einl. Rn. 7.

808 *Koch*, in: *Gräber*, FGO, § 1 Rn. 12; *BVerfG* NJW 1993, 847.

809 *Prütting*, in: *Wieczorek/Schütze*, ZPO, Einl. Rn. 95; *BVerfGE* 79, 80 (84).

810 *Vollkommer*, in: *Zöller*, ZPO, Einl. Rn. 51; *BVerfGE* 85, 337 (347); *BVerfG* NJW-RR 2000, 946.

811 *Krebs*, in: *v. Münch/Kunig*, GG, Art. 19 Rn. 64; *BVerfGE* 54, 39 (41).

Rechtsschutz gegen Maßnahmen der öffentlichen Gewalt gewährenden staatlichen Gerichtsbarkeit gefährdet wird. Zudem werden durch die gerichtsnahe Mediation der Zugang zu den Gerichten und der Anspruch des Einzelnen auf Rechtsschutz nicht beeinträchtigt. Die Möglichkeit, eine vermeintliche Rechtsverletzung vor Gericht zu bringen und eine sachliche, auf die tatsächliche und rechtliche Prüfung der Streitsache basierende Gerichtsentscheidung zu erwirken, wird durch die gerichtsnahe Mediation nicht tangiert, da die gerichtsnahe Mediation konsequent auf der freiwilligen Teilnahme der Konfliktbeteiligten beruht. Die Parteien können, müssen sich jedoch nicht auf die gerichtsnahe Mediation einlassen, so dass sie schon durch bloßen Verzicht hierauf – das heißt ohne hinsichtlich des Gebots des effektiven Rechtsschutzes relevante (verfahrensrechtliche) Hindernisse und Erschwernisse – jederzeit eine sachliche, auf tatsächliche und rechtliche Prüfung der Streitsache basierende Entscheidung des Gerichts, die rechtsstaatlichen Ansprüchen sowie den Anforderungen des allgemeinen Justizgewährleistungsanspruchs und der Rechtsweggarantie des Art. 19 Abs. 4 S. 1 GG entspricht, erwirken und so zu einem umfassenden und lückenlosen Rechtsschutz gelangen können.

Auch in kostenspezifischer und in zeitlicher Hinsicht vermag das Angebot der gerichtsnahen Mediation – selbst wenn sich die Konfliktparteien für die Durchführung eines entsprechenden Verfahrens entscheiden sollten – nicht gegen das Gebot eines effektiven Rechtsschutzes zu verstoßen. Zum einen ist die gerichtsnahe Mediation mit Ausnahme eventuell anfallender Anwaltsgebühren derzeit für die Prozessparteien kostenlos, so dass sich kostenbezogene Bedenken hinsichtlich des Gebots des effektiven Rechtsschutzes von vornherein erübrigen dürften. Zum anderen wird die gerichtsnahe Mediation die Konfliktbeilegung nach den bisherigen Erfahrungen regelmäßig beschleunigen oder zumindest nicht signifikant verlängern. Selbst im Falle des Scheiterns der gerichtsnahen Mediation ist nach den bisherigen Erfahrungen nicht zwingend mit einer im Hinblick auf das Gebot des effektiven Rechtsschutzes wesentlichen Verfahrensverzögerung zu rechnen, da gerichtsnahe Mediationsverfahren in der Regel recht zügig durchgeführt werden können[812] und selbst gescheiterte Mediationsversuche oftmals Teilergebnisse herbeizuführen vermögen, die das später fortgesetzte Gerichtsverfahren beschleunigen oder abkürzen können. Insofern droht eine Beeinträchtigung des Gebots des effektiven Rechtsschutzes und des Art. 19 Abs. 4 S. 1 GG weniger im Fall der gerichtsnahen Mediation als vielmehr dann, wenn der Richter im Rahmen der drohenden Überlastung der Justiz wegen der großen Anzahl an zu erledigenden Streitsachen lange Terminstände hat und einen „zeitnahen" Rechtsschutz nicht oder nur noch selten bieten kann.[813] Im Übrigen ist auch dort, wo es infolge der Mediation zu einer Verzögerung der Streitbeilegung kommen sollte, darauf hinzuweisen, dass sich die Konfliktparteien bewusst und auf freiwilliger Basis für die Durchführung der gerichtsnahen Mediation entschieden haben. Sie haben sich Vorteile von diesem Verfahren versprochen und aus diesem Grunde auf ein gerichtliches Verfahren unter strenger Beachtung der Anforderungen des allgemeinen Justizgewährleistungsanspruches und des Art. 19 Abs. 4 S. 1 GG verzichtet. Kommt

---

[812] Vgl.: Zweiter Teil, 2. Kapitel, Unterpunkt II. 1. b).

[813] *Ortloff*, in: *Haft/v. Schlieffen*, Hdb. Mediation, § 29 Rn. 81.

es infolge dessen zu einer Verzögerung im Wege der Streitbeilegung, so kann hierin kein Verstoß des Staates gegen das aus Art. 19 Abs. 4 S. 1 GG sowie dem allgemeinen Justizgewährleistungsanspruch folgende Gebot eines effizienten Rechtsschutzes gesehen werden. Entsprechendes gilt auch, wenn für das gerichtsnahe Mediationsverfahren Kosten anfallen würden.

Schließlich bleibt festzuhalten, dass im bloßen Angebot einer außerhalb des gerichtlichen Verfahrens durchführbaren Konfliktbeilegungsmethode von staatlicher Seite grundsätzlich kein Verstoß gegen den allgemeinen Justizgewährleistungsanspruch und die Rechtsprechungsgarantie des Art. 19 Abs. 4 S. 1 GG gesehen werden kann. Diese rechtsstaatlichen Grundsätze begründen zwar eine Pflicht zur Bereitstellung eines entsprechenden Gerichtsverfahrens, nicht aber zugleich ein Verbot des Angebots anderer, auf Freiwilligkeit der Konfliktparteien beruhender Verfahren. Der Staat ist verpflichtet, ein gerichtliches Verfahren anzubieten und den Zugang zu Gericht zu gewährleisten. Er ist dadurch jedoch nicht automatisch daran gehindert, zusätzliche Angebote zur Konfliktbeilegung zu schaffen, welche die Konfliktparteien annehmen können, aber nicht müssen. Es kann demnach im Hinblick auf die derzeit praktizierte Form der gerichtsnahen Mediation festgehalten werden, dass die Rechtsschutzgarantie des Art. 19 Abs. 4 S. 1 GG durch die Einführung der gerichtsnahen Mediation nicht verletzt wird, da die Rechtweggarantie des Art. 19 Abs. 4 S. 1 GG – wie im Übrigen auch der allgemeine Justizgewährleistungsanspruch im Bereich zivilrechtlicher Streitigkeiten – dem Bürger Rechtsschutzmöglichkeiten anbietet, über die er disponieren darf. In gewissem Maße lässt sich sogar die These vertreten, die gerichtsnahe Mediation trage Art. 19 Abs. 4 S. 1 GG eher Rechnung als dagegen zu verstoßen, wenn dort die Gewährung eines ebenso effektiven wie effizienten und in jeder Hinsicht ausgewogenen Rechtsschutzes gefordert wird.[814] Die gerichtsnahe Mediation stellt danach eine Möglichkeit dar, das Gebot effektiven Rechtsschutzes gemäß Art. 19 Abs. 4 GG bürgerorientiert umzusetzen.[815]

2. Zulässigkeit einer obligatorischen gerichtsnahen Mediation?

Etwas anderes könnte jedoch gelten, würde sich der Gesetzgeber zwecks der Nutzung der Vorteile der gerichtsnahen Mediation und bestärkt durch die überwiegend positiven Erfahrungen mit der gerichtsnahen Mediation in den verschiedenen Modellversuchen dazu entschließen, diese als „obligatorische gerichtsnahe Mediation" auszugestalten und – wie in den USA zum Teil der Fall[816] – zu einer Voraussetzung für das herkömmliche gerichtliche Verfahren zu machen. Dabei sind grundsätzlich zwei unterschiedliche Formen der „obligatorischen gerichtsnahen Mediation" – mit anderen Worten des Mediationszwanges – denkbar:[817] Die Verpflichtung zur Teilnahme an einem so genannten Informations- und Screeningtermin, in dessen Rahmen die Parteien über die gerichtsnahe Mediation informiert werden und die Eignung des jeweiligen Konflikts zur Durchführung

---

[814] *v. Bargen*, DVBl. 2004, 468 (476).
[815] *Hirschfelder*, in: *Pitschas/Walther*, Mediation in d. Verwaltungsgerichtsbarkeit, S. 237 (246).
[816] Vgl.: Zweiter Teil, 2. Kapitel, Unterpunkt III.
[817] Vgl. Hierzu: *Nelle/Hacke*, ZKM 2001, 56 (60).

einer gerichtsnahen Mediation geprüft werden kann, sowie die Verpflichtung zur Teilnahme am gerichtsnahen Mediationsverfahren selbst.[818]

a) Zulässigkeit einer Verpflichtung zur Teilnahme an einem Informations- und Screeningtermin?

Zunächst stellt sich also die Frage, ob eine Verpflichtung zur Teilnahme an einem so genannten Informations- und Screeningtermin (engl.: „screening conference" oder „case management conference")[819], wie sie zuweilen auch in den USA besteht, mit dem allgemeinen Justizgewährleistungsanspruch, der Rechtsweggarantie des Art. 19 Abs. 4 S. 1 GG sowie dem aus diesen Rechtsstaatsprinzipien folgenden Gebot des effektiven Rechtsschutzes vereinbar ist, da sich diese Verpflichtung als die mildere der beiden in Betracht kommenden Formen der obligatorischen gerichtsnahen Mediation darstellt.

Der Vorteil einer Verpflichtung zur Teilnahme an einem so genannten Informations- und Screeningtermin liegt darin begründet, dass eine solche Verpflichtung dabei helfen kann, zumindest die im Hinblick auf die gerichtsnahe Mediation oft bestehenden Eintrittsbarrieren der mangelnden Kommunikation zwischen den Prozessparteien und der bei den Konfliktparteien häufig herrschenden Skepsis infolge mangelnder Kenntnisse über die gerichtsnahe Mediation zu überwinden.[820] Darüber hinaus würde sie auch der Gefahr entgegentreten, dass für die Zuweisung von Verfahren an die gerichtsnahe Mediation zuständige Richtermediatoren ohne Rücksicht auf die tatsächliche Falleignung aus strategischen Gründen nur solche Fälle der gerichtsnahen Mediation zuweisen, die ein langwieriges Verfahren versprechen, vergleichsweise aufwendig und/oder aus Sicht des jeweiligen Richters uninteressant erscheinen. Schließlich würde die Pflicht zur Teilnahme an einem Informations- und Screeningtermin auch dazu führen, dass ein Richter infolge der Abgabe bestimmter Verfahren an die Mediation keinen Ansehens- oder Kompetenzverlust befürchten müsste. Die Abgabe des Verfahrens würde bei einem obligatorischen Informations- und Screeningtermin gänzlich unabhängig von ihm erfolgen. Die Konfliktparteien wären ohne sein Zutun zur Teilnahme an einem solchen Termin verpflichtet und würden im Anschluss selbständig über die Frage der Durchführung eines Mediationsverfahrens entscheiden.

Die Begründung einer Verpflichtung der Prozessparteien zur Teilnahme an einem Informations- und Screeningtermin wäre dabei insofern hinsichtlich der Rechtsweggaran-

---

[818] Hinsichtlich der diesbezüglichen Ausgestaltungsmöglichkeiten im Detail vgl. u.a.: *Ade/Alexander*, ZKM 2007, 183 f., die im Rahmen der obligatorischen Verweisung an die Mediation zwischen der Verweisung auf der Basis einer gesetzlichen Grundlage mit Empfehlungscharakter, einer obligatorischen Verweisung nach Ermessen des Gerichts sowie einer obligatorischen Verweisung ohne Ermessen des Gerichts unterscheiden, wobei die Verweisung auf der grundsätzlichen aber widerlegbaren Vermutung der Mediationseignung, einer Bewertung der Mediationseignung anhand bestimmter Kriterien oder der Zuordnung von Streitigkeiten zur Mediation beruhen kann.

[819] Vgl. hierzu u.a.: *Nelle/Hacke*, ZKM 2001, 56 (60); *Kriegel*, ZKM 2006, 52 (54); *Ewig*, ZKM 2002, 45 (46); European Code of Conduct for Mediators, abgedruckt in: ZKM 2004, 148 ff.

[820] *Nelle/Hacke*, ZKM 2001, 56 (60); *Kriegel*, ZKM 2006, 52 (54).

tie, des allgemeinen Justizgewährleistungsanspruchs sowie des Anspruchs auf effektiven Rechtsschutz unbedenklich, als es in diesem Fall – wie im Falle der gänzlich freiwilligen Teilnahme an der gerichtsnahen Mediation – letztlich den Parteien überlassen bleibt, ob sie sich auf ein gerichtsnahes Mediationsverfahren einlassen oder nicht. Von der ausschließlich auf Freiwilligkeit der Teilnahme basierenden gerichtsnahen Mediation unterscheidet sich dieses Vorgehen lediglich dadurch, dass die Prozessparteien nicht nur durch den zuständigen Richter kurz auf das bestehende Angebot und das Konzept der gerichtsnahen Mediation hingewiesen werden, sondern zu Beginn des jeweiligen Verfahrens an einem gesonderten Termin teilnehmen müssen. In diesem Termin würden die Prozessparteien ausführlich über die Natur sowie die Vor- und Nachteile der gerichtsnahen Mediation aufgeklärt, die sachliche und parteienbezogene Mediationseignung des Falles eingehend geprüft und die Prozessparteien bereits erstmals miteinander ins Gespräch gebracht. Hinsichtlich dieses Modells, welches die Entscheidung über die Durchführung einer Mediation trotz Verpflichtung zur Teilnahme an einem Informations- und Screeningtermin in den Händen der Prozessparteien belässt, gilt das zur derzeit praktizierten Form der gerichtsnahen Mediation und dessen Vereinbarkeit mit dem allgemeinen Justizgewährleistungsanspruch Gesagte in weiten Teilen entsprechend. Die Verpflichtung zur Screeningteilnahme erscheint insbesondere auch insofern verhältnismäßig, als im Vergleich zur uneingeschränkt freiwilligen gerichtsnahen Mediation, anlässlich des Informations- und Screeningtermins (1.) in der Regel noch keine nennenswerten Zusatzkosten anfallen dürften, die dem Betroffenen die gerichtliche Verfolgung seiner Rechte praktisch unmöglich machen könnten. Denkbare Zusatzbelastungen könnten hier allenfalls im Bereich der von den Parteien zu tragenden Anwaltskosten entstehen, sofern eine anwaltliche Vertretung der Beteiligten im Informations- und Screeningtermin verpflichtend vorgesehen würde (Anwaltszwang) oder die Beteiligten sich anlässlich dieses Termins aus freien Stücken anwaltlichen Beistands bedienen. Diese Kosten dürften jedoch in den seltensten Fällen dazu führen, dass es dem Betroffenen aus finanziellen Gründen unmöglich wird, seine Rechte gerichtlich zu verfolgen. Im Übrigen könnte der Gesetzgeber dieser spezifischen Gefahr leicht begegnen, indem er bei Einführung der Pflicht zur Teilnahme an einem Informations- und Screeningtermin Prozesskostenhilfe auch für den Screeningtermin gewährt oder aber eine Ausnahmeregelung dahingehend vorsieht, dass von diesem Termin abgesehen werden kann, wenn die dem Betroffenen im Zusammenhang mit diesem Termin entstehenden (Anwalts-)Kosten eine Rechtsverfolgung vor Gericht unmöglich machen würden oder unverhältnismäßig erscheinen. Des Weiteren dürfte einzig durch die Verpflichtung zur Teilnahme an einem Informations- und Screeningtermin (2.) das gerichtliche Verfahren regelmäßig nicht unverhältnismäßig verzögert werden, da es sich hierbei regelmäßig um nur einen einzigen Termin handeln dürfte, der bei entsprechender Ausgestaltung der gerichtsnahen Mediation zudem regelmäßig auch zeitnah anberaumt werden wird. Schließlich dürfte die zusätzliche Verpflichtung zur Teilnahme am Informations- und Screeningtermin (3.) keine unzumutbare, aus Sachgründen nicht mehr zu rechtfertigende Erschwerung des Zugangs zum Gericht darstellen. Der Gesetzgeber ist trotz des Gebots des effektiven Rechtsschutzes berechtigt, die Anrufung des Gerichts von bestimmten Voraussetzungen abhängig zu machen, soweit und solange der Betroffene in der Lage ist, diese Voraussetzungen mit zumutbarem Aufwand zu erfüllen und die jeweilige Beschränkung des Zugangs zu Gericht sachlich gerechtfertigt ist. Diese Voraussetzungen liegen im Falle der Verpflichtung zur Teilnahme an einem Informations- und Screeningtermin vor, da der auf diesem Wege geschaffene Mehraufwand aus Sicht der Prozessbeteiligten ersichtlich gering ist. Zudem kann er damit gerechtfertigt werden, dass ein solcher Termin die Parteien – des Öfteren erstmals im Laufe der Konflikthistorie überhaupt – an einen (Verhandlungs-)Tisch zu bringen vermag, eine ausführliche Unterrichtung der Prozessparteien über Natur, Chancen und Risiken der gerichtsnahen Mediation ermöglicht sowie eine umfassende Prüfung der Mediationseignung des jeweiligen Konflikts unter Beteiligung der Prozessparteien gestattet und auf diesem Wege gegebenenfalls die Tür zu einem Verfahren zu öffnen in der Lage ist, welches den Interessen der Prozessparteien über die bloße gerichtliche Durchsetzung von Rechtspositionen hinaus gerecht werden kann und zudem unter Umständen schneller und kostengünstiger durchführbar ist. Gerade die Tatsache, dass ein Informations- und Screeningtermin die Prozessparteien an einen Verhandlungstisch zwingt und dass dieser Termin eine Fallprüfung in Anwesenheit der Beteiligten ermöglicht, erscheint insofern auch aus Sicht der Prozessparteien objektiv vorteilhaft, als sie auf diesem Wege günstigstenfalls schon an dieser Stelle des Verfahrens mögliche Streitbeilegungsoptionen erkennen können und in negativer Hinsicht sich schon im Informations- und Screeningtermin zeigen kann, dass eine gerichtsnahe Mediation wenig Aussicht auf Erfolg verspricht, so dass die für die Durchführung einer gerichtsnahen Mediation benötigte Zeit von vornherein eingespart werden kann.

b) Zulässigkeit einer Verpflichtung zur Teilnahme an der gerichtsnahen Mediation?

Neben der Verpflichtung zur Teilnahme an einem Screeningtermin wäre es denkbar, die Prozessparteien zur Teilnahme an einer gerichtsnahen Mediation selbst zu verpflichten, so dass auch diese Art der obligatorischen gerichtsnahen Mediation auf ihre Vereinbarkeit mit der Rechtsweggarantie des Art. 19 Abs. 4 S. 1 GG zu überprüfen ist. Der Vorteil einer obligatorischen Mediationsteilnahme läge darin begründet, dass diese Form der obligatorischen Mediation die Furcht davor zu überwinden vermag, dass der Wunsch einer Prozesspartei nach Einleitung einer gerichtsnahen Mediation beziehungsweise bereits die bloße Zustimmung zur Durchführung einer gerichtsnahen Mediation von der jeweiligen Gegenseite als Zeichen der Schwäche der eigenen Rechts-, Verhandlungs- und Verfahrensposition verstanden wird.[821] Besteht eine allgemeine Pflicht, an einem (gerichtsnahen) Mediationsverfahren teilzunehmen, wird dieses Signal nicht ausgesandt. Darüber hinaus kann eine obligatorische Ausgestaltung der gerichtsnahen Mediation der Überwindung des gerade anfänglich zu erwartenden Widerstandes der Anwaltschaft gegen die gerichtsnahe Mediation dienen und im konkreten Einzelfall der gerichtsnahen

---

[821] Ähnlich, allerdings mit Blick auf eine obligatorische Mediation im Rahmen des Vorverfahrens: *Vetter*, Mediation u. Vorverfahren, S. 198 f.; vgl. zudem auch: *Eidenmüller*, in: *Henssler/Koch*, Mediation in d. Anwaltspraxis, § 2 Rn. 96; *Nelle/Hacke*, ZKM 2001, 56 (58).

Mediation zuwider laufende Eigeninteressen der die Prozessparteien vertretenden Anwälte überwinden.[822] Zudem steht die Dynamik, die ein Konflikt entfalten kann, oftmals einer freien und auf vernünftigen Erwägungen basierenden Entscheidung für die Durchführung einer (gerichtsnahen) Mediation entgegen. Eine Entscheidung gegen den Streit inmitten der den Streit nährenden Konfliktdynamik erscheint zumindest problematisch.[823]

Abgesehen davon, dass eine Verpflichtung zur Teilnahme an der Mediation die besagten Mediationsbarrieren zu beseitigen vermag, ist diese Form der obligatorischen gerichtsnahen Mediation jedoch bereits grundsätzlich umstritten. Gegen sie kann eingewandt werden, dass nicht jeder Fall zur Durchführung einer Mediation geeignet ist und/oder über ein gewisses Wertschöpfungspotenzial verfügt.[824] Außerdem spricht gegen eine obligatorische Mediationsteilnahme, dass sich insbesondere bestehende Machtungleichgewichte im Falle einer obligatorischen Mediationsteilnahme negativ auswirken können, wenn ohne Rücksicht auf die Machtverhältnisse im Binnenverhältnis der Prozessparteien eine Pflicht zur Durchführung einer gerichtsnahen Mediation besteht, sowie – vor allem –, dass eine obligatorische gerichtsnahe Mediation gegen das der Mediation eigene Autonomieprinzip und das für die Mediation konstitutive Merkmal der Freiwilligkeit des Verfahrens verstößt. In diesem Zusammenhang wird bezweifelt, dass eine Mediation gegen den Willen der Prozessparteien sinnvolle Ergebnisse zu erbringen vermag oder den Parteien doch eher ein Verfahren aufdrängt, welches ein bloßes Hindernis auf dem Wege der Konfliktlösung begründet und zusätzliche Ressourcen der Parteien verbraucht. Der Sinn einer Mediation, eine dauerhafte von den Konfliktparteien akzeptierte Streitbeilegung im Wege des Konsenses zu erarbeiten, würde im Falle einer obligatorischen Mediation ad absurdum geführt, da eine Partei, die schon nicht bereit ist, sich in die Mediation zu begeben, sondern dazu gezwungen werden muss, in den meisten Fällen wohl kaum eine ausreichende Akzeptanz für ein eventuell dennoch zustande kommendes Mediationsergebnis aufbringen werde.[825] Zudem würde das Ansehen der Justiz Schaden nehmen, wenn man eine Partei, die ihren Rechtsstreit durch eine gerichtliche Entscheidung beendet wissen möchte, gerade weil sie die autoritäre Entscheidung des Richters herbeiführen möchte, zwingt, sich noch einmal mit der jeweils anderen Partei an einen Tisch setzen, um noch einmal mit ihr in einen Dialog zu treten.[826] Darüber hinaus wird infolge einer obligatorischen gerichtsnahen Mediation teilweise die Gefahr einer zunehmenden Verrechtlichung der Mediation und einer Verdünnung des der Mediation immanenten Konzepts der Selbstbestimmung gesehen, mit der Folge, dass es sich zu einem gerichtsähnlichen Verfahren entwickelt und die spezifischen Vorteile verloren gehen und die Richtermediatoren zunehmend evaluativ vorgehen würden, um möglichst hohe Ver-

---

[822] Vgl. hierzu: *Eidenmüller*, in: *Breidenbach/Henssler*, Mediation f. Juristen, S. 31 (54).

[823] Vgl. hierzu im Einzelnen u.a.: *Kriegel*, ZKM 2006, 52 f. m.w.N.

[824] Zur Falleignung im Allgemeinen vgl.: Zweiter Teil, 2. Kapitel, Unterpunkt II. 4.

[825] *Spindler*, Abschlussbericht zum Forschungsprojekt Gerichtsnahe Mediation in Niedersachsen, Rn. 366.

[826] *Spindler*, Abschlussbericht zum Forschungsprojekt Gerichtsnahe Mediation in Niedersachsen, Rn. 363.

gleichsquoten zu erzielen.[827] Auch der überwiegende Teil die Richtermediatoren im Rahmen des Modellversuchs „Gerichtsnahe Mediation in Niedersachsen" scheint der Auffassung zu sein, dass eine gerichtsnahe Mediation ausschließlich auf freiwilliger Basis der Konfliktparteien stattfinden und funktionieren kann. Durch den Zwang zur Teilnahme an einer gerichtsnahen Mediation könne diese zu einem „Alibitermin" verkommen, indem sie von den Streitenden – ohne Bereitschaft zur Mitarbeit – nur wahrgenommen wird, um anschließend unter günstigeren Bedingungen in das anhängige Verfahren zurückzukehren. Dem Vernehmen nach ist die Freiwilligkeit der Mediation demnach ein wesentliches Kriterium auf dem Weg zu einer gemeinsamen und eigenverantwortlichen Lösung, wobei unter Eigenverantwortlichkeit verstanden wird, dass die Konfliktparteien aus eigenen Stücken den Lösungsweg beschreiten müssen. Weiterhin weisen die Aussagen der niedersächsischen Richtermediatoren darauf hin, dass der Aspekt der Freiwilligkeit eine psychologische Wirkung habe, da diese mit einer Art Grundbereitschaft der Parteien zur Konfliktlösung einhergehe und somit die Aussicht auf Erfolg schon vorprogrammiert sei. Schließlich wird die freiwillige Basis in der Mediation als positiv bewertet, weil durch sie die Akzeptanz erhöht und folglich auch die Attraktivität einer Mediation verstärkt werde. Eine Mediation erfordere von den teilnehmenden Personen, insbesondere von den Konfliktparteien, einen großen emotionalen Aufwand und es werde auch einiges an Mitarbeit gefordert. Unter Zwang sei die Gefahr groß, dass die Parteien sich verweigern und auf ihrem Standpunkt beharren. Ein Pflichttermin sei daher nach Meinung der meisten Befragten eher kontraproduktiv. Es könne allenfalls sinnvoll sein, einen Termin zur Pflicht zu machen, bei dem die beteiligten Personen über den Vorgang der Mediation aufgeklärt werden.[828] Im Übrigen eignen sich bei weitem nicht alle Konflikte für eine (gerichtsnahe) Mediation, so dass ein obligatorisches Mediationsverfahren oftmals schlicht unsinnig sein dürfte.

Den eher dogmatischen Bedenken im Hinblick auf das Merkmal der Freiwilligkeit der Mediation wird unter anderem entgegen gehalten, dass das Argument der Freiwilligkeit insofern zu kurz greife, als die Etablierung einer „Mediations(teilnahme)pflicht" nicht dazu diene, die Parteien zu einem Verfahren zu zwingen, das sie nicht wünschten oder benötigten. Ausgangspunkt sei vielmehr die Überlegung, dass diese sich freiwillig auf ein solches Verfahren einigen würden, wenn dem nicht bestimmte Barrieren oder Hindernisse im Weg stünden. Die Konfliktparteien lehnten die Mediation nicht ab, weil sie sie nicht benötigen, sondern weil erstens jeder Ansatz zur Konflikt-Deeskalation ihren Zielen in der Konfliktspirale widerspricht und weil zweitens die auseinanderstrebenden Konfliktparteien zwecks Durchführung der Mediation eine neue Beziehung zueinander eingehen müssten.[829] Zusätzlich wird vor allem dem Freiwilligkeitsargument entgegengehalten, dass eine obligatorische Mediation die Prozessparteien zwar zur Teilnahme an einer gerichtsnahen Mediation zwinge, diese aber nicht verpflichte, sich tatsächlich zu einigen. In welchem Umfang und in welcher Art und Weise die Parteien teilnehmen und ob es im

---

[827] Vgl. hierzu: *W. Gottwald*, in: *Henssler/Koch*, Mediation in d. Anwaltspraxis, § 7 Rn. 85 f.

[828] Zu den Einschätzungen der niedersächsischen Richtermediatoren vgl. insgesamt: *Böttger/Hupfeld*, ZKM 2004, 155 (160).

[829] Bezogen auf die Trennungs- u. Scheidungsmediation: *Kriegel*, ZKM 2006, 52.

Wege der Mediation tatsächlich zu einer Einigung zwischen den Konfliktparteien kommt, bleibe den Prozessparteien überlassen, so dass der Aspekt der Freiwilligkeit auch im Rahmen der obligatorischen gerichtsnahen Mediation zum tragen komme.[830] Ein Zwang zur Mediationsteilnahme sei vertretbar, solange es keinen Zwang zu einer Einigung gebe; der Zwang zur Mediation und der Zwang zur Einigung seien insofern strikt voneinander zu trennen.[831] Zudem – quasi im Sinne einer Argumentation, wonach der erwünschte Zweck die angewandten Mittel heiligt – wird im Hinblick auf das Freiwilligkeitskriterium der Mediation vertreten, eine verordnete Teilnahme bringe Fälle zur Mediation, die von diesem Verfahren profitieren, jedoch bei einer freiwilligen Teilnahme nicht zu ihr gelangt wären.[832] So führt beispielsweise *Vetter*[833] ausführlich aus: Das Denken in Positionen und die Konfliktgeschichte strahlten nicht selten auf die „Freiwilligkeit" aus. Stelle man bezüglich der Teilnahme an einem Mediationsverfahren ausschließlich auf die Freiwilligkeit ab, vergebe man in vielen Fällen die Chance einer konsensualen Konfliktlösung und damit gleichzeitig auch die Chance einer Entlastung der Verwaltungsgerichte. Durch den Zwang zur Durchführung des Mediationsverfahrens würden dagegen Fälle der Mediation zugeführt, die bei ausschließlich freiwilliger Ausgestaltung nicht der Mediation zugeführt worden wären, weil die Perspektiven der Parteien hinsichtlich des Nutzens der Mediation – nicht zuletzt auch aufgrund des Mangels an Erfahrung mit Mediation – zu negativ waren. Durch die fachmännische Arbeit des Mediators werde den Konfliktparteien oftmals erst während des Mediationsverfahrens bewusst, welche Möglichkeiten einer Einigung gegeben sind, zumal Konflikten nicht selten Kommunikationsschwierigkeiten vorausgingen. In Bezug auf die Teilnahme an der Mediation gehe es im Grunde darum, die Parteien „zu ihrem Glück zu zwingen".[834] Schließlich stehe eine obligatorische Mediation nicht zwangsläufig der mit Blick auf die (gerichtsnahen) Mediation geforderten Autonomie der Konfliktparteien entgegen. Stattdessen könne die Autonomie durch den Zwang zur Mediationsteilnahme sogar gestärkt werden. Zwar läge das Moment der Verfahrensaufnahme im Falle der obligatorischen Mediation außerhalb des autonomen Handlungsspielraumes der Streitenden; entschieden diese sich durch das Erfahren und das Erleben der Mediation jedoch dahingehend, die zwangsweise eingeleitete Mediation freiwillig fortzuführen, führe dies zu einer Stärkung der Autonomie der am Mediationsverfahren beteilig-

---

[830] Vgl. u.a.: *Volkmann*, Mediation im Zivilprozess, S. 2; Vgl. zudem auch: *W. Gottwald*, ZKM 2003, 6 (10); Zum Zwiespalt hinsichtlich des Autonomieprinzips und dem Grundsatz der Freiwilligkeit vgl. zudem auch: *Hager*, Konflikt u. Konsens, S. 100, wonach die Parteien ungeachtet eines Mediationszwanges zwar frei bleiben, eine Kompromisslösung zu akzeptieren oder abzulehnen. Auf der anderen Seite müsse man aber auch die Gefahr einer obligatorischen Mediation bedenken, dass eine Partei leicht in einen Einigungssog gerate und einer Vereinbarung zustimme, die sie letztlich nicht wolle und nicht trage, womit letztlich der Keim für den nächsten Konflikt gelegt sei.

[831] *W. Gottwald*, in: *Henssler/Koch*, Mediation in d. Anwaltspraxis, § 7 Rn. 59; *W. Gottwald*, BetrifftJUSTIZ 1999, 117 (128); *Kriegel*, ZKM 2006, 52 (53); *Volkmann*, Mediation im Zivilprozess, S. 2; *Vetter*, Mediation und Vorverfahren, S. 195, wobei letzterer sich allerdings auf die obligatorischen Mediation im Vorverfahren bezieht. Vgl. hierzu zudem auch: *Böttger/Hupfeld*, ZKM 2004, 155 (160).

[832] *W. Gottwald*, in: *Henssler/Koch*, Mediation in d. Anwaltspraxis, § 7 Rn. 59.

[833] Vgl. hierzu u.a.: *Vetter*, Mediation u. Vorverfahren, S. 196 f.

[834] Vgl. auch: *Eidenmüller*, in: *Breidenbach/Henssler*, Mediation f. Juristen, S. 31 (54 f.).

ten Parteien.[835] Die Durchführung der gerichtsnahen Mediation solle daher nicht allein in der Disposition der Parteien stehen.

Zur Argumentation für eine obligatorische Mediationsteilnahme wird in der Literatur oftmals – gerade um auch das Argument bezüglich der nachteiligen Auswirkungen möglicher Machtungleichgewichte im Rahmen der obligatorischen Mediation zu entkräften – auf Erfahrungen aus den USA zurückgegriffen. Diese Erfahrungen zeigten, dass in obligatorischen Mediationsverfahren die Erfolgsquote nur unwesentlich geringer und die Zufriedenheit mit dem Verlauf der Verhandlungen fast ebenso groß sei wie bei freiwilligen Mediationen.[836] Untersuchungen zum so genannten „mediation paradox" hätten ergeben, dass Parteien, die nur widerwillig an einer (obligatorischen) Mediation teilnehmen, mit dem Verfahren und dem Ergebnis der Mediation ebenso zufrieden sind, wie Parteien, die freiwillig an einer Mediation teilnehmen. Gerade diejenigen Konfliktparteien, die eine Mediation zunächst ablehnten oder sich ihr widersetzten, seien – sofern ein neutraler Mediator das Verfahren unter Beachtung der Fairnessanforderungen leite – später mit dem Verfahren und seinen Ergebnissen besonders zufrieden.[837] In den USA empfanden Beteiligte die Mediation auch in den Fällen als fair und zufriedenstellend, in denen sie das Verfahren nicht spontan und freiwillig aufgesucht hatten, sondern gesetzliche Vorschriften oder Gerichtsregeln sie dorthin verwiesen hatten. Auch die Anzahl der Einigungen unterschied sich nicht danach, ob die Beteiligten freiwillig oder unfreiwillig eine Mediation durchgeführt hatten.[838] Ein gewisser Zwang zum Verfahren habe nach diesen Untersuchungen keinen Einfluss auf die erlebte Verfahrensgerechtigkeit sowie die Anzahl der Einigungen, solange die Beteiligten die Entscheidung darüber behalten, ob sie sich einigen wollen und zu welchen Bedingungen, mit anderen Worten, die Vertragsfreiheit und die Freiheit im Verfahren unberührt bleiben.[839] Schließlich wird zur Verteidigung der obligatorischen Mediationsteilnahme ergänzend darauf hingewiesen, dass mit deren Einführung häufig (Puffer-)Regelungen Hand in Hand gingen, die eventuelle Machtungleichgewichte und einen Einigungsdruck durch Mediatoren verhindern sollen, so zum Beispiel Verhaltenscodices für Mediatoren sowie die Verpflichtung, getroffene Vereinbarungen durch Anwälte oder Richter überprüfen zu lassen. Letztlich werde die gerichtsnahe Mediation weitaus häufiger angerufen, wenn Gesetze, Gerichtsregeln oder vertragliche Klauseln eine Teilnahme daran verlangten oder, wenn die Richter einen Mediationsver-

---

[835] *Kriegel,* ZKM 2006, 52 (53).

[836] *Duve,* AnwBl. 2004, 1 (5); *W. Gottwald,* in: *Henssler/Koch,* Mediation in d. Anwaltspraxis, § 7 Rn. 59; *Wegener,* ZKM 2006, 140 (141); *Vetter,* Mediation u. Vorverfahren, S. 198; vgl. auch: *Niemic/Stienstra/Ravitz,* Guide to Judicial Management of Cases in ADR, S. 50 f.; *Rogers/McEwen,* 13 Ohio State Journal on Dispute Resolution (1998), 831 (850); *Wissler,* 17 Ohio State Journal on Dispute Resolution (2002), 641 (697).

[837] Vgl. hierzu: *McEwen/Milburn,* 9 Negotiation Journal (1993), S. 23; *W. Gottwald,* in: *Henssler/Koch,* Mediation in d. Anwaltspraxis, § 7 Rn. 59; *W. Gottwald,* in: *Haft/v. Schlieffen,* Hdb. Mediation, § 17 Rn. 64; *Vetter,* Mediation u. Vorverfahren, S. 198.

[838] Vgl. u.a.: *W. Gottwald,* in: *Haft/v. Schlieffen,* Hdb. Mediation, § 17 Rn. 64; *W. Gottwald,* Betrifft-JUSTIZ 1999, 117 (128); *McEwen/Milburn,* 9 Negotiation Journal (1993), S. 23.

[839] Vgl.: *W. Gottwald,* in: *Haft/v. Schlieffen,* Hdb. Mediation, § 17 Rn. 64.

such anregten. Ohne einen Zwang zur Anrufung oder zumindest zur Information über dieses Verfahren leide die Mediation an Schwindsucht.[840]

Der soeben dargestellte, in der Literatur geführte Streit um die grundsätzliche Möglichkeit einer Pflicht zur Mediationsteilnahme erscheint letztlich müßig. Entscheidend ist vorrangig nämlich nicht, ob eine Verpflichtung zur Mediationsteilnahme nach den Grundsätzen der Mediation prinzipiell in Betracht kommt, sondern einzig, ob auch eine Pflicht zur Mediationsteilnahme mit dem allgemeinen Justizgewährleistungsanspruch, der Rechtsweggarantie des Art. 19 Abs. 4 S. 1 GG sowie dem aus diesen Grundsätzen folgenden Gebot des effektiven Rechtsschutzes vereinbar wäre. Dabei ist es unerheblich, ob der Richter die Befugnis erhält, aus seiner Sicht geeignete Fälle (verbindlich) der Mediation zuzuweisen oder eine entsprechende Pflicht zur Mediationsteilnahme durch Gesetz pauschal oder aber lediglich für bestimmte Fallgruppen begründet wird.

Zuweilen wird der Vorbehalt eines Versuchs der außergerichtlichen Streitschlichtung in Form der Mediation – mit anderen Worten die Pflicht zur Mediationsteilnahme im Vorfeld des eigentlichen gerichtlichen Verfahrens – als mit Art. 19 Abs. 4 S. 1 GG vereinbar erachtet. Mit der (obligatorischen) Vorschaltung der außergerichtlichen Streitschlichtung werde schließlich kein Rechtsschutz abgeschnitten, sondern eine weitere Plattform zur Konfliktlösung eröffnet. Zweifel an einer Vereinbarkeit könnten nur dann bestehen, wenn die vorgeschaltete Mediation zu einer unverhältnismäßigen Verfahrensverlängerung führe. Dies sei nach den bisherigen Erfahrungen in den Modellversuchen zum Einsatz der gerichtsnahen Mediation jedoch nicht zu befürchten.[841] Diese Argumentation weist jedoch deutliche Schwächen auf, denn zum einen können die Erfahrungen aus den bisherigen Modellversuchen nur bedingt auf die obligatorische gerichtsnahe Mediation übertragen werden; zum anderen ist es nicht nur eine unverhältnismäßige Verfahrensverlängerung, die Zweifel an der Vereinbarkeit einer Pflicht zur Mediationsteilnahme mit dem allgemeinen Justizgewährleistungsanspruch, der Rechtsweggarantie des Art. 19 Abs. 4 S. 1 GG und dem aus diesen rechtsstaatlichen Elementen folgenden Gebot des effektiven Rechtsschutzes begründen kann. Gegenstand der Modellversuche zum Einsatz der gerichtsnahen Mediation sind und waren bislang ausschließlich freiwillige gerichtsnahe Mediationsverfahren. Mit andern Worten: Das Verfahren der gerichtsnahen Mediation wurde den Prozessparteien angeboten. Dieses Angebot konnten die Verfahrensbeteiligten annehmen oder auch ausschlagen. Eine wie auch immer geartete Pflicht zur Durchführung einer gerichtsnahen Mediation bestand nicht. Mit Blick auf eine obligatorische Teilnahme an einer gerichtsnahen Mediation verbietet sich eine auf die in zeitlicher Hinsicht aus den bisherigen Modellversuchen gewonnenen Erfahrungen zurückgreifende Argumentation zunächst aus dem Grunde, dass einerseits den Prozessparteien vielerorts nur in solchen Fällen eine Mediation vorgeschlagen wurde, die dem Gericht hierfür geeignet erschienen. Andererseits kann davon ausgegangen werden, dass im Rahmen der bisherigen Modellversuche nur solche Prozessparteien ihr Einverständnis zur Mediation gegeben haben, die sich hieraus einen Vorteil versprochen haben, der ihnen entwe-

---

[840] *W. Gottwald*, in: *Henssler/Koch*, Mediation in d. Anwaltspraxis, § 7 Rn. 60.
[841] *Schümann*, SGb 2005, 27 (33). Vgl. zudem auch: Zweiter Teil, 2. Kapitel, Unterpunkt II. 1. b).

der das Risiko einer im Falle des Scheiterns auftretenden Verfahrensverzögerung wert erschien, oder aber direkt zeitlicher Natur in dem Sinne war, dass sich die Prozessparteien durch die gerichtsnahe Mediation eine schnellere Streitbeilegung erhofft haben. Die in zeitlicher Hinsicht in den Modellversuchen gewonnenen Erfahrungen sagen demnach wenig über solche Verfahren aus, die dem Gericht und/oder den Prozessparteien als eher ungeeignet für die gerichtsnahe Mediation erschienen. Gerade wenn die Prozessparteien eine gerichtsnahe Mediation im Grunde aus sachlichen oder persönlichen Gründen ablehnen, diese aber dennoch aufgrund der Pflicht zur Durchführung einer gerichtsnahen Mediation durchgeführt wird, ist mit einer längeren Mediationsdauer zu rechnen, die – gerade wenn die Mediation erfolglos bleibt, was in diesen Fällen nicht unwahrscheinlich erscheint – zu einer unverhältnismäßigen Verfahrensverzögerung führen kann. Zwar werden nach den US-amerikanischen Untersuchungen zum „mediation paradox“ nicht alle ursprünglich der Mediation ablehnend gegenüberstehenden Personen diese Einstellung beibehalten. Zumindest in den Fällen, in denen dies der Fall ist, bleibt jedoch eine unverhältnismäßige Verfahrensverzögerung und damit ein Verstoß gegen den allgemeinen Justizgewährleistungsanspruch, die Rechtsweggarantie des Art. 19 Abs. 4 S. 1 GG und den Grundsatz des effektiven Rechtsschutzes zu befürchten. Als einzige Alternative käme in diesen Fällen in Betracht, den Beteiligten einer (nur) pflichtgemäß eingeleiteten Mediation zum nächstmöglichen Zeitpunkt nach Einleitung der gerichtsnahen Mediation die Möglichkeit zu geben, mit der Erklärung wieder aus dem Verfahren auszusteigen, dass die Mediation gescheitert sei. Solche Fälle zu produzieren, kann jedoch nicht Sinn und Zweck einer obligatorischen Teilnahme an der gerichtsnahen Mediation sein. Im Übrigen erscheint eine pauschale Verweisung auf die bisherigen, aus den Modellversuchen in zeitlicher Hinsicht gewonnenen Erfahrungen insofern als nicht überzeugend, als diese Erfahrungen sehr wohl zeigen, dass auch gerichtsnahe Mediationsverfahren eine beachtliche Zeit in Anspruch nehmen können. Bleibt in einem solchen Falle die Mediation erfolglos, so wird es des Öfteren auch der Fall sein, dass wertvolle Zeit zur Streitbeilegung quasi „verschwendet“ wurde. Geht diese „Zeitverschwendung“ – wie bei der auf Freiwilligkeit basierenden gerichtsnahen Mediation, zum Beispiel im Rahmen der bisherigen Modellversuche – auf eine autonome, freiwillige Entscheidung der Prozessparteien zurück, so ist dies nicht zu beanstanden. Dieser Fall entspricht dem, in dem sich die Konfliktparteien entscheiden, noch einmal zu verhandeln, bevor sie vor Gericht ziehen. Die Parteien haben in diesem Fall quasi über die Geschwindigkeit der endgültigen Streitbeendigung im Rahmen ihrer Kompetenzen selbst disponiert. Ist die besagte Verzögerung aber darauf zurückzuführen, dass die Prozessparteien in ein erfolgloses gerichtsnahes Mediationsverfahren gezwungen wurden, so ist dies im Hinblick auf den allgemeinen Justizgewährleistungsanspruch, die Rechtsweggarantie des Art. 19 Abs. 4 S. 1 GG und den Grundsatz des effektiven Rechtsschutzes mehr als bedenklich.[842]

Abseits der Bedenken hinsichtlich der Vereinbarkeit der obligatorischen Teilnahme an einer gerichtsnahen Mediation mit dem allgemeinen Justizgewährleistungsanspruch, der

---

[842] Im Ergebnis ebenso: *Risse*, in: FS R. Haase, S. 309 ff.

Rechtsweggarantie des Art. 19 Abs. 4 S. 1 GG und dem aus diesen Grundsätzen folgenden Gebot des effektiven Rechtsschutzes, die nach dem vorstehend Gesagten in zeitlicher Hinsicht existieren, bestehen in diesem Zusammenhang zudem auch anderweitige Bedenken gegen eine Pflicht zu Teilnahme an einer gerichtsnahen Mediation, die zu einem gewissen Grad aus der voranstehend erläuterten Verzögerungsproblematik resultieren. So kann die Mediationsverhandlung selbst sowie eine aus der Durchführung einer gerichtsnahen Mediation gegebenenfalls entstehende erhebliche Verzögerung – sofern die Beteiligten es beispielsweise aufgrund eines im Rahmen des Mediationsverfahrens entstehenden Einigungsdrucks nicht wagen, die Mediation rechtzeitig abzubrechen – zu einer erheblichen finanziellen Belastung der Prozessparteien (zum Beispiel durch hohe, anlässlich der Mediation anfallende Rechtsanwaltskosten) führen, die es den Prozessparteien im ungünstigsten Falle unmöglich machen kann, nach dem Scheitern der Mediation ihre Rechte weiterhin gerichtlich zu verfolgen. Abermals sei dabei betont, dass diese Situation zwar auch bei einer auf freiwilliger Basis veranlassten gerichtsnahen Mediation entstehen kann. Aber nur wenn die sich zum kostenbedingten Verfahrenshindernis entwickelnde gerichtsnahe Mediation zwangsweise und nicht etwa freiwillig eingeleitet wurde, bestehen Bedenken hinsichtlich einer Vereinbarkeit mit dem allgemeinen Justizgewährleistungsanspruch, der Rechtsweggarantie des Art. 19 Abs. 4 S. 1 GG und dem Grundsatz des effektiven Rechtsschutzes. Im Ergebnis bleibt festzuhalten, dass die obligatorische Teilnahme an einer gerichtsnahen Mediation nach hier vertretener Ansicht und im Gegensatz zur auf freiwilliger Basis angebotenen gerichtsnahen Mediation zu Fallgestaltungen führen kann, die mit den genannten Rechtsstaatsprinzipien nicht in Einklang zu bringen sind. Darüber hinaus bleibt hinsichtlich der obligatorischen Mediation die Frage offen, wie eine Pflicht zur Mediationsteilnahme durchgesetzt werden könnte und wie eine Nichtteilnahme zu sanktionieren wäre.

II. Gerichtsnahe Mediation und das Rechtsprechungsmonopol nach Art. 92 GG

Neben der Frage nach der Vereinbarkeit der gerichtsnahen Mediation mit Art. 19 Abs. 4 S. 1 GG, könnte man mit Blick auf die gerichtsnahe Mediation auch die Frage aufwerfen, ob diese auch mit dem aus Art. 92 GG folgenden Rechtsprechungsmonopol in Einklang zu bringen ist. Eine diesbezügliche Diskussion erübrigt sich jedoch von vornherein, wenn man die gerichtsnahe Mediation zutreffender Weise als richterliche Aufgabe nach § 4 Abs. 2 Nr. 2 DRiG und nicht etwa als Aufgabe der rechtsprechenden Gewalt definiert.[843] Grund hierfür ist, dass der in Art. 92 GG zum Ausdruck kommende Grundsatz, der letztlich eine Konkretisierung des Gewaltenteilungsgrundsatzes gemäß Art. 20 Abs. 2 S. 2 GG darstellt,[844] (1.) allgemein besagt, dass die Staatsaufgabe der Rechtsprechung ausschließlich den staatlichen Gerichten und ihren Richtern obliegt und (2.) den Organen der gesetzgebenden und vollziehenden Gewalt verbietet, selbst rechtsprechende Gewalt

843 Vgl.: Zweiter Teil, 3. Kapitel.

844 *Herzog*, in: *Maunz/Dürig*, GG, Art. 92; Rn. 2; vgl. auch: *Schulze-Fielitz*, in: *Dreier*, GG, Art. 92 Rn. 16.

auszuüben.[845] Auch durch Gesetz dürfen (3.) Rechtsprechungsaufgaben nach Art. 92 GG weder der Legislative noch der Exekutive, nichtrichterlichen Amtsträgern der Gerichte[846] oder nichtstaatlichen Gerichten[847] übertragen werden,[848] so dass hinsichtlich der Ausübung von materiellen Rechtsprechungsaufgaben im Sinne des Art. 92 GG ein Funktionsvorbehalt zugunsten der staatlichen Gerichtsbarkeit, das heißt der zuständigen und durch Gesetz eingesetzten staatlichen Gerichte, besteht.[849] Das so verstandene Rechtsprechungsmonopol könnte aufgrund der gerichtsnahen Mediation daher insofern verletzt sein, als gerade nicht der gesetzlich zuständige Richter im Rahmen der Streitbeilegung tätig wird, sondern ein anderer, nicht als Richter im eigentlichen Sinne fungierender Richter. Die Vorschrift des Art. 92 GG bezieht sich jedoch ausschließlich auf die Aufgaben der rechtsprechenden Gewalt und damit nach hiesiger Qualifikation nicht auf die gerichtsnahe Mediation als sonstige Aufgabe im Sinne des § 4 Abs. 2 Nr. DRiG. Demzufolge kann die gerichtsnahe Mediation Art. 92 GG und das darin zum Ausdruck kommende Rechtsprechungsmonopol in keinster Weise beeinträchtigen.[850]

III. Gerichtsnahe Mediation und die richterliche Unabhängigkeit nach Art. 97 GG i.V.m. dem Rechtsstaatsgebot

Aus Art. 97 GG i.V.m. dem Rechtsstaatsprinzip folgt der Grundsatz der richterlichen Unabhängigkeit, der seinerseits Ausdruck des unter anderem aus Art. 20 Abs. 2 GG folgenden Gewaltenteilungsgrundsatzes ist[851] und in gewisser Relation zu Art. 92 GG (Recht-

---

[845] Vgl.: *Schulze-Fielitz*, in: *Dreier*, GG, Art. 92 Rn. 16; *Classen*, in: *v. Mangoldt/Klein/Starck*, GG, Art. 92 Rn. 32; *Meyer*, in: *v. Münch/Kunig*, GG, Art. 92 Rn. 3; *Heyde*, in: *Benda/Maihofer/Vogel*, Hdb. Verfassungsrecht, § 33 Rn. 12; *Hopfauf*, in: *Schmidt-Bleibtreu/Hofmann/Hopfauf*, GG, Art. 92 Rn. 1 u. 6. Vgl. zudem: *Classen*, in: *v. Mangoldt/Klein/Starck*, GG, Art. 92 Rn. 32 („Die Zuweisung der rechtsprechenden Gewalt an die Richter enthält das Gebot, das jeder Richter eigenverantwortlich seine Entscheidungen zu treffen hat, sowie das Verbot, dass andere Staatsorgane „Recht sprechen.") u. Rn. 42 („Als Kernelement der hoheitlichen Tätigkeit des Staates kann Rechtsprechung im Sinne von Art. 92 GG nur durch staatliche Gerichte ausgeübt werden"), sowie: *Meyer*, in: *v. Münch/Kunig*, GG, Art. 92 Rn. 4, der feststellt, dass die Richter die alleinigen Träger der rechtsprechenden Gewalt sein sollen.

[846] *Schmidt-Aßmann*, in: *Schoch/Schmidt-Aßmann/Pietzner*, VwGO, Einl. Rn. 35.

[847] *Detterbeck*, in: *Sachs*, GG, Art. 92 Rn. 28 ff.

[848] Vgl. hierzu auch: *Wassermann*, in: AK-GG, Art. 92 Rn. 39, wonach das so genannte Richtermonopol verhindert, dass andere Personen als Richter mit Aufgaben der Rechtsprechung betraut werden, es umgekehrt aber nicht verfassungsrechtlich ausgeschlossen ist, Richtern durch Gesetz andere Aufgaben als solche der Rechtsprechung zu übertragen.

[849] *Detterbeck*, in: *Sachs*, GG, Art. 92 Rn. 28 f.; *Schulze-Fielitz*, in: *Dreier*, GG, Art. 92 Rn. 46 u. 49; *BVerfGE* 27, 18 (28); vgl. auch: *Classen*, in: *v. Mangoldt/Klein/Starck*, GG, Art. 92 Rn. 42.

[850] Im Ergebnis ebenso: *Koch*, NJ 2005, 97 (100), wonach die gerichtsnahe Mediation lediglich eine Unterstützung der Konfliktparteien beim Versuch einer einvernehmlichen Streitbeilegung darstellt, die das staatliche Rechtsprechungsmonopol in keiner Weise beeinträchtigen kann, zumal es den Parteien eines anhängigen, zum Zweck der Mediation ausgesetzten Rechtsstreits unbenommen bleibe, jederzeit in das gerichtliche Verfahren zurückzukehren.

[851] *Schulze-Fielitz*, in: *Dreier*, GG, Art. 97 Rn. 14; *Detterbeck*, in: *Sachs*, GG, Art. 97 Rn. 1; *Herzog*, in: *Maunz/Dürig*, GG, Art. 97 Rn. 2; *Kissel/Mayer*, GVG, § 1 Rn. 7; *Böttcher*, in: *Löwe-Rosenberg*, StPO, § 1 GVG Rn. 3.

sprechungsmonopol der Gerichte),[852] Art. 98 Abs. 1 u. 3 GG (Statusrechtliche Absicherung der richterlichen Unabhängigkeit durch Gesetz)[853] und Art. 101 Abs. 1 S. 2 GG, § 16 S. 2 GVG (Garantie des gesetzlichen Richters)[854] steht. Dieser Grundsatz weist einen untrennbaren Zusammenhang zur rechtsstaatlichen Justizgewährleistungspflicht auf,[855] bildet insofern auch eine Voraussetzung für die Gewähr eines effektiven Rechtsschutz nach Art. 19 Abs. 4 GG[856] und spiegelt sich im Übrigen in den §§ 25 DRiG, 1 GVG wider. Hinsichtlich der Vereinbarkeit der gerichtsnahen Mediation mit dem Grundsatz der richterlichen Unabhängigkeit lässt sich unterscheiden zwischen (1.) der Vereinbarkeit mit der richterlichen Unabhängigkeit des das Verfahren an die gerichtsnahe Mediation abgebenden Richters und (2.) der Vereinbarkeit mit der richterlichen Unabhängigkeit des als Mediator fungierenden Richters. Dabei stellt sich in letzterem Fall vor allem die Frage, ob der im Rahmen der gerichtsnahen Mediation als Mediator fungierende Richter überhaupt richterliche Unabhängigkeit für sich in Anspruch nehmen kann, mit anderen Worten, ob der Grundsatz der richterlichen Unabhängigkeit auch auf den Richtermediator auszudehnen ist.[857]

1. Die Vereinbarkeit mit der Unabhängigkeit der Verfahren an die gerichtsnahe Mediation abgebenden Richter

Ein durch die Einführung der gerichtsnahen Mediation bedingter Verstoß gegen den Grundsatz der richterlichen Unabhängigkeit gemäß Art. 97 GG i.V.m. dem Rechtsstaatsprinzip kommt im Falle des zur Entscheidung im konkreten Verfahren berufenen Richters allenfalls in Betracht, wenn er – außer im Wege eines entsprechenden Gesetzes – dazu gezwungen werden sollte, einen anhängigen Rechtsstreit an die gerichtsnahe Mediation abzugeben. Dies ergibt sich daraus, dass die Garantie der richterlichen Unabhängigkeit gewährleisten soll, dass die Richter im Kernbereich ihrer richterlichen Tätigkeit nur aufgrund des Gesetzes und nur durch das Gesetz bestimmt – gewissermaßen in ausschließlicher Bindung an Recht und Gesetz und nur diesem verpflichtet – nach eigener

---

[852] Vgl.: *Schmidt-Aßmann*, in: *Schoch/Schmidt-Aßmann/Pietzner*, VwGO, Einl. Rn. 39.
[853] *Kissel/Mayer*, GVG, § 1 Rn. 7.
[854] Die Garantie des gesetzlichen Richters enthält ein Verbot, dem gesetzlichen Richter Verfahren zu entziehen, für die er gesetzlich zuständig ist, beziehungsweise in die Besetzung des zur Entscheidung berufenen Gerichts einzugreifen. Insofern soll es ebenso wie die richterliche Unabhängigkeit Eingriffe Unbefugter in die Rechtspflege verhindern und das Vertrauen der Rechtssuchenden und der Öffentlichkeit in die Unparteilichkeit und Sachlichkeit der Gerichte schützen (vgl. hierzu: *Kissel/Mayer*, GVG, § 1 Rn. 2; *Böttcher*, in: *Löwe-Rosenberg*, StPO, § 16 GVG Rn. 8; *BVerfGE* 4, 412, (416); 27, 312 (319 u. 322)).
[855] Die richterliche Unabhängigkeit sichert den Justizgewährleistungsanspruch des Bürgers, indem sie die Wahrheits- und Gerechtigkeitssuche im Gerichtsgang von allen sachfremden und abträglichen Einflüssen freihalten will (vgl.: *Kronisch*, in: *Sodan/Ziekow*, VwGO, § 1 Rn. 64; *Kissel/Mayer*, GVG, § 1 Rn. 2; *Böttcher*, in: *Löwe-Rosenberg*, StPO, § 1 GVG Rn. 3).
[856] *Schulze-Fielitz*, in: *Dreier*, GG, Art. 97 Rn. 14; *Detterbeck*, in: *Sachs*, GG, Art. 97 Rn. 1.
[857] Vgl. hierzu u.a. auch: *R. Wimmer/U. Wimmer*, NJW 2007, 3243 (3245 f.).

richterlicher Überzeugung handeln und entscheiden können.[858] Sie sollen in der Lage sein, ausschließlich der Sache verpflichtet, neutral, unparteiisch und frei von jeglichen Rücksichten Recht zu sprechen.[859] Um dies zu erreichen, richtet sich Art. 97 GG gegen alle Versuche der Staatsgewalten, mehr als unvermeidbar die Rechtsstellung der Richter zu beeinflussen,[860] direkt oder indirekt auf die Entscheidungen konkreter Fälle Einfluss zu nehmen oder eine solche Einflussnahme zu ermöglichen,[861] wobei die sachliche Unabhängigkeit der Richter nach Art. 97 Abs. 1 GG unter anderem – sozusagen als deren Kernstück – eine Weisungsfreiheit umfasst. Diese Weisungsfreiheit bedeutet, dass der als gesetzlicher Richter im Sinne des Art. 101 Abs. 1 GG zur Entscheidung eines Rechtsstreits berufene Amtsträger im Rahmen seiner richterlichen Tätigkeit keinerlei (Einzel-)Weisungen erhalten darf und an (Einzel-)Weisungen zur richterlichen Tätigkeit nicht gebunden ist.[862] Die Unzulässigkeit solcher Weisungen besteht generell, das heißt ungeachtet dessen, ob sie sich erstens auf die Entscheidung eines einzelnen Prozesses oder auf Detailfragen im Zusammenhang mit einem konkreten Prozess beziehen,[863] ob sie zweitens durch die Legislative,[864] Exekutive[865] oder Judikative[866] ergehen[867] und ob

---

[858] Vgl.: *Classen*, in: *v. Mangoldt/Klein/Starck*, GG, Art. 97 Rn. 7; *Meyer*, in: *v. Münch/Kunig*, GG, Art. 97 Rn. 8; *Stelkens*, in: *Schoch/Schmidt-Aßmann/Pietzner*, VwGO, § 1 Rn. 34; *Koch*, in: *Gräber*, FGO, § 1 Rn. 4.

[859] Vgl. u.a.: *Brandis*, in: *Tipke/Kruse*, AO/FGO, § 1 FGO Rn. 5; *Stelkens*, in: *Schoch/Schmidt-Aßmann/Pietzner*, VwGO, § 1 Rn. 34.

[860] *Schulze-Fielitz*, in: *Dreier*, GG, Art. 97 Rn. 15; *Detterbeck*, in: *Sachs*, GG, Art. 97 Rn. 5; *Meyer*, in: *v. Münch/Kunig*, GG, Art. 97 Rn. 5; *Brockmeyer*, in: *Schmidt-Bleibtreu/Hofmann/Hopfauf*, GG, Art. 97 Rn. 2; *BVerfGE* 26, 79 (93); 38, 1 (21); 55, 372 (389).

[861] *Schulze-Fielitz*, in: *Dreier*, GG, Art. 97 Rn. 15; *Detterbeck*, in: *Sachs*, GG, Art. 97 Rn. 2.

[862] *Detterbeck*, in: *Sachs*, GG, Art. 97 Rn. 11; *Wassermann*, in: AK-GG, Art. 97 Rn. 21; *Schmidt-Aßmann*, in: *Schoch/Schmidt-Aßmann/Pietzner*, VwGO, Einl. Rn. 40; *Kronisch*, in: *Sodan/Ziekow*, VwGO, § 1 Rn. 68; *Redeker*, in: *Redeker*, VwGO, § 15 Rn. 3; *Geiger*, in: *Eyermann*, § 1 Rn. 8; *Wolf*, in: MK-ZPO, § 1 GVG Rn. 23; *Gummer*, in: *Zöller*, ZPO, § 1 GVG Rn. 5; *Schmidt-Räntsch*, DRiG, § 25 Rn. 5 f.; *Kissel/Mayer*, GVG, § 1 Rn. 9 u. 39 f.; *Stern*, Staatsrecht, Bd. II, S. 912; *BVerfGE* 3, 213 (224); 4, 331 (346); 14, 56 (69); 26, 186 (198); 27, 312 (322): 31, 137 (140); 36, 174 (185); 87, 68 (85); vgl. auch: *Schulze-Fielitz*, in: *Dreier*, GG, Art. 97 Rn. 15 u. 19; *Böttcher*, in: *Löwe-Rosenberg*, StPO, § 1 GVG Rn. 3; *Stelkens*, in: *Schoch/Schmidt-Aßmann/Pietzner*, VwGO, § 1 Rn. 12; *Sunder-Plassmann*, in: *Hübschmann/Hepp/Spitaler*, AO/FGO, § 1 FGO Rn. 55; enger: *Brockmeyer*, in: *Schmidt-Bleibtreu/Hofmann/Hopfauf*, GG, Art. 97 Rn. 2, wonach sich die sachliche Unabhängigkeit nur auf die Rechtsprechungstätigkeit des Richters bezieht.

[863] *Herzog*, in: *Maunz/Dürig*, GG, Art. 97 Rn. 24.

[864] Zur Unabhängigkeit gegenüber der Legislative vgl. u.a.: *Detterbeck*, in: *Sachs*, GG, Art. 97 Rn. 12; *Herzog*, in: *Maunz/Dürig*, GG, Art. 97 Rn. 22; *Schulze-Fielitz*, in: *Dreier*, GG, Art. 97 Rn. 21 ff.; *Hopfauf*, in: *Schmidt-Bleibtreu/Hofmann/Hopfauf*, GG, Art. 92 Rn. 33; *Böttcher*, in: *Löwe-Rosenberg*, StPO, § 16 GVG Rn. 8; *Brandt*, in: *Beermann/Gosch*, AO/FGO, Einf. FGO Rn. 40; *BVerfGE* 12, 67 (71); 38, 1 (21); *Heyde*, in: *Benda/Maihofer/Vogel*, Hdb. Verfassungsrecht, § 33 Rn. 79.

[865] Zur Unabhängigkeit gegenüber der Exekutive vgl. u.a.: *Schulze-Fielitz*, in: *Dreier*, GG, Art. 97 Rn. 25 ff.; *Detterbeck*, in: *Sachs*, GG, Art. 97 Rn. 13; *Pieroth*, in: *Jarass/Pieroth*, GG, Art. 97 Rn. 3 ff.; *Hopfauf*, in: *Schmidt-Bleibtreu/Hofmann/Hopfauf*, GG, Art. 92 Rn. 33; *Böttcher*, in: *Löwe-Rosenberg*, StPO, § 16 GVG Rn. 8; *Brandt* u. *Sauer*, in: *Beermann/Gosch*, AO/FGO, Einf. FGO Rn. 39 bzw. § 1 FGO Rn. 20; *BVerfGE* 12, 67 (71); 26, 79 (93); 55, 372 (389).

es sich bei der betreffenden (Einzel-)Weisung drittens um eine Weisung im engeren Sinne, um eine dienstrechtliche Anweisung, eine Anordnung, eine Empfehlung, ein Ersuchen, einen Ratschlag, eine Bitte, eine Anregung, eine sonstige Einflussnahme oder gar eine wie auch immer geartete Druckausübung handelt.[868] Jede Art der direkten oder indirekten Einwirkung,[869] ebenso wie jede vermeidbare Einflussnahme,[870] welche entweder auf das Verfahren und die Prozessführung oder auf die Entscheidung und die Entscheidungsfindung wirkt,[871] hat in diesem Sinne zu unterbleiben. Der Richter muss bei der rechtsprechenden Tätigkeit letztlich stets in der Lage sein, frei von außerrechtlichen Einflüssen, Zwängen und Rücksichtnahmen Gesetz und Recht Geltung zu verschaffen,[872] so dass Pressionen und andere Formen massiver Einflussnahme von Seiten Dritter mit der verfassungsrechtlichen Stellung der Gerichte nicht zu vereinbaren sind.[873]

Die in den derzeitigen Modellversuchen zum Einsatz der gerichtsnahen Mediation gewählten Praktiken[874] sowie die ersten Vorschläge zur gesetzlichen Regelung der gerichtsnahen Mediation[875] bieten keine Anhaltspunkte dafür, dass es dadurch zu einem Eingriff in die richterliche Unabhängigkeit des Verfahren an die gerichtsnahe Mediation abgebenden Richters kommt. Weitgehend übereinstimmend wird hier die Einführung eines Mediationsverfahrens davon abhängig gemacht, dass die Parteien einer vom zuständigen Richter oder vom Richtermediator des jeweiligen Gerichts vorgeschlagenen Mediation zustimmen. Dass einzelne Richter zur Abgabe von Verfahren an die Mediation

---

[866] Zur Unabhängigkeit gegenüber der Judikative vgl. u.a.: *Detterbeck*, in: *Sachs*, GG, Art. 97 Rn. 14 ff.; *Herzog*, in: *Maunz/Dürig*, GG, Art. 97 Rn. 34; *Schulze-Fielitz*, in: *Dreier*, GG, Art. 97 Rn. 39 ff.; *Pieroth*, in: *Jarass/Pieroth*, GG, Art. 97 Rn. 7; *Hopfauf*, in: *Schmidt-Bleibtreu/Hofmann/Hopfauf*, GG, Art. 92 Rn. 33; *Böttcher*, in: *Löwe-Rosenberg*, StPO, § 16 GVG Rn. 8; *BVerfG* NJW 1996, 2149 (2150); a.A.: *BVerfGE* 12, 67 (71); 31, 137 (140).

[867] Vgl. hierzu im Übrigen u.a. auch: *Classen*, in: *v. Mangoldt/Klein/Starck*, GG, Art. 97 Rn. 18; *Schulze-Fielitz*, in: *Dreier*, GG, Art. 97 Rn. 19; *Sunder-Plassmann*, in: *Hübschmann/Hepp/Spitaler*, AO/FGO, § 1 FGO Rn. 57, wonach sich das Prinzip der Unabhängigkeit gegen alle Staatsorgane richtet. Nicht zwischen den verschiedenen Gewalten differenzierend vgl. auch: *Brandis*, in: *Tipke/Kruse*, AO/FGO, § 1 FGO Rn. 6.

[868] Vgl. hierzu u.a.: *Wassermann*, in: AK-GG, Art. 97 Rn. 22; *Schulze-Fielitz*, in: *Dreier*, GG, Art. 97 Rn. 19; *Ramsauer*, in: AK-GG, Art. 19 Abs. 4 Rn. 83; *Sauer*, in: *Beermann/Gosch*, AO/FGO, § 1 FGO Rn 10; *Brandis*, in: *Tipke/Kruse*, AO/FGO, § 1 FGO Rn. 6; *Wolf*, in: MK-ZPO, § 1 GVG Rn. 23; *Kissel/ Mayer*, GVG, § 1 Rn. 40; *Böttcher*, in: *Löwe-Rosenberg*, StPO, § 1 GVG Rn. 3.

[869] Vgl.: *Schulze-Fielitz*, in: *Dreier*, GG, Art. 97 Rn. 19; *Meyer*, in: *v. Münch/Kunig*, GG, Art. 97 Rn. 3; *Ramsauer*, in: AK-GG, Art. 19 Abs. 4 Rn. 83; *Schmidt-Aßmann*, in: *Schoch/Schmidt-Aßmann/Pietzner*, VwGO, Einl. Rn. 40 u. 43; *Kissel/Mayer*, GVG, § 1 Rn. 40; *Böttcher*, in: *Löwe-Rosenberg*, StPO, § 1 GVG Rn. 3.

[870] *Classen*, in: *v. Mangoldt/Klein/Starck*, GG, Art. 97 Rn. 18; *Schulze-Fielitz*, in: *Dreier*, GG, Art. 97 Rn. 19 f.; *BVerfGE* 12, 81 (88); 38, 1 (21); *Heyde*, in: *Benda/Maihofer/Vogel*, Hdb. Verfassungsrecht, § 33 Rn. 79.

[871] Vgl.: *Schmidt-Aßmann*, in: *Schoch/Schmidt-Aßmann/Pietzner*, VwGO, Einl. Rn. 40; *Brandis*, in: *Tipke/Kruse*, AO/FGO, § 1 FGO Rn. 6.

[872] *Schmidt-Aßmann*, in: *Schoch/Schmidt-Aßmann/Pietzner*, VwGO, Einl. Rn. 43.

[873] Vgl. hierzu: *Schmidt-Aßmann*, in: *Schoch/Schmidt-Aßmann/Pietzner*, VwGO, Einl. Rn. 43.

[874] Vgl.: Zweiter Teil, 2. Kapitel, Unterpunkt I.

[875] Vgl. hierzu: Dritter Teil, 1. Kapitel.

in welcher Form auch immer veranlasst oder gar gezwungen werden, ist nicht ersichtlich. Selbst wenn man eine Pflicht der Prozessbeteiligten zur Teilnahme an einem Screeningtermin zur Information der Konfliktparteien über die gerichtsnahe Mediation und zur Prüfung des jeweiligen Falles im Hinblick auf seine Eignung zu diesem Verfahren verpflichten würde,[876] dürfte sich an dieser Einschätzung nichts Grundlegendes ändern, da der zuständige Richter auch in diesem Fall nicht dazu gezwungen würde, anhängige Verfahren an die gerichtsnahe Mediation abzugeben. Auch hier bliebe die Einleitung des gerichtsnahen Mediationsverfahrens ausschließlich in den Händen der Prozessparteien, was letztlich nicht zu beanstanden ist, sondern lediglich der in allen Prozessordnungen geltenden Befugnis der Prozessparteien entspricht, über ihr Gerichtsverfahren zu disponieren.[877]

2. Richterliche Unabhängigkeit des als Mediator fungierenden Richters?

Die richterliche Unabhängigkeit erstreckt sich auf die gesamte (spezifisch) richterliche Tätigkeit im funktionellen Sinne.[878] Sie umfasst damit nicht nur die rechtsprechende Tätigkeit, sondern auch alle Tätigkeiten, die mit der Rechtsprechung in unmittelbarem Zusammenhang stehen, sei es, dass sie der Vorbereitung einer Entscheidung dienen, sei es dass sie während der Verhandlung ausgeübt werden oder der Entscheidung nachfolgen. Auch wird eine gegebenenfalls nicht ausdrückliche vorgeschriebene „fürsorgliche", den Interessen der Rechtssuchenden dienende Tätigkeit des Richters geschützt, soweit diese mit der Aufgabe des Richters, Recht zu finden und den Rechtsfrieden zu sichern, im Zusammenhang steht.[879] Werden dem Richter oder einem Gericht andere Aufgaben als solche der Rechtsprechung zugewiesen, kommt es letztlich darauf an, ob die Zuweisung bezweckt, dass die jeweilige Aufgabe als richterliches Geschäft wahrgenommen wird,[880] was insbesondere dann der Fall ist, wenn dem Richter oder dem Gericht eine Aufgabe zur unabhängigen Wahrnehmung oder gerade im Hinblick auf die Unabhängigkeit der Richter übertragen wird, so dass auch solche Tätigkeiten der richterlichen Unabhängigkeit unterliegen.[881]

In Anbetracht dessen sowie aufgrund der Tatsache, dass die gerichtsnahe Mediation nach hier vertretener Auffassung[882] nicht der nach herrschender Meinung[883] von der rich-

---

[876] Vgl. hierzu: Zweiter Teil, 5. Kapitel, Unterpunkt I. 2. a).

[877] Zur Dispositionsmaxime im Einzelnen vgl.: Zweiter Teil, 5. Kapitel, Unterpunkt X.

[878] Vgl.: *Schulze-Fielitz*, in: *Dreier*, GG, Art. 97 Rn. 29; *Classen*, in: *v. Mangoldt/Klein/Starck*, GG, Art. 97 Rn. 3 f.; *Schmidt-Räntsch*, DRiG, § 25 Rn. 7; *Kissel/Mayer*, GVG, § 1 Rn. 41; *Kronisch*, in: *Sodan/Ziekow*, VwGO, § 1 Rn. 67; *Lüdtke*, in: *Lüdtke*, SGG, § 1 Rn. 10; *Gummer*, in: *Zöller*, ZPO, § 1 GVG Rn. 2; sowie *Meyer*, in: *v. Münch/Kunig*, GG, Art. 97 Rn. 33, der negativ formuliert, dass bei nichtrichterlicher Tätigkeit keine Unabhängigkeitsgarantie besteht.

[879] *Schmidt-Räntsch*, DRiG, § 25 Rn. 8.

[880] *Schmidt-Räntsch*, DRiG, § 25 Rn. 8.

[881] *Detterbeck*, in: *Sachs*, GG, Art. 97 Rn. 11a; *Kronisch*, in: *Sodan/Ziekow*, VwGO, § 1 Rn. 67; a.A.: *Brockmeyer*, in: *Schmidt-Bleibtreu/Hofmann/Hopfauf*, GG, Art. 97 Rn. 2 u. 15.

[882] Vgl. hierzu: Zweiter Teil, 3. Kapitel.

terlichen Unabhängigkeit ausgenommenen Gerichtsverwaltung zuzuordnen ist, spricht vieles dafür, dass sich die richterliche Unabhängigkeit auch auf die Tätigkeit der Richtermediatoren im Bereich der gerichtsnahen Mediation erstreckt.[884] Die Tätigkeit als Mediator im Rahmen der gerichtsnahen Mediation dient zwar nicht im eigentlichen Sinne der Vorbereitung einer gerichtlichen Entscheidung und wird aufgrund der Aussetzung des Verfahrens während der Mediationsdurchführung eher unabhängig von der gerichtlichen Verhandlung durchgeführt. Sie kann jedoch einerseits als eine derzeit noch nicht ausdrücklich vorgeschriebene „fürsorgliche", den Interessen der Rechtssuchenden dienende richterliche Tätigkeit bezeichnet werden, die vor allem mit der Aufgabe der Richter in Zusammenhang steht, den Rechtsfrieden zu sichern; die gerichtsnahe Mediation soll schließlich den Interessen der Konfliktparteien entsprechende konsensuale und daher von den Parteien in hohem Maße akzeptierte Lösungen hervorbringen und auf diesem Wege zu einer dauerhaften Befriedung des konkreten Konflikts führen. Zum anderen kann die gerichtsnahe Mediation im weitesten Sinne mit den zweifellos richterlichen Tätigkeiten der Begleitung gerichtlicher Vergleichsverhandlungen oder der Durchführung eines Gütetermins verglichen werden. Vor allem aber spricht es für die Ausdehnung der richterlichen Unabhängigkeit auf die Tätigkeit der Richtermediatoren, dass erstens die im Rahmen der gerichtsnahen Mediation anfallenden Aufgaben den als Richtermediatoren eingesetzten Richtern im Rahmen der bisherigen Modellversuche zur unabhängigen Wahrnehmung und – davon kann wohl ausgegangen werden – gerade hinsichtlich ihrer richterlichen Unabhängigkeit übertragen wurden, sowie dass bei einer zukünftig gegebenenfalls erfolgenden gesetzlichen Einführung der gerichtsnahen Mediation gerade die richterliche Unabhängigkeit der Grund dafür sein dürfte, die gerichtsverbundene Mediation als gerichtsnahe Mediation auszugestalten und somit am Gericht tätigen Richtern zu übertragen. Zweitens greifen hinsichtlich der Tätigkeit im Zuge der gerichtsnahen Mediation grundsätzlich dieselben Überlegungen, die auch bezüglich der richterlichen Unabhängigkeit im herkömmlichen gerichtlichen Verfahren anzustellen sind. So bedeutet richterliche Unabhängigkeit im herkömmlichen Gerichtsverfahren allgemein die Unabhängigkeit des Richters von den Prozessparteien (prozessrechtliche Unabhängigkeit, Parteienunabhängigkeit, richterliche Unbeteiligtheit)[885] und die Unabhängigkeit des Richters vom Staat (politische oder staatsrechtliche Unabhängigkeit)[886] beziehungsweise von der nichtrichterlichen Staatsgewalt (richterliche Selbständigkeit) einerseits und Organen der

---

883 Vgl. hierzu u.a.: *Wassermann*, in: AK-GG, Art. 97 Rn. 24; *Stelkens*, in: *Schoch/Schmidt-Aßmann/Pietzner*, VwGO, § 1 Rn. 34; *Kissel/Mayer*, GVG, § 1 Rn. 41; *Brandis*, in: *Tipke/Kruse*, AO/FGO, § 1 FGO Rn. 7, sowie: *Schmidt-Räntsch*, DRiG, § 25 Rn. 9, wonach die Gerichts- und Justizverwaltung nicht zur richterlichen Tätigkeit gehört.

884 A.A.: *Spindler*, Abschlussbericht zum Forschungsprojekt Gerichtsnahe Mediation in Niedersachsen, Rn. 214, wonach das Gebot der richterlichen Unabhängigkeit im Bereich der gerichtsnahen Mediation nicht gilt, da der Richtermediator im Rahmen der gerichtsnahen Mediation nicht rechtsprechend tätig wird.

885 *Classen*, in: *v. Mangoldt/Klein/Starck*, GG, Art. 97 Rn. 33; *Schulze-Fielitz*, in: *Dreier*, GG, Art. 97 Rn. 42; *Kissel/Mayer*, GVG, § 1 Rn. 10; *Stern*, Staatsrecht, Bd. II, S. 909.

886 *Stelkens*, in: *Schoch/Schmidt-Aßmann/Pietzner*, VwGO, § 1 Rn. 12; *Kissel/Mayer*, GVG, § 1 Rn. 10.

richterlichen Gewalt (richterliche Eigenständigkeit) andererseits.[887] Ferner beinhaltet die richterliche Unabhängigkeit eine Unabhängigkeit von privaten und gesellschaftlichen Einflussnahmen (soziale Unabhängigkeit, Gesellschaftsunabhängigkeit),[888] die Unabhängigkeit von soziologischen Wirksamkeiten (richterliche Sozialfreiheit)[889] sowie die Unabhängigkeit des Richters von sachfremden Motivationen im eigenen forum internum, das heißt eine gewisse innere Unabhängigkeit.[890] Eine in diesem Umfang verstandene Unabhängigkeit ist auch von einem Mediator – das heißt auch von einem im Rahmen der gerichtsnahen Mediation als Mediator wirkenden Richter – hinsichtlich dessen Verfahrensführung zu fordern, auch wenn der Richtermediator (im Unterschied zum herkömmlichen Richter) keine Entscheidung des konkreten Falles trifft. Ferner sind auch die Ziele der richterlichen Unabhängigkeit auf die Tätigkeit im Rahmen der gerichtsnahen Mediation übertragbar. So soll die richterliche Unabhängigkeit unter anderem das Vertrauen des Bürgers dahingehend stärken, dass er sein Recht in einem gerichtlichen Verfahren auch dann erlangen kann, wenn der Staat selbst ein Interesse am Ausgang des Verfahrens hat oder gar selbst am Verfahren beteiligt ist,[891] sowie garantieren, dass die Entscheidung eines Falles neutral und durch keine andere Bindung als die an Gesetz und Recht erfolgt.[892] Entsprechend ist eine Ausdehnung der richterlichen Unabhängigkeit auf die gerichtsnahe Mediation geeignet, einerseits zu garantieren und andererseits den Bürger in einem gerichtsnahen Mediationsverfahren in seinem Vertrauen zu bestärken, dass er ebenso behandelt wird, wie die jeweils andere Konfliktpartei, selbst wenn es sich hierbei um einen Träger öffentlicher Gewalt handelt. Geeignete Maßnahme zur Erreichung dieser Ziele ist es dabei sowohl im Hinblick auf das gerichtliche Verfahren als auch bezüglich der gerichtsnahen Mediation, jedwede vermeidbare Einflussnahme auf das Verfahren und seinen Ausgang von Dritter Seite auszuschließen.

Darüber hinaus erscheint auch eine Ausdehnung der im gerichtlichen Verfahren geltenden persönlichen Unabhängigkeit nach Art. 97 Abs. 2 GG auf die gerichtsnahe Mediation als sinnvoll. Die persönliche Unabhängigkeit der Richter stellt eine Voraussetzung

---

[887] *Kissel/Mayer*, GVG, § 1 Rn. 10.

[888] Vgl. hierzu: *Kissel/Mayer*, GVG, § 1 Rn. 10 u. § 16 Rn. 68; *Classen*, in: *v. Mangoldt/Klein/Starck*, GG, Art. 97 Rn. 35; *Detterbeck*, in: *Sachs*, GG, Art. 97 Rn. 17 ff.; *Schulze-Fielitz*, in: *Dreier*, GG, Art. 97 Rn. 42; *Stelkens*, in: *Schoch/Schmidt-Aßmann/Pietzner*, VwGO, § 1 Rn. 12; *Herzog*, in: *Maunz/Dürig*, GG, Art. 97 Rn. 39 ff.; *Pieroth*, in: *Jarass/Pieroth*, GG, Art. 97 Rn. 9. Vgl. zudem auch: *Sunder-Plassmann*, in: *Hübschmann/Hepp/Spitaler*, AO/FGO, § 1 FGO Rn. 58; *Sauer*, in: *Beermann/Gosch*, AO/FGO, § 1 FGO Rn. 19. A.A.: *Wassermann*, in: AK-GG, Art. 97 Rn. 85 ff.

[889] *Kissel/Mayer*, GVG, § 1 Rn. 10.

[890] *Kissel/Mayer*, GVG, § 1 Rn. 10 u. 157 ff.; *Böttcher*, in: *Löwe-Rosenberg*, StPO, § 1 GVG Rn. 5. Vgl. hierzu zudem auch: *Classen*, in: *v. Mangoldt/Klein/Starck*, GG, Art. 97 Rn. 34; *Hopfauf*, in: *Schmidt-Bleibtreu/Hofmann/Hopfauf*, GG, Art. 92 Rn. 33; *Wassermann*, in: AK-GG, Art. 97 Rn. 77 ff.; *Schulze-Fielitz*, in: *Dreier*, GG, Art. 97 Rn. 38; *Meyer*, in: *v. Münch/Kunig*, GG, Art. 97 Rn. 5; *Stelkens*, in: *Schoch/Schmidt-Aßmann/Pietzner*, VwGO, § 1 Rn. 12 u. 35; *Brandis*, in: *Tipke/Kruse*, AO/FGO, § 1 FGO Rn. 9 ff.; *Sauer*, in: *Beermann/Gosch*, AO/FGO, § 1 FGO Rn. 33 ff.; *Sunder-Plassmann*, in: *Hübschmann/Hepp/Spitaler*, AO/FGO, § 1 FGO Rn. 103 ff.; *BVerfGE* 4, 331 (346).

[891] *Brandis*, in: *Tipke/Kruse*, AO/FGO, § 1 FGO Rn. 5.

[892] *Stelkens*, in: *Schoch/Schmidt-Aßmann/Pietzner*, VwGO, § 1 Rn. 34.

für deren sachliche Unabhängigkeit dar,[893] so dass die persönliche Unabhängigkeit die sachliche letztlich ergänzt.[894] Die persönliche Unabhängigkeit soll die sachliche Unabhängigkeit und Neutralität der Richter bei der Wahrnehmung ihrer beruflichen Aufgaben untermauern, (ab)sichern beziehungsweise gewährleisten,[895] indem sie dem einzelnen Richter eine geschützte subjektive Rechtsposition verschafft.[896] Der einzelne Richter soll bei Erlass von unliebsamen Entscheidungen nicht der Gefahr ausgesetzt sein, persönliche Nachteile befürchten zu müssen,[897] um die sachliche Unabhängigkeit des Richters zu garantieren. Entsprechendes muss ersichtlich auch im Hinblick auf den Richtermediator im Rahmen der gerichtsnahen Mediation gelten, der ebenfalls nur sachlich unabhängig handeln wird können, wenn er über ein hinreichendes Maß an persönlicher Unabhängigkeit verfügt. Soweit hinsichtlich der richterlichen Unabhängigkeit im herkömmlichen Gerichtsverfahren von Unabhängigkeit nur gesprochen werden kann, wenn aufgrund der Wechselbeziehung zwischen den beiden Elementen der Unabhängigkeit der Richter sachlich und persönlich unabhängig sei (psychologische Seite der Unabhängigkeit),[898] so gilt entsprechendes mithin auch für die Unabhängigkeit des Richtermediators im Rahmen der gerichtsnahen Mediation, so dass neben der sachlichen Unabhängigkeit auch die persönliche Unabhängigkeit auf den Richtermediator auszudehnen ist. Insgesamt kann demnach von dem Gebot einer „richterlichen Unabhängigkeit des Richtermediators" gesprochen werden.

Inwiefern die richterliche Unabhängigkeit des Richtermediators durch die derzeit in den Modellversuchen praktizierte Form der gerichtsnahem Mediation verletzt sein soll, ist nicht ersichtlich. Gleiches gilt mit Blick auf die ersten Vorschläge einer gesetzlichen Regelung der gerichtsnahen Mediation.[899] Es bleibt daher an dieser Stelle festzuhalten, dass die richterliche Unabhängigkeit auch auf den als Mediator im Rahmen der gerichtsnahen Mediation wirkenden Richter auszudehnen ist, diese – ebenso wie die richterliche Unabhängigkeit des das Verfahren an die gerichtsnahe Mediation abgebenden Richters – durch die gerichtsnahe Mediation in ihrer derzeitigen Form jedoch nicht verletzt wird. Insofern bestätigt sich die Feststellung *Classen's*,[900] wonach es im Hinblick auf die richterliche Unabhängigkeit gemäß Art. 97 GG grundsätzlich unproblematisch ist, wenn den

---

[893] *BVerfGE* 14, 156 (162); 87, 68 (85).

[894] *Böttcher*, in: *Löwe-Rosenberg*, StPO, § 1 GVG Rn. 4; *Sunder-Plassmann*, in: *Hübschmann/Hepp/Spitaler*, AO/FGO, § 1 FGO Rn. 90; *Brandis*, in: *Tipke/Kruse*, AO/FGO, § 1 FGO Rn. 8; *Sauer*, in: *Beermann/Gosch*, AO/FGO, § 1 FGO Rn. 29.

[895] *Hopfauf* u. *Brockmeyer*, in: *Schmidt-Bleibtreu/Hofmann/Hopfauf*, GG, Art. 92 Rn. 35 bzw. Art. 97 Rn. 11; *Koch*, in: *Gräber*, FGO, § 1 Rn. 7; *Sunder-Plassmann*, in: *Hübschmann/Hepp/Spitaler*, AO/FGO, § 1 FGO Rn. 90; *Kissel/Mayer*, GVG, § 1 Rn. 9 u. 141; *Gummer*, in: *Zöller*, ZPO, § 1 GVG Rn. 8; *BVerfGE* 14, 56 (69); 87, 68 (85); *BVerfG* DVBl. 1992, 1533 (1536). Vgl. zudem auch: *Schulze-Fielitz*, in: *Dreier*, GG, Art. 97 Rn. 45.

[896] *Meyer*, in: *v. Münch/Kunig*, GG, Art. 97 Rn. 26.

[897] Vgl.: *Kissel/Mayer*, GVG, § 1 Rn. 141; *Brandis*, in: *Tipke/Kruse*, AO/FGO, § 1 FGO Rn. 8; *Heyde*, in: *Benda/Maihofer/Vogel*, Hdb. Verfassungsrecht, § 33 Rn. 81.

[898] Vgl.: *Schmidt-Räntsch*, DRiG, § 25 Rn. 4.

[899] Vgl. hierzu: Dritter Teil, 1. Kapitel.

[900] *Classen*, in: *v. Mangoldt/Klein/Starck*, GG, Art. 97 Rn. 26.

Richtern Aufgaben überantwortet werden können, die diese in ihrer spezifischen Eigenschaft und damit in richterlicher Unabhängigkeit wahrzunehmen haben.[901]

IV. Bindung des Richtermediators an Recht und Gesetz im Sinne von Art. 97 Abs. 1 GG und Art. 20 Abs. 3 GG?

Im Rahmen des Vergleichs zwischen Mediation und herkömmlichem Gerichtsverfahren[902] wurde bereits kurz die Rolle des Rechts in der Mediation angesprochen.[903] Nachfolgend soll es darum gehen, ob und inwieweit der jeweilige Richtermediator im Rahmen einer gerichtsnahen Mediation wie ein herkömmlicher Richter an Recht und Gesetz gebunden ist. Es geht um die Frage, ob und inwieweit ein Richtermediator insbesondere im Bereich des öffentlichen Rechts das geltende Recht berücksichtigen und anwenden muss. Die Bindung der Richter an Recht und Gesetz nach Art. 97 Abs. 1 GG und Art. 20 Abs. 3 GG (vgl. darüber hinaus auch § 35 DRiG, § 1 GVG) bildet – dies macht schon die Systematik des Art. 97 Abs. 1 GG deutlich – das Gegenstück zur richterlichen Unabhängigkeit.[904] Erstreckt man die richterliche Unabhängigkeit auch auf die im Rahmen der gerichtsnahen Mediation wirkenden Richtermediatoren,[905] so stellt sich demnach die Frage, inwiefern die richterliche Rechts- und Gesetzesbindung ebenfalls auf diese Richtermediatoren erstreckt werden kann und muss.[906]

Die Bindung der Richter und Gerichte an Recht und Gesetz macht deutlich, dass auch die Judikative den Vorrang und den Vorbehalt des Gesetzes zu respektieren hat.[907] Aufgrund der Rechts- und Gesetzesbindung sind die Richter und Gerichte folglich zunächst zur Anwendung einschlägiger Vorschriften verpflichtet[908] und nicht in der Lage, vorrangige gültige Normen aufzuheben oder zu ändern.[909] Es besteht seitens der Richter und Gerichte kein Recht zur Suspendierung oder Dispensation von Gesetzen,[910] so dass der Grundsatz vom Vorrang des Gesetzes den Rechtsprechungsorganen gebietet, bestehende Gesetze anzuwenden, solange das Bundesverfassungsgericht sie nicht für nichtig

---

[901] Vgl. hierzu auch: *Stern,* Staatsrecht, Bd. II, S. 900; *BVerfGE* 25, 336 (346).

[902] Vgl.: Erster Teil, 1. Kapitel, Unterpunkt I.

[903] Vgl. darüber hinaus v.a.: *Köper,* Die Rolle des Rechts im Mediationsverfahren.

[904] Vgl. u.a.: *Böttcher,* in: *Löwe-Rosenberg,* StPO, § 1 GVG Rn. 6.

[905] Vgl. oben unter: Zweiter Teil, 5. Kapitel, Unterpunkt III.

[906] Vgl. hierzu auch: *R. Wimmer/U. Wimmer,* NJW 2007, 3243 (3246), wonach auch richterliche Mediatoren an Recht und Gesetz gebunden sind. Diese Rechtsbindung habe Folgen für die Verantwortung des richterlichen Mediators für die verhandelten Inhalte. Sie modifiziere die allgemeine Regel, nach der Mediatoren nur die Verfahrensverantwortung tragen, während die Parteien für die Inhalte der gefundenen Lösung selbst verantwortlich sind. Aus der Rechtsbindung folge eine „negative Inhaltsverantwortung“ des richterlichen Mediators. Dieser dürfe an Mediationsvereinbarungen, die offensichtlich gesetzes- oder sittenwidrig sind, nicht mitwirken.

[907] Vgl. hierzu auch: *Herzog,* in: *Maunz/Dürig,* GG, Art. 20 Abschn. VI Rn. 32 ff.; vgl. zur Bindung der Rechtsprechung an den Grundsatz des Vorrangs des Gesetzes auch: *Schulze-Fielitz,* in: *Dreier,* GG, Art. 20 (Rechtsstaat) Rn. 83, 92 ff.

[908] *Sachs,* in: *Sachs,* GG, Art. 20 Rn. 119; *BVerfGE* 87, 273 (280); 96, 375 (394).

[909] *Sachs,* in: *Sachs,* GG, Art. 20 Rn. 119.

[910] *Herzog,* in: *Maunz/Dürig,* GG, Art. 20 Abschn. VI Rn. 41.

erklärt hat, und ihnen verbietet, vom Gesetz abzuweichen.[911] Ferner können Rechtsprechungsentscheidungen im Bereich des Vorbehalts des Gesetzes prinzipiell keinen Bestand haben, wenn sie ohne die erforderliche Grundlage in Recht und Gesetz getroffen wurden.[912]

Würde man die gerichtsnahe Mediation als Rechtsprechungsaufgabe im materiellen Sinne betrachten, so würde dies dazu führen, dass die Bindung der Richter und Gerichte an Recht und Gesetz nach Art. 97 Abs. 1 GG, Art. 20 Abs. 3 GG auch in der gerichtsnahen Mediation unmittelbar und in vollem Umfang Geltung beanspruchen würde. Nichts anderes wäre bei einer Qualifizierung der gerichtsnahen Mediation als Aufgabe der Gerichtsverwaltung oder andere den Richtern übertragene Aufgabe nach § 4 Abs. 2 Nr. 2 DRiG zu sagen, da Art. 20 Abs. 3 GG als wesentliches Element des Rechtsstaates letztlich alle Staatstätigkeit an Recht und Gesetz bindet. Unabhängig von ihrer Einordnung ergibt sich für die gerichtsnahe Mediation im Vergleich zum herkömmlichen Verwaltungs- und Gerichtsverfahren jedoch eine Besonderheit bezüglich der Rechts- und Gesetzesbindung des jeweils tätig werdenden Richters: Da der Richtermediator keine Entscheidung des von ihm betreuten Konflikts vornimmt, sondern lediglich die freiwillige, selbständige und eigenverantwortliche Streitbeilegung durch die Konfliktparteien im Rahmen des geltenden Rechts unterstützt, kann der Richtermediator nur bezüglich des im Rahmen der gerichtsnahen Mediation anzuwendenden Verfahrens, nicht aber hinsichtlich des Verfahrensausgangs unmittelbar an Recht und Gesetz gebunden sein.[913]

Das Recht ist hinsichtlich des Inhalts und Ausgangs des gerichtsnahen Mediationsverfahrens insofern von Belang, als erstens die einmal vor Gericht gezogenen Konfliktparteien auch im gerichtsnahen Mediationsverfahren das Recht als Gestaltungsmittel, Kontrollmaßstab und Nichteinigungsalternative im Hinterkopf haben dürften,[914] zweitens das Recht im Rahmen der gerichtsnahen Mediation zumindest den Raum einnimmt, der ihm aus der Perspektive der Konfliktbeteiligten gebührt,[915] drittens das Recht insofern zu beachten ist, als auch die das gerichtsnahe Mediationsverfahren im Erfolgsfalle abschließende Parteivereinbarung zwecks deren späterer Durchsetzbarkeit nicht gegen geltendes Recht verstoßen darf, und viertens das Recht auch in der gerichtsnahen Mediation die in an anderer Stelle[916] bereits dargelegte Bedeutung für die Konfliktparteien behält. Wie in jeder außergerichtlichen Mediation, geht es aber auch im Rahmen der gerichtsnahen Mediation primär nicht darum, das geltende Recht auf den dem jeweiligen Verfah-

---

911 Vgl. auch: *Sommermann*, in: *v. Mangoldt/Klein/Starck*, GG, Art. 20 Rn. 285, wonach alle Rechtsprechungsorgane ihren Entscheidungen die Normen der verfassungsmäßigen Rechtsordnung einschließlich des Völker- und Europarechts zugrunde zu legen haben.

912 Siehe hierzu allgemein: *H.-D. Horn*, Die grundrechtsunmittelbare Verwaltung. Vgl. zudem u.a.: *Sachs*, in: *Sachs*, GG, Art. 20 Rn. 119.

913 In Abwesenheit besonderer Verfahrensvorschriften für die gerichtsnahe Mediation kommt allenfalls in Betracht, dass der Richtermediator auch an im Rahmen der gerichtsnahen Mediation entsprechend anwendbare Verfahrensvorschriften über das gerichtliche Verfahren gebunden sein kann (vgl. hierzu auch: *Probst*, SchlHA 2005, 317 (321)). A.A. wohl: *R. Wimmer/U. Wimmer*, NJW 2007, 3243 (3246).

914 Vgl. hierzu auch: *Probst*, SchlHA 2005, 317 (321).

915 Vgl. auch: *Probst*, SchlHA 2005, 317 (321).

916 Vgl. hierzu: Erster Teil, 1. Kapitel, Unterpunkt I.

ren zugrunde liegenden Sachverhalt anzuwenden, um auf diesem Wege zu einer Entscheidung der jeweiligen Sache zu gelangen. Stattdessen geht es darum, unter Anleitung des Richtermediators die Rechtsbeziehungen zwischen den Prozessparteien zu gestalten, obgleich sich das rechtsgestaltende Ergebnis des Mediationsverfahrens zwecks dessen Durchsetzbarkeit im Anschluss an das Mediationsverfahren gerade auch im Bereich des öffentlichen Rechts im Rahmen des rechtlich Zulässigen halten muss. Nur gesetzlich zulässige Mediationsergebnisse können durch die regelmäßig als Partei am Mediationsverfahren beteiligte und an Recht und Gesetz gebundene öffentliche Stelle im Anschluss an das gerichtsnahe Mediationsverfahren tatsächlich umgesetzt werden und somit den jeweils zugrundeliegenden Konflikt nachhaltig beilegen, so dass es letztlich nicht überzeugen kann, während der Durchführung eines gerichtsnahen Mediationsverfahrens auf die Heranziehung rechtlicher Maßstäbe verzichten zu wollen.

Dennoch ist aufgrund der nicht vorhandenen Entscheidungstätigkeit nicht ersichtlich, worauf sich eine über die einschlägigen Verfahrensbestimmungen hinausgehende unmittelbare Gesetzesbindung des als Richtermediator in Aktion tretenden Richters beziehen sollte. Denkbar wäre es in diesem Zusammenhang allenfalls, den lediglich die Einigungsbemühungen der Konfliktparteien begleitenden Richtermediator zu verpflichten, nur dem Recht und Gesetz entsprechende Einigungen zwischen den Konfliktparteien zuzulassen.[917] Damit würde jedoch zum einen eine mit dem Konzept der Mediation nicht in Einklang zu bringende, durch den Richtermediator vorzunehmende rechtliche Überprüfung der erfolgten Einigung erforderlich, der sich – ebenfalls dem Gedanken der Mediation fundamental widersprechend – die Kompetenz des Richters anschließen würde, die Einigung der Parteien anzunehmen oder abzulehnen. Hierin läge nichts anderes als eine mit dem Mediationskonzept nicht vereinbare Entscheidung über die Einigung zwischen den Konfliktparteien. Zum anderen würde eine Verpflichtung des Richtermediators, nur dem Recht und Gesetz entsprechende Einigungen der Konfliktparteien zu akzeptieren, auf praktische Probleme stoßen. Zwar könnte aufgrund einer solchen Verpflichtung gegebenenfalls verhindert werden, dass eine Gesetz und Recht widersprechende Einigung als gerichtlicher Vergleich protokolliert würde. In Verfahrenssituationen jedoch, in denen sich die Parteien dem Gesetz und Recht widersprechend einigen und daraufhin kraft ihrer Befugnis, über das gerichtliche Verfahren zu disponieren,[918] das Verfahren beenden, vermag auch eine Verpflichtung des Richtermediators, nur dem Gesetz und Recht entsprechende Einigungen im Laufe der gerichtsnahen Mediation zu akzeptieren, nichts auszurichten.

Zusammenfassend lässt sich festhalten, dass das Recht im Rahmen der gerichtsnahen Mediation einen ähnlichen Stellenwert einnimmt wie im Rahmen der außergerichtlichen Mediation und dass es aufgrund der Rechts- und Gesetzesbindung der am Mediationsverfahren beteiligten öffentlichen Stelle das originäre Interesse der Konfliktparteien ist und bleibt, eine mit Recht und Gesetz vereinbare Einigung zu erzielen, da nur eine

---

[917] So im Ergebnis: *R. Wimmer/U. Wimmer*, NJW 2007, 3243 (3246).

[918] Zur Dispositionsbefugnis der Prozessparteien (Dispositionsmaxime) vgl.: Zweiter Teil, 5. Kapitel, Unterpunkt X.

solche Einigung im Nachhinein aufgrund der Rechts- und Gesetzesbindung der am Mediationsverfahren beteiligten öffentlichen Stelle um- und durchsetzbar sein wird und somit dauerhaften Bestand haben kann. Gerade im Bereich des öffentlichen Rechts steht die Umsetzbarkeit mediativ erreichter Ergebnisse unter dem Vorbehalt ihrer Vereinbarkeit mit Recht und Gesetz, so dass die Konfliktparteien darauf achten müssen, dass die im Erfolgsfalle im Wege der Mediation gefundene Einigung mit dem geltenden Recht vereinbar ist. Hingegen kommt es im Rahmen der gerichtsnahen Mediation zu keinem Zeitpunkt zu einer Handlung des Richtermediators, die innerhalb der Rechtsbeziehung zwischen den Konfliktparteien unmittelbar verbindliche Rechtsfolgen begründet, so dass insofern eine Rechts- und Gesetzesbindung des Richtermediators gefordert werden müsste. Wie jeder andere Mediator begleitet der Richtermediator die Konfliktparteien unter Beachtung, nicht aber unter bloßer Anwendung des geltenden Rechts bei der Suche nach einer einvernehmlichen Streitbeilegung. Die Tätigkeit des Richtermediators kann sich nur insofern auf die Rechte der Konfliktparteien auswirken, als eine faire und den verfahrensrechtlichen Bestimmungen entsprechende Verfahrensführung die Voraussetzungen für ein rechtlich nicht zu beanstandendes Mediationsergebnis schafft, so dass (nur) insofern eine Bindung des Richtermediators an Recht und Gesetz besteht.

V. Anforderungen an die Vereinbarkeit der gerichtsnahen Mediation mit dem Recht auf den gesetzlichen Richter nach Art. 101 Abs. 1 S. 2 GG

Als konkrete Ausprägung des Rechtsstaatsgebots[919] gewährt Art. 101 Abs. 1 GG bei gleichzeitigem Verbot von Ausnahmegerichten zunächst das Recht auf den gesetzlichen Richter. Art. 101 Abs. 1 GG gilt dabei in erster Linie für alle Aufgaben, die materiell zur Rechtsprechung nach Art. 92 GG gehören und deshalb nur durch einen Richter ausgeübt werden dürfen.[920] Darüber hinaus bezieht sich das Gebot des gesetzlichen Richters auf alle richterlichen Aufgaben und Tätigkeiten, die mit der Rechtsprechung sachlich zusammenhängen (zum Beispiel im Fall des gerichtlichen Vergleichs),[921] gesetzlich von Richtern in Ausübung der rechtsprechenden Gewalt zu erfüllen sind[922] und/oder vom Gesetzgeber den Richtern und Gerichten – vor allem aufgrund deren Unabhängigkeit[923] – übertragen wurden.[924] Unter Berücksichtigung des Gewaltenteilungsgrundsatzes kann der Gesetzgeber dem Richter nach allgemeiner Auffassung in gewissem Umfang auch

---

919 *Schulze-Fielitz*, in: *Dreier*, GG, Art. 101 Rn. 16; *Degenhart*, in: *Sachs*, GG, Art. 101 Rn. 2; *Kunig*, in: *v. Münch/Kunig*, Art. 101 Rn. 1; *Schmidt-Aßmann*, in: *Schoch/Schmidt-Aßmann/Pietzner*, VwGO, Einl. Rn. 44; *Kissel/Mayer*, GVG, § 16 Rn. 1; *BVerfGE* 27, 355 (362 f.); 40, 356 (360 f.); 82, 159 (194).

920 *Kissel/Mayer*, GVG, § 16 Rn. 21; *BVerfGE* 22, 49 (73 f.); 27, 18 (28); vgl. auch: *Maunz*, in: *Maunz/Dürig*, GG, Art. 101 Rn. 16; *Wolf*, in: MK-ZPO, § 16 GVG Rn. 12.

921 *Wolf*, in: MK-ZPO, § 16 GVG Rn. 14; a.A.: *BGHZ* 35, 309 (312).

922 *Kissel/Mayer*, GVG, § 16 Rn. 21. Vgl. auch: *Maunz*, in: *Maunz/Dürig*, GG, Art. 101 Rn. 16; *Wolf*, in: MK-ZPO, § 16 GVG Rn. 12.

923 Vgl.: *Wolf*, in: MK-ZPO, § 16 GVG Rn. 12.

924 *Kunig*, in: *v. Münch/Kunig*, GG, Art. 101 Rn. 15; vgl. auch: *Kissel/Mayer*, GVG, § 16 Rn. 21, wonach das Verbot nach Art. 101 Abs. 1 GG eine durch Richter als Organe der rechtsprechenden Gewalt zu erledigende Aufgabe voraussetzt.

Aufgaben anvertrauen, die nicht Rechtsprechung im materiellen Sinne sind. Hat sich der Gesetzgeber hierzu einmal entschlossen, dann muss jedoch auch Art. 101 Abs. 1 GG entsprochen werden.[925] Entscheidend für die Geltung des Anspruchs auf den gesetzlichen Richter ist letztlich allein die Aufgabenzuweisung an den Richter,[926] so dass sich Art. 101 Abs. 1 GG bei gesetzlicher Regelung der gerichtsnahen Mediation auch auf diese erstreckt.[927]

Die Ausdehnung der Geltung des Art. 101 Abs. 1 GG auf die gerichtsnahe Mediation – gewissermaßen die Begründung eines Rechts auf den „gesetzlichen Mediator" – erscheint auch im Hinblick auf Sinn und Zweck des Anspruchs auf den gesetzlichen Richter nach Art. 101 Abs. 1 GG sinnvoll. Vor dem Hintergrund, dass infolge der richterlichen Unabhängigkeit die Manipulation der Richterauswahl die letzte verbleibende Möglichkeit zur sachwidrigen Beeinflussung richterlicher Entscheidungen darstellt,[928] liegt der Sinn und Zweck des Art. 101 Abs. 1 GG vor allem darin, die Rechtsprechung vor sachfremden Einflüssen durch Manipulation von außen zu bewahren,[929] Eingriffe Unbefugter in die Rechtspflege zu verhindern[930] und damit die Unabhängigkeit der Rechtsprechung zu sichern sowie das Vertrauen der Rechtssuchenden und der Öffentlichkeit in die Unparteilichkeit und Sachlichkeit der Gerichte zu schützen.[931] Dieses Vertrauen würde Schaden nehmen, müsste der rechtsuchende Bürger befürchten, sich einem Richter gegenüber zu sehen, der mit Blick auf seinen Fall und seine Person bestellt worden ist.[932] Auch hinsichtlich der gerichtsnahen Mediation ist das Vertrauen der Prozessparteien in die Unparteilichkeit und Sachlichkeit des jeweiligen Richtermediators zu schützen und stellt die Beeinflussung der Auswahl des jeweiligen Richtermediators aufgrund des auch hier geltenden Grundsatzes der richterlichen Unabhängigkeit[933] die einzige Möglichkeit der sachwidrigen Beeinflussung des Mediationsverfahrens dar, so dass es – entsprechend

---

[925] *Maunz*, in: *Maunz/Dürig*, GG, Art. 101 Rn. 16.

[926] *Wolf*, in: MK-ZPO, § 16 GVG Rn. 12.

[927] Im Ergebnis ebenso: *R. Wimmer/U. Wimmer*, NJW 2007, 3243 (3246).

[928] *Classen*, in: *v. Mangoldt/Klein/Starck*, GG, Art. 101 Rn. 1.

[929] Vgl. u.a.: *Kunig*, in: *v. Münch/Kunig*, GG, Art. 101 Rn. 3; *Classen*, in: *v. Mangoldt/Klein/Starck*, GG, Art. 101 Rn. 1; *Wassermann*, in: AK-GG, Art. 101 Rn. 7; *Müller-Terpitz*, in: *Schmidt-Bleibtreu/Hofmann/Hopfauf*, GG, Art. 101 Rn. 5; *Kissel/Mayer*, GVG, § 16 Rn. 2 u. 22; *Pieroth*, in: *Jarass/Pieroth*, GG, Art. 101 Rn. 1; *Böttcher*, in: *Löwe-Rosenberg*, StPO, § 16 GVG Rn. 8; *Schmidt-Aßmann*, in: *Schoch/Schmidt-Aßmann/Pietzner*, VwGO, Einl. Rn. 44; *Kopp/Schenke*, VwGO, § 4 Rn. 7; *Wolf*, in: MK-ZPO, § 16 GVG Rn. 9 u. 21 ff.; *BVerfGE* 22, 254 (258); 25, 336 (346); 30, 149 (152); 48, 246 (254); 82, 159 (194); 82, 286 (296); 95, 322 (327). Vgl. zudem auch: *Degenhart*, in: *Sachs*, GG, Art. 101 Rn. 5.

[930] *Schulze-Fielitz*, in: *Dreier*, GG, Art. 101 Rn. 14; *Kunig*, in: *v. Münch/Kunig*, GG, Art. 101 Rn. 2; *Prütting*, in: *Wieczorek/Schütze*, ZPO, Einl. Rn. 106; *BVerfGE* 4, 412 (417).

[931] *Schulze-Fielitz*, in: *Dreier*, GG, Art. 101 Rn. 14; *Kunig*, in: *v. Münch/Kunig*, GG, Art. 101 Rn. 1; *Hopfauf* u. *Müller-Terpitz*, in: *Schmidt-Bleibtreu/Hofmann/Hopfauf*, GG, Vorb. v. Art. 92 Rn. 26 bzw. Art. 101 Rn. 5; *Kissel/Mayer*, GVG, § 16 Rn. 2; *Prütting*, in: *Wieczorek/Schütze*, ZPO, Einl. Rn. 106; *Böttcher*, in: *Löwe-Rosenberg*, StPO, § 16 GVG Rn. 8; *BVerfGE* 4, 412 (416 u. 418); 95, 322 (327).

[932] *Kissel/Mayer*, GVG, § 16 Rn. 2; *Böttcher*, in: *Löwe-Rosenberg*, StPO, § 16 GVG Rn. 8; *BVerfGE* 95, 322 (327).

[933] Vgl. hierzu: Zweiter Teil, 5. Kapitel, Unterpunkt III. Vgl. zudem auch: *BVerfGE* 4, 412 (416).

der Zielrichtung des Art. 101 Abs. 1 GG mit Blick auf das herkömmliche Gerichtsverfahren – auch hinsichtlich der gerichtsnahen Mediation vor allem darauf ankommt, Einflussnahmen auf die Auswahl des jeweiligen Richtermediators einerseits sowie eine Beeinflussung des Mediationsverfahrens durch eine auf den Einzelfall bezogene Auswahl des zuständigen Richtermediators andererseits zu vermeiden.[934] Sowohl im Rahmen des herkömmlichen Gerichtsverfahrens als auch hinsichtlich der gerichtsnahen Mediation muss es im Sinne des Art. 101 Abs. 1 GG darum gehen, Manipulationen zu verhindern, gleichgültig, von welcher Seite – ob von der Legislative, der Exekutive oder aber der Judikative selbst – eine solche Manipulation ausgeht.[935]

Geht man demzufolge konsequenterweise neben einem Recht auf den gesetzlichen Richter auch von einem Recht auf den „gesetzlichen Mediator" nach Art. 101 Abs. 1 GG aus, so stellt sich die Frage, ob die gerichtsnahe Mediation dem aus Art. 101 Abs. 1 GG folgenden Anspruch gerecht zu werden vermag beziehungsweise welche Anforderungen an eine gesetzliche Regelung der gerichtsnahen Mediation mit Blick auf Art. 101 Abs. 1 GG zu stellen sind. Im Hinblick auf das herkömmliche Gerichtsverfahren bleibt zunächst festzuhalten, dass der Regelungsgehalt des Art. 101 Abs. 1 GG in unterschiedlichen Richtungen wirkt: In materieller Hinsicht verleiht Art. 101 Abs. 1 GG das Recht auf ein dem Gesetz gemäßes, das heißt Unabhängigkeit, Distanz, Neutralität und Objektivität in sich vereinigendes Gericht[936] sowie einen Richter, der in jeder Hinsicht den Anforderungen des Grundgesetzes entspricht,[937] während in verfahrensrechtlicher Hinsicht ein An-

---

[934] Vgl.: *Schulze-Fielitz,* in: *Dreier,* GG, Art. 101 Rn. 14; *Kissel/Mayer,* GVG, § 16 Rn. 2 u. 22; *BVerfGE* 17, 294 (299); 20, 336 (344); 25, 336 (346 f.); 82, 286 (296); *BVerfG* NJW 1982, 2368 f.; NJW 1995, 2703; NJW 1997, 1497 (1498); *BVerwG,* DÖV 1979, 299. Vgl. zudem auch *Schulze-Fielitz,* in: *Dreier,* GG, Art. 101 Rn. 18, wonach Art. 101 Abs. 1 GG eine einzelfallbezogene Auswahl eines Gerichts oder Richters grundsätzlich schon als Möglichkeit ausschließen soll.

[935] *Degenhart,* in: *Sachs,* GG, Art. 101 Rn. 5; *Schulze-Fielitz,* in: *Dreier,* GG, Art. 101 Rn. 14; *Müller-Terpitz,* in: *Schmidt-Bleibtreu/Hofmann/Hopfauf,* GG, Art. 101 Rn. 5; *Kissel/Mayer,* GVG, § 16 Rn. 2; *Böttcher,* in: *Löwe-Rosenberg,* StPO, § 16 GVG Rn. 8 f.; *Kopp/Schenke,* VwGO, § 4 Rn. 7; *BVerfGE* 17, 294 (299); 19, 52 (60); 20, 336 (344); 30, 149 (152 f.); 48, 246 (254); 82, 286 (296 u. 298); 95, 322 (327); *BVerfG* DÖV 1979, 299; NJW 1982, 2368 f.; NJW 1995, 2703. Vgl. zudem auch: *Wassermann,* in: AK-GG, Art. 101 Rn. 8; *Wolf,* in: MK-ZPO, § 16 GVG Rn. 9 u. 21 ff.; *BVerfGE* 22, 254 (258).

[936] Vgl.: *Schulze-Fielitz,* in: *Dreier,* GG, Art. 101 Rn. 15; *Degenhart,* in: *Sachs,* GG, Art. 101 Rn. 9; *Müller-Terpitz,* in: *Schmidt-Bleibtreu/Hofmann/Hopfauf,* GG, Art. 101 Rn. 5; *BVerfGE* 30, 149 (153); 89, 28 (36).

[937] *Maunz,* in: *Maunz/Dürig,* GG, Art. 101 Rn. 12; *Schmidt-Aßmann,* in: *Schoch/Schmidt-Aßmann/Pietzner,* VwGO, Einl. Rn. 44; *BVerfGE* 10, 200 (213); 40, 356 (361); 82, 286 (298); *BVerfG* NJW 1995, 2703 f. Nach *Maunz,* in: *Maunz/Dürig,* GG, Art. 101 Rn. 12 macht beispielsweise ein Verstoß gegen die Art. 20, 92 u. 97 GG den Richter zum ungesetzlichen Richter. Art. 101 GG könne nicht nur als eine nur formale Bestimmung angesehen werden, die stets schon dann erfüllt ist, wenn die Zuständigkeit des Richters allgemein geregelt ist. Ähnlich auch *Schulze-Fielitz,* in: *Dreier,* GG, Art. 101 Rn. 27; *Kunig,* in: *v. Münch/Kunig,* GG, Art. 101 Rn. 17; *BVerfG* DVBl. 1991, 1139, wonach die Richter und Gerichte alle Anforderungen erfüllen müssen, die Art. 92 und Art. 97 GG an die staatlichen Gerichte stellen; sowie: *Degenhart,* in: *Sachs,* GG, Art. 101 Rn. 9; *Schulze-Fielitz,* in: *Dreier,* GG, Art. 101 Rn. 41; *BVerfGE* 14, 156 (162); *BVerfG* NJW 1996, 3333 f., wonach Art. 101 GG den Prozessparteien das subjektive, verfassungsbeschwerdefähige Recht darauf verleiht, dass nur Gerichte bestehen, deren Mitglieder den Anforderungen nach Art. 97 GG genügen.

spruch auf den gesetzlich zuständigen Richter[938] gewährleistet wird. Um auszuschließen, dass durch die gezielte Auswahl des Richters das Ergebnis der Entscheidung beeinflusst wird, darf nur der nach allgemeinen Normen gesetzlich vorgesehene Richter, tätig werden und Recht sprechen,[939] wobei hierunter nicht nur das erkennende Gericht als organisatorische Einheit oder Spruchkörper, vor dem die Sache verhandelt und entschieden wird, sondern auch der (durch die allgemeinen Vorschriften der Gesetze, Zuständigkeitsordnungen und Geschäftsverteilungsregeln[940]) im Voraus zur Entscheidung des Einzelfalls berufene Richter zu verstehen ist.[941] Übertragen auf die gerichtsnahe Mediation bedeutet dies, dass die Konfliktparteien einen subjektiven Anspruch darauf haben, dass in ihrer Sache nur ein im Vorfeld durch allgemeine Regeln für die konkrete Art von Streitigkeiten für zuständig bestimmter Richtermediator tätig wird. Umsetzen lässt sich dieser Anspruch dabei in ähnlicher Form wie der Anspruch auf den gesetzlichen Richter, für den Art. 101 Abs. 1 GG fordert, dass die Zuständigkeit und Entscheidungsbefugnis der Gerichte – mit anderen Worten der gesetzliche Richter – durch Gesetz exakt vorbestimmt ist,[942] für jeden denkbaren Fall durch Rechtssätze hinreichend bestimmt bezeichnet wird[943] und sich so eindeutig wie möglich im Voraus aus einer allgemeinen Norm, einer generellen Regelung oder einer rechtsatzmäßigen abstrakt-generellen und rechtsstaatlich bestimmten Zuständigkeitsregelung, die jeden möglichen Einzelfall erfasst und jeden vermeidbaren Spielraum für den Rechtsanwender ausschließt, ergeben muss.[944] Wie die abstrakt-generelle Bestimmung des zuständigen gesetzlichen Richters, hat die

---

[938] Vgl. u.a.: *Schulze-Fielitz*, in: *Dreier*, GG, Art. 101 Rn. 15; *Degenhart*, in: *Sachs*, GG, Art. 101 Rn. 2; *Kissel/Mayer*, GVG, § 16 Rn. 24; *Schmidt-Aßmann*, in: *Schoch/Schmidt-Aßmann/Pietzner*, VwGO, Einl. Rn. 44; *Gummer*, in: *Zöller*, ZPO, § 16 GVG Rn. 2; *BVerfGE* 26, 281 (291); *BVerfG* NJW 1995, 2703.

[939] Vgl.: *Kunig*, in: *v. Münch/Kunig*, GG, Art. 101 Rn. 1; *Wassermann*, in: AK-GG, Art. 101 Rn. 7; *BVerfGE* 21, 139 (145).

[940] *Schulze-Fielitz*, in: *Dreier*, GG, Art. 101 Rn. 15; *Degenhart*, in: *Sachs*, GG, Art. 101 Rn. 6a f.; *Wolf*, in: MK-ZPO, § 16 GVG Rn. 20; *Baumbach/Lauterbach/Albers/Hartmann*, ZPO, § 16 GVG Rn. 5; *BVerfGE* 95, 322 (329); vgl. auch: *Gummer*, in: *Zöller*, ZPO, § 16 GVG Rn. 2; *Tipke*, in: *Tipke/Kruse*, AO/FGO, § 79a FGO Rn. 2.

[941] *Kunig*, in: *v. Münch/Kunig*, GG, Art. 101 Rn. 12; *Wassermann*, in: AK-GG, Art. 101 Rn. 14; *BVerfGE* 17, 294 (299); 18, 65 (69); 18, 349 (425); 19, 52 (59); 95, 322 (329); *BVerfG* MDR 1965, 545. Vgl. zudem auch: *Schulze-Fielitz*, in: *Dreier*, GG, Art. 101 Rn. 31; *Kunig*, in: *v. Münch/Kunig*, GG, Art. 101 Rn. 12 u. 16; *Degenhart*, in: *Sachs*, GG, Art. 101 Rn. 6a; *BVerfGE* 17, 294 (299); 18, 65 (69); 18, 241, 257; 19, 52 (59); 95, 322 (327 f.); 97, 1 (10 f.); *BVerfG* NJW 1995, 2703 f.; vgl. auch: *Maunz*, in: *Maunz/Dürig*, GG, Art. 101 Rn. 11; *Steinhauff*, in: *Hübschmann/Hepp/Spitaler*, AO/FGO, Vor § 35-39 FGO Rn. 12, wonach unter dem gesetzlichen Richter einerseits das für den Einzelfall sachlich, örtlich und instanziell zuständige Gericht und andererseits der innerhalb des Spruchkörpers zur Entscheidung berufene Richter zu verstehen ist.

[942] *Kunig*, in: *v. Münch/Kunig*, GG, Art. 101 Rn. 16; *Schulze-Fielitz*, in: *Dreier*, GG, Art. 101 Rn. 23; *BVerfGE* 95, 322 (329).

[943] *Steinhauff*, in: *Hübschmann/Hepp/Spitaler*, AO/FGO, Vor § 35-39 FGO Rn. 14; *BVerfGE* 27, 18 (34).

[944] Vgl.: *Schulze-Fielitz*, in: *Dreier*, GG, Art. 101 Rn. 18 f.; *Kunig*, in: *v. Münch/Kunig*, GG, Art. 101 Rn. 23; *Maunz*, in: *Maunz/Dürig*, GG, Art. 101 Rn. 26; *Degenhart*, in: *Sachs*, GG, Art. 101 Rn. 5; *Classen*, in: *v. Mangoldt/Klein/Starck*, GG, Art. 101 Rn. 14 ff.; *Prütting*, in: *Wieczorek/Schütze*, ZPO, Einl. Rn. 106; *BVerfGE* 17, 294 (298 ff.); 18, 344 (349); 19, 52 (59 f.); 25, 336 (346); 30, 149 (152 f.); 40, 356 (360 f.); 95, 322 (327 ff.).

Bestimmung des „gesetzlichen Richtermediators" demzufolge weitestgehend durch ein förmliches Parlamentsgesetz zu erfolgen,[945] das zumindest die fundamentalen Zuständigkeitsregeln – zum Beispiel Bestimmungen über die sachliche, örtliche und instanzielle Zuständigkeit der Gerichte und ihrer Spruchkörper einerseits[946] und deren Zusammensetzung andererseits[947] – enthalten muss.[948] Hierbei bietet es sich an, im Rahmen der Einführung der gerichtsnahen Mediation klarzustellen, dass das gerichtsnahe Mediationsverfahren durch einen einzelnen Richter des zuständigen Gerichts (einen einzelnen Richtermediator) durchgeführt wird, und es ansonsten – hinsichtlich der sachlichen, örtlichen und instanziellen Zuständigkeit – bei den bestehenden gesetzlichen Regelungen zum Gerichtsverfahren zu belassen. Jenseits der Grenzen der Regelbarkeit in einem formellen Parlamentsgesetz – namentlich, wenn es darum geht, welcher konkrete Richter zuständig ist und zur Entscheidung berufen wird[949] – bedürfen die gesetzlichen abstrakt-generellen Zuständigkeitsregelungen für das gerichtliche Verfahren der Ergänzung durch ihrerseits abstrakt-generelle Geschäftsverteilungspläne[950] sowie Mitwirkungspläne und spruchkörperinterne Mitwirkungsgrundsätze.[951] Übertragen auf das gerichtsnahe Mediationsverfahren bedeutet dies wiederum, dass auch die für die Durchführung solcher Verfahren am Gericht zuständigen Richtermediatoren durch den Geschäftsverteilungsplan des jeweiligen Gerichts eindeutig zu bestimmen sind. Steht nur ein Richtermediator am jeweiligen Gericht zur Verfügung, ist es in diesem Fall ausreichend, die anfallenden gerichtsnahen Mediationsverfahren pauschal diesem einen Richtermediator zuzuweisen; stehen mehrere Gerichtsmediatoren bereit, erscheint es dagegen erforderlich, bestimmte Fälle den einzelnen Richtermediatoren zuzuschreiben, wobei den Konfliktparteien zusätzlich jedoch die Gelegenheit gegeben werden sollte, sich in Abweichung vom jeweiligen Geschäftsverteilungsplan auf einen der Richtermediatoren des betreffenden Gerichts zu verständigen und diesen mit der Durchführung der Mediation zu betrauen. Nur auf diesem Wege kann dem Umstand Rechnung getragen werden, dass es sich bei der gerichtsnahen Mediation – wie bei jeder anderen Mediation – um ein auf den Grundprinzipien der Freiwilligkeit, der Selbständigkeit und der Eigenverantwortlichkeit beru-

---

945 Vgl. für den Fall des gesetzlichen Richters: *Degenhart,* in: *Sachs,* GG, Art. 101 Rn. 6a; *Schulze-Fielitz,* in: *Dreier,* GG, Art. 101 Rn. 20; *Kunig,* in: *v. Münch/Kunig,* GG, Art. 101 Rn. 6; *BVerfGE* 19, 52 (59 f.).

946 Vgl.: *Schulze-Fielitz,* in: *Dreier,* GG, Art. 101 Rn. 20; *Degenhart,* in: *Sachs,* GG, Art. 101 Rn. 7; *Classen,* in: *v. Mangoldt/Klein/Starck,* GG, Art. 101 Rn. 17; *BVerfGE* 19, 52 (60); 95, 322 (328).

947 Vgl.: *Classen,* in: *v. Mangoldt/Klein/Starck,* GG, Art. 101 Rn. 17; *BVerfGE* 19, 52 (60); 95, 322 (328).

948 Vgl.: *Schulze-Fielitz,* in: *Dreier,* GG, Art. 101 Rn. 20; *BVerfGE* 19, 52 (60). Vgl. zudem auch: *Kunig,* in: *v. Münch/Kunig,* GG, Art. 101 Rn. 23; *Böttcher,* in: *Löwe-Rosenberg,* StPO, § 16 GVG Rn. 10 f.

949 *Schulze-Fielitz,* in: *Dreier,* GG, Art. 101 Rn. 22; *Classen,* in: *v. Mangoldt/Klein/Starck,* GG, Art. 101 Rn. 17; *Kunig,* in: *v. Münch/Kunig,* GG, Art. 101 Rn. 37; *BVerfGE* 17, 294 (299); 19, 52 (60); 95, 322 (328); *BVerfG* NJW 1995, 2703 f.

950 *Schulze-Fielitz,* in: *Dreier,* GG, Art. 101 Rn. 22; *Degenhart,* in: *Sachs,* GG, Art. 101 Rn. 6a ff.; *BVerfGE* 17, 294 (299); 19, 52 (60); 31, 47 (54); 95, 322 (328 f.); *BVerfG* NVwZ 1993, 1079 (1080).

951 *Schulze-Fielitz,* in: *Dreier,* GG, Art. 101 Rn. 22; *Degenhart,* in: *Sachs,* GG, Art. 101 Rn. 6a ff.; *BVerfGE* 18, 344 (351); 95, 322 (328); *BVerfG* NJW 1995, 2703 f. Vgl. zudem auch: *Böttcher,* in: *Löwe-Rosenberg,* StPO, § 16 GVG Rn. 10 f.

hendes Verfahren handelt. Zudem soll die Garantie des „gesetzlichen Richtermediators" die Konfliktparteien davor schützen, von der jeweils anderen Partei einen bestimmten Richtermediator „aufgezwungen" zu bekommen. Einigen sich die Parteien aus freien Stücken auf einen bestimmten Richtermediator, so bedarf es eines entsprechenden Schutzes nicht.[952]

VI. Die gerichtsnahe Mediation als Ausnahmegericht im Sinne des Art. 101 Abs. 1 S. 1 GG?

In Anbetracht einer abstrakt-generellen Regelung der gerichtsnahen Mediation im Rahmen der gerichtlichen Geschäftsverteilungspläne scheidet nicht nur ein Verstoß gegen das Gebot des gesetzlichen Richters nach Art. 101 Abs. 1 S. 2 GG aus. Auch ein nach Art. 101 Abs. 1 S. 1 GG verbotenes Ausnahmegericht liegt mit Blick auf die gerichtsnahe Mediation in diesem Fall ersichtlich nicht vor, da im Falle einer solchen Regelung kein Gericht tätig wird, welches in (willkürlicher) Abweichung von der gesetzlichen Zuständigkeit in sachlicher, örtlicher oder personeller Hinsicht[953] besonders – mit anderen Worten: im Gegensatz zur abstrakten und generellen, im Voraus getroffenen Bestimmung der Zuständigkeit[954] – gebildet und zur Entscheidung einzelner konkreter und individuell bestimmter Fälle berufen wurde.[955]

VII. Geltung des Grundsatzes des rechtlichen Gehörs in der gerichtsnahen Mediation?

Der Grundsatz des rechtlichen Gehörs folgt über Art. 103 Abs. 1 GG sowie § 108 Abs. 2 VwGO, §§ 62, 128 Abs. 2 SGG und § 96 Abs. 2 FGO hinaus unter anderem auch aus dem Rechtsstaatsprinzip (i.V.m. Art. 2 Abs. 1 GG),[956] aus der Rechtsschutzgarantie des

---

[952] Ähnlich: *R. Wimmer/U. Wimmer*, NJW 2007, 3243 (3246).

[953] Vgl. hierzu auch: *Kissel/Mayer*, GVG, § 16 Rn. 13.

[954] *Kissel/Mayer*, GVG, § 16 Rn. 13.

[955] *Kunig*, in: *v. Münch/Kunig*, GG, Art. 101 Rn. 6; *Müller-Terpitz*, in: *Schmidt-Bleibtreu/Hofmann/Hopfauf*, GG, Art. 101 Rn. 4; *Classen*, in: *v. Mangoldt/Klein/Starck*, GG, Art. 101 Rn. 6; *Degenhart*, in: *Sachs*, GG, Art. 101 Rn. 23; *Schulze-Fielitz*, in: *Dreier*, GG, Art. 101 Rn. 32; *Böttcher*, in: *Löwe-Rosenberg*, StPO, § 16 GVG Rn. 5; *Gummer*, in: *Zöller*, ZPO, § 16 GVG Rn. 1; *BVerfGE* 3, 213 (223); 8, 174 (182); 10, 200 (212); *BayVerfGH* NJW 1984, 2813.

[956] *Nolte*, in: *v. Mangoldt/Klein/Starck*, GG, Art. 103 Rn. 91 f.; *Schmahl*, in: *Schmidt-Bleibtreu/Hofmann/Hopfauf*, GG, Art. 103 Rn. 1; *Degenhart*, in: *Sachs*, GG, Art. 103 Rn. 2; *Schmidt-Aßmann*, in: *Maunz/Dürig*, GG, Art. 103 Abs. 1 Rn. 5; *Kunig*, in: *v. Münch/Kunig*, GG, Art. 103 Rn. 3; *Keller*, in: *Meyer-Ladewig/Keller/Leitherer*, SGG, § 62 Rn. 1; *Kopp/Schenke*, VwGO, § 108 Rn. 19; *Peters/Sautter/Wolff*, SGG, § 62; *Seer*, in: *Tipke/Kruse*, AO/FGO, § 76 FGO Rn. 15 bzw. § 96 Rn. 107; *Kissel/Mayer*, GVG, § Einl. Rn. 215; *BVerfGE* 74, 220 (224); 74, 228 (233). Vgl. zudem auch: *Littmann*, in: *Lüdtke*, SGG, § 62 Rn. 2, sowie *Rohwer-Kahlmann*, Sozialgerichtsbarkeit, § 62 Rn. 1 u. 4 f., wobei nach letzterem Art. 103 Abs. 1 GG aus dem Rechtsstaatsprinzip (Art. 20 Abs. 3 GG) und materiell aus der nach dem Grundgesetz garantierten Menschenwürde (Art. 1 Abs. 1 GG) herzuleiten ist.

Art. 19 Abs. 4 GG[957] sowie aus dem Recht auf ein faires Verfahren nach Art. 6 Abs. 1 EMRK. Er steht zudem in engem Zusammenhang mit der Garantie der Menschenwürde gemäß Art. 1 Abs. 1 GG, der es widersprechen würde, einen Verfahrensbeteiligten zum Objekt staatlichen Handelns zu machen, anstatt ihn als Subjekt des Verfahrens zu respektieren[958] und ihm die Gelegenheit zu geben, zu Wort zu kommen und seine Sicht der Angelegenheit selbständig einzubringen.[959] In Anbetracht dessen stellt sich die Frage, ob der Grundsatz des rechtlichen Gehörs auch im Rahmen einer von staatlichen Stellen durchgeführten gerichtsnahen Mediation Geltung beanspruchen kann.

Gegen eine direkte Anwendbarkeit des Art. 103 Abs. 1 GG spricht zunächst, dass sich der Wortlaut dieser Grundgesetznorm (nur) auf Gerichte im Sinne des Art. 92 GG bezieht,[960] der Richtermediator jedoch kein Gericht gemäß Art. 92 GG darstellt, da unter dem Begriff des Gerichts nach Art. 92 GG im engeren Sinne Spruchkörper verstanden werden, die ausschließlich mit Richtern besetzt und speziell – wenn auch nicht ausschließlich – zu dem Zweck geschaffen wurden, Aufgaben staatlicher Rechtsprechung zu erfüllen,[961] der Richtermediator aber trotz Zugehörigkeit zu einem Gericht als organisatorische Einheit nach hier vertretener Auffassung keinerlei Rechtsprechungsaufgaben wahrnimmt. Anknüpfungspunkte zur Beantwortung der Frage, ob der Grundsatz des rechtlichen Gehörs nach Art. 103 Abs. 1 GG im Rahmen der gerichtsnahen Mediation dennoch zumindest entsprechende Anwendung finden kann, bieten (1.) eine Betrachtung der unterschiedlichen Ebenen des Anspruchs auf rechtliches Gehör und (2.) ein Blick auf die Ziele dieses Anspruchs.

1. Die verschiedenen Ebenen des Anspruchs auf rechtliches Gehör

Hinsichtlich des Anspruchs auf rechtliches Gehör lassen sich grundsätzlich drei Ebenen der Rechtsverwirklichung unterscheiden: Das Äußerungsrecht der Verfahrensbeteiligten, das Recht der Verfahrensbeteiligten auf Information als Voraussetzung einer Gelegenheit zur Äußerung sowie eine entsprechende Informationspflicht der Gerichte (Informationsrecht der Verfahrensbeteiligten und Informationspflicht des Gerichts) und das Recht der Verfahrensbeteiligten auf Berücksichtigung ihrer Äußerungen durch das jeweilige Gericht (Berücksichtigungsrecht der Verfahrensbeteiligten und Berücksichtigungspflicht

---

[957] *Eichberger*, in: *Schoch/Schmidt-Aßmann/Pietzner*, VwGO, § 138 Rn. 70; *Lüke*, in: MK-ZPO, Einl. Rn. 113; *BVerfGE* 101, 106 (129).

[958] Vgl.: *Littmann*, in: *Lüdtke*, SGG, § 62 Rn. 2; *Lüke*, in: MK-ZPO, Einl. Rn. 113; *Greger*, in: *Zöller*, ZPO, Vor § 128 Rn. 3; *Leipold*, in: *Stein/Jonas*, ZPO, vor § 128 Rn. 12; *BVerfGE* 9, 89 (95 f.); *BGHZ* 48, 327 (333). Vgl. zudem auch: *Schmahl*, in: *Schmidt-Bleibtreu/Hofmann/Hopfauf*, GG, Art. 103 Rn. 1 u. 3.

[959] *BVerfGE* 84, 188 (190); 86, 133 (144); 107, 395 (408 f.).

[960] *Kunig*, in: *v. Münch/Kunig*, GG, Art. 103 Rn. 4; *Degenhart*, in: *Sachs*, GG, Art. 103 Rn. 8; *Schmidt-Aßmann*, in: *Maunz/Dürig*, GG, Art. 103 Abs. 1 Rn. 49; *Schulze-Fielitz*, in: *Dreier*, GG, Art. 103 Abs. 1 Rn. 15; *Schmahl*, in: *Schmidt-Bleibtreu/Hofmann/Hopfauf*, GG, Art. 103 Rn. 6; vgl. auch: *Nolte*, in: *v. Mangoldt/Klein/Starck*, GG, Art. 103 Rn. 17.

[961] *Wassermann*, in: AK-GG, Art. 92 Rn. 48.

des Gerichts).[962] Fraglich ist demnach an dieser Stelle, ob die genannten Elemente des Anspruchs auf rechtliches Gehör auch im gerichtsnahen Mediationsverfahren bestehen.

a) Das Äußerungsrecht der Konfliktparteien

Das Äußerungsrecht der Konfliktparteien im Gerichtsprozess – das Kernelement des Anspruchs auf rechtliches Gehör – soll gewährleisten, dass die Verfahrensbeteiligten oder die durch ein Gerichtsverfahren beziehungsweise eine gerichtliche Entscheidung unmittelbar in eigenen Rechten betroffenen Personen[963] in jedem gerichtlichen Verfahren rechtzeitig,[964] ausreichend und tatsächlich wahrnehmbar die Gelegenheit erhalten, zu Wort zu kommen und vor Erlass einer gerichtlichen Entscheidung zum gesamten Verfahrens- und Streitstoff in tatsächlicher und rechtlicher Sicht Stellung zu nehmen.[965] Es soll ihnen die Möglichkeit eingeräumt werden, sich zu dem der gerichtlichen Entscheidung zugrunde liegenden Sachverhalt sowie zu den entscheidungserheblichen Rechtsfragen und zur Rechtslage (tatsächlich und rechtlich) sachgemäß, zweckentsprechend, er-

---

[962] Vgl.: *Nolte*, in: *v. Mangoldt/Klein/Starck*, GG, Art. 103 Rn. 40; *Schulze-Fielitz*, in: *Dreier*, GG, Art. 103 Abs. 1 Rn. 19; *Schmidt-Aßmann*, in: *Maunz/Dürig*, GG, § 103 Abs. 1 Rn. 69; *Wassermann*, in: AK-GG, Art. 103 Rn. 20; *Schmidt-Aßmann*, in: *Schoch/Schmidt-Aßmann/Pietzner*, VwGO, Einl. Rn. 46; *Littmann*, in: *Lüdtke*, SGG, § 62 Rn. 3; *Danckwerts*, in: *Hennig*, SGG, § 62 Rn. 7, 5 bzw. 16; *Keller*, in: *Meyer-Ladewig/Keller/Leitherer*, SGG, § 62 Rn. 6. *Littmann*, in: *Lüdtke*, SGG, § 62 Rn. 3; *Lange*, in: *Hübschmann/Hepp/Spitaler*, AO/FGO, § 96 FGO Rn. 217 u. § 119 FGO Rn. 183; *Seer*, in: *Tipke/Kruse*, AO/FGO, § 96 FGO Rn. 111 u. § 119 FGO Rn. 45; *Prütting*, in: *Wieczorek/Schütze*, ZPO, Einl. Rn. 103; *Knemeyer*, in: *Isensee/Kirchhof*, HStR, § 155 Rn. 28; vgl. auch: *Nolte*, in: *v. Mangoldt/Klein/Starck*, GG, Art. 103 Rn. 29; *Beermann*, in: *Beermann/Gosch*, AO/FGO, § 119 FGO, Rn. 45 ff.

[963] *Kunig*, in: *v. Münch/Kunig*, GG, Art. 103 Rn. 7; *Schmidt-Aßmann*, in: *Maunz/Dürig*, GG, Art. 103 Abs. 1 Rn. 33, 38 ff.; *Schulze-Fielitz*, in: *Dreier*, GG, Art. 103 Abs. 1 Rn. 22; *Degenhart*, in: *Sachs*, GG, Art. 103 Rn. 10.; *Pieroth*, in: *Jarass/Pieroth*, GG, Art. 103 Rn. 6 u. 8; *Wassermann*, in: AK-GG, Art. 103 Rn. 40; *Schmidt-Aßmann*, in: *Schoch/Schmidt-Aßmann/Pietzner*, VwGO, Einl. Rn. 45; *Greger*, in: *Zöller*, ZPO, Vor § 128 Rn. 4; *Seer*, in: *Tipke/Kruse*, AO/FGO, § 96 FGO Rn. 109; *Leipold*, in: *Stein/Jonas*, ZPO, vor § 128 Rn. 37 f.; *BVerfGE* 7, 95 (98 f.); 65, 227 (233); 75, 201 (215); 86, 133 (144); 89, 381 (390 f.); 92, 158 (183). Vgl. zudem auch: *Kissel/Mayer*, GVG, Einl. Rn. 216; *BVerfGE* 75, 201 (215), wonach der Anspruch auf rechtliches Gehör jedermann zusteht, dem gegenüber die gerichtliche Entscheidung materiellrechtlich wirken kann.

[964] Vgl. hierzu: *Nolte*, in: *v. Mangoldt/Klein/Starck*, GG, Art. 103 Rn. 47; *BVerfGE* 9, 89 (96), wonach der Zeitpunkt für die Gewähr des rechtlichen Gehörs so zu wählen ist, dass die Möglichkeit zur Beeinflussung der gerichtlichen Entscheidung in der konkreten Verfahrenssituation tatsächlich noch besteht. Vgl. zudem auch: *Schmidt-Aßmann*, in: *Maunz/Dürig*, GG, Art. 103 Abs. 1 Rn. 90, wonach das Äußerungsrecht zeitgerecht ausgeübt werden können muss.

[965] Vgl. u.a.: *Kunig*, in: *v. Münch/Kunig*, GG, Art. 103 Rn. 9; *Schulze-Fielitz*, in: *Dreier*, GG, Art. 103 Abs. 1 Rn. 46 u. 54; *Pieroth*, in: *Jarass/Pieroth*, GG, Art. 103 Rn. 19; *Eichberger*, in: *Schoch/Schmidt-Aßmann/Pietzner*, VwGO, § 138 Rn. 87; *J. Schmidt*, in: *Eyermann*, VwGO, § 108 Rn. 10; *Kothe*, in: *Redeker/v. Oertzen*, VwGO, § 108 Rn. 4; *Rohwer-Kahlmann*, Sozialgerichtsbarkeit, § 62 Rn. 31; *Peters/Sautter/Wolff*, SGG, § 112, 1. d) (Rn. 7); *Schmidt-Troje*, in: *Beermann/Gosch*, AO/FGO, § 96 FGO Rn. 89; *BVerfGE* 7, 53 (57); 7, 275 (278 f.); 31, 297 (301); 86, 133 (144 f.); 89, 28 (35); *BVerwG* DVBl. 1982, 635 f.; DVBl. 1994, 42; *BSGE* 68, 205 (210). Vgl. zudem auch: *Vollkommer*, in: *Zöller*, ZPO, § 321a Rn. 7; *BVerfGE* 89, 28 (35).

schöpfend und unter auch im Übrigen zumutbaren Bedingungen[966] zu äußern,[967] eigene tatsächliche oder rechtliche Behauptungen aufzustellen oder zu bestreiten,[968] Beweis- oder andere Anträge zu stellen und sowohl Tatsachen- als auch Rechtsausführungen zu machen,[969] den eigenen Standpunkt zu Verfahrensgegenstand und Verfahren darzulegen,[970] sowie die nach der Prozessordnung zur Verfügung stehenden Angriffs- und Verteidigungsmittel vorzubringen, insbesondere sich zum erheblichen tatsächlichen und rechtlichen Vorbringen des Gegners und des Gerichts sowie zum Resultat der Beweisaufnahme und zu sonstigen Ergebnissen, die das Gericht zu verwerten beabsichtigt, zu erklären.[971] Das Gericht darf seiner Entscheidung keine Tatsachen oder Beweisergebnisse zugrunde legen, ohne den Beteiligten zuvor in ausreichendem Maße Gelegenheit

---

966 *Dawin*, in: *Schoch/Schmidt-Aßmann/Pietzner*, VwGO, § 108 Rn. 131; *v. Groll*, in: *Gräber*, FGO, § 96 Rn. 29; *BVerfG* NJW 1980, 1095 (1096); *BVerwG* NJW 1985, 340.

967 Vgl.: *Schmidt-Aßmann*, in: *Maunz/Dürig*, GG, Art. 103 Abs. 1 Rn. 66 f. u. 85; *Schmahl*, in: *Schmidt-Bleibtreu/Hofmann/Hopfauf*, GG, Art. 103 Rn. 1 u. 9; *Kunig*, in: *v. Münch/Kunig*, GG, Art. 103 Rn. 6 u. 9; *Schulze-Fielitz*, in: *Dreier*, GG, Art. 103 Abs. 1 Rn. 46; *Nolte*, in: *v. Mangoldt/Klein/Starck*, GG, Art. 103 Rn. 37 u. 40; *Wassermann*, in: AK-GG, Art. 103 Rn. 32; *Eichberger*, in: *Schoch/Schmidt-Aßmann/Pietzner*, VwGO, § 138 Rn. 71; *Kopp/Schenke*, VwGO, § 108 Rn. 19c; *Kothe*, in: *Redeker/v. Oertzen*, VwGO, § 108 Rn. 4; *Keller*, in: *Meyer-Ladewig/Keller/Leitherer*, SGG, § 62 Rn. 2; *Peters/Sautter/Wolff*, SGG, § 112, 1. d) (Rn. 7); *Danckwerts*, in: *Hennig*, SGG, § 62 Rn. 5; *Seer*, in: *Tipke/Kruse*, AO/FGO, § 96 FGO Rn. 111; *Lange*, in: *Hübschmann/Hepp/Spitaler*, AO/FGO, § 119 FGO Rn. 183; *Brandt* u. *Schmidt-Troje*, in: *Beermann/Gosch*, AO/FGO, Einl. FGO Rn. 49 bzw. § 96, Rn. 81; *Greger*, in: *Zöller*, ZPO, Vor § 128 Rn. 6; *Leipold*, in: *Stein/Jonas*, ZPO, vor § 128 Rn. 59; *BVerfGE* 29, 345 (347 f.); 31, 297 (301); 36, 92 (97); 42, 364 (369); 50, 381 (384); 55, 1 (6); 55, 95 (98); 60, 175 (210); 60, 305 (310); 64, 135 (143 f.); 86, 133 (144); 98, 218 (263); 101, 106 (129); 109, 13 (37 f.); *BVerfG* NJW 1991, 2757; *BVerwG* DVBl. 1982, 635 f.; *BFHE* 90, 82 (85); 149, 437 (439). Vgl. auch: *Littmann*, in: *Lüdtke*, SGG, § 62 Rn. 3; *Schmidt-Troje* u. *Beermann*, in: *Beermann/Gosch*, AO/FGO, § 96 FGO Rn. 83 bzw. § 119 Rn. 45 ff. Zur Äußerung in sachlicher Hinsicht vgl.: *Peters/Sautter/Wolff*, SGG, § 62; *Baumbach/Lauterbach/Albers/Hartmann*, ZPO, Grdz. § 128 Rn. 42; *BSG* NJW 1991, 1910.

968 *Nolte*, in: *v. Mangoldt/Klein/Starck*, GG, Art. 103 Rn. 41; *Prütting*, in: *Wieczorek/Schütze*, ZPO, Einl. Rn. 103; *Leipold*, in: *Stein/Jonas*, ZPO, vor § 128 Rn. 59.

969 *Schmidt-Aßmann*, in: *Maunz/Dürig*, GG, Art. 103 Abs. 1 Rn. 66 f.; *Schmahl*, in: *Schmidt-Bleibtreu/Hofmann/Hopfauf*, GG, Art. 103 Rn. 9; *Kunig*, in: *v. Münch/Kunig*, GG, Art. 103 Rn. 9; *Wassermann*, in: AK-GG, Art. 103 Rn. 32; *Nolte*, in: *v. Mangoldt/Klein/Starck*, GG, Art. 103 Rn. 41; *Brandt*, in: *Beermann/Gosch*, AO/FGO, Einf. FGO Rn. 49; *BVerfGE* 55, 1 (6); 64, 135 (143 f.); 69, 145 (148).

970 *v. Groll*, in: *Gräber*, FGO, § 96 Rn. 29; *Musielak*, in: *Musielak*, ZPO, Einl. Rn. 28.

971 Vgl.: *Nolte*, in: *v. Mangoldt/Klein/Starck*, GG, Art. 103 Rn. 41; *Greger*, in: *Zöller*, ZPO, Vor § 128 Rn. 6; *Kopp/Schenke*, VwGO, § 108 Rn. 19c; *v. Groll*, in: *Gräber*, FGO, § 96 Rn. 29; *Sunder-Plassmann*, in: *Hübschmann/Hepp/Spitaler*, AO/FGO, Einf. FGO Rn. 124; *BVerfGE* 55, 95 (98); 60, 175 (210); 64, 135 (143 f.); 69, 126 (140); 101, 106 (129); *BVerfG* NJW 1980, 1095 (1096); NJW 1985, 340; NJW 1993, 382; NVwZ 1993, 769. Zum Äußerungsrecht bzgl. des Vorbringens der Gegenseite vgl. auch: *Lüke*, in: MK-ZPO, Einl. Rn. 120; *BVerfGE* 19, 32 (36); 28, 378 (384); 55, 95 (99); NVwZ 1989, 860. Zum Äußerungsrecht bzgl. der Beweisergebnisse, die der Entscheidung zugrunde gelegt werden sollen vgl. auch: *v. Groll*, in: *Gräber*, FGO, § 96 Rn. 28; *Leipold*, in: *Stein/Jonas*, ZPO, vor § 128 Rn. 59; *BVerfGE* 25, 40 (43); 60, 175 (210); 64, 135 (143); 65, 227 (234). Nach *Di Fabio*, in: *Maunz/Dürig*, GG, Art. 2 Abs. 1 Rn. 73; *BVerfGE* 22, 267 (273) sowie 57, 250 (273 f.) ist das rechtliche Gehör verletzt, wenn der Beteiligte zu Tatsachen und Beweisergebnissen, die der gerichtlichen Entscheidung zugrunde gelegt worden sind, nicht Stellung nehmen konnte).

zur Äußerung zu geben.[972] Ziel ist es dabei, dem aus dem Anspruch auf rechtliches Gehör berechtigten Personenkreis die Möglichkeit zu geben, alles für die Entscheidung des Gerichts erhebliche vorzutragen, und durch einen sachlich fundierten Vortrag Einfluss auf die Willensbildung des Gerichts[973] und auf das gerichtliche Verfahren samt seines Ergebnisses nehmen zu können,[974] um letztlich die Subjektstellung des Einzelnen im gerichtlichen Verfahren zu gewährleisten[975] und zu vermeiden, dass ein Prozessbeteiligter zum bloßen Objekt des gerichtlichen Verfahrens wird.[976]

Ähnlich wie im gerichtlichen Verfahren geht es auch in der gerichtsnahen Mediation letztlich darum, eine dauerhafte, von den Konfliktparteien als verbindlich erachtete Konfliktlösung herbeizuführen, die regelmäßig die rechtlichen Beziehungen zwischen den Konfliktparteien beeinflussen wird. Allein diese Tatsache zeigt die Notwendigkeit eines Äußerungsrechts auch in der gerichtsnahen Mediation. Soll ein Verfahren die Beziehungen zwischen Konfliktparteien regeln, so setzt dies denknotwendig voraus, dass die Konfliktparteien Gelegenheit erhalten, Stellung zu allen relevanten Gesichtspunkten zu neh-

---

[972] Vgl.: *Kunig*, in: *v. Münch/Kunig*, GG, Art. 103 Rn. 9; *Nolte*, in: *v. Mangoldt/Klein/Starck*, GG, Art. 103 Rn. 40; *Degenhart*, in: *Sachs*, GG, Art. 103 Rn. 11; *Schmidt-Aßmann*, in: *Maunz/Dürig*, GG, Art. 103 Abs. 1 Rn. 67; *Dawin*, in: *Schoch/Schmidt-Aßmann/Pietzner*, VwGO, § 108 Rn. 121; *J. Schmidt*, in: *Eyermann*, VwGO, § 108 Rn. 10; *Höfling/Rixen*, in: *Sodan/Ziekow*, VwGO, § 108 Rn. 177 ff.; *Kothe*, in: *Redeker/v. Oertzen*, VwGO, § 108 Rn. 4; *Keller*, in: *Meyer-Ladewig/Keller/Leitherer*, SGG, § 62 Rn. 2; *Pawlak*, in: *Hennig*, SGG, § 128 Rn. 144 u. 147; *Rohwer-Kahlmann*, Sozialgerichtsbarkeit, § 62 Rn. 47 bzw. § 128 Rn. 46; *Peters/Sautter/Wolff*, SGG, § 62 u. § 112, 1. a) (Rn. 3) u. § 128, 4.; *Littmann*, in: *Lüdtke*, SGG, § 62 Rn. 3; *Koch* u. *v. Groll*, in: *Gräber*, FGO, § 93 Rn. 1 bzw. § 96 Rn. 27; *Seer*, in: *Tipke/Kruse*, AO/FGO, § 76 FGO Rn. 15 bzw. § 96 FGO Rn. 111; *Lange*, in: *Hübschmann/Hepp/Spitaler*, AO/FGO, § 96 FGO Rn. 216 u. 222; *Kissel/Mayer*, GVG, Einl. Rn. 216; *Leipold*, in: *Stein/Jonas*, ZPO, vor § 128 Rn. 60; *Lüke*, in: MK-ZPO, Einl. Rn. 112 u. 121; *Baumbach/Lauterbach/Albers/Hartmann*, ZPO, Grdz. § 128 Rn. 42; *Vollkommer*, in: *Zöller*, ZPO, § 321a Rn. 7; *BVerfGE* 6, 12 (14); 7, 275 (278 f.); 10, 274 (281); 13, 132 (144 f.); 15, 214 (218); 16, 283 (285); 17, 86 (95); 18, 146 (150); 18, 399 (404); 19, 32 (36); 22, 267 (273); 24, 56 (61); 25, 40 (43); 26, 37 (40); 29, 340 (344); 31, 297 (301); 49, 325 (328); 50, 280 (284); 55, 95 (98); 57, 250 (274); 60, 175 (210); 64, 135 (144); 67, 96 (99); 84, 188 (190); 89, 381 (392); 101, 106 (129); *BVerfG* DVBl. 1994, 42; *BVerwGE* 24, 264 (267); *BFHE* 148, 119 (125); 149, 437 (439), sowie: § 108 Abs. 2 VwGO, § 128 Abs. 2 SGG; § 96 Abs. 2 FGO.

[973] *Danckwerts*, in: *Hennig*, SGG, § 62 Rn. 5.

[974] Vgl.: *Nolte*, in: *v. Mangoldt/Klein/Starck*, GG, Art. 103 Rn. 4 u. 40; *Hofmann*, *Schmahl* u. *Hopfauf*, in: *Schmidt-Bleibtreu/Hofmann/Hopfauf*, GG, Art. 1 Rn. 15 bzw. Art. 103 Rn. 3 u. Vorb. v. Art. 92 Rn. 25; *Kissel/Mayer*, GVG, Einl. Rn. 216; *Eichberger*, in: *Schoch/Schmidt-Aßmann/Pietzner*, VwGO, § 138 Rn. 70; *Lange*, in: *Hübschmann/Hepp/Spitaler*, AO/FGO, § 96 FGO Rn. 222; *Knemeyer*, in: *Isensee/Kirchhof*, HStR, § 155 Rn. 30; *BVerfGE* 84, 188 (190); 86, 133 (144); 89, 28 (35); 101, 106 (129); *BFHE* 148, 119 (125).

[975] Vgl.: *Nolte*, in: *v. Mangoldt/Klein/Starck*, GG, Art. 103 Rn. 4; *Heß/Sharma*, in: *Haft/v. Schlieffen*, Hdb. Mediation, § 26 Rn. 48.

[976] Vgl.: *Hofmann*, in: *Schmidt-Bleibtreu/Hofmann/Hopfauf*, GG, Art. 1 Rn. 15; *Nolte*, in: *v. Mangoldt/Klein/Starck*, GG, Art. 103 Rn. 4; *Schmahl*, in: *Schmidt-Bleibtreu/Hofmann/Hopfauf*, GG, Art. 103 Rn. 1 u. 3; *Eichberger*, in: *Schoch/Schmidt-Aßmann/Pietzner*, VwGO, § 138 Rn. 70; *Kissel/Mayer*, GVG, Einl. Rn. 216; *Schmidt-Troje*, in: *Beermann/Gosch*, AO/FGO, § 96 FGO Rn. 90; *BVerfGE* 84, 188 (190); 86, 133 (144); 89, 28 (35); 101, 397 (405); 107, 395 (409). Vgl. zudem auch: *Herdegen*, in: *Maunz/Dürig*, GG, Art. 1 Abs. 1 Rn. 33, wonach die Menschenwürde betroffen ist, wenn der konkrete Mensch zum Objekt, zu einem bloßen Mittel, zur vertretbaren Größe herabgewürdigt wird.

men. Da die Herbeiführung einer Konfliktlösung im Rahmen der gerichtsnahen Mediation unter Mithilfe eines staatlich bestellten und mithin – wie jede staatliche Stelle – an die Garantie der Menschenwürde nach Art. 1 Abs. 1 GG gebundenen neutralen Dritten geschieht, lässt sich im Sinne eines dem Äußerungsrecht im gerichtlichen Verfahren entsprechenden Äußerungsrechts in der gerichtsnahen Mediation zudem auch mit besagter Garantie der Menschenwürde argumentieren, gegen die es verstoßen würde, würde der staatliche Richtermediator einer oder mehreren Konfliktparteien die Möglichkeit zur umfassenden Äußerung nehmen und sie so zum bloßen Objekt des Mediationsverfahrens degradieren. Darüber hinaus bleibt festzuhalten, dass es im Rahmen der gerichtsnahen Mediation – wie in jeder anderen Mediation auch – gerade darum geht, dass die Konfliktparteien freiwillig, gemeinsam, eigenverantwortlich, selbständig und auf konsensualem Wege eine Lösung ihres Konflikts erarbeiten. Es geht darum, dass sich die Beteiligten umfassend mit ihrer Situation auseinandersetzen, die hinter den im Prozess vertretenen Rechtspositionen stehenden Interessen einbringen und im Rahmen der Suche nach einer konsensualen Konfliktlösung gegebenenfalls auch Umstände berücksichtigen, die im gerichtlichen Verfahren aufgrund des auf die rechtlich bedeutsamen Aspekte reduzierten Sachverhalts keine Beachtung finden würden. Dies – mit anderen Worten der Charakter der (gerichtsnahen) Mediation – setzt geradezu voraus, dass alle Konfliktparteien rechtzeitig, in ausreichendem Maße und unter angemessenen Umständen Gelegenheit bekommen, sich zu allen relevanten Aspekten des Konflikts sachgemäß, zweckentsprechend und vor allem erschöpfend zu äußern. Auch der Charakter der (gerichtsnahen) Mediation bekräftigt demnach die Annahme, dass in der gerichtsnahen Mediation ein Äußerungsrecht der Mediationsbeteiligten zu gewährleisten ist und die Gelegenheit zur Äußerung durch den staatlichen Richtermediator sichergestellt werden muss.

Bezüglich der gerichtsnahen Mediation im Zivilprozess kommt auch *Volkmann*[977] zu dem Schluss, dass den Konfliktparteien im Rahmen eines gerichtsnahen Mediationsverfahrens die Gelegenheit zur Äußerung gegeben werden muss. Zwar treffe der Richtermediator keine für die Konfliktparteien verbindliche Entscheidung, so dass der Zweck des Grundsatzes des rechtlichen Gehörs, zu verhindern, dass der Einzelne zum bloßen Objekt staatlicher Entscheidung wird und stattdessen die Möglichkeit erhält, vor einer ihn betreffenden Entscheidung zu Wort zu kommen, um Einfluss auf das jeweilige Verfahren und sein Ergebnis nehmen zu können, zunächst nicht zuzutreffen scheine. Die Tatsache, dass der Richtermediator im Gegensatz zum Richter im Gerichtsprozess keine für die Beteiligten verbindliche Entscheidung treffe, dürfe jedoch nicht darüber hinwegtäuschen, dass auch der Richtermediator durch seine verfahrensleitende Tätigkeit Prozess und Ergebnis der Konfliktlösung maßgeblich beeinflussen kann. Die zu einer Beilegung des konkreten Konflikts erforderlichen Entscheidungen treffen in der gerichtsnahen Mediation zwar die Konfliktbeteiligten selbst. Doch ist es die unterstützende Tätigkeit des Richtermediators, welche die Parteien zu einer selbst bestimmten Streitbeilegung befähigen und ihnen dafür eine Entscheidungsgrundlage liefern soll. Bietet der Staat ein solches Verfahren als Alternative zum Prozess vor staatlichen Gerichten an, so trifft den Richterme-

---

[977] *Volkmann*, Mediation im Zivilprozess, S. 117 f.

diator – anders als private Mediatoren – vor dem Hintergrund seines Einflusses auf die Entscheidungsgrundlage der Parteien und damit auf den Inhalt einer zur Lösung des jeweiligen Konfliktes getroffenen Vereinbarung, als Ausfluss des Gebotes eines rechtsstaatlichen, fairen Verfahrens, auch die verfassungsrechtlich abgesicherte Pflicht, beide Parteien gleichermaßen zu Wort kommen zu lassen.

Das im Rahmen der gerichtsnahen Mediation erforderliche Äußerungsrecht deckt sich jedoch nicht mit dem Äußerungsrecht im Rahmen des rechtlichen Gehörs nach Art. 103 Abs. 1 GG. Unterschiede zwischen dem Äußerungsrecht im Gerichtsverfahren und seinem im Rahmen der gerichtsnahen Mediation erforderlichen Pendant bestehen dahingehend, dass die Gewähr des Äußerungsrechts in der gerichtsnahen Mediation nicht darauf zielen kann, die Möglichkeit zu eröffnen, eigene (Beweis-)Anträge zu stellen und sich zu Ergebnissen von Beweisaufnahmen zu äußern, da eine Beweiserhebung im eigentlichen Sinne in der (gerichtsnahen) Mediation nicht stattfindet. Gleiches gilt hinsichtlich der Geltendmachung der nach der Prozessordnung bestehenden Angriffs- und Verteidigungsmittel, da es im Rahmen der (gerichtsnahen) Mediation nicht um die Geltendmachung von Angriffs- und Verteidigungsmitteln, sondern um eine konsensorientierte Verhandlung zwischen den Konfliktparteien geht. In Ermangelung einer gerichtlichen Entscheidung am Ende der gerichtsnahen Mediation kann das Äußerungsrecht im Mediationsverfahren ferner nicht dazu dienen, die Entscheidungsfindung des Gerichts zu beeinflussen und dem Gericht die eigenen Anliegen, Einschätzungen und Interessen zu verdeutlichen. Stattdessen geht es hier darum, in Verhandlung mit der jeweils anderen Konfliktpartei ausreichend zu Wort zu kommen und dieser die eigene Situation zu veranschaulichen. Schließlich unterscheiden sich das Äußerungsrecht im Gerichtsprozess und sein in der gerichtsnahen Mediation erforderliches Pendant insofern, als das Äußerungsrecht im gerichtlichen Verfahren den Parteien die Gelegenheit gibt, (nur) das für den Verfahrensverlauf und die Entscheidungen des Gerichts Erhebliche vorzutragen.[978] Während im Prozess lediglich Ausführungen zulässig sind, die nach objektiven Maßstäben für die spätere Entscheidung potentiell erheblich sein können,[979] nicht aber solche Vorträge, die in keinem denkbaren Zusammenhang mit dem Streitgegenstand des konkreten Verfahrens stehen,[980] bestimmen in der gerichtsnahen Mediation die Prozessparteien subjektiv, was sie für erheblich erachten und welche über den rechtlich relevanten Sachverhalt des gerichtlichen Verfahrens hinausgehende Aspekte in die Mediationsverhandlungen eingehen sollen. Sofern es darum geht, das Recht zur Äußerung der jeweils erheblichen As-

---

[978] Vgl.: *Höfling/Rixen*, in: *Sodan/Ziekow*, VwGO, § 108 Rn. 180 ff.; *Leipold*, in: *Stein/Jonas*, ZPO, vor § 128 Rn. 71.

[979] *Nolte*, in: *v. Mangoldt/Klein/Starck*, GG, Art. 103 Rn. 37; *Schmidt-Aßmann*, in: *Maunz/Dürig*, GG, Art. 103 Abs. 1 Rn. 86; *Kopp/Schenke*, VwGO, § 108 Rn. 20; *BVerfGE* 65, 305 (307). Nach *Schmidt-Aßmann*, in: *Schoch/Schmidt-Aßmann/Pietzner*, VwGO, Einl. Rn. 46 können sich die Parteien zu Tatsachen, zu Beweisergebnissen und zur Rechtslage äußern beziehungsweise Beweise anbieten, solange diese zumindest potenziell für den Prozess erheblich sind. Nach *Höfling/Rixen*, in: *Sodan/Ziekow*, VwGO, § 108 Rn. 181 vermittelt der Anspruch auf rechtliches Gehör ein Recht auf Äußerung aller Gesichtspunkte, die bei vernünftiger Betrachtung für die Entscheidung erheblich sein können.

[980] *Schmidt-Aßmann*, in: *Maunz/Dürig*, GG, Art. 103 Abs. 1 Rn. 86.

pekte zu garantieren, ist das in der gerichtsnahen Mediation zu gewährleistende Äußerungsrecht demnach weiter als sein Pendant im Gerichtsverfahren. Andererseits entfallen hier – wie gezeigt – einige Ausprägungen des Äußerungsrechts im Gerichtsverfahren, die aufgrund der Natur des Verfahrens der gerichtsnahen Mediation wenig Sinn machen.

b) Das Informationsrecht der Konfliktparteien und die Informationspflicht der Gerichte

Bejaht man ein grundsätzliches Äußerungsrecht im Rahmen der gerichtsnahen Mediation, so stellt sich die Frage, ob auch das mit Blick auf den Grundsatz des rechtlichen Gehörs im Gerichtsprozess allgemein als Voraussetzung des Äußerungsrechts erachtete Informationsrecht der Verfahrensbeteiligten ebenso wie die hiermit korrespondierende gerichtliche Informationspflicht auf die gerichtsnahe Mediation übertragen werden kann. Nach allgemeiner Auffassung müssen sich die im gerichtlichen Verfahren aus dem Anspruch auf rechtliches Gehör berechtigten Personen bei Anwendung der gebotenen Sorgfalt über den gesamten Verfahrensstoff informieren können, um ihren Anspruch auf rechtliches Gehör im Wege eines Gerichtsprozesses wahrnehmen zu können.[981] Die effektive und wirksame Wahrnehmung des Anspruchs auf rechtliches Gehör bedingt als Vorstufe des Äußerungsrechts begriffsnotwendig ein auf Auskunft über den relevanten Verfahrensstoff gerichtetes Informationsrecht der Verfahrensbeteiligten. Es setzt eine hinlängliche Information über die Einleitung, den derzeitigen Stand des gerichtlichen Verfahrens[982] sowie über die Sach- und Rechtslage, das gerichtliche Verfahren, die Verfahrensbeteiligten und den Verfahrensgegenstand voraus.[983] Vernünftigerweise und sinnvoll kann sich nur äußern, wer über ausreichende Informationen verfügt und zu erkennen vermag, auf welche Gesichtspunkte und auf welchen Vortrag es in tatsächlicher und rechtlicher Hinsicht im jeweiligen Verfahren ankommt oder eventuell ankommen kann.[984] Dem so verstandenen Informationsrecht entspricht eine hinsichtlich des relevanten Verfahrensstoffs bestehende Informations- und Mitteilungspflicht des Gerichts,[985] wobei zum

---

[981] Vgl. u.a.: *Beermann*, in: *Beermann/Gosch*, AO/FGO, § 119 FGO Rn. 45.3; *BVerfGE* 84, 188 (190); 86, 133 (144).

[982] *Schmidt-Aßmann*, in: *Maunz/Dürig*, GG, Art. 103 Abs. 1 Rn. 70; zum Recht auf Information über den derzeitigen Sach- u. Streitstand vgl. auch: *Schulze-Fielitz*, in: *Dreier*, GG, Art. 103 Abs. 1 Rn. 32; *Pieroth*, in: *Jarass/Pieroth*, GG, Art. 103 Rn. 11.

[983] *Nolte*, in: *v. Mangoldt/Klein/Starck*, GG, Art. 103 Rn. 29 f. u. 48; vgl. auch: *Wassermann*, in: AK-GG, Art. 103 Rn. 24.

[984] Vgl. hierzu: *Schulze-Fielitz*, in: *Dreier*, GG, Art. 103 Abs. 1 Rn. 32; *Nolte*, in: *v. Mangoldt/Klein/Starck*, GG, Art. 103 Rn. 29 ff. u. 48; *Degenhart*, in: *Sachs*, GG, Art. 103 Rn. 16; *Höfling/Rixen*, in: *Sodan/Ziekow*, VwGO, § 108 Rn. 190; *BVerfGE* 84, 188 (190); 86, 133 (144 f.); 89, 28 (35); 96, 189 (204); 108, 282 (338 f.).

[985] *Schulze-Fielitz*, in: *Dreier*, GG, Art. 103 Abs. 1 Rn. 32; *Wassermann*, in: AK-GG, Art. 103 Rn. 24. Vgl. zum Bestehen einer Informationspflicht auch: *Pieroth*, in: *Jarass/Pieroth*, GG, Art. 103 Rn. 11; *Degenhart*, in: *Sachs*, GG, Art. 103 Rn. 16; *Beermann*, in: *Beermann/Gosch*, AO/FGO, § 119 FGO Rn. 45.3.

bedeutsamen Verfahrensstoff die vom Informationsrecht der berechtigten Personen umfassten Aspekte, vor allem der gesamte Tatsachenstoff im Prozess[986] sowie die prozessualen, für den Prozess relevanten Entscheidungen des Gerichts oder seiner Richter gehören.[987] Die Informationspflicht im Rahmen des Gerichtsprozesses bezieht sich letztlich auf alles, was der Beurteilung der materiellen Rechtslage dient sowie auf das wesentliche prozessuale Geschehen, so dass der Anspruch auf rechtliches Gehör den Kern einer gerichtlichen Hinweispflicht – nicht jedoch eine Pflicht zum Rechtsgespräch[988] oder eine generelle und umfassende Hinweis-[989] und Auskunftspflicht[990] – begründet. Die im Grundsatz des rechtlichen Gehörs wurzelnde gerichtliche Hinweispflicht kommt unter anderem in Situationen zum Tragen, in denen es für die Berechtigten nicht erkennbar ist, worauf es dem Gericht für seine Entscheidungsfindung ankommt[991], oder in denen es für die Berechtigten nicht vorhersehbar ist, auf welche Erwägungen das Gericht seine Entscheidung stützen wird und aus diesem Grund ein relevanter Vortrag unterbleiben könnte.[992] Hinzu kommen prozessuale Lagen, in denen Hinweise des Gerichts unumgänglich sind, um das Gehörrecht und die Verfolgung materieller Rechte nicht wirkungslos werden zu lassen, Situationen, in denen eine Partei nicht in der Lage ist, sinnvoll von seinem Recht auf Gehör Gebrauch zu machen,[993] sowie Fälle, in denen das Gericht von einer zunächst offen gelegten Einschätzung der Sach- oder Rechtslage abgehen will.[994]

Auch die aktive und effektive Teilnahme an einer gerichtsnahen Mediation – namentlich die konstruktive und selbständige Suche der Konfliktparteien nach einer einvernehmlichen, eigenverantwortlichen sowie die unterschiedlichen Parteiinteressen berücksichtigenden und daher Dauerhaftigkeit versprechenden Lösung – setzt eine ausreichende Informationslage bei den Mediationsparteien voraus. Auch hier müssen die Konfliktparteien über ausreichende Informationen verfügen, um ihr Äußerungsrecht sinnvoll wahrnehmen zu können. Dennoch kann das im gerichtlichen Verfahren bestehende Informationsrecht der aus dem Anspruch auf rechtliches Gehör berechtigten Personen sowie die

---

[986] Vgl.: *Schulze-Fielitz*, in: *Dreier*, GG, Art. 103 Abs. 1 Rn. 33. Vgl.: zu einzelnen Aspekten des Umfangs der Informationspflicht über den Tatsachenstoff auch: *Pieroth*, in: *Jarass/Pieroth*, GG, Art. 103 Rn. 12; *BVerfGE* 10, 177 (183); *BVerfG* NJW 1994, 848 (849).

[987] *Schulze-Fielitz*, in: *Dreier*, GG, Art. 103 Abs. 1 Rn. 34.

[988] Vgl. hierzu u.a.: *Schmidt-Aßmann*, in: *Maunz/Dürig*, GG, Art. 103 Abs. 1 Rn. 78; *Schulze-Fielitz*, in: *Dreier*, GG, Art. 103 Abs. 1 Rn. 36; *Kunig*, in: *v. Münch/Kunig*, GG, Art. 103 Rn. 13; *BVerfGE* 54, 100 (117); *BVerwG* DVBl. 1982, 635 (636).

[989] *Greger*, in: *Zöller*, ZPO, Vor § 128 Rn. 6a; *BVerfGE* 74, 1 (6); *BFHE* 90, 82 (85); *VerfGH München* NJW 1960, 1051 (1052); NJW 1962, 1387 (1388).

[990] *Schmidt-Aßmann*, in: *Maunz/Dürig*, GG, Art. 103 Abs. 1 Rn. 76; *Schmidt-Aßmann*, in: *Schoch/Schmidt-Aßmann/Pietzner*, VwGO, Einl. Rn. 46; *Leiphold*, in: *Stein/Jonas*, ZPO, vor § 128 Rn. 74; Zum Recht auf Information/Unterrichtung vgl. auch: *Dawin*, in: *Schoch/Schmidt-Aßmann/Pietzner*, VwGO, § 108 Rn. 136 ff.; *Rohwer-Kahlmann*, Sozialgerichtsbarkeit, § 62 Rn. 33; *Peters/Sautter/Wolff*, SGG, § 62.

[991] *Pieroth*, in: *Jarass/Pieroth*, GG, Art. 103 Rn. 16.

[992] *Greger*, in: *Zöller*, ZPO, Vor § 128 Rn. 6a; *BVerfG* NJW 1994, 848 (849).

[993] *Schmidt-Aßmann*, in: *Maunz/Dürig*, GG, Art. 103 Abs. 1 Rn. 76. Vgl. zudem auch: *BVerfG* NVwZ 1985, 36 (37).

[994] *Greger*, in: *Zöller*, ZPO, Vor § 128 Rn. 6a.

mit diesem Recht korrespondierende Informationspflicht der Gerichte nur eingeschränkt auf das gerichtsnahe Mediationsverfahren übertragen werden. Möglich und erforderlich erscheint dies vor allem dort, wo die Parteien Informationen über das Verfahren der gerichtsnahen Mediation an sich bedürfen. Nur wenn die Parteien über ausreichende Kenntnisse hinsichtlich des gerichtsnahen Mediationsverfahrens verfügen, werden sie in der Lage sein, dieses Verfahren zur freiwilligen, selbständigen und eigenverantwortlichen Suche einer umfassenden und Dauerhaftigkeit versprechenden Konfliktlösung in Form eines Konsenses zu nutzen. Darüber hinaus ist eine gewisse Informations- und Hinweispflicht des Richtermediators auch in der gerichtsnahen Mediation denkbar, wenn es für eine oder mehrere Konfliktparteien nicht erkennbar ist, worauf es bei der Suche nach einer einvernehmlichen Konfliktlösung ankommt und aus diesem Grund ein wichtiger Vortrag einer Konfliktpartei unterbleiben könnte, wenn Hinweise des Richtermediators unumgänglich sind, um das – wie oben bereits gezeigt – auch in der gerichtsnahen Mediation bestehende Recht auf Äußerung und die Verfolgung der eigenen Belange nicht wirkungslos werden zu lassen, oder wenn eine Partei ohne einen entsprechenden Informationshinweis nicht in der Lage ist, sinnvoll von seinem Recht auf Äußerung Gebrauch zu machen. Eine Beschränkung der Übertragbarkeit des im Gerichtsprozess aus dem Anspruch auf rechtliches Gehör folgenden Informationsrechts der Prozessbeteiligten sowie der mit diesem Anspruch korrespondierenden Informationspflicht des Gerichts auf die gerichtsnahe Mediation ergibt sich jedoch daraus, dass der relevante Verfahrens- und Tatsachenstoff im gerichtsnahen Mediationsverfahren – wie in jeder anderen Mediation – durch die Konfliktparteien selbst bestimmt wird. Sie sind es, die darüber entscheiden, welche Gesichtspunkte eines Konflikts im Rahmen der Mediation behandelt werden sollen, sowie ob und gegebenenfalls welche über den eigentlichen Streitgegenstand hinausgehende Aspekte Berücksichtigung finden sollen. Demzufolge erscheint ein Informationsrecht hinsichtlich des relevanten Verfahrens- und Tatsachenstoffs auf die gerichtsnahe Mediation nicht übertragbar. Entsprechendes gilt auch insofern, als sich das durch das Informationsrecht und die damit korrespondierende gerichtliche Informationspflicht im gerichtlichen Verfahren zu befriedigende Informationsbedürfnis der Prozessparteien oftmals auf die Einschätzungen und Absichten des Gerichts beziehen wird, es im Rahmen der gerichtsnahen Mediation auf die Einschätzungen und Absichten des Richtermediators jedoch nicht ankommen kann, da es hier ausschließlich die Parteien sind, die eigenverantwortlich eine einvernehmliche Lösung ihres Konflikts erarbeiten. Ein Informationsbedarf wird im gerichtlichen Verfahren oft hauptsächlich dahingehend bestehen, von welcher Sach- und Rechtslage das Gericht bei seiner Entscheidungsfindung ausgeht, auf welche Umstände und welchen Vortrag es dem Gericht im Hinblick auf dessen Entscheidung maßgeblich ankommt, was das Gericht für die Beurteilung der materiellen Rechtslage als entscheidend ansieht und zu welcher rechtlichen Beurteilung des Konflikts das Gericht tendiert. Dagegen kann es in der gerichtsnahen Mediation – im Rahmen derer die Konfliktparteien den Streitgegenstand festlegen und selbständig eine Lösung des jeweiligen Konflikts suchen – auf entsprechende Einschätzungen des Richtermediators nicht ankommen.

c) Die Berücksichtigungspflicht der Gerichte

Auch eine Ausdehnung des dritten Elements des in Art. 103 Abs. 1 GG verankerten Anspruchs auf rechtliches Gehör – die vom Grundsatz des rechtlichen Gehörs umfasste Berücksichtigungspflicht seitens der Gerichte – erscheint im Hinblick auf die gerichtsnahe Mediation problematisch. Da sich das von Art. 103 Abs. 1 GG gewährleistete und für ein rechtsstaatliches (Gerichts-)Verfahren zentrale prozessuale Recht im gerichtlichen Verfahren erst im Zusammenspiel von Äußern und tatsächlichem Gehörtwerden verwirklicht,[995] umfasst der Anspruch auf rechtliches Gehör im (Gerichts-)Prozess als Berücksichtigungsrecht auch ein Recht darauf, dass das Gericht ein rechtzeitiges und möglicherweise erhebliches Vorbringen eines Beteiligten nicht vorsätzlich, versehentlich oder auch unverschuldet außer Betracht lässt.[996] Dem Grundsatz des rechtlichen Gehörs sowie dem hieraus folgenden Äußerungsrecht entspricht im gerichtlichen Verfahren die grundsätzliche Pflicht des Gerichts, bei seiner Entscheidungsfindung das gesamte tatsächliche und rechtliche Vorbringen der Prozessbeteiligten – mit anderen Worten alles, was zulässigerweise Gegenstand einer Stellungnahme war[997] – zu berücksichtigen, das heißt ernsthaft zur Kenntnis zu nehmen und in Erwägung zu ziehen.[998] Das Vorbringen kann nur ausnahmsweise unberücksichtigt bleiben, sofern es (1.) nach den Prozessvor-

---

[995] So: *Höfling/Rixen*, in: *Sodan/Ziekow*, VwGO, § 108 Rn. 209.

[996] *J. Schmidt*, in: *Eyermann*, VwGO, § 108 Rn. 10.

[997] Vgl.: *Nolte*, in: *v. Mangoldt/Klein/Starck*, GG, Art. 103 Rn. 56.

[998] Vgl. hierzu: *Degenhart*, in: *Sachs*, GG, Art. 103 Rn. 11 u. 28 ff.; *Schmidt-Aßmann*, in: *Maunz/Dürig*, GG, Art. 103 Abs. 1 Rn. 67 u. 94; *Schulze-Fielitz*, in: *Dreier*, GG, Art. 103 Abs. 1 Rn. 19 u. 58; *Nolte*, in: *v. Mangoldt/Klein/Starck*, GG, Art. 103 Rn. 53; *Hopfauf* u. *Schmahl*, in: *Schmidt-Bleibtreu/Hofmann/Hopfauf*, GG, Vorb. v. Art. 92 Rn. 25 bzw. Art. 103 Rn. 11; *Kunig*, in: *v. Münch/Kunig*, GG, Art. 103 Rn. 10; *Wassermann*, in: AK-GG, Art. 103 Rn. 33; *Pieroth*, in: *Jarass/Pieroth*, GG, Art. 103 Rn. 23; *Wassermann*, in: AK-GG, Art. 103 Rn. 33; *Schmidt-Aßmann, Dawin* u. *Eichberger*, in: *Schoch/Schmidt-Aßmann/Pietzner*, VwGO, Einl. Rn. 46, § 108 Rn. 152 f. bzw. § 138 Rn. 71 u. 95; *Dolderer* u. *Höfling/Rixen*, in: *Sodan/Ziekow*, VwGO, § 101 Rn. 8, § 108 Rn. 209; *Kopp/Schenke*, VwGO, § 108 Rn. 19c; *Kothe*, in: *Redeker/v. Oertzen*, VwGO, § 108 Rn. 6a; *J. Schmidt*, in: *Eyermann*, VwGO, § 108 Rn. 10; *Danckwerts*, in: *Hennig*, SGG, § 62 Rn. 16; *Littmann*, in: *Lüdtke*, SGG, § 62 Rn. 3; *Lange*, in: *Hübschmann/Hepp/Spitaler*, AO/FGO, § 119 FGO Rn. 183; *Schmidt-Troje* u. *Beermann*, in: *Beermann/Gosch*, AO/FGO, § 96 FGO Rn. 85 bzw. § 119 FGO Rn. 45.1 f.; *Koch* u. *v. Groll*, in: *Gräber*, FGO, § 93 Rn. 1 bzw. § 96 Rn. 28 u. 30; *Kissel/Mayer*, GVG, Einl. Rn. 218; *Lüke*, in: MK-ZPO, Einl. Rn. 121; *Leipold*, in: *Stein/Jonas*, ZPO, vor § 128 Rn. 65 ff.; *Musielak*, in: *Musielak*, ZPO, Einl. Rn. 28; *Geimer, Greger* u. *Vollkommer*, in: *Zöller*, ZPO, Einl. Rn. 122, Vor § 128 Rn. 6b bzw. § 321a Rn. 7; *Baumbach/Lauterbach/Albers/Hartmann*, ZPO, Einl. III Rn. 16; *Leipold*, in: *Stein/Jonas*, ZPO, vor § 128 Rn. 65 ff.; *BVerfGE* 21, 46 (48); 21, 102 (103 f.); 22, 267 (273); 28, 378 (384); 36, 92 (97); 36, 298 (301); 40, 101 (104); 42, 364 (367 f.); 47, 182 (187); 53, 219 (222); 54, 86 (91); 54, 140 (142); 58, 353 (356); 59, 330 (333); 60, 1 (5); 60, 247 (249); 60, 250 (252); 62, 249 (253 f.); 63, 80 (85); 64, 135 (144); 69, 145 (148); 70, 215 (218); 70, 288 (293); 79, 51 (61); 80, 269 (286); 83, 24 (35); 86, 133 (145); 96, 205 (216); 98, 218 (263); *BVerfG* NJW 1978, 989; NJW 1990, 3191 (3192); NJW 1993, 51; NJW 1994, 2279; NJW 1995, 2095 (2096); NJW 1998, 553; NJW 1998, 2044; NJW 1998, 2273; NJW-RR 1999, 1079; NJW-RR 2002, 68 (69); NJW 2003, 1655; *BVerwG* DVBl. 1982, 635 (636); *BFHE* 180, 316 (321). Vgl. zudem auch: *Di Fabio*, in: *Maunz/Dürig*, GG, Art. 2 Abs. 1 Rn. 73, wonach das rechtliche Gehör verletzt ist, wenn das Gericht seine Stellungnahme erkennbar nicht zur Kenntnis genommen hat.

schriften unberücksichtigt bleiben kann oder muss,[999] das Vorbringen (2.) unerheblich oder offensichtlich unsubstantiiert ist[1000] oder (3.) außerhalb jeglichen sachlichen Zusammenhangs mit dem Streitgegenstand des konkreten Verfahrens steht.[1001] Die fehlende Übertragbarkeit der so verstandenen Berücksichtigungspflicht auf die gerichtsnahe Mediation resultiert ersichtlich bereits aus dem Umstand, dass im Wege eines gerichtsnahen Mediationsverfahrens keine gerichtliche Entscheidung ergeht, im Rahmen derer das Vorbringen der Mediationsparteien berücksichtigt werden könnte. Die Berücksichtigungspflicht hinsichtlich des Vorbringens der Konfliktbeteiligten setzt eine gerichtliche Entscheidung voraus, an der es im Rahmen der gerichtsnahen Mediation insofern fehlt, als es hier die Parteien sind, die selbständig und eigenverantwortlich eine Lösung ihres Konflikts erarbeiten.

2. Die Ziele des Anspruchs auf rechtliches Gehör und die Ziele des Äußerungsrechts im Rahmen der gerichtsnahen Mediation

Ziel eines in der gerichtsnahen Mediation erforderlichen Äußerungsrechts muss es sein, den Konfliktparteien eine aktive Teilnahme am Mediationsverfahren zu ermöglichen. Es muss ihnen insbesondere die Gelegenheit zur umfassenden Auseinandersetzung mit dem jeweiligen Konflikt gegeben und die Einbeziehung im gerichtlichen Verfahren aufgrund der auf die rechtlich bedeutsamen Aspekten reduzierten Betrachtung nicht berücksichtigter Umstände ermöglicht werden. Auf diesem Wege sollen die Beteiligten letztlich zu einer selbständigen und eigenverantwortlichen Konfliktlösung im Wege des Konsenses befähigt werden. Dies setzt allerdings voraus, dass alle Konfliktparteien rechtzeitig, in ausreichendem Maße und unter angemessenen Umständen Gelegenheit bekommen, sich zu allen aus ihrer subjektiven Sicht relevanten Aspekten des Konflikts sachgemäß, zweckentsprechend und vor allem erschöpfend zu äußern und ihre Auffassungen, Bedürfnisse und Interessen umfassend und in gleichem Maße wie die jeweilige Gegenpartei zum Ausdruck zu bringen. Kernziel des Äußerungsrechts im Rahmen der gerichtsnahen Mediation ist es demnach, ein Mindestmaß an Verfahrensbeteiligung und damit einen Mindeststandard an Verfahrensqualität zu gewährleisten. Wenn auch der Inhalt und Umfang des Äußerungsrechts im Prozess und der seines Pendants im gerichtsnahen Mediationsverfahren im Einzelnen differiert: Soweit es auch im Wege des Anspruchs auf rechtliches Gehör darum geht, ein Mindestmaß an Verfahrensbeteiligung[1002] und einen

---

[999] *Nolte*, in: *v. Mangoldt/Klein/Starck*, GG, Art. 103 Rn. 53; *Eichberger*, in: *Schoch/Schmidt-Aßmann/Pietzner*, VwGO, § 138 Rn. 95; *Kopp/Schenke*, VwGO, § 108 Rn. 28; *J. Schmidt*, in: *Eyermann*, VwGO, § 108 Rn. 10; *Kissel/Mayer*, GVG, Einl. Rn. 218; *Geimer*, in: *Zöller*, ZPO, Einl. Rn. 122; *BVerfGE* 22, 267 (273); 28, 378 (384); 58, 353 (356); 63, 80 (85); 69, 145 (148 f.); 70, 288 (293 f.); 79, 51 (61); 96, 205 (216 f.); *BVerfG* NJW 1992, 299; NJW 1992, 2217; NJW 1999, 1387 (1388); NJW-RR 1999, 1079; NJW 2003, 1655; *BVerwG* DVBl. 1982, 635 (636).

[1000] *Greger*, in: *Zöller*, ZPO, Vor § 128 Rn. 6b.

[1001] *Schmidt-Aßmann*, in: *Maunz/Dürig*, GG, Art. 103 Abs. 1 Rn. 86.

[1002] *Kunig*, in: *v. Münch/Kunig*, GG, Art. 103 Rn. 8.

Mindeststandard an Verfahrensqualität[1003] für das gerichtliche Verfahren zu garantieren, bestehen gewisse Gemeinsamkeiten zwischen den Zielen des rechtlichen Gehörs und den Zielen des auch in der gerichtsnahen Mediation zu fordernden Äußerungsrechts.

Neben einem Mindeststandard an Verfahrensqualität und einem Mindestmaß an Verfahrensbeteiligung bezweckt Art. 103 Abs. 1 GG zudem, die Wahrheitsfindung durch das Gericht zu optimieren und die materiellen Rechte des Bürgers bestmöglich zu wahren. Der Anspruch auf rechtliches Gehör soll die Möglichkeit und Integrität diskursiver Entscheidungen vor Gericht gewährleisten,[1004] (gesetzes-)richtige und gerechte Entscheidungen ermöglichen,[1005] der Abklärung des zutreffenden Sachverhalts und der tatsächlichen Grundlagen gerichtlicher Entscheidungen dienen und – nicht zuletzt – sicherstellen, dass die vom Gericht zu treffende Entscheidung frei von Rechts- und Verfahrensfehlern ergeht, die auf Nichtberücksichtigung, unterlassener Kenntnisnahme oder mangelnder Erwägung des Sachvortrags der Prozessbeteiligten beruht.[1006] Darüber hinaus soll der Anspruch auf rechtliches Gehör den Justizgewährleistungsanspruch nach Art. 19 Abs. 4 GG effektivieren,[1007] zur Sicherung der materiellen Grundrechte beitragen,[1008] verhindern, dass mit einem Bürger „kurzer Prozess" gemacht wird[1009] sowie den Richter anhalten, durch unvoreingenommene Bereitschaft zur Ver- und Bewertung des gegenseitigen Vorbringens einerseits und unparteiischen Rechtsanwendung andererseits seine Pflichten gegenüber den Prozessbeteiligten zu erfüllen[1010] und – unter anderem dadurch – eine objektive, faire Verhandlungsführung,[1011] das heißt eine Waffengleichheit im Prozess, ermöglichen.[1012] Diesen zusätzlichen Zielen des Anspruchs auf rechtliches Gehör kann das Äußerungsrecht im Rahmen der gerichtsnahen Mediation nur bedingt gerecht werden. Zwar kann auch dieses Äußerungsrecht dabei helfen, ein faires Verfahren und eine faire Verhandlungsführung zu sichern sowie eine gewisse Waffengleichheit zwischen den Verfahrensbeteiligten im gerichtsnahen Mediationsverfahren herzustellen. Hierzu gehört zum Beispiel der Ausgleich gegebenenfalls zwischen den Prozessparteien bestehender Ungleichgewichte, die sich zu Lasten einer oder mehrerer Mediationspar-

---

1003 *Schmidt-Aßmann*, in: *Maunz/Dürig*, GG, Art. 19 Abs. 4 Rn. 19.

1004 *Schulze-Fielitz*, in: *Dreier*, GG, Art. 103 Abs. 1 Rn. 11; *Kunig*, in: *v. Münch/Kunig*, GG, Art. 103 Rn. 3.

1005 *Schulze-Fielitz*, in: *Dreier*, GG, Art. 103 Abs. 1 Rn. 11; *BVerfGE* 55, 72 (93).

1006 *Littmann*, in: *Lüdtke*, SGG, § 62 Rn. 2; *BVerfGE* 50, 32 (35); 65, 305 (307).

1007 Vgl.: *Schulze-Fielitz*, in: *Dreier*, GG, Art. 103 Abs. 1 Rn. 11; *Kunig*, in: *v. Münch/Kunig*, GG, Art. 103 Rn. 3.

1008 *Schulze-Fielitz*, in: *Dreier*, GG, Art. 103 Abs. 1 Rn. 11; *Knemeyer*, in: *Isensee/Kirchhof*, HStR, § 155 Rn. 13.

1009 *Schulze-Fielitz*, in: *Dreier*, GG, Art. 103 Abs. 1 Rn. 11; *Kunig*, in: *v. Münch/Kunig*, GG, Art. 103 Rn. 3; *BVerfGE* 9, 89 (95); 55, 1 (6); *Brandt* u. *Schmidt-Troje*, in: *Beermann/Gosch*, AO/FGO, Einl. FGO Rn. 46 bzw. § 96, Rn. 80.

1010 *Kunig*, in: *v. Münch/Kunig*, GG, Art. 103 Rn. 3; *BVerfGE* 52, 131 (156 f.).

1011 *Schulze-Fielitz*, in: *Dreier*, GG, Art. 103 Abs. 1 Rn. 11; *Kunig*, in: *v. Münch/Kunig*, GG, Art. 103 Rn. 3; *BVerfGE* 52, 131 (156).

1012 Vgl.: *Schulze-Fielitz*, in: *Dreier*, GG, Art. 103 Abs. 1 Rn. 11; *BVerfGE* 52, 131 (156). Zum Grundsatz der Waffengleichheit vgl.: Zweiter Teil, 5. Kapitel, Unterpunkt VIII.

teien auf die Möglichkeit zur umfänglichen und im Vergleich zur jeweiligen Gegenseite gleichmäßigen Äußerung im Mediationsverfahren auswirken. Zudem ist das den Konfliktparteien in gleichem Maße und in selbem Umfang zustehende Äußerungsrecht auch in der gerichtsnahen Mediation Voraussetzung einer von allen Beteiligten als gerecht empfundenen und daher eine gewisse Dauerhaftigkeit versprechenden Konfliktbeilegung. In Ermangelung einer die gerichtsnahe Mediation beendenden gerichtlichen Entscheidung kann das Äußerungsrecht innerhalb der gerichtsnahen Mediation jedoch nicht dazu dienen, die Wahrheitsfindung durch das Gericht zu optimieren, die Möglichkeit und Integrität diskursiver Entscheidungen zu gewährleisten, den zutreffenden Sachverhalt und die tatsächlichen Grundlagen gerichtlicher Entscheidungen abzuklären sowie frei von Rechts- und Verfahrensfehlern ergehende, (gesetzes-)richtige und gerechte Gerichtsentscheidungen zu ermöglichen. Auch das Ziel, den Richtermediator – entsprechend dem Richter im Prozess – anzuhalten, durch unvoreingenommene Bereitschaft zur Ver- und Bewertung des gegenseitigen Vorbringens einerseits und unparteiische Rechtsanwendung andererseits seine Pflichten gegenüber den Prozessbeteiligten zu erfüllen, vermag die gerichtsnahe Mediation nicht zu verfolgen, da der Richtermediator regelmäßig weder eine Bewertung des gegenseitigen Parteivorbringens noch eine Rechtsanwendung vornimmt. In der gerichtsnahen Mediation kann es lediglich darum gehen, den Konfliktparteien die Gelegenheit zur umfangreichen und bestmöglichen Auseinandersetzung mit dem jeweiligen Konflikt zu geben, um eine möglichst abschließende Beilegung des Konflikts zu ermöglichen.

VIII. Der Anspruch auf ein faires Verfahren sowie der Grundsatz der Waffengleichheit in der gerichtsnahen Mediation

Im Rahmen des gerichtlichen Verfahrens gewähren vor allem Art. 2 Abs. 1 GG i.V.m. dem Rechtsstaatsprinzip,[1013] Art. 103 Abs. 1 GG,[1014] Art. 1 Abs. 1 GG,[1015] der Justizge-

---

[1013] *Murswiek*, in: *Sachs*, GG, Art. 2 Rn. 115; *Kunig*, in: *v. Münch/Kunig*, GG, Art. 2 Rn. 29; *Di Fabio* u. *Schmidt-Aßmann*, in: *Maunz/Dürig*, GG, Art. 2 Abs. 1 Rn. 72 u. 75 bzw. Art. 103 Rn. 9; *Podlech* u. *Wassermann*, in: AK-GG, Art. 2 Abs. 1 Rn. 85 bzw. Art. 103 Rn. 15; *Hofmann* u. *Hopfauf*, in: *Schmidt-Bleibtreu/Hofmann/Hopfauf*, GG, Art. 20 Rn. 57 bzw. Vorb. v. Art. 92 Rn. 24; *Schmidt-Aßmann*, in: *Schoch/Schmidt-Aßmann/Pietzner*, VwGO, Einl. Rn. 47; *Keller*, in: *Meyer-Ladewig/Keller/Leitherer*, SGG, vor § 60 Rn. 1b; *v. Groll/Koch*, in: *Gräber*, FGO, vor § 33 Rn. 19; *Lüke*, in: MK-ZPO, Einl. Rn. 139; *Baumbach/Lauterbach/Albers/Hartmann*, ZPO, Einl. III Rn. 23; *Brehm* u. *Leipold*, in: *Stein/Jonas*, ZPO, vor § 1 Rn. 296 bzw. vor § 128 Rn. 124; *Tettinger*, Fairness und Waffengleichheit; *Volkmann*, Mediation im Zivilprozess, S. 115; *BVerfGE* 38, 105 (111); 46, 202 (209); 52, 203 (206 f.); 57, 250 (274); 63, 45 (60); 63, 380 (390); 64, 135 (145); 65, 171 (174); 66, 313 (318); 69, 381 (385); 70, 297 (308); 78, 123 (126); 86, 288 (317); 89, 120 (129); 91, 176 (180); 93, 99 (113); 101, 397 (404); *BVerfG* NJW 1985, 1767; NJW 1991, 3140; NJW 1994, 1853; DVBl. 1994, 42; NJW 1995, 1277; NJW 1996, 3202; NJW 1998, 2044; NJW 2000, 1709; JZ 2000, 783; DVBl. 2001, 118 f.; NJW 2004, 1098; NJW 2004, 2887. Vgl. zudem auch: *Schulze-Fielitz*, in: *Dreier*, GG, Vorb. Rn. 39 Art. 20 (Rechtsstaat) Rn. 202, bzw. Art. 19 Abs. 4 Rn. 28 u. 79; *Heyde*, in: *Benda/Maihofer/Vogel*, Hdb. Verfassungsrecht, § 33 Rn. 61 ff.; *Kopp/Schenke*, VwGO, § 1 Rn. 12 beschränken sich auf die Feststellung, die Waffengleichheit der Beteiligten werde durch das Grundgesetz garantiert.

[1014] *Dörr*, Faires Verfahren, S. 103 ff. m.w.N.

währleistungsanspruch nach Art. 19 Abs. 4 GG[1016] sowie Art. 6 Abs. 1 EMRK[1017] einen allgemeinen Anspruch auf ein faires Verfahren.[1018] Auch das gerichtsnahe Mediationsverfahren erfordert jedoch – wie jede andere Mediation – eine faire Verfahrensdurchführung, so dass der im gerichtlichen Verfahren bestehende Anspruch auf ein faires Verfahren weitgehend auch auf die gerichtsnahe Mediation ausgedehnt werden kann.

Soweit der Anspruch auf ein faires Verfahren zunächst die Einhaltung bereits angesprochener Verfahrens- und Verfassungsgrundsätze erfordert, kann hinsichtlich der Möglichkeit sowie des Umfangs einer Ausweitung dieses Anspruchs auf die gerichtsnahe Mediation auf die bereits getätigten Ausführungen verwiesen werden. Zu nennen wäre in diesem Zusammenhang, dass der Anspruch auf ein faires Verfahren zunächst die Garantie eines gesetzlichen Richters,[1019] die Gewährleistung eines Rechtsschutzanspruchs, namentlich dass der Zugang zu den Gerichten und den angebotenen Instanzen nicht in unzumutbarer Weise erschwert werden darf,[1020] sowie die Gewähr des rechtlichen Gehörs[1021] verlangt; letzteres vor allem, da die Verfahrensbeteiligten im Rahmen eines fairen Verfahrens nicht zum bloßen Objekt des Verfahrens gemacht werden dürfen, sondern vielmehr als Verfahrensbeteiligte anerkannt werden müssen, mit prozessualen Befugnissen auszustatten sind[1022] und über die Möglichkeit verfügen müssen, zur Wahrnehmung ihrer Rechte auf den Gang und das Ergebnis des Verfahrens Einfluss zu nehmen.[1023]

Darüber hinaus gewährleistet der Grundsatz des fairen Verfahrens, dass der Rechtssuchende gegenüber den Organen der Rechtspflege, ohne Rechtsnachteile befürchten zu müssen, all jene Handlungen vornehmen kann, die nach seiner vom guten Glauben

---

1015 *Brandt*, in: *Beermann/Gosch*, AO/FGO, Einf. FGO Rn. 54.

1016 *Musielak*, in: *Musielak*, ZPO, Einl. Rn. 7; *Dörr*, Faires Verfahren, S. 103 ff. m.w.N.

1017 *Kopp/Schenke*, VwGO, § 1 Rn. 16; *Keller*, in: *Meyer-Ladewig/Keller/Leitherer*, SGG, vor § 60 Rn. 1b; *Dörr*, Faires Verfahren, S. 60 ff.; *EGMR* NJW 1995, 1413 f.; NJW 1999, 1173 ff. Vgl. zudem auch: *Vollkommer*, in: *Zöller*, ZPO, Einl. Rn. 101.

1018 Teilweise wird der Anspruch auf ein faires Verfahren auch aus dem Sozialstaatsprinzip abgeleitet (*Tettinger*, Fairness und Waffengleichheit; *BVerfG* NJW 1985, 1767; NJW 1993, 3315). Vgl. zum Gebot des fairen Verfahrens zudem auch: *Schmidt-Aßmann*, in: *Isensee/Kirchhof*, HStR, § 26 Rn. 74.

1019 *Kissel/Mayer*, GVG, Einl. Rn. 227. Zur Ausdehnbarkeit des Rechts auf den gesetzlichen Richter nach Art. 101 Abs. 1 S. 2 GG auf die gerichtsnahe Mediation vgl.: Zweiter Teil, 5. Kapitel, Unterpunkt V.

1020 *Starck*, in: *v. Mangoldt/Klein/Starck*, GG, Art. 2 Abs. 1 Rn. 128; *Keller*, in: *Meyer-Ladewig/Keller/Leitherer*, SGG, vor § 60 Rn. 1d; *Kissel/Mayer*, GVG, Einl. Rn. 221; *Musielak*, in: *Musielak*, ZPO, Einl. Rn. 30; *BVerfGE* 69, 381 (385); *BVerfG* NJW 1994, 1853; NJW 1998, 3703.

1021 Vgl.: *Kissel/Mayer*, GVG, Einl. Rn. 227; wonach sich die Verfahrensbeteiligten im Rahmen eines fairen Verfahrens in jeder Hinsicht unabhängig u. frei von Druck und Beeinflussung in vollem sachbezogenem Umfang äußern u. dabei durch die Verhandlungsführung der Richter das Gefühl haben können müssen, dass die Richter ihnen unvoreingenommen gegenüberstehen.

1022 *Leipold*, in: *Stein/Jonas*, ZPO, vor § 128 Rn. 130; vgl. auch: *Podlech*, in: AK-GG, Art. 2 Abs. 1 Rn. 85, wonach niemand in einem Verfahren rechtlos gestellt und zum bloßen Objekt des Verfahrens gemacht werden darf, sowie: *Brandt*, in: *Beermann/Gosch*, AO/FGO, Einf. FGO Rn. 54.

1023 *Kissel/Mayer*, GVG, Einl. Rn. 222; *Schmidt-Troje* u. *Beermann*, in: *Beermann/Gosch*, AO/FGO, § 96 FGO Rn. 80 bzw. § 119 FGO Rn. 43.

bestimmten Sicht geeignet sind, sich im Prozess zu behaupten,[1024] ferner das Unbeteiligtsein und die Unbefangenheit des Richters,[1025] eine gewisse Fürsorgepflicht des Gerichts,[1026] dass die Gerichte berechenbar prozessieren,[1027] dass sie ihre Verfahren überprüfbar gestalten und den Parteien Mitwirkungs- und Kontrollmöglichkeiten einräumen müssen,[1028] dass das Gericht Rücksicht auf die Beteiligten in ihrer konkreten Situation nehmen muss,[1029] sowie die freie Verteidigerwahl[1030] und das uneingeschränkte Recht auf Hinzuziehung eines Rechtsanwalts.[1031] Flankiert werden diese Gewährleistungen durch das Verbot übertriebener Formalismen,[1032] das Verbot einer übermäßig erschwerenden Handhabung verfahrensrechtlicher Regeln,[1033] das Verbot, bestrittene Tatsachen ohne hinreichende Prüfung zu bejahen,[1034] die Unzulässigkeit widersprüchlichen Verhaltens seitens der Gerichte,[1035] ein an Gerichte gewandtes Missbrauchs- und Schikaneverbot,[1036] das Verbot, von einer vorher angekündigten oder zumindest bisher geübten Spruch- und Prozesspraxis plötzlich und ohne Vorankündigung abzuweichen,[1037] sowie den Grundsatz, dass aus Fehlern oder Versäumnissen des Gerichts keine Nachteile für die Beteiligten abgeleitet werden dürfen[1038] und Umstände, die ausschließlich in der

---

[1024] *Kissel/Mayer*, GVG, Einl. Rn. 222.

[1025] *Sachs*, in: *Sachs*, GG, Art. 20 Rn. 163.

[1026] *Keller*, in: *Meyer-Ladewig/Keller/Leitherer*, SGG, vor § 60 Rn. 1b.

[1027] *Vollkommer*, in: *Zöller*, ZPO, Einl. Rn. 101; *BVerfGE* 78, 123 (126).

[1028] *Vollkommer*, in: *Zöller*, ZPO, Einl. Rn. 101.

[1029] *Schulze-Fielitz*, in: *Dreier*, GG, Art. 20 (Rechtsstaat) Rn. 202; *Hopfauf*, in: *Schmidt-Bleibtreu/Hofmann/Hopfauf*, GG Vorb. v. Art. 92, Rn. 24; *Sachs*, in: *Sachs*, GG, Art. 20 Rn. 163; *Keller*, in: *Meyer-Ladewig/Keller/Leitherer*, SGG, vor § 60 Rn. 1g; *v. Groll/Koch*, in: *Gräber*, FGO, vor § 33 Rn. 19; *Brandt*, in: *Beermann/Gosch*, AO/FGO, Einf. FGO Rn. 56; *Leipold*, in: *Stein/Jonas*, ZPO, vor § 128 Rn. 129; *Vollkommer*, in: *Zöller*, ZPO, Einl. Rn. 101; *Lüke*, in: MK-ZPO, Einl. Rn. 141; *BVerfGE* 38, 105 (111 ff.); 78, 123 (126); *BVerfG* NJW 1996, 3202; NJW 1998, 2044; *BSG* NJW 1997, 1326 (1327).

[1030] *Starck*, in: *v. Mangoldt/Klein/Starck*, GG, Art. 2 Rn. 128; *BVerfGE* 34, 293 (302); 66, 313 (319).

[1031] *Kissel/Mayer*, GVG, Einl. Rn. 225; *BVerfGE* 38, 105 (111); *BGH* NJW 1992, 849; NJW 2002, 975 (976).

[1032] Vgl. auch: *Leipold*, in: *Stein/Jonas*, ZPO, vor § 128 Rn. 132.

[1033] *Schulze-Fielitz*, in: *Dreier*, GG, Art. 20 (Rechtsstaat) Rn. 202; *BVerfGE* 84, 366 (369 f.); *BVerfG* NJW 1991, 3140.

[1034] *Keller*, in: *Meyer-Ladewig/Keller/Leitherer*, SGG, vor § 60 Rn. 1b; *BVerfGE* 91, 176 (181); *BVerfG* NJW 2001, 2531.

[1035] *Hopfauf*, in: *Schmidt-Bleibtreu/Hofmann/Hopfauf*, GG, Vorb. v. Art. 92 Rn. 24; *Sachs* u. *Degenhart*, in: *Sachs*, GG, Art. 20 Rn. 163 bzw. Art. 103 Rn. 42; *Schulze-Fielitz*, in: *Dreier*, GG, Art. 20 (Rechtsstaat) Rn. 202; *Keller*, in: *Meyer-Ladewig/Keller/Leitherer*, SGG, vor § 60 Rn. 1b; *v. Groll/Koch*, in: *Gräber*, FGO, vor § 33 Rn. 19; *Brandt*, in: *Beermann/Gosch*, AO/FGO, Einf. FGO Rn. 56; *Musielak*, in: *Musielak*, ZPO, Einl. Rn. 30; *Prütting*, in: *Wieczorek/Schütze*, ZPO, Einl. Rn. 96; *Vollkommer*, in: *Zöller*, ZPO, Einl. Rn. 101; *Leipold*, in: *Stein/Jonas*, ZPO, vor § 128 Rn. 129; *Lüke*, in: MK-ZPO, Einl. Rn. 141; *BVerfGE* 78, 123 (126); *BVerfG* NJW 1998, 2044.

[1036] *Vollkommer*, in: *Zöller*, ZPO, Einl. Rn. 101.

[1037] *Vollkommer*, in: *Zöller*, ZPO, Einl. Rn. 101; *Prütting*, in: *Wieczorek/Schütze*, ZPO, Einl. Rn. 96; *BVerfGE* 78, 123 (126 f.).

[1038] *Hopfauf*, in: *Schmidt-Bleibtreu/Hofmann/Hopfauf*, GG, Vorb. v. Art. 92 Rn. 24; *Schulze-Fielitz*, in: *Dreier*, GG, Art. 20 (Rechtsstaat) Rn. 202; *Sachs* u. *Degenhart*, in: *Sachs*, GG, Art. 20 Rn. 163 bzw. Art. 103 Rn. 42; *Kissel/Mayer*, GVG, Einl. Rn. 221; *Brandt*, in: *Beermann/Gosch*, AO/FGO, Einf. FGO

Sphäre des Gerichts und außerhalb des Einflussbereichs der Parteien liegen, den Parteien nicht zum Nachteil gereichen dürfen.[1039] Vor allem die Befugnis der Konfliktparteien zur Vornahme der zur Selbstbehauptung im Verfahren geeigneten und erforderlichen Handlungen, die Garantie der Unbefangenheit des Richters, die Fürsorge- und Rücksichtnahmepflichten des Gerichts, das Recht der Beteiligten auf Hinzuziehung eines Rechtsanwalts, die Notwendigkeit, den Streitparteien gewisse Mitwirkungs- und Kontrollmöglichkeiten einzuräumen, sowie die Verpflichtung des Gerichts zur überprüfbaren und berechenbaren Prozessführung ohne übertriebenen Formalismus, übermäßige Erschwerung der Handhabung verfahrensrechtlicher Bestimmungen, widersprüchliche Verhaltensweisen sowie den Missbrauch von Verfahrensbefugnissen oder Schikanemaßnahmen, sind dabei auch im Rahmen der gerichtsnahen Mediation erforderliche Aspekte, um im Rahmen eines fairen Verfahrens eine selbständige, eigenverantwortliche und einvernehmliche Streitbeilegung zu ermöglichen. Somit ist der Grundsatz des fairen Verfahrens auf die gerichtsnahe Mediation übertragbar.

Wesentliche Voraussetzung eines fairen Verfahrens ist darüber hinaus auch eine gewisse Waffengleichheit im Prozess,[1040] wobei der Grundsatz der Waffengleichheit vor allem aus dem allgemeinen Gleichheitssatz nach Art. 3 Abs. 1 GG (i.V.m. dem Rechtsstaats-[1041] und Sozialstaatsprinzip[1042]), teilweise aber auch aus dem Justizgewährleistungsanspruch,[1043] abgeleitet wird und es inhaltlich vor allem um die Gewährleistung der formellen und materiellen Chancengleichheit bei der Durchsetzung subjektiver Rechte[1044] und der Abwehr unberechtigter Ansprüche[1045] geht. Die geforderte formelle Chancengleichheit bezieht sich auf die Rechtsstellung der Parteien im Prozess und verbietet im Grundsatz, Unterschiede allein danach zu machen, ob eine Partei als Kläger oder als Beklagter auftritt.[1046] Damit ist unter Waffengleichheit zunächst die Pflicht zur Gleichbehandlung[1047] und zur ausgleichenden Verhandlungsführung durch den Richter[1048] einer-

---

Rn. 56; *Musielak*, in: *Musielak*, ZPO, Einl. Rn. 30; *Leipold*, in: *Stein/Jonas*, ZPO, vor § 128 Rn. 129; *Vollkommer*, in: *Zöller*, ZPO, Einl. Rn. 101; *BVerfGE* 60, 1 (6); 78, 123 (126); 81, 264 (273); *BVerfG* NJW 1996, 1811.

[1039] *Vollkommer*, in: *Zöller*, ZPO, Einl. Rn. 101; *BVerfGE* 81, 264 (273).

[1040] Vgl. auch: *Musielak*, in: *Musielak*, ZPO, Einl. Rn. 31; *EGMR* NJW 1995, 1413, sowie: *Leipold*, in: *Stein/Jonas*, ZPO, vor § 128 Rn. 116, wonach die Waffengleichheit im Prozess eine Ausprägung bzw. einen Bestandteil des fairen Verfahrens ist.

[1041] Vgl.: *Starck*, in: *v. Mangoldt/Klein/Starck*, GG, Art. 3 Abs. 1 Rn. 224; *Gubelt*, in: *v. Münch/Kunig*, GG, Art. 3 Rn. 46; *Hofmann*, in: *Schmidt-Bleibtreu/Hofmann/Hopfauf*, GG, Art. 20 Rn. 61; *Schmidt-Aßmann*, in: *Schoch/Schmidt-Aßmann/Pietzner*, VwGO, Einl. Rn. 48; *Schmidt-Aßmann* u. *Sachs*, in: *Isensee/Kirchhof*, HStR, § 26 Rn. 74 bzw. § 127 Rn. 78 m.w.N.; *BVerfGE* 52, 131 (144 u. 156); 54, 117 (124 f.); 69, 248 (254); 81, 347 (356 f.).

[1042] Vgl.: *Kannengießer*, in: *Schmidt-Bleibtreu/Hofmann/Hopfauf*, GG, Art. 3 Rn. 47; *BVerfGE* 35, 348 (355); 56, 139 (143); 78, 104 (117 f.).

[1043] *Musielak*, in: *Musielak*, ZPO, Einl. Rn. 7.

[1044] *Schmidt-Aßmann*, in: *Schoch/Schmidt-Aßmann/Pietzner*, VwGO, Einl. Rn. 48; *Lüke*, in: MK-ZPO, Einl. Rn. 144; *Musielak*, in: *Musielak*, ZPO, Einl. Rn. 32.

[1045] *Lüke*, in: MK-ZPO, Einl. Rn. 144.

[1046] *Musielak*, in: *Musielak*, ZPO, Einl. Rn. 32.

[1047] *Vollkommer*, in: *Zöller*, ZPO, Einl. Rn. 102; *BVerfGE* 69, 126 (140).

seits sowie die verfassungsrechtlich gewährleistete Gleichwertigkeit der prozessualen Stellung der Konfliktparteien vor dem Richter andererseits zu verstehen.[1049] Der Richter hat den Prozessparteien im Rahmen der Verfahrensordnung gleichermaßen die Möglichkeit einzuräumen, alles für die gerichtliche Entscheidung Erhebliche vorzutragen (Gewähr rechtlichen Gehörs)[1050] und alle zur Abwehr des gegnerischen Angriffs erforderlichen prozessualen Verteidigungsmittel selbständig geltend zu machen.[1051] Zudem hat der Richter die Gleichstellung der Parteien durch eine objektive und faire Verhandlung, durch eine unvoreingenommene Bereitschaft zur Verwertung und Bewertung des gegenseitigen Vorbringens, durch eine unparteiische Rechtsanwendung sowie durch korrekte Erfüllung seiner sonstigen prozessualen Obliegenheiten gegenüber den Prozessbeteiligten zu wahren.[1052] Die Prozessparteien müssen ihren Fall vor Gericht unter Bedingungen präsentieren können, die für sie keinen substantiellen Nachteil im Verhältnis zum jeweiligen Prozessgegner bedeuten,[1053] so dass das Verfahrensrecht den Parteien in gleicher Weise das Recht zu Klagen, Anträgen, Behauptungen, Beweisangeboten und Rechtsmitteln geben und die prozessualen Risiken möglichst gleich verteilen muss.[1054]

Die materielle Seite der Waffengleichheit verlangt ein Verfahren, das Chancengleichheit bei der Durchsetzung der subjektiven Rechte im Prozess gewährleistet.[1055] Hierzu gehört unter anderem die Garantie der Gesetzesanwendungsgleichheit innerhalb eines rechtsstaatlich fairen Verfahrens[1056] sowie die gleichmäßige Verteilung des Risikos hinsichtlich Verfahrensausgang[1057] und Kostenbelastung.[1058]

Grundsätzlich bedarf es auch in der gerichtsnahen Mediation einer ähnlich ausgeprägten Waffengleichheit, so dass auch das Prinzip der Waffengleichheit auf die gerichtsnahe Mediation übertragbar scheint. Um eine faire und von allen Konfliktparteien akzeptierte

---

[1048] *Vollkommer*, in: *Zöller*, ZPO, Einl. Rn. 102; *BVerfGE* 52, 131 (156).

[1049] *Starck*, in: *v. Mangoldt/Klein/Starck*, GG, Art. 3 Abs. 1 Rn. 224; *Osterloh*, in: *Sachs*, GG, Art. 3 Rn. 208; *BVerfGE* 52, 131 (156); 54, 117 (124 f.); 69, 248 (254); vgl. auch: *Kannengießer*, in: *Schmidt-Bleibtreu/Hofmann/Hopfauf*, GG, Art. 3 Rn. 47; *BVerfGE* 9, 124 (130 f.); 10, 262 (270 f.); 78, 104 (117 f.), wonach der Grundsatz der Waffengleichheit gebietet, die prozessuale Stellung der Parteien weitgehend anzugleichen. Kritisch: *Gubelt*, in: *v. Münch/Kunig*, GG, Art. 3 Rn. 46.

[1050] *Schmid*, in: *Sodan/Ziekow*, VwGO, § 173 Rn. 25; *Musielak*, in: *Musielak*, ZPO, Einl. Rn. 31; *Prütting*, in: *Wieczorek/Schütze*, ZPO, Einl. Rn. 97; *BVerfGE* 52, 131 (156); 55, 72 (94). Kritisch: *Gubelt*, in: *v. Münch/Kunig*, GG, Art. 3 Rn. 46.

[1051] *Schmid*, in: *Sodan/Ziekow*, VwGO, § 173 Rn. 25; *Musielak*, in: *Musielak*, ZPO, Einl. Rn. 31; *BVerfGE* 52, 131 (156); 69, 126 (140).

[1052] *BVerfGE* 52, 131 (156 f.). Kritisch: *Gubelt*, in: *v. Münch/Kunig*, GG, Art. 3 Rn. 46.

[1053] *Kissel/Mayer*, GVG, Einl. Rn. 195; *EGMR* NJW 1995, 1413.

[1054] *Leipold*, in: *Stein/Jonas*, ZPO, vor § 128 Rn. 115.

[1055] *Musielak*, in: *Musielak*, ZPO, Einl. Rn. 32; *Lüke*, in: MK-ZPO, Einl. Rn. 144.

[1056] *Osterloh*, in: *Sachs*, GG, Art. 3 Rn. 208.

[1057] *Starck*, in: *v. Mangoldt/Klein/Starck*, GG, Art. 3 Abs. 1 Rn. 224; *Hofmann*, in: *Schmidt-Bleibtreu/Hofmann/Hopfauf*, GG, Art. 20 Rn. 61; *Dürig*, in: *Maunz/Dürig*, GG, Art. 3 Abs. 1 Rn. 50; *Osterloh*, in: *Sachs*, GG, Art. 3 Rn. 209; *Vollkommer*, in: *Zöller*, ZPO, Einl. Rn. 102; *Prütting*, in: *Wieczorek/Schütze*, ZPO, Einl. Rn. 97; *BVerfGE* 74, 78 (94).

[1058] *Vollkommer*, in: *Zöller*, ZPO, Einl. Rn. 102; *BVerfGE* 74, 78 (94). Vgl. zudem auch: *Prütting*, in: *Wieczorek/Schütze*, ZPO, Einl. Rn. 97.

Beilegung des jeweiligen Konflikts herbeiführen zu können, müssen die Verfahrensbeteiligten auch in der gerichtsnahen Mediation über die gleiche Verfahrensstellung und über eine formelle Chancengleichheit verfügen, die durch eine verfahrensbezogene Gleichbehandlung – eine objektive und faire Verhandlungsführung – sichergestellt werden muss. Zudem müssen die Parteien einer gerichtsnahen Mediation im Sinne einer materiellen Chancengleichheit die gleichen Möglichkeiten haben, ihre Interessen in eine das Mediationsverfahren gegebenenfalls abschließende Mediationsvereinbarung einzubringen, sowie in gleichem Maße dem Risiko hinsichtlich Verfahrensausgang und Kostenbelastung ausgesetzt sein, wenn auch – in Ermangelung einer den Konflikt entscheidenden Tätigkeit des Richtermediators – hinsichtlich der materiellen Chancengleichheit im Rahmen der gerichtsnahen Mediation (abgesehen von einer gleichmäßigen Anwendung verfahrensbezogener Vorschriften) nicht von einer Garantie der Gesetzesanwendungsgleichheit gesprochen werden kann. Schließlich muss der Staat als Ausfluss des Gleichbehandlungsgrundsatzes nach Art. 3 Abs. 1 GG ferner dafür sorgen, dass eine Gleichbehandlung und damit eine Waffengleichheit zwischen den Konfliktparteien gewährleistet wird, wenn er ein institutionalisiertes Verfahren zur einvernehmlichen Streitbeilegung anbietet.

Fraglich ist jedoch, ob die gerichtsnahe Mediation im Rahmen des verwaltungs-, sozial- und finanzgerichtlichen Verfahrens dem Grundsatz der Waffengleichheit tatsächlich auch gerecht zu werden vermag. Problematisch erscheint dies insofern, als in der verwaltungs-, sozial- und finanzgerichtsnahen Mediation – wie im Verwaltungs-, Sozial- und Finanzgerichtsprozess selbst – regelmäßig ein gewisses Informationsgefälle zwischen der beklagten staatlichen Stelle einerseits und dem klagenden Individuum andererseits besteht. Im Rahmen des Verwaltungs-, Sozial- und Finanzgerichtsprozesses sowie auch in der gerichtsnahen Mediation im Bereich der öffentlichen Gerichtsbarkeiten werden der Staat und seine Einrichtungen aufgrund größerer Sachkenntnis (zum Beispiel infolge der Kenntnis der Verwaltungspraxis oder von Gutachten aus Parallelverfahren) häufig über einen gewissen Informationsvorsprung verfügen, der sich nachteilig auf die Waffengleichheit zwischen den Konfliktparteien auswirkt.[1059] Letztlich steht jedoch auch dieses Informationsgefälle der Durchsetzung des Grundsatzes der Waffengleichheit nicht im Wege, da ihm das geltende Verfassungs- und Verfahrensrecht im gerichtlichen Verfahren beispielsweise die Ermittlungspflicht des Richters (den so genannten Amtsermittlungs- beziehungsweise Untersuchungsgrundsatz nach § 86 Abs. 1 VwGO, § 103 SGG, § 76 Abs. 1 FGO), Akteneinsichts- und Informationsrechte des Bürgers (zum Beispiel nach § 100 VwGO, § 120 SGG und § 78 FGO), Mitwirkungspflichten staatlicher Behörden in Form der Akten- und Urkundenvorlage (§ 99 VwGO, § 119 SGG, § 86 FGO)[1060] sowie gewisse Erleichterungen bei der Klageerhebung[1061] entgegensetzt. Diese Grundsätze – mit Ausnahme der in der gerichtsnahen Mediation nicht anwendbaren Amtsermittlungs- beziehungsweise Untersuchungsmaxime[1062] und der Erleichterungen bei der

1059 Vgl. hierzu: *Meissner*, in: *Schoch/Schmidt-Aßmann/Pietzner*, VwGO, § 173 Rn. 94.
1060 *Meissner*, in: *Schoch/Schmidt-Aßmann/Pietzner*, VwGO, § 173 Rn. 94.
1061 Vgl.: *Meissner*, in: *Schoch/Schmidt-Aßmann/Pietzner*, VwGO, § 173 Rn. 94.
1062 Vgl. hierzu: Zweiter Teil, 5. Kapitel, Unterpunkt IX.

Klageerhebung – können auch im Rahmen der gerichtsnahen Mediation Geltung beanspruchen. Die Bestimmungen zum Akteneinsichts- und Informationsrecht des Bürgers sowie zu den Mitwirkungspflichten staatlicher Behörden in Form der Akten- und Urkundenvorlage können in Abwesenheit einer entsprechenden ausdrücklichen Regelung insofern im Rahmen der gerichtsnahen Mediation entsprechende Anwendung finden, als ohne eine analoge Anwendung dieser Vorschriften ein die Waffengleichheit der Parteien gefährdendes Informationsungleichgewicht in der gerichtsnahen Mediation zu befürchten wäre, die Parteien hinsichtlich dieses Verfahrensgrundsatzes in der gerichtsnahen Mediation jedoch nicht schlechter gestellt werden sollen und dürfen als im gerichtlichen Verfahren. Wie ein Gerichtsurteil soll auch die das gerichtsnahe Mediationsverfahren im Idealfall abschließende Mediationsvereinbarung die rechtlichen Beziehungen zwischen dem Staat und seinen Einrichtungen einerseits sowie dem von staatlichen Maßnahmen betroffenen Rechtsträger andererseits dauerhaft und verbindlich regeln, so dass auch die gegebenenfalls ergehende Mediationsvereinbarung aufgrund ausreichender, mit der Informationslage im herkömmlichen gerichtlichen Verfahren vergleichbarer Informationsbasis ergehen muss, um eine faire und dem Grundsatz der Waffengleichheit genügende Suche nach einem geeigneten Konfliktlösungsregime zu ermöglichen.

IX. Die gerichtsnahe Mediation und der Amtsermittlungsgrundsatz

Im Rahmen der gerichtsnahen Mediation bestimmen die Konfliktparteien den Inhalt und den Verlauf des Verfahrens. Dabei steht es ihnen frei, zu welchen Aspekten sie verhandeln und welche Informationen sie in den Einigungsprozess einbringen. Auch wenn der Mediator im Interesse einer umfassenden, abschließenden und aufgrund dessen nachhaltigen Konfliktlösung versuchen kann, auf eine offene Verhandlungsführung zwischen den Konfliktparteien hinzuwirken, findet eine Sachverhaltsaufklärung durch den Richtermediator in der gerichtsnahen Mediation – wie in jeder anderen Mediation – nicht statt. Die Aufgabe des Richtermediators beschränkt sich darauf, die freien Verhandlungen zwischen den Konfliktparteien bestmöglich zu unterstützen. Vor diesem Hintergrund erscheint es mit Blick auf die verfahrensrechtliche Zulässigkeit der gerichtsnahen Mediation fraglich, ob das Konzept der gerichtsnahen Mediation mit den Grundprinzipien des verwaltungs-, sozial- und finanzgerichtlichen Verfahrens vereinbar ist, da in diesen Verfahren der so genannte Amtsermittlungs- beziehungsweise Untersuchungsgrundsatz (Inquisitionsmaxime) gilt, der teilweise aus dem Rechtsstaatsprinzip und der Bindung der Staatsgewalten an Recht und Gesetz (Art. 20 Abs. 3 GG),[1063] oft aber auch aus der Garantie eines effektiven Rechtsschutzes gemäß Art. 19 Abs. 4 GG[1064] abgeleitet wird.

Der Amtsermittlungsgrundsatz bildet ein charakteristisches Unterscheidungsmerkmal zwischen Verwaltungs-, Sozial- und Finanzgerichtsprozess einerseits und dem Zivilver-

---

1063 *Geiger*, in: *Eyermann*, VwGO, § 86 Rn. 5.

1064 *Kopp/Schenke*, VwGO, § 86 Rn. 1; *Geiger*, in: *Eyermann*, VwGO, § 86 Rn. 5. Vgl. auch: *Seer*, in: *Tipke/Kruse*, AO/FGO, § 76 FGO Rn. 4, wonach die Untersuchungsmaxime dem nach Art. 19 Abs. 4 GG verbürgten Anspruch auf Gewährleistung effektiven Rechtsschutzes gegen Akte der öffentlichen Gewalt dient.

fahren andererseits. Während im Zivilprozessrecht weitgehend der Beibringungs- respektive Verhandlungsgrundsatz herrscht, wonach die Prozessparteien den Tatsachenstoff, von dem das Gericht bei seiner Entscheidung auszugehen hat, durch Sachvortrag und Beweisangebote festlegen[1065] und das Gericht als tatsächlichen Prozessstoff im Wesentlichen nur Tatsachen und Umstände berücksichtigt, die von den Parteien vorgetragen oder sonst in den Prozess eingeführt wurden,[1066] sind die öffentlich-rechtlichen Gerichte wegen des besonderen öffentlichen Interesses an der sachlichen Richtigkeit der Entscheidung – gegebenenfalls auch gegen den erklärten Willen einer Partei[1067] – verpflichtet, von Amts wegen die für die gerichtliche Entscheidung maßgeblichen tatsächlichen Grundlagen zu ermitteln (§ 86 Abs. 1 VwGO, § 103 SGG, § 76 Abs. 1 FGO).[1068] Der das Zivilverfahren prägende Verhandlungsgrundsatz gilt dabei allerdings insofern ergänzend, als die Beteiligten trotz Geltung des Amtsermittlungsgrundsatzes befugt sind, von sich aus Tatsachen vorzubringen und Beweisanträge zu stellen.[1069]

Gegenstand der nach dem Amtsermittlungs- beziehungsweise Untersuchungsgrundsatz vom Gericht wahrzunehmenden Aufklärungspflicht ist die Ermittlung und Bewertung von Tatsachen als tatsächliche Grundlage einer Entscheidung,[1070] einschließlich der Er-

---

1065 Vgl. hierzu u.a.: *Kothe*, in: *Redeker/v. Oertzen*, VwGO, § 86 Rn. 1; *Pawlak*, in: *Hennig*, SGG, § 103 Rn. 5; *Hellwig*, in: *Hübschmann/Hepp/Spitaler*, AO/FGO, § 76 FGO Rn. 2; *Prütting*, in: *Wieczorek/Schütze*, ZPO, Einl. Rn. 77; vgl. auch: *Greger*, in: *Zöller*, ZPO, Vor § 128 Rn. 10 bzw. Vor § 284 Rn. 1 f.; *Stöcker*, in: *Beermann/Gosch*, AO/FGO, § 76 FGO, Rn. 7; *Seer*, in: *Tipke/Kruse*, AO/FGO, § 76 FGO, Rn. 2.

1066 *Geiger*, in: *Eyermann*, VwGO, § 86 Rn. 2; *Prütting*, in: *Wieczorek/Schütze*, ZPO, Einl. Rn. 79. Vgl. zum Beibringungs- bzw. Verfügungsgrundsatz allgemein auch: *Musielak*, in: *Musielak*, ZPO, Einl. Rn. 37 ff.; *Baumbach/Lauterbach/Albers/Hartmann*, ZPO, Grdz. § 128 Rn. 20 f.; *Greger*, in: *Zöller*, ZPO, Vor § 284 Rn. 2; *Leipold*, in: *Stein/Jonas*, ZPO, vor § 128 Rn. 146 ff.; *Lüke*, in: MK-ZPO, Einl. Rn. 181 ff.; *BVerfG* NJW 1995, 40; *BGH* NJW 1998, 156 (159).

1067 *Geiger*, in: *Eyermann*, VwGO, § 86 Rn. 2.

1068 *Kopp/Schenke*, VwGO, § 86 Rn. 1; *Geiger*, in: *Eyermann*, VwGO, § 86 Rn. 2; *Höfling/Rixen* u. *Schmid*, in: *Sodan/Ziekow*, VwGO, § 86 Rn. 2 ff. bzw. § 173 Rn. 22; *Meissner*, in: *Schoch/Schmidt-Aßmann/Pietzner*, VwGO, § 173 Rn. 82; *Kothe*, in: *Redeker/v. Oertzen*, VwGO, § 86 Rn. 7 ff.; *Pawlak*, in: *Hennig*, SGG, § 103 Rn. 4 f.; *Roller*, in: *Lüdtke*, SGG, § 62 Rn. 1; *Rohwer-Kahlmann*, Sozialgerichtsbarkeit, § 103 Rn. 11 f.; *Stapperfend*, in: *Gräber*, FGO, vor § 76 Rn. 5; *Seer*, in: *Tipke/Kruse*, AO/FGO, § 76 FGO Rn. 2; *BVerwGE* 10, 202 (204 f.). Vgl. zudem auch: *Ramsauer*, in: AK-GG, Art. 19 Abs. 4 Rn. 123; *Stöcker*, in: *Beermann/Gosch*, AO/FGO, § 76 Rn. 2 u. 6.

1069 Vgl. hierzu u.a.: *Rohwer-Kahlmann*, Sozialgerichtsbarkeit, § 103 Rn. 2.

1070 Vgl.: *Stapperfend*, in: *Gräber*, FGO, vor § 76 Rn. 5, sowie: *Dawin*, in: *Schoch/Schmidt-Aßmann/Pietzner*, VwGO, § 86 Rn. 46, nach dem sich die Ermittlungspflicht auf die Gesamtheit der Tatsachen erstreckt, die vom Gericht als gegeben zugrunde gelegt werden müssen, um dem erhobenen Rechtsschutzbegehren entsprechen zu können, sowie: *Seer*, in: *Tipke/Kruse*, AO/FGO, § 76 FGO Rn. 21, wonach Gegenstand der Sachaufklärung regelmäßig diejenigen Tatsachen sind, die den abstrakt formulierten gesetzlichen Tatbeständen zugrunde liegen. Nach *Rohwer-Kahlmann*, Sozialgerichtsbarkeit, § 103 Rn. 1 schließlich ist Gegenstand der Aufklärungspflicht die durch das Gericht von Amts wegen vorzunehmende Beschaffung der Beweise, die Erforschung des wahren Sachverhalts und die Stoffsammlung, das heißt die Beibringung desjenigen Tatsachenstoffs, der Entscheidungsgrundlage werden soll.

gebnisse der vom Gericht erhobenen Beweise in tatsächlicher Hinsicht.[1071] Hinsichtlich des Umfangs der Ermittlungspflicht ist das Gericht nach dem Untersuchungsgrundsatz verpflichtet, von sich aus alles zu tun, um den Tatsachenstoff für eine richtige rechtliche Beurteilung zusammenzutragen.[1072] Der Untersuchungsgrundsatz verlangt – im Sinne einer Pflicht zur erschöpfenden Aufklärung[1073] – eine der Sache angemessene und methodisch einwandfreie Erarbeitung der tatsächlichen Entscheidungsgrundlagen, wovon nur dann die Rede sein kann, wenn die tatrichterlichen Ermittlungen einen hinreichenden Grad an Verlässlichkeit aufweisen und auch dem Umfang nach zureichend sind, das heißt wenn alle verfügbaren Erkenntnisquellen vollständig ausgeschöpft sind und in nachprüfbarer und nachvollziehbarer Weise die Umstände offen gelegt werden.[1074] Neben einer vollständigen Ausschöpfung der vernünftigerweise zur Gewinnung von Erkenntnissen zur Verfügung oder zu Gebote stehenden Möglichkeiten, Quellen und Beweismittel,[1075] die geeignet sein können, die für die Entscheidung erforderliche Überzeugung des Gerichts zu begründen,[1076] verlangt der Amtsermittlungs- respektive Untersuchungsgrundsatz von den Gerichten zudem, bis an die Grenze der Zumutbarkeit jede mögliche und erforderliche Aufklärung des Sachverhalts zu versuchen[1077] und allen bei verständiger Würdigung ernsthaft in Betracht kommenden Möglichkeiten hinsichtlich des Geschehensablaufs nachzugehen.[1078] Es sollen alle für den Einzelfall bedeutsamen Umstände mit dem Ziel erforscht werden, die Basis dafür zu schaffen, dass das Gericht nach seiner freien, aus dem Gesamtergebnis des Verfahrens gewonnenen Überzeugung entscheiden kann.[1079] Das Gericht muss alle Tatsachen ermitteln, die für die Entscheidung in prozessualer und materieller Hinsicht wesentlich sind.[1080] Die Grenzen der Aufklärungspflicht ergeben sich dabei unter anderem aus dem Klägerbegehren, dem Klageantrag und der auf den Klageanspruch hin erfolgten Verteidigung, des weiteren aus Art und Inhalt des gesamten Parteivorbringens, aus den Sach- und Beweisanträgen der Beteiligten sowie aus dem im konkreten Fall anzuwendenden Recht und dessen Voraussetzungen in Verbindung mit dem entscheidungserheblichen Streitgegenstand. Von Be-

---

[1071] *Kopp/Schenke*, VwGO, § 86 Rn. 1a.

[1072] *Höfling/Rixen*, in: *Sodan/Ziekow*, VwGO, § 86 Rn. 14.

[1073] Vgl.: *Dawin*, in: *Schoch/Schmidt-Aßmann/Pietzner*, VwGO, § 86 Rn. 61.

[1074] *Kothe*, in: *Redeker/v. Oertzen*, VwGO, § 86 Rn. 7.

[1075] Vgl. hierzu auch: *Kopp/Schenke*, VwGO, § 86 Rn. 5; *Geiger*, in: *Eyermann*, VwGO, § 86 Rn. 11; *Leitherer*, in: *Meyer-Ladewig/Keller/Leitherer*, SGG, § 103 Rn. 8; *List*, in: *Hübschmann/Hepp/Spitaler*, AO/FGO, § 76 FGO Rn. 14; *Seer*, in: *Tipke/Kruse*, AO/FGO, § 76 FGO Rn. 20; *Stöcker*, in: *Beermann/Gosch*, AO/FGO, § 76 FGO Rn. 11; *BFHE* 153, 463 (465).

[1076] *Kopp/Schenke*, VwGO, § 86 Rn. 5 m.w.N.; *Geiger*, in: *Eyermann*, VwGO, § 86 Rn. 11.

[1077] Vgl. hierzu auch: *Kopp/Schenke*, VwGO, § 86 Rn. 5 m.w.N.; *Stöcker*, in: *Beermann/Gosch*, AO/FGO, § 76 FGO Rn. 11; *BVerwGE* 71, 38, (41); *BVerwG* MDR 1978, 77; *BFHE* 97, 293 (294); 153, 463 (465); *OVG Münster* DÖV 1981, 384.

[1078] *Dawin*, in: *Schoch/Schmidt-Aßmann/Pietzner*, VwGO, § 86 Rn. 61.

[1079] Vgl.: *Stapperfend*, in: *Gräber*, FGO, § 76 Rn. 12; *BVerwG* DVBl. 1989, 893 (Leitsatz), sowie letztlich auch: *Kopp/Schenke*, VwGO, § 86 Rn. 5, wonach die Bildung der Richterlichen Überzeugung eine ausreichende Erforschung des Sachverhalts voraussetzt.

[1080] Vgl.: *Leitherer*, in: *Meyer-Ladewig/Keller/Leitherer*, SGG, § 103 Rn. 4a; *Peters/Sautter/Wolff*, SGG, § 103, 2. a) aa).

deutung sind darüber hinaus Relevanz und Entscheidungserheblichkeit der in Frage stehenden Tatsachen, deren Beweisbedürftigkeit sowie eventuelle Bindungen an präjudizielle, rechtskräftige Entscheidungen des Gerichts selbst oder anderer Gerichte, wenn und soweit diese aufgrund besonderer gesetzlicher Vorschriften für die zu treffende Entscheidung bindend sind.[1081]

Der Amtsermittlungs- beziehungsweise Untersuchungsgrundsatz kann der gerichtsnahen Mediation schon insofern nicht entgegenstehen, als er im Rahmen dieses Streitbeilegungsverfahrens von vornherein keine Anwendung finden kann. Grund hierfür ist zunächst, dass der Amtsermittlungs- respektive Untersuchungsgrundsatz wie die Prozessordnungen der öffentlich-rechtlichen Gerichtsbarkeiten allgemein auf eine gerichtliche Entscheidung rechtlicher Konflikte abzielt und insbesondere dazu dient, die Grundlage für eine richterliche Entscheidung zu schaffen,[1082] im Rahmen der gerichtsnahen Mediation jedoch keine solche Entscheidung ergeht. Wie im Rahmen jeder anderen Mediation suchen in der gerichtsnahen Mediation die Konfliktparteien eine einvernehmliche Entscheidung des zwischen ihnen bestehenden Konflikts, wobei sie es sind, die festlegen, auf welcher (Tatsachen-)Grundlage besagte Entscheidung ergeht. Darüber hinaus gelten die Aufklärungspflichten wohl nur in der mündlichen Verhandlung, wobei das gerichtsnahe Mediationsverfahren keinen Teil der mündlichen Verhandlung darstellt.

X. Die gerichtsnahe Mediation und die Dispositionsmaxime

Als Abbild der materiellen Verfügungsbefugnis über private Rechte (Privatautonomie)[1083] wird der Zivilprozess vom Verfügungsgrundsatz (Dispositionsmaxime) beherrscht. Die Dispositionsmaxime gilt jedoch nicht nur hier, sondern weitgehend auch im Verwaltungs-, Sozial- und Finanzgerichtsprozess.[1084] Dies ergibt sich bereits aus dem in der Verwaltungsgerichtsordnung, im Sozialgerichtsgesetz und in der Finanzgerichtsordnung geltenden Grundsatz des Individualrechtsschutzes sowie aus zahlreichen Einzelbestimmungen dieser Verfahrensgesetze. Zu nennen wären beispielsweise die Vorschriften zur Klage-

---

[1081] Vgl. zu den Grenzen der aus dem Amtsermittlungs- bzw. Untersuchungsgrundsatz resultierenden Aufklärungspflicht unter Betonung verschiedener Aspekte u.a.: *Dawin,* in: *Schoch/Schmidt-Aßmann/Pietzner,* VwGO, § 86 Rn. 46 ff.; *Geiger,* in: *Eyermann,* VwGO, § 86 Rn. 6, 10 ff.; *Kopp/Schenke,* VwGO, § 86 Rn. 4 ff. u. 12; *Höfling/Rixen,* in: *Sodan/Ziekow,* VwGO, § 86 Rn. 29 ff.; *Kothe,* in: *Redeker/v. Oertzen,* VwGO, § 86 Rn. 9; *Leitherer,* in: *Meyer-Ladewig/Keller/Leitherer,* SGG, § 103 Rn. 4, 7 ff. u. 16; *Rohwer-Kahlmann,* Sozialgerichtsbarkeit, § 103 Rn. 24 ff.; *Peters/Sautter/Wolff,* SGG, § 103, Anm. 2. a) aa); *Pawlak,* in: *Hennig,* SGG, § 103 Rn. 24 f., 32 ff. u. 47 ff.; *Seer,* in: *Tipke/Kruse,* AO/FGO, § 76 FGO Rn. 3, 20 f. u. 39 ff.; *List,* in: *Hübschmann/Hepp/Spitaler,* AO/FGO, § 76 FGO Rn. 11 ff. u. 19 ff.; *Stöcker,* in: *Beermann/Gosch,* AO/FGO, § 76 FGO, Rn. 11 ff.; *BSG* DVBl. 1956, 583 f.

[1082] *Seer,* in: *Tipke/Kruse,* AO/FGO, § 76 FGO Rn. 18.

[1083] *Schmid,* in: *Sodan/Ziekow,* VwGO, § 173 Rn. 26.

[1084] *Meissner,* in: *Schoch/Schmidt-Aßmann/Pietzner,* VwGO, § 173 Rn. 92; *Höfling/Rixen,* in: *Sodan/Ziekow,* VwGO, § 86 Rn. 5; vgl. auch: *Kothe,* in: *Redeker/v. Oertzen,* VwGO, § 86 Rn. 2; *Geiger,* in: *Eyermann,* VwGO, § 86 Rn. 3; *Kopp/Schenke,* VwGO, § 86 Rn. 2; *Keller,* in: *Meyer-Ladewig/Keller/Leitherer,* SGG, vor § 60 Rn. 3; *Seer,* in: *Tipke/Kruse,* AO/FGO, § 76 FGO Rn. 7.

erhebung (§ 81 Abs. 1 VwGO, § 90 Abs. 1 SGG, § 64 Abs. 1 FGO), zur Bindung der Gerichte an die jeweiligen Klageanträge (ne ultra petita, vgl.: § 88 VwGO, § 123 SGG, § 96 S. 2 FGO), zur Klageänderung (§ 91 VwGO, § 99 SGG, § 67 FGO), zur bis zum Eintritt der Rechtskraft grundsätzlich bestehenden Möglichkeit der Klagerücknahme (§ 92 Abs. 1 VwGO, § 102 SGG, § 72 FGO) sowie zur Möglichkeit des Vergleichsschlusses (§ 106 VwGO, § 101 Abs. 1 SGG) und zur Erledigung des Rechtsstreits in der Hauptsache (§ 161 Abs. 2 VwGO, § 138 Abs. 2 FGO).[1085] Inhaltlich bezeichnet die Dispositionsmaxime letztlich die Verfügungsfreiheit und -befugnis der Verfahrensbeteiligten über den Prozess und dessen Gegenstand, namentlich das Recht, über den Streitgegenstand sowie Gang und Inhalt des gerichtlichen Verfahrens zu bestimmen.[1086] Nach der Dispositionsmaxime obliegt es den Beteiligten, das gerichtliche Tätigwerden nach Beginn und Ende (gewissermaßen das „Ob“) sowie dessen Umfang und Gegenstand (gewissermaßen das „Was“) zu bestimmen, so dass sie unter anderem frei über die Einleitung eines Prozesses im Wege der Klageerhebung entscheiden, den Rechtsstreit, den Umfang des Prozesses und den Inhalt der gerichtlichen Entscheidung durch Anträge und Klageänderungen bestimmen sowie durch den Abschluss eines Vergleichs, durch Klagerücknahme, durch Klageverzicht, durch Anerkennung des geltend gemachten Anspruchs, durch die Entscheidung über die Einlegung und Rücknahme von Rechtsmitteln oder aber durch die Erklärung, dass der Rechtsstreit in der Hauptsache erledigt sei, über den Verlauf und die (gegebenenfalls vorzeitige) Beendigung des Verfahrens beeinflussen können.[1087]

Die Einführung einer auf freiwilliger Teilnahme der Prozessparteien beruhenden gerichtsnahen Mediation scheint eher eine konsequente Folge der Dispositionsmaxime zu sein, als dem Verfügungsgrundssatz zu widersprechen. Die gerichtsnahe Mediation gibt den Prozessparteien insofern eine Möglichkeit über den Verfahrensverlauf zu disponieren, als sie Gelegenheit bietet, das gerichtliche Verfahren für die Dauer des Mediationsverfahrens auszusetzen, um unter Mithilfe eines außen stehenden, nicht entscheidungsbefugten Richtermediators eine selbständige, eigenverantwortliche und einvernehmliche Konfliktlösung zu erarbeiten. Damit wird sie letztlich zudem nur § 251 S. 1 ZPO gerecht, der seinerseits Ausfluss der Dispositionsmaxime ist und über § 173 S. 1 VwGO, § 202

[1085] Vgl.: *Meissner*, in: *Schoch/Schmidt-Aßmann/Pietzner*, VwGO, § 173 Rn. 92.

[1086] Vgl. hierzu: *Ortloff* u. *Meissner*, in: *Schoch/Schmidt-Aßmann/Pietzner*, VwGO, Vorb. § 81 Rn. 34 bzw. § 173 Rn. 91 f.; *Geiger*, in: *Eyermann*, VwGO, § 86 Rn. 3; *Höfling/Rixen*, in: *Sodan/Ziekow*, VwGO, § 86 Rn. 5; *Kopp/Schenke*, VwGO, § 86 Rn. 2; *Kothe*, in: *Redeker/v. Oertzen*, VwGO, § 86 Rn. 4; *Keller* u. *Keller/Leitherer*, in: *Meyer-Ladewig/Keller/Leitherer*, SGG, vor § 60 Rn. 3 bzw. § 69 Rn. 2; *Rohwer-Kahlmann*, Sozialgerichtsbarkeit, § 103 Rn. 4; *Hellwig*, in: *Hübschmann/Hepp/Spitaler*, AO/FGO, § 76 FGO Rn. 2; *Seer*, in: *Tipke/Kruse*, AO/FGO, § 76 FGO Rn. 7; *Lüke*, in: MK-ZPO, Einl. Rn. 167; *Leipold*, in: *Stein/Jonas*, ZPO, vor § 128 Rn. 138; *Baumbach/Lauterbach/Albers/Hartmann*, ZPO, Grdz. § 128 Rn. 21; *Lüke*, JuS 1961, 41 (42); *BFHE* 123, 437 ff.

[1087] Zu den Befugnissen der Prozessparteien im Einzelnen vgl. u.a.: *Ortloff*, in: *Schoch/Schmidt-Aßmann/Pietzner*, VwGO, Vorb. § 81 Rn. 34; *Kothe*, in: *Redeker/v. Oertzen*, VwGO, § 86 Rn. 4; *Rohwer-Kahlmann*, Sozialgerichtsbarkeit, § 103 Rn. 4; *Pawlak*, in: *Hennig*, SGG, § 103 Rn. 7; *Seer*, in: *Tipke/Kruse*, AO/FGO, § 76 FGO Rn. 6; *Hellwig*, in: *Hübschmann/Hepp/Spitaler*, AO/FGO, § 76 FGO Rn. 2; *Prütting*, in: *Wieczorek/Schütze*, ZPO, Einl. Rn. 74; *Lüke*, in: MK-ZPO, Einl. Rn. 170 ff.; *Musielak*, in: *Musielak*, ZPO, Einl. Rn. 35.

SGG sowie § 155 FGO auch im verwaltungs-, sozial- und finanzgerichtlichen Verfahren Anwendung findet.[1088] Danach hat das Gericht das Ruhen des Verfahrens anzuordnen, wenn beide Parteien dies beantragen und anzunehmen ist, dass wegen Schwebens von Vergleichsverhandlungen oder aus sonstigen wichtigen Gründen diese Anordnung zweckmäßig ist.

Auch die im Bereich der Dispositionsmaxime in den öffentlich-rechtlichen Gerichtsbarkeiten zu beachtenden Besonderheiten hinsichtlich der notwendigen Beiladung nach § 65 Abs. 2 VwGO, § 75 Abs. 2 SGG und § 60 Abs. 3 S. 1 FGO sowie der Hinzuziehung eines Vertreters des öffentlichen Interesses nach § 35 VwGO vermögen keine ernsthaften Bedenken hinsichtlich der Einführung der gerichtsnahen Mediation im verwaltungs-, sozial- und finanzgerichtlichen Verfahren mit Blick auf die Dispositionsmaxime zu begründen, denn die Hinzuziehung von Beigeladenen oder eines Vertreters des öffentlichen Interesses bewirkt keine Beschränkung der Dispositionsmaxime beziehungsweise des Verfügungsgrundsatzes selbst.[1089] Wo die Prozessordnungen dem Beigeladenen und/oder dem Vertreter des öffentlichen Interesses eigene Rechte zur Verfahrensgestaltung zugestehen oder eigenständige Verfahrenspositionen dieser Beteiligten – zum Beispiel beim Vergleich oder bei der Erledigung des Rechtsstreits in der Hauptsache – diskutiert werden, geht es danach nicht um eine Durchbrechung der Dispositionsmaxime als Grundsatz, sondern allenfalls um eine Einschränkung der Verfügungsbefugnis im Einzelfall.[1090] Diese hat lediglich zur Folge, dass Dispositionen der Prozessparteien über den Streitgegenstand sowie den Inhalt und Verlauf des Verfahrens an die Zustimmung der Beigeladenen oder des Vertreters des öffentlichen Interesses geknüpft sein können, so dass auch die Möglichkeit der Einleitung einer gerichtsnahen Mediation im konkreten Fall von der Zustimmung der Beigeladenen und/oder des Vertreters des öffentlichen Interesses abhängen kann. Grund hierfür – ebenso wie im Übrigen für die Tatsache, dass eine gerichtsnahe Mediation nur in Betracht kommt, wenn alle am Verfahren zu beteiligenden Personen an ihr teilnehmen können – ist, dass die gerichtsnahe Mediation der endgültigen und möglichst für alle Betroffenen verbindlichen Streitbeilegung dienen soll, der Einsatz der gerichtsnahen Mediation jedoch nicht der Übergehung des im Verwaltungs-, Sozial- und Finanzgerichtsprozess geltenden (Rechts-)Anspruchs[1091] auf notwendige Beiladung nach § 65 Abs. 2 VwGO, § 75 Abs. 2 SGG und § 60 Abs. 3 S. 1 FGO sowie einer Aushöhlung des Grundsatzes der Beteiligung eines Vertreters des öffentlichen Interesses dienen kann. Grundsätzlich ausgeschlossen wird die gerichtsnahe Mediation durch die gegebenenfalls notwendige Beteiligung von Beigeladenen und/oder einem Vertreter des öffentlichen Interesses jedoch nicht.

[1088] *Kopp/Schenke*, VwGO, § 94 Rn. 1 u. § 173 Rn. 4.

[1089] *Meissner*, in: *Schoch/Schmidt-Aßmann/Pietzner*, VwGO, § 173 Rn. 93; *Schmid*, in: *Sodan/Ziekow*, VwGO, § 173 Rn. 26.

[1090] *Meissner*, in: *Schoch/Schmidt-Aßmann/Pietzner*, VwGO, § 173 Rn. 93.

[1091] *J. Schmidt*, in: *Eyermann*, VwGO, § 65 Rn. 5 u. 18; *Keller/Leitherer*, in: *Meyer-Ladewig/Keller/Leitherer*, SGG, § 75 Rn. 13; *Peters/Sautter/Wolff*, SGG, § 75 Rn. 4; *Brandis*, in: *Tipke/Kruse*, AO/FGO, § 60 FGO Rn. 92.

XI. Die gerichtsnahe Mediation und das Prinzip des Amtsbetriebs

Im Rahmen der (gerichtsnahen) Mediation geht es darum, den Konfliktparteien die Gelegenheit zu geben, gemeinsam, selbständig und eigenverantwortlich eine konsensuale Lösung ihres Konflikts herbeizuführen. Dies kann erfordern, in stärkerem Maße als im gerichtlichen Verfahren auf die Bedürfnisse der Konfliktparteien hinsichtlich der Verfahrensdurchführung einzugehen. Soweit sowohl die Verwaltungsgerichtsordnung als auch das Sozialgerichtsgesetz und die Finanzgerichtsordnung grundsätzlich vom so genannten Amtsbetrieb ausgehen und dieser vorliegt, wenn die Herrschaft über den äußeren Verfahrensablauf beim Gericht liegt und der (äußere) Prozessbetrieb, namentlich die technischen Verfahrenshandlungen (Terminfestsetzung, Zustellungen, Ladungen, Fristsetzungen usw.) vom Gericht vorgenommen werden,[1092] stellt sich somit mit Blick auf die gerichtsnahe Mediation die Frage, ob die Idee der gerichtsnahen Mediation (neben den vorstehend untersuchten Verfahrensgrundsätzen) auch mit dem Prinzip des Amtsbetriebs in Einklang zu bringen ist.

Diesbezüglich bleibt zunächst festzuhalten, dass die Prozessordnungen den Grundsatz des Amtsbetriebes für das gerichtliche Verfahren vorsehen, die gerichtsnahe Mediation jedoch ein Verfahren außerhalb des eigentlichen Gerichtsprozesses darstellt. Das Konzept besteht darin, dass das gerichtliche Verfahren für die Dauer der Mediation ausgesetzt und von einem mit Blick auf das gerichtliche Verfahren außenstehenden (Richter-)Mediator ohne Entscheidungsmacht – gewissermaßen also als außergerichtliche Mediation – durchgeführt wird. Darüber hinaus gehen die Prozessordnungen nur grundsätzlich vom Prinzip des Amtsbetriebs aus,[1093] so dass bereits bezweifelt werden kann, dass das Prinzip des Amtsbetriebs auf die gerichtsnahe Mediation überhaupt Anwendung finden kann. Selbst wenn man aber diese Frage bejaht, stehen die gerichtsnahe Mediation und die in diesem Verfahren erforderliche Vorgehensweise dennoch nicht notwendig im Widerspruch zum Grundsatz des Amtsbetriebs. Selbst wenn es im Rahmen der gerichtsnahen Mediation verstärkt darauf ankommt, hinsichtlich des Verfahrensbetriebs auf die Bedürfnisse der Konfliktparteien einzugehen, kann der Verfahrensbetrieb – die Vornahme der äußeren Verfahrenshandlungen – durch das Gericht erfolgen. Ein mit dem Grundsatz des Amtsbetriebs vereinbares Modell der gerichtsnahen Mediation könnte beispielsweise so aussehen, dass sich der Richtermediator hinsichtlich der Festsetzung von Terminen, der Ladung der Parteien, der Setzung von Fristen und anderen Verfahrenshandlungen derart zurücknimmt, dass er diese Handlungen nur in Absprache mit den Konfliktparteien vornimmt. Damit bliebe es hinsichtlich des Verfahrensbetriebs formell beim Prinzip des Amtsbetriebs – die Verfahrenshandlungen würden

---

[1092] Vgl. zum Amtsbetrieb u.a.: *Meissner*, in: *Schoch/Schmidt-Aßmann/Pietzner*, VwGO, § 173 Rn. 97; *Kothe*, in: *Redeker/v. Oertzen*, VwGO, § 86 Rn. 3; *Keller*, in: *Meyer-Ladewig/Keller/Leitherer*, SGG, vor § 60 Rn. 3a; *Stapperfend*, in: *Gräber*, FGO, vor § 76 Rn. 6; *Seer*, in: *Tipke/Kruse*, AO/FGO, § 76 FGO Rn. 9; *Lüke*, in: MK-ZPO, Einl. Rn. 179; *Prütting*, in: *Wieczorek/Schütze*, ZPO, Einl. Rn. 83; *Leipold*, in: *Stein/Jonas*, ZPO, vor § 128 Rn. 188.

[1093] Vgl.: *Kothe*, in: *Redeker/v. Oertzen*, VwGO, § 86 Rn. 3; *Seer*, in: *Tipke/Kruse*, AO/FGO, § 76 FGO Rn. 9; *Leipold*, in: *Stein/Jonas*, ZPO, vor § 128 Rn. 188.

durch den Richtermediator erfolgen –, gleichzeitig wären jedoch auch die an die Durchführung einer gerichtsnahen Mediation zu stellenden Anforderungen erfüllt.

XII. Das vermeintliche Problem der fehlenden Öffentlichkeit im Rahmen der gerichtsnahen Mediation

Obwohl hinsichtlich seiner Herleitung umstritten,[1094] kann der in der Verwaltungsgerichtsordnung, im Sozialgerichtsgesetz und in der Finanzgerichtsordnung in den §§ 55 VwGO, 61 SGG und 52 Abs. 1 FGO (jeweils i.V.m § 169 GVG) zum Ausdruck kommende Grundsatz der Öffentlichkeit als elementares Prinzip rechtsstaatlicher (Gerichts-)Verfahren betrachtet werden. Seine grundlegende Bedeutung wurzelt darin, dass eine gewisse Kontrolle des gerichtlichen Verfahrens und der Gerichte durch die Allgemeinheit ermöglicht,[1095] (unter anderem dadurch) eine Stärkung der Legitimation gerichtlicher Entscheidungen bewirkt[1096] und eine objektive Rechtsprechung sowie das Vertrauen in die Unabhängigkeit, Neutralität und Objektivität der Rechtspflege sichergestellt werden soll.[1097] Historisch gesehen ist das Öffentlichkeitsprinzip auf den durch die Auf-

---

[1094] Vgl. u.a.: *Spindler*, in: *Hübschmann/Hepp/Spitaler*, AO/FGO, § 52 FGO Rn. 3; *Stöcker*, in: *Beermann/Gosch*, AO/FGO, § 52 FGO Rn. 8; *Kissel/Mayer*, GVG, § 169 Rn. 2 u. 4, wonach der Grundsatz der Öffentlichkeit nicht unmittelbar aus der Verfassung, insbesondere nicht aus dem Rechtsstaatsprinzip, abgeleitet werden kann. A.A.: *Czybulka*, in: *Sodan/Ziekow*, VwGO, § 55 Rn. 3, *Schreiber*, in: *Wieczorek/Schütze*, ZPO, § 169 GVG Rn. 6; *Wolf*, in: MK-ZPO, § 169 GVG Rn. 3, die den Öffentlichkeitsgrundsatz sowohl aus dem Rechtsstaatsprinzip (vgl. auch: *Kissel/Mayer*, GVG, § 169 Rn. 4) als auch aus dem Demokratieprinzip (vgl. u.a.: *Wickern*, in: *Löwe-Rosenberg*, StPO, Vor § 169 GVG Rn. 3) herleiten. Vgl. im Übrigen auch: *Meissner*, in: *Schoch/Schmidt-Aßmann/Pietzner*, VwGO, § 55 Rn. 12, der wiederum feststellt, dass es sich beim Grundsatz der Öffentlichkeit zwar nicht um einen Verfassungsgrundsatz/-rechtssatz handelt, dieser aber dennoch zu den grundlegenden Einrichtungen des Rechtsstaates gehört und damit nicht uneingeschränkt zur Disposition des Gesetzgebers stehen kann. Für eine Herleitung aus Art. 6 Abs. 1 EMRK vgl. u.a.: *Keller*, in: *Meyer-Ladewig/Keller/Leitherer*, SGG, vor § 60 Rn. 2b; *Meissner*, in: *Schoch/Schmidt-Aßmann/Pietzner*, VwGO, § 55 Rn. 13; *Kopp/Schenke*, VwGO, § 1 Rn. 16 bzw. § 55 Rn. 2; *J. Schmidt*, in: *Eyermann*, VwGO, § 55 Rn. 2; *Rohwer-Kahlmann*, Sozialgerichtsbarkeit, § 61 Rn. 2; *Stapperfend*, in: *Gräber*, FGO, § 52 Rn. 3; *Gummer*, in: *Zöller*, ZPO, § 169 GVG Rn. 1.

[1095] *J. Schmidt*, in: *Eyermann*, VwGO, § 55 Rn. 2; *Czybulka*, in: *Sodan/Ziekow*, VwGO, § 55 Rn. 8; *Keller*, in: *Meyer-Ladewig/Keller/Leitherer*, SGG, § 61 Rn. 2; *Danckwerts*, in: *Hennig*, SGG, § 61 Rn. 1; *Rohwer-Kahlmann*, Sozialgerichtsbarkeit, § 61 Rn. 2; *Brandis* u. *Seer*, in: *Tipke/Kruse*, AO/FGO, § 52 FGO Rn. 2, § 76 FGO Rn. 12 bzw. § 119 FGO Rn. 72; *Spindler*, in: *Hübschmann/Hepp/Spitaler*, AO/FGO, § 52 FGO Rn. 3 u. 9; *Stöcker*, in: *Beermann/Gosch*, AO/FGO, § 52 FGO Rn. 8; *Kissel/Mayer*, GVG, § 169 Rn. 1 u. 3; *BVerfG* NJW 2001, 1633 (1634); NJW 2002, 814; *BFHE* 121, 392 (395).

[1096] *Czybulka*, in: *Sodan/Ziekow*, VwGO, § 55 Rn. 8.

[1097] *J. Schmidt*, in: *Eyermann*, VwGO, § 55 Rn. 2; *Czybulka*, in: *Sodan/Ziekow*, VwGO, § 55 Rn. 8; *Kopp/Schenke*, VwGO, § 55 Rn. 2; *Danckwerts*, in: *Hennig*, SGG, § 61 Rn. 1; *Brandis* u. *Seer*, in: *Tipke/Kruse*, AO/FGO, § 52 FGO Rn. 2 bzw. § 119 Rn. 72; *Spindler*, in: *Hübschmann/Hepp/Spitaler*, AO/FGO, § 52 FGO Rn. 3 u. 9; *Stöcker*, in: *Beermann/Gosch*, AO/FGO, § 52 FGO Rn. 8; *Wolf*, in: MK-ZPO, § 169 GVG Rn. 1; *BGHSt* 3, 386 (387 f.). Vgl. auch: *Musielak*, in: *Musielak*, ZPO, Einl. Rn. 50, wonach der Grundsatz der Öffentlichkeit der Transparenz richterlicher Tätigkeit als Grundlage für das Vertrauen in eine unabhängige und neutrale Rechtspflege dient, sowie: *Littmann*, in: *Lüdtke*, SGG, § 61 Rn. 2, wo-

klärung hervorgebrachten Gedanken zurückzuführen, das Volk an der staatlichen Gewalt und an der Kontrolle über die staatliche Machtausübung – hier in Form der Tätigkeit der Gerichte – zu beteiligen.[1098] Mit seiner Einführung wurde einerseits bezweckt, die Individualinteressen der Verfahrensbeteiligten durch die öffentliche Kontrolle zu schützen. Darüber hinaus sollte das Öffentlichkeitsprinzip aber auch dem Schutz der Rechtspflege dienen: Neben einer Stärkung des Vertrauens der Allgemeinheit in die Rechtsprechung der Gerichte sollten geheime Einflussnahmen des Staates auf den Richter unterbunden und die richterliche Unabhängigkeit dadurch gestärkt werden.[1099]

Inhaltlich sucht der Grundsatz der Öffentlichkeit seine Ziele dadurch zu verwirklichen, dass er jedermann grundsätzlich das Recht einräumt, im Rahmen der bestehenden räumlichen Kapazitäten und des tatsächlich Möglichen an mündlichen Verhandlungen vor dem erkennenden Gericht teilzunehmen.[1100] Grundsätzlich muss ein unbestimmter Personenkreis den Verhandlungen beiwohnen und diese an Ort und Stelle verfolgen können.[1101] Die gerichtsnahe Mediation, die – wie jede andere Mediation – regelmäßig unter Ausschluss der Öffentlichkeit und letztlich sogar vertraulich stattfinden wird, vermag dem Grundsatz der Öffentlichkeit ersichtlich nicht gerecht zu werden, was jedoch nicht sogleich die Unzulässigkeit der gerichtsnahen Mediation im verwaltungs-, sozial- und finanzgerichtlichen Verfahren begründet. Ein genauer Blick auf den Inhalt des Öffentlichkeitsgrundsatzes zeigt vielmehr, dass dieser Grundsatz nur für die gesamte mündliche Verhandlung vor dem erkennenden Gericht, einschließlich der Beweisaufnahme, der Urteilsverkündung und der Entscheidungsbegründung, nicht aber beispielsweise für die Beratung, besondere Beweis- und Erörterungstermine,[1102] vorbereitende

---

nach der Grundsatz der Öffentlichkeit dem Zweck dient, eine Geheimjustiz zu verhindern und das Vertrauen in die Justiz zu stärken.

[1098] *Schreiber*, in: *Wieczorek/Schütze*, ZPO, § 169 GVG Rn. 4. Vgl. zudem auch: *Wickern*, in: *Löwe-Rosenberg*, StPO, Vor § 169 GVG Rn. 3.

[1099] *Schreiber*, in: *Wieczorek/Schütze*, ZPO, § 169 GVG Rn. 4; *EGMR* NJW 1986, 2177 (2178); *BGHSt* 3, 386 (387 f.); 9, 280 (281 f.); 22, 297 (301). Zum Ziel der Stärkung der richterlichen Unabhängigkeit vgl. auch: *Lüke* u. *Wolf*, in: MK-ZPO, Einl. Rn. 258 bzw. § 169 GVG Rn. 1.

[1100] Vgl.: *J. Schmidt*, in: *Eyermann*, VwGO, § 55 Rn. 2; *Kopp/Schenke*, VwGO, § 55 Rn. 3; *Czybulka*, in: *Sodan/Ziekow*, VwGO, § 55 Rn. 9; *Meissner*, in: *Schoch/Schmidt-Aßmann/Pietzner*, VwGO, § 55 Rn. 16; *Keller*, in: *Meyer-Ladewig/Keller/Leitherer*, SGG, § 61 Rn. 2; *Rohwer-Kahlmann*, Sozialgerichtsbarkeit, § 61 Rn. 2; *Littmann*, in: *Lüdtke*, SGG, § 61 Rn. 3; *Kissel/Mayer*, GVG, § 169 Rn. 21; *Wickern*, in: *Löwe-Rosenberg*, StPO, § 169 GVG Rn. 6; *Schreiber*, in: *Wieczorek/Schütze*, ZPO, § 169 GVG Rn. 13; *Gummer*, in: *Zöller*, ZPO, § 169 GVG Rn. 2, 9; *Lüke* u. *Wolf*, in: MK-ZPO, Einl. Rn. 259 bzw. § 169 GVG Rn. 1; *BVerfG* NJW 2002, 814; *BFHE* 121, 392 (395).

[1101] *Redeker*, in: *Redeker/v. Oertzen*, VwGO, § 55 Rn. 1; vgl. auch: *Stapperfend*, in: *Gräber*, FGO, § 52 Rn. 4; *Brandis*, in: *Tipke/Kruse*, AO/FGO, § 52 FGO Rn. 4; *Spindler* u. *Schallmoser*, in: *Hübschmann/Hepp/Spitaler*, AO/FGO, § 52 FGO Rn. 13 bzw. § 90 FGO Rn. 26; *Stöcker*, in: *Beermann/Gosch*, AO/FGO, § 52 FGO Rn. 10; *BFHE* 166, 524 (525). Vgl. zum Grundsatz der Öffentlichkeit zudem auch: *Musielak*, in: *Musielak*, ZPO, Einl. Rn. 49.

[1102] *Keller*, in: *Meyer-Ladewig/Keller/Leitherer*, SGG, § 61 Rn. 2a; *Kopp/Schenke*, VwGO, § 55 Rn. 4; *Danckwerts*, in: *Hennig*, SGG, § 61 Rn. 2; *Rohwer-Kahlmann*, Sozialgerichtsbarkeit, § 61 Rn. 5. Zum Ausschluss vorbereitender Erörterungstermine vgl. auch: *Littmann*, in: *Lüdtke*, SGG, § 61 Rn. 2; vgl.

Termine des Einzelrichters,[1103] Beweisaufnahmen vor dem Vorsitzenden, dem Berichterstatter, dem beauftragten Richter oder dem ersuchten Richter[1104] sowie für Verfahren ohne mündliche Verhandlung[1105] und Rechtshilfeverfahren gilt.[1106] Auch § 169 S. 1 GVG stellt unmissverständlich fest, dass der Öffentlichkeitsgrundsatz nur für „Verhandlungen vor dem erkennenden Gericht einschließlich der Verkündigung der Urteile und Beschlüsse" gilt, so dass die gerichtsnahe Mediation – die unter Mithilfe eines mit Blick auf das gerichtliche Verfahren außenstehenden und nicht entscheidungsbefugten Richtermediators durchgeführt wird und somit keinen Bestandteil der mündlichen Verhandlung vor dem erkennenden Gericht darstellt – dem Öffentlichkeitsgrundsatz von vornherein nicht unterliegt.

Trotz der Feststellung, dass der im verwaltungs-, sozial- und finanzgerichtlichen Verfahren geltende Öffentlichkeitsgrundsatz der Einführung der gerichtsnahen Mediation in der Verwaltungs-, Sozial- und Finanzgerichtsbarkeit nicht entgegen steht, erscheint die fehlende Öffentlichkeit der gerichtsnahen Mediation jedoch auf den ersten Blick nicht gänzlich unproblematisch, denn von der bloßen Frage nach der Zulässigkeit der gerichtsnahen Mediation im Hinblick auf den Öffentlichkeitsgrundsatz ist die Frage zu trennen, ob eine Einführung der gerichtsnahen Mediation aufgrund deren fehlender Öffentlichkeit auch erstrebenswert erscheint. Gelegentlich werden diesbezüglich Bedenken dahingehend geäußert, der Ausbau der gerichtsnahen Mediation sei im Hinblick auf den Ausschluss der Öffentlichkeit wegen der Kontrolle der Gerichte durch die Öffentlichkeit problematisch.[1107] Dem kann jedoch entgegen gehalten werden, dass es einer Kontrolle der Gerichte letztlich nur hinsichtlich der entscheidenden Tätigkeit der Gerichte bedarf. Hier muss – unter anderem durch das Instrument der öffentlichen Kontrolle der Gerichtstätigkeit – sichergestellt werden, dass das Gericht aufgrund eines objektiven und neutralen Verfahrens zu einer fairen, nachvollziehbaren und objektiven Entscheidung kommt, um so das Vertrauen der Allgemeinheit in die Neutralität und Objektivität der Rechtspflege zu sichern. Konsequenter Weise gilt der Grundsatz der Öffentlichkeit auch im gerichtlichen Verfahren nur in der die Grundlage für die gerichtliche Entscheidung bildenden mündlichen Verhandlung vor dem erkennenden Gericht. Im Rahmen der Mediation, in welcher der Richtermediator die Konfliktparteien lediglich bei der selbständigen und eigenverantwortlichen Suche nach einer einvernehmlichen Lösung ihres Konflikt begleitet und unterstützt, selbst jedoch über keinerlei Entscheidungskompetenzen verfügt und

---

insbesondere: *Stapperfend*, in: *Gräber*, FGO, § 52 Rn. 3; *Brandis*, in: *Tipke/Kruse*, AO/FGO, § 52 FGO Rn. 3; *Spindler*, in: *Hübschmann/Hepp/Spitaler*, AO/FGO, § 52 FGO Rn. 11.

1103 *Redeker*, in: *Redeker/v. Oertzen*, VwGO, § 55 Rn. 1.

1104 *Redeker*, in: *Redeker/v. Oertzen*, VwGO, § 55 Rn. 1; *Czybulka*, in: *Sodan/Ziekow*, VwGO, § 55 Rn. 6; *Rohwer-Kahlmann*, Sozialgerichtsbarkeit, § 61 Rn. 5; *Brandis*, in: *Tipke/Kruse*, AO/FGO, § 52 FGO Rn. 3; *Spindler*, in: *Hübschmann/Hepp/Spitaler*, AO/FGO, § 52 FGO Rn. 11; *Stöcker*, in: *Beermann/Gosch*, AO/FGO, § 52 FGO Rn. 9; *Kissel/Mayer*, GVG, § 169 Rn. 11; *Schreiber*, in: *Wieczorek/Schütze*, ZPO, § 169 GVG Rn. 12; *Wickern*, in: *Löwe-Rosenberg*, StPO, § 169 GVG Rn. 6; *Gummer*, in: *Zöller*, ZPO, § 169 GVG Rn. 9; *BVerwG* NVwZ-RR 1989, 167.

1105 *Czybulka*, in: *Sodan/Ziekow*, VwGO, § 55 Rn. 6.

1106 *Littmann*, in: *Lüdtke*, SGG, § 61 Rn. 2.

1107 Vgl.: *Kern*, in: *Pitschas/Walther*, Mediation in d. Verwaltungsgerichtsbarkeit, S. 147 (176).

keine Beschlüsse fasst, gibt es dagegen wenig Anknüpfungspunkte für das Bedürfnis nach öffentlicher Kontrolle der gerichtlichen Tätigkeit, namentlich der Tätigkeit des jeweiligen Richtermediators. Die Situation in der gerichtsnahen Mediation erscheint vielmehr mit derjenigen vergleichbar, in der sich die Parteien eines Konflikts bereits vor Anrufung des Gerichts zur Durchführung von Verhandlungsgesprächen, einer Mediation oder anderen außergerichtlichen Konfliktbeilegungsverfahren – mit anderen Worten Verfahren, in denen ebenfalls keine Öffentlichkeit besteht und niemand auf die Idee kommen würde, Öffentlichkeit einzufordern – entscheiden, um auf diesem Wege (je nach Verfahren mehr oder weniger selbständig und eigenverantwortlich) eine Lösung ihres Konflikts herbeizuführen. Ein gewisses Kontrollinteresse, wäre im Rahmen der gerichtsnahen Mediation mangels entscheidender Tätigkeit des jeweiligen Richtermediators allenfalls hinsichtlich der objektiven und neutralen Verfahrensführung durch den Richtermediator denkbar. Selbst wenn man ein diesbezügliches Kontrollinteresse bejahen sollte, bleibt jedoch festzuhalten, dass die öffentliche Kontrolle der objektiven und neutralen Verfahrensführung kein Selbstzweck ist, sondern vor allem dazu dient, die Parteien vor einer unfairen Verfahrensführung zu schützen. Gegenüber diesem Interesse dürfte im Rahmen der gerichtsnahen Mediation – innerhalb derer oftmals auch vertrauliche Aspekte des Konflikts eine Rolle spielen werden – jedoch regelmäßig das Interesse der Konfliktparteien nach Vertraulichkeit des Mediationsverfahrens überwiegen, zumal die Konfliktparteien das Mediationsverfahren bei tatsächlich unfairer Verfahrensdurchführung von sich aus beenden und somit sicherstellen können, dass sie keinem Verfahren ausgesetzt werden, welches den Ansprüchen eines neutralen, objektiven und fairen Verfahrens nicht entspricht. Ebenso wenig wie es demnach einer öffentlichen Kontrolle des gerichtsnahen Mediationsverfahrens bedarf, bedarf es im Rahmen dieses Verfahrens einer durch den Grundsatz der Öffentlichkeit zu bewirkenden Stärkung der Legitimation gerichtlicher Entscheidungen. Nicht nur, dass es im Rahmen der gerichtsnahen Mediation zu keiner gerichtlichen Entscheidung kommt; der bei positivem Ausgang des Verfahrens am Ende der gerichtsnahen Mediation stehende Mediationsvergleich zwischen den Konfliktparteien verfügt bereits als selbständig, eigenverantwortlich und gemeinsam erarbeiteter Konsens – wie jeder andere Vertrag auch – über eine ausreichende Legitimation, das Verhältnis zwischen den Konfliktparteien zu regeln.

Wünschenswert wäre eine Öffentlichkeit der gerichtsnahen Mediation demnach allenfalls unter dem Aspekt, aufgrund der Öffentlichkeit der Mediationsverhandlungen das Vertrauen der Allgemeinheit in die Unabhängigkeit, Neutralität und Objektivität des gerichtsnahen Mediationsverfahrens stärken zu können. Dieses Ziel des Öffentlichkeitsgrundsatzes tritt nach hier vertretener Ansicht jedoch hinter den in der gerichtsnahen Mediation regelmäßig bestehenden Vertraulichkeitsinteressen der Konfliktparteien zurück. Letztlich dient die gerichtsnahe Mediation vorrangig der Beilegung des Konflikts zwischen den jeweiligen Konfliktparteien und nicht etwa der Stärkung des allgemeinen Vertrauens in die Objektivität und Neutralität dieses Verfahrens. Daher kann auch das vom Öffentlichkeitsgrundsatz verfolgte Ziel der Stärkung des Vertrauens der Allgemeinheit in die objektive und neutrale Verfahrensdurchführung durch die Gerichte keine durchgreifenden Bedenken gegen die fehlende Öffentlichkeit des gerichtsnahen Mediationsverfahrens begründen. Der Grundsatz der Öffentlichkeit gerichtlicher Verfahren steht der gerichtsnahen Mediation nicht entgegen, da er auf dieses Verfahren keine Anwendung finden kann. Darüber hinaus besteht im Rahmen der gerichtsnahen Mediation kein ausreichendes Interesse nach Öffentlichkeit, um ernsthafte Bedenken gegen die Einführung der gerichtsnahen Mediation zu begründen.

XIII. Die gerichtsnahe Mediation und die Verfahrensgrundsätze der Mündlichkeit und Unmittelbarkeit

Neben dem Grundsatz der Öffentlichkeit werden das Verwaltungs-, das Sozial- und das Finanzgerichtsverfahren auch vom Grundsatz der Mündlichkeit nach § 101 VwGO, § 124 SGG, § 90 FGO und vom Unmittelbarkeitsgrundsatz nach § 96 VwGO, § 117 SGG, § 81 FGO bestimmt. An dieser Stelle lässt sich daher die Frage aufwerfen, ob diese Grundsätze auch in der gerichtsnahen Mediation Geltung beanspruchen können und – sofern dies der Fall ist – ob die gerichtsnahe Mediation mit dem Grundsatz der Mündlichkeit und dem der Unmittelbarkeit in Einklang steht.

Der Grundsatz der Mündlichkeit bedeutet, dass die Verfahrensbeteiligten ihre Anträge und ihren Tatsachenvortrag in der mündlichen Verhandlung vorbringen müssen und, dass grundsätzlich nur der Streitstoff, der in der mündlichen Verhandlung vorgetragen wurde und damit Gegenstand der mündlichen Verhandlung war, Grundlage der Entscheidung sein kann.[1108] Damit dient er vor allem der Gewährung rechtlichen Gehörs, der prozessualen Redlichkeit, einer qualitativ hochwertigen Sachverhaltsaufklärung, einer gründlichen und konzentrierten Durchführung des Verfahrens, zusammen mit den anderen Prozessgrundsätzen der Richtigkeitsgewähr verwaltungsgerichtlicher Entscheidungen, der Transparenz des Verfahrens, der öffentlichen Kontrolle und damit dem Vertrauen der Allgemeinheit in die Objektivität der Verwaltungsrechtsprechung sowie der Ermöglichung eines unmittelbaren und lebendigen Eindrucks vom Streitstoff, damit letztlich der Verwirklichung des Grundsatzes der Unmittelbarkeit.[1109] Der Grundsatz der Unmittelbarkeit beruht seinerseits auf dem Grundgedanken, dass nur eine möglichst unter dem persönlichen Eindruck des erkennenden Senats vorgenommene Beweisaufnahme eine gerechte Würdigung des Tatsächlichen verbürgt, und erfordert daher die Identität von verhandelndem, beweiserhebendem und fallentscheidendem Gericht ohne das Dazwischentreten von Mittelspersonen.[1110] Das entscheidende Gericht soll die zugrunde

---

[1108] *Seer*, in: *Tipke/Kruse*, AO/FGO, § 76 FGO Rn. 11; *Stöcker*, in: *Beermann/Gosch*, AO/FGO, § 90 FGO Rn. 5; *Lüke*, in: MK-ZPO, Einl. Rn. 235. Vgl. auch: *Peters/Sautter/Wolff*, SGG, § 112, Anm. 1. a) (Rn. 3), wonach dem Urteil nichts zugrunde gelegt werden darf, was nicht in der Verhandlung vorgetragen worden ist. Ähnlich im Übrigen auch: *Koch*, in: *Gräber*, FGO, § 90 Rn. 7, wonach die Entscheidungsgrundlagen Gegenstand der mündlichen Verhandlung gewesen sein müssen.

[1109] Vgl. zu den Zielen der Mündlichkeit u.a.: *Dolderer*, in: *Sodan/Ziekow*, VwGO, § 101 Rn. 7; *Seer*, in: *Tipke/Kruse*, AO/FGO, § 76 FGO Rn. 11; *Stöcker*, in: *Beermann/Gosch*, AO/FGO, § 90 FGO Rn. 3; *Lüke*, in: MK-ZPO, Einl. Rn. 229 ff.

[1110] *Rudisile*, in: *Schoch/Schmidt-Aßmann/Pietzner*, VwGO, § 96 Rn. 18. Zum Verbot des Dazwischentretens einer (richterlichen) Mittelsperson vgl. u.a. auch: *Lang*, in: *Sodan/Ziekow*, VwGO, § 96 Rn. 6; *Seer*, in: *Tipke/Kruse*, AO/FGO, § 81 FGO Rn. 23; *Lüke*, in: MK-ZPO, Einl. Rn. 251.

liegenden Tatsachen so weit wie möglich aus eigener unmittelbarer Wahrnehmung kennen[1111] und darf bei der Entscheidung nur das berücksichtigen, was auf der Wahrnehmung aller beteiligten Richter beruht oder aktenkundig ist und wozu die Beteiligten sich zu erklären Gelegenheit hatten.[1112]

Der Grundsatz der Unmittelbarkeit gilt hinsichtlich des erkennenden Gerichts, nicht aber beispielsweise für Verhandlungen vor dem beauftragten oder ersuchten Richter.[1113] Unabhängig davon, ob man den Richtermediator im Rahmen der gerichtsnahen Mediation als beauftragten oder ersuchten Richter ansieht oder nicht, kann sich dieser Grundsatz auch nicht auf die gerichtsnahe Mediation beziehen. Zum einen handelt es sich bei der gerichtsnahen Mediation unter Mithilfe eines mit Blick auf das gerichtliche Verfahren außen stehenden Richtermediators nicht um Verhandlungen vor dem erkennenden Gericht. Zum anderen zielt der Unmittelbarkeitsgrundsatz eindeutig auf die Unmittelbarkeit zwischen der Verhandlungsdurchführung und der das gerichtliche Verfahren abschließenden Entscheidung ab. Diese Zielrichtung kann schon insofern nicht auf die gerichtsnahe Mediation übertragen werden, als im Rahmen der gerichtsnahen Mediation keine wie auch immer geartete Entscheidung der Streitigkeit durch den das Verfahren begleitenden Richtermediator ergeht, die in einem Unmittelbarkeitszusammenhang mit der Durchführung des gerichtsnahen Mediationsverfahrens gebracht werden könnte.

Etwas anderes könnte dagegen hinsichtlich des Grundsatzes der Mündlichkeit gelten. Zwar kann Mündlichkeit im Rahmen der gerichtsnahen Mediation in Ermangelung einer den konkreten Konflikt beendenden Gerichtsentscheidung nicht bedeuten, dass grundsätzlich nur der Streitstoff Grundlage einer Gerichtsentscheidung sein kann, der in der mündlichen Verhandlung vorgetragen worden ist. Auch kann es aus demselben Grund nicht Ziel einer mündlichen Durchführung der Mediationsverhandlungen sein, die Richtigkeit der das Verfahren abschließenden Entscheidung zu gewähren. Das Mündlichkeitsprinzip erscheint dennoch zumindest insofern auf das gerichtsnahe Mediationsverfahren entsprechend anwendbar, als die Mündlichkeit auch im Rahmen der Mediationsverhandlungen der Gewährleistung des Äußerungsrechts der Konfliktparteien als Pendant zum Anspruch auf rechtliches Gehör im Gerichtsverfahren,[1114] der Redlichkeit des Mediationsverfahrens, einer qualitativ hochwertigen Sachverhalts- und Interessenaufklärung sowie einer transparenten, gründlichen und konzentrierten Durchführung des Verfahrens dienen kann. (Auch) Im gerichtsnahen Mediationsverfahren birgt die Mündlichkeit der Verfahrensdurchführung darüber hinaus zahlreiche weitere Vorteile. Diese liegen unter anderem darin, dass in mündlichen Verfahren Konfliktpunkte direkt miteinander diskutiert werden können, dass auf Äußerungen der jeweiligen Gegenpartei direkt geantwortet und Bezug genommen werden kann sowie, dass Fragen direkt an die und zwischen den Konfliktparteien kommuniziert werden können. Weitere Vorteile sind, dass die Konfliktparteien in mündlichen Gesprächen die hinter ihren Rechtspositionen verborge-

---

[1111] *Lang*, in: *Sodan/Ziekow*, VwGO, § 96 Rn. 6; *Keller*, in: *Meyer-Ladewig*, SGG, vor § 60 Rn. 7.

[1112] *Koch*, in: *Gräber*, FGO, § 81 Rn. 8; *BGH* NJW 1991, 1302.

[1113] Vgl. u.a.: *Rohwer-Kahlmann*, Sozialgerichtsbarkeit, § 124 Rn. 1; *Keller*, in: *Meyer-Ladewig/Keller/Leitherer*, SGG, vor § 60 Rn. 7; *Koch*, in: *Gräber*, FGO, § 90 Rn. 4.

[1114] Vgl.: Zweiter Teil, 5. Kapitel, Unterpunkt VII.

nen Interessen wohl eher ausdrücken können als beispielsweise in einem formalisierten schriftlichen Verfahren sowie, dass im mündlichen Verfahren Emotionen und Gefühle der Konfliktparteien, die im Vergleich zum Gerichtsverfahren im Rahmen der (gerichtsnahen) Mediation stärkere Beachtung finden können, besser wahrgenommen und bei der Erarbeitung einer konsensualen Konfliktlösung besser berücksichtigt werden können. Gerade ein mündliches Verhandlungsgespräch kann den Türöffner einer konsensualen Streitbeilegung darstellen, indem es eher als ein vergleichsweise anonymes schriftliches Verfahren geeignet sein dürfte, Distanz zwischen den Konfliktparteien zu überwinden. All diese Aspekte können dem Richtermediator und den Parteien dabei helfen, das gerichtsnahe Mediationsverfahren zur Zufriedenheit aller Beteiligten durchzuführen und den Sinn eines solchen Verfahrens – die Ermöglichung einer selbständigen, eigenverantwortlichen, umfassenden und Nachhaltigkeit versprechenden Beilegung des konkreten Konflikts – zu erfüllen. Daher bietet sich eine Ausdehnung des Grundsatzes der Mündlichkeit auf die gerichtsnahe Mediation – wenn auch nicht mit deckungsgleichem Inhalt wie im gerichtlichen Verfahren – geradezu an. Aufgrund der bisherigen Modellversuche zum Einsatz der gerichtsnahen Mediation in der Verwaltungs-, Sozial- und Finanzgerichtsbarkeit, die allesamt eine mündliche Verfahrensdurchführung vorsehen, bestehen dabei keinerlei Bedenken dahingehend, ob die gerichtsnahe Mediation mit dem Mündlichkeitsgrundsatz im soeben beschriebenen Sinne vereinbar ist. Eine flächendeckende Einführung der gerichtsnahen Mediation per Gesetz sollte die Mündlichkeit der gerichtsnahen Mediation jedoch eindeutig zum Ausdruck bringen, um sicherzustellen, dass einzelne Gerichte – beispielsweise aus Skepsis gegenüber dem Konzept der gerichtsnahen Mediation oder um Geld und Ressourcen zu schonen – nicht dazu übergehen können, Teile des gerichtsnahen Mediationsverfahrens schriftlich durchzuführen.

XIV. Gerichtsnahe Mediation trotz fehlender Möglichkeit eines Vergleichsschlusses im finanzgerichtlichen Verfahren?

Hinsichtlich der gerichtsnahen Mediation in der Finanzgerichtsbarkeit stellt sich ferner das besondere Problem, dass sich am Ende einer gerichtsnahen Mediation in der Regel gerade der Abschluss eines gerichtlichen Vergleichs anbietet, die Finanzgerichtsordnung de lege lata einen solchen Vergleich jedoch nicht kennt. Zwar sah ein Entwurf des Bundesministeriums für Justiz aus dem Jahre 1977 die Einführung einer für alle Gerichtszweige geltenden Vorschrift über den Gerichtsvergleich im öffentlichen Recht (§ 125 EVwPO) sowie die ausdrückliche Möglichkeit einer gütlichen Einigung im Erörterungstermin für alle drei Gerichtszweige (§ 97 EVwPO) vor,[1115] umgesetzt wurde dieser Entwurf jedoch nicht. Im Übrigen kommt auch eine entsprechende Anwendung der §§ 794 Abs. 1 ZPO, 106 VwGO, 101 SGG regelmäßig nicht in Betracht, da Streitgegenstand einer finanzgerichtlichen Auseinandersetzung regelmäßig Steuer- oder Steuerstattungsansprüche sein werden, die nicht oder zumindest nur begrenzt zur Disposition der Be-

---

1115 Vgl.: *Walther*, DRiZ 2005, 127 (129).

teiligten stehen.[1116] Aus dem Fehlen einer die Möglichkeit eines gerichtlichen Vergleichs vorsehenden Regelung sowie der Unmöglichkeit einer analogen Anwendung der §§ 794 Abs. 1 ZPO, 106 VwGO, 101 SGG folgt jedoch noch keine prinzipielle Unvereinbarkeit der gerichtsnahen Mediation mit dem finanzgerichtlichen Verfahren. Auch am Ende eines gerichtsnahen Mediationsverfahrens kann beispielsweise eine von der Finanzgerichtsordnung im Gegensatz zum Vergleichsschluss sehr wohl vorgesehene Klagerücknahme, ein Anerkenntnis oder eine Erledigungserklärung stehen; auch hier sind die Prozessparteien in gewissem Maße zu Dispositionen über den Streitgegenstand und das Prozessverhältnis befugt. Zumindest eine Mediationsdurchführung zur umfangreichen Sachverhaltsaufklärung erscheint denkbar, so dass die Unmöglichkeit eines Vergleichsschlusses eine Verständigung der Konfliktparteien zu tatsächlichen Fragen nicht unter allen Umständen ausschließen muss.[1117] Demzufolge sind die Einsatzmöglichkeit der gerichtsnahen Mediation – ebenso wie die Anwendbarkeit mediativer Elemente im herkömmlichen Gerichtsverfahren[1118] – im Rahmen der Finanzgerichtsbarkeit im Vergleich zur Verwaltungs- und Sozialgerichtsbarkeit zwar begrenzt, keinesfalls jedoch gänzlich ausgeschlossen oder gar nutzlos.

XV. Gerichtsnahe Mediation und der Gleichheitssatz nach Art. 3 Abs. 1 GG

Wie bereits gezeigt, ist der Gleichheitssatz des Art. 3 Abs. 1 GG insofern im Hinblick auf das Konzept der gerichtsnahen Mediation von Bedeutung, als auch im Rahmen der gerichtsnahen Mediation ein faires Verfahren zu gewährleisten ist. Darin erschöpft sich die Bedeutung des Gleichheitssatzes für die gerichtsnahe Mediation jedoch nicht, da Art. 3 Abs. 1 GG bei deren flächendeckender, gesetzlicher Einführung zunächst verlangt, dass jedermann gleichermaßen der Zugang zum gerichtsnahen Mediationsverfahren eingeräumt wird. Darüber hinaus stellt sich die Frage, ob auch im Rahmen der gerichtsnahen Mediation – wie im herkömmlichen Gerichtsverfahren – der aus Art. 3 Abs. 1 GG i.V.m. dem Rechtsstaatsprinzip folgende Grundsatz der Rechtsanwendungsgleichheit zu beachten ist, und ob aufgrund der gerichtsnahen Mediation eventuell die Gefahr eines Verstoßes gegen das ebenfalls aus Art. 3 Abs. 1 GG i.V.m. dem Rechtsstaatsgebot abzuleitende Willkürverbot besteht, was letztlich jedoch zu verneinen sein wird.

1. Gleicher Zugang

Aus Sicht der Konfliktparteien können die Ergebnisse einer gerichtsnahen Mediation aufgrund der umfangreichen Möglichkeiten einer Einbeziehung der Parteiinteressen sowie des mit der Mediation verfolgten Ziels einer Schaffung von Win-Win-Situationen oftmals weitaus vorteilhafter ausfallen, als ein gerichtliches Urteil, bei dem regelmäßig eine Prozesspartei gewinnt, während die andere den Gerichtssaal als Verlierer verlässt. Im Sinne

---

[1116] *Lange*, in: *Hübschmann/Hepp/Spitaler*, AO/FGO, § 95 FGO Rn. 21; *Tipke*, in: *Tipke/Kruse*, AO/FGO, § 95 FGO Rn. 6.
[1117] Vgl. zur tatsächlichen Verständigung Fn. 52.
[1118] Vgl. hierzu: Zweiter Teil, 1. Kapitel, Unterpunkt IV.

einer Gleichbehandlung aller sich zwecks Beilegung einer Streitigkeit an die Gerichtsbarkeit wendenden Personen muss die Nutzung dieser potentiellen Vorteile einer gerichtsnahen Mediation allen Prozessparteien in gleichem Maße ermöglicht werden. Neben einer gewissen Waffengleichheit im Mediationsverfahren[1119] verlangt der allgemeine Gleichheitssatz nach Art. 3 Abs. 1 GG demnach auch eine gewisse Gleichheit beim Zugang zum gerichtsnahen Mediationsverfahren. Entscheidet man sich für die Einführung der gerichtsnahen Mediation, so bedingt diese Entscheidung zugleich, dass jedermann grundsätzlich die gleiche Möglichkeit eingeräumt werden muss, ein gerichtsnahes Mediationsverfahren in Anspruch zu nehmen.

Voraussetzung einer weitgehenden Gleichheit bezüglich des Zugangs zum gerichtsnahen Mediationsverfahren ist zunächst, dass ausreichende Kapazitäten für die Durchführung gerichtsnaher Mediationen geschaffen werden sowie – gewissermaßen als Parallele zum aus Art. 3 Abs. 1 GG i.V.m. dem Rechtsstaatsprinzip beziehungsweise Art. 19 Abs. 4 GG folgenden Anspruch auf Rechtsschutzgleichheit im gerichtlichen Verfahren – eine weitgehende Angleichung der Zugangsmöglichkeiten bemittelter und unbemittelter Parteien zur Mediation hergestellt wird.[1120] Dies kann dadurch geschehen, dass weniger bemittelten Konfliktparteien im Rahmen der gerichtsnahen Mediation dieselben Hilfen gewährt werden wie im eigentlichen Gerichtsverfahren. Wie an anderer Stelle noch darzulegen sein wird[1121] wäre es in diesem Zusammenhang beispielsweise denkbar, bedürftigen Konfliktparteien nicht nur im Rahmen des Gerichtsprozesses, sondern auch im Rahmen der gerichtsnahen Mediation „Prozesskostenhilfe“ zu gewähren. Abgesehen von solchen Kapazitätsbelangen und finanziellen Fragen setzt die Forderung nach einer gleichen Möglichkeit des Zugangs zum gerichtsnahen Mediationsverfahren zudem voraus, dass die Gerichte einheitliche Kriterien und Vorgehensweisen hinsichtlich der Frage entwickeln, in welchen Fällen eine gerichtsnahe Mediation sinnvoll erscheint und den Prozessparteien demnach vorzuschlagen ist. Darüber hinaus wäre es in diesem Zusammenhang wünschenswert, wenn eine gerichtsnahe Mediation in jedem Fall ermöglicht würde, in dem die Parteien selbst ein gerichtsnahes Mediationsverfahren für sinnvoll erachten und daher selbst anregen. Dieses Bedürfnis besteht aufgrund der Tatsache, dass es einen einheitlichen und vor allem abschließenden Katalog an Falleignungskriterien derzeit nicht gibt und wohl auch in Zukunft nicht geben wird. Zwar existieren gewisse Kriterien, die regelmäßig für oder gegen eine Eignung zur Durchführung einer gerichtsnahen Mediation sprechen. Im Endeffekt wird es jedoch stets auf den konkreten Einzelfall ankommen, ob ein gerichtsnahes Mediationsverfahren sinnvoll erscheint oder nicht.[1122]

[1119] Vgl. hierzu: Zweiter Teil, 5. Kapitel, Unterpunkt VIII.

[1120] Zur Rechtsschutzgleichheit im Hinblick auf das gerichtliche Verfahren vgl. u.a.: *Osterloh*, in: *Sachs*, Art. 3 Rn. 204; *Dürig*, in: *Maunz/Dürig*, GG, Art. 3 Abs. 1 Rn. 42 ff.; *Krebs*, in: *v. Münch/Kunig*, GG, Art. 19 Rn. 69; *BVerfGE* 22, 83 (86); 50, 217 (231); 63, 380 (394); 81, 347 (356 f.); 85, 337 (347).

[1121] Vgl. Dritter Teil, 3. Kapitel, Unterpunkt IV.

[1122] Vgl. hierzu: Zweiter Teil, 2. Kapitel, Unterpunkt II. 4.

2. Die Rechtsanwendungsgleichheit

Elementarer Bestandteil und Seele der Gerechtigkeit[1123] sowie Grundfolgerung des Rechtsstaates[1124] ist darüber hinaus die aus Art. 3 Abs. 1 GG i.V.m. dem Rechtsstaatsprinzip folgende Rechtsanwendungsgleichheit, wonach das bestehende Recht ausnahmslos ohne Ansehen der Person zu verwirklichen ist[1125] und den Rechtspflegeorganen Ungleichbehandlungen ohne sachlichen Grund verboten sind.[1126] Die Rechtsanwendungsgleichheit verwehrt es den Gerichten vor allem, bestehendes Recht zugunsten oder zu Lasten einzelner Personen nicht anzuwenden[1127] und verbietet insbesondere Differenzierungen bei der Auslegung gesetzlicher Vorschriften, die auch dem Gesetzgeber nicht erlaubt wären.[1128] In Anbetracht der Vielzahl unterschiedlicher möglicher Lösungen eines Konflikts im Rahmen einer (gerichtsnahen) Mediation als ergebnisoffenes und von einem neutralen Dritten unterstütztes Verhandlungsverfahren im Vergleich zum gerichtlichen Verfahren erscheint es zumindest fraglich, ob im Rahmen der gerichtsnahen Mediation eine Rechtsanwendungsgleichheit in diesem Sinne gewährleistet werden kann. Im Endeffekt dürfte diese Frage zu verneinen sein. Dennoch vermag auch dies der gerichtsnahen Mediation letztlich nicht entgegen zu stehen, denn dort geht es – wie an anderer Stelle zur Mediation im Allgemeinen bereits ausgeführt – nicht etwa um eine auf Streitentscheidung im Wege eines Urteils gerichtete „Anwendung“ des Rechts durch das Gericht, innerhalb derer eine Gleichheit der Rechtsanwendung zu beachten wäre, sondern vielmehr um eine Neugestaltung der Beziehungen zwischen den Konfliktparteien unter (mehr oder weniger freier) „Verwendung“ des bestehenden Rechts. Sinn der (gerichtsnahen) Mediation ist gerade keine bloße Rechtsanwendung auf einen bestimmten Sachverhalt, sondern die eigenverantwortliche, gemeinsame und konsensuale Streitbeilegung unter Verwendung und Beachtung des geltenden Rechts.

3. Das Willkürverbot

Schließlich ist nicht ersichtlich, dass das Konzept der gerichtsnahen Mediation gegen das aus Art. 3 Abs. 1 GG i.V.m. dem Rechtsstaatsprinzip[1129] folgende Willkürverbot verstößt, mittels dessen das Grundgesetz ein willkürfreies Verfahren und eine willkürfreie Entscheidung zu garantieren sucht.[1130] Weder kann dem Verfahren der gerichtsnahen

---

[1123] Vgl. u.a.: *Classen*, in: *v. Mangoldt/Klein/Starck*, GG, Art. 97 Rn. 19; *BVerfGE* 54, 277 (296).

[1124] Vgl. u.a.: *Stein*, in: AK-GG, Art. 3 Abs. 1 Rn. 71; *Stern*, Staatsrecht, Bd. III/1, S. 1481; *BVerfGE* 54, 277 (296); 71, 354 (362).

[1125] *BVerfGE* 54, 277 (296).

[1126] *Jarass*, in: *Jarass/Pieroth*, GG, Art. 3 Rn. 37; *BVerfGE* 101, 239 (269).

[1127] *Jarass*, in: *Jarass/Pieroth*, GG, Art. 3 Rn. 37; *Gubelt*, in: *v. Münch/Kunig*, GG, Art. 3 Rn. 44; *Heun*, in: *Dreier*, GG, Art. 3 Rn. 62; *Stein*, in: AK-GG, Art. 3 Abs. 1 Rn. 71; *BVerfGE* 54, 277 (296); 66, 331 (335 f.); 71, 354 (362); *BayVerfGH*, NJW 1982, 1746.

[1128] *Heun*, in: *Dreier*, GG, Art. 3 Rn. 53; *Gubelt*, in: *v. Münch/Kunig*, GG, Art. 3 Rn. 44; *BVerfGE* 70, 230 (240); 71, 354 (362 f.); 74, 129 (149); 99, 129 (139).

[1129] *Musielak*, in: *Musielak*, ZPO, Einl. Rn. 33; *BVerfGE* 57, 39 (42).

[1130] *Kopp/Schenke*, VwGO, § 1 Rn. 12; *BVerfG* NJW 1991, 3023.

Mediation per se der Vorwurf der Willkürlichkeit entgegengehalten werden, noch vermag die gerichtsnahe Mediation zu einem willkürlichen Ergebnis zu führen. Ein solches liegt vor, wenn das Gericht auf einem den für die Rechtsfindung verfassungsrechtlich bestehenden Rahmen überschreitenden methodischen Wege zu seinem Ergebnis gelangt,[1131] wenn eine Entscheidung in Ergebnis und Begründung nicht mehr nachvollziehbar oder schlechthin unhaltbar ist,[1132] wenn sich für die Entscheidung vernünftige, sich aus der Natur der Sache ergebende, sachlich plausible Gründe nicht mehr finden lassen,[1133] wenn eine offensichtlich einschlägige Norm nicht berücksichtigt oder der Inhalt einer Norm in krasser Weise missgedeutet wird,[1134] wenn eine Entscheidung unter keinem Gesichtspunkt rechtlich vertretbar ist und die ihr zugrunde liegenden oder die von ihr bewirkten Maßnahmen im Verhältnis zu der tatsächlichen Situation, derer sie Herr werden soll, eindeutig unangemessen erscheint.[1135] Auch wenn eine Entscheidung, insbesondere die Auslegung einer Norm durch den Richter, als solche und für sich allein betrachtet den Regelungszweck der Norm verfehlt und schlechthin nicht mehr verständlich ist[1136] oder anhand objektiver Kriterien die Rechtsanwendung nicht mehr verständlich ist und sich deswegen der Schluss aufdrängt, dass sie auf sachfremden und/oder unsachlichen Erwägungen beruht,[1137] kann von einem willkürlichen Ergebnis gesprochen werden. In

---

1131 *Kissel/Mayer*, GVG, § 1 Rn. 112 bzw. § 12 Rn. 39; *BVerfGE* 49, 304 (314).

1132 *Osterloh*, in: *Sachs*, GG, Art. 3 Rn. 125. Vgl. auch: *Kirchhof*, in: *Isensee/Kirchhof*, HStR, § 124 Rn. 236, sowie: *Degenhart*, in: *Sachs*, GG, Art. 103 Rn. 50, wonach Willkür vorliegt, wenn die Entscheidung sachlich unhaltbar und mithin objektiv willkürlich ist.

1133 *Kannengießer*, in: *Schmidt-Bleibtreu/Hofmann/Hopfauf*, GG, Art. 3 Rn. 48; *Lüke*, in: MK-ZPO, Einl. Rn. 158; *BVerfGE* 42, 64 (72 f.); *Kirchhof*, in: *Isensee/Kirchhof*, HStR, § 124 Rn. 236; zur ähnlichen (alten) allgemeinen Willkürklausel vgl. u.a.: *Osterloh*, in: *Sachs*, GG, Art. 3 Rn. 8; *Jarass*, in: *Jarass/Pieroth*, GG, Art. 3 Rn. 26; *BVerfGE* 61, 138 (147); 68, 237 (250); 75, 108 (157); 78, 249 (287); 89, 132 (141); 91, 118 (123); vgl. auch: *Stern*, Staatsrecht, Bd. III/2, S. 1360.

1134 *Kannengießer*, in: *Schmidt-Bleibtreu/Hofmann/Hopfauf*, GG, Art. 3 Rn. 50; *Osterloh*, in: *Sachs*, GG, Art. 3 Rn. 125; *Schmidt-Aßmann*, in: *Schoch/Schmidt-Aßmann/Pietzner*, VwGO, Einl. Rn. 49; *Kissel/Mayer*, GVG, § 1 Rn. 112; *Baumbach/Lauterbach/Albers/Hartmann*, ZPO, Einl. III Rn. 21; *Musielak*, in: *Musielak*, ZPO, Einl. Rn. 33; *Vollkommer*, in: *Zöller*, ZPO, Einl. Rn. 102a; *BVerfGE* 87, 273 (278 f.); 89, 1 (14); 96, 189 (203); vgl. auch: *Keller*, in: *Meyer-Ladewig/Keller/Leitherer*, SGG, vor § 60 Rn. 1e, wonach die Rechtslage in krasser Weise verkannt worden sein muss.

1135 *BVerfGE* 66, 199 (206).

1136 *Kirchhof*, in: *Isensee/Kirchhof*, HStR, § 124 Rn. 236; *Dörr*, Faires Verfahren, S. 118 ff.

1137 *Kannengießer*, in: *Schmidt-Bleibtreu/Hofmann/Hopfauf*, GG, Art. 3 Rn. 50; *Keller*, in: *Meyer-Ladewig/Keller/Leitherer*, SGG, vor § 60 Rn. 1e; *Rohwer-Kahlmann*, Sozialgerichtsbarkeit, § 103 Rn. 6; *Kissel/Mayer*, GVG, § 1 Rn. 112 bzw. § 12 Rn. 39; *Leipold*, in: *Stein/Jonas*, ZPO, vor § 128 Rn. 119; *Lüke*, in: MK-ZPO, Einl. Rn. 158; *Vollkommer* u. *Geimer*, in: *Zöller*, ZPO, Einl. Rn. 102a bzw. 114 f.; *Gubelt*, in: *v. Münch/Kunig*, GG, Art. 3 Rn. 45; *Stern*, Staatsrecht, Bd. III/1, S. 1496 bzw. Bd. III/2, S. 1360 f.; *Baumbach/Lauterbach/Albers/Hartmann*, ZPO, Einl. III Rn. 21; *BVerfGE* 42, 64 (73 f.); 54, 117 (125); 62, 189 (192); 67, 90 (94); 74, 102 (127); 80, 48 (51); 81, 132 (137); 86, 59 (63); 89, 1 (14); 96, 189 (203); *BVerfG* NJW 1996, 1336; NJW 1999, 207 (208); MDR 2001, 584 (585); *BGHZ* 154, 288 (299 f.); *BGH* NJW 2003, 1943 (1947); vgl. auch: *Osterloh*, in: *Sachs*, GG, Art. 3 Rn. 126, wonach die Grenze zur Willkür (erst) überschritten ist, wenn die Auslegung und die Anwendung einfachen Rechts unter keinem denkbaren Gesichtspunkt mehr verständlich ist, es sich also um eine krasse Fehlentscheidung handelt. Zum Kriterium, wonach eine willkürliche Entscheidung vorliegt, wenn sie bei verständiger Wür-

der gerichtsnahen Mediation erarbeiten die Konfliktparteien jedoch selbst unter Beachtung und Verwendung des geltenden Rechts eine einvernehmliche Lösung ihres Konflikts. In Ermangelung einer Rechtsanwendung durch das Gericht sowie einer gerichtlichen Entscheidung des jeweiligen Konflikts kommt ein Verstoß gegen das Verbot willkürlicher Entscheidungen somit nicht in Betracht. Die Grenze möglicher Lösungsoptionen liegt hier nicht im seitens des Gerichts zu beachtenden Willkürverbot, sondern in der rechtlichen Zulässigkeit des auf mediativem Wege von den Konfliktparteien vereinbarten Streitbeilegungsregimes.

---

digung der das Grundgesetz beherrschenden Gedanken bzw. unter keinem rechtlichen Aspekt mehr verständlich ist (vgl. auch: *Kirchhof*, in: *Isensee/Kirchhof*, HStR, § 124 Rn. 236; *Degenhart*, in: *Sachs*, GG, Art. 103 Rn. 47).

6. Kapitel: Die Vereinbarkeit der gerichtsnahen Mediation mit dem Rechtsberatungsgesetz

Kommt man zu der Auffassung, dass es sich bei der Tätigkeit des Richtermediators im Rahmen der gerichtsnahen Mediation nicht um eine Rechtsprechungsaufgabe handelt,[1138] so stellt sich die Frage, ob die gerichtsnahe Mediation an den Bestimmungen des Rechtsberatungsgesetzes zu messen ist und, wenn ja, ob sie mit diesen vereinbar ist. Diese Problematik besteht dabei unabhängig davon, ob die Parteien (zum Beispiel aufgrund eines entsprechenden Anwaltszwanges) anwaltlich vertreten werden oder nicht. Zwar trifft es zu, dass der Sinn und Zweck des Rechtsberatungsgesetzes vor allem darin liegt, vor unqualifizierter Rechtsberatung zu schützen. Zudem sind anwaltlich vertretene Mediationsparteien tatsächlich in gewissem Maße vor einer gänzlich unqualifizierten Rechtsberatung im Rahmen einer Mediation geschützt. Dennoch bewirkt die anwaltliche Vertretung im Rahmen der Mediation keinen ausreichenden Schutz der Konfliktparteien, so dass auch eine Mediation, in deren Rahmen die Medianten anwaltlich vertreten sind, mit Blick auf die Zulässigkeit nach dem Rechtsberatungsgesetz nicht als unproblematisch angesehen werden kann. Auch bei anwaltlicher Vertretung kann der Mediator unter Umständen in dem Maße das Vertrauen der Konfliktparteien gewinnen, dass die Konfliktparteien dem Wort des Mediators folgen und gegebenenfalls sogar größeres Vertrauen entgegenbringen als ihrem jeweiligen Parteianwalt.[1139] Allein die Hinzuziehung einer zur Rechtsberatung befugten Person lässt die Erlaubnispflicht für die Förderung einer rechtlichen Angelegenheit durch nach dem Rechtsberatungsgesetz nicht zur Rechtsberatung befugte Personen grundsätzlich nicht entfallen.[1140]

I. Die gerichtsnahe Mediation als Besorgung fremder Rechtsangelegenheiten im Sinne es Art. 1 § 1 Abs. 1 S. 1 RBerG

Mit Blick auf die Vereinbarkeit der gerichtsnahen Mediation mit den Vorschriften des Rechtsberatungsgesetzes stellt sich zunächst die Frage, ob es sich hierbei überhaupt um eine nach Art. 1 § 1 Abs. 1 S. 1 RBerG grundsätzlich erlaubnispflichtige Besorgung fremder Rechtsangelegenheiten in geschäftsmäßiger Form handelt oder vielmehr um eine Besorgung anderer, nämlich wirtschaftlicher, persönlicher oder sozialer Angelegenheiten.[1141] Obwohl das Potential der Mediation gerade in der Loslösung von einer rein juristischen Betrachtungsweise gesehen wird,[1142] bleibt diesbezüglich festzuhalten, dass

---

[1138] Vgl. in diesem Sinne: Zweiter Teil, 3. Kapitel.

[1139] A.A.: *Klose*, ZKM 2005, 146 (149), der gerichtsinterne Mediationsverfahren mit Blick auf das RBerG für unproblematisch hält, sofern ein Anwaltszwang besteht. Selbst wenn der Richtermediator in diesen Fällen rechtsberatend tätig werde, seien diese durch ihre Parteianwälte ausreichend geschützt.

[1140] *Volkmann*, Mediation im Zivilprozess, S. 38, unter Verweis auf: *BGH* AnwBl. 1982, 108.

[1141] Vgl. hierzu: *Volkmann*, Mediation im Zivilprozess, S. 30 m.w.N.

[1142] *Spindler*, Abschlussbericht zum Forschungsprojekt Gerichtsnahe Mediation in Niedersachsen, Rn. 26.

das geltende Recht bei Konflikten mit rechtlichem Bezug[1143] auch im Rahmen der Mediation zweifellos eine gewichtige Rolle spielt: Es setzt möglichen Mediationsergebnissen gewisse rechtliche Grenzen, es bietet einen Vergleichsmaßstab, um das mediativ gefundene Ergebnis mit dem zu vergleichen, was gesetzlich möglich ist, es hält eine Nichteinigungsalternative für den Fall des Scheiterns der Mediation bereit und kann den Beteiligten als Gestaltungsmittel oder „Schatzkammer" dienen.[1144] Der Mediator sollte regelmäßig die rechtliche Ausgangslage kennen und diese zur Aktivierung von Einzelinteressen sowie zur Fairnesskontrolle heranziehen. Darüber hinaus geht es bei Mediationen mit wie auch immer geartetem rechtlichen Bezug sowie bei Mediationen, die durch einen zwischen den Parteien verbindlichen Mediationsvergleich abgeschlossen werden, regelmäßig darum, rechtliche Beziehungen zwischen den Konfliktparteien (neu) zu begründen, zu ordnen oder zu klären; auf Grundlage der Privatautonomie gehen die Konfliktbeteiligten im Mediationsvergleich regelmäßig rechtliche Verpflichtungen für die Zukunft ein.[1145] Doch reicht die Bedeutung des Rechts in der Mediation tatsächlich aus, um die gerichtsnahe Mediation als erlaubnispflichtige Besorgung fremder Rechtsangelegenheiten im Sinne des Art. 1 § 1 Abs. 1 S. 1 RBerG zu qualifizieren? Lässt sich aus der bloßen Bedeutung des Rechts für das (gerichtliche) Mediationsverfahren der Schluss ziehen, die Leitung des Verfahrens stelle eine Besorgung fremder Rechtsangelegenheiten dar?

Unter der Besorgung fremder Rechtsangelegenheiten im Sinne des Art. 1 § 1 Abs. 1 S. 1 RBerG ist eine Tätigkeit zu verstehen, die unmittelbar der Förderung konkreter fremder Rechtsangelegenheiten dient und das Ziel verfolgt, konkrete fremde Rechtsverhältnisse zu verwirklichen, zu gestalten oder zu verändern,[1146] wobei sich die jeweilige Tätigkeit unmittelbar auf rechtlichem Gebiet bewegen muss.[1147] Dabei kann die Tätigkeit

---

[1143] Hieran fehlt es beispielsweise, wenn Lehrer bei Schulhofkonflikten Mediationen durchführen, innerhalb eines Betriebes zur Verbesserung des Arbeitsklimas eine Mediation zwischen streitenden Betriebsangehörigen durchgeführt wird, es bei Scheidungen und Sorgerechtsstreitigkeiten in der Mediation allein um die Ermittlung des Kindeswohls geht oder es im Rahmen der Mediation ausschließlich darum geht, Verhaltensregeln für den Umgang miteinander zu entwickeln etc.

[1144] Vgl.: Erster Teil, 1. Kapitel, Unterpunkt I., sowie zudem auch: *Mankowski*, ZKM 2001, 293; *Eidenmüller*, in: *Breidenbach/Coester-Waltjen/Heß u.a.*, Konsensuale Streitbeilegung, S. 45 (47); *Eidenmüller*, Vertrags- u. Verfahrensrecht der Wirtschaftsmediation, S. 1 f.

[1145] Vgl. u.a.: *Henssler*, in: *Breidenbach/Henssler*, Mediation f. Juristen, S. 75 (82 f.); *Henssler*, in: *Henssler/Koch*, Mediation in d. Anwaltspraxis; § 3 Rn. 10; *Henssler*, Mediation und Rechtsberatung (Vortrag zum 10. Mediations-Kongress am 9./10. September 2005 in Köln).

[1146] Vgl. u.a.: *Kleine-Cosack*, Rechtberatungsgesetz, Art. 1 § 1 Rn. 2; *Rennen/Caliebe*, RBerG, Art. 1 § 1 Rn. 18; *Weth*, in: *Henssler/Prütting*, RBerG, Art. 1 § 1 Rn. 3; *Henssler*, in: *Henssler/Koch*, Mediation in d. Anwaltspraxis; § 3 Rn. 9; *v. Marcard*, Berufsrecht des Mediators, S. 56; *Nölting*, Mediatorenverträge, S. 32; *Volkmann*, Mediation im Zivilprozess, S. 30 f.; *Volkmann*, SchiedsVZ 2004, 245 (247); *Henssler*, ZKM 2006, 132; *Henssler*, NJW 2003, 241 (242); *Kretschmer*, NJW 2003, 1500 (1501); *Duve/Tochtermann*, ZKM 2001, 284 (285); *Monßen*, in: FS R. Haase, S. 293 (307); *BVerfG* NJW 2002, 3531 (3532); *BGH* NJW 1956, 591 (592); AnwBl. 1982, 108; NJW 1989, 2125; NJW 1995, 3122; BRAK-Mitt. 1999, 47; GRUR 2000, 729 (730); NJW 2000, 2108; NJW 2001, 70 (71); NJW 2002, 2877; NJW 2002, 2880 (2881); NJW 2003, 3046 (3047); *OLG Rostock* BB 2001, 1869 (1870). Kritisch: *Trossen*, ZKM 2000, 238.

[1147] *Henssler*, ZKM 2006, 132; *LG Hamburg* NJW-RR 2000, 1514.

in der unmittelbaren Wahrnehmung fremden Rechts, in der Anfertigung von Schriftstücken sowie in der Erteilung rechtlichen Rates bestehen,[1148] wobei zu beachten ist, dass zur Vermeidung einer allzu weiten Auslegung des Begriffs der erlaubnispflichtigen „Besorgung fremder Rechtsangelegenheiten" Rechtsgeschäfte des täglichen Lebens – das heißt Geschäfte, deren Voraussetzungen, Formen und Rechtsfolgen jedermann bekannt sind und die allgemein nicht als Betätigung auf rechtlichem Gebiet empfunden werden (zum Beispiel Barkauf von Gegenständen geringeren Wertes)[1149] – vom Anwendungsbereich des Art. 1 § 1 Abs. 1 S. 1 RBerG auszunehmen sind.[1150] Es bedarf stets einer Einzelfallabwägung dahingehend, ob die Besorgung solcher Angelegenheiten aus Sicht der Beteiligten den Schwerpunkt der konkreten Tätigkeit bildet.[1151] Maßgebend ist dabei erstens, was der jeweilige Auftraggeber wünscht oder erkennbar erwartet, wobei hierüber insbesondere auch die Person und (rechtliche) Qualifikation des Beauftragten sowie die verkehrstypischen Gepflogenheiten Aufschluss geben können.[1152] Zweitens kommt es unter Berücksichtigung des Schutzzweckes des Rechtsberatungsgesetzes, den rechtsuchenden Bürger vor unqualifizierter Rechtsberatung zu schützen, darauf an, ob der Auftraggeber rechtlicher Beratung und damit des Schutzes des Rechtsberatungsgesetzes bedarf.[1153]

Mit Blick auf die Mediation wird zum Teil vertreten, eine „Besorgung fremder Rechtsangelegenheiten" durch den (Richter)Mediator komme in der Regel schon aufgrund des Rollenverständnisses und der Aufgaben eines Mediators nicht in Betracht.[1154] Der Mediator werde bloß kommunikationsfördernd, strukturierend und diskussionsleitend, nicht aber (rechts)beratend tätig. Eine rechtsberatende Tätigkeit sei mit dem Rollenverständnis und den Aufgaben des Mediators nicht vereinbar und gefährde zudem dessen strikt erforderliche Neutralität. Letztlich liege der Schwerpunkt der Mediatorentätigkeit stets in

---

[1148] *Kleine-Cosack*, Rechtberatungsgesetz, Art. 1 § 1 Rn. 2; *Volkmann*, SchiedsVZ 2004, 245 (247); *LG Hamburg* NJW-RR 2000, 1514.

[1149] *Weth*, in: *Henssler/Prütting*, RBerG, Art. 1 § 1 Rn. 4; *v. Marcard*, Berufsrecht des Mediators, S. 57.

[1150] *Rennen/Caliebe*, RBerG, Art. 1 § 1 Rn. 19; *Weth*, in: *Henssler/Prütting*, RBerG, Art. 1 § 1 Rn. 4; *v. Marcard*, Berufsrecht des Mediators, S. 57.

[1151] Vgl. u.a.: *Kleine-Cosack*, Rechtberatungsgesetz, Art. 1 § 1 Rn. 12; *Weth*, in: *Henssler/Prütting*, RBerG, Art. 1 § 1 Rn. 4; *Nölting*, Mediatorenverträge, S. 32; *Volkmann*, Mediation im Zivilprozess, S. 31; *Volkmann*, SchiedsVZ 2004, 245 (247); *Kretschmer*, NJW 2003, 1500 (1501); *Duve/Tochtermann*, ZKM 2001, 284 (285); *BVerfG* NJW 2002, 3531 (3532); *BGH* NJW 1956, 591 (592); NJW 1995, 3122; NJW 2000, 2108; NJW 2002, 2877; NJW 2002, 2879 (2880); NJW 2003, 3046 (3047). Einer Einzelfallprüfung bedarf es insbesondere auch mit Blick auf die Mediation: Hier ist zu prüfen, ob sich im Rahmen der Mediation schwerpunktmäßig Rechtsfragen stellen, ohne deren Klärung oder Berücksichtigung eine mediative Behandlung des Konflikts nicht möglich ist (*Prütting*, Gutachten zum 65. DJT, G 41; *Kleine-Cosack*, Rechtberatungsgesetz, Art. 1 § 5 Rn. 41; vgl. zudem auch: *Duve*, BB 2001, 693; *Duve*, BB 2001, 1871 (1872)); kritisch zur Schwerpunktsabwägung aus Sicht der Beteiligten insgesamt: *v. Marcard*, Berufsrecht des Mediators, S. 57 ff.

[1152] *Volkmann*, Mediation im Zivilprozess, S. 31; *BGH* NJW 2000, 2108 (2109); NJW 2003, 3046 (3048).

[1153] *Volkmann*, Mediation im Zivilprozess, S. 31; *BGH* NJW 2002, 2877 (2878).

[1154] *Kretschmer*, NJW 2003, 1500 (1502); *Monßen*, AnwBl. 2001, 169 (170); vgl. hierzu auch: *Volkmann*, Mediation im Zivilprozess, S. 34; *Volkmann*, SchiedsVZ 2004, 245 (248); *Spindler*, Abschlussbericht zum Forschungsprojekt Gerichtsnahe Mediation in Niedersachsen, Rn. 27.

der Gesprächsleitung und damit in einer kommunikativen Hilfeleistung,[1155] bei der es weniger um die Beseitigung rechtlicher Barrieren oder um eine rechtliche Beratung als um die Überwindung verhandlungsspezifischer Hindernisse gehe, der Mediator durch entsprechende Fragen und nicht durch (rechtliche) Hinweise handele und der Mediator keine aus seiner Sicht sachlich empfehlenswerte Lösung anstrebe.[1156] Indem der Mediator das Mediationsverfahren strukturiere, leite und zu einem einvernehmlichen Ergebnis führe, könne er sich auf die Moderation der Mediationsgespräche beschränken, ohne die rechtliche Gestaltung des Mediationsergebnisses zu beeinflussen.[1157] Im Normalfall stelle die Mediation lediglich eine erlaubnisfreie kommunikative Handlung mit dem Ziel der Herstellung von Verständigungsprozessen dar. Eine erlaubnispflichtige Besorgung fremder Rechtsangelegenheiten kommt danach ausnahmsweise allenfalls dann in Betracht, wenn der Mediator anlässlich der Mediation und im Anschluss an seine Tätigkeit komplizierte Rechtsfragen zu prüfen hat oder aber Verträge ausarbeitet und sonstige juristisch relevante Aktivitäten entfalten muss, um das mediativ erlangte Ergebnis (rechtlich) abzusichern.[1158]

Diese Argumentation vermag zu überzeugen, wo der Inhalt einer Mediation keinerlei rechtliche Bezüge aufweist, denn es ist nicht die Methode der Mediation an sich, die das Rechtsberatungsgesetz berührt, sondern ausschließlich deren Inhalt.[1159] Abzulehnen ist die obige Sichtweise jedoch bereits, wo auch immer der Konflikt und die zur Beilegung angestrengte Mediation rechtliche Bezüge aufweist. Dies wird in der Mehrzahl aller Mediationsverfahren schlechterdings der Fall sein, denn die meisten Mediationen – gerade wenn es sich dabei um gerichtsnahe Mediationen handelt – berühren nicht nur einen (rechtlichen) Konflikt, sondern zugleich auch in der Regel dessen Rechtsrahmen. Zwar macht die Mediation das Recht nicht notwendig zur alleinigen Grundlage. Sie bezieht es jedoch – gerade im Fall der gerichtsnahen Mediation – regelmäßig mit ein und ergänzt es um die Betrachtung persönlich-individueller Interessen, so dass eine Mediation regelmäßig auch eine Mediation in Rechtsstreitigkeiten ist.[1160] Das Abrücken vom traditionellen juristischen Positionsdenken im Rahmen der Mediation und die damit verbundene Verschiebung des Augenmerks auf die Interessen der Parteien ist keine Entscheidung gegen das Recht als Gegenstand des Mediationsverfahrens. Stattdessen entscheiden

---

[1155] Vgl.: *Kretschmer*, NJW 2003, 1500 (1502); *Strack*, ZKM 2001, 184; *Kleine-Cosack*, Rechtberatungsgesetz, Art. 1 § 5 Rn. 42, wonach eine Mediation allerdings im Ausnahmefall sehr wohl als erlaubnispflichtige Besorgung fremder Rechtsangelegenheiten einzustufen sein kann. Vgl. hierzu zudem auch: *Volkmann*, Mediation im Zivilprozess, S. 34.

[1156] *Monßen*, AnwBl. 2001, 169 (170); vgl. auch: *Strack*, ZKM 2001, 184.

[1157] *Monßen*, AnwBl. 2001, 169 (170); *Duve*, BB 2001, 692 (693); *Duve/Tochtermann*, ZKM 2001, 284 (285 f.). Vgl. zudem auch: *Volkmann*, Mediation im Zivilprozess, S. 34.

[1158] *Kleine-Cosack*, Rechtberatungsgesetz, Art. 1 § 1 Rn. 42, 44; vgl. auch: *Prütting*, Gutachten zum 65. DJT, G 42, wobei letzterer keine Wertung dahingehend abgibt, ob dies in der Mehrzahl der Mediationen der Fall ist oder nicht.

[1159] *Henssler*, in: *Henssler/Koch*, Mediation in d. Anwaltspraxis, § 3 Rn. 2; *Henssler*, Mediation und Rechtsberatung (Vortrag zum 10. Mediations-Kongress am 9./10. September 2005 in Köln); vgl. auch: *v. Marcard*, Berufsrecht des Mediators, S. 65.

[1160] *Mankowski*, ZKM 2001, 293.

sich die Parteien mit der Wahl der Mediation anstelle einer autoritären Fallentscheidung durch den Richter nur für ein anderes Verfahren zur Konfliktlösung.[1161] Zudem verkennt die oben dargelegte Sichtweise, dass die Verwirklichung der Privatautonomie nicht das einzige und uneingeschränkte Ziel einer Mediation sein kann,[1162] sondern dem Mediator – wenn auch nur in begrenztem Maße – regelmäßig auch eine gewisse Fairness- und Gerechtigkeitsverantwortung auch mit Blick auf das Mediationsergebnis zukommt.[1163] Dieser wird er letztlich meist nur dadurch gerecht werden können, dass er die Mediationsergebnisse einer am geltenden Recht orientierten Fairnesskontrolle unterzieht und unter Umständen seine (rechtliche) Einschätzung der Mediationsergebnisse den Verfahrensbeteiligten mitteilt. Zwar tragen die Konfliktparteien selbst die Verantwortung für das mediativ erlangte Ergebnis, es gehört jedoch zu den Aufgaben des Mediators, die Parteien insofern über die Rechtslage zu informieren, als dies für die Einhaltung eines Mindestmaßes an rechtlicher Ordnung, Fairness und Gerechtigkeit nötig ist.[1164] Wie *Volkmann*[1165] feststellt, gilt dies für die gerichtsnahe Mediation in besonderem Maße, da der Staat die Verantwortung dafür trägt, dass eine schwächere Partei vor einem mit der Privatautonomie unvereinbaren Machtungleichgewicht geschützt und ein gewisses Maß an rechtlicher Ordnung, Fairness und Gerechtigkeit aufrecht erhalten wird, wenn er die gerichtsnahe Mediation als Alternative zum gerichtlichen Verfahren anbietet. Schon diese Umstände sprechen dafür, dass die gerichtsnahe Mediation regelmäßig – und nicht nur im Ausnahmefall – rechtsberatende Tätigkeiten einschließt.

Darüber hinaus verkennt die oben beschriebene Ansicht, dass ein Bedarf an rechtlicher Beratung seitens der Konfliktparteien im Mediationsverlauf auch insofern besteht, als den Parteien regelmäßig daran gelegen ist, dass die von ihnen getroffenen Abschlussvereinbarungen nicht nur rechtlich zulässig sind, sondern auch alle für die Zukunft relevanten (rechtlichen) Gesichtspunkte umfassen.[1166] Den Konfliktparteien ist regelmäßig nur mit einer (rechts-)verbindlichen Abschlussvereinbarung geholfen, um ihnen

---

[1161] *Volkmann*, Mediation im Zivilprozess, S. 33; *Mankowski*, ZKM 2001, 293.

[1162] Vgl. hierzu: *Volkmann*, Mediation im Zivilprozess, S. 35, wonach der Grundsatz der Privatautonomie auf dem Prinzip der Selbstbestimmung beruht und daher voraussetzt, dass die Bedingungen der Selbstbestimmung auch tatsächlich gegeben sind. Ist dagegen ein der Parteien in einer sozial oder ökonomisch derart übermächtigen Position, dass sie den Inhalt einer Vereinbarung faktisch diktieren kann, führt dies für die andere Partei zu einer mit der Privatautonomie nicht mehr zu vereinbarenden Fremdbestimmung (vgl. auch: *BVerfGE* 81, 242 (254 f.); 103, 89 (100)).

[1163] Vgl. hierzu unter: Erster Teil, 4. Kapitel, Unterpunkt VI., sowie: *Volkmann*, Mediation im Zivilprozess, S. 35.

[1164] Vgl. auch: *Volkmann*, Mediation im Zivilprozess, S. 34 f.; *Volkmann*, SchiedsVZ 2004, 245 (248); *Breidenbach*, Mediation; S. 178 f.; *Eidenmüller*, in: *Breidenbach/Coester-Waltjen/Heß u.a.*, Konsensuale Streitbeilegung, S. 45 (76); *Eisele*, ZRph 2003, 183 (189); ähnlich auch: *Hager*, Konflikt u. Konsens, S. 82; *Spindler*, Abschlussbericht zum Forschungsprojekt Gerichtsnahe Mediation in Niedersachsen, Rn. 27.

[1165] *Volkmann*, Mediation im Zivilprozess, S. 36; *Volkmann*, SchiedsVZ 2004, 245 (248 f.).

[1166] *Henssler*, NJW 2003, 241 (243); *Volkmann*, Mediation im Zivilprozess, S. 37; *Volkmann*, SchiedsVZ 2004, 245 (249); *Spindler*, Abschlussbericht zum Forschungsprojekt Gerichtsnahe Mediation in Niedersachsen, Rn. 27.

ein gewisses Maß an Planungssicherheit für die Zukunft zu gewähren.[1167] Dem entspricht auch der „European Code of Conduct for Mediators", der vorsieht, dass der Mediator die Parteien aufklären und unter Umständen das Mediationsverfahren für beendet erklären soll, wenn ihm eine von den Parteien getroffene Vereinbarung nicht vollstreckbar oder rechtlich unzulässig erscheint.[1168] Hilft der Mediator den Konfliktparteien am Ende der Mediation dabei, die endgültigen Mediationsergebnisse zu formulieren und in eine abschließende oder gar (rechts-)verbindliche Vereinbarung zwischen den Parteien, einen so genannten Mediationsvergleich, zu gießen,[1169] trägt er mithin zur „Neubegründung und/oder Neuformulierung der wechselseitigen Rechte und Pflichten der Konfliktparteien" bei,[1170] so übernimmt er zumindest in diesen Fällen die Besorgung fremder Rechtsangelegenheiten und wird rechtsberatend tätig.[1171]

Zudem ist es in vielen Bereichen Voraussetzung einer eigenverantwortlichen Konfliktlösung, dass die Parteien alle entscheidungserheblichen Umstände einschließlich der Rechtslage kennen und bewerten können.[1172] Um abwägen zu können, ob eine in der Mediation ausgehandelte Lösung aus ihrer Sicht sowie gemessen an der Gesetzeslage akzeptabel und fair ist, müssen die Konfliktparteien ihre alternativ gegebenenfalls gerichtlich durchsetzbaren Ansprüche und Verpflichtungen kennen.[1173] Gerade bei komplexen Sachverhalten sind die Konfliktparteien zudem oftmals auf Anregungen angewiesen, wie ein Ausweg aus einer möglicherweise festgefahrenen Konfliktsituation gefunden werden kann.[1174] Dass die hierfür erforderliche aufklärende Rechtsberatung unabhängig von einer erfolgten Hinzuziehung von Parteianwälten die Aufgabe des (Richter-)Mediators ist, ergibt sich schon daraus, dass die Parteien von einem rechtskundigen Mediator eine solche rechtliche Beratung regelmäßig erwarten dürften.[1175]

[1167] Vgl.: *Mankowski*, ZKM 2001, 293(294).

[1168] Vgl.: Nr. 3.2. des „European Code of Conduct for Mediators", abgedruckt in: ZKM 2004, 148 f.

[1169] Vgl. auch: *Volkmann*, SchiedsVZ 2004, 245 (248); *Duve*, BB 2001, 692 (693); *Henssler*, NJW 2003, 241 (243); *Mankowski*, MDR 2001, 1198 (1199); *OLG Rostock* BB 2001, 1869 (1870); *LG Rostock* ZKM 2000, 235 (237).

[1170] *Heß/Sharma*, in: *Haft/v. Schlieffen*, Hdb. Mediation, § 26 Rn. 36.

[1171] So auch: *Henssler*, Mediation und Rechtsberatung (Vortrag zum 10. Mediations-Kongress am 9./10. September 2005 in Köln). Vgl. zudem auch: *Volkmann*, Mediation im Zivilprozess, S. 33; *Duve*, BB 2001, 692 (693); *OLG Rostock* BB 2001, 1869 (1870); *LG Rostock* NJW-RR 2001, 1290 (1291 f.), sowie: *Nölting*, Mediatorenverträge, S. 33 ff. m.w.N., wonach es bei der Mediation regelmäßig um eine privatautonome Rechtssetzung geht und allgemein anerkannt ist, dass eine auf Schaffung oder Veränderung von Rechtsverhältnissen gerichtete Tätigkeit, ebenso wie di Abfassung und Formulierung von Verträgen, als Rechtsbesorgung anzusehen ist.

[1172] *Volkmann*, Mediation im Zivilprozess, S. 37; *Volkmann*, SchiedsVZ 2004, 245 (249); *Henssler*, NJW 2003, 241 (243); vgl. auch: *OLG Rostock* BB 2001, 1869 (1870).

[1173] *Volkmann*, Mediation im Zivilprozess, S. 37m.wN.

[1174] *Henssler*, NJW 2003, 241 (243).

[1175] Vgl.: *Heß/Sharma*, in: *Haft/v. Schlieffen*, Hdb. Mediation, § 26 Rn. 31; sowie: *Volkmann*, Mediation im Zivilprozess, S. 37 unter Verweis auf *Dürschke*, SGb 2001, 532 (533), wonach nicht umsonst betont werde, dass einer der Vorteile der gerichtsnahen Mediation gerade das umfassende und von den Beteiligten in aller Regel auch anerkannte juristische Fachwissen des Richters beziehungsweise Richtermediators ist.

Im Ergebnis ist vor allem *Henssler*[1176] zuzustimmen, wenn dieser ausführt, dass eine Mediationstätigkeit ohne juristische Steuerung häufig nicht effektiv sei, müsse sich doch die im Rahmen der Mediation gefundene Einigung im Rahmen des rechtlich Zulässigen halten und darauf geachtet werden, dass die Konfliktbeilegung im Sinne der Rechtsgestaltung für die Zukunft tatsächlich alle rechtlich relevanten Gesichtspunkte umfasst. Das Ergebnis der Mediation müsse regelmäßig juristisch unangreifbar und beständig fixiert werden. Zwar sei durchaus konzediert, dass bei der Mediation in der Regel die Lösung eines Konflikts durch die psychologischen und sozialpädagogischen Qualitäten des Vermittlers (Mediators) im Vordergrund stehe. Die Mediation sei jedoch im Normalfall nur der Weg von einem Konflikt mit rechtlicher Dimension zu seiner rechtsbeständigen Lösung. Ziel der Mediation sei daher im Regelfall die Neubegründung und Neuformulierung der wechselseitigen Rechte und Pflichten, wobei die Medianten regelmäßig auf Denkanstöße vonseiten des Mediators angewiesen seien. Dieser müsse einerseits die rechtliche Ausgangslage erkennen können, um sie zu gegebener Zeit zur Aktivierung von Einzelinteressen und zur Fairnesskontrolle heranziehen zu können; andererseits müsse der Mediator am Ende der Mediation das Ergebnis der Verhandlungen in eine rechtlich beständige Form gießen können.[1177] Es lässt sich daher – mit *Henssler*[1178] – die These vertreten, dass nur eine Mediation unter juristischer Beratung und Steuerung komplexere Konflikte effektiv und zukunftsbezogen zu lösen vermag, da sich eine solche Konfliktlösung im Bereich des rechtlich Zulässigen halten und im Interesse einer umfassenden, nachhaltigen Rechtsgestaltung für die Zukunft alle rechtlich relevanten Aspekte umfassen muss, so dass abschließend festzuhalten ist, dass die (gerichtsnahe) Mediation immer auch eine Besorgung fremder (konkreter) Rechtsangelegenheiten umfasst.[1179] Dies gilt ausnahmsweise nur dann nicht, wenn es von vornherein um Konflikte ohne jeglichen rechtlichen Bezug geht und sich der Mediator auf eine rein passive Mediationsführung im Sinne eines Katalysators beschränkt[1180] beziehungsweise lediglich für die Einhaltung elementarer Umgangsformen zwischen den Konfliktparteien sorgt und weder das Mediationsverfahren lenkt noch inhaltlich auf das Mediationsergebnis einwirkt.[1181] Abgesehen davon stellt die Durchführung einer Mediation selbst dann eine Besorgung fremder Rechtsangelegenheiten dar, wenn sich der Mediator mit der Beantwortung rechtlicher Fragestellungen zurücknimmt und eine moderierende Rolle ausfüllt. Grund hierfür ist, dass auch in der bloßen Moderation eines Konflikts mit rechtlichen Bezügen eine unterstützende und die Gestaltung von Rechtsangelegenheiten fördernde Tätigkeit und somit eine Besorgung fremder Rechtsangelegenheiten im Sinne der oben genannten Definition

---

1176 *Henssler*, ZKM 2006, 132 (133).

1177 *Henssler*, ZKM 2006, 132 (133).

1178 *Henssler*, in: *Breidenbach/Henssler*, Mediation f. Juristen, S. 75 (83); *Henssler*, in: *Henssler/Koch*, Mediation in d. Anwaltspraxis; § 3 Rn. 10.

1179 Zum Merkmal des „Besorgens" sowie zur Mediation als „fremde" bzw. „konkrete" Rechtsangelegenheit vgl. im Einzelnen: *v. Marcard*, Berufsrecht des Mediators, S. 73 ff., 71 f. bzw. 72 f.

1180 Vgl.: *v. Marcard*, Berufsrecht des Mediators, S. 80.

1181 Vgl.: Erster Teil, 4. Kapitel, Unterpunkt V.

liegt.[1182] Selbst wenn der Mediator von Beginn an klarstellt, dass sich seine Hilfe nicht auf den Bereich der Rechtsberatung erstreckt und, dass er auch keine Hilfe bei der Abfassung der den Konflikt lösenden Vereinbarung anbieten wird, stellt die Mediatorentätigkeit eine Besorgung fremder Rechtsangelegenheiten im Sinne des Art. 1 § 1 RBerG dar, denn schon durch die dem Wesen der Mediation immanente Förderung der Konfliktlösungssuche und die damit verbundene Vorbereitung einer das Mediationsverfahren abschließenden Mediationsvereinbarung nimmt der Mediator eine Besorgung fremder Rechtsangelegenheiten im Sinne des Art. 1 § 1 RBerG vor.[1183] Die Beteiligten schaffen sich ihr Recht zwar selbst, aber mit Hilfe des jeweiligen Mediators.[1184]

II. Die gerichtsnahe Mediation als „geschäftsmäßige" Tätigkeit im Sinne des Art. 1 § 1 Abs. 1 RBerG

Nach Art. 1 § 1 Abs. 1 RBerG unterliegt jedoch nur die „geschäftsmäßige" Besorgung fremder Rechtsangelegenheiten dem Erlaubnisvorbehalt des Rechtsberatungsgesetzes. Auch dieses Kriterium ist mit Blick auf die gerichtsnahe Mediation jedoch erfüllt, denn eine geschäftsmäßige Tätigkeit im Sinne des Art. 1 § 1 Abs. 1 RBerG erfordert lediglich eine mit Wiederholungsabsicht erfolgende, selbständige – das heißt hinsichtlich Tätigkeitsannahme und Tätigkeitsdurchführung frei von Weisungen in eigener Entscheidungsfreiheit und Verantwortung ausgeübte[1185] – Tätigkeit, die nicht nur aus besonderen Gründen als Gefälligkeit ausgeübt wird[1186] und nicht von einer Gewinnerzielungsabsicht getragen zu sein braucht.[1187] Hinsichtlich der erforderlichen Selbständigkeit könnte man zwar argumentieren, dass ein Richtermediator nicht selbständig im eigentlichen Sinne handelt, sondern in einer von ihm wahrzunehmenden Funktion. Die erforderliche Selbstständigkeit – das im Hinblick auf die Geschäftsmäßigkeit einzig wirklich problematisch erscheinende Merkmal einer geschäftsmäßigen Tätigkeit im Sinne des Art. 1 § 1 Abs. 1 RBerG – ergibt sich jedoch daraus, dass der (Richter-)Mediator als neutraler Dritter der Natur der Sache nach keinerlei Weisungen unterliegt, dass er das jeweilige Mediationsverfahren in eigener Verantwortung leitet und dass er hinsichtlich der Aufnahme und Durchführung des Mediationsverfahrens insofern frei ist, als er Verfahren, in denen er

---

[1182] Vgl.: *Mankowski*, MDR 2001, 1198 (1200); *Mankowski*, ZKM 2001, 203 (294); a.A.: *Heß/Sharma*, in: *Haft/v. Schlieffen*, Hdb. Mediation, § 26 Rn. 36; *Duve*, BB 2001, 692 (693).
[1183] Vgl. auch: *v. Marcard*, Berufsrecht des Mediators, S. 79; a.A.: *Henssler*, NJW 2003, 241 (243).
[1184] *Henssler*, NJW 2003, 241 (243).
[1185] *Weth*, in: *Henssler/Prütting*, RBerG, Art. 1 § 1 Rn. 40; *Rennen/Caliebe*, RBerG, Art. 1 § 1 Rn. 57; *Kleine-Cosack*, Rechtberatungsgesetz, Art. 1 § 1 Rn. 67; *v. Marcard*, Berufsrecht des Mediators, S. 81; BayObLG, NStZ 1983, 512; BayObLG, NStZ 1985, 224 (225); *OLG Stuttgart* NJW 1992, 3051; *OLG Hamm* AnwBl. 1998, 168. Vgl. zudem auch: *Henssler*, ZKM 2006, 132.
[1186] *Rennen/Caliebe*, RBerG, Art. 1 § 1 Rn. 56; *v. Marcard*, Berufsrecht des Mediators, S. 80; *BVerwG* NJW 1988, 220; *OLG Köln* NJW 1973, 437 f.; *OLG Karlsruhe* AnwBl. 1979, 487 (488); *OLG Hamm* NStZ 1982, 438; *OLG München* NJW-RR 1994, 1138; *OLG Nürnberg* NJW-RR 1998, 351 (352).
[1187] *Rennen/Caliebe*, RBerG, Art. 1 § 1 Rn. 56; *Henssler*, in: *Henssler/Koch*, Mediation in d. Anwaltspraxis; § 3 Rn. 8; *v. Marcard*, Berufsrecht des Mediators, S. 80; *BGH* AnwBl. 1964, 52 (53); *OLG Koblenz* NJW-RR 1987, 490. Vgl. zudem auch: *Henssler*, ZKM 2006, 132 m.w.N.

beispielsweise aufgrund eines unüberwindbaren Machtungleichgewichts, offensichtlich fehlender Konsensbereitschaft der Parteien, mangelnder Falleignung oder bestehender Interessenkollisionen Bedenken hegt, ablehnen beziehungsweise abbrechen kann. Darüber hinaus erfolgt die Durchführung gerichtsnaher Mediationsverfahren durch den Richtermediator im Rahmen einer beruflichen Tätigkeit, das heißt einer Tätigkeit, die stets geschäftsmäßig betrieben wird.[1188]

III. Keine Erlaubnisfreiheit gemäß Art. 1 § 2 RBerG (analog)

Art. 1 § 2 RBerG legt klar und deutlich fest, dass die Übernahme einer Tätigkeit als Schiedsrichter einer Erlaubnis gemäß Art. 1 § 1 Abs. 1 RBerG nicht bedarf. Man könnte bei Betrachtung der Vereinbarkeit der gerichtsnahen Mediation mit den Bestimmungen des Rechtsberatungsgesetzes daran denken, diese Regelung analog im Sinne eines „a maiore ad minus"-Schlusses[1189] auch auf die nichtanwaltliche Mediatorentätigkeit auszudehnen. Demzufolge wäre der Richtermediator als „Schiedsrichter ohne Entscheidungsbefugnis" anzusehen, dessen Tätigkeit gemäß Art. 1 § 2 RBerG keiner Erlaubnis bedarf.[1190]

Auch wenn eine Ausdehnung des Art. 1 § 2 RBerG auf nichtanwaltliche Mediationen aufgrund der soeben genannten Argumente auf den ersten Blick logisch erscheint, bleibt jedoch festzuhalten, dass die (Ausnahme-)Vorschrift des Art. 1 § 2 RBerG eng auszulegen ist[1191] und, dass die Voraussetzungen einer Analogie nicht gegeben sind. Voraussetzung einer Analogie ist zunächst die Rechtsähnlichkeit und Vergleichbarkeit des in Frage stehenden Sachverhalts mit einem gesetzlich geregelten Tatbestand. Bereits hieran fehlt es, wenn man die Mediation mit der gemäß Art. 1 § 2 RBerG vom Erlaubnisvorbehalt des Art. 1 § 1 RBerG ausgenommenen Schiedsrichtertätigkeit vergleicht. Zwar wurde bereits darauf hingewiesen, dass es durchaus Gemeinsamkeiten zwischen Schiedsgerichtsbarkeit und Mediation gibt.[1192] Dennoch bleibt festzuhalten, dass die Tätigkeit eines Mediators letztlich nicht mit der eines Schiedsrichters vergleichbar ist[1193]

[1188] *Rennen/Caliebe*, RBerG, Art. 1 § 1 Rn. 60.

[1189] *Eckardt*, ZKM 2001, 230 ff.; *Geier*, ZKM 2001, 100 (101); *Duve/Tochtermann*, ZKM 2001, 284 (286 f.); *Eckhardt/Dendorfer*, MDR 2001, 786 (788); *Eidenmüller*, Diskussionsbeitrag zu: *Hensler*, Mediation und Rechtsberatung (Vortrag zum 10. Mediations-Kongress am 9./10. September 2005 in Köln); vgl. auch: *Duve*, BB 2001, 1871 (1872).

[1190] *Eckardt*, ZKM 2001, 230; *Eidenmüller*, Diskussionsbeitrag zu: *Henssler*, Mediation und Rechtsberatung (Vortrag zum 10. Mediations-Kongress am 9./10. September 2005 in Köln).

[1191] LG Rostock ZKM 2000, 235 (237).

[1192] Vgl. auch: Erster Teil, 1. Kapitel, Unterpunkt III., *Eckhardt*, ZKM 2001, 230 (231 f.), der eine analoge Anwendung des Art. 1 § 1 auf nichtanwaltliche Mediatoren aufgrund der Ähnlichkeit zwischen Schiedsverfahren und Mediation annimmt, nennt als Gemeinsamkeiten u.a., dass sowohl das Schiedsverfahren als auch die Mediation Verfahren seien, die nach Maßgabe der Parteien strukturiert werden und flexibel sind u. dass in beiden Fällen ein neutraler Dritter hinzugezogen wird.

[1193] U.a.: *Heß/Sharma*, in: *Haft/v. Schlieffen*, Hdb. Mediation, § 26 Rn. 37; *Nölting*, Mediatorenverträge, S. 38 ff.; *v. Marcard*, Berufsrecht des Mediators, S. 89; *Hilber*, Die Sicherung der Vertraulichkeit des Mediationsverf., S. 37; *Mankowski*, ZKM 2001, 293 (294); *Stickelbrock*, JZ 2002, 633 (641); *Henssler*,

und, dass – aufgrund der Unterschiede zwischen Mediation und Schiedsverfahren[1194] – kein Stufenverhältnis zwischen Schiedsrichter- und Mediatorentätigkeit besteht.[1195] Die Tätigkeit des Schiedsrichters ist – trotz der Möglichkeit eines Schiedsvergleichs[1196] – eindeutig eher auf Streitentscheidung statt auf Rechtsverwirklichung und -gestaltung und damit auf die Besorgung fremder Rechtsangelegenheiten sowie eine rechtliche Beratung, gerichtet.[1197] Es kann demnach festgehalten werden, dass Art. 1 § 2 RBerG mit Blick auf die Tätigkeit des Schiedsrichters nur eine deklaratorische (Klarstellungs-)Funktion dahingehend zukommt, dass diese Tätigkeit nicht dem Erlaubnisvorbehalt des Art. 1 § 1 RBerG unterliegt.[1198] Die Tätigkeit des Mediators zeichnet sich dagegen dadurch aus, dass der Mediator gerade keine Entscheidung des jeweiligen Rechtsstreits trifft, sondern als Konfliktmittler ohne Entscheidungskompetenz tätig wird, der – wie oben gezeigt – meist rechtsberatende Funktionen übernimmt, den Beteiligten bei der Rechtsverwirklichung behilflich ist und damit fremde Rechtsangelegenheiten im Sinne des Art. 1 § 1 RBerG besorgt.[1199] Insgesamt stellt die Mediation damit eher eine eigenständige Form der Streitbeilegung dar[1200] als dass sich ein Stufenverhältnis zwischen Schiedsrichter- und Mediatorentätigkeit konstruieren lässt. Die Mediation ist kein Minus, sondern ein Aliud zur schiedsrichterlichen Tätigkeit.[1201]

Dieser Argumentation folgend, könnte auch die Tätigkeit als Gerichtsmediator nicht über Art. 1 § 2 RBerG von ihrer grundsätzlichen Erlaubnispflichtigkeit befreit werden, denn in dieser Funktion nimmt auch ein Richter keine mit der Funktion des Schiedsrichters vergleichbare streitentscheidende Funktion wahr. Stattdessen wirkt er als nicht entscheidungsbefugter Richtermediator, der sich in seiner bloßen Mediationstätigkeit nicht grundsätzlich von einem herkömmlichen (außergerichtlichen, nichtanwaltlichen) Mediator unterscheidet.

Mediation und Rechtsberatung (Vortrag zum 10. Mediations-Kongress am 9./10. September 2005 in Köln).

1194 Vgl.: Erster Teil, 1. Kapitel, Unterpunkt III.

1195 *Prütting*, Gutachten zum 65. DJT, G 41.

1196 Vgl. hierzu u.a. auch: *Nölting*, Mediatorenverträge, S. 38 f.

1197 Vgl.: *OLG Rostock* BB 2001, 1869 (1870); *LG Rostock* ZKM 2000, 235 (237); *Henssler*, NJW 2003, 241 (245); *Henssler*, in: *Henssler/Koch*, Mediation in d. Anwaltspraxis; § 3 Rn. 6; *Mankowski*, ZKM 2001, 293 (294). Ähnlich zudem auch: *Henssler*, Mediation und Rechtsberatung (Vortrag zum 10. Mediations-Kongress am 9./10. September 2005 in Köln); *Nölting*, Mediatorenverträge, S. 38.

1198 *Henssler*, NJW 2003, 241 (245); *Mankowski*, ZKM 2001, 293 (294); *Rennen/Caliebe*, Art. 1 § 2 RBerG Rn. 8; *Henssler*, Mediation und Rechtsberatung (Vortrag zum 10. Mediations-Kongress am 9./10. September 2005 in Köln). Vgl. zudem auch: *Nölting*, Mediatorenverträge, S. 38; *Hilber*, Die Sicherung der Vertraulichkeit des Mediationsverf., S. 37.

1199 *Weth*, in: *Henssler/Prütting*, RBerG, Art. 1 § 2 Rn. 11; *Henssler*, NJW 2003, 241 (245); *OLG Rostock* BB 2001, 1869 (1870); *LG Rostock* ZKM 2000, 235 (237); vgl. auch: *Mankowski*, MDR 2001, 1198 (1200); *Mankowski*, ZKM 2001, 293 (294); *Stickelbrock*, JZ 2002, 633 (642).

1200 Vgl. auch: *Heß/Sharma*, in: *Haft/v. Schlieffen*, Hdb. Mediation, § 26 Rn. 37.

1201 So auch: *Henssler*, Mediation und Rechtsberatung (Vortrag zum 10. Mediations-Kongress am 9./10. September 2005 in Köln); *Nölting*, Mediatorenverträge, S. 38; *v. Marcard*, Berufsrecht des Mediators, S. 90.

Sofern vertreten wird, Art. 1 § 2 RBerG sei trotz alledem insofern analogiefähig, als der Grund für die Privilegierung des Schiedsrichters der Umstand sei, dass dieser – wie auch der Mediator – ein neutraler Dritter sei[1202] und sowohl der Mediator als auch der Schiedsrichter im Auftrag aller Konfliktparteien tätig werde, der Mediator also wie ein Schiedsrichter keinen Auftraggeber kenne, dessen (Partei-)Interessen er wahrzunehmen hat, vermag dies ebenfalls nicht zu überzeugen.[1203] Dieser Ansicht liegt die Annahme zugrunde, dass der Sinn der Ausklammerung der schiedsrichterlichen Tätigkeit durch Art. 1 § 2 RBerG aus dem Anwendungsbereich des Rechtsberatungsgesetzes darin besteht, dass der Schiedsrichter – wie auch der Mediator – im Auftrage aller Konfliktbeteiligten tätig wird und eine parteiische Rechtsberatung demzufolge ausscheidet.[1204] Auf die Einseitigkeit oder Parteilichkeit der Rechtsberatung kommt es dem Rechtsberatungsgesetz jedoch gerade nicht an. Ratio legis des die Schiedsrichtertätigkeit vom Erlaubnisvorbehalt des Art. 1 § 1 RBerG ausklammernden Art. 1 § 2 RBerG ist nicht, dass der Schiedsrichter – ebenso wie der Mediator – nicht einseitig rechtsberatend tätig wird, sondern vielmehr dass der Schiedsrichter – im Gegensatz zum Mediator – vor allem streitentscheidend statt rechtsberatend tätig wird. Zwar kann auch ein Schiedsrichter Vergleichsgespräche führen und an der Abfassung einer Abschlussvereinbarung in Form des Vergleiches mitwirken.[1205] Die rechtsberatende Tätigkeit des Mediators geht jedoch weit über eine bloße Beratung beim Abschluss eines Mediationsvergleiches hinaus. Zudem ist das Führen von Vergleichsgesprächen nicht die Tätigkeit, auf welche die Schiedsrichtertätigkeit primär abzielt. Der Schiedsvergleich ist zwar ein häufig genutzter Abschluss eines Schiedsverfahrens, Regulierungsgrundlage für das Schiedsrecht bleibt jedoch die genuin richterliche, streitentscheidende Tätigkeit des Schiedsrichters.[1206]

Auch die zweite Voraussetzung einer Analogie – das Vorliegen einer planwidrigen Regelungslücke – ist vorliegend nicht gegeben. Zwar erscheint es zunächst einleuchtend, dass ein Ausschluss nichtanwaltlicher Mediation durch das Rechtsberatungsgesetz mit Blick auf die umfassenden und seit einigen Jahren andauernden Bestrebungen des Gesetzgebers, die außergerichtliche Streitbeilegung als Alternative zur gerichtlichen Streitlösung zu etablieren, politisch nicht gewollt sein kann.[1207] Insofern könnte man auf den ersten Blick tatsächlich argumentieren, dass eine für eine Analogie erforderliche planwidrige Regelungslücke besteht. Bei näherer Betrachtung liefert die bislang unterbliebene Regelung der Erlaubnisfreiheit – im Zusammenhang mit dem klaren Wortlaut des Art. 1 § 2 RBerG – jedoch eher den Ansatzpunkt einer Begründung dafür, dass Art. 1 § 2 RBerG de lege lata gerade nicht auf die nichtanwaltliche Mediation ausgedehnt werden kann: Erstreckte sich nämlich das zweifelsfrei bestehende politische Ziel, die Mediation als alternatives Streitbeilegungsverfahren zu etablieren, auch auf die unbeschränkte

---

[1202] So u.a.: *Eidenmüller*, Diskussionsbeitrag zu: *Henssler*, Mediation und Rechtsberatung (Vortrag zum 10. Mediations-Kongress am 9./10. September 2005 in Köln).
[1203] Vgl.: *Eckardt*, ZKM 2001, 230 (232).
[1204] *Eckardt*, ZKM 2001, 230 (232).
[1205] So *Eckardt*, ZKM 2001, 230 (232).
[1206] *Mankowski*, ZKM 2001, 293 (294).
[1207] Vgl.: *Duve*, BB 2001, 1871 (1872).

Ermöglichung nichtanwaltlicher Mediation, so hätte der Gesetzgeber den eindeutigen Wortlaut des Art. 1 § 2 RBerG in Kenntnis der Möglichkeit und wachsenden Verbreitung nichtanwaltlicher Mediationsverfahren längst geändert. Hätte der Gesetzgeber eine Ausdehnung des Art. 1 § 2 RBerG gewollt, hätte er auch die Mediatorentätigkeit längst pauschal von der Genehmigungspflichtigkeit nach dem Rechtsberatungsgesetz ausgenommen. Da er hierauf aber verzichtet hat und die Streitvermittlung und Streitschlichtung zudem alte, tradierte und im deutschen Rechtssystem schon bei Erlass des Rechtsberatungsgesetzes bekannte Rechtsinstrumente darstellen,[1208] die dennoch nicht vom Anwendungsbereich des Rechtsberatungsgesetzes ausgenommen wurden, kann nicht von einer planwidrigen Regelungslücke als Voraussetzung einer analogen Anwendung des Art. 1 § 2 RBerG auf die nichtanwaltliche Mediation ausgegangen werden. Abgesehen davon wurde bereits festgestellt, dass die Befreiung der schiedsrichterlichen Tätigkeit vom Erlaubnisvorbehalt des Art. 1 § 1 RBerG auf der Tatsache beruht, dass diese Tätigkeit von vornherein nicht auf die Besorgung fremder Rechtsangelegenheiten im Sinne des Art. 1 § 1 RBerG gerichtet ist, mithin die Nennung der schiedsrichterlichen Tätigkeit in Art. 1 § 2 RBerG nur deklaratorischen Charakter hat. Dem historischen Gesetzgeber ging es augenscheinlich lediglich darum, klarzustellen, dass die Tätigkeit als Schiedsrichter nach dem Rechtsberatungsgesetz keiner Genehmigung bedarf. Es ist nicht ersichtlich, dass er in Art. 1 § 2 RBerG auch Tätigkeiten vom Erlaubnisvorbehalt des Art. 1 § 1 RBerG ausnehmen wollte, die – wie die Mediation – eigentlich auf die grundsätzlich erlaubnispflichtige Besorgung fremder Rechtsangelegenheiten gerichtet sind. Auch dies spricht gegen das Vorliegen einer planwidrigen Regelungslücke als Voraussetzung einer analogen Anwendung des Art. 1 § 2 RBerG auf die Mediationstätigkeit.

Schließlich bleibt darüber hinaus noch festzuhalten, dass Art. 1 § 2 RBerG als Ausnahmevorschrift ohnehin nur eingeschränkt analogiefähig ist,[1209] so dass die Frage nach der Vereinbarkeit der nichtanwaltlichen Mediation mit den Bestimmungen des Rechtsberatungsgesetzes letztlich de lege lata nicht über eine Ausdehnung des Art. 1 § 2 RBerG gelöst werden kann.[1210] Gleiches gilt auch im Falle der gerichtsnahen Mediation, da der

---

[1208] Vgl. u.a.: *Härtel*, JZ 2005, 753 (754), die hervorhebt, dass der Mediations- bzw. Vermittlungsgedanke auch im europäischen Rechtskreis lange und gut bekannt war und erst in der ersten Hälfte des 20. Jahrhunderts – einer Zeit zunehmender Verrechtlichung und Institutionalisierung von Konfliktlösungsverfahren – an Bedeutung verloren hat.

[1209] So auch *Henssler*, NJW 2003, 241 (245), der feststellt, dass es bei einer Ausdehnung einer Ausnahmeregelung wie Art. 1 § 2 RBerG im Wege der Analogie einer eindeutigen Herleitung aus dem Normzweck der Ausnahmeregelung bedarf. Vgl. zudem auch: *Henssler*, in: *Henssler/Koch*, Mediation in d. Anwaltspraxis; § 3 Rn. 5 (Fn. 17).

[1210] De lege lata ist die nicht-anwaltliche Mediation in Streitigkeiten mit rechtlichem Bezug „erlaubnispflichtig, aber nicht erlaubnisfähig" (so zutreffend: *Henssler*, Mediation und Rechtsberatung (Vortrag zum 10. Mediations-Kongress am 9./10. September 2005 in Köln)). De lege ferenda sollte allerdings – zumindest in Streitigkeiten in denen das Recht nur eine untergeordnete Rolle spielt – durchaus eine Erlaubnis zur Durchführung von Mediationsverfahren für nicht anwaltliche Mediatoren begründet werden. Im Rahmen der vorliegenden Arbeit kann und soll diese Frage jedoch nicht ausführlicher dargestellt werden, da die gerichtsnahe Mediation – um die es vorliegend geht – aus anderen Gründen sehr wohl mit den Bestimmungen des Rechtsberatungsgesetzes vereinbar ist (vgl. unten). Ebenfalls nicht

Richtermediator einem sonstigen nichtanwaltlichen Mediator aufgrund seiner Tätigkeit gleichzustellen ist.[1211]

IV. Erlaubnisfreiheit nach Art. 1 § 3 Nr. 1 RBerG

Da die gerichtsnahe Mediation auch keinem der in Art. 1 § 1 Abs. 1 S. 2 RBerG aufgezählten Sachbereiche zugeordnet werden kann[1212] und es sich bei einem als Mediator tätig werdenden Richter um keine der Personen handelt, denen im Wege des Art. 1 § 5 RBerG die Erledigung unmittelbar mit ihrer Haupttätigkeit im Zusammenhang stehender, beschränkter Rechtsangelegenheiten zugestanden wird,[1213] bleibt weiterhin nur der Weg

---

vertieft werden kann vorliegend die Frage, wie Anwälte und Nicht-Anwälte nach derzeit geltendem Recht im Sinne einer effektiven Mediation zusammenarbeiten können und sollten.

[1211] Zur Umgehung der Tatsache, dass Art. 1 § 2 RBerG nach h.M. auf nichtanwaltliche Mediatoren nicht analog anwendbar ist, schlägt *Eckardt*, ZKM 2001, 230 (232) vor, ein zweistufiges (Schieds-)Verfahren durchzuführen. Auf der ersten Stufe solle ein gütlicher Einigungsversuch nach Regeln der Mediation und unter Leitung des Schiedsrichters vorgesehen werden. (Nur) Im Falle des Scheiterns des Güteversuchs solle dann auf der zweiten Stufe das eigentliche Schiedsverfahren stattfinden, wobei allen Parteien bei Scheitern des Güteversuchs ein Recht zur Kündigung der Schiedsvereinbarung eingeräumt werden soll. Abgesehen davon, dass nach diesem Vorgehen Mediation und Schiedsverfahren nur zu einer scheinbaren Einheit verbunden werden, tatsächlich jedoch eine Mediation und ein davon zu trennendes nachgelagertes Schiedsverfahren vereinbart werden (so auch: *Henssler*, Mediation und Rechtsberatung (Vortrag zum 10. Mediations-Kongress am 9./10. September 2005 in Köln)), braucht an dieser Stelle nicht entschieden zu werden, ob ein solches Vorgehen tatsächlich zulässig ist, da es jedenfalls im Rahmen des Sonderfalls der gerichtsnahen Mediation nicht in Betracht kommt, dass mit dem jeweiligen Richtermediator zunächst eine Mediation und auf zweiter Stufe ein Schiedsverfahren vereinbart wird.

[1212] Vgl.: *Henssler*, in: *Breidenbach/Henssler*, Mediation f. Juristen, S. 75 (82); *Henssler*, in: *Henssler/Koch*, Mediation in d. Anwaltspraxis; § 3 Rn. 4; *Volkmann*, SchiedsVZ 2004, 245 (246); *Hilber*, Die Sicherung der Vertraulichkeit des Mediationsverf., S. 36.

[1213] Bei einem Richtermediator handelt es sich insbesondere wohl kaum um einen kaufmännischen oder sonstigen gewerblichen Unternehmer, dem nach Art. 1 § 5 Nr. 1 RBerG die Erledigung rechtlicher Angelegenheiten erlaubt ist, die mit einem Geschäft ihres Gewerbebetriebs in unmittelbarem Zusammenhang stehen. Darüber hinaus kann die rechtsberatende Tätigkeit des nichtanwaltlichen Mediators allgemein ohnehin nicht als eine gemäß Art. 1 § 5 RBerG zulässige (Annex-)Tätigkeit angesehen werden, da es sich nach ständiger Rechtsprechung bei den gem. Art. 1 § 5 RBerG erlaubten rechtlichen Beratungstätigkeiten nur um Hilfs- bzw. Nebentätigkeiten handeln darf, die im Rahmen der Haupttätigkeit anfallen (vgl.: *BGHZ* 79, 239 (244); *BGH* NJW 1989, 2125 (2125); DNotZ 2001, 49 (52)), die bereits beschriebene rechtsbesorgende Tätigkeit eines nichtanwaltlichen Mediators mangels Über-/Unterordnungsverhältnisses zwischen den außerjuristischen Elementen der Mediatorentätigkeit einerseits und den rechtsberatenden Elementen dieser Tätigkeit andererseits aber nicht als eine solche Hilfs- bzw. Nebentätigkeit bezeichnet werden kann. Statt dessen geht es bei der Mediation neben der pädagogisch-therapeutischen Stärkung der Autonomie der Konfliktparteien auch um die Parteiautonomie im rechtlichen Sinne, d.h. um privatautonome Rechtssetzung in Form der Neubegründung und Neuformulierung der wechselseitigen Rechtsbeziehungen zwischen den Konfliktpartnern und damit um eine Rechtsgestaltung beziehungsweise die Besorgung einer fremden Rechtsangelegenheit im Sinne des RBerG. Zudem erfolgt die Rechtsberatung im Rahmen der Mediation nicht im Zusammenhang mit einem anderen konkreten Hauptgeschäft des Mediators mit seinen Auftraggebern, sondern als „von vorn-

über Art. 1 § 3 RBerG, um zu einer (sachgerechten) Erlaubnisfreiheit der gerichtsnahen Mediation zu kommen. Anknüpfungspunkt ist hier Art. 1 § 3 Nr. 1 RBerG, wonach die von Behörden im Rahmen ihrer Zuständigkeit ausgeübte Rechtsberatung und -betreuung von den Bestimmungen des Rechtsberatungsgesetzes nicht berührt wird.

Für eine Erlaubnisfreiheit der gerichtsnahen Mediation nach Art. 1 § 3 Nr. 1 RBerG spricht zunächst, dass die eine solche Mediation anbietenden Gerichte in vollem Umfang, das heißt sowohl in ihrer Funktion als Rechtsprechungsorgan als auch im Rahmen der von den Gerichten wahrgenommen Aufgaben der Justiz- und Gerichtsverwaltung, als Behörden im Sinne dieser Norm anzusehen sind.[1214] Grund hierfür ist, dass der funktionale und im Verhältnis zu Art. 1 § 3 Nr. 1 RBerG engere Behördenbegriff des § 1 Abs. 4 VwVfG, wonach die Gerichte nur im Rahmen der Justiz- und Gerichtsverwaltung dem Behördenbegriff unterfallen,[1215] nicht[1216] beziehungsweise nicht ohne Ausdehnung auf die rechtsprechende Tätigkeit der Gerichte[1217] auf das vergleichsweise ältere Rechtsberatungsgesetz übertragen werden kann.[1218]

Des Weiteren steht die gerichtsnahe Mediation auch im Zusammenhang mit dem Aufgabengebiet der Gerichte als Behörden im Sinne des Art. 1 § 3 RBerG.[1219] Zwar ist umstritten, ob es sich bei der Mediationsdurchführung um eine Rechtsprechungstätigkeit oder um eine Aufgabe der Gerichtsverwaltung handelt.[1220] Ein Zusammenhang zwischen gerichtsnaher Mediation und dem Aufgabenbereich der Gerichte kann jedoch nicht ernsthaft bezweifelt werden. Geht man zumindest im Falle der gesetzlichen Regelung der gerichtsnahen Mediation von der grundsätzlichen Zulässigkeit dieses Streitbeile-

---

herein integrativer Bestandteil" respektive als „Kern" seines (Mediations-)Auftrages, was einer Erlaubnisfreiheit nach Art. 1 § 5 RBerG insofern entgegensteht, als eine Privilegierung von Annextätigkeiten nach dieser Vorschrift verwehrt bleibt, wenn die Rechtsbesorgung von vornherein gewichtiger und vollwertiger Teil des gesamten Aufgabengebietes ist (vgl.: *BVerfGE* 75, 284 (299); *BGH* NJW 1987, 3003 (3004); MDR 1989, 793; *Henssler*, NJW 2003, 241 (244); *Henssler*, in: *Breidenbach/Henssler*, Mediation f. Juristen, S. 75 (82 f.); vgl. zudem auch: *Goll*, ZKM 2002, 144 (146).

1214 *Rennen/Caliebe*, RBerG, Art. 1 § 3 Rn. 2; *Weth*, in: *Henssler/Prütting*, RBerG, Art. 1 § 3 Rn. 5; *Volkmann*, SchiedsVZ 2004, 245 (249 f.); *Klose*, ZKM 2005, 146 (149); *Spindler*, Abschlussbericht zum Forschungsprojekt Gerichtsnahe Mediation in Niedersachsen, Rn. 28 (Fn. 54).

1215 Vgl. u.a.: *Kopp/Ramsauer*, VwVfG, § 1 Rn. 57.

1216 *Rennen/Caliebe*, RBerG, Art. 1 § 3 Rn. 2.

1217 *Weth*, in: *Henssler/Prütting*, RBerG, Art. 1 § 3 Rn. 5; *Volkmann*, SchiedsVZ 2004, 245 (249 f.).

1218 Vgl. auch: *Volkmann*, Mediation im Zivilprozess, S. 39, wonach der Behördenbegriff des Rechtsberatungsgesetzes weiter auszulegen ist als der funktionale Behördenbegriff des Verwaltungsverfahrensgesetzes, da dieser vor allem der Abgrenzung der Verwaltung von Gesetzgebung und Rechtsprechung diene. Auch nach *Volkmann* sind vom Behördenbegriff des Rechtsberatungsgesetzes folglich auch die Gerichte umfasst, und zwar auch dann, wenn sie als solche und nicht als Justizverwaltungsbehörden tätig sind (vgl. auch: *Rennen/Caliebe*, RBerG, Art. 1 § 3 Rn. 2). A.A. wohl *Kleine-Cosack*, Rechtsberatungsgesetz, Art. 1 § 3 Rn. 2 ff., wo bzgl. des Behördenbegriffes lediglich auf § 1 Abs. 4 VwVfG verwiesen wird.

1219 Vgl. zu diesem Erfordernis u.a.: *Weth*, in: *Henssler/Prütting*, RBerG, Art. 1 § 3 Rn. 12; *Rennen/Caliebe*, RBerG, Art. 1 § 3 Rn. 8; *Volkmann*, SchiedsVZ 2004, 245 (250); *Volkmann*, Mediation im Zivilprozess, S. 40 ff.

1220 Vgl.: Zweiter Teil, 3. Kapitel.

gungsverfahrens aus, so können für die Durchführung solcher Mediationsverfahren auch nur die Gerichte zuständig sein. Auch ohne den Gerichten ausdrücklich zugewiesen zu sein, steht die gerichtsnahe Mediation dem Aufgabengebiet der Gerichte jedoch so nahe, dass auf eine den Anforderungen des Rechtsberatungsgesetzes genügende zuverlässige und qualitätsvolle Durchführung vertraut werden kann. Zudem besteht mit Blick auf die gerichtsnahe Mediation ein enger Zusammenhang mit dem Anliegen der Prozessrechtsreformen der vergangenen Jahre, die Effizienz der staatlichen Justiz durch Förderung alternativer Streitbeilegungsformen zu erhöhen, was ebenfalls dafür spricht, die gerichtsnahe Mediation dem Zuständigkeitsbereich der Gerichte zuzuordnen,[1221] zumal die Zuordnung der gerichtsnahen Mediation und der damit einhergehenden Rechtsberatung zum Zuständigkeitsbereich der Justiz auch dem gewandelten Selbstverständnis von Justiz und Verwaltung entspricht. Wie *Volkmann*[1222] richtigerweise feststellt, verstehen sich besagte Institutionen heute auch als Dienstleistungseinrichtungen und damit als Konkurrenz auf dem Dienstleistungsmarkt.[1223] Parallel zur Einführung des neuen Steuerungsmodells in der öffentlichen Verwaltung (New Public Management), welches Wettbewerb und Marktmechanismen zur Erhöhung der Effizienz der öffentlichen Leistungen nutzen will, wird auch die Diskussion um Leistungsfähigkeit und Effizienz der Justiz zunehmend vom Wettbewerbsgedanken geprägt.[1224]

V. Erlaubnisfreiheit unter Berücksichtigung des Schutzzweckes des Rechtsberatungsgesetzes

Das Ergebnis der Erlaubnisfreiheit der gerichtsnahen Mediation lässt sich auch mit Blick auf den Schutzzweck des Rechtsberatungsgesetzes untermauern, der – wie oben bereits angedeutet – vor allem darin liegt, sowohl die Allgemeinheit als auch Rechtssuchende vor der Gefahr zu bewahren, die Besorgung von Rechtsangelegenheiten Personen zu überlassen, die nicht über die für die ordnungsgemäße Erledigung erforderliche Sachkunde und Qualifikation verfügen[1225] oder aufgrund persönlicher Unzuverlässigkeit eine Gefahr für den Rechtssuchenden und/oder die Allgemeinheit darstellen.[1226] Zudem

---

[1221] *Volkmann*, Mediation im Zivilprozess, S. 40 f.; *Volkmann*, SchiedsVZ 2004, 245 (250); *Spindler*, ZKM 2007, 79 (80); vgl. auch: *Klose*, ZKM 2005, 146 (149); *Spindler*, Abschlussbericht zum Forschungsprojekt Gerichtsnahe Mediation in Niedersachsen, Rn. 29.

[1222] *Volkmann*, Mediation im Zivilprozess, S. 41.

[1223] Vgl. hierzu auch: *Ziekow*, NVwZ 2004, 390 (392).

[1224] Vgl. hierzu: *Hoffmann-Riem*, Modernisierung von Recht u. Justiz, S. 58 f.; *Hoffmann-Riem*, JZ 1997, 1 (5 ff.); *Ritter*, NJW 2001, 3440 ff.

[1225] *Rennen/Caliebe*, RBerG, Art. 1 § 1 Rn. 11; *Weth*, in: *Henssler/Prütting*, RBerG, Einl. Rn. 5; *Volkmann*, SchiedsVZ 2004, 245 (250); *Henssler*, NJW 2003, 241 (244); *Henssler*, in: *Breidenbach/Henssler*, Mediation f. Juristen, S. 75 (82); *Henssler*, in: *Henssler/Koch*, Mediation in d. Anwaltspraxis; § 3 Rn. 12; *Duve/Tochtermann*, ZKM 2001, 284 (285); *Klose*, ZKM 2005, 146 (148); *BVerfGE* 41, 378 (390); *BGH* NJW 1961, 313 f.; NJW 1967, 1558 (1559 f.); *BVerwG* NJW 1977, 2178.

[1226] *Rennen/Caliebe*, RBerG, Art. 1 § 1 Rn. 11; *Henssler*, in: *Breidenbach/Henssler*, Mediation f. Juristen, S. 75 (82); *Henssler*, in: *Henssler/Koch*, Mediation in d. Anwaltspraxis; § 3 Rn. 12; *Volkmann*, SchiedsVZ 2004, 245 (250); *BVerfGE* 41, 378 (390). Zu den Schutzzwecken des RBerG vgl. zudem

soll das Rechtsberatungsgesetz auch die reibungslose Abwicklung des Rechtsverkehrs gewährleisten.[1227] Bezüglich der genannten Schutzzwecke wird vermutet, dass diese durch behördliche Rechtsberatung und -betreuung – das heißt auch durch die gerichtliche Mediation – nicht berührt werden, da die Behörden und Gerichte selbst die erforderliche Qualitätssicherung betreiben.[1228] Danach kann festgestellt werden, dass bei als Mediatoren tätig werdenden Richtern keinerlei Bedenken bezüglich der Sachkunde und persönlicher Zuverlässigkeit bestehen dürften und dass der Einsatz solcher Richtermediatoren einer reibungslosen Abwicklung des Rechtsverkehrs wohl kaum entgegenzustehen vermag.[1229] Derjenige, dem die einseitige Entscheidung eines Konflikts nach Maßgabe des Rechts obliegt, muss erst recht in der Lage sein, die zur selbstbestimmten Lösung des Konflikts durch die Konfliktparteien gegebenenfalls erforderliche rechtliche Aufklärung und Beratung vorzunehmen[1230] und eine reibungslose Abwicklung des Rechtsverkehrs zu gewährleisten. Im Übrigen ist auch nicht ersichtlich, dass die Einführung der gerichtsnahen Mediation insofern dem Schutzzweck des Rechtsberatungsgesetzes widerspricht, als teilweise angenommen wird, dass es sich hierbei auch um ein Schutzgesetz für den Anwaltsstand[1231] handelt, welches diese Personengruppe vor nicht hinlänglich qualifizierten Rechtsberatern und einem Wettbewerb mit Personen schützen soll, die weder den standesrechtlichen, gebührenrechtlichen noch sonstigen im Interesse der Rechtspflege gesetzten Schranken unterliegen.[1232]

---

auch: *Volkmann*, Mediation im Zivilprozess, S. 42 m.w.N.; *Nölting*, Mediatorenverträge, S. 31; *Henssler*, ZKM 2006, 132 (133) m.w.N.; *Stickelbrock*, JZ 2002, 633 (641); *BVerfGE* 41, 378 (390); 75, 246 (267); *BGHZ* 15, 315 (317); 34, 64 (67).

[1227] *Weth*, in: *Henssler/Prütting*, RBerG, Einl. Rn. 6; *Rennen/Caliebe*, RBerG, Art. 1 § 1 Rn. 11; *Henssler*, NJW 2003, 241 (244); *Henssler*, in: *Breidenbach/Henssler*, Mediation f. Juristen, S. 75 (82); *Henssler*, in: *Henssler/Koch*, Mediation in d. Anwaltspraxis; § 3 Rn. 12; *Volkmann*, Mediation im Zivilprozess, S. 42; *Nölting*, Mediatorenverträge, S. 31; *Duve/Tochtermann*, ZKM 2001, 284 (285); *BVerfGE* 41, 378 (390); *OLG Karlsruhe* AnwBl. 1989, 244.

[1228] Vgl.: *Volkmann*, SchiedsVZ 2004, 245 (251); *Volkmann*, Mediation im Zivilprozess, S. 42 f. m.w.N. Vgl. zudem auch: *Klose*, ZKM 2005, 146 (149).

[1229] *Weth*, in: *Henssler/Prütting*, RBerG, Einl. Rn. 7.

[1230] *Klose*, ZKM 2005, 146 (149).

[1231] *Rennen/Caliebe*, RBerG, Art. 1 § 1 Rn. 11; *Weth*, in: *Henssler/Prütting*, RBerG, Einl. Rn. 7; *Nölting*, Mediatorenverträge, S. 31; *BGH* NJW 1962, 2010 (2011); NJW 1967, 1558 (1560). Kritisch: *Kleine-Cosack*, Rechtsberatungsgesetz, Allgem. Teil, II. B. Rn. 18 f.; *Duve/Tochtermann*, ZKM 2001, 284 (285).

[1232] Vgl. hierzu: *Weth*, in: *Henssler/Prütting*, RBerG, Einl. Rn. 7; *Rennen/Caliebe*, RBerG, Art. 1 § 1 Rn. 11; *Henssler*, NJW 2003, 241 (243); *BGH* NJW 1962, 2010; NJW 1974, 50.

7. Kapitel: Die Vereinbarkeit der gerichtsnahen Mediation mit dem neuen Rechtsdienstleistungsgesetz

Auf den ersten Blick vergleichsweise unkompliziert stellt sich die Beurteilung der Zulässigkeit der gerichtsnahen Mediation mit Blick auf das neue Rechtsdienstleistungsgesetz (RDG)[1233] dar, da § 2 Abs. 3 Nr. 4 RDG die Mediation sowie jede vergleichbare Form der Streitbeilegung vom Begriff der Rechtsdienstleistung ausnimmt.[1234] Dies soll jedoch nur insoweit gelten, als sich der jeweilige neutrale Dritte darauf beschränkt, die Mediationsbeteiligten dabei zu unterstützen, ihren Streit im Wege eines Gesprächs beizulegen und selbständig eine für alle Seiten vorteilhafte Lösung zu finden, die dann eventuell in einer Abschlussvereinbarung fixiert wird. In diesem Fall stelle die Mediation eine kommunikative Handlung eines neutralen Dritten mit dem Ziel der Herstellung von Verständigungsprozessen dar, so dass der Schwerpunkt der Tätigkeit des Mediators auf der Gesprächsleitung liege. Mediation in diesem Sinne sei eine Form der Streitbeilegung, die erklärtermaßen eine Lösung streitiger Fragen ohne Anwendung des Rechts erzielen will.[1235] Damit ist die Mediatorentätigkeit letztlich jedoch nur teilweise vom Begriff der Rechtsdienstleistung ausgenommen, denn ein Mediator – allen voran ein Richtermediator – wird sich (wie bereits gezeigt) nicht immer auf reine Kommunikationsförderung beschränken können und dürfen. Oft werden sich die Konfliktparteien eine aktivere Rolle des (Richter-)Mediators wünschen. Spätestens, wenn es darum geht, eine im Wege der Mediation gefundene Konfliktlösung einer Fairnesskontrolle zu unterziehen oder aber rechtlich verbindlich auszugestalten, verlässt der (Richter-)Mediator den Bereich der bloßen Gesprächsleitung. In solchen Fällen kommt im Hinblick auf die Durchführung gerichtsnaher Mediationsverfahren – zumindest nach der insofern unbefriedigenden Begründung des Gesetzesentwurfs – eine erlaubnispflichtige Rechtsdienstleistung in Betracht, denn hierbei handelt es sich nicht mehr um eine (reine) Mediation, sondern um eine Streitlösung mit rechtlichen Mitteln.[1236]

1233 Der Bundestag hat am 11. Oktober 2007 das neue Rechtsdienstleistungsgesetz beschlossen, welches an die Stelle des bisherigen Rechtsberatungsgesetzes treten soll. Das Rechtsdienstleistungsgesetz wird zum 1. Juli 2008 in Kraft treten (vgl.: http://www.bmj.de/enid/1eac887ee6e61778d081b0fdaec0c496,d19b31706d635f6964092d0934373539093a0979656172092d0932303037093a096d6f6e7468092d093130093a095f7472636964092d0934373539/Pressestelle/Pressemitteilungen_58.html (Stand: 24.1.2008)). Der ursprüngliche Referentenentwurf des Bundesministeriums der Justiz zum Rechtsdienstleistungsgesetz ist online verfügbar unter: http://www.bmj.de/files/-/894/RefE%20Rechtsdienstleistungsgesetz.pdf (Stand: 24.1.2008). Der gegenüber dem Referendenentwurf inhaltlich weitgehend unveränderte und am 11. Oktober 2007 beschlossene Regierungsentwurf ist online verfügbar unter: http://www.bmj.de/files/-/1306/RegE%20Rechtsdienstleistungs-gesetz.pdf (Stand: 24.1.2008)).

1234 Vgl. in diesem Sinne u.a.: *Volkmann*, Mediation im Zivilprozess, S. 30; *Tochtermann*, ZKM 2007, 4.

1235 Vgl. hierzu die Begründung des Referentenentwurfs (Fn. 1233), S. 72 (zu § 2 Abs. 3 Nr. 3 RDG) sowie die Begründung des Regierungsentwurfs (Fn. 1233), S. 103. (zu § 2 Abs. 3 Nr. 4 RDG). Vgl. zudem auch: *Tochtermann*, ZKM 2007, 4; *Henssler*, ZKM 2006, 132 (134).

1236 Vgl. hierzu abermals die Begründung des Referentenentwurfs (Fn. 1233), S. 72 (zu § 2 Abs. 2 Nr. 3 RDG) sowie die Begründung des Regierungsentwurfs (Fn. 1233), S. 103. (zu § 2 Abs. 3 Nr. 4 RDG). Vgl. zudem auch: *Henssler*, ZKM 2006, 132 (134); sowie: *Tochtermann*, ZKM 2007, 4 ff., der sich eingehend mit der Frage beschäftigt, ab wann im Falle der nicht-anwaltlichen Mediation nach § 2 Abs. 3

Auch eine solche Tätigkeit ist mit Blick auf das Rechtsdienstleistungsgesetz im Rahmen der gerichtsnahen Mediation jedoch letztlich zulässig, denn § 8 RDG will die Rechtsberatungsbefugnis der Personen und Stellen regeln, die bisher nach Art. 1 § 3 RBerG zur Rechtsberatung befugt sind.[1237] Will daher das Rechtsdienstleistungsgesetz mit Blick auf Art 1 § 3 RBerG keinerlei Änderungen bewirken, ist die gerichtsnahe Mediation auch nach dem Rechtsdienstleistungsgesetz als zulässig anzusehen. Die Zulässigkeit der Tätigkeit des Richtermediators – sofern nicht schon nach § 2 Abs. 3 Nr. 4 RDG von vornherein vom Geltungsbereich des Rechtsdienstleistungsgesetzes ausgenommen – ergibt sich mit Blick auf das Rechtsdienstleistungsgesetz mithin vor allem aus § 8 Nr. 2 RDG. Darüber hinaus wird der jeweilige Richtermediator im Rahmen einer gerichtsnahen Mediation letztlich vom gesetzlich zuständigen Gericht mit der Durchführung des gerichtsnahen Mediationsverfahrens in einem konkreten Fall betraut. Zumeist verweisen die zuständigen Richter und Gerichte ein Verfahren an den am Gericht tätigen Richtermediator. Zumindest aber setzen die Gerichte das jeweilige Verfahren zwecks Durchführung der gerichtsnahen Mediation aus und überlassen dem Richtermediator die das jeweilige Verfahren betreffenden Akten. Damit kann die Zulässigkeit der gerichtsnahen Mediation mit Blick auf das Rechtsdienstleistungsgesetz wohl auch unter Berufung auf § 8 Nr. 1 RDG begründet werden, wonach Rechtsdienstleistungen gerichtlich bestellter Personen erlaubt sind, wenn sie innerhalb des jeweiligen Aufgaben- und Zuständigkeitsbereichs erbracht werden.

Im Falle des Bestehens oder der Erschaffung einer gesetzlichen Regelung der gerichtsnahen Mediation ergibt sich die Zulässigkeit der in Frage stehenden Tätigkeit zudem aus § 1 Abs. 2 RDG i.V.m. mit der fraglichen gesetzlichen Regelung der gerichtsnahen Mediation, da nach § 1 Abs. 2 RDG Rechtsdienstleistungsbefugnisse abweichend vom Rechtsdienstleistungsgesetz auch in anderen Gesetzen geregelt sein können. Auch der Zweck des Rechtsdienstleistungsgesetzes, die Rechtssuchenden, den Rechtsverkehr und die Rechtsordnung vor unqualifizierter Rechtsberatung und Rechtsbesorgung zu schützen (§ 1 Abs. 1 S. 2 RDG), steht der Zulässigkeit der gerichtsnahen Mediation nicht entgegen. Da sich der Schutzzweck des Rechtsdienstleistungsgesetzes mit dem des bislang geltenden Rechtsberatungsgesetzes insofern deckt, kann diesbezüglich weitestgehend auf das zur Vereinbarkeit und Erlaubnisfreiheit der gerichtsnahen Mediation unter Berücksichtigung des Schutzzweckes des Rechtsberatungsgesetzes Gesagte verwiesen werden.[1238] Auch mit Blick auf die mediative Tätigkeit eines Richters bestehen bezüglich des Schutzzweckes des Rechtsdienstleistungsgesetzes, die Rechtssuchenden, den Rechtsverkehr und die Rechtsordnung vor unqualifizierter Rechtsberatung und Rechtsbesorgung zu schützen, demzufolge keinerlei Bedenken.

Nr. 4 RDG eine erlaubnispflichtige Rechtsberatung vorliegt (S. 4 ff.), und sogar verfassungsrechtliche Bedenken hinsichtlich § 2 Abs. 3 Nr. 4 RDG hegt (S. 7).

[1237] Vgl. hierzu die Begründung des Referentenentwurfs (Fn. 1233), S. 89. (zu § 8 RDG) sowie die Begründung des Regierungsentwurfs (Fn. 1233), S. 128. (zu § 8 RDG).

[1238] Vgl.: Zweiter Teil, 6. Kapitel, Unterpunkt V.

8. Kapitel: Wettbewerbsrechtliche Grenzen der gerichtsnahen Mediation

Zwar wird der Staat im Falle der gerichtsnahen Mediation nur im Rahmen eines anhängigen Verfahrens tätig und bedient sich zur Erfüllung seiner unbestrittenen Verantwortung für dessen bestmögliche Erledigung lediglich des besonderen Mittels der Streitschlichtung durch Mediation.[1239] Zudem greift die gerichtsnahe Mediation erst dort ein, wo sich die Parteien bereits einmal für den Weg der Justiz entschieden haben[1240] und könnte die Einführung der gerichtsnahen Mediation in gewissem Maße zur Förderung auch der außergerichtlichen Mediation beitragen, da Parteien, welche die Erfahrung einer erfolgreichen Gerichtsmediation gemacht haben, sich zukünftig eher für eine auch außergerichtliche Mediation entscheiden werden als ohne diese Erfahrung.[1241] Auch einige Richter- und Anwaltsmediatoren selbst sehen aufgrund der unterschiedlichen Tätigkeitsbereiche keine Wettbewerbssituation zwischen gerichtsnaher und anwaltlicher Mediation.[1242] Dennoch: Mit Aufnahme der gerichtsnahen Mediation in das Leistungsangebot der Justiz tritt diese zunächst auch in Konkurrenz zu privaten Mediationsanbietern und damit in einen Wettbewerb mit privaten, kommerziellen Mediatoren. Daher ist an dieser Stelle auch zu klären, ob und inwiefern die Aufnahme der gerichtsnahen Mediation in das Dienstleistungsangebot der Justiz gegen wettbewerbsrechtliche Bestimmungen, namentlich gegen § 3 des Gesetzes gegen den Unlauteren Wettbewerb (UWG), verstoßen könnte (I.),[1243] ob die gerichtsnahe Mediation mit den verfassungsrechtlichen Grenzen einer wirtschaftlichen Betätigung der öffentlichen Hand vereinbar ist (II.) und welche Gesetzesänderungen gegebenenfalls nötig sind, um einen fairen Wettbewerb zwischen gerichtlicher und außergerichtlicher (kommerzieller) Mediation zu gewährleisten (III.).

I. Die gerichtsnahe Mediation als Verstoß gegen die Bestimmungen des Gesetzes gegen den unlauteren Wettbewerb?

Die Frage der Vereinbarkeit des gerichtsnahen Mediationsangebots mit den Bestimmungen des Gesetzes gegen den unlauteren Wettbewerb reduziert sich auf die Frage, ob das Wettbewerbsrecht auf das Angebot der gerichtsnahen Mediation – eine Maßnahme

---

[1239] Vgl.: *Huther*, ZKM 2004, 247 (249).

[1240] *Huther*, ZKM 2004, 247 (250). Vgl. zudem auch: *Wegener*, ZKM 2006, 140 (143).

[1241] Vgl. hierzu u.a.: *v. Olenhusen*, ZKM 2004, 104 (106); *Löer*, ZKM 2006, 4 (7); *Wegener*, ZKM 2006, 140 (143); *Huther*, ZKM 2004, 247 (251). Die Erfahrungen aus dem Modellversuch „Gerichtsnahe Mediation in Niedersachsen" zeigen, dass ca. 40-45% der Parteien, die bereits eine gerichtsnahe Mediation erlebt haben, künftig vor dem Gang zum Gericht eine außergerichtliche Streitbeilegung mit professioneller Hilfe erwägen (vgl.: Projekt Gerichtsnahe Mediation in Niedersachsen – Projektabschlussbericht, S. 17; Projekt Gerichtsnahe Mediation in Niedersachsen – Erfahrungen aus der Projektpraxis, S. 25 f.; *Arpos Institut*, Gerichtsnahe Mediation in Niedersachsen – Ergebnisse der Begleitforschung, S. 17).

[1242] Vgl. die Ergebnisse der Befragungen von *Reichenbach/Helbig*, in: *Pitschas/Walther*, Mediation in d. Verwaltungsgerichtsbarkeit, S. 291 (306).

[1243] Vgl. hierzu v.a.: *Spalckhaver*, IDR 2004, 80 ff., wobei hier noch eine Vereinbarkeit mit § 1 UWG a.F. untersucht wird.

der Justiz als Teil der öffentlichen Hand – anwendbar ist (1.) und ob besagtes Angebot mit der Generalklausel des § 3 UWG vereinbar ist (2.).

1. Generelle Anwendbarkeit des Wettbewerbsrechts auf Maßnahmen der Justiz als Teil der öffentlichen Hand

Die Anwendbarkeit des Wettbewerbsrechts auf Maßnahmen der Gerichte als Teil der öffentlichen Hand ergibt sich bereits aus dem Umstand, dass die wirtschaftliche Betätigung der öffentlichen Hand grundsätzlich zulässig ist.[1244] Kann sich die öffentliche Hand am wirtschaftlichen Wettbewerb beteiligen, so muss eine solche Beteiligung am wirtschaftlichen Wettbewerb auch den Vorschriften des Gesetzes gegen den Unlauteren Wettbewerb unterliegen, sofern keine öffentlichrechtliche Sonderregelung eingreift,[1245] welche die öffentliche Hand ausdrücklich zu dem jeweiligen Handeln ermächtigt.[1246] Für die Beurteilung der Wettbewerbswidrigkeit wirtschaftlicher Betätigungen der öffentlichen Hand ohne ausdrückliche gesetzliche Ermächtigung gilt, dass der Staat grundsätzlich denselben Verhaltensanforderungen unterworfen ist, wie jeder andere Marktteilnehmer.[1247] Im Einzelnen ist zu beachten, dass im Hinblick auf Betätigungen der öffentlichen Hand kein spezieller Lauterkeitsmaßstab gilt und keinerlei lauterkeitsrechtliche Privilegien bestehen.[1248] Grund hierfür ist, dass (1.) ein Vorrang der öffentlichen Hand verfassungsrechtlich nicht konstituiert ist, (2.) das herrschende Prinzip der Wettbewerbsfreiheit für Besonderheiten hinsichtlich der lauterkeitsrechtlichen Zulässigkeitsanforderungen an wirtschaftliche Betätigungen der öffentlichen Hand keinen Raum lässt und (3.) allein das Allgemeininteresse an einem unverfälschten Wettbewerb lauterkeitsrechtliche Berücksichtigung findet, so dass ein milderer Lauterkeitsmaßstab schon deshalb nicht mit der Behauptung gerechtfertigt werden kann, die öffentliche Hand handle generell gemeinwohlorientiert und dem Allgemeininteresse hieran komme im Vergleich zu wettbewerbsrechtlichen Interessen der übrigen Marktteilnehmer eine höhere Stellung zu. Weitere Gründe sind zudem, dass (4.) das Ansetzen höherer Lauterkeitsanforderungen eine un-

---

1244 *Volkmann*, Mediation im Zivilprozess, S. 46; *Spalckhaver*, IDR 2004, 80 (81); *Schönhauser*, in: *Pitschas/Walther*, Mediation in d. Verwaltungsgerichtsbarkeit, S. 89 (111); *Klose*, ZKM 2005, 146 (149); *v. Gamm*, WRP 1984, 303 (303 ff.); *Piper*, GRUR 1986, 574 (575); *Spindler*, Abschlussbericht zum Forschungsprojekt Gerichtsnahe Mediation in Niedersachsen, Rn. 33; *Spindler*, ZKM 2007, 79 (80).

1245 *Spalckhaver*, IDR 2004, 80 (81). Vgl. hierzu zudem auch: *Volkmann*, Mediation im Zivilprozess, S. 46; *Monßen*, in: FS R. Haase, S. 293 (306) m.w.N.

1246 *Klose*, ZKM 2005, 146 (149).

1247 *Schünemann*, in: *Harte-Bavendamm/Henning-Bodewig*, UWG, § 3 Rn. 155 ff.; *Köhler*, in: *Hefermehl/Köhler/Bornkamm*, Wettbewerbsrecht, § 4 Rn. 13.31; *Piper*, GRUR 1986, 574 (575 f.); *Volkmann*, Mediation im Zivilprozess, S. 49 f.; *Spindler*, Abschlussbericht zum Forschungsprojekt Gerichtsnahe Mediation in Niedersachsen, Rn. 37; Vgl. zudem auch: *Klippel* u. *Plaß*, in: HK-Wettbewerbsrecht, E 2 Rn. 22 bzw. E 4 Rn. 3, sowie: *Veil*, in: MK-LauterkeitsR, § 2 Rn. 49.

1248 Vgl. u.a.: *Schünemann*, in: *Harte-Bavendamm/Henning-Bodewig*, UWG, § 3 Rn. 155; *Köhler*, in: *Hefermehl/Köhler/Bornkamm*, Wettbewerbsrecht, § 4 Rn. 13.31; *Spalckhaver*, IDR 2004, 80 (82); *Piper*, GRUR, 1986, 574 (576); a.A.: *v. Gamm*, WRP 1984, 303 (308); einschränkend: *Schönhauser*, in: *Pitschas/Walther*, Mediation in d. Verwaltungsgerichtsbarkeit, S. 89 (114).

gerechtfertigte Pauschalierung und Diskriminierung der öffentlichen Hand bedeuten würde,[1249] (5.) der in wettbewerblicher Hinsicht die Gleichbehandlung von öffentlichen und privaten Unternehmen fordernde Art. 86 EGV keine Anwendung eines strengeren Lauterkeitsmaßstabs auf Betätigungen der öffentlichen Hand erlaubt[1250] und (6.) ein schärferer Lauterkeitsmaßstab bei einem richtigerweise wettbewerbsfunktionalen Verständnis der Lauterkeit nicht mit der Argumentation hergeleitet werden kann, die öffentliche Hand müsse im Wettbewerb mit einem besonders guten Beispiel vorangehen.[1251] Grundsätzlich kann die öffentliche Hand nicht schon deshalb eine Vorzugsstellung beanspruchen, weil sie neben wettbewerblichen auch öffentliche Aufgaben und Zwecke verfolgt,[1252] da dies praktisch auf eine weitgehende Befreiung der öffentlichen Hand von den Anforderungen des Wettbewerbsrechts hinauslaufen würde, was einer besonderen gesetzlichen Grundlage bedürfte.[1253]

2. Vereinbarkeit des Angebots der gerichtsnahen Mediation mit § 3 UWG?

Die Generalklausel des § 3 UWG verbietet generell unlautere Wettbewerbshandlungen, die geeignet sind, den Wettbewerb zum Nachteil der Mitbewerber, der Verbraucher oder sonstigen Marktteilnehmer nicht nur unerheblich zu beeinträchtigen.

a) Das Angebot gerichtsnaher Mediation als Wettbewerbshandlung im Sinne des § 3 i.V.m. § 2 Abs. 1 Nr. 1 UWG

Mit Blick auf die Frage, ob die Aufnahme der gerichtsnahen Mediation in das Leistungsangebot der Justiz die Generalklausel des § 3 UWG verletzt, bleibt zunächst festzuhalten, dass es sich hierbei um eine Wettbewerbshandlung im Sinne des § 3 UWG i.V.m. § 2 Abs. 1 Nr. 1 UWG handelt.

Voraussetzung einer Wettbewerbshandlung nach § 3 UWG i.V.m. § 2 Abs. 1 Nr. 1 UWG ist zunächst, dass das in Frage stehende Mediationsangebot der Justiz eine geschäftliche Tätigkeit beziehungsweise ein Handeln im geschäftlichen Verkehr mit Marktbezug und zu Zwecken des Wettbewerbs darstellt.[1254] Zwar ist das Merkmal des Handelns im geschäftlichen Verkehr nach der Reform des UWG im Jahre 2004 dem Wortlaut der §§ 2 und 3 UWG (im Vergleich zum Wortlaut der früheren Regelung des § 1 UWG a.F.) nicht mehr zu entnehmen, es wird jedoch als ungeschriebenes Tatbestandsmerkmal in die §§ 2 und 3 UWG hineingelesen, da ein Handeln im geschäftlichen Verkehr

---

[1249] *Spalckhaver*, IDR 2004, 80 (82); *Volkmann*, Mediation im Zivilprozess, S. 50.

[1250] *Spalckhaver*, IDR 2004, 80 (82); *Volkmann*, Mediation im Zivilprozess, S. 50.

[1251] *Schünemann*, in: *Harte-Bavendamm/Henning-Bodewig*, UWG, § 3 Rn. 155 ff.

[1252] *Köhler*, in: *Hefermehl/Köhler/Bornkamm*, Wettbewerbsrecht, § 4 UWG Rn. 13.31; *Schünemann*, in: *Harte-Bavendamm/Henning-Bodewig*, UWG, § 3 Rn. 155; *Volkmann*, Mediation im Zivilprozess, S. 49; *Piper*, GRUR 1986, 574 (576).

[1253] *Volkmann*, Mediation im Zivilprozess, S. 49 m.w.N.

[1254] *Fezer*, in: *Fezer*, UWG, § 2 Rn. 14; *Keller*, in: *Harte-Bavendamm/Henning-Bodewig*, UWG, § 2 Abs. 1 Nr. 1 Rn. 5 u. 11; *Veil*, in: MK-LauterkeitsR, § 2 Rn. 18 u. 37 ff.

einer Wettbewerbshandlung immanent ist und auch in den Materialien zum Gesetzgebungsprozess eine solche Handlung vorausgesetzt wird.[1255] Insofern kann bezüglich der Frage, ob eine Handlung im geschäftlichen Verkehr vorliegt, auf die Rechtsprechung und Literatur zu § 1 UWG a.F. zurückgegriffen werden, wonach eine weite Auslegung geboten ist und eine Handlung im geschäftlichen Verkehr jede wirtschaftliche Tätigkeit auf dem Markt umfasst, die der Förderung eines eigenen oder fremden Geschäftszwecks zu dienen geeignet und bestimmt ist,[1256] wobei hierzu auch wirtschaftliche Tätigkeiten der öffentlichen Hand gehören können und eine Gewinnerzielungsabsicht oder ein Handeln gegen Entgelt nicht erforderlich ist.[1257]

Wird die öffentliche Hand aktiv, so ist hinsichtlich der Feststellung eines marktbezogenen Handelns im geschäftlichen Verkehr zu unterscheiden:[1258] Rein amtliche Tätigkeiten sowie das hoheitliche Handeln aufgrund ausdrücklicher gesetzlicher Ermächtigung erfolgen außerhalb des geschäftlichen Verkehrs.[1259] Wird die öffentliche Hand als Anbieterin oder Nachfragerin von Waren und Leistungen in einem durch privatrechtliche Rechtsbeziehungen geprägten Markt tätig, nimmt sie dagegen als Unternehmen am Wirtschaftsleben teil und handelt sowohl im geschäftlichen Verkehr als auch marktbezogen.[1260] Werden erwerbswirtschaftliche Zwecke verfolgt, so ist die Betätigung der öffentlichen Hand stets als marktbezogenes Handeln im geschäftlichen Verkehr zu qualifizieren, unabhängig davon, ob damit auch öffentliche Zwecke mitverfolgt werden.[1261] Gleiches gilt bei nachfragender Tätigkeit unabhängig davon, ob sich die Nachfrage auf Gegenstände richtet, die in unmittelbarem Zusammenhang mit ihrer hoheitlichen Tätigkeit stehen und ob

---

[1255] Vgl.: *Fezer,* in: *Fezer,* UWG, § 2 Rn. 15 u. § 3 Rn. 6 m.w.N.

[1256] *Fezer,* in: *Fezer,* UWG, § 2 Rn. 18 u. 25; *Keller,* in: *Harte-Bavendamm/Henning-Bodewig,* UWG, § 2 Abs. 1 Nr., 1 Rn. 12; *Schönhauser,* in: *Pitschas/Walther,* Mediation in d. Verwaltungsgerichtsbarkeit, S. 89 (112); *BGH* GRUR 2002, 622 (624); vgl. auch: *Meckel,* in: HK-Wettbewerbsrecht, § 2 UWG Rn. 10 ff.; *Veil,* in: MK-LauterkeitsR, § 2 Rn. 54 ff. (bzgl. der objektiven Eignung der Wettbewerbsförderung) u. Rn. 23 ff. u. 64 ff. (bzgl. der Wettbewerbsabsicht); *Spindler,* Abschlussbericht zum Forschungsprojekt Gerichtsnahe Mediation in Niedersachsen, Rn. 34.

[1257] *Fezer,* in: *Fezer,* UWG, § 2 Rn. 18; *Keller,* in: *Harte-Bavendamm/Henning-Bodewig,* UWG, § 2 Abs. 1 Nr. 1 Rn. 13; *Köhler,* in: *Hefermehl/Köhler/Bornkamm,* Wettbewerbsrecht, § 4 Rn. 13.18; *Veil,* in: MK-LauterkeitsR, § 2 Rn. 64; *BGH* GRUR 1974, 733 (734); GRUR 1993, 917 (919); *BGHZ* 82, 375 (395); vgl. auch: *Klose,* ZKM 2005, 146 (149); *Spindler,* Abschlussbericht zum Forschungsprojekt Gerichtsnahe Mediation in Niedersachsen, Rn. 36.

[1258] Vgl. hierzu insbesondere: *Köhler,* in: *Hefermehl/Köhler/Bornkamm,* Wettbewerbsrecht, § 4 Rn. 13.17 ff.

[1259] *Keller,* in: *Harte-Bavendamm/Henning-Bodewig,* UWG, § 2 Abs. 1 Nr. 1 Rn. 25; *Köhler,* in: *Hefermehl/Köhler/Bornkamm,* Wettbewerbsrecht, § 4 Rn. 13.20 f. Vgl. hierzu zudem auch: *Fezer,* in: *Fezer,* UWG, § 2 Rn. 25; *Veil,* in: MK-LauterkeitsR, § 2 Rn. 49; *Spindler,* Abschlussbericht zum Forschungsprojekt Gerichtsnahe Mediation in Niedersachsen, Rn. 34.

[1260] *Keller,* in: *Harte-Bavendamm/Henning-Bodewig,* UWG, § 2 Abs. 1 Nr. 1 Rn. 26; *Köhler,* in: *Hefermehl/Köhler/Bornkamm,* Wettbewerbsrecht, § 4 Rn. 13.23; *Spalckhaver,* IDR 2004, 80 (81); *BGH* WRP 1999, 1283 (1286, 1289); GRUR 2000, 340 (342); *BGHZ* 66, 229 (233 f.); 67, 81 (85 ff.).

[1261] *Keller,* in: *Harte-Bavendamm/Henning-Bodewig,* UWG, § 2 Abs. 1 Nr. 1 Rn. 27; *BGH* GRUR 1974, 733 f.; GRUR 1987, 116 ff.

die öffentliche Hand hinsichtlich des nachgefragten Gegenstandes Endverbraucher ist oder nicht.[1262]

Mit Schaffung des § 278 Abs. 5 S. 2, 3 ZPO – der über §§ 173 S. 1 VwGO, 202 SGG und 155 FGO auch im verwaltungs-, sozial- und finanzgerichtlichen Verfahren gilt[1263] – hat es der Gesetzgeber ermöglicht, dass die Gerichte den Konfliktparteien in bereits anhängigen Verfahren eine außergerichtliche Streitbeilegung – zum Beispiel im Wege der Mediation – vorschlagen können und dass das Gerichtsverfahren für die Dauer eines solchen Beilegungsversuchs gemäß § 251 ZPO zum Ruhen gebracht werden kann. Damit hat der Gesetzgeber den bereits bestehenden Mediationsmarkt erweitert. Bestand vor Einführung des § 278 Abs. 5 ZPO im Wege der ZPO-Reform im Jahre 2001 nur ein Markt für Mediationsverfahren, die von über diese Art der außergerichtlichen Streitbeilegung informierten Parteien meist zur Vermeidung gerichtlicher Verfahren eingeleitet wurden, eröffnet § 278 Abs. 5 S. 2, 3 ZPO einen Markt für die Durchführung zusätzlicher Mediationsverfahren. Kommerzielle Mediationsanbieter konkurrieren nun auch um Mediationsverfahren, mit deren Durchführung sie durch Konfliktparteien beauftragt werden können, die erst durch das Gericht auf die Möglichkeit dieses Streitbeilegungsverfahrens aufmerksam gemacht wurden und die sich erst auf Vorschlag der Gerichte zur Mediation entschieden haben. Es wurde also letztlich ein „Markt für gerichtlich angeregte Mediationsverfahren" geschaffen.

Durch Aufnahme der gerichtsnahen Mediation in das Leistungsangebot der Justiz wird die öffentliche Hand auf diesem Markt tätig. Sie übt eine wirtschaftliche Tätigkeit auf dem neuen „Markt für gerichtlich angeregte Verfahren" aus, indem sie als Anbieterin einer Dienstleistung in einem durch privatrechtliche Rechtsbeziehungen geprägten Markt tätig wird. Mit dem Angebot der (gerichtsnahen) Mediation tritt die öffentliche Hand letztlich in Konkurrenz zu privaten Mediationsanbietern mit der konkreten Zielsetzung, die Justiz am Wettbewerb um die beste (gerichtlich angeregte, aber dennoch außergerichtliche) Streitbeilegung zu beteiligen.[1264] Sie tut dies, ohne hierzu gesetzlich verpflichtet zu sein, denn eine ausdrückliche Verpflichtung der Justiz, gerichtsnahe Mediation anzubieten, lässt sich den bestehenden Gesetzen (derzeit noch) nicht entnehmen. Zwar sind die Gerichte (1.) nach § 278 ZPO verpflichtet, in jeder Lage des Verfahrens auf eine gütliche Beilegung des Rechtsstreits bedacht zu sein (§ 278 Abs. 1 ZPO), (2.) ermächtigt, die Parteien zum Zwecke einer Güteverhandlung vor einen beauftragten oder ersuchten Richter zu verweisen, und (3.) befugt, in geeigneten Fällen eine außergerichtliche Streitschlichtung vorzuschlagen. Hieraus lässt sich jedoch keine ausdrückliche Verpflichtung der Gerichte entnehmen, selbst ein gerichtsnahes Mediationsverfahren anzubieten. Das Angebot gerichtsnaher Mediation durch die Justiz als Teil der öffentlichen Hand stellt demnach ein marktbezogenes Handeln im geschäftlichen Verkehr dar.

1262 *Keller*, in: *Harte-Bavendamm/Henning-Bodewig*, UWG, § 2 Abs. 1 Nr. 1 Rn. 27.

1263 Vgl.: Zweiter Teil, 9. Kapitel, Unterpunkt V. 4.

1264 Vgl. u.a.: *Spindler*, Abschlussbericht zum Forschungsprojekt Gerichtsnahe Mediation in Niedersachsen, Rn. 35; *Spindler*, ZKM 2007, 79 (80); *Volkmann*, Mediation im Zivilprozess, S. 48 jeweils m.w.N.; *Ritter*, NJW 2001, 3440 ff.; *Ortloff*, NVwZ 2002, 1310 (1316); *Monßen*, ZKM 2006, 83 (84); *Monßen*, in: FS R. Haase, S. 293 (305).

Darüber hinaus ist das in Frage stehende Mediationsangebot der Justiz eine Handlung, deren Ziel darin liegt, die Erbringung von Dienstleistungen[1265] zu fördern, denn die konkrete Zielsetzung gerichtsnaher Mediation ist die einvernehmliche Beilegung von Rechtsstreitigkeiten als justizielle Dienstleistung.[1266] Fraglich ist jedoch, ob neben dem Ziel der Förderung einer Dienstleistungserbringung auch eine gewisse Wettbewerbs(förderungs)absicht vorliegt. Zwar ist – im Gegensatz zu § 1 UWG a.F. – in § 2 Abs. 1 Nr. 1 UWG und § 3 UWG nicht mehr von einem „Handeln zu Zwecken des Wettbewerbs" die Rede, eine sachliche Änderung mit Blick auf eine erforderliche Wettbewerbs(förderungs)absicht hat der Gesetzgeber durch den veränderten Wortlaut jedoch nicht beabsichtigt, so dass auch nach UWG 2004 zu den in § 2 Abs. 1 Nr. 1 UWG genannten Zielen eine solche Wettbewerbs(förderungs)absicht hinzutreten muss.[1267] Ob dem im konkreten Fall tatsächlich so ist, ist dabei anhand der Umstände des Einzelfalles zu prüfen,[1268] wobei die nach außen tretende Zielrichtung des Handelnden (nicht dessen subjektive Motive) ausschlaggebend ist[1269] und die Wettbewerbs(förderungs)absicht weder der alleinige noch der wesentliche Beweggrund für die in Frage stehenden Handlung zu sein braucht, solange sie nicht gänzlich hinter anderen Beweggründen zurücktritt.[1270]

Zur Beurteilung der Frage, ob besagte Wettbewerbs(förderungs)absicht bei der Erbringung von Dienstleistungen durch die öffentliche Hand besteht, kommt es erneut nicht auf eine Gewinnerzielungsabsicht an, sondern darauf, ob die konkrete Zielsetzung des Handelns der öffentlichen Hand in einer Beteiligung am Wettbewerb besteht.[1271] Wie bereits erwähnt, liegt das konkrete Ziel gerichtsnaher Mediation aus objektiver Sicht in der einvernehmlichen, konsensualen Streitbeilegung als justizielle Dienstleistung, das heißt in einer außerhalb der Gerichte praktizierten Betätigung und damit in der direkten Konkurrenz zu privaten Mediationsanbietern.[1272] Zudem soll die Einführung der gerichtsnahen Mediation ja gerade auf eine Öffnung der Justiz im Sinne einer Teilnahme am Wettbewerb um die beste Streit- bzw. Konfliktbeilegung abzielen.[1273] Auch eine erforder-

---

1265 Zur Definition des Begriffs „Dienstleistung" i.S.d. § 2 Abs. 1 Nr. 1 UWG vgl. v.a.: *Fezer,* in: *Fezer,* UWG, § 2 Rn. 64.

1266 *Spalckhaver,* IDR 2004, 80 (82).

1267 Vgl.: *Köhler,* in: *Hefermehl/Köhler/Bornkamm,* Wettbewerbsrecht, § 2 Rn. 24. A.A.: *Fezer,* in: *Fezer,* UWG, § 2 Rn. 31 ff.; *Keller,* in: *Harte-Bavendamm/Henning-Bodewig,* UWG, § 2 Nr. 1 Rn. 38. Vgl. hierzu zudem auch: *Veil,* in: MK-LauterkeitsR, § 2 Rn. 23 ff.

1268 *Köhler,* in: *Hefermehl/Köhler/Bornkamm,* Wettbewerbsrecht, § 2 Rn. 25; vgl. auch: *BGH* GRUR 1995, 270 (272 f.).

1269 *Keller,* in: *Harte-Bavendamm/Henning-Bodewig,* UWG, § 2 Abs. 1 Nr. 1 Rn. 39; *BGH* GRUR 2002, 622 (624).

1270 *Köhler,* in: *Hefermehl/Köhler/Bornkamm,* Wettbewerbsrecht, § 2 Rn. 26; *Keller,* in: *Harte-Bavendamm/Henning-Bodewig,* UWG, § 2 Abs. 1 Nr. 1 Rn. 38; *BGH* GRUR 1983, 379 (380); GRUR 1990, 373 (374); GRUR 1992, 450 (452); GRUR 2002, 987 (993); GRUR 2002, 1093 (1094); GRUR 2003, 800 (801).

1271 *Spalckhaver,* IDR 2004, 80 (82); *Spindler,* ZKM 2007, 79 (80) m.w.N.; *BGHZ* 82, 375 (395).

1272 Vgl.: *Spalckhaver,* IDR 2004, 80 (82).

1273 *Ortloff,* NVwZ 2004, 385 (390); *Ortloff,* NVwZ 2002, 1310 (1316); vgl. auch: *Spalckhaver,* IDR 2004, 80 (82); *Volkmann,* SchiedsVZ 2004, 245 (251); *Spindler,* ZKM 2007, 79 (80); *Reimers,* in: *Fritz/Karber/Lambeck,* Mediation statt Verwaltungsprozess?, S. 97 (102); *Monßen,* ZKM 2006, 83 (86).

liche Wettbewerbs(förderungs)absicht ist somit zu bejahen. Diese entfällt auch dann nicht, wenn man sie als bloßen „Nebeneffekt" betrachtet, so dass das Mediationsangebot der Justiz eine Wettbewerbshandlung im Sinne des § 3 UWG i.V.m. § 2 Abs. 1 Nr. 1 UWG darstellt.

b) Eignung zur nicht unerheblichen Wettbewerbsbeeinträchtigung zum Nachteil anderer Marktteilnehmer

Von der Frage nach dem Vorliegen einer Wettbewerbshandlung zu unterscheiden ist die Frage, ob diese gemäß § 3 UWG im konkreten Fall auch objektiv geeignet ist, den Wettbewerb zum Nachteil anderer Marktteilnehmer nicht nur unerheblich zu beeinträchtigen. Auch dies ist jedoch der Fall. Der Gesetzgeber hat – wie oben bereits ausgeführt – durch Einführung des § 278 Abs. 5 S. 2, 3 ZPO einen gewissen, derzeit noch kleinen „Markt für gerichtlich angeregte Mediationsverfahren" geschaffen und den bestehenden Mediationsmarkt um Verfahren erweitert, die erst auf Vorschlag des Gerichts einer Mediation zugeführt werden. Durch das Angebot gerichtsnaher Mediation seitens der Justiz drohen private Mediationsanbieter aus diesem neu eröffneten Markt verdrängt zu werden. Wird die gerichtsnahe Mediation flächendeckend eingeführt und so zu einem festen Bestandteil des deutschen Gerichtssystems, so steht aus Sicht der privaten Mediationsanbieter zu befürchten, dass die sich für die Durchführung einer Mediation entscheidenden Parteien eher das gerichtsnahe Mediationsangebot der Gerichte in Anspruch nehmen werden, als selbst einen privaten Mediator auszuwählen. Nicht umsonst wird zuweilen die Befürchtung geäußert, ein gutes Produkt der Justiz in Form der gerichtsnahen Mediation könnte den Markt der außergerichtlichen Mediation gefährden,[1274] denn warum sollten die Parteien – nachdem das Gericht einmal zuständig ist – erneut den Schritt aus dem Gericht hinaus wagen, um eine Mediation durchzuführen, wenn auch das Gericht selbst die Durchführung von Mediationsverfahren anbietet? Warum sollten sich die Konfliktparteien die Mühe machen, selbst gemeinschaftlich einen privaten Mediationsanbieter auszuwählen, wenn im Rahmen der gerichtsnahen Mediation das Gericht einen neutralen, speziell geschulten und zudem kostengünstigen – die Modellversuche zur gerichtsnahen Mediation sehen derzeit in der Regel keine Zusatzkosten aufgrund der Inanspruchnahme der gerichtsnahen Mediation vor – Mediator bereithält? Warum sollten gerade mediationsunerfahrene Parteien den Weg eines ihnen nicht vertrauten Verfahrens außerhalb der Gerichte einschlagen, wenn sie bei der Durchführung desselben Verfahrens innerhalb der Gerichte geradezu an die Hand genommen und durch das Verfahren geleitet werden? Vor dem Hintergrund solcher Erwägungen erscheint es objektiv wahrscheinlich, dass das Angebot gerichtsnaher Mediation den Mediationsmarkt zum Nachteil privater Mediationsanbieter, das heißt zum Nachteil der Mitbewerber oder anderer Marktteilnehmer gemäß § 3 UWG i.V.m. § 2 Abs. 1 Nr. 2, 3 UWG beeinträchtigen wird.

[1274] So auch die Redebeiträge von *Trossen* und *Greger*, im Rahmen des Forums 2 des 10. Mediations-Kongresses am 9./10. September 2005 in Köln (Thema „Gerichtsinterne Mediation: Türöffner oder Sackgasse").

Zudem verfügt die gerichtsnahe Mediation gegenüber der außergerichtlichen Mediation über gewisse Vorteile, die diese Tendenz noch verstärken dürften. Zunächst befindet sich die gerichtsnahe Mediation hinsichtlich der Anbahnung von Mediationsverfahren in einer besseren Situation als die außergerichtliche Mediation, da dem Gericht Streitigkeiten bereits auf dem Klagewege zur Kenntnis gebracht werden, so dass das Gericht die Konfliktparteien offensiv und sogar in Fällen, in denen die Konfliktparteien eine Mediation noch gar nicht in Erwägung gezogen haben, auf die Möglichkeit einer Mediationsdurchführung hinweisen kann. Über eine entsprechende Möglichkeit der offensiven Ansprache verfügen private Mediationsanbieter in Unkenntnis aktuell bestehender Konflikte regelmäßig nicht. Aufgrund der Tatsache, dass die Mediation für die meisten Konfliktparteien regelmäßig eine neuartige Form der Streitbeilegung darstellen dürfte, bezüglich derer sie über wenig Erfahrungen verfügen, dürfte die gerichtsnahe Mediation des Weiteren einen gewissen Vertrauensvorschuss gegenüber privaten Mediationsangeboten genießen, was die Anbahnung von Mediationsverfahren gegenüber der privaten Mediation weiter erleichtern dürfte.[1275]

c) Unlauterkeit des Angebots gerichtsnaher Mediation?

Mit Blick auf die Frage, ob es sich bei wettbewerbsrelevanten Handlungen der öffentlichen Hand um eine unlautere Wettbewerbshandlung im Sinne des § 3 UWG handelt, hat die Rechtsprechung zahlreiche Fallkategorien entwickelt, in denen eine unlautere Wettbewerbshandlung vorliegen soll. Mit Blick auf das Angebot der gerichtsnahen Mediation kommt eine Unlauterkeit insbesondere aufgrund der Fallgruppen eines Autoritätsmissbrauchs, eines Vertrauensmissbrauchs, einer Ausnutzung amtlicher Beziehungen zum Wettbewerb, der Diskriminierung privater Anbieter sowie der unlauteren Preisunterbietung in Betracht.

aa) Vorliegen eines Autoritätsmissbrauchs? Während unter anderem die Fallgruppen des Missbrauchs hoheitlicher Machtbefugnisse, des Behinderungswettbewerbs sowie des Gesetzesverstoßes nicht einschlägig erscheinen, kommt zunächst eine Wettbewerbsrechtswidrigkeit des Angebots gerichtsnaher Mediation aufgrund eines Autoritätsmissbrauchs, das heißt einer sachwidrigen Druckausübung durch einen Amtsinhaber auf eine Nachfrageentscheidung in Betracht. Diesbezüglich genügt es unter anderem, wenn die angesprochenen Personen aufgrund einer Handlung der öffentlichen Hand den Eindruck gewinnen, ihre Entscheidung könnte wiederum eine Entscheidung der öffentlichen Hand beeinflussen.[1276] Konkret auf das Angebot gerichtsnaher Mediation durch die Justiz bezogen bedeutet dies, dass dieses Angebot aufgrund eines Autoritätsmissbrauchs wettbewerbsrechtlich unzulässig wäre, wenn ein wie auch immer gearteter Druck zur Durchführung einer gerichtsnahen Mediation bestünde oder bei den Konfliktparteien der Eindruck entstünde, die Ablehnung einer gerichtsnahen Mediation beeinflusse spätere

---

[1275] Vgl.: *Monßen*, in: FS R. Haase, S. 293 (302 f.).

[1276] *Köhler*, in: *Hefermehl/Köhler/Bornkamm*, Wettbewerbsrecht, § 4 Rn. 13.42; *Spalckhaver*, IDR 2004, 80 (84); *Schönhauser*, in: *Pitschas/Walther*, Mediation in d. Verwaltungsgerichtsbarkeit, S. 89 (116); *Spindler*, Abschlussbericht zum Forschungsprojekt gerichtsnahe Mediation in Niedersachsen, Rn. 43.

Entscheidungen des Gerichts. Die bisher laufenden oder bereits abgeschlossenen Modellversuche zur gerichtsnahen Mediation lassen dies jedoch nicht erwarten. Die Durchführung einer gerichtsnahen Mediation erfolgt hier stets freiwillig und die Konfliktparteien werden auch hinsichtlich der Freiwilligkeit der gerichtsnahen Mediation durch die Gerichte in ausreichendem Maße informiert.[1277] Solange es auch bei einer Ausweitung der gerichtsnahen Mediation bei einer freien Entscheidung der Parteien über die Teilnahme an einem solchen Verfahren bleibt und die Ablehnung der gerichtsnahen Mediation auch bei deren flächendeckender Einführung keine Auswirkungen auf den Ausgang des gerichtlichen Verfahrens oder die Kostenentscheidung im Gerichtsverfahren hat, bestehen somit unter dem Gesichtspunkt des Autoritätsmissbrauchs keine wettbewerbsrechtlichen Bedenken gegen das Angebot gerichtsnaher Mediation durch die Justiz.[1278]

bb) Vorliegen eines Vertrauensmissbrauchs? Statt eines Autoritätsmissbrauchs kommt jedoch gegebenenfalls eine Unlauterkeit des Angebots der gerichtsnahen Mediation aufgrund eines Vertrauensmissbrauchs in Betracht, denn ein wettbewerbswidriger Vertrauensmissbrauch kann schon in der bloßen Empfehlung eigener oder fremder Leistungen liegen, weil der Bürger Auskünften, Empfehlungen, Kritik und anderen Äußerungen der öffentlichen Hand in der Regel ein besonderes Vertrauen entgegenbringt.[1279] Ein Vertrauensmissbrauch der öffentlichen Hand scheidet bei Empfehlungen jedoch aus, wenn ein schutzwürdiges Interesse des Empfehlenden oder der Empfehlungsempfänger an der konkreten Empfehlung besteht, diese im Aufgabenbereich der empfehlenden Verwaltung liegen und die Empfehlung neutral, objektiv und sachgerecht erfolgt.[1280] Ein wettbewerbswidriger Vertrauensmissbrauch ist nur gegeben, wenn ein zielgerichtetes Handeln vorliegt, das heißt die Empfehlung der öffentlichen Hand sich darauf richtet, die eigene Tätigkeit voranzutreiben.[1281] Unter diesen Prämissen bleibt hinsichtlich der wettbewerbsrechtlichen Zulässigkeit eines Angebots gerichtsnaher Mediation festzuhalten, dass wettbewerbsrechtliche Bedenken hiergegen nicht bestehen, wenn – was in den bisherigen Modellversuchen zum Einsatz der gerichtsnahen Mediation allerdings schlechterdings nicht der Fall ist – die Gerichte (zum Beispiel im Rahmen eines Vorschlags der außergerichtlichen Streitbeilegung gemäß § 278 Abs. 5, S. 2 ZPO) auch auf die Möglichkeit der Hinzuziehung privater Mediationsanbieter anstelle der Gerichtsme-

---

[1277] Vgl. auch: *Spalckhaver,* IDR 2004, 80 (84). Ähnlich auch: *Volkmann,* Mediation im Zivilprozess, S. 54.

[1278] Im Ergebnis ebenso: *Volkmann,* Mediation im Zivilprozess, S. 54; *Spindler,* Abschlussbericht zum Forschungsprojekt gerichtsnahe Mediation in Niedersachsen, Rn. 44.

[1279] Vgl.: *Köhler,* in: *Hefermehl/Köhler/Bornkamm,* Wettbewerbsrecht, § 4 Rn. 13.36; *Spalckhaver,* IDR 2004, 80 (84); vgl. auch: *Volkmann,* Mediation im Zivilprozess, S. 53; *Spindler,* Abschlussbericht zum Forschungsprojekt gerichtsnahe Mediation in Niedersachsen, Rn. 41.

[1280] *Köhler,* in: *Hefermehl/Köhler/Bornkamm,* Wettbewerbsrecht, § 4 Rn. 13.39 m.w.N.; *Spalckhaver,* IDR 2004, 80 (84); *Spindler,* Abschlussbericht zum Forschungsprojekt gerichtsnahe Mediation in Niedersachsen, Rn. 41; vgl. auch: *Schönhauser,* in: *Pitschas/Walther,* Mediation in d. Verwaltungsgerichtsbarkeit, S. 89 (116).

[1281] *Schönhauser,* in: *Pitschas/Walther,* Mediation in d. Verwaltungsgerichtsbarkeit, S. 89 (116).

diatoren hinweisen.[1282] Ein solcher Hinweis ist mit Blick auf die vorliegende Fallgruppe unlauterer Betätigung der öffentlichen Hand erforderlich, aber auch ausreichend, da (nur) bei einem Hinweis auf private Mediationsanbieter eine neutrale und objektive Empfehlung vorliegt.

cc) Vorliegen einer Ausnutzung amtlicher Beziehungen zum Wettbewerb? Auch wettbewerbsrechtliche Bedenken mit Blick auf die Fallgruppe der Ausnutzung amtlicher Beziehungen zum Wettbewerb können durch Hinweise auf private Mediationsanbieter zerstreut werden. Zwar ist es stets wettbewerbswidrig, wenn die öffentliche Hand ihre amtlichen Einflussmöglichkeiten auf Wettbewerbsteilnehmer sachwidrig ausnutzt. Auch verleiht die Möglichkeit der Empfehlung eines Mediationsverfahrens den Gerichten durchaus eine gewisse Einflussmöglichkeit auf die Konfliktparteien, die sie zur Empfehlung gerade einer gerichtsnahen Mediation ausnutzen könnten.[1283] Hierauf würden die Gerichte jedoch gerade verzichten, würden sie – anders als in den bisherigen Modellversuchen – neben der Möglichkeit der gerichtsnahen Mediation auch auf die Durchführung außergerichtlicher Streitbeilegungsverfahren unter Beteiligung privater Anbieter hinweisen.[1284]

Ähnliches gilt hinsichtlich der Ausnutzung öffentlicher Ressourcen. Die grundsätzliche Zulässigkeit der angemessenen Verwendung öffentlicher Ressourcen zur Teilnahme am Wettbewerb ergibt sich aus der ebenso grundsätzlichen Zulässigkeit wettbewerbsrechtlicher Betätigungen der öffentlichen Hand.[1285] Wegen ihrer grundsätzlichen Berechtigung zur wirtschaftlichen Betätigung ist es der öffentlichen Hand auch nicht grundsätzlich verwehrt, bei einer Teilnahme am Wettbewerb auf die ihr zur Verfügung stehenden Sach-, Geld- und Personalmittel in erforderlichem Umfang und in angemessener Weise zurückzugreifen.[1286] Soweit die öffentliche Hand mittels wettbewerblicher Betätigung dazu beitragen möchte, ihre öffentlichen Aufgaben rascher, rationeller oder effizienter zu erfüllen, muss sie jedoch so vorgehen, dass die Belange privater Anbieter so wenig wie möglich beeinträchtigt werden.[1287] Dem würden die Gerichte gerecht, wenn sie zwar eine ge-

---

[1282] Vgl. auch: *Spalckhaver,* IDR 2004, 80 (84); *Volkmann,* Mediation im Zivilprozess, S. 54; *Spindler,* Abschlussbericht zum Forschungsprojekt gerichtsnahe Mediation in Niedersachsen, Rn. 42.

[1283] Vgl. hierzu v.a.: *Monßen,* ZKM 2006, 83 (84); *Monßen,* in: FS R. Haase, S. 293 (302), wonach sich die Richtermediatoren gegenüber privaten Mediationsanbietern bei der Anbahnung von (gerichtsnahen) Mediationsverfahren in einer komfortableren Situation befinden. Der Streitgegenstand werde dem Gericht durch Klage und Klageerwiderung mit seinen rechtserheblichen Tatsachen zur Kenntnis gebracht, was eine offensive Ansprache der Parteien mit Blick auf die Durchführung einer Mediation ermögliche. Die Justiz könne ihren durch das Verfahrensrecht bedingten Wissensvorsprung nutzen, um die Parteien zur Mediation durch den Richtermediator zu bewegen, wohingegen dem privaten Richtermediator eine offensive Ansprache der streitenden Parteien nicht möglich sei.

[1284] Vgl. hierzu auch: *Schönhauser,* in: *Pitschas/Walther,* Mediation in d. Verwaltungsgerichtsbarkeit, S. 89 (117). Kritisch: *Monßen,* in: FS R. Haase, S. 293 (306).

[1285] Vgl.: *Spalckhaver,* IDR 2004, 80 (84); *Köhler,* in: *Hefermehl/Köhler/Bornkamm,* Wettbewerbsrecht, § 4 Rn. 13.47; *Plaß,* in: HK-Wettbewerbsrecht, E 4 Rn. 38; *BGH* NJW 1987, 60 (61).

[1286] *Volkmann,* Mediation im Zivilprozess, S. 55: *Spindler,* Abschlussbericht zum Forschungsprojekt gerichtsnahe Mediation in Niedersachsen, Rn. 45; *Piper,* GRUR, 1986, 574 (579); *BGH* GRUR 1987, 116 (118).

[1287] *Spalckhaver,* IDR 2004, 80 (85); *Volkmann,* Mediation im Zivilprozess, S. 55; *Spindler,* Abschlussbericht zum Forschungsprojekt gerichtsnahe Mediation in Niedersachsen, Rn. 45.

richtsnahe Mediation anbieten und damit zur Erfüllung ihrer öffentlichen Aufgabe eine Wettbewerbshandlung vornehmen, gleichzeitig jedoch auf die parallel bestehende Möglichkeit der Inanspruchnahme privater Mediationsanbieter hinweisen würden.[1288]

dd) Unlauterkeit aufgrund der Diskriminierung privater Anbieter? Durch einen gleichzeitigen Hinweis auf die bestehende Möglichkeit zur Durchführung einer außergerichtlichen Mediation unter Inanspruchnahme eines privaten Mediationsanbieters würde ebenfalls eine Unlauterkeit aufgrund der Diskriminierung privater Anbieter ausgeschlossen. Zwar handelt die öffentliche Hand – und damit auch die Justiz – auch dann wettbewerbswidrig, wenn sie private Wettbewerber ohne sachlichen Grund ungleich behandelt.[1289] Hierfür bestünde jedoch kein Anhaltspunkt, würde die Justiz gleichberechtigt auf das Angebot der gerichtsnahen Mediation und das Mediationsangebot privater Mediationsanbieter hinweisen.

ee) Vorliegen einer unlauteren Preisunterbietung? Gegebenenfalls unterliegt das Angebot gerichtsnaher Mediation jedoch mit Blick auf die Fallgruppe der unlauteren Preisunterbietung wettbewerbsrechtlichen Bedenken, sofern sie – wie in den derzeit laufenden oder bereits abgeschlossenen Modellversuchen – gebührenfrei angeboten wird. Zwar führt es nicht zu einer unlauteren Preisunterbietung, wenn diese darauf zurückzuführen ist, dass die öffentliche Hand im Wege der Erfüllung öffentlicher Aufgaben auf öffentliche Sach-, Personal- und Finanzmittel zurückgreifen kann oder dass die Kostenstruktur der öffentlichen Hand günstiger ist als die der Mitbewerber.[1290] Die öffentliche Hand kann im Rahmen der erwerbswirtschaftlichen Randnutzung auf vorhandene öffentliche Mittel zurückgreifen, ohne dass dies eine Preisunterbietung durch die öffentliche Hand unlauter macht.[1291] Allerdings darf (1.) der hierin liegende Wettbewerbsvorsprung nicht missbräuchlich ausgenutzt werden, darf (2.) im Rahmen der erwerbswirtschaftlichen Randnutzung der Funktionsauftrag nicht verlassen werden, dürfen (3.) öffentliche Mittel nicht derart zweckentfremdet werden, dass eine Betätigung aus Mitteln finanziert wird, die der öffentlichen Hand zur Erfüllung eines anderen öffentlichen Zwecks zufließen und die Kosten der Preisunterbietung auf Dritte abgewälzt werden, dürfen (4.) Preisunterbietungen nicht in Verdrängungsabsicht vorgenommen werden und dürfen (5.) aus öffentlichen Mitteln finanzierte Preisunterbietungen nicht zu einer Gefährdung des Wettbewerbsbestandes führen.[1292] Zudem kann eine Preisunterbietung durch die öffentliche Hand insbesondere auch zulässig sein, wenn sie mit ihrem wirtschaftlichen Tätigwerden zugleich auch eine ihr gesetzlich obliegende Aufgabe wahrnimmt und dabei die Grenzen des sachlich Gebotenen und verfassungsrechtlich Zulässigen sowie die sachlich berech-

---

[1288] Vgl. hierzu auch: *Volkmann*, Mediation im Zivilprozess, S. 55; *Spalckhaver*, IDR 2004, 80 (85); *Spindler*, Abschlussbericht zum Forschungsprojekt gerichtsnahe Mediation in Niedersachsen, Rn. 46.

[1289] *Plaß*, in: HK-Wettbewerbsrecht, E 4 Rn. 51; *BGH* NJW 1989, 2325.

[1290] *Köhler*, in: *Hefermehl/Köhler/Bornkamm*, Wettbewerbsrecht, § 4 Rn. 13.32; *Klose*, ZKM 2005, 146 (149); *Spalckhaver*, IDR 2004, 80 (83); *Piper*, GRUR 1986, 574 (579); *BGH* GRUR 1987, 116 (118). Vgl. hierzu zudem auch: *Volkmann*, Mediation im Zivilprozess, S. 52.

[1291] *Köhler*, in: *Hefermehl/Köhler/Bornkamm*, Wettbewerbsrecht, § 4 Rn. 13.32; *Plaß*, in: HK-Wettbewerbsrecht, E 4 Rn. 54; *BGH* GRUR 1987, 116 (118); NJW 1987, 60 (61).

[1292] *Köhler*, in: *Hefermehl/Köhler/Bornkamm*, Wettbewerbsrecht, § 4 Rn. 13.32 m.w.N.

tigten Interessen privater Wettbewerber berücksichtigt.[1293] Ist die konkrete wirtschaftliche Betätigung der öffentlichen Hand gesetzlich nicht vorgeschrieben, liegt jedoch unter Umständen ein Verstoß gegen das Wettbewerbsrecht vor, wenn durch den Wettbewerb die Existenz eines Berufsstandes gefährdet wird, eine ernstliche Gefahr für den Wettbewerb besteht und die Betätigung der öffentlichen Hand ein über das Maß des sachlich gebotenen Handelns hinausgehendes Verhalten darstellt.[1294]

Gerade eine Gefährdung des Wettbewerbsbestandes steht jedoch gegebenenfalls zu befürchten, wenn die Justiz die gerichtsnahe Mediation kostenlos anbietet. In diesem Falle droht der Wettbewerb um die Durchführung gemäß § 278 Abs. 5 S. 2, 3 ZPO oder einer ähnlichen zukünftigen Regelung in der Verwaltungsgerichtsordnung, im Sozialgerichtsgesetz und in der Finanzgerichtsordnung gerichtlich veranlasster Mediationsverfahren – wie bereits dargelegt – zusammenzubrechen. Bietet die Justiz die kostenlose Durchführung von Mediationsverfahren infolge eines richterlichen Vorschlags gemäß § 278 Abs. 5 S. 2 ZPO oder einer entsprechenden zukünftigen Regelung in der Verwaltungsgerichtsordnung, im Sozialgerichtsgesetz und in der Finanzgerichtsordnung an, werden die Konfliktparteien nur in Ausnahmefällen einen privaten Mediator mit der jeweiligen Mediation betrauen. Die Tatsache, dass die öffentliche Hand nicht den gleichen Wettbewerbsbedingungen unterworfen ist – insbesondere dass sie im Gegensatz zu privatwirtschaftlichen Wettbewerbern nicht auf Gewinnerzielung angewiesen ist, dass sie auf öffentliche Ressourcen und Mittel zurückgreifen kann und dass sie kein unternehmerisches Risiko trifft – findet im Wettbewerb der öffentlichen Hand mit privaten Marktteilnehmern also insofern Berücksichtigung, als diese Umstände die Freiheit des Wettbewerbs privater Anbieter beeinträchtigen und für diese die Gefahr eines ruinösen Konkurrenzkampfes mit dem Risiko ihrer Ausschaltung als selbständige Gewerbetreibende aus dem Wirtschaftsleben bedeuten kann,[1295] was schließlich zur Beseitigung des Wettbewerbs führen kann. Hieran ändert sich auch nichts aufgrund der Tatsache, dass die gerichtsnahe Mediation auf bereits bei Gericht anhängige Verfahren beschränkt ist und dass die Zahl der Parteien, welche während eines laufenden Gerichtsverfahrens von der Möglichkeit der gerichtsnahen Mediation Gebrauch machen, empirisch betrachtet (noch) nicht signifikant ist.[1296] Auch Mediationsverfahren, die auf entsprechenden Hinweis des zuständigen Gerichts (zum Beispiel nach § 278 Abs. 5 S. 2 ZPO) durchgeführt werden, gehören zum Mediationsmarkt, auf dem private Mediationsanbieter tätig sind. Darüber

---

[1293] Vgl. hierzu: *Spindler*, ZKM 2007, 79 (80) m.w.N.; *Spindler*, Abschlussbericht zum Forschungsprojekt Gerichtsnahe Mediation in Niedersachsen, Rn. 39.

[1294] *Schönhauser*, in: *Pitschas/Walther*, Mediation in d. Verwaltungsgerichtsbarkeit, S. 89 (115); *Köhler*, in: *Hefermehl/Köhler/Bornkamm*, Wettbewerbsrecht, § 4 UWG Rn. 13.35; *Omsels*, in: *Harte-Bavendamm/Henning-Bodewig*, UWG, § 4 Nr. 10 Rn. 293; *Volkmann*, Mediation im Zivilprozess, S. 51; *Spindler*, Abschlussbericht zum Forschungsprojekt Gerichtsnahe Mediation in Niedersachsen, Rn. 39; *BGH* GRUR 1987, 116 (118).

[1295] *Spalckhaver*, IDR 2004, 80 (83). Vgl. zudem auch: *Volkmann*, Mediation im Zivilprozess, S. 52; *Schönhauser*, in: *Pitschas/Walther*, Mediation in d. Verwaltungsgerichtsbarkeit, S. 89 (115); *BGHZ* 82, 375 (396). A.A.: *Klose*, ZKM 2005, 146 (149 f.).

[1296] Vgl. auch: *Spindler*, Abschlussbericht zum Forschungsprojekt Gerichtsnahe Mediation in Niedersachsen, Rn. 40.

hinaus steht zu erwarten, dass die Inanspruchnahme der gerichtsnahen Mediation mit ihrem Bekanntheitsgrad wachsen wird, so dass die gerichtsnahe Mediation zukünftig auch einen wachsenden Anteil am gesamten Mediationsmarkt darstellen wird. Dies gilt wohl insbesondere, sofern die gerichtsnahe Mediation flächendeckend eingesetzt und rechtlich geregelt werden sollte.

Dennoch kann den wettbewerbsrechtlichen Bedenken aufgrund einer unlauteren Preisunterbietung entgegengetreten werden. Zwar reicht es diesbezüglich nicht aus, wenn das Gericht im Rahmen der Aufklärung der Parteien darauf hinweist, dass auch die Möglichkeit einer Inanspruchnahme privater Mediationsanbieter als Alternative zur gerichtsnahen Mediation besteht, da diese kostenpflichtig arbeiten (müssen) und schon deshalb keine echte Alternative zur kostenlosen gerichtsnahen Mediation durch die Gerichte darstellen können.[1297] Die Bedenken könnten jedoch durch die Erhebung von Gebühren für die Durchführung gerichtsnaher Mediationsverfahren beseitigt werden, die im Ergebnis zu einer Vergleichbarkeit der Kosten einer gerichtsnahen Mediation mit denen einer außergerichtlichen und kommerziellen Mediation führt.[1298] Mit anderen Worten: Im Falle einer dauerhaften und flächendeckenden Einführung der gerichtsnahen Mediation müssen Gebühren für die Mediationsdurchführung erhoben werden, um einen unlauteren Verdrängungswettbewerb zu Lasten privater Mediationsanbieter zu vermeiden.[1299] Die zeitlich beschränkte Kostenfreiheit der gerichtsnahen Mediation im Rahmen der laufenden oder bereits abgeschlossenen Modellversuche ist dagegen wohl unbedenklich, da nicht zu erwarten ist, dass ein nur zeitweises wettbewerbsbeeinträchtigendes Verhalten zu einer Gefahr für den Bestand des Wettbewerbs führt.[1300] Dies gilt zumal, da es sich bei dem Markt für aufgrund richterlichen Vorschlags gemäß § 278 Abs. 5 S. 2 ZPO durchgeführte Mediationen um einen recht jungen Markt handelt, dessen Entwicklung noch nicht allzu weit fortgeschritten ist. Seit Einführung des § 278 Abs. 5 S. 2 ZPO im Jahre 2001 und bis zum Start der verschiedenen Modellversuche zur gerichtsnahen Mediation sind nur wenige Jahre vergangen, so dass sich wohl noch kein allzu großer Markt für aufgrund dieser Vorschrift durchgeführte Mediationen entwickelt haben dürfte. Zum einen wurde von § 278 Abs. 5 S. 2 ZPO seit dessen Einführung wohl noch nicht allzu oft Gebrauch gemacht. Zum anderen dürften als Mediatoren in auf § 278 Abs. 5 S. 2 ZPO zurückgehenden Mediationsverfahren bereits am Markt für außergerichtliche Streitbeilegung aktive Mediationsanbieter aufgetreten sein, deren Hauptgeschäftsfeld auch nach Einführung des § 278 Abs. 5 S. 2 ZPO noch im Bereich der konsensualen Streitbeilegung gänzlich außerhalb gerichtlicher Verfahren liegen dürfte, so dass der zeitweise

---

1297 So auch: *Spalckhaver*, IDR 2004, 80 (83 u. 84); *Schönhauser*, in: *Pitschas/Walther*, Mediation in d. Verwaltungsgerichtsbarkeit, S. 89 (115); *Volkmann*, Mediation im Zivilprozess, S. 52 f.; *Spindler*, ZKM 2007, 79 (80); *Spindler*, Abschlussbericht zum Forschungsprojekt Gerichtsnahe Mediation in Niedersachsen, Rn. 40.

1298 *Ortloff*, NVwZ 2004, 385 (390).

1299 *Spalckhaver*, IDR 2004, 80 (85). Im Ergebnis ebenso: *Volkmann*, Mediation im Zivilprozess, S. 53.

1300 *Spalckhaver*, IDR 2004, 80 (84); *Volkmann*, Mediation im Zivilprozess, S. 53; *Schönhauser*, in: *Pitschas/Walther*, Mediation in d. Verwaltungsgerichtsbarkeit, S. 89 (115); *BGH* GRUR 1960, 331, GRUR 1979, 321 (322); GRUR 1990, 685 (686).

Versuch kostenfreier gerichtsnaher Mediation an einigen Gerichten diese Mediationsanbieter nicht in wirtschaftliche Bedrängnis bringen dürfte.

ff) Unlauterkeit des Angebots gerichtsnaher Mediation aus sonstigen Gründen? Ein als Richtermediator auftretender Richter verfügt in der Regel schon aufgrund seines Richteramtes über eine gewisse Reputation, die ein privater Mediationsanbieter oftmals nicht für sich in Anspruch wird nehmen können. Insbesondere genießen Richter regelmäßig ein vergleichsweise großes Vertrauen in der Bevölkerung, wobei sich dieses Vertrauen sowohl auf die Neutralität und Unabhängigkeit des Richters als auch auf dessen Sachkenntnis bezieht. Daher könnten Konfliktparteien geneigt sein, den Richtermediator einem privaten Mediationsanbieter vorzuziehen, so dass schon insofern mit Wettbewerbsverzerrungen zu rechnen sein könnte.[1301] Darüber hinaus sieht sich die privat durchgeführte, gerichtsexterne Mediation mit den Problemen eines zersplitterten und lückenhaften Angebots der außergerichtlichen Streitbeilegung sowie dem Fehlen einer Sicherung von Qualitätsstandards konfrontiert.[1302] Auch diese Aspekte stehen einer prinzipiellen Zulässigkeit jedoch nicht entgegen, da die genannten Wettbewerbsverzerrungen zumindest teilweise durch die Einführung eines Gütesiegels für Mediatoren oder die Zertifizierung von Mediatoren, die eine gewisse Mediationsausbildung und/oder -erfahrung mitbringen, beseitigt oder wenigstens abgeschwächt werden können.[1303]

II. Vereinbarkeit der gerichtsnahen Mediation mit den verfassungsrechtlichen Grenzen einer wirtschaftlichen Betätigung der öffentlichen Hand?

Neben den Bestimmungen des Gesetzes gegen den unlauteren Wettbewerb muss die wirtschaftliche und im Hinblick auf den Wettbewerb relevante Betätigung der öffentlichen Hand auch den diesbezüglich bestehenden verfassungsrechtlichen Grenzen genügen.[1304] Zwar kann dem Grundgesetz kein allgemeiner Subsidiaritätsgrundsatz entnommen werden, nach dem sich die öffentliche Hand nur am Wirtschaftsleben beteiligen darf, wenn private Anbieter zur Erbringung einer bestimmten Leistung nicht in der Lage sind.[1305] Eine wirtschaftliche Betätigung der öffentlichen Hand ist grundgesetzlich weder

[1301] Ähnlich auch: *Spindler,* Abschlussbericht zum Forschungsprojekt gerichtsnahe Mediation in Niedersachsen, Rn. 47.

[1302] *Spindler,* Abschlussbericht zum Forschungsprojekt gerichtsnahe Mediation in Niedersachsen, Rn. 47 m.w.N.

[1303] Vgl. auch: *Spindler,* Abschlussbericht zum Forschungsprojekt gerichtsnahe Mediation in Niedersachsen, Rn. 48 unter Verweis auf das österreichische ZivMediatG (ZivMediatG, online Verfügbar unter: http://www.avm-mediation.com/ avm_public/files/ZivMediatG.pdf (Stand: 24.1.2008)). Ein ähnliches Gesetz wurde im April 2007 im Übrigen auch in den Niedersächsischen Landtag eingebracht (vgl.: Nds.LT-Drucks. 15/3708, sowie: ZKM 2007, 136 m. Anmerkung v. *Kirchhoff* (ZKM 2007, 138 ff.)).

[1304] *Spindler,* Abschlussbericht zum Forschungsprojekt Gerichtsnahe Mediation in Niedersachsen, Rn. 31. Vgl. hierzu zudem auch: *Spindler,* ZKM 2007, 79 (80).

[1305] *Spindler,* ZKM 2007, 79 (80) m.w.N.; *Spindler,* Abschlussbericht zum Forschungsprojekt Gerichtsnahe Mediation in Niedersachsen, Rn. 31 m.w.N. Vgl. zudem auch: *Piper,* GRUR 1986, 574 (575).

generell gestattet noch generell verboten,[1306] so dass die grundsätzliche Berechtigung der öffentlichen Hand, sich am Wirtschaftsleben zu beteiligen, allgemein anerkannt ist.[1307] Dennoch darf das gerichtsnahe Mediationsangebot verfassungsrechtlichen Grundsätzen nicht widersprechen.

In Betracht kommt aufgrund der Einführung der gerichtsnahen Mediation im Einzelnen eine Einschränkung der nach Art. 12 Abs. 1 GG geschützten unternehmerischen Betätigungsfreiheit, eine Verletzung des über Art. 14 Abs. 1 GG geschützten Eigentums und ein Verstoß gegen den allgemeinen Gleichheitssatz nach Art. 3 Abs. 1 GG.[1308] Wie *Volkmann*[1309] und *Spindler*[1310] richtigerweise feststellen, ist der unternehmerischen Betätigungsfreiheit aus Art. 12 Abs. 1 oder Art. 2 Abs. 1 GG jedoch kein subjektives Recht auf Erhaltung und Sicherung eines bestimmten Geschäftsumfanges sowie auf Sicherung weiterer Erwerbsmöglichkeiten zu entnehmen.[1311] Ebenso wenig schützt Art. 12 Abs. 1 GG grundsätzlich vor staatlicher Konkurrenz.[1312] Vielmehr bedeute das Hinzutreten des Staates als Konkurrent grundsätzlich lediglich eine systemimmanente Verschärfung des marktwirtschaftlichen Konkurrenzdrucks, durch welche die Gewinnerwartungen und Chancen privater Mediationsanbieter zwar verkürzt würden, die unternehmerische Betätigungsfreiheit jedoch nicht verletzt werde,[1313] weil und solange eine private Konkurrenz nicht faktisch unmöglich gemacht wird.[1314]

Auch Art. 14 Abs. 1 GG steht der Einführung der gerichtsnahen Mediation letztlich nicht entgegen, da bloße Verdienstmöglichkeiten und Gewinnchancen kommerzieller Mediationsanbieter auch von der Eigentumsgarantie nicht umfasst werden.[1315] Ebenso

---

[1306] *Volkmann*, Mediation im Zivilprozess, S. 44 m.w.N.; *Piper*, GRUR 1986, 574 (575); *v. Gamm*, WRP 1984, 303 (305).

[1307] *Manssen*, in: *v. Mangoldt/Klein/Starck*, GG, Art. 12 Abs. 1 Rn. 82; *Köhler*, in: *Hefermehl/Köhler/Bornkamm*, Wettbewerbsrecht, § 4 UWG Rn. 13.6; *Volkmann*, Mediation im Zivilprozess, S. 444 m.w.N.; *Piper*, GRUR 1986, 574 (575).

[1308] *Volkmann*, Mediation im Zivilprozess, S. 45.

[1309] *Volkmann*, Mediation im Zivilprozess, S. 45

[1310] *Spindler*, Abschlussbericht zum Forschungsprojekt Gerichtsnahe Mediation in Niedersachsen, Rn. 31.

[1311] Vgl.: *Jarass*, in: *Jarass/Pieroth*, GG, Art. 12 Rn. 15; *BVerfGE* 34, 252 (256); *BVerwGE* 39, 329 (336 f.); 71, 183 (193).

[1312] Vgl. auch: *Manssen*, in: *v. Mangoldt/Klein/Starck*, GG, Art. 12 Abs. 1 Rn. 82; *Wieland*, in: *Dreier*, GG, Art. 12 Rn. 89; *Jarass*, in: *Jarass/Pieroth*, GG, Art. 12 Rn. 16; *BVerwGE* 39, 329 (336); *BVerwG* DÖV 1978, 851 (852). A.A. wohl: *Löwer*, VVDStRL 60 (2001), 416 (445 f.); *Puhl*, VVDStRL 60 (2001), 456 (481); *R. Wimmer/U. Wimmer*, NJW 2007, 3243 (3245). Vgl. zudem auch: *Monßen*, in: FS R. Haase, S. 293 (306) m.w.N., wonach ein Abwehranspruch privater Anbieter gegen den Wettbewerb der öffentlichen Hand aus Art. 12 GG nur in Betracht kommt, wenn die Wettbewerbsfreiheit der Konkurrenten in unerträglichem Maße eingeschränkt wird, eine Auszehrung der Konkurrenz vorliegt oder eine Monopolstellung der öffentlichen Hand besteht.

[1313] Vgl. auch: *Manssen*, in: *v. Mangoldt/Klein/Starck*, GG, Art. 12 Abs. 1 Rn. 82 m.w.N.

[1314] Vgl. auch: *Manssen*, in: *v. Mangoldt/Klein/Starck*, GG, Art. 12 Abs. 1 Rn. 83; *BVerwG* NJW 1995, 2938.

[1315] So auch: *Depenheuer*, in: *v. Mangoldt/Klein/Starck*, GG, Art. 14 Rn. 103; *Papier*, in: *Maunz/Dürig*, GG, Art. 14 Rn. 100; *Jarass*, in: *Jarass/Pieroth*, GG, Art. 14, Rn. 25; *Spindler*, Abschlussbericht zum Forschungsprojekt Gerichtsnahe Mediation in Niedersachsen, Rn. 32; *Volkmann*, Mediation im Zivilpro-

wie Art. 12 Abs. 1 GG schützt auch Art. 14 Abs. 1 GG nicht vor Wettbewerb und Konkurrenz durch die öffentliche Hand.[1316] Dies gilt zumindest solange, wie der in den Konkurrenzkampf eintretende und in öffentlicher Trägerschaft stehende Konkurrent keine unerlaubte Monopolstellung aufgrund behördlicher Maßnahmen erlangt.[1317] Schließlich führt aus wettbewerbsrechtlicher Sicht auch Art. 3 Abs. 1 GG nicht zur Unzulässigkeit der gerichtsnahen Mediation. Eine Verletzung des allgemeinen Gleichheitssatzes scheidet aus wettbewerbsrechtlicher Sicht aus, wenn die wirtschaftliche Tätigkeit – wie bei der gerichtsnahen Mediation neben der Entlastung der Justiz aufgrund des Ziels der Effizienzsteigerung innerhalb des Justizapparates sowie der Verbesserung der Qualität gerichtlicher Streitbeilegung der Fall – durch einen öffentlichen Zweck gerechtfertigt ist.[1318]

III. Notwendige Gesetzesänderungen im Hinblick auf das Vollstreckungsrecht?

Ortloff[1319] sieht im Hinblick auf gegebenenfalls erforderliche Gesetzesänderungen im Zusammenhang mit der Einführung der gerichtsnahen Mediation die Notwendigkeit einer Änderung des Vollstreckungsrechts. Neben dem Prozessvergleich solle auch der Anwaltsvergleich ein Vollstreckungstitel werden, um im Wege außergerichtlicher Mediation erlangte Mediationsergebnisse vollstreckbar zu machen. Mit Blick auf die Mediation im Rahmen der öffentlich-rechtlichen Gerichtsbarkeit und die Gewährleistung eines fairen Wettbewerbs zwischen richterlicher und außergerichtlicher Mediation erscheint die Forderung einer Änderung des Vollstreckungsrechts nach hier vertretener Auffassung jedoch überzogen. Zwar sind außergerichtliche (Mediations-)Vergleiche nach derzeit geltendem Recht tatsächlich nicht gemäß § 168 Abs. 1 VwGO vollstreckbar.[1320] Gleiches gilt

---

zess, S. 45; *BVerfGE* 11, 294 (299); 28, 119 (142); 31, 8 (32); 39, 210 (237); 45, 272 (296); 51, 193 (222); 65, 196 (209); 68, 193 (222 f.); 74, 129 (148); 77, 84 (118); 78, 205 (211); 95, 173 (187 f.); *BVerwG* NJW 1995, 2938 (2939). Differenzierend: *Wendt,* in: *Sachs,* GG, Art. 14 Rn. 44; *Bryde,* in: *v. Münch/Kunig,* GG, Art. 14 Rn. 21.

1316 *Wieland,* in: *Dreier,* GG, Art. 12 Rn. 89; *Papier,* in: *Maunz/Dürig,* GG, Art. 14 Rn. 233; *Jarass,* in: *Jarass/Pieroth,* GG, Art. 14, Rn. 25; *Badura,* in: *Benda/Maihofer/Vogel,* Hdb. Verfassungsrecht, § 10 Rn. 96; *BVerwGE* 39, 329 (337); *BVerwG* DÖV 1978, 851 (852). Vgl. zudem auch: *Hofmann,* in: *Schmidt-Bleibtreu/Hofmann/Hopfauf,* GG, Art. 14 Rn. 12. Im Ergebnis ebenso: *R. Wimmer/U. Wimmer,* NJW 2007, 3243 (3245).

1317 Vgl. hierzu u.a.: *Depenheuer,* in: *v. Mangoldt/Klein/Starck,* GG, Art. 14 Rn. 103; *Papier,* in: *Maunz/Dürig,* GG, Art. 14 Rn. 234; *Wieland,* in: *Dreier,* GG, Art. 12 Rn. 89; *Volkmann,* Mediation im Zivilprozess, S. 45; *BVerwGE* 39, 329 (337); *BVerwG* NJW 1995, 2938 (2939).

1318 *Volkmann,* Mediation im Zivilprozess, S. 46; *Spindler,* ZKM 2007, 79 (80); *Spindler,* Abschlussbericht zum Forschungsprojekt Gerichtsnahe Mediation in Niedersachsen, Rn. 32; *BVerwGE* 39, 329 (337).

1319 *Ortloff,* NVwZ 2004, 385 (390).

1320 § 168 Abs. 1 Nr. 3 VwGO ist auf außergerichtliche (Mediations-)Vergleiche weder direkt noch analog anwendbar, so dass bei Nichterfüllung eines solchen Vergleichs vor Gericht auf Erfüllung geklagt werden muss, um einen vollstreckbaren Titel zu erlangen. Etwas anderes gilt nur, wenn bei einem außergerichtlichen Vergleich durch Unterwerfung unter die sofortige Zwangsvollstreckung gemäß § 61 VwVfG ein selbständiger Vollstreckungstitel geschaffen wird (vgl.: *Kopp/Schenke,* VwGO, § 168 Rn. 5; *Heckmann,* in: *Sodan/Ziekow,* VwGO, § 168 Rn. 45).

im Rahmen des sozialgerichtlichen Verfahrens gemäß dem ebenfalls nur die Vollstreckbarkeit gerichtlicher Vergleiche vorsehenden § 199 Abs. 1 Nr. 3 SGG. Dennoch erscheint eine Änderung des Vollstreckungsrechts nicht nötig, da sich die Ergebnisse richterlicher und außergerichtlicher Mediation vollstreckungsrechtlich nicht unterscheiden, so dass bei Durchführung einer außergerichtlichen Mediation keinerlei vollstreckungsrechtliche Nachteile gegenüber der gerichtsnahen Mediation bestehen, die sich auf den Wettbewerb beider Mediationsformen zuungunsten der außergerichtlichen Mediation auswirken können. Wie Ergebnisse außergerichtlicher Mediationen sind auch die bloßen Ergebnisse der richterlichen Mediation in allen derzeit durchgeführten Modellversuchen für sich genommen nicht selbst vollstreckbar. Stattdessen wird das Verfahren nach Abschluss der Mediation vom mit der Durchführung des Mediationsverfahrens beauftragten Richtermediator an die entscheidungsbefugte Kammer/den entscheidungsbefugten Richter zurückgegeben und das Mediationsergebnis erst dort – wenn nicht eine Klagerücknahme oder beiderseitige Erledigungserklärungen ergehen – in einen vollstreckbaren Titel in Form eines gerichtlichen Vergleichs gegossen. Ein solches Verfahren ist auch möglich, wenn eine außergerichtliche Mediation durchgeführt wurde; auch in diesem Fall besteht die Gelegenheit, die erzielte Einigung dem Gericht mitzuteilen und einen vollstreckbaren gerichtlichen Vergleich mit dem Inhalt dieser außergerichtlichen Einigung abzuschließen. Im sozialgerichtlichen Verfahren kann ein außergerichtlicher (Mediations-)Vergleich gemäß § 101 Abs. 1 SGG durch Protokollierung durch das Gericht zum vollstreckbaren gerichtlichen Vergleich werden.[1321] Gleiches gilt aufgrund des mit § 101 I SGG im Wortlaut identischen § 106 S. 1 VwGO im verwaltungsgerichtlichen Prozess. Zudem kann hier nach Sinn und Zweck des § 106 S. 2 VwGO angenommen werden, dass ein wirksamer gerichtlicher Vergleich auch zustande kommt, wenn die Initiative von den Beteiligten ausgeht, diese gleichlautende Schriftsätze an das Gericht senden, das Gericht diese Schriftsätze dann durch einen entsprechenden Beschluss zum Gegenstand seines Vergleichsvorschlags macht und die Parteien diesen Vergleichsvorschlag gemäß § 106 S. 2 VwGO annehmen.[1322]

[1321] Vgl. u.a.: *Leitherer*, in: *Meyer-Ladewig/Keller/Leitherer*, SGG, § 101 Rn. 18c.

[1322] Vgl. u.a.: *Kopp/Schenke*, VwGO, § 106 Rn. 11 m.w.N.

9. Kapitel: Mögliche Ermächtigungsgrundlagen zur Durchführung gerichtsnaher Mediationsverfahren

Handelt es sich bei der gerichtsnahen Mediation um eine „andere Aufgabe" im Sinne des § 4 Abs. 2 Nr. 2 DRiG, so ist diese den Richtern gesetzlich zuzuweisen. Es stellt sich demnach die Frage, ob die bestehenden Verfahrensvorschriften eine solche Zuweisung enthalten, das heißt ob die gerichtsnahe Mediation mit dem geltenden Verfahrensrecht im Einklang steht. Eine ausdrückliche Ermächtigung zur Durchführung der gerichtsnahen Mediation beziehungsweise zur Abgabe von Verfahren an einen so genannten Richtermediator ist dabei allerdings nicht ersichtlich, so dass sich die angesprochene Fragestellung darauf beschränkt, ob sich die bestehenden Verfahrensvorschriften der Verwaltungsgerichtsordnung, des Sozialgerichtsgesetzes und der Finanzgerichtsordnung dahingehend auslegen lassen, dass sie die Durchführung einer gerichtsnahen Mediation ermöglichen.

I. Die Vergleichsvorschriften des § 106 VwGO und des § 101 Abs. 1 SGG als gesetzliche Grundlage?

Im Rahmen der Modellversuche zum Einsatz der gerichtsnahen Mediation wird die Durchführung der Mediation den Richtermediatoren gelegentlich als ersuchte oder beauftragte Richter übertragen. Da § 106 VwGO sowie § 101 Abs. 1 SGG vorsehen, dass ein verwaltungs- und sozialgerichtlicher Vergleich auch vor dem beauftragten oder ersuchten Richter geschlossen werden kann, wäre es also denkbar, die soeben benannten Vorschriften als gesetzliche Grundlage für die Durchführung gerichtsnaher Mediationsverfahren anzusehen. Da den Richtermediatoren im Rahmen der Modellversuche das Verfahren eigens zur Durchführung der gerichtsnahen Mediation übertragen wird, würde dies jedoch zunächst voraussetzen, dass verwaltungs- und sozialgerichtliche Verfahren ausschließlich zur Durchführung von Vergleichsverhandlungen an den beauftragten oder ersuchten Richter verwiesen werden können, was jedoch schlechterdings nicht der Fall ist. Nach § 96 Abs. 2 VwGO beziehungsweise §§ 117, 118 VwGO i.V.m. § 361 f. ZPO kann das Gericht in geeigneten Fällen einen beauftragen oder einen ersuchten Richter mit der Beweisaufnahme betrauen. Eine Grundlage für die Übertragung weitergehender Aufgaben bieten diese Vorschriften jedoch nicht.[1323] Soweit § 106 VwGO und § 101 Abs. 1 SGG den Vergleichsschluss durch den beauftragten oder ersuchten Richter vorsehen, meinen sie damit lediglich die Situation, in der es im Rahmen der Beweisaufnahme zu einem Vergleichsschluss zwischen den Prozessparteien kommt. Indes vermag weder § 106 VwGO noch § 101 Abs. 1 SGG eine gesetzliche Grundlage für die Abgabe von Verfahren an die gerichtsnahe Mediation zu begründen.

Darüber hinaus kann der Richtermediator grundsätzlich nicht ersuchter oder beauftragter Richter sein.[1324] Ein Tätigwerden als ersuchter Richter scheidet insofern aus, als

[1323] *Kopp/Schenke*, VwGO, § 96 Rn. 11.
[1324] Vgl. hierzu u.a. auch: *Klose*, ZKM 2005, 146 (148); *Koch*, NJ 2005, 97 (99).

ein solcher Richter nach § 173 S. 1 VwGO beziehungsweise § 202 SGG i.V.m. § 362 ZPO nicht dem Gericht des zur Entscheidung berufenen Spruchkörpers angehört,[1325] der Richtermediator aber in der Regel ein Richter des jeweils zuständigen Gerichts ist. Ein Auftreten als beauftragter Richter ist ausgeschlossen, da dieser gemäß § 173 S. 1 VwGO respektive § 202 SGG i.V.m. § 361 ZPO stets ein Mitglied des entscheidungsbefugten Spruchkörpers ist,[1326] der Richtermediator diesem aber per Definition nicht angehören darf. Zudem stellt die gerichtsnahe Mediation nach hier vertretener Auffassung keine Rechtsprechungsaufgabe dar.[1327] Sowohl der beauftragten als auch der ersuchten Richter erfüllt indes eine Rechtsprechungsfunktion, da sie in begrenzten Abschnitten eines gerichtlichen Verfahrens anstelle des originär zuständigen Prozessgerichts im Sinne des zur Entscheidung berufenen Spruchkörpers tätig werden.

II. § 87 Abs. 1 S. 2 Nr. 1 VwGO (i.V.m. § 106 VwGO) oder § 104 Abs. 1 VwGO als Grundlage im Verwaltungsgerichtsprozess?

Mit Blick speziell auf die Verwaltungsgerichtsbarkeit und die Bestimmungen der VwGO kommt neben § 106 VwGO zunächst § 87 Abs. 1 S. 2 Nr. 1 VwGO als Grundlage der gerichtsnahen Mediation in Betracht, indem diese Vorschrift vorsieht, dass die Beteiligten zur Erörterung des Sach- und Streitstandes und zur gütlichen Beilegung des Rechtsstreits geladen und in diesem Erörterungstermin ein Vergleich nach § 106 VwGO entgegengenommen werden kann.[1328] An anderer Stelle wurde jedoch bereits festgestellt, dass im Rahmen des nur parteiöffentlichen,[1329] vorbereitenden Verfahrens nach § 87 Abs. 1 S. 2 Nr. 1 VwGO keine (gerichtsnahe) Mediation im eigentlichen Sinne stattfinden kann.[1330] Das Verfahren nach § 87 Abs. 1 S. 2 Nr. 1 VwGO dient der Vorbereitung der mündlichen Verhandlung, so dass das im Rahmen der gerichtsnahen Mediation Geäußerte bei deren Erfolglosigkeit in der mündlichen Verhandlung verwertbar wäre und zudem nur bei Gelingen einer gütlichen Verfahrensbeendigung vertraulich bliebe.[1331] Das Öffentlichwerden der Mediationsinhalte widerspricht aber fundamental dem in der Mediation herrschenden Grundsatz der Vertraulichkeit der (gerichtsnahen) Mediation. Darüber

---

[1325] Vgl.: *Greger*, in: *Zöller*, ZPO, § 362 Rn. 1; *Stadler*, in: *Musielak*, ZPO, § 362 Rn. 1; vgl. auch: *Kern*, in: *Pitschas/Walther*, Mediation in d. Verwaltungsgerichtsbarkeit, S. 147 (172); *Pawlak*, in: *Hennig*, SGG, § 118 Rn. 27.

[1326] Vgl.: *Greger*, in: *Zöller*, ZPO, § 361 Rn. 1; *Musielak*, in: MK-ZPO, § 361 Rn. 3; *Stadler*, in: *Musielak*, ZPO, § 361 Rn. 1. Vgl. zudem auch: *Pawlak*, in: *Hennig*, SGG, § 118 Rn. 24; *Kern*, in: *Pitschas/Walther*, Mediation in d. Verwaltungsgerichtsbarkeit, S. 147 (172).

[1327] Vgl. hierzu: Zweiter Teil, 3. Kapitel.

[1328] Zustimmend wohl u.a.: *Walther*, ZKM 2006, 144.

[1329] *Ortloff/Riese*, in: *Schoch/Schmidt-Aßmann/Pietzner*, VwGO, § 87 Rn. 9; *Kothe*, in: *Redeker/v. Oertzen*, VwGO, § 87 Rn. 5; *Geiger*, in: *Eyermann*, VwGO, § 87 Rn. 7. Grund für die fehlende Öffentlichkeit ist, dass gem. § 55 i.V.m. § 169 GVG nur die Verhandlung vor dem „erkennenden Gericht" öffentlich ist (vgl. u.a.: *Kothe*, in: *Redeker/v. Oertzen*, VwGO, § 87 Rn. 9 (Fn. 14); *BVerwG* NVwZ-RR 1989, 167).

[1330] Vgl.: Zweiter Teil, 1. Kapitel, Unterpunkt IV.

[1331] Vgl.: *Kern*, in: *Pitschas/Walther*, Mediation in d. Verwaltungsgerichtsbarkeit, S. 147 (159).

hinaus wurde bereits darauf hingewiesen, dass die Verfahrensbeteiligten zu einem Termin nach § 87 Abs. 1 S. 2 Nr. 1 VwGO geladen werden[1332] – dieser Umstand begründet zweifelsohne zum Einen einen Widerspruch zu der der Mediation innewohnenden Autonomie der Konfliktparteien bei der Streitbeilegung und zum anderen einen offensichtlichen Verstoß gegen die damit zusammenhängende Freiwilligkeit des Mediationsverfahrens – und dass der eine solche Verhandlung leitende Richter Mitglied des in der späteren mündlichen Verhandlung streitentscheidungsbefugten Organs ist. Der Erörterungs- und Gütetermin nach § 87 Abs. 1 S. 2 Nr. 1 VwGO kann von der zuständigen Kammer,[1333] ausweislich des Wortlauts dieser Vorschrift jedoch vor allem durch den Vorsitzenden oder den Berichterstatter (§ 82 Abs. 2 S. 1 VwGO) im jeweiligen Gerichtsverfahren, das heißt von einem Richter der entscheidungsbefugten Kammer oder vom zuständigen Richter durchgeführt und daher nicht – auch nicht im Wege des Ersuchens oder der Beauftragung – an einen so genannten Richtermediator abgegeben werden.[1334] Infolge dessen kann § 87 Abs. 1 S. 2 Nr. 1 VwGO nicht dahingehend ausgelegt werden, dass durch diese Vorschrift den Richtern auch die Aufgabe der gerichtsnahen Mediation im Sinne des § 4 Abs. 2 Nr. 2 DRiG zugewiesen ist oder die Durchführung einer gerichtsnahen Mediation ermöglicht wird.

Ähnliches gilt auch für den gegebenenfalls weiterhin als Grundlage für die gerichtsnahe Mediation in Betracht kommenden § 104 Abs. 1 VwGO, wonach in Wahrnehmung der prozessualen Fürsorgepflicht[1335] die Streitsache mit den Beteiligten tatsächlich und rechtlich zu erörtern ist. Auch die Erörterungspflicht nach § 104 Abs. 1 VwGO trifft dem Wortlaut zufolge ausdrücklich den Vorsitzenden im jeweiligen Gerichtsprozess, so dass auch die Durchführung einer Erörterung nach § 104 Abs. 1 VwGO – in diesem Fall in Form einer gerichtsnahen Mediation – nicht an einen Gerichtsmediator abgegeben werden kann, so dass § 104 Abs. 1 VwGO ebenfalls keine gerichtsnahe Mediation im Sinne dieser Arbeit ermöglicht. Darüber hinaus findet die Erörterung nach § 104 Abs. 1 VwGO – ähnlich wie Vergleichsverhandlungen außerhalb des Gütetermins nach § 87 Abs. 1 S. 2 Nr. 1 VwGO, im Gegensatz jedoch zu gerichtsnahen Mediationsgesprächen – nicht im Rahmen gesonderter Termine statt, so dass sich auch § 104 Abs. 1 VwGO nicht als gesetzliche Grundlage für die gerichtsnahe Mediation in der Verwaltungsgerichtsbarkeit auslegen lässt.

III. § 106 Abs. 2 und Abs. 3 Nr. 7 SGG i.V.m. § 101 SGG oder §§ 112, 121 SGG als Grundlage in der Sozialgerichtsbarkeit?

Im Unterschied zu § 87 Abs. 1 S. 2 Nr. 1 VwGO dient der sozialgerichtliche Erörterungstermin nach § 106 Abs. 3 Nr. 7 SGG zwar nicht ausdrücklich der gütlichen Streitbeilegung, auch hier können die Verhandlungen im Rahmen des Erörterungstermins jedoch einen Verlauf dahingehend nehmen, dass die jeweilige Klage zurückgenommen, ein An-

---

1332 Vgl.: Zweiter Teil, 1. Kapitel, Unterpunkt IV.

1333 *Schmid*, in: *Sodan/Ziekow*, VwGO, § 87 Rn. 7.

1334 Vgl. auch: *Kopp/Schenke*, VwGO, § 1 Rn. 44.

1335 *Dolderer*, in: *Sodan/Ziekow*, VwGO, § 104 Rn. 7.

spruch anerkannt oder ein Vergleich geschlossen wird.[1336] Es sind bereits vor der mündlichen Verhandlung alle Maßnahmen zu treffen, die nötig sind, um den Rechtsstreit möglichst in einer mündlichen Verhandlung zu erledigen, so dass sich im Rahmen der Sozialgerichtsbarkeit zunächst § 106 Abs. 3 Nr. 7 SGG als gesetzliche Grundlage der gerichtsnahen Mediation anbieten könnte. Dies gilt zumindest dann, wenn man mit *Leitherer*[1337] davon ausgeht, dass ein Erörterungstermin nach § 106 Abs. 3 Nr. 7 SGG auch mit dem ausdrücklichen Ziel anberaumt werden kann, eine Klagerücknahme oder ein Anerkenntnis – mit anderen Worten: eine Streitbeilegung ohne Urteil – anzuregen.[1338] Bezüglich des Erörterungstermins nach § 106 Abs. 3 Nr. 7 SGG gilt jedoch – ob man der Ansicht *Leitherers* folgt oder nicht – das zu § 87 Abs. 1 S. 2 Nr. 1 VwGO Gesagte entsprechend: Auch § 106 SSG, und damit auch der nicht öffentliche[1339] Erörterungstermin nach § 106 Abs. 3 Nr. 7 SGG, dient der Vorbereitung der mündlichen Verhandlung,[1340] so dass die Inhalte der gerichtsnahen Mediation bei deren Erfolglosigkeit in der mündlichen Verhandlung verwertbar wären[1341] und nur bei Gelingen einer gütlichen Verfahrensbeendigung vertraulich blieben. Zudem ist auch der Termin nach § 106 Abs. 3 Nr. 7 SGG durch den Vorsitzenden – nach Übertragung der Aufgabe gemäß §§ 165, 153 Abs. 1, 155 Abs. 1 SGG gegebenenfalls auch durch den Berichterstatter[1342] – durchzuführen, wobei dieser zusätzlich das Erscheinen der Beteiligten zum Erörterungstermin anordnen kann. Demnach kann auch § 106 Abs. 3 Nr. 7 SGG nicht als gesetzliche Grundlage für die gerichtsnahe Mediation dienen. Ebenso wie der Erörterungs-/Gütetermin nach § 87 Abs. 1 S. 2 Nr. 1 VwGO kann die Durchführung des Erörterungstermins nach § 106 Abs. 3 Nr. 7 SGG nicht auf andere Personen – insbesondere nicht auf außen stehende, beispielsweise als Mediatoren tätig werdende Richter – übertragen werden[1343] sowie die Einhaltung der Wesensmerkmale der Mediation – namentlich die Merkmale der Parteienautonomie, der Freiwilligkeit und der fehlenden Öffentlichkeit/Vertraulichkeit – gewährleisten. Hinsichtlich der Übertragung der Durchführung des Erörterungstermins auf einen außenstehenden Richter werden zwar zuweilen Verfahrenslagen für denkbar gehalten, in denen ein Erörterungstermin vor einem ersuchten Richter gerechtfertigt erscheinen soll. So soll ein Erörterungstermin, der von einem ersuchten Richter wahrgenommen wird, beispielsweise nicht unzulässig sein, wenn ein Beteiligter – wie im Sozialgerichtlichen

---

[1336] *Leitherer,* in: *Meyer-Ladewig/Keller/Leitherer,* SGG, § 106 Rn. 15; *Rohwer-Kahlmann,* Sozialgerichtsbarkeit, § 106 Rn. 29.

[1337] *Leitherer* in: *Meyer-Ladewig/Keller/Leitherer,* SGG, § 106 Rn. 15.

[1338] A.A.: *Wiesner,* SGb 94, 162 (164 f.).

[1339] Vgl. auch: *Leitherer,* in: *Meyer-Ladewig/Keller/Leitherer,* SGG, § 106 Rn. 15a; *Rohwer-Kahlmann,* Sozialgerichtsbarkeit, § 106 Rn. 31; *Pawlak,* in: *Hennig,* SGG, § 106 Rn. 102, wonach erst bei Übergang in die mündliche Verhandlung Öffentlichkeit hergestellt werden muss.

[1340] *Leitherer,* in: *Meyer-Ladewig/Keller/Leitherer,* SGG, § 106 Rn. 3; *Pawlak,* in: *Hennig,* SGG, § 106 Rn. 4 u. 96.

[1341] Vgl. z.B.: *Pawlak,* in: *Hennig,* SGG, § 106 Rn. 96, wonach auch der Vortrag der Beteiligten im Erörterungstermin der Entscheidung zugrunde gelegt werden kann.

[1342] *Pawlak,* in: *Hennig,* SGG, § 106 Rn. 6; *Leitherer,* in: *Meyer-Ladewig/Keller/Leitherer,* SGG, § 106 Rn. 3.

[1343] Vgl. auch: *Peters/Sautter/Wolff,* SGG, § 106, 1; *Pawlak,* in: *Hennig,* SGG, § 106 Rn. 6.

Verfahren des Öfteren der Fall – wegen Gebrechlichkeit oder weiter Entfernung vom Gerichtsort verhindert ist und auch nur bestimmte Fragen zu erörtern sind. Die Durchführung einer gerichtsnahen Mediation dagegen rechtfertigt keine Abgabe an einen ersuchten Richter. § 106 Abs. 3 Nr. 7 SGG soll unter anderem den „vollbesetzten" Spruchkörper entlasten,[1344] nicht jedoch die Abgabe an außenstehende Richter ermöglichen.

Auch soweit §§ 112, 121 SGG – ähnlich wie § 104 Abs. 1 VwGO – eine Erörterungspflicht begründen, sei an dieser Stelle auf das oben Gesagte verwiesen. Eine Interpretation der §§ 112, 121 SGG als gesetzliche Grundlage einer gerichtsnahen Mediation im Rahmen des sozialgerichtlichen Verfahrens kommt ebenso wenig und aus den gleichen Gründen nicht in Betracht, wie eine dahingehende Auslegung des § 104 Abs. 1 VwGO für den Fall des verwaltungsgerichtlichen Verfahrens.

IV. § 79 Abs. 1 S. 2 Nr. 1 FGO oder § 93 Abs. 1 FGO als Grundlagen in der Finanzgerichtsbarkeit?

Auch wenn ein Entwurf des Bundesministeriums für Justiz von 1977 die Einführung einer für alle öffentlich-rechtlichen Gerichtszweige geltenden Vorschrift über den Gerichtsvergleich im öffentlichen Recht vorsah (§ 125 EVwPO) sowie die ausdrückliche Möglichkeit einer gütlichen Einigung im Erörterungstermin für alle drei Gerichtszweige erwog (§ 97 EVwPO), ist das Institut des Vergleichs der Finanzgerichtsordnung de lege lata unbekannt. Zudem ermöglicht auch der mit § 96 Abs. 2 VwGO wortgleiche § 81 Abs. 2 FGO lediglich eine Abgabe an den ersuchten oder beauftragten Richter zum Zwecke der Beweisaufnahme. Als einzig denkbare Grundlagen der gerichtsnahen Mediation im finanzgerichtlichen Verfahren kommen daher nur § 79 Abs. 1 S. 2 Nr. 1 FGO sowie die Erörterungspflicht nach § 93 Abs. 1 FGO in Betracht. Da sich der Wortlaut von § 93 Abs. 1 FGO und § 104 VwGO deckt und sich § 79 Abs. 1 S. 2 Nr. 1 FGO und § 87 Abs. 1 S. 2 Nr. 1 VwGO – mit Ausnahme der in § 79 Abs. 1 S. 2 Nr. 1 FGO fehlenden Möglichkeit eines Vergleichsschlusses – gleichen, kann jedoch an dieser Stelle auf das zu § 87 Abs. 1 S. 2 Nr. 1 VwGO und § 104 Abs. 1 VwGO Gesagte verwiesen werden,[1345] so dass auch § 79 Abs. 1 S. 2 Nr. 1 FGO und § 93 Abs. 1 FGO nicht als gesetzliche Grundlage für die Durchführung gerichtsnaher Mediationsverfahren ausgelegt werden können.

V. § 278 ZPO als Grundlage in der Verwaltungs-, Sozial-, und Finanzgerichtsbarkeit?

Über § 173 S. 1 VwGO, § 202 SGG sowie § 155 FGO sind die Bestimmungen der Zivilprozessordnung im verwaltungs-, sozial- und finanzgerichtlichen Verfahren entsprechend anzuwenden, sofern die Verwaltungsgerichtsordnung, das Sozialgerichtsgesetz und die Finanzgerichtsordnung keine abweichenden Bestimmungen über das Verfahren enthalten und die grundsätzlichen Unterschiede zwischen den Verfahrensarten eine sinnge-

---

[1344] *Rohwer-Kahlmann*, Sozialgerichtsbarkeit, § 106 Rn. 29.

[1345] Vgl.: Zweiter Teil, 9. Kapitel, Unterpunkt II.

mäße Anwendung nicht ausschließen. Demnach könnte schließlich als gesetzliche Grundlage der gerichtsnahen Mediation in der Verwaltungs-, Sozial- und Finanzgerichtsbarkeit auch der im Rahmen des Zivilprozesses nahezu einheitlich herangezogene § 278 ZPO in Betracht kommen. Allerdings ist im Detail umstritten, inwiefern § 278 ZPO tatsächlich als gesetzliche Grundlage der gerichtsnahen Mediation dienen kann.

1. § 278 Abs. 1 ZPO

§ 278 Abs. 1 ZPO verpflichtet das Gericht im Wege einer Soll-Bestimmung, „in jeder Lage des Verfahrens auf eine gütliche Beilegung des Rechtsstreits oder einzelner Streitpunkte bedacht [zu] sein." Mit dem Ziel der ZPO-Reform 2001, Prozesse in einem möglichst frühen Stadium und möglichst gerecht zu beenden, sowie unter dem Eindruck der Erkenntnis, dass eine gütliche Streitbeilegung dem Rechtsfrieden nachhaltiger dienen kann als eine streitige Entscheidung,[1346] hebt diese Vorschrift den Auftrag der Gerichte hervor, auf eine einvernehmliche Bereinigung des zwischen den Parteien bestehenden Konflikts hinzuwirken,[1347] womit dem Richter gleichzeitig die Möglichkeit eröffnet wird, nicht nur den Streitgegenstand, sondern auch die hinter dem Streit liegenden Interessen der Konfliktparteien zu erörtern.[1348]

Dennoch erscheint § 278 Abs. 1 ZPO nicht geeignet, als gesetzliche Grundlage der gerichtsnahen Mediation zu gelten,[1349] denn dafür erscheint die Vorschrift als zu unbestimmt. Der allgemeine Grundsatz, auf eine gütliche Konfliktbeilegung bedacht zu sein, ist für sich allein genommen nicht ausreichend, eine gesetzliche Grundlage für die Abgabe von Verfahren an die gerichtsnahe Mediation zu bilden. Auch in der Zusammenschau mit § 278 Abs. 5 ZPO – hier sieht der Gesetzgeber ausdrücklich vor, dass Verfahren zur Streitbeilegung an einen beauftragten oder ersuchten Richter beziehungsweise an eine außergerichtliche Streitschlichtung abgegeben werden können – will § 278 Abs. 1 ZPO lediglich einen allgemeinen Grundsatz zur Förderung der gütlichen Streitbeilegung durch das jeweilige Gericht oder den jeweiligen Richter normieren, nicht aber zugleich eine Abgabe von Verfahren an die gerichtsnahe Mediation ermöglichen. Mit Blick auf die gerichtsnahe Mediation in der Verwaltungs-, Sozial- und Finanzgerichtsbarkeit bleibt zudem festzuhalten, dass § 278 Abs. 1 ZPO nur eingeschränkt nach § 173 S. 1 VwGO, § 202 SGG und § 155 FGO entsprechende Anwendung finden kann, denn hinsichtlich des vorbereitenden Verfahrens und des Erörterungsverfahrens enthalten § 87 VwGO, § 106 SGG sowie § 79 FGO speziellere Regelungen, so dass eine entsprechende Geltung des § 278 Abs. 1 ZPO in diesem Verfahrensstadium ausscheidet.[1350]

[1346] BT-Drucks. 14/3750, S. 58; BT-Drucks. 14/4722, S. 83; Vgl. auch: *Greger*, in: *Zöller*, ZPO, § 278 Rn. 1; *Prütting*, in: MK-ZPO (Aktualisierungsband), § 278 Rn. 8.

[1347] *Greger*, in: *Zöller*, ZPO, § 278 Rn. 1.

[1348] *Kern*, in: *Pitschas/Walther*, Mediation in d. Verwaltungsgerichtsbarkeit, S. 147 (161).

[1349] A.A. wohl: *Greger*, in: *Zöller*, ZPO, § 278 Rn. 5.

[1350] Vgl.: *Kern*, in: *Pitschas/Walther*, Mediation in d. Verwaltungsgerichtsbarkeit, S. 147 (160); *Ziekow*, NVwZ 2004, 390 (394); Zur Anwendbarkeit des § 278 Abs. 1 ZPO über § 173 S. 1 VwGO vgl. auch: *Kopp/Schenke*, VwGO, § 1 Rn. 41; *Meissner*, in: *Schoch/Schmidt-Aßmann/Pietzner*, VwGO, § 173

2. § 278 Abs. 2 ff. ZPO

§ 278 Abs. 2 ff. ZPO sieht für den Zivilprozess eine der mündlichen Verhandlung vorgeschaltete obligatorische Güteverhandlung vor, deren Zweck sich nicht in einer Prozessbeendigung durch Vergleich erschöpft, sondern auch dazu dient, den Streitstoff zu begrenzen und zu konkretisieren sowie abzuklären, ob auch andere Formen der gütlichen Streitbeilegung in Betracht kommen.[1351] Ob § 278 Abs. 2 ff. ZPO auch als gesetzliche Grundlage der gerichtsnahen Mediation im Verwaltungs-, Sozial- und Finanzgerichtsprozess herhalten kann, ist dabei jedoch umstritten.

Zunächst ist diesbezüglich zweifelhaft, ob § 278 Abs. 2 ff. ZPO über § 173 S. 1 VwGO, § 202 SGG und § 155 FGO überhaupt im verwaltungs-, sozial- und finanzgerichtlichen Verfahren Anwendung finden kann.[1352] Diese Frage dürfte im Ergebnis zu verneinen sein, da § 87 Abs. 1 S. 2 Nr. 1 VwGO, § 106 Abs. 2 i.V.m. Abs. 3 Nr. 7 VwGO und § 79 Abs. 1 S. 2 Nr. 1 FGO eigenständige, spezielle Regelungen für die Vorbereitung der mündlichen Verhandlungen im Rahmen des Verwaltungs-, Sozial- und Finanzgerichtsprozesses enthalten,[1353] die es den zuständigen Richtern fakultativ ermöglichen, die Beteiligten zur gütlichen Streitbeilegung zu laden.[1354] Das hiergegen hervorgebrachte Argument, bei diesen Vorschriften handele es sich nicht um Spezialregelungen gegenüber § 278 Abs. 2 ff. ZPO, weil diese Normen zwar dem Gütegedanken Rechnung tragen, hinsichtlich der Durchführung einer Güteverhandlung jedoch keine abschließenden Bestimmungen träfen[1355] und lediglich die Vorbereitung der mündlichen Verhandlung regelten, welche durch die Güteverhandlung gerade vermieden werden sollten,[1356] vermag nicht zu überzeugen. Sowohl die genannten Bestimmungen der Verwaltungsgerichtsordnung, des Sozialgerichtsgesetzes und der Finanzgerichtsordnung als auch § 278 Abs. 2 ff. ZPO regeln abschließend die in der jeweiligen Gerichtsbarkeit vor der mündlichen Verhandlung bestehenden Möglichkeiten zur gütlichen Streitbeilegung. Die gütliche Streitbeilegung ist letztlich sowohl eines der Ziele der §§ 87 Abs. 1 S. 2 Nr. 1 VwGO, 106

Rn. 205; wobei hier eine Einschränkung der Anwendbarkeit mit Blick auf § 87 Abs. 1 S. 2 Nr. 1 VwGO unterbleibt. Die Anwendbarkeit des § 278 Abs. 1 ZPO außerhalb des vorbereitenden Verfahrens lässt sich damit begründen, dass die VwGO, das SGG und die FGO zwar eigene Vorschriften zur Verhandlungsdurchführung enthalten und – im Gegensatz zum Zivilprozessrecht – sowohl einen Untersuchungsgrundsatz (§ 86 Abs. 1 VwGO, § 103 SGG, § 76 Abs. 1 FGO) als auch eine umfassende rechtliche Erörterungspflicht (§ 104 VwGO, §§ 112 Abs. 1, 121 SGG, § 93 FGO) begründen, die Vorschriften der VwGO, des SGG sowie der FGO jedoch ebenso nicht abschließend sind wie eine entsprechende Anwendung des § 278 Abs. 1 ZPO nicht zwangsläufig zu einer Verletzung des Untersuchungsgrundsatzes beziehungsweise der Erörterungspflicht führt.

[1351] *Greger*, in: *Zöller*, ZPO, § 278 Rn. 9.

[1352] Vgl. hierzu insgesamt u.a.: *Kern*, in: *Pitschas/Walther*, Mediation in d. Verwaltungsgerichtsbarkeit, S. 147 (163).

[1353] Vgl. auch: *Kopp/Schenke*, VwGO, § 1 Rn. 44; *Schenke*, in: FS v. Zezschwitz, S. 130 (148).

[1354] *Ziekow*, NVwZ 2004, 390 (394). Vgl. zudem auch: *Kern*, in: *Pitschas/Walther*, Mediation in d. Verwaltungsgerichtsbarkeit, S. 147 (163).

[1355] *v. Bargen*, DVBl. 2004, 468 (475).

[1356] *v. Bargen*, DVBl. 2004, 468 (475). Vgl. zudem auch: *Kern*, in: *Pitschas/Walther*, Mediation in d. Verwaltungsgerichtsbarkeit, S. 147 (163).

Abs. 2 i.V.m. Abs. 3 Nr. 7 SGG und 79 Abs. 1 S. 2 Nr. 1 FGO als auch eines der Motive des § 278 Abs. 2 ff. ZPO, so dass die genannten Normen der Verwaltungsgerichtsordnung, des Sozialgerichtsgesetzes und der Finanzgerichtsordnung einerseits sowie § 278 Abs. 2 ff. ZPO andererseits aufgrund des gleichen Regelungsgegenstandes im Exklusivitätsverhältnis zueinander stehen.

Auch wird vertreten, dass (1.) mit Blick auf die VwGO, das SGG und die FGO eine über § 173 S. 1, § 202 SGG, § 155 FGO – jeweils i.V.m. § 278 Abs. 2 ff. ZPO – zu schließende Regelungslücke besteht, da sich auch für mehr oder weniger zahlreiche verwaltungs-, sozial- und finanzgerichtliche Verfahren eine Güteverhandlung anbietet, und (2.) die Unterschiede zwischen den zivilrechtlichen und öffentlich-rechtlichen Verfahrensbestimmungen keine grundsätzlichen Barrieren für eine Güteverhandlung in öffentlich-rechtlichen Streitigkeiten darstellen, die grundsätzlich gegen die Anwendung des § 278 Abs. 2 ff. ZPO sprechen.[1357] Stattdessen sei eine Anwendung des § 278 Abs. 2 ff. ZPO im Interesse der möglichst einheitlichen Auslegung und Anwendung des Verfahrensrechts der verschiedenen Prozessordnungen vielmehr geboten.[1358] Diese Ansicht vermag jedoch ebenso wenig zu überzeugen. Die Einführung der Güteverhandlung im Zivilprozess stellt strukturell und inhaltlich eine so weit reichende Änderung des Ablaufs im vorbereitenden Verfahren dar, dass es nahe gelegen hätte, eine vom Gesetzgeber eventuell gewollte Übernahme dieses Instituts in das verwaltungs-, sozial- und finanzgerichtliche Verfahren ausdrücklich zu normieren. Da dies nicht geschehen ist, muss die Lücke in der Verwaltungsgerichtsordnung, im Sozialgerichtsgesetz und in der Finanzgerichtsordnung – im Gegenteil – als planmäßig angesehen werden, so dass sie nicht durch eine entsprechende Anwendung der ZPO-Regelungen über die Güteverhandlung geschlossen werden kann.[1359] Zudem kann der Verweis auf eine möglichst einheitliche Auslegung und Anwendung des Verfahrensrechts nicht dazu dienen, über die bestehenden Unterschiede zwischen § 278 Abs. 2 ff. ZPO einerseits sowie § 87 Abs. 1 S. 2 Nr. 1 VwGO, § 106 Abs. 2 i.V.m. Abs. 3 Nr. 7 SGG und § 79 Abs. 1 S. 2 Nr. 1 FGO andererseits hinwegzusehen. Zwar sprechen die strukturellen Unterschiede zwischen dem zivilrechtlichen und den öffentlich-rechtlichen Verfahrensmodellen tatsächlich nicht grundsätzlich gegen eine Güteverhandlung in der Verwaltungs-, Sozial- und Finanzgerichtsbarkeit. Die de lege lata unterschiedliche Ausgestaltung des Verfahrens vor der Durchführung der mündlichen Verhandlung in den unterschiedlichen Prozessordnungen schließt eine Anwendung des § 278 Abs. 2 ff. ZPO im verwaltungs-, sozial- und finanzgerichtlichen Verfahren derzeit jedoch aus.

Neben den Zweifeln an der entsprechenden Anwendbarkeit des § 278 Abs. 2 ff. ZPO im verwaltungs-, sozial- und finanzgerichtlichen Verfahren ist es darüber hinaus fraglich,

---

[1357] *v. Bargen*, DVBl. 2004, 468 (475); vgl. auch: *Meissner*, in: *Schoch/Schmidt-Aßmann/Pietzner*, VwGO, § 173 Rn. 204; *Kern*, in: *Pitschas/Walther*, Mediation in d. Verwaltungsgerichtsbarkeit, S. 147 (163).

[1358] *v. Bargen*, DVBl. 2004, 468 (475). Vgl. zudem auch: *Kern*, in: *Pitschas/Walther*, Mediation in d. Verwaltungsgerichtsbarkeit, S. 147 (163).

[1359] Vgl.: *Meissner*, in: *Schoch/Schmidt-Aßmann/Pietzner*, VwGO, § 173 Rn. 204.; *Kern*, in: *Pitschas/ Walther*, Mediation in d. Verwaltungsgerichtsbarkeit, S. 147 (163).

ob die Güteverhandlung nach § 278 Abs. 2 ff. ZPO überhaupt als gesetzliche Grundlage der gerichtsnahen Mediation nutzbar gemacht werden kann. Selbst im Zivilprozess stehen einem Rückgriff auf § 278 Abs. 2 ff. ZPO als gesetzliche Grundlage der gerichtsnahen Mediation grundsätzliche Unterschiede zwischen der Güteverhandlung und der gerichtsnahen Mediation entgegen. Allen voran scheint der in der Mediation herrschende Grundsatz der Vertraulichkeit in der Güteverhandlung nicht ausreichend gewahrt, denn während die parteiöffentliche Güteverhandlung zur rechtsprechenden Tätigkeit der Richterschaft gehört[1360] und insofern als Vorstufe zur Streitentscheidung angesehen werden kann, als deren Inhalte im späteren Prozessverlauf – namentlich in der öffentlichen mündlichen Verhandlung – verwertbar sind, bleibt eine gerichtsnahe Mediation, die gerade keine der Rechtsprechung zuzuordnende Aufgabe darstellt,[1361] für die spätere Streitentscheidung ohne Bedeutung. Aufgrund der regelmäßigen Vertraulichkeit der (gerichtsnahen) Mediation können deren Inhalte selbst nach einem Scheitern nicht in das streitige Verfahren einfließen.[1362]

3. § 278 Abs. 5 S. 1 ZPO analog

Auch gegen einen Rückgriff auf § 278 Abs. 5 S. 1 ZPO[1363] bestehen zunächst insofern prinzipielle Bedenken, als der im Rahmen der gerichtsnahen Mediation hinzugezogene Richtermediator in der Regel nicht als beauftragter oder ersuchter Richter im Sinne des § 278 Abs. 5 S. 1 ZPO i.V.m. §§ 361, 362 ZPO tätig werden wird.[1364] Grund hierfür ist abermals,[1365] dass im Rahmen der gerichtsnahen Mediation regelmäßig Richter des mit der Entscheidung des jeweiligen Konflikts befassten Gerichts – nicht aber des entscheidenden Spruchkörpers[1366] – als Richtermediatoren fungieren, der beauftragte Richter nach § 361 ZPO jedoch stets Mitglied des erkennenden Prozessgerichts ist,[1367] und der ersuchte Richter nach § 362 ZPO zwar nicht dem Prozessgericht angehört, aber als Mitglied eines anderen Gerichts im Wege der Rechts- oder Amtshilfe um die Vornahme rich-

---

[1360] Vgl.: *Greger*, in: *Zöller*, ZPO, § 278 Rn. 11.
[1361] Vgl.: Zweiter Teil, 3. Kapitel.
[1362] *Volkmann*, SchiedsVZ 2004, 245 (246); vgl. zur Vertraulichkeitsproblematik auch: *Kern*, in: *Pitschas/Walther*, Mediation in d. Verwaltungsgerichtsbarkeit, S. 147 (172).
[1363] Vgl. u.a.: *Greger*, NJW 2007, 3258 f.; *Ortloff*, NVwZ 2004, 385 (389); *v. Bargen*, DVBl. 2004, 468 (475); *Probst*, SchlHA 2005, 317 (320); *v. Olenhusen*, DRiZ 2003, 396 (397); Bericht der Arbeitsgruppe Mediation bei den Berliner Gerichten v. 20.7.2005, S. 71 ff.; kritisch: *Klose*, ZKM 2005, 146 (148); *Koch*, NJ 2005, 97 (99); *Kern*, in: *Pitschas/Walther*, Mediation in d. Verwaltungsgerichtsbarkeit, S. 147 (172); *Pitschas*, NVwZ 2004, 396 (402); *Schenke*, in: FS v. Zezschwitz, S. 130 (148); *Ziekow*, NVwZ 2004, 390 (394); *Schümann*, SGb 2005, 27 (32).
[1364] Vgl. hierzu u.a. auch: *Klose*, ZKM 2005, 146 (148); *Koch*, NJ 2005, 97 (99).
[1365] Vgl. diesbezüglich bereits: Zweiter Teil, 9. Kapitel, Unterpunkt I.
[1366] Vgl. auch: *Kern*, in: *Pitschas/Walther*, Mediation in d. Verwaltungsgerichtsbarkeit, S. 147 (172).
[1367] Vgl.: *Greger*, in: *Zöller*, ZPO, § 361 Rn. 1; *Musielak*, in: MK-ZPO, § 361 Rn. 3; *Stadler*, in: *Musielak*, ZPO, § 361 Rn. 1; vgl. auch: *Pawlak*, in: *Hennig*, SGG, § 118 Rn. 24; *Kern*, in: *Pitschas/Walther*, Mediation in d. Verwaltungsgerichtsbarkeit, S. 147 (172).

terlicher Tätigkeiten gebeten wird.[1368] Außerdem erscheint § 278 Abs. 5 S. 1 ZPO als Rechtsgrundlage der gerichtsnahen Mediation deswegen ungeeignet, weil sowohl dem beauftragten als auch dem ersuchten Richter gewisse richterliche Kompetenzen zustehen, so dass diese gerade nicht als neutrale Vermittler ohne eigene Entscheidungsbefugnis – mit anderen Worten als Mediatoren – in Betracht kommen.[1369] Der beauftragte und der ersuchte Richter werden in begrenzten Abschnitten eines gerichtlichen Verfahrens anstelle des eigentlich zuständigen Prozessgerichts, das heißt in Ausübung richterlicher Befugnisse und ausgestattet mit den entsprechenden – wenn auch begrenzten – richterlichen Kompetenzen tätig. Sie erhalten einen sonst das mit der Sache befasste Gericht treffenden Vermittlungsauftrag, so dass sie als Richter anzusehen sind, das Verfahren bei § 278 Abs. 5 S. 1 ZPO trotz aller Vermittlungsaktivitäten grundsätzlich ein kontradiktorisches bleibt[1370] und sich die Rolle des beauftragten oder ersuchten Richters erheblich von der eines (Richter-)Mediators unterscheidet. Ferner spricht gegen eine Anwendung des § 278 Abs. 5 S. 1 ZPO als gesetzliche Grundlage der gerichtsnahen Mediation, dass ein beauftragter Richter nach § 361 ZPO begriffsnotwendig nur bei Zuständigkeit eines Kollegialgerichtes denkbar ist,[1371] so dass eine gerichtsnahe Mediation bei Qualifizierung des Richtermediators als beauftragter Richter ausscheiden würde, wenn ein Einzelrichter zuständig ist,[1372] obwohl auch in diesen Fällen eine gerichtsnahe Mediation oftmals sinnvoll sein kann. Schließlich kommt als ersuchtes Gericht nach § 157 GVG in der Regel nur ein Amtsgericht[1373] – im Bereich der Verwaltungs-, Sozial- und Finanzgerichtsbarkeit, in deren Rahmen über die §§ 14, 173 S. 1, 98 VwGO, die §§ 5, 118 SGG und die §§ 13, 155, 82 FGO letztlich den §§ 156 ff. GVG sowie §§ 361 f. ZPO Entsprechendes gilt,[1374] in erster Linie ein Gericht erster Instanz[1375] – in Betracht, so

---

[1368] Vgl.: *Greger,* in: *Zöller,* ZPO, § 362 Rn. 1; *Stadler,* in: *Musielak,* ZPO, § 362 Rn. 1; vgl. auch: *Kern,* in: *Pitschas/Walther,* Mediation in d. Verwaltungsgerichtsbarkeit, S. 147 (172); *Pawlak,* in: *Hennig,* SGG, § 118 Rn. 27.

[1369] Vgl. auch: *Schümann,* SGb 2005, 27 (32).

[1370] *Koch,* NJ 2005, 97 (99).

[1371] *Musielak,* in: MK-ZPO, § 361 Rn. 3. Vgl. zudem auch: *Kern,* in: *Pitschas/Walther,* Mediation in d. Verwaltungsgerichtsbarkeit, S. 147 (172).

[1372] Vgl. auch: *Kern,* in: *Pitschas/Walther,* Mediation in d. Verwaltungsgerichtsbarkeit, S. 147 (172).

[1373] *Greger,* in: *Zöller,* ZPO, § 362 Rn. 1; Bericht der Arbeitsgruppe Mediation bei den Berliner Gerichten v. 20.7.2005, S. 71.

[1374] *Kissel/Mayer,* GVG, § 156 Rn. 15; zur Anwendbarkeit der §§ 361 f. ZPO in der Verwaltungs-, Sozial- und Finanzgerichtsbarkeit vgl. auch: *Rudisile,* in: *Schoch/Schmidt-Aßmann/Pietzner,* VwGO, § 98 Rn. 18 f.; *Kothe,* in: *Redeker/v. Oertzen,* VwGO, § 98 Rn. 2; *Lang,* in: *Sodan/Ziekow,* VwGO, § 98 Rn. 11 ff.; *Pawlak,* in: *Hennig,* SGG, § 118 Rn. 23 ff.; *Seer,* in: *Tipke/Kruse,* AO/FGO, § 82 FGO Rn. 1 u. 11 f.; *Stöcker,* in: *Beermann/Gosch,* AO/FGO, § 82 FGO Rn. 38 ff.; *Koch,* in: *Gräber,* FGO, § 82 Rn. 8 f.; zur entsprechenden Anwendbarkeit der §§ 156 ff. GVG in der Verwaltungs-, Sozial- und Finanzgerichtsbarkeit vgl. auch: *Stelkens* u. *Meissner,* in: *Schoch/Schmidt-Aßmann/Pietzner,* VwGO, § 14 Rn. 5 ff. bzw. § 173 Rn. 109; *Kronisch,* in: *Sodan/Ziekow,* VwGO, § 14 Rn. 7; *Redeker,* in: *Redeker/v. Oertzen,* VwGO, § 14 Rn. 2; *Kopp/Schenke,* VwGO, § 14 Rn. 2; *Koch,* in: *Gräber,* FGO, § 13 Rn. 2; *BFHE* 142, 17 (18); *Schmieszek,* in: *Hübschmann/Hepp/Spitaler,* AO/FGO, § 13 FGO Rn. 22; *Brandis,* in: *Tipke/Kruse,* AO/FGO, § 13 FGO Rn. 3.

dass Richter anderer Gerichte von vornherein als Richtermediatoren in Gestalt des ersuchten Richters ausscheiden würden, obwohl sich gerichtsnahe Mediationsverfahren durch einen nicht entscheidungszuständigen Richter desselben Gerichts auch in Verfahren vor Gerichten höherer Instanzen durchaus zur Streitbeilegung eignen können.[1376]

Um die genannten Bedenken auszuräumen, sucht die Literatur den § 278 Abs. 5 S. 1 ZPO und den darin zum Ausdruck kommenden Rechtshilfegedanken meist nicht direkt, sondern im Wege eines „a maiore ad minus“-Schlusses als gesetzliche Grundlage für die gerichtsnahe Mediation fruchtbar zu machen. Danach soll das Verfahren nach § 278 Abs. 5 S. 1 ZPO erst recht auch vor einem „ersuchten“ Richter(mediator) des zuständigen Gerichts (nicht des zuständigen Spruchkörpers) stattfinden können, wenn es nach dem Wortlaut des § 278 Abs. 5 S. 1 ZPO sogar vor dem ersuchten Richter, das heißt einen Richter eines anderen (fremden) Gerichts, möglich ist.[1377] Doch auch eine solche Vorgehensweise kann nicht gänzlich überzeugen. Der Grund für eine derartige Analogielösung wird darin gesehen, dass die gerichtsnahe Mediation trotz aller Bemühungen zu ihrer Etablierung sowie der breiten Unterstützung, welche sie erfahre, bislang nicht geregelt sei. Auch die Tatsache, dass die gerichtsnahe Mediation im Rahmen der zurückliegenden Verfahrensrechtsreformen nicht aufgenommen wurde, könne einer planwidrigen Reglungslücke nicht entgegenstehen, weil es sich bei der gerichtsnahen Mediation um ein recht neues Verfahren handele, welches auch bei der letzten Neufassung des § 278 ZPO vom 1. Januar 2002 noch nicht verbreitet war.[1378] Darüber hinaus bestehe zumindest mit Blick auf den ersuchten Richter[1379] auch eine vergleichbare Rechtslage, die sich daraus ergebe, dass es sich bei dem Rückgriff auf den ersuchten Richter nach § 362 ZPO um ein Instrument der Rechtshilfe gemäß § 156 ff. GVG handelt,[1380] für welches

---

1375 *Kissel/Mayer,* GVG, § 156 Rn. 15; vgl. auch: *Boll,* in: *Löwe-Rosenberg,* StPO, Vor § 157 GVG Rn. 1; *Stelkens,* in: *Schoch/Schmidt-Aßmann/Pietzner,* VwGO, § 14 Rn. 7, wonach Hilfegesuche im verwaltungsgerichtlichen Verfahren in entsprechender Anwendung des § 157 GVG an ein Amtsgerichte oder (anderes) VG erster Instanz zu richten sind; *Redeker,* in: *Redeker/v. Oertzen,* VwGO, § 14 Rn. 2, wonach Rechtshilfegerichte ein anderes VG oder ein Gericht des ersten Rechtszuges eines anderen Gerichtszweiges ist; sowie: *Schmieszek,* in: *Hübschmann/Hepp/Spitaler,* AO/FGO, § 13 FGO Rn. 22 u. *Brandis,* in: *Tipke/Kruse,* AO/FGO, § 13 FGO Rn. 3, wonach Hilfeersuchen im finanzgerichtlichen Verfahren in entsprechender Anwendung des § 157 GVG an ein anderes Finanzgericht oder ein Amtsgericht zu richten ist.

1376 Vgl. hierzu insgesamt auch: Bericht der Arbeitsgruppe Mediation bei den Berliner Gerichten v. 20.7.2005, S. 71.

1377 Vgl.: *v. Bargen,* DVBl. 2004, 475; vgl. auch: *Probst,* SchlHA 2005, 317 (320); *Kern,* in: *Pitschas/Walther,* Mediation in d. Verwaltungsgerichtsbarkeit, S. 147 (172).

1378 Vgl. u.a.: Bericht der Arbeitsgruppe Mediation bei den Berliner Gerichten v. 20.7.2005, S. 71 f.

1379 Vgl. hierzu insgesamt v.a.: Bericht der Arbeitsgruppe Mediation bei den Berliner Gerichten v. 20.7.2005, S. 72, wonach eine vergleichbare Rechtsähnlichkeit hinsichtlich eines Tätigwerdens als beauftragter Richter dagegen ausscheidet, da der beauftragte Richter als Mitglied des entscheidenden Prozessgerichts eine Einigung erzielen oder die Streitentscheidung, an der er beteiligt ist, vorbereiten soll, dem Richtermediator jedoch keinerlei Entscheidungs- beziehungsweise Vorbereitungsfunktion zukommt und dieser stattdessen als hinsichtlich des konkreten gerichtlichen Verfahrens außenstehender Dritter in Erscheinung tritt.

1380 Vgl.: *Greger,* in: *Zöller,* ZPO, § 362 Rn. 1; *Stadler,* in: *Musielak,* ZPO, § 362 Rn. 1.

Zweckmäßigkeitsaspekte maßgeblich sind und welches der Prozessförderung und Prozesswirtschaftlichkeit dienen soll.[1381] Ähnliche Erwägungen seien auch bei der Inanspruchnahme der Dienste eines Richtermediators als ersuchtem Richter ausschlaggebend, die letztlich ebenfalls der Prozessförderung und -wirtschaftlichkeit dienten. Zudem sei die Anwendbarkeit des § 156 GVG selbst bei unmittelbarer Anwendung nicht auf selbständige Gerichte beschränkt, sondern auch unter funktionell selbständigen Abteilungen desselben Gerichts möglich.[1382] In jedem Falle spreche aber für eine Analogie, dass das Ziel des § 278 Abs. 5 S. 1 ZPO darin liege, aussichtsreiche Güteverhandlungen zu ermöglichen, statt diese im Endeffekt zu verhindern,[1383] sowie dass der in § 278 Abs. 5 S. 1 ZPO zum Ausdruck kommende Rechtshilfegedanke für gerichtsangehörige Richtermediatoren entsprechend angewandt werden könne. Sowohl die Funktion des Richtermediators als auch die des um die Durchführung der Güteverhandlung nach § 278 Abs. 5 S. 1 ZPO ersuchten Richters bestehe darin, eine gütliche Einigung der Parteien herbeizuführen.[1384]

Zunächst kann dem jedoch entgegengehalten werden, dass die zahlreichen Bemühungen um die gerichtsnahe Mediation derzeit oftmals lediglich von einzelnen Landesregierungen oder gar einzelnen Gerichten und Richtern ausgehen, während der Gesetzgeber die Ergebnisse der Modellversuche zum Einsatz der gerichtsnahen Mediation derzeit (noch) abzuwarten scheint. Daher bleibt es zweifelhaft, einzig aus lokalen Anstrengungen im Hinblick auf die Erprobung der gerichtsnahen Mediation auf die Planwidrigkeit einer auf diesem Gebiet bestehenden Regelungslücke schließen zu wollen. Der teilweise vorhandene Wille zur Etablierung neuer Vorgehensweisen sowie die partielle Unterstützung entsprechender Bemühungen können für sich genommen keine Planwidrigkeit hinsichtlich bestehender Regelungslücken begründen. Ferner bleibt fraglich, inwieweit die analoge Anwendung des Rechtshilfegedankens der §§ 278 Abs. 5 S. 1, 362 ZPO tatsächlich als gesetzliche Grundlage der gerichtsnahen Mediation dienen kann. Problematisch daran ist nämlich zunächst, dass ein Rechtshilfeersuchen gemäß § 158 GVG grundsätzlich nicht abgelehnt werden kann, einem Richtermediator jedoch das Recht zustehen muss, eine ihm übertragene Sache an das Prozessgericht zurück- oder an einen anderen Richtermediator abzugeben, wenn er die Grundprinzipien der Mediation – allen voran seine Neutralität und Überparteilichkeit – gefährdet sieht.[1385] Darüber hinaus wird der Begriff der Rechtshilfe oft derart definiert, dass er auf die gerichtsnahe Mediation nicht zu passen scheint. Während einige Stimmen in der Literatur unter dem Ausdruck „Rechtshilfe" nur gerichtliche Tätigkeiten verstehen, die allein Hilfstätigkeiten im

---

[1381] *Baumbach/Lauterbach/Albers/Hartmann*, ZPO, § 362 Rn. 2; Bericht der Arbeitsgruppe Mediation bei den Berliner Gerichten v. 20.7.2005, S. 72.

[1382] *Gummer*, in Zöller, ZPO, § 156 GVG Rn. 4; Bericht der Arbeitsgruppe Mediation bei den Berliner Gerichten v. 20.7.2005, S. 72.

[1383] *Probst*, SchlHA 2005, 317 (320) m.w.N.

[1384] *Koch*, NJ 2005, 97 (99).

[1385] Vgl. auch: Bericht der Arbeitsgruppe Mediation bei den Berliner Gerichten v. 20.7.2005, S. 71 f., auch wenn eine Analogie hier dennoch als möglich betrachtet wird.

Bereich der rechtsprechenden Gewalt zum Gegenstand haben,[1386] stellen andere darauf ab, ob die ersuchende Stelle selbst die Tätigkeit vornehmen kann oder vorzunehmen hätte und nur die Zweckmäßigkeit für die Vornahme durch die ersuchte Stelle spricht.[1387] In erstem Fall erscheint eine Analogie zum Rechtshilfegedanken ungeeignet, da die gerichtsnahe Mediation – wie bereits gezeigt[1388] – keine Tätigkeit im Bereich der rechtsprechenden Gewalt darstellt. Im zweiten Fall fehlt es an einer Tätigkeit, die auch die ersuchende Stelle selbst vornehmen kann, da die gerichtsnahe Mediation nie durch das Prozessgericht selbst oder dessen Mitglieder erfolgen kann. Nur wenn man davon ausgeht, dass es sich bei der Hilfstätigkeit lediglich um eine richterliche (Amts-)Handlung handeln muss, wozu insbesondere auch – aber nicht nur – Rechtsprechungstätigkeiten gehören,[1389] mag die gerichtsnahe Mediation begrifflich mit der Rechtshilfe vereinbar sein, da es sich bei ihr zwar nicht um eine Rechtsprechungsaufgabe, wohl aber um eine richterliche Tätigkeit im Bereich der Rechtspflege handelt.[1390]

Des Weiteren aber spricht gegen eine Anwendbarkeit des § 278 Abs. 5 S. 1 ZPO, dass der in dieser Vorschrift verwendete Begriff der „Güteverhandlung" eindeutig an das durch die ZPO-Reform geschaffene Institut des der mündlichen Verhandlung vorgelagerten Güteverfahrens nach § 278 Abs. 2 ff. ZPO anknüpft,[1391] dieses sich jedoch nicht als gesetzliche Grundlage der gerichtsnahen Mediation eignet. Dies gilt insbesondere im Rahmen der öffentlich-rechtlichen Gerichtsbarkeiten, da dort spezielle Vorschriften für das Verfahren zur gütlichen Streitbeilegung im Vorfeld der mündlichen Verhandlung bestehen. Eine Anwendung des § 278 Abs. 5 S. 1 ZPO als gesetzliche Grundlage der gerichtsnahen Mediation kann nur in Betracht kommen, wenn man die dort angeführte „Güteverhandlung" als ein spezielles Verfahren zur gütlichen Streitbeilegung außerhalb der

---

[1386] *Kissel/Mayer*, GVG, § 156 Rn. 3; *Maunz*, in: *Maunz/Dürig*, GG, Art. 35 Rn. 3; *Danwitz*, in: *v. Mangoldt/Klein/Starck*, GG, Art. 35 Rn. 9; *Sannwald*, in: *Schmidt-Bleibtreu/Hofmann/Hopfauf*, GG, Art. 35 Rn. 13; *Forsthoff*, Verwaltungsrecht, S. 103; *Gummer*, in: *Zöller*, ZPO, § 156 GVG Rn. 2; *Schreiber*, in: *Wieczorek/Schütze*, ZPO, vor § 156 GVG Rn. 2; *Keller*, in: *Meyer-Ladewig/Keller/Leitherer*, SGG, § 5 Rn. 2; *Koch*, in: *Gräber*, FGO, § 13 Rn. 2; *Schmieszek*, in: *Hübschmann/Hepp/Spitaler*, AO/FGO, § 13 FGO Rn. 12; *Sauer*, in: *Beermann/Gosch*, AO/FGO, § 13 FGO Rn. 6; *Brandis*, in: *Tipke/Kruse*, AO/FGO, § 13 FGO Rn. 2. Vgl. zudem auch: *Boll*, in: *Löwe-Rosenberg*, StPO, Vor § 156 GVG Rn. 1 u. 3.

[1387] *Baumbach/Lauterbach/Albers/Hartmann*, ZPO, Übers. § 156 GVG Rn. 3; *Gummer*, in: *Zöller*, ZPO, § 156 GVG Rn. 2; *Kronisch*, in: *Sodan/Ziekow*, VwGO, § 14 Rn. 6; *BGH* NJW 1990, 2936; vgl. auch: *Kissel/Mayer*, GVG, § 156 Rn. 3; *Rohwer-Kahlmann*, Sozialgerichtsbarkeit, § 5 Rn. 9; *Peters/Sautter/Wolff*, SGG, § 5, 1. b) (Rn. 4).

[1388] Vgl.: Zweiter Teil, 3. Kapitel.

[1389] *Wolf*, in: MK-ZPO, vor § 156 GVG Rn. 3; *Schreiber*, in: *Wieczorek/Schütze*, ZPO, § 156 GVG Rn. 2; *Gummer*, in: *Zöller*, ZPO, § 156 GVG Rn. 2; *Stelkens*, in: *Schoch/Schmidt-Aßmann/Pietzner*, VwGO, § 14 Rn. 3; *Kopp/Schenke*, VwGO, § 14 Rn. 1; *Redeker*, in: *Redeker/v. Oertzen*, VwGO, § 14 Rn. 2; *Geiger*, in: *Eyermann*, VwGO, § 14 Rn. 3; *Rohwer-Kahlmann*, Sozialgerichtsbarkeit, § 5 Rn. 14; *Schmidt*, in: *Hennig*, SGG, § 5 Rn. 2; *Gubelt*, in: *v. Münch/Kunig*, GG, Art. 35 Rn. 9; *Bull*, in: AK-GG, Art. 35 Rn. 13.

[1390] Vgl. erneut: Zweiter Teil, 3. Kapitel.

[1391] Vgl. auch: *Kopp/Schenke*, VwGO, § 1 Rn. 44; *Kern*, in: *Pitschas/Walther*, Mediation in d. Verwaltungsgerichtsbarkeit, S. 147 (173).

„Güteverhandlung" nach § 278 Abs. 2 ff. ZPO versteht. Gerade wegen des gleichlautenden Wortlauts in § 278 Abs. 5 S. 1 ZPO und § 278 Abs. 2 ff. ZPO muss dies jedoch abgelehnt werden. Es kann nicht davon ausgegangen werden, dass der Gesetzgeber innerhalb nur einer einzigen Norm denselben Begriff in unterschiedlicher Weise gebraucht. Auch eine Analogie erscheint an dieser Stelle ausgeschlossen, denn indem der Gesetzgeber dieselbe Begrifflichkeit gewählt hat, hat er bewusst und unmissverständlich zum Ausdruck gebracht, dass sich die beiden Vorschriften aufeinander beziehen. Gleichzeitig hat er die Möglichkeit anderweitiger Streitbeilegungsverfahren erkannt und in § 278 Abs. 5 S. 2 ZPO eine entsprechende Regelung getroffen, so dass es an einer planwidrigen Regelungslücke fehlt.

4. § 278 Abs. 5 S. 2 und 3 i.V.m. § 251 ZPO

§ 278 Abs. 5 S. 2 ZPO gibt den Gerichten das Recht, in geeigneten Fällen eine außergerichtliche Streitschlichtung zu empfehlen, wodurch insbesondere auch die Möglichkeit eröffnet werden soll, die Durchführung einer Mediation vorzuschlagen.[1392] Teilweise wird sogar die Ansicht vertreten, dass für eine Empfehlung nach § 278 Abs. 5 S. 2 ZPO die Mediation als nahezu einzige oder zumindest als eine neben nur wenigen anderen Konfliktlösungsmöglichkeiten in Betracht kommt. Die Parteien hätten sich zumeist für den Rechtsweg entschieden, weil direkte Verhandlungen den Konflikt nicht lösen könnten oder aber entsprechende Versuche gescheitert seien, so dass Konfliktlösungsverfahren ohne Hinzuziehung eines Dritten regelmäßig ausscheiden dürften. Darüber hinaus werde ein Richter nur selten ein Verfahren empfehlen, bei dem der hinzugezogene Dritte entscheidungsbefugt ist, da der Richter in diesem Fall auch selbst eine Streitentscheidung vornehmen könne und ein solches Vorgehen häufig nicht dem Selbstverständnis des jeweiligen Richters als gesetzlich zur Streitentscheidung berufene Person entspreche.[1393]

Indem die Vorschrift des § 278 Abs. 5 S. 2 ZPO dem Wortlaut nach ausdrücklich den Vorschlag einer „außergerichtlichen" Streitbeilegung vorsieht, scheint sie jedoch als gesetzliche Grundlage für die Durchführung einer gerichtsnahen Mediation zumindest nicht unmittelbar in Betracht zu kommen. Die Wortwahl des § 278 Abs. 5 S. 2 ZPO spricht auf den ersten Blick klar dafür, dass das Gericht den Parteien nur eine Streitschlichtung durch außergerichtliche Vermittlungs-, Beschwerde- und Schlichtungsstellen oder aber eine Mediation durch private Mediationsanbieter nahe legen können soll.[1394] Unterstützt wird eine diesbezügliche Auslegung durch den mancherorts gegen die richterliche Mediation erhobenen Einwand, die Übertragung der (außergerichtlichen) Streitbeilegung auf einen am Prozessgericht tätigen Richtermediator stehe im Widerspruch zur Intention der ZPO-Novelle 2001, der Überlastung der Justiz entgegenzuwirken, da im Falle der ge-

---

[1392] Vgl.: BT-Drucks. 14/3750, S. 58; BT-Drucks. 14/4722, S. 84; *Koch*, NJ 2005, 97 (99), *W. Gottwald*, in: *Haft/v. Schlieffen*, Hdb. Mediation, § 17 Rn. 37; *W. Gottwald*, in: FS E. Stein, S. 232 (240); *Spindler*, ZKM 2007, 79 (80); *Prütting*, ZKM 2006, 100 (101); *Monßen*, ZKM 2003, 116 (117 u. 118); *Löer*, ZKM 2005, 182 (183).

[1393] Vgl.: *Monßen*, AnwBl. 2004, 7 (10 f.).

[1394] Vgl. auch: *Koch*, NJ 2005, 97, (99); *Schümann*, SGb 2005, 27 (32).

richtsnahen Mediation der Entlastung des nach § 278 Abs. 5 S. 2 ZPO in der Sache entscheidungsbefugten Richters die Belastung des Richtermediators gegenüberstehe.[1395]

Letzterer Einwand lässt sich allerdings schon mit dem Argument entkräften, dass die Belastung der Justizressourcen bei Einsatz eines Richtermediators nicht zwangsläufig mit der identisch ist, die bei Durchführung des Gerichtsprozesses ohne Inanspruchnahme der gerichtsnahen Mediation vorläge. Im Wege der gerichtsnahen Mediation wird ein Konflikt oftmals schneller, umfassender und nachhaltiger gelöst werden können als dies im Wege eines langwierigen und auf eine rechtliche Würdigung des Konflikts beschränkten Gerichtsverfahrens möglich ist, so dass es auch bei Durchführung einer gerichtsnahen Mediation regelmäßig eher zu einer Entlastung der Justiz kommen dürfte[1396] und insofern auch die gerichtsnahe Mediation dem Ziel der ZPO-Reform, die Justizressourcen zu schonen, gerecht wird. Im Übrigen bleibt es mit Blick auf den Wortlaut des § 278 Abs. 5 S. 2 ZPO äußerst fraglich, ob diese Vorschrift tatsächlich lediglich den Einsatz „außergerichtlicher" (das heißt: externer) Streitschlichtungen ermöglichen und fördern soll. Der Begriff der „außergerichtlichen" Streitschlichtung lässt sich nämlich auch als „außerprozessuale" Streitschlichtung verstehen,[1397] wenn man unter „außergerichtlicher Streitschlichtung" diejenigen Schlichtungen zusammenfasst, die außerhalb des streitentscheidungsbefugten Spruchkörpers stattfinden. Gleiches gilt, wenn man sich verdeutlicht, dass der Richtermediator ja gerade nicht in seiner Funktion als Gericht, sondern lediglich in den Räumen des Gerichts tätig wird.[1398] Nur wenn man unter gerichtlicher Streitbeilegung eine solche durch die Institution „Gericht" in seiner Gesamtheit und im organisatorischen Sinne versteht, vermag das oben angeführte Wortlautargument tatsächlich zu überzeugen. Demgegenüber spricht eine teleologische Auslegung des § 278 Abs. 5 S. 2 ZPO eher dafür, dass unter „außergerichtlicher" Streitschlichtung eine „außerprozessuale" Streitschlichtung zu verstehen ist. Ziel der ZPO-Reform 2001 samt Einführung des § 278 Abs. 5 S. 2 ZPO war es unter anderem, der effizienteren Herstellung zufriedenstellender Konfliktlösungen und – damit verbunden – (1.) der Stärkung des Rechtsfriedens zu dienen, (2.) die strukturellen Rahmenbedingungen dahingehend zu verbessern, dass die Prozessparteien schneller zu ihrem Recht kommen und eine Entscheidung erhalten, die sie verstehen und akzeptieren, (3.) die streitschlichtenden Elemente und den Schlichtungsgedanken im Prozess zu stärken, (4.) die gütliche Einigung zwischen den Parteien zu fördern, (5.) die Transparenz des Verfahrens zu erhöhen, (6.) die Effizienz des Gerichtsprozesses und der richterlichen Arbeit zu steigern, (7.) die Justizressourcen zu schonen, sowie (8.) zusätzliche Belastungen der Richter und unnötige Prozesse zu vermeiden.[1399] Diese Ziele können auch durch die gerichtsnahe Mediation verwirklicht werden, denn gerade sie vermag es regelmäßig – wie jede andere Mediation

---

[1395] Vgl.: *Monßen*, AnwBl. 2004, 7 (11).
[1396] Vgl. hierzu auch: Zweiter Teil, 2. Kapitel, Unterpunkt II. 1. c).
[1397] Vgl. auch: *Koch*, NJ 2005, 97 (99).
[1398] *Schümann*, SGb 2005, 27 (32).
[1399] BT-Drucks. 14/4722, S. 58 ff.; BT-Drucks. 14/3750, S. 35 ff.; vgl. zu den Zielen der ZPO-Reform 2001 und der Einführung des § 278 ZPO auch: *Prütting*, in: MK-ZPO (Aktualisierungsband), § 278 Rn. 1 f.

–, schnellere, kostengünstigere und dadurch auch effektivere Konfliktlösungen hervorzubringen. Diese können sich – da sie von den Prozessparteien unter Einbeziehung der Parteiinteressen sowie außerhalb des Streitgegenstandes liegender Aspekte autonom und eigenverantwortlich erarbeitet werden – aus Sicht der Prozessparteien als transparenter, verständlicher und zufriedenstellender erweisen und damit aufgrund einer höheren Akzeptanzchance zu einer Förderung des Rechtsfriedens beitragen. Gerade durch die gerichtsnahe Mediation lässt sich nach den bisherigen Erfahrungen die Effizienz des Gerichtsprozesses und der richterlichen Tätigkeit steigern, was unmittelbar dazu führt, dass Justizressourcen geschont werden können, wobei dieser Effekt dadurch verstärkt wird, dass die gerichtsnahe Mediation aufgrund der Möglichkeit zur Einbeziehung über den Streitgegenstand hinausgehender Aspekte und Interessen auch geeignet ist, Belastungen der Richterschaft aufgrund von (unnötigen) Folgeprozessen zu vermeiden. Wie jede andere Mediation ermöglicht die gerichtsnahe Mediation im Wege der Einbeziehung jenseits des begrenzten Streitgegenstands liegender Gesichtpunkte im Erfolgsfalle die umfassende Beilegung eines konkreten Konflikts, so dass Neben- und Folgestreitigkeiten mit gelöst oder von vornherein verhindert werden können. Schließlich vermag in einer Vielzahl von Fällen nur eine gerichtsnahe Mediation tatsächlich eine Förderung der gütlichen Einigung zwischen den Prozessparteien sowie eine Stärkung des Schlichtungsgedankens im Gerichtsprozess bewirken können, denn zum einen dürfte eine Güteverhandlung nach § 278 Abs. 2 ff. ZPO oftmals aufgrund der Verwertbarkeit der Inhalte dieser Verhandlung im späteren Prozess aus Angst vor daraus resultierenden Nachteilen im weiteren Prozessverlauf von den Prozessparteien abgelehnt werden, zum anderen werden andere außergerichtliche Streitbeilegungsregime oftmals ausscheiden, wenn sich die Konfliktparteien einmal für den Gang vor das Gericht entschieden haben. Im Rahmen einer Güteverhandlung werden die Parteien wenn überhaupt, dann nur zögerlich die für eine umfassende und alle Beteiligten befriedigende Konfliktlösung erforderlichen Informationen offenbaren. Außergerichtliche Streitbeilegungsmethoden dürften zumindest dort auf Ablehnung stoßen, wo die Konfliktparteien diese bereits im Vorfeld des Gerichtsverfahrens erwogen, aufgrund fehlender Kenntnis oder der (vermeintlich) geringen Erfolgschancen jedoch letztlich nicht durchgeführt haben. Aber auch in der Mehrzahl der Fälle, in denen außergerichtliche Streitbeilegungsmethoden im Vorfeld des Gerichtsverfahren nicht in Betracht gezogen wurden, dürften die Prozessparteien eher zurückhaltend damit sein, den einmal vor das Gericht getragenen Konflikt aus dem Forum des Gerichts hinaus, zurück in eine außergerichtliche Streitbeilegung zu tragen. Gründe hierfür können beispielsweise sein, dass der Konflikt aufgrund der bereits eingetretenen Prozesssituation eine zu hohe Eskalationsstufe erreicht hat oder dass die Beteiligten den außergerichtlichen Streitbeilegungsmethoden – zum Beispiel infolge ihrer diesbezüglichen Unkenntnis – zu wenig Vertrauen entgegenbringen. Demgegenüber kann die gerichtsnahe Mediation von dem Vertrauensvorschuss profitieren, den die Gerichte und die als Mediatoren wirkenden Richter in der Regel genießen dürften.

Zusammenfassend kann mit Blick auf den Normzweck des § 278 Abs. 5 S. 2 ZPO festgehalten werden, dass die Formulierung „außergerichtliche" Streitschlichtung wohl jede Art der „außerprozessualen" Streitbeilegung umfasst, so dass § 278 Abs. 5 S. 2

ZPO letztlich auch den Vorschlag einer gerichtsnahen Mediation ermöglicht.[1400] Dieses Verständnis des § 278 Abs. 5 S. 2 ZPO vorausgesetzt, bedarf es nicht einmal einer analogen Anwendung des § 278 Abs. 5 S. 2 ZPO. Trotz des aus Sicht der gerichtsnahen Mediation unglücklich gewählten Wortlauts kann die gerichtsnahe Mediation grundsätzlich direkt auf § 278 Abs. 5 S. 2 ZPO gestützt werden.[1401] Hinsichtlich der gerichtsnahen Mediation im verwaltungs-, sozial- und finanzgerichtlichen Verfahren stellt sich jedoch abermals die Frage, ob § 278 Abs. 5 S. 2 ZPO überhaupt über § 173 S. 1 VwGO, § 202 SGG und § 155 FGO auch im Verwaltungs-, Sozial- und Finanzgerichtsprozess Anwendung finden kann. Sicher lässt sich diesbezüglich zunächst argumentieren, die Möglichkeit, dass die Verfahrensbeteiligten außergerichtlich zu einer Einigung über den jeweiligen Rechtsstreit gelangen und daraus entsprechende verfahrensrechtliche, eine richterliche Entscheidung entbehrlich machende Konsequenzen ziehen, habe in den genannten Gerichtsbarkeiten bereits vor Einführung des § 278 Abs. 5 S. 2 ZPO im Rahmen der ZPO-Reform 2001 bestanden und sei in den Vorschriften über die Rücknahme der Klage (§ 92 VwGO, § 102 SGG, § 72 FGO), die Rücknahme von Rechtsmitteln (§§ 126, 140 VwGO, §§ 156, 165 SGG, § 125 FGO), den Vergleich (§ 106 VwGO, § 101 SGG)[1402] sowie die Erledigung (vgl. § 161 VwGO, § 138 FGO) bereits angelegt.[1403] Schon vor der Einführung der ausdrücklichen Ermächtigung in § 278 Abs. 5 S. 2 ZPO hat die Möglichkeit bestanden, dass das Gericht den Beteiligten eine dieser Vorschrift entsprechende Vorgehensweise vorschlägt, so dass vertreten wird, die neue Vorschrift sei nichts weiter als eine Legalisierung der schon früher auf Grund ungeschriebener Regeln geübten Praxis, welche nicht nur im Zivilprozess geherrscht habe. Es könne demnach nichts dagegen eingewandt werden, dass sich die Verwaltungsgerichte nach neuer Rechtslage über

---

[1400] Vgl.: *Koch*, NJ 2005, 97 (99); für eine teleologische Auslegung des Begriffs „außergerichtliche" Streitschlichtung in § 278 Abs. 5 S. 2 ZPO wohl auch *Ziekow*, NVwZ 2004, 390 (394), wobei dieser allerdings lediglich feststellt, dass „außergerichtliche" Streitschlichtung nicht bedeute, dass der Schlichter nicht Richter des Gerichts im organisatorischen Sinne sein könne. Ausgeschlossen seien lediglich Richter des erkennenden Spruchkörpers.

[1401] Dem steht auch nicht entgegen, dass das Konzept der Mediation auf dem Grundsatz der Freiwilligkeit beruht und jederzeit ohne prozessuale Nachteile abgebrochen werden kann (so aber: *Bischof*, SchiedsVZ 2004, 252 (254)), denn § 278 Abs. 5 S. 2 ZPO erlaubt es den Gerichten zum einen lediglich, eine gerichtsnahe Mediation „vorzuschlagen", zum anderen wird nicht ersichtlich, warum es den Parteien bei Anwendung des § 278 Abs. 5 S. 2 ZPO als gesetzliche Grundlage der gerichtsnahen Mediation verwehrt sein soll, jederzeit und ohne prozessuale Nachteile aus dem gerichtsnahen Mediationsverfahren auszusteigen.

[1402] In der FGO ist eine Prozessbeendigung durch Vergleich dagegen nicht vorgesehen (vgl.: *Stapperfend*, in: *Gräber*, FGO, § 76 Rn. 4; *Lange*, in: *Hübschmann/Hepp/Spitaler*, AO/FGO, § 95 FGO Rn. 21; *Tipke*, in: *Tipke/Kruse*, AO/FGO, § 95 FGO Rn. 6). Auch eine entsprechende Anwendung der §§ 794 Abs. 1 Nr. 1 ZPO, 106 VwGO scheidet in der Regel aus, da es in finanzgerichtlichen Verfahren regelmäßig um Steuer- bzw. Steuererstattungsansprüche geht, die nicht zur Disposition der Beteiligen stehen (*Lange*, in: *Hübschmann/Hepp/Spitaler*, AO/FGO, § 95 FGO Rn. 21; *Tipke*, in: *Tipke/Kruse*, AO/FGO, § 95 FGO Rn. 6).

[1403] Vgl. hierzu mit Blick auf die Verwaltungsgerichtsbarkeit: *Meissner*, in: *Schoch/Schmidt-Aßmann/Pietzner*, VwGO, § 173 Rn. 206; *Kern*, in: *Pitschas/Walther*, Mediation in d. Verwaltungsgerichtsbarkeit, S. 147 (175); a.A.: *Spellbrink*, SGb 2003, 141 (144).

die §§ 173 S. 1 VwGO, 202 SGG und 155 FGO auf § 278 Abs. 5 S. 2 ZPO berufen, wenn sie den Beteiligten einen Vorschlag zur außergerichtlichen Streitbeilegung unterbreiten. Auch dass das Verfahren vorerst zum Ruhen gebracht werde, wenn die Beteiligten einem solchen Vorschlag folgten, sei seit langem gängige Praxis, die jetzt über § 278 Abs. 5 S. 3 ZPO i.V.m. § 173 S. 1 VwGO legalisiert werde.[1404] Entscheidend für eine Anwendbarkeit des § 278 Abs. 5 S. 2 und 3 ZPO ist neben diesen Argumenten jedoch vor allem die Frage, ob dem ausdrückliche Regelungen der Verwaltungsgerichtsordnung, des Sozialgerichtsgesetzes und der Finanzgerichtsordnung entgegenstehen, sowie dort geltende Prozessgrundsätze im Unterschied zum Zivilprozess eine entsprechende Anwendung des § 278 Abs. 5 S. 2 und 3 ZPO ausschließen.[1405]

Weder in der Verwaltungsgerichtsordnung noch im Sozialgerichtsgesetz oder in der Finanzgerichtsordnung lassen sich jedoch Bestimmungen finden, die sich mit der Frage befassen, ob der in der konkreten Sache entscheidungsbefugte Spruchkörper den Prozessparteien in geeigneten Fällen eine außergerichtliche Streitbeilegung vorschlagen und das gerichtliche Verfahren für die Dauer des Versuchs einer außergerichtlichen Streitbeilegung zum Ruhen bringen kann. Es finden sich aber auch keinerlei Vorschriften, die einer Anwendbarkeit des § 278 Abs. 5 S. 2 und 3 ZPO ausdrücklich entgegenstehen würden, da § 87 VwGO, § 106 SGG sowie § 79 FGO – die einzigen in diesem Zusammenhang in Betracht kommenden Vorschriften – nicht abschließend sind[1406] und überdies lediglich die Möglichkeiten des Gerichts vor der mündlichen Verhandlung regeln, während aus dem Wortlaut des § 278 Abs. 5 S. 2 und 3 ZPO nicht ersichtlich wird, dass das hier beschriebene Verfahren nur im Vorfeld der mündlichen Verhandlung zulässig sein soll. Dies wäre nur denkbar, wenn man § 278 Abs. 5 S. 2 ZPO als eine Ergänzung der durch § 278 Abs. 2 ff. ZPO für den Zivilprozess eingeführten und grundsätzlich vor der mündlichen Verhandlung durchzuführenden Güteverhandlung ansehen würde.[1407] In diesem Fall würden grundlegende Bedenken gegen eine Anwendbarkeit des

---

[1404] *Meissner*, in: *Schoch/Schmidt-Aßmann/Pietzner*, VwGO, § 173 Rn. 206; *Kern*, in: *Pitschas/Walther*, Mediation in d. Verwaltungsgerichtsbarkeit, S. 147 (175).

[1405] Verneinend: *Kern*, in: *Pitschas/Walther*, Mediation in d. Verwaltungsgerichtsbarkeit, S. 147 (175).

[1406] BT-Drucks. 11/7030, S. 27; *Kothe*, in: *Redeker/v. Oertzen*, VwGO, § 87 Rn. 4; *Kopp/Schenke*, VwGO, § 87 Rn. 2; *Leitherer*, in: *Meyer-Ladewig/Keller/Leitherer*, SGG, § 106 Rn. 7; *Pawlak*, in: *Hennig*, SGG, § 106 Rn. 44; *Rohwer-Kahlmann*, Sozialgerichtsbarkeit, § 106 Rn. 14; *Peters/Sautter/Wolff*, SGG, § 106, 4.; *Roller*, in: *Lüdtke*, SGG, § 106 Rn. 10; *Koch*, in: *Gräber*, FGO, § 79 Rn. 3; *Stöcker*, in: *Beermann/Gosch*, AO/FGO, § 79 FGO Rn. 16; *Tipke*, In: *Tipke/Kruse*, AO/FGO, § 79 FGO Rn. 2; *Hellwig*, in: *Hübschmann/Hepp/Spitaler*, AO/FGO, § 79 FGO Rn. 3.

[1407] So wohl auch: *Baumbach/Lauterbach/Albers/Hartmann*, ZPO, § 278 Rn. 36; *Foerste*, in: *Musielak*, ZPO, § 278 Rn. 14 und *Prütting*, in: MK-ZPO (Aktualisierungsband), § 278 Rn. 27 f., die jeweils die Möglichkeit der Anregung einer außergerichtlichen Streitschlichtung nach § 278 Abs. 5 S. 2 ZPO im Zusammenhang mit der im Vorfeld der mündlichen Verhandlung stattfindenden Güteverhandlung nach § 278 Abs. 2 ff. ZPO behandeln, sowie *Schümann*, SGb 2005, 27 (32) und *Ziekow*, NVwZ 2004, 390 (394), die argumentieren, mit Ausnahme des § 278 Abs. 1 ZPO gelte § 278 ZPO nicht über § 173 VwGO in der Verwaltungsgerichtsbarkeit, da die VwGO in § 87 Abs. 1 S. 2 Nr. 1 VwGO, der dem Gericht im vorbereitenden Verfahren – d.h. wie die Güteverhandlung nach § 278 Abs. 2 ff. ZPO im Vorfeld einer mündlichen Verhandlung – die Möglichkeit gibt, die Verfahrensbeteiligten zur gütlichen Beilegung des Rechtsstreits zu laden, eine eigenständige Regelung enthalte, die keinen weiteren Raum für eine

§ 278 Abs. 5 S. 2 und 3 ZPO insofern bestehen, als die Vorschriften über die Güteverhandlung – wie oben gezeigt[1408] – in verwaltungs-, sozial- und finanzgerichtlichen Verfahren insgesamt keine Anwendung finden könnten.

Für diese Annahme ließe sich allerdings einzig und allein anführen, dass § 278 Abs. 5 S. 2 und 3 ZPO nicht isoliert betrachtet werden kann. Vielmehr steht § 278 Abs. 5 S. 2 und 3 ZPO im Kontext zu § 278 Abs. 5 S. 1 ZPO und bildet gemeinsam mit diesem einen in seiner Gesamtheit zu beachtenden Absatz, so dass die in § 278 Abs. 5 S. 1 ZPO enthaltene Bezugnahme auf die Güteverhandlung nach § 278 Abs. 2 ff. ZPO dafür sprechen könnte, dass sich § 278 Abs. 5 ZPO insgesamt auf diese bezieht. Andererseits kann man § 278 Abs. 5 S. 2 ZPO als Ergänzung des auch im Verwaltungs-, Sozial- und Finanzprozessrecht[1409] geltenden allgemeinen Grundsatzes des § 278 Abs. 1 ZPO verstehen, wonach das Gericht in jeder Lage des Verfahrens auf eine gütliche Beilegung des Rechtsstreits oder einzelner Streitpunkte bedacht zu sein hat.[1410] Auch hierzu bedarf es keiner uneinheitlichen Betrachtung des § 278 Abs. 5 ZPO, sofern man § 278 Abs. 5 ZPO nur allgemein als eine Art „Verweisungsbestimmung" innerhalb des § 278 ZPO interpretiert, wobei sich § 278 Abs. 5 S. 1 ZPO auf die Güteverhandlung nach § 278 Abs. 2 ff. ZPO bezieht und vorsieht, dass die Güteverhandlung auch vor dem beauftragten oder dem ersuchten Richter stattfinden kann, während § 278 Abs. 5 S. 2 und 3 ZPO auf die Verpflichtung des Gerichts nach § 278 Abs. 1 ZPO gerichtet ist und diesbezüglich feststellt, dass das Gericht in Erfüllung dieser Pflicht auch eine außergerichtliche Streitschlichtung vorschlagen und – sofern sich die Parteien hierfür entscheiden – das Verfahren in eine solche Streitbeilegung abgeben kann, wobei das gerichtliche Verfahren in der Zwischenzeit zum Ruhen gebracht wird.

Anwendung des § 278 ZPO im Verwaltungsprozess lasse. Vgl. zudem auch: *Kern*, in: *Pitschas/Walther*, Mediation in d. Verwaltungsgerichtsbarkeit, S. 147 (175).

[1408] Vgl.: Zweiter Teil, 9. Kapitel, Unterpunkt V. 2.

[1409] Vgl. u.a.: *Kothe*, in: *Redeker/v. Oertzen*, VwGO, § 87 Rn. 5; *Danckwerts*, in: *Hennig*, SGG, § 202 Rn. 8; *Woring*, in: *Beermann/Gosch*, AO/FGO, § 155 FGO Rn. 75.

[1410] *Ortloff*, NVwZ 2004, 385 (387); *Kern*, in: *Pitschas/Walther*, Mediation in d. Verwaltungsgerichtsbarkeit, S. 147 (175).

Schematische Darstellung der Auslegungsmöglichkeiten des § 278 Abs. 5 S. 2 und 3 ZPO

I. Verpflichtung, auf gütl. Streitbeilegung bedacht zu sein

(1) Das Gericht soll in jeder Lage des Verfahrens auf eine gütliche Beilegung des Rechtsstreits oder einzelner Streitpunkte bedacht sein.

II. Vorschriften zur Güteverhandlung

(2) Der mündlichen Verhandlung geht zum Zwecke der gütlichen Beilegung des Rechtsstreits eine Güteverhandlung voraus, es sei denn, es hat bereits ein Einigungsversuch vor einer außergerichtlichen Gütestelle stattgefunden oder die Güteverhandlung erscheint erkennbar aussichtslos. Das Gericht hat in der Güteverhandlung den Sach- und Streitstand mit den Parteien unter freier Würdigung aller Umstände zu erörtern und, soweit erforderlich, Fragen zu stellen. Die erschienenen Parteien sollen hierzu persönlich gehört werden.

(3) Für die Güteverhandlung sowie für weitere Güteversuche soll das persönliche Erscheinen der Parteien angeordnet werden. § 141 Abs. 1 S. 2, Abs. 2 und 3 gilt entsprechend.

(4) Erscheinen beide Parteien in der Güteverhandlung nicht, ist das Ruhen des Verfahrens anzuordnen.

(5) Das Gericht kann die Parteien für die Güteverhandlung vor einen beauftragten oder ersuchten Richter verweisen. In geeigneten Fällen kann das Gericht den Parteien eine außergerichtliche Streitschlichtung vorschlagen. Entscheiden sich die Parteien hierzu, gilt § 251 entsprechend.

III. Bestimmung über Möglichkeit eines Vergleichs

(6) Ein gerichtlicher Vergleich kann auch dadurch geschlossen werden, dass die Parteien dem Gericht einen schriftlichen Vergleichsvorschlag unterbreiten oder einen schriftlichen Vergleichsvorschlag des Gerichts durch Schriftsatz gegenüber dem Gericht annehmen. Das Gericht stellt das Zustandekommen und den Inhalt eines nach S. 1 geschlossenen Vergleichs durch Beschluss fest. § 164 gilt entsprechend.

↓

§ 278 Abs. 5 S. 2 und 3 ZPO scheidet als gesetzliche Grundlage für die gerichtsnahe Mediation aus

---

I. Verpflichtung, auf gütl. Streitbeilegung bedacht zu sein

(1) Das Gericht soll in jeder Lage des Verfahrens auf eine gütliche Beilegung des Rechtsstreits oder einzelner Streitpunkte bedacht sein.

II. Vorschriften zur Güteverhandlung

(2) Der mündlichen Verhandlung geht zum Zwecke der gütlichen Beilegung des Rechtsstreits eine Güteverhandlung voraus, es sei denn, es hat bereits ein Einigungsversuch vor einer außergerichtlichen Gütestelle stattgefunden oder die Güteverhandlung erscheint erkennbar aussichtslos. Das Gericht hat in der Güteverhandlung den Sach- und Streitstand mit den Parteien unter freier Würdigung aller Umstände zu erörtern und, soweit erforderlich, Fragen zu stellen. Die erschienenen Parteien sollen hierzu persönlich gehört werden.

(3) Für die Güteverhandlung sowie für weitere Güteversuche soll das persönliche Erscheinen der Parteien angeordnet werden. § 141 Abs. 1 S. 2, Abs. 2 und 3 gilt entsprechend.

(4) Erscheinen beide Parteien in der Güteverhandlung nicht, ist das Ruhen des Verfahrens anzuordnen.

III. „Verweisungsbestimmung"

(5) Das Gericht kann die Parteien für die Güteverhandlung vor einen beauftragten oder ersuchten Richter verweisen.

In geeigneten Fällen kann das Gericht den Parteien eine außergerichtliche Streitschlichtung vorschlagen. Entscheiden sich die Parteien hierzu, gilt § 251 entsprechend.

IV. Bestimmung über Möglichkeit eines Vergleichs

(6) Ein gerichtlicher Vergleich kann auch dadurch geschlossen werden, dass die Parteien dem Gericht einen schriftlichen Vergleichsvorschlag unterbreiten oder einen schriftlichen Vergleichsvorschlag des Gerichts durch Schriftsatz gegenüber dem Gericht annehmen. Das Gericht stellt das Zustandekommen und den Inhalt eines nach S. 1 geschlossenen Vergleichs durch Beschluss fest. § 164 gilt entsprechend.

↓

§ 278 Abs. 5 Satz 2 und 3 ZPO kommt als gesetzliche Grundlage für die gerichtsnahe Mediation in Betracht

Weitere Voraussetzung einer Anwendbarkeit des § 278 Abs. 5 S. 2 und 3 ZPO im verwaltungs-, sozial- und finanzgerichtlichen Verfahren ist zudem, dass die grundsätzlichen Unterschiede zum Gerichtsverfahren im Zivilprozess dies nicht ausschließen. Solange man § 278 Abs. 5 S. 2 und 3 ZPO lediglich als gesetzliche Grundlage der gerichtsnahen Mediation heranzuziehen sucht, kann diesbezüglich jedoch auf die an anderer Stelle bereits erfolgten Ausführungen zur Vereinbarkeit der gerichtsnahen Mediation mit den Grundprinzipien des Verwaltungs-, Sozial- und Finanzprozessrechts verwiesen werden.[1411] Das Konzept der gerichtsnahen Mediation ist mit diesen ebenso vereinbar wie mit denen des Zivilprozesses. Somit kann § 278 Abs. 5 S. 2 und 3 ZPO nicht nur im Zivilprozess, sondern auch im Verwaltungs-, Sozial- und Finanzgerichtsprozess als gesetzliche Grundlage der gerichtsnahen Mediation herangezogen werden, sofern man in § 278 Abs. 5 S. 2 und 3 ZPO keine Regelung sieht, die sich auf die zivilprozessuale Güteverhandlung bezieht. Zur Klarstellung empfiehlt es sich jedoch, die gerichtsnahe Mediation explizit und für alle Gerichtsbarkeiten gesetzlich zu regeln. Der in seinem Wortlaut nicht eindeutige § 278 Abs. 5 S. 2 und 3 ZPO kann zwar vorübergehend als gesetzliche Grundlage dienen. Sollte man sich aufgrund der positiven Erfahrungen mit der gerichtsnahen Mediation[1412] dafür entscheiden, die gerichtsnahe Mediation flächendeckend und dauerhaft anzubieten, sollte sich der Gesetzgeber jedoch dazu durchringen, eine klare gesetzliche Grundlage hierfür zu schaffen.

[1411] Vgl.: Zweiter Teil, 5. Kapitel.

[1412] Vgl.: Zweiter Teil, 2. Kapitel, Unterpunkt II.

Dritter Teil

Regelungsvorschläge zur gesetzlichen Einführung der gerichtsnahen Mediation

Handelt es sich bei der gerichtsnahen Mediation nach hier vertretener Auffassung um eine „andere Aufgabe" im Sinne des § 4 Abs. 2 Nr. 2 DRiG, so bedarf es bei dauerhafter und flächendeckender Einführung der gerichtsnahen Mediation einer gesetzlichen Regelung dieses Streitbeilegungskonzepts.[1] Außer Aufgaben der rechtsprechenden Gewalt und der Gerichtsverwaltung, Tätigkeiten in Forschung und Lehre, Prüfungsangelegenheiten und dem Vorsitz in Einigungsstellen und unabhängigen Stellen im Sinne des § 104 S. 2 BPersVG darf ein Richter nach § 4 Abs. 2 Nr. 2 DRiG nur andere Aufgaben wahrnehmen, die ihm aufgrund eines Gesetzes zugewiesen sind. Die bestehenden und als Ermächtigungsgrundlage in Betracht kommenden Normen können dabei – wie im 9. Abschnitt des zweiten Teils gezeigt – als solche nicht gänzlich befriedigen. Daher sollen im Folgenden zunächst die verschiedenen bereits formulierten Gesetzgebungsvorschläge zur Regelung der gerichtsnahen Mediation vorgestellt werden. Sodann wird eine eigene gesetzliche Regelung der gerichtsnahen Mediation in der Verwaltungs-, Sozial- und Finanzgerichtsbarkeit entworfen, um anschließend eine aus wettbewerbsrechtlicher Sicht erforderliche Kostenregelung[2] hinsichtlich der gerichtsnahen Mediation zu erarbeiten. Im Rahmen des gesetzlichen Regelungsvorschlages wird es jedoch nicht beim Vorschlag einer nach § 4 Abs. 2 Nr. 2 DRiG erforderlichen Ermächtigungsgrundlage bleiben. Im Verlauf der vorliegenden Arbeit wurde wiederholt darauf verwiesen, dass eine gesetzliche Regelung des einen oder anderen Aspekts im Zusammenhang mit der gerichtsnahen Mediation erforderlich ist oder zumindest wünschenswert wäre. Hinzu kommen einige weitere Gesichtspunkte, auf die in der Folge noch einzugehen sein wird. Daher soll ein Vorschlag zur gesetzlichen Regelung der gerichtsnahen Mediation vorgestellt werden, der die gerichtsnahe Mediation umfänglich regelt, ohne sie jedoch übermäßig zu

---

[1] Die gesetzliche Regelung der gerichtsnahen Mediation für sinnvoll erachtend vgl. u.a. auch: *Spindler*, ZKM 2007, 79 (80 f.); *v. Bargen*, DVBl. 2004, (468); *v. Bargen*, BDVR-Rundschreiben 2004, 55 (58); *Gülzow/Grässle*, BetrifftJUSTIZ 2007/Heft 3, S. 45; *Niewitsch-Lennartz*, Dokumentation zum 14. Dt. Verwaltungsrichtertag 2004, S. 51 (57), sowie die Stellungnahme des Bundes Deutscher Verwaltungsrichter und Verwaltungsrichterinnen vom 24. April 2006 bzgl. der Anfrage der justizpolitischen Sprecherin der FDP-Fraktion im Deutschen Bundestag, Frau Mechthild Dyckmans, vom 2. Februar 2006, abgedruckt in: BDVR-Rundschreiben 2006, 45. Danach sollte (1.) die gerichtsinterne respektive gerichtsnahe Mediation im Prozessrecht als Möglichkeit ausdrücklich angeführt werden und (2.) der Gesetzgeber auch einige Details regeln, die eine effiziente Mediation erleichtern. Skeptisch bzw. einschränkend: *Reimers/Apell*, LKRZ 2007, 7 (10). Die gesetzliche Regelung der gerichtsnahen Mediation als ultima ratio erwägend vgl.: *Greger*, NJW 2007, 3258 (3262), wonach die Schaffung neuer Staatsaufgaben, die nicht zwingend staatlicher Wahrnehmung bedürfen nicht nur gegen das Subsidiaritätsprinzip verstößt, sondern auch den aktuellen Bestrebungen zur Deregulierung und Privatisierung zuwider läuft.

[2] Vgl. zur Erforderlichkeit einer Kostenregelung aus Gründen des Wettbewerbs: Zweiter Teil, 8. Kapitel, Unterpunkt I.

reglementieren und so die Chancen, die ein recht freies Verfahren wie die gerichtsnahe Mediation bietet, zu beschneiden.[3]

[3] Auch der Bund Deutscher Verwaltungsrichter und Verwaltungsrichterinnen lehnt eine umfassende Regelung der gerichtsnahen Mediation bzw. eine umfassende Mediations-Prozessordnung ab. Eine umfassende Regelung sei überflüssig und formalisiere ein informelles Verfahren. Stattdessen solle es der Kreativität und Erfahrung des Gerichtsmediators überlassen bleiben, wie er den konkreten Streit zu einem guten Ende führt (BDVR-Stellungnahme, BDVR-Rundschreiben 2006, 45).

1. Kapitel: Bestehende Vorschläge zur gesetzlichen Regelung der gerichtsnahen Mediation

Ein erster Versuch der Integration der Mediation in das Prozessrecht erfolgte bereits im Jahre 2004, als der Freistaat Bayern den Entwurf eines Gesetzes zur Stärkung der gütlichen Streitbeilegung im Zivilprozess[4] in den Bundesrat einbrachte. Darüber hinaus hat auch die Bundesrechtsanwaltskammer (BRAK) einen die gerichtsnahe Mediation in das Prozessrecht implementierenden Gesetzgebungsvorschlag[5] zu § 278 ff. ZPO erarbeitet. Regelungsvorschläge speziell zum Einsatz der gerichtsnahen Mediation in der Verwaltungs-, Sozial- und Finanzgerichtsbarkeit sind derzeit noch selten und – soweit existent – eher rudimentärer Natur. Im Folgenden sollen zunächst lediglich die unterschiedlichen Regelungsvorschläge vorgestellt werden. Eine Auseinandersetzung mit den nachfolgend zu beschreibenden Normierungsentwürfen wird im Rahmen der späteren Ausarbeitung eines eigenen Regelungsvorschlags erfolgen.

I. Der bayerische Entwurf eines Gesetzes zur Stärkung der gütlichen Streitbeilegung im Zivilprozess

Der bayerische Gesetzentwurf in seiner geänderten Fassung vom 2. November 2004 sieht vor, dass Zivilrichter anhängige Verfahren, die für eine gütliche Streitbeilegung geeignet erscheinen, nach § 278 Abs. 2 ZPO oder aber in einem späteren günstigen Verfahrensstadium an einen Güterichter – der sich zur Streitbeilegung insbesondere auch der Methode der Mediation bedienen könne[6] – als beauftragten oder ersuchten Richter abgeben können sollen.[7] Dabei wird die Verweisung an den Güterichter nach dem Gesetzesentwurf in das fachliche Ermessen des Prozessgerichts gestellt.[8] Gewinne der zuständige Richter den Eindruck, dass der Konflikt sich für eine von Positionsdenken und prozesstaktischen Erwägungen freie Erforschung und Diskussion der Parteiinteressen mit anschließender gütlicher Streitbeilegung besser als für eine streitige Entscheidung eigne, könne sich der zuständige Richter ohne detaillierte Durchdringung des Streitstoffs dafür entscheiden, die Mitwirkung eines Güterichters in Anspruch zu nehmen. Mit dem unanfechtbaren[9] Verweisungsbeschluss – gekoppelt mit einem Ruhensbeschluss für das

---

[4] BR-Drucks. 747/04. Die geänderte Fassung des Gesetzentwurfes vom 2.11.2004 ist online verfügbar unter: http://www.justiz.bayern.de/imperia/md/content/stmj_internet/ministerium/ministerium/gesetzgebung/entwurf_staerkung_streitbeilegung.pdf (Stand: 24.1.2008).

[5] Zum BRAK-Gesetzgebungsvorschlag: *Ewig*, ZKM 2002, 4 ff.

[6] *Reimers*, in: *Pitschas/Walther*, Mediation in d. Verwaltungsgerichtsbarkeit, S. 45 (49).

[7] Vgl.: *Walther* u. *Reimers*, in: *Pitschas/Walther*, Mediation in d. Verwaltungsgerichtsbarkeit, S. 7 (25) bzw. S. 45 (48); *Huther*, ZKM 2004, 247 (250); *Monßen*, in: FS R. Haase, S. 293 (295). Für den Güterichter als ersuchter Richter vgl. zudem auch: *Greger*, ZKM 2007, 180.

[8] Anlage (Begründung) zu BR-Drucks. 747/04, S. 9 sowie die Begründung der geänderten Fassung des bayerischen Gesetzesentwurfs vom 2.11.2004, S. 11. Vgl. zudem auch: *Reimers*, in: *Pitschas/Walther*, Mediation in d. Verwaltungsgerichtsbarkeit, S. 45 (48).

[9] Anlage (Begründung) zu BR-Drucks. 747/04, S. 9 sowie die Begründung der geänderten Fassung des bayerischen Gesetzesentwurfs vom 2.11.2004, S. 10.

anhängige Verfahren – werde der Güterichter gesetzlicher Richter im Sinne des Art. 101 Abs. 1 S. 2 GG, wobei die Zuständigkeit der einzelnen Güterichter gegebenenfalls durch die jeweiligen Geschäftsverteilungspläne der Gerichte geregelt werde.[10] Der Güterichter – bei dem es sich um einen Richter handeln soll, der hauptamtlich durch die gerichtliche Geschäftsverteilung mit der Durchführung von Güteverhandlungen und sonstigen Güteversuchen betraut und hierfür in geeigneten Konfliktlösungsmethoden, insbesondere der Mediation, speziell geschult ist[11] – soll jedoch seinerseits die Übernahme eines Verfahrens ablehnen können, um Kapazitätsgrenzen sowie der Gefahr des „Abschiebens" ungeeigneter Verfahren Rechnung tragen zu können.[12] Sehe der Güterichter keine Erfolgschancen für eine gütliche Streitbeilegung, könne dieser – quasi als Korrektiv der Zuleitungskompetenz des zuständigen Richters – die Sache per Beschluss an den zuständigen Richter zurückleiten.[13]

Die Einführung der Güteverhandlung vor dem Güterichter soll dadurch erfolgen, dass der Vorschlag einer solchen außergerichtlichen Streitschlichtung durch Aufnahme in § 278 Abs. 1 ZPO als grundsätzliche Alternative zu einer gerichtlichen Streitbeilegung hervorgehoben wird. Der bisherige Standort dieser Regeln in § 278 Abs. 5 ZPO werde dem Umstand nicht gerecht, dass das Gericht der Möglichkeit einer geeigneten außergerichtlichen Streitbeilegung grundsätzlich den Vorzug vor dem Einsatz justizeigener Schlichtungskapazitäten geben soll. Besteht die konkrete Aussicht, einen Konflikt außergerichtlich lösen zu können, schreibt die im Gesetzesentwurf vorgeschlagene Neufassung des § 278 Abs. 1 ZPO deshalb den Vorschlag einer außergerichtlichen Streitschlichtung vor. Gleichzeitig mache der Regelungsstandort in § 278 Abs. 1 ZPO deutlich, dass die Alternative einer außergerichtlichen Streitbeilegung in jeder Lage des gerichtlichen Verfahrens zu bedenken sein soll.[14] Darüber hinaus soll § 278 Abs. 5 ZPO nach dem bayerischen Gesetzesentwurf dahingehend geändert werden, dass solche Richter

---

[10] Anlage (Begründung) zu BR-Drucks. 747/04, S. 9 sowie die Begründung der geänderten Fassung des bayerischen Gesetzesentwurfs vom 2.11.2004, S. 11. Vgl. zudem auch: *Reimers*, in: *Pitschas/Walther*, Mediation in d. Verwaltungsgerichtsbarkeit, S. 45 (48 f.). Als den Anforderungen des Art. 101 Abs. 1 S. 2 GG genügende Kriterien zur Regelung der Zuständigkeit der einzelnen Güterichter/Richtermediatoren im Rahmen der Geschäftsverteilungspläne der Gerichte kommt beispielsweise – ergänzt durch abstrakt-statistische Merkmale – die Festlegung sachlicher Zuständigkeitsbereiche für einzelne Güterichter, die besondere Erfahrungen oder Spezialwissen auf einem bestimmten Fachgebiet Rechnung tragen kann, in Betracht (Vgl. erneut: Anlage (Begründung) zu BR-Drucks. 747/04, S. 10 sowie die Begründung der geänderten Fassung des bayerischen Gesetzesentwurfs vom 2.11.2004, S. 11).

[11] Anlage (Begründung) zu BR-Drucks. 747/04, S. 4 f. sowie die Begründung der geänderten Fassung des bayerischen Gesetzesentwurfs vom 2.11.2004, S. 7; *Reimers*, in: *Pitschas/Walther*, Mediation in d. Verwaltungsgerichtsbarkeit, S. 45 (48); *Monßen*, in: FS R. Haase, S. 293 (295). Zum Erfordernis der Schulung des Güterichters vgl. auch: *Walther*, in: *Pitschas/Walther*, Mediation in d. Verwaltungsgerichtsbarkeit, S. 7 (25).

[12] *Huther*, ZKM 2004, 247 (250).

[13] Anlage (Begründung) zu BR-Drucks. 747/04, S. 10 f. sowie die Begründung der geänderten Fassung des bayerischen Gesetzesentwurfs vom 2.11.2004, S. 11; Vgl. zudem: *Reimers*, in: *Pitschas/Walther*, Mediation in d. Verwaltungsgerichtsbarkeit, S. 45 (49).

[14] Anlage (Begründung) zu BR-Drucks. 747/04, S. 7 f. sowie die Begründung der geänderten Fassung des bayerischen Gesetzesentwurfs vom 2.11.2004, S. 9 f.

Adressaten einer Schlichtungsverweisung nach § 278 Abs. 1 ZPO-E sein können, die gemäß § 5 EGGVG-E aufgrund der Geschäftsverteilung ihres Gerichts mit der besonderen Geschäftsaufgabe der Durchführung von Güteverhandlungen sowie sonstigen Güteversuchen betraut sind. Durch diese Regelungen werde eine verlässliche Rechtsgrundlage für den prozessualen Einsatz von Richtern geschaffen, die Güteversuche in Verfahren durchführen, für die sie nach der Geschäftsverteilung ihres Gerichts zunächst nicht zuständig sind.[15] Gleichzeitig werde die Möglichkeit einer Verweisung durch die Wortwahl „für die Güteverhandlung oder für einen sonstigen Güteversuch" den Bedürfnissen der Praxis folgend über den Fall der vor der Durchführung der mündlichen Verhandlung durchzuführenden Güteverhandlung hinaus auch auf alle sonstigen gerichtlichen Güteversuche ausgedehnt. Begründet wird dies damit, dass sich nicht selten erst in einem späteren Verfahrensstadium die Möglichkeit und der Bedarf nach einem Schlichtungsversuch eröffne. Dem Prozessgericht soll es ermöglicht werden, zu jedem günstigen Zeitpunkt auf den Einsatz des Güterichters zurückzugreifen.[16]

Ergänzend sieht der bayerische Gesetzesentwurf vor, dass das Verfahren vor dem Güterichter durch eine Ergänzung des § 78 Abs. 5 ZPO vom Anwaltszwang freigestellt wird, weil die Erörterungen im Verfahren vor dem Güterichter nicht an den Streitgegenstand gebunden sein sollen und im Schwerpunkt häufig außergerichtliche Fragen betreffen. Insofern erscheine eine Gleichbehandlung mit Verfahren vor dem beauftragten oder ersuchten Richter konsequent.[17] Darüber hinaus soll die Vertraulichkeit der Güteverhandlung (1.) durch eine Personenverschiedenheit zwischen Güterichter und Streitrichter, (2.) durch eine Ausnahme vom Öffentlichkeitsgrundsatz, die sich ebenso wie für den beauftragten oder ersuchten Richter bereits aus § 169 S. 1 GVG ergibt, (3.) durch einen regelmäßigen Verzicht auf eine Protokollierung der Erörterungen vor dem Güterichter[18] sowie (4.) durch ein ausdrückliches Beweisverwertungsverbot hinsichtlich im Rahmen der Güteverhandlung vor dem Güterichter vertraulich erörterter Umstände (§ 286 Abs. 3 ZPO-E) gesichert werden.[19] Ist eine Güteverhandlung erfolgreich, sieht der bayerische Gesetzesentwurf vor, dass der Güterichter im Sinne der §§ 160 Abs. 3 Nr. 1, 794 Abs. 1

---

[15] Anlage (Begründung) zu BR-Drucks. 747/04, S. 8 sowie die Begründung der geänderten Fassung des bayerischen Gesetzesentwurfs vom 2.11.2004, S. 10.

[16] Anlage (Begründung) zu BR-Drucks. 747/04, S. 9 sowie die Begründung der geänderten Fassung des bayerischen Gesetzesentwurfs vom 2.11.2004, S. 10.

[17] Anlage (Begründung) zu BR-Drucks. 747/04, S. 7 sowie die Begründung der geänderten Fassung des bayerischen Gesetzesentwurfs vom 2.11.2004, S. 9; Vgl. zudem: *Walther* u. *Reimers*, in: *Pitschas/ Walther*, Mediation in d. Verwaltungsgerichtsbarkeit, S. 7 (26) bzw. S. 45 (49).

[18] Eine Ergänzung des § 159 Abs. 2 S. 2 ZPO soll nach dem bayerischen Gesetzentwurf sicherstellen, dass eine Protokollierung der Güteverhandlungen vor dem Güterichter nur hinsichtlich der Formalia des § 160 Abs. 3 Nr. 1 ZPO erfolgt. Etwas anderes soll nur gelten, sofern die Parteien dies wünschen oder, wenn es im Rahmen der Güteverhandlung vor dem Güterichter zu einem Vergleichsschluss kommt und die Erstellung eines Protokolls wegen § 160 Abs. 3 Nr. 1 erforderlich wird (Vgl. hierzu: Anlage (Begründung) zu BR-Drucks. 747/04, S. 7 sowie die Begründung der geänderten Fassung des bayerischen Gesetzesentwurfs vom 2.11.2004, S. 9).

[19] Anlage (Begründung) zu BR-Drucks. 747/04, S. 5 sowie die Begründung der geänderten Fassung des bayerischen Gesetzesentwurfs vom 2.11.2004, S. 8.

Nr. 1 ZPO einen Vergleich schließt und protokolliert. Scheitert der Versuch einer gütlichen Streitbeilegung, so vermerkt der Güterichter dies in den Akten und leitet diese zur Fortsetzung des Verfahrens an den zur Streitentscheidung berufenen Richter zurück. Gleiches gelte, wenn im Rahmen der gütlichen Streitbeilegung die Voraussetzungen einer Verfahrenserledigung durch Klagerücknahme, Erledigungserklärung oder Anerkenntnis eintreten.[20] Aus den §§ 525 S. 2, 555 Abs. 1 S. 2 ZPO folge schließlich, dass § 278 Abs. 5 ZPO-E eine Verweisung an den Güterichter zum Zwecke eines Güteversuchs auch den Gerichten höherer Instanz ermöglicht, soweit dort ein Güterichter eingerichtet ist.[21]

II. Der Gesetzgebungsvorschlag der Bundesrechtsanwaltskammer zu § 278 ZPO

Der Gesetzgebungsvorschlag der Bundesrechtsanwaltskammer (BRAK)[22] sieht vor, dass der mündlichen Verhandlung eine so genannte „Verfahrensverhandlung" vorausgeht, in welcher der zuständige Richter den Sach- und Streitstand unter freier Würdigung aller Umstände mit den Parteien dahingehend erörtert, ob ein anderes Streitbeilegungsverfahren als eine Entscheidung aufgrund eines Gerichtsprozesses im konkreten Falle sinnvoll erscheint (§ 278 Abs. 2 ZPO-E), mit anderen Worten – wie in den vorstehend beschriebenen Modellversuchen – die Rolle eines Fallmanagers einnimmt. Die „Verfahrensverhandlung" über den optimalen Weg der Streitbeilegung kann nach § 278 Abs. 8 ZPO-E entweder damit enden, dass die Prozessparteien einvernehmlich beschließen, ein alternatives Streitbeilegungsverfahren durchzuführen oder, dass die Parteien und der zuständige Einzelrichter zu dem Ergebnis kommen, dass ein alternatives Streitbeilegungsverfahren im konkreten Fall wenig sinnvoll oder gar aussichtslos erscheint. Entscheiden sich die Konfliktparteien im Anschluss an die „Verfahrensverhandlung", für die nach § 278 Abs. 5 ZPO-E das persönliche Erscheinen der Parteien angeordnet werden soll, für ein alternatives Streitbeilegungsverfahren, so soll das gerichtliche Verfahren für die Dauer der alternativen Streitbeilegungsverhandlungen zum Ruhen gebracht werden. § 251 ZPO soll nach den §§ 278 Abs. 8 ZPO-E und 278b Abs. 1 S. 2 ZPO-E während des alternativen Streitbeilegungsverfahrens respektive während des gerichtsnahen Mediationsverfahrens entsprechend gelten. Entscheiden sich die Prozessparteien gegen eine alternative Streitbeilegung, soll das Gericht unverzüglich eine Güteverhandlung nach § 278a ZPO-E durchführen. Alternativ soll es in letzterem Fall nach § 278 Abs. 4 ZPO-E zudem in Betracht kommen, dass das Gericht – in aus seiner Sicht trotz unterbliebener Einigung auf eine alternative Streitbeilegung für ein solches Verfahren geeigneten Fällen – anordnet, dass die Prozessparteien in einer entsprechenden „Informationssitzung" über die bestehenden Möglichkeiten der alternativen Streitbeilegung, insbesondere über den Charakter des Mediationsverfahrens, aufzuklären sind. Zur Durchfüh-

[20] Anlage (Begründung) zu BR-Drucks. 747/04, S. 10 f. sowie die Begründung der geänderten Fassung des bayerischen Gesetzesentwurfs vom 2.11.2004, S. 12.
[21] Anlage (Begründung) zu BR-Drucks. 747/04, S. 11 sowie die Begründung der geänderten Fassung des bayerischen Gesetzesentwurfs vom 2.11.2004, S. 13.
[22] Vgl. hierzu: *Ewig*, ZKM 2002, 45 ff.

rung dieses Informationstermins, der letztlich einem „Screening-Termin" im an anderer Stelle bereits diskutierten Sinne entspricht,[23] soll der zuständige Richter einen Richtermediator bestimmen können, der – für den Fall, dass sich die Parteien aufgrund der „Informationssitzung" auf freiwilliger Basis für eine alternative Streitbeilegung entscheiden – das Mediationsverfahren auf Wunsch der Konfliktparteien auch selbst durchführen kann.

Einzelheiten des gerichtsnahen Mediationsverfahrens regelt der bereits angesprochene § 278b ZPO-E. Neben der entsprechenden Geltung des § 251 ZPO während des Mediationsverfahrens sieht § 278b Abs. 1 ZPO-E vor, dass ein gerichtsnahes Mediationsverfahren nicht nur direkt im Anschluss an die oben beschriebene „Informationssitzung", sondern in jeder Lage des gerichtlichen Verfahrens auf Anregung des Gerichts mit Zustimmung der Parteien oder auf deren gemeinsamen Antrag hin aufgenommen werden kann. Es soll dabei, so § 278b Abs. 2 ZPO-E, vor einem von den Parteien benannten oder aber vor einem vom zuständigen Gericht ernannten und seitens der Konfliktparteien akzeptierten Mediator stattfinden, wobei der betreffende Mediator den Gang des Verfahrens bestimmt und das Mediationsverfahren beendet, wenn eine oder mehrere der Konfliktparteien nicht mehr bereit sind, am Mediationsverfahren teilzunehmen (§ 278b Abs. 3 ZPO-E). In diesem Falle informiert der Richtermediator das zur Streitentscheidung zuständige Gericht und erklärt schriftlich die Beendigung des Verfahrens gegenüber den Konfliktparteien. Einigen sich die Parteien im Laufe des gerichtsnahen Mediationsverfahrens, soll die Einigung gemäß § 278b Abs. 4 ZPO-E in einer vollstreckbaren Urkunde niedergeschrieben werden, die auf gemeinsamen Antrag der Parteien von dem Gericht zu protokollieren und auszufertigen ist, welches die „Verfahrensverhandlung" nach § 278 Abs. 1 ZPO-E zu Beginn des Gerichtsverfahrens durchgeführt hat. § 278b Abs. 5 ZPO-E stellt schließlich fest, dass die Parteien an ihre Erklärungen im Mediationsverfahren in einem späteren Gerichtsverfahren nicht gebunden sein sollen. Sie sollen entsprechende Behauptungen der Gegenseite unter Berücksichtigung der Beweislast und vorbehaltlich der prozessualen Wahrheitspflicht bestreiten können.

III. Der Regelungsvorschlag *v. Bargens* zur Einführung der gerichtsnahen Mediation im Rahmen der Verwaltungsgerichtsbarkeit

Mit Blick auf die gerichtsnahe Mediation in der Verwaltungs-, Sozial- und Finanzgerichtsbarkeit hat sich bisher einzig *v. Bargen*[24] um die Ausformulierung einer konkreten gesetzlichen Regelung bemüht, wobei diese im Vergleich zu den vorstehend beschriebenen Vorschlägen eher rudimentär erscheint. Im Einzelnen schlägt *v. Bargen* vor, einen § 86b VwGO zu schaffen, der in Anlehnung an § 278 Abs. 1 ZPO zunächst vorsieht, dass das Gericht in jeder Lage des Verfahrens auf eine gütliche Beilegung des Rechtsstreits oder einzelner Streitpunkte bedacht sein soll. Darüber hinaus sieht der Regelungsentwurf *v. Bargens* vor, dass der mündlichen Verhandlung zum Zwecke der gütlichen Beilegung des Rechtsstreits eine Güteverhandlung vorausgehen können soll, die von der Kammer,

---

[23] Vgl. hierzu: Zweiter Teil, 5. Kapitel, Unterpunkt I. 2. a).

[24] Vgl. hierzu: *v. Bargen*, DVBl. 2004, 468 (476).

vom Vorsitzenden oder vom Berichterstatter durchzuführen ist. Das die Güteverhandlung durchführende Organ soll dabei den Sach- und Streitstand mit den Beteiligten erörtern, einen Vergleich entgegennehmen (§ 86b Abs. 2 VwGO-E) sowie bei entsprechender Geltung des § 95 VwGO das persönliche Erscheinen der Beteiligten anordnen können (§ 86b Abs. 3 VwGO-E). Erst in § 86b Abs. 4 VwGO-E spricht *v. Bargen* die gerichtsnahe Mediation selbst an. Gemäß dieser Vorschrift soll die Kammer, der Vorsitzende oder der Berichterstatter die Beteiligten für die Güteverhandlung vor einen beauftragten oder ersuchten Richter sowie an einen anderen Richter desselben Gerichts verweisen können. In geeigneten Fällen soll den Beteiligten zudem vorschlagen werden können, den Rechtsstreit außerhalb des anhängigen Verfahrens durch gerichtsinterne oder außergerichtliche Streitbeilegung (Mediation, Schlichtung oder auf andere Weise) gütlich beizulegen. Entscheiden sich die Beteiligten für eine gerichtsinterne oder außergerichtliche Streitbeilegung, so soll § 251 ZPO entsprechende Geltung beanspruchen.

2. Kapitel: Eigener Vorschlag zur gesetzlichen Regelung der gerichtsnahen Mediation

Die soeben geschilderten Regelungsvorschläge erscheinen – gerade mit Blick auf die gerichtsnahe Mediation in der Verwaltungs-, Sozial- und Finanzgerichtsbarkeit – unzureichend. Zunächst fehlt es ihnen an der Eignung, die gerichtsnahe Mediation umfassend zu regeln. So findet man weder hinreichende Vertraulichkeitsregelungen noch Kostenregelungen, weder erschöpfende Regelungen hinsichtlich der Aufgaben, Befugnisse und Pflichten der Richtermediatoren noch Ausschlussregeln für im Einzelfall als Richtermediatoren in Betracht kommende Richter; auch fehlen Vorschriften zur Sicherung der Grundprinzipien der Mediation. Mit Ausnahme des bayerischen Gesetzesentwurfs mangelt es zudem an ausreichenden Zuständigkeitsregelungen und Vorschriften zur Notwendigkeit einer anwaltlichen Vertretung, während der Regelungsvorschlag von *v. Bargen* überhaupt elementare Bestimmungen hinsichtlich des gerichtsnahen Mediationsverfahrens vermissen lässt.

Abgesehen davon, dass fraglich ist, ob die im Wege des bayerischen Gesetzesentwurfs vorgeschlagene (Neu-)Regelung des § 278 ZPO im verwaltungs-, sozial- und finanzgerichtlichen Verfahren über § 173 S. 1 VwGO, § 202 SGG und § 155 FGO entsprechende Anwendung finden könnte,[25] lässt sich speziell hinsichtlich des bayerischen Gesetzesentwurfs darüber hinaus kritisieren, dass dieser die Entscheidung über die Abgabe von Verfahren an den Güterichter in das fachliche Ermessen des Gerichts stellt. Damit vermag der Gesetzesentwurf einem Grundprinzip der Mediation – dem Prinzip der Freiwilligkeit und Selbstbestimmtheit der Konfliktparteien – nicht zu entsprechen. Auch aus der bayerischen Richterschaft sind demzufolge Stimmen zu vernehmen, wonach die Verweisung in die gerichtsnahe Mediation nicht ausschließlich im Ermessen des Prozessgerichts liegen kann. Es sei unerlässlich, die Verweisungsmöglichkeit an die Zustimmung der Parteien, auf deren Mitwirkungsbereitschaft der Güterrichter angewiesen ist, zu binden.[26] Darüber hinaus geht der bayerische Gesetzesentwurf ersichtlich davon aus, dass es sich bei der Aufgabe des Güterichters – entgegen der in der vorliegenden Arbeit vertretenen Auffassung – um eine Rechtsprechungsaufgabe handelt. Dies geht bereits aus der Tatsache hervor, dass der Güterichter im Sinne der §§ 160 Abs. 3 Nr. 1, 794 Abs. 1 Nr. 1 ZPO einen Vergleich schließt und protokolliert, sofern eine Schlichtung erfolgreich endet. Schließlich soll nach dem bayerischen Gesetzesentwurf im Rahmen der Güteverhandlung offenbar kein Anwaltszwang herrschen, obwohl gute Gründe dafür sprechen, eine anwaltliche Vertretung der Konfliktparteien im gerichtsnahen Mediationsverfahren zu fordern oder zumindest die Möglichkeit zu schaffen, dass die Hinzuziehung eines Rechtsanwalts angeordnet werden kann. Wie an anderer Stelle bereits gezeigt,[27] kann mit Hilfe des Anwaltszwanges (oder mit Hilfe einer Anordnung der Hinzuziehung

---

[25] Zu den Bedenken hinsichtlich der entsprechenden Anwendbarkeit von Bestimmungen über im Vorfeld mündlicher Verhandlungen stattfindender Güteverhandlungen vgl.: Zweiter Teil, 9. Kapitel, Unterpunkt V. 2. u. 3.

[26] *Huther*, ZKM 2004, 247 (250).

[27] Vgl.: Zweiter Teil, 4. Kapitel, Unterpunkt I. 4.

eines Rechtsanwalts) der Gefahr begegnet werden, dass eine oder mehrere Konfliktparteien vorschnell und ohne ausreichende Überlegungen einem bestimmten Mediationsergebnis zustimmen und dadurch dem Risiko eines Rechtsverlusts ausgesetzt werden. Ein Rechtsanwalt könnte die von ihm vertretene Mediationspartei über eventuell drohende Rechtsverluste aufklären und gegebenenfalls vor einer allzu umfangreichen Preisgabe von Rechten warnen, ohne dabei die Erarbeitung einer konsensualen Streitlösung unmöglich zu machen. Darüber hinaus vermag er in Kenntnis des Rechts gegebenenfalls Konfliktlösungsmöglichkeiten zu erkennen, die sich den Konfliktparteien selbst nicht erschließen und die der jeweilige Richtermediator aufgrund der gebotenen und von ihm erwarteten inhaltlichen Zurückhaltung nicht in die Mediationsverhandlung einbringen kann, darf oder will. Auch in der Praxis wird die Anwesenheit von Rechtsanwälten in der gerichtsnahen Mediation vielerorts begrüßt.[28] Die Anwesenheit eines Rechtsbeistandes gebe den Beteiligten zum einen mehr Sicherheit, zum anderen könne die Gegenwart eines Anwalts gerade bei komplexen Sachverhalten zum Zwecke besserer Verständigung dienlich sein.[29] Vereinzelt wird sogar die Auffassung vertreten, der Erfolg der gerichtsnahen Mediation stehe und falle in erster Linie mit der Mitwirkung der Anwälte. Dies gelte bereits für die Vorbereitung der Mandanten auf die Mediation, vor allem aber für die Mediationsverhandlung selbst. Schon in der ersten Phase der gerichtlichen Mediation achte der Anwalt darauf, dass alle Voraussetzungen und Regularien angesprochen werden, die aus seiner Sicht für den Mandanten bedeutsam sind. Bei der Themensammlung und der Interessenexploration unterstütze er die Parteien dabei, die für eine Konfliktlösung notwendigen Tatsachen in das Gespräch einzubringen. Besonders hilfreich sei die Mitwirkung des Anwalts auch beim Sammeln von Lösungsoptionen. Die wichtigste und zweifellos schwierigste Aufgabe des den Mandanten in einer gerichtlichen Mediation begleitenden Rechtsanwalts bestehe jedoch letztlich darin, bei der Bewertung und Abwägung der Vor- und Nachteile aller Lösungsoptionen und bei der Erörterung des Ausgleichs unterschiedlicher Interessen das Recht im an anderer Stelle bereits beschriebenen Maße[30] in die Mediation einzubeziehen und das mediativ gefundene Ergebnis einer rechtlichen Überprüfung sowie einer Fairnesskontrolle zu unterziehen. Hierbei habe der Anwalt auch das Prozessrisiko bei Fortsetzung des Verfahrens vor dem Streitrichter seriös und verantwortungsvoll abzuwägen und den Mandanten zu unterrichten, was mit einer in Aussicht genommenen Lösung gewonnen wird, gegebenenfalls aber auch verloren gehen kann.[31] Nur vereinzelt wird in der Beteiligung von Rechtsanwälten eine Gefahr für die gerichtsnahe Mediation gesehen, namentlich dahingehend, dass die Gegenwart eines Rechtsanwalts konfliktverschärfend wirken könne, wenn dieser vom Konzept der

---

[28] Vgl. hierzu die Beschreibungen der Unterschiedlichen Modellversuche zum Einsatz der gerichtsnahen Mediation unter: Zweiter Teil, 2. Kapitel, Unterpunkt I.

[29] Vgl. die Ergebnisse der Befragungen von *Reichenbach/Helbig*, in: *Pitschas/Walther*, Mediation in d. Verwaltungsgerichtsbarkeit, S. 291 (299).

[30] Vgl.: Erster Teil, 1. Kapitel, Unterpunkt I.

[31] Vgl. (allerdings bezogen auf die gerichtsnahe Mediation in der Zivilgerichtsbarkeit): *Hückstädt*, NJ 2005, 289 (294).

Mediation nicht überzeugt ist.[32] Der Gesetzgebungsvorschlag der BRAK erscheint – neben seiner Unvollständigkeit und der Frage, ob die vorgesehene Regelung in vollem Umfang im verwaltungs-, sozial- und finanzgerichtlichen Verfahren entsprechende Anwendung finden kann – vor allem in seiner Dreigliedrigkeit (Verfahrensverhandlung – Informationssitzung – Güteverhandlung/Mediationsverfahren) problematisch, jedenfalls aber umständlich.

Die an dieser Stelle nur kurz zusammengefassten Mängel der zuvor dargestellten Normierungsvorschläge geben – gerade im Hinblick auf die gerichtsnahe Mediation in der Verwaltungs-, Sozial- und Finanzgerichtsbarkeit – Anlass zur Ausarbeitung eines eigenen Gesetzgebungsvorschlags, der die gerichtsnahe Mediation umfassend zu regeln und die Mängel der beschriebenen Regelungsvorschläge zu vermeiden sucht. Dabei bietet es sich an, wie im Falle des bayerischen Gesetzesentwurfs und des Gesetzgebungsvorschlags der BRAK, eine Regelung der gerichtsnahen Mediation schwerpunktmäßig im Bereich der Vorschrift des § 278 ZPO zu verorten, die auch in verwaltungs-, sozial- und finanzgerichtlichen Verfahren über § 173 S. 1 VwGO, § 202 SGG sowie § 155 FGO entsprechende Anwendung finden kann. Eine solche Regelung hätte den Vorteil, dass mit einer einzigen Gesetzesänderung die gerichtsnahe Mediation nicht nur in den öffentlich-rechtlichen Gerichtsbarkeiten, sondern – im Hinblick auf den Kerngegenstand der vorliegenden Arbeit eher als Nebeneffekt – auch in der Zivilgerichtsbarkeit geregelt werden könnte. Auch und gerade in der Zivilgerichtsbarkeit scheinen die positiven Erfahrungen mit dem Einsatz der gerichtsnahen Mediation in zahlreichen der vorbeschriebenen Modellversuche[33] für eine flächendeckende Einführung und eine gesetzliche Regelung der gerichtsnahen Mediation zu sprechen. Demgemäß soll eine gesetzliche Regelung der gerichtsnahen Mediation durch folgende Änderungen der Zivilprozessordnung (zur Verdeutlichung sind die jeweiligen Änderungen durch *Kursivschrift* hervorgehoben; zusätzlich notwendige Änderungen der Verwaltungsprozessordnung, des Sozialgerichtsgesetzes sowie der Finanzgerichtsordnung werden in [Klammern] ergänzt) vorgenommen werden:

[...]

§ 49a. Richtermediatoren. *[1]Die Vorschrift des § 41 ZPO ist auf den Ausschluss eines Richtermediators im Rahmen einer gerichtsnahen Mediation nach § 278a ZPO-E entsprechend anzuwenden. [2]Im Übrigen hat jede Partei in jeder Lage des Verfahrens das Recht, einen nach § 278a Abs. 1 Satz 3 ZPO mit der Durchführung des gerichtsnahen Mediationsverfahrens betrauten Richtermediator wegen bestehender Zweifel an dessen Neutralität und Unabhängigkeit oder aus einem anderen Grund durch Abgabe einer schriftlichen Erklärung gegenüber den anderen Mediationsparteien, dem Richtermediator oder dem ursprünglich entscheidungsbefugten Gericht abzulehnen. [3]An die Stelle des abgelehnten Mediators tritt dessen in der Geschäftsverteilung vorgesehener Vertreter oder ein anderer von den Parteien übereinstimmend ausgewählter Richtermediator des jeweiligen Gerichts.*

---

[32] Vgl. die Ergebnisse der Befragungen von *Büttner/Heinecke*, in: *Pitschas/Walther*, Mediation in d. Verwaltungsgerichtsbarkeit, S. 251 (280).

[33] Vgl.: Zweiter Teil, 2. Kapitel, Unterpunkt II.

[Aufgrund der Hinzufügung des vorstehenden § 49a ZPO werden zudem folgende Änderungen der Verwaltungsgerichtsordnung, des Sozialgerichtsgesetzes sowie der Finanzgerichtsordnung erforderlich:

§ 54 VwGO. Ausschließung und Ablehnung von Gerichtspersonen. (1) Für die Ausschließung und Ablehnung der Gerichtspersonen gelten §§ 41 bis *49a* der Zivilprozessordnung entsprechend.
(2) Von der Ausübung des Amtes als Richter oder ehrenamtlicher Richter *oder Richtermediator* ist auch ausgeschlossen, wer bei dem vorausgegangenen Verwaltungsverfahren mitgewirkt hat.
(3) Besorgnis der Befangenheit nach § 42 der Zivilprozessordnung ist stets dann begründet, wenn der Richter oder ehrenamtliche Richter der Vertretung einer Körperschaft angehört, deren Interessen durch das Verfahren berührt werden.

§ 60 SGG. Ausschließung und Ablehnung von Gerichtspersonen. (1) Für die Ausschließung und Ablehnung der Gerichtspersonen gelten die §§ 41 bis 44, 45 Abs. 2 Satz 2, §§ 47 bis *49a* der Zivilprozessordnung entsprechend. Über die Ablehnung entscheidet außer im Falle des § 171 das Landessozialgericht durch Beschluss.
(2) Von der Ausübung des Amtes als Richter *oder Richtermediator* ist auch ausgeschlossen, wer bei dem vorausgegangenen Verwaltungsverfahren mitgewirkt hat.
(3) Die Besorgnis der Befangenheit nach § 42 der Zivilprozessordnung gilt stets als begründet, wenn der Richter dem Vorstand einer Körperschaft oder Anstalt des öffentlichen Rechts angehört, deren Interessen durch das Verfahren unmittelbar berührt werden.

§ 51 FGO. Ausschließung und Ablehnung von Gerichtspersonen. (1) Für die Ausschließung und Ablehnung der Gerichtspersonen gelten §§ 41 bis *49a* der Zivilprozessordnung sinngemäß. Gerichtspersonen können auch abgelehnt werden, wenn von ihrer Mitwirkung die Verletzung eines Geschäfts- oder Betriebsgeheimnisses oder Schaden für die geschäftliche Tätigkeit eines Beteiligten zu besorgen ist.
(2) Von der Ausübung des Amtes als Richter, als ehrenamtlicher Richter, *als Richtermediator* oder als Urkundsbeamter ist auch ausgeschlossen, wer bei dem vorausgegangenen Verwaltungsverfahren mitgewirkt hat.
(3) Besorgnis der Befangenheit nach § 42 der Zivilprozessordnung ist stets dann begründet, wenn der Richter oder ehrenamtliche Richter der Vertretung einer Körperschaft angehört oder angehört hat, deren Interessen durch das Verfahren berührt werden.]

[...]

§ 78. Anwaltsprozess. (1) [1]Vor den Landgerichten müssen sich die Parteien durch einen bei einem Amts- oder Landgericht zugelassenen Rechtsanwalt vertreten lassen. [2]Vor den Oberlandesgerichten müssen sich die Parteien durch einen bei einem Oberlandesgericht zugelassenen Rechtsanwalt vertreten lassen. [3]Ist in einem Land auf Grund des § 8 des Einführungsgesetzes zum Gerichtsverfassungsgesetz ein oberstes Landesgericht errichtet, so müssen sich die Parteien vor diesem Gericht durch einen bei einem Oberlandesgericht zugelassenen Rechtsanwalt vertreten lassen. [4]Vor dem Bundesgerichtshof müssen sich die Parteien durch einen bei dem Bundesgerichtshof zugelassenen Rechtsanwalt vertreten lassen. [5]Die Sätze 2 bis 4 gelten entsprechend für die Beteiligten und beteiligte Dritte in Familiensachen.
(2) Vor den Familiengerichten müssen sich die Ehegatten in Ehesachen und Folgesachen, Lebenspartner in Lebenspartnerschaftssachen nach § 661 Abs. 1 Nr. 1 bis 3 und Folgesachen und die Parteien und am Verfahren beteiligte Dritte in selbständigen Familiensachen des § 621 Abs. 1 Nr. 8 und des § 661 Abs. 1 Nr. 6 durch einen bei einem Amts- oder Landgericht zugelassenen Rechtsanwalt vertreten lassen.
(3) Am Verfahren über Folgesachen beteiligte Dritte und die Beteiligten in selbständigen Familiensachen des § 621 Abs. 1 Nr. 1 bis 3, 6, 7, 9, 10, soweit es sich um ein Verfahren nach § 1600e Abs. 2 des Bürgerlichen Gesetzbuchs handelt, sowie Nr. 12, 13 und des § 661 Abs. 1 Nr. 5 und 7 brauchen sich vor den Oberlandesgerichten nicht durch einen Rechtsanwalt vertreten zu lassen.
(4) Das Jugendamt, die Träger der gesetzlichen Rentenversicherungen sowie sonstige Körperschaften, Anstalten oder Stiftungen des öffentlichen Rechts und deren Verbände einschließlich der Spitzenverbände und ihrer Arbeitsgemeinschaften brauchen sich als Beteiligte für die Nichtzulassungsbeschwerde und die Rechtsbeschwerde nach § 621e Abs. 2 nicht durch einen Rechtsanwalt vertreten zu lassen.

(5) Diese Vorschriften sind auf das Verfahren vor einem beauftragten oder ersuchten Richter sowie auf Prozesshandlungen, die vor dem Urkundsbeamten der Geschäftsstelle vorgenommen werden können, nicht anzuwenden.
(5a) Für die Durchführung eines Informationstermins nach § 278 Abs. 5a Satz 1 ZPO-E und die Durchführung eines gerichtsnahen Mediationsverfahrens nach § 278a ZPO-E kann durch Gerichtsbeschluss die Hinzuziehung eines Rechtsanwalts angeordnet werden.
(6) Ein Rechtsanwalt, der nach Maßgabe der Absätze 1 und 2 zur Vertretung berechtigt ist, kann sich selbst vertreten.

[...]

§ 278. Gütliche Streitbeilegung, Güteverhandlung, außergerichtliche Streitbeilegung, Vergleich. (1) Das Gericht soll in jeder Lage des Verfahrens auf eine gütliche Beilegung des Rechtsstreits oder einzelner Streitpunkte bedacht sein.
(2) 1Der mündlichen Verhandlung geht zum Zwecke der gütlichen Beilegung des Rechtsstreits eine Güteverhandlung voraus, es sei denn, es hat bereits ein Einigungsversuch vor einer außergerichtlichen Gütestelle stattgefunden oder die Güteverhandlung erscheint erkennbar aussichtslos. 2Das Gericht hat in der Güteverhandlung den Sach- und Streitstand mit den Parteien unter freier Würdigung aller Umstände zu erörtern und, soweit erforderlich, Fragen zu stellen. 3Die erschienenen Parteien sollen hierzu persönlich gehört werden.
(3) 1Für die Güteverhandlung sowie für weitere Güteversuche soll das persönliche Erscheinen der Parteien angeordnet werden. 2§ 141 Abs. 1 Satz 2, Abs. 2 und 3 gilt entsprechend.
(4) Erscheinen beide Parteien in der Güteverhandlung nicht, ist das Ruhen des Verfahrens anzuordnen.
(5) Das Gericht kann die Parteien für die Güteverhandlung vor einen beauftragten oder ersuchten Richter verweisen.
(5a) 1In geeigneten Fällen kann das Gericht den Parteien in jeder Lage des Verfahrens eine außergerichtliche Streitbeilegung oder ein gerichtsnahes Mediationsverfahren (§ 278a) vorschlagen oder die Teilnahme an einem Informationstermin über die bestehenden Möglichkeiten der außergerichtlichen Streitbeilegung und der gerichtsnahen Mediation vor dem nach der Geschäftsverteilung des Gerichts zuständigen Richtermediator (§ 278a Abs. 1 ZPO) anordnen. 2Ein Informationstermin nach Satz 1 ist von dem zuständigen Richtermediator unverzüglich nach Kenntniserlangung von dessen gerichtlicher Anordnung anzuberaumen. 3Entscheiden sich die Parteien für eine außergerichtliche Streitschlichtung oder ein gerichtsnahes Mediationsverfahren, gilt § 251 entsprechend. 4Die Verjährung von Ansprüchen sowie Anfang und Fortlauf sonstiger Fristen zur Geltendmachung der von den Mediationsverhandlungen betroffenen Rechte sind für die Dauer der außergerichtlichen Streitschlichtung oder des gerichtsnahen Mediationsverfahrens gehemmt.
(6) 1Ein gerichtlicher Vergleich kann auch dadurch geschlossen werden, dass die Parteien dem Gericht einen schriftlichen Vergleichsvorschlag unterbreiten oder einen schriftlichen Vergleichsvorschlag des Gerichts durch Schriftsatz gegenüber dem Gericht annehmen. 2Das Gericht stellt das Zustandekommen und den Inhalt eines nach Satz 1 geschlossenen Vergleichs durch Beschluss fest. 3§ 164 gilt entsprechend.

§ 278a. Gerichtsnahe Mediation. *(1) 1Die gerichtsnahe Mediation ist ein eigenständiges und vertrauliches Verfahren, das auf freiwilliger Teilnahme der Prozessbeteiligten beruht und der außerprozessualen, interessengerechten, selbständigen und eigenverantwortlichen Streitbeilegung durch die Prozessbeteiligten mit Unterstützung eines als Mediator tätig werdenden und nicht dem zuständigen Gericht angehörigen Richters als unabhängige und neutrale Mittelsperson dient. 2Das Mediationsverfahren kann in jeder Lage des gerichtlichen Verfahrens auf Anregung des zuständigen Gerichts mit Zustimmung der Parteien oder auf deren gemeinsamen Antrag hin aufgenommen* *werden. [3]Entscheiden sich die Beteiligten für ein gerichtsnahes Mediationsverfahren, gibt das zuständige Gericht das Verfahren an den nach der Geschäftverteilung des jeweiligen Gerichts zuständigen Richtermediator oder einen anderen, von den Parteien übereinstimmend ausgewählten Richtermediator ab.*

(2) [1]Notwendige Streitgenossen (§ 62) sind am gerichtsnahen Mediationsverfahren zu beteiligen. [2]Sonstige Dritte können nur mit Zustimmung der Parteien hinzugezogen werden.

(3) [1]Der Richtermediator hat keine Sachentscheidungsbefugnisse, ist zur Neutralität verpflichtet, gewährt allen Beteiligten in ausreichendem Maße Gelegenheit, sich zum Gegenstand des gerichtsnahen Mediationsverfahrens zu äußern, und unterstützt die Beteiligten darin, ihre Interessen in angemessener Weise und in ausreichendem Umfang zu artikulieren. [2]Er lädt die Beteiligten zur Durchführung der Mediation ein, informiert über das Verfahren der Mediation, klärt über die Funktion des Richtermediators auf, leitet mit Rücksicht auf die Bedürfnisse der Beteiligten den Gang des Verfahrens und unterstützt die Beteiligten darin, Streitpunkte zu erkennen, Lösungsoptionen zu erarbeiten sowie ihren Konflikt einvernehmlich zu regeln. [3]Die weiteren Verfahrensbefugnisse des Richtermediators werden in der zwischen den Beteiligten und dem zuständigen Richtermediator zu Beginn des Mediationsverfahrens zu schließenden Mediationsvereinbarung geregelt, in der sich die Konfliktparteien auch zur redlichen Teilnahme am gerichtsnahen Mediationsverfahren verpflichten.

(4) Das gerichtsnahe Mediationsverfahren wird nur in Anwesenheit aller Beteiligten, bei Beteiligung juristischer Personen nur in Anwesenheit informierter und zum Abschluss einer Vereinbarung über den Gegenstand des Verfahrens berechtigter Personen durchgeführt.

(5) [1]Im Falle einer Einigung zwischen den Beteiligten endet das gerichtsnahe Mediationsverfahren mit einer verbindlichen Vereinbarung zwischen den Konfliktparteien, welche den Ort und Tag der Mediationsverhandlungen, Angaben über die am gerichtsnahen Mediationsverfahren Beteiligten, den Namen des Richtermediators, den Inhalt der Einigung zwischen den Mediationsparteien sowie sonstige wichtige Informationen zum Mediationsverfahren enthält. [2]Das Gerichtsverfahren endet im Falle einer Einigung zwischen den Beteiligten nach Rückgabe der Verfahrensakten und der zwischen den Beteiligten getroffenen Vereinbarung an das zuständige Gericht durch

1. *Klagerücknahme (§ 269 ZPO),*
2. *Verzichtsurteil (§ 306 ZPO),*
3. *Anerkenntnisurteil (§ 307 ZPO),*
4. *Übereinstimmende Erledigungserklärungen der Konfliktparteien (§ 91a ZPO) oder*
5. *Vergleich (§ 794 Abs. 1 Satz 1 Nr. 1 ZPO).*

[3]Anerkenntnis, Verzicht, Klagerücknahme und übereinstimmende Erledigungserklärungen sind im Anschluss an das gerichtsnahe Mediationsverfahren vor dem zuständigen Prozessgericht zu erklären. [4]Auch ein Vergleichsschluss erfolgt vor dem zuständigen Prozessgericht. [5]Handelt es sich bei der Einigung zwischen den Beteiligten um eine Teileinigung, wird das Gerichtsverfahren im Anschluss an die gerichtsnahe Mediation unter Berücksichtigung der Teileinigung fortgesetzt. [6]Abweichend von Satz 3 und 4 können Anerkenntnis, Verzicht, Klagerücknahme, übereinstimmende Erledigungserklärungen und gerichtliche Vergleiche auch vor dem Richtermediator erklärt werden, sofern das zuständige Gericht den Richtermediator bei Abgabe der Verfahrensakten gemäß Abs. 1 Satz 3 ersucht hat, im Falle einer Einigung das gerichtliche Verfahren wieder aufzunehmen und die entsprechenden Erklärungen der Beteiligten entgegenzunehmen.

(6) [1]Ohne eine Einigung zwischen den Beteiligten endet das gerichtsnahe Mediationsverfahren durch

1. *die Erklärung eines Beteiligten gegenüber den anderen Beteiligten und dem Richtermediator, das gerichtsnahe Mediationsverfahren mit sofortiger Wirkung beenden zu wollen,*
2. *die nicht ausreichend entschuldigte Säumnis eines Beteiligten oder*
3. *den gegenüber allen Beteiligten zur Kenntnis gebrachten Abbruch des gerichtsnahen Mediationsverfahrens durch den Richtermediator aus wichtigem Grund.*

²Der Richtermediator gibt die Verfahrensakten an das Prozessgericht zurück und informiert dieses ohne nähere Angaben zum gerichtsnahen Mediationsverfahren schriftlich über die Beendigung des gerichtsnahen Mediationsverfahrens. ³In Fällen des Satz 1 Nr. 2 und 3 hat der Richtermediator in einer schriftlichen Erklärung gegenüber den Beteiligten den Grund für die Beendigung des gerichtsnahen Mediationsverfahrens anzugeben. ⁴Führen in der Person des Richtermediators liegende Gründe zur Beendigung der gerichtsnahen Mediation nach Satz 1 Nr. 3, so kann das Verfahren an das zuständige Gericht oder auf Wunsch der Beteiligten an einen anderen Richtermediator des Gerichts abgegeben werden.

§ 278b. Vertraulichkeit der gerichtsnahen Mediation. *(1) ¹Der Inhalt des gerichtsnahen Mediationsverfahrens ist streng vertraulich, sofern die an ihm Beteiligten nicht übereinstimmend etwas Gegenteiliges vereinbaren. ²Der Richtermediator, die Prozessbeteiligten und zur gerichtsnahen Mediation hinzugezogene Dritte (Mediationsbeteiligte) sind nicht berechtigt, im Rahmen der gerichtsnahen Mediation erlangte Informationen und Urkunden an ein späteres Schiedsgericht oder Gericht oder an außen stehende Dritte weiterzugeben. ³Satz 2 gilt nicht für offenbare Tatsachen sowie solche Tatsachen, die ein Mediationsbeteiligter vortragen muss, um einen Schadensersatzanspruch wegen eines Verstoßes gegen Rechte und Pflichten aus dem Mediationsverhältnis abzuwehren oder zu begründen oder um sich in einem strafrechtlichen Prozess zu verteidigen. ⁴Gesetzliche Offenbarungspflichten sowie sonstige gesetzliche Regelungen, die der vertraulichen Behandlung im Rahmen der gerichtsnahen Mediation erlangter Informationen entgegenstehen, bleiben unberührt.*

(2) ¹Abs. 1 Satz 2 gilt nicht für solche Informationen und Urkunden, die dem jeweiligen Beteiligten nachweislich auch außerhalb der gerichtsnahen Mediation zugänglich gewesen wären. ²Die Parteien dürfen in einem späteren Gerichtsverfahren vortragen,

1. dass im Rahmen einer gerichtsnahen Mediation eine Einigung über den Streitgegenstand erzielt wurde und

2. welchen Inhalt diese Einigung hat,

wenn es darum geht, Ansprüche aus der im Wege der gerichtsnahen Mediation erzielten Einigung oder solche, die hiermit in untrennbarem Zusammenhang stehen, durchzusetzen.

(3) Abgesehen von Abs. 1 Satz 3 und 4 sowie Abs. 2 darf über den Inhalt eines gerichtsnahen Mediationsverfahrens in einem späteren schiedsgerichtlichen oder gerichtlichen Verfahren kein Beweis erhoben werden.

§ 278c. Fehlende Bindung an Erklärungen in einem späteren (Schieds-)Gerichtsverfahren. *¹Die Parteien sind in einem späteren (Schieds-)Gerichtsverfahren an ihre Erklärungen im Mediationsverfahren nicht gebunden. ²Sie können entsprechende Behauptungen der Gegenseite unter Berücksichtigung der Beweislast und vorbehaltlich der prozessualen Wahrheitspflicht bestreiten.*

§ 278d. Gerichtsnahe Mediation und einstweilige gerichtliche Maßnahmen. *Die Durchführung einer gerichtsnahen Mediation schließt nicht aus, dass ein Gericht vor oder nach Beginn des gerichtsnahen Mediationsverfahrens auf Antrag einer Partei eine vorläufige oder sichernde Maßnahme in Bezug auf den Gegenstand der gerichtsnahen Mediation anordnet.*

[...]

I. § 278 Abs. 5a S. 1 und 2 ZPO-E als gesetzliche Grundlage zur Durchführung gerichtsnaher Mediationsverfahren

§ 278 Abs. 5a S. 1 ZPO-E schafft die nach hier vertretener Auffassung erforderliche Gesetzesgrundlage für die Durchführung gerichtsnaher Mediationsverfahren.[34] Zwar kann, wie dargelegt, auch der bisherige § 278 Abs. 5 S. 2 und 3 ZPO als gesetzliche Grundlage der gerichtsnahen Mediation angesehen werden, wenn man unter „außergerichtlicher" Streitschlichtung im Sinne des § 278 Abs. 5 S. 2 ZPO eine solche außerhalb des Gerichts im Sinne des zuständigen Spruchkörpers und nicht etwa eine Streitbeilegung außerhalb der Institution „Gericht" versteht.[35] Erst § 278 Abs. 5a S. 1 ZPO-E schafft jedoch die in dieser Hinsicht wünschenswerte und mit Blick auf § 4 Abs. 2 Nr. 2 DRiG gebotene Klarheit.

Zur Klarheit trägt § 278 Abs. 5a S. 1 ZPO-E überdies insoweit bei, als er im Vergleich zu § 278 Abs. 5 ZPO strikt zwischen der Möglichkeit des Gerichts, die Parteien zwecks Durchführung der Güteverhandlung vor einen beauftragten oder ersuchten Richter zu verweisen (§ 278 Abs. 5 ZPO-E, entspricht § 278 Abs. 5 S. 1 ZPO), und der Möglichkeit des Vorschlags zu einer außergerichtlichen Streitbeilegung sowie zu einer gerichtsnahen Mediation (§ 278 Abs. 5a ZPO-E) unterscheidet. Zudem sieht § 278 ZPO-E klarstellend vor, dass der Vorschlag einer außergerichtlichen Streitbeilegung oder einer gerichtsnahen Mediation „in jeder Lage des Verfahrens" ergehen kann. Durch die systematische Trennung zwischen der auf das Güteverfahren bezogenen Verweisungsvorschrift des § 278 Abs. 5 S. 1 ZPO (jetzt § 278 Abs. 5 ZPO-E) und der Möglichkeit des Vorschlags einer außergerichtlichen Streitbeilegung beziehungsweise einer gerichtsnahen Mediation wird deutlich, dass ein Vorschlag zur außergerichtlichen Streitbeilegung oder zur gerichtsnahen Mediation nach § 278 Abs. 5a S. 1 ZPO-E auch ohne Bezug zur Güteverhandlung nach § 278 Abs. 2 ff. ZPO erteilt werden können soll. Untermauert wird dies durch die Aufnahme der Formulierung „in jeder Lage des Verfahrens". Nach § 278 Abs. 5a S. 1 ZPO-E stellt die Möglichkeit des Vorschlags einer außergerichtlichen Streitbeilegung oder einer gerichtsnahen Mediation keinesfalls nur eine mögliche Vorgehensweise im Rahmen der Durchführung zivilprozessrechtlicher Güteverhandlungen dar, sondern ein eigenständiges Instrumentarium, welches der Verwirklichung der Verpflichtung des Gerichts nach § 278 Abs. 1 ZPO dient, in jeder Lage des Verfahrens auf eine gütliche Beilegung des Rechtsstreits oder einzelner Streitpunkte bedacht zu sein.

In gewisser Weise dient die dargestellte Neufassung des § 278 ZPO darüber hinaus der entsprechenden Anwendbarkeit des bisherigen und nach § 278 Abs. 5a S. 1 ZPO-E um die Möglichkeit der gerichtsnahen Mediation erweiterten § 278 Abs. 5 S. 2 und 3 ZPO im verwaltungs-, sozial- und finanzgerichtlichen Verfahren. Erscheint es mit Blick auf den

---

[34] Für eine explizite Nennung der gerichtsnahen Mediation in § 278 ZPO sowie eine dem bisherigen § 278 Abs. 5 entsprechende Formulierung der Möglichkeit der Verweisung eines Falles an einen Richtermediator zwecks Durchführung einer gerichtsnahen Mediation bei Beibehaltung der Möglichkeit eines Vorschlags einer außergerichtlichen Streitschlichtung vgl. auch: *Spindler*, ZKM 2007, 79 (80 f.); *Spindler*, Abschlussbericht zum Forschungsprojekt Gerichtsnahe Mediation in Niedersachsen, Rn. 51 u. 629.

[35] Vgl.: Zweiter Teil, 9. Kapitel, Unterpunkt V. 4.

möglichen Bezug des § 278 Abs. 5 S. 2 und 3 ZPO zur ausschließlich zivilprozessrechtlichen Güteverhandlung nach § 278 Abs. 2 ff. ZPO zweifelhaft, ob die Möglichkeit des Vorschlags einer außergerichtlichen Streitbeilegung oder gerichtsnahen Mediation nach § 278 Abs. 5 S. 2 ZPO über § 173 S. 1 VwGO, § 202 SGG und § 155 FGO auch im verwaltungs-, sozial- und finanzgerichtlichen Verfahren besteht,[36] kann § 278 Abs. 5a S. 1 ZPO-E aufgrund der mit seiner Einführung bewirkten Auflösung des gegebenenfalls bestehenden systematischen Zusammenhangs mit der zivilprozessualen Güteverhandlung unproblematisch auch im verwaltungs-, sozial- und finanzgerichtlichen Verfahren entsprechende Anwendung finden.

Neben dem Vorschlag einer außergerichtlichen Streitbeilegung sowie eines gerichtsnahen Mediationsverfahrens ermöglicht § 278 Abs. 5a S. 1 ZPO-E dem Gericht – ähnlich wie dies auch in den USA zuweilen der Fall ist – die Anordnung der Teilnahme an einem Informations- und Screeningtermin über die bestehenden Möglichkeiten der außergerichtlichen Streitbeilegung und der gerichtsnahen Mediation.[37] In diesem Termin kann

---

[36] Vgl. erneut: Zweiter Teil, 9. Kapitel, Unterpunkt V. 4.

[37] Einen ähnlichen Termin sieht auch der BRAK-Gesetzgebungsvorschlag (vgl.: *Ewig*, ZKM 2002, 45 ff.) vor. Begründet wird dies in Abgrenzung zu einer obligatorischen Ausgestaltung der gerichtsnahen Mediation mit den für eine (gerichtsnahe) Mediation typischen und erfolgbestimmenden Faktoren der Freiwilligkeit und Eigenverantwortlichkeit. Die betroffenen Parteien könnten sich für die Teilnahme an einem bestimmten Verfahren nur dann freiwillig und eigenverantwortlich entscheiden, wenn sie zuvor professionell darüber aufgeklärt worden sind, durch welche Vor- und Nachteile Mediation sich von anderen Verfahrensalternativen unterscheidet. Eine im Bedarfsfall an die Partei gerichtete nachdrückliche Aufforderung, sich über Verfahrensalternativen professionell unterrichten zu lassen, sei deshalb – anders als der obligatorische Einigungsversuch – sachgerecht. Auch das "Draft Proposal for a Directive on certain Aspects of Mediation in civil and commercial Matters", abgedruckt in: ZKM 2004, 149 f., spricht sich in Art. 3 Abs. 1 für das Recht zur Anordnung eines Informationstermins über die Möglichkeit der Mediation aus: „A court before which an action is brought shall, when appropriate and having regard to all circumstances of the case, invite the parties to use mediation in order to settle the dispute. The court shall in any event have the right to require the parties to attend an information session on the use of mediation. Ebenso für die Einführung eines Informations- bzw. Screening-Termins: *Spindler*, Abschlussbericht zum Forschungsprojekt Gerichtsnahe Mediation in Niedersachsen, Rn. 208 f., 632 u. 637.

Als Anhaltspunkt für die Informationen, die den Konfliktparteien im Rahmen eines Informations- bzw. Screeningtermins übermittelt werden sollten, vermag beispielsweise Sec. 3 der US-amerikanischen „National Standards for Court-Connected Mediation Programs", abgedruckt in: *Goldberg/Sander/Rogers/Cole*, Dispute Resolution, Appendix F, S. 664, online verfügbar unter: http://www.caadrs.org/downloads/NationalStandards.pdf (Stand: 24.1.2008) dienen. Danach sollen die Gerichte über das Mediationsverfahren, die Verfügbarkeit von gerichtsnahen Mediationsprogrammen, die Unterschiede der zwischen der Mediation und anderen Verfahren der Streitbeilegung, die Möglichkeit möglicher Kosten- und Zeitersparnisse und die möglichen Konsequenzen einer Mediationsteilnahme informieren (Sec. 3.1). Im Einzelnen sollen die Gerichte unter anderem informieren über die Ziele und Grenzen der gerichtsnahen Mediationsprogramme, wie das Angebot der gerichtsnahen Mediation funktioniert, wie das Gerichtsverfahren und das gerichtsnahe Mediationsverfahren interagieren, wie mögliche Mediationsergebnisse durchgesetzt werden können, welche Regeln auf das gerichtsnahe Mediationsverfahren Anwendung finden, welche Fälle sich für die gerichtsnahe Mediation potenziell eignen, wie der jeweilige Mediator benannt wird, welche Auswahlmöglichkeiten die Parteien bzgl. der Auswahl des jeweiligen (Richter-)Mediators haben, welche Gebühren aufgrund der gerichtsnahen Mediation entstehen, die Natur und

eine Unterrichtung der Prozessparteien über die unterschiedlichen Modelle der außergerichtlichen Streitbeilegung und die Möglichkeit der gerichtsnahen Mediation stattfinden und zudem in Zweifelsfällen die Eignung des konkreten Konflikts zur außergerichtlichen Streitbeilegung und zur gerichtsnahen Mediation genauer geprüft werden.

Wie bereits gezeigt,[38] ist die Verpflichtung der Prozessparteien zur Teilnahme an einem Informations- und Screeningtermin mit dem Justizgewährleistungsanspruch und der Rechtsweggarantie vereinbar. Dies gilt insbesondere, wenn die Teilnahme nicht pauschal für alle Verfahren vorgesehen wird, sondern – wie in § 278 Abs. 5a S. 1 ZPO-E der Fall – in das pflichtgemäße Ermessen des jeweiligen Prozessgerichts gestellt wird. Die Möglichkeit, die Prozessparteien zur Teilnahme an einem Informations- und Screeningtermin zu verpflichten, bezweckt vor allem, die hinsichtlich einer außergerichtlichen Streitbeilegung und einem gerichtsnahen Mediationsverfahren oftmals bestehenden Eintrittsbarrieren zu überwinden, die nicht selten in der Unkenntnis und Skepsis gegenüber den bestehenden Alternativen zur gerichtlichen Streitentscheidung und in der Unsicherheit hinsichtlich des Umgangs mit alternativen Streitbeilegungsverfahren wurzeln dürften.[39] Des Weiteren kann schon durch eine Teilnahme an einem Informations- und Screeningtermin die Kommunikation zwischen den Konfliktparteien verbessert werden.

Nach § 278 Abs. 5a S. 1 ZPO-E soll der Informations- und Screeningtermin vor dem im konkreten Fall nach der Geschäftsverteilung zuständigen Richtermediator stattfinden. Hintergrund dieser Regelung ist, dass der Richtermediator regelmäßig eine besondere Schulung in der Durchführung gerichtsnaher Mediationsverfahren absolviert haben und – im Vergleich zur sonstigen Richterschaft – über vertiefte Kenntnisse hinsichtlich bestehender Möglichkeiten der außergerichtlichen Streitbeilegung verfügen wird. Die Tatsache, dass ein Informations- und Screeningtermin vom zuständigen Richtermediator gemäß § 278 Abs. 5a S. 2 ZPO-E unverzüglich nach Kenntniserlangung von dessen Anordnung anzuberaumen ist, soll verhindern, dass der Fortgang des Verfahrens durch besagte Anordnung mehr als unbedingt nötig verzögert wird. Im Übrigen sollten der Vorschlag zur Durchführung eines gerichtsnahen Mediationsverfahrens sowie die Anordnung eines Informations- und Screeningtermins selbst so früh wie möglich erfolgen, da mit Fortschreiten des kontroversen gerichtlichen Verfahrens die Wahrscheinlichkeit einer einvernehmlichen Streitbeilegung eher sinken als steigen dürfte.[40]

---

den Zweck der gerichtsnahen Mediation, die Vertraulichkeit des gerichtsnahen Mediationsverfahrens, die Rolle der Parteien, der Rechtsanwälte und des Richtermediators in der gerichtsnahen Mediation sowie die Freiwilligkeit der Akzeptanz einer eventuell gefundenen Streitbeilegung bzw. Einigung (Sec. 3.2).

[38] Vgl. hierzu: Zweiter Teil, 5. Kapitel, Unterpunkt I. 2. a).

[39] Vgl. hierzu: Zweiter Teil, 5. Kapitel, Unterpunkt I. 2. a).

[40] Mit Blick auf den Zivilprozess vgl. hierzu z.B. *Löer*, ZZP 2006, 199 (204 ff.), wonach der Hinweis auf das gerichtsnahe Mediationsangebot bereits anlässlich des Erlasses von Verfügungen über die Verfahrensart nach § 272 Abs. 2 ZPO erfolgen sollte.

II. Das Ruhen des Verfahrens sowie die Hemmung der Verjährung und sonstiger Fristen während der Durchführung gerichtsnaher Mediationsverfahren nach § 278 Abs. 5a S. 3 und 4 ZPO-E

§ 278 Abs. 5a S. 3 und 4 ZPO-E soll der Gefahr entgegenwirken, dass infolge der Durchführung einer gerichtsnahen Mediation Fristen ablaufen und Ansprüche verjähren.[41] § 278 Abs. 5a S. 3 ZPO-E, wonach der über § 173 S. 1 VwGO und § 202 SGG auch im verwaltungs- und sozialgerichtlichen Verfahren Anwendung findende § 251 ZPO entsprechend gelten soll, sofern sich die Prozessparteien für eine außergerichtliche Streitschlichtung oder eine gerichtsnahe Mediation entscheiden, bewirkt dabei, dass die prozessualen, gesetzlichen und richterlichen Fristen – entsprechend § 249 Abs. 3 und 4 ZPO – aufhören zu laufen und nach dem Ende des Verfahrensstillstandes, mit anderen Worten nach dem Ende des Versuchs einer außergerichtlichen Streitbeilegung oder einer gerichtsnahen Mediation, von Neuem beginnen.[42] § 278 Abs. 5a S. 4 ZPO-E verfolgt hingegen zunächst das Ziel klarzustellen, dass weder aufgrund des Versuchs einer außergerichtlichen Streitbeilegung noch aufgrund der Durchführung eines gerichtsnahen Mediationsverfahrens eine Verjährung von Ansprüchen dadurch droht, dass die grundsätzlich eine Verjährungshemmung hervorrufende Rechtshängigkeit während des Ruhens des Verfahrens zwar nicht entfällt, das Ruhen des Verfahrens hinsichtlich der materiellen Verjährungsfristen jedoch bewirkt, dass die durch die Klageerhebung eingetretene Hemmung der Verjährung gemäß § 204 Abs. 2 S. 2 BGB endet.[43] Zwar bedarf es einer solchen Regelung nicht notwendigerweise, da die Verjährung zivil-, verwaltungs- und sozialrechtlicher Ansprüche nach geltendem Recht gemäß § 203 S. 1 BGB gehemmt ist, wenn – wie beim Versuch einer außergerichtlichen Streitbeilegung oder bei Durchführung einer (gerichtsnahen) Mediation – zwischen dem vermeintlichen Anspruchsschuldner und dem vermeintlichen Anspruchsgläubiger Verhandlungen über einen Anspruch oder die den Anspruch begründenden Umstände schweben,[44] und auch im Abgaben- und Steuerrecht aufgrund der speziellen abgaben- und steuerrechtlichen Verjährungsregeln keine Verjährung von Ansprüchen droht.[45] Aus Klarstellungsgründen soll auf eine Regelung im Sinne des § 278 Abs. 5a S. 4 ZPO-E dennoch nicht verzichtet werden. Indem die Vorschrift neben der Verjährung klarstellend auch den Anfang und Fortlauf „sonstiger Fristen" hemmt, bewirkt sie darüber hinaus – gewissermaßen in Anlehnung an § 22 des österreichischen Zivilrechts-Mediations-Gesetzes (ZivMediatG) – die Hemmung von Ausschlussfristen für die Dauer des Mediationsverfahrens.[46]

---

[41] Für eine solche (wenn auch nur deklaratorische) Regelung vgl. u.a. auch: *Becker/C.-H. Horn*, SchiedsVZ 2006, 270 (273).
[42] Vgl.: Zweiter Teil, 4. Kapitel, Unterpunkt I. 1. a).
[43] Vgl.: Zweiter Teil, 4. Kapitel, Unterpunkt I. 1. a).
[44] Vgl.: Zweiter Teil, 4. Kapitel, Unterpunkt I. 1. a).
[45] Vgl.: Zweiter Teil, 4. Kapitel, Unterpunkt I. 1. b).
[46] Für eine solche Regelung auch: *Spindler*, Abschlussbericht zum Forschungsprojekt Gerichtsnahe Mediation in Niedersachsen, Rn. 104, 351 u. 640.

III. Das Nebeneinander von „außergerichtlicher Streitbeilegung“ und „gerichtsnaher Mediation“ in § 278 Abs. 5a ZPO-E

§ 278 Abs. 5a ZPO-E spricht stets sowohl vom „gerichtsnahen Mediationsverfahren“ als auch von der „außergerichtlichen Streitbeilegung“. Damit soll zum einen hervorgehoben werden, dass die gerichtsnahe Mediation nur eines von mehreren alternativ zur Entscheidung durch das zuständige Gericht zur Verfügung stehenden Streitbeilegungsmodellen darstellt und, dass andere außergerichtliche Streitbeilegungsverfahren gleichwertig sind. Die gerichtsnahe Mediation ist kein Königsweg zur Beilegung von Konflikten außerhalb des herkömmlichen Gerichtsverfahrens, sondern ein Verfahren, welches je nach Konflikt und Situation eine von mehreren Alternativen zur Streitbeilegung verkörpern kann.[47] Darüber hinaus folgt die simultane Nennung der außergerichtlichen Streitbeilegung und der gerichtsnahen Mediation auch wettbewerbsrechtlichen Überlegungen. Zwar fehlt es – unabhängig davon, ob ein Handeln der öffentlichen Hand Außenwirkung entfaltet und somit als marktbezogen bezeichnet werden kann – an einem Handeln im geschäftlichen Verkehr und damit auch an einer Wettbewerbshandlung, wenn die öffentliche Hand aufgrund einer ausdrücklichen gesetzlichen Ermächtigung oder Verpflichtung tätig wird.[48] Dadurch scheidet ein Verstoß gegen § 1 UWG aus, wenn die Durchführung gerichtsnaher Mediationsverfahren gesetzlich geregelt und die Justiz ausdrücklich zur Durchführung gerichtsnaher Mediationsverfahren ermächtigt wird. Aus Rücksicht auf private Mediationsanbieter, zur Stärkung der Mediation in der Gesellschaft als Beitrag zur Etablierung einer „neuen Streitkultur“ sowie aufgrund der Erkenntnis, dass ein Jurist nicht zwangsläufig in jedem Fall der geeignete Mediator in einem Konflikt ist, sollte eine gesetzliche Regelung der gerichtsnahen Mediation dennoch vorsehen, dass gerichtliche Verfahren nicht nur an die von einem als Mediator tätig werdenden Richter durchgeführte gerichtsnahe Mediation, sondern auch an kommerzielle Mediationsanbieter und sonstige Anbieter außergerichtlicher, alternativer Streitbeilegungsverfahren abgegeben werden können. Insbesondere im Informationstermin nach § 278 Abs. 5a S. 1 und 2 ZPO-E sollte der diesen Termin durchführende Richtermediator aus Rücksicht auf private Anbieter auch auf deren Angebot zur außergerichtlichen Streitbeilegung, vor allem auf das Angebot der außergerichtlichen Mediation als vom Gesetzgeber bei Schaffung des § 278 Abs. 5 ZPO vordringlich ins Auge gefasstes Verfahren der „außergerichtlichen Streitschlichtung“ hinweisen. Auch wenn man auf den Gedanken einer angebotsorientierten Rechtsschutzordnung abstellt, spricht dies für eine Integration externer Mediation in den Kanon der Möglichkeiten, auf die das Gericht hinweisen kann und soll.[49]

---

47 Vgl. ähnlich auch u.a.: BDVR-Stellungnahme, BDVR-Rundschreiben 2006, 45.

48 *Keller*, in: *Harte-Bavendamm/Henning-Bodewig*, UWG, § 2 Abs. 1 Nr. 1 Rn. 25; *Köhler*, in: *Hefermehl/Köhler/Bornkamm*, Wettbewerbsrecht, § 4 Rn. 13.21. Vgl. auch: *Veil*, in: MK-LauterkeitsR, § 2 Rn. 49; *Spindler*, Abschlussbericht zum Forschungsprojekt Gerichtsnahe Mediation in Niedersachsen, Rn. 34; sowie: *Fezer*, in: *Fezer*, UWG, § 2 Rn. 25, wonach eine rein hoheitliche, amtliche Betätigung der öffentlichen Hand nicht zum geschäftlichen Verkehr gehört.

49 Vgl. hierzu: *Ziekow*, NVwZ 2004, 390 (395).

IV. Die Legaldefinition der gerichtsnahen Mediation nach § 278a Abs. 1 S. 1 ZPO-E

Bevor § 278a Abs. 1 S. 2 und 3 ZPO-E die Einleitung einer gerichtsnahen Mediation regelt, liefert § 278a Abs. 1 S. 1 ZPO-E eine kurze (Legal-)Definition der gerichtsnahen Mediation. Nach besagter Vorschrift stellt sie ein eigenständiges Verfahren dar, welches auf freiwilliger Teilnahme der Prozessbeteiligten beruhend der außerprozessualen, interessengerechten, selbständigen und eigenverantwortlichen Streitbeilegung durch die Prozessbeteiligten mit Unterstützung eines als Mediator tätig werdenden und nicht dem zuständigen Gericht angehörigen Richters als unabhängige und neutrale Mittelsperson dient. Damit enthält die Definition die wichtigsten Eigenschaften einer jeden Mediation, namentlich die Merkmale der Vertraulichkeit, der Freiwilligkeit, der Selbständigkeit, der Eigenverantwortlichkeit und der Beteiligung eines unabhängigen und neutralen Dritten. Dieser Dritte ist im Rahmen einer gerichtsnahen Mediation ein Richter, der in der Regel zwar demselben Gericht als Institution, nicht aber dem zuständigen Gericht im Sinne des nach der Geschäftsverteilung des jeweiligen Gerichts entscheidungsbefugten Spruchkörpers angehört.

Die Beschreibung der gerichtsnahen Mediation als eigenständiges Verfahren macht deutlich, dass das gerichtsnahe Mediationsverfahren keinesfalls einen Teil des gerichtlichen Verfahrens darstellt. Dem trägt § 278a Abs. 1 S. 1 ZPO-E mit der Regelung des § 278 Abs. 5a S. 3 ZPO-E Rechnung, wonach das Gericht für die Dauer einer außergerichtlichen Streitbeilegung oder einer gerichtsnahen Mediation entsprechend § 251 ZPO das Ruhen des gerichtlichen Verfahrens anzuordnen hat. Folge der Eigenständigkeit des gerichtsnahen Mediationsverfahrens ist es dabei, dass über die gerichtsnahe Mediation eine eigene Akte anzulegen ist und Informationen über das gerichtsnahe Mediationsverfahrens nicht in die Prozessakten gelangen. Damit trägt die Eigenständigkeit des gerichtsnahen Mediationsverfahrens auch der Vertraulichkeit der gerichtsnahen Mediation Rechnung, auf die an anderer Stelle noch näher einzugehen sein wird. Bereits an dieser Stelle angesprochen sei jedoch, dass der Richtermediator im Rahmen einer gerichtsnahen Mediation nach der Definition des § 278a Abs. 1 S. 1 ZPO-E nicht nur neutral, sondern auch unabhängig zu sein hat. Gemeint ist damit nicht nur die bereits angesprochene Unabhängigkeit gegenüber den beteiligten Konfliktparteien,[50] sondern auch die richterliche Unabhängigkeit nach Art. 97 GG, die – wie bereits gezeigt[51] – sinngemäß auch auf Richtermediatoren im Rahmen gerichtsnaher Mediationsverfahren zu erstrecken ist.

V. Die Einleitung einer gerichtsnahen Mediation nach § 278a Abs. 1 S. 2 und 3 ZPO-E

In Übereinstimmung mit § 278 Abs. 5a ZPO-E kommt in § 278a Abs. 1 S. 2 ZPO-E zunächst zum Ausdruck, dass ein gerichtsnahes Mediationsverfahren „in jeder Lage des

---

[50] Vgl. hierzu: Erster Teil, 4. Kapitel, Unterpunkt I.
[51] Vgl.: Zweiter Teil, 5. Kapitel, Unterpunkt III. 2.

Verfahrens“ auf Anregung des Gerichts durchgeführt werden können soll. Er konkretisiert § 278 Abs. 5a ZPO-E jedoch dahingehend, dass es im Rahmen der Einleitung einer gerichtsnahen Mediation stets der Zustimmung aller Prozessparteien bedarf, während § 278 Abs. 5a ZPO-E in Anlehnung an den derzeitigen Wortlaut des § 278 Abs. 5 ZPO lediglich die Kompetenz des Gerichts begründet, den Parteien die Durchführung einer außergerichtlichen Streitbeilegung oder einer gerichtsnahen Mediation vorzuschlagen. Darüber hinaus sieht § 278a Abs. 1 S. 2 ZPO-E vor, dass ein gerichtsnahes Mediationsverfahren auch ohne Anregung des Gerichts, namentlich auf gemeinsamen Antrag der Konfliktparteien, durchgeführt werden kann. Damit trägt die Vorschrift insgesamt dem Grundprinzip der Freiwilligkeit der Mediation Rechnung, das – wie oben ausgeführt – schon in die (Legal-)Definition der gerichtsnahen Mediation des § 278a Abs. 1 S. 1 ZPO-E Eingang gefunden hat. Darüber hinaus ist die Eröffnung einer Möglichkeit der Anregung eines gerichtsnahen Mediationsverfahrens durch die Konfliktparteien sinnvoll, weil die Parteien ihren Konflikt naturgemäß besser kennen als das zuständige und zum Vorschlag einer gerichtsnahen Mediation befugte Gericht oder der den Informationstermin nach § 278 Abs. 5a S. 1 und 2 ZPO-E durchführende Richtermediator und daher die Mediationseignung ihres Falles oftmals besser als die genannten Personen erkennen können werden. Zudem ist allen Beteiligten an Gerichtsprozessen in gleicher Weise Zugang zum gerichtsnahen Mediationsverfahren zu ermöglichen,[52] was unter anderem durch das Recht der Prozessbeteiligten auf Anregung eines gerichtsnahen Mediationsverfahrens sichergestellt werden kann.

§ 278a Abs. 1 S. 3 ZPO-E regelt das Einleitungsverfahren, nachdem die Parteien ihre Zustimmung zur Durchführung einer gerichtsnahen Mediation erteilt oder gemeinsam ein solches Verfahren beantragt haben. Für diesen Fall sieht § 278a Abs. 1 S. 3 ZPO-E vor, dass das zuständige Gericht das Verfahren samt der Verfahrensakten an den nach der Geschäftsverteilung des jeweiligen Gerichts zuständigen Richtermediator oder einen anderen von den Parteien übereinstimmend ausgewählten Richtermediator, der nicht dem in der Sache zuständigen Spruchkörper angehört, abzugeben hat. Datenschutzrechtliche Bedenken bestehen gegen ein solches Vorgehen nicht.[53] Darüber hinaus sichert § 278a Abs. 1 S. 3 ZPO-E einerseits den auch auf die gerichtsnahe Mediation entsprechend auszudehnenden Anspruch auf den gesetzlichen Richter gemäß Art. 101 Abs. 1 S. 2 GG,[54] indem er im Regelfall die Abgabe des Verfahrens an einen nach dem Geschäftsverteilungsplan zuständigen Richtermediator vorsieht und damit deutlich macht, dass in die Geschäftsverteilungspläne der Gerichte Bestimmungen aufgenommen werden müssen, die anhand geeigneter Kriterien festlegen, welcher Richtermediator in welcher Angelegenheit zur eventuellen Durchführung eines gerichtsnahen Mediationsverfahrens zuständig ist. Gleichzeitig gibt § 278a Abs. 1 S. 3 ZPO-E dabei aber auch die Freiheit, übereinstimmend einen anderen als den nach der Geschäftsordnung zuständigen Richtermediator mit der Durchführung eines gerichtsnahen Mediationsverfahrens zu

---

[52] Vgl.: Zweiter Teil, 5. Kapitel, Unterpunkt XV. 1.

[53] Vgl. hierzu: Zweiter Teil, 4. Kapitel, Unterpunkt II. 1.

[54] Vgl. hierzu: Zweiter Teil, 5. Kapitel, Unterpunkt V.

betrauen. Damit soll dem Umstand genüge getan werden, dass es sich bei der gerichtsnahen Mediation – wie bei jeder anderen Mediation – um ein auf den Grundprinzipien der Freiwilligkeit, der Selbständigkeit und der Eigenverantwortlichkeit beruhendes Verfahren handelt. Diese Grundsätze sind für eine Mediation konstitutiv, so dass ihnen auch in der gerichtsnahen Mediation Rechnung zu tragen ist.

VI. Die Beteiligung Dritter am gerichtsnahen Mediationsverfahren nach § 278a Abs. 2 ZPO-E

Im Rahmen der Betrachtung der Kriterien für eine Falleignung zur Mediation wurde bereits festgestellt, dass eine gerichtsnahe Mediation unter Umständen nicht in Betracht kommen kann, wenn notwendig am Gerichtsverfahren zu beteiligende Personen in ein gerichtliches Verfahren involviert sind. Dies folgt schon daraus, dass die gerichtsnahe Mediation der endgültigen, möglichst für alle Betroffenen verbindlichen Streitbeilegung dienen soll und der Einsatz der gerichtsnahen Mediation nicht der Übergehung des im Gerichtsprozess geltenden (Rechts-)Anspruchs auf Beteiligung dienen kann.[55] Darüber hinaus wurde mit Blick auf die sowohl im Zivil- als auch im Verwaltungs-, Sozial- und Finanzgerichtsprozess geltende Dispositionsmaxime bereits dargelegt, dass die den Prozessparteien grundsätzlich zustehende Verfügungsbefugnis über den Prozess und seinen Gegenstand im Einzelfall eingeschränkt und die Möglichkeit der Einleitung einer gerichtsnahen Mediation im konkreten Fall von der Zustimmung notwendig am Gerichtsverfahren zu beteiligender Personen abhängen kann, wo die Prozessordnungen einem notwendig zu beteiligenden Dritten eigene Rechte zur Verfahrensgestaltung zugestehen oder eigenständige Verfahrenspositionen dieser Beteiligten diskutiert werden.[56] Dem wird § 278a Abs. 2 S. 1 ZPO-E gerecht, indem er vorsieht, dass notwendige Streitgenossen (ebenso wie notwendig beizuladende Personen im verwaltungs-, sozial- und finanzgerichtlichen Verfahren[57]) am gerichtsnahen Mediationsverfahren zu beteiligen sind. § 278a Abs. 2 S. 2 ZPO-E legt ergänzend mit Blick auf die Beteiligung Dritter am gerichtsnahen Mediationsverfahren fest, dass sonstige Dritte – das heißt Personen, die am gerichtlichen Verfahren nicht notwendigerweise zu beteiligen sind – nur zu den Verhandlungen im Rahmen der gerichtsnahen Mediation hinzugezogen werden können, wenn die Konfliktparteien dem zustimmen. Dies folgt bereits daraus, dass die gerichtsnahe Mediation – wie auch jede andere Mediation – der selbständigen und eigenverantwortlichen Konfliktlösung durch die Streitenden dienen soll, mit anderen Worten die Konfliktparteien die Herren des Mediationsverfahrens sind und über dieses Verfahren weitestgehend frei disponieren können sollen.

---

[55] Vgl. hierzu auch: Zweiter Teil, 2. Kapitel, Unterpunkt II. 4. a).

[56] Vgl. hierzu: Zweiter Teil, 5. Kapitel, Unterpunkt X.

[57] Im verwaltungs-, sozial- und finanzgerichtlichen Verfahren kann die Vorschrift des § 278a Abs. 2 S. 1 ZPO-E über § 173 S. 1 VwGO, § 202 SGG und § 155 FGO auf notwendig beizuladende Personen entsprechende Anwendung finden.

VII. Pflichten, Stellung und Aufgaben des Richtermediators nach § 278a Abs. 3 ZPO-E

Gemäß § 278a Abs. 3 S. 1 ZPO-E verfügt der Richtermediator – wie jeder andere Mediator – über keinerlei Entscheidungsbefugnisse in der jeweiligen Sache; er ist zur Neutralität gegenüber den Konfliktparteien verpflichtet.[58] Darüber hinaus ergibt sich die Neutralitätspflicht des Richtermediators auch bereits aus dem Recht der Konfliktparteien auf ein faires Verfahren gemäß Art. 2 Abs. 1 GG i.V.m. dem Rechtsstaatsprinzip[59] sowie dem allgemeinen Gleichheitssatz nach Art. 3 Abs. 1 GG, da sich der Staat, der als Alternative zum Gerichtsverfahren ein anderes Streitbeilegungsverfahren anbietet, in seinem Handeln an der Verfassung, den Grundrechten und den hieraus folgenden Verfahrensgrundsätzen messen lassen muss.[60] Die Neutralitätspflicht des Richtermediators beinhaltet dabei vor allem, dass der Richtermediator im Rahmen des Mediationsverfahrens zu einer neutralen Verfahrensführung verpflichtet ist, dass er den Anliegen und Interessen der Parteien im jeweils gleichen Umfang Verständnis entgegenzubringen hat, dass er gegenüber den unterschiedlichen Konfliktlösungsvorschlägen der Konfliktparteien prinzipiell offen zu sein hat sowie, dass er die unterschiedlichen Auffassungen der Konfliktparteien gleichermaßen akzeptieren muss. Gleichzeitig darf er in keiner Nähebeziehung zu einer der streitbeteiligten Parteien stehen, kein Eigeninteresse am Ausgang des Verfahrens haben,[61] neben dem konkreten Mediationsverfahren keine anderweitige Tätigkeit für eine der Konfliktparteien ausüben, in der Öffentlichkeit noch keine streitgegenstandsbezogene Meinung vertreten haben, in derselben Sache nicht als Sachverständiger oder Zeuge fungieren und sich nicht mit einem Beteiligten solidarisieren.[62]

Eine besondere Ausprägung der Neutralitätspflicht des Richtermediators ist darin zu sehen, dass der Richtermediator allen Beteiligten nach § 278a Abs. 3 S. 1 ZPO-E in ausreichendem Maße Gelegenheit zu geben hat, sich zum Gegenstand des gerichtsnahen Mediationsverfahrens zu äußern, und die Konfliktparteien darin unterstützen soll, ihre Interessen in angemessener Weise und in ausreichendem Umfang zu artikulieren. Diese Verpflichtung des Richtermediators soll vor allem die Lücke schließen, die dadurch entsteht, dass der Anspruch auf rechtliches Gehör nach Art. 103 Abs. 1 GG im Rahmen der gerichtsnahen Mediation keine unmittelbare Geltung beanspruchen kann, auch die

---

[58] Für eine knappe, § 278a Abs. 3 S. 1 ZPO-E entsprechende Regelung mit Blick auf die außergerichtliche Mediation vgl. auch: *Becker/C.-H. Horn*, SchiedsVZ 2006, 270 (272).

[59] Vgl. hierzu auch: Zweiter Teil, 5. Kapitel, Unterpunkt VIII.

[60] Vgl. hierzu insgesamt: Zweiter Teil, 5. Kapitel.

[61] Diese Gefahr ist gerade im Rahmen der gerichtsnahen Mediation eher gering, da der Richtermediator – im Gegensatz zu gewerblichen Mediatoren – in der Regel keinerlei eigenen wirtschaftlichen Interessen mit der Mediationsdurchführung verfolgt, die seine Neutralität negativ beeinflussen könnten, und sein Gehalt regelmäßig u. leistungsunabhängig (insbes. Unabhängig vom Ausgang des von ihm geleiteten Mediationsverfahrens) erhält, so dass er nicht der Versuchung unterliegt, die Verhandlungen in eine bestimmte Richtung zu beeinflussen o. den Wert einer möglichen Abschlussvereinbarung in die Höhe zu treiben. (vgl. hierzu: *Volkmann*, Mediation im Zivilprozess, S. 116; *Spindler/Apel/Spalckhaver*, ZKM 2003, 192 (193)).

[62] Vgl. hierzu oben unter: Erster Teil, 4. Kapitel, Unterpunkt I.

Durchführung einer gerichtsnahen Mediation jedoch ein umfassendes Äußerungsrecht sowie einen gewissen, die Voraussetzung für ein solches Äußerungsrecht bildenden Informationsanspruch gegenüber dem Richtermediator voraussetzt.[63] Der Informationsanspruch gegen den Richtermediator kommt dabei auch in § 278a Abs. 3 S. 2 ZPO-E zum Ausdruck, der den Richtermediator verpflichtet, die Beteiligten über die von ihm wahrzunehmende Rolle sowie über das den Parteien oftmals noch unbekannte Verfahren der Mediation, insbesondere die Freiwilligkeit der Mediationsteilnahme, die sonstigen Grundprinzipien der Mediation, die Möglichkeiten zur Beendigung des gerichtsnahen Mediationsverfahrens nach § 278a Abs. 6 und 7 ZPO-E sowie die Möglichkeit anwaltlicher Beratung während des gerichtsnahen Mediationsverfahrens nach § 278 Abs. 5a ZPO-E zu informieren. Letztlich verpflichtet § 278a Abs. 3 S. 1 ZPO-E den Richtermediator zu einer insgesamt neutralen und offenen Verfahrensführung und dient damit der Garantie eines fairen Verfahrens.

Ferner sieht § 278a Abs. 3 S. 2 ZPO-E vor, dass der Richtermediator die Verfahrensbeteiligten nach Abgabe des Verfahrens zur Durchführung des Mediationsverfahrens einzuladen hat, den Gang des gerichtsnahen Mediationsverfahrens mit Rücksicht auf die Bedürfnisse der Beteiligten leiten soll und die Konfliktparteien dabei zu unterstützen hat, Streitpunkte zu erkennen, Lösungsoptionen zu erarbeiten und den dem jeweiligen Mediationsverfahren zugrunde liegenden Konflikt einvernehmlich zu regeln. Im Vergleich zum gerichtlichen Verfahren erfolgt im Rahmen der gerichtsnahen Mediation demnach zunächst keine „Ladung" der Streitparteien – hierunter ist die Mitteilung eines seitens eines Gerichts bestimmten Termins an die Beteiligten,[64] verbunden mit der amtlichen Aufforderung, zu diesem Termin zu erscheinen,[65] zu verstehen –, sondern (ohne dadurch gezwungenermaßen vom Grundsatz des Amtsbetriebs abzuweichen[66]) eine „Einladung" der Parteien, wobei sich der Richtermediator – um der Verpflichtung zu entsprechen, den Gang des Verfahrens nach den Bedürfnissen der Streitbeteiligten zu gestalten – hinsichtlich eines geeigneten Termins mit den Konfliktparteien absprechen sollte. Damit sowie mit der Begründung der Pflicht des Mediators, das Mediationsverfahren mit Rücksicht auf die Bedürfnisse der Streitenden zu leiten, trägt auch § 278a Abs. 3 S. 2 ZPO-E dem Umstand Rechnung, dass es im Rahmen der gerichtsnahen Mediation – wie in jeder anderen Mediation – um die freiwillige, selbständige und eigenverantwortliche Streitbeilegung durch die jeweiligen Konfliktparteien und nicht etwa um ein autoritär geführtes Verfahren zur Entscheidung eines Konflikts durch einen Dritten geht. Die einzige zwingende Anforderung, die § 278a Abs. 3 S. 2 ZPO-E an die Einladung der Konfliktparteien und die Gestaltung des Verfahrens stellt, liegt darin, dass die Einladung der Konfliktparteien durch den Richtermediator unverzüglich nach Abgabe des Verfahrens an den Richtermediator zu erfolgen hat, wodurch eine Verfahrensverzögerung aufgrund der Durchführung eines gerichtsnahen Mediationsverfahrens vermieden werden soll.

---

[63] Vgl. hierzu: Zweiter Teil, 5. Kapitel, Unterpunkt VII.

[64] *Geiger*, in: *Eyermann*, VwGO, § 102 Rn. 15.

[65] *Ortloff*, in: *Schoch/Schmidt-Aßmann/Pietzner*, VwGO, § 102 Rn. 16.

[66] Vgl. hierzu: Zweiter Teil, 5. Kapitel, Unterpunkt XI.

Insgesamt wird aufgrund der in § 278a Abs. 3 S. 2 ZPO-E gewählten Formulierung deutlich, dass sich die Gestaltung des gerichtsnahen Mediationsverfahrens weitestgehend nach den Vorstellungen der Konfliktparteien und nicht etwa denen des Richtermediators zu richten hat.[67] Ähnliches gilt auch mit Blick auf § 278a Abs. 3 S. 3 ZPO-E, der zum Ausdruck bringt, dass die Verfahrensbefugnisse des Richtermediators im Einzelnen von einer zu Beginn des gerichtsnahen Mediationsverfahrens zwischen den Beteiligten und dem zuständigen Richtermediator abzuschließenden Mediationsvereinbarung abhängen.[68] In einer solchen Vereinbarung könnte hinsichtlich der Verfahrensbefugnisse des Richtermediators beispielsweise festgelegt werden, ob dieser im Rahmen des jeweiligen Mediationsverfahrens und unter Wahrung der von ihm zu erwartenden Neutralität strikt unparteiisch (in diesem Fall darf sich der Richtermediator während des gerichtsnahen Mediationsverfahrens zu keiner Zeit auf die Seite einer der Konfliktparteien stellen) oder eher allparteilich (hier kann der Richtermediator wechselweise der ein oder anderen Partei beistehen und diese bei der Artikulation ihrer Argumente, Belange und Interessen unterstützen) handeln soll. Ferner kann eine Mediationsvereinbarung nach § 278a Abs. 3 S. 3 ZPO-E hinsichtlich der Verfahrensbefugnisse des Richtermediators auch vorsehen, ob im Rahmen der konkreten gerichtsnahen Mediation Einzelgespräche möglich sein sollen, ob und in welchem Ausmaß der Richtermediator über eine Ordnungsgewalt im gerichtsnahen Mediationsverfahren verfügen soll, ob der Richtermediator die gerichtsnahe Mediation protokollieren soll und ob sich der Richtermediator auf eine bloße Kommunikationshilfe beschränken oder beispielsweise auch eine aktive Verfahrensleitung übernehmen, die Informations- und Argumentationsbasis durch neutrale Hinweise erweitern, eigene Vorschläge und Wertungen einbringen oder gar eigene Lösungsvorschläge unterbreiten können soll.[69] Einzig verbindlicher Inhalt einer Mediationsvereinbarung ist nach § 278a Abs. 3 S. 3 ZPO-E, dass sich die Konfliktparteien – ähnlich wie dies in den USA in einigen Court-ADR-Programme der Fall ist[70] – zu einer redlichen Teilnahme am gerichtsnahen Mediationsverfahren verpflichten müssen. Mit Hilfe dieser Vorschrift soll nicht nur einer missbräuchlichen Inanspruchnahme oder Ausnutzung des gerichtsnahen Mediationsverfahrens entgegengewirkt werden. Ein Missbrauch des Mediationsverfahrens – beispielsweise zur Zeitgewinnung, Prozessverschleppung oder Erlangung von Informationen der jeweiligen Gegenpartei zwecks Ausnutzung dieser Informationen im später gegebenenfalls fortgesetzten Gerichtsprozess – soll durch die in die Mediations-

---

[67] Abgesehen vom jeweiligen Inhalt einer Mediationsvereinbarung nach § 278a Abs. 3 S. 3 ZPO-E ist der Richtermediator in der Gestaltung des Verfahrens in ähnlicher Weise frei, wie ein gerichtsexterner Mediator. Als staatliches Handeln unterliegt die gerichtsnahe Mediation unabhängig von einer Einordnung als Rechtsprechungs- oder Verwaltungstätigkeit dabei jedoch einigen Bindungen, die sich mangels einfachgesetzlicher Regelung über Art. 20 Abs. 3 GG aus dem Rechtsstaatsprinzip (Art. 20 GG) sowie über Art. 1 Abs. 3 GG aus den grundrechtlichen Schutzpflichten ergeben und die für einen außergerichtlichen Mediator in dieser Form nicht bestehen. Hierzu gehört insbesondere die Bindung an das Gebot eines fairen Verfahrens, zu dessen wesentlichen Ausprägungen die Chancengleichheit im Verfahren und damit die Gleichbehandlung der Parteien zählt (vgl. hierzu: *Klose,* ZKM 2005, 146 (147)).

[68] Vgl. hierzu auch: Erster Teil, 3. Kapitel, Unterpunkt I.

[69] Vgl. hierzu auch: Erster Teil 4. Kapitel, Unterpunkt V.

[70] Vgl. hierzu: Zweiter Teil, 2. Kapitel, Unterpunkt III.

vereinbarung aufzunehmende Verpflichtung zur Redlichkeit auch leichter sanktionierbar werden. Zwar gelten der Grundsatz von Treu und Glauben sowie das Verbot des Rechtsmissbrauchs prinzipiell auch im Verfahrensrecht,[71] so dass ein treuwidriges oder rechtsmissbräuchliches Verhalten je nach Einzelfall eventuell schon aufgrund dessen sanktionierbar sein könnte. Aus Gründen der Rechtssicherheit empfiehlt es sich dennoch, eine Verpflichtung zur redlichen Mediationsteilnahme in § 278a Abs. 3 S. 3 ZPO-E aufzunehmen. Zum einen decken sich die Anforderungen einer redlichen Mediationsteilnahme nicht zwangsläufig mit denen des Grundsatzes von Treu und Glauben sowie des Verbots des Rechtsmissbrauchs. Zum anderen stellt die Mediationsvereinbarung nach § 278a Abs. 3 S. 3 ZPO-E – wie jede andere Mediationsvereinbarung[72] – eine vertragliche Vereinbarung über die Durchführung und die rechtlichen Rahmenbedingungen einer Mediation dar, so dass die darin getroffene Übereinkunft zur redlichen Mediationsteilnahme zu einer (Haupt-)Vertragspflicht zwischen den Konfliktparteien wird, deren Verletzung – ungeachtet eventueller Probleme hinsichtlich der Beweiserbringung – grundsätzlich Ansprüche aus Vertragspflichtverletzung und somit auch eine Schadensersatzpflicht unredlicher Mediationsparteien begründen kann.

Solange die gerichtsnahe Mediation kostenfrei angeboten wird, ist die Mediationsvereinbarung nach § 278a Abs. 3 S. 3 ZPO-E im Parteien-Richtermediator-Verhältnis als Auftrag gemäß § 662 BGB zu qualifizieren,[73] während sie bei einem kostenpflichtigen Mediationsangebot als Dienstvertrag mit Geschäftsbesorgungscharakter gemäß den §§ 611, 675 Abs. 1 BGB anzusehen sein wird,[74] da die Justiz im Falle des kostenpflichtigen Angebots der gerichtsnahen Mediation vergleichbar einem privaten Mediationsanbieter tätig wird. Ein öffentlich-rechtlicher Vertrag gemäß den §§ 54 ff. VwVfG kommt in dieser Situation nicht in Betracht, da allein infolge der Verpflichtung zur Erbringung einer Mediationsleistung unmittelbar keine Rechte und Pflichten auf dem Gebiet des öffentli-

---

[71] Vgl. hierzu u.a.: *Rennert*, in: *Eyermann*, VwGO, vor § 40 Rn. 11; *Kopp/Schenke*, VwGO, Vorb. § 40 Rn. 30; *Keller*, in: *Meyer-Ladewig/Keller/Leitherer*, SGG, Vor § 60 Rn. 12 u. 14; *v. Groll* u. *Stapperfend*, in: *Gräber*, FGO, Vor § 33 Rn. 5 bzw. Vor § 76 Rn. 9; *Vollkommer*, in: *Zöller*, ZPO, Einl. Rn. 56 f.; *Brehm*, in: *Stein/Jonas*, ZPO, vor § 1 Rn. 221 ff.; *Baumbach/Lauterbach/Albers/Hartmann*, ZPO, Einl. III Rn. 53 ff. bzw. Grdz. § 128 Rn. 57; *BVerfGE* 104, 220 (232); *BGHZ* 20, 198 (206); 31, 77 (83); 99, 391 (398); 112, 345 (349); *BGH* NJW 1978, 426; NJW 1994, 1351 (1352); NJW 1997, 3377 (3379); *BFH* HFR 1996, 722 (723).

[72] Vgl. hierzu auch: Erster Teil, 3. Kapitel, Unterpunkt I.

[73] Vgl. hierzu: *Volkmann*, Mediation im Zivilprozess, S. 97 f.

[74] Vgl. hierzu im Einzelnen: *Volkmann*, Mediation im Zivilprozess, S. 98 ff.; *Spindler*, Abschlussbericht zum Forschungsprojekt Gerichtsnahe Mediation in Niedersachsen, Rn. 70. Mit Blick auf die außergerichtliche Mediation vgl. zudem auch: *Hacke*, Der ADR-Vertrag, S. 77 ff.; *Nölting*, Mediatorenverträge, S. 23 ff.; *Eidenmüller*, Vertrags- u. verfahrensrecht der Wirtschaftsmediation, S. 32; *Eidenmüller*, in: *Breidenbach/Coester-Waltjen/Hess u.a.*, Konsensuale Streitbeilegung, S. 45 (71); *Eidenmüller*, in: *Henssler/Koch*, Mediation in d. Anwaltspraxis, § 2 Rn. 61; *Heß/Sharma, Hartmann*, u. *Prütting*, in: *Haft/ v. Schlieffen*, Hdb. Mediation, § 26 Rn. 25 bzw. § 27 Rn. 19 u. § 31 Rn. 15; *Wegmann*, Kon:Sens 1999, 146 (147); *Leibner*, NJW 2002, 3521.

chen Rechts begründet, geändert, aufgehoben, festgestellt oder konkretisiert werden,[75] auch wenn die jeweilige Mediation auf dem Gebiet des öffentlichen Rechts stattfindet und unter Mithilfe eines so genannten Richtermediators durchgeführt wird. Die Verpflichtung zu einer Mediationsleistung stellt eine Verpflichtung zur Erbringung einer dem Privatrecht zuzuordnenden Leistung, nicht aber eine Verpflichtung zu einer nach Maßgabe des öffentlichen Rechts zu erbringenden Leistung dar, so dass Gegenstand der Mediationsvereinbarung ein privatrechtlicher, nicht aber ein im öffentlichen Recht geregelter Sachverhalt ist.[76] Dies gilt auch im Falle der gerichtsnahen Mediation durch einen so genannten Richtermediator. Dass ein Vertrag der Erfüllung öffentlicher Aufgaben – hier der Durchführung gerichtsnaher Mediationsverfahren – dient, macht ihn alleine noch nicht zu einem öffentlich-rechtlichen Vertrag, da öffentliche Aufgaben auch mit Mitteln des Privatrechts erfüllt werden können.[77]

Vertragspartner der jeweiligen Konfliktparteien wird im Rahmen einer Mediationsvereinbarung nach § 278a Abs. 3 S. 3 ZPO-E nicht der Richtermediator selbst, sondern der Rechtsträger des jeweiligen Gerichts,[78] so dass direkte vertragliche Beziehungen zwischen den Konfliktparteien und dem Richtermediator nicht bestehen.[79] Indem der Richtermediator mit Wissen und Wollen des Rechtsträgers des jeweiligen Gerichts in dessen Pflichtenkreis tätig wird und die Mediationsvereinbarung nach § 278a Abs. 3 S. 3 ZPO-E sowohl unterschreibt als auch erfüllt, handelt der Richtermediator letztlich nur als Erfüllungsgehilfe des Rechtsträgers des jeweiligen Gerichts;[80] die Konfliktparteien sind hinsichtlich der nach der Mediationsvereinbarung zu erbringenden Mediationsleistung der-

---

[75] Vgl. hierzu u.a.: *Kopp/Ramsauer*, VwVfG, § 54 Rn. 28 m.w.N.; *Bonk*, in: *Stelkens/Bonk/Sachs*, VwVfG, § 54 Rn. 76 m.w.N.; *Tiedemann*, in: *Obermayer*, VwVfG, § 54 Rn. 21 m.w.N. Ähnlich: *Henneke*, in: *Knack*, VwVfG, § 54 Rn. 2 m.w.N.

[76] Vgl. hierzu auch: *Henneke*, in: *Knack*, VwVfG, § 54 Rn. 2 m.w.N.; *Bonk*, in: *Stelkens/Bonk/Sachs*, VwVfG, § 54 Rn. 76 m.w.N.; *BVerwGE* 42, 331 (332); 96, 326 (330); 111, 162 (264); NJW 1976, 2360; NJW 1980, 2538; NJW 1985, 989; NVwZ 2000, 1285.

[77] Vgl. u.a.: *Kopp/Ramsauer*, VwVfG, § 54 Rn. 28; *Bonk*, in: *Stelkens/Bonk/Sachs*, VwVfG, § 54 Rn. 76 m.w.N.

[78] Vgl. auch: *Volkmann*, Mediation im Zivilprozess, S. 94 f.; *Spindler*, Abschlussbericht zum Forschungsprojekt Gerichtsnahe Mediation in Niedersachsen, Rn. 63.

[79] Vgl.: *Volkmann*, Mediation im Zivilprozess, S. 94 f., sowie: *Spindler*, Abschlussbericht zum Forschungsprojekt Gerichtsnahe Mediation in Niedersachsen, Rn. 63 unter Verweis auf: *Eidenmüller*, Vertrags- u. verfahrensrecht der Wirtschaftsmediation, S. 33; *Eidenmüller*, in: *Breidenbach/Coester-Waltjen/Hess u.a.*, Konsensuale Streitbeilegung, S. 45 (71); *Heß/Sharma*, in: *Haft/v. Schlieffen*, Hdb. Mediation, § 26 Rn. 27.

[80] *Volkmann*, Mediation im Zivilprozess, S. 95; *Spindler*, Abschlussbericht zum Forschungsprojekt Gerichtsnahe Mediation in Niedersachsen, Rn. 63.

weil Mitgläubiger im Sinne des § 432 BGB.[81] Dies entspricht der Situation bei Abschluss eines Mediationsvertrages mit einem einer privaten Institution angehörigen Mediator.[82]

Die nach § 278a Abs. 3 S. 2 ZPO-E seitens des jeweiligen Richtermediators zu erfüllende Hauptleistungspflicht liegt in der sachkundigen Unterstützung der Parteien bei dem Versuch einer einvernehmlichen Konfliktbeilegung.[83] Welche Leistungen darüber hinaus vom Richtermediator zu erbringen sein sollen und in welcher Art der Richtermediator die Konfliktbeteiligten beim Versuch der konsensualen Streitbeilegung unterstützen soll, überlässt § 278a Abs. 3 S. 3 ZPO-E ausdrücklich der näheren Ausgestaltung durch die Mediationsvereinbarung. Gegebenenfalls kann der Richtermediator sogar zu Warnungen oder zum Abbruch der gerichtsnahen Mediation verpflichtet sein,[84] wenn ein Lösungsvorschlag eine der beteiligten Konfliktparteien deutlich schlechter stellt als ihre beste Nichteinigungsalternative oder wenn ein durch den Richtermediator nicht auszugleichendes Machtungleichgewicht zwischen den Konfliktparteien besteht.[85] Eine aufklärende Rechtsberatung durch den Richtermediator dürfen die Beteiligten regelmäßig schon aufgrund des Grundsatzes der Fairness des Mediationsverfahrens sowie der Tatsache, dass es sich bei der gerichtsnahen Mediation um ein staatliches Konfliktlösungsangebot handelt, erwarten.[86]

VIII. Die Durchführung der gerichtsnahen Mediation in unmittelbarer Anwesenheit der Konfliktparteien nach § 278a Abs. 4 ZPO-E

Wie jedes andere Mediationsverfahren dient die gerichtsnahe Mediation dazu, die Interessen, Bedürfnisse und Befürchtungen der Konfliktparteien in die Suche nach einer einvernehmlichen Lösung des jeweiligen Konflikts im Wege eines Konsenses einzubeziehen. Eine Streitbeilegung soll weniger abstrahiert auf der Basis rechtlicher Positionen und bezogen auf einen auf die rechtlich bedeutsamen Aspekte reduzierten Sachverhalt, sondern vielmehr unter Einbeziehung sämtlicher, gegebenenfalls auch nur emotionaler

---

[81] *Volkmann*, Mediation im Zivilprozess, S. 95; *Spindler*, Abschlussbericht zum Forschungsprojekt Gerichtsnahe Mediation in Niedersachsen, Rn. 63. Für den Fall der außergerichtliche Mediation vgl. u.a.: *Eidenmüller*, Vertrags- u. verfahrensrecht der Wirtschaftsmediation, S. 33; *Eidenmüller*, in: *Breidenbach/Coester-Waltjen/Hess u.a.*, Konsensuale Streitbeilegung, S. 45 (71 f.); *Hacke*, Der ADR-Vertrag, S. 71.

[82] *Spindler*, Abschlussbericht zum Forschungsprojekt Gerichtsnahe Mediation in Niedersachsen, Rn. 63; vgl. hierzu auch: *Volkmann*, Mediation im Zivilprozess, S. 94 f.; *Nölting*, Mediatorenverträge, S. 72 ff.; *Heß/Sharma*, in: *Haft/v. Schlieffen*, Hdb. Mediation, § 26 Rn. 27.

[83] *Volkmann*, Mediation im Zivilprozess, S. 91; *Spindler*, Abschlussbericht zum Forschungsprojekt Gerichtsnahe Mediation in Niedersachsen, Rn. 64 unter Verweis auf: *Hacke*, Der ADR-Vertrag, S. 71.

[84] Vgl. hierzu auch § 278a Abs. 6 S. 1 Nr. 3 ZPO-E.

[85] *Volkmann*, Mediation im Zivilprozess, S. 92; Vgl. zudem auch: *Eidenmüller*, Vertrags- u. verfahrensrecht der Wirtschaftsmediation, S. 38 f.; *Eidenmüller*, in: *Breidenbach/Coester-Waltjen/Hess u.a.*, Konsensuale Streitbeilegung, S. 45 (76); *Nölting*, Mediatorenverträge, S. 100 f.

[86] So auch: *Volkmann*, Mediation im Zivilprozess, S. 93. Zur Haftung des Richtermediators und der Justiz gegenüber den Konfliktparteien bei Verletzung der Mediationsvereinbarung vgl. v.a.: *Volkmann*, Mediation im Zivilprozess, S. 105 ff., sowie: *Spindler*, Abschlussbericht zum Forschungsprojekt Gerichtsnahe Mediation in Niedersachsen, Rn. 72 ff.

Belange erfolgen, die aus Sicht der Konfliktparteien für eine dauerhafte Beendigung des jeweiligen Konflikts wichtig erscheinen. Daher sieht § 278a Abs. 4 ZPO-E – ähnlich wie § 5 Abs. 1 der Mediationsordnung für den Modellversuch „Gerichtsnahe Mediation in Niedersachsen" – vor, dass das gerichtsnahe Mediationsverfahren nur in Anwesenheit aller Beteiligten, bei Beteiligung juristischer Personen nur in Anwesenheit informierter und zum Abschluss einer Vereinbarung über den Gegenstand des Verfahrens berechtigter Personen, durchgeführt wird, denn nur bei einer solch unmittelbaren Beteiligung der Konfliktparteien kann sichergestellt werden, dass diese ausreichend Gelegenheit bekommen, ihre Interessen, Bedürfnisse und Befürchtungen in die Lösungsfindung einzubringen. Darüber hinaus soll § 278a Abs. 4 ZPO-E verhindern, dass nach oftmals langwierigen Verhandlungen zwar eine Einigung zwischen den Verhandlungsteilnehmern erreicht wird, eine entsprechende Vereinbarung jedoch daran scheitert, dass auf Seiten einer juristischen Person solche Personen an den Verhandlungen teilgenommen haben, die nicht zum Abschluss von verbindlichen Vereinbarungen über den Verfahrens- und Verhandlungsgegenstand berechtigt sind.

IX. Das Ende des gerichtsnahen Mediationsverfahrens im Falle einer Einigung zwischen den Konfliktparteien gemäß § 278a Abs. 5 S. 1 ZPO-E

Wie bereits festgestellt, endet eine Mediation im Falle einer Einigung zwischen den Konfliktparteien regelmäßig nicht mit bloßen gemeinsamen Erklärungen der Mediationsparteien oder mit der bloßen Protokollierung der Mediationsverhandlungen. Ziel ist es, einen rechtsverbindlichen schriftlichen Vertrag zwischen den Konfliktparteien zu erreichen, der zumindest grundlegende Informationen zu den Konfliktbeteiligten, Informationen über das Mediationsverfahren, das Mediationsergebnis, Feststellungen bezüglich offen gebliebener Fragen sowie Äußerungen hinsichtlich der rechtlichen Rahmenbedingungen und der weiteren Schritte beinhaltet.[87] Auch ein gerichtsnahes Mediationsverfahren sollte im Falle einer Einigung in eine verbindliche Vereinbarung zwischen den Konfliktparteien münden, um eine verlässliche Grundlage für eine dauerhafte Streitbeilegung darstellen zu können. Dies sieht § 278a Abs. 5 S. 1 ZPO-E vor. Inhalt einer solchen Vereinbarung sollen dabei in Anlehnung an die obigen Ausführungen Ort und Tag der Mediationsverhandlungen, Angaben über die am gerichtsnahen Mediationsverfahren beteiligten Personen, der Name des jeweiligen Richtermediators, der Inhalt der sachlichen Einigung zwischen den Mediationsparteien sowie sonstige wichtige Informationen über das Mediationsverfahren sein, wobei mit letzterer Formulierung zum Ausdruck kommt, dass es sich mit Blick auf die in § 278a Abs. 5 S. 1 ZPO-E genannten Inhalte einer das gerichtsnahe Mediationsverfahren abschließenden Vereinbarung um keine abschließende Aufzählung handelt. Letztlich soll es den Konfliktparteien überlassen bleiben, welche zusätzlichen Aspekte sie in eine Vereinbarung aufnehmen, die ihr zukünftiges Verhältnis dauerhaft regeln soll. Auf diesem Wege trägt § 278a Abs. 5 S. 1 ZPO wiederum den mediativen Grundprinzipien der Selbständigkeit und der Eigenverantwortlichkeit Rechnung.

---

[87] Vgl.: Erster Teil, 3. Kapitel, Unterpunkt II. 3.

X. Die in § 278a Abs. 5 S. 2 ZPO-E genannten Möglichkeiten zur Beendigung des gerichtlichen Verfahrens im Falle einer Einigung zwischen den Konfliktparteien sowie deren Zulässigkeit im Verwaltungs-, Sozial- und Finanzgerichtsprozess

Aufgrund der Tatsache, dass es sich bei der gerichtsnahen Mediation um ein eigenständiges und außerhalb des gerichtlichen Verfahrens vor dem zuständigen Gericht durchgeführtes Verfahren handelt, endet mit ihr nicht auch automatisch das gerichtliche Verfahren selbst. § 278a Abs. 5 S. 2 bis 5 ZPO-E trifft daher Regelungen hinsichtlich des weiteren Schicksals des Gerichtsverfahrens, sollte es im Wege der gerichtsnahen Mediation zu einer Einigung zwischen den Konfliktparteien kommen. Im Einzelnen sieht § 278a Abs. 5 S. 2 ZPO-E für diesen Fall mit Blick auf die bestehenden Möglichkeiten zur Verfahrensbeendigung im Zivilprozessrecht vor, dass das gerichtliche Verfahren abhängig von Art und Inhalt der gefundenen Einigung durch Klagerücknahme (§ 269 ZPO), durch Verzichtsurteil (§ 306 ZPO), durch Anerkenntnisurteil (§ 307 ZPO), durch übereinstimmende Erledigungserklärungen der Konfliktparteien (§ 91a ZPO) oder – was in den meisten Fällen in Betracht kommen dürfte – durch einen Vergleichsschluss beendet werden kann. Von wenigen Ausnahmen abgesehen, stehen die gleichen Instrumente zur Verfahrensbeendigung auch im Rahmen der Verwaltungs-, Sozial- und Finanzgerichtsbarkeit zur Verfügung.

1. Die Zulässigkeit der in § 278a Abs. 5 S. 2 ZPO-E genannten Möglichkeiten der Verfahrensbeendigung im Verwaltungsprozess

Im Verwaltungsprozess ergibt sich die Zulässigkeit eines gerichtlichen Vergleiches unmittelbar aus § 106 VwGO. Auch die Klagerücknahme ist in § 92 VwGO gesetzlich geregelt, wobei über § 173 S. 1 VwGO ergänzend § 269 Abs. 2 S. 1 und 2 sowie § 269 Abs. 3 S. 1 ZPO entsprechende Anwendung finden.[88] Demnach kann sich der Kläger auch im Verwaltungsprozess durch einen außergerichtlichen Vergleich oder durch sonstige Vereinbarung zur Klagerücknahme verpflichten.[89] Die Zulässigkeit eines solchen Klagerücknahmeversprechens – zu dessen Umsetzung es zusätzlich der das Verfahren

---

[88] Zur entsprechenden Anwendbarkeit des § 269 Abs. 3 S. 1 ZPO im Verwaltungsprozess vgl.: *Clausing* u. *Meissner,* in: *Schoch/Schmidt-Aßmann/Pietzner,* VwGO, § 92 Rn. 33 bzw. § 173 Rn. 197; *Rennert* u. *P. Schmidt,* in: *Eyermann,* VwGO, § 92 Rn. 20 bzw. § 173 Rn. 5; *Kopp/Schenke,* VwGO, § 92 Rn. 3 u. § 173 Rn. 4; *BVerwGE* 108, 355 (357). Zur entsprechenden Anwendbarkeit des § 269 Abs. 2 S. 1 ZPO vgl.: *Meissner,* in: *Schoch/Schmidt-Aßmann/Pietzner,* VwGO, § 173 Rn. 196; *Schmid,* in: *Sodan/Ziekow,* VwGO, § 92, Fn. 24. Zur entsprechenden Anwendbarkeit des § 269 Abs. 2 S. 2 ZPO vgl.: *Clausing* u. *Meissner,* in: *Schoch/Schmidt-Aßmann/Pietzner,* VwGO, § 92 Rn. 20 bzw. § 173 Rn. 196; *Rennert,* in: *Eyermann,* VwGO, § 92 Rn. 9. Umstritten ist, ob auch § 269 Abs. 6 im Verwaltungsprozess entsprechende Anwendung findet (vgl. hierzu: *Clausing* u. *Meissner,* in: *Schoch/Schmidt-Aßmann/Pietzner,* VwGO, § 92 Rn. 37 bzw. § 173 Rn. 199; *Rennert,* in: *Eyermann,* VwGO, § 92 Rn. 22.

[89] *Clausing,* in: *Schoch/Schmidt-Aßmann/Pietzner,* VwGO, § 92 Rn. 9; *Hillermeier,* DVBl. 1967, 19 (20); *BGHZ* 79, 131 (135 ff.); *OVG Hamburg* NJW 1989, 604.

tatsächlich beendenden Erklärung der Klagerücknahme gegenüber dem Gericht bedarf[90] – ergibt sich, ebenso wie das Recht zur Klagerücknahme selbst, aus der Verfügungsbefugnis des Klägers über seinen Rechtsschutzanspruch.[91] Problematischer als ein gerichtlicher Vergleich oder eine Klagerücknahme erscheint im Hinblick auf den Verwaltungsprozess dagegen die Möglichkeit eines Verzichts- beziehungsweise eines Anerkenntnisurteils. Diesbezüglich enthält die Verwaltungsprozessordnung keinerlei Regelungen. Letztlich dürfte jedoch auch die Zulässigkeit dieser beiden Formen der Prozessbeendigung zu bejahen sein. Nach richtiger Auffassung sind sowohl die Vorschriften über Verzichtsurteile (§ 306 ZPO)[92] als auch die Vorschriften über Anerkenntnisurteile (§ 307 ZPO) grundsätzlich über § 173 S. 1 VwGO im Verwaltungsprozess entsprechend anwendbar.[93] Bedenken hiergegen werden aufgrund der Geltung der Dispositionsmaxime – der Verfügungsbefugnis der Konfliktparteien über den Klagegegenstand – im Verwaltungsprozess nicht gesehen. Die Dispositionsmaxime gilt vielmehr gerade als Begründung der Zulässigkeit eines Verzichts- respektive Anerkenntnisurteils.[94] Soweit materiellrechtlich verzichtbare Rechtspositionen Gegenstand des Verfahrens sind,[95] so dass die Beteiligten über den Streitgegenstand verfügen können,[96] werden der Verzicht auf den

---

[90] *Clausing*, in: *Schoch/Schmidt-Aßmann/Pietzner*, VwGO, § 92 Rn. 9.

[91] *Clausing*, in: *Schoch/Schmidt-Aßmann/Pietzner*, VwGO, § 92 Rn. 9; *Hillermeier*, DVBl. 1967, 19 (20).

[92] Vgl. u.a.: *Kopp/Schenke*, VwGO, § 173 Rn. 4; *Geiger* u. *Rennert*, in: *Eyermann*, VwGO, § 86 Rn. 3 u. § 87a Rn. 9 bzw. § 156 Rn. 1; *Ortloff/Riese* u. *Meissner*, in: *Schoch/Schmidt-Aßmann/Pietzner*, VwGO, § 87a Rn. 31 bzw. § 173 Rn. 95 u. 234; *Redeker*, in: *Redeker/v. Oertzen*, VwGO, § 107 Rn. 6; *Wolff* u. *Neumann*, in: *Sodan/Ziekow*, VwGO, § 107 Rn. 25 bzw. § 156 Rn. 34; *Guttenberg*, VBl.BW 1992, 244 ff.; *Lüke*, JuS 1961, 41 (46); *Linn*, DVBl. 1956, 816 (817 ff.); *BVerwGE* 104, 27 (28 f.).

[93] Vgl. u.a.: *Kopp/Schenke*, VwGO, § 173 Rn. 4; *Ortloff/Riese*, *Olbertz* u. *Meissner*, in: *Schoch/Schmidt-Aßmann/Pietzner*, VwGO, § 87a Rn. 31 bzw. § 156 Rn. 5 u. § 173 Rn. 95 u. 234; *Geiger* u. *Rennert*, in: *Eyermann*, VwGO, § 86 Rn. 3 u. § 87a Rn. 9 bzw. § 156 Rn. 1; *Redeker*, in: *Redeker/v. Oertzen*, VwGO, § 107 Rn. 6; *Guttenberg*, VBl.BW 1992, 244 ff.; *Lüke*, JuS 1961, 41 (45 f.); *BVerwGE* 104, 27 (28 f.); *BVerwG* DÖV 1997, 376; NVwZ 1997, 576; *VGH Mannheim* NJW 1991, 859. A.A.: *Rupp*, AöR 85, 147 (195 ff.); *Lang*, BayVBl. 1958, 170 ff.; *Lang*, VerwArch 52 (1961), 60 (88 f.), sowie: *BVerwGE* 62, 18 (19) u. *J. Schmidt*, in: *Eyermann*, VwGO, § 107 Rn. 6, wonach ein Anerkenntnis(urteil) zumindest im Anfechtungsprozess ausgeschlossen sein soll. Dem widerspricht u.a. *Rennert*, in: *Eyermann*, VwGO, § 156 Rn. 1, wobei auch dieser jedoch einräumt, dass ein Anerkenntnis eher bei Verpflichtungsklagen in Betracht kommen dürfte (vgl. auch: *BVerwG* 104, 27).

[94] Vgl. u.a.: *Geiger* u. *Rennert*, in: *Eyermann*, VwGO, § 86 Rn. 3 bzw. § 156 Rn. 1; *Wolff* u. *Neumann*, in: *Sodan/Ziekow*, VwGO, § 107 Rn. 22 bzw. § 156 Rn. 6; *Kothe*, in: *Redeker/v. Oertzen*, VwGO, § 86 Rn. 5; *Kopp/Schenke*, VwGO, § 86 Rn. 16 u. § 107 Rn. 5; *Olbertz* u. *Meissner*, in: *Schoch/Schmidt-Aßmann/Pietzner*, VwGO, § 156 Rn. 5 (Fn. 30) bzw. § 173 Rn. 95; *Guttenberg*, VBl.BW 1992, 244 (245 f.); *BVerwGE* 104, 27 (28 f.); *BVerwG* DÖV 1997, 376. Zumindest für die Verpflichtungsklage ähnlich: *BVerwG* NVwZ 1997, 576.

[95] *Clausing*, in: *Schoch/Schmidt-Aßmann/Pietzner*, VwGO, § 92 Rn. 10; *Linn*, DVBl. 1956, 816 (818).

[96] Vgl. hierzu: Meissner, in: *Schoch/Schmidt-Aßmann/Pietzner*, VwGO, § 173 Rn. 95 f. u. 234; Kopp/Schenke, VwGO, § 86 Rn. 16 u. § 107 Rn. 5. Vgl. auch: *J. Schmidt*, in: *Eyermann*, VwGO, § 107 Rn. 6, wonach Anerkenntnisurteile zulässig sind, wenn ein Vergleich möglich wäre, insbesondere soweit verzichtbare Ansprüche Streitgegenstand sind, der Beklagte also über den Streitgegenstand verfügen kann. Vgl. ferner auch: *Wolff*, in: *Sodan/Ziekow*, VwGO, § 107 Rn. 22; *Guttenberg*, VBl.BW 1992, 244 (247 f.); *BVerwGE* 104, 27 (29).

der Klage zugrunde liegenden Anspruch und die Anerkennung des Klageanspruchs auch im Verwaltungsprozess als möglich und für das Gericht bindend erachtet.[97] Darüber hinaus lässt sich die Zulässigkeit eines Verzichts- oder Anerkenntnisurteils auch damit begründen, dass § 87a Abs. 1 Nr. 2 und § 156 VwGO sowohl die Möglichkeit eines Verzichts als auch die eines Anerkenntnisses voraussetzen.[98] Verzichtet der Kläger in wirksamer Weise auf den Klageanspruch oder erkennt der Beklagte den gerichtlich geltend gemachten Anspruch wirksam an, dann ist vom Verwaltungsgericht ohne weitere Sachprüfung ein Verzichts- beziehungsweise Anerkenntnisurteil zu erlassen, wobei über § 173 S. 1 VwGO auch von § 313b ZPO Gebrauch gemacht werden kann[99] und ein Anerkenntnisurteil im Verwaltungsprozess auch ohne den in § 307 Abs. 1 ZPO geforderten Antrag des Klägers ergehen kann.[100] Dem stehen insgesamt auch keine unüberwindbaren Unterschiede zwischen Verwaltungs- und Zivilprozess entgegen,[101] insbesondere nicht der in § 86 Abs. 1 S. 1 VwGO zum Ausdruck kommende und im Zivilprozess nicht geltende Untersuchungsgrundsatz,[102] da dieser seine Grenze in der Verfügungsbefugnis der Beteiligten über den Streitgegenstand findet.[103] Die für den Verzicht oder das Anerkenntnis erforderliche Verfügungsbefugnis über den Streitgegenstand besteht trotz des

---

[97] *Kopp/Schenke*, VwGO, § 86 Rn. 16 bzw. § 107 Rn. 5; *Geiger*, in: *Eyermann*, VwGO, § 86 Rn. 3; *Höfling/Rixen* u. *Wolff*, in: *Sodan/Ziekow*, VwGO, § 86 Rn. 82 bzw. § 107 Rn. 22; *Guttenberg*, VBl.BW 1992, 244 (245 f.); *BVerwG* DÖV 1997, 376.

[98] Vgl. u.a.: *Rennert*, in: *Eyermann*, VwGO, § 156 Rn. 1; *Kopp/Schenke*, VwGO, § 107 Rn. 5 (Fn. 1); *Clausing*, *Olbertz* u. *Meissner*, in: *Schoch/Schmidt-Aßmann/Pietzner*, VwGO, § 92 Rn. 10 u. § 107 Rn. 8 bzw. § 156 Rn. 5 (Fn. 30) u. § 173 Rn. 234; *Kothe*, in: *Redeker/v. Oertzen*, VwGO, § 86 Rn. 5; *Wolff*, in: *Sodan/Ziekow*, VwGO, § 107 Rn. 22; *Lüke*, JuS 1961, 41 (46); *BVerwG* NVwZ 1997, 576; DÖV 1997, 376. Nach *Höfling/Rixen*, in: *Sodan/Ziekow*, VwGO, § 86 Rn. 82 sind § 87a Abs. 1 Nr. 2 und § 156 VwGO kein Beleg für eine generelle Anwendbarkeit des § 306 und des § 307 ZPO im Bereich der Verwaltungsgerichtsordnung. Aus der Erwähnung des Anerkenntnisses und des Verzichts in § 87a Abs. 1 Nr. 2 und § 156 VwGO folge lediglich, dass Anerkenntnis und Verzicht im Verwaltungsprozess möglich sind. Vor dem Hintergrund des Umstands, dass Anerkenntnis und Verzicht Ausfluss der Dispositionsmaxime sind, könne man sie nur für zulässig halten, wenn und soweit die Beteiligten über den Verfahrensgegenstand verfügen können, was anzunehmen sei, wenn dem keine zwingenden öffentlichrechtlichen Bestimmungen entgegenstehen.

[99] *Clausing*, in: *Schoch/Schmidt-Aßmann/Pietzner*, VwGO, § 107 Rn. 8; *Wolff*, in: *Sodan/Ziekow*, VwGO, § 107 Rn. 24; a.A.: *BVerwGE* 62, 18 (19).

[100] Vgl. hierzu: *Olbertz*, in: *Schoch/Schmidt-Aßmann/Pietzner*, VwGO, § 156 Rn. 11.

[101] *Meissner*, in: *Schoch/Schmidt-Aßmann/Pietzner*, VwGO, § 173 Rn. 234; *Neumann*, in: *Sodan/Ziekow*, VwGO, § 156 Rn. 5; *J. Schmidt*, in: *Eyermann*, VwGO, § 107 Rn. 6; *Guttenberg*, VBl.BW 1992, 244 (246 f.); *BVerwG* NVwZ 1997, 576; *VGH Mannheim* NJW 1991, 859.

[102] *J. Schmidt*, in: *Eyermann*, VwGO, § 107 Rn. 6; *Kopp/Schenke*, VwGO, § 107 Rn. 5 (Fn. 1); *Neumann*, in: *Sodan/Ziekow*, VwGO, § 156 Rn. 7; *Meissner*, in: *Schoch/Schmidt-Aßmann/Pietzner*, VwGO, § 173 Rn. 234; *Guttenberg*, VBl.BW 1992, 244 (247); *Lüke*, JuS 1961, 41 (45); *BVerwG* NVwZ 1997, 576; DÖV 1997, 376; *VGH Mannheim* NJW 1991, 859. Vgl. zudem auch: *Wolff*, in: *Sodan/Ziekow*, VwGO, § 107 Rn. 22, wonach der im Verwaltungsprozessrecht geltende Untersuchungsgrundsatz durch die Zulässigkeit von Anerkenntnis und Verzicht nicht beeinträchtigt wird. Zum Untersuchungsgrundsatz selbst vgl. darüber hinaus: Zweiter Teil, 5. Kapitel, Unterpunkt IX.

[103] *Meissner*, in: *Schoch/Schmidt-Aßmann/Pietzner*, VwGO, § 173 Rn. 95; *Guttenberg*, VBl.BW 1992, 244 (245 u. 247). Vgl. zudem auch: *BVerwG* DÖV 1997, 376.

dort herrschenden Offizialprinzips grundsätzlich auch im verwaltungsgerichtlichen Verfahren.[104] Zwar hat das Verwaltungsgericht den Sachverhalt nach § 86 Abs. 1 S. 1 VwGO von Amts wegen zu erforschen. Der Untersuchungsgrundsatz lässt jedoch die Befugnis der Beteiligten unberührt, über das Prozessverhältnis zu disponieren.[105] Die Zulässigkeit beidseitiger Erledigungserklärungen schließlich, ergibt sich im Verwaltungsprozess aus § 161 Abs. 2 VwGO.[106]

2. Die Zulässigkeit der in § 278a Abs. 5 S. 2 ZPO-E genannten Möglichkeiten der Verfahrensbeendigung im Sozialgerichtsprozess

Mit Blick auf den Sozialgerichtsprozess erscheint die Möglichkeit eines gerichtlichen Vergleichs sowie einer Klagerücknahme ebenso unproblematisch wie im Verwaltungsprozess. Die Zulässigkeit eines gerichtlichen Vergleichs ergibt sich unmittelbar aus § 101 Abs. 1 SGG, während die Klagerücknahme, zu der sich der Kläger – ähnlich wie im Verwaltungsprozess – durch außergerichtlichen Vergleich oder durch sonstige Vereinbarung verpflichten kann,[107] in § 102 SGG geregelt ist, wobei ergänzend zu § 102 SGG über § 202 SGG im Sozialgerichtsprozess § 269 Abs. 2 ZPO entsprechende Anwendung findet.[108] Hinsichtlich des Anerkenntnisses klageweise erhobener Ansprüche enthält § 101 Abs. 2 SGG sodann eine eigenständige Regelung, wonach ein vom Kläger angenommenes Anerkenntnis, welches auch außerhalb der Verhandlung abgegeben werden kann,[109] zur Erledigung des Rechtsstreits in der Hauptsache führt. Demzufolge bedarf es im Falle eines angenommenen Anerkenntnisses grundsätzlich weder eines Anerkenntnisurteils nach § 307 ZPO noch eines gerichtlichen Einstellungsbeschlusses.[110] Das bedeutet jedoch nicht, dass ein Anerkenntnisurteil im sozialgerichtlichen Verfahren – entgegen der Rechtslage im Verwaltungsprozess – generell unzulässig wäre;[111] es wird im sozialge-

[104] *Meissner*, in: *Schoch/Schmidt-Aßmann/Pietzner*, VwGO, § 173 Rn. 234. Vgl. auch: *BVerwG* DÖV 1997, 376.
[105] *Neumann*, in: *Sodan/Ziekow*, VwGO, § 156 Rn. 7; *BVerwG* DÖV 1997, 376.
[106] Vgl. hierzu u.a.: BT-Drucks. 15/3482, S. 24; *Clausing*, in: *Schoch/Schmidt-Aßmann/Pietzner*, VwGO, § 161 Rn. 2; *J. Schmidt*, in: *Eyermann*, VwGO, § 161 Rn. 6; *Kopp/Schenke*, VwGO, § 161 Rn. 10. Im Übrigen setzt auch § 87a Abs. 1 Nr. 3 VwGO übereinstimmende bzw. beiderseitige Erledigungserklärungen voraus (vgl. u.a.: *Kothe*, in: *Redeker/v. Oertzen*, VwGO, § 87a Rn. 4).
[107] Vgl.: *Leitherer*, in: *Meyer-Ladewig/Keller/Leitherer*, SGG, § 102 Rn. 5; *BGHZ* 79, 131 (135 ff.).
[108] Zur entsprechenden Anwendbarkeit des § 269 Abs. 2 ZPO im Sozialgerichtsprozess vgl.: *Leitherer*, in: *Meyer-Ladewig/Keller/Leitherer*, SGG, § 102 Rn. 7; *Danckwerts*, in: *Hennig*, SGG, § 202 Rn. 8; *Roller*, in: *Lüdtke*, SGG, § 102 Rn. 5. Dagegen findet § 269 Abs. 3 S. 1 ZPO über § 202 SGG im Rahmen des Sozialgerichtsprozesses keine entsprechende Anwendung (vgl.: *Pawlak* u. *Danckwerts*, in: *Hennig*, SGG, § 102 Rn. 24 f. bzw. § 202 Rn. 8; *BSGE* 48, 164 (167). Differenzierend: *Leitherer*, in: *Meyer-Ladewig/Keller/Leitherer*, SGG, § 102 Rn. 9; *Rohwer-Kahlmann*, Sozialgerichtsbarkeit, § 102 Rn. 17 f.
[109] *Pawlak*, in: *Hennig*, SGG, § 101 Rn. 48.
[110] Ebenso: *Pawlak*, in: *Hennig*, SGG, § 101 Rn. 57.
[111] Zur Zulässigkeit des Anerkenntnisurteils im Rahmen eines sozialgerichtlichen Verfahrens vgl. u.a.: *Bolay*, in: *Lüdtke*, SGG, § 125 Rn. 14; *Pawlak*, in: *Hennig*, SGG, § 101 Rn. 59 bzw. § 125 Rn. 50; *BSG* JZ 1979, 199 f., wonach Anerkenntnisurteile gemäß § 202 SGG i.V.m. § 307 ZPO zulässig sind; *Roller*, in: *Lüdtke*, SGG, § 101 Rn. 33, wonach es zur Beendigung des Verfahrens nach einem Anerkenntnis

richtlichen Verfahren aufgrund der Regelung des § 101 Abs. 2 SGG lediglich seltener als im Verwaltungsprozess in Betracht kommen, da regelmäßig mit einer Annahme des Anerkenntnisses zu rechnen sein wird und selbst in einem Antrag nach § 307 ZPO, den anerkennenden Beteiligten seinem Anerkenntnis gemäß zu verurteilen, regelmäßig eine Annahme des Anerkenntnisses zu sehen ist, welche unmittelbar zur Erledigung der Hauptsache führt. Letztlich verbleibt wegen der Erledigungswirkung des angenommenen Anerkenntnisses nach § 101 Abs. 2 SGG, verbunden mit der Tatsache, dass bereits aus dem angenommenen Anerkenntnis nach § 199 SGG vollstreckt werden kann,[112] für ein Anerkenntnisurteil im Rahmen eines sozialgerichtlichen Verfahrens nur dann Raum, wenn die Erledigungswirkung des § 101 Abs. 2 SGG nicht eingetreten ist,[113] das heißt wenn das Anerkenntnis nicht angenommen wird[114] und keine Erklärung der jeweils anderen Partei als Annahme des Anerkenntnisses interpretiert werden kann. Dies ist beispielsweise der Fall, wenn der Kläger in der mündlichen Verhandlung nicht vertreten ist und deshalb die Annahme des Anerkenntnisses des von ihm verfolgten Anspruchs nicht erklären kann[115] – in diesem Fall soll ein Anerkenntnisurteil sogar ohne einen entsprechenden Antrag nach § 307 Abs. 1 ZPO ergehen können.[116] Darüber hinaus soll ein Anerkenntnisurteil zulässig sein, wenn ein Beklagter ein abgegebenes Anerkenntnis nicht ausführt und eine neue Leistungsklage des Klägers wegen des anerkannten Anspruchs zulässig ist; auf diese neue Klage – so einige Stimmen in der Literatur – sei der Beklagte dem Anerkenntnis gemäß entsprechend § 307 Abs. 1 ZPO zu verurteilen.[117] Begründen lässt sich diese grundsätzlich gegebene Zulässigkeit eines Anerkenntnisurteils im sozialgerichtlichen Verfahren ähnlich wie die Zulässigkeit des Anerkenntnisurteils im Verwal-

---

eines Anerkenntnisurteils gemäß § 202 SGG i.V.m. § 307 und 313b ZPO bedarf. Vgl. auch: *Leitherer*, in: *Meyer-Ladewig/Keller/Leitherer*, SGG, § 101 Rn. 19, wonach Voraussetzung für die Abgabe eines Anerkenntnisses ist, dass der Beteiligte über den Gegenstand der Klage verfügen kann und in der Lage ist, die für sich in Anspruch genommene Rechtsfolge herbeizuführen, sowie: *Danckwerts*, in: *Hennig*, SGG, § 202 Rn. 8; wonach zumindest § 307 Abs. 1 ZPO über § 202 SGG im Sozialgerichtsprozess entsprechend anwendbar ist, nicht aber § 307 Abs. 2 ZPO.

112 Vgl. hierzu u.a.: *Leitherer*, in: *Meyer-Ladewig/Keller/Leitherer*, SGG, § 101 Rn. 19.

113 *Rohwer-Kahlmann*, Sozialgerichtsbarkeit, § 101 Rn. 43 u. Vorbem. § 123 Rn. 22; *Bolay*, in: *Lüdtke*, SGG, § 125 Rn. 14; *Meyer-Ladewig*, in: *Meyer-Ladewig/Keller/Leitherer*, SGG, § 125 Rn. 3h; *Peters/Sautter/Wolff*, SGG, § 101, 3. I) u. Vorbem. Zu §§ 123-142, 2. d) cc); *Bolay*, in: *Lüdtke*, SGG, § 125 Rn. 14; *LSG Rh.-Pf.* SGb 1981, 172, wonach ein Anerkenntnisurteil nicht mehr in Betracht kommt beziehungsweise unzulässig ist, wenn der Rechtsstreit durch ein angenommenes Anerkenntnis gemäß § 101 Abs. 2 SGG erledigt ist.

114 *Pawlak*, in: *Hennig*, SGG, § 125 Rn. 50. Vgl. auch: *Meyer-Ladewig*, in: *Meyer-Ladewig/Keller/Leitherer*, SGG, § 125 Rn. 3h, wonach ein Anerkenntnisurteil nicht ergehen kann, wenn ein Rechtsstreit durch angenommenes Anerkenntnis erledigt ist (vgl. auch: *Pawlak*, in: *Hennig*, SGG, § 101 Rn. 59).

115 U.a.: *Rohwer-Kahlmann*, Sozialgerichtsbarkeit, § 101 Rn. 43.

116 *Leitherer*, in: *Meyer-Ladewig/Keller/Leitherer*, SGG, § 101 Rn. 19; *Pawlak*, in: *Hennig*, SGG, § 101 Rn. 59; *BSG* JZ 1979, 199 (200).

117 *Rohwer-Kahlmann*, Sozialgerichtsbarkeit, § 101 Rn. 43; *Leitherer*, in: *Meyer-Ladewig/Keller/Leitherer*, SGG, § 101 Rn. 19. Kritisch: *Behn*, JZ 1979, 200 ff.; *Behn*, SozVers 1979, 169; *Behn*, ZfS 1981, 280 ff.; *BSG* SGb 1980, 122.

tungsprozess. Auch hier gilt zunächst prinzipiell die Dispositionsmaxime[118] und grundlegende Unterschiede zwischen Sozialgerichts- und Zivilprozess stehen einer entsprechenden Anwendbarkeit des § 307 ZPO im Sozialgerichtsprozess nicht entgegen.[119] Ob im sozialgerichtlichen Verfahren darüber hinaus auch ein Verzichtsurteil gemäß § 306 ZPO zulässig ist, ist umstritten. Während ein Teil der Literatur die Möglichkeit eines prozessualen Verzichts sowie eines darauf folgenden Verzichtsurteils konsequent verneint und stattdessen in jedem vor Gericht erklärten „Verzicht" eine Klagerücknahme nach § 102 SGG sieht,[120] hält die Gegenauffassung – mit Blick auf die auch im Sozialgerichtsgesetz geltende Dispositionsmaxime[121] überzeugender – eine entsprechende Anwendung des § 306 ZPO über § 202 SGG zumindest grundsätzlich für zulässig, auch wenn zugestanden wird, dass dem Verzicht im Sozialgerichtsprozess nur eine geringe bis gar keine eigenständige Bedeutung zukomme, da man in einem Verzicht „regelmäßig" eine Klagerücknahme nach § 102 SGG sehen könne.[122] Zwar erscheint eine Klagerücknahme aus Sicht des Klägers – dies ist im Sozialprozess meist der (vermeintlich) leistungsberechtigte und gegenüber dem Sozialleistungsträger regelmäßig schutzbedürftigere Bürger – aus Kostengründen vorzugswürdig,[123] so dass im Falle einer „Verzichtserklärung" im Rahmen eines sozialgerichtlichen Verfahrens im Zweifel tatsächlich eine Klagerücknahme anzunehmen sein wird. Warum aber sollte es dem grundsätzlich über den Streitgegenstand verfügungsbefugten Kläger – zumal wenn es sich um einen Streit zwischen Sozialleistungsträgern oder um sonstigen Streitigkeiten „auf Augenhöhe" handelt – prinzipiell verwehrt sein, mit der Folge eines Verzichtsurteils gemäß § 202 SGG i.V.m. § 306 ZPO ausdrücklich auf seinen zunächst geltend gemachten Anspruch zu verzichten? Letztlich bleibt es auch im Sozialgerichtsprozess Sache der mündigen Klägerpartei, ob sie tatsächlich verzichten oder lediglich die Klage zurücknehmen will. Der tatsächliche Parteiwille ist an dieser Stelle entscheidend und gegebenenfalls von Gerichts wegen zu erforschen, wobei jedoch – wie bereits erwähnt – im Zweifel von einer Klagerücknahme auszugehen sein wird. Im Übrigen steht den Prozessparteien im Sozialgerichtsprozess aufgrund der bereits genannten Dispositionsmaxime auch die Möglichkeit der Prozessbeendigung im Wege übereinstimmender Erledigungserklärungen offen. Zwar ist umstritten, ob hier § 91a ZPO über § 202 SGG entsprechende Anwendung finden kann.[124]

---

118 Vgl. hierzu im Einzelnen: Zweiter Teil, 5. Kapitel, Unterpunkt X.

119 *Peters/Sautter/Wolff*, SGG, § 101, 3. l) u. Vorbem. zu §§ 123-142, 2. d) cc).

120 Vgl. u.a.: *Leitherer* u. *Meyer-Ladewig*, in: *Meyer-Ladewig/Keller/Leitherer*, SGG, § 101 Rn. 25 u. § 102 Rn. 1 u. 3 bzw. § 125 Rn. 3h; *Pawlak* u. *Danckwerts*, in: *Hennig*, SGG, § 125 Rn. 51 bzw. § 202 Rn. 8; *Bolay*, in: *Lüdtke*, SGG, § 125 Rn. 15.

121 Vgl. abermals: Zweiter Teil, 5. Kapitel, Unterpunkt X.

122 Vgl. u.a.: *Rohwer-Kahlmann*, Sozialgerichtsbarkeit, § 101 Rn. 48 f. u. Vorbem. § 123 Rn. 23; *Peters/ Sautter/Wolff*, SGG, § 101, Anm. 3 m) u. Vorbem. zu §§ 123-142, Anm. 2 d) dd); *Pawlak*, in: *Hennig*, SGG, § 102 Rn. 16.

123 Während der Kläger bei einem Verzicht die Kosten des Verfahrens zu tragen hat, ergeht im Falle der Klagerücknahme im Bereich des sozialgerichtlichen Verfahrens ein Kostenbeschluss nach billigem Ermessen des Gerichts (vgl. u.a.: *Leitherer*, in: *Meyer-Ladewig/Keller/Leitherer*, SGG, § 102 Rn. 9a).

124 Dafür vgl. u.a.: *Pawlak*, in: *Hennig*, SGG, § 102 Rn. 1; *Leitherer* u. *Meyer-Ladewig*, in: *Meyer-Ladewig/Keller/leitherer*, SGG, § 94 Rn. 4 bzw. § 125 Rn. 6; *OVG Münster* MDR 1952, 187. Dagegen

Letztlich erscheint die Möglichkeit der Verfahrensbeendigung durch übereinstimmende Erledigungserklärungen jedoch weitgehend anerkannt, wenn sie auch – ebenso wie ein Verzicht gemäß § 202 SGG i.V.m. § 306 ZPO – von geringer praktischer Bedeutung sein dürfte, da im Sozialgerichtsprozess bereits eine einseitige Erledigungserklärung des Klägers zur Beendigung des Verfahrens führt. Grund hierfür ist, dass in einer Erledigungserklärung des Klägers regelmäßig eine im Sozialgerichtsprozess nicht von der Zustimmung des Beklagten abhängige und daher unmittelbar zur Verfahrenserledigung führende Klagerücknahme gesehen werden kann, ohne dass eine solche Klagerücknahme – anders als im Zivilprozess (§ 269 Abs. 3 S. 2 ZPO) – eine negative Kostenfolge mit sich bringen würde.[125] Zudem kann die Erledigungserklärung des Beklagten unter Umständen auch als Anerkenntnis angesehen und die mit dieser Erklärung übereinstimmende Erledigungserklärung des Klägers als Annahme dieses Anerkenntnisses verstanden werden, so dass letztlich ein angenommenes Anerkenntnis im Sinne des § 101 Abs. 2 SGG vorliegt, welches ebenfalls zur Erledigung in der Hauptsache führt.[126] Akzeptiert man aber die grundsätzliche Zulässigkeit übereinstimmender Erledigungserklärungen, so ist das Gericht an diese gebunden, unabhängig davon, ob der Rechtsstreit tatsächlich in der Hauptsache erledigt ist; eine Prüfung der Erledigung ist nicht möglich.[127] Mit ihren übereinstimmenden Erledigungserklärungen entziehen Kläger und Beklagter dem Gericht die Befugnis, in der Sache zu entscheiden,[128] so dass den Konfliktparteien nicht nur in verwaltungs-, sondern auch in sozialgerichtlichen Verfahren grundsätzlich die in § 278a Abs. 5 S. 2 ZPO-E genannten Möglichkeiten zur Verfahrensbeendigung zur Verfügung stehen und § 278a Abs. 5 S. 2 ZPO somit auch im Sozialgerichtsprozess über § 202 SGG uneingeschränkt Anwendung finden kann.

3. Die eingeschränkte Zulässigkeit der in § 278a Abs. 5 S. 2 ZPO-E genannten Möglichkeiten der Verfahrensbeendigung im Finanzgerichtsprozess

Im finanzgerichtlichen Verfahren stehen die in § 278a Abs. 5 S. 2 ZPO genannten Möglichkeiten der Prozessbeendigung letztlich ebenso zur Verfügung. Zunächst sieht auch die Finanzgerichtsordnung gemäß § 72 und § 155 FGO i.V.m. § 269 Abs. 2 und Abs. 3

---

vgl. u.a.: *Rohwer-Kahlmann*, Sozialgerichtsbarkeit, § 125 Rn. 3; *Danckwerts*, in: *Hennig*, SGG, § 202 Rn. 8; *OVG Lüneburg* DVBl. 1951, 700 (701). Gegen eine entsprechende Anwendbarkeit im Ergebnis wohl auch *Bolay*, in: *Lüdtke*, SGG, § 125 Rn. 23, der in einer übereinstimmenden Erledigungserklärung einen ungeschriebenen Erledigungsgrund sieht.

[125] *Pawlak*, in: *Hennig*, SGG, § 102 Rn. 13; *Roller*, in: *Lüdtke*, SGG, § 102 Rn. 14; vgl. auch: *Rohwer-Kahlmann*, Sozialgerichtsbarkeit, § 101 Rn. 54; *Meyer-Ladewig*, in: *Meyer-Ladewig/Keller/Leitherer*, SGG, § 125 Rn. 6, wonach sich mit einer Klagerücknahme praktisch die gleichen Folgen herbeiführen lassen wie mit einer beiderseitigen/übereinstimmenden Erledigungserklärung.

[126] Vgl. auch: *Roller*, in: *Lüdtke*, SGG, § 102 Rn. 14 m.w.N.

[127] *Pawlak*, in: *Hennig*, SGG, § 102 Rn. 14; *Meyer-Ladewig*, in: *Meyer-Ladewig/Keller/Leitherer*, SGG, § 125 Rn. 6; a.A.: *Rohwer-Kahlmann*, Sozialgerichtsbarkeit, § 125 Rn. 4.

[128] *Rohwer-Kahlmann*, Sozialgerichtsbarkeit, § 101 Rn. 54; *Meyer-Ladewig*, in: *Meyer-Ladewig/Keller/Leitherer*, SGG, § 125 Rn. 6.

S. 1 ZPO[129] die Möglichkeit einer Klagerücknahme vor, zu der sich der Kläger als Ausfluss seiner Verfügungsbefugnis über seinen Rechtsschutzanspruch[130] im Finanzgerichtsprozess in einem außergerichtlichen Vergleich oder durch sonstige Vereinbarung zur Klagerücknahme verpflichten kann.[131] Darüber hinaus enthält auch die Finanzgerichtsordnung in § 138 FGO eine Regelung zur übereinstimmenden Erledigungserklärung, so dass § 278a Abs. 5 S. 2 ZPO-E im finanzgerichtlichen Verfahren zumindest insofern Anwendung finden kann, als im Anschluss an eine gerichtsnahe Mediation eine Verfahrensbeendigung durch Klagerücknahme oder übereinstimmende Erledigungserklärung erfolgen kann. Unbekannt ist der Finanzgerichtsordnung hingegen die Institution des gerichtlichen Vergleichs. Daraus lässt sich jedoch noch nicht zwingend folgern, dass § 278a Abs. 5 S. 2 ZPO-E, soweit er in Nr. 5 die Beendigung des Verfahrens durch Vergleich ermöglichen will, im Rahmen finanzgerichtlicher Verfahren über § 155 FGO keine Anwendung finden kann. Vielmehr hängt die Beantwortung der Frage nach der Anwendbarkeit des § 278a Abs. 5 S. 2 Nr. 5 ZPO-E von der umstrittenen Problematik ab, ob ein gerichtlicher Vergleich im finanzgerichtlichen Verfahren in Ermangelung einer entsprechenden Regelung zulässig ist oder nicht. Diesbezüglich sei auf die obigen Ausführungen[132] verwiesen, wonach ein gerichtlicher Vergleich im Ausnahmefall auch im finanzgerichtlichen Verfahren in Betracht kommen kann. Dass aus dem Fehlen einer entsprechenden Vorschrift nicht automatisch auf die Unzulässigkeit dieser Möglichkeit zur Verfahrensbeendigung geschlossen werden kann, gilt im Übrigen auch mit Blick auf das der Finanzgerichtsordnung ebenfalls fremde Verzichts- und Anerkenntnisurteil. Zwar wird die Zulässigkeit eines Verzichts- oder Anerkenntnisurteils respektive die Anwendbarkeit der §§ 306 und 307 ZPO im Finanzgerichtsprozess (§ 155 FGO) überwiegend verneint,[133] wobei ähnlich wie bei der Verneinung der Möglichkeit eines gerichtlichen Vergleichs auf das Argument zurückgegriffen wird, dass der Steueranspruch nicht zur Verfügung der

---

[129] Zur entsprechenden Anwendbarkeit des § 269 Abs. 2 ZPO im Finanzgerichtsprozess vgl.: *Koch,* in: *Gräber,* FGO, § 72 Rn. 6; *Birkenfeld,* in: *Hübschmann/Hepp/Spitaler,* AO/FGO, § 72 FGO Rn. 82; *Brandis,* in: *Tipke/Kruse,* AO/FGO, § 72 FGO Rn. 14; *Stöcker,* in: *Beermann/Gosch,* AO/FGO, § 72 FGO Rn. 20.1. Zur entsprechenden Anwendbarkeit des § 269 Abs. 3 S. 1 ZPO vgl. u.a.: *Birkenfeld,* in: *Hübschmann/Hepp/Spitaler,* AO/FGO, § 72 FGO Rn. 187; *Brandis,* in: *Tipke/Kruse,* AO/FGO, § 72 FGO Rn. 24; *Koch,* in: *Gräber,* FGO, § 72 Rn. 2 u. 29 f.

[130] Vgl.: *Birkenfeld,* in: *Hübschmann/Hepp/Spitaler,* AO/FGO, § 72 FGO Rn. 252; *Hillermeier,* DVBl. 1967, 19 (20).

[131] *Koch,* in: *Gräber,* FGO, § 72 Rn. 4; *Birkenfeld,* in: *Hübschmann/Hepp/Spitaler,* AO/FGO, § 72 FGO Rn. 250 ff.; *BGHZ* 79, 131 (135 ff.). Zur Erfüllung eines solchen Verpflichtung bedarf es auch im Finanzgerichtsprozess einer an das Gericht gerichtete Klagerücknahmeerklärung (vgl.: *Birkenfeld,* in: *Hübschmann/Hepp/Spitaler,* AO/FGO, § 72 FGO Rn. 250).

[132] Vgl.: Zweiter Teil, 1. Kapitel, Unterpunkt IV.

[133] Vgl. u.a.: *Stapperfend* u. *v. Groll,* in: *Gräber,* FGO, § 76 Rn. 5 u. § 155 Rn. 10 bzw. § 95 Rn. 5; *Tipke* u. *Brandis,* in: *Tipke/Kruse,* AO/FGO, § 95 FGO Rn. 10 bzw. § 155 FGO Rn. 8; *Schwarz,* in: *Hübschmann/Hepp/Spitaler,* AO/FGO, § 155 FGO Rn. 35; *Woring,* in: *Beermann/Gosch,* AO/FGO, § 155 FGO Rn. 88. A.A. jedoch: *Schmidt-Troje,* in: *Beermann/Gosch,* AO/FGO, § 95 FGO Rn. 11; *Lange,* in: *Hübschmann/Hepp/Spitaler,* AO/FGO, § 95 FGO Rn. 52 ff.; *Martens,* StuW 1968, 615 ff.; *FG SchlHolst.* EFG 1966, 472; *FG Berlin* EFG 1968, 209 f.; EFG 1978, 501. Die Zulässigkeit offen lassend vgl. schließlich zudem: *BFHE* 138, 366 (369).

Beteiligten stehe und die Dispositionsmaxime der regelmäßig beklagten Finanzbehörde insofern eingeschränkt sei. Der beklagten Finanzbehörde fehle letztlich der für einen Verzicht beziehungsweise für ein Anerkenntnis erforderliche Entscheidungsspielraum.[134] Gleichwohl erscheint ein Verzichts- oder Anerkenntnisurteil auch im Finanzprozess nicht grundsätzlich ausgeschlossen, da sich im Rahmen einer gerichtsnahen Mediation im Extremfall aus Sicht der Beteiligten herausstellen kann, dass (im Falle des Klägers) der mit der Klage verfolgte Anspruch nicht besteht oder (im Falle der nach § 63 Abs. 1 FGO beklagten Finanzbehörde) der vom Kläger geltend gemachte Anspruch zu Recht erhoben wird. In solchen Fällen ist nicht ersichtlich, warum es den Beteiligten verwehrt bleiben soll, auf den geltend gemachten Anspruch mit der Folge eines Verzichtsurteils nach § 155 FGG i.V.m. § 306 ZPO zu verzichten beziehungsweise den geltend gemachten Anspruch mit der möglichen Folge eines Anerkenntnisurteils gemäß § 155 FGG i.V.m. § 307 ZPO anzuerkennen, statt gegebenenfalls eine Vielzahl von Änderungsbescheiden oder Abhilfebescheiden zu erlassen.[135] Selbst wenn die Verfügungsbefugnis der Konfliktparteien – allen voran die der regelmäßig beklagten Finanzbehörde mit Blick auf Steuer- und Steuerrückzahlungsansprüche – naturgemäß eingeschränkt ist, folgt daraus in den genannten Konstellationen daher nicht zwingend die Unzulässigkeit eines Verzichts- oder Anerkenntnisurteils. Grund hierfür ist auch, dass in den genannten Fällen nicht über den zunächst strittigen Steueranspruch selbst verfügt wird, sondern lediglich über die Fortführung des gerichtlichen Verfahrens. Die Zulässigkeit einer solchen Verfügung erscheint dabei mit Blick auf die auch im Finanzprozessrecht geltende Dispositionsmaxime[136] nur konsequent, zumal dem auch der so genannte Amtsermittlungsgrundsatz[137] nicht entgegensteht, weil sich dieser allein auf die Feststellung des Sachverhalts von Amts wegen bezieht (§ 76 Abs. 1 S. 1 FGO), für eine Sachverhaltsermittlung jedoch nur Raum bleibt, soweit der Streitgegenstand reicht.[138] Wird ein gerichtliches Verfahren durch eine den Konfliktparteien aufgrund der Dispositionsmaxime zustehende Prozesshandlung beendet, endet auch die Amtsermittlungspflicht des jeweiligen Gerichts.[139]

Insgesamt kommt die Möglichkeit eines Anerkenntnisses wohl immer dann in Betracht, wenn die Finanzbehörde – trotz naturgemäß begrenzter Verfügungsmacht – im Einzelfall über den im gerichtlichen Verfahren geltend gemachten Anspruch verfügen kann.[140] Kann die Finanzbehörde in Übereinstimmung mit dem maßgeblichen materiellen Recht ihren vom Kläger angegriffenen Ausgangsbescheid zugunsten des klagenden Steuerpflichtigen (teilweise) zurücknehmen, widerrufen, aufheben oder ändern, so tritt

---

[134] *Stapperfend*, in: *Gräber*, FGO, § 76 Rn. 5.

[135] Vgl. auch: *Martens*, StuW 1968, 615 (624), wonach das behördliche Anerkenntnis im Prozess gerechtfertigt ist, weil die Verwaltung damit die Rechtsfolge akzeptiert, die sie nach den maßgebenden Vorschriften für richtig hält.

[136] Vgl. hierzu: Zweiter Teil, 5. Kapitel, Unterpunkt X.

[137] Vgl. hierzu: Zweiter Teil, 5. Kapitel, Unterpunkt IX.

[138] Vgl. auch: *FG Berlin* EFG 1978, 501.

[139] Vgl.: Zweiter Teil, 5. Kapitel, Unterpunkt IX.

[140] Vgl. auch: *FG Berlin* EFG 1978, 501, wonach kein grundlegender Unterschied zwischen dem Zivilprozess und dem Steuerprozess besteht, soweit die Verfügungsbefugnis der Beteiligten über den Streitgegenstand reicht.

eine Modifizierung des Streitgegenstandes und damit eine Reduzierung der gerichtlichen Entscheidungsbefugnisse ein, wenn die Finanzbehörde von einer dieser Möglichkeiten während des gerichtlichen Verfahrens Gebrauch macht. Es tritt – je nach Einzelfall – entweder Hauptsacheerledigung ein oder es wird der Änderungsbescheid mit eingeengtem Inhalt zum Gegenstand des Verfahrens. Angesichts dieser mittelbaren Einwirkungsmöglichkeiten der beklagten Finanzbehörde auf den Streitgegenstand des gerichtlichen Verfahrens wäre es sinnwidrig, der Finanzbehörde unmittelbaren Einfluss auf Fortgang und Ausmaß des Verfahrens zu versagen, indem man die Möglichkeit eines Anerkenntnisses sowie die Anwendbarkeit des § 307 ZPO über § 155 FGO im finanzgerichtlichen Verfahren pauschal verneint.[141] Für die Zulässigkeit eines Anerkenntnisses spricht weiterhin die Erwägung, dass auch der Steuerprozess aufgrund der geltenden Dispositionsmaxime davon ausgeht, dass eine Angelegenheit nur dann zur Entscheidung des Gerichts gebracht wird, wenn die Beteiligten entsprechende Anträge stellen.[142] Zudem ist die beklagte Behörde nicht gehindert, die für die Steuerpflicht und die Bemessung der Steuer wesentlichen Verhältnisse zu ermitteln und gegebenenfalls während des Prozesses einen Änderungsbescheid zu erlassen. Da die Finanzbehörde somit in der Lage ist, durch Erlass eines Abhilfebescheids eine Erledigung der Hauptsache herbeizuführen, muss ihr auch die Befugnis zustehen, durch ein vollständiges oder teilweises Anerkenntnis im Prozess die Voraussetzungen für eine weitere Sachprüfung durch das Gericht weitgehend zu beseitigen. Denn man muss es als unerheblich ansehen, ob die beklagte Behörde ihre Befugnis zur Änderung des angefochtenen Steuerbescheids durch Erlass eines neuen Verwaltungsaktes oder durch Anerkenntniserklärung im Prozess ausübt. In beiden Fällen handelt es sich um eine Verfügung über den Steueranspruch in dem Sinne, dass dieser durch eine Erklärung der Behörde mit auf Verbindlichkeit zielender Wirkung festgestellt wird. Der Unterschied zwischen dem Erlass eines Änderungsbescheides und dem eines prozessualen Anerkenntnisses besteht lediglich darin, dass im letzteren Falle vom Gericht zu prüfen ist, ob sich das abgegebene Anerkenntnis im Rahmen der behördlichen Verfügungsbefugnis hält oder ob es etwa wegen Verstoßes gegen ein gesetzliches Verbot oder aus anderen Gründen nichtig ist.[143] Letztlich kann ein Anerkenntnisurteil dabei noch eher im Interesse des Steuerpflichtigen liegen als ein bloßer Abänderungsbescheid und die daraufhin gegebenenfalls folgende Erledigung in der Hauptsache. Nur im Falle des Anerkenntnisurteils erhält der im Zweifelsfall schutzwürdigere (weil steuerrechtlich in der Regel unbedarftere) Steuerpflichtige ein der Rechtskraft fähiges Urteil nach besagter gerichtlicher Überprüfung des Anerkenntnisses.

---

[141] *FG SchlHolst.* EFG 1966, 472.
[142] *FG Berlin* EFG 1968, 209 (210).
[143] Vgl. auch: *FG Berlin* EFG 1978, 501; *Martens*, StuW 1968, 615 (623).

XI. Das Verfahren der Beendigung des gerichtlichen Verfahrens im Falle einer Einigung zwischen den Konfliktparteien gemäß § 278a Abs. 5 S. 2 bis 4 ZPO-E

Hinsichtlich des Verfahrens der Prozessbeendigung im Falle einer mediativ bewirkten Einigung zwischen den Konfliktparteien sieht § 278a Abs. 5 S. 2 ZPO zunächst vor, dass eine Beendigung des gerichtlichen Verfahrens erst nach Rückgabe der Verfahrensakten inklusive der zwischen den Beteiligten getroffenen Vereinbarung an das zuständige Gericht erfolgt. § 278a Abs. 5 S. 3 ZPO-E bestimmt ergänzend, dass die je nach Inhalt der im gerichtsnahen Mediationsverfahren gefundenen Einigung zur Beendigung des Gerichtsverfahrens gegebenenfalls in Betracht kommende Erklärung einer Klagerücknahme, eines Anerkenntnisses, eines Verzichts oder der Erledigung vor dem in der Sache zuständigen Gericht und nicht vor dem Richtermediator abzugeben ist. Auch ein eventueller Vergleichsschluss hat gemäß § 278a Abs. 5 S. 4 ZPO-E vor dem zuständigen Gericht zu erfolgen.

Grund für die Verfahrensregelung des § 278a Abs. 5 S. 2 bis 4 ZPO-E ist, dass die jeweils notwendigen Prozesshandlungen zur Beendigung eines gerichtlichen Verfahrens grundsätzlich gegenüber dem Prozessgericht abzugeben sind, bei dem die Sache anhängig ist.[144] Dies ist im Falle der gerichtsnahen Mediation nicht etwa der Richtermediator, sondern das ursprünglich zuständige Gericht, da (1.) die gerichtsnahe Mediation keinen Teil des gerichtlichen Verfahrens, sondern gewissermaßen ein „außergerichtliches" Streitbeilegungsverfahren darstellt, zu dessen Durchführung das Gerichtsverfahren vorübergehend zum Ruhen gebracht wird, und (2.) der Richtermediator keinerlei Rechtsprechungsaufgaben wahrnimmt,[145] so dass er nicht als (Prozess-)Gericht, gegenüber dem die oben genannten Erklärungen wirksam abgegeben werden können, eingestuft

---

[144] Für die Klagerücknahme vgl. u.a.: *Clausing*, in: *Schoch/Schmidt-Aßmann/Pietzner*, VwGO, § 92 Rn. 19; *Rennert*, in: *Eyermann*, VwGO, § 92 Rn. 9; *Leitherer*, in: *Meyer-Ladewig/Keller/Leitherer*, SGG, § 102 Rn. 7 ff.; *Pawlak*, in: *Hennig*, SGG, § 102 Rn. 6; *Rohwer-Kahlmann*, Sozialgerichtsbarkeit, § 102 Rn. 8; *Peters/Sautter/Wolff*, SGG, § 102, 2.; *Birkenfeld*, in: *Hübschmann/Hepp/Spitaler*, AO/FGO, § 72 FGO Rn. 92; *Brandis*, in: *Tipke/Kruse*, AO/FGO, § 72 FGO Rn. 13; *Stöcker*, in: *Beermann/Gosch*, AO/FGO, § 72 FGO Rn. 25 u. 33; *BFHE* 125, 498 (499). Mit Blick auf die Klagerücknahme im Zivilprozess vgl. u.a.: *Lüke*, in: MK-ZPO, § 269 Rn. 20; *Foerste*, in: *Musielak*, ZPO, § 269 Rn. 7; *Baumbach/Lauterbach/Albers/Hartmann*, ZPO, § 269 Rn. 1 u. 27; *Greger*, in: *Zöller*, ZPO, § 269 Rn. 12a. Für den Verzicht vgl. u.a.: *Musielak*, in: MK-ZPO, § 306 Rn. 2; *Musielak*, in: *Musielak*, ZPO, § 306 Rn. 1 unter Verweis auf § 307 Rn. 9. Für das Anerkenntnis vgl. u.a.: *Leitherer*, in: *Meyer-Ladewig/Keller/Leitherer*, SGG, § 101 Rn. 21 ff.; *Pawlak*, in: *Hennig*, SGG, § 101 Rn. 47; *Roller*, in: *Lüdtke*, SGG, § 101 Rn. 29; *Musielak*, in: MK-ZPO, § 307 Rn. 14; *Musielak*, in: *Musielak*, ZPO, § 307 Rn. 9. Für beiderseitige/übereinstimmende Erledigungserklärungen vgl. u.a.: *Clausing*, in: *Schoch/Schmidt-Aßmann/Pietzner*, VwGO, § 161 Rn. 15; *Kopp/Schenke*, VwGO, § 161 Rn. 13; *Ruban*, in: *Gräber*, FGO, § 138 Rn. 11 ff.; *Brandis*, in: *Tipke/Kruse*, AO/FGO, § 138 FGO Rn. 23; *Brandt*, in: *Beermann/Gosch*, AO/FGO, § 138 FGO Rn. 93 (Mit Blick auf die übereinstimmende Erledigungserklärung im Zivilprozess vgl. u.a.: *BGH* NJW 1968, 991 (992); *Vollkommer*, in: *Zöller*, ZPO, § 91a Rn. 10; *Bork*, in: *Stein/Jonas*, ZPO, § 91a Rn. 17; *Steiner*, in: *Wieczorek/Schütze*, ZPO, § 91a Rn. 7; *Lindacher*, in: MK-ZPO, § 91a Rn. 26, wonach natürlicher Adressat der auf die Beendigung der Rechtshängigkeit zielenden Erledigungserklärung im dreiseitigen Prozessrechtsverhältnis nun einmal das Gericht ist.).

[145] Vgl.: Zweiter Teil, 3. Kapitel.

werden kann. Selbst die Tatsache, dass im Verwaltungs-, Sozial- und Finanzgerichtsprozess zumindest die Klagerücknahme und übereinstimmende Erledigungserklärungen – nach Ansicht mancher darüber hinaus auch ein Verzicht beziehungsweise ein Anerkenntnis – auch vor einem ersuchten oder beauftragten Richter sowie in einem Erörterungstermin abgegeben werden können, hilft insofern nicht weiter, da der Richtermediator weder als ersuchter oder beauftragter Richter tätig wird[146] noch die Durchführung einer gerichtsnahen Mediation mit der Durchführung eines Erörterungstermins gleichzusetzen ist. Letzteres scheitert bereits daran, dass der Erörterungstermin nach § 87 Abs. 1 S. 2 Nr. 1 VwGO, § 106 Abs. 3 Nr. 7 SGG und § 79 Abs. 1 S. 2 Nr. 1 FGO vor dem Vorsitzenden oder dem Berichterstatter, mithin vor einem Richter des zuständigen Gerichts stattfindet, während als Richtermediator nur ein Richter in Betracht kommt, der nicht dem in der Sache entscheidungsbefugten Gericht angehört. Darüber hinaus können die Konfliktparteien zu einem Erörterungstermin nach den Vorschriften der Verwaltungsprozessordnung, des Sozialgerichtsgesetzes sowie der Finanzgerichtsordnung geladen werden, während das Konzept der gerichtsnahen Mediation auf dem Grundsatz der Freiwilligkeit beruht.

XII. Die Fortsetzung des gerichtlichen Verfahrens im Falle einer teilweisen Einigung im Rahmen der gerichtsnahen Mediation nach § 278a Abs. 5 S. 5 ZPO-E

Für den Fall einer Teileinigung im Rahmen der gerichtsnahen Mediation sieht § 278a Abs. 5 S. 5 ZPO-E vor, dass das gerichtliche Verfahren unter Berücksichtigung der getroffenen Teileinigung fortgesetzt wird. Damit trägt die Vorschrift dem Umstand Rechung, dass sowohl im Zivilprozess als auch im verwaltungs-, sozial- und finanzgerichtlichen Verfahren unter der Voraussetzung eines teilbaren Streitgegenstandes Teilurteile, teilweise Klagerücknahmen,[147] Teilverzichte,[148] Teilanerkenntnisse,[149] teilweise Erledigungen aufgrund übereinstimmender (Teil-)Erledigungserklärungen[150] sowie Vergleiche hin-

---

[146] Vgl. hierzu auch: Zweiter Teil, 9. Kapitel, Unterpunkt V. 3.

[147] Vgl. u.a.: *Kopp/Schenke*, VwGO, § 92 Rn. 8; *Kothe*, in: *Redeker/v. Oertzen*, VwGO, § 92 Rn. 5; *Rennert*, in: *Eyermann*, VwGO, § 92 Rn. 8; *Leitherer*, in: *Meyer-Ladewig/Keller/Leitherer*, SGG, § 102 Rn. 4; *Roller*, in: *Lüdtke*, SGG, § 102 Rn. 4; *Rohwer-Kahlmann*, Sozialgerichtsbarkeit, § 102 Rn. 15; *Peters/Sautter/Wolff*, SGG, § 102, 1.; *Birkenfeld*, in: *Hübschmann/Hepp/Spitaler*, AO/FGO, § 72 FGO Rn. 160 ff.; *Brandis*, in: *Tipke/Kruse*, AO/FGO, § 72 FGO, Rn. 8; *Stöcker*, in: *Beermann/Gosch*, AO/FGO, § 72 FGO Rn. 26 ff.; *Koch*, in: *Gräber*, FGO, § 72 Rn. 12 ff.; *BFHE* 106, 286 ff.; 189, 252 ff.; *BSGE* 21, 13 (14). Mit Blick auf die teilweise Klagerücknahme im Zivilprozess vgl. u.a.: *Lüke*, in: MK-ZPO, § 269 Rn. 6.

[148] Vgl. u.a.: *Musielak*, in: MK-ZPO, § 306 Rn. 2; *Musielak*, in: *Musielak*, ZPO, § 306 Rn. 1 unter Verweis auf § 307 Rn. 7; *Roller*, in: *Lüdtke*, SGG, § 101 Rn. 27.

[149] Vgl. u.a.: *Musielak*, in: MK-ZPO, § 307 Rn. 12; *Musielak*, in: *Musielak*, ZPO, § 307 Rn. 7; *Neumann*, in: *Sodan/Ziekow*, VwGO, § 156 Rn. 32; *Leitherer*, in: *Meyer-Ladewig/Keller/Leitherer*, SGG, § 101 Rn. 20; *Pawlak*, in: *Hennig*, SGG, § 101 Rn. 45; *Roller*, in: *Lüdtke*, SGG, § 101 Rn. 27; *Rohwer-Kahlmann*, Sozialgerichtsbarkeit, § 101 Rn. 37; *Peters/Sautter/Wolff*, SGG, § 101, 3. d).

[150] *Kopp/Schenke*, VwGO, § 161 Rn. 8, *Clausing*, in: *Schoch/Schmidt-Aßmann/Pietzner*, VwGO, § 161 Rn. 11 u. 15 ff.; *Redeker*, in: *Redeker/v. Oertzen*, VwGO, § 107 Rn. 11; *Brandis*, in: *Tipke/Kruse*, AO/FGO; § 138 FGO Rn. 12; *Ruban*, in: *Gräber*, FGO, § 138 Rn. 4; *Brandt*, in: *Beermann/Gosch/Brandt*,

sichtlich eines Teils des ursprünglich geltend gemachten Anspruchs[151] möglich sind. In diesen Fällen ist das Gerichtsverfahren hinsichtlich des nicht erfassten Teils fortzusetzen. Darüber hinaus ist es denkbar, dass sich die Parteien im Rahmen der gerichtsnahen Mediation lediglich hinsichtlich tatsächlicher Fragen einigen, die rechtliche Beurteilung des auf diesem Wege festgestellten Sachverhalts jedoch die Fortsetzung des gerichtlichen Verfahrens erfordert. Von besonderer Bedeutung ist diese Fallkonstellation in steuer- und abgabenrechtlichen Streitigkeiten, da die Verfügungsbefugnis der Finanzbehörden über steuer- und abgabenrechtliche Fragen aufgrund des Grundsatzes der Gesetzmäßigkeit und Gleichmäßigkeit der Besteuerung regelmäßig beschränkt ist, Rechtsprechung und herrschende Meinung eine Verständigung über Tatsachen – eine so genannte tatsächliche Verständigung – jedoch ausdrücklich zulassen.[152]

XIII. Die Ausnahmeregelung des § 278a Abs. 5 S. 6 ZPO-E

Abweichend von § 278a Abs. 5 S. 3 und 4 ZPO-E sieht § 278a Abs. 5 S. 6 ZPO-E vor, dass Anerkenntnis, Verzicht, Klagerücknahme und übereinstimmende Erledigungserklärungen sowie gerichtliche Vergleiche im Anschluss an das gerichtsnahe Mediationsverfahren ausnahmsweise auch vor dem Richtermediator erklärt sowie durch den Richtermediator protokolliert werden können, sofern das zuständige Gericht den Richtermediator bei Abgabe der Verfahrensakten ersucht hat, im Falle einer Einigung das gerichtliche Verfahren wieder aufzunehmen und die entsprechenden Erklärungen der Beteiligten entgegenzunehmen. Damit legalisiert § 278a Abs. 5 S. 6 ZPO-E klarstellend die im Rahmen des Modellversuchs „Gerichtsnahe Mediation in Niedersachsen“ entwickelte Vorgehensweise. Auch hier wird es als zulässig erachtet, dass das Mediationsverfahren im Erfolgsfalle durch den Abschluss eines gerichtlichen Vergleichs vor dem Richtermediator abgeschlossen wird, sofern der jeweilige Richtermediator vor Beginn der Mediation per Beschluss des gesetzlich zuständigen Richters gemäß § 278 Abs. 5 S. 1 und § 362 ZPO analog ersucht wurde, das gerichtliche Verfahren nach erfolgreicher Beendigung des Mediationsverfahrens auf Wunsch der Parteien wieder aufzurufen und eine Güteverhandlung – gegebenenfalls einschließlich der Protokollierung eines gerichtlichen Vergleichs – durchzuführen.[153] Durch die klarstellende Regelung des § 278a Abs. 5 S. 6

AO/FGO, § 138 FGO Rn. 45; *BFHE* 111, 13 (15); 113, 171 ff. Zur teilweisen Erledigung durch übereinstimmende Erledigungserklärungen im Zivilprozess vgl. u.a.: *Bork*, in: *Stein/Jonas*, ZPO, § 91a Rn. 20; *Baumbach/Lauterbach/Albers/Hartmann*, ZPO, § 91a Rn. 77; *Wolst*, in: *Musielak*, ZPO, § 91a Rn. 50; *Steiner*, in: *Wieczorek/Schütze*, ZPO, § 91a Rn. 39; *Vollkommer*, in: *Zöller*, ZPO, § 91a Rn. 53; *BGH* NJW 2004, 506 (508).

151 Vgl. u.a.: *Kopp/Schenke*, VwGO, § 106 Rn. 3 u. 15; *Dolderer*, in: *Sodan/Ziekow*, VwGO, § 106 Rn. 12; *VGH München* BayVBl. 1987, 308 (309). Zum Teilvergleich im Zivilprozess vgl. u.a.: *Wolfsteiner*, in: MK-ZPO, § 794 Rn. 52; *Lackmann*, in: *Musielak*, ZPO, § 794 Rn. 17.

152 Siehe oben: Zweiter Teil, Fn. 52.

153 Vgl. hierzu auch: Zweiter Teil, 2. Kapitel, Unterpunkt I. 1. Zur Zulässigkeit der analogen Anwendung des § 278 Abs. 5 S. 1 und des § 362 ZPO in beschriebenem Sinne vgl. v.a.: *Löer*, ZKM 2005, 182 (185); *Volkmann*, Mediation im Zivilprozess, S. 80; *Spindler*, Abschlussbericht zum Forschungsprojekt Gerichtsnahe Mediation in Niedersachsen, Rn. 91 ff. Für eine entsprechende Regelung auch: BDVR-

ZPO-E soll gewährleistet werden, dass die Konfliktparteien und ihre Rechtsanwälte nach Abschluss der gerichtsnahen Mediation nicht nochmals zu einem gesonderten Protokollierungstermin vor dem gesetzlich zuständigen Gericht erscheinen müssen.[154] Ohne eine § 278a Abs. 5 S. 6 ZPO-E entsprechende Regelung oder eine analoge Anwendung des § 278 Abs. 5 S. 1 und des § 362 ZPO entstünde für die Konfliktparteien oftmals ein nicht unerheblicher Mehraufwand. Daher haben die Beteiligten ein Bedürfnis danach, dass für den an sich zuständigen Richter ein anderer, für die Parteien örtlich und zeitlich leichter erreichbarer Richter – am besten gleich der jeweilige Richtermediator – die in § 278a Abs. 5 S. 6 ZPO-E genannten Erklärungen entgegen- und die gegebenenfalls erforderliche Protokollierung des gerichtlichen Vergleichs übernimmt.[155] Diesem Bedürfnis soll die Vorschrift des § 278a Abs. 5 S. 6 ZPO-E Rechnung tragen. Rechtliche Bedenken gegen eine entsprechende Regelung sind dabei nicht ersichtlich.

XIV. Die Möglichkeiten zur Beendigung der gerichtsnahen Mediation ohne eine Einigung zwischen den Konfliktparteien gemäß § 278a Abs. 6 ZPO-E

§ 278a Abs. 6 ZPO-E befasst sicht mit den Möglichkeiten der Beendigung des gerichtsnahen Mediationsverfahrens, ohne dass es zu einer Einigung zwischen den Konfliktparteien gekommen ist. § 278a Abs. 5 S. 1 Nr. 1 ZPO-E sieht in diesem Zusammenhang zunächst vor, dass jeder am gerichtsnahen Mediationsverfahren Beteiligte die gerichtsnahe Mediation durch eine formfreie und keiner Begründung bedürftigen Erklärung beenden können soll.[156] Damit entspricht die Norm abermals der Freiwilligkeit der (gerichtsnahen) Mediation; keine Konfliktpartei soll dazu verpflichtet sein, gegen ihren Willen an einem (gerichtsnahen) Mediationsverfahren teilzunehmen.

§ 278a Abs. 6 S. 1 Nr. 2 ZPO-E bestimmt darüber hinaus, dass das gerichtsnahe Mediationsverfahren seitens des Richtermediators auch im Falle einer nicht ausreichend entschuldigten Säumnis einer Mediationspartei beendet werden kann, und § 278a Abs. 6 S. 1 Nr. 3 ZPO-E ermöglicht zudem den Abbruch der Mediation durch den Richtermediator aus wichtigem Grund. Ein solcher wichtiger Grund kann unter anderem darin liegen, dass sich die gegebenenfalls fehlende Eignung zur Durchführung eines gerichtsnahen Mediationsverfahrens erst nach dessen Einleitung zeigt, dass ein vom Richtermediator im Wege einer neutralen und der jeweiligen Mediationsvereinbarung nach § 278a Abs. 3 S. 3 ZPO-E entsprechenden Verfahrensführung nicht ausgleichbares Machtungleichgewicht zwischen den Beteiligten besteht oder dass auch nach längeren Verhandlungen eine interessengerechte und faire Einigung zwischen den Beteiligten aussichtslos er-

---

Stellungnahme, BDVR-Rundschreiben 2006, 45. Gegen eine entsprechende Regelung aufgrund wettbewerbsrechtlicher Bedenken: *Monßen*, ZKM 2006, 83 (85 f.).

[154] Vgl. hierzu auch: *v. Olenhusen*, ZKM 2004, 104 (105), sowie: Bericht der Arbeitsgruppe Mediation bei den Berliner Gerichten v. 20.7.2005, S. 49.

[155] Vgl. hierzu auch: *Spindler*, Abschlussbericht zum Forschungsprojekt Gerichtsnahe Mediation in Niedersachsen, Rn. 93.

[156] Eine ähnliche Bestimmung enthält beispielsweise auch Sec. 12.1 der DIS Mediation/Conciliation Rules.

scheint. Ferner kann es ratsam sein, ein gerichtsnahes Mediationsverfahren zu beenden, wenn die Parteien die Offenlegung ausreichender Unterlagen und Informationen verweigern, wenn die Beteiligten nicht in der Lage sind, sachgerecht zu verhandeln, oder wenn der Richtermediator erhebliche Zweifel an seiner eigenen Unabhängigkeit hegt, ohne dass ein gesetzlicher Ausschluss des jeweiligen Richtermediators nach § 49a S. 1 ZPO-E[157] vorliegt oder die Parteien es für nötig erachten, den jeweiligen Richtermediator gemäß § 49a S. 2 und 3 ZPO-E abzulehnen. § 278a Abs. 6 S. 1 Nr. 2 ZPO-E dient letztlich dazu, dem Missbrauch der gerichtsnahen Mediation im Sinne einer Verzögerungstaktik entgegenzutreten sowie, den ernst- und gewissenhaften Betrieb des gerichtsnahen Mediationsverfahrens durch die Konfliktparteien zu fördern.

Ergänzende Regelungen hinsichtlich des Verfahrens im Falle einer Verfahrensbeendigung nach § 278a Abs. 6 S. 1 ZPO-E treffen § 278a Abs. 6 S. 2 bis 5 ZPO-E. § 278a Abs. 6 S. 2 ZPO-E bestimmt diesbezüglich zunächst, dass der Richtermediator das jeweilige Prozessgericht ohne nähere Angaben zum gerichtsnahen Mediationsverfahren im Wege einer schriftlichen Erklärung über die Beendigung des gerichtsnahen Mediationsverfahrens informieren und die Verfahrensakten an das zuständige Prozessgericht zurückgeben muss. Damit wird sichergestellt, dass das jeweilige Prozessgericht auch im Falle eines erfolglos bleibenden Mediationsverfahrens unverzüglich Kenntnis vom Ende der gerichtsnahen Mediation erhält und sich auf die Fortführung des gerichtlichen Verfahrens vorbereiten sowie den Gerichtsprozess ohne weiteren Zeitverlust tatsächlich fortsetzen kann. Das zuständige Prozessgericht erhält dabei jedoch keinerlei weitere Informationen über das gerichtsnahe Mediationsverfahren selbst, um dem Grundsatz der Vertraulichkeit der (gerichtsnahen) Mediation gerecht zu werden und der Gefahr entgegen zu treten, dass solche Informationen zu Ablauf und Inhalt des Mediationsverfahrens die Neutralität, die Verfahrensführung und das Urteil des zuständigen Prozessgerichts beeinflussen könnten. Für den Fall des Mediationsabbruchs wegen nicht ausreichend entschuldigter Säumnis eines Beteiligten (§ 278a Abs. 6 S. 1 Nr. 2 ZPO-E) oder der Verfahrensbeendigung aus wichtigem Grund (§ 278a Abs. 6 S. 1 Nr. 3 ZPO-E) sieht § 278a Abs. 6 S. 3 ZPO-E indessen vor, dass der Richter gegenüber den Beteiligten Rechenschaft bezüglich des Grundes der Verfahrensbeendigung ablegen muss. Er hat gegenüber den Mediationsbeteiligten im Rahmen einer schriftlichen Erklärung den Grund für die Beendigung des gerichtsnahen Mediationsverfahrens anzugeben, da die Ermöglichung der Verfahrensbeendigung durch den Richtermediator gewissermaßen eine Ausnahme vom Grundsatz der Selbstbestimmtheit und der Eigenverantwortlichkeit der (gerichtsnahen) Mediation darstellt und der Gefahr einer „willkürlichen" Beendigung des Verfahrens begegnet werden muss. Sollten in der Person des Richtermediators liegende Gründe zur Beendigung des gerichtsnahen Mediationsverfahrens führen, sieht § 278a Abs. 6 S. 4 ZPO schließlich vor, dass das Verfahren nach Wahl der Konfliktparteien an das zuständige Gericht oder an einen anderen Richtermediator des jeweiligen Gerichts abgegeben werden kann. Hierdurch soll verhindert werden, dass mediationswilligen Par-

[157] Vgl. hierzu: Dritter Teil, 2. Kapitel, Unterpunkt XIX.

teien eine gerichtsnahe Mediation verwehrt bleibt, nur weil der Richtermediator das Verfahren aus wichtigen, in seiner eigenen Person liegenden Gründen abbrechen muss.

XV. Die Pflicht aller Mediationsbeteiligten zur Vertraulichkeit gemäß § 278b ZPO-E

§ 278b ZPO-E regelt die Vertraulichkeit der gerichtsnahen Mediation.[158] Nach § 278b Abs. 1 S. 1 ZPO-E ist der Inhalt des gerichtsnahen Mediationsverfahrens streng vertraulich, sofern die an ihm Beteiligten nicht übereinstimmend etwas Gegenteiliges vereinbaren. Damit trägt die Vorschrift dem allgemeinen Grundsatz der Vertraulichkeit des Mediationsverfahrens Rechnung, durch den sowohl die Konfliktparteien als auch der Richtermediator sowie alle sonstigen Mediationsbeteiligten gebunden werden.[159]

1. Die Vertraulichkeit der gerichtsnahen Mediation nach § 278b Abs. 1 ZPO-E

Der Grundsatz der Vertraulichkeit des gerichtsnahen Mediationsverfahrens wird konkretisiert durch § 278b Abs. 1 S. 2 ZPO-E, der ein an alle Mediationsbeteiligten gerichtetes Verbot enthält, im Rahmen der gerichtsnahen Mediation erlangte Informationen und Urkunden an ein späteres (Schieds-)Gericht oder an außen stehende Dritte weiterzugeben. Infolge dieser Verschwiegenheitspflicht kann eine Konfliktpartei in einem eventuell folgenden Schieds- oder Gerichtsverfahren die Einrede der Vertraulichkeit erheben, sollte die jeweils andere Partei in einem solchen Verfahren Inhalte ansprechen, die im Rahmen eines vorherigen gerichtsnahen Mediationsverfahrens vertraulich erörtert wurden. Zudem begründet § 278b Abs. 1 S. 1 und 2 ZPO auch in materieller Hinsicht eine Verschwiegenheitspflicht über die Inhalte einer gerichtsnahen Mediation, so dass ein dem zuwider handelnder Mediationsbeteiligter wegen Verstoßes gegen die Vertraulichkeit der gerichtsnahen Mediation gegebenenfalls haftbar gemacht werden kann.

Relativiert wird das Verbot nach § 278b Abs. 1 S. 2 ZPO-E – und damit zugleich auch die aus dieser Vorschrift resultierende Sanktionsmöglichkeit – allerdings insofern, als § 278b Abs. 1 S. 3 ZPO-E offenbare Tatsachen sowie solche Tatsachen, die ein Mediationsbeteiligter vortragen muss, um einen Schadensersatzanspruch wegen eines Verstoßes gegen Rechte und Pflichten aus dem Mediationsverhältnis zu begründen oder abzuwehren oder um sich in einem strafrechtlichen Prozess verteidigen zu können, vom Verbot nach § 278b Abs. 1 S. 2 ZPO-E ausnimmt.[160] Unter offenbaren Tatsachen sind

---

[158] Für eine gesetzliche Regelung des Vertraulichkeitsschutzes in der gerichtsnahen Mediation u.a. auch: *Spindler*, ZKM 2007, 79 (82); *Spindler*, Abschlussbericht zum Forschungsprojekt Gerichtsnahe Mediation in Niedersachsen, Rn. 115 ff.

[159] Für eine gesetzliche Regelung, die neben dem Richtermediator und den Mediationsparteien auch Dritte erfasst, vgl. auch: *Volkmann*, Mediation im Zivilprozess, S. 134 f.; *Duve/Prause*, IDR 2004, 126 (131).

[160] Mit Blick auf die vertragliche Sicherung der Vertraulichkeit vgl. hierzu auch: *Eidenmüller*, in: *Breidenbach/Coester-Waltjen/Heß u.a.*, Konsensuale Streitbeilegung, S. 45 (66); *Eidenmüller*, Vertrags- u. Verfahrensrecht der Wirtschaftsmediation, S. 26. Hinsichtlich der Einschränkung der Schweigepflicht eines nicht richterlichen Mediators, soweit die Parteien diesen wegen einer Pflichtverletzung auf Schadenser-

zunächst solche Tatsachen zu verstehen, die sich jedem vernünftigen Menschen ohne weitere Kenntnisse erschließen oder aber allgemein bekannt sind. Der Ausschluss offenbarer Tatsachen und Informationen ist streng genommen zwar nicht erforderlich, da offenbare Tatsachen und Informationen von niemandem „vertraulich" in ein Mediationsverfahren eingebracht werden können.[161] Aus Klarstellungsgründen sollten sie dennoch in § 278b Abs. 1 S. 3 ZPO-E aufgenommen und vom Verbot nach § 278b Abs. 1 S. 2 ZPO-E ausgenommen werden. Was den Ausschluss solcher Tatsachen anbelangt, die ein Mediationsbeteiligter vortragen muss, um einen Schadensersatzanspruch wegen eines Verstoßes gegen Pflichten aus dem Mediationsverhältnis begründen oder abwehren zu können, erscheint es hingegen denkbar, dass sich entweder die ehemaligen Mediationsparteien untereinander oder die Mediationsparteien den jeweiligen Mediator wegen eines haftungsbegründenden Fehlverhaltens auf Schadensersatz in Anspruch zu nehmen suchen. In beiden Fällen dürfte es sowohl dem jeweiligen Kläger als auch dem jeweiligen Beklagten ohne die Regelung des § 278b Abs. 1 S. 3 ZPO-E schwer fallen oder gar unmöglich sein, den vermeintlichen Schadensersatzanspruch zu begründen beziehungsweise abzuwehren. Ähnliches dürfte auch im Hinblick auf ein später gegebenenfalls folgendes und mit dem gerichtsnahen Mediationsverfahren im Zusammenhang stehendes Strafverfahren gegen einen ehemaligen Mediationsbeteiligten gelten. Denn ohne die in § 278b Abs. 1 S. 3 ZPO-E enthaltene Durchbrechung des Vertraulichkeitsgrundsatzes für solche Tatsachen, die für eine Strafverteidigung notwendig sind, würde diese massiv beeinträchtigt. Die Vorschrift trägt daher dem Umstand Rechnung, dass ein ehemaliger Mediationsbeteiligter in der gerichtsnahen Mediation nachgelagerten Fällen, in denen er selbst Partei oder Beschuldigter ist, einem nahezu unüberwindbaren Interessenkonflikt zwischen Vertraulichkeitsverpflichtung und notwendiger Wahrnehmung eigener berechtigter Interessen ausgesetzt ist.

§ 278b Abs. 1 S. 4 ZPO-E lässt schließlich gesetzliche Offenbarungspflichten sowie sonstige gesetzliche Regelungen, die der vertraulichen Behandlung im Rahmen der gerichtsnahen Mediation erlangter Informationen entgegenstehen, unberührt.[162] Dies dient der Klarstellung, dass § 278b ZPO-E als verfahrensrechtliche Vorschrift keine Modifizierung des geltenden materiellen Rechts bewirken kann und soll. Für den Richtermediator bleibt so beispielsweise dessen Pflicht als Beamter unberührt, Straftaten anzuzeigen (§ 138 StGB) und bei gegebener Gefährdung der freiheitlichen demokratischen Grundordnung für deren Erhaltung einzutreten (§ 52 Abs. 2 BBG). Mit Blick auf das öffentliche Recht kommt es zudem unter anderem in Betracht, dass die regelmäßig streitbeteiligte Behörde im Rahmen der gerichtsnahen Mediation Kenntnisse erhält, die ein gefahren-

---

satz in Anspruch nehmen wollen, vgl. zudem auch: *Hartmann:* in: *Haft/v. Schlieffen*, Hdb. Mediation, § 27 Rn. 24.

[161] Ebenso: *Nelle/Hacke*, ZKM 2002, S. 257 (260 f.), die sich allerdings mit vertraglichen Vertraulichkeitsvereinbarungen beschäftigen.

[162] Vgl. hierzu auch: *Volkmann*, Mediation im Zivilprozess, S. 135; *Duve/Prause*, IDR 2004, 126 (130); sowie: *Hartmann:* in: *Haft/v. Schlieffen*, Hdb. Mediation, § 27 Rn. 24, wonach die allumfassende Schweigepflicht nicht richterlicher Mediatoren hinsichtlich gesetzlicher Aussagepflichten eingeschränkt werden sollte.

abwehrrechtliches Handeln dringend erforderlich machen, wobei die Vornahme der jeweiligen gefahrenabwehrrechtlichen Maßnahme wiederum die Verletzung der Pflicht zur vertraulichen Behandlung mediativ erlangter Informationen voraussetzt. So ist es beispielsweise denkbar, dass die an der Mediation beteiligte Behörde die erlangten Kenntnisse gegebenenfalls an die für die Gefahrenabwehr zuständige Behörde weiterleiten muss. Darüber hinaus ist es denkbar, dass die mediationsbeteiligte Behörde von Umständen erfährt, die eine umgehende Information der Öffentlichkeit über eine bestehende Gefahr erforderlich machen. In solchen Fällen kann die Tatsache, dass die relevanten Informationen im Rahmen einer (gerichtsnahen) Mediation erlangt wurden, den notwendigen (Gefahrenabwehr-)Maßnahmen nicht entgegen stehen.

2. Die fehlende Notwendigkeit einer weitergehenden Sicherung des Vertraulichkeitsgrundsatzes

Weitergehende gesetzliche Regelungen zur Sicherung der vertraulichen Behandlung im Rahmen der gerichtsnahen Mediation erlangter Informationen durch den Richtermediator erscheinen nicht erforderlich. Die bestehenden gesetzlichen Regelungen bezüglich der beamtenrechtlichen Amtsverschwiegenheit (hierzu nachfolgend unter a)) sowie die bestehenden Zeugnis- und Gutachtensverweigerungsrechte (hierzu nachfolgend unter b) und c)) reichen grundsätzlich aus, um die Vertraulichkeit des gerichtsnahen Mediationsverfahrens auch in dieser Hinsicht zu gewährleisten. Eine Ausnahme gilt diesbezüglich lediglich mit Blick auf die bestehenden Zeugnis- und Gutachtensverweigerungsrechte in einem dem gerichtsnahen Mediationsverfahren gegebenenfalls nachfolgenden Finanzgerichts- oder Strafprozess (hierzu nachfolgend unter d) und e)).

a) Die beamtenrechtliche Pflicht zur Amtsverschwiegenheit

Der Sicherung der vertraulichen Behandlung im Rahmen einer gerichtsnahen Mediation thematisierter Inhalte durch den Richtermediator dient zunächst die allgemeine beamtenrechtliche Pflicht zur Amtsverschwiegenheit gemäß § 46 DRiG i.V.m. § 61 BBG beziehungsweise § 71 Abs. 1 DRiG i.V.m. § 39 BRRG, der Richter[163] und Richtermediatoren gleichermaßen unterliegen. Die Amtsverschwiegenheit bezieht sich im Gegensatz zum Beratungs- und Abstimmungsgeheimnis, dem Richter nach § 43 DRiG unterliegen, nicht nur auf die Vorgänge während der Beratung und Abstimmung, sondern erfasst auch andere Vorgänge, die dem Richter oder dem Richtermediator bei seiner amtlichen Tätigkeit bekannt werden und ihrer Natur nach geheimhaltungsbedürftig sind.[164] Nach den §§ 61, 62 BBG sowie nach § 39 BRRG i.V.m. den entsprechenden landesgesetzlichen Regelungen ist der Richter(mediator) zum Schutz dienstrechtlicher Belange,[165] der Staatssi-

---

[163] *Schmidt-Räntsch,* DRiG, § 43 Rn. 5 bzw. § 46 Rn. 37 u. § 71 Rn. 20; *Kissel/Mayer,* GVG, § 193 Rn. 9; vgl. zudem auch: *Wickern,* in: *Löwe-Rosenberg,* StPO, § 193 GVG Rn. 41; *Thomas,* Richterrecht, S. 143; *Düwel,* Das Amtsgeheimnis, S. 52 f.
[164] Vgl.: *Schmidt-Räntsch,* DRiG, § 46 Rn. 37 u. § 71 Rn. 20.
[165] *Battis,* BBG, § 61 Rn. 2.

cherheit und der Funktionsfähigkeit des Staatsapparates[166] einerseits sowie zum Schutz der von der Amtshandlung betroffenen Bürger andererseits[167] zur Verschwiegenheit über alle ihm ausschließlich aufgrund seiner Amtstätigkeit bekannt gewordenen Tatsachen und Angelegenheiten verpflichtet. Dabei ist es gleichgültig, ob er die Tatsachen in Ausübung seines Haupt- oder eines Nebenamtes und ob er sie bei einer richterlichen oder nichtrichterlichen Tätigkeit erlangt hat.[168] Selbst Angelegenheiten, die ihm nur „gelegentlich" seines Dienstes bekannt geworden sind, können der Verschwiegenheitspflicht unterliegen.[169] Voraussetzung ist lediglich, dass ein schutzwürdiges öffentliches oder privates Geheimhaltungsinteresse besteht.[170] Dabei ist die dienstrechtliche Pflicht zur Amtsverschwiegenheit durch § 353b StGB mit Strafe bedroht.[171] Ausgenommen sind lediglich Mitteilungen im dienstlichen Verkehr[172] sowie Tatsachen, die offenkundig sind[173] oder ihrer Bedeutung nach keiner Geheimhaltung bedürfen.[174] Darüber hinaus bleiben die gesetzlich begründeten Pflichten des Richters, Straftaten anzuzeigen (§ 138 StGB) und bei Gefährdung der freiheitlich demokratischen Grundordnung für deren Erhaltung einzutreten (§ 52 Abs. 2 BBG), unberührt.[175] Sie gehen der Verschwiegenheitspflicht vor.[176]

---

[166] *Volkmann*, Mediation im Zivilprozess, S. 120 m.w.N.

[167] *Battis*, BBG, § 61 Rn. 2; vgl. auch: *Thomas*, Richterrecht, S. 143; *Wiese*, Beamtenrecht, S. 120; *Düwel*, Das Amtgeheimnis, S. 97 ff.; *Volkmann*, Mediation im Zivilprozess, S. 120 m.w.N.

[168] Vgl. u.a.: *Battis*, BBG, § 61 Rn. 6; *Thomas*, Richterrecht, S. 144; vgl. auch: *Pawlak*, in: *Hennig*, SGG, § 119 Rn. 57. Zur amtskausalen Kenntniserlangung vgl. u.a.: *Battis*, BBG, § 61 Rn. 6; *Wiese*, Beamtenrecht, S. 120; *Düwel*, Das Amtgeheimnis, S. 80 f.; *Oldenbruch*, Die Vertraulichkeit im Mediationsverfahren, S. 46.

[169] *Thomas*, Richterrecht, S. 144.

[170] *Wiese*, Beamtenrecht, S. 119.

[171] *Battis*, BBG, § 61 Rn. 2; *Wiese*, Beamtenrecht, S. 120.

[172] Vgl.: § 61 Abs. 1 S. 2 BBG, sowie: *Battis*, BBG, § 61 Rn. 7; *Wiese*, Beamtenrecht, S. 122; *Thomas*, Richterrecht, S. 146; *Düwel*, Das Amtgeheimnis, S. 82 ff.; *Oldenbruch*, Die Vertraulichkeit im Mediationsverfahren, S. 47. Vgl. zudem auch: *Dahs*, in: *Löwe-Rosenberg*, StPO, § 54 Rn. 14; *Rogall*, in: *Rudolphi u.a.*, SK-StPO, § 54 Rn. 42.

[173] Offenkundig sind solche Tatsachen, die allgemein verbreitet bzw. bekannt sind oder von einer unbegrenzten Zahl von Personen wahrgenommen werden können (Vgl. hierzu u.a.: *Thomas*, Richterrecht, S. 144; *Battis*, BBG, § 61 Rn. 7; *Oldenbruch*, Die Vertraulichkeit im Mediationsverfahren, S. 47). Vgl. zudem auch: *Dahs*, in: *Löwe-Rosenberg*, StPO, § 54 Rn. 14; *Rogall*, in: *Rudolphi u.a.*, SK-StPO, § 54 Rn. 40. Nach *Wiese*, Beamtenrecht, S. 120 ist die Feststellung, dass sich die Pflicht zur Amtsverschwiegenheit nicht auf offenkundige Tatsachen bezieht, überflüssig, da eine offenkundige Tatsache niemals ein von der Amtsverschwiegenheit umfasstes Amtsgeheimnis sein könne und sich die Verschwiegenheitspflicht nur auf Amtsgeheimnisse erstrecke (vgl. zum Amtsgeheimnis als Gegenstand der Amtsverschwiegenheitspflicht auch: *Düwel*, Das Amtsgeheimnis, S. 31 ff.).

[174] Tatsachen, die ihrer Bedeutung nach keiner Geheimhaltung bedürfen, sind solche Tatsachen, deren Bekanntwerden unter keinem vernünftigen Gesichtspunkt zum Zeitpunkt der Bekanntgabe oder später öffentliche oder private Belange entgegenstehen (Vgl. hierzu u.a.: *Thomas*, Richterrecht, S. 144; *Battis*, BBG, § 61 Rn. 7; *Wiese*, Beamtenrecht, S. 122; *Rogall*, in: *Rudolphi u.a.*, SK-StPO, § 54 Rn. 41 m.w.N.; *Oldenbruch*, Die Vertraulichkeit im Mediationsverfahren, S. 47; *Volkmann*, Mediation im Zivilprozess, S. 120. Vgl. zudem auch: *Dahs*, in: *Löwe-Rosenberg*, StPO, § 54 Rn. 14.

[175] Vgl. u.a.: *Battis*, BBG, § 61 Rn. 8. Zur Anzeigepflicht vgl. zudem auch: *Volkmann*, Mediation im Zivilprozess, S. 120.

[176] *Wiese*, Beamtenrecht, S. 122; *Thomas*, Richterrecht, S. 147; *Battis*, BBG, § 61 Rn. 8.

Mit Blick auf die gerichtsnahe Mediation bedeutet dies, dass die seitens des Richtermediators im Rahmen einer gerichtsnahen Mediation erlangten Informationen regelmäßig von der Schweigepflicht des Richtermediators umfasst sein werden. Bezüglich solcher Informationen besteht seitens der sie offenbarenden Konfliktparteien regelmäßig ein gewisses Geheimhaltungsinteresse. Zudem erlangt der Richtermediator die betreffenden Informationen in Ausübung seines Amtes als Richtermediator, d.h. aufgrund und in Ausübung seiner amtlichen Tätigkeit, ohne dass die besagten Tatsachen in der Regel offenkundige Inhalte oder solche, die ihrer Bedeutung nach keiner Geheimhaltung bedürfen, enthalten dürften. Mit Blick auf die schon nach § 278b Abs. 1 S. 2 ZPO-E allen Mediationsbeteiligten verbotene Weitergabe von im Rahmen einer gerichtsnahen Mediation erlangten Informationen an ein späteres (Schieds-)Gericht kommt auch keine Ausnahme vom Grundsatz der Amtsverschwiegenheit aufgrund des Vorliegens einer Mitteilung im dienstlichen Verkehr in Betracht. Unter Mitteilungen im dienstlichen Verkehr sind nur solche Mitteilungen zu verstehen, die gegenüber Personen erfolgen, zu denen der jeweilige Beamte in dienstlichen Beziehungen steht, und die zudem zur dienstlichen Unterrichtung oder aufgrund zulässiger Amtshilfeersuchen erteilt werden.[177] In Ermangelung eines zulässigen Amtshilfeersuchens bestehen zwischen dem Richtermediator und einem späteren (Schieds-)Gericht jedoch zunächst keinerlei dienstlichen Beziehungen, in deren Rahmen dienstliche Unterrichtungen erfolgen müssten. Darüber hinaus wäre auch ein im Einzelfall ergehendes Amtshilfeersuchen als unzulässig einzustufen. Zwar fällt unter die Amtshilfe nach herrschender Auffassung auch die Erteilung von Auskünften, die Übersendung und Überlassung von Akten sowie die Übermittlung von Informationen.[178] Die Bindung der vollziehenden Gewalt und der Rechtsprechung an die Gesetze (Art. 20 Abs. 3 GG) wird durch die grundsätzliche Verpflichtung zur Amtshilfe jedoch nicht gelockert. Vielmehr müssen sowohl die ersuchende als auch die ersuchte Behörde im Amtshilfeverfahren das geltende Recht beachten,[179] wozu auch bestehende Geheimhaltungsvorschriften gehören.[180] Bei Einführung des § 278b ZPO-E stünde der Zulässigkeit eines auf Übermittlung seitens der vom Richtermediator im Rahmen der gerichtsnahen Mediation erlangter Informationen gerichteten Amtshilfeersuchens demzufolge das auch für den Richtermediator geltende Verbot des § 278b Abs. 1 S. 2 ZPO-E entgegen, wonach die Mediationsbeteiligten nicht berechtigt sind, im Rahmen der gerichtsnahen Mediation erlangte Informationen und Urkunden an ein späteres (Schieds-)Gericht weiterzugeben.

---

[177] Vgl. auch: *Battis*, BBG, § 61 Rn. 7.

[178] Vgl.: *Redeker*, in: *Redeker/v. Oertzen*, VwGO, § 14 Rn. 4; *Kronisch*, in: *Sodan/Ziekow*, § 14 Rn. 6; *Kopp/Schenke*, VwGO, § 14 Rn. 1; *Keller*, in: *Meyer-Ladewig/Keller/Leitherer*, SGG, § 5 Rn. 2 u. 5; *Lüdtke*, in: *Lüdtke*, SGG, § 5 Rn. 4; *Hennig*, FGO, § 13 Rn. 5; *Bull*, in: AK-GG, Art. 35 Abs. 1 GG Rn. 16; a.A.: *Rohwer-Kahlmann*, Sozialgerichtsbarkeit, § 5 Rn. 20; *Schreiber*, in: *Wieczorek/Schütze*, ZPO, § 156 GVG Rn. 8; hinsichtlich der Erteilung von Auskünften, nicht jedoch der Überlassung von Akten an das ersuchende Gericht auch: *Wolf*, in: MK-ZPO, Vor § 156 Rn. 4 bzw. § 156 Rn. 5.

[179] *BVerwGE* 38, 336 (340). Vgl. zudem auch: *BVerwGE* 50, 301 (310).

[180] *Erbguth*, in: *Sachs*, GG, Art. 35 Rn. 24; *v. Dannwitz*, in: *v. Mangoldt/Klein/Starck*, GG, Art. 35 Rn. 28 f.

b) Der Ausschluss einer Vernehmung des Richtermediators als Zeuge in einem späteren Zivil-, Verwaltungs- und Sozialgerichtsprozess

Auch im Hinblick auf eine zu vermeidende spätere Vernehmung des Richtermediators als Zeuge in einem Zivil-, Verwaltungs- oder Sozialgerichtsprozess bedarf es keiner über § 278b Abs. 1 S. 2 ZPO-E hinausgehenden Regelungen.

Zwar gelten zunächst gemäß dem auch im verwaltungs- und sozialgerichtlichen Verfahren uneingeschränkte Anwendung findenden § 376 ZPO[181] für die Vernehmung von Richtermediatoren als Zeugen über Umstände, auf die sich ihre Pflicht zur Amtsverschwiegenheit bezieht, sowie für die Genehmigung zur Aussage als Zeuge die besonderen beamtenrechtlichen Vorschriften (§ 376 Abs. 1 ZPO), namentlich die §§ 61, 62 BBG, § 39 BRRG sowie die entsprechenden landesbeamtenrechtlichen Bestimmungen.[182] Demzufolge ist die Vernehmung eines Richtermediators verfahrensrechtlich zulässig, wenn diesem eine gemäß § 376 Abs. 3 ZPO durch das Prozessgericht einzuholende[183] Aussagegenehmigung[184] erteilt wird.[185] Selbst wenn es zur Erteilung einer entsprechenden Aussagegenehmigung kommt, befreit dies den jeweiligen Richtermediator jedoch nicht von ihn treffenden materiellen Geheimhaltungspflichten im Einzelinteresse, denn eine beamtenrechtliche Aussagegenehmigung stellt keine Entbindung von der ma-

---

[181] Vgl.: § 98 VwGO und § 118 SGG, sowie u.a.: *Rudisile,* in: *Schoch/Schmidt-Aßmann/Pietzner,* VwGO, § 98 Rn. 54; *Geiger,* in: *Eyermann,* VwGO, § 98 Rn. 7; *Kothe,* in: *Redeker/v. Oertzen,* VwGO, § 98 Rn. 5; *Meyer-Ladewig,* in: *Meyer-Ladewig/Keller/Leitherer,* SGG, § 118 Rn. 14. Zur Anwendbarkeit im Finanzgerichtsprozess vgl. u.a.: *Stöcker,* in: *Beermann/Gosch,* AO/FGO, § 82 FGO Rn. 88 ff.; *Koch,* in: *Gräber,* FGO, § 82 Rn. 19.

[182] *Rudisile,* in: *Schoch/Schmidt-Aßmann/Pietzner,* VwGO, § 98 Rn. 55; *Peters/Sautter/Wolff,* SGG, § 118, 3. (zur Anwendung des § 376 ZPO); *Hennig,* FGO, § 82 Rn. 18; *Baumbach/Lauterbach/Albers/Hartmann,* ZPO, § 376 Vorbem. B.

[183] Da die Aussagegenehmigung auch dem Interesse eines Prozessbeteiligten dient, der sich auf das Zeugnis eines Beamten berufen will, soll darüber hinaus auch ein Prozessbeteiligter die Aussagegenehmigung beantragen können (*Battis,* BBG, § 62 Rn. 3; *BVerwGE* 34, 252 (254)).

[184] Ohne eine Genehmigung des Dienstvorgesetzten darf der Richter bzw. Richtermediator über die gemäß § 61 Abs. 1 BBG verschwiegen zu behandelnden Angelegenheiten weder vor Gericht noch außergerichtlich aussagen oder Erklärungen abgeben (vgl.: *Battis,* BBG, § 61 Rn. 9; *Wiese,* Beamtenrecht, S. 122; *Thomas,* Richterrecht, S. 147). Für das Aussage- u. Erklärungsverbot ist insofern einerseits unerheblich, in welcher Funktion der Beamte bzw. Richter(mediator) sich äußern soll, ob als Zeuge, Sachverständiger, Partei, Beschuldigter, Angeklagter, Nebenkläger oder Privatkläger. Andererseits ist es unerheblich, vor welcher Stelle (z.B. vor Gericht, der Polizei, der Staatsanwaltschaft, einem parlamentarischen Untersuchungsausschuss, einem Untersuchungsführer in einem Disziplinarverfahren, einem Rechtsanwalt, einem Journalisten oder sonstigen Privatpersonen) der Beamte bzw. Richter(mediator) aussagen oder sich erklären soll (*Battis,* BBG, § 62 Rn. 3).

[185] Gegen eine Erteilung der Aussagegenehmigung an Richtermediatoren vgl.: *Volkmann,* Mediation im Zivilprozess, S. 125 f., wonach der Versagungsgrund der erschwerten Erfüllung öffentlicher Aufgaben insbesondere dann in Betracht kommt, wenn zur allgemeinen Amtsverschwiegenheit besondere Geheimhaltungsgründe hinzutreten, was beispielsweise der Fall sein kann, wenn – wie im Hinblick auf die gerichtsnahe Mediation der Fall – die Arbeit der Behörde von einer besonderen Vertrauenssphäre geprägt ist, die durch die Zeugenaussage über vertrauliche Gespräche beeinträchtigt werden kann.

teriellen Verschwiegenheitspflicht gegenüber den Betroffenen dar.[186] Der Richtermediator muss daher auch im Falle einer beamtenrechtlichen Aussagegenehmigung von dem ihm zustehenden Aussageverweigerungsrecht nach § 383 Abs. 1 Nr. 6 ZPO, der (ebenso wie auch § 385 Abs. 2 ZPO) über § 98 VwGO und § 118 SGG im verwaltungs- und sozialgerichtlichen Verfahren uneingeschränkte Anwendung findet, Gebrauch machen.[187]

Dass dem Richtermediator trotz eventueller Erteilung einer beamtenrechtlichen Aussagegenehmigung überhaupt ein Zeugnisverweigerungsrecht gemäß § 383 Abs. 1 Nr. 6 ZPO zusteht, lässt sich darauf zurückführen, dass im Rahmen einer gerichtsnahen Mediation erlangte Informationen regelmäßig solche Informationen darstellen, deren Geheimhaltung gemäß § 383 Abs. 1 Nr. 6 ZPO „durch ihre Natur" geboten ist.[188] § 383 Abs. 1 Nr. 6 ZPO soll eine wertgetragene Anerkennung eines Zeugnisverweigerungsrechts auch für solche Personen ermöglichen, die keiner der in § 383 Nr. 1 bis 5 ZPO genannten Personengruppe angehören, deren berufliche Tätigkeit jedoch eine den berufs- und standesrechtlich geregelten Fällen gleichartige Vertrauensstellung und Geheimhaltungspflicht mit sich bringt.[189] Was auch ohne gesetzlich geregelte Schweigepflicht – also gerade kraft Natur der Sache – geheim zu halten ist, muss dabei mit Rücksicht auf die Verkehrssitte und die berechtigten Erwartungen der vertrauenden Personen beurteilt werden.[190] Aufgrund des Gesagten ergibt sich eine kraft Natur der Sache anzuerkennende Geheimhaltungspflicht (und damit ein Zeugnisverweigerungsrecht nach § 383 Abs. 1 Nr. 6 ZPO) in Ansehung der gerichtsnahen Mediation daraus, dass (1.) die Konfliktparteien aufgrund berechtigter Erwartungen vom Richtermediator verlangen können, dass dieser im Rahmen der gerichtsnahen Mediation erlangte Informationen vertraulich behandelt beziehungsweise geheim hält[191] und dass (2.) hinsichtlich des vertrau-

---

[186] *Pawlak*, in: *Hennig*, SGG, § 119 Rn. 56.

[187] *Rudisile*, in: *Schoch/Schmidt-Aßmann/Pietzner*, VwGO, § 98 Rn. 70 bzw. 72; *Kothe*, in: *Redeker/ v. Oertzen*, VwGO, § 98 Rn. 6; *Geiger*, in: *Eyermann*, VwGO, § 98 Rn. 9; *Kopp/Schenke*, VwGO, § 98 Rn. 11; *Meyer-Ladewig*, in: *Meyer-Ladewig/Keller/Leitherer*, SGG, § 118 Rn. 14. Vgl. hierzu zudem auch: *Oldenbruch*, Die Vertraulichkeit im Mediationsverfahren, S. 147; *Spindler*, Abschlussbericht zum Forschungsprojekt Gerichtsnahe Mediation in Niedersachsen, Rn. 114.

[188] Vgl. hierzu v.a.: *Volkmann*, Mediation im Zivilprozess, S. 128. Vgl. zudem auch: *Spindler*, ZKM 2007, 79 (82); *Spindler*, Abschlussbericht zum Forschungsprojekt Gerichtsnahe Mediation in Niedersachsen, Rn. 113; Bericht der Arbeitsgruppe Mediation bei den Berliner Gerichten v. 20.7.2005, S. 77. Mit Blick auf private Mediationsanbieter vgl. u.a.: *Oldenbruch*, Die Vertraulichkeit im Mediationsverfahren, S. 99 ff.; *Eidenmüller*, in: *Breidenbach/Coester-Waltjen/Heß u.a.*, Konsensuale Streitbeilegung, S. 45 (65); *Eidenmüller*, Vertrags- u. Verfahrensrecht der Wirtschaftsmediation, S. 25; *Kracht* u. *Hartmann*, in: *Haft/v. Schlieffen*, Hdb. Mediation, § 15 Rn. 127 bzw. § 27 Rn. 45 f.; *Greger*, in: *Zöller*, ZPO, § 383 Rn. 20; *Mähler/Mähler*, ZKM 2001, 4 (7); a.A.: *Huber*, in: *Musielak*, ZPO, § 376 Rn. 6 bzw. § 383 Rn. 6; *Groth/v. Bubnoff*, NJW 2001, 338 (340); *Henssler*, in: *Henssler/Koch*, Mediation in d. Anwaltspraxis, § 3 Rn. 49 (Fn. 104); *Damrau*, in: MK-ZPO, § 383 Rn. 39.

[189] *Volkmann*, Mediation im Zivilprozess, S. 128; *Hacke*, Der ADR-Vertrag, S. 259 f.; *Oldenbruch*, Die Vertraulichkeit im Mediationsverfahren, S. 101.

[190] *Damrau*, in: MK-ZPO, § 383 Rn. 39; *Oldenbruch*, Die Vertraulichkeit im Mediationsverfahren, S. 101; *Hilber*, Die Sicherung der Vertraulichkeit des Mediationsverf., S. 87 ff.; *Volkmann*, Mediation im Zivilprozess, S. 128. Ähnlich im Übrigen auch: *Huber*, in: *Musielak*, ZPO, § 383 Rn. 4.

[191] *Volkmann*, Mediation im Zivilprozess, S. 128 m.w.N.

lichen Umgangs eines jeden Mediators mit den ihm in der Mediation anvertrauten oder bekannt gewordenen Informationen von einer entsprechenden Verkehrssitte ausgegangen werden kann. Nicht umsonst wird die vertrauliche Behandlung in der Mediation erlangter Informationen zu den Grundprinzipien professioneller Mediatorentätigkeit gezählt[192] und in zahlreichen Verfahrensordnungen, Verhaltenskodizes und Richtlinien als typischer Bestandteil besonders hervorgehoben.[193] Gerade im Hinblick auf ein der Mediation eventuell nachfolgendes Gerichtsverfahren wollen die Parteien nicht schlechter stehen, als sie ohne die Durchführung einer Mediation stehen würden, so dass sich ihre Erwartungen gerade auch darauf erstrecken, dass der (Richter-)Mediator vor Gericht nicht über die ihm bekannt gewordenen Tatsachen aussagt.[194]

Die beschriebene und an sich bereits zu einem Zeugnisverweigerungsrecht nach § 383 Abs. 1 Nr. 6 ZPO führende Geheimhaltungspflicht des Richtermediators erfährt durch die Einführung des § 278b Abs. 1 ZPO-E noch eine Verstärkung. Der jeweilige Richtermediator wird aufgrund besagter Vorschrift trotz eventuell erfolgter beamtenrechtlicher Aussagegenehmigung einer gesetzlich explizit formulierten Geheimhaltungspflicht im Einzelinteresse, namentlich im Interesse einer oder mehrerer Mediationsparteien, unterworfen. Insoweit ist der Richtermediator nicht nur als Person, der kraft ihres Amtes Tatsachen anvertraut sind, deren Geheimhaltung durch ihre Natur geboten ist, sondern zudem auch als Person, der kraft ihres Amtes Tatsachen anvertraut sind, deren Geheimhaltung durch eine gesetzliche Vorschrift geboten ist, trotz beamtenrechtlicher Aussagegenehmigung gemäß § 383 Abs. 1 Nr. 6 ZPO zur Verweigerung des Zeugnisses berechtigt und verpflichtet. Nicht nur die Natur der anlässlich des Mediationsverfahrens erlangten Informationen, sondern auch § 278b Abs. 1 ZPO-E steht damit aufgrund der Anwendbarkeit des § 383 Abs. 1 Nr. 6 ZPO im Verwaltungs- und Sozialgerichtsprozess einer Vernehmung des Richtermediators als Zeuge sowohl in einem späteren zivil- als auch in einem späteren verwaltungs- und sozialgerichtlichen Verfahren entgegen.

Eine Ausnahme kann sich bezüglich des Aussageverweigerungsrechts gemäß § 383 Abs. 1 Nr. 6 ZPO mit oder ohne Einführung des § 278b Abs. 1 ZPO-E nur ergeben, sofern der jeweilige Richtermediator gemäß § 385 Abs. 2 ZPO von seiner Schweigepflicht entbunden wird. Das Zeugnisverweigerungsrecht entfällt nach besagter Vorschrift, soweit dieses den Individualinteressen einer oder mehrerer Personen dient und diese Person/en durch eine Entbindung von der Schweigepflicht auf ihren Schutz verzichtet/n.[195] Die Befugnis zur Entbindung von der Schweigepflicht hat als höchstpersönliches Recht

---

[192] *Volkmann*, Mediation im Zivilprozess, S. 128. Vgl. zudem: *Hartmann*, in: *Haft/v. Schlieffen*, Hdb. Mediation, § 27 Rn. 46.

[193] *Volkmann*, Mediation im Zivilprozess, S. 128 f. Vgl. hierzu zudem u.a.: § 6 der Verfahrensordnung der gwkm (abgeduckt bei: *Hartmann*, in: *Haft/v. Schlieffen*, Hdb. Mediation, § 27 Rn. 62; Nr. II 3. (5) der Richtlinien der BAFM (abgedruckt als Anhang I zu: *Mähler/Mähler*, in: *Breidenbach/Henssler*, Mediation f. Juristen, S. 121 (123 ff.); Sec. 4 des „European Code of Conduct for Mediators" (abgedruckt in: ZKM 2004, 148 f.), sowie Art. 6 des „Draft Proposal for a Directive on certain Aspects of Mediation in Civil and Commercial Matters" (abgedruckt in: ZKM 2004, 149 f.).

[194] So auch: *Oldenbruch*, Die Vertraulichkeit im Mediationsverfahren, S. 101.

[195] *Rudisile*, in: *Schoch/Schmidt-Aßmann/Pietzner*, VwGO, § 98 Rn. 72; *Damrau*, in: MK-ZPO, § 385 Rn. 1.

demnach nur, zu wessen Gunsten die Schweigepflicht besteht.[196] Sind dies mehrere Personen, so müssen sie alle – nicht jedoch notwendigerweise gleichzeitig – die Entbindung erklären.[197] Da die Vertraulichkeit der gerichtsnahen Mediation und damit auch die aus der Vertraulichkeit folgende Schweigepflicht gemäß § 278b Abs. 1 S. 2 ZPO-E primär zugunsten der Konfliktparteien besteht, können daher nur die Konfliktparteien, nicht aber der Dienstvorgesetzte des Richtermediators, diesen von seiner Verpflichtung zur Verschwiegenheit entbinden.[198]

Erfolgt eine entsprechende Entbindung von der Schweigepflicht gemäß § 385 Abs. 2 ZPO, besteht für den Richtermediator demnach keine Schweigepflicht nach § 383 Abs. 1 Nr. 6 ZPO mehr. Der Richtermediator muss vielmehr aussagen, wenn eine Entbindung von der Schweigepflicht wirksam ergeht, da das Zeugnisverweigerungsrecht nach § 383 Abs. 1 Nr. 6 ZPO nur bezüglich der Tatsachen besteht, auf die sich auch die bestehende Schweigepflicht aktuell bezieht.[199] Dieses Ergebnis erscheint insofern gerechtfertigt, als nicht ersichtlich ist, warum die Parteien, zu deren Gunsten die Vertraulichkeit der gerichtsnahen Mediation zu sichern ist, nicht auf die Vertraulichkeit und damit die Schweigepflicht des jeweiligen (Richter-)Mediators verzichten können sollen. Auch Art. 6 Abs. 1 des Vorschlags der EU-Kommission für eine Richtlinie über bestimmte Aspekte der Mediation in Zivil- und Handelssachen vom 22. Oktober 2004,[200] Section 5 des Uniform Mediation Act 2002 (USA)[201] sowie zahlreiche Muster-Mediationsverträge, Mediationsordnungen und Verhaltensregeln für Mediatoren, die sich auf außergerichtliche Mediationen beziehen,[202] sehen vor, dass die Mediationsparteien auf die vertrauliche Behandlung mediativ erlangter Informationen durch den jeweiligen Mediator verzichten und den Mediator zu einer Aussage über solche Informationen ermächtigen können. Über § 278b ZPO-E hinausgehende Regelungen bedarf es in Anbetracht dessen nicht.

---

196 *Huber*, in: *Musielak*, ZPO, § 385 Rn. 7; *Damrau*, in: MK-ZPO, § 385 Rn. 7; *Oldenbruch*, Die Vertraulichkeit im Mediationsverfahren, S. 104.

197 *Damrau*, in: MK-ZPO, § 385 Rn. 7.

198 So auch: *Oldenbruch*, Die Vertraulichkeit im Mediationsverfahren, S. 104 f.

199 *Damrau*, in: MK-ZPO, § 383; Rn. 32.

200 Abgedruckt in: ZKM 2004, 149 f. u. in SchiedsVZ 2005, 41 (42); Vgl. hierzu zudem auch: *Pitkowitz*, ZKM 2005, 68 (70 f.).

201 Zur Vertraulichkeit von Mediationen nach amerikanischem Recht, insbesondere nach Section 4 ff. Uniform Mediation Act (2002) vgl. u.a.: *Hilber*, BB 2003, Beilage Nr. 5, S. 9 (11 ff.); Goldberg/*Sander/Rogers/Cole*, Dispute Resolution, S. 641 (648 ff.); *Weston*, 8 Harvard Negotiation Law Review (2003), S. 29 ff.; *Williams*, Journal of Dispute Resolution 2005, 209 ff.; *Ehrhardt*, 5 Dispute Resolution Magazine (1998), 17 ff.; *Deason*, 17 Ohio State Journal on Dispute Resolution (2002), 240 ff.

202 Vgl. u.a.: § 6 Abs. 3 der Verfahrensordnung der gwmk (abgedruckt in: *Hartmann*, in: *Haft/v. Schlieffen*, Hdb. Mediation, § 27 Rn. 62) sowie: Art. 4 Abs. 4 der gwmk-Regeln für das Verhalten von Mediatoren (abgedruckt in: *Hartmann*, in: *Haft/v. Schlieffen*, Hdb. Mediation, § 27 Rn. 63).

c) Der Ausschluss einer Vernehmung des Richtermediators als Sachverständiger in einem späteren Zivil-, Verwaltungs- und Sozialgerichtsprozess

Hinsichtlich einer späteren Sachverständigen- oder Gutachtertätigkeit des vormaligen Richtermediators gelten die vorstehenden Ausführungen insofern entsprechend, als § 408 ZPO, der (wie zuvor schon die §§ 376, 383 bis 385 ZPO) ebenfalls im Verwaltungs-, Sozial- und Finanzgerichtsprozess uneingeschränkt anwendbar ist,[203] hinsichtlich des Bestehens eines Gutachtensverweigerungsrechts vorsieht, dass dieselben Gründe, die einen Zeugen berechtigen, das Zeugnis zu verweigern, einen Sachverständigen zur Verweigerung des Gutachtens berechtigen (§ 408 Abs. 1 S. 1 ZPO). Insofern steht dem vormaligen Richtermediator in einem späteren Zivil-, Verwaltungs- oder Sozialgerichtsprozess in Ermangelung einer von allen Mediationsparteien erklärten Entbindung von der ihn treffenden Schweigepflicht (§ 385 Abs. 2 ZPO) gemäß § 408 i.V.m. § 383 Abs. 1 Nr. 6 ZPO zunächst nicht nur ein Zeugnisverweigerungsrecht, sondern auch ein Gutachtenverweigerungsrecht zu, das er auch in Anspruch nehmen muss. Erfolgt eine Entbindung von der Schweigepflicht gemäß § 385 Abs. 2 ZPO kann der Richtermediator dagegen – wie zuvor zur Zeugenaussage – auch zur Erstattung eines Gutachtens verpflichtet sein. Dies gilt zumindest, sofern ausnahmsweise die Voraussetzungen einer Verpflichtung zur Erstattung eines Gutachtens gemäß den §§ 404 ff. ZPO, insbesondere des § 407 ZPO, vorliegen.

Unterschiede zwischen einer späteren Sachverständigen- oder Gutachtertätigkeit einerseits und einem möglichen Auftritt als Zeuge in einem späteren Zivil-, Verwaltungs- oder Sozialgerichtsprozess andererseits ergeben sich dahingehend, dass einer ersterer regelmäßig auch die beamtenrechtliche Pflicht zur Amtsverschwiegenheit entgegenstehen dürfte, in der Regel also schon nicht mit einer beamtenrechtlichen Genehmigung zu rechnen sein dürfte. Grundsätzlich bedürfen Richter(mediatoren) auch zur Sachverständigen- und Gutachtertätigkeit einer solchen Genehmigung. Dies ergibt sich aus dem Verweis des § 408 Abs. 2 ZPO auf die besonderen beamtenrechtlichen Vorschriften. Während die Genehmigung einer Zeugenaussage jedoch nur versagt werden darf, wenn die Aussage dem Wohle des Bundes oder eines deutschen Landes Nachteile bereiten oder die Erfüllung öffentlicher Aufgaben ernstlich gefährden oder erheblich erschweren würde (vgl. § 62 Abs. 1 BBG), so dass in der Regel eine Aussagegenehmigung ergehen wird, können Beamte – damit auch Richter und Richtermediatoren – letztlich nur eingeschränkt als Sachverständige bestellt werden, da die Genehmigung, ein Gutachten zu erstatten, grundsätzlich bereits versagt werden kann, wenn die Erstattung den dienstlichen Interessen Nachteile bereiten würde (vgl. § 62 Abs. 2 BBG). Der für die Erteilung zuständige Dienstherr hat bei der Genehmigung einer Gutachtenerstattung einen größeren Ermessensspielraum als bei der Versagung einer Aussagegenehmigung als Zeu-

---

[203] Vgl.: *Rudisile*, in: *Schoch/Schmidt-Aßmann/Pietzner*, VwGO, § 98 Rn. 156; *Kothe*, in: *Redeker/ v. Oertzen*, VwGO, § 98 Rn. 11; *Geiger*, in: *Eyermann*, VwGO, § 98 Rn. 19; *Meyer-Ladewig*, in: *Meyer-Ladewig/Keller/Leitherer*, SGG, § 118 Rn. 14.

ge,[204] wobei er bei seiner Abwägung (1.) die Auswirkungen, die sich ergeben können, wenn bestimmte Tatsachen zur allgemeinen Kenntnis gelangen würden, (2.) die Auswirkungen auf die Glaubwürdigkeit und Unbefangenheit Richters oder Richtermediators und (3.) die Auswirkungen auf seine dienstliche Leistungstätigkeit zu berücksichtigen hat. Nur wenn keine dienstlichen Interessen gefährdet sind, muss die beamtenrechtliche Genehmigung erteilt werden.[205] Bezogen auf die Sachverständigen- oder Gutachtertätigkeit eines Richtermediators dürfte besagte Abwägung nicht selten gegen eine Genehmigungserteilung ausfallen. Tritt der vormalige Richtermediator in einem eventuellen späteren Gerichtsverfahren als Sachverständiger oder Gutachter in Erscheinung, wird dies bei den jeweiligen Konfliktparteien Zweifel bezüglich der Glaubwürdigkeit und Unabhängigkeit des Richtermediators im vorangegangenen Mediationsverfahren erregen und sie zukünftig vor der Durchführung einer gerichtsnahen Mediation zurückschrecken lassen. Wird die spätere Sachverständigentätigkeit zur „gängigen Praxis", könnte dies letzten Endes sogar das „Aus" der gerichtsnahen Mediation bedeuten. Aus diesem Gunde wird der zur Genehmigungserteilung zuständige Dienstvorgesetzte eine Genehmigung, ein Gutachten zu erstatten, regelmäßig nicht erteilen.

d) Ausschluss einer Vernehmung des Richtermediators als Zeuge oder Sachverständiger in einem späteren Finanzgerichtsprozess?

§ 376 und § 408 ZPO finden über § 82 FGO auch im Finanzgerichtsprozess uneingeschränkte Anwendung.[206] Die vorstehenden Ausführungen, wonach die Zulässigkeit einer Zeugenaussage – im Gegensatz zur Zulässigkeit einer Sachverständigen- oder Gutachtertätigkeit – regelmäßig nicht an einer fehlenden beamtenrechtlichen Genehmigung scheitern wird,[207] sind daher auch mit Blick auf die Vernehmung des vormaligen Richtermediators in einem späteren finanzgerichtlichen Verfahren von Bedeutung. Während der Dienstvorgesetzte in Bezug auf die Verweigerung der Genehmigung, ein Gutachten in einem späteren Finanzgerichtsprozess zu erstellen oder als Sachverständiger in einem solchen Verfahren auszusagen, über einen gewissen Ermessensspielraum verfügt und diesen Ermessenspielraum regelmäßig dahingehend nutzen wird, die besagte Genehmigung zu versagen, verfügt der Dienstvorgesetzte im Hinblick auf das Auftreten des vormaligen Richtermediators als Zeuge auch hier in der Regel nicht über die Möglichkeit, die hierfür erforderliche Genehmigung zu verweigern. Dies wäre auch im Hinblick auf eine Aussage in einem späteren Finanzgerichtsprozess nur möglich, wenn die Aussage des Richtermediators dem Wohle des Bundes oder eines deutschen Landes Nachteile

---

[204] Vgl. auch: *Battis*, BBG, § 62 Rn. 4, wonach der Dienstherr bei der Genehmigung, ein Gutachten zu erstatten, den größten Spielraum hinsichtlich aller Genehmigungen im Sinne des § 62 BBG hat.

[205] *Battis*, BBG, § 62 Rn. 4.

[206] Zur Anwendbarkeit der §§ 376 u. 408 ZPO im Finanzgerichtsprozess vgl. u.a.: *Stöcker*, in: *Beermann/Gosch*, AO/FGO, § 82 FGO Rn. 88 ff. bzw. 183 ff.; *Koch*, in: *Gräber*, FGO, § 82 Rn. 19 bzw. 36; *Seer*, in: *Tipke/Kruse*, AO/FGO, § 82 FGO Rn. 33 bzw. 71; *Schallmoser*, in: *Hübschmann/Hepp/Spitaler*, AO/FGO, § 82 FGO Rn. 85 ff. bzw. 180 f.

[207] Vgl. oben unter Punkt c).

bereiten oder die Erfüllung öffentlicher Aufgaben ernstlich gefährden oder erheblich erschweren würde (vgl. § 62 Abs. 1 BBG), wovon jedoch nicht pauschal ausgegangen werden kann.

Auch in einem späteren Finanzgerichtsprozess ist der Richtermediator einer dem Verfahren vorausgegangenen gerichtsnahen Mediation jedoch im Ergebnis nie zur Aussage verpflichtet und kann (beziehungsweise muss) sich auf seine Verschwiegenheitspflicht nach § 279b Abs. 1 ZPO-E berufen. Zwar kann der vormalige Richtermediator im Falle einer beamtenrechtlichen Aussage- oder Gutachtenerteilungsgenehmigung im Bereich der Finanzgerichtsbarkeit, anders als im zivil-, verwaltungs- und sozialgerichtlichen Verfahren, kein Zeugnis- und Gutachtenverweigerungsrecht nach § 383 Abs. 1 Nr. 6 beziehungsweise § 408 Abs. 1 S. 1 i.V.m. § 383 Abs. 1 Nr. 6 ZPO geltend machen. Die Bestimmungen der Zivilprozessordnung über das Zeugnisverweigerungsrecht finden im finanzgerichtlichen Verfahren aufgrund der diesbezüglich eindeutigen Regelung des § 82 FGO keine Anwendung.[208] Stattdessen gelten in diesem Zusammenhang für das Recht auf Zeugnisverweigerung ausschließlich die Spezialregelungen der §§ 84 ff. FGO,[209] wonach die §§ 101 bis 103 AO im finanzgerichtlichen Verfahren sinngemäß anzuwenden sind, eine § 383 Abs. 1 Nr. 6 ZPO entsprechende Regelung jedoch fehlt. § 103 S. 1 AO sieht jedoch vor, dass Personen, die nicht Beteiligte und nicht für einen Beteiligten auskunftspflichtig sind, die Auskunft auf solche Fragen verweigern können, deren Beantwortung sie selbst oder einen ihrer Angehörigen der Gefahr strafrechtlicher Verfolgung oder eines Verfahrens nach dem Gesetz über Ordnungswidrigkeiten aussetzen würde. Damit begründet § 84 FGO i.V.m. § 103 S. 1 AO für den vormaligen Richtermediator, der im Rahmen des späteren finanzgerichtlichen Verfahrens weder Beteiligter noch für einen Beteiligten auskunftspflichtig aber bei Verstoß gegen die ihn treffende Schweigepflicht gemäß § 278b Abs. 1 ZPO-E aufgrund des § 203 Abs. 2 S. 1 Nr. 1 StGB der objektiven Gefahr einer Strafverfolgung[210] wegen einer Straftat[211] ausgesetzt ist, zwar kein § 383

---

[208] *Stöcker*, in: *Beermann/Gosch*, AO/FGO, § 82 FGO Rn. 110 u. § 84 Rn. 4; *Hennig*, FGO, § 82 Rn. 25; *Koch*, in: *Gräber*, FGO, § 83 Rn. 1; *Seer*, in: *Tipke/Kruse*, AO/FGO, § 79 FGO, § 82 FGO Rn. 3; *Schallmoser*, in: *Hübschmann/Hepp/Spitaler*, AO/FGO, § 82 FGO Rn. 110.

[209] *Hennig*, FGO, § 82 Rn. 25; *Schallmoser*, in: *Hübschmann/Hepp/Spitaler*, AO/FGO, § 82 FGO Rn. 110; *Stöcker*, in: *Beermann/Gosch*, AO/FGO, § 82 FGO Rn. 110.

[210] § 103 S. 1 AO setzt voraus, dass bei objektiver Beurteilung der Umstände mit der Einleitung eines Strafverfahrens oder eines Verfahrens nach dem Ordnungswidrigkeitengesetz zu rechnen sein muss beziehungsweise die Durchführung eines bereits eingeleiteten Verfahrens erleichtert werden muss (*Wünsch*, in: *Pahlke/Koenig*, AO, § 103 Rn. 12; *Linssen*, in: *Beermann/Gosch*, AO/FGO, § 103 AO Rn. 4; *Tipke*, in: *Tipke/Kruse*, AO/FGO, § 103 AO Rn. 10. Vgl. zum Erfordernis einer Objektiven Gefahr der Verfolgung zudem auch: *Schuster*, in: *Hübschmann/Hepp/Spitaler*, AO/FGO, § 103 AO Rn. 12; *Brockmeyer*, in: *Klein*, AO, § 103 Rn. 2).

[211] Nach wohl h.M. bezieht sich § 103 S. 1 AO angesichts seines eindeutigen Wortlauts nur auf die Gefahr der Strafverfolgung oder eines Bußgeldverfahrens; die Gefahr ehrengerichtlicher oder disziplinarrechtlicher Verfolgung (vgl.: *Schuster*, in: *Hübschmann/Hepp/Spitaler*, AO/FGO, § 103 AO Rn. 15b; *Brockmeyer*, in: *Klein*, AO, § 103 Rn. 2; *Tipke*, in: *Tipke/Kruse*, AO/FGO, § 103 AO Rn. 8; a.A.: *Linssen*, in: *Beermann/Gosch*, AO/FGO, § 103 AO Rn. 4; *FG Berlin* EFG 1988, 456), die Gefahr, sich mit der Auskunftserteilung einem zivilrechtlichen Prozess auszusetzen (vgl.: *Wünsch*, in: *Pahlke/Koenig*, AO, § 103 Rn. 9), die Gefahr, dass die Beantwortung einer Frage der Auskunftsperson oder einem Angehö-

Abs. 1 Nr. 6 ZPO entsprechendes, umfassendes Zeugnis- und Gutachtenverweigerungsrecht, sondern lediglich ein Recht, die Auskunft auf bestimmte Einzelfragen zu verweigern („partielles Auskunftsverweigerungsrecht").[212] Der Richtermediator würde sich jedoch bei jedweder Aussage über das vorangegangene Mediationsverfahren der Gefahr einer strafrechtlichen Verfolgung im Sinne des § 84 FGO i.V.m. § 103 AO aussetzen, da er gemäß § 278b Abs. 1 ZPO-E bezüglich aller Angelegenheiten, über die er im Rahmen der vorangegangenen gerichtsnahen Mediation Kenntnis erlangt hat, zur Verschwiegenheit verpflichtet ist und ein Verstoß gegen die Schweigepflicht des Richtermediators nach § 203 Abs. 2 S. 1 Nr. 1 StGB mit Strafe bewehrt ist. In diesem Falle – wenn sich die betroffene Person bei jeder erdenklichen Auskunft zur Sache der Gefahr einer Strafverfolgung aussetzen würde – wird das gemäß § 84 FGO i.V.m. § 103 S. 1 AO grundsätzlich nur partiell bestehende Auskunftsverweigerungsrecht faktisch zu einem umfassenden Zeugnisverweigerungsrecht.

e) Die lückenhafte Absicherung der Vertraulichkeitspflicht des Richtermediators im Strafrecht

Die Vertraulichkeit des gerichtsnahen Mediationsverfahrens und die Verschwiegenheit des Richtermediators werden über die Vorschriften der §§ 203 Abs. 2 S. 1 Nr. 1, 204 Abs. 1 StGB strafrechtlich abgesichert. Mit Blick auf die erstgenannte Vorschrift ist der Richtermediator als Beamter und Richter zunächst als Amtsträger im Sinne des § 11 Abs. 1 Nr. 2 a) StGB zu qualifizieren.[213] Darüber hinaus stellt es eine unbefugte Offenbarung fremder Geheimnisse dar, die ihm zudem als Amtsträger anvertraut wurden oder sonst bekannt geworden sind, wenn der Richtermediator gemäß § 278b Abs. 1 ZPO-E streng vertrauliche Tatsachen und Informationen, welche die Mediationsparteien im Rahmen der gerichtsnahen Mediation preisgegeben haben, an nicht am Mediationsverfahren beteiligte Dritte weitergibt, ohne dass dies die vorherige Zustimmung der Mediationsparteien gefunden hätte. Diese Informationen stellen insofern ein fremdes Geheimnis der sie offenbarenden Mediationsparteien dar, als darunter Tatsachen zu verstehen sind, die nur einem begrenzten Personenkreis bekannt oder zugänglich sind (faktisches Element des Geheimseins), die derjenige, dessen Sphäre sie entstammen, nicht aus diesem Kreis hinausgelangen lassen will (voluntatives Element des Geheimhaltungswillens) und an deren Geheimhaltung die betreffende Person ein verständliches Interesse hat

---

rigen zur Unehre gereichen könnte (vgl.: *Schuster,* in: *Hübschmann/Hepp/Spitaler,* AO/FGO, § 103 AO Rn. 15b), sowie die Gefahr, aufgrund der Auskunftserteilung Vermögensnachteile beziehungsweise Verluste von Geschäfts- und Betriebsgeheimnissen oder ähnlichem befürchten zu müssen (vgl.: *Schuster,* in: *Hübschmann/Hepp/Spitaler,* AO/FGO, § 103 AO Rn. 15b) reicht dagegen nicht aus.

[212] *Linssen,* in: *Beermann/Gosch,* AO/FGO, § 103 AO Rn. 3; *Schuster,* in: *Hübschmann/Hepp/Spitaler,* AO/FGO, § 103 AO Rn. 11a.

[213] So auch: *Oldenbruch,* Die Vertraulichkeit im Mediationsverfahren, S. 47. Vgl. zudem u.a. auch: *Volkmann,* Mediation im Zivilprozess, S. 120.

(normatives Element des objektiven Geheimhaltungsinteresses).[214] Auch werden die Tatsachen und Geheimnisse dem Richtermediator als Amtsträger anvertraut oder bekannt, weil er von diesen in seiner beruflichen Eigenschaft als Richter(mediator) Kenntnis erlangt.[215] Denn, weist man der Richterschaft die Tätigkeit als Richtermediator zu, so erfolgt sowohl die Durchführung der gerichtsnahen Mediation selbst als auch die Kenntniserlangung hinsichtlich der dabei preisgegebenen Tatsachen in kausalem Zusammenhang mit der Ausübung der vom Richtermediator wahrzunehmenden Amtstätigkeit.[216]

Während § 203 StGB Richtermediatoren regelmäßig das Offenbaren im Rahmen der gerichtsnahen Mediation erlangter Tatsachen untersagt, dient § 204 StGB der Vertraulichkeit des Mediationsverfahrens, indem er nach § 203 StGB verpflichteten Personen verbietet, Tatsachen, zu deren Geheimhaltung sie nach § 203 StGB verpflichtet sind, zu verwerten, mit anderen Worten – so zumindest die herrschende Meinung – abseits des Offenbarens nach § 203 StGB zum Zwecke der Gewinnerzielung wirtschaftlich auszunutzen,[217] gleichgültig, ob dies zum eigenen oder fremden Vorteil geschehen soll.[218]

Über ein Zeugnisverweigerungsrecht im Strafverfahren verfügt ein Richtermediator trotz der sich aus § 203 Abs. 2 S. 1 Nr. 1 StGB ergebenden materiellrechtlichen Schweigepflicht jedoch nicht, da ein prozessuales Zeugnisverweigerungsrecht nicht schon aus dem Bestehen einer Schweigepflicht folgt,[219] sondern aufgrund der weitreichenden Auswirkungen auf die Rechtspflege sich aus dem Gesetz ergeben muss. Es bleibt zunächst festzuhalten, dass das prozessrechtliche Zeugnisverweigerungsrecht nach § 53 StPO und die materiellrechtliche Schweigepflicht nach § 203 StGB zwar korrespondieren, sich

---

[214] *Schünemann*, in: LK-StGB, § 203 Rn. 19 ff. m.w.N.; *Cierniak*, in: MK-StGB, § 203 Rn. 11 ff. m.w.N.; *Hoyer*, in: SK-StGB, § 203 Rn. 5 ff. m.w.N. Vgl. hierzu zudem auch: *Lackner/Kühl*, StGB, § 203 Rn. 14 m.w.N.; *Lenckner*, in: *Schönke/Schröder*, StGB, § 203 Rn. 5 ff.; *Tröndle/Fischer*, StGB, § 203 Rn. 4 ff.; *v. Marcard*, Berufsrecht des Mediators, S. 104; *BGHZ* 40, 288 (292); *BGH* GRUR 1955, 424.

[215] Für das Anvertrauen oder die Kenntniserlangung „als" Person nach § 203 Abs. 1 u. 2 StGB reicht es bereits aus, dass die Kenntnisnahme in innerem Zusammenhang mit der jeweiligen Berufsausübung oder Amtseigenschaft steht (vgl. insgesamt: *Lackner/Kühl*, StGB, § 203 Rn. 16 m.w.N.; *Lenckner*, in: *Schönke/Schröder*, StGB, § 203 Rn. 13 u. 15; *Cierniak*, in: MK-StGB, § 203 Rn. 39 f.; *v. Marcard*, Berufsrecht des Mediators, S. 105; *OLG Köln* NJW 2000, 3656 f.). Zur Erlangung in beruflicher Eigenschaft: *Cierniak*, in: MK-StGB, § 203 Rn. 39; *Schünemann*, in: LK-StGB, § 203 Rn. 34 ff.

[216] Ähnlich: *Oldenbruch*, Die Vertraulichkeit im Mediationsverfahren, S. 47; Vgl. zudem auch: *Cierniak*, in: MK-StGB, § 203 Rn. 39. A.A. wohl: *Hartmann*, in: *Haft/v. Schlieffen*, Hdb. Mediation, § 27 Rn. 17.

[217] BT-Drucks. 7/550, S. 244; *Schünemann*, in: LK-StGB, § 204 Rn. 5; *Lackner/Kühl*, StGB, § 204 Rn. 4; *Tröndle/Fischer*, StGB, § 204 Rn. 3 m.w.N.; *Lenckner*, in: *Schönke/Schröder*, StGB, § 203 Rn. 5/6.

[218] *Lenckner*, in: *Schönke/Schröder*, StGB, § 204 Rn. 5/6; *Cierniak*, in: MK-StGB, § 204 Rn. 10; *Lackner/Kühl*, StGB, § 204 Rn. 4. A.A.: BT-Drucks. 7/550, S. 244.

[219] Vgl. auch: *Rogall*, in: *Rudolphi u.a.*, SK-StPO, § 53 Rn. 16 m.w.N.; *Meyer-Goßner*, StPO, § 53 Rn. 4 m.w.N.; *Dahs*, in: *Löwe-Rosenberg*, StPO, § 53 Rn. 3; *Cierniak*, in: MK-StGB, § 203 Rn. 88 m.w.N.; *Greger*, in: *Zöller*, ZPO, § 383 Rn. 16; *Eidenmüller*, Vertrags- u. Verfahrensrecht d. Wirtschaftsmediation, S. 25; *Eidenmüller*, in: *Breidenbach/Coester-Waltjen/Heß u.a.*, Konsensuale Streitbeilegung, S. 45 (65); *BFH* NJW 1993, 2831 (2832).

jedoch weder in ihren Voraussetzungen noch in ihren Wirkungen decken.[220] Während § 203 StGB Strafe für den Bruch eines einem in dieser Vorschrift genannten Berufsausübenden anvertrauten oder bekannt gewordenen Geheimnisses androht, ermächtigt § 53 StPO zur Verweigerung des Zeugnisses über die dem Zeugen bei seiner Berufsausübung bekannt gewordenen Tatsachen ohne Rücksicht darauf, ob sie geheim, also höchstens einem beschränkten Personenkreis bekannt sind.[221] § 203 StGB und § 53 StPO unterscheiden sich zudem vor allem hinsichtlich der von ihnen betroffenen Personenkreise; der Kreis der gemäß § 203 StGB zur Verschwiegenheit Verpflichteten ist deutlich weiter gefasst als jener der nach § 53 StPO zur Zeugnisverweigerung berechtigten Personen, da das Recht auf Zeugnisverweigerung letztlich zum Wegfall von wichtigen Beweismitteln für die Sachaufklärung und damit zu einer ernstlichen Beeinträchtigung des rechtsstaatlichen Postulats der Aufrechterhaltung einer funktionsfähigen Strafrechtspflege führen kann.[222] Ein Zeuge, der nach § 203 StGB zur Wahrung eines Berufsgeheimnisses verpflichtet, aber gesetzlich nicht ausdrücklich zur Zeugnisverweigerung berechtigt ist, muss im Strafverfahren wie jeder andere Zeuge aussagen; der Gesetzgeber hat insofern der Zeugnispflicht den Vorrang vor einer eventuellen Schweigepflicht gegeben.[223] Darüber hinaus können die Vorschriften bezüglich der bestehenden Zeugnisverweigerungsrechte – insbesondere also § 53 StPO – aufgrund der aus dem Rechtsstaatsprinzip folgenden Notwendigkeit, eine funktionsfähige Rechtspflege zu erhalten, nicht auf andere, in den entsprechenden Vorschriften nicht genannte Personen ausgedehnt werden.[224] § 53 StPO enthält insofern eine grundsätzlich erschöpfende Aufzählung der Berufsgeheimnisträger, deren Schweigepflicht der Pflicht zur Zeugenaussage vorgeht.[225] Weil Richtermediatoren in § 53 StPO keine Erwähnung finden und als Beamte gemäß § 54 StGB aussagen müssen, sofern eine entsprechende beamtenrechtliche Genehmigung erteilt wurde,[226] sind sie somit nicht vom Zeugnisverweigerungsrecht nach § 53 StPO erfasst. § 278b ZPO-E trägt dem insofern Rechnung, als er in § 278b Abs. 1 S. 4 ZPO-E gesetzliche Offenbarungspflichten – hier im Rahmen der Pflicht, als Zeuge in einem strafrechtlichen Prozess auszusagen – ausdrücklich von der Vertraulichkeit des gerichtsnahen Mediationsverfahrens unberührt lässt.

---

[220] *Senge*, in: KK-StPO, § 53 Rn. 3; *Dahs*, in: *Löwe-Rosenberg*, StPO, § 53 Rn. 7; Vgl. zudem auch: *Meyer-Goßner*, StPO, § 53 Rn. 4; *Eckardt/Dendorfer*, MDR 2001, 786 (789); *BFH* NJW 1993, 2831 (2832).

[221] *Dahs*, in: *Löwe-Rosenberg*, StPO, § 53 Rn. 7.

[222] *Dahs*, in: *Löwe-Rosenberg*, StPO, § 53 Rn. 7. Vgl. zudem auch: *Rogall*, in: *Rudolphi u.a.*, SK-StPO, § 53 Rn. 13 m. weiteren Argumenten.

[223] *Dahs*, in: *Löwe-Rosenberg*, StPO, § 53 Rn. 9. Vgl. auch: *Senge*, in: KK-StPO, § 53 Rn. 4, sowie: *Rogall*, in: *Rudolphi u.a.*, SK-StPO, § 53 Rn. 16, wonach ein Berufsgeheimnisträger, dem kein Zeugnisverweigerungsrecht zustehet, als Zeuge zur Aussage verpflichtet bleibt und Strafbewehrung und Zeugnisverweigerungsrecht strikt voneinander zu trennen sind.

[224] *Dahs*, in: *Löwe-Rosenberg*, StPO, § 53 Rn. 3; *Senge*, in: KK-StPO, § 53 Rn. 2; *Meyer-Goßner*, StPO, § 53 Rn. 2; *Eckardt/Dendorfer*, MDR 2001, 786 (788); *Groth/v. Bubnoff*, NJW 2001, 338 (339); *BVerfGE* 38, 312 (321); *BVerfG* NJW 1975, 588.

[225] *Rogall*, in: *Rudolphi u.a.*, SK-StPO, § 53 Rn. 16.

[226] Vgl. u.a.: *Schünemann*, in: LK-StGB, § 203 Rn. 128.

3. Die die Vertraulichkeitspflicht der Mediationsparteien ergänzende Regelung des § 278b Abs. 2 ZPO-E

§ 278b Abs. 2 ZPO-E ergänzt § 278b Abs. 1 ZPO-E, indem er weitere Ausnahmen vom Grundsatz der Vertraulichkeit formuliert. § 278b Abs. 2 S. 1 ZPO-E sieht zunächst vor, dass das Verbot, im Rahmen der gerichtsnahen Mediation erlangte Informationen und Urkunden an ein späteres Schiedsgericht weiterzugeben (§ 278b Abs. 1 S. 2 ZPO-E), nicht für solche Informationen und Urkunden gilt, die dem jeweiligen Beteiligten nachweislich auch außerhalb der gerichtsnahen Mediation zugänglich gewesen wären.[227] Damit soll einem Phänomen entgegengewirkt werden, das in der Literatur meist unter dem treffenden Stichwort „Flucht in die Mediation" diskutiert wird: Im Falle einer ausnahmslosen Vertraulichkeit im Sinne eines absoluten Verbotes, im Rahmen einer (gerichtsnahen) Mediation zur Sprache gekommenen Angelegenheiten und Tatsachen in einem späteren (Schieds-)Gerichtsverfahren zu thematisieren, besteht die Gefahr, dass sich besonders schwache Konfliktparteien nur auf die (gerichtsnahe) Mediation einlassen, um dort sämtliche für sie negative Tatsachen, Informationen und Urkunden zu offenbaren, um ihre Verwendung in einem späteren und gegebenenfalls von Anfang an gewollten (Schieds-)Gerichtsverfahren zu präkludieren.[228] Das (gerichtsnahe) Mediationsverfahren könnte bei absoluter Vertraulichkeit geradezu mit dem Ziel betrieben werden, in einem nachfolgenden Gerichtsverfahren bestehende Auskunftsrechte auszuschließen,[229] wodurch die spätere Rechtsverfolgung der anderen Partei extrem erschwert würde. Die Mediation würde damit letztlich zum „Tatsachengrab" – eine Folge, die mit der Vertraulichkeit der (gerichtsnahen) Mediation ersichtlich nicht bezweckt sein kann.[230] Darüber hinaus dient § 278b Abs. 2 S. 1 ZPO-E der Vorbeugung des zur „Flucht in die Mediation" spiegelbildlichen Phänomens, wonach besonders starke Parteien vor einem (gerichtsnahen) Mediationsverfahren zurückschrecken könnten, da sie sich das Gerichtsverfahren nicht verbauen wollen.[231] Muss eine Konfliktpartei befürchten, bereits im Wege eines (gerichtsnahen) Mediationsverfahrens geltend gemachte Argumente und Tatsachen, von denen die jeweilige Partei auch ohne (gerichtsnahe) Mediation Kenntnis erlangt hat oder erlangt haben könnte, in einem späteren (Schieds-)Gerichtsverfahren aufgrund einer absoluten Vertraulichkeit der im Rahmen der (gerichtsnahen) Mediation

---

[227] Vgl. hierzu auch: *Volkmann*, Mediation im Zivilprozess, S. 135, sowie: Art. 6 Abs. 5 des Draft Proposal for a Directive on certain Aspects of Mediation in civil and commercial Matters, abgedruckt in: ZKM 2004, 149 f.

[228] Vgl. zum Phänomen der „Flucht in die Mediation" u.a.: *Eidenmüller*, in: *Breidenbach/Coester-Waltjen/Heß u.a.*, Konsensuale Streitbeilegung, S. 45 (66); *Eidenmüller*, Vertrags- u. Verfahrensrecht der Wirtschaftsmediation, S. 26; *Hartmann:* in: *Haft/v. Schlieffen*, Hdb. Mediation, § 27 Rn. 27; *Nelle/Hacke*, ZKM 2002, S. 257 (260); *Mähler/Mähler*, ZKM 2001, 4 (7); Vgl. zudem auch: *Volkmann*, Mediation im Zivilprozess, S. 135; *Eckardt/Dendorfer*, MDR 2001, 786 (791); *Spindler*, Abschlussbericht zum Forschungsprojekt Gerichtsnahe Mediation in Niedersachsen, Rn. 120; *Duve/Prause*, IDR 2004, 126 (127).

[229] *Mähler/Mähler*, ZKM 2001, 4 (7).

[230] *Nelle/Hacke*, ZKM 2002, S. 257 (260).

[231] Vgl. hierzu (allerdings mit Blick auf die außergerichtliche Mediation) auch: *Hartmann:* in: *Haft/v. Schlieffen*, Hdb. Mediation, § 27 Rn. 27.

behandelten Inhalte nicht mehr einbringen zu dürfen, wird eine solche Partei in den seltensten Fällen das dann bestehende „Risiko" einer gerichtsnahen Mediation eingehen.

§ 278b Abs. 2 S. 2 ZPO-E sieht schließlich unabhängig von § 278b Abs. 2 S. 1 ZPO-E vor, dass die Parteien in einem späteren Gerichtsverfahren vortragen dürfen, dass im Rahmen einer zuvor bereits durchgeführten gerichtsnahen Mediation eine Einigung über den Streitgegenstand erzielt werden konnte und welchen Inhalt diese Einigung hat. Voraussetzung ist allerdings, dass es in dem späteren Gerichtsverfahren darum geht, eventuelle Ansprüche aus der im Wege der gerichtsnahen Mediation erzielten Einigung durchzusetzen. Damit stellt besagte Vorschrift sicher, dass eine im Wege der gerichtsnahen Mediation erzielte Einigung auch gerichtlich durchgesetzt werden kann. Einer solchen Regelung bedarf es zwar nicht, wenn es um die reine Vollstreckung des Mediationsergebnisses geht und die mediativ gefundene Einigung im Anschluss an das gerichtsnahe Mediationsverfahren als gerichtlicher Vergleich beurkundet wurde. In diesem Fall stellt der gerichtliche Vergleich selbst einen Vollstreckungstitel dar (vgl. § 794 Abs. 1 Nr. 1 ZPO, § 168 Abs. 1 Nr. 3 u. § 199 Abs. 1 Nr. 3 SGG). Anders hingegen stellt sich die Situation jedoch dar, wenn beispielsweise über den genauen Inhalt eines nicht eindeutig formulierten oder nicht in allen Punkten abschließenden gerichtlichen Vergleichs oder über Aspekte gestritten wird, die mit dem Gegenstand des gerichtlichen Vergleichs in untrennbarem Zusammenhang stehen, in diesem jedoch nicht oder nicht abschließend geregelt wurden.

Zur außergerichtlichen Mediation wird zuweilen die Auffassung vertreten, dass es sinnvoll sei, den Mediator für den Fall von der Vertraulichkeit zu entbinden, dass die Parteien untereinander wegen eines Verstoßes gegen die im Wege der gerichtsnahen Mediation gefundene Einigung streiten. Auch solle die Vertraulichkeitspflicht des Mediators dahingehend eingeschränkt werden, dass es dem Mediator gestattet wird, (1.) zu der Tatsache auszusagen, dass eine Mediation stattgefunden hat und (2.) dass diese mit einer konkreten Vereinbarung abgeschlossen wurde.[232] Die Parteien sollten dem Mediator insoweit eine Pflicht zur Aussage auferlegen, der er auf Anfordern einer Partei nachzukommen hat; zugleich sollten sie ihn insoweit von einer etwaigen gesetzlichen Schweigepflicht entbinden.[233]

Dem wurde vorliegend hinsichtlich der gerichtsnahen Mediation nicht gefolgt, um die Neutralität des Richtermediators sowie die Vertraulichkeit des gerichtsnahen Mediationsverfahrens weitestmöglich sicherzustellen. Darüber hinaus bedarf es einer solchen Einschränkung nicht, weil eine Aussage des Richtermediators über die bloße Tatsache, dass eine gerichtsnahe Mediation durchgeführt wurde, einen späteren (Schieds-)Gerichtsprozess nicht entscheidend voranbringen wird und eine im Wege der gerichtsnahen Mediation gegebenenfalls gefundene Einigung regelmäßig schriftlich festgehalten werden wird, so dass ihr Inhalt durch Vorlage des entsprechenden Dokuments seitens der Konfliktparteien in den Prozess eingebracht werden kann, sofern dies nach § 278b Abs. 2 S. 2 ZPO-E zulässig ist. Lediglich dann, wenn sich die ehemaligen Media-

---

232 Vgl.: *Hartmann:* in: *Haft/v. Schlieffen,* Hdb. Mediation, § 27 Rn. 24.

233 *Hartmann:* in: *Haft/v. Schlieffen,* Hdb. Mediation, § 27 Rn. 24.

tionsparteien wegen eines Verstoßes gegen die im Wege der gerichtsnahen Mediation gefundene Einigung oder aber über deren genauen Inhalt streiten, könnte eine Aussage des Richtermediators einem späteren (Schieds-)Gerichtsverfahren dienen. In diesem Fall können die Konfliktparteien den Richtermediator jedoch von seiner Vertraulichkeitsverpflichtung im Wege einer entsprechenden prozessrechtlichen Vereinbarung befreien.

4. Das Beweiserhebungsverbot des § 278b Abs. 3 ZPO-E

In Ergänzung zu § 278b Abs. 1 und 2 ZPO-E sieht § 278b Abs. 3 ZPO-E ein Beweiserhebungsverbot bezüglich der Inhalte des gerichtsnahen Mediationsverfahrens vor, wobei Tatsachen und Inhalte, die nach § 278b Abs. 1 S. 3 und 4 ZPO-E sowie nach § 278b Abs. 2 ZPO-E nicht der Vertraulichkeit unterliegen, aus den hierzu genannten Gründen konsequenterweise auch von besagtem Beweiserhebungsverbot ausgenommen sind. Das Beweiserhebungsverbot stellt sich gleichsam als Spiegelbild der für alle Mediationsbeteiligten geltenden Pflicht zur vertraulichen Behandlung der Mediationsinhalte dar. Wie die Vertraulichkeit des gerichtsnahen Mediationsverfahrens nach § 278b Abs. 1 und 2 ZPO-E soll dabei auch das Beweiserhebungsverbot die Offenheit der Konfliktparteien in den Mediationsgesprächen fördern und ein strategisches Verhalten oder den Missbrauch der gerichtsnahen Mediation zur Erlangung vertraulicher, sonst nicht erreichbarer Informationen durch die Konfliktparteien verhindern.
Aus dem Beweiserhebungsverbot des § 278b Abs. 3 ZPO-E folgt darüber hinaus auch ein Beweisverwertungsverbot, so dass gleichwohl gewonnene Beweise über nicht von den Ausnahmen des § 278b Abs. 3 ZPO-E erfasste Inhalte einer gerichtsnahen Mediation der gerichtlichen Überzeugungsbildung nicht zugrunde gelegt werden dürfen.[234] Denn prozessuale Verbote bezwecken in der Regel nicht nur die Verhinderung einer Beweiserhebung, sondern auch eine Verwertung des Beweisergebnisses.

Im Einzelnen bewirkt das Beweiserhebungsverbot nach § 278b Abs. 3 ZPO-E vor allem, dass die Konfliktparteien und gegebenenfalls zum gerichtsnahen Mediationsverfahren hinzugezogene Dritte über die Mediationsinhalte (abgesehen von den in § 278b Abs. 3 ZPO-E genannten Ausnahmen) nicht als Zeugen vernommen werden können. Zudem dürfen unter anderem Unterlagen und Dokumente der betreffenden Personen, die sich auf ein gerichtsnahes Mediationsverfahren beziehen und/oder im Rahmen einer gerichtsnahen Mediation angefertigt oder ausgehändigt wurden, nicht als Beweise herangezogen werden. Ohne eine entsprechende Regelung wäre hingegen genau dies der Fall, denn neben der allgemeinen Zeugnispflicht könnten der Klagegegner und eventuell zur gerichtsnahen Mediation hinzugezogene private oder behördliche Dritte im Zivilprozess gemäß den §§ 421 ff. ZPO (Vorlegungspflicht des Klagegegners) beziehungsweise § 429 ZPO (Vorlegungspflicht privater Dritter) und § 432 ZPO (Vorlegungspflicht von Behörden oder Beamten, die nicht Prozessgegner sind[235]) zur Vorlage von Urkunden und Dokumenten verpflichtet sein. Entsprechendes gilt insofern auch im Bereich des Verwal-

---

234 Vgl. hierzu erneut u.a.: *Geiger*, in: *Eyermann*, VwGO, § 86 Rn. 23a.
235 Vgl. u.a.: *Huber*, in: *Musielak*, ZPO, § 432 Rn. 2.

tungs-, Sozial- und Finanzgerichtsprozesses, da sowohl die §§ 421 ff. ZPO als auch § 429 ZPO über § 98 VwGO sowie § 118 Abs. 1 S. 1 SGG auch im Verwaltungs- und sozialgerichtlichen Verfahren entsprechende Anwendung finden und im Bereich der Finanzgerichtsbarkeit die Verfahrensbeteiligten gemäß § 76 Abs. 1 S. 4 FGO i.V.m. § 93 Abs. 3 S. 2 und § 97 Abs. 1 und 3 AO sowie nicht verfahrensbeteiligte Dritte gemäß § 76 Abs. 1 S. 4 FGO i.V.m. § 93 Abs. 3 S. 2 und § 97 Abs. 1 und 3 AO und § 85 S. 2 FGO i.V.m. § 97 Abs. 1 und 3 AO zur Vorlage verpflichtet werden können. Mit Blick auf die Vorlagepflicht nicht verfahrensbeteiligter Behörden bedarf es einer § 278b Abs. 3 ZPO-E entsprechenden Regelung im Bereich des Verwaltungs-, Sozial- und Finanzgerichtsprozesses indessen nicht notwendigerweise. Zwar begründen auch § 99 Abs. 1 VwGO, § 119 Abs. 1 SGG und § 86 Abs. 1 FGO eine Vorlage- und Auskunftspflicht für nicht verfahrensbeteiligte Behörden, aufgrund derer § 432 ZPO aus Gründen der Spezialität entgegen § 98 VwGO und § 118 SGG im Verwaltungs- und Sozialgerichtsprozess keine[236] oder zumindest nur eingeschränkte[237] Anwendung finden kann. Die in § 99 VwGO, § 118 SGG und § 86 Abs. 1 FGO zum Ausdruck kommende Vorlagepflicht nicht beteiligter Behörden besteht jedoch nur, wenn das Bekanntwerden des Inhalts der betreffenden Urkunden, Akten, elektronischen Dokumente oder Auskünfte dem Wohl des Bundes oder eines Landes keine Nachteile bereiten würde oder wenn sich die Vorgänge, auf die sich die jeweiligen Auskünfte, Urkunden, Akten oder elektronischen Dokumente beziehen, nicht nach ihrem Wesen oder nach einem Gesetz geheim gehalten werden müssen (§ 99 Abs. 1 VwGO, § 119 Abs. 1 SGG und § 86 Abs. 2 FGO). Letzteres ist bei Umsetzung der im Rahmen der vorliegenden Arbeit entworfenen Regelungsvorschläge jedoch der Fall, da § 278b Abs. 1 ZPO-E die Vertraulichkeit des gerichtsnahen Mediationsverfahrens regelt und § 278b Abs. 1 S. 2 ZPO-E explizit die Weitergabe mediativ erlangter Informationen an ein späteres Gericht verbietet und dieses Verbot auch für zu einem gerichtsnahen Mediationsverfahren hinzugezogene Behörden gilt. Zwar fragt es sich, ob alle Gesetze ohne Unterschied die Vorlagepflicht von Behörden nach § 99 Abs. 1 VwGO, § 119 Abs. 1 SGG und § 86 Abs. 2 FGO ausschließen können, wenn es heißt, dass Vorgänge „nach einem Gesetz" geheim zu halten sind. Zumindest aus den Beratungen des Rechtsausschusses zu § 99 VwGO ergibt sich diesbezüglich, dass man bei der Formulierung der Vorschrift (nur oder zumindest vor allem) das Steuergeheimnis und vielleicht noch ähnlich wichtige Privatgeheimnisse im Auge gehabt hat.[238] Da diese einschränkende Absicht des historischen Gesetzgebers im Tatbestand des § 99 Abs. 1 VwGO, des § 119 Abs. 1 SGG sowie des § 86 Abs. 2 FGO jedoch keinen Niederschlag gefunden hat, muss sie bei Beantwortung der Frage, ob grundsätzlich jedes Gesetz geeignet ist, eine Vorlagepflicht nach § 99 Abs. 1 VwGO, § 119 Abs. 1 SGG und § 86 Abs. 2 FGO auszuschließen, außer Betracht bleiben.[239]

---

[236] Vgl.: *Rudisile*, in: *Schoch/Schmidt-Aßmann/Pietzner*, VwGO, § 98 Rn. 226; vgl. auch: *Geiger*, in: *Eyermann*, VwGO, § 98 Rn. 29; *Meyer-Ladewig*, in: *Meyer-Ladewig/Keller/Leitherer*, SGG, § 118 Rn. 14; *Peters/Sautter/Wolff*, SGG, § 118, 3 (zur Anwendung des § 432 ZPO).

[237] Vgl.: *Kothe*, in: *Redeker/v. Oertzen*, VwGO, § 98 Rn. 14.

[238] Vgl. auch: *Düwel*, Das Amtgeheimnis, S. 129 m.w.N.

[239] *Düwel*, Das Amtgeheimnis, S. 129.

Schließlich verhindert § 278b Abs. 3 ZPO-E auch, dass das Gericht gemäß § 86 Abs. 5 VwGO den Beteiligten die Vorlage von Urkunden und elektronischen Dokumenten über das gerichtsnahe Mediationsverfahren aufgeben kann, sofern die Prozessparteien auf diese in ihren Schriftsätzen verwiesen haben, und dass das Gericht im vorbereitenden Verfahren nach § 87 Abs. 1 S. 2 Nr. 2 bis 4 VwGO, § 106 Abs. 3 Nr. 1 bis 3 SGG, § 79 Abs. 1 S. 2 Nr. 2 bis 4 FGO sowie § 273 Abs. 2 Nr. 1, 2 und 5 ZPO von den Beteiligten oder am Verfahren nicht beteiligten Dritten[240] die Vorlage, Mitteilung oder Übermittlung von Urkunden oder anderen Dokumenten verlangen sowie Auskünfte einholen kann, soweit diese von ihrem Inhalt her ein vorangegangenes Mediationsverfahren betreffen.

5. Die Bestimmung des § 278b Abs. 1 S. 1 Halbsatz 2 ZPO-E

Die vorangegangenen Ausführungen beziehen sich auf den Regelfall, in dem die Mediationsbeteiligten ein Interesse an einer möglichst weit reichenden Vertraulichkeit des Mediationsverfahrens sowie seines Ergebnisses haben. Sollte dies nicht der Fall sein, ermöglicht es § 278b Abs. 1 S. 1 Halbsatz 2 ZPO-E, vom Grundsatz der strengen Vertraulichkeit abzuweichen, indem die Beteiligten übereinstimmend etwas Gegenteiliges vereinbaren.[241] Damit trägt § 278b Abs. 1 S. 1 ZPO-E letztlich nicht nur dem Grundsatz der Vertraulichkeit Rechnung, sondern auch der Tatsache, dass es den Beteiligten einer Mediation als eigenverantwortlich durchgeführtem, freiwilligen Verfahren möglich sein muss, über Einzelheiten des Verfahrens selbst zu bestimmen. Im Einzelnen wird es den Parteien ermöglicht, bezüglich sämtlicher Inhalte des § 278b ZPO-E abweichende Verfahrensabreden zu treffen. Die Zulässigkeit solcher Vereinbarungen erscheint an dieser Stelle unproblematisch, da die Vertraulichkeit des gerichtsnahen Mediationsverfahrens einzig den Interessen der Mediationsbeteiligten dient, so dass diese hierüber auch verfügen können müssen.

6. Das Fehlen einer die Öffentlichkeit des Mediationsverfahrens ausschließenden Regelung in § 278b ZPO-E

Im Hinblick auf die abzusichernde Vertraulichkeit der gerichtsnahen Mediation läge es auf den ersten Blick nahe, auch eine Regelung zu treffen, wonach die Öffentlichkeit von der Anwesenheit bei einem gerichtsnahen Mediationsverfahren – im Gegensatz zu einem gerichtlichen Verfahren – ausgeschlossen ist. Tatsächlich ist eine fehlende Öffentlichkeit eine Grundvoraussetzung dafür, dass im Rahmen der (gerichtsnahen) Mediation erlangte Information vertraulich bleiben können. Einer entsprechenden Regelung bedarf es jedoch nicht, da dem Grundsatz der Öffentlichkeit gemäß § 169 S. 1 GVG ausdrück-

---

[240] Vgl.: *Koch*, in: *Gräber*, FGO, § 79 Rn. 6 f.; *List*, in: *Hübschmann/Hepp/Spitaler*, AO/FGO, § 76 FGO Rn. 11 f.; *Stöcker*, in: *Beermann/Gosch*, AO/FGO, § 79 FGO Rn. 30. Für die Urkundensvorlage nach § 79 Abs. 1 S. 2 Nr. 4 FGO vgl. auch: *Tipke*, in: *Tipke/Kruse*, AO/FGO, § 79 FGO, § 79 Rn. 6.

[241] Für eine disponible Ausgestaltung einer zukünftigen Vertraulichkeitsregelung vgl. auch: *Volkmann*, Mediation im Zivilprozess, S. 135; *Duve/Prause*, IDR 2004, 126 (128).

lich nur Verhandlungen vor dem erkennenden Gericht einschließlich der Verkündung der Urteile und Beschlüsse unterliegen. Da gerichtsnahe Mediationsverhandlungen notwendigerweise nicht vor dem erkennenden Gericht stattfinden und hier auch keine abschließenden Entscheidungen ergehen, findet der Grundsatz der Öffentlichkeit auf (gerichtsnahe) Mediationsverhandlungen von vornherein keine Anwendung, so dass die Öffentlichkeit auch nicht ausgeschlossen werden muss.

7. Das Fehlen einer Regelung, wonach im Rahmen einer gerichtsnahen Mediation erlangte Informationen nicht für eigene Zwecke genutzt oder verwertet werden dürfen

§ 278b ZPO-E regelt die Vertraulichkeit der gerichtsnahen Mediation mit Blick auf das Prozessrecht. Der Regelungsvorschlag enthält daher kein materiellrechtliches Verbot, wonach der Richtermediator oder die Mediationsbeteiligten im Rahmen der gerichtsnahen Mediation offenbarte Information nicht zum persönlichen Vorteil nutzen oder in sonstiger Weise verwerten dürfen,[242] sofern die entsprechenden Informationen nicht auch anderweitig verfügbar sind. Dennoch sollte ein solches Verbot im Einzelfall dringend vorgesehen werden, um möglichst offene Mediationsverhandlungen zu ermöglichen. Diesbezüglich wäre es beispielsweise denkbar, ein entsprechendes Verbot standardmäßig in die Mediationsvereinbarung nach § 278a Abs. 3 S. 3 ZPO-E aufzunehmen oder aber gerichtsinterne Mediationsordnungen zu schaffen, die neben weiteren Einzelheiten zur Mediationsdurchführung auch ein derartiges Nutzungs- und Verwertungsverbot enthalten.

XVI. Die fehlende Bindung an Erklärungen in einem späteren (Schieds-)Gerichtsverfahren gemäß § 278c ZPO-E

Da die Inhalte des gerichtsnahen Mediationsverfahrens in der Regel vertraulich sind, greift die Regelung des § 278c ZPO-E nur ein, wenn Mediationsinhalte in Form von anlässlich der gerichtsnahen Mediation geäußerten Erklärungen nach Maßgabe des § 278b Abs. 1 und 2 ZPO-E ausnahmsweise rechtmäßig in ein (schieds-)gerichtliches Verfahren eingebracht werden. Für diesen Fall sind die Mediationsparteien an ihre Erklärungen im Mediationsverfahren nicht gebunden.[243] Entsprechende Behauptungen der Gegenseite können unter Berücksichtigung der Beweislast und vorbehaltlich der prozessualen Wahrheitspflicht bestritten werden. Damit soll sichergestellt werden, dass das gerichtsnahe Mediationsverfahren als unabhängiges Verfahren das gerichtliche Verfahren nicht unmittelbar beeinflusst. Zudem soll verhindert werden, dass sich die Konfliktparteien im gerichtsnahen Mediationsverfahren taktisch verhalten und sich aus Angst vor einer Bin-

---

[242] Vgl. hierzu u.a.: *Hartmann*: in: *Haft/v. Schlieffen*, Hdb. Mediation, § 27 Rn. 26. Ein entsprechendes, an den Richtermediator gerichtetes Verbot enthält z.B. § 4 Abs. 3 der Regeln der gwkm für das Verhalten von Mediatoren, abgedruckt bei *Hartmann*, in: *Haft/v. Schlieffen*, Hdb. Mediation, § 27 Rn. 63.
[243] Vgl. hierzu auch: § 278b Abs. 5 des Regelungsvorschlags der BRAK (vgl.: *Ewig*, ZKM 2002, 45 ff.).

dungswirkung in einem gegebenenfalls nachfolgenden (Schieds-)Gerichtsverfahren mit Erklärungen zurückhalten.

XVII. Die Zulässigkeit einstweiliger gerichtlicher Maßnahmen während der Durchführung einer gerichtsnahen Mediation nach § 278d ZPO-E

In Anlehnung an den nahezu wortgleichen § 1033 ZPO, der die Zulässigkeit einstweiliger gerichtlicher Maßnahmen im Falle eines Schiedsverfahrens betrifft, schließt es die Durchführung einer gerichtsnahen Mediation gemäß § 278d ZPO-E nicht aus, dass ein Gericht vor oder nach Beginn des gerichtsnahen Mediationsverfahrens auf Antrag einer Partei eine vorläufige oder sichernde Maßnahme in Bezug auf den Verfahrensgegenstand anordnet. Damit dient § 278d ZPO-E der Verwirklichung eines effektiven Rechtsschutzes im Rahmen der gerichtsnahen Mediation. Nicht immer wird es möglich sein, in Eilfällen eine zeitlich hinreichende Einigung zu erzielen.[244] Daher kann ein Bedürfnis nach möglichst sofortiger Anspruchssicherung oder vorläufigen Regelungen bestehen. Diese sollten den Parteien demnach nicht ohne Grund verwehrt werden.

XVIII. Die Möglichkeit der Anordnung der Hinzuziehung eines Rechtsanwaltes nach § 78 Abs. 5a ZPO-E

Auch im Rahmen der gerichtsnahen Mediation besteht – wie in jeder anderen Mediation – die Gefahr, dass die Konfliktparteien vorschnell, das heißt ohne ausreichende Überlegung und ohne detaillierte Prüfung der Nichteinigungsalternativen einem bestimmten Mediationsergebnis zustimmen, das in der Sache einen Rechtsverlust bedeutet. Diese Gefahr kann vor allem dann bestehen, wenn zwischen den Mediationsparteien deutliche Informations- und Machtungleichgewichte existieren, die der (Richter-)Mediator im Rahmen der Verhandlungsführung nicht vollständig auszugleichen vermag, oder wenn eine Konfliktpartei aus persönlichen Gründen zu einer vorschnellen Einigung tendiert.[245] In einigen der bereits beschriebenen Modellversuche zum Einsatz der gerichtsnahen Mediation wird dem dadurch begegnet, dass die Konfliktparteien in der Mediation anwaltlich vertreten sein müssen.[246]

§ 78 Abs. 5a ZPO-E wählt einen ähnlichen, aber weniger gravierenden Weg, indem er für die Durchführung eines Informationstermins nach § 278 Abs. 5a S. 1 und 2 ZPO-E und die Durchführung eines gerichtsnahen Mediationsverfahrens nach § 278a ZPO-E die Anordnung zur Hinzuziehung eines Rechtsanwaltes ermöglicht. Ein solcher Beschluss kann freilich nur durch das in der Sache zuständige Gericht und wiederum nur im Vorfeld der gerichtsnahen Mediation ergehen, weil der Richtermediator selbst keine solchen Beschlüsse fassen kann, das gerichtliche Verfahren während der Durchführung der gerichtsnahen Mediation ruht und das zuständige Gericht aufgrund der Vertraulichkeit des

---

[244] Vgl. mit Blick auf das Schiedsverfahren: *Voit*, in: *Musielak*, ZPO, § 1033 Rn. 1.

[245] Vgl. hierzu auch: Zweiter Teil, 4. Kapitel, Unterpunkt I. 4.

[246] Vgl. die Beschreibungen der verschiedenen Modellversuche unter: Zweiter Teil, 2. Kapitel, Unterpunkt I.

gerichtsnahen Mediationsverfahrens keine Kenntnis davon erhält, wenn eine der Konfliktparteien im Rahmen der gerichtsnahen Mediation Gefahr läuft, sich vorschnell und ohne ausreichende rechtliche Abwägung auf eine Einigung einzulassen und so in unverhältnismäßigem Umfang Rechte aufzugeben. Einer weitergehenden Regelung bedarf es hingegen nicht, da § 278a Abs. 6 S. 1 Nr. 3 ZPO-E dem Richtermediator die Möglichkeit eröffnet, das gerichtsnahe Mediationsverfahren aus wichtigem Grund abzubrechen und in der beschriebenen Gefahr – so sie denn im Einzelfall besteht und im Wege der Verfahrensführung durch den Richtermediator nicht beseitigt werden kann – ein solch wichtiger Grund zu sehen ist. Insbesondere von einem generellen Anwaltszwang im Rahmen der gerichtsnahen Mediation kann und sollte demnach abgesehen werden. Es sollte vielmehr weitestmöglich den Konfliktparteien überlassen werden, ob sie eine anwaltliche Vertretung hinzuziehen möchten oder nicht, da hiermit – vor allem bei Scheitern der gerichtsnahen Mediation – gegebenenfalls zusätzliche Kosten für die Konfliktparteien verbunden sein können.

XIX. Der gesetzliche Ausschluss eines Richtermediators nach § 49a S. 1 ZPO-E

§ 49a S. 1 ZPO-E schafft eine Regelung zum gesetzlichen Ausschluss von der Ausübung des Amtes des Richtermediators und soll damit – ähnlich wie die in den verschiedenen Prozessordnungen enthaltenen Vorschriften zum Ausschluss von der Ausübung des Richteramtes im Gerichtsprozess[247] – unter anderem dem Rechtsstaatsprinzip (Art. 20 Abs. 3 GG) Rechnung tragen sowie zur Integrität und Fairness des (Mediations-)Verfahrens beitragen und das Vertrauen in diese stärken. Vor allem aber soll § 49a S. 1 ZPO-E – im Lichte des auch auf die gerichtsnahe Mediation auszudehnenden Rechts auf den gesetzlichen Richter nach Art. 101 Abs. 1 S. 2 GG – der Sicherung der bereits mehrfach hervorgehobenen und dem Konzept der Mediation immanenten Neutralität und Unabhängigkeit des Richtermediators dienen, denn nur ein neutraler, unabhängiger und in diesem Sinne unparteiischer Richter(mediator) kann gesetzlicher Richter(mediator) im Sinne des Art. 101 Abs. 1 S. 2 GG sein.[248] Der grundrechtliche Anspruch auf den gesetzlichen Richter umfasst auch das Recht, nicht vor einem Richter(mediator) stehen zu müssen, dem es an der gebotenen Distanz zu den Verfahrensbeteiligten und zum Streitstoff fehlt.[249] Vielmehr muss der Gesetzgeber dafür sorgen,

---

[247] Vgl. z.B.: § 41 ZPO, § 54 VwGO, § 60 SGG und § 51 FGO.

[248] *Heinrich*, in: *Musielak*, ZPO, § 41 Rn. 1; *BVerfGE* 21, 139 (145 f.); 30, 149 (153); *BVerfG* NJW 1998, 369 (370); 2001, 3533.

[249] *Meissner*, in: *Schoch/Schmidt-Aßmann/Pietzner*, VwGO, § 54 Rn. 6; *Keller*, in: *Meyer-Ladewig/Keller/Leitherer*, SGG, § 60 Rn. 2; *Stöcker*, in: *Beermann/Gosch*, AO/FGO, § 51 FGO Rn. 2; *BVerfGE* 21, 139 (146); 89, 28 (36). Vgl. auch: *Czybulka*, in: *Sodan/Ziekow*, VwGO, § 54 Rn. 6, wonach die richterliche Tätigkeit – ebenso wie die Tätigkeit als Richtermediator – Neutralität und Distanz gegenüber den Verfahrensbeteiligten erfordert, weshalb die verfassungsrechtliche Garantie des gesetzlichen Richters nach Art. 101 Abs. 1 S. 2 GG gewährleisten muss, dass nicht ein Richter – oder Richtermediator – über seine Angelegenheit entscheidet – bzw. im Falle der gerichtsnahen Mediation mit dem Verfahren befasst ist – der die gebotene Neutralität und Distanz zur Angelegenheit vermissen lässt (vgl. auch: *BVerfGE* 21, 139 (146); 89, 28 (36)).

dass parteiliche Richter ihr Amt nicht ausüben dürfen und befangene Richter abgelehnt werden können.[250] Das Gleiche muss auch für den Richtermediator im Rahmen einer gerichtsnahen Mediation gelten. Die Unparteilichkeit gehört somit zwingend zum Bild des gesetzlichen Richters[251] und mithin auch zu dem des „gesetzlichen Mediators".

Inhaltlich schafft § 49a S. 1 ZPO-E zur Verwirklichung der genannten Ziele eine Regelung für den gesetzlichen Ausschluss von Richtermediatoren, indem er § 41 ZPO, der den gesetzlichen Ausschluss von der Ausübung des Richteramtes regelt und dazu dient, Personen von der Ausübung richterlicher Funktionen auszuschließen, welche derart in Beziehung zum jeweiligen Rechtstreit und/oder zu den hieran beteiligten Parteien stehen, dass typischerweise mit einer Beeinträchtigung der Unparteilichkeit und Neutralität dieser Personen zu rechnen ist, auf den Ausschluss eines Richtermediators im Rahmen gerichtsnaher Mediationsverfahren nach § 278a ZPO-E für entsprechend anwendbar erklärt. Dies bedeutet mit Blick auf gerichtsnahe Mediationsverfahren im Rahmen der Zivilgerichtsbarkeit, dass ein Richter kraft Gesetzes als Richtermediator in Sachen ausscheidet, in denen (1.) er selbst Partei ist oder zu einer Partei im Verhältnis eines Mitberechtigten, Mitverpflichteten oder Regresspflichtigen steht, (2.) sein aktueller oder ehemaliger Ehegatte beziehungsweise Lebenspartner beteiligt ist, (3.) eine Person beteiligt ist, zu der ein enges Verwandtschaftsverhältnis besteht, (4.) er selbst als Prozessbevollmächtigter oder Beistand einer Partei bestellt oder als gesetzlicher Vertreter einer Partei aufzutreten berechtigt ist, (5.) er selbst als Zeuge oder Sachverständiger in Betracht kommt oder (6.) er selbst in einem früheren Rechtszug bei dem Erlass der angefochtenen Entscheidung mitgewirkt hat.

Um auch im Rahmen der Verwaltungs-, Sozial- und Finanzgerichtsbarkeit den gesetzlichen Ausschluss eines Richtermediators in den Fällen des § 41 ZPO zu erreichen, bedarf es neben der Einführung des § 49a ZPO-E einer Erweiterung der §§ 54 Abs. 1 VwGO, 51 Abs. 1 S. 1 FGO und des § 60 Abs. 1 S. 1 SGG dahingehend, dass auch § 49a ZPO-E hinsichtlich der Ausschließung und Ablehnung von Gerichtspersonen Anwendung finden soll.[252] Erstrecken sich die Verweisungsnormen auch auf § 49a ZPO-E, so genügt dessen Einführung und Weiterverweisung auf § 41 ZPO, um die Rechtslage des Ausschlusses eines Richtermediators in der Verwaltungs-, Sozial- und Finanzgerichtsbarkeit der in der Zivilgerichtsbarkeit bei Einführung des § 49a ZPO-E herrschenden Rechtslage anzupassen. Soweit die den Ausschluss von Gerichtspersonen regelnden Vorschriften der Verwaltungsprozessordnung, des Sozialgerichtsgesetzes und der Finanzgerichtsordnung vorsehen, dass von der Ausübung des Amtes als Richter, als ehrenamtlicher Richter oder als Urkundensbeamter neben den Fällen des § 41 ZPO ausgeschlossen ist, wer bei einem dem gerichtlichen Verfahren vorausgegangenen Verwaltungsverfahren mitgewirkt hat (§ 54 Abs. 2 VwGO, § 60 Abs. 2 SGG, § 51 Abs. 2 FGO), empfiehlt es sich zudem, diese Vorschriften auch auf den Ausschluss von Rich-

---

[250] *BVerfG* NJW 1998, 369; *Brandis*, in: *Tipke/Kruse*, AO/FGO, § 51 FGO Rn. 1.

[251] *Feiber*, in: MK-ZPO, § 41 Rn. 1; *BVerfGE* 21, 139 (145 f.); 30, 149 (153).

[252] Vgl. hierzu: § 54 Abs. 1 VwGO-E, § 60 Abs. 1 S. 1 SGG-E und § 51 Abs. 1 S. 1 FGO-E (Dritter Teil, 2. Kapitel).

termediatoren auszudehnen,[253] um die Neutralität und Unabhängigkeit des Richtermediator umfassend zu sichern.

Insgesamt werden nach den vorgeschlagenen Gesetzesänderungen die Vorschriften der unterschiedlichen Prozessordnungen zum Ausschluss von der Ausübung des Richteramtes nahezu deckungsgleich auf den Ausschluss von der Ausübung des Amtes als Richtermediator Anwendung finden. Demzufolge ist auch der Ausschluss eines Richtermediators – ebenso wie der eines Richters[254] – von Amts wegen zu beachten. Darüber hinaus ähneln auch die Folgen des Ausschlusses eines Richtermediators teilweise denen des Ausschlusses eines Richters von der Ausübung des Richteramtes. Hierzu zählt vor allem, dass der ausgeschlossene Richtermediator keine Handlungen im Rahmen der gerichtsnahen Mediation mehr vornehmen darf und an die Stelle des ausgeschlossenen Richtermediators dessen nach dem Geschäftsverteilungsplan vorgesehener Vertreter tritt,[255] so dass die Geschäftsverteilungspläne der Gerichte bei Einführung der gerichtsnahen Mediation schon aus diesem Grunde nicht nur Festlegungen mit Blick auf den zuständigen Richtermediator aufzunehmen haben, sondern auch solche zu seiner Vertretung.

XX. Die Möglichkeit der Ablehnung eines Richtermediators nach § 49a S. 2 und 3 ZPO-E

§ 49a S. 2 ZPO-E regelt die Möglichkeit der Ablehnung eines Richtermediators. Im Einzelnen sieht § 49a S. 2 ZPO-E dabei vor, dass jeder Mediationspartei in jeder Lage des Verfahrens das Recht zusteht, einen nach § 278a Abs. 1 S. 3 mit der Durchführung des gerichtsnahen Mediationsverfahrens betrauten Richtermediator aufgrund bestehender Zweifel an dessen Neutralität und Unabhängigkeit oder aus einem anderen Grund durch Abgabe einer schriftlichen Erklärung gegenüber den anderen Mediationsparteien und dem Richtermediator abzulehnen. Damit schafft § 49a S. 2 ZPO-E eine weitaus großzügigere Regelung hinsichtlich der Möglichkeit einer Ablehnung eines Richtermediators, als dies mit Blick auf die Ablehnung eines Richters im Gerichtsprozess der Fall ist. Hier sieht § 42 ZPO ein Recht auf Ablehnung lediglich dann vor, wenn der jeweilige Richter kraft Gesetzes von der Ausübung des Richteramtes ausgeschlossen ist oder die Besorgnis der Befangenheit besteht. Unter Befangenheit ist dabei eine innere Einstellung des Richters zu verstehen ist, welche die erforderliche Distanz zum konkreten Streitfall und die

---

[253] Vgl. hierzu: § 54 Abs. 2 VwGO-E, § 60 Abs. 2 SGG-E und § 51 Abs. 2 FGO-E (Dritter Teil, 2. Kapitel).

[254] Vgl. hierzu u.a.: *Heinrich*, in: *Musielak*, ZPO, § 41 Rn. 2; *Feiber*, in: MK-ZPO, § 41 Rn. 30; *Niemann*, in: *Wieczorek/Schütze*, ZPO, § 41 Rn. 15; *Meissner*, in: *Schoch/Schmidt-Aßmann/Pietzner*, VwGO, § 54 Rn. 16; *Kopp/Schenke*, VwGO, § 54 Rn. 4 f.; *Czybulka*, in: *Sodan/Ziekow*, VwGO, § 54 Rn. 12; *Peters/Sautter/Wolff*, SGG, § 60, 6.; *Stapperfend*, in: *Gräber*, FGO, § 51 Rn. 20; *Brandis*, in: *Tipke/Kruse*, AO/FGO, § 51 FGO Rn. 15; *Stöcker*, in: *Beermann/Gosch*, AO/FGO, § 51 FGO Rn. 21.

[255] Vgl. mit Blick auf den Ausschluss eines Richters v.a.: *Littmann*, in: *Lüdtke*, SGG, § 60 Rn. 8; *Stapperfend*, in: *Gräber*, FGO, § 51 Rn. 20; *Spindler*, in: *Hübschmann/Hepp/Spitaler*, AO/FGO, § 51 FGO Rn. 132; *Brandis*, in: *Tipke/Kruse*, AO/FGO, § 51 FGO Rn. 14; *Vollkommer*, in: *Zöller*, ZPO, § 42 Rn. 15; *Niemann*, in: *Wieczorek/Schütze*, ZPO, § 41 Rn. 15.

notwendige Unparteilichkeit gegenüber den Parteien derart vermissen lässt, dass es infolge sachfremder Erwägungen zu Bevorzugungen oder Benachteiligungen einer Partei kommen kann.[256] Sie ist zu besorgen, wenn ein Grund besteht, der aus Sicht einer vernünftig denkenden und besonnen handelnden Partei unter Würdigung aller Umstände objektiv berechtigten Anlass zu Zweifeln an der Unvoreingenommenheit, Unparteilichkeit und Neutralität des Richters gibt.[257]

Die Regelung des § 49a S. 2 ZPO-E ist zunächst großzügiger als die des § 42 ZPO, weil nach letzterer Vorschrift die Ablehnung eines Richters nur in den Fällen des § 41 ZPO sowie aufgrund der Besorgnis der Befangenheit ermöglicht wird, während die Ablehnung eines Richtermediators nach § 49a S. 2 ZPO-E auch aus jedem anderen Grund möglich sein soll. Zur Begründung sei darauf verwiesen, dass § 42 ZPO sowie die auf diese Vorschrift verweisenden §§ 54 VwGO, 60 SGG und 51 FGO neben den Zielen der Verwirklichung des Rechtsstaatsprinzips,[258] der Sicherung der Unvoreingenommenheit, Unabhängigkeit und Neutralität des zur Entscheidung berufenen Richters,[259] der Sicher-

---

[256] Vgl. hierzu u.a.: *Heinrich*, in: *Musielak*, ZPO, § 42 Rn. 3 f.; *Niemann*, in: *Wieczorek/Schütze*, ZPO, § 42 Rn. 4; *Danckwerts*, in: *Hennig*, SGG, § 60 Rn. 10; *BGH* NJW-RR 1986, 738. Nach *Meissner*, in: *Schoch/Schmidt-Aßmann/Pietzner*, VwGO, § 54 Rn. 26 wird Befangenheit gleichgestellt mit Parteilichkeit, also mit einer Einstellung zum Gegenstand des Rechtsstreits, die nicht allein an Gesetz und Recht orientiert und von Objektivität geprägt ist, sondern zumindest auch von Einflüssen bestimmt wird, die sich aus besonderen Beziehungen des Richters zu einem Verfahrensbeteiligten oder zur Streitsache ergeben.

[257] Vgl. zur Besorgnis der Befangenheit insgesamt: *Heinrich*, in: *Musielak*, ZPO, § 42 Rn. 4; *Niemann*, in: *Wieczorek/Schütze*, ZPO, § 42 Rn. 4; *Bork*, in: *Stein/Jonas*, ZPO, § 42 Rn. 2; *J. Schmidt*, in: *Eyermann*, VwGO, § 54 Rn. 12; *Kopp/Schenke*, VwGO, § 54 Rn. 10; *Meissner*, in: *Schoch/Schmidt-Aßmann/Pietzner*, VwGO, § 54 Rn. 26; *Redeker*, in: *Redeker/v. Oertzen*, VwGO, § 54 Rn. 9; *Czybulka*, in: *Sodan/Ziekow*, VwGO, § 54 Rn. 43 ff.; *Keller*, in: *Meyer-Ladewig/Keller/Leitherer*, SGG, § 60 Rn. 7; *Danckwerts*, in: *Hennig*, SGG, § 60 Rn. 10; *Peters/Sautter/Wolff*, SGG, § 60, 6.; *Littmann*, in: *Lüdtke*, SGG, § 60 Rn. 11; *Stöcker*, in: *Beermann/Gosch*, AO/FGO, § 51 FGO Rn. 26; *Brandis*, in: *Tipke/Kruse*, AO/FGO, § 51 FGO Rn. 17; *Spindler*, in: *Hübschmann/Hepp/Spitaler*, AO/FGO, § 51 FGO Rn. 49; *BVerfGE* 20, 9 (14); 32, 288 (290); 35, 171 (172); 43, 126 (127); 73, 330 (335); 82, 30 (38); 92, 138 (139); 99, 51 (56); 101, 46 (51); *BVerfGE* NJW 1990, 2457; NJW 1993, 2230; NJW 1995, 1277; NJW 1996, 2022; NJW 1999, 413; NJW 2000, 2808 (2809); NJW 2003, 3404 (3405); NJW 2004, 209; *BVerwG* NJW 1988, 722; *BGH* NJW-RR 1986, 738; NJW 2004, 163 f., sowie: *Vollkommer*, in: *Zöller*, ZPO, § 42 Rn. 8 f., wobei nach letzterem eine Besorgnis der Befangenheit anzunehmen ist, wenn Umstände vorliegen, die berechtigte Zweifel an der Unparteilichkeit und Unabhängigkeit des Richters aufkommen lassen, beziehungsweise objektive Gründe vorliegen, die vom Standpunkt des Ablehnenden aus bei vernünftiger Betrachtung die Befürchtung wecken können, der Richter stehe der Sache nicht unvoreingenommen und damit nicht unparteiisch gegenüber. Nach *Bork*, in: *Stein/Jonas*, ZPO, § 42 Rn. 2 ist hingegen maßgeblich, „ob vom Standpunkt der betreffenden Partei aus genügende objektive Gründe vorliegen, die in den Augen eines vernünftigen Menschen geeignet sind, Misstrauen gegen die Unparteilichkeit des Richters zu erregen.

[258] Vgl. u.a.: *Kopp/Schenke*, VwGO, § 54 Rn. 1 u. *Littmann*, in: *Lüdtke*, SGG, § 60 Rn. 2, wonach § 54 VwGO und die Bestimmungen der ZPO, die im Verwaltungsprozess entsprechend anzuwenden sind, u.a. eine Folge des Rechtsstaatsprinzips sind.

[259] *Meissner*, in: *Schoch/Schmidt-Aßmann/Pietzner*, VwGO, § 54 Rn. 3; *Kopp/Schenke*, VwGO, § 54 Rn. 1; *Czybulka*, in: *Sodan/Ziekow*, VwGO, § 54 Rn. 7; *Rohwer-Kahlmann*, Sozialgerichtsbarkeit, § 60 Rn. 1 u. 20; *Heinrich*, in: *Musielak*, ZPO, § 42 Rn. 1; *Bork*, in: *Stein/Jonas*, ZPO, vor § 41 Rn. 3; *Baum-*

stellung der Funktionsfähigkeit[260] und Integrität[261] der Rechtsprechung, der Garantie einer gerechten und sachlichen Entscheidung des Einzelfalls[262] sowie der Gewährleistung eines fairen Verfahrens[263] einen weiteren Regelungszweck verfolgen. § 42 ZPO soll zur Sicherung des Anspruchs auf den gesetzlichen Richter verhindern, dass eine Partei einen ihr nicht genehmen, aber keinesfalls voreingenommenen Richter allzu leicht ablehnen kann.[264] Dieser Regelungszweck verliert im Hinblick auf die Ablehnung eines Richtermediators im Rahmen der gerichtsnahen Mediation an Bedeutung. Der Grundsatz des gesetzlichen Richters ist zwar prinzipiell auch auf die gerichtsnahe Mediation zu übertragen.[265] Bei der gerichtsnahen Mediation – wie bei jeder anderen Mediation – handelt es sich jedoch letztlich um ein freiwilliges Verfahren zur Konfliktbeilegung. Im Rahmen eines solchen freiwilligen Verfahrens, wäre es wenig sinnvoll, die Verfahrensbeteiligten darauf zu beschränken, ausschließlich in den Fällen des § 41 ZPO oder aufgrund der Besorgnis der Befangenheit einen zum Verfahren hinzugezogenen neutralen Dritten ablehnen zu können. Denn aufgrund der freiwilligen Teilnahme der Konfliktparteien muss es diesen jederzeit offenstehen, das Verfahren im Falle einer wie auch immer gearteten Unzufriedenheit mit dem hinzugezogenen Dritten abzubrechen. Daher erscheint es vorzugswürdig, den Beteiligten einer gerichtsnahen Mediation neben den Fällen des § 41 ZPO sowie im Falle der Besorgnis der Befangenheit auch aus jedem anderen Grund ein Recht zur Ablehnung des jeweiligen Richtermediators zuzugestehen. Auf diesem Wege kann unter Umständen verhindert werden, dass das gesamte Mediationsverfahren vorzeitig und gegebenenfalls sogar trotz guter Einigungschancen in der Sache einzig aufgrund der Unzufriedenheit mit dem jeweiligen Richtermediator abgebrochen wird.

Wegen der Freiwilligkeit des gerichtsnahen Mediationsverfahrens muss sich die Ablehnung eines Richtermediators nach § 49a ZPO ferner auch hinsichtlich des Ablehnungsverfahrens von der Ablehnung eines Richters nach § 41 ZPO[266] unterscheiden.

---

bach/Lauterbach/Albers/Hartmann, ZPO, § 42 Rn. 2; *BVerfGE* 21, 139 (146); *VGH München* BayVBl. 1985, 311. Vgl. zudem auch: *Littmann,* in: *Lüdtke,* SGG, § 60 Rn. 2; *Keller,* in: *Meyer-Ladewig/Keller/Leitherer,* SGG, § 60 Rn. 2.

[260] *Littmann,* in: *Lüdtke,* SGG, § 60 Rn. 2.

[261] *Feiber,* in: MK-ZPO, § 42 Rn. 1.

[262] *Feiber,* in: MK-ZPO, § 42 Rn. 1. Zur Sicherung der Gerechtigkeit und sachlichen Richtigkeit gerichtlicher Entscheidungen vgl. zudem auch: *Kopp/Schenke,* VwGO, § 54 Rn. 1; *Rohwer-Kahlmann,* Sozialgerichtsbarkeit, § 60 Rn. 1; *Baumbach/Lauterbach/Albers/Hartmann,* ZPO, § 42 Rn. 2.

[263] *Heinrich,* in: *Musielak,* ZPO, § 42 Rn. 1; *Kopp/Schenke,* VwGO, § 54 Rn. 1; *Danckwerts,* in: *Hennig,* SGG, § 60 Rn. 1.

[264] *Baumbach/Lauterbach/Albers/Hartmann,* ZPO, Titel 4, Übersicht Rn. 2 u. § 42 Rn. 2.

[265] Vgl. hierzu auch: Zweiter Teil, 5. Kapitel, Unterpunkt V.

[266] Voraussetzung für die Ablehnung eines Richters ist ein entsprechendes Gesuch einer Prozesspartei (§ 44 Abs. 1 ZPO), in dem der Grund für die Ablehnung des Richters glaubhaft zu machen ist (§ 44 Abs. 2 ZPO) und welches – vorbehaltlich des Fehlens einer Präklusion der Ablehnung nach § 43 ZPO – grundsätzlich bis zur die Instanz abschließenden Entscheidung bei dem Gericht anzubringen ist, welchem der abgelehnte Richter angehört, ohne dass es auf den Zeitpunkt ankommt, in dem der ablehnenden Partei der jeweilige Ablehnungsgrund bekannt wurde. Ist ein entsprechendes Ablehnungsgesuch einer Prozesspartei ergangen, entscheidet hierüber nach dienstlicher Äußerung des abgelehnten Richters (§ 44 Abs. 3 ZPO) das Gericht als Spruchkörper, dem der abgelehnte Richter angehört, ohne

Zwar könnte man in entsprechender Anwendung der §§ 43 ff. ZPO vorsehen, dass die einen Richtermediator ablehnende Partei bei dem Gericht, welches das Verfahren an die gerichtsnahe Mediation abgegeben hat, ein § 44 ZPO entsprechendes Ablehnungsgesuch einzureichen hat, über welches das besagte Gericht vorbehaltlich des Fehlens einer Präklusion nach § 43 ZPO nach dienstlicher Äußerung des Richtermediators (§ 44 Abs. 3 ZPO) entsprechend § 46 Abs. 1 ZPO ohne Zwang zur mündlichen Verhandlung durch Beschluss entscheidet. Ein solches Verfahren würde hinsichtlich der auf dem Prinzip der Freiwilligkeit beruhenden gerichtsnahen Mediation jedoch wenig Sinn machen. Steht es den Parteien frei, das gerichtsnahe Mediationsverfahren wie jedes andere Mediationsverfahren jederzeit zu verlassen, werden sie regelmäßig weder eine Präklusion der Ablehnung des Richtermediators entsprechend § 43 ZPO noch eine ihr Ablehnungsgesuch als unzulässig ablehnende Entscheidung akzeptieren, ohne das gerichtsnahe Mediation umgehend zu beenden. Die Konfliktparteien werden sich im Rahmen einer freiwilligen gerichtsnahen Mediation nicht dazu verpflichten lassen, das Mediationsverfahren vor einem bestimmten, von ihnen abgelehnten Richtermediator durchzuführen. Statt dessen werden sie dazu neigen, das Verfahren vorzeitig und gegebenenfalls trotz bestehender Einigungschancen abzubrechen, wenn ihnen die Ablehnung eines Richtermediators verwehrt wird. Um dies zu verhindern, sieht § 49a S. 2 ZPO-E ein erleichtertes Verfahren bezüglich der Ablehnung von Richtermediatoren vor. Gemäß § 49a S. 2 ZPO-E soll es ausreichen, dass die den Richtermediator ablehnende Konfliktpartei die Ablehnung schriftlich gegenüber den anderen Mediationsparteien, dem abgelehnten Richtermediator und dem ursprünglich entscheidungsbefugten Gericht erklärt. Einer Erklärung gegenüber den anderen Konfliktparteien bedarf es dabei, um diese vor einem Weiterbetreiben des Mediationsverfahrens – gegebenenfalls verbunden mit der Offenbarung vertraulicher und geheimhaltungsbedürftiger Informationen – zu schützen, während der Richtermediator von seiner Ablehnung erfahren muss, um die Mediation umgehend abbrechen und das Verfahren an das ursprünglich entscheidungsbefugte Gericht – je nach Willen der Prozessparteien – zwecks Abgabe an einen anderen Richtermediator oder Wiederaufnahme des gerichtlichen Verfahrens zurückgeben zu können. Mit seiner Ablehnung ist der Richtermediator – ähnlich wie ein abgelehnter Richter – von weiteren Verfahrenshandlungen ausgeschlossen. An seine Stelle tritt nach § 49a S. 3 ZPO-E dessen in der Geschäftsverteilung vorgesehener Vertreter oder ein anderer Richtermediator des jeweiligen Gerichts, sofern sich die Konfliktparteien auf einen solchen einigen können. Auch mit der Möglichkeit der Mediationsteilnehmer, sich auf einen anderen Richtermediator verständigen zu können, wird der Freiwilligkeit des Mediationsverfahrens

---

dessen Mitwirkung (§ 45 Abs. 1 ZPO), bei einem Amts- beziehungsweise Einzelrichter im Zweifel ein anderer Richter desselben Gerichts (§ 45 Abs. 2 ZPO) beziehungsweise – sofern das zur Entscheidung berufene Gericht durch das Ausscheiden des abgelehnten Richters beschlussunfähig wird, das im Rechtszug nächst höhere Gericht (§ 45 Abs. 3 ZPO), wobei die Entscheidung ohne Zwang zur mündlichen Verhandlung durch Beschluss erfolgt (§ 46 Abs. 1 ZPO), die dem Gesuch stattgebende Entscheidung unanfechtbar ist und gegen einen das Gesuch als unzulässig verwerfenden oder als unbegründet zurückweisenden Beschluss jedoch eine sofortige Beschwerde zulässig ist (§ 46 Abs. 2 ZPO), die jedoch nicht auf neue Ablehnungsgründe gestützt werden kann.

Rechnung getragen. Darüber hinaus entspricht es den mediativen Grundprinzipien der Selbständigkeit und Eigenverantwortlichkeit, wenn § 49a S. 3 ZPO-E den Parteien die Möglichkeit einräumt, sich auf einen anderen als nach dem Geschäftsverteilungsplan als Vertreter des ursprünglichen Richtermediators zuständigen Richtermediator einigen zu können.[267]

XXI. Das Fehlen eines Selbstablehnungsrechts in § 49a ZPO-E

§ 49a ZPO-E sieht weder selbst ein Selbstablehnungsrecht des Richtermediators vor noch verweist die Norm auf die Vorschriften zum Selbstablehnungsrecht eines Richters gemäß § 48 ZPO. Damit fehlt es dem Regelungsvorschlag an jeglichen dahingehenden Bestimmungen. Zu begründen ist dies damit, dass es dessen im Rahmen einer gerichtsnahen Mediation in Anbetracht des § 49a ZPO-E und des § 278a Abs. 6 S. 1 Nr. 3 ZPO-E nicht bedarf. Können die Mediationsparteien – wie nach § 49a ZPO-E der Fall – den jeweiligen Richtermediator aufgrund der Freiwilligkeit des Mediationsverfahrens in jeder Lage des Verfahrens aus Zweifel an dessen Neutralität und Unabhängigkeit oder auch aus jedem anderen Grund ablehnen, reicht es aus, wenn der Richtermediator gegenüber den Parteien auf die Gründe hinweist, deretwegen er an seiner Eignung zur Durchführung des konkreten Mediationsverfahrens zweifelt. Im Anschluss hieran kann es in diesem Falle den Konfliktparteien überlassen bleiben zu entscheiden, ob sie das Mediationsverfahren trotz der Bedenken des Richtermediators mit diesem fortsetzen wollen oder ob sie seine Bedenken teilen und ihn daher gemäß § 49a ZPO ablehnen. Darüber hinaus bleibt dem Richtermediator in besonders schwerwiegenden Fällen stets die Möglichkeit, das Mediationsverfahren aufgrund der Zweifel an seiner Unabhängigkeit aus wichtigem Grund gemäß § 278a Abs. 6 S. 1 Nr. 3 ZPO-E zu beenden.[268]

---

[267] Hinsichtlich der Möglichkeit, sich auf einen anderen als den nach dem Geschäftsverteilungsplan zuständigen Richtermediator einigen zu können vgl. auch: Dritter Teil, 2. Kapitel, Unterpunkt V.

[268] Der Frage, ob die Tätigkeit als Mediator im Rahmen eines gerichtlichen Mediationsverfahrens einen Grund zur Selbstablehnung des jeweiligen Richters in einem nach erfolgloser Beendigung der Mediation fortzusetzenden Klageverfahren darstellt (vgl. hierzu: *LSG Nds.* ZKM 2005, 139 ff.; *Pfab*, ZKM 2005, 169) braucht an dieser Stelle nicht erörtert zu werden, da nach dem hier gewählten Modell stets ein Richter als Richtermediator tätig wird, der nicht dem in der Sache zuständigen Gericht angehört (vgl.: § 278a Abs. 1 S. 1 ZPO-E, sowie: Dritter Teil, 2. Kapitel, Unterpunkt IV.).

3. Kapitel: Die gesetzliche Regelung des Kostenrechts der gerichtsnahen Mediation

Neben einer gesetzlichen Regelung der gerichtsnahen Mediation selbst empfehlen sich bei Einführung der gerichtsnahen Mediation auch einige Anpassungen im Bereich des Kostenrechts. Im Folgenden soll daher zunächst auf das geltende Gerichtskostenrecht sowie auf die geltenden Bestimmungen des Rechtsanwaltsvergütungsgesetzes eingegangen und, wo dies angebracht erscheint, auf erforderliche Gesetzesänderungen hingewiesen werden. Im Anschluss daran wird darauf einzugehen sein, ob auch hinsichtlich des Kostentragungsrechts Gesetzesänderungen vorgenommen werden sollten, ob neben der Prozesskostenhilfe auch eine Art „Mediationskostenhilfe" eingeführt werden sollte[269] und ob Parteien, welche ein ernsthaftes Mediationsangebot verweigern, die Prozesskostenhilfe in einem daraufhin nötig werdenden Gerichtsverfahren verweigert werden sollte. Abschließend soll zudem der Frage nachgegangen werden, ob auch die aufgrund einer gerichtsnahen Mediation entstehenden Kosten nach den allgemeinen (Muster-)Bedingungen für die Rechtsschutzversicherung aus dem Jahre 2000 (ARB 2000)[270] durch Rechtsschutzversicherungen getragen werden.

I. Das geltende Gerichtskostenrecht und diesbezügliche Änderungsvorschläge

Im Hinblick auf das Gerichtskostenrecht lässt sich die Frage aufwerfen, wie lange ein kostenloses Angebot der gerichtsnahen Mediation – wie im Rahmen der bisherigen Modellversuche zum Einsatz der gerichtsnahen Mediation praktiziert – aufrechterhalten werden kann. Aus rein wirtschaftlicher Sicht wird man diese Frage aufgrund der bisherigen Erfahrungen aus den entsprechenden Modellversuchen wohl mit „noch recht lange" beantworten müssen, da die gerichtsnahe Mediation im Vergleich zu gerichtlichen Verfahren auch Ressourcen der Justiz zu schonen scheint. Auch mit Blick auf das Wettbewerbsrecht besteht eine Notwendigkeit zur Gebühren- und Kostenerhebung nur, solange keine gesetzliche Ermächtigung zur Durchführung gerichtsnaher Mediationen existiert und man entgegen der im Rahmen dieser Arbeit vertretenen Auffassung annimmt, auch zukünftig auf eine gesetzliche Regelung der gerichtsnahen Mediation verzichten zu können.[271] Grund für das Fehlen eines Bedürfnisses nach einer kostenrechtlichen Regelung im Falle der gesetzlichen Einführung der gerichtsnahen Mediation ist, dass ein Verstoß gegen das Wettbewerbsrecht mangels Anwendbarkeit des Gesetzes gegen den unlauteren Wettbewerb ausscheidet, wenn die öffentliche Hand in Erfüllung einer ihr gesetzlich

---

269 Dafür vgl. u.a.: *Mähler,* ZKM 2003, 73 (77). Gegen einen Anspruch auf Mediationskostenhilfe bei außergerichtlicher Mediation auf Anregung des Gerichts de lege lata vgl. u.a.: *OLG Dresden* ZKM 2006, 190 (Kritisch zu diesem Urteil: *Koch,* ZKM 2007, 71 (72)).

270 Online verfügbar unter: http://www.bundderversicherten.de/bdv/versicherungsarten/Rechtsschutz/RSVALLBedingungen.pdf (Stand: 24.1.2008).

271 Nach Ansicht des Verfassers stellt die Durchführung gerichtsnaher Mediationsverfahren eine „andere" Aufgabe nach § 4 Abs. 2 Nr. 2 DRiG dar, so dass es schon deshalb einer gesetzlichen Grundlage der gerichtsnahen Mediation bedarf (vgl. oben unter: Zweiter Teil, 3. Kapitel).

zugewiesenen Aufgabe tätig wird und sich bei ihrer Betätigung auf die sachliche Wahrnehmung dieser Aufgabe beschränkt, mit anderen Worten sich innerhalb der Rechtsgrundlage bewegt.[272] Solange die öffentliche Hand lediglich insoweit auf das Wettbewerbsgeschehen Einfluss nimmt, wie es zur Erfüllung ihrer öffentlichen Aufgaben notwendig ist, wird eine etwaige Wettbewerbsabsicht in der Regel fehlen.[273]

Trotz des Fehlens einer entsprechenden Notwendigkeit erscheint eine kostenrechtliche Regelung der gerichtsnahen Mediation letztlich aber auch dann sinnvoll, wenn – entsprechend der hier vertretenen Auffassung – eine gesetzliche Einführung der gerichtsnahen Mediation erfolgt. Denn nur auf diesem Wege kann verhindert werden, dass sich die Einführung der gerichtsnahen Mediation negativ auf den Markt privater Mediationsanbieter auswirkt, da sich Konfliktparteien trotz einer gegebenenfalls gleichzeitigen Empfehlung der außergerichtlichen Mediation durch private Mediationsanbieter[274] im Zweifel immer für das gerichtsnahe Mediationsangebot entscheiden werden, sofern dies kostenfrei angeboten wird. Auch das gegen die Erhebung einer Gebühr für das gerichtsnahe Mediationsverfahren hervorgebrachte Argument, dass es widersprüchlich wäre, wenn die auf eine gütliche Einigung hinzielende Verhandlung – die gerichtsnahe Mediation – einen Gebührentatbestand darstellen würde, während der erfolgreiche Abschluss einer solchen Verhandlung, mit dem ein Urteil vermieden wird, nach dem Gerichtskostengesetz i.V.m. Anlage 1 zu § 3 Abs. 2 GKG durch eine Gebührenermäßigung begünstigt wird,[275] vermag nicht zu überzeugen. Wie die nachfolgenden Betrachtungen zeigen werden, kommen auch die Parteien einer gerichtsnahen Mediation bei vorzeitiger Beendigung des gerichtlichen Verfahrens aufgrund der im Rahmen des Mediationsverfahrens gefundenen Konfliktlösung in den Genuss reduzierter Gebühren, da am Ende eines gerichtsnahen Mediationsverfahrens regelmäßig ein gerichtlicher Vergleich, eine Klagerücknahme, ein Verzichts- beziehungsweise Anerkenntnisurteil oder aber Erledigungserklärungen der Prozessparteien stehen. Grund der Erhebung zusätzlicher Gebühren für das gerichtsnahe Mediationsverfahren ist, dass die zur reduzierten Gebühr führende Prozesshandlung hier erst nach Vorschaltung eines gesonderten und zusätzlichen Tätigwerdens der Justiz – der Durchführung eines Mediationsverfahrens – erfolgt. Dieses rechtfertigt die Erhebung gesonderter Gebühren. Zudem könnte das gerichtsnahe Mediationsverfahren durch die derzeit bestehende Kostenneutralität auf Dauer eine unzuträgliche Abwertung erfahren, weil ein umfangreiches und kostenneutrales Mediationsangebot der Justiz von Seiten der Parteien schnell als selbstverständlich angesehen werden könnte, was sich negativ auf die Ernsthaftigkeit der Verfahrensbeteiligung der Konflikt-

---

[272] *Meckel*, in: HK-Wettbewerbsrecht, § 2 UWG Rn. 12; *Köhler*, in: *Hefermehl/Köhler/Bornkamm*, Wettbewerbsrecht, § 4 Rn. 13.21; *Keller*, in: *Harte-Bavendamm/Henning-Bodewig*, UWG, § 2 Abs. 1 Nr. 1 Rn. 25; *Spindler*, Abschlussbericht zum Forschungsprojekt Gerichtsnahe Mediation in Niedersachsen, Rn. 34 u. 37. Vgl. auch: *BGHZ* 123, 157 (162); *BGH* NJW-RR 1990, 534 f.

[273] *Meckel*, in: HK-Wettbewerbsrecht, § 2 UWG Rn. 12; *BGH* NJW-RR 1993, 225; *BGHZ* 19, 299 (303).

[274] Eine solche Empfehlung sieht beispielsweise auch der hier erarbeitete Gesetzesentwurf in § 278 Abs. 5a ZPO-E vor (vgl.: Dritter Teil, 2. Kapitel).

[275] Vgl.: *Koch*, NJ 2005, 97 (102).

parteien auswirken könnte.[276] Dass eine Erhebung von Mediationsgebühren für die Konfliktparteien bei Scheitern der Mediation zusätzliche Kosten verursachen kann, ist vor dem Hintergrund der genannten Argumente trotz der damit verbundenen negativen Anreize hinzunehmen, da kostenrechtliche Zweckmäßigkeitserwägungen und der Wunsch, die gerichtsnahe Mediation im Wege einer kostenrechtlichen Privilegierung zu fördern, nicht geeignet sind, die aus Wettbewerbssicht bestehenden Bedenken gegen ein kostenloses Mediationsangebots zu Lasten privater Mediationsanbieter zu überwinden.[277]

1. Die derzeitige kostenrechtliche Situation im Bereich der Zivil-, Verwaltungs-, Sozial- und Finanzgerichtsbarkeit

Nach der derzeitigen kostenrechtlichen Situation im Zivilprozess[278] entstehen für das streitige und mit einem Urteil abgeschlossene Gerichtsverfahren gemäß § 3 Abs. 2 GKG i.V.m. Anlage 1 zu § 3 Abs. 2 GKG[279] beispielsweise im ersten Rechtszug drei (Nr. 1210), im Berufungsverfahren vier (Nr. 1220), und im Revisionsverfahren fünf (Nr. 1230) Gerichtsgebühren, sofern keine Kostenfreiheit nach § 2 GKG besteht. Bei Klage- oder Rechtsmittelrücknahme, einem Anerkenntnis- oder Verzichtsurteil, Abschluss eines gerichtlichen Vergleichs oder Abgabe von Erledigungserklärungen nach § 91a ZPO reduzieren sich die Gerichtsgebühren im ersten Rechtszug auf eine (Nr. 1211), im Berufungsverfahren auch auf zwei (Nr. 1222) und im Revisionsverfahren auf drei (Nr. 1232 für das Revisionsverfahren) Gerichtsgebühren. Zusätzlich können Kosten für Zeugen, Sachverständige und sonstige gerichtliche Auslagen entstehen. Gesonderte Gerichtskosten für die Durchführung eines gerichtsnahen Mediationsverfahrens sind naturgemäß noch nicht vorgesehen; es entstehen lediglich die von Art und Zeitpunkt der Prozessbeendigung abhängigen reduzierten Gerichtsgebühren nach Nr. 1211, 1221 f. und 1231 f.

Ähnliches wie im Zivilprozess gilt gemäß § 3 Abs. 2 GKG i.V.m. Anlage 1 zu § 3 Abs. 2 GKG auch im verwaltungs-[280] und im finanzgerichtlichen Verfahren. Im Bereich der Verwaltungsgerichtsbarkeit entstehen im Verfahren vor dem Verwaltungsgericht drei (Nr. 5110), im Verfahren vor dem Oberverwaltungsgericht vier (Nr. 5112) und im Verfahren vor dem Bundesverwaltungsgericht fünf (Nr. 5114) Gerichtsgebühren, wobei diese sich bei Klagerücknahme, einem Anerkenntnis- oder Verzichtsurteil, Abschluss eines gerichtlichen Vergleichs oder Abgabe von Erledigungserklärungen nach § 161 Abs. 2 VwGO regelmäßig auf eine Gebühr (Nr. 5111 für das Verfahren vor dem Verwaltungsge-

---

[276] Vgl.: *Wegener*, ZKM 2006, 140 (143).

[277] Ebenso: *Volkmann*, Mediation im Zivilprozess, S. 138. Vgl. zum Erfordernis einer kostenrechtlichen Harmonisierung zudem auch: *Schreiber*, Betrifft Justiz 2004, 216 (217).

[278] Vgl. hierzu v.a. auch: *Volkmann*, Mediation im Zivilprozess, S. 137 f.; *Spindler*, Abschlussbericht zum Forschungsprojekt Gerichtsnahe Mediation in Niedersachsen, Rn. 133 f. u. 268; *Löer*, ZKM 2006, 4.

[279] Im Folgenden sind sämtliche Nummern ohne besondere Kennzeichnung solche der Anlage 1 zu § 3 Abs. 2 GKG.

[280] Vgl. hierzu v.a. auch: *Spindler*, Abschlussbericht zum Forschungsprojekt Gerichtsnahe Mediation in Niedersachsen, Rn. 135 u. 269.

richt), zwei Gebühren (Nr. 5113 für das Verfahren vor dem Oberverwaltungsgericht) oder drei Gebühren (Nr. 5115 für das Verfahren vor dem Bundesgerichtshof) reduzieren. Im finanzgerichtlichen Verfahren entstehen im ersten Rechtszug vier Gebühren (Nr. 6110), welche sich auf zwei Gebühren reduzieren können (Nr. 6111), und im Revisionsverfahren fünf Gerichtsgebühren (Nr. 6120), die sich auf drei Gebühren reduzieren können (Nr. 6122). Im Falle einer erfolgreichen gerichtsnahen Mediation fallen auch hier lediglich die jeweils reduzierten Gerichtskosten an, ohne dass gesonderte Kosten für die Durchführung der gerichtsnahen Mediation erhoben werden.

Nur im Grundsätzlichen Vergleichbares gilt im Bereich der Sozialgerichtsbarkeit gemäß § 3 Abs. 2 GKG i.V.m. Teil 7 der Anlage 1 zu § 3 Abs. 2 GKG (Nr. 7110 f. für das Verfahren im ersten Rechtszug, Nr. 7120 ff. für das Berufungsverfahren und Nr. 7130 ff. für das Revisionsverfahren), da hier die Gerichtskosten gemäß § 197a Abs. 1 S. 1 SGG nur erhoben werden, wenn weder der Kläger noch der Beklagte zum gemäß § 183 SGG privilegierten Personenkreis gehört. Ist dies der Fall werden im ersten Rechtszug drei (Nr. 7110), im Berufungsverfahren vier (Nr. 7120) und im Revisionsverfahren fünf (Nr. 7130) Gebühren fällig, die sich bei Klage- respektive Rechtsmittelzurücknahme, einem Anerkenntnisurteil, Abschluss eines gerichtlichen Vergleichs oder Erledigungserklärungen nach § 197a Abs. 1 S. 1 SGG i.V.m. § 161 Abs. 2 VwGO auf eine (Nr. 7111 für das Verfahren im ersten Rechtszug), zwei (Nr. 7122 für das Berufungsverfahren) beziehungsweise drei (Nr. 7132 für das Revisionsverfahren) Gebühren reduzieren können. In diesem Fall fallen auch im Bereich der Sozialgerichtsbarkeit nach einer gerichtsnahen Mediation nur die reduzierten Kosten nach Nr. 7111, 7122 und 7132 an. Gehört eine Partei zum in § 183 S. 1 SGG genannten Personenkreis, so ist das Verfahren für diese Partei indes von vornherein kostenfrei, so dass für diese Partei auch nach einem erfolgreich beendeten Mediationsverfahren keine Gerichtskosten entstehen können. Für eine nicht nach § 183 S. 1 SGG privilegierte Partei entsteht im Falle, dass die jeweilige Gegenpartei nach § 183 S. 1 SGG privilegiert ist, eine Pauschalgebühr von 150 bis 300 Euro, die sich gemäß § 186 SGG auf die Hälfte ermäßigt, wenn ein Verfahren nicht durch Urteil erledigt wird. Dies gilt auch, wenn das vorangegangene gerichtsnahe Mediationsverfahren erfolgreich ist.[281]

Demnach erscheint das gerichtsnahe Mediationsverfahren im Hinblick auf die reinen Gerichtskosten derzeit sowohl in der Zivil- als auch in der Verwaltungs-, Sozial- und Finanzgerichtsbarkeit für die beteiligten Konfliktparteien nicht günstiger als ein herkömmlicher durch gerichtlichen Vergleich beendeter Gerichtsprozess.[282] Dennoch ist das gerichtsnahe Mediationsverfahren finanziell vorteilhaft. Die Konfliktparteien erhalten mit seiner Durchführung eine zusätzliche Leistung von Seiten der Justiz, welche die Chancen auf eine einvernehmliche Beilegung des jeweiligen Rechtsstreits erhöht, ohne dass sich dies in den Gerichtskosten niederschlägt. Zudem dürften die Konfliktparteien aufgrund der gerichtsnahen Mediation insofern Kosten sparen, als die im gerichtlichen Ver-

---

[281] Vgl. hierzu v.a. auch: *Spindler,* Abschlussbericht zum Forschungsprojekt Gerichtsnahe Mediation in Niedersachsen, Rn. 136 ff. u. 270 f.

[282] *Volkmann,* Mediation im Zivilprozess, S. 137.

fahren regelmäßig anfallenden Kosten für Zeugen und Sachverständige sowie für sonstige gerichtliche Auslagen im gerichtsnahen Mediationsverfahren die Ausnahme bleiben dürften.[283]

2. Die bestehenden Möglichkeiten zur Einführung von Gebühren für die gerichtsnahe Mediation

Werden – wie an dieser Stelle befürwortet – mittel- bis langfristig Gebühren für die gerichtsnahe Mediation eingeführt, so müssen diese notwendigerweise deutlich unter den im Rahmen eines streitigen und durch ein Urteil entschiedenen Gerichtsverfahrens entstehenden Gebühren liegen, um den Prozessparteien einen Anreiz zu liefern, sich auf eine gerichtsnahe Mediation einzulassen.[284] Gleichzeitig muss die Ausgestaltung der Gebühren dem bestehenden Wettbewerb zu privaten Mediationsanbietern Rechung tragen, so dass sich die Gebühren letztlich an den Gebühren orientieren müssen, die von privaten Mediationsanbietern erhoben werden, wenn man private Mediationsanbieter nicht mittels denkbar niedriger Gebühren vom Markt gerichtsnaher Mediationsverfahren verdrängen möchte.

Im Hinblick auf die Art und Weise, in der Gebühren für die gerichtsnahe Mediation eingeführt werden könnten, bestehen aufgrund der genannten Maßgaben letztlich verschiedene Möglichkeiten. Zunächst wäre es möglich, dass sich die Kosten für eine gerichtsnahe Mediation vergleichbar den herkömmlichen Gerichtskosten zukünftig an einer Gebührentabelle orientieren.[285] So wäre es beispielsweise denkbar, in die die „Besonderen Gebühren" betreffenden Hauptabschnitte der mit dem Verfahren vor den ordentlichen Gerichten sowie mit dem Verfahren vor den Gerichten der Verwaltungs-, Finanz- und Sozialgerichtsbarkeit befassten Teile der Gebührentabelle in Anlage 1 zu § 3 Abs. 2 GKG aufzunehmen, dass für ein gerichtsnahes Mediationsverfahren eine Gebühr in Höhe eines bestimmten Fixbetrages oder aber eine x-fache Gerichtsgebühr[286] fällig wird. Wie bereits erwähnt wurde, muss sich die Gebühr dabei in beiden Fällen in etwa an den Gebühren orientieren, die von privaten Mediationsanbietern verlangt werden. Zudem darf die Gebühr nicht so hoch sein, dass die Einlassung auf eine gerichtsnahe Mediation im Vergleich zur Durchführung eines herkömmlichen Gerichtsverfahrens finanziell uninteressant würde. Dementsprechend sollte bei Festsetzung einer x-fachen Gerichtsgebühr unter Außenvorlassung der späteren Kostenverteilung unter den Mediationsparteien die Summe aus der für das gerichtsnahe Mediationsverfahren festgesetzten x-fachen Gerichtsgebühr und der im Falle einer Klagerücknahme, eines Anerkenntnis- beziehungsweise Verzichtsurteils, eines gerichtlichen Vergleichs oder der Abgabe von Erledigungs-

---

[283] *Volkmann*, Mediation im Zivilprozess, S. 137 f.

[284] Vgl. auch: *Spindler*, Abschlussbericht zum Forschungsprojekt Gerichtsnahe Mediation in Niedersachsen, Rn. 636.

[285] Vgl. hierzu auch: *Volkmann*, Mediation im Zivilprozess, S. 138 f.; *Spindler*, Abschlussbericht zum Forschungsprojekt Gerichtsnahe Mediation in Niedersachsen, Rn. 275.

[286] Für die Berechnung eines vom Gegenstandswert der in der Mediation verhandelten Ansprüche abhängigen Prozentsatzes vgl. dabei: *Volkmann*, Mediation im Zivilprozess, S. 138.

erklärungen entstehende Gerichtsgebühr (im ersten Rechtszug wird in diesem Falle regelmäßig eine einfache Gerichtgebühr fällig) die im Falle eines streitigen und durch Urteil beendeten Gerichtsverfahrens anfallende Gerichtsgebühr (im ersten Rechtszug regelmäßig eine dreifache Gerichtsgebühr) im Falle des Erfolgs der gerichtsnahen Mediation möglichst deutlich unterschreiten. Denkbar wäre beispielsweise die Erhebung einer Gebühr in Höhe einer viertel, einer halben, einer dreiviertel oder im Höchstfalle einer ganzen Gerichtsgebühr.

Beispiel 1: Festsetzung einer x-fachen Gerichtsgebühr (x = 0,25)

	[...]	
	Besondere Gebühren	
1900	Abschluss eines gerichtlichen Vergleichs außer einem Vergleich über Ansprüche, die in Verfahren über einstweilige Anordnungen in Familien- oder Lebenspartnerschaftssachen geltend gemacht werden können: Soweit der Wert des Vergleichsgegenstands den Wert des Verfahrensgegenstands übersteigt	0,25
	Die Gebühr entsteht nicht im Verfahren über die Prozesskostenhilfe.	
1901	Auferlegung einer Gebühr nach § 38 GKG wegen Verzögerung des Rechtsstreits	wie vom Gericht bestimmt
1902	*Durchführung einer gerichtsnahen Mediation*	*0,25*
	[...]	

Rechenbeispiel für Verfahren im ersten Rechtszug:
0,25-fache G. f. Mediation + 1-fache G. f. Verfahrensbeendigung ohne Urteil < 3-fache G. f. Entsch. durch Urteil

Wird ein bestimmter Fixbetrag als Gerichtsgebühr für die gerichtsnahe Mediation festgesetzt, so ist ebenfalls sicherzustellen, dass die Summe der anfallenden Gerichtsgebühren die im Falle eines streitigen und durch Urteil beendeten Gerichtsverfahrens anfallende Gerichtsgebühr nicht überschreitet. Dies könnte beispielsweise dadurch geschehen, dass mit dem fraglichen Fixbetrag ein Zusatz in die Gebührentabelle aufgenommen wird, wonach im Falle der gerichtsnahen Mediation trotz des genannten Fixbetrages maximal eine viertel, eine halbe, eine dreiviertel oder eine ganze Gerichtsgebühr anfällt.

Beispiel 2: Festsetzung eines Fixbetrages (mit Begrenzung auf eine x-fache Gerichtsgebühr, wobei gilt: x = 0,25)

	[...]	
	Besondere Gebühren	
1900	Abschluss eines gerichtlichen Vergleichs außer einem Vergleich über Ansprüche, die in Verfahren über einstweilige Anordnungen in Familien- oder Lebenspartnerschaftssachen geltend gemacht werden können: Soweit der Wert des Vergleichsgegenstands den Wert des Verfahrensgegenstands übersteigt	0,25
	Die Gebühr entsteht nicht im Verfahren über die Prozesskostenhilfe.	
1901	Auferlegung einer Gebühr nach § 38 GKG wegen Verzögerung des Rechtsstreits	wie vom Gericht bestimmt
1902	*Durchführung einer gerichtsnahen Mediation*	*500,- €/max. 0,25*
	[...]	

Rechenbeispiel für Verfahren im ersten Rechtszug:
500,- € bzw. 0,25-fache G. f. Mediation + 1-fache G. f. Verfahrensbeendigung ohne Urteil < 3-fache G. f. Entsch. durch Urteil

Anstelle der Einführung einer bestimmten Gebühr im genannten Sinne kommt zudem auch eine Kostenregelung in Betracht, die sich nach dem tatsächlichen Arbeitsaufwand des Richtermediators richtet und an den durchschnittlichen Honoraren privater Mediationsanbieter orientiert.[287] So wäre es beispielsweise möglich, wie es oftmals private Mediatoren tun, Zeitgebühren (Stundenhonorare) zu erheben.[288] Die Vorteile eines solchen Gebührenmodells lägen letztlich darin, dass eine solche Kostenregelung sowohl für die Konfliktparteien als auch für im Wettbewerb mit der gerichtsnahen Mediation stehende private Mediationsanbieter transparenter wäre und einen direkten Vergleich der Gebühren für eine gerichtsnahe Mediation mit den Honoraren privater Anbieter ermöglichen würde,[289] auch wenn dem geltenden Kostenrecht nach dem Gerichtskostengesetz i.V.m. Anlage 1 zu § 3 Abs. 2 GKG eine am tatsächlichen Arbeitsaufwand orientierte Gebühr bislang ebenso unbekannt ist wie eine Zeitgebühr. Entscheidet man sich für eine am tatsächlichen Arbeitsaufwand und an den von privaten Mediationsanbietern geforderten Honoraren ausgerichtete Gebühr, so sollte auch diese insofern nach oben begrenzt werden, als die Gesamtkosten einer gerichtsnahen Mediation im Erfolgsfalle unter denen liegen sollten, die im Rahmen eines streitigen und durch Urteil beendeten Gerichtsverfahren angefallen wären, um die Prozessparteien zur Inanspruchnahme der gerichtsnahen Mediation zu motivieren. Eine solche Begrenzung wäre auch im Hinblick auf die Wettbewerbssituation auf dem Mediationsmarkt letztlich unproblematisch. Zwar können private Mediationsanbieter die von ihnen geforderten Honorare nicht immer derart begrenzen, dass die Kosten der Mediation auch im Erfolgsfalle unter denen eines gerichtlichen Verfahrens liegen, da private Mediationsanbieter wirtschaftlich und profitabel arbeiten müssen. Sind die von privaten Mediationsanbietern geforderten Honorare aufgrund des bestehenden Zwanges zur Wirtschaftlichkeit im konkreten Fall höher als die in einem streitigen Gerichtsverfahren zu erwartenden Gerichtskosten werden sich die Konfliktparteien jedoch ohnehin nur in den seltensten Fällen für die Inanspruchnahme der Dienste eines privaten Mediationsanbieters entscheiden, so dass eine Begrenzung der Gerichtsgebühr in oben genanntem Sinne den Wettbewerb insofern kaum beeinflussen dürfte.

Im Vergleich zu den genannten Arten der Kostenregelung weniger empfehlenswert – wenn auch denkbar[290] – erscheint es hingegen, bei der Regelung der Kosten für die gerichtsnahe Mediation nicht nur an den tatsächlichen Arbeitsaufwand des Richtermediators, sondern auch an den konkreten gerichtlichen Arbeitsaufwand in Zusammenhang mit dem anhängigen Gerichtsverfahren anzuknüpfen. Hiergegen sprechen sowohl Praktikabilitätsgesichtspunkte als auch das Ziel des Kostenrechtsmodernisierungsgesetzes, mittels dessen das Kostenrecht gerade vereinfacht werden sollte.[291] Da die Einleitung

---

[287] *Spindler,* Abschlussbericht zum Forschungsprojekt Gerichtsnahe Mediation in Niedersachsen, Rn. 276.

[288] Vgl. auch: *Volkmann,* Mediation im Zivilprozess, S. 139; *Büttner/Heinecke,* in: *Pitschas/Walther,* Mediation in d. Verwaltungsgerichtsbarkeit, S. 251 (284).

[289] *Volkmann,* Mediation im Zivilprozess, S. 139; *Spindler,* Abschlussbericht zum Forschungsprojekt Gerichtsnahe Mediation in Niedersachsen, Rn. 276.

[290] Vgl. v.a.: *Volkmann,* Mediation im Zivilprozess, S. 139 f.

[291] BT-Drucks. 15/1971, S. 1.

eines gerichtlichen Mediationsverfahrens praktisch in jedem Stadium eines noch nicht zum Abschluss gelangten Prozesses erfolgen kann, wäre für jeden Fall individuell zu entscheiden, ob und in welcher Höhe der durch die Mediation ersparte Arbeitsaufwand des gesetzlich zuständigen Richters eine Gebührenreduktion rechtfertigt oder nicht, was mit einem vereinfachten Kostenrecht nicht in Einklang zu bringen ist.[292]

3. Besonderheiten bei der Einführung von Gebühren für die gerichtsnahe Mediation im Rahmen der Sozialgerichtsbarkeit

Trotz der aufgezeigten prinzipiell auch im Bereich der Sozialgerichtsbarkeit bestehenden Möglichkeiten einer gesetzlichen Regelung der Mediationskosten und der Tatsache, dass eine solche Regelung trotz fehlender wettbewerbsrechtlicher Notwendigkeit durchaus wünschenswert erscheint, muss die gerichtsnahe Mediation im Bereich der Sozialgerichtsbarkeit in bestimmten Fällen kostenfrei bleiben. Wie bereits aufgezeigt, ist das sozialgerichtliche Verfahren für die in § 183 S. 1 SGG genannten Personen stets kostenfrei. Die jeweils andere Partei muss bei Beteiligung einer nach § 183 S. 1 SGG privilegierten Partei nur eine Pauschalgebühr nach § 184 SGG entrichten. Dies muss schon mit Rücksicht auf das Sozialstaatsprinzip auch bei einer gesetzlichen Regelung der Kosten für den Fall eines gerichtsnahen Mediationsverfahrens gelten, da der Staat mit den angesprochenen Vorschriften seiner verfassungsrechtlich verankerten Sozialverantwortung gerecht wird[293] und dieser auch bei der Regelung der Kosten für das gerichtsnahe Mediationsverfahren nachkommen muss. Zudem gebietet es die innere Konsequenz, für eine Konfliktpartei auch das gerichtsnahe Mediationsverfahren kostenfrei zu belassen, wenn für sie ein Gerichtsverfahren kostenfrei wäre. Würden im Vergleich zum gerichtlichen Verfahren für eine Konfliktpartei bei der Durchführung einer gerichtsnahen Mediation Kosten entstehen, würde diese das Mediationsangebot kaum annehmen; oftmals dürften nach § 183 S. 1 SGG privilegierte Prozessparteien hierzu aus finanziellen Gründen schon gar nicht in der Lage sein. Ein auf die Fälle der Beteiligung einer nach § 183 S. 1 SGG privilegierten Partei beschränktes kostenfreies Mediationsangebot im Bereich der Sozialgerichtsbarkeit würde auch den Wettbewerb mit privaten Mediationsanbietern nicht tangieren. Ist das sozialgerichtliche Verfahren für eine Konfliktpartei kostenfrei, wird sie im Zweifel ohnehin nie eine mit Kosten verbundene, durch einen kommerziellen Mediationsanbieter angebotene Mediation in Anspruch nehmen. Daher dürfte für Mediationen in sozialrechtlichen Fällen, an denen nach § 183 S. 1 SGG privilegierte Parteien beteiligt sind, erst gar kein Mediationsmarkt bestehen, der durch das kostenfreie Mediationsangebot der Justiz beeinträchtigt werden könnte.

---

292 Vgl. hierzu insgesamt: *Volkmann*, Mediation im Zivilprozess, S. 140; *Spindler*, Abschlussbericht zum Forschungsprojekt Gerichtsnahe Mediation in Niedersachsen, Rn. 277.

293 Vgl. auch: *Spindler*, Abschlussbericht zum Forschungsprojekt Gerichtsnahe Mediation in Niedersachsen, Rn. 136.

4. Die Finanzierung eines Informations- und Screeningtermins

Sofern eine gesetzliche Regelung der gerichtsnahen Mediation eine Verpflichtung der Prozessparteien zur Teilnahme an einem Informations- und Screeningtermin vorsieht,[294] stellt sich die Frage, ob auch für die Durchführung eines solchen Termins Gebühren erhoben werden sollten. Diese Frage wird letztlich zu verneinen sein. Im Hinblick darauf, dass ein solcher Termin entweder durch Gesetz verbindlich vorgeschrieben sein oder auf gerichtliche Anordnung durchgeführt werden wird, sowie aufgrund der Tatsache, dass nach den aus den bisherigen Modellversuchen zum Einsatz der gerichtsnahen Mediation gewonnenen Erfahrungen auch die Justiz aufgrund des Angebots der gerichtsnahen Mediation eine gewisse Entlastung zu erfahren scheint, spricht vieles dafür, die Kosten für einen Informations- und Screeningtermin aus den „herkömmlichen" Gerichtskosten zu begleichen. Auch mit Blick auf den Wettbewerb mit privaten Mediationsanbietern bestehen diesbezüglich keine Bedenken, sofern im Informations- und Screeningtermin in gleichem Maße wie auf die gerichtsnahe Mediation auch auf die Möglichkeit der Inanspruchnahme privater Mediationsanbieter hingewiesen wird.

II. Das geltende Rechtsanwaltsvergütungsgesetz als ausreichende Regelung der Rechtsanwaltsvergütung im Rahmen der gerichtsnahen Mediation

Ziel des im Jahre 2004 eingeführten und die bis dahin geltende Bundesrechtsanwaltsgebührenordnung (BRAGO) ablösenden Rechtsanwaltsvergütungsgesetzes (RVG) ist es unter anderem, die außergerichtliche einvernehmliche Streitbeilegung dadurch zu fördern, dass der Bedeutung der außergerichtlichen Tätigkeit des Anwalts durch entsprechende Gebührenanreize Rechnung getragen wird.[295] Abgesehen von einer gesonderten Honorarvereinbarung kann der Rechtsanwalt nach dem Rechtsanwaltsvergütungsgesetz dementsprechend sowohl im zivilgerichtlichen Verfahren als auch in Verfahren der öffentlichen Gerichtsbarkeiten für seine Tätigkeit in der gerichtsnahen Mediation nicht nur die im Zusammenhang mit der der gerichtsnahen Mediation notwendigerweise vorausgehenden Einleitung des streitigen Gerichtsverfahrens entstehenden Gebühren (die so genannte Verfahrensgebühr nach Nr. 3100, 3102 VV RVG im ersten Rechtszug sowie Nr. 3200, 3204 VV RVG und Nr. 3206, 3212 VV RVG im Berufungs- und Revisionsverfahren[296]) sowie im Falle einer Einigung der Parteien in der Mediation eine Einigungsge-

---

[294] Vgl. hierzu den im Rahmen dieser Arbeit erarbeiteten Regelungsvorschlag in: Dritter Teil, 2. Kapitel, sowie den Gesetzgebungsvorschlag der Bundesrechtsanwaltskammer (BRAK) zu § 278 ZPO (vgl.: *Ewig*, ZKM 2002, 45 ff.).

[295] BT-Drucks. 15/1971, S. 2; *Volkmann*, Mediation im Zivilprozess, S. 141 f.; *Spindler*, Abschlussbericht zum Forschungsprojekt Gerichtsnahe Mediation in Niedersachsen, Rn. 139. Vgl. auch: *Prütting*, ZKM 2006, 100 (103); OLG Braunschweig, ZKM 2007, 30 (31).

[296] Die Verfahrensgebühr entsteht bereits mit der ersten Handlung des Rechtsanwalts, die dem Betreiben des Geschäfts, der Erfüllung des ihm erteilten Auftrags dient, ohne dass es einer Außentätigkeit bedarf (*Müller-Rabe*, in: *Gerold/Schmidt/v. Eicken u.a.*, RVG, Nr. 3100 VV Rn. 42 f. bzw. Nr. 3200 VV Rn. 16; vgl. hierzu zudem auch: *Hartmann*, Kostengesetze, Nr. 3100 VV Rn. 13; *Keller*, in: *Riedel/Sußbauer*, RVG, VV Teil 3 Vorbem. 3 Rn. 26 ff.).

bühr nach Nr. 1003 ff. VV RVG berechnen; das neue Rechtsanwaltsvergütungsgesetz sieht – wenn auch nicht ausdrücklich – mit der Einführung von Terminsgebühren auch gesetzliche Gebührentatbestände für die begleitend beratende Tätigkeit in einem Mediationsverfahren vor, so dass die Beratungstätigkeit im Rahmen einer außergerichtlichen oder gerichtsnahen Mediation der Tätigkeit in einem streitigen Gerichtsverfahren gebührenrechtlich gleichgestellt ist[297] und es im Hinblick auf die gerichtsnahe Mediation demnach keiner Änderung des Rechtsanwaltsvergütungsgesetzes bedarf. Nach Nr. 3104, 3106 VV RVG im ersten Rechtszug sowie Nr. 3202, 3205 VV RVG und Nr. 3210, 3213 VV RVG im Berufungs- und Revisionsverfahren wird für die Beratung im gerichtsnahen Mediationsverfahren eine Terminsgebühr fällig, da eine solche Terminsgebühr nach Abs. 3 der Vorbemerkung zu Teil 3 VV RVG nicht nur für den Fall der Wahrnehmung gerichtlicher Termine,[298] sondern auch für die Mitwirkung an auf die Vermeidung oder Erledigung des Verfahrens gerichteten Terminen sowie Besprechungen ohne gerichtliche Beteiligung entsteht.[299] Selbst wenn im Rahmen der gerichtsnahen Mediation auf die Protokollierung eines gerichtlichen Vergleichs verzichtet wird, hat dies auf die Höhe der anwaltlichen Gebühren keine Auswirkung, da die Einigungsgebühr unabhängig von der Protokollierung eines Prozessvergleichs mit der Einigung zwischen den Konfliktparteien im Laufe der Mediationsverhandlungen entsteht.[300]

---

[297] OLG Braunschweig, ZKM 2007, 30 (31); OVG Mecklenburg-Vorpommern, Beschl. v. 6.6.6006 - 1 O 51/06; *Spindler,* Abschlussbericht zum Forschungsprojekt Gerichtsnahe Mediation in Niedersachsen, Rn. 142, 145, 248 u. 279; Vgl. zudem auch: Bericht der Arbeitsgruppe Mediation bei den Berliner Gerichten vom 20. Juli 2005, S. 83; *Spindler,* ZKM 2007, 79 (82).

[298] Vgl. hierzu u.a.: *Bischof,* SchiedsVZ 2004, 252 (254); *Müller-Rabe,* in: *Gerold/Schmidt/v. Eicken u.a.,* RVG, Vorb. 3 VV Rn. 36 (Verhandlungs-, Erörterungs- u. Beweisaufnahmetermine erfasst); *Schons,* in: *Hartung/Römermann,* RVG, Vorbem. 3 VV Rn. 29 ff.; *Keller,* in: *Riedel/Sußbauer,* RVG, VV Teil 3 Vorbem. 3 Rn. 46 f. (Verhandlungs-, Erörterungs- u. Beweisaufnahmetermine sowie von einem gerichtlichen Sachverständigen anberaumte Termine erfasst).

[299] Vgl. v.a.: OLG Braunschweig, ZKM 2007, 30 (31); OLG Hamm, NJW 2006, 2499; OVG Mecklenburg-Vorpommern, Urt. v. 6.6.6006 - 1 O 51/06; *Bischof,* SchiedsVZ 2004, 252 (254); *Müller-Rabe,* in: *Gerold/Schmidt/v. Eicken u.a.,* RVG, Vorb. 3 VV Rn. 90 f. u. 109; *Schons,* in: *Hartung/Römermann,* RVG, Vorbem. 3 VV Rn. 34 ff.; *Keller,* in: *Riedel/Sußbauer,* RVG, VV Teil 3 Vorbem. 3 Rn. 48 ff. Nach der Gesetzesbegründung soll der Anwalt nach seiner Bestellung zum Verfahrens- oder Prozessbevollmächtigten durch eine Konfliktpartei in jeder Phase des Verfahrens zu einer möglichst frühen, der Sach- und Rechtslage entsprechenden Beendigung des Verfahrens beitragen, weshalb die Terminsgebühr auch schon verdient sein soll, wenn der Rechtsanwalt an auf die Erledigung des Verfahrens gerichteten Besprechungen ohne Beteiligung des Gerichts mitwirkt, insbesondere, wenn diese auf den Abschluss des Verfahrens durch eine gütliche Regelung zielen (vgl. v.a.: BT-Drucks. 15/1971, S. 209; *Bischof,* SchiedsVZ 2004, 252 (255); *Schons,* in: *Hartung/Römermann,* RVG, Vorbem. 3 VV Rn. 39; *Müller-Rabe,* in: *Gerold/Schmidt/v. Eicken u.a.,* RVG, Vorb. 3 VV Rn. 27 u. 82; *Hartmann,* Kostengesetze, Nr. 3104 VV Rn. 10 ff.; *Keller,* in: *Riedel/Sußbauer,* RVG, VV Teil 3 Vorbem. 3 Rn. 48; *Volkmann,* Mediation im Zivilprozess, S. 143).

[300] Vgl.: *Spindler,* Abschlussbericht zum Forschungsprojekt Gerichtsnahe Mediation in Niedersachsen, Rn. 147, mit Blick auf die im Rahmen des niedersächsischen Modellversuchs geübte Praxis. Vgl. hierzu zudem auch: *Römermann,* in: *Hartung/Römermann,* RVG, Vorbem. 1, 1000 VV Rn. 2 u. 8, wonach es – wie die Bezeichnung „Einigungsgebühr" zeigt – auf den Abschluss eines „echten Vergleichs" im Gegensatz zur früheren BRAGO, die von einer „Vergleichsgebühr" sprach, nicht mehr ankommt. Es soll genü-

Auch wenn ein an einer gerichtsnahen Mediation parteiberatend teilnehmender Rechtsanwalt nach den vorstehenden Ausführungen auch für seine Tätigkeit im gerichtsnahen Mediationsverfahren Gebühren berechnen kann, führt dies im Ergebnis jedoch nicht zu zusätzlichen Rechtsanwaltsgebühren, da die Mitwirkung eines parteilich beratenden Rechtsanwalts im Rahmen der gerichtsnahen Mediation grundsätzlich durch die Gebühr abgegolten wird, die dieser im Rahmen des Gerichtsverfahrens erhält.[301] Gemäß § 19 Abs. 1 Satz 1 RVG i.V.m. Nr. 3104 VV RVG erfolgt eine Anrechnung der im Wege der gerichtsnahen Mediation entstandenen Rechtsanwaltsgebühren,[302] mit der Folge, dass zusätzliche oder höhere Gebühren nur entstehen, wenn im Rahmen der Mediation auch Ansprüche oder Gegenstände verhandelt werden, die nicht zum Streitgegenstand des ursprünglichen Gerichtsverfahrens gehören.[303]

III. In der Literatur diskutierte Änderungsvorschläge hinsichtlich des Kostentragungsrechts

Das deutsche Kostenrecht geht sowohl im Zivilprozess als auch im Verwaltungs-, Sozial- und Finanzgerichtsverfahren zumeist von dem Grundsatz aus, dass diejenige Partei die Kosten eines Rechtsstreits zu tragen hat, welche nach dem Urteil unterlegen ist. Endet das Verfahren durch Klagerücknahme, gerichtlichen Vergleich, Annerkenntnis, Verzicht oder Erledigungserklärungen der Prozessparteien, sehen die Prozessordnungen differenzierende Regelungen vor, welche selbstredend auch dann Anwendung finden, wenn eine erfolgreiche gerichtsnahe Mediation stattgefunden hat. Dabei kommen die aufgrund der Durchführung eines kostenpflichtigen gerichtsnahen Mediationsverfahrens entstandenen Gebühren zu den sonstigen Prozesskosten hinzu und werden mit diesen nach den bestehenden Vorschriften unter den Verfahrensbeteiligten verteilt.

---

gen, wenn durch Vertrag der Streit oder die Ungewissheit der Parteien über ein Rechtsverhältnis beseitigt wird. Dem ist insoweit zuzustimmen. Soweit *Römermann* jedoch pauschal feststellt, dass ein vollständiges Anerkenntnis oder ein vollständiger Verzicht zur Entstehung einer Einigungsgebühr nicht ausreichen soll (ebenso auch: *Fraunholz*, in: *Riedel/Sußbauer*, RVG, VV Teil 1 Rn. 3), ist ihm mit Blick auf ein Anerkenntnis beziehungsweise einen Verzicht infolge einer im Rahmen der gerichtsnahen Mediation erzielten Einigung in dieser Allgemeinheit jedoch zu widersprechen. *Römermann* begründet seine Auffassung damit, dass schon die Erfüllung des geltend gemachten Anspruchs oder der Verzicht auf die Weiterverfolgung eines Anspruchs eine Einigungsgebühr auslöst. Mit der bloßen Erfüllung oder einem bloßen Verzicht ist ein Anerkenntnis oder ein Verzicht aufgrund einer mediativ gefundenen Einigung zwischen den Konfliktparteien unter Mithilfe ihrer Rechtsanwälte jedoch nicht zu vergleichen. Hier anerkennt oder verzichtet die jeweilige Partei nicht aus freien Stücken ohne Mitwirkung der beteiligten Rechtsanwälte, was in der Tat keine Einigungsgebühr für die beteiligten Rechtsanwälte rechtfertigten würde. Stattdessen ist das Anerkenntnis bzw. der Verzicht hier die Folge einer (im Wege der Mediation erreichten) „Einigung", so dass den im Rahmen des Mediationsverfahrens beratend tätig gewordenen Rechtsanwälten auch eine entsprechende „Einigungsgebühr" zuzugestehen sein wird.

[301] OLG Braunschweig, ZKM 2007, 30 f.

[302] Vgl. hierzu auch: Römermann, in Hartung/Römermann, RVG, VV Teil 3 Rn. 65.

[303] OLG Braunschweig, ZKM 2007, 30 (31); *Volkmann*, Mediation im Zivilprozess, S. 143 f.; *Spindler*, Abschlussbericht zum Forschungsprojekt Gerichtsnahe Mediation in Niedersachsen, Rn. 144 u. 249.

Abweichend von den bestehenden Vorschriften zur Regelung der Prozesskostenlast wird zur Förderung der (gerichtsnahen) Mediation diskutiert, ob man nicht – ähnlich wie im englischen Zivilprozess bereits praktiziert – dazu übergehen sollte, die Gerichtskosten gegebenenfalls der nach dem Urteil obsiegenden Partei aufzuerlegen, wenn diese sich im Vorfeld des gerichtlichen Verfahrens einer einvernehmlichen außergerichtlichen Konfliktbeilegung widersetzt hat.[304] An dieser Stelle soll zunächst auf die derzeitige Situation hinsichtlich der Kostentragung im deutschen Zivil-, Verwaltungs-, Sozial- und Finanzgerichtsprozess sowie die derzeitige Situation hinsichtlich der Kostentragung im englischen Zivilprozess eingegangen werden, bevor der Frage nachgegangen werden wird, ob es Einfluss auf die Verteilung der Prozesskosten haben sollte, wenn eine Partei im Vorfeld der gerichtlichen Entscheidung die Teilnahme an einer (gerichtsnahen) Mediation verweigert hat.

1. Die derzeitige Lage im deutschen Zivil-, Verwaltungs-, Sozial- und Finanzgerichtsprozess

Scheitert ein gerichtsnahes Mediationsverfahren und wird das gerichtliche Verfahren aufgrund dessen fortgeführt, so gilt im Zivil-, Verwaltungs- und Finanzgerichtsprozess gemäß § 91 ZPO, § 154 Abs. 1 VwGO und § 135 Abs. 1 FGO grundsätzlich, dass die nach dem das gerichtliche Verfahren beendenden Urteil unterliegende Partei die Kosten des Rechtsstreits zu tragen hat. Bei teilweisem Obsiegen sind die Kosten gemäß § 92 Abs. 1 S. 1 ZPO beziehungsweise § 155 Abs. 1 S. 1 VwGO und § 136 Abs. 1 S. 1 FGO gegeneinander aufzuheben oder verhältnismäßig zu teilen; unter den Voraussetzungen des § 92 Abs. 2 ZPO können die gesamten Kosten im Zivilprozess auch einer Partei auferlegt werden. Wird im Erfolgsfalle die im gerichtsnahen Mediationsverfahren gefundene Einigung als Prozessvergleich gemäß § 794 Abs. 1 Nr. 1 ZPO protokolliert, so sind im Zivilprozess gemäß § 98 ZPO die Kosten des abgeschlossenen Vergleichs, wenn die Parteien nichts anderes vereinbart haben, sowie die Kosten des durch Vergleich erledigten Rechtsstreits, soweit nicht über sie bereits rechtskräftig erkannt ist, als gegeneinander aufgehoben anzusehen. Im verwaltungsgerichtlichen Verfahren fallen die Gerichtskosten bei Abschluss eines gerichtlichen Vergleiches nach § 160 VwGO in Ermangelung einer abweichenden Bestimmung durch die Beteiligten jedem Teil zur Hälfte zur Last, während die außergerichtlichen Kosten jeder Beteiligte selbst zu tragen hat. Wird das gerichtliche Verfahren für erledigt erklärt, entscheidet das Gericht unter Berücksichtigung des bisherigen Sach- und Streitstandes nach billigem Ermessen durch Beschluss über die Kosten (§ 91a Abs. 1 S. 1 ZPO beziehungsweise § 161 Abs. 2 VwGO und § 138 Abs. 1 FGO); bei Klagerücknahme ist der Kläger gemäß § 269 Abs. 3 S. 2 ZPO beziehungsweise § 155 Abs. 2 VwGO und § 136 Abs. 2 FGO verpflichtet, die Kosten des Rechtsstreits zu tragen, im Zivilprozess jedoch ausdrücklich nur, soweit nicht bereits

[304] Vgl. hierzu u.a.: *Greger/Engelhardt*, ZKM 2003, S. 4 ff.; *Baumann*, IDR 2005, 9 (16 f.); *Althammer*, JZ 2006, 69 ff.; *Mankowski*, ZKM 2004, 8 ff.; *Spindler*, Abschlussbericht zum Forschungsprojekt Gerichtsnahe Mediation in Niedersachsen, Rn. 294 ff. (m.w.N.) u. 637.

rechtskräftig über sie erkannt ist oder sie dem Beklagten aus einem andern Grund aufzuerlegen sind (§ 269 Abs. 3 S. 2 ZPO). Ist der Anlass zur Einreichung der Klage vor Rechtshängigkeit weggefallen und wird die Klage daraufhin zurückgenommen, so bestimmt sich die Kostentragungspflicht im Zivilprozess unter Berücksichtigung des bisherigen Sach- und Streitstandes nach billigem Ermessen (§ 269 Abs. 3 S. 3 ZPO).

Einige Besonderheiten hinsichtlich der Kostentragung ergeben sich im Rahmen der Sozialgerichtsbarkeit. Ist eine gemäß § 183 S. 1 SGG bezüglich der Kostenerstattung privilegierte Partei am Verfahren beteiligt, hat das Gericht bei Scheitern der gerichtsnahen Mediation und Fortsetzung des gerichtlichen Verfahrens gemäß § 193 Abs. 1 SGG im Urteil zu entscheiden, ob und in welchem Umfang die Beteiligten einander Kosten zu erstatten haben, wobei die Kostenentscheidung gemäß § 193 SGG nach billigem Ermessen erfolgt und nicht an den Ausgang des Verfahrens gebunden ist.[305] In der Regel wird es jedoch als billig anzusehen sein, dass diejenige Partei die Kosten trägt, die nach dem Urteil unterliegt;[306] bei teilweisem Erfolg wird regelmäßig eine Quotelung angemessen sein.[307] Kommt es aufgrund einer erfolgreichen gerichtsnahen Mediation zu einer Erledigung des Rechtsstreits durch Vergleich, Klagerücknahme, Verzicht, Anerkenntnis oder übereinstimmende Erledigungserklärungen, entscheidet das Gericht gemäß § 193 Abs. 1 S. 3 SGG nach billigem Ermessen durch Beschluss über die Kosten.[308] Lediglich für den Fall der Erledigung des Rechtsstreits im Wege des gerichtlichen Vergleichs trifft § 195 SGG eine ausdrückliche Regelung dahingehend, dass jeder Beteiligte seine eigenen Kosten trägt, sofern die Beteiligten keine Bestimmung über die Kosten getroffen haben. Ist am Verfahren keine nach § 183 S. 1 SGG privilegierte Partei beteiligt, verweist § 197 a Abs. 1 SGG auf die §§ 154 bis 162 VwGO, so dass insoweit grundsätzlich nichts anderes gilt als im verwaltungsgerichtlichen Verfahren.

2. Zur Situation im englischen Zivilprozess

In England und Wales traten im April 1999 – zurückgehend auf den so genannten Woolf-Report 1995[309] – die Civil Procedure Rules 1998 (CPR)[310] in Kraft. Deren Ziele lagen

---

305 *Meyer-Ladewig/Leitherer,* in: *Meyer-Ladewig/Keller/Leitherer,* SGG, § 193 Rn. 12; *Spindler,* Abschlussbericht zum Forschungsprojekt Gerichtsnahe Mediation in Niedersachsen, Rn. 158.

306 *Meyer-Ladewig/Leitherer,* in: *Meyer-Ladewig/Keller/Leitherer,* SGG, § 193 Rn. 12a; *BSGE* 17, 124 (128).

307 *Meyer-Ladewig/Leitherer,* in: *Meyer-Ladewig/Keller/Leitherer,* SGG, § 193 Rn. 12a.

308 *Meyer-Ladewig/Leitherer,* in: *Meyer-Ladewig/Keller/Leitherer,* SGG, § 193 Rn. 13 unter Verweis auf den Rechtsgedanken des § 91a ZPO und des § 161 Abs. 2 VwGO (vgl. auch: *Spindler,* Abschlussbericht zum Forschungsprojekt Gerichtsnahe Mediation in Niedersachsen, Rn. 158.

309 Der Woolf-Report 1995 ist benannt nach Lord Woolf, der 1994 vom damaligen Lord Chancellor mit der Anfertigung eines Berichts über das englische Ziviljustizsystem sowie mit der Erarbeitung von Verbesserungsvorschlägen zur Vermeidung langwieriger und kostenintensiver Prozesse in der Zukunft beauftragt worden war. Es handelt sich dabei um den Abschlussbericht mit dem Titel „Access to Justice – Final Report“ (online verfügbar unter: http://www.dca.gov.uk/civil/final/contents.htm (Stand: 24.1.2008)), in dessen Rahmen Lord Woolf u.a. auch den Einsatz alternativer Streitbeilegungsverfahren empfahl und darüber hinaus die Ansicht vertrat, dass es berücksichtigt werden sollte, wenn eine Kon-

nach Rule 1.1 (2) CPR vor allem darin, (1.) sicherzustellen, dass die Prozessparteien gleichberechtigt sind, (2.) Kosten und Aufwendungen zu sparen, (3.) Verfahren derart zu behandeln, wie dies mit Blick auf den Streitwert, die Bedeutung des Falles, die Komplexität des Streitgegenstandes sowie die finanzielle Situation der Parteien angemessen erscheint, (4.) sicherzustellen, dass die Fälle schnell und fair behandelt werden sowie (5.) den einzelnen Verfahren angemessene Gerichtsressourcen zur Verfügung zu stellen. Letztlich suchten die Civil Procedure Rules 1998 die englischen Gerichte durch eine Veränderung der Streitkultur zu entlasten. Gerichtsverfahren sollten im Ergebnis soweit wie möglich vermieden oder – sofern dies nicht möglich ist – in einer mehr auf Kooperation und weniger auf Gegnerschaft ausgerichteten Weise durchgeführt werden.[311] „A key recommendation, in response to the problems of escalating costs, long delays in court cases and late settlement, was that litigation should be avoided wherever possible. Court resolution should be seen as the last resort, to be employed only where the parties are unable to resolve their dispute otherwise."[312]

Um diese Ziele zu verwirklichen, wurde den Gerichten unter anderem in Rule 1.4 CPR das Instrument des aktiven Fallmanagements („active case management") an die Hand gegeben, wobei dieses gemäß Rule 1.4 (2)(e) CPR auch beinhaltet, dass die Gerichte die Nutzung alternativer Streitbeilegungsverfahren anregen können und sollen.[313] Ergänzt wird diese Vorschrift durch Rule 26.4 CPR, wonach nicht nur die Parteien eine Aussetzung des laufenden Verfahrens für den Versuch beantragen können, den Fall im Wege der alternativen Streitbeilegung beizulegen. Auch das Gericht soll in geeigneten Fällen eine Aussetzung zu diesem Zweck vorschlagen oder sogar gegen den Willen der Parteien beschließen können.[314] Insgesamt sind die Gerichte nach Rule 1.4 (2)(e) CPR angehalten, sofern der Verfahrensstoff hierfür geeignet erscheint, den Prozessparteien den Weg alternativer Streitlösungsmechanismen zu weisen und ihnen hierbei möglichst entgegenzukommen.[315]

Den Parteien wurde zur Erreichung der in Rule 1.1 (2) CPR genannten Ziele mit Rule 1.3 CPR aufgegeben, den Gerichten bei der Förderung dieser Ziele zu helfen, mithin in geeigneten Fällen auf eine einvernehmliche Konfliktlösung außerhalb der Gerichte hin-

---

fliktpartei ohne Grund die Durchführung alternativer Konfliktlösungsverfahren verweigere (vgl.: *Baumann*, IDR 2005, 9 (10) unter Verweis auf Section III Chapter 11 des sog. Woolf-Reports sowie: *Newmark*, SchiedsVZ 2003, 23 (24)).

[310] Online verfügbar unter: http://www.opsi.gov.uk/si/si1998/19983132.htm (Stand: 24.1.2008).

[311] *Volkmann*, Mediation im Zivilprozess, S. 151 m.w.N. Vgl. auch: *Ayad*, IDR 2005, 123

[312] Vgl.: *Ayad*, IDR 2005, 123 unter Berufung auf den Abschlussbericht von Lord Woolf (siehe oben unter Fn. 309), Sec. I (Overview), Nr. 9.

[313] Vgl. hierzu v.a. auch: *Ayad*, IDR 2005, 123 (126), der zudem auch auf Rule 1.4 (2)(f) CPR hinweist, wonach die Gerichte den Parteien allgemein helfen sollen, ihren Konflikt oder Teile ihres Konflikts beizulegen.

[314] Vgl.: *W. Gottwald*, in: *Haft/v. Schlieffen*, Hdb. Mediation, § 17 Rn. 15; *W. Gottwald*, in: FS E. Stein, S. 233 (242); *Greger*, JZ 2002, 1020 (1023); *Kilian/Wielgosz*, ZZPInt. 2004, 355 (380); vgl. zudem auch: *Ayad*, IDR 2005, 123 (127) unter Verweis auf *Rickards vs. Jones* [2002] EWCA Civ 1344.

[315] *Althammer*, JZ 2006, 69.

zuwirken.[316] Zwar kann das Gericht die Parteien trotz Rule 26.4 CPR letztlich nicht zur aktiven und konstruktiven Teilnahme an einem alternativen Streitbeilegungsverfahren zwingen.[317] Zudem kann es die Durchführung eines gerichtlichen Verfahrens nicht mit der Begründung ablehnen, die Parteien hätten eine außergerichtliche Streitbeilegung nicht ernsthaft in Erwägung gezogen.[318] Eine Pflicht zur ernsthaften Erwägung der Möglichkeiten einer alternativen/außergerichtlichen Streitbeilegung besteht jedoch insofern, als (1.) in Rule 44.5 (3)(a)(ii) CPR aufgenommen wurde, dass die Gerichte bei ihrer Kostenentscheidung berücksichtigen können/müssen, ob und welche Konfliktlösungsversuche vor und während des Gerichtsverfahrens vorgenommen wurden, und (2.) in Rule 44.3 (4) u. (5) CPR eine Ausnahme vom Grundsatz normiert ist, dass die im Prozess unterlegene Partei die Kosten des Rechtsstreits zu tragen hat.[319] Auch eine obsiegende Partei kann zur Übernahme der gesamten oder eines Teils der Verfahrenskosten verurteilt werden, wenn dies das Gericht in Anbetracht aller Umstände, einschließlich des Verhaltens der Parteien vor und während Prozesses, als angemessen erachtet.[320] Wirkt eine Partei an einem gerichtlich angeordneten Streitbeilegungsverfahren ungerechtfertigt nicht mit, hat sie demnach auch bei einem für sie positiven Prozessausgang Kostenfolgen zu erwarten.[321] Letztlich ergibt sich aus dem Zusammenspiel aller bisher genannten

---

[316] *Baumann*, IDR 2005, 9 (10); *Newmark*, SchiedsVZ 2003, 23 (24); *Althammer*, JZ 2006, 69; *Engelhardt*, ZRP 2004, 233; Vgl. zudem auch: *Ayad*, IDR 2005, 123 (126) m.w.N.

[317] Vgl. hierzu eingehend: *Ayad*, IDR 2005, 123 (126 u. 128) m.w.N. Zwar haben englische Gerichte aus den Bestimmungen der Civil Procedure Rules zum Teil das Recht abgeleitet, Parteien gegen ihren Willen zur Durchführung einer Mediation zu verpflichten. Unter Berufung auf Rule 1.1 (2) i.V.m. Rule 1.4 (2)(e) u. (f) CPR bejahte beispielsweise der High Court in der Sache *Shirayama Shokusan vs. Danovo Ltd.* ([2003] EWHC 3006) seine grundsätzliche Kompetenz, die Durchführung eines Mediationsverfahrens auch in Ermangelung einer Mediationsklausel gegen den Widerstand einer Partei anzuordnen. In der der Entscheidung *Halsey vs. Milton Keynes General NHS Trust/Steel vs. Joy and Halliday* ([2004] EWCA (Civ) 576 = All ER (D) 125 (May)) stellte der Court of Appeal jedoch fest, dass eine Mediationsanordnung durch die Gerichte nicht in Betracht kommen könne, da eine Verpflichtung der Parteien zur Durchführung eines ADR-Verfahrens den Zugang zu Gericht unrechtmäßig beschränke und demzufolge gegen das Recht auf ein faires Verfahren nach Art. 6 EMRK verstoße. Zudem bilde die Freiwilligkeit eine der Grundvoraussetzungen aller ADR-Verfahren, so dass Gerichte die Parteien nur zu deren Anwendung ermutigen und den Einsatz von ADR-Verfahren ermöglichen, nicht jedoch die Durchführung eines solchen Verfahrens zwangsweise anordnen könnten (vgl. auch: *Baumann*, IDR 2005, 9 (13); *Wagner*, ZKM 2004, 100 (101, 102)).

[318] *Ayad*, IDR 2005, 123 (126) m.w.N., der hierin eine „draconian step" (drakonische Maßnahme) bzw. „a harsh sanction" (herbe Sanktion) sieht und stattdessen die Zahlung einer Geldbuße in Erwägung zieht.

[319] Vgl. Rule 44.3 (2) CPR, die lautet: „If the court decides to make an order about costs - (a) the general rule is that the unsuccessful party will be ordered to pay the costs of the successful party; but (b) the court may make a different order."

[320] *Baumann*, IDR 2005, 9 (10); *Newmark*, SchiedsVZ 2003, 23 (24); *Ayad*, IDR 2005, 123 (131). Vgl. auch: *Schümann*, SGb 2005, 27 (33); *Spindler*, Abschlussbericht zum Forschungsprojekt Gerichtsnahe Mediation in Niedersachsen, Rn. 295.

[321] *Greger*, JZ 2002, 1020 (1023); *Greger/Engelhardt*, ZKM 2003, 4; *Mankowski*, ZKM 2003, 197 (199); *Mankowski*, ZKM 2004, 8; *Spindler*, ZKM 2007, 79 (82); *Spindler*, Abschlussbericht zum Forschungs-

Normen für die Prozessparteien eine faktische Verpflichtung, vor oder neben dem eigentlichen Gerichtsprozess eine Streitbeilegung – zum Beispiel durch Mediation – zu versuchen oder zumindest die Eignung ihrer Auseinandersetzung für die Inanspruchnahme eines alternativen Streitbeilegungsverfahrens zu prüfen. Nur wenn sie dies tun, kommen sie ihrer Kooperationsverpflichtung gemäß Rule 1.3 CPR nach. Tun sie es nicht, so kann dies gemäß Rule 44.3 (4) u. (5) CPR sowie Rule 44.5 (3)(a) CPR bei der Kostenverteilung berücksichtigt werden. Nach Rule 44.5 (3)(a) CPR hat das Gericht bei der Kostenverteilung nicht nur das Ausmaß an Sieg und Verlust zu betrachten, sondern auch die gegebenenfalls vor und während des Verfahrens unternommenen Versuche einer (außergerichtlichen) Streitbeilegung, so dass auch die Frage, ob die eine oder andere Partei es ohne vernünftigen Grund versäumt hat, ein Verfahren der alternativen Streitbeilegung zu versuchen oder auf Anregung des Richters durchzuführen, ein Gesichtspunkt bei der Kostenverteilung darstellt.[322] In letzterem Fall kann sogar – abweichend vom Grundsatz, dass die im Prozess unterlegene Partei die Verfahrenskosten zu tragen hat[323] – eine Kostenentscheidung zuungunsten der in der Sache obsiegenden Partei ergehen, wenn diese die Durchführung alternativer Streitbeilegungsverfahren verweigert hat und/oder der Rechtsstreit nach Ansicht des Gerichts hätte vermieden werden können.

Die soeben beschriebenen Schlussfolgerungen aus den ADR-bezogenen Vorschriften des CPR haben dabei auch bereits Eingang in die englische Rechtsprechung gefunden: Nachdem der Court of Appeal in der Sache *Frank Cowl & Others vs. Plymouth City Council*[324] die Parteien bereits dafür kritisiert hatte, dass sie versäumt hatten, zur Vermeidung eines Gerichtsverfahrens eine einvernehmliche Konfliktbeilegung im Wege eines ADR-Verfahrens in Betracht zu ziehen,[325] traf dasselbe Gericht in der Sache *Dunnett vs. Railtrack plc.*[326] erstmals eine für die in der Sache siegreiche Partei negative Kostenentscheidung, indem es der obsiegenden Beklagten einen Kostenerstattungsanspruch gegen die unterlegene Klägerin versagte, weil diese ein Angebot der Klägerin zur Durchführung eines Mediationsverfahrens abgelehnt hatte. Durch dieses Verhalten habe die Beklagte zu einem Zeitpunkt gegen ihre Verpflichtung, eine außergerichtliche Streitbeilegung in Betracht zu ziehen, verstoßen, indem das Berufungsverfahren noch hätte vermieden werden können und demzufolge noch keine Kosten in der Rechtsmittelinstanz angefallen waren.[327] Die Beklagte habe den Vorschlag der Klägerin auf Durchführung

---

projekt Gerichtsnahe Mediation in Niedersachsen, Rn. 294. Vgl. zudem auch: *Volkmann*, Mediation im Zivilprozess, S. 151; *Neuenhahn*, NJW 2004, 663; *Risse*, in: FS R. Haase, S. 309.

[322] Vgl. auch: *W. Gottwald*, in: *Haft/v. Schlieffen*, Hdb. Mediation, § 17 Rn. 16.

[323] Im englischen Prozessrecht steht die Auferlegung von Verfahrenskosten grundsätzlich im Ermessen des Gerichts, wobei jedoch die Kostenerstattung durch den Verlierer die Regel ist. Vgl. hierzu: *Ayad*, IDR 2005, 123 (131) m.w.N.; *Althammer*, JZ 2006, 69 (70); *Engelhardt*, ZRP 2004, 233; *Volkmann*, Mediation im Zivilprozess, S. 151.

[324] [2001] EWCA Civ 1935.

[325] Vgl.: *Newmark*, SchiedsVZ 2003, 23 (25).

[326] [2002] C.P.Rep. 35 = [2002] EWCA Civ 303 = [2002] 2 All ER 850 = [2002] 1 WLR 803 (Besprechungen u.a. in: *Wagner*, ZKM 2004, 100 u. 102; *Newmark*, SchiedsVZ 2003, 23 (25 ff.); *Greger/Engelhardt*, ZKM 2003, 4 f.; *Baumann*, IDR 2005, 9 (11); *Althammer*, JZ 2006, 69 (70)).

[327] *Baumann*, IDR 2005, 9 (11); *Newmark*, SchiedsVZ 2003, 23 (25); *Greger/Engelhardt*, ZKM 2002, 4 f.

eines außergerichtlichen Streitbeilegungsverfahrens sofort abgelehnt, worin letztlich ein Verstoß gegen ihre in den Civil Procedure Rules normierten Mitwirkungspflichten zu sehen sei.[328] Zudem stellte das Gericht fest, dass die Kostentragungspflicht als Sanktion eingesetzt werden solle, sofern eine Partei ein Mediationsverfahren ablehne. Dadurch solle die Bereitschaft der Parteien zur Mitwirkung an Mediationsverfahren gefördert werden.[329]

Besagte Rechtsprechung wurde in der Folgezeit in zahlreichen weiteren Fällen noch weiterentwickelt. Hervorzuheben ist dabei zunächst die Entscheidung in der Sache *Robert Alfred Hurst vs. Ian Leeming,*[330] in der das Gericht eine Einschränkung derart vornahm, dass eine Kostenentscheidung zuungunsten der ein alternatives Streitbeilegungsverfahren ausschlagenden Partei nicht ergehe, wenn ein solches Verfahren vernünftigerweise („reasonably") abgelehnt wird. Dies sei dann der Fall, wenn eine Mediation aus objektiver Sicht keine Erfolgsaussichten gehabt hätte,[331] wobei das Gericht jedoch auf die Risiken einer Ablehnung eines Mediationsangebots aufgrund objektiv nicht bestehender Erfolgsaussichten hinwies.[332] Das Gericht stellte warnend fest, dass es mit Blick auf die Kostenentscheidung mit einem hohen Risiko verbunden sei, aufgrund einer eigenen Beurteilung der objektiven Erfolgsaussichten die Durchführung eines ADR- oder Mediationsverfahrens abzulehnen, da das Gericht im Nachhinein immer zu einer gegenteiligen Auffassung gelangen könnte, in deren Folge die ablehnende Partei mit den Kosten des Verfahrens belastet werden könne.[333]

Ein weiteres wichtiges Urteil zur Fortentwicklung der Dunnett-vs.-Railtrack-Rechtsprechung folgte sodann in dem gemeinsamen Berufungsverfahren *Halsey vs. Milton Keynes General NHS Trust / Steel vs. Joy and Halliday*[334], in dem der Court of Appeal in einer nicht abschließenden Aufzählung einige über das in *Hurst vs. Leeming* entwickelte Merkmal der objektiven Erfolgsaussichten hinausgehende Kriterien aufstellte, die zur Entscheidung, ob ein ADR-Verfahren vernünftigerweise („reasonably") abgelehnt wurde oder nicht, herangezogen werden sollten. Zu diesen Kriterien gehörten (1.) die Art des Rechtsstreits,[335] (2.) die Erfolgsaussichten im Prozess,[336] (3.) die Ausschöpfung an-

---

[328] *Althammer,* JZ 2006, 69 (70).

[329] Vgl.: *Baumann,* IDR 2005, 9 (11).

[330] [2002] EWHC 1051 = C.P.Rep. 59 = 1 Lloyds Rep. 379 (Besprechung in: *Baumann,* IDR 2005, 9 (11 f.); *Althammer,* JZ 2006, 69 (70)).

[331] Vgl. auch: *Althammer,* JZ 2006, 69 (70). Bereits angefallene hohe Kosten, mangelnde Ernsthaftigkeit der erhobenen Vorwürfe und der Glaube an einen für die jeweilige Partei „wasserdichten" Fall wurden als Rechtfertigungsgründe für die Ablehnung eines ADR- bzw. Mediationsverfahrens verneint (vgl.: *Newmark,* SchiedsVZ 2003, 23 (26)).

[332] Vgl. u.a. auch: *Ayad,* IDR 2005, 123 (132).

[333] Vgl.: *Newmark,* SchiedsVZ 2003, 23 (26); *Baumann,* IDR 2005, 9 (12). Vgl. zudem auch: *Althammer,* JZ 2006, 69 (70).

[334] [2004] EWCA (Civ) 576 = All ER (D) 125 (May) (Besprechung in: *Baumann,* IDR 2005, 9 (12 ff.), *Wagner,* ZKM 2004, 100 (101 f.); *Althammer,* JZ 2006, 69 (70)).

[335] Eine begründete Ablehnung soll beispielsweise vorliegen, wenn eine Rechts- oder Auslegungsfrage im Mittelpunkt der Streitigkeit steht, wenn eine Partei der anderen betrügerisches Verhalten vorwirft oder, wenn Maßnahmen des einstweiligen Rechtsschutzes beantragt werden sollen.

derer Streitbeilegungsverfahren durch die Parteien, (4.) die Kosten des ADR-Verfahrens im Vergleich zum Streitwert und zu den Kosten des Gerichtsverfahrens,[337] (5.) die durch die Durchführung eines ADR-Verfahrens zu erwartende Verzögerung des Gerichtsverfahrens und (6.) – wie bereits in *Hurst vs. Leeming* festgestellt – die Erfolgsaussichten des alternativen Streitbeilegungsverfahrens.[338] In *Société Internationale de Télécommunications Aéronautiques vs. Wyatt (Costs)*[339] lehnte das Gericht eine negative Kostenentscheidung gegen den siegreichen Beklagten indessen trotz dreifach verweigerter Mediationsteilnahme ab, da das zeitlich erste Mediationsangebot zu früh, das zeitlich letzte Mediationsangebot zu kurz vor Prozessbeginn und das zweite Mediationsangebot zwecks Ausübung unverhältnismäßigen Drucks erfolgt sei; in *Grimes vs. Crown Prosecution Service*[340] wurde entschieden, dass eine negative Kostenentscheidung zugunsten einer der Parteien nicht ergeht, wenn beide Parteien es versäumt haben, alles ihnen Mögliche für eine Streitbeilegung ohne gerichtliches Verfahren zu tun. Schließlich scheinen die englischen Gerichte anzuerkennen, dass kein Platz für eine alternative, außergerichtliche Streitbeilegung bleibt, wo der Streitgegenstand keinen Raum für einen Kompromiss lässt.[341]

3. Der in der Literatur diskutierte Vorschlag zur mediationsfreundlichen Interpretation oder Änderung des Kostentragungsrechts

Das bestehende Kostentragungsrecht muss bei Einführung der gerichtsnahen Mediation nicht notwendigerweise geändert werden. Das Prozessrecht hält – wie bereits gezeigt – Normen vor, welche die Pflicht zur Kostentragung bei Durchführung eines gerichtsnahen Mediationsverfahrens hinlänglich zu regeln vermögen. Wie einleitend bereits festgestellt, wird zur weiteren Förderung der gerichtsnahen und außergerichtlichen Mediation dennoch zum Teil erwogen, das Kostentragungsrecht dahingehend zu ändern oder zu interpretieren, dass – ähnlich wie es in England der Fall ist – auch der im Gerichtsprozess obsiegenden Partei die Kosten des Verfahrens auferlegt werden können, wenn diese sich im Vorfeld des gerichtlichen Verfahrens einer einvernehmlichen außergerichtlichen

---

336 Bei guten Erfolgsaussichten sollen Parteien nicht in ein Verfahren gedrängt werden, in dessen Rahmen sie als Ergebnis regelmäßig weniger akzeptieren müssen, als sie auf dem Gerichtsweg mit hoher Wahrscheinlichkeit erreichen können.

337 Bei Streitigkeiten geringen Streitwerts sollen Parteien nicht in ein in solchen Fällen im Vergleich zum Gerichtsprozess kostenintensiveres ADR-Verfahren gedrängt werden.

338 Vgl. zu den in *Halsey vs. Milton Keynes General NHS Trust/Steel vs. Joy and Halliday* aufgestellten Kriterien im Einzelnen: *Ayad*, IDR 2005, 123 (132); *Wagner*, ZKM 2004, 100 (102); *Baumann*, IDR 2005, 9 (13 f.); *Engelhardt*, ZRP 2004, 233 (234); *Volkmann*, Mediation im Zivilprozess, S. 153; *Spindler*, ZKM 2007, 79 (82); *Spindler*, Abschlussbericht zum Forschungsprojekt Gerichtsnahe Mediation in Niedersachsen, Rn. 295.

339 [2002] EWHC 2401.

340 [2003) EWCA Civ 1814. Vgl. hierzu auch: *Ayad*, IDR 2005, 123 (132).

341 Vgl. hierzu: *Ayad*, IDR 2005, 123 (132) m.w.N.

Konfliktbeilegung widersetzt hat.[342] Im Ergebnis werden entsprechende Überlegungen trotz der im Grundsatz zu begrüßenden Zielrichtung aufgrund fehlender Anknüpfungspunkte im geltenden Kostentragungsrecht und den einer entsprechenden Ausgestaltung des Kostentragungsrechts entgegenstehenden Gründen zurückzuweisen sein.

a) Das Fehlen geeigneter Anknüpfungspunkte im geltenden Recht

Zunächst finden entsprechende Überlegungen insofern keine Grundlage im deutschen Zivil-, Verwaltungs-, Sozial- und Finanzprozessrecht, als dieses im Gegensatz zu den englischen Civil Procedure Rules 1998 keine Ausnahmebestimmungen kennt, wonach das Gericht der siegreichen Partei die Kostenlast auferlegen kann, sofern es dies in Anbetracht aller Umstände – insbesondere angesichts des Verhaltens der Prozessparteien – für angemessen hält. Den siegreichen Gegner, der sich nicht auf den Vorschlag einer außergerichtlichen Konfliktbeilegung eingelassen hat, mit Kostensanktionen zu belegen, ist in Deutschland nach geltendem Recht nicht möglich.[343] Insbesondere auch § 278 Abs. 5 S. 2 ZPO, der den gerichtlichen Vorschlag einer außergerichtlichen Streitschlichtung ermöglicht, sieht keine Kostenregelung für den Fall vor, dass eine Prozesspartei einen solchen Vorschlag ohne weitere Begründung ablehnt. Der Gesetzgeber hat sich bei Einführung des § 278 Abs. 5 S. 2 ZPO nicht dazu durchgerungen, die durch die Einführung bezweckte Förderung der gütlichen und gegebenenfalls außergerichtlichen Streitbeilegung auch im Kostenrecht abzubilden. Er hat keinen Kostentatbestand geschaffen, der auf § 278 Abs. 5 S. 2 ZPO und eine Verweisung auf Mechanismen der außergerichtlichen Streitbeilegung Bezug nimmt. Auch § 278 Abs. 2 und 5 ZPO selbst enthält keine direkten Kostenfolgen; eine (klare) kostenrechtliche Handlungsanweisung folgt aus § 278 Abs. 2 und 5 ZPO nicht.[344] Einzig im Sozialgerichtsprozess hat das Gericht gemäß § 193 Abs. 1 SGG über die Kosten nach billigem Ermessen ohne Bindung an den Ausgang des gerichtlichen Verfahrens zu entscheiden, sofern eine gemäß § 183 S. 1 SGG bezüglich der Kostenerstattung privilegierte Partei am Verfahren beteiligt ist.[345] Auch hier wird es jedoch in der Regel als billig anzusehen sein, dass diejenige Partei die Kosten trägt, die nach dem Urteil unterliegt.[346]

Auch eine Auferlegung der Kosten aufgrund einer (analogen) Anwendung der §§ 93, 93d, 94, 95, 96 und 97 Abs. 2 ZPO, der §§ 155 Abs. 4 und 156 VwGO, des § 192 Abs. 1 S. 1 SGG sowie des § 137 S. 2 FGO kommt nicht in Betracht. Zwar kommt in den ge-

---

[342] Vgl. hierzu u.a.: *Greger/Engelhardt*, ZKM 2003, S. 4 (5 f.); *Baumann*, IDR 2005, 9 (15 ff.); *Althammer*, JZ 2006, 69 ff.; *Mankowski*, ZKM 2004, 8 ff.; *Volkmann*, Mediation im Zivilprozess, S. 152; *Spindler*, ZKM 2007, 79 (82); *Spindler*, Abschlussbericht zum Forschungsprojekt Gerichtsnahe Mediation in Niedersachsen, Rn. 294 ff. u. 637.

[343] *Greger/Engelhardt*, ZKM 2003, 4 (5).

[344] *Mankowski*, ZKM 2004, 8 (9).

[345] *Meyer-Ladewig/Leitherer*, in: *Meyer-Ladewig/Keller/Leitherer*, SGG, § 193 Rn. 12; *Spindler*, Abschlussbericht zum Forschungsprojekt Gerichtsnahe Mediation in Niedersachsen, Rn. 158.

[346] *Meyer-Ladewig/Leitherer*, in: *Meyer-Ladewig/Keller/Leitherer*, SGG, § 193 Rn. 12a; *BSGE* 17, 124 (128).

nannten ZPO-Vorschriften der Gedanke zum Tragen, dass eine Partei, die durch vorwerfbares Verhalten unnötigen Aufwand verursacht hat, die hierdurch entstandenen Kosten übernehmen muss.[347] Dies kann jedoch weder in Einzel- noch in Gesamtanalogie fruchtbar gemacht werden, um einer Prozesspartei die Kosten aufzuerlegen, welche die Durchführung eines gerichtsnahen oder außergerichtlichen Mediationsverfahrens ablehnt, da besagte Vorschriften jeweils eine besondere prozessuale Situation betreffen oder – wie im Falle des § 93d ZPO – der Sanktionierung der Verletzung einer speziellen materiell-rechtlichen Auskunftspflicht dienen. Bei der Ablehnung einer (gerichtsnahen) Mediation und bei den von §§ 93, 93d, 94, 95, 96 und 97 Abs. 2 ZPO erfassten Sachverhalten handelt es sich um kaum miteinander vergleichbare Situationen und Wertungen, die keinen Raum für eine Analogie eröffnen können. Keine dieser Vorschriften zielt auf die Förderung einer allgemeinen Kooperationsbereitschaft unter den Parteien, geschweige denn auf eine Stärkung des Schlichtungsgedankens ab.[348] Stattdessen betreffen sie jeweils eine spezielle prozessuale Konstellation, so dass sich letztlich eine Analogie sogar verbietet.[349] Ähnliches gilt auch für § 155 Abs. 4 und § 156 VwGO sowie § 137 S. 1 und 2 FGO. Während § 156 VwGO bereits benanntem § 93 ZPO entspricht, ermöglichen § 155 Abs. 4 VwGO sowie § 137 S. 2 FGO, welche die §§ 95 bis 97 Abs. 2 ZPO letztlich in einer Generalklausel zusammenfassen,[350] durch Verschulden eines Beteiligten entstandene Kosten, diesem Beteiligten – gegebenenfalls trotz Obsiegens – aufzuerlegen. Zwar ist insoweit unerheblich, ob die Kosten durch Handlungen und Unterlassungen während des Prozesses entstanden sind oder die Folge vorprozessualen Verhaltens sind.[351] Die Fallgruppen, in denen verschuldete Kosten nach § 155 Abs. 4 VwGO angenommen werden[352], sind jedoch nicht mit der Ausschlagung eines (gerichtsnahen) Mediationsverfahrens vergleichbar. Auch ein Verschulden aufgrund vorprozessualen Verhaltens kommt nicht in Betracht, da ein solches Verhalten eine prozessbezogene Pflicht schuldhaft verletzten muss, um verschuldete Kosten nach § 155 Abs. 4 VwGO zu begründen,[353] eine vorprozessuale Pflicht zur Durchführung einer Mediation jedoch nicht

---

[347] *Baumann*, IDR 2005, 9 (16); *Greger/Engelhardt*, ZKM 2003, 4 (5); *Engelhardt*, ZRP 2004, 233 (235); *Volkmann*, Mediation im Zivilprozess, S. 152 u. *Mankowski*, ZKM 2004, 8 (9), wonach die §§ 93, 93d, 94, 95, 96 und 97 Abs. 2 ZPO zumindest Ansätze enthalten, vorwerfbares Prozessverhalten durch die Auferlegung der Kosten zu sanktionieren.

[348] *Althammer*, JZ 2006, 69 (73); *Spindler*, Abschlussbericht zum Forschungsprojekt Gerichtsnahe Mediation in Niedersachsen, Rn. 300.

[349] *Spindler*, Abschlussbericht zum Forschungsprojekt Gerichtsnahe Mediation in Niedersachsen, Rn. 300. Im Ergebnis ebenso: *Mankowski*, ZKM 2004, 8 (9); *Baumann*, IDR 2005, 9 (16); *Engelhardt*, ZRP 2004, 233 (235); *Volkmann*, Mediation im Zivilprozess, S. 152.

[350] *Kothe*, in: *Redeker/v. Oertzen*, VwGO, § 155 Rn. 5; *Rennert*, in: *Eyermann*, VwGO, § 155 Rn. 10.

[351] *Kopp/Schenke*, VwGO, § 155 Rn. 20. Vgl. zudem auch: *Rennert*, in: *Eyermann*, VwGO, § 155 Rn. 12 f.; *Ruban*, in: *Gräber*, FGO, § 137 Rn. 2.

[352] Vgl. hierzu: *Neumann*, in: *Sodan/Ziekow*, VwGO, § 155 Rn. 87 ff.; *Olbertz*, in: *Schoch/Schmidt-Aßmann/Pietzner*, VwGO, § 155 Rn. 26 ff.; *Kothe*, in: *Redeker/v. Oertzen*, VwGO, § 155 Rn. 6 f.; *Brandis*, in: *Tipke/Kruse*, AO/FGO, § 137 FGO Rn. 8, *Brandt*, in: *Beermann/Gosch*, AO/FGO, § 137 FGO Rn. 70 ff.; *Schwarz*, in: *Hübschmann/Hepp/Spitaler*, AO/FGO, § 137 FGO Rn. 30 ff., jeweils m.w.N.

[353] *Rennert*, in: *Eyermann*, VwGO, § 155 Rn. 13.

besteht. § 192 Abs. 1 S. 1 SGG ist nicht (analog oder direkt) anwendbar, da er eine Kostenauferlegung trotz Obsiegens ausdrücklich nur in den in § 192 Abs. 1 S. 1 Nr. 1 und 2 SGG genannten Fällen ermöglicht und diese Fälle – ebenso wie die Fälle, in denen im Verwaltungs- und Finanzgerichtsprozess ein Verschulden angenommen wird – mit der Verweigerung der Durchführung eines Mediationsverfahrens nicht verglichen werden können. Insbesondere eine Anwendung des § 192 Abs. 1 S. 1 Nr. 2 SGG kommt nicht in Betracht, da im Fortführen eines Rechtsstreits trotz des Angebots eines (gerichtsnahen) Mediationsverfahrens wohl kaum eine missbräuchliche Rechtsverfolgung oder -verteidigung gesehen werden kann, die beispielsweise bei offensichtlicher Aussichtslosigkeit, substanzlosen Klagen in Bagatellfällen, beleidigendem Inhalt der Klage, Klagen zu Erreichung sachfremder Ziele, offensichtlich unzulässigen und unbegründeten Klagen oder Mutwilligkeit der Prozessführung anzunehmen ist.[354]

Auch der im Falle einer verweigerten Teilnahme an einem gerichtsnahen oder außergerichtlichen Mediationsverfahren als Anknüpfungspunkt für die Auferlegung der Kostenlast diskutierte § 91 Abs. 1 ZPO sowie die ebenfalls nur eine Erstattung notwendiger Kosten vorsehenden §§ 162 Abs. 1 VwGO, 193 Abs. 1 und 2 SGG und 139 Abs. 1 FGO, scheiden als entsprechende Anknüpfungspunkte aus. Auch diese Vorschriften bieten dem Richter keine Handhabe, Abwägungs- und Ermessengesichtspunkte, zu denen die Berücksichtigung einer vorhandenen Kooperationsbereitschaft inklusive der Bereitschaft zur Mediation zählen könnte, zu berücksichtigen.[355] In Betracht kommt allenfalls eine „mediationsfreundliche Interpretation" besagter Vorschriften in dem Sinne, dass die Verfahrenskosten bei Verweigerung einer (gerichtsnahen) Mediation nicht mehr als „notwendig" anzusehen sind,[356] so dass sich einer (gerichtsnahen) Mediation verweigernde Parteien – trotz Obsiegens – die Verfahrenskosten zu tragen hätten. Doch dies vermag nicht zu überzeugen. Denn: Notwendig im Sinne der genannten Vorschriften sind Kosten für Handlungen, die zum Zeitpunkt ihrer Vornahme (ex ante)[357] und in der jeweiligen konkreten Situation[358] unter Berücksichtigung der Bedeutung der Streitsache und ihrer

[354] Zu den Fällen, in denen eine Missbräuchlichkeit anzunehmen ist, vgl.: *Groß*, in: *Lüdtke*, SGG, § 192 Rn. 10 ff. m.w.N. Vgl. zudem auch: *Meyer-Ladewig/Leitherer*, in: *Meyer-Ladewig/Keller/Leitherer*, SGG, § 192 Rn. 9; *Knittel*, in: *Hennig*, SGG, § 192 Rn. 10 (hier insbesondere zur offensichtlichen Aussichtslosigkeit der Prozessführung).

[355] *Althammer*, JZ 2006, 69 (73).

[356] *Althammer*, JZ 2006, 69 (73).

[357] *Bork*, in: *Stein/Jonas*, ZPO, § 91 Rn. 48; *Wolst*, in: *Musielak*, ZPO, § 91 Rn. 8; *Belz*, in: MK-ZPO, § 91 Rn. 17; *Steiner*, in: *Wieczorek/Schütze*, ZPO, § 91 Rn. 8; *Olbertz*, in: *Schoch/Schmidt-Aßmann/Pietzner*, VwGO, § 162 Rn. 15; *J. Schmidt*, in: *Eyermann*, VwGO, § 162 Rn. 3; *Groß*, in: *Lüdtke*, SGG, § 193 Rn. 11; *Meyer-Ladewig/Leitherer*, in: *Meyer-Ladewig/Keller/Leitherer*, SGG, § 193 Rn. 7; *Althammer*, JZ 2006, 69 (73); *Mankowski*, ZKM 2004, 8 (10 f.); *Volkmann*, Mediation im Zivilprozess, S. 149; *Spindler*, Abschlussbericht zum Forschungsprojekt Gerichtsnahe Mediation in Niedersachsen, Rn. 297; *BVerwG* NJW 2000, 2832; *OLG Hamburg* MDR 2004, 356. Vgl. zudem auch: *Neumann*, in: *Sodan/Ziekow*, VwGO, § 162 Rn. 12; *BVerwG* JurBüro 2000, 651.

[358] *Baumbach/Lauterbach/Albers/Hartmann*, ZPO, § 91 Rn. 29; *Brandis*, in: *Tipke/Kruse*, AO/FGO, § 139 FGO Rn. 8. Ähnlich auch: *Bork*, in: *Stein/Jonas*, ZPO, § 91 Rn. 48; *Mankowski*, ZKM 2004, 8 (10), die auf die tatsächlich gegebenen Verhältnisse abstellen.

Schwierigkeit in tatsächlicher oder rechtlicher Hinsicht[359] objektiv betrachtet[360] beziehungsweise aus Sicht einer vernünftigen, verständigen und wirtschaftlich denkenden Partei[361] erforderlich und geeignet erscheinen, das im Streit befindliche Recht sachdienlich[362] zu verfolgen oder zu verteidigen.[363] Dabei ist jede Partei nach dem Prinzip der sparsamen Prozessführung[364] verpflichtet, die Kosten ihrer Prozessführung, die sie im Falle ihres Sieges vom jeweiligen Gegner erstattet haben will, an der Wahrnehmung ihres berechtigten prozessualen Interesses auszurichten[365] und insgesamt so niedrig zu halten, wie sich dies mit einer zweckentsprechenden Rechtsverfolgung respektive der vollen Wahrung der jeweiligen berechtigten prozessualen Belange vereinbaren lässt (auch: Kostenminimierungspflicht).[366] Auszuschließen sind daher notwendige Kosten für

---

[359] *Neumann*, in: *Sodan/Ziekow*, VwGO, § 162 Rn. 11; *Olbertz*, in: *Schoch/Schmidt-Aßmann/Pietzner*, VwGO, § 162 Rn. 15; *Stapperfend*, in: *Gräber*, FGO, § 139 Rn. 3; *Kopp/Schenke*, VwGO, § 162 Rn. 3; *VGH München* NVwZ-RR 2001, 69 (70).

[360] *Belz*, in: MK-ZPO, § 91 Rn. 17; *Steiner*, in: *Wieczorek/Schütze*, ZPO, § 91 Rn. 8; *Bork*, in: *Stein/Jonas*, ZPO, § 91 Rn. 48; *Neumann*, in: *Sodan/Ziekow*, VwGO, § 162 Rn. 11; *Olbertz*, in: *Schoch/Schmidt-Aßmann/Pietzner*, VwGO, § 162 Rn. 15; *Althammer*, JZ 2006, 69 (73); *Mankowski*, ZKM 2004, 8 (11); *Spindler*, Abschlussbericht zum Forschungsprojekt Gerichtsnahe Mediation in Niedersachsen, Rn. 297; *Volkmann*, Mediation im Zivilprozess, S. 149; *BVerwG* DVBl. 2001, 1763; *VGH München* NVwZ-RR 2001, 69 (70).

[361] Vgl.: *Herget*, in: *Zöller*, ZPO, § 91 Rn. 12; *Bork*, in: *Stein/Jonas*, ZPO, § 91 Rn. 48; *Kopp/Schenke*, VwGO, § 162 Rn. 3; *Olbertz*, in: *Schoch/Schmidt-Aßmann/Pietzner*, VwGO, § 162 Rn. 15; *J. Schmidt*, in: *Eyermann*, VwGO, § 162 Rn. 3; *Neumann*, in: *Sodan/Ziekow*, VwGO, § 162 Rn. 11; *Brandis*, in: *Tipke/Kruse*, AO/FGO, § 139 FGO Rn. 8; *Stapperfend*, in: *Gräber*, FGO, § 139 Rn. 3; *Brandt*, in: *Beermann/Gosch*, AO/FGO, § 139 FGO Rn. 187; *BVerwG* DVBl. 2001, 1763; JurBüro 2000, 651; *OLG Hamburg* MDR 2004, 356.

[362] *Belz*, in: MK-ZPO, § 91 Rn. 17. Vgl. zum Aspekt der Sachdienlichkeit auch: *Herget*, in: *Zöller*, ZPO, § 91 Rn. 12; *Baumbach/Lauterbach/Albers/Hartmann*, ZPO, § 91 Rn. 29; *Bork*, in: *Stein/Jonas*, ZPO, § 91 Rn. 48; *Rohwer-Kahlmann*, Sozialgerichtsbarkeit, § 193 Rn. 9; *Brandis*, in: *Tipke/Kruse*, AO/FGO, § 139 FGO Rn. 8; *Volkmann*, Mediation im Zivilprozess, S. 149; *VGH München* NVwZ-RR 2001, 69 (70); *OLG Hamburg* MDR 2004, 356.

[363] *Wolst*, in: *Musielak*, ZPO, § 91 Rn. 8; *Althammer*, JZ 2006, 69 (73); *Spindler*, Abschlussbericht zum Forschungsprojekt Gerichtsnahe Mediation in Niedersachsen, Rn. 297.

[364] *Wolst*, in: *Musielak*, ZPO, § 91 Rn. 8; *VGH München* AnwBl. 2000, 323 (324).

[365] *Belz*, in: MK-ZPO, § 91 Rn. 18; *Mankowski*, ZKM 2004, 8 (11); *OLG Bremen* NJW 1969, 142.

[366] Zum Grundsatz der sparsamen Prozessführung und zur Kostenminimierungspflicht vgl. insgesamt: *Steiner*, in: *Wieczorek/Schütze*, ZPO, § 91 Rn. 8; *Herget*, in: *Zöller*, ZPO, § 91 Rn. 12 f.; *Baumbach/Lauterbach/Albers/Hartmann*, ZPO, § 91 Rn. 29; *Belz*, in: MK-ZPO, § 91 Rn. 18; *Wolst*, in: *Musielak*, ZPO, § 91 Rn. 8; *Olbertz*, in: *Schoch/Schmidt-Aßmann/Pietzner*, VwGO, § 162 Rn. 16 u. 45; *Neumann*, in: *Sodan/Ziekow*, VwGO, § 162 Rn. 10; *J. Schmidt*, in: *Eyermann*, VwGO, § 162 Rn. 3; *Groß*, in: *Lüdtke*, SGG, § 193 Rn. 11; *Meyer-Ladewig/Leitherer*, in: *Meyer-Ladewig/Keller/Leitherer*, SGG, § 193 Rn. 7; *Rohwer-Kahlmann*, Sozialgerichtsbarkeit, § 193 Rn. 9; *Brandis*, in: *Tipke/Kruse*, AO/FGO, § 139 FGO Rn. 8; *Schwarz*, in: *Hübschmann/Hepp/Spitaler*, AO/FGO, § 139 FGO Rn. 191; *Mankowski*, ZKM 2004, 8 (11); *Spindler*, Abschlussbericht zum Forschungsprojekt Gerichtsnahe Mediation in Niedersachsen, Rn. 297; *BVerwG* NJW 2000, 2832.

nicht zweckentsprechende Maßnahmen und unnötige Kosten für zweckentsprechende Maßnahmen.[367]

Die aus § 278 Abs. 2 und 5 ZPO abzuleitende Förderung alternativer Streitbeilegungsverfahren und prozessverhütender Maßnahmen durch den Gesetzgeber wird zwar damit begründet, dass ein außergerichtliches Verfahren im Erfolgsfall bei Steigerung der Gesamtwohlfahrt günstiger sein kann als ein gerichtlicher Rechtsschutz durch staatliche Gerichte.[368] Auch könne das Ziel der Förderung alternativer Streitbeilegungsverfahren und prozessverhütender Maßnahmen bei der Interpretation und der Anwendung bestehender Vorschriften im Wege der Auslegung berücksichtigt werden, so dass die Überlegung nahe liege, ob die Möglichkeit einer unter Umständen günstigeren konsensualen Streitbeilegungsmöglichkeit die Kosten für ein Klageverfahren als nicht notwendig erscheinen lassen.[369] Richtigerweise wird diesbezüglich jedoch unisono betont, dass das Ziel der Förderung alternativer Streitbeilegungsmethoden im Wege der Auslegung nicht zu einem kompletten Bruch mit der bisherigen Auslegungspraxis führen dürfe. Grundsätzliche Änderungen und fundamentale Wertentscheidungen wie die Kostenverteilungsregel des § 91 ZPO müssten stets Aufgabe des Gesetzgebers bleiben, so dass aus den Zielen des § 278 Abs. 2 und 5 ZPO nicht darauf geschlossen werden könne, dass Verfahrenskosten aufgrund der Verweigerung einer Mediationsteilnahme pauschal als nicht notwendig im Sinne des § 91 Abs. 1 ZPO angesehen werden können,[370] wobei gleiches auch für die entsprechenden Vorschriften der Verwaltungsgerichtsordnung, des Sozialgerichtsgesetzes sowie der Finanzgerichtsordnung gelten muss. Bei § 278 Abs. 5 ZPO handele es sich um eine bloße Empfehlung, die keine Kostensanktionen und keine Änderungen fundamentaler Wertungen der Prozessordnungen nach sich ziehen dürfe. Allein die schlichtungsfreundliche Haltung des Gesetzgebers an vereinzelten Stellen des Prozessrechts könne keine Auslegung rechtfertigen, die zu einem fundamentalen Systemwechsel in der Kostenpraxis führen würde.[371] Die Berücksichtigung der Frage, ob eine Partei ein ernsthaftes und nicht von vornherein aussichtsloses Mediationsangebot der anderen Seite ungerechtfertigt zurückgewiesen hat, würde daher die Grenze der zulässigen Weiterentwicklung des Rechts durch Auslegung überschreiten. Solange der Kläger noch nicht auf einen anderen Weg als das gerichtliche Verfahren gezwungen sei, müssten Klage und Rechtsverfolgung und -verteidigung vor Gericht als im weiten Bereich des „Notwendigen“ angesehen werden.[372]

---

[367] *Brandis*, in: *Tipke/Kruse*, AO/FGO, § 139 FGO Rn. 8; *Schwarz*, in: *Hübschmann/Hepp/Spitaler*, AO/FGO, § 139 FGO Rn. 187. Vgl. auch: *Herget*, in: *Zöller*, ZPO, § 91 Rn. 12; *OLG Düsseldorf* FamRZ 2003, 938 (939), sowie: *Mankowski*, ZKM 2004, 8 (11): „Überflüssiges ist nicht notwendig“.

[368] *Mankowski*, ZKM 2004, 8 (11) m.w.N.; *Spindler*, Abschlussbericht zum Forschungsprojekt Gerichtsnahe Mediation in Niedersachsen, Rn. 298.

[369] *Mankowski*, ZKM 2004, 8 (11); *Spindler*, Abschlussbericht zum Forschungsprojekt Gerichtsnahe Mediation in Niedersachsen, Rn. 298.

[370] *Mankowski*, ZKM 2004, 8 (11); *Spindler*, Abschlussbericht zum Forschungsprojekt Gerichtsnahe Mediation in Niedersachsen, Rn. 298.

[371] *Althammer*, JZ 2006, 69 (74).

[372] *Mankowski*, ZKM 2004, 8 (11); *Spindler*, Abschlussbericht zum Forschungsprojekt Gerichtsnahe Mediation in Niedersachsen, Rn. 299.

Für denkbar erachtet wird nach geltendem Recht nur eine mediationsfreundliche Auslegung oder Interpretation von Vorschriften, die bezüglich des Kostenrechts eine Billigkeitsentscheidung ermöglichen. Dies ist nach den §§ 91a ZPO, 161 Abs. 2 VwGO, 193 Abs. 1 S. 3 SGG und 138 Abs. 1 FGO beispielsweise bei beiderseitigen Erledigungserklärungen und bei einer Klagerücknahme der Fall.[373] Mit Blick auf § 193 Abs. 1 S. 1 SGG, der in Fällen, in denen zumindest eine nach § 183 S. 1 SGG kostenrechtlich privilegierte Partei an einem Sozialgerichtsverfahren beteiligt ist, generell eine im billigen Ermessen des Gerichts liegende Kostenentscheidung vorsieht, wird hiervor jedoch zumindest teilweise gewarnt. Hier erscheine es trotz der eröffneten Ermessensentscheidung zuweilen unbillig, die Beteiligten über Kostenanreize zu einer Mediation zu bewegen, da es in sozialgerichtlichen Verfahren zum Teil um für die Beteiligten gravierende und in Grundrechtspositionen eingreifende Belange gehe.[374]

b) Gründe gegen eine Änderung des Kostentragungsrechts

Aufgrund fehlender Möglichkeiten, eine obsiegende Partei mit den Kosten des Verfahrens zu belegen, wenn diese zuvor die Durchführung eines Mediationsverfahrens verweigert hat, wird zur Förderung der Mediation erwogen, de lege ferenda entsprechende Regelungen zu schaffen und damit das deutsche Kostentragungsrecht dem flexibleren englischen Kostentragungsrecht anzunähern,[375] da in der Verhängung von Kostensanktionen eine wirksame Möglichkeit gesehen wird, die Parteien frühzeitig zu einer außergerichtlichen Streitbeilegung zu motivieren.[376] Im Einzelnen biete sich dabei unter anderem der Ausbau der Bestimmungen der §§ 93, 93d, 94, 95, 96, 97 Abs. 2 ZPO an.[377] Darüber hinaus sei die Aufnahme von Vorschriften zu erwägen, wonach eine Ausnahme von dem in § 91 Abs. 1 ZPO, § 154 Abs. 1 VwGO und § 135 Abs. 1 FGO statuierten Grundsatz der Kostentragungspflicht der unterlegenen Prozesspartei für den Fall zuzulassen sei, in dem eine Partei durch ihr Verhalten zur Klageerhebung Veranlassung gegeben habe. Im Wege einer solche allgemeinen „Veranlasserhaftung" könnten die Gerichte mit Blick auf das Kostenrecht dem Umstand Rechnung tragen, dass sich eine der Konfliktparteien nicht in gebotenem Maße um eine gütliche Beilegung des konkreten Rechtstreits bemüht hat.[378]

Gegen entsprechende Änderungen im Bereich des Kostentragungsrechts spricht zunächst, dass damit (namentlich auf dem Wege des Kostentragungsrechts) indirekt ein

---

[373] Vgl. hierzu: *Spindler,* Abschlussbericht zum Forschungsprojekt Gerichtsnahe Mediation in Niedersachsen, Rn. 301. Vgl. auch: *Althammer,* JZ 2006, 69 (74), wonach gleiches zudem auch im Falle einer Erledigung vor Rechtshängigkeit möglich sein soll.

[374] *Spindler,* Abschlussbericht zum Forschungsprojekt Gerichtsnahe Mediation in Niedersachsen, Rn. 305.

[375] *Greger/Engelhardt,* ZKM 2003, 4 (5); *Baumann,* IDR 2005, 9 (17). Eingeschränkt: *Volkmann,* Mediation im Zivilprozess, S. 153.

[376] *Althammer,* JZ 2006, 69 (73).

[377] *Baumann,* IDR 2005, 9 (17); *Greger/Engelhardt,* ZKM 2003, 4 (5).

[378] *Baumann,* IDR 2005, 9 (17).

gewisser Mediationszwang geschaffen würde, was – wie im Rahmen der vorliegenden Arbeit bereits an verschiedenen Stellen ausgeführt wurde – letztlich jedoch abzulehnen ist. Allen voran wäre ein wie auch immer gearteter Mediationszwang, und damit auch eine aus dem Kosten- oder Kostentragungsrecht resultierende Pflicht zur Mediationsteilnahme, nicht mit dem für die Mediation charakteristischen Grundsatz der Freiwilligkeit vereinbar und es bestünden insofern zumindest Bedenken im Hinblick auf die Rechtsweggarantie des Art. 19 Abs. 4 S. 1 GG und das Gebot des effektiven Rechtsschutzes. Darüber hinaus sollten die Parteien eines Rechtstreits, denen gegebenenfalls gerade an einer gerichtlichen Entscheidung gelegen ist, nicht gezwungen werden, die möglichen Nachteile einer Mediation in Kauf nehmen zu müssen. Kein aufrecht zu erhaltendes Argument gegen eine dem englischen Kostentragungsrecht entsprechende Regelung ist es hingegen, dass ein Gerichtsverfahren infolge einer solchen Regelung zumindest hinsichtlich der Verfahrenskosten seine Vorhersehbarkeit verlieren würde. Das englische Recht und die hierzu ergangene Rechtsprechung zeigen, dass eine entsprechende Regelung neben der grundsätzlich bestehenden Unterliegendenhaftung rechtssicher ausformbar ist.[379]

IV. Das Problem der Kostenhilfe im Falle der gerichtsnahen Mediation

Das Thema der Kostenhilfe wird im Zusammenhang mit dem Angebot der gerichtsnahen Mediation in zweierlei Hinsicht diskutiert. Zum einen lässt sich in Anbetracht der gebotenen Änderungen des Gerichtskostenrechts[380] sowie der im Rahmen dieses Verfahrens entstehenden Anwaltskosten[381] die Frage aufwerfen, ob hinsichtlich der gerichtsnahen Mediation ein Äquivalent zur Prozesskostenhilfe – gleichsam eine Art „Mediationskostenhilfe" – geschaffen werden sollte/müsste. Zum anderen lässt sich diskutieren, ob Parteien, die ohne vernünftigen Grund ein ernsthaftes Angebot zur Durchführung eines außergerichtlichen oder gerichtsnahen Mediationsverfahrens ablehnen, im Hinblick auf das daraufhin fortzusetzende Gerichtsverfahren die Prozesskostenhilfe verweigert werden kann.

1. Der Vorschlag zur Einführung einer „Mediationskostenhilfe" als Äquivalent zur Prozesskostenhilfe

Gegen die Schaffung einer Mediationskostenhilfe bei flächendeckender Einführung des gerichtsnahen Mediationsangebots wird erstens das Argument leerer Staats- und Justizkassen ins Feld geführt.[382] Zweitens verlange die gerichtsnahe Mediation eine eigenverantwortliche Konfliktlösung durch die Konfliktparteien. Diesbezüglich könne es sich im Hinblick auf eine ökonomisch vernünftige Lösung als sehr wirksam erweisen, wenn die Konfliktparteien die Kosten selbst zu tragen hätten, da die Kostentragungspflicht den

[379] *Engelhardt*, ZRP 2004, 233 (235).
[380] Vgl. hierzu: Dritter Teil, 3. Kapitel, Unterpunkt I.
[381] Vgl. hierzu. Dritter Teil, 3. Kapitel, Unterpunkt II.
[382] Vgl.: *Goll*, ZKM 2002, 144 (145); *Becker/C.-H. Horn*, SchiedsVZ 2006, 270 (275).

Parteien ein konstruktives und zielstrebiges Handeln im Mediationsverfahren abverlange.[383] Drittens bedinge die Gewähr einer staatlichen Mediationskostenhilfe eine Bewilligungsentscheidung durch den Richter oder Rechtspfleger. Bei einem verantwortungsbewussten Umgang mit Haushaltsmitteln müsste dabei eine Prüfung der „Mediationseignung", gegebenenfalls des vertretbaren Zeitaufwandes und – zumindest in der Phase eines noch im Aufbau befindlichen Marktes – der Qualifikation des Mediators erfolgen, was insgesamt einen zusätzlichen Personalbedarf auf Justizseite hervorrufen würde.[384] Die genannten Argumente gegen eine Einführung einer Mediationskostenhilfe vermögen letztlich jedoch nicht zu überzeugen, so dass die Forderung nach einer Art Mediationskostenhilfe bei flächendeckender Einführung der gerichtsnahen Mediation zu unterstützen ist.

Sinn und Zweck sowohl einer noch zu schaffenden Mediationskostenhilfe als auch der bereits bestehenden Prozesskostenhilfe ist es, finanzschwachen Konfliktparteien die Inanspruchnahme des jeweiligen Verfahrens zu ermöglichen. Vor diesem Hintergrund vermag zunächst das zweitgenannte Argument nicht zu überzeugen, wonach eine Mediationskostenhilfe versagt bleiben soll, um eine fokussierte Verfahrensdurchführung zu fördern. Auch hinsichtlich der Prozesskostenhilfe könnte man sich auf den Standpunkt stellen, zur Förderung einer konstruktiven und zielstrebigen Durchführung des Gerichtsverfahrens die Leistungen aus der Prozesskostenhilfe streichen zu wollen, was mit Recht jedoch nicht ernsthaft vertreten wird. Eine sachlich gerechtfertigte und allgemein anerkannte Einschränkung der Prozesskostenhilfe nimmt das Gesetz nur insoweit vor, als deren Gewähr von den Erfolgsaussichten der Prozessführung abhängig gemacht wird. Einer solchen von den Erfolgsaussichten abhängigen Prozesskostenhilfe würde es entsprechen, eine Mediationskostenhilfe nur in den Fällen vorzusehen, in denen eine gerichtsnahe Mediation aussichtsreich erscheint, nicht aber, eine Mediationskostenhilfe gänzlich zu versagen.

Den zu Drittens genannten Bedenken gegen die Einführung einer Mediationskostenhilfe kann entgegen gehalten werden, dass es im Falle der Schaffung einer Mediationskostenhilfe nicht notwendigerweise einer gesonderten und zusätzliche Belastungen hervorrufenden Bewilligungsentscheidung durch den Richter oder Rechtspfleger bedarf. Als Äquivalent zur Prozesskostenhilfeentscheidung wäre im Rahmen der Entscheidung über die Bewilligung von Mediationskostenhilfe nach hier vertretener Auffassung nur über die Mediationseignung des jeweiligen Konflikts zu befinden. Schlägt das Gericht – wie bei Umsetzung des in dieser Arbeit unterbreiteten Regelungsvorschlags gemäß § 278 Abs. 5a S. 1 ZPO-E der Fall – nur in „geeigneten Fällen" die Durchführung einer Mediation vor, ist besagte Prüfung der Mediationseignung bereits mit dieser Entscheidung erfolgt und die Mediationseignung bereits positiv festgestellt. Eine erneute Prüfung der Mediationseignung im Mediationskostenhilfeverfahren erscheint deshalb nicht nötig, zumal auch die Prozessparteien – einmal zu gerichtlichen Schritten und einer endgülti-

---

[383] *Goll*, ZKM 2002, 144 (145).

[384] *Goll*, ZKM 2002, 144 (145); *Becker/C.-H. Horn*, SchiedsVZ 2006, 270 (275).

gen Streitentscheidung entschieden – einem unsinnigen oder unverhältnismäßig langen Mediationsverfahren ohnehin nicht zustimmen werden.

Übrig bleibt demnach einzig das Argument leerer Staats- und Justizkassen. Dem kann jedoch entgegengehalten werden, dass die Einführung der gerichtsnahen Mediation nach den bisherigen Erfahrungen auch für die Justiz eine gewisse Entlastung mit sich zu bringen scheint. Darüber hinaus wird die Einführung einer der Prozesskostenhilfe vergleichbaren Mediationskostenhilfe bei Einführung einer gebührenpflichtigen gerichtsnahen Mediation schon deshalb erforderlich sein, um zu vermeiden, dass bestimmte Gruppen – namentlich finanziell schlechter gestellte Konfliktparteien, die sich eine Mediationsdurchführung „aus eigener Tasche" nicht leisten können – von vornherein von der Möglichkeit der gerichtsnahen Mediation ausgeschlossen werden, und um zu gewährleisten, dass die Justiz auch mit Blick auf das Angebot der gerichtsnahen Mediation der Sozialverantwortung des Staates gerecht wird. Legt der Staat den Parteien die Wahrnehmung des gerichtlichen Mediationsangebotes als Alternative zu einem gerichtlichen Verfahren nahe, so muss er auch dafür sorgen, dass finanzschwachen Parteien der Weg der gerichtsnahen Mediation nicht aus Kostengründen verschlossen bleibt.[385]

Entscheidet man sich demnach für die Gewähr einer Mediationskostenhilfe, so bedarf es dafür keiner umfangreicheren Gesetzesänderung. Gemäß § 114 ZPO, der über § 166 VwGO, § 73a Abs. 1 S. 1 SGG und § 142 Abs. 1 FGO auch im verwaltungs-, sozial- und finanzgerichtlichen Verfahren entsprechende Anwendung findet, erfasst die Prozesskostenhilfe die Kosten der Prozessführung, wozu die gerichtlichen Gebühren und Auslagen nach § 1 Abs. 1 GKG sowie auch außergerichtliche Kosten, insbesondere solche für die Vergütung des gegebenenfalls hinzugezogenen Rechtsanwalts gemäß § 1 Abs. 1 RVG, gehören.[386] Demzufolge werden neben den zukünftig für die gerichtsnahe Mediation zu erhebenden Prozesskosten im oben genannten Sinne[387] wegen der Einführung der gemäß Abs. 3 der Vorbemerkung 3 zu Teil 3 VV RVG auch für die Mitwirkung an einem auf die Vermeidung oder Erledigung des Verfahrens gerichteten Besprechungen ohne Beteiligung des Gerichts entstehenden Terminsgebühr auch die Kosten für eine anwaltliche Begleitung in der gerichtsnahen Mediation von der Prozesskostenhilfe abgedeckt.[388] Eine Mediationskostenhilfe für gerichtsnahe Mediationsverfahren ist im geltenden Recht folglich gewissermaßen bereits angelegt. Auch im Hinblick auf den Wettbewerb zwischen gerichtsnaher Mediation und privaten Mediationsanbietern bestehen aufgrund der Tatsache, dass der Staat mit der Einführung einer Mediationskostenhilfe lediglich dem verfassungsrechtlichen Sozialstaatsgebot entspricht, keine Bedenken gegen die eine ungleiche Behandlung zwischen staatlicher und privater Mediation hervorrufende Einführung einer Mediationskostenhilfe.[389]

---

[385] Vgl. hierzu auch: *Volkmann*, Mediation im Zivilprozess, S. 156; *Spindler*, Abschlussbericht zum Forschungsprojekt Gerichtsnahe Mediation in Niedersachsen, Rn. 165 u. 638.

[386] U.a.: *Philippi*, in: *Zöller*, ZPO, § 114 Rn. 15; *Volkmann*, Mediation im Zivilprozess, S. 155 f.

[387] Vgl. hierzu: Dritter Teil, 3. Kapitel, Unterpunkt I.

[388] *Spindler*, Abschlussbericht zum Forschungsprojekt Gerichtsnahe Mediation in Niedersachsen, Rn. 164 u. 311; *Volkmann*, Mediation im Zivilprozess, S. 155 f.

[389] Vgl. auch: *Volkmann*, Mediation im Zivilprozess, S. 141.

2. Verweigerung der Prozesskostenhilfe bei Verweigerung eines ernsthaften Angebots zur Durchführung eines Mediationsverfahrens?

Mit dem AG Bochum hat im Dezember 2002 erstmals ein deutsches Gericht entschieden, dass einer Partei, die ein ernsthaftes und nicht von vornherein aussichtsloses Mediationsangebot ablehnt, aufgrund mutwilliger Prozessführung die Prozesskostenhilfeerstattung verwehrt werden kann.[390] Diese Rechtsprechung, die auch in der zweitinstanzlichen Entscheidung des OLG Hamm zumindest nicht grundsätzlich abgelehnt wurde, auch wenn das Urteil das AG Bochum aufgrund besonderer Umstände des Einzelfalles letztlich aufgehoben werden musste,[391] ist in der Mediationsliteratur zuweilen auf deutliche Zustimmung gestoßen.[392] Dem kann jedoch – zumal in dieser Allgemeinheit – nicht gefolgt werden.

Hinsichtlich des Mutwilligkeitkriteriums ist auf das hypothetische Verhalten einer vermögenden Partei in der Situation der die Prozesshilfe beantragenden Person abzustellen.[393] Entscheidend ist, was ein verständiger, wirtschaftlich ausreichend bemittelter Beteiligter in einem gleich gelagerten Fall tun würde.[394] Mutwilligkeit ist demzufolge anzunehmen, wenn ein verständiger und wirtschaftlich nicht hilfsbedürftiger Beteiligter, der keine Prozesshilfe beantragt, sondern für die Kosten selbst aufkommen muss, seine Rechte nicht in gleicher Weise verfolgen[395] beziehungsweise bei verständiger Würdigung der Umstände von der Rechtsverfolgung oder -verteidigung zumindest teilweise absehen würde.[396] Insbesondere kommt eine mutwillige Prozessführung in Betracht, wenn der von

---

[390] *AG Bochum*, Urteil v. 20.12.2002 – 59 F 355/02 (in Auszügen abgedruckt in: ZKM 2003, 233). Vgl. hierzu zudem auch: *Mankowski*, ZKM 2003, 197 ff.; *Baumann*, IDR 2005, 9 (16); *Althammer*, JZ 2006, 69 (72); *Koch*, ZKM 2007, 71 (72).

[391] *OLG Hamm*, Urteil v. 20.3.2003 – 3 WF 44/03 (in Auszügen abgedruckt in: ZKM 2003, 232 f.). Vgl. hierzu zudem auch: *Mankowski*, ZKM 2003, 197 ff.; *Baumann*, IDR 2005, 9 (16); *Althammer*, JZ 2006, 69 (72).

[392] *Mankowski*, ZKM 2003, 197 ff.; *Baumann*, IDR 2005, 9 (16 u. 17); *Koch*, ZKM 2007, 71 (72). Kritisch: *Althammer*, JZ 2006, 69 (72 f.).

[393] *Wax*, in: MK-ZPO, § 114 Rn. 118.

[394] *Olbertz*, in: *Schoch/Schmidt-Aßmann/Pietzner*, VwGO, § 166 Rn. 28; *P. Schmidt*, in: *Eyermann*, VwGO, § 166 Rn. 27; *Rohwer-Kahlmann*, Sozialgerichtsbarkeit, § 73a Rn. 26. Vgl. auch: *Baumbach/Lauterbach/Albers/Hartmann*, ZPO, § 114 Rn. 107; *OLG Düsseldorf* NJW 1989, 2955; *OLG Brandenburg* MDR 2002, 702 f.; *OLG Stuttgart* FamRZ 2003, 1019.

[395] *Philippi*, in: *Zöller*, ZPO, § 114 Rn. 30; *Brandis*, in: *Tipke/Kruse*, AO/FGO, § 142 FGO Rn. 49; *Schwarz*, in: *Hübschmann/Hepp/Spitaler*, AO/FGO, § 142 FGO, § 40; *Reiche*, in: *Beermann/Gosch*, AO/FGO, § 142 FGO Rn. 57; *Stapperfend*, in: *Gräber*, FGO, § 142 Rn. 43; *Rohwer-Kahlmann*, Sozialgerichtsbarkeit, § 73a Rn. 26; *Mankowski*, ZKM 2003, 198; *Koch*, ZKM 2007, 71 (72).

[396] *Bork*, in: *Stein/Jonas*, ZPO, § 114 Rn. 27; *Steiner*, in: *Wieczorek/Schütze*, ZPO, § 114 Rn. 23; *Olbertz*, in: *Schoch/Schmidt-Aßmann/Pietzner*, VwGO, § 166 Rn. 28; *Keller/Leitherer*, in: *Meyer-Ladewig/Keller/Leitherer*, SGG, § 73a Rn. 8; *Littmann*, in: *Lüdtke*, SGG, § 73a Rn. 12; *Knittel*, in: *Hennig*, SGG, § 73a Rn. 25; *Althammer*, JZ 2006, 69 (73); *OLG Düsseldorf* NJW 1989, 2955; MDR 2000, 909. Ähnlich zudem auch: *Neumann*, in: *Sodan/Ziekow*, VwGO, § 166 Rn. 90; *Kopp/Schenke*, VwGO, § 166 Rn. 9; *Kothe*, in: *Redeker/v. Oertzen*, VwGO, § 166 Rn. 3a; *BSG* MDR 1976, 611.

der Prozesskostenhilfe beantragenden Partei verfolgte Zweck durch einen einfacheren und kostengünstigeren Weg erreicht werden kann.[397] In diesem Sinne begründet auch das AG Bochum seine Entscheidung damit, dass eine wirtschaftlich denkende Partei zunächst die Möglichkeiten in Anspruch nehmen müsse, die unentgeltlich – oder im Falle einer hier befürworteten Gebührenerhebung zumindest kostengünstig – angeboten werden, um eine gütliche Einigung herbeizuführen; die Prozessparteien müssten von sich aus alle gegebenen Möglichkeiten ausschöpfen, um eine gütliche Einigung zu erreichen, ehe sie auf Kosten der Landeskasse gerichtliche Hilfe in Anspruch nehmen.[398] Sowohl das Gericht als auch die ihm beipflichtenden Stimmen der Literatur verkennen dabei jedoch, dass bei der Auslegung des Mutwilligkeitsbegriffs im Sinne von § 114 ZPO, § 166 VwGO, § 73a Abs. 1 S. 1 SGG und § 142 Abs. 1 FGO wegen der Rechtsweggarantie des Art. 19 Abs. 4 GG und des daraus folgenden Gebotes des effektiven Rechtsschutzes ein strenger Maßstab auszulegen ist,[399] dass im Rahmen dieser Auslegung die eigenen Interessen des Anspruchstellers maßgeblich sind[400] und dass der Prozesskostenhilfebedürftige stets den sichersten Weg gehen darf, um diese Interessen durchzusetzen.[401] Hieraus ergibt sich, dass einer Partei der Zugang zur Prozesskostenhilfe und damit zu den staatlichen Gerichten nicht grundsätzlich unter dem Hinweis darauf verwehrt werden kann, sie solle sich zunächst um eine (günstigere) außergerichtliche Regelung bemühen.[402]

Bislang wird allenfalls in einigen Arzthaftungs- und Familienrechtsfällen angenommen, dass eine mutwillige Prozessführung vorliegt, wenn eine prozesshilfebedürftige Prozesspartei in diesem Bereich bestehende besondere Angebote der außergerichtlichen Streit-

---

[397] Vgl. hierzu u.a.: *Bork*, in: *Stein/Jonas*, ZPO, § 114 Rn. 32; *Wax*, in: MK-ZPO, § 114 Rn. 122; *Steiner*, in: *Wieczorek/Schütze*, ZPO, § 114 Rn. 23; *Philippi*, in: *Zöller*, ZPO, § 114 Rn. 31 u. 34; *Baumbach/ Lauterbach/Albers/Hartmann*, ZPO, § 114 Rn. 107; *Neumann*, in: *Sodan/Ziekow*, VwGO, § 166 Rn. 92; *Keller/Leitherer*, in: *Meyer-Ladewig/Keller/Leitherer*, SGG, § 73a Rn. 8; *Littmann*, in: *Lüdtke*, SGG, § 73a Rn. 12; *Brandis*, in: *Rohwer-Kahlmann*, Sozialgerichtsbarkeit, § 73a Rn. 26; *Schwarz*, in: *Hübschmann/Hepp/Spitaler*, AO/FGO, § 142 FGO, § 40; *Reiche*, in: *Beermann/Gosch*, AO/FGO, § 142 FGO Rn. 57; *Stapperfend*, in: *Gräber*, FGO, § 142 Rn. 43; *Giesen*, JZ 1988, 255 (256); *BFH* NJW-RR 2000, 1373 (1374); *OLG Hamm* NJW 1990, 1053; *OLG Düsseldorf* NJW-RR 1998, 503; MDR 2000, 909. Vgl. zudem auch: *Mankowski*, ZKM 2003, 197 (198), wonach mutwillig handelt, wer die Gerichte in unnötig aufwendiger Form bemüht, obwohl einfachere, gleich erfolgversprechende Schritte zur Durchsetzung seiner Rechte zur Verfügung stehen.

[398] *AG Bochum* ZKM 2003, 233.

[399] *Baumbach/Lauterbach/Albers/Hartmann*, ZPO, § 114 Rn. 107; *Olbertz*, in: *Schoch/Schmidt-Aßmann/ Pietzner*, VwGO, § 166 Rn. 28; *Brandis*, in: *Tipke/Kruse*, AO/FGO, § 142 FGO Rn. 49; *OLG Hamburg* FamRZ 1998, 1178.

[400] *Philippi*, in: *Zöller*, ZPO, § 114 Rn. 33.

[401] *Baumbach/Lauterbach/Albers/Hartmann*, ZPO, § 114 Rn. 107; *Philippi*, in: *Zöller*, ZPO, § 114 Rn. 33.

[402] *Wax*, in: MK-ZPO, § 114 Rn. 123; *Philippi*, in: *Zöller*, ZPO, § 114 Rn. 33; *OLG Düsseldorf* NJW 1989, 2955. A.A. neben *AG Bochum* ZKM 2003, 233 wohl auch: *Bork*, in: *Stein/Jonas*, ZPO, § 114 Rn. 29, wonach Mutwilligkeit unter anderem vorliegen kann, wenn sich die Prozesskostenhilfe beantragende Partei nicht in zumutbarem Maße um eine gütliche Einigung bemüht hat (vgl. zudem auch: *OLG Brandenburg* FamRZ 2003, 1760 f.).

beilegung nicht wahrnimmt.[403] Eine allgemeine Pflicht zur Inanspruchnahme eines Mediationsangebots zur Vermeidung des Vorwurfs der Mutwilligkeit wurde bislang hingegen nicht gesehen. Im Einzelnen spricht gegen eine Auslegung des Mutwilligkeitmerkmals dahingehend, dass sich eine Prozesspartei bereits bei Verweigerung einer Mediation dem Vorwurf der Mutwilligkeit der Prozessführung aussetzt, dass hierin eine solch gravierende Abweichung von der bisherigen engen Auslegung des Mutwilligkeitmerkmals zu sehen wäre, dass diese nur durch den Gesetzgeber begründet werden könnte.[404] Die Annahme einer mutwilligen Prozessführung aufgrund der Ausschlagung eines Mediationsangebots wäre lediglich dann ohne eine Änderung der relevanten Vorschriften möglich, wenn zumindest eine Pflicht zur vorprozessualen oder gerichtsnahen Mediation bestünde. Eine solche kann aus dem geltenden Recht – allen voran aus § 278 Abs. 2 und 5 ZPO – sowie im Übrigen auch aus den vorstehend dargestellten Änderungsvorschlägen bezüglich der §§ 278 ff. ZPO[405] jedoch nicht gefolgert werden.

Schließlich ist einer Instrumentalisierung des Mutwilligkeitmerkmals der §§ 114 ZPO, 166 VwGO, 73a Abs. 1 S. 1 SGG und 142 Abs. 1 FGO zum Zwecke der Förderung der Mediation entgegenzuhalten, dass es trotz eventueller finanzieller und sonstiger Vorzüge der gerichtsnahen Mediation und der regen Annahme der gerichtsnahen Mediation in den bisher auf diesem Feld durchgeführten Modellversuchen keinen Erfahrungssatz des Inhalts gibt, dass eine bemittelte Partei regelmäßig die gerichtsnahe Mediation suchen wird. Stattdessen hat eine Prozesspartei immer die freie Wahl, die demnach auch minderbemittelten Beteiligten zustehen muss. Es wäre ungerecht und letzten Endes ein Verstoß gegen das Recht auf gleichen Zugang zum Gerichtsverfahren, mittels allzu extensiver Auslegung der Mutwilligkeitsklausel finanziell minderbemittelte Personen indirekt zur Mediationsteilnahme zu zwingen, um Kosten zu sparen, während gegenüber von vornherein nicht Prozesskostenhilfeberechtigten ein entsprechendes Druckmittel fehlt. Dies gilt vor allem, wenn man bedenkt, dass es zuweilen gerade das Interesse einer Prozesspartei sein kann, eine Rechtsfrage gerichtlich geklärt zu bekommen und dass das gerichtliche Verfahren oftmals der sicherste Weg sein dürfte, um bestimmte Rechte durchzusetzen. Zwingt man finanziell schlechter gestellte Parteien über das Prozesskostenhilferecht indirekt zur Mediationsteilnahme, verwehrt man ihnen das Recht auf gleichen Zugang zum gerichtlichen Verfahren zumindest insofern, als damit der Grundsatz eingeschränkt wird, dass der Prozesshilfebedürftige – wie jeder andere Prozessbeteiligte – stets den sichersten Weg gehen darf, um seine eigenen Interessen durchzusetzen.[406]

---

[403] Vgl.: *OLG Brandenburg* FamRZ 2003, 1760 f.

[404] A.A.: *Mankowski*, ZKM 2003, 197 (198), der die Instrumentalisierung der Mutwilligkeitsklausel des § 114 ZPO zwar innovativ nennt, im Ergebnis jedoch annimmt, dass sie sich vollkommen im hergebrachten Rahmen der Auslegung der Mutwilligkeitsklausel der §§ 114 ZPO, 166 VwGO, § 73a Abs. 1 S. 1 SGG und 142 Abs. 1 FGO hält und keine Grenzen überschreitet. Nach *Mankowski* stellt die Instrumentalisierung des Mutwilligkeitmerkmals letztlich ein schönes Beispiel für eine evolutionäre Entwicklung der Rechtsauslegung dar.

[405] Vgl.: Dritter Teil, 2. Kapitel.

[406] Vgl. zu besagtem Grundsatz: *Baumbach/Lauterbach/Albers/Hartmann*, ZPO, § 114 Rn. 107; *Philippi*, in: *Zöller*, ZPO, § 114 Rn. 33.

Schließlich erscheint es nicht gerechtfertigt, nur finanziell schwächeren Parteien die möglichen Nachteile einer gerichtsnahen Mediation – zum Beispiel den Zeit- und Geldverlust im Falle der Erfolglosigkeit – zwangsweise zuzumuten. Infolge der Verweigerung eines Angebots zur Durchführung einer Mediation sollte die Bewilligung eines Prozesskostenhilfeantrags demnach nicht verweigert werden.

V. Die Kostenübernahme durch Rechtsschutzversicherungen

Abgesehen von der Frage, ob Rechtsschutzversicherungen die Kosten für eine außergerichtliche Mediation übernehmen,[407] tragen sie nach den vom Bund der Versicherten e.V. aufgestellten allgemeinen (Muster-)Bedingungen für die Rechtsschutzversicherung aus dem Jahre 2000 (ARB 2000)[408] in der Regel zumindest die im Rahmen eines Rechtsstreits anfallenden Kosten für die Vergütung eines Rechtsanwaltes bis zur Höhe der gesetzlichen Vergütung (§ 5 Abs. 1 a) ARB) sowie die Gerichtskosten (§ 5 Abs. 1 c) ARB). Werden – wie hier vorgeschlagen[409] – zukünftig Gerichtskosten für die Durchführung eines gerichtsnahen Mediationsverfahrens erhoben, so ist folglich von einer vollständigen Übernahme dieser Gerichtskosten auszugehen. Ähnliches gilt auch für die Kosten der Vergütung eines von der rechtsschutzversicherten Partei zur Durchführung der gerichtsnahen Mediation hinzugezogenen Rechtsanwaltes, denn seit Inkrafttreten des Rechtsanwaltsvergütungsgesetzes umfasst die gesetzliche Vergütung des Rechtsanwalts auch die aufgrund der anwaltlichen Begleitung in der Mediation entstehende Terminsgebühr.[410] Seither macht es für die Erstattung durch die Rechtsschutzversicherung in gebührenrechtlicher Hinsicht keinen Unterschied mehr, ob die Parteien einen herkömmlichen Prozess mit anwaltlicher Vertretung führen oder an einer gerichtsnahen Mediation mit der Unterstützung ihrer Anwälte teilnehmen. Auch ohne explizite Aufnahme von Mediationsdienstleistungen in den Leistungskatalog des Versicherungsvertrages sind daher die im Rahmen der gerichtsnahen Mediation entstehenden Kosten für die Vergütung eines hinzugezogenen Rechtsanwalts von der Erstattung der Rechtsschutzversicherung gedeckt,[411] sofern der jeweilige Versicherungsvertrag keine von § 5 Abs. 1 a) und c) ARB abweichenden Regelungen enthält.

---

[407] Vgl.: *Spindler,* Abschlussbericht zum Forschungsprojekt Gerichtsnahe Mediation in Niedersachsen, Rn. 162 f. u. 307 ff.

[408] Online verfügbar unter: http://www.bundderversicherten.de/bdv/versicherungsarten/Rechtsschutz/RSVALLBedingungen.pdf (Stand: 24.1.2008).

[409] Vgl.: Dritter Teil, 3. Kapitel, Unterpunkt I.

[410] Vgl. hierzu: Dritter Teil, 3. Kapitel, Unterpunkt II.

[411] Vgl. auch: *Volkmann,* Mediation im Zivilprozess, S. 154 f.; *Spindler,* Abschlussbericht zum Forschungsprojekt Gerichtsnahe Mediation in Niedersachsen, Rn. 379.

Zusammenfassende Thesen

1. Die Mediation ist ein alternatives, spezielles, (ergebnis-)offenes, nicht förmliches, aber strukturiertes Verfahren der Konfliktbearbeitung, in dem alle an dem jeweiligen Konflikt beteiligten Parteien selbständig, eigenverantwortlich und freiwillig (autonom) – mit Unterstützung eines neutralen, allparteilichen beziehungsweise unparteiischen Dritten mit Verfahrens-, nicht jedoch mit Entscheidungsmacht – auf Basis eines Konsenses und aufgrund der vorhandenen rechtlichen, wirtschaftlichen, persönlichen und sozialen Gegebenheiten sowie der bestehenden Parteiinteressen eine gemeinsame, dauerhafte, für alle Seiten akzeptable und im Idealfall wertschöpfende Lösung für ihren individuellen Konflikt erarbeiten, wobei der Inhalt der Mediationsverhandlungen sowohl von den streitenden Parteien als auch vom Mediator vertraulich zu behandeln ist, um eine umfassende Streitbeilegung ohne verfahrenstaktische Zurückhaltung von Informationen zu ermöglichen. Sie unterscheidet sich als Methode der Streitbeilegung deutlich sowohl vom Gerichtsverfahren als auch von gerichtlichen Vergleichsverhandlungen, vom Schiedsgerichtsverfahren, von der so genannten Schlichtung sowie von herkömmlichen bipolaren Verhandlungen.

2. Die Mediation dient der Verwirklichung unterschiedlicher Ziele. Zurückgehend auf *Breidenbach* verfolgt die Mediation nach dem so genannten „Service-Delivery-Project" zunächst das Ziel, den Konfliktparteien bei der schnellen und effizienten Beilegung des konkreten Konflikts zu helfen, während das so genannte „Access-To-Justice-Project" dazu dient, für schwächere, über keine oder beschränkte Machtressourcen verfügende Parteien die Möglichkeit zu schaffen, diesen Nachteil zu überwinden und den Konflikt, statt vor das kostenintensive, oft unberechenbare und einschüchternde Gerichtssystem, vor ein das Gerichtssystem ergänzendes, leichter zugänglicheres Forum zu tragen. Das „Individual-Autonomy-Project", das auch als Ansatz einer interessenorientierten Mediation bezeichnet werden kann, stellt demgegenüber darauf ab, den Konfliktparteien eine möglichst selbstbestimmte und -verantwortliche Konfliktbehandlung und Konfliktregelung zu ermöglichen, in der sich die Parteien und ihre Interessen widerspiegeln. Die Konfliktparteien sollen eventuelle Einigungshindernisse selbst aus dem Weg räumen und an der Erfahrung einer selbstbestimmten Konfliktbehandlung mit Blick auf zukünftige Konflikte wachsen, wodurch die Autonomie der Konfliktbeteiligten nicht nur im jeweiligen Konfliktfall, sondern auch für die Zukunft gestärkt wird. Der sogenannte „Reconciliation-Ansatz" zielt darüber hinaus auf eine tatsächliche Veränderung beziehungsweise Transformation der Beziehungen der Konfliktparteien in Richtung auf eine Versöhnung ab, während das "Social-Transformation-Project" bestrebt ist, über den konkreten Konflikt hinaus die gesellschaftliche Ebene der Auseinandersetzung einzubeziehen und zu verändern. Neben den von *Breidenbach* dargestellten Zielen der Mediation bezweckt diese zusammenfassend zudem die Strukturierung der jeweiligen Auseinandersetzung, die gegenseitige Vermittlung der unterschiedlichen Interessen, den Abbau extremer Gegensätze beziehungsweise die Annäherung der unterschiedlichen Interessen, die Reduzierung eventuell bestehender Feindseligkeiten, das Hinwirken auf einen gehaltvollen, sachlichen und er-

giebigen Dialog, die Einbeziehung aller Parteieninteressen, die Entwicklung neuer Alternativen und Lösungen, die Ermöglichung einer schnelleren und kostengünstigeren Einigung sowie die Schonung von Ressourcen der Judikative. Hauptziel ist es jedenfalls, eine umfassende, konsensuale, interessengerechte, für alle Seiten akzeptable und endgültige Einzelfalllösung für den jeweiligen Konflikt zu erarbeiten, die keine Konfliktentscheidung im technischen Sinne beinhaltet, sondern eine Übereinkunft der Streitparteien, welche die Lebens- und sonstigen Verhältnisse der Beteiligten zukunftsgerichtet und wertschöpfend regelt.

3. Eine Mediation lässt sich in drei Hauptmediationsphasen unterteilen; (1.) den Abschluss einer Mediationsvereinbarung im Vorfeld des eigentlichen Mediationsverfahrens, (2.) das Mediationsverfahren im engeren Sinne, welches sich seinerseits in die so genannte Informationsphase, die Phase der Interessenfindung und die Lösungs- und Bewertungsphase oder Verhandlungsphase im engeren Sinne aufgliedert, sowie (3.) die Einigungs- und Umsetzungsphase.

4. Die wichtigsten Eigenschaften eines Mediators sind dessen Neutralität, Vertrauenswürdigkeit, Akzeptanz und Autorität. Er übernimmt u.a. eine gewisse Prozessverantwortung, fördert die Kommunikation zwischen den Konfliktparteien, fungiert als Wächter über die Grundprinzipien der Mediation und trägt eine gewisse Fairness- und Gerechtigkeitsverantwortung. Er verfügt über zahlreiche Einwirkungsmöglichkeiten verschiedenster Intensität, deren Zulässigkeit im Einzelfall nicht zuletzt vom Willen der Mediationsparteien abhängt.

5. Zu den rein ökonomischen Vorteilen der Mediation gehören u.a. die Schonung der öffentlichen Haushalte und der Ressourcen der Gerichtsbarkeit, die zu erwartende Zeit- und Kostenersparnis seitens der Konfliktparteien sowie die infolge einer Mediation zuweilen zu erwartende Erhöhung der Planungssicherheit. Darüber hinaus verfügt die Mediation über zahlreiche verfahrens- und ergebnisbezogene Vorteile gegenüber konventionellen Verhandlungen einerseits und dem gerichtlichen Verfahren andererseits. Schließlich bietet die Mediation vor allem erhebliche Vorteile im Hinblick auf das Verhältnis zwischen den Konfliktparteien. Die in der Literatur erwogenen Nachteile werden demgegenüber – sofern überhaupt bestehend – regelmäßig in den Hintergrund treten.

6. Unter anderem, um die Vorteile der Mediation auch in bereits rechtshängigen Konflikten nutzbar zu machen, wird unter der Voraussetzung der Mediationseignung des jeweiligen Konflikts verstärkt ein gerichtsnaher Einsatz der Mediation erwogen. Unter gerichtsnaher Mediation ist dabei ein Verfahren zu verstehen, bei dem ein Richter des bereits angerufenen Gerichts, der in dem konkreten Rechtsstreit laut Geschäftsverteilungsplan nicht für die Entscheidung zuständig ist, als Mediator den Streitparteien auf deren eigenen Wunsch dabei hilft, selbständig und eigenverantwortlich eine konsensuale und dauerhafte Konfliktlösung herbeizuführen. Die nach Anhängigkeit der Sache durchgeführte gerichtsnahe Mediation verlässt das Gericht nicht und es wird kein Dritter, der au-

ßerhalb der Justiz beziehungsweise Justizverwaltung steht, sondern ein nicht mit dem Prozessgegenstand befasster Richter in die Konfliktbereinigung einbezogen.

7. In jüngster Vergangenheit haben bereits zahlreiche Modellversuche zum Einsatz der gerichtsnahen Mediation in der Verwaltungs- und Sozialgerichtsbarkeit stattgefunden. Die hieraus gewonnenen Erfahrungen, vor allem bezüglich der erreichten Einwilligungs- und Einigungsquoten, der Verfahrensdauer bei Durchführung einer gerichtsnahen Mediation sowie der durch die gerichtsnahe Mediation bewirkten Entlastung der Gerichte sind als überwiegend positiv zu beurteilen. Darüber hinaus wird die gerichtsnahe Mediation sowohl durch die beteiligten Richtermediatoren, durch die nicht mediativ tätige Richterschaft, durch die an gerichtsnahen Mediationsverfahren beteiligten Konfliktparteien sowie durch die im Hinblick auf die gerichtsnahe Mediation erfahrene Anwaltschaft überwiegend begrüßt. Die Gründe für eine Mediationsteilnahme sind dabei vielfältig. Bei entsprechender Falleignung erscheint die gerichtsnahe Mediation im Ergebnis als sinnvolle Ergänzung des gerichtlichen Streitbeilegungsangebots.

8. Die gerichtsnahe Mediation lässt sich dabei weder als (originäre) Aufgabe der rechtsprechenden Gewalt noch als Aufgabe der Gerichtsverwaltung qualifizieren. Sie lässt sich jedoch unter den Begriff der „anderen“ Aufgabe des Richters nach § 4 Abs. 2 Nr. 2 DRiG subsumieren, wozu es jedoch einer sondergesetzlichen Zuweisung bedarf.

9. Die teilweise vertretenen Bedenken gegen den Einsatz der gerichtsnahen Mediation im verwaltungs-, sozial- und finanzgerichtlichen Verfahren vermögen nicht zu überzeugen. Aufgrund der Durchführung einer gerichtsnahen Mediation droht in der Regel weder eine Verjährung von Ansprüchen noch der Ablauf von Ausschlussfristen, wenn auch bezüglich letzterem eine gesetzliche Regelung wünschenswert wäre. Auch aus datenschutzrechtlicher Sicht und im Hinblick auf eine vermeintliche Benachteiligung finanziell schwacher Konfliktparteien, die Bedeutung verwaltungs-, sozial- und finanzgerichtlicher Urteile, eine mögliche Verrechtlichung der Mediation, die bei Klageeinreichung bereits erreichte Eskalationsstufe des jeweiligen Konflikts, das Selbstbestimmungsrecht der Prozessparteien, die Erwartungshaltung der Konfliktparteien gegenüber dem Gericht und dem gerichtlichen Verfahren, die Organisation der gerichtsnahen Mediation in den bisherigen Modellversuchen, die am gerichtsnahen Mediation beteiligten Rechtsanwälte und Richtermediatoren sowie die ergebnisoffene Verfahrenseinleitung durch den Richtermediator bestehen keine durchgreifenden Einwände gegen die gerichtsnahe Mediation.

10. Gegen die Einführung der gerichtsnahen Mediation in der Verwaltungs-, Sozial- und Finanzgerichtsbarkeit bestehen zudem keine aus ihrer Funktionslogik resultierenden verfassungs- und verfahrensrechtlichen Bedenken.

11. In verfassungsrechtlicher Sicht verstößt die derzeit in den Modellversuchen praktizierte Form der gerichtsnahen Mediation nicht gegen Art. 19 Abs. 4 GG beziehungsweise den allgemeinen Justizgewährleistungsanspruch. Im Gegenteil: Mit Art. 19 Abs. 4 GG

erscheint es sogar vereinbar, die Verfahrensparteien zur Teilnahme an einem Informations- und Screeningtermin zu verpflichten, in dessen Rahmen die Verfahrensparteien über die gerichtsnahe Mediation aufgeklärt und die Eignung des jeweiligen Konflikts für die gerichtsnahe Mediation geprüft wird. Begründete Bedenken mit Blick auf Art. 19 Abs. 4 GG bestehen nur, wenn man die Parteien eines gerichtlichen Verfahrens zur Teilnahme an einem gerichtsnahen Mediationsverfahren zwingen würde. Auch das Rechtsprechungsmonopol nach Art. 92 GG sowie die richterliche Unabhängigkeit nach Art. 97 GG i.V.m. dem Rechtsstaatsgebot, die sich auch auf die Tätigkeit des Richtermediators im Rahmen der gerichtsnahen Mediation erstreckt, und die Bindung der Richter(mediatoren) an Recht und Gesetz gemäß Art. 97 Abs. 1 GG und Art. 20 Abs. 3 GG stehen der gerichtsnahen Mediation nicht entgegen.

12. Neben dem Recht auf den gesetzlichen Richter gemäß Art. 101 Abs. 1 Satz 2 GG besteht bei Einführung der gerichtsnahen Mediation auch ein Anspruch auf den „gesetzlichen Mediator". Daher sind bei Einführung der gerichtsnahen Mediation entsprechende Vorkehrungen in den Geschäftsverteilungsplänen der Gerichte zu treffen. Das Verbot von Ausnahmegerichten nach Art. 101 Abs. 1 Satz 1 GG wird durch die gerichtsnahe Mediation nicht tangiert.

13. Bei Einführung der gerichtsnahen Mediation muss auch dort der Grundsatz des rechtlichen Gehörs gelten. Er muss jedoch einige Modifizierungen erfahren. Das grundsätzlich auch im Rahmen der gerichtsnahen Mediation erforderliche Äußerungsrecht deckt sich insofern nicht mit dem Äußerungsrecht im Rahmen des rechtlichen Gehörs im gerichtlichen Verfahren nach Art. 103 Abs. 1 GG, als das in der gerichtsnahen Mediation zu gewährleistende Äußerungsrecht zunächst weiter sein muss als sein Pendant im Gerichtsverfahren, sofern es darum geht, das Recht zur Äußerung der jeweils erheblichen Aspekte zu garantieren. Andererseits entfallen im Rahmen der gerichtsnahen Mediation einige Ausprägungen des Äußerungsrechts, die aufgrund der Natur der gerichtsnahen Mediation wenig Sinn machen. Auch das im Rahmen der Gewährleistung des rechtlichen Gehörs den Konfliktparteien im gerichtlichen Verfahren zustehende Informationsrecht sowie die damit einhergehende Informationspflicht der Gerichte als Voraussetzung einer effektiven Wahrnehmung des Anspruchs auf rechtliches Gehör muss grundsätzlich auch in der gerichtsnahen Mediation gelten, dabei allerdings insofern eine Beschränkung erfahren, als der genaue Verfahrensinhalt/-gegenstand beziehungsweise der relevante Verfahrens- und Tatsachenstoff sowie das Ergebnis des Streitbeilegungsverfahrens hier – mehr noch als im gerichtlichen Verfahren – allein durch die Konfliktparteien selbst bestimmt wird. Einzig die aus dem Anspruch auf rechtliches Gehör resultierende Pflicht der Gerichte, das durch die Verfahrensparteien Geäußerte auch tatsächlich zu berücksichtigen und in Erwägung zu ziehen, erscheint im Hinblick auf die gerichtsnahe Mediation problematisch. Die fehlende Übertragbarkeit einer so verstandenen Berücksichtigungspflicht auf die gerichtsnahe Mediation resultiert bereits aus dem Umstand, dass im Wege eines gerichtsnahen Mediationsverfahrens keine gerichtliche Entscheidung ergeht, im Rahmen derer das Vorbringen der Mediationsparteien berücksichtigt werden könnte. Die

Berücksichtigungspflicht setzt eine gerichtliche Entscheidung voraus, an der es im Fall der gerichtsnahen Mediation insofern fehlt, als es hier die Parteien sind, die selbständig und eigenverantwortlich eine Lösung ihres Konflikts erarbeiten.

14. Der im gerichtlichen Verfahren bestehende Anspruch auf ein faires Verfahren sowie der dort geltende Grundsatz der Waffengleichheit sind ebenfalls grundsätzlich auf die gerichtsnahe Mediation übertragbar. Auch in der gerichtsnahen Mediation müssen die Verfahrensbeteiligten über die gleiche prozessuale Stellung beziehungsweise über formelle Chancengleichheit verfügen, die durch eine verfahrensbezogene Gleichbehandlung sowie eine objektive und faire Verhandlungsführung sichergestellt werden muss. Zudem müssen die Parteien einer gerichtsnahen Mediation (1.) die gleichen Möglichkeiten haben, ihre Interessen in eine das Mediationsverfahren gegebenenfalls abschließende Mediationsvereinbarung einzubringen, und (2.) in gleichem Maße dem Risiko hinsichtlich Verfahrensausgang und Kostenbelastung ausgesetzt sein. Ein etwaiges Informationsgefälle zwischen den Beteiligten einer verwaltungs-, sozial- und finanzgerichtsnahen Mediation steht der Durchsetzung des Grundsatzes der Waffengleichheit zumindest nicht grundsätzlich im Wege.

15. Der im verwaltungs-, sozial- und finanzgerichtlichen Verfahren geltende Amtsermittlungsgrundsatz kann im Rahmen der gerichtsnahen Mediation keine Anwendung finden, da dieser Grundsatz auf eine gerichtliche Entscheidung rechtlicher Konflikte bezogen ist. Er dient dazu, die Grundlage für eine richterliche Entscheidung zu schaffen, welche in der gerichtsnahen Mediation jedoch nicht ergeht. Ebenso gelten die Aufklärungspflichten der Gerichte wohl nur im Rahmen mündlicher Verhandlungen. Das gerichtsnahe Mediationsverfahren stellt aber gerade keinen Teil der mündlichen Verhandlung dar.

16. Die Zulässigkeit einer auf freiwilliger Teilnahme der Prozessparteien beruhenden gerichtsnahen Mediation ist eine Folge der auch im verwaltungs-, sozial- und finanzgerichtlichen Verfahren geltenden Dispositionsmaxime. Ihre Einführung bietet den Prozessparteien die Gelegenheit, das gerichtliche Verfahren für die Dauer des Mediationsverfahrens auszusetzen, um unter Mithilfe eines außen stehenden, nicht entscheidungsbefugten Richtermediators eine selbständige, eigenverantwortliche und einvernehmliche Konfliktlösung zu erarbeiten. Auch die in den öffentlich-rechtlichen Gerichtsbarkeiten zu beachtenden Besonderheiten hinsichtlich der notwendigen Beiladung beziehungsweise der Hinzuziehung eines Vertreters des öffentlichen Interesses in verwaltungsgerichtlichen Verfahren vermögen mit Blick auf die Dispositionsmaxime keine Bedenken gegen die Einführung der gerichtsnahen Mediation im verwaltungs-, sozial- und finanzgerichtlichen Bereich zu begründen.

17. Das im Bereich der öffentlich-rechtlichen Gerichtsbarkeiten geltende Prinzip des Amtsbetriebs kollidiert nicht mit der Einführung der gerichtsnahen Mediation. Ähnliches gilt bezüglich des Mündlichkeitsgrundsatzes, des Unmittelbarkeitsgrundsatzes sowie des Öffentlichkeitsprinzips. Während der Mündlichkeitsgrundsatz auch im gerichtsnahen Me-

diationsverfahren gelten sollte und dort ohne Probleme umgesetzt werden kann, vermögen der Unmittelbarkeits- und Öffentlichkeitsgrundsatz im Rahmen der gerichtsnahen Mediation keine Geltung zu beanspruchen. Im Falle des Unmittelbarkeitsgrundsatzes folgt die Unanwendbarkeit bereits aus der Tatsache, dass es sich bei der gerichtsnahen Mediation unter Mithilfe eines mit Blick auf das gerichtliche Verfahren außen stehenden Richtermediators zumindest nicht um Verhandlungen vor dem erkennenden Gericht handelt. Zudem zielt der Unmittelbarkeitsgrundsatz auf die Unmittelbarkeit zwischen der Verhandlungsdurchführung und der das gerichtliche Verfahren abschließenden Entscheidung ab, die im Rahmen der gerichtsnahen Mediation jedoch gerade nicht ergeht. Die Anwendbarkeit des Öffentlichkeitsgrundsatzes scheitert daran, dass es sich bei gerichtsnahen Mediationsverhandlungen nicht um eine Verhandlung vor dem erkennenden Gericht handelt. Darüber hinaus besteht im Rahmen der gerichtsnahen Mediation kein ausreichendes Interesse nach Öffentlichkeit.

18. Der allgemeine Gleichheitssatz gemäß Art. 3 Abs. 1 GG steht einer Einführung der gerichtsnahen Mediation nicht entgegen, sofern ausreichende Vorkehrungen getroffen werden, um einen gleichen Zugang zum gerichtsnahen Mediationsverfahren zu gewährleisten.

19. Obwohl die Finanzgerichtsordnung einen gerichtlichen Vergleich de lege lata nicht kennt, kommt eine Einführung der gerichtsnahen Mediation grundsätzlich auch im Bereich der Finanzgerichtsbarkeit in Betracht. Grund hierfür ist, dass am Ende eines gerichtsnahen Mediationsverfahrens nicht nur ein Vergleichsschluss, sondern auch eine Klagerücknahme, ein Anerkenntnis oder eine Erledigungserklärung stehen kann und diese Institute zur Verfahrensbeendigung auch im Bereich der Finanzgerichtsbarkeit Anwendung finden.

20. Neben verfassungs- und verfahrensrechtlichen Bedenken bestehen auch keine berufsrechtlichen Zweifel an der Zulässigkeit der gerichtsnahen Mediation. Die Durchführung gerichtsnaher Mediationsverfahren verstößt namentlich nicht gegen das alte Rechtsberatungsgesetz. Die Durchführung einer gerichtsnahen Mediation stellt zwar regelmäßig eine geschäftsmäßige Besorgung fremder Rechtsangelegenheiten im Sinne des Art. 1 § 1 Abs. 1 Satz 1 RBerG dar, die gemäß Art. 1 § 2 RBerG (analog) nicht erlaubnisfrei erbracht werden kann. Sie ist jedoch erlaubnisfrei nach Art. 1 § 3 Nr. 1 RBerG, zumal eine Erlaubnisfreiheit auch mit den Schutzzwecken des Rechtsberatungsgesetzes in Einklang steht. Auch nach dem zukünftigen Rechtsdienstleistungsgesetz bestehen keine Bedenken gegen die Zulässigkeit der gerichtsnahen Mediation.

21. Die Durchführung gerichtsnaher Mediationsverfahren ist ferner auch mit dem Wettbewerbsrecht vereinbar. Zwar ist das Wettbewerbsrecht auf Maßnahmen der Justiz als Teil der öffentlichen Hand grundsätzlich anwendbar. Zudem stellt das Angebot der gerichtsnahen Mediation eine Wettbewerbshandlung im Sinne des § 3 i.V.m. § 2 Abs. 1 Nr. 1 UWG dar, die geeignet ist, nicht unerhebliche Wettbewerbsbeeinträchtigungen zum

Nachteil anderer Marktteilnehmer, namentlich private Mediationsanbieter, hervorzurufen. Wird (1.) die gerichtsnahe Mediation gesetzlich normiert und damit dauerhaft und flächendeckend eingeführt, werden (2.) die Verfahrensbeteiligten im Rahmen des gerichtsnahen Mediationsangebots neben der gerichtsnahen Mediation auch auf die Möglichkeit der außergerichtlichen Mediation durch private Mediationsanbieter hingewiesen, werden (3.) bei flächendeckender Einführung der gerichtsnahen Mediation Gebühren für die Mediationsdurchführung erhoben und werden (4.) zukünftig Möglichkeiten der Qualitätssicherung bezüglich außergerichtlicher Mediationen ergriffen, ist das Angebot der gerichtsnahen Mediation jedoch nicht als unlauter zu qualifizieren. Schließlich verhindern auch die allgemeinen verfassungsrechtlichen Grenzen einer wirtschaftlichen Betätigung der öffentlichen Hand nicht die Zulässigkeit der gerichtsnahen Mediation.

22. Trotz prinzipieller Zulässigkeit der gerichtsnahen Mediation und deren Erfolg in den bislang durchgeführten Modellversuchen auch und gerade in den öffentlich-rechtlichen Gerichtsbarkeiten, enthält das geltende Recht weder im Bereich der Zivilprozessordnung noch im Bereich der Verwaltungs-, Sozial- und Finanzgerichtsbarkeit eine ausreichende gesetzliche Grundlage für ein dauerhaftes und flächendeckendes Angebot der gerichtsnahen Mediation.

23. Das geltende Recht hält keine ausreichenden gesetzlichen Grundlagen für ein dauerhaftes und flächendeckendes Angebot der gerichtsnahen Mediation bereit. Gleichzeitig lässt sich die gerichtsnahe Mediation als „andere Aufgabe“ im Sinne des § 4 Abs. 2 Nr. 2 DRiG qualifizieren. Daher bedarf es zur dauerhaften und flächendeckenden Einführung der gerichtsnahen Mediation einer gesetzlichen Normierung dieses Streitbeilegungskonzepts. Eine entsprechende gesetzliche Regelung sollte dabei nicht nur allgemein die Möglichkeit der gerichtsnahen Mediation als Alternative zum Gerichtsverfahren und zur außergerichtlichen Streitbeilegung vorsehen, sondern auch das Verfahren der gerichtsnahen Mediation regeln. Diesbezüglich bietet es sich an, eine entsprechende Regelung schwerpunktmäßig in der Zivilprozessordnung zu verankern, die in der Folge auch im Verwaltungs-, Sozial- und Finanzgerichtsverfahren entsprechende Anwendung finden kann. Nur auf diesem Wege ließe sich eine einheitliche, die verschiedenen Gerichtsbarkeiten übergreifende Regelung der gerichtsnahen Mediation treffen. Darüber hinaus erscheint es unter anderem aus wettbewerbsrechtlichen Gesichtspunkten sinnvoll, bei dauerhafter und flächendeckender Einführung der gerichtsnahen Mediation einige Anpassungen im Hinblick auf das Kostenrecht vorzunehmen. Sowohl im Hinblick auf eine mögliche, die verschiedenen (auch öffentlich-rechtlichen) Gerichtsbarkeiten übergreifende, gesetzliche Regelung der gerichtsnahen Mediation im Rahmen der Zivilprozessordnung als auch hinsichtlich der gegebenenfalls erforderlichen Änderungen des Kostenrechts werden in dieser Arbeit ausführliche und differenzierende Vorschläge unterbreitet.

Literaturverzeichnis

Ade, Juliane/*Alexander,* Nadja Marie: Gerichtsnahe Mediation rund um die Welt. Ansätze und aktuelle Entwicklungen vor dem Hintergrund angloamerikanischer und kontinentaleuropäischer Rechtssysteme – Teil 1 und 2, in: ZKM 2007, S. 144 ff. u. 183 ff.

Alexander, Nadja Marie: Wirtschaftsmediation in Deutschland. Möglichkeiten anhand internationaler, insbesondere australischer, Erfahrungen, Tübingen 1998.

- Wirtschaftsmediation in Theorie und Praxis. Eine deutsch-australische Studie, Frankfurt am Main 1999.

Alm-Merk, Heidi: Das Verhältnis zwischen Exekutive und der Verwaltungsgerichtsbarkeit sowie zu Inhalt und Grenzen der Mediation im Verwaltungs- und Verwaltungsgerichtsverfahren, in: NdsVBl. 1997, S. 245 ff.

Alternativkommentar zum Grundgesetz für die Bundesrepublik Deutschland, hrsg. v. *Denninger,* Erhard/*Hoffmann-Riem,* Wolfgang/*Schneider,* Hans-Peter/*Stein,* Ekkehart, 3. Auflage, Neuwied 2001, Stand: 2. Aktualisierungs-Lfg., August 2002 (zitiert: *Bearbeiter,* in: AK-GG).

Althammer, Christoph: Mediation als prozessuale Last, in: JZ 2006, S. 69 ff.

Anschütz, Gerhard/*Thoma,* Richard (Hrsg.): Handbuch des Deutschen Staatsrechts, Tübingen 1930/1932.

Arndt, Adolf: Rechtsprechende Gewalt und Strafkompetenz, in: *Eschenburg,* Theodor/*Heuss* Theodor/*Zinn,* Georg-August: Festgabe für Carlo Schmid zum 65. Geburtstag, Tübingen 1962, S. 5 ff.

- Strafgewalt der Finanzämter?, in: NJW 1959, S. 605 ff.

- Umwelt und Recht, in: NJW 1960, S. 423 ff.

Arpos Institut (Hrsg.): Gerichtsnahe Mediation. Ergebnisse der Begleitforschung (ausgewählte Ergebnisse der sozialwissenschaftlichen Begleitforschung zu Modellprojekt „Schlichten statt richten" – gerichtsnahe Mediation in Niedersachsen), Hannover 2005, online verfügbar unter: http://www.arpos.de (Stand: 24. Januar 2008).

Ayad, Patrick: Alternative Streitbeilegung/Alternative Dispute Resolution. The Use of Incentives to settle in English Civil Procedure, in: IDR 2005, S. 123 ff.

Badura, Peter: Eigentum, in: *Benda,* Ernst/*Maihofer,* Werner/*Vogel,* Hans-Jochen: Handbuch des Verfassungsrechts der Bundesrepublik Deutschland, 2. Auflage, Berlin 1994, § 10 (S. 327 ff.).

- Staatsrecht. Systematische Erläuterung des Grundgesetzes, 3. Auflage, München 2003.

Bargen, Joachim von: Mediation im Verwaltungsprozess. Eine neue Form konsensualer Konfliktlösung vor Gericht, in: DVBl. 2004, S. 468 ff.

Bargen, Joachim von: Mediation im Verwaltungsrecht, in: BDVR-Rundschreiben 2004, S. 55 ff.

Battis, Ulrich: Bundesbeamtengesetz. Kommentar, 3. Auflage, München 2004.

Baumann, Antje: Förderung der Mediation durch das Gericht - Maßnahmen in England und Deutschland, in: IDR 2005, S. 9 ff.

Baumbach, Adolf/*Lauterbach,* Wolfgang/*Albers,* Jan/*Hartmann,* Peter: Zivilprozessordnung. Kommentar, bearb. v. *Hartmann,* Peter, 66. Auflage, München 2008.

Beck, Wolfgang/*Roschmann,* Christian: Vom Nutzen der Mediation in der Kommunalreform, in: LKV 2002, S. 62 ff.

Becker, Friedwart/*Horn,* Claus-Henrik: Notwendige Regelungen eines deutschen Mediationsgesetzes, in: SchiedsVZ 2006, S. 270 ff.

Beermann, Albert/*Gosch,* Dietmar (Hrsg.): Abgabenordnung und Finanzgerichtsordnung mit Nebengesetzen und EuGH-Verfahrensrecht. Kommentar (ehemaliger Titel: Steuerliches Verfahrensrecht), Bonn/Berlin 2006, Stand: 67. Erg.-Lfg., November 2007 (zitiert: *Bearbeiter,* in: *Beermann/Gosch,* AO/FGO).

Bercher, Anne: Mediation – Vertraulichkeitsschutz im Vorschlag der EU-Kommission für eine Richtlinie über bestimmte Aspekte der Mediation in Zivil- und Handelssachen, in: IDR 2005, S. 169 ff.

Birner, Marietta: Das Multi-Door Courthouse: Ein Ansatz zur multi-dimensionalen Konfliktbehandlung, Köln 2003.

- Institutionalisierung von außergerichtlichen Verfahren. Das Multi-Door Courthouse-Modell, in: ZKM 2003, S. 149 ff.

Bischof, Hans Helmut: RVG: Erste Gebührenprobleme für Schiedsverfahren und Mediation, In: SchiedsVZ 2004, S. 252 ff.

Böckenförde, Ernst-Wolfgang: Verfassungsfragen der Richterwahl. Dargestellt anhand der Gesetzentwürfe zur Einführung der Richterwahl in Nordrhein-Westfalen, Berlin 1974.

Böhlk, Hans-Joachim: Die Freestyle Justiz oder warum der Staat nicht über alles nachdenken muss, in: BRAK-Mitteilungen 2002, S. 207 f.

Böttcher, Bianca/*Laskawy,* Dirk Helge: Mediationsklauseln in Verträgen und Geschäftsbedingungen: Anregungen und Formulierungsvorschläge, in: DB 2004, S. 1247 ff.

Böttger, Andreas/*Hupfeld,* Jörg: Mediatoren im Dienste der Justiz – Begleitforschung zum Modellprojekt „Schlichten statt richten“, in: ZKM 2004, S. 155 ff.

Brazil, Wayne D.: Comparing Structures for the Delivery of ADR Services by Courts: Critical Values and Concerns, in: 14 Ohio State Journal on Dispute Resolution (1999), S. 715 ff.

- Should Court-Sponsored ADR Survive?, in: 21 Ohio State Journal on Dispute Resolution (2006), S. 241 ff.

Breidenbach, Stephan: Mediation – Komplementäre Konfliktbehandlung durch Vermittlung, in: *Breidenbach,* Stephan/*Henssler,* Martin (Hrsg.): Mediation für Juristen. Konfliktbehandlung ohne gerichtliche Entscheidung, Köln 1997, S. 1 ff. (entspricht: Mediation – Komplementäre Konfliktbehandlung durch Vermittlung, in: AnwBl. 1997, S. 135 ff.).

- Mediation. Struktur, Chancen und Risiken von Vermittlung im Konflikt, Köln 1995.

Breidenbach, Stephan/*Gläßer,* Ulla: Selbstbestimmung und Selbstverantwortung im Spektrum der Mediationsziele, in: Kon:Sens (Zeitschrift für Mediation) 1999, S. 207 ff.

Brohm, Winfried: Beschleunigung der Verwaltungsverfahren – Straffung oder konsensuales Verwaltungshandeln? Zugleich ein Beitrag zu den Voraussetzungen der „Mediation“ in den USA und den strukturellen Unterschieden zwischen amerikanischem und deutschem Recht, in: NVwZ 1991, S. 1023 ff.

- Verwaltungsverhandlungen mit Hilfe von Konfliktmittlern?, in: DVBl. 1990, S. 321 ff.

Büscher, Björn: Controlling und Mediation, in: *Pitschas,* Rainer/*Walther,* Harald (Hrsg.): Mediation in der Verwaltungsgerichtsbarkeit. Vorträge und Arbeitsergebnisse der Projekt-Werkstatt am 27. Januar 2005 mit weiteren Beiträgen, Speyer 2005, S. 209 ff.

Büttner, Anja/*Heinecke,* Verena: Evaluation der bisherigen Arbeit des Modellprojekts – Berichte aus der hessischen Verwaltungsgerichtsbarkeit: Verwaltungsgerichte: Verwaltungsgerichte Wiesbaden und Darmstadt, in: *Pitschas,* Rainer/*Walther,* Harald (Hrsg.): Mediation in der Verwaltungsgerichtsbarkeit. Vorträge und Arbeitsergebnisse der Projekt-Werkstatt am 27. Januar 2005 mit weiteren Beiträgen, Speyer 2005, S. 251 ff.

Bull, Hans Peter/*Mehde,* Veith: Allgemeines Verwaltungsrecht mit Verwaltungslehre, 7. Auflage, Heidelberg 2005.

Bund Deutscher Verwaltungsrichter und Verwaltungsrichterinnen (BDVR): Stellungnahme zur gerichtsinternen Mediation vom 24. April 2006 – Bezug: Anfrage der justizpolitischen Sprecherin der FDP-Fraktion im Deutschen Bundestag, Frau Mechthild Dyckmans, vom 2. Februar 2006, in: BDVR-Rundschreiben 2006, S. 45.

Bush, Robert A. Baruch/*Folger,* Joseph P.: The Promise of Mediation. The Transformative Approach to Conflict, San Francisco 2005 (Revised Edition).

Calker, Wilhelm van: Die Amtsverschwiegenheit im Deutschen Staatsrecht, Tübingen 1916.

Calkins, Richard M.: The Use of Caucusing in Mediation, in: ZKM 2007, S. 176 ff.

Caspar, Johannes: Schlichten statt richten – Möglichkeiten und Wege außergerichtlicher Streitbeilegung, in: DVBl. 1995, S. 992 ff.

Chantilis, Peter S.: Mediation U.S.A., in: 26 University of Memphis Law Review (1996), S. 1032 ff.

Clostermann, Guido/*Josephi,* Katja/*Kleine-Tebbe,* Andreas/*Niewisch-Lennartz,* Antje/*Vogelei,* Carolin: Gerichtsnahe Mediation im öffentlichen Recht – Zu dem Projekt Gerichtsnahe Mediation in Niedersachsen, in: SGb 2003, S. 266 ff. (= BDVR-Rundschreiben 2004, S. 18 ff.).

Deason, Ellen E.: Predictable Mediation Confidentiality in the U.S. federal System, in: 17 Ohio State Journal on Dispute Resolution (2002), S. 239 ff.

Debus, Norbert: Nichtstreitige Verfahrensbeendigung im Verwaltungsprozess, in: *Fritz*, Roland/*Karber*, Bernd/*Lambeck*, Rainer (Hrsg.): Europäische Verwaltungsgerichtsbarkeit: Mediation statt Verwaltungsprozess? Möglichkeiten und Grenzen außergerichtlicher/gerichtsnaher Streitschlichtung in Europa, München 2004, S. 49 ff.

Deckner, Kathrin: Mediationsergebnisse in der Bauleitplanung, Baden-Baden 2006.

Dendorfer, Renate: Wirtschaftsmediation: Die Abkehr von der Streithansel-Kultur - Wirtschaftlicher Erfolg durch alternative Streitbeilegung, in: Der Betrieb 2003, S. 135 ff.

Deventer, Renate/*Ferner*, Hilmar: Gerichtsnahe Mediation beim Verwaltungsgericht Gießen, in: *Fritz*, Roland/*Karber*, Bernd/*Lambeck*, Rainer (Hrsg.): Europäische Verwaltungsgerichtsbarkeit: Mediation statt Verwaltungsprozess? Möglichkeiten und Grenzen außergerichtlicher/gerichtsnaher Streitschlichtung in Europa, München 2004, S. 105 ff.

Ditges, Thomas: Mediation und Rechtsstreit – ein Kosten- und Effizienzvergleich, in: IDR 2005, S. 74 ff.

Dörr, Dieter: Faires Verfahren. Gewährleistung im Grundgesetz der Bundesrepublik Deutschland, Kehl am Rhein 1984.

Dreier, Horst (Hrsg.): Grundgesetz. Kommentar
- Band I: Präambel, Art. 1 bis 19 GG, 2. Auflage, Tübingen 2004,
- Band II: Art. 20 bis 82 GG, 2. Auflage, Tübingen 2006,
- Band III: Art. 83 bis 146 GG, 1. Auflage, Tübingen 2000

(zitiert: *Bearbeiter*, in: *Dreier*, GG).

Dürschke, Joachim: Mediation – Ein Weg im sozialgerichtlichen Verfahren, in: SGb 2001, S. 532 ff.

Duve, Christian: BB-Kommentar zu OLG Rostock vom 20.6.2001, in: BB 2001, S. 1871 f.

- Brauchen wir ein Recht der Mediation?, in: AnwBl. 2004, S. 1 ff.

- Eignungskriterien für die Mediation, in: *Henssler*, Martin/*Koch*, Ludwig (Hrsg.): Mediation in der Anwaltspraxis, 2. Auflage, Bonn 2004, § 5 (S. 157 ff.).

- Mediation und Vergleich im Prozess. Eine Darstellung am Beispiel des Special Masters in den USA, Köln 1999.

- Mediation und Vertraulichkeit – Der Vorentwurf einer europäischen Mediationsrichtlinie, in: IDR 2004, S. 126 ff.

- Rechtsberatung durch Mediatoren im Spiegel der Rechtsprechung – Zugleich eine Anmerkung zu LG Rostock vom 11.8.2000, in: BB 2001, S. 692 f.

Duve, Christian/*Eidenmüller,* Horst/*Hacke,* Andreas: Mediation in der Wirtschaft. Wege zum professionellen Konfliktmanagement, Frankfurt, Köln 2003.

Duve, Christian/*Ponschab,* Reiner: Wenn empfehlen sich Mediation, Schlichtung oder Schiedsverfahren in wirtschaftsrechtlichen Streitigkeiten?, in: Kon:Sens (Zeitschrift für Mediation) 1999, S. 261 ff.

Duve, Christian/*Prause,* Matthias: Mediation und Vertraulichkeit – Der Vorentwurf einer europäischen Mediationsrichtlinie, in: IDR 2004, S. 126 ff.

Duve, Christian/*Tochtermann,* Peter: Nicht-anwaltliche Mediation – Rechtsberatung oder Wirtschaftstätigkeit?, in: ZKM 2001, S. 284 ff.

Eckardt, Bernd: Nichtanwaltliche Mediation als verbotene Rechtsberatung?, in: ZKM 2001, S. 230 ff.

Eckardt, Bernd/*Dendorfer,* Renate: Der Mediator zwischen Vertraulichkeit und Zeugnispflicht – Schutz durch Prozessvertrag, in: MDR 2001, S. 786 ff.

Ehrhardt, Charles W.: Confidentiality Protection: An open Question in federal Courts, in: 5 Dispute Resolution Magazine (1998), S. 17 ff.

Eich, Andreas: Die tatsächliche Verständigung im Steuerverfahren und Steuerstrafverfahren. Zulässigkeit, Rechtsnatur, Auswirkungen, Strategien, Köln 1992.

Eidenmüller, Horst: Die Auswirkungen der Einleitung eines ADR-Verfahrens auf die Verjährung, in: SchiedsVZ 2003, S. 163 ff.

- Hybride ADR-Verfahren bei internationalen Wirtschaftskonflikten, in: RIW 2002, S. 1 ff.

- Ökonomische und spieltheoretische Grundlagen von Verhandlung/Mediation, in: *Breidenbach,* Stephan/*Henssler,* Martin (Hrsg.): Mediation für Juristen. Konfliktbehandlung ohne gerichtliche Entscheidung, Köln 1997, S. 31 ff.

- Verhandlungsmanagement durch Mediation, in: *Henssler,* Martin/*Koch,* Ludwig (Hrsg.): Mediation in der Anwaltspraxis, 2. Auflage, Bonn 2004, § 2 (S. 49 ff.).

- Vertrags- und Verfahrensrecht der Wirtschaftsmediation. Mediationsvereinbarungen, Mediatorverträge, Mediationsvergleiche, Internationale Mediationsfälle, Köln 2001.

- Vertrags- und verfahrensrechtliche Grundfragen der Mediation: Möglichkeiten und Grenzen privatautonomen Konfliktmanagements, in: *Breidenbach,* Stephan/*Coester-Waltjen,* Dagmar/*Heß,* Burkhard/*Nelle,* Andreas/*Wolf,* Christian (Hrsg.), Konsensuale Streitbeilegung. Akademisches Symposium zu Ehren von Peter F. Schlosser aus Anlass seines 65. Geburtstages, Bielefeld 2001, S. 45 ff.

Eisele, Jörg: Außergerichtliche Streitbeilegung und Mediation, in: Jura 2003, S. 656 ff.

- Recht und Gerechtigkeit in der Mediation, in: ZRph 2003, S. 183 ff.

Elzer, Oliver/*Häublein,* Martin/*Hoßfeld,* Katharina: Projektgruppe „Mediation bei den Berliner Zivilgerichten", in: ZKM 2006, S. 80 ff.

Engelhardt, Matthias: ADR – Neue Leitmotive für den Zivilprozess, ZRP 2004, S. 233 ff.

Englisch, Joachim: Bindende „tatsächliche" und „rechtliche" Verständigungen zwischen Finanzamt und Steuerpflichtigem, Bonn 2004.

Entringer, Freya/*Josephi,* Katja/*de Witt,* Kalle: Projekt „Gerichtsnahe Mediation in Niedersachsen" – Modell eines am Gericht angesiedelten Mediationsverfahrens, in: Betrifft JUSTIZ 2003, 24 ff.

Entringer, Freya/*Vogelei,* Carolin: Projekt Gerichtsnahe Mediation in Niedersachsen, in: Betrifft JUSTIZ/Sonderheft 2003 „Zum Thema Mediation von 1996 bis 2003", S. 58 ff.

Erichsen, Hans-Uwe/*Ehlers,* Dirk (Hrsg.): Allgemeines Verwaltungsrecht, 13. Auflage, Berlin 2006.

Europäische Anwaltsvereinigung/DACH (Hrsg.): Mediation, Köln 1999.

Ewig, Eugen: Gesetzgebungsvorschlag der BRAK zu § 278 ZPO (gerichtsnahe Mediation) – erarbeitet vom Ausschuss Mediation der BRAK, in: ZKM 2002, S. 45 ff.

Eyermann, Erich/*Fröhler,* Ludwig (Hrsg.): Verwaltungsgerichtsordnung. Kommentar, bearb. v. *Geiger,* Harald/*Happ,* Michael u.a., 12. Auflage, München 2006 (zitiert: *Bearbeiter,* in: *Eyermann/Fröhler,* VwGO).

Faber, Heiko: Verwaltungsrecht, 4. Auflage, Tübingen 1995.

Falkenstein, Thomas/*Gerbracht*, Martin: Evaluation der bisherigen Arbeit des Modellprojekts – Berichte aus der hessischen Verwaltungsgerichtsbarkeit: Verwaltungsgerichte Frankfurt und Gießen, in: *Pitschas*, Rainer/*Walther*, Harald (Hrsg.): Mediation in der Verwaltungsgerichtsbarkeit. Vorträge und Arbeitsergebnisse der Projekt-Werkstatt am 27. Januar 2005 mit weiteren Beiträgen, Speyer 2005, S. 315 ff.

Fezer, Karl-Heinz (Hrsg.): Lauterkeitsrecht. Kommentar zum Gesetz gegen den unlauteren Wettbewerb (UWG), Band 1, §§ 1-4 UWG, München 2005 (zitiert: *Bearbeiter*, in: *Fezer*, UWG).

Fiedler, Klaus: Das Mediationsverfahren als Konfliktregelung im Umweltschutz, in: Der Städtetag 1998, S. 686 ff.

Fine, Erika S./*Plapinger*, Elizabeth S.: ADR and The Courts. A Manual for Judges and Lawyers, New York 1987.

Fiss, Owen M.: Against Settlement, in: 93 Yale Law Journal (1984), S. 1073 ff.

Fleiner, Fritz: Institutionen des Deutschen Verwaltungsrechts, 8. Auflage, Tübingen 1928.

Folberg, Jay/*Taylor*, Alison: Mediation. A Comprehensive Guide to Resolving Conflicts Without Litigation, San Francisco, Washington, London 1984.

Forsthoff, Ernst: Lehrbuch des Verwaltungsrechts, Band I, Allgemeiner Teil, 10. Auflage, München 1973.

Freund, Herbert: Mediation im gerichtlichen Verfahren – brauchen wir das?, in: SGb 2005, S. 678 ff.

Friedrich, Fabian M.: Regelungstatbestände der Mediationsvereinbarung, in: MDR 2004, S. 481 ff.

Friesenhahn, Ernst: Über Begriff und Arten der Rechtsprechung unter besonderer Berücksichtigung der Staatsgerichtsbarkeit nach dem Grundgesetz und den westdeutschen Landesverfassungen, in: Festschrift für Richard Thoma zum 75. Geburtstag am 19. Dezember 1949, Tübingen 1950, S. 21 ff.

Fücker, Michael: Strukturelle Hemmnisse gerichtsnaher Mediation, in: ZKM 2004, S. 36 ff.

Fuller, Lon: Mediation – Its Forms and Functions, in: 44 Southern California Law Review (1971), S. 305 ff.

Gamm, Otto-Friedrich Freiherr von: Verfassungs- und wettbewerbsrechtliche Grenzen des Wettbewerbs der öffentlichen Hand, in: WRP 1984, S. 303 ff.

Gaßner, Hartmut/*Holznagel,* Bernd/*Lahl,* Uwe: Mediation. Verhandlungen als Mittel der Konsensfindung bei Umweltstreitigkeiten, Bonn 1992.

Geier, Franziska: LG Rostock, Urteil vom 11.8.2000 – Anmerkungen, in: ZKM 2001, S. 100 f.

Gerold, Wilhelm/*Schmidt,* Herbert/*Eicken,* Kurt von/*Madert,* Wolfgang/*Müller-Rabe,* Steffen (Hrsg.): Rechtsanwaltsvergütungsgesetz. Kommentar, 17. Auflage (Titel der Vorauflagen: Bundesgebührenordnung für Rechtsanwälte), München 2006 (zitiert: *Bearbeiter,* in: *Gerold/Schmidt/v. Eicken u.a.,* RVG).

Giemulla, Elmar/*Jaworsky,* Nikolaus/*Müller-Uri,* Rolf: Verwaltungsrecht, 7. Auflage, Köln 2004.

Giese, Friedrich: Allgemeines Verwaltungsrecht, 3. Auflage, Tübingen 1952.

Giese, Friedrich/*Neuwiem,* Erhard/*Cahn,* Ernst: Deutsches Verwaltungsrecht, Berlin 1930.

Giesen, Dieter: Anmerkung zu LG Dortmund, Beschluss v. 3.2.1987 – 17 O 23/86, in. JZ 1988, S. 255 ff.

Gola, Peter/*Schomerus,* Rudolf (Hrsg.): Bundesdatenschutzgesetz. Kommentar, 9. Auflage, München 2007.

Goldberg, Stephen B./*Sander,* Frank E. A./*Rogers,* Nancy H./*Cole,* Sarah R.: Dispute Resolution. Negotiation, Mediation, and Other Processes, 4th edition, New York 2003.

Goll, Ulrich: Wie viel Freiheit benötigt, wie viel Zwang verträgt die Mediation, in: ZKM 2002, S. 144 ff. (entspricht: AnwBl. 2003, S. 274 ff.).

Gottwald, Peter: Mediation und gerichtlicher Vergleich: Unterschiede und Gemeinsamkeiten, in: *Lüke,* Gerhard/*Mikami,* Takehiko/*Prütting,* Hanns (Hrsg.), Festschrift für Akira Ishikawa zum 70. Geburtstag am 27. November 2001, Berlin 2001, S. 137 ff.

Gottwald, Walther: Alternative Dispute Resolution und Zugang zum Recht, in: *Faber,* Heiko/*Götz,* Frank (Hrsg.), Demokratie in Staat und Wirtschaft. Festschrift für Ekkehart Stein zum 70. Geburtstag, Tübingen 2002, S. 233 ff.

- Alternativen in der Rechtspflege, in: BRAK-Mitteilungen 1998, S. 61 ff.

- Alternative Streitbehandlungsformen: Erprobungsspielräume für gerichtsverbundene Modellversuche, in: AnwBl. 2000, S. 265 ff.

- Gerichtsnahe Mediation, in: *Haft,* Fritjof/*Schlieffen,* Katharina Gräfin von (Hrsg.): Handbuch Mediation, München 2002, § 17 (S. 421 ff.).

- Gerichtsnahe Mediation in Australien – Antworten von „Down Under" auf deutsche Fragen (Teil 1 und 2), in: ZKM 2003, S. 6 ff. und S. 109 ff.

- Mediation in den USA, in: *Henssler,* Martin/*Koch,* Ludwig (Hrsg.): Mediation in der Anwaltspraxis, 2. Auflage, Bonn 2004, § 7 (S. 203 ff.).

- Modelle der freiwilligen Streitschlichtung unter besonderer Berücksichtigung der Mediation, in: WM 1998, S. 1257 ff.

- Streitschlichtung und Mediation, in: Betrifft JUSTIZ 1999, S. 117 ff.

Gottwald, Walther/*Strempel,* Dieter: Streitschlichtung. Rechtsvergleichende Beiträge zur außergerichtlichen Streitbeilegung, Köln 1995.

Gräber, Fritz: Finanzgerichtsordnung mit Nebengesetzen, bearb. v. *Groll,* Rüdiger von/*Koch,* Hanns-Reimer u.a., 6. Auflage, München 2006.

Greger, Reinhard: Abschlussbericht zum Modellversuch Güterichter, in: ZKM 2007, S. 180 ff.

- Die Verzahnung von Mediation und Gerichtsverfahren in Deutschland, in: ZKM 2003, S. 240 ff.

- Erste Erfahrungen mit dem bayerischen Güterichterprojekt, in: ZKM 2006, S. 68 ff.

- Justizreform – und nun?, in: JZ 2002, S. 1020 ff.

- Justiz und Mediation – Entwicklungslinien nach Abschluss der Modellprojekte, in: NJW 2007, S. 3258 ff.

- Prozessinterne Mediation durch externe Mediatoren? In: ZKM 2007, S. 142 ff.

- Stand und Perspektiven der außergerichtlichen Streitbeilegung in Bayern, in: ZKM 2004, S. 196 ff.

Greger, Reinhard/*Engelhardt,* Matthias: „Take mediation seriously or face the consequences“, in: ZKM 2003, S. 4 ff.

Groß, Thomas: Ökonomisierung der Verwaltungsgerichtsbarkeit und des Verwaltungsprozessrechts, in: Die Verwaltung 34 (2001), S. 371 ff.

Groth, Klaus-Martin/*Bubnoff,* Daniela von: Gibt es "gerichtsfeste" Vertraulichkeit bei der Mediation?, in: NJW 2001, S. 338 ff.

Guckelberger, Annette: Die Verjährung im öffentlichen Recht, Tübingen 2004.

Gülzow, Ingrid/*Grässle,* Werner: Gerichtliche Mediation in Berlin, in: BetrifftJUSTIZ 2007/Heft 3, S. 45 f.

Guttenberg, Ulrich: Zur Problematik von Anerkenntnis und Verzichtsurteilen im Verwaltungsprozess, in: VBl.BW 1992, S. 244 ff.

Hacke, Andreas: Der ADR-Vertrag, Heidelberg 2001.

Hadlich, Wolfgang/*Rennhack, Michael:* Mediation im öffentlichen Baurecht, in: LKV 1999, S. 9 ff.

Härtel, Ines: Mediation im Verwaltungsrecht, in: JZ 2005, S. 753 ff.

Härting, Niko: Für eine mediationsferne Justiz, in: AnwBl. 2007, S. 660.

Hager, Günter: Konflikt und Konsens. Überlegungen zu Sinn, Erscheinung und Ordnung der alternativen Streitschlichtung, Tübingen 2001.

- Mediation und Recht, in: ZKM 2003, S. 52 ff.

Haft, Fritjof: Intuitives und rationales Verhandeln, in: BB 1998/Beilage 10, S. 15 ff.

- Mediation – Ein Weg zur außergerichtlichen Konfliktbeilegung in Europa, in: *Köbler,* Gerhard/*Heinze,* Meinhard/*Hromadka,* Wolfgang (Hrsg.), Europas universale: Rechtsordnungspolitische Aufgabe im Recht des dritten Jahrtausends. Festschrift für Alfred Söllner zum 70. Geburtstag, München 2000, S. 391 ff.

- Mediation – Palaver oder neue Streitkultur?, in: *Geimer,* Reinhold (Hrsg.), Wege zur Globalisierung des Rechts. Festschrift für Rolf A. Schütze zum 65. Geburtstag, München 1999, S. 255 ff.

- Verhandlung und Mediation. Die Alternative zum Rechtsstreit, 2. Auflage, München 2000.

- Verhandlung und Mediation, in: *Haft,* Fritjof/*Schlieffen,* Katharina Gräfin von (Hrsg.): Handbuch Mediation, München 2002, § 2 (S. 75 ff.).

Hardenberg, Candida Gräfin von: Muster Mediations- und Schiedsklausel für Verträge, in: IDR 2004, S. 25 ff.

Harte-Bavendamm, Henning/*Hennig-Bodewig,* Frauke (Hrsg.): Gesetz gegen den unlauteren Wettbewerb (UWG). Kommentar, München 2004 (zitiert: *Bearbeiter,* in: *Harte-Bavendamm/Henning-Bodewig,* UWG).

Hartmann, Christoph: Sicherung der Vertraulichkeit, in: *Haft,* Fritjof/*Schlieffen,* Katharina Gräfin von (Hrsg.): Handbuch Mediation, München 2002, § 27, (S. 712 ff.).

Hartmann, Peter: Kostengesetze, 37. Auflage, München 2007.

Hartung, Wolfgang/*Römermann,* Volker/*Schons,* Herbert P.: RVG. Praxiskommentar zum Rechtsanwaltsvergütungsgesetz, 2. Auflage, München 2006 (zitiert: *Bearbeiter,* in: *Hartung/Römermann,* RVG).

Hay, Peter: Zur konsensualen Streitbeendigung in Zivil- und Handelssachen in den USA, in: *Breidenbach,* Stephan/*Coester-Waltjen,* Dagmar/*Heß,* Burkhard/*Nelle,* Andreas/*Wolf,* Christian (Hrsg.), Konsensuale Streitbeilegung. Akademisches Symposium zu Ehren von Peter F. Schlosser aus Anlass seines 65. Geburtstages, Bielefeld 2001, S. 101 ff.

Heer, Ingrid: Zum Stand der Mediation in Europa und Übersee, in: *Fritz,* Roland/*Karber,* Bernd/*Lambeck,* Rainer (Hrsg.): Europäische Verwaltungsgerichtsbarkeit: Mediation statt Verwaltungsprozess? Möglichkeiten und Grenzen außergerichtlicher/gerichtsnaher Streitschlichtung in Europa, München 2004, S. 147 ff.

Hefermehl, Wolfgang/*Köhler,* Helmut/*Bornkamm,* Joachim: Wettbewerbsrecht. Gesetz gegen den unlauteren Wettbewerb, 25. Auflage, München 2007.

Hehn, Marcus: Mediation im öffentlichen Bereich (Umweltmediation), in: *Henssler,* Martin/*Koch,* Ludwig (Hrsg.): Mediation in der Anwaltspraxis, 2. Auflage, Bonn 2004, § 16 (S. 539).

Heidelberger Kommentar zum Wettbewerbsrecht, hrsg. v. *Ekey,* Friedrich/*Klippel,* Diethelm/*Kotthoff,* Jost/*Meckel,* Astrid/*Plaß,* Gunda, 2. Auflage, Heidelberg 2005 (zitiert: *Bearbeiter,* in: HK-Wettbewerbsrecht).

Hellriegel, Mathias: Mediation im Umweltrecht, Berlin 2002.

Hennig, Werner: Sozialgerichtsgesetz. Kommentar mit Nebenrecht, München 1996, Stand: 9. Erg.-Lfg., August 2005.

Henssler, Martin: Anwaltliches Berufsrecht und Mediation, in: *Breidenbach,* Stephan/*Henssler,* Martin (Hrsg.): Mediation für Juristen. Konfliktbehandlung ohne gerichtliche Entscheidung, Köln 1997, S. 75 ff.

- Anwaltliches Berufsrecht und Mediation, in: *Henssler,* Martin/*Koch,* Ludwig (Hrsg.): Mediation in der Anwaltspraxis, 2. Auflage, Bonn 2004, § 3 (S. 99 ff.).

- Mediation und Rechtsberatung, in: NJW 2003, S. 241 ff.

- Mediation und Rechtsdienstleistungsrecht, in: ZKM 2006, S. 132 ff.

Henssler, Martin/*Prütting,* Hanns: Bundesrechtsanwaltsordnung mit Rechtsanwaltsprüfungsgesetz, EuRAG, Eignungsprüfungsverordnung, Berufs- und Fachanwaltsordnung, Rechtsberatungsgesetz und CCBE-Berufsregeln, 2. Auflage, München 2004.

Hepp, Rainer: Mediation in der Verwaltungsgerichtsbarkeit, in: BDVR-Rundschreiben 2005, S. 44 ff.

Heß, Burkhard/*Sharma,* Daniel: Rechtsgrundlagen der Mediation, in: *Haft,* Fritjof/*Schlieffen,* Katharina Gräfin von (Hrsg.): Handbuch Mediation, München 2002, § 26 (S. 675 ff.).

Hesse, Joachim Jens/*Ellwein,* Thomas: Das Regierungssystem der Bundesrepublik Deutschland, Band 1, 9. Auflage, Berlin 2004.

Heyde, Wolfgang: Rechtsprechung, in: *Benda,* Ernst/*Maihofer,* Werner/*Vogel,* Hans-Jochen: Handbuch des Verfassungsrechts der Bundesrepublik Deutschland, 2. Auflage, Berlin 1994, § 33 (S. 1579 ff.).

Hilber, Marc: Der Uniform Mediation Act – Aktuelle Bestrebungen zur Vereinheitlichung des US-amerikanischen Mediationsrechts, in: BB 2003/Beilage 5, S. 9 ff.

- Die Sicherung der Vertraulichkeit des Mediationsverfahrens, Hamburg 2006.

Hillermeier, H.: Klage auf Rücknahme einer verwaltungsgerichtlichen Klage?, in: DVBl. 1967, S. 19 ff.

Hirschfelder, Marcus: Qualitätsmanagement in der Rechtsprechung durch Mediation, in: *Pitschas,* Rainer/*Walther,* Harald (Hrsg.): Mediation in der Verwaltungsgerichtsbarkeit. Vorträge und Arbeitsergebnisse der Projekt-Werkstatt am 27. Januar 2005 mit weiteren Beiträgen, Speyer 2005, S. 237 ff.

Hoffmann-Riem, Wolfgang: Konfliktbewältigung durch Verhandlungen, Band I – Informelle und mittlerunterstützte Verhandlungen in Verwaltungsverfahren, Baden-Baden 1990.

- Konfliktbewältigung durch Verhandlungen, Band II – Konfliktmittlung in Verwaltungsverfahren, Baden-Baden 1990.

- Modernisierung von Recht und Justiz, Frankfurt am Main 2001.

- Wahrheit, Gerechtigkeit, Unabhängigkeit und Effizienz – Das Magische Viereck der Dritten Gewalt, in: JZ 1997, S. 1 ff.

Hoffmann-Riem, Wolfgang/*Lamb,* Irene: Negotiations and Mediation in the Public Sector – The German Experience, in: 72 Public Administration (1994), S. 309 ff.

Holznagel, Bernd: Der Einsatz von Konfliktmittlern, Schiedsrichtern und Verfahrenswaltern im amerikanischen Umweltrecht, in: Die Verwaltung 22 (1989), S. 421 ff.

- Konfliktlösung durch Verhandlungen: Aushandlungsprozesse als Mittel der Konfliktverarbeitung bei der Ansiedlung von Entsorgungsanlagen für besonders überwachungsbedürftige Abfälle in den Vereinigten Staaten und der Bundesrepublik Deutschland, Baden-Baden 1990.

- Konfliktmittlung im Umweltrecht – Eine gangbare Alternative zur derzeitigen Praxis informeller Aushandlungen?, in: IUR 1990, S. 37 ff.

- Mediation im Umwelt- und Planungsrecht, in: Jura 1999, S. 71 ff.

- Mediation im Verwaltungsrecht, in: *Breidenbach,* Stephan/*Henssler,* Martin (Hrsg.): Mediation für Juristen. Konfliktbehandlung ohne gerichtliche Entscheidung, Köln 1997, S. 147 ff.

Holznagel, Bernd/*Ramsauer,* Ulrich: Mediation im Verwaltungsrecht, in: *Haft,* Fritjof/*Schlieffen,* Katharina Gräfin von (Hrsg.): Handbuch Mediation, München 2002, § 44 (S. 1124 ff.).

Horn, Claus-Henrik: Einführung in die Mediation, in: *Hengstl*, Joachim/*Sick*, Ulrich (Hrsg.), Recht gestern und heute. Festschrift zum 85. Geburtstag von Richard Haase, Wiesbaden 2006.

Horn, Hans-Detlef: Die grundrechtsunmittelbare Verwaltung. Zur Dogmatik des Verhältnisses zwischen Gesetz, Verwaltung und Individuum unter dem Grundgesetz, Tübingen 1999.

Horst, Peter M.: Honorar- und Kostenfragen, in: *Haft*, Fritjof/*Schlieffen*, Katharina Gräfin von (Hrsg.): Handbuch Mediation, München 2002, § 32 (S. 838 ff.).

Hoyningen-Huene, Dagmar von: Mediation – Eine Alternative zum gerichtlichen Verfahren, in: JuS 1997, S. 352 ff.

Hübschmann/Hepp/Spitaler: Abgabenordnung/Finanzgerichtsordnung. Kommentar, hrsg. v. *Söhn*, Hartmut/*Spindler*, Wolfgang, 10. Auflage, Köln 1995, Stand: 196. Lfg., Dezember 2007 (zitiert: *Bearbeiter*, in: *Hübschmann/Hepp/Spitaler*, AO/FGO).

Hückstädt, Gerhard: Gerichtsnahe Mediation beim Landgericht Rostock – ein Erfahrungsbericht, NJ 2005, S. 289 ff.

Huther, Edda: Gerichtsnahe Mediation aus der Sicht der Justiz, in: ZKM 2004, S. 247 ff.

Hutner, Armin: Die Mediationsvereinbarung – Regelungsgegenstände und vertragsrechtliche Qualifizierung, in: SchiedsVZ 2003, S. 226 ff.

Ipsen, Jörn: Allgemeines Verwaltungsrecht, 5. Auflage, Köln 2007.

Jarass, Hans D./*Pieroth*, Bodo (Hrsg.): Grundgesetz für die Bundesrepublik Deutschland. Kommentar, 9. Auflage, München 2007 (zitiert: *Bearbeiter*, in: *Jarass/Pieroth*, GG).

Jellinek, Georg: Allgemeine Staatslehre, 3. Auflage (6. Neudruck), Darmstadt 1959.

Jellinek, Walter: Verwaltungsrecht, 3. Auflage, Berlin 1931.

Kaltenborn, Markus: Streitvermeidung und Streitbeilegung im Verwaltungsrecht. Verfassungsrechtlicher Rahmen und verfahrensrechtliche Ausgestaltung der außergerichtlichen Konfliktschlichtung im Verhältnis zwischen Verwaltung und Privaten; Baden-Baden 2007.

Karlsruher Kommentar zur Strafprozessordnung und zum Gerichtsverfassungsgesetz mit Einführungsgesetz, hrsg. v. *Pfeiffer,* Gerd, 5. Auflage, München 2003 (zitiert: *Bearbeiter,* in: KK-StPO).

Katz, Alfred: Staatsrecht: Grundkurs im öffentlichen Recht, 17. Auflage, Heidelberg 2007.

Katzenmeier, Christian: Zivilprozess und außergerichtliche Streitbeilegung, in: ZZP 2005, S. 51 ff.

Kempf, Eberhard/*Trossen,* Arthur: Integration der Mediation in förmliche Familiengerichtsverfahren – Das Altenkirchener Modell, in: ZKM 2000, S. 166 ff.

Kern, Claudia: Mediation und Verwaltungsprozessrecht, in: *Pitschas,* Rainer/*Walther,* Harald (Hrsg.): Mediation in der Verwaltungsgerichtsbarkeit. Vorträge und Arbeitsergebnisse der Projekt-Werkstatt am 27. Januar 2005 mit weiteren Beiträgen, Speyer 2005, S. 147 ff.

Kessen, Stefan: Phasen der Mediation – Interessen und Bedürfnisse als Kernelemente, in: *Henssler,* Martin/*Koch,* Ludwig (Hrsg.): Mediation in der Anwaltspraxis, 2. Auflage, Bonn 2004, § 9 (S. 271 ff.).

Kessen, Stefan/*Troja,* Markus: Die Phasen und Schritte der Mediation als Kommunikationsprozess, in: *Haft,* Fritjof/*Schlieffen,* Katharina Gräfin von (Hrsg.): Handbuch Mediation, München 2002, § 16 (S. 393 ff.).

Kilger, Hartmut: Mediation im Sozialrecht, in: *Haft,* Fritjof/*Schlieffen,* Katharina Gräfin von (Hrsg.): Handbuch Mediation, München 2002, § 45 (S. 1156 ff.).

- Mediation im Sozialrecht, in: *Henssler,* Martin/*Koch,* Ludwig (Hrsg.): Mediation in der Anwaltspraxis, 2. Auflage, Bonn 2004, § 20 (S. 671 ff.).

- Mediation im Sozialrecht, in: ZKM 2001, S. 156 ff.

Kilian, Matthias/*Wielgosz,* Joanna: Gerichtsnahe Mediation – Rechtsvergleichende Betrachtungen zur Einbindung alternativer Konfliktlösungsmechanismen in das Zivilverfahrensrecht, in: ZZPInt. 2004, S. 355 ff.

Kindhäuser, Urs/*Neumann,* Ulfrid/*Paeffgen,* Hans-Ullrich (Hrsg.): Strafgesetzbuch, 3. Auflage, Baden-Baden 2006.

Kirchhof, Paul: Der allgemeine Gleichheitssatz, in: *Isensee,* Josef/*Kirchhof,* Paul (Hrsg.): Handbuch des Staatsrechts der Bundesrepublik Deutschland, Band V, 2. Auflage, Heidelberg 2000, § 124 (S. 837 ff.).

Kirchhoff, Susanne: Ein kleiner Schritt für den Gesetzgeber, aber ein großer für die Mediation? Entstehung und Hintergründe des Nds. Mediations- und Gütestellengesetzes, in: ZKM 2007, S. 138 ff.

Kissel, Otto Rudolf/*Mayer,* Herbert: Gerichtsverfassungsgesetz. Kommentar, 4. Auflage, München 2005.

Klein, Franz: Abgabenordnung einschließlich Steuerstrafrecht, bearb. v. *Brockmeyer,* Hans Bernhard/*Gast-deHaan,* Brigitte u.a., 9. Auflage, München 2006.

Kleine-Cosack, Michael: Rechtsberatungsgesetz, Heidelberg 2004.

Kleine-Tebbe, Andreas: Mediation als Alternative zum Verwaltungsprozess, in: *Fritz,* Roland/*Karber,* Bernd/*Lambeck,* Rainer (Hrsg.): Europäische Verwaltungsgerichtsbarkeit: Mediation statt Verwaltungsprozess? Möglichkeiten und Grenzen außergerichtlicher/gerichtsnaher Streitschlichtung in Europa, München 2004, S. 165 ff.

Klose, Alexander: Rechtliche Hürden auf dem Weg zur gerichtsinternen Mediation, in: ZKM 2005, S. 146 ff.

Knack, Hans Joachim: Verwaltungsverfahrensgesetz – Kommentar, 8. Auflage, Köln 2004 (zitiert: *Bearbeiter,* in: *Knack,* VwVfG).

Knemeyer, Franz-Ludwig: Rechtliches Gehör im Gerichtsverfahren, in: *Isensee,* Josef/*Kirchhof,* Paul (Hrsg.): Handbuch des Staatsrechts der Bundesrepublik Deutschland, Band VI, 2. Auflage, Heidelberg 2001, § 155 (S. 1271 ff.).

Koch, Harald: Gerichtliche Mediation – gerichtsverfassungs- und verfahrensrechtliche Rahmenbedingungen, in: NJ 2005, S. 97 ff.

- Kostenhilfe für außergerichtliche Streitbeilegung, in: ZKM 2007, S. 71 ff.

Koch, Ludwig, Einführung, in: *Henssler,* Martin/*Koch,* Ludwig (Hrsg.): Mediation in der Anwaltspraxis, 2. Auflage, Bonn 2004, § 1 (S. 23 ff.).

- Vertragsgestaltung in der Mediation, in: *Henssler,* Martin/*Koch,* Ludwig (Hrsg.): Mediation in der Anwaltspraxis, 2. Auflage, Bonn 2004, § 11 (S. 323 ff.).

Köber, Roman: Die Rolle des Rechts im Mediationsverfahren, Berlin 2003.

Koellreutter, Otto: Deutsches Staatsrecht, Stuttgart 1953.

Köster, Bernd: Mediation in der Bauleitplanung? – Zu den Möglichkeiten der Implementation der US-amerikanischen Konfliktbehandlungsmethode im Planungsverfahren nach dem Baugesetzbuch, in: DVBl. 2002, 229 ff.

Köster, Bernd: Die Privatisierung des Bauleitplanverfahrens und der Einsatz von Mediation in den Beteiligungsverfahren, Frankfurt am Main 2002.

Kohl, Hannelore: Gerichtsnahe Mediation auch in Mecklenburg-Vorpommern, in: NordÖR 2004, S. 100.

- Gerichtsnahe Mediation nun auch in Mecklenburg-Vorpommern, in: Betrifft JUSTIZ 2004, S. 219 ff.

Kopp, Ferdinand O./*Ramsauer*, Ulrich: Verwaltungsverfahrensgesetz, 10. Auflage, München 2008.

Kopp, Ferdinand O./*Schenke*, Wolf-Rüdiger: Verwaltungsgerichtsordnung. Kommentar, 15. Auflage, München 2007.

Kostka, Dieter: Kooperation, Partizipation oder starker Staat, in: Kon:Sens (Zeitschrift für Mediation) 1999, S. 140 ff.

- Öffentliches Konfliktmanagement, in: Die Verwaltung 26 (1993), S. 87 ff.

Kovach, Kimberlee K.: Mediation. Principles and Practice, 3. Auflage, St. Paul 2004.

- Good Faith in Mediation - Requested, Recommended, or Required? A New Ethic, in: 38 South Texas Law Review (1997), S. 575 ff.

Kovach, Kimberlee K./*Love* Lela P.: Mapping Mediation: The Risks of Riskin's Grid, in: 3 Harvard Negotiation Law Review (1998), S. 71 ff.

Kracht, Stefan: Rolle und Aufgabe des Mediators – Prinzipien der Mediation, in: *Haft*, Fritjof/*Schlieffen*, Katharina Gräfin von (Hrsg.): Handbuch Mediation, München 2002, § 15 (S. 363 ff.).

Kracht, Stefan/*Rüssel*, Ulrike: Schlüsselqualifikation Mediation, in: JA 2003, S. 725 ff.

Krapp, Thea: Modelle zur alternativen Konfliktlösung an amerikanischen Zivilgerichten, in: ZRP 1994, S. 115 ff.

Krekel, Klaus: Mediative Aspekte im Verwaltungsverfahren, in: *Fritz*, Roland/*Karber*, Bernd/*Lambeck*, Rainer (Hrsg.): Europäische Verwaltungsgerichtsbarkeit: Mediation statt Verwaltungsprozess? Möglichkeiten und Grenzen außergerichtlicher/gerichtsnaher Streitschlichtung in Europa, München 2004, S. 43 ff.

Kretschmer, Reinhard: Nichtanwaltliche Mediation und Rechtsberatungsgesetz, in: NJW 2003, S. 1500 ff.

Kriegel, Katharina: Mediationspflicht – eine Chance für mehr Autonomie?, in: ZKM 2006, 52 ff.

Lackner, Karl/*Kühl*, Kristian: Strafgesetzbuch. Kommentar, 26. Auflage, München 2007.

Lang, Alfred: Verzicht und Anerkenntnis im verwaltungsgerichtlichen Verfahren, in: BayVBl. 1958, S. 170 ff.

Lang, Arno: Untersuchungs- und Verhandlungsmaxime im Verwaltungsprozess, in: Verwaltungsarchiv 52 (1961), S. 60 ff.

Lankau, Ingo-Endrick: „Lösung statt Prozess" – Entwicklung und Funktion der Konfliktregelung durch Mediation in Verwaltungsverfahren, in: Kon:Sens (Zeitschrift für Mediation) 1999, S. 18 ff.

- Mediation im Verwaltungsrecht aus anwaltlicher Sicht, in: BDVR-Rundschreiben 2006, S. 15 ff.

Leibner, Wolfgang: Haftungsrechtliche Rahmenbedingungen für die Tätigkeit als Mediator, in: NJW 2002, S. 3521 f.

Leipziger Kommentar zum Strafgesetzbuch. Großkommentar, hrsg. v. *Jähnke*, Burkhard/*Laufhütte*, Heinrich Wilhelm/*Odersky*, Walter, 11. Auflage, Berlin, Stand: 48. Lfg., September 2005 (zitiert: *Bearbeiter*, in: LK-StGB).

Linn: Beendigung des Verwaltungsprozesses ohne Sachentscheidung in der Sache, in: DVBl 1956, S. 816 ff.

Löer, Lambert: Richterliche Mediation – Möglichkeiten der Einbindung von Mediation in das Gerichtsverfahren am Beispiel des Zivilprozesses, in: ZZP 2006, S. 199 ff.

- Einbindung von Mediation in den Zivilprozess (Teil 1 und 2) – Möglichkeiten und Auswirkungen richterlicher Mediation, in: ZKM 2005, S. 182 ff. und ZKM 2006, S. 4 ff.

Löwe-Rosenberg: Die Strafprozessordnung und das Gerichtsverfassungsgesetz, hrsg. v. *Rieß*, Peter,
- Band I, §§ 1 bis 71 StPO, 25. Auflage, Berlin 1999,
- Band VII, GVG, EGGVG, GVGVO, 25. Auflage, Berlin 2003

(zitiert: *Bearbeiter,* in: *Löwe-Rosenberg,* StPO).

Löwer, Wolfgang: Der Staat als Wirtschaftssubjekt und Auftraggeber, in: VVDStRL 60 (2001), S. 416 ff.

Lorenz, Dieter: Der Rechtsschutz des Bürgers und die Rechtsweggarantie, München 1973.

Lüdtke, Peter-Bernd (Hrsg.): Sozialgerichtsgesetz, Handkommentar, 2. Auflage, Baden-Baden 2006 (zitiert: *Bearbeiter,* in: *Lüdtke,* SGG).

Lührig, Nicolas: Stichwort: Gerichtsmediation am LG Göttingen, in: AnwBl. 2006, S. 101.

Lüke, Gerhard: Grundsätze des Verwaltungsprozesses – Ein Beitrag zur allgemeinen Prozessrechtslehre, in: JuS 1961, S. 41 ff.

Luhmann, Niklas: Theorie der Verwaltungswissenschaft. Bestandsaufnahme und Entwurf, Köln 1966.

Maaß, Rainald: Mediation im immissionsschutzrechtlichen Widerspruchsverfahren, in: Verwaltungsarchiv 88 (1997), S. 701 ff.

Mähler, Georg: Zur gesetzlichen Absicherung der Familienmediation, in: ZKM 2003, S. 73 ff.

Mähler, Gisela/*Mähler,* Hans-Georg: Familienmediation, in: *Haft,* Fritjof/*Schlieffen,* Katharina Gräfin von (Hrsg.): Handbuch Mediation, München 2002, § 34 (S. 891 ff.).

- Mediation als Konsensverfahren, in: Kon:Sens (Zeitschrift für Mediation) 1999, S. 200 ff.

- Mediation – Eine interessengerechte Konfliktregelung, in: *Breidenbach,* Stephan/*Henssler,* Martin (Hrsg.): Mediation für Juristen. Konfliktbehandlung ohne gerichtliche Entscheidung, Köln 1997, S. 13 ff.

- Mediation im Spektrum außergerichtlicher Konfliktbeilegung, in: AnwBl. 1997, S. 535 ff.

- Missbrauch von in der Mediation erlangten Informationen, in: ZKM 2001, S. 4 ff.

- Streitschlichtung – Anwaltssache, hier: Mediation, in: NJW 1997, S. 1262 ff.

Mangoldt, Hermann von/*Klein*, Friedrich/*Starck*, Christian (Hrsg.): Kommentar zum Grundgesetz, Band I bis III, 5. Auflage, München 2005. (zitiert: *Bearbeiter*, in: *v. Mangoldt/Klein/Starck*, GG).

Mankowski, Peter: Anmerkung zu OLG Rostock vom 20.6.2001, in: MDR 2001, S. 1198 ff.

- Anmerkung zu OLG Rostock vom 20.6.2001, in: ZKM 2001, S. 293 ff.

- Gibt es gesetzliche Kostenanreize zur Mediation bereits unter geltendem Recht?, in: ZKM 2004, S. 8 ff.

- Ablehnung eines Mediationsangebots und Prozesskostenhilfe, in: ZKM 2003, S. 197 ff.

Marcard, Nikolaus von: Das Berufsrecht des Mediators mit besonderer Berücksichtigung des Rechtsberatungsgesetzes und der Rechtsanwälte, Notare, Psychologen (BDP), Diplom-Pädagogen (BDDP) und Sozialpädagogen (DBSH), Göttingen 2004.

Martens, Joachim: Das Anerkenntnisurteil im Steuerprozess, in: StuW 1968, S. 615 ff.

Maunz, Theodor/*Dürig*, Günter: Grundgesetz. Kommentar, Band I bis VI, München, Stand: 50. Erg.-Lfg., Juni 2007 (zitiert: *Bearbeiter*, in: *Maunz/Dürig*, GG).

Maurer, Hartmut: Allgemeines Verwaltungsrecht, 16. Auflage, München 2006.

Mayer, Otto: Deutsches Verwaltungsrecht, 3. Auflage, München 1924.

McCrory, John P.: Mandated Mediation of Civil Cases in State Courts: A Litigant's Perspective on Program Model Choices, in: 14 Ohio State Journal on Dispute Resolution (1999), S. 813 ff.

McEwen/Milburn, Explaining a Paradox of Mediation, in: 9 Negotiation Journal (1993), S. 23 ff.

Meuer, Dirk/*Troja*, Markus: Mediationsverfahren im öffentlichen Bereich, in: ZKM 2004, S. 78 ff.

Meyer, Georg: Lehrbuch des deutschen Verwaltungsrechts, 4. Auflage, München 1913.

Meyer, Georg/*Anschütz,* Gerhard: Lehrbuch des deutschen Staatsrechts, 7. Auflage, München 1914.

Meyer-Goßner, Lutz: Strafprozessordnung mit Gerichtsverfassungsgesetz und Nebengesetzen, 50. Auflage, München 2007.

Meyer-Ladewig, Jens/*Keller,* Wolfgang/*Leitherer,* Stephan: Sozialgerichtsgesetz. Kommentar, 8. Auflage, München 2005 (zitiert: *Bearbeiter,* in: *Meyer-Ladewig/Keller/Leitherer,* SGG).

Mielke, Kai/*Pietsch,* Katharina/*Abeltshauser,* Thomas: Mediation und interessengerechtes Verhandeln, Köln 2003.

Mnookin, Robert H./*Kornhauser,* Lewis: Bargaining in the Shadow of the Law: The Case of Divorce, in: 88 Yale Law Journal (1979), S. 950 ff.

Mohr, Sven: Richteramt und Mediation, in: *Pitschas,* Rainer/*Walther,* Harald (Hrsg.): Mediation in der Verwaltungsgerichtsbarkeit. Vorträge und Arbeitsergebnisse der Projekt-Werkstatt am 27. Januar 2005 mit weiteren Beiträgen, Speyer 2005, S. 179 ff.

Monßen, Hans-Georg: Anwaltsmediation und Richtermediation – ein ungleicher Wettbewerb, in: ZKM 2006, S. 83 ff.

- Bringt die ZPO-Reform den Durchbruch für die Mediation?, in: ZKM 2003, S. 116 ff.

- Die gerichtsnahe Mediation, in : AnwBl. 2004, S. 7 ff.

- Mediation – nur noch Anwaltssache? Das Rechtsberatungsgesetz als Hüter des Status Quo und Instrument, nicht anwaltlichen Mediatoren den Marktzutritt zu erschweren – Anmerkung zum Urteil LG Rostock vom 11.8.2000, in: AnwBl. 2001, S. 169 f.

- Richtermediation – Die Justiz als Mitbewerber bei der gerichtsnahen Mediation, in: *Hengstl,* Joachim/*Sick,* Ulrich (Hrsg.), Recht gestern und heute. Festschrift zum 85. Geburtstag von Richard Haase, Wiesbaden 2006.

Moore, Christopher: The Mediation Process. Practical Strategies for Resolving Conflict, 3rd Edition, San Francisco 2003.

Münch, Ingo von/*Kunig,* Philip (Hrsg.): Grundgesetz. Kommentar, 5. Auflage,
- Band I: Präambel, Art. 1 bis 19 GG, München 2002,
- Band II: Art. 20 bis 82 GG, München 2001,
- Band III: Art. 83 bis 146 GG, München 2003

(zitiert: *Bearbeiter,* in: *v. Münch/Kunig,* GG).

Münchener Kommentar zum Bürgerlichen Gesetzbuch, hrsg. v. *Rebmann,* Kurt,
- Band I: §§ 1 bis 240 BGB, 5. Auflage, München 2006,
- Band V: §§ 507 bis 853 BGB, 4. Auflage, München 2004

(zitiert: *Bearbeiter,* in: MK-BGB).

Münchener Kommentar zum Lauterkeitsrecht, hrsg. v. *Heermann,* Peter W./*Hirsch,* Günter, München 2006 (zitiert: *Bearbeiter,* in: MK-LauterkeitsR).

Münchener Kommentar zum Strafgesetzbuch, Band III, hrsg. v. *Joecks,* Wolfgang/*Miebach,* Klaus, München 2003 (zitiert: *Bearbeiter,* in: MK-StGB).

Münchener Kommentar zur Zivilprozessordnung, hrsg. v. *Lüke,* Gerhard/*Wax,* Peter, 2. Auflage,
- Band I: §§ 1 bis 354 ZPO, München 2000,
- Band II: §§ 355 bis 802, München 2000,
- Band III: §§ 803 bis 1066, EGZPO, GVG, RGGVG, IZPR, München 2001,

(zitiert: *Bearbeiter,* in: MK-ZPO).
- Aktualisierungsband ZPO-Reform 2002 und weitere Reformgesetze

(zitiert: *Bearbeiter,* in: MK-ZPO (Aktualisierungsband)).

Musielak, Hans-Joachim (Hrsg.): Kommentar zur Zivilprozessordnung: mit Gerichtsverfassungsgesetz, 5. Auflage, München 2007 (zitiert: *Bearbeiter,* in: *Musielak,* ZPO).

Nelle, Andreas/*Hacke,* Andreas: Die Mediationsvereinbarung, in: ZKM 2002, S. 257 ff.

- Obligatorische Mediation: Selbstwiderspruch oder Reforminstrument?, in: ZKM 2001, S. 56 ff.

Neuenhahn, Hans-Uwe: Mediation – ein effizientes Konfliktlösungsinstrument auch in Deutschland, in: NJW 2004, S. 663 ff.

Neuhaus, Burkhard: Vertrauen in Vertraulichkeit?, in: ZKM 2002, S. 8 ff.

Newmark, Christopher: Agree to mediate...or face the Consequences – A Review of the English Courts' Approach to Mediation, in: SchiedsVZ 2003, S. 23 ff.

Niemic, Robert J.: Mediation & Conference Programs in the Federal Courts of Appeals. A Sourcebook for Judges and Lawyers, Federal Judicial Center 1997, online verfügbar unter: http://www.fjc.gov/public/pdf.nsf/lookup/mediconf.pdf/$file/mediconf.pdf (Stand: 24. Januar 2008).

Niemic, Robert J./*Stienstra,* Donna/*Ravitz,* Randall E.: Guide to Judicial Management of Cases in ADR, Federal Judicial Center 2001, online verfügbar unter: http://www.fjc.gov/public/pdf.nsf/lookup/ADRGuide.pdf/$file/ADRGuide.pdf (Stand: 24. Januar 2008).

Niewitsch-Lennartz, Antje: Referat zum Thema "Mediation im Verwaltungsrecht", in: Dokumentation zum 14. Deutschen Verwaltungsrichtertag 2004, S. 51 ff.

Nolan-Haley, Jacqueline M.: Court Mediation and the Search for Justice through Law, in: 74 Washington University Law Review (1994), S. 47 ff.

Nölting, Hubertus: Mediatorenverträge, Köln 2003.

Nungesser, Jochen: Hessisches Datenschutzgesetz (unter Berücksichtigung der EG-Datenschutzrichtlinie; 2. Auflage, Stuttgart 2001.

Obermayer, Klaus: Kommentar zum Verwaltungsverfahrensgesetz, 3. Auflage, Neuwied 1999 (zitiert: *Bearbeiter,* in: *Obermayer,* VwVfG).

Oehlmann, Jan Henrik: Mediation und Sozialrecht – zwei getrennte Welten oder ein Zukunftsmodell?, in: SGb 2005, S. 574 ff.

ohne Angabe: Bericht der Arbeitsgruppe Mediation bei den Berliner Gerichten vom 20. Juli 2005, online verfügbar unter: http://www.berlin.de/imperia/md/content/senatsverwaltungen/justiz/kammergericht/mediation/bericht_projektgruppe.pdf (Stand: 24. Januar 2008).

- Mandatory Mediation and Summary Jury Trial: Guidelines for Ensuring Fair and Effective Processes, in: 103 Harvard Law Review (1989/1990), S. 1086 ff.

- Projekt gerichtsnahe Mediation in Niedersachsen – Auszug aus der Projektstatistik, 4. Quartal 2004 (Stand: 31 Dezember 2004), Hannover 2005, online verfügbar unter: http://www.media-tion-in-niedersachsen.com/dl/statistik_quartalsweise_20041231.pdf (Stand: 24. Januar 2008).

- Projekt gerichtsnahe Mediation in Niedersachsen – Erfahrungen aus der Projektpraxis (Stand: 30.6.2004), Hannover 2004, online verfügbar unter: http://www.mediation-in-niedersachsen.com/dl/erfahrungen_aus_der_projektpraxis.pdf (Stand: 24. Januar 2008).

- Projekt Gerichtsnahe Mediation in Niedersachsen – Projektabschlussbericht (incl. Anhang: Mediationsordnung für das Projekt Gerichtsnahe Mediation in Niedersachsen [MO Nds.], Hannover 2005, online verfügbar unter: http://www.mediation-in-niedersachsen.com/dl/Abschluss-bericht.pdf (Stand: 24. Januar 2008).

- Projekt gerichtsnahe Mediation in Niedersachsen – Projektdarstellung (Stand: September 2003), Hannover 2003 (online verfügbar unter: http://www.mediation-in-niedersachsen.com/dl/projektdarstellung.pdf (Stand: 24. Januar 2008).

- Protecting Confidentiality in Mediation, in: 98 Harvard Law Review (1984/1985), S. 441 ff.

Oldenbruch, Hannah: Die Vertraulichkeit im Mediationsverfahren. Das Spannungsverhältnis zwischen Privatautonomie und Verfahrensrecht, Berlin 2006.

Olenhusen, Peter Götz von: Gerichtsmediation – Richterliche Konfliktvermittlung im Wandel, in: ZKM 2004, S. 104 ff.

- Mediation durch Richter – Ein Projekt mit Zukunft, in: DRiZ 2003, S. 396 f.

Ortloff, Karsten-Michael: Kommunikationsdefizite im Verwaltungsprozess?, in: NVwZ 2002, S. 1310 ff.

- Der Richter als Mediator?, in: ZKM 2002, 199 ff.

- Gerichtsmediation: Rechtliche Strukturen und praktische Erfahrungen, in: *Pitschas,* Rainer/*Walther,* Harald (Hrsg.): Mediation in der Verwaltungsgerichtsbarkeit. Vorträge und Arbeitsergebnisse der Projekt-Werkstatt am 27. Januar 2005 mit weiteren Beiträgen, Speyer 2005, S. 343 ff.

- Mediation außerhalb und innerhalb des Verwaltungsprozesses, in: NVwZ 2004, S. 385 ff.

- Mediation im Verwaltungsprozess: Bericht aus der Praxis, in: NVwZ 2006, S. 148 ff.

- Mediation und Verwaltungsprozess, in: *Haft,* Fritjof/*Schlieffen,* Katharina Gräfin von (Hrsg.): Handbuch Mediation, München 2002, § 29 (S. 762 ff.).

- Neue Methoden des Verhandelns: Über den Einfluss der Mediation auf den Verwaltungsprozess, in: *Schmidt-Aßmann*, Eberhard/*Sellner*, Dieter/*Hirsch*, Günter/*Kemper*, Gerd-Heinrich/*Lehmann-Grube*, Hinrich (Hrsg.), Festgabe 50 Jahre Bundesverwaltungsgericht, Köln 2003, S. 727 ff.

- Richterauftrag und Mediation, in: *Breidenbach*, Stephan/*Henssler*, Martin (Hrsg.): Mediation für Juristen. Konfliktbehandlung ohne gerichtliche Entscheidung, Köln 1997, S. 111 ff.

Pahlke, Armin/*Koenig*, Ulrich (Hrsg.): Abgabenordnung, München 2004.

Palandt: Bürgerliches Gesetzbuch, bearb. v. *Bassenge*, Peter/*Brudermüller*, Gerd u.a., 67. Auflage, München 2008.

Papier, Hans-Jürgen: Justizgewähranspruch, in: *Isensee*, Josef/*Kirchhof*, Paul (Hrsg.): Handbuch des Staatsrechts der Bundesrepublik Deutschland, Band VI, 2. Auflage, Heidelberg 2001, § 153 (S. 1221 ff.).

- Rechtsschutzgarantie gegen die öffentliche Gewalt, in: *Isensee*, Josef/*Kirchhof*, Paul (Hrsg.): Handbuch des Staatsrechts der Bundesrepublik Deutschland, Band VI, 2. Auflage, Heidelberg 2001, § 154 (S. 1233 ff.).

Passavant, Oliver: Mittlerunterstützte Kooperation in komplexen Verwaltungsprojekten, in: DÖV 1987, S. 516 ff.

- Mittlerunterstützte Kooperationsverfahren im öffentlichen Recht – Bericht über eine Konferenz an der Harvard Law School, in: Jura 1986, S. 614.

Patera, Mario/*Gramm*, Ulrike: Soziale Kernkompetenzen in der Mediation – Anforderungen an Qualifizierungsmaßnahmen in der Mediation, in: ZKM 2000, S. 247 ff.

Perschel, Wolfgang: Mediation im öffentlichen Bereich – Möglichkeiten und Grenzen alternativer Konfliktregelung bei Planungs- und Genehmigungsverfahren, in: *Faber*, Heiko/*Götz*, Frank (Hrsg.), Demokratie in Staat und Wirtschaft. Festschrift für Ekkehart Stein zum 70. Geburtstag, Tübingen 2002, S. 245 ff.

- Mediationsversicherung – Eine Möglichkeit zur finanziellen Absicherung von Vielparteienmediationen?, in: ZKM 2001, S. 215 ff.

Peters, Hans: Lehrbuch der Verwaltung, Berlin 1949.

- Die Verwaltung als eigenständige Staatsgewalt (Rektoratsrede), Krefeld 1965.

Peters, Horst/*Sautter*, Theodor/*Wolff*, Richard: Kommentar zur Sozialgerichtsordnung, bearb. v. *Hommel*, Hubertus/*Behn*, Michael/*Kummer*, Peter, 4. Auflage, Stuttgart, Stand: 84. Erg.-Lfg., April 2007 (zitiert: *Bearbeiter*, in: *Peters/Sautter/Wolff*, SGG).

Pfab, Alexander: Zur Befangenheit des Richters nach gerichtsnahem Mediationsverfahren in derselben Sache – Anmerkung zu LSG Niedersachsen-Bremen, Beschluss vom 16.4.2004 – L 9 B 12/04 U, in: ZKM 2005, S. 169 f.

Piper, Henning: Zum Wettbewerb der öffentlichen Hand, in: GRUR 1986, S. 574 ff.

Pitkowitz, Nikolaus: Der Mediations-Richtlinienvorschlag der EU: Gleichstellung der Mediation mit Gerichtsverfahren!, in: ZKM 2005, S. 68 ff.

Pitschas, Rainer: Gefährdet die Mediation im öffentlichen Bereich den Rechtsschutz – Mediation: Ein unzulässiger Deal?, in: ZKM 2007, S. 187 ff.

- Kommunale Selbstverwaltung und Mediation – Zur Notwendigkeit neutraler Streitschlichtung in Konflikten mit der lokalen Zivilgesellschaft, in: *Eberle*, Carl-Eugen/*Ibler*, Martin/*Lorenz*, Dieter (Hrsg.): Der Wandel des Staates vor den Herausforderungen der Gegenwart. Festschrift für Winfried Brohm zum 70. Geburtstag, München 2002.

- Mediation als Methode und Instrument der Konfliktmittlung im öffentlichen Sektor, in: NVwZ 2004, S. 396 ff.

- Verwaltungsrechtsschutz durch Gerichtsmediatoren?, in: *Pitschas*, Rainer/*Walther*, Harald (Hrsg.): Mediation in der Verwaltungsgerichtsbarkeit. Vorträge und Arbeitsergebnisse der Projekt-Werkstatt am 27. Januar 2005 mit weiteren Beiträgen, Speyer 2005, S. 33 ff.

- Verwaltungsverantwortung und Verwaltungsverfahren. Strukturprobleme, Funktionsbedingungen und Entwicklungsperspektiven eines konsensualen Verwaltungsrechts, München 1990.

Plapinger, Elizabeth/*Stienstra*, Donna: ADR and Settlement in the Federal District Courts. A Sourcebook for Judges & Lawyers, Federal Judicial Center/CPR Institute for Dispute Resolution 1996, online verfügbar unter: http://www.fjc.gov/public/home.nsf/autoframe?openform&url_l=/public/home.nsf/inavgeneral?openpage&url_r=/public/home.nsf/pages/119 (Stand: 24. Januar 2008).

Ponschab, Reiner: Akzeptanz – Eine wichtige Rollenerwartung an den Mediator, in: BB 2003/Beilage 8, S. 1.

Ponschab, Reiner/*Dendorfer,* Renate: Mediation in der Arbeitswelt – eine ökonomisch sinnvolle Perspektive, in: BB 2001/Beilage 2, S. 1 ff. (= BRAK-Mitteilungen 2/2001, Beilage 1, S. 1 ff.).

Ponschab, Reiner/*Kleinhenz,* Barbara: Richter oder Schlichter? – Streitbeilegung innerhalb und außerhalb des Gerichts, in: DRiZ 2002, S. 430 ff.

Poscher, Ralf: Die Funktionenordnung des Grundgesetzes, in: *Hoffmann-Riem,* Wolfgang/*Schmidt-Aßmann,* Eberhard/*Voßkuhle,* Andreas (Hrsg.): Grundlagen des Verwaltungsrechts, Band I – Methoden, Maßstäbe, Aufgaben, Organisation, München 2006, § 8 (S. 493 ff.).

Probst, Martin: Gerichtliche Mediation in Schleswig-Holstein – Zum Start eines neuen Projekts, in: SchlHA 2005, S. 317 ff.

Proksch, Roland: Mediation in Deutschland – Stand und Perspektiven außergerichtlicher Konfliktregelung durch Mediation, in: Kon:Sens (Zeitschrift für Mediation) 1998, S. 7 ff.

Prütting, Hanns: Mediation und Gerichtsbarkeit – Änderungen gesetzlicher Rahmenbedingungen, in: ZKM 2006, S. 100 ff.

- Rechtsberatung zwischen Deregulierung und Verbraucherschutz – Gutachten G für den 65. Deutschen Juristentag, in: Verhandlungen des fünfundsechzigsten Deutschen Juristentages Bonn 2004, Band 1 (Gutachten), München 2004.

Pünder, Hermann: Kooperation statt Konfrontation – Möglichkeiten und Grenzen der Mediation bei Planfeststellungsverfahren, in: Die Verwaltung 38 (2005), S. 1 ff.

Puhl, Thomas: Der Staat als Wirtschaftssubjekt und Auftraggeber, in: VVDStRL 60 (2001), S. 456 ff.

Ramsauer, Ulrich: Mediation im Umweltrecht, in: *Breidenbach,* Stephan/*Henssler,* Martin (Hrsg.): Mediation für Juristen. Konfliktbehandlung ohne gerichtliche Entscheidung, Köln 1997, S. 161 ff.

Rapp, Daniel: Mediation im Verwaltungsrecht. Möglichkeiten der Integration mediativer Elemente in das Widerspruchsverfahren, Tübingen 2004.

Redeker, Konrad/*Oertzen,* Hans-Joachim von: Verwaltungsgerichtsordnung. Kommentar, bearb. v. *Redeker,* Martin/*Kothe,* Peter/*Nicolai,* Helmuth von, 14. Auflage, Stuttgart 2004 (zitiert: *Bearbeiter,* in: *Redeker/v. Oertzen,* VwGO).

Reichenbach, Sabine/*Helbig,* Patricia: Evaluation der bisherigen Arbeit des Modellprojekts – Berichte aus der hessischen Verwaltungsgerichtsbarkeit: Verwaltungsgerichte: Hessischer Verwaltungsgerichtshof Kassel und Verwaltungsgericht Kassel, in: *Pitschas,* Rainer/*Walther,* Harald (Hrsg.): Mediation in der Verwaltungsgerichtsbarkeit. Vorträge und Arbeitsergebnisse der Projekt-Werkstatt am 27. Januar 2005 mit weiteren Beiträgen, Speyer 2005, S. 291 ff.

Reimers, Wolfgang: Erwartungen an die Einführung der gerichtsnahen Mediation in der hessischen Verwaltungsgerichtsbarkeit, in: *Fritz,* Roland/*Karber,* Bernd/*Lambeck,* Rainer (Hrsg.): Europäische Verwaltungsgerichtsbarkeit: Mediation statt Verwaltungsprozess? Möglichkeiten und Grenzen außergerichtlicher/gerichtsnaher Streitschlichtung in Europa, München 2004, S. 97 ff.

- Erwartungen an ein Modellprojekt, in: *Pitschas,* Rainer/*Walther,* Harald (Hrsg.): Mediation in der Verwaltungsgerichtsbarkeit. Vorträge und Arbeitsergebnisse der Projekt-Werkstatt am 27. Januar 2005 mit weiteren Beiträgen, Speyer 2005, S. 45 ff.

Reimers, Wolfgang/*Apell,* Günter-Richard: Gerichtsnahe Mediation in der hessischen Verwaltungsgerichtsbarkeit – Bericht über ein Modellprojekt, in: LKRZ 2007, S. 7 ff.

Reitz, Kristina: Begleitforschung zum Projekt „Einführung gerichtsnaher Mediation beim Verwaltungsgericht Gießen", in: *Fritz,* Roland/*Karber,* Bernd/*Lambeck,* Rainer (Hrsg.): Europäische Verwaltungsgerichtsbarkeit: Mediation statt Verwaltungsprozess? Möglichkeiten und Grenzen außergerichtlicher/gerichtsnaher Streitschlichtung in Europa, München 2004, S. 131 ff.

Rennen, Günter/*Caliebe,* Gabriele: Rechtsberatungsgesetz mit Ausführungsverordnungen und Erläuterungen, 3. Auflage, München 2001.

Resnik, Judith: Many Doors? Closing Doors? Alternative Dispute Resolution and Adjudication, in: 10 Ohio State Journal on Dispute Resolution 1995, S. 211 ff.

Riedel, Franz/*Sußbauer,* Heinrich: Rechtsanwaltsvergütungsgesetz, 9. Auflage, München 2005.

Ripke, Lis: Charakteristika eines guten Abschlussvertrages – Perspektiven und Prinzipien der Mediation, in: Kon:Sens (Zeitschrift für Mediation) 1999, 341 ff.

- Die fünf Phasen der Mediation, in: Kon:Sens (Zeitschrift für Mediation) 1998, S. 85 ff.

- Recht und Gerechtigkeit in der Mediation, in: *Haft*, Fritjof/*Schlieffen*, Katharina Gräfin von (Hrsg.): Handbuch Mediation, München 2002, § 5 (S. 137 ff.).

Ripke, Lis/*Bornewasser*, Manfred/*Fülgraff*, Georges/*Kahlweit*, Cathrin/*Katzenmeier*, Christian: Mediation zwischen Vision und Wirklichkeit – Impulsreferate des 5. Fachkongresses der BAFM, in: ZKM 2005, S. 155 ff.

Riskin, Leonard L.: Toward New Standards for the Neutral Lawyer in Mediation, in: 26 Arizona Law Review (1984), S. 329 ff.

Riskin, Leonard L./*Westbrook*, James E.: Dispute Resolution and Lawyers, St. Paul 1987 (1st reprint 1992).

Risse, Jörg: Die Rolle des Rechts in der Wirtschaftsmediation, in: BB 1999/Beilage 9, 1 ff.

- Wirtschaftsmediation, in: NJW 2000, S. 1614 ff.

- Zwang zur Mediation? Einige verfassungsrechtliche Überlegungen, in: *Hengstl*, Joachim/*Sick*, Ulrich (Hrsg.), Recht gestern und heute. Festschrift zum 85. Geburtstag von Richard Haase, Wiesbaden 2006.

Ritter, Ernst-Hasso: Justiz – Verspätete Gewalt in der Wettbewerbsgesellschaft?, in: NJW 2001, S. 3440.

Roellecke, Gerd: Das Interesse der Rechtswissenschaft an Nichtwissen – Der Verwaltungsbegriff als Beispiel, in: DÖV 2003, S. 896 ff.

- Verwaltung und Verwaltungsrecht, in: Die Verwaltung 29 (1996), S. 1 ff.

Rogers, Nancy H./*McEwen*, Craig A.: Employing the Law to Increase the Use of Mediation and to Encourage Direct and Early Negotiation, in: 13 Ohio State Journal of Dispute Resolution (1998), S. 831 ff.

Rohwer-Kahlmann, Harry: Aufbau und Verfahren der Sozialgerichtsbarkeit. Kommentar zum Sozialgerichtsgesetz, 4. Auflage, Sankt Augustin, Stand: 47. Erg.-Lfg., Januar 2007.

Rosinak, Werner: Umweltmediation am Scheideweg, in: ZKM 2006, S. 19 ff.

Roßnagel, Alexander (Hrsg.): Handbuch Datenschutzrecht. Die neuen Grundlagen für Wirtschaft und Verwaltung, München 2003.

Rüssel, Ulrike: Mediationsverfahren im öffentlichen Bereich, in: JA 2006, S. 470 ff.

- Mediation in komplexen Verwaltungsverfahren, Baden-Baden 2004.

- Vorgerichtliche Güte- und Schlichtungsverfahren, in: *Haft*, Fritjof/*Schlieffen*, Katharina Gräfin von (Hrsg.): Handbuch Mediation, München 2002, § 33 (S. 858 ff.).

Ruhs, Anna: Implementation der Mediation in den öffentlichen Sektor, in: *Pitschas*, Rainer/*Walther*, Harald (Hrsg.): Mediation in der Verwaltungsgerichtsbarkeit. Vorträge und Arbeitsergebnisse der Projekt-Werkstatt am 27. Januar 2005 mit weiteren Beiträgen, Speyer 2005, S. 123 ff.

Rupp, Hans Heinrich: Zur neuen Verwaltungsgerichtsordnung: Gelöste und ungelöste Probleme, in: AöR 85 (1960), S. 147 ff.

Rust, Thomas: Erfahrungen mit Mediation in der Verwaltung, in: *Fritz*, Roland/*Karber*, Bernd/*Lambeck*, Rainer (Hrsg.): Europäische Verwaltungsgerichtsbarkeit: Mediation statt Verwaltungsprozess? Möglichkeiten und Grenzen außergerichtlicher/gerichtsnaher Streitschlichtung in Europa, München 2004, S. 181 ff.

Sachs, Michael: Die Auswirkungen des allgemeinen Gleichheitssatzes auf die Teilrechtsordnungen, in: *Isensee*, Josef/*Kirchhof*, Paul (Hrsg.): Handbuch des Staatsrechts der Bundesrepublik Deutschland, Band V, 2. Auflage, Heidelberg 2000, § 127 (S. 1085 ff.).

- Grundgesetz. Kommentar, 4. Auflage, München 2007 (zitiert: *Bearbeiter*, in: *Sachs*, GG).

Sarwey, Otto von: Allgemeines Verwaltungsrecht, Freiburg 1887.

Schaffer, Wolfgang: Die Unabhängigkeit der Rechtspflege und des Richters, in: BayVBl. 1991, S. 641 ff.

Schenke, Wolf-Rüdiger: Mediation und verwaltungsgerichtliches Verfahren, in: *Aschke*, Manfred/*Hase*, Friedhelm/*Schmidt-De Caluwe*, Reimund: Selbstbestimmung und Gemeinwohl. Festschrift zum 70. Geburtstag von Prof. Dr. Friedrich von Zezschwitz, Baden-Baden 2005.

Schick, Walter: Vergleiche und sonstige Vereinbarungen zwischen Staat und Bürger im Steuerrecht, München 1967.

Schillinger, Heike Iris: Mediation im Verwaltungsrecht – Instrument neuer Behördenkultur?, in: VBl.BW 2001, S. 396 ff.

- Mediation im Verwaltungsrecht. Eine Untersuchung der Möglichkeiten mediativer Verfahren in der exekutiven Praxis, Tübingen 2003 (entspricht: Mediation im Verwaltungsverfahren? Konsensuale Verwaltungspraxis im Spannungsfeld von Bürgerpartizipation und Rechtsstaatsprinzip, Tübingen 2003).

Schlieffen, Katharina Gräfin von: Anforderungen an einen Mediator, in: ZKM 2000, S. 52 ff.

Schönhauser, Jeannette: Entstaatlichung von Rechtsschutz und wettbewerbsrechtliche Grenzen der gerichtsnahen Mediation, in: *Pitschas,* Rainer/*Walther,* Harald (Hrsg.): Mediation in der Verwaltungsgerichtsbarkeit. Vorträge und Arbeitsergebnisse der Projekt-Werkstatt am 27. Januar 2005 mit weiteren Beiträgen, Speyer 2005, S. 89 ff.

Schmalz, Dieter: Allgemeines Verwaltungsrecht und Grundlagen des Verwaltungsrechtsschutzes, 3. Auflage, Baden-Baden 1998.

Schmidt, Frank: Mediation und andere Formen der Partizipation in der öffentlichen Verwaltung, in: Kon:Sens (Zeitschrift für Mediation) 1999, 290 ff.

Schmidt-Aßmann, Eberhard: Der Rechtsstaat, in: *Isensee,* Josef/*Kirchhof,* Paul (Hrsg.): Handbuch des Staatsrechts der Bundesrepublik Deutschland, Band II, 3. Auflage, Heidelberg 2004, § 26 (S. 541 ff.).

Schmidt-Bleibtreu, Bruno/*Hofmann,* Hans/*Hopfauf,* Axel (Hrsg.): Kommentar zum Grundgesetz, bearb. v. *Brockmeyer,* Hans Bernhard/*Henneke,* Hans Günter u.a., 11. Auflage, München 2008 (zitiert: *Bearbeiter,* in: *Schmidt-Bleibtreu/Hofmann/Hopfauf,* GG).

Schmidt-Räntsch, Günther/*Schmidt-Räntsch,* Jürgen: Deutsches Richtergesetz. Kommentar, 5. Auflage, München 1995 (zitiert: *Bearbeiter,* in: *Schmidt-Räntsch,* DRiG).

Schneeweiß, Wolfram: Die außergerichtliche Streitschlichtung nach § 278 Abs. 5 ZPO, in: DRiZ 2002, S. 107 ff.

Schneider, Jochen: Mediation im Wirtschaftsrecht, in: *Breidenbach,* Stephan/*Henssler,* Martin (Hrsg.): Mediation für Juristen. Konfliktbehandlung ohne gerichtliche Entscheidung, Köln 1997, S. 171 ff.

Schoch, Friedrich/*Schmidt-Aßmann,* Eberhard/*Pietzner,* Rainer (Hrsg.): Verwaltungsgerichtsordnung. Kommentar, München, Stand: 15. Erg.-Lfg., September 2007 (zitiert: *Bearbeiter,* in: *Schoch/Schmidt-Aßmann/Pietzner,* VwGO).

Schönke, Adolf/*Schröder,* Horst: Strafgesetzbuch. Kommentar, bearb. v. *Lenckner,* Theodor/*Eser,* Albin u.a., 27. Auflage, München 2006 (zitiert: *Bearbeiter,* in: *Schönke/Schröder,* StGB).

Schöpflin, Martin: Verhandeln und Mediation, in: JA 2000, S. 157 ff.

Schreiber, Frank: Wie „gerichtsnah" kann Mediation funktionieren? – Die Rollen von Richtern und Mediatoren müssen deutlich getrennt werden, in: Betrifft JUSTIZ 2004, S. 216 ff.

Schröder, Jörg: Der Prozessvergleich in den verwaltungsgerichtlichen Verfahrensarten, Berlin 1971.

Schümann, Inken: Mediation außerhalb und innerhalb des sozialgerichtlichen Verfahrens, in: SGb 2005, S. 27 ff.

Schulze-Fielitz, Helmuth: Grundmodi der Aufgabenwahrnehmung, in: *Hoffmann-Riem,* Wolfgang/*Schmidt-Aßmann,* Eberhard/*Voßkuhle,* Andreas (Hrsg.): Grundlagen des Verwaltungsrechts, Band I – Methoden, Maßstäbe, Aufgaben, Organisation, München 2006, § 12 (S. 761 ff.).

Schuppert, Gunnar Folke: Regierung und Verwaltung, in: *Benda,* Ernst/*Maihofer,* Werner/*Vogel,* Hans-Jochen: Handbuch des Verfassungsrechts der Bundesrepublik Deutschland, 2. Auflage, Berlin 1994, § 31 (S. 1499 ff.).

Seer, Roman: Verständigungen in Steuerverfahren, Köln 1996.

Seifert, Heike: Mediation – Eine neue Form der Streitschlichtung, in: *Pitschas,* Rainer/*Walther,* Harald (Hrsg.): Mediation in der Verwaltungsgerichtsbarkeit. Vorträge und Arbeitsergebnisse der Projekt-Werkstatt am 27. Januar 2005 mit weiteren Beiträgen, Speyer 2005, S. 59 ff.

Siegel, Thorsten: Mediation in der luftverkehrsrechtlichen Planfeststellung, in: NuR 2002, S. 79 ff.

Simitis, Spiros: Bundesdatenschutzgesetz, 6. Auflage, Baden-Baden 2006.

Slipanowich, Thomas J.: ADR and the "Vanishing Trial": The Growth and Impact of "Alternative Dispute Resolution", in: 1 Journal of Empirical Legal Studies, S. 843 ff.

Soergel: Bürgerliches Gesetzbuch mit Einführungsgesetz und Nebengesetzen, Band IIa, Red. *Wolf,* Manfred, 13. Auflage, Stuttgart 2002.

Sodan, Helge/*Ziekow*, Jan (Hrsg.): Verwaltungsgerichtsordnung - Großkommentar, 2. Auflage, Baden-Baden 2006 (zitiert: *Bearbeiter*, in: *Sodan/Ziekow*, VwGO).

Sontheimer, Jürgen: Der Verwaltungsrechtliche Vertrag im Steuerrecht, Köln 1987.

Spalckhaver, Judith: Mediation als Dienstleistungsangebot der Justiz – wettbewerbsrechtliche Grenzen für die wirtschaftliche Betätigung der öffentlichen Hand, in: IDR 2004, S. 80 ff.

Spellbrink, Wolfgang: Mediation im sozialgerichtlichen Verfahren – Baustein für ein irrationales Rechtssystem, in: DRiZ 2006, S. 88 ff.

- Mediation im sozialgerichtlichen Verfahren – Ein Zwischenruf, in: SGb 2003, S. 141 ff.

Spindler, Gerald (in Zusammenarbeit mit: Katharina *Apel*, Judith *Volkmann* und Matthias *Mönch*): Abschlussbericht zum Forschungsprojekt „Gerichtsnahe Mediation in Niedersachsen“, erstellt im Auftrag des Niedersächsischen Ministeriums für Justiz und des Ministeriums für Wissenschaft und Kultur, Göttingen 2006.

- Gerichtsnahe Mediation in Niedersachsen – Bilanz eines Forschungsprojekts, in: ZKM 2007, S. 79 ff. (entspricht: AnwBl. 2007, S. 655 ff.).

Spindler, Gerald/*Apel*, Katharina/*Spalckhaver*, Judith: Rechtsökonomische Grundlagen der gerichtsnahen Mediation, in: ZKM 2003, S. 192.

Statistisches Bundesamt: Rechtspflege – Verwaltungsgerichte, Statistik in der Verwaltungsgerichtsbarkeit, Wiesbaden 2006.

Staudinger: Kommentar zum Bürgerlichen Gesetzbuch,
- §§ 164 bis 240, bearb. v. *Gursky*, Karl Heinz/*Peters*, Frank u.a., 13. Bearbeitung, Neubearbeitung 2004, Berlin 2004,
- §§ 839, 839a, bearb. v. *Wurm*, Michael, 13. Bearbeitung, Berlin 2002

(zitiert: *Bearbeiter*, in: *Staudinger*, BGB).

Steinbrück, Ralph: Wirtschaftsmediation und außergerichtliche Konfliktlösung – Chance für Unternehmen, Anwälte und Gerichte, in: AnwBl. 1999, S. 574 ff.

Stein, Friedrich/*Jonas,* Martin: Kommentar zur Zivilprozessordnung, bearb. v. *Berger,* Christian/*Bork,* Reinhard u.a.
- Band I: §§ 1 bis 40, 22. Auflage, Tübingen 2003,
- Band II: §§ 41 bis 127a, 22. Auflage, Tübingen 2004,
- Band III: §§ 128 bis 252, 22. Auflage, Tübingen 2005,
- Band VII: §§ 704 bis 827, 22. Auflage, Tübingen 2002

(zitiert: *Bearbeiter,* in: *Stein/Jonas,* ZPO).

Stelkens, Paul/*Bonk,* Heinz Joachim/*Sachs,* Michael: Verwaltungsverfahrensgesetz – Kommentar, 6. Auflage, München 2001 (zitiert: *Bearbeiter,* in: *Stelkens/Bonk/Sachs,* VwVfG).

Stern, Klaus: Das Staatsrecht der Bundesrepublik Deutschland, Band 2. Staatsorgane, Staatsfunktionen, Finanz- und Haushaltsverfassung, Notstandsverfassung, München 1980.

Stickelbrock, Barbara: Gütliche Streitbeilegung, in: JZ 2002, S. 633 ff.

Stoecker, Felix William: Die obligatorische Streitschlichtung nach § 15a EGZPO im Vergleich zur Mediationspraxis in den USA, in: ZKM 2000, S. 105 ff.

Strack, Roland: Mediation und Rechtsberatung, in: ZKM 2001, S. 184 ff.

Strempel, Jeffrey W.: Reflections on Judicial ADR and the Multi-Door Courthouse at Twenty: Fait Accompli, Failed Overture, or Fledgling Adulthood?, in: 11 Ohio State Journal on Dispute Resolution, S. 297 ff.

Striegnitz, Meinfried: Konfliktmittlung bei der Sanierung von Altlasten – Der Fall „Münchenhagen“, in: IUR 1990, S. 43 ff.

Stulberg, Joseph B.: The Theory and Practice of Mediation: A Reply to Professor Susskind, in: 6 Vermont Law Review (1981), S. 85 ff.

Stumpf, Christoph A.: Alternative Streitbeilegung im Verwaltungsrecht. Schiedsverfahren – Schiedsgutachten – Mediation – Schlichtung, Tübingen 2006

Sünderhauf, Hildegund: Mediation bei der außergerichtlichen Lösung von Umweltkonflikten in Deutschland, Berlin 1997.

Susskind, Lawrence/*Cruikshank,* Jeffrey: Breaking the Impasse. Consensual Approaches to Resolving Public Disputes, New York 1987.

Systematischer Kommentar zum Strafgesetzbuch, hrsg. v. *Rudolphi*, Hans-Joachim/*Horn*, Eckhard/*Hoyer*, Andreas/*Günther*, Hans-Ludwig/*Rogall*, Klaus/*Samson*, Erich/*Stein*, Ulrich/*Wolter*, Jürgen/*Wolters*, Gereon, München, Unterschleißheim, Stand: 111. Erg.-Lfg., November 2007 (zitiert: *Bearbeiter*, in: SK-StGB).

Systematischer Kommentar zur Strafprozessordnung und zum Gerichtsverfassungsgesetz, hrsg. v. *Rudolphi*, Hans-Joachim/*Degener*, Wilhelm/*Frisch*, Wolfgang/*Frister*, Helmut/*Paeffgen*, Hans-Ullrich/*Rogall*, Klaus/*Schlüchter*, Ellen/*Velten*, Petra/*Weßlau*, Edda/*Wohlers*, Wolfgang/*Wolter*, Jürgen, 7. Aufbaulieferung (Grundwerk), Neuwied, Stand: 55. Erg.-Lfg., Dezember 2007 (zitiert: *Bearbeiter*, in: SK-StPO).

Tettinger, Fairness und Waffengleichheit: Rechtsstaatliche Direktiven für Prozess und Verwaltungsverfahren, München 1984.

Thomas, Jürgen: Richterrecht, Köln 1986 (zugleich: *Wiese*, Walter (Hrsg.): Handbuch des Öffentlichen Dienstes, Band II, Teil 3).

Tipke, Klaus/*Kruse*, Heinrich Wilhelm: Abgabenordnung/Finanzgerichtsordnung. Kommentar, Köln, Stand: 114. Erg.-Lfg., November 2007 (zitiert: *Bearbeiter*, in: *Tipke/Kruse*, AO/FGO).

Tochtermann, Peter: Alternative Dispute Resolution – Einführung in die alternative Streitbeilegung, in: JuS 2005, S. 131 ff.

- Mediation in den USA 30 Jahre nach „Pound“, in: ZKM 2006, S. 168 ff.

- Zur Zulässigkeit nicht-anwaltlicher Mediation nach dem Rechtsdienstleistungsgesetz, in: ZKM 2007, S. 4 ff.

Trieb, Wolfgang: Konsens und Verwaltungsverfahren. Mediation und immissionsschutzrechtliches Genehmigungsverfahren, Bochum 1997.

Tröndle, Herbert/*Fischer*, Thomas: Strafgesetzbuch und Nebengesetze; 55. Auflage, München 2008.

Trossen, Arthur: Anmerkungen zu LG Rostock vom 11.8.2000, in: ZKM 2000, S. 238.

- Auch die Mediation vertritt eine Position, in: ZKM 2002, S. 270 ff.

- Integrierte Mediation, in: *Haft*, Fritjof/*Schlieffen*, Katharina Gräfin von (Hrsg.): Handbuch Mediation, München 2002, § 18 (S. 444 ff.).

- Integrierte Mediation, in: ZKM 2001, S. 159 ff.

Trossen, Arthur/*Käppele,* Ralf: Gerichts-Integrierte Mediation, in: ZRP 2006, S. 97 ff.

Vetter, Stefan: Mediation und Vorverfahren. Ein Beitrag zur Reform des verwaltungsgerichtlichen Vorverfahrens, Berlin 2004.

Volkmann, Judith: Gerichtsnahe Mediation und Rechtsberatungsgesetz, in: SchiedsVZ 2004, S. 245 ff.

- Mediation im Zivilprozess. Rechtliche Rahmenbedingungen für ein gerichtsinternes Mediationsangebot, Frankfurt am Main 2006.

Voß, Rainer: Die Mediation im Verwaltungsrecht, in: *Johlen,* Heribert/*Oerder,* Michael (Hrsg.): Münchener Anwaltshandbuch Verwaltungsrecht, 2. Auflage, München 2003, Teil B.

- Referat zum Thema „Mediation im Verwaltungsrecht", in: Dokumentation zum 14. Deutschen Verwaltungsrichtertag 2004, S. 64 ff.

Wacher, Michael A./*Lüer,* Dieter W.: Code of Conduct für Mediatoren – Die Verhaltensregeln der gwmk, in: IDR 2004, S. 118 f.

- Gerichtlich veranlasste Mediation: England als Vorreiter – Neue Entscheidungen der Londoner Gerichte, in: ZKM 2004, S. 100 ff.

Wagner, Gerhard: Das neue Verjährungsrecht, in: ZKM 2002, S. 103 ff.

- Sicherung der Vertraulichkeit von Mediationsverfahren durch Vertrag, in: NJW 2001, S. 1398 ff.

Wagner, Volkmar/*Engelhardt,* Matthias: Mediation im Umwelt- und Planungsrecht als Alternative zur behördlichen oder gerichtlichen Streitentscheidung, in: NVwZ 2001, S. 370 ff.

Wald, Patricia M.: ADR and the courts: An Update, in: 46 Duke Law Journal (1997), S. 1445 ff.

Walther, Harald: Der mediative Richter im Verwaltungsprozess, in: ZKM 2006, S. 144 ff.

- Mediation durch Verwaltungsgerichte, in: ZKM 2005, S. 53 ff.

- Mediation in der Verwaltungsgerichtsbarkeit – Eine Einführung in die Speyerer Mediationsinitiative, in: *Pitschas*, Rainer/*Walther*, Harald (Hrsg.): Mediation in der Verwaltungsgerichtsbarkeit. Vorträge und Arbeitsergebnisse der Projekt-Werkstatt am 27. Januar 2005 mit weiteren Beiträgen, Speyer 2005, S. 7 ff.

- Richter als Mediatoren – Ein Modellprojekt in der hessischen Verwaltungsgerichtsbarkeit, in: DRiZ 2005, S. 127 ff.

Wassermann, Rudolf: Neue Streitkultur?, in: NJW 1998, 1685 f.

Weber, Max: Wirtschaft u. Gesellschaft: Grundriss der verstehenden Soziologie, 5. Auflage, Tübingen 1985.

Wegener, Susanne: Spezifische Anforderungen der gerichtsnahen Mediation, in: ZKM 2006, S. 140 ff.

Wegmann, Bernd: Der Vertrag über die außergerichtliche Streitbeilegung im Konfliktfall, in: Kon:Sens (Zeitschrift für Mediation) 1999, S. 146 ff.

Weidner, Helmuth/*Fietkau*, Hans-Joachim: Erprobung des Mediationsverfahrens im Bereich Sondermüll, in: IUR 1990, S. 40.

Wesche, Steffen: Obligatorische Schlichtung für kleine Streitwerte – Eine kritische Zwischenbilanz aus der Praxis, in: MDR 2003, S. 1028 ff.

Weston, Maureen A.: Checks on Participant Conduct in Compulsory ADR: Reconciling the Tension in the Need for Good-Faith Participation, Autonomy, and Confidentiality, in: 76 Indiana Law Journal (2001), S. 591 ff.

- Confidentiality's Constitutionality: The Incursion on Judicial Powers to Regulate Party Conduct in Court-Connected Mediation, 8 Harvard. Negotiation Law Review (2003), S. 29 ff.

Wieczorek, Bernhard/*Schütze*, Rolf A. (Hrsg.): Zivilprozessordnung und Nebengesetze - Großkommentar, 3. Auflage,
- Band I/1: Einleitung, §§ 1 bis 49, EuGVÜ, Berlin 1994,
- Band I/2: §§ 50 bis 127a, Berlin 1994,
- Band II/1: §§ 128-252, Berlin 2007,
- Band IV/1: §§ 704 bis 807, Berlin 1999,
- Band V: §§ 916 bis 1048, EGZPO, GVG, EGGVG, Berlin 1995

(zitiert: *Bearbeiter*, in: *Wieczorek/Schütze*, ZPO).

Wiese, Walter: Beamtenrecht, 3. Auflage, Köln 1988 (zugleich: *Wiese*, Walter (Hrsg.): Handbuch des Öffentlichen Dienstes, Band II, Teil 1).

Wiesner, Siegfried: Der Erörterungstermin nach dem Sozialgerichtsgesetz, in: SGb 1994, S. 162 ff.

Williams, Sarah: Confidentiality in Mediation: Is it encouraging good Mediation or bad Conduct?, 2005 Journal of Dispute Resolution, S. 209 ff.

Wimmer, Raimund/*Wimmer*, Ulrich: Verfassungsrechtliche Aspekte richterlicher Mediation, in: NJW 2007, S. 3243 ff.

Wissler, Roselle L.: Court-Connected Mediation in General Civil Cases: What we know from Empirical Research, in: 17 Ohio State Journal on Dispute Resolution (2002), S. 641 ff.

Wittreck, Fabian: Die Verwaltung der Dritten Gewalt, Tübingen 2006.

Wohlgemuth, Hans H./*Gerloff*, Jürgen: Datenschutzrecht, 3. Auflage, München, Unterschleißheim 2005.

Wolff, Hans/*Bachof*, Otto/*Stober*, Rolf: Verwaltungsrecht, Band 1, 11. Auflage, München 1999.

Wolff, Wilfried: Allgemeines Verwaltungsrecht. Verwaltungsverfahrensrecht, Verwaltungsprozessrecht, 4. Auflage, Baden-Baden 2004.

Zenk, Kati/*Strobl*, Rainer/*Böttger*, Andreas: Sozialwissenschaftliche Aspekte der gerichtsnahen Mediation, in: ZKM 2006, S. 43 ff.

Ziekow, Jan: Mediation in der Verwaltungsgerichtsbarkeit, in: NVwZ 2004, S. 390 ff.

Zilleßen, Horst: Mediation im Spannungsfeld von Umweltpolitik und Umweltrecht, in: Kon:Sens (Zeitschrift für Mediation) 1998, S. 24 ff.

- Mediation: Kooperatives Konfliktmanagement in der Umweltpolitik, Opladen 1998.

- Umweltmediation, in: *Haft*, Fritjof/*Schlieffen*, Katharina Gräfin von (Hrsg.): Handbuch Mediation, München 2002, § 46 (S. 1169 ff.).

Zimmer, Gerald: Außergerichtliche Streitbeilegung in Deutschland. Eine Bestandsaufnahme im Lichte US-amerikanischer Erfahrungen, Frankfurt am Main 2001.

Zöller, Richard: Zivilprozessordnung. Kommentar, bearb. v. *Geimer*, Reinhold/*Greger*, Reinhard u.a., 26. Auflage, Köln 2007 (zitiert: *Bearbeiter*, in: *Zöller*, ZPO).

Schriften zum deutschen und europäischen öffentlichen Recht

Herausgegeben von Prof. Dr. Steffen Detterbeck

Band 1 Henry Roth: Berufs- und Erwerbsunfähigkeit. Renten- und Versorgungsansprüche nach geltendem und reformiertem Recht. 2000.

Band 2 Astrid Lediger: Die Entschädigung der Bundestagsabgeordneten. 2001.

Band 3 Uwe Chojetzki: Der kirchliche Dienst in der Sozialversicherung. 2001.

Band 4 Christopher Breith: Die Fernsehschutzliste. Übertragung von Großereignissen nach § 5a RfStV. 2002.

Band 5 Lars-Henrik Rode: § 40 VwVfG und die deutsche Ermessenslehre. 2003.

Band 6 Steffen Detterbeck / Martin Will: Die Handwerksinnungen in der staatlichen dualen Ordnung des Handwerks. Zur Frage einer Innungspflichtmitgliedschaft und eines Kammerbeitrags-Bonussystems für Innungsmitglieder. 2003.

Band 7 Christiane Vesting: Die vertragliche und außervertragliche Haftung der EG nach Art. 288 EGV. Unter Berücksichtigung der prozessualen Durchsetzungsmöglichkeiten. 2003.

Band 8 Christian Hanf: Rechtsschutz gegen Inhalts- und Nebenbestimmungen zu Verwaltungsakten. 2003.

Band 9 Guido H. Friedrich: Der vorhabenbezogene Bebauungsplan gemäß § 12 BauGB nach der Novellierung 2001. Inhalt, Chancen und Risiken des Planungsinstrumentes. 2003.

Band 10 Lars Friedrichsen: Umweltbelastende Vorhaben und Alternativen in der Planfeststellung. Unter besonderer Berücksichtigung der Vorgaben aus der UVP-Richtlinie, dem UVPG sowie der FFH-Richtlinie bzw. den §§ 32 ff. BNatSchG. 2005.

Band 11 Nikolaus Lindner: Die Europäische Transparenzrichtlinie und der öffentlich-rechtliche Rundfunk in Deutschland. Auswirkungen der Richtlinie 2000/52/EG zur Änderung der Richtlinie 80/723/EWG über die Transparenz der finanziellen Beziehungen zwischen den Mitgliedstaaten und den öffentlichen Unternehmen („Transparenzrichtlinie") auf die öffentlich-rechtlichen Rundfunkanstalten in Deutschland. 2005.

Band 12 Gunter Fleck: Verleihung des Körperschaftsstatus an Religions- und Weltanschauungsgemeinschaften in einer multikulturellen Gesellschaft. Ein Vorschlag de lege ferenda zu Art. 140 GG i.V.m. Art. 137 Abs. 5 S. 2 WRV. 2005.

Band 13 Philipp Förster: Die unmittelbare Drittwirkung der Grundfreiheiten. Zur Dogmatik des Adressatenkreises von Pflichten aus EG-Grundfreiheiten. 2007.

Band 14 Barbara Löhr: Die Rechte des Menschen in der Verfassung des Landes Hessen im Lichte des Grundgesetzes. 2007.

Band 15 Christian Lewke: Der verfassungsrechtliche Kulturauftrag des öffentlich-rechtlichen Rundfunks. Eine funktionsbezogene Betrachtung des Mediums in seiner Bedeutung für Individuum, Gesellschaft, Kunst, Wissenschaft und Religion. 2007.

Band 16 Jens Mischak: Die kommunale Wahlprüfung. Dargestellt unter besonderer Berücksichtigung der hessischen Kommunalverfassung. 2008.

Band 17 Christian Adam: Gefahrabwendungsfolter und Menschenwürde im Lichte des Unabwägbarkeitsdogmas des Art. 1 Abs. 1 GG. 2008.

Band 18 Julia Kaupisch: Das Grundrecht der Religionsfreiheit in seiner historischen Entwicklung. Werdegang in den norddeutschen Ländern. 2008.

Band 19 Tobias Timo Weitz: Gerichtsnahe Mediation in der Verwaltungs-, Sozial- und Finanzgerichtsbarkeit. 2008.

www.peterlang.de

Peter Lang · Internationaler Verlag der Wissenschaften

Judith Volkmann

Mediation im Zivilprozess

Rechtliche Rahmenbedingungen für ein gerichtsinternes Mediationsangebot

Frankfurt am Main, Berlin, Bern, Bruxelles, New York, Oxford, Wien, 2006.
XV, 177 S.
Schriften zum Wirtschafts- und Medienrecht, Steuerrecht und Zivilprozeßrecht.
Herausgegeben von Jürgen Costede und Gerald Spindler. Bd. 24
ISBN 978-3-631-55233-9 · br. € 41.10*

Die deutschen Gerichte haben die Mediation als Alternative zum streitigen Gerichtsverfahren entdeckt. Die Justiz erhofft sich davon eine Entlastung der Gerichte, aber auch für die Konfliktparteien sollen gerichtsinterne Mediationsangebote eine preiswerte und ihren Bedürfnissen entsprechende Alternative zum streitigen Gerichtsverfahren darstellen. Diese Arbeit ordnet die gerichtsnahe Mediation in die bestehende Gesetzeslage ein und zeigt den für die dauerhafte Einführung gerichtlicher Mediationsangebote bestehenden Regelungsbedarf auf.

Aus dem Inhalt: Dienstrechtliche Zulässigkeit der richterlichen Mediatorentätigkeit · Zulässigkeit der gerichtsnahen Mediation nach dem Rechtsberatungsgesetz · Wettbewerbsrechtliche Zulässigkeit der gerichtsnahen Mediation · Die Mediationsvereinbarung · Haftung der Konfliktparteien im Verhältnis zueinander · Durchsetzbarkeit des Mediationsergebnisses · Der Mediator- bzw. Mediationsorganisationsvertrag · Haftung des Richtermediators bzw. der Justiz · Verfahrensgrundsätze in der gerichtsnahen Mediation · Schutz der Vertraulichkeit in der gerichtsnahen Mediation · Kostenfragen bei der gerichtsnahen Mediation

Frankfurt am Main · Berlin · Bern · Bruxelles · New York · Oxford · Wien
Auslieferung: Verlag Peter Lang AG
Moosstr. 1, CH-2542 Pieterlen
Telefax 00 41 (0) 32 / 376 17 27

*inklusive der in Deutschland gültigen Mehrwertsteuer
Preisänderungen vorbehalten

Homepage http://www.peterlang.de

www.ingramcontent.com/pod-product-compliance
Ingram Content Group UK Ltd.
Pitfield, Milton Keynes, MK11 3LW, UK
UKHW021128041026
8980IPUK00033B/1367

9 783631 579657